CW00539818

DIDEROT ET L'ENCYCLOPÉDIE

Bibliothèque de
« L'Évolution de l'Humanité »

DU MÊME AUTEUR

L'Encyclopédie, Colin, 1965 (trad. italienne, Cappelli éditore, 1978 ; trad. japonaise, Iwanami, 1979).

L'Encyclopédisme dans le Bas-Languedoc au XVIIIe *siècle*, Faculté des lettres de Montpellier, 1968.

Lectures de Diderot, Colin, 1974.

L'Objet et le texte : pour une poétique de la prose française du XVIIIe *siècle*, Droz, 1980.

*Il Mestiere e il Sapere duecento anni fa. Tutte le tavole dell'*Encyclopédie française, Mondadori, 1983 (en collaboration avec Martine Schruoffeneger et Giancarlo Buzzi ; trad. française, Hachette, 1985, sous le titre « L'Encyclopédie Diderot et d'Alembert : planches et commentaires » ; trad. japonaise, Heibonsha, 1985).

Marges d'une utopie : pour une lecture critique des planches de l'Encyclopédie, Le Temps qu'il fait, 1985.

Editions critiques annotées :

DIDEROT, *Sur la liberté de la presse*, Editions sociales, 1964.

DIDEROT, *Quatre contes*, Droz, 1964.

DIDEROT, *Encyclopédie*, I, II, III, IV, t. V à VIII des *Œuvres complètes* (DPV), Hermann, 1976 (en collaboration avec John Lough).

DIDEROT, *Lettre sur le commerce de la librairie*, t. VIII des *Œuvres complètes* (DPV), Hermann, 1976.

DIDEROT, *Jacques le Fataliste*, t. XXIII des *Œuvres complètes* (DPV), Hermann, 1981.

BOUGAINVILLE, *Voyage autour du monde*, Gallimard, 1982.

DIDEROT, *Contes*, t. XII des *Œuvres complètes* (DPV), Hermann, 1989.

D.I. FONVIZINE, *Lettres de France*, CNRS/Voltaire Foundation, 1995 (en collaboration avec Henri Grosse et Piotr Zaborov).

JACQUES PROUST

DIDEROT
ET L'ENCYCLOPÉDIE

Albin Michel

Bibliothèque de « L'Évolution de l'Humanité »

22, rue Huyghens, 75014 Paris

ISBN : 2-226-07892-4

PRÉFACE À LA PREMIÈRE ÉDITION (1962)

Le livre de M. Venturi sur la *Jeunesse de Diderot* devait nécessairement avoir une suite. La vaste culture de l'auteur, la sûreté de sa méthode, le caractère pénétrant de ses vues, font regretter qu'il n'ait pas lui-même écrit cette suite. Le présent ouvrage ne prétend pas la suppléer, si séduisante que pût paraître l'entreprise. Il n'est qu'une contribution à l'étude d'ensemble de cette *Maturité de Diderot* qu'il faudra quelque jour mener à son terme.

Mais pourquoi, dira-t-on peut-être, se borner à l'étude de l'*Encyclopédie*, alors que dans la période 1750-1765, à laquelle ce livre correspond à peu près, Diderot a écrit tant d'ouvrages plus personnels, plus vivants, plus importants en somme : ses premiers *Salons*, ses premiers grands romans, et même ses premiers ouvrages dramatiques ? S'il fallait sacrifier quelque chose, ne fallait-il pas sacrifier l'*Encyclopédie ?* La question pourrait en effet se poser, si la place tenue par l'*Encyclopédie* dans la vie et dans la pensée de Diderot était depuis longtemps connue, délimitée. Or, à y regarder de près, on s'aperçoit que pour vingt études consacrées à l'*Encyclopédie* en général, il n'y en a pas une qui montre la part personnelle que Diderot y a prise, ou le rôle que sa collaboration au dictionnaire a eu dans le développement de sa pensée. Cette lacune devait être comblée.

La tâche était ardue, parfois rebutante. Tout n'est pas de première qualité, dans la copie fournie par le Philosophe aux libraires associés. Il s'en faut même de beaucoup. Par ailleurs, les questions préliminaires semblaient se multiplier à l'envi, et nous ne pensons pas avoir répondu à toutes. Le nombre et l'étendue des annexes que nous avons dû joindre à cette étude montrent assez l'importance et la nature de ces questions. Au problème le plus irritant, — discerner à coup sûr la contribution de Diderot de celle de ses collaborateurs, — nous avons trouvé une réponse sûre, mais prudemment limitative. Des travaux ultérieurs, qui ne peuvent être faits qu'en équipe, devront permettre d'ajouter d'autres textes au choix minimum d'articles que nous avons pris comme base de travail. Sur le nombre et la qualité des collaborateurs choisis par Diderot et d'Alembert, sur les circonstances et les conditions de l'élaboration de la *Lettre sur le commerce de la librairie*, sur l'établissement même du texte des principaux articles de Diderot, — ceux de l'*Histoire de la philosophie*, — sur l'usage qu'il a pu faire des sources majeures de son information, questions fort diverses comme on voit, il a fallu qu'à tout moment nous nous interrogions, avant d'aller à ce qui restait pour nous l'essentiel, sa pensée vivante.

Cette pensée, nous avons, malgré les difficultés de la chronologie, tâché de la saisir dans son devenir, au fur et à mesure qu'elle semblait se dégager de la matière impersonnelle dont Diderot est le plus souvent parti, puis s'affirmer dans la lutte, soit dans la polémique avec l'adversaire, soit dans l'émulation avec le partenaire, face à Jean-Jacques Rousseau aussi bien qu'à Chaumeix. Il fallait pour ce faire ne négliger aucune des réactions suscitées par les textes de Diderot au fur et à mesure de leur publication, non plus que le choc en retour produit sur Diderot par la critique. C'est ce que nous avait appris le livre de M. Venturi, et nous avons pu vérifier que la méthode était bonne.

La « politique » tient beaucoup de place dans ce livre. Le fait que nous n'avons pas jugé utile de traiter la contribution proprement scientifique de Diderot au dictionnaire, — puisque M. Jean Mayer l'étudiait dans sa thèse, — fausserait-il la perspective de l'ensemble ? Nous ne le pensons pas. La contribution technique de Diderot à l'*Encyclopédie*, sa contribution philosophique même, n'ont de valeur technique ou philosophique que secondairement. Tout article de Diderot, quel que soit son contenu, a d'abord pour but de modifier l'opinion du lecteur pour en faire un *citoyen* plus *éclairé*, plus *utile*, et faire avancer par là une « révolution » nécessaire. Ainsi tout article de Diderot est d'abord politique, et sur ce point encore nous n'avons eu qu'à prolonger une ligne déjà tracée par M. Venturi.

Toutefois il nous a semblé que le sens général de la lutte politique de Diderot apparaîtrait plus clairement, si nous avions, — comme la nature des questions abordées dans l'*Encyclopédie* nous y invitait, — l'attention de placer en temps voulu cette lutte dans son contexte économique et social. Cela avait déjà été tenté, mais trop rarement à notre gré avec l'objectivité et la patience qu'il fallait y mettre. Le Diderot politique dont nous dégageons ici les principaux traits n'est pas encore celui des grands ouvrages de la vieillesse, il n'a pas non plus la stature de son frère ennemi, Rousseau. Il est du moins plus vraisemblable que celui qu'une critique mal informée a souvent fait voir, et pour n'être pas « progressiste » il n'en a pas moins travaillé authentiquement au progrès de la nation française et de l'humanité.

Pendant les quelque quinze années où nous en avons suivi le développement, la pensée de Diderot nous a paru cohérente, voire même à l'occasion dogmatique. Est-ce une réaction naturelle, mais discutable, contre tant d'ouvrages à l'enseigne de la girouette langroise ? On en jugera sur pièces. Hâtons-nous cependant de dire qu'environ 1765, année où nous abandonnons Diderot, son évolution n'est point achevée. Sur plus d'un point de morale ou de politique, les œuvres de la vieillesse marqueront par rapport aux textes de l'*Encyclopédie* des progrès non négligeables. Mais nous n'avions pas ici à en tenir compte.

Sans doute jugera-t-on plus grave l'absence de toute référence aux œuvres proprement littéraires contemporaines de l'*Encyclopédie*. Ce n'est pas que nous ayons isolé arbitrairement l'œuvre encyclopédique du Philosophe du contexte général de sa pensée. Toutes les fois qu'il était nécessaire nous avons au contraire montré que l'*Encyclopédie* avait son prolongement naturel dans tel texte de circonstance, dans tel passage de la correspondance. Mais il nous a paru que le théâtre, les *Salons*, les romans, méritaient un sort particulier. Comme œuvres d'art, destinées de surcroît à un public incomparablement plus restreint que celui de l'*Encyclopédie*, voire réservées à la seule postérité, ce sont des textes d'une autre qualité, disons même d'un autre ordre, que les textes encyclopédiques. Les uns et les autres ne sont pas sans rapports, mais de ceux-ci à ceux-là s'effectue une transmutation délicate qui fait que les premiers méritent plus et mieux que d'être étudiés en appendices de l'*Encyclopédie*.

Nous tenons à exprimer notre reconnaissance à M. Pintard, professeur à la Sorbonne. Il nous a conduit dans notre travail avec une scrupuleuse attention, et avec une sympathie patiente et compréhensive qui nous a aidé à surmonter plus d'une difficulté.

Nous ne pouvons mesurer tout ce que nous devons aux conseils, aux conversations, aux lettres, de M. Jean Pommier, de l'Institut, professeur au Collège de France, de M. Jean Fabre, professeur à la Sorbonne, de M. Georges Roth, le vaillant éditeur de la *Correspondance* de Diderot.

Nous devons aussi beaucoup à l'amitié de M. Herbert Dieckmann, professeur à l'Université de Harvard, de M. Otis E. Fellows, professeur à l'Université de Columbia à New York, de M. Lester G. Crocker, chef du Département des Langues romanes à l'Université de Western Reserve, de M. Arthur M. Wilson, professeur à Dartmouth College, de M. Franco Venturi, professeur à l'université de Turin, de M. l'Académicien M. P. Alexeïev, professeur à l'Université de Leningrad, de M. Lublinsky, professeur à l'Institut Herzen de Leningrad, de M. V. I. Tchoutchmariov, de Moscou.

Enfin, nous avons toujours rencontré le meilleur accueil dans les bibliothèques, notamment auprès de M. Marcel Thomas, au département des manuscrits de la Bibliothèque nationale, de Mme Claude Mériot, au département des estampes, de Mme Ossorguine, au service slave de la même bibliothèque.

PRÉFACE À LA DEUXIÈME ÉDITION (1982)

Depuis que le manuscrit de ce livre a été corrigé pour la première édition (fin 1961), de nombreux et importants travaux ont été faits sur Diderot et sur l'*Encyclopédie*. J'en ai naturellement tenu compte pour faire un certain nombre de modifications et de corrections de détail. On en trouvera la liste dans l'Annexe VI.

Dans la voie ouverte par le chapitre I ("Diderot, les encyclopédistes et la société du XVIIIe siècle"), des progrès considérables ont été faits depuis vingt ans grâce à Frank Kafker (University of Cincinnati, U.S.A.) et à John Lough (University of Durham, G.-B.). Il faut en particulier signaler l'intérêt de la plaquette trop peu connue publiée par ce dernier en 1972 à Londres (Grant and Cutler Ltd) sous le titre *The Contributors to the Encyclopédie*. Grâce à ces chercheurs, avec qui j'ai eu plaisir à collaborer pendant toutes ces années, j'ai pu proposer une liste de deux cent cinq collaborateurs de l'*Encyclopédie* pour le volume d'*Essais et Notes sur l'Encyclopédie* édité à Parme par Franco Maria Ricci en 1979 (pp. 453-454). Cette liste a elle-même servi de base à la recherche des notices biographiques et de l'iconographie rassemblées dans le même volume par Andrea Calzolari, sous le titre : "Le monde de l'*Encyclopédie*" (pp. 344-451). Je me suis également fondé sur elle pour refaire de fond en comble l'étude de la base sociale de l'entreprise (*ibid.*, pp. 227-239). Les conclusions auxquelles je suis arrivé au terme de cette nouvelle étude ne démentent pas mais confirment celles auxquelles j'étais arrivé en 1961, à partir d'une liste de cent soixante noms seulement (1).

L'histoire de la manufacture encyclopédique, qui faisait l'objet de mon second chapitre, doit être replacée aujourd'hui dans un ensemble beaucoup plus vaste, englobant toutes les entreprises du même genre qui se sont suivies et souvent concurrencées pendant la seconde moitié du XVIIIe siècle. Je ne citerai que trois titres, parmi les études de très grande qualité qui ont été faites sur le sujet dans ces dernières années. La première en date est de John Lough. Elle a paru dans *Essays on the Encyclopédie of Diderot and d'Alembert*, Londres, Oxford University Press, 1968 (pp. 1-110). On y trouvera notamment une mise au point extrêmement utile sur les différents tirages et les différentes éditions de la première *Encyclopédie*. On peut y annexer l'étude intitulée "Luneau de Boisjermain *vs* the Publishers of the *Encyclopédie*", dans *The Encyclopédie in Eighteenth-Century England and other Studies*, Oriel Press, 1970 (pp. 96-158). La seconde étude importante est de Mme Tucoo-Chala :

(1) On pourra comparer les résultats de l'enquête globale à ceux de l'enquête parcellaire que j'ai faite sur *L'Encyclopédisme dans le Bas-Languedoc au dix-huitième siècle*, Montpellier, 1968.

Charles-Joseph Panckoucke et la librairie française, 1736-1789, Pau et Paris, 1977. La troisième est de Robert Darnton : *The Business of Enlightenment. A publishing History of the Encyclopédie, 1775-1800,* The Belknap Press of Harvard University Press, 1979. La note bibliographique qui clôt le livre de M. Darnton constitue le meilleur état de la question dont nous disposions à ce jour.

L'enquête que j'avais faite en 1961 sur la nature et l'étendue de la collaboration personnelle de Diderot à l'*Encyclopédie* (chapitre IV) a elle aussi été complétée. On ne peut plus désormais travailler sur l'*Encyclopédie* sans avoir à portée de la main les six volumes de l'*Inventory of Diderot's Encyclopédie* publiés en 1971 et 1972 par R.N. Schwab, W.E. Rex et J. Lough, dans les *Studies on Voltaire and Eighteenth Century.* Toutes les identifications souhaitables s'y trouvent. Nous en avons naturellement tenu le plus grand compte, John Lough et moi, en préparant les quatre volumes consacrés à l'*Encyclopédie* dans l'édition critique des *Œuvres complètes* de Diderot en cours de publication chez Hermann, Paris. Les articles de Diderot y occupent les tomes V à VIII, publiés en 1976. La substance des annexes III et IV de *Diderot et l'Encyclopédie* se retrouve dans les notes de ces quatre tomes, enrichie de toutes sortes de compléments de détail.

Mon chapitre V ("Les encyclopédistes devant le développement des forces productives et l'évolution de la technique") paraît aujourd'hui bien léger, au regard des sommes consacrées dans ces vingt dernières années à l'histoire économique et sociale du XVIIIe siècle. Je l'ai laissé en l'état, pour témoigner de la pauvreté relative de l'information offerte il n'y a pas si longtemps aux historiens de la littérature et des idées, désireux de fonder sérieusement leur travail sur ce terrain. Les recherches les plus intéressantes étaient alors celles d'Ernest Labrousse, et j'ai eu beaucoup de profit à travailler sur *La Crise de l'économie française à la fin de l'Ancien Régime et au début de la Révolution,* Paris, P.U.F., 1944. Mais c'était le livre d'un historien de l'économie, plutôt que d'un historien de la société. J'aurais aimé avoir en main, dès ce moment-là, l'admirable tome II de l'*Histoire économique et sociale de la France* (Des derniers temps de l'âge seigneurial aux préludes de l'âge industriel, 1660-1789), publié en 1970 aux Presses universitaires de France par E. Labrousse, P. Léon, P. Goubert, J. Bouvier, C. Carrière et P. Harsin. D'une manière plus générale, tous les travaux produits dans ces quinze dernières années par les élèves et les émules de Fernand Braudel seraient à prendre en compte aujourd'hui.

Au sujet de la *Description des Arts* (chapitre VI), notre connaissance a moins progressé. Il faut tout de même signaler le beau travail fait par Jean-Pierre Seguin et Françoise Gardey pour *L'Univers de l'Encyclopédie,* publié en 1964 par les Libraires associés. La mise en regard des planches de l'*Encyclopédie* et des planches de la *Description des Arts* de l'Académie des sciences, que je n'avais pu présenter pour des raisons techniques en 1962, a permis d'avancer passablement dans la compréhension des rapports – complexes – qu'eurent entre elles les deux publications. On trouvera également des reproductions d'épreuves corrigées des planches préparées par Réaumur, dans un de mes articles intitulé "Glanes encyclopédiques" (*Studies in the French Eighteenth Century presented to John Lough,* University of Durham, 1978, pp. 157-172). J'ai examiné plus particulièrement "L'image du peuple au travail dans les planches de l'*Encyclopédie*", dans une étude abondamment illustrée parue en 1973 chez Armand Colin dans les actes d'un colloque d'Aix-en-Provence sur les *Images du peuple au* XVIIIe *siècle* (pp. 65-85). Enfin on trouvera dans le volume d'*Essais et Notes sur l'Encyclopédie* publié en 1979 par F.M. Ricci une très belle étude de Bertrand Gille sur "L'*Encyclopédie* et les techniques" (pp. 159-189). Je regrette qu'une thèse très intéressante de l'Ecole du Louvre, présentée il y a quelques années par Mlle Madeleine Pinault, n'ait pas encore été publiée. Cette thèse recense toutes les sources gravées des planches du dictionnaire, en particulier dans le domaine artistique. Il en ressort que bien peu de planches ont été exécutées d'après des dessins originaux.

Aux travaux d'ensemble ou de détail énumérés ci-dessus, j'ajouterai pour finir deux références concernant l'*Encyclopédie* en général. La première, pour renvoyer à la traduction japonaise de mon livre, *L'Encyclopédie,* paru primitivement dans la Collection Armand Colin en 1965. Cédant aux amicales pressions de mes traducteurs, N. Hiraoka et S. Ichikawa, j'ai refait complètement la bibliographie qui terminait le livre, et je l'ai mise à jour à la date de publication (1979). L'éditeur japonais, Iwanami Shoten, Tokyo, a eu l'attention de donner cette bibliographie en tête du livre et en langue française, se contentant d'y intercaler les indications nécessaires aux lecteurs japonais non francophones. Il me plaît surtout de citer, comme ultime référence, le très beau livre sur l'*Encyclopédie* publié en 1971 par John Lough (Longman Group Ltd). Il complète, corrige, confirme, contredit à tout moment mon livre de 1962 et donne l'exemple admirable et trop rare de ce que peut être le *fair play,* allié à la compétence, dans la discussion scientifique et le débat d'idées.

PRÉFACE À LA TROISIÈME ÉDITION (1995)

À la mémoire de Franco Venturi

Comme j'entreprenais ce travail, au début des années cinquante, je regrettai devant l'un de mes maîtres de ne pas savoir plusieurs langues étrangères vivantes dont la connaissance me paraissait nécessaire pour le mener à bien. Il me rétorqua avec simplicité : « Mon cher, ce que font les étrangers ne compte pas. »

Plus tard, alors que j'en préparais la soutenance publique, j'émis le vœu de remplacer l'exposé des « acquis de la thèse » par celui d'un programme de recherche international, sur un chantier que j'estimais avoir seulement débroussaillé. Ma proposition suscita un effroi réprobateur : « Mais on croira que votre thèse est inachevée. » Je passai outre, et la Sorbonne ne s'écroula pas.

J'ai déjà indiqué, dans ma postface de 1982, les principales directions dans lesquelles cette recherche se développa à partir des années soixante. Ce développement se poursuit. Il a été favorisé par la publication de la traduction française du livre de Robert Darnton, *L'Aventure de l'Encyclopédie, 1775-1800. Un best-seller au siècle des Lumières,* Paris, Perrin, 1982, qui a eu un très grand retentissement en France et à l'étranger, et par l'heureuse initiative qu'eurent Jacques et Anne-Marie Chouillet, lorsqu'ils fondèrent la Société Diderot. Sa revue semestrielle, *Recherches sur Diderot et sur l'Encyclopédie,* paraît régulièrement depuis 1986 et a déjà accueilli beaucoup de travaux intéressants et neufs.

La longue patience de l'historien américain Frank Kafker a abouti à une somme que l'on peut considérer comme exhaustive, *The Encyclopedists as individuals : a biographical dictionary of the authors of the Encyclopédie,* parue dans les *Studies on Voltaire and the Eighteenth Century,* à Oxford, en 1988. C'est d'elle qu'il faut maintenant partir pour toute étude concernant non seulement les individus qui ont collaboré au dictionnaire, mais aussi plus généralement la « base sociale » de l'entreprise. Il nous manque encore, faute de documents, une étude des souscripteurs de la première édition in-folio. Robert Darnton a montré ce qu'on pouvait en attendre, à propos de la réédition in-quarto.

Sur l'encyclopédisme lui-même, la recherche a fait aussi de grands progrès. En amont de l'entreprise dirigée par Diderot et d'Alembert, Frank Kafker a identifié neuf encyclopédies remarquables publiées aux XVIIe et XVIIIe siècles, en Europe seulement (*Notable Encyclopedias of the Seventeenth and Eighteenth Centuries, Studies on Voltaire...*, 194, 1981). Le colloque international organisé à Caen en 1987 par Annie Becq a montré d'autre part que les projets et les réalisations de l'Age classique se situaient dans un vaste courant qui avait irrigué toute l'Europe occidentale à partir du XIIIe siècle, et dont les sources lointaines devaient être cherchées au Proche-Orient, dans l'Inde des Moghols et jusqu'à la Chine du temps des Han. J'ai tenté d'indiquer, dans un article intitulé « La place de l'*Encyclopédie* dans la pensée européenne » (*Annales Benjamin Constant*, Lausanne, n° 14, 1993, pp. 111-123), en quoi l'encyclopédie de 1751-1772 se distinguait de toutes les précédentes. Mais ce n'était encore qu'une esquisse : il est évident que la comparaison est à faire cas par cas, et qu'il faut sortir de la problématique des sources qui a obéré trop longtemps la recherche. Il est utile de savoir ce que l'encyclopédie française doit textuellement à celle de Chambers, l'anglaise, mais plus intéressant encore de savoir quels sont les principes directeurs, les présupposés, la structure profonde de l'une et de l'autre.

Sur la seule question du rapport entre le texte et l'illustration, à laquelle Diderot a tant réfléchi, la comparaison de l'*Encyclopédie* et d'une encyclopédie chinoise ou japonaise du XVIIe ou du XVIIIe siècle serait d'autant plus éclairante qu'en Asie les illustrations étaient en général incorporées au texte. Il serait bien intéressant aussi de pouvoir comparer les plans des unes et des autres. Diderot et d'Alembert ont eu des hésitations sur l'ordre dans lequel ils devaient mettre la matière de leur dictionnaire. Le « Système figuré des connaissances humaines » qui est en tête du premier volume est déjà une version modifiée de celui qui était proposé dans le *Prospectus*, mais c'est surtout un compromis entre une grande *idée*, héritée de Bacon, et les nécessités pratiques de la mise en série alphabétique, arbitraire dans son principe même.

Albert Rémusat a donné dès le début du XIXe siècle, dans deux articles généralement ignorés des spécialistes occidentaux de l'*Encyclopédie*, une idée assez précise de ce qu'était à cet égard une encyclopédie asiatique. Le premier s'intitule « Notice sur l'encyclopédie japonaise et sur quelques ouvrages du même genre ». Il a paru dans *Notices et extraits des manuscrits de la Bibliothèque nationale*, t. XI, pp. 123 et suivantes (ces *Notices* peuvent être consultées au Département des manuscrits de la Bibliothèque, où elles se trouvent parmi les usuels, Imp. 25054, 1 à 42). Le second article s'intitule « Sur une collection d'ouvrages relatifs au Japon ». Il a paru en 1829 dans les *Nouveaux Mélanges asiatiques*, I, pp. 272 et suivantes (B.N., microformes, m.18562, 1-2).

Le plan de l'encyclopédie décrite par Rémusat, qui fut publiée en 1713, n'a bien entendu aucun rapport avec celui dont Michel Foucault, qui l'avait trouvé dans Borges, s'amusait tant dans la préface des *Mots et les Choses*. Elle comprend cent cinq livres ou chapitres, répartis entre quatre-vingts volumes grand *in-8°*, qui embrassent successivement les objets ayant un rapport avec le ciel, l'homme, la terre. Mais les choses de la terre tiennent beaucoup plus de place que celles du ciel (six livres seulement), et l'homme occupe quantitativement la place intermédiaire, comme il est aussi au centre de l'ensemble.

Les livres qui lui sont consacrés traitent dans l'ordre : des Etats, des degrés de parentés, des magistrats, des actions humaines, des parties du corps et de leurs fonctions, des pays et des peuples étrangers, des arts libéraux, des talents, des jeux, des instruments de musique, des sacrifices et des objets rituels, des armes défensives et offensives, des supplices, des instruments servant à la pêche et à la chasse, des outils et instruments servant aux artisans, des ustensiles de toilette, étoffes, vêtements, coiffures, chaussures, ustensiles de cuisine, meubles et chaises à porteur, des navires et des ponts, des instruments de labourage, des ouvrages de femme. L'index contenu dans un cent sixième livre combine ingénieusement les avantages du méthodique et de l'alphabétique. Il est alphabétique, parce que tous les mots vedettes y sont classés d'abord selon l'un des deux syllabaires japonais *(hiragana)* ; méthodique parce que sous chaque syllabe ils se distribuent en huit catégories subsidiaires : ciel et terre, affaires humaines, parties du corps, êtres doués de vie, comestibles et habillements, vases et meubles, métaux et pierres, herbes et arbres. Bien qu'appelés par un caractère *hiragana,* tous les mots sont écrits en *katakana* (le second syllabaire japonais) et en *kanji* (idéogrammes chinois) : les *kanji* fixent le concept, les *katakana* la prononciation ; cette distinction est nécessaire, parce que les idéogrammes ne se prononcent pas de la même manière en chinois et en japonais.

Les recherches se sont aussi multipliées en aval. Je citerai en particulier le travail de Clorinda Donato, *Inventory of the Encyclopédie d'Yverdon : a Comparative Study with Diderot's Encyclopédie,* Los Angeles, University of California, 1987, et Ann Arbor, University of Michigan,1989, 3 vol. Elle a aussi publié des « Notices sur quelques auteurs des quarante-huit volumes de discours de l'*Encyclopédie* d'Yverdon », dans *Recherches sur Diderot et sur l'Encyclopédie,* n° 11, octobre 1991, pp. 133-141. Un groupe de travail s'est constitué depuis peu à Yverdon même à l'initiative de l'Université de Lausanne, pour coordonner les recherches de toutes sortes qui restent à faire sur l'entreprise de De Felice. Elles intéressent la Suisse, mais aussi l'Allemagne (Formey, de Berlin, a suivi de près ce qui se faisait à Yverdon), et la Russie, où De Felice avait plusieurs collaborateurs. Cette encyclopédie a longtemps été considérée comme une tentative réactionnaire de réécriture, qui tendait à refaire celle de Paris à l'intention d'un public timoré, soucieux d'éviter les excès de l'anticléricalisme et du matérialisme. Mais on peut y voir tout aussi bien une tentative pour aligner sur l'horizon d'attente de l'Europe du Nord, majoritairement protestante, l'essentiel des acquis de l'encyclopédie de Paris, sans compromission avec le catholicisme dominant au Sud, mais sans concession non plus aux tenants les plus rigides de la tradition calviniste. Un des membres du groupe de travail pour l'étude de l'*Encyclopédie* d'Yverdon, Alain Cernuschi, prépare actuellement un livre intitulé *Etude de la refonte du système de savoir de l'Encyclopédie d'Yverdon (1770-1780), de son application et de son importance dans l'histoire des idées.* Il a déjà mené à terme une « Etude sur l'originalité de l'*Encyclopédie* d'Yverdon : l'exemple des articles sur la musique », encore inédite, qui pose les questions de méthode essentielles.

Au sujet de la Description des Arts de l'encyclopédie de Paris, je signalais déjà en 1982 l'intérêt considérable du travail toujours inédit fait par Madeleine Pinault sur les sources gravées des planches du dictionnaire. Ses recherches se sont élargies depuis à tous les aspects de l'iconographie encyclopédique. Les résultats en sont malheureusement disséminés dans de multiples publications, d'accès parfois difficile. Le seul intitulé des principaux articles déjà publiés dit assez la nouveauté et la richesse de ce qu'on trouvera dans l'ouvrage de synthèse en cours d'achèvement :

« Diderot et les illustrateurs de l'*Encyclopédie* », *Revue de l'Art,* 1984, n° 66, pp. 17-38 ;

« Three new drawings by Jean-Jacques de Boissieu » (en collaboration avec Marie-Félicie Perez), *Master Drawings,* vol. 23-24, 1985-1986, n° 3, pp. 289-295 ;

« Les chapitres artistiques des volumes de planches de l'*Encyclopédie* », *Diderot, les beaux-arts et la musique,* Centre aixois d'études et de recherches sur le XVIIIe siècle, Actes du colloque international d'Aix-en-Provence, 14-16 décembre 1984, publiés en 1986, pp. 67-91 ;

« Diderot et les enquêtes de Le Masson du Parc », *Littérature des Voyages, II, La Mer au siècle des Encyclopédies,* Colloque de Brest, 17-20 septembre 1984, Actes recueillis par Jean Balcou sous l'égide de l'Université de Bretagne occidentale, Centre de recherche bretonne et celtique, Paris-Genève, 1987, pp. 343-355, étude reprise dans *Mer,* n° 11, janvier-février 1985, pp. 41-44 ;

« Dessins pour un Art de l'imprimerie », Lyon, 112e Congrès national des Sociétés savantes, 1987, *Histoire des sciences,* t. II, Paris, 1988, pp. 73-85 ;

« A propos des planches de l'*Encyclopédie* », dans *Editer Diderot, Studies on Voltaire and the Eighteenth Century,* 254, 1988, pp. 351-361 ;

« Caractères et alphabets de langues mortes et vivantes dans l'*Encyclopédie* », *Corps écrit,* n° 36, Babel ou la diversité des langues, décembre 1990, pp. 123-129 ;

« Sur les planches de l'*Encyclopédie* de d'Alembert et Diderot », Colloque international sur l'encyclopédisme, Université de Caen, 12-16 janvier 1987, Paris, 1991, pp. 355-362 ;

« Les Métamorphoses de l'*Encyclopédie :* quelques exemples », Table ronde sur l'*Encyclopédie,* Bristol, VIIIe Congrès international des Lumières, 1991, dans *Recherches sur Diderot et sur l'Encyclopédie,* n° 12, avril 1992, pp. 98-112 ;

L'Encyclopédie, collection *Que sais-je ?,* n° 2794, Paris, 1993 ;

« A propos des planches de l'*Encyclopédie* », *Recherches sur Diderot et sur l'Encyclopédie,* n° 15, novembre 1993, pp. 142-152.

En même temps que la recherche se diversifie et s'approfondit, la nécessité d'en communiquer les résultats à un plus vaste public s'impose.

La réédition des planches et d'un choix de textes de l'*Encyclopédie* par l'éditeur d'art Franco Maria Ricci, à Parme, en 1979, a fait école. Un autre éditeur italien, Mondadori, a réédité en un seul volume, en 1983, la totalité des planches de l'édition in-folio de l'encyclopédie de Paris et des volumes de *Suppléments.* Le format des planches a été réduit de telle sorte que chaque page en reproduise deux ou quatre, mais la qualité de la gravure originale et celle de la photographie sont telles qu'elles restent parfaitement lisibles. J'ai rédigé l'introduction générale du volume, et les introductions particulières aux différentes sections thématiques entre lesquelles sont réparties les planches. Chaque page est encadrée de notes marginales techniques et historiques, très bien faites, dont l'auteur est un Italien, Giancarlo Buzzi. Il existe une version française de l'ouvrage, publiée en 1985 par Hachette, et une traduction japonaise, par M. Ichikawa Shin-ichi, publiée la même année à Tokyo chez l'éditeur Heibonsha. Il faut situer dans le même courant de curiosité la réimpression par l'éditeur genevois Slatkine des *Descriptions des Arts et Métiers de l'Académie des Sciences,* très difficiles d'accès dans l'original, et souvent dépareillées dans les bibliothèques.

Comme l'inventaire de l'*Encyclopédie* de Schwab, Rex et Lough publié dans les *Studies on Voltaire...* en 1971 et 1972 est maintenant complété par un inventaire des planches (*Studies on Voltaire...,* 223, 1984), l'ensemble de ces publications constitue désormais un instrument de travail indispensable et aisément utilisable.

Le lecteur trouvera à la fin de ce volume (Annexe V) un chapitre intitulé « Sources de la pensée politique de Diderot » qui ne figurait pas dans les précédentes éditions. Il devait à l'origine avoir sa place entre les chapitres numérotés IX et X dans les éditions de 1962-1967 et de 1982. Le plan primitif du livre comportait donc quatre chapitres sur treize consacrés à la pensée politique de Diderot. Il le fallait, me semblait-il (et je n'ai pas changé d'avis), pour rendre pleinement compte d'une étape décisive de la biographie intellectuelle du Philosophe, dont la dernière devait couvrir les grands textes consacrés à la Russie et à la Hollande, les contributions à l'*Histoire des Deux Indes* de l'abbé Raynal, et les deux versions de l'*Essai sur les règnes de Claude et de Néron.* Il faut avoir entre les mains toutes les pièces du dossier, même les plus rébarbatives (et j'avoue que la politique tirée de la lecture de Brucker et des jurisconsultes l'est quelquefois) pour pouvoir mesurer le chemin parcouru par Diderot de 1751 à 1782.

Il était généralement considéré comme paradoxal, dans les années soixante, de consacrer un livre à Diderot et à l'*Encyclopédie* : sur la base de l'édition Assézat et Tourneux des *Œuvres complètes,* qui attribue à Diderot les articles les plus hétéroclites, il paraissait entendu que l'*Encyclopédie* avait surtout été pour lui une œuvre alimentaire, qui l'avait trop longtemps détourné de sa vraie vocation : écrire *Le Neveu de Rameau,* les *Contes, Jacques le fataliste.* En consacrant près du tiers du livre à sa pensée politique, je montrais au moins que l'*Encyclopédie* tenait une place essentielle dans les premiers développements de cette pensée.

Mais il fallait encore montrer qu'elle avait aussi été le banc d'essai de l'œuvre proprement littéraire du principal auteur de la Description des Arts, des Synonymes, de l'Histoire de la philosophie.

Je donnai une première esquisse de ce qu'il me paraissait possible de faire en ce domaine dans une conférence donnée au Collège de France à l'invitation de Jean Pommier, alors titulaire de la chaire d'histoire des créations littéraires ; elle s'intitulait « Quelques aspects de la création littéraire chez Diderot ». Elle a été recueillie dans un volume préfacé par Jean Pommier et publié par le Collège de France en 1964, sous le titre *Six conférences...*

Je repris la question sur nouveaux frais dans une étude plus ambitieuse parue en 1972 dans un recueil intitulé *Recherches nouvelles sur quelques écrivains des Lumières,* publié chez Droz, à Genève, pp. 273-340, sous le titre « De l'*Encyclopédie* au *Neveu de Rameau* : l'objet et le texte ». J'y montrais comment les difficultés rencontrées dans l'*Encyclopédie* à l'occasion de la description d'une machine en mouvement, le métier à tricoter les bas, avaient paradoxalement aidé l'écrivain à trouver des solutions originales au problème de l'expression artistique dans le roman. Cette étude fut reprise par la suite dans un recueil intitulé *L'Objet et le texte,* publié également chez Droz en 1980. Il en a été fait une traduction japonaise par M. Sumi Yoichi ; elle a paru à Tokyo dans la revue *Shisô* (La Pensée) en 1984 (n° 724, pp. 146-197).

J'avais fait beaucoup de rapprochements, dans *Diderot et l'Encyclopédie,* entre le contenu du dictionnaire et les *Lettres à Sophie Volland,* considérées comme un journal qui permet de dater certains textes, et d'en situer d'autres dans le contexte de la vie et de l'œuvre. Mais on peut faire aussi le chemin inverse, considérer que les *Lettres* sont une œuvre littéraire, et s'interroger sur la manière dont cette œuvre se nourrit du travail fait par l'encyclopédiste. C'est ce que j'ai tenté dans une étude intitulée « Ces *lettres* ne sont pas des lettres... : à propos des *Lettres à Sophie Volland* », publiée dans la revue *Equinoxe* (Kyoto), hiver 1988, n° 3, pp. 5-17. Il y a encore beaucoup à faire dans cette perspective, à propos de l'art de la réécriture (Diderot, éditeur d'un dictionnaire, récrit le plus souvent à partir d'un matériau emprunté), à propos de l'art du dialogue (les articles de l'*Encyclopédie* sont souvent des dialogues entre deux ou plusieurs auteurs, voire entre l'auteur et sa source), à propos de l'« écriture fragmentaire » (un même texte produit différents effets lorsqu'il est « monté » dans des ensembles différents), à propos de l'ironie et de l'humour (l'art des renvois dans l'*Encyclopédie,* celui de l'allusion et de la litote dans les œuvres de fiction).

Enfin il reste tout à faire sur les relations qu'entretiennent la préparation des planches, et celle de l'*Encyclopédie* en général, avec celle des *Salons*.

La fréquentation des dessinateurs et des graveurs qui ont travaillé aux planches n'a pas pu être sans conséquence sur la manière dont Diderot considère les œuvres picturales ou plastiques présentées au Salon : il n'aurait pas été si sensible au « faire » des artistes s'il n'avait vu de ses propres yeux celui des coopérateurs de Goussier. Ils étaient eux aussi des artistes, nous pouvons encore en juger par la qualité de leur travail. Lorsque les résultats des recherches de Madeleine Pinault seront tous connus, la comparaison s'imposera nécessairement.

A un niveau plus profond, il y a entre l'*Encyclopédie* et les *Salons,* après l'achèvement des volumes de *Discours* et avant celui du *Recueil des planches,* une relation très subtile. J'en ai suggéré la nature dans deux articles parus en 1987 et 1988 : « L'originalité du *Salon de 1767* » (dans *Denis Diderot oder die Ambivalenz der Aufklärung,* édité par Dietrich Harth et Martin Raether, Würzburg, 1987, pp. 35-44) et « Diderot et le système des connaissances humaines » (*Studies on Voltaire...*, 256, 1988, pp. 117-127). Il m'a semblé que, avant même d'avoir achevé sa tâche d'éditeur de l'*Encyclopédie,* Diderot en avait aperçu les limites et conçu clairement l'impossibilité foncière. Il se produisit alors de l'*Encyclopédie* prise dans son ensemble aux *Salons,* puis aux *Contes,* un transfert analogue à celui que j'ai étudié jadis à propos du *Neveu de Rameau* et du métier à bas. Je concluais l'article de 1988 en disant : « *Le Neveu de Rameau,* le *Rêve de d'Alembert,* les *Salons* ne sont pas des divertissements dans lesquels (Diderot) se serait reposé le septième jour d'un travail long et lassant. Ils sont exactement la face cachée de l'*Encyclopédie,* son double, son envers, et déjà son autre. »

Les œuvres littéraires et esthétiques comme métaphores de l'*Encyclopédie* ? Bien des aspects de cette dialectique du même et de l'autre restent encore à explorer.

ABREVIATIONS

Sigles et titres des principaux ouvrages cités

AT : D. DIDEROT, *Œuvres complètes*, revues et éditées par J. Assézat et M. Tourneux, Paris, Garnier, 1875-1877, in-8°, 20 vol.

CI : D. DIDEROT, *Correspondance inédite*, publiée par A. Babelon, Paris, Gallimard, 1931, in-8°, 2 vol.

CORR : D. DIDEROT, *Correspondance*, édition établie, annotée et préfacée par Georges Roth, Paris, Les éditions de minuit, 1955-1961, in-8°, 6 vol. parus

CORR LIT : GRIMM, DIDEROT, RAYNAL, *Correspondance littéraire, philosophique et critique*, éditée par M. Tourneux, Paris, Garnier, 1877-1882, in-8°, 16 vol.

ENC : D. DIDEROT, D'ALEMBERT, *Encyclopédie, ou dictionnaire raisonné des sciences, des arts et des métiers, par une société de gens de lettres*, Paris, 1751-1765, pet. in-f°, 17 vol.

ENC PL : D. DIDEROT, *Recueil de planches sur les sciences, les arts libéraux et les arts mécaniques, avec leurs explications*, Paris, 1762-1772, pet. in-f°, 11 volumes

LOUGH 68 : John LOUGH, *Essays on the Encyclopédie of Diderot and d'Alembert*, London, Oxford University Press, 1968.

LOUGH 70 : John LOUGH, *The Encyclopédie in Eighteenth Century England and other Studies*, Newcastle upon Tyne, Oriel Press Ltd, 1970.

LOUGH 71 : John LOUGH, *The Encyclopédie*, London, Longman Group Ltd, 1971.

SCHWAB : R.N. SCHWAB, W.E. REX, J. LOUGH, *Inventory of Diderot's Encyclopédie*, dans *Studies on Voltaire and the Eighteenth Century*, vol. LXXX, LXXXIII, LXXXV, XCI, XCII, XCIII, 1971-1972.

SV : D. DIDEROT, *Lettres à Sophie Volland*, publiées par A. Babelon, Paris, Gallimard, 8e édition, 1938, in-8°, 2 vol.

L'orthographe des citations a été systématiquement modernisée, lorsqu'elles étaient tirées d'ouvrages imprimés. Celle des manuscrits a été exactement respectée.

Chapitre I

DIDEROT, LES ENCYCLOPÉDISTES, ET LA SOCIÉTÉ DU XVIIIᵉ SIÈCLE

Il est malaisé de se représenter aujourd'hui la place qu'a dû tenir l'*Encyclopédie* dans la société française du xviiiᵉ siècle. Il est plus malaisé encore de définir le rôle qu'elle a pu jouer dans l'évolution de cette société. Ce n'est pas que nous manquions absolument de documents sur les hommes et les groupes qui se sont associés à l'entreprise encyclopédique, sur les milieux que l'*Encyclopédie* a touchés, sur les forces sociales qui jusqu'à la Révolution se sont inspirées et se sont réclamées d'elle. Mais, précisément, le profond bouleversement politique et social causé par la Révolution a, dès la période du Directoire, provoqué des réactions passionnelles si vives, si durables, — et quelquefois si paradoxales, — que beaucoup de bons esprits, au xixᵉ et même au xxᵉ siècle, n'ont plus regardé la réalité historique qu'au travers des préjugés de leur famille, de leur groupe, ou de leur classe, sans jamais s'aviser sérieusement de regarder les choses d'un peu près, et de sang-froid.

On pourrait dire, en stylisant à peine les faits, que toutes les attitudes possibles en face de l'*Encyclopédie* étaient déjà connues lorsque Babeuf et Darthé furent traînés à l'échafaud, le 27 mai 1797. Car la terreur que provoqua dans une partie de l'opinion la conjuration des Egaux, et l'espoir qu'elle fit lever chez d'autres, associés à tort ou à raison à l'idéal encyclopédique, ont été pour beaucoup dans la constitution de réflexes dont certains jouent encore plus ou moins consciemment, atténués certes, mais vivants, chez nos contemporains. Et tout cela repose en partie sur un malentendu regrettable, sur la stupide méprise de l'éditeur qui, en 1773, publia à Amsterdam le *Code de la nature* de Morelly, dans le premier tome des *Œuvres philosophiques* de Diderot. Or Babeuf avait lu le *Code de la nature,* et il s'en inspire souvent (1). Sylvain Maréchal, l'un de ses compagnons de lutte, a fait une place de choix à Diderot dans son *Dictionnaire des athées anciens et modernes*, qui parut sous le Consulat.

Le peu de sympathie que beaucoup avaient alors pour le matérialisme des principaux encyclopédistes se transforma en haine lorsqu'on put accuser Diderot d'avoir été l'un des inspirateurs de la conjuration des Egaux. Le réquisitoire antiencyclopédique que publia l'abbé Barruel,

---

(1) Voir Babeuf, *Textes choisis, passim*, et Morelly, *Code de la nature*, p. 7. Cf. Mary Lane Charles, *The growth of Diderot's fame*, p. 24.

en 1798, ne s'explique pleinement que dans l'atmosphère trouble et passionnée de la période qui suivit la condamnation de Babeuf et précéda le coup d'Etat de Brumaire. La démonstration de l'abbé n'était-elle pas éclatante ? En conspirant contre l'Eglise, les Voltaire et les Diderot préparaient la subversion de l'ordre établi, le renversement de la monarchie, le triomphe du jacobinisme, et toutes ses séquelles d'horreur et de sang. L'abbé pouvait éviter de compter expressément le babouvisme au nombre de ces séquelles. Cela allait de soi pour ses lecteurs comme pour lui-même.

On n'a pas assez remarqué que l'édition Naigeon des *Œuvres* de Diderot parut en 1798, dans l'année qui suivit la mort de Babeuf, l'année même des *Mémoires* de Barruel. A lire la préface de Naigeon, il semble bien que l'édition ait été un peu précipitée par les événements. Autrement Naigeon eût attendu que ses *Mémoires historiques et philosophiques sur la vie et les ouvrages de Diderot* fussent achevés, pour leur donner la place qui leur convenait, en tête des ouvrages du Maître. La précipitation de Naigeon n'a pas d'autre cause que la conjuration des Egaux, la condamnation de Babeuf, et le fait que le *Code de la nature*, attribué jusque-là à Diderot, avait été publiquement désigné par des « hommes sanguinaires et féroces » comme la principale source de leurs « extravagances » (2). Apprenant que des libraires, désireux sans doute de bénéficier de la publicité gratuite et inattendue que le procès de Babeuf faisait au nom de Diderot, avaient l'intention de réimprimer le recueil de 1772, Naigeon dut se résoudre à utiliser immédiatement les matériaux qu'il avait rassemblés depuis la mort de son ami en vue d'une édition sérieuse de ses œuvres. Le but avoué de Naigeon était donc de couper court définitivement au malentendu, tragique pour lui, qui s'était produit au sujet du *Code de la nature*. Il fallait éviter à tout prix que des opuscules du même genre vinssent gonfler indûment une « rhapsodie » déjà très imparfaite (3), et faire de Diderot le père des folies les plus périlleuses.

Avec Babeuf, Barruel, et Naigeon, nous voyons donc se dessiner trois réactions que l'on peut appeler fondamentales, en face de l'œuvre de Diderot, et plus généralement en face des encyclopédistes. Les Babeuf et les Barruel voient chez Diderot ce qui ne s'y trouve pas. Les premiers s'enthousiasment, et les seconds s'indignent, les uns par ferveur révolutionnaire et les autres par haine de classe. Assez rares sont ceux qui ont essayé d'être objectifs, comme Naigeon. Il se trouve d'ailleurs que par une ironie de l'histoire, somme toute compréhensible, c'est Naigeon qui a été principalement accusé de fanatisme et d'aveuglement. Car bien entendu ceux qui voulaient voir dans l'idéal encyclopédique le ferment de l'athéisme, du jacobinisme et du babouvisme, n'ont point désarmé simplement parce qu'on leur disait que tel texte était ou n'était pas de Diderot. L'édition Naigeon n'a pas empêché Fontanes et La Harpe (4) de dénoncer dans l'idéal encyclopédique

(2) Diderot, *Œuvres*, éd. par J.-A. Naigeon, t. I, p. VII.
(3) *Ibid.*, p. VIII.
(4) Naigeon les prend nommément à partie dans sa préface, *ibid.* p. XVIII, n. 1.

celui de la subversion politique et sociale. La Harpe, qui avait écrit son article *Diderot* avant que ne parût l'édition Naigeon, n'a pas hésité à le reprendre, avec toutes les accusations qu'il contenait, dans son *Cours de littérature,* publié pourtant après 1798 (5). Or le *Code de la nature* est une des pièces maîtresses du dossier de La Harpe. Julien-Louis Geoffroy, ce digne élève de Fréron, qui dès 1779 traitait les encyclopédistes de « goujats philosophiques » (6), ne pouvait pas non plus tolérer qu'on disculpât les Philosophes d'avoir été les responsables indirects des excès révolutionnaires (7).

La Harpe et ses émules ont fondé une tradition solide dont se sont nourris jusqu'à Barrès et Maurras divers courants de la critique dite de droite. C'est ainsi qu'en novembre 1913 Maurice Barrès s'indignait qu'on pût songer à célébrer officiellement le bi-centenaire de la naissance de Diderot. Il reconnaissait que Diderot n'avait pas joué personnellement un grand rôle dans la préparation même de 1789, mais avec une belle inconséquence il défiait les partisans de Diderot d'oser le proposer « dans sa pleine vérité » pour le donner en exemple aux foules. Les vrais amis de Diderot, disait Barrès, ce sont « les tempéraments anarchistes » (8). De Babeuf à Ravachol et à Louise Michel, le cercle était ainsi complet.

Les tentatives sérieuses pour situer avec précision et objectivité l'*Encyclopédie* dans la société française du XVIIIe siècle sont tout compte fait bien rares. La première en date est sans doute celle de Louis Blanc, dans le tome I de son *Histoire de la Révolution française,* parue en 1847. Louis Blanc a tenté de suivre pendant la Révolution le courant d'idées né de l'*Encyclopédie.* Il lui a paru dominant dans la période de la Constituante, très affaibli et fortement contrarié dans la période conventionnelle, de nouveau vigoureux après le 9 Thermidor, triomphant sous l'Empire, enfin épanoui sous la forme du libéralisme pendant la Restauration (9). Malheureusement le cadre du travail de Louis Blanc lui interdisait de remonter au-delà de 1789 pour identifier les forces sociales qui avaient soutenu l'œuvre encyclopédique dans la période précédant la Révolution.

Même difficulté pour Jaurès, qui a pourtant écrit dans le premier tome de son *Histoire socialiste de la Révolution française* quelques-unes des pages les plus pertinentes qui aient été écrites depuis Tocqueville sur la société de la fin de l'Ancien Régime. Jaurès commet des erreurs de détail, mais sa référence à Barnave, notamment, éclaire assez bien le lecteur sur la nature et le rôle des forces groupées autour de l'*Encyclopédie* (10).

---

(5) Voir, de BARBIER, le passage de l'*Examen de plusieurs assertions hasardées par J.-F. de La Harpe*, qui est reproduit dans AT, t. I, p. 6. Cf. Mary Lane CHARLES, *The growth of Diderot's fame*, pp. 31-33.
(6) Cité dans AT, t. III, p. 5.
(7) Mary Lane CHARLES, *The growth of Diderot's fame*, pp. 38-39.
(8) M. BARRÈS, *Les Maîtres*, p. 178.
(9) L. BLANC, *Histoire de la Révolution française*, t. I, p. 349. Cité par Mary Lane CHARLES, *The growth of Diderot's fame*, pp. 80-81.
(10) J. JAURÈS, *Les causes économiques de la Révolution française*, pp. 64-80.

René Hubert est le premier qui se soit avisé que les avertissements de l'*Encyclopédie* contenaient l'essentiel de ce qu'il fallait savoir sur les encyclopédistes. Il n'a fait que les survoler, mais si rapide que soit son étude, elle est dans ses grandes lignes absolument exacte. René Hubert fait d'abord justice de tout ce qui a pu être dit depuis la conjuration de Babeuf sur la machine de guerre encyclopédique.

« Il ne semble (...) pas, écrit-il, que Diderot et d'Alembert se soient expressément proposé comme premier objet de ruiner cette construction politique et sociale, que les pouvoirs traditionnels, Royauté, Parlements et Jésuites avaient fâcheusement laissé s'effriter » (11).

En examinant la liste des collaborateurs de l'*Encyclopédie*, René Hubert a été frappé du nombre de ceux qui, loin d'être des parias dans l'Etat, y avaient au contraire une charge, un rang, une responsabilité (12). Il écrit à ce sujet :

« Ni la grande noblesse d'épée ou de robe, ni le clergé ni la haute finance, ni ce qu'on peut appeler déjà la grande bourgeoisie n'y ont de part. C'est la classe moyenne et éclairée, avocats, médecins, professeurs, académiciens, industriels et fabricants, qui lui a fourni les collaborateurs nécessaires » (13).

La plupart ont une « situation confortable » et des « titres officiels », tous favorisent les riches laboureurs et les gros commerçants (14). Comme Louis Blanc et Jaurès, René Hubert voit une confirmation de son point de vue dans le fait que l'idéal encyclopédique n'a été celui que d'une fraction des hommes de la Révolution, principalement dans la phase de la Constituante.

Deux études de M. Soboul ont montré dans ces dernières années qu'une analyse objective des bases sociales de l'*Encyclopédie* était possible. Dans son introduction à des *Textes choisis de l' « Encyclopédie »* M. Soboul a utilisé pour esquisser cette analyse une méthode d'investigation qui est tout à fait admissible. A la différence de la plupart de ses prédécesseurs, M. Soboul se refuse à déduire son étude sociologique d'un schéma préconçu (15). Sa méthode consiste au contraire à tirer

---

(11) R. Hubert, *Les sciences sociales dans l' « Encyclopédie »*, p. 3.
(12) *Ibid.*, p. 16.
(13) *Ibid.*, p. 21.
(14) *Ibid.*; nous verrons que sur ce dernier point l'affirmation de René Hubert est au moins à nuancer.
(15) Ce schéma n'est pas intrinsèquement faux, mais il n'a jamais été étayé de preuves historiques précises, alors que son objet, — et son principal mérite théorique, — est de faire de l'histoire sociale elle-même la base d'un jugement objectif sur les rapports entre l'idéal encyclopédique et la société du XVIIIe siècle. La fragilité de la base historique de ce schéma apparaît à l'évidence dans les interprétations souvent divergentes qui en ont été données. Par exemple Luppol faisait de l'*Encyclopédie*, — comme de l'œuvre de Diderot, — le produit d'un Tiers Etat pénétré d'esprit révolutionnaire (*Diderot*, p. 17) et ce Tiers était pour lui une classe sociale relativement homogène (*ibid.*, p. 28), bien qu'elle fût constituée de quatre groupes, celui des grands bourgeois proches de l'aristocratie, celui de la petite bourgeoisie républicaine, celui des Physiocrates, capitalistes et réactionnaires, celui des matérialistes athées, radicaux en politique. M. Jean Luc lui rétorquait qu'on pouvait bien être athée sans être révolutionnaire (*Diderot*, p. 33), mais persistait à voir dans l'idéologie encyclopédique celle de la grande masse de la bourgeoisie, identifiée au Tiers (*ibid.*, p. 36), bien qu'on pût trouver à sa tête une élite d'aristocrates et de clercs.

du contenu même des articles du dictionnaire les indications permettant de situer leurs auteurs dans la société du XVIIIe siècle. M. Soboul arrive ainsi par une méthode semi-déductive à des résultats qui recoupent à peu près totalement ceux auxquels nous arrivons nous-même par une autre voie. La bourgeoisie encyclopédique a au moins chez lui un corps et un visage. Ce n'est pas la bourgeoisie en soi, mais une classe complexe, caractérisée essentiellement par le rôle dirigeant qu'elle joue dans les secteurs « les plus récents » et « les plus actifs » de l'économie française (16).

Cette bourgeoisie possède des biens fonciers qu'elle donne le plus souvent en fermage ou en métayage. Les plus riches des bourgeois, — et quelques nobles avec eux, — investissent leurs capitaux dans la grande culture sans se soucier des journaliers, métayers, et petits propriétaires, qui végètent. Le commerce urbain et, de plus en plus, le grand commerce, sont des sources de revenus profitables pour un bon nombre de bourgeois. D'autres se lancent dans des entreprises financières. La production industrielle étant encore de type manufacturier et artisanal, les bourgeois qui s'y adonnent sont surtout des négociants (17).

Sur un point seulement M. Soboul se trompe. C'est lorsqu'il suppose que la bourgeoisie dynamique dont il parle est exclue des responsabilités de l'Etat. Elle est exclue des « hautes charges de l'Etat et de l'Eglise », sans doute, mais nous verrons que les encyclopédistes occupaient dans l'appareil d'Etat des postes souvent élevés, en tout cas assez importants pour peser utilement sur la marche de l'administration et même du gouvernement. Mais rien dans les textes à partir desquels M. Soboul a déduit son étude ne permettait de le découvrir. Il fallait aussi, comme René Hubert l'avait montré, examiner de près la liste même des collaborateurs du dictionnaire.

La seconde étude de M. Soboul n'éclaire qu'indirectement la question qui nous préoccupe, mais elle est d'un intérêt méthodologique certain. A propos des luttes de classes sous la Révolution française, en effet, M. Soboul, qui admet le schéma marxiste traditionnel, souligne

---

M. MOMDJIAN, dans le premier chapitre de sa thèse sur Helvétius, considère que dans une société féodale en décomposition, le Tiers entier luttait contre les privilégiés, sous la direction de la bourgeoisie, l'ensemble des travailleurs formant la masse authentiquement révolutionnaire. Au sein de la bourgeoisie elle-même, M. MOMDJIAN distingue à peu près les mêmes éléments que LUPPOL, et en particulier une avant-garde matérialiste. Même schéma encore, approximativement, chez M. VOLGUINE, qui montre mieux pourtant qu'on ne l'avait fait avant lui, les divergences politiques existant au sein même du groupe d'avant-garde. Mais surtout M. VOLGUINE, en conclusion de son étude sur Diderot, tente une vérification intéressante, en se demandant quels groupes sociaux et quels courants politiques se sont, pendant la Révolution, réclamés de l'*Encyclopédie* (*Les idées politiques et sociales de Diderot*, p. 44). C'est, à notre connaissance, la première tentative faite par un marxiste pour essayer de définir le contenu historique réel de la notion de bourgeoisie encyclopédique.

(16) *Textes choisis de l' « Encyclopédie »*, éd. par A. SOBOUL, p. 9. L'introduction de M. SOBOUL a paru aussi séparément dans *La Pensée*.

(17) *Ibid.*, pp. 9-12.

la nécessité de chercher plus loin que l' « antagonisme fondamental de la société d'Ancien Régime », pour « esquisser la complexité des antagonismes sociaux complémentaires, qui finalement éclairent l'évolution des luttes de classes » (18). Il écrit par exemple :

« Ce n'est qu'en partant d'analyses minutieuses de la richesse foncière et mobilière, de la puissance économique des diverses classes sociales et des groupes qui les composent, que l'on rendra compte du jeu des antagonismes et de la lutte des classes, que l'on précisera les vicissitudes et les progrès du mouvement révolutionnaire, que l'on dressera enfin un bilan exact de la Révolution » (19).

Mais il paraît évident que dès 1750, — et sans doute bien plus tôt, — la bourgeoisie ne peut être considérée comme une classe homogène. Certains bourgeois du XVIIIe siècle participent aux privilèges de l'aristocratie, « soit par la richesse terrienne et les droits seigneuriaux, soit par l'appartenance à l'appareil d'Etat, soit par la direction des formes traditionnelles de la finance et de l'économie » (20). Mais parce qu'elle en a certains privilèges, cette fraction de la bourgeoisie n'a pas pour autant partie liée avec l'aristocratie féodale. Comme dit M. Soboul, « l'histoire n'est pas si simple ». Il montre, par exemple, que la philosophie des lumières a eu pour tenants des officiers, hommes de loi, procureurs, notaires, huissiers, tous propriétaires de charges, que leur situation sociale semblait lier étroitement aux structures traditionnelles (21). Il montre aussi que la notion de peuple est très ambiguë, et que les limites entre « les catégories sociales englobées sous le terme général de Tiers Etat ne sont pas nettement tranchées » (22). En bref, M. Soboul demande donc que soient reconsidérés complètement tous les schémas classiques, et en particulier ceux qui prétendent rendre compte du mouvement des idées à partir d'une analyse abstraite des réalités sociales.

En ce qui concerne la période pendant laquelle a paru l'*Encyclopédie*, la seule lecture de la *Lettre sur le commerce de la librairie*, de Diderot, et la comparaison du texte de cette lettre avec celui du *Mémoire* qu'en ont extrait Le Breton et ses adjoints, la confrontation de la *Lettre* et du *Mémoire* avec les notes de d'Hémery, de Marin et de Sartine, dix, vingt passages de la correspondance de Diderot, aussi bien que les *Mémoires* de Malesherbes, nous font toucher du doigt cette « complexité des antagonismes sociaux complémentaires », dont parle M. Soboul. Par-delà l'antagonisme fondamental qui oppose à certains égards les encyclopédistes et le gouvernement de l'Ancien Régime, il n'est pas difficile de déceler l'existence d'antagonismes complémentaires. De part et d'autre les forces en présence sont hétérogènes. Le personnel gouvernemental n'est pas seulement, et dans sa totalité, accessible aux raisons des grands corps privilé-

---

(18) A. SOBOUL, *Classes et luttes de classes sous la Révolution française*, p. 41.
(19) *Ibid.*
(20) *Ibid.*, pp. 42-43.
(21) *Ibid.*, p. 44.
(22) *Ibid.*

giés qui défendent l'ordre traditionnel. Mais, du côté de l'*Encyclopédie*, les intérêts profonds du syndicat des libraires, par exemple, ne sont pas toujours identiques à ceux de Diderot et de d'Alembert. Le tableau se diversifie encore, si l'on distingue derrière les libraires et Diderot la cohorte bigarrée des collaborateurs bénévoles ou salariés du dictionnaire, et plus loin encore, tout à l'arrière-plan, la foule des souscripteurs, en majeure partie anonyme, qui a soutenu de son argent et de sa fidélité la colossale entreprise.

Il est difficile de tracer les limites exactes de l'assise sociale de l'*Encyclopédie*. Sauf erreur ou omission, les avertissements des volumes de discours et des volumes de planches nous livrent cent quarante-deux noms. Mais sur ces cent quarante-deux, il y en a dix-sept dont nous ne savons rien (23). Ces dix-sept collaborateurs s'ajoutent en fait au nombre indéterminé de ceux qui restent pour nous anonymes : leur nom est enfoui dans un des volumes du dictionnaire, au bas d'un article ou d'une planche (24), ou ils ont souhaité passer inaperçus, ou les éditeurs n'ont pas jugé utile de les signaler. Le classement de ceux dont nous savons autre chose que le nom ne laisse pas non plus d'être difficile. La position sociale d'un personnage n'est pas déterminée seulement par sa profession, ou par ses titres, ou par sa fortune. Elle est déjà plus aisée à définir quand nous sommes renseignés sur ces trois points. Mais cette position peut avoir changé pendant la publication du dictionnaire et tel qui, comme Diderot lui-même, n'était au départ qu'un écrivain besogneux, a pu se flatter vingt ans plus tard d'avoir un nom, des titres peut-être, et quelques rentes.

Le sens général de la carrière d'un des collaborateurs de l'*Encyclopédie*, même postérieurement à la publication du dictionnaire, nous éclaire parfois plus que la qualité qui était la sienne à tel moment de cette publication. Ainsi de Desmarets. En 1757, année où Diderot le nomme, dans l'*Avertissement* du tome VII, Desmarets, ancien répétiteur de mathématiques, vient d'être chargé de visiter les fabriques de drap. Il n'a aucun titre qui vaille d'être cité. Pourtant Diderot parle de lui dans sa correspondance avec une considération croissante. Desmarets n'est d'abord à ses yeux qu'un ami de Damilaville (25). En novembre 1760 il le traite encore d' « habile garçon », — bien qu'il ait trente-cinq ans, — et l'interroge familièrement, après l'avoir embrassé, sur l'échec de ses projets de voyage en Sibérie (26). Mais à quelques mois de là il le fait prier par Damilaville : « Et M. Desmarets, aurons-nous son discours sur le fromage, et les planches de ce discours et du blanc de Troyes ? » (27)

(23) Cf. *Annexe* I.

(24) Les dix-huit que nous citons par exemple dans l'*Annexe* I, à partir du n° 143. Ils ne constituent qu'une partie de la liste possible.

(25) CORR, t. III, p. 115 (oct. 1760) : « Si vous avez M. Desmarets, faites-le ressouvenir de moi ». Ce Desmarets ne doit pas être confondu avec Jean-Etienne, contrôleur des traites à Vitry-le-François, que Diderot nomme à plusieurs reprises, mais sur un autre ton (cf. CORR, t. II, p. 190; t. III, p. 54 et p. 97).

(26) CORR, t. III, p. 243.

(27) *Ibid.*, p. 355.

C'est que Desmarets est devenu dans l'intervalle inspecteur des fromageries de Lorraine et de Franche-Comté. Poussé par Trudaine et Turgot, il fera une carrière brillante dans l'inspection des manufactures et en 1788 il sera directeur des manufactures de France.

La lacune la plus grave dans les informations dont nous disposons actuellement, concerne les sources de revenus. Or, étant donné la structure de la société du XVIIIe siècle, il importe de connaître ces sources pour situer avec précision les individus.

Il est vraisemblable, mais non certain, que la plupart des collaborateurs de l'*Encyclopédie* qui n'étaient pas manouvriers ont été propriétaires, ne fût-ce que d'un petit bien familial. Tous ceux dont nous connaissons les sources de revenus sont dans ce cas. Buffon était seigneur de Montbard; Diderot lui-même eut des terres à Langres après 1759; le baron d'Holbach avait hérité de deux propriétés près de Maestricht, dans la principauté de Liège (28), il avait un hôtel rue Saint-Roch, et sa femme avait un château et des terres au Grandval; Montesquieu avait La Brède; en 1754 Quesnay acheta pour son fils la terre noble de Beauvoir, près de Nevers, qui donnait plus de 3 600 livres de revenus (29); Rallier des Ourmes avait un manoir près de Vitré (30); Véron de Forbonnais avait des terres, où il fut exilé après l'échec de ses projets financiers, et qu'il soumit volontairement à la taille par un acte de 1764 (31); Voltaire avait acheté les Délices en 1755, il acheta Ferney en 1759, et il en tira dès la première année 9 000 livres de revenus (32). On peut être sûr que c'était également le cas des parlementaires qui collaborèrent au dictionnaire, des fonctionnaires d'autorité, inspecteurs ou intendants, des officiers de finances, des médecins ou des avocats, mais aussi des marchands et des fabricants. Parmi ceux que nous venons d'énumérer, Montesquieu et Rallier des Ourmes étaient parlementaires, Quesnay était médecin.

Parmi les collaborateurs que nous pourrions appeler de seconde zone, — ceux qui ne sont pas nommés dans les avertissements de l'*Encyclopédie*, — le cas de Pierre La Salette est tout à fait typique. Il appartient au commerce et à la manufacture, puisqu'il est mégissier; il tient encore à l'administration des finances, comme ancien contrôleur des fermes et comme propriétaire d'un office d'entreposeur du tabac. Mais l'essentiel de sa fortune semble être dans les biens-fonds qu'il exploite comme « seigneur engagiste » du domaine de Montigny-le-Roy, appartenant au duc d'Orléans (33). Un commerçant bien proche de l'*Encyclopédie* puisqu'il s'agit de Le Breton, avait une propriété à Massy, et il arriva à Diderot d'y être reçu (34).

---

(28) P. NAVILLE, *Paul Thiry d'Holbach*, p. 15.
(29) J. HECHT, *La vie de François Quesnay*, p. 246 : « Le domaine comprenait un château avec sept chambres de maîtres, plusieurs cabinets et offices, des granges, étables et écuries, un colombier, un jardin potager, un canal, des jets d'eau, et dans les environs, beaucoup de gibier pour la chasse ».
(30) Voir *Biographie Michaud*.
(31) *Ibid.*
(32) J. DONVEZ, *De quoi vivait Voltaire*, p. 154.
(33) CORR, t. I, p. 25.
(34) *Ibid.*, t. I, p. 222, t. III, p. 323, et t. IV, p. 83.

D'une façon générale Quesnay, dans son *Tableau économique*, considère que les gros commerçants et les hauts fonctionnaires sont membres, « en tant que propriétaires, de la classe des propriétaires » et non de la classe stérile soudoyée (35). Il n'aurait pas fait cette remarque si la plupart des parlementaires, des membres des professions libérales, des grands commis, des gros marchands, n'avaient en effet tiré leurs revenus les plus sûrs de leurs propriétés foncières.

A côté de la question des revenus, celle qui concerne la noblesse ou la roture est de peu d'importance. Le fait même qu'on ignore souvent si tel collaborateur de l'*Encyclopédie* était noble ou bourgeois est significatif. Sauf de rares exceptions, — le comte d'Hérouville de Claye, le chevalier de Jaucourt, le baron de Montesquieu, le comte de Tressan, le chevalier Turgot, — les titres de noblesse ne sont pas donnés dans les avertissements de l'*Encyclopédie*. Ce silence est du reste délibéré. « Le nom même des princes et des grands n'a droit de se trouver dans l'*Encyclopédie*, que par le bien qu'ils ont fait aux sciences », déclare d'Alembert dans l'*Avertissement* du tome III (36), et ce qui est vrai des articles biographiques l'est à plus forte raison des notices concernant les collaborateurs. Ainsi, dans l'article *Coton*, Diderot félicite le chevalier Turgot,

> « qui s'est instruit de cette fabrique, par un goût pour les arts utiles d'autant plus digne d'(...)éloges qu'il est très estimable en quelque personne que ce soit, et qu'il est malheureusement trop rare dans celles de son rang et de sa fortune » (37).

Dans ces conditions, même si nous savions la qualité de tous les collaborateurs de l'*Encyclopédie*, leur répartition entre les grands ordres de la société d'Ancien Régime n'aurait aucune valeur. Le milieu social dans lequel Diderot a recruté ses collaborateurs est déterminé selon des règles différentes. Ce qu'il appelle « un goût pour les arts utiles » n'est autre que la capacité de jouer un rôle actif dans le procès général de la production, même si ce rôle est effacé, ou très indirect, comme celui de ces amateurs qui ont eu surtout pour utilité sociale de soutenir l'entreprise encyclopédique. Ainsi de Perrinet d'Orval, Fermier général, qui a collaboré au dictionnaire pour les feux d'artifice.

Hors de ce goût pour l'utile, on voit très bien, dans la façon même dont Diderot et d'Alembert présentent leurs collaborateurs, que les titres si l'on peut dire traditionnels qu'ils consentent quelquefois à leur donner ne sont cités que par une concession à la politesse ou à l'usage. Ainsi d'Argenville n'a pas collaboré au dictionnaire en qualité de conseiller du roi et maître de la Chambre des comptes de Paris, mais comme savant, membre de plusieurs académies; de Brosses n'est pas tant le président à mortier que le correspondant honoraire de l'Académie royale des belles-lettres; Cahusac n'est plus un noble parlementaire, mais l'académi-

---

(35) Jean Molinier, *Le système de comptabilité nationale de François Quesnay*, p. 86, n. 1.
(36) ENC, t. III, p. IV.
(37) ENC, t. IV, p. 306 b.

cien de Montauban; l'abbé de Compt est curé de Laleu, mais c'est comme amateur capable de décrire la fabrication des eaux-de-vie qu'il apparaît dans l'*Avertissement* du tome VI; le comte d'Hérouville est lieutenant général des armées du roi mais il est surtout de ces grands propriétaires fonciers qui s'intéressent aux mines et aux cultures d'utilisation industrielle, comme le colza et la garance (38); l'abbé de La Chapelle est un mathématicien, membre de la Société royale de Londres; de Meysieulx n'est plus conseiller au Parlement, mais d'abord directeur général des études à l'Ecole royale militaire; la charge de maître de la Chambre aux deniers du roi à Lyon n'est rien pour Montdorge au prix de sa compétence artistique; l'abbé de Sauvages est d'abord un physicien, membre de la Société royale des sciences de Montpellier; la collaboration de Watelet, receveur général des finances, n'a de prix que parce qu'il fut membre de l'Académie royale de peinture.

Nous voyons ainsi apparaître, dans bien des cas, un contraste marqué entre la position du personnage dans la hiérarchie sociale traditionnelle, — clergé, noblesse militaire ou parlementaire, bourgeoisie des offices, — et son activité sociale : il est amateur, savant, artiste, et c'est à ce titre en réalité qu'il collabore à l'*Encyclopédie.*

Dans quelques cas cette collaboration a même pu entraîner un véritable déclassement de fait, par un rejet définitif ou provisoire hors du groupe social. Bouchaud, qui était noble, et agrégé de droit, ne put être professeur à la Faculté de droit de Paris avant 1776, à cause de sa participation au dictionnaire, pour des articles comme *Concile.* Plusieurs abbés, Yvon, Pestré, de Prades, payèrent assez cher leurs articles de philosophie de l'*Encyclopédie* et leur collaboration réelle ou supposée à la thèse de l'abbé de Prades. Yvon dut s'enfuir en Hollande et faire amende honorable dans ses ouvrages postérieurs; de Prades fut condamné par la Sorbonne et dut s'enfuir en Prusse; on ne sait ce que devint Pestré après 1753; l'abbé Mallet lui-même fut inquiété vers ce moment-là (39).

Le cas des abbés encyclopédistes soulève d'ailleurs une autre question. Nous ne savons pas la plupart du temps quelle était leur place dans l'Eglise, quels furent leur genre de vie, leurs sources de revenus. Sur ces deux derniers points le cas des hommes de lettres et de certains amateurs ou savants n'est pas différent. Les uns et les autres ont comme activité sociale dominante une activité intellectuelle mais il est bien établi qu'au XVIIIe siècle une telle activité est encore gratuite, ou faiblement rémunérée. Celui qui s'y livre a donc une source de revenus suffisante pour être dégagé de tout souci matériel, rente foncière, bénéfices ou pensions.

---

(38) Le comte D'HÉROUVILLE est nommé dans *Ceci n'est pas un conte,* AT, t. V, p. 319. Mais DIDEROT le loue surtout comme un galant homme, « ami des sciences » et des savants. Le comte était d'ailleurs sans préjugés, et son mariage avec « une charmante créature appelée Lolotte » l'empêcha d'être ministre sous Louis XV. Cette Lolotte avait été la maîtresse de Lord ALBEMARLE, et DIDEROT parle d'elle dans une de ses lettres (CORR, t. III, p. 155).

(39) ENC, t. VI, *Avertissement* (hommage funèbre à l'abbé MALLET et à l'abbé LENGLET DU FRESNOY).

Nous retrouvons là l'hypothèse plus générale que nous formulions au départ, mais avec plus de chances encore qu'elle soit vérifiée. L'origine connue ou probable de ces revenus, plus peut-être que leur importance relative, permet de faire des différences assez grandes entre les individus. Un monde sépare Voltaire, qui mourut avec plus de 200 000 livres de rentes (40) et Jean-Jacques Rousseau, qui copiait de la musique pour subsister. Mais, à revenus peut-être égaux, Louis de Cahusac, écrivain, le chevalier de Jaucourt, philosophe, l'abbé de Sauvages, physicien, tous trois nobles et propriétaires, ne sauraient être classés dans le même groupe que Deleyre ou Dumarsais. Deleyre fut protégé successivement par le duc de Nivernais, l'ambassadeur de Venise, et le prince de Parme (41). Dumarsais eut une vie besogneuse et il fut pensionné par Lauraguais peu avant sa mort. Parmi ceux qui eurent aussi une activité intellectuelle dominante, Desmahis, fils de magistrat, avait sans doute des terres au soleil, ainsi qu'Eidous qui, d'abord ingénieur militaire se fit traducteur et écrivain. Morellet, comme secrétaire du commandant des carabiniers, avait 4 000 livres de rentes, et sa charge lui laissait du loisir (42). Mais de quoi vivaient Guéneau de Montbeillard, naturaliste, collaborateur de Buffon, l'abbé de La Chapelle, mathématicien, Landois, dramaturge, l'abbé Lenglet du Fresnoy, historien, les abbés Pestré et Yvon, philosophes ? Nous l'ignorons, bien qu'on puisse présumer que Morellet ou La Chapelle, d'après ce que nous savons d'eux par ailleurs, eurent des revenus plus assurés que Pestré ou Yvon (43).

Nous voyons déjà par ces quelques exemples qu'il est fort aventureux de situer les collaborateurs de l'*Encyclopédie* dans la bourgeoisie, ou dans telle fraction du Tiers Etat. Les collaborateurs de l'*Encyclopédie* appartiennent en majorité au Tiers Etat, mais il en est de la noblesse et il en est du clergé.

Il convient surtout de noter qu'il y a dans bien des cas un contraste entre l'occupation dominante et l'origine présumée ou certaine des revenus. La première situe presque toujours le personnage dans le secteur actif de la vie sociale, alors que la seconde le situe souvent parmi les oisifs, vivant surtout de la rente, bourgeoise ou seigneuriale. Autant le groupe des encyclopédistes paraît homogène, si on l'envisage du point de vue qui était celui de Diderot lorsqu'il choisissait ses collaborateurs, autant il paraît hétérogène si on l'envisage du point de vue traditionnel

---

(40) J. Donvez, *De quoi vivait Voltaire*, p. 175.

(41) Dans une lettre à Rousseau du 3 juillet 1756, Deleyre lui demande, et fait demander à Diderot une lettre de recommandation de M. d'Hérouville, alors commandant de la province de Bordeaux, et collaborateur de l'*Encyclopédie*. « J'aurais besoin de sa protection pour mon père », écrit-il (cité dans CORR, t. I, p. 219). Bien qu'étant de condition, le chevalier de Jaucourt n'était pas très fortuné. Il travailla à peu près gratuitement pendant des années pour l'*Encyclopédie*, et il pensa se ruiner à payer ses secrétaires. Il dut vendre une de ses maisons, que Le Breton, du reste, acheta (CORR LIT, t. VII, p. 44).

(42) A. Brulé, *Les hommes de lettres au XVIIIe siècle*, p. 692.

(43) La situation confortable qui fut celle de l'abbé Yvon à la fin de ses jours ne peut être prise en considération ici. Nous ne savons pas de quoi vivait Yvon avant l'exil. Cet exil dura une dizaine d'années : Bachaumont signale le retour d'Yvon en France le 4 février 1762.

de la répartition en ordres. Il est aussi hétérogène si l'on ne considère que les niveaux de vie (44), et il l'est encore plus si l'on ne considère que les catégories socio-professionnelles.

Il importe donc avant tout de se placer au point de vue de Diderot et de chercher sous la diversité apparente ce qui fait l'unité fondamentale du groupe. Nous tenons déjà un des éléments de la solution : ce goût pour les arts utiles dont Diderot parlait à propos de Turgot. Il s'agit maintenant de savoir comment ce goût se manifeste chez les hommes qu'il a rassemblés autour de lui.

Et d'abord nous savons très bien où Diderot n'a pas recruté ses collaborateurs. Il l'a dit lui-même avec toute la netteté souhaitable en passant pour Catherine II la revue des ennemis de l'*Encyclopédie :*

« Nous avons eu pour ennemis déclarés la cour, les grands, les militaires, qui n'ont jamais d'autre avis que celui de la cour, les prêtres, la police, les magistrats, ceux d'entre les gens de lettres qui ne coopéraient pas à l'entreprise, les gens du monde, ceux d'entre les citoyens qui s'étaient laissé entraîner par la multitude » (45).

Sont donc exclus, la noblesse en tant qu'ordre et particulièrement la noblesse de cour (46) et la noblesse d'épée, le clergé, la partie de l'appareil d'Etat chargée de la répression (47), et ceux des intellectuels qui s'attachaient aux intérêts des uns et des autres, en un mot toute la partie improductive de la société, attachée à la défense exclusive de ses privilèges et utilisant traditionnellement pour cela son rôle dominant dans l'Etat. Qu'ils fussent nobles ou bourgeois vivant noblement, c'est-à-dire de leurs rentes, exclusivement ou en partie, bon nombre d'encyclopédistes ont eu des intérêts identiques ou semblables à ceux des privilégiés sans pour cela participer à cette défense, et en tout cas sans considérer que cette défense dût être leur activité principale. Nous avons même vu un Véron de Forbonnais soumettre volontairement ses terres à la taille, faute d'avoir pu faire admettre de façon définitive et générale la suppression des privilèges concernant cet impôt. Le même Forbonnais, devenu noble par l'achat d'une charge de conseiller au Parlement de Metz, renonça également aux privilèges dont il eût pu jouir en matière d'impôt (48). Ce beau désintéressement n'est pas sans analogie avec celui d'Helvétius, renonçant en 1751 à sa charge de

---

(44) C'est notamment la conception américaine, telle que la définit M. Duverger, *Partis politiques et classes sociales en France*, p. 16. C'est celle qu'adopte M. Wilson lorsqu'il situe les collaborateurs de l'*Encyclopédie* dans les « middle classes » (*Diderot: the testing years*, p. 6).

(45) M. Tourneux, *Diderot et Catherine II*, p. 431.

(46) Le seul encyclopédiste qui ait appartenu à la Cour est de Margenci. Mais sa collaboration ne semble pas avoir été très importante. La seule allusion à ce personnage que contienne la correspondance de Diderot concerne ses amours avec Mme de Verdelin (CORR, t. III, p. 244. Cf. Mme d'Epinay, *Histoire de Mme de Montbrillant*, t. III, p. 94).

(47) Durival aîné fut bien lieutenant de police, mais dans les états de Stanislas, à Nancy.

(48) Voir *Biographie Michaud*.

Fermier général pour se retirer sur ses terres. Or Helvétius touchait de fort près le milieu des encyclopédistes.

Le cas des parlementaires, des avocats, des ecclésiastiques ayant collaboré à l'*Encyclopédie* est, comme nous l'avons vu, tout à fait typique de cette espèce de dédoublement de la personnalité. Mais les premiers surtout méritent notre attention. Il y a eu huit parlementaires parmi les collaborateurs de Diderot que nous connaissons, Boucher d'Argis, de Brosses, Cahusac, Dodart, de Meysieulx, Montesquieu, Rallier des Ourmes, Turgot. En réalité seul Boucher d'Argis a donné à l'*Encyclopédie* des articles de sa compétence. Et il occupait une place modeste dans le corps des parlementaires, puisqu'il ne siégeait qu'au Conseil souverain de Dombes. Pour tous les autres, leur charge ne fut qu'une source de revenus confortables, leur permettant d'avoir une activité libérale, ou d'accéder à des fonctions publiques. Ainsi le Président de Brosses, Cahusac, Montesquieu, Rallier des Ourmes, ont collaboré à l'*Encyclopédie* comme hommes de lettres ou comme savants (49); de Meysieulx est passé par l'administration avant de devenir directeur des études à l'Ecole royale militaire; Dodart, maître des requêtes, est devenu intendant; Turgot a été conseiller au Parlement et maître des requêtes avant de passer dans l'administration. Sans être eux-mêmes parlementaires, deux autres collaborateurs de l'*Encyclopédie* au moins sont issus d'une famille de robe, Buffon et Desmahis. Enfin Véron de Forbonnais acheta un office de conseiller pour être anobli.

On peut donc dire, sans trahir les faits, que la caste des parlementaires n'est pratiquement pas représentée en tant que telle dans l'*Encyclopédie*. Les parlementaires encyclopédistes considèrent leur charge comme s'il s'agissait d'un fonds de terre, leur assurant des revenus commodes, et leur permettant de se livrer à l'activité de leur choix. S'ils se trouvent du côté des privilégiés, c'est en somme à leur corps défendant.

Il faut noter toutefois qu'aucun d'eux ne compte dans le cercle des intimes de Diderot. Il est probable qu'en dépit de leur ouverture d'esprit, et des gages qu'ils donnaient aux idées nouvelles, les parlementaires qui collaboraient à l'*Encyclopédie* ne frayaient tout de même pas avec le commun. Si gai, si bienveillant qu'il fût, le Président de Brosses restait le Président de Brosses. On sent bien la distance qui le sépare de Diderot dans la façon même dont il le juge :

> « C'est un gentil garçon, bien doux, bien aimable, grand philosophe, fort raisonneur, mais faiseur de digressions perpétuelles. Il m'en fit bien vingt-cinq hier, depuis neuf heures qu'il resta dans ma chambre, jusqu'à une heure » (50).

---

(49) La seule lettre de DIDEROT à DE BROSSES qui nous soit parvenue ne contient aucune allusion à sa qualité de parlementaire. DIDEROT ne lui parle que de son mémoire sur l'étymologie et de son *Histoire des navigations aux terres australes* (CORR, t. I, pp. 193-194). Une autre lettre, aujourd'hui perdue, mais décrite par TOURNEUX, traitait des mêmes sujets (*Ibid.*, p. 195).

(50) Cité dans CORR, t. I, p. 192.

Les mots sont aimables, mais il y a de la condescendance dans le ton, que n'explique pas la seule différence d'âge.

Les avocats encyclopédistes, comme les parlementaires, sont d'abord les propriétaires d'une charge et très secondairement des avocats. Boucher d'Argis fut l'un et l'autre, et il fut le seul à collaborer à l'*Encyclopédie* comme juriste. L'équipe des encyclopédistes compte sept avocats au moins, mais en dehors de Boucher, le seul La Motte-Conflant a collaboré au dictionnaire dans des matières de sa compétence. Les autres se sont livrés à la recherche scientifique, ou ils ont fait une carrière littéraire (51); Bourgelat est devenu vétérinaire, et Louis chirurgien.

Quant aux abbés, l'équipe rassemblée par Diderot et d'Alembert en comptait neuf. Nous les avons déjà rencontrés tous. Deux d'entre eux ont vraiment été curés, de Compt et Mallet. Deux ont même été théologiens, Mallet et Morellet. Mais les autres ont surtout fait de la recherche scientifique, de l'histoire, de la philosophie (52). Le pasteur Formey a été, de la même façon, philosophe, savant, professeur.

Ni les uns ni les autres n'ont été d'ailleurs de l'élite encyclopédique dont Diderot aimait s'entourer. Dans le groupe des « avocats », Bourgelat le vétérinaire, et Louis le chirurgien sont les seuls dont Diderot parle dans sa correspondance. Il ne semble pas avoir eu de relations bien amicales avec le premier, qui était surtout lié avec d'Alembert. Une lettre de 1759 parle en tout cas *du* Bourgelat sans aménité (53). Quant au second, Diderot a fait au moins appel à lui comme chirurgien, sans doute pour se faire saigner, une nuit d'indigestion (54). Avec les prêtres, Diderot n'a pas eu d'autres relations que celles qu'exigeaient ses fonctions d'éditeur de l'*Encyclopédie*. De Mallet, ou de Lenglet du Fresnoy, il n'est question dans ses lettres qu'à propos d'articles à recevoir, de papiers à récupérer (55). Jamais Diderot ne parle familièrement de l'abbé de Prades, de Pestré, ou d'Yvon. Ses relations avec Formey ont été polies mais sans tendresse (56). Seul Morellet a fréquenté régulièrement le salon du baron d'Holbach. Mais Diderot ne l'aimait pas. Il l'appelait *le* Morellet (57), ou Panurge (58). Diderot ne semble pas avoir eu de relations épistolaires directes avec le pasteur Polier de Bottens. Les articles de Polier lui étaient transmis par Voltaire. Dans une lettre du 1er mai 1759, Diderot fait allusion à Polier

---

(51) ALLUT le fils, PUISIEUX, TOUSSAINT.

(52) Respectivement LA CHAPELLE et SAUVAGES; LENGLET DU FRESNOY; PESTRÉ, DE PRADES, et YVON.

(53) CORR, t. II, p. 130.

(54) *Ibid.*, t. III, p. 253.

(55) *Ibid.*, t. I, pp. 195-196.

(56) Voir la lettre que DIDEROT lui écrivit le 5 mars 1751 pour lui accuser réception de son diplôme de membre de l'Académie de Berlin (CORR, t. I, pp. 113-114).

(57) CORR, t. II, p. 123, p. 130.

(58) *Ibid.*, t. IV, p. 210.

sans le nommer (59). En revanche il a bien connu le pasteur Romilly. Il le recommanda chaudement à Falconet quand celui-ci fut à Saint-Pétersbourg. Diderot parle de lui comme d'un homme qu'il aime, qu'il estime, et qui mérite qu'on lui vienne en aide (60).

A l'autre bout de la hiérarchie de la société de l'Ancien Régime, deux catégories sociales sont aussi absentes du collectif de l'*Encyclopédie*. Elles constituent l'immense majorité de la nation, puisque ce sont les paysans et les ouvriers. Encore faut-il distinguer avec soin les deux cas.

Riches fermiers, comme brassiers ou petits propriétaires, les paysans n'ont participé ni directement ni indirectement au dictionnaire. Les articles qui traitent d'agriculture sortent tous en effet d'une plume noble ou savante. Le conseiller d'Argenville traite du jardinage, le subdélégué Daubenton de la culture des arbres, le comte d'Hérouville de Claye instruit Diderot de la culture du colza ou de la garance, Duhamel du Monceau lui fournit la matière de l'article *Agriculture*, Georges Le Roy lui donne un article *Fermiers (économie rustique)*, Quesnay les articles *Fermiers (économie politique)*, et *Grains*. La composition même de l'équipe des encyclopédistes est conforme à ce que révèlent d'autre part la structure de la société agricole du XVIIIe siècle, et le système physiocratique. Ceux qui possèdent de grandes terres et disposent de vastes capitaux sont aussi par nature qualifiés pour diriger techniquement l'expansion de la production agricole. Quelques-uns ont compris cette vérité et l'ont mise en pratique; ce sont eux, ou leurs porte-parole qualifiés qui collaborent au dictionnaire. Leur petit nombre ne doit pas faire oublier leur importance.

Le cas des ouvriers est plus complexe. Les encyclopédistes, et Diderot en particulier, ne manquent pas une occasion d'exalter les arts manuels. Mais c'est en général, et cela n'implique nullement que soient réhabilités par eux les ouvriers et les artisans. La preuve en est que le plus grand nombre de ceux qui ont fourni la documentation technique de l'*Encyclopédie* n'ont pas été jugés dignes d'être nommés (61). C'est vrai sans doute au niveau des innombrables manouvriers, mi-paysans, mi-ouvriers, qui occupaient alors le secteur le plus vaste de la production industrielle, mais c'est aussi vrai des compagnons et des maîtres ouvriers des corporations. Sur cent vingt-cinq collaborateurs cités dans les avertissements et dont nous savons autre chose que le nom, dix seulement sont désignés comme ouvriers (62). Sept exercent des métiers exigeant une haute qualification technique, bonneterie, soierie, fonderie de caractères, horlogerie. Deux exercent des métiers d'art, lutherie et poterie. L'orfèvre est aussi bien un ouvrier

(59) « Un ecclésiastique (sic) qui travaillait pour nous » (CORR, t. II, p. 130).
(60) AT, t. XVIII, pp. 320-321.
(61) Voir notre article sur *la Documentation technique de Diderot*, p. 351.
(62) Barrat, Bonnet, Delusse, Douet, Fournier, Laurent, J.-B. Le Roy, Magimel, Mallet, Romilly.

d'art qu'un marchand. Tous sont très exactement des « artistes » au sens que l'*Encyclopédie* donne à ce mot (63), et leur industrie est une industrie de luxe.

Au-dessus d'eux Bouchu, Buffon, les deux maîtres de forges, appartiennent à la catégorie des fabricants. Bouchu, fils d'avocat, disposait sans doute de capitaux accumulés dans sa famille grâce à la rente foncière, et qui lui permirent d'affermer les forges du duc de Penthièvre, selon un usage décrit par Charles Ballot (64). Buffon a investi lui-même ses capitaux dans la métallurgie (65). Buisson, soyeux, et Longchamp, brasseur, sont plus vraisemblablement des marchands-fabricants, c'est-à-dire d'abord des commerçants capitalistes faisant travailler des ouvriers pour un marché déterminé (66). C'est également le cas de Pichard, marchand-fabricant bonnetier (67), et du libraire David (68). De ces six personnages, l'un fut anobli en considération de ses mérites (69), et un autre eut pendant un certain temps un rôle à jouer dans l'appareil administratif d'Etat (70).

Les marchands-fabricants, par l'importance de leur fortune, tenaient à la meilleure société, et aspiraient à se fondre dans la haute bourgeoisie, voire dans l'aristocratie (71).

Les relations personnelles que Diderot eut avec les uns et les autres sont très variables. Nous verrons dans un autre chapitre celles qu'il eut avec les libraires. Avec Buffon, avec Bouchu, on peut parler d'amitié, bien que Diderot ne les ait pas fréquentés assidûment. Buffon était un personnage, et il appartenait à la haute société, celle qui précisément se trouvait exclue de l'*Encyclopédie*. Diderot ne se faisait d'ailleurs pas scrupule de solliciter l'appui de Buffon en faveur de ses amis ou de ses alliés, comme on le voit dans une lettre de 1753 adressée à Caroillon La Salette, qui désirait la charge de son beau-père. Par Buffon il était facile de se faire entendre de la marquise de Pompadour, et de toucher des ministres aussi importants que le

---

(63) « Nom que l'on donne aux ouvriers qui excellent dans ceux d'entre les arts mécaniques qui supposent l'intelligence » (AT, t. XIII, p. 373). L'article n'a aucune marque, et rien ne permet de l'attribuer à Diderot.

(64) Ch. Ballot, *L'introduction du machinisme*, p. 424. Voir aussi P. Léon, *La naissance de la grande industrie en Dauphiné*, pp. 60-63.

(65) En 1769 les investissements de Buffon se montaient à 300 000 livres, selon H. Sée, *L'évolution commerciale et industrielle de la France*, p. 290.

(66) Pour l'organisation de la soierie lyonnaise, voir Ch. Ballot, *L'introduction du machinisme*, p. 305, et P. Léon, *La naissance de la grande industrie en Dauphiné*, p. 65.

(67) Sur l'organisation de la bonneterie, voir Ch. Ballot, *Ouvrage cité*, pp. 270-271.

(68) Le libraire est un commerçant pour lequel travaillent plusieurs branches de l'industrie, papeterie, imprimerie, reliure. Le Breton était marchand-fabricant, puisqu'il était à la fois libraire et imprimeur.

(69) Buffon. Il est vrai que ce fut surtout pour son mérite scientifique.

(70) Buisson, qui fut inspecteur des manufactures.

(71) F. Bacquié (*Les inspecteurs des manufactures*, p. XI) évoque les gratifications énormes touchées par les inspecteurs des manufactures, et perçues sur les droits de marque. H. Sée (*La France économique et sociale*, p. 143) insiste sur l'inégalité de fait entre les marchands et montre que les soyeux étaient proches de la haute bourgeoisie.

Contrôleur général. Buffon, pour obliger Diderot, transmettait volontiers les placets qu'il lui confiait (72). Il n'hésitait même pas à se rendre à Versailles pour dire de vive voix deux mots au ministre (73), ou à organiser un souper pour attendrir un Fermier général, détenteur d'une certaine feuille de bénéfices (74). Deux ans après le succès de ces démarches, Diderot consultait de nouveau Buffon sur les chances de Caroillon, qui voulait cette fois la protection du duc d'Orléans (75). Il le consultait encore, en 1756, mais pour son frère, l'abbé Diderot, qui désirait avoir des garanties sur le chevalier de Piolenc, sa partie (76). Mais Diderot ne voyait pas Buffon que par intérêt, et il semble qu'à chaque séjour de Buffon à Paris, les deux amis se soient toujours rencontrés avec plaisir. Diderot écrit par exemple, en 1760 :

« J'ai reçu, ce matin, la visite de M. de Buffon. J'irai un de ces soirs passer quelques heures avec eux. J'aime les hommes qui ont une grande confiance en leurs talents » (77).

Le cas de Bouchu est un peu différent. Le maître de forges était une des figures les plus familières de cette bourgeoisie langroise avec laquelle Diderot a eu toute sa vie des liens si étroits (78). Bouchu ne venait guère à Paris, mais quand il y venait on le rencontrait chez d'Holbach (79). Diderot le dépeint ainsi, dans une lettre écrite de Langres, dans l'été 1759 :

« Il y a ici un Monsieur Bouchu, homme de tête, que vous avez vu une fois ou deux chez le baron, gai, rebondi, rubicond, habitant les forêts, creusant la terre, en tirant le fer, ramassant des plâtras, en remplissant ses poches, étudiant la nature tout seul, et passant pour fou comme Démocrite, et l'étant à peu près comme lui » (80).

Avec les autres fabricants ou artistes qui ont travaillé pour l'*Encyclopédie* Diderot n'a pas eu, semble-t-il, d'autres relations que professionnelles. Seul le nom du coutelier Foucou apparaît dans des lettres ou des reçus concernant Diderot. C'est que Foucou était langrois, et ami du père Diderot. Mais Diderot le Philosophe l'a surtout considéré, au début de son séjour à Paris, comme un bailleur de fonds que l'on pouvait aisément berner (81). Enfin aucun marchand n'a été honoré de son amitié. Il est à retenir d'ailleurs que le collectif rassemblé par

---

(72) CORR, t. I, p. 150.
(73) *Ibid.*, p. 152.
(74) *Ibid.*, p. 153.
(75) *Ibid.*, pp. 196-197.
(76) *Ibid.*, p. 220.
(77) *Ibid.*, t. III, p. 270.
(78) Dans une lettre collective aux parents et amis de Langres, du 6 janvier 1755, BOUCHU est nommé parmi les destinataires d'une caisse de livres et de cadeaux que DIDEROT a expédiée à Langres pour le nouvel an (CORR, t. I, p. 183; cf. t. II, p. 34, et p. 103).
(79) *Ibid.*, t. II, p. 197.
(80) *Ibid.*
(81) *Ibid.*, t. I, p. 23.

Diderot ne compte aucun négociant (82), contrairement à une opinion couramment admise, selon laquelle l'*Encyclopédie* aurait incarné en particulier l'idéal de la grande bourgeoisie commerçante.

L'exemple de Buisson, marchand-fabricant, ancien inspecteur des manufactures, montre qu'entre le secteur privé de la production et l'appareil de contrôle de l'Etat, la communication était aisée. La participation du personnel de la fonction publique à l'*Encyclopédie* est à cet égard tout à fait remarquable. Sur les cent vingt-cinq collaborateurs retenus, huit au moins, dont Buisson, ont eu épisodiquement ou durablement une fonction de direction ou d'inspection technique. Desmarets, nous l'avons vu, a fait toute sa carrière dans l'inspection des manufactures. Prévost était inspecteur des verreries. Dans un domaine un peu marginal George Le Roy était lieutenant des chasses à Versailles. Bordeu, médecin, a été intendant des eaux minérales d'Aquitaine. Bourgelat, vétérinaire, devint commissaire général des haras. Malouin fut en 1753 chargé par le gouvernement de lutter contre une épizootie dans la région parisienne. Roux, médecin, fut employé aux manufactures de Saint-Gobain. Venel, médecin, fut chargé en 1753 d'analyser les eaux minérales du royaume. Le corps des ingénieurs des ponts et chaussées est brillamment représenté par les noms de Boulanger, Delacroix, Perronet, Vialet (83). Il faut leur adjoindre celui de Le Romain. Ce sont au total quatorze techniciens qui ont exercé une fonction d'autorité au service de l'Etat.

Quatre administrateurs civils ont en outre collaboré au dictionnaire. Daubenton était subdélégué de Montbard, Dodart intendant de Bourges, et Turgot fut intendant du Limousin en 1761 (84). Durival aîné a rempli des fonctions analogues sous Stanislas, comme secrétaire de l'intendance de Lorraine.

L'armée est mieux représentée encore, avec dix de ses membres. Deux d'entre eux seulement sont de la grande noblesse militaire, Hérouville et Tressan, mais ils n'ont pas participé à l'*Encyclopédie* au titre d'une spécialité militaire. Les huit autres sont avant tout des techniciens des armes savantes ou des services. La marine est représentée par Bellin, ingénieur, Berthoud, horloger mécanicien, Boureau-Deslandes, ex-commissaire général. L'armée de terre a donné le chef de bataillon d'Authville, tacticien de la cavalerie, Eidous, ingénieur militaire, Liébaut, chargé du dépôt de la guerre. Louis fut chirurgien-major à

---

(82) A la différence des marchands-fabricants les négociants n'ont aucun rôle direct dans la production. C'est sans doute ce qui les fit considérer par QUESNAY comme une classe stérile, et c'est certainement ce qui les a fait négliger par DIDEROT. D'autre part les négociants, par leur train de vie, sont sur le même pied que la haute noblesse (H. SÉE, *La France économique et sociale*, p. 145).

(83) L'école fut fondée par Trudaine en 1747 et le corps des ingénieurs commença à s'organiser en 1750 (voir E. CHOULLIER, *Les Trudaine*, p. 13, et H. SÉE, *L'évolution commerciale et industrielle de la France*, p. 201).

(84) L'origine des revenus des intendants était double. Ils avaient tous une fortune personnelle; ils percevaient donc la rente foncière. Ils avaient en outre des traitements très élevés (H. SÉE, *La France économique et sociale*, p. 98).

l'armée du Haut-Rhin jusqu'en 1763 et le docteur de Villiers servit dans les hôpitaux de l'armée d'Allemagne pendant la guerre de Sept ans.

Neuf collaborateurs de Diderot sont de l'administration des finances mais six ont donné au dictionnaire des articles qui n'ont rien à voir avec les finances (85). La nature de leur collaboration, — physionomie, jardinage, gravure en couleurs, feux d'artifice, dessin, — permet de supposer que leur charge était surtout pour eux une source de revenus suffisante pour leur permettre de se livrer à des activités libérales. Trois noms seulement sont donc à retenir, Dupin, Fermier général, Pesselier, qui a travaillé dans les Fermes, Véron de Forbonnais, inspecteur général des monnaies, puis attaché au département du Contrôleur général. Si l'on ajoute à ces vingt-neuf noms d'ingénieurs et d'administrateurs, civils et militaires, les censeurs royaux, dont le jugement n'était pas toujours sans conséquence sur l'action répressive, nous trouvons trente-trois représentants permanents ou épisodiques de l'appareil d'Etat, soit 26,4 % du nombre total des collaborateurs connus du dictionnaire, ce qui est important.

Il est significatif que certains des noms qui reviennent le plus souvent dans les lettres de Diderot sont des noms de fonctionnaires, ingénieurs ou administrateurs. Damilaville doit être cité en tout premier lieu, bien que son nom ne soit jamais donné dans les avertissements du dictionnaire, et ne figure même pas, à notre connaissance, au bas des articles qu'il a écrits. Une correspondance relativement abondante nous montre que Damilaville était pour Diderot un intermédiaire idéal. Par lui il recevait les lettres de sa maîtresse, les envois de Voltaire, les articles de certains de ses collaborateurs de province (86). Par lui aussi il pouvait se tenir informé de tout ce qui concernait la politique financière et fiscale (87).

Grâce à Damilaville, Diderot a fait la connaissance de plusieurs fonctionnaires de l'administration des finances, dont il parle dans ses lettres, comme Duclos. Duclos était commis au bureau de l'arrivée, à l'Hôtel des postes (88), et sa femme était la maîtresse de Damilaville (89). Diderot, qui la voyait chez son ami, connaissait mieux Mme Duclos que son mari. Il a pourtant songé à lui pour avoir des

---

(85) D'Abbes, d'Argenville, Durival jeune, de Montdorge, Perrinet d'Orval, Watelet.

(86) Damilaville, comme premier commis au bureau du Vingtième, expédiait son courrier, — et celui de ses amis, — en franchise, sous le cachet du contrôle des Finances. La plupart des lettres que lui envoie Diderot, et des allusions qui sont faites à sa personne dans la correspondance générale du Philosophe, concernent l'acheminement du courrier entre Sophie et son amant (CORR, t. III, pp. 42, 60, 61, 81, 102, 152, 184, 185, 245); pour les échanges avec Voltaire, voir *ibid.*, pp. 160, 177, 294, et t. IV, pp. 142, 143, 287, 289; pour l'acheminement des articles venant de collaborateurs de province, voir *ibid.*, pp. 114, 355.

(87) Nous verrons que Diderot et Damilaville ont travaillé ensemble à l'article *Vingtième.*

(88) CORR, t. IV, p. 27 et p. 145.

(89) *Ibid.*, p. 42. Duclos fut plus tard directeur du *Vingtième* à Châlons-sur-Marne (SV, t. II, p. 158 et p. 214).

renseignements techniques sur l'organisation de la poste, que Damilaville devait lui faire parvenir (90). Diderot a eu aussi des liens d'amitié avec Boulanger, mort à trente-sept ans, en 1759. Peu après sa mort Diderot écrivait à Grimm :

« Je ne sais si vous connaissez un jeune homme nommé Boulanger, qui avait commencé par faire des trous dans la terre, en qualité d'ingénieur dans les ponts et chaussées, et fini par devenir naturaliste grec, hébreu, syriaque, arabe, etc. Il est mort aussi. Il avait du génie, et sa marche le marque bien » (91).

Boulanger est mort trop tôt pour que Diderot ait souvent eu l'occasion de le nommer dans ses lettres, mais le fait que son nom est devenu pour Diderot et Damilaville le symbole même des questions qui avaient été de sa compétence montre l'estime et l'amitié qu'ils avaient pour lui (92). Diderot a d'ailleurs écrit lui-même une courte biographie de Boulanger, qui fut imprimée en tête de *l'Antiquité dévoilée par ses usages*, éditée par les soins du baron d'Holbach en 1766 (93). « J'ai été intimement lié avec lui », déclare Diderot, et entre autres traits de caractère admirables chez cet ingénieur il relève celui-ci :

« Partout il fit voir qu'il était possible de concilier les intérêts particuliers avec ceux de la chose publique; il était bien loin de servir les petites haines d'un homme puissant, en coupant les jardins d'un pauvre paysan par un grand chemin qui pouvait être conduit sans causer de dommages » (94).

C'est dans l'entourage des Volland que Diderot a rencontré Perronet et Vialet, tous deux ingénieurs des ponts et chaussées, et collègues de M. Le Gendre, le beau-frère de Sophie. Le Gendre fut successivement « ingénieur du roi pour la province » de Champagne, inspecteur de la généralité de Châlons-sur-Marne (95), « chargé de l'inspection de la généralité de Caen » après 1763 (96), « inspecteur général des ponts et chaussées ». En 1762 Perronet fréquentait chez les Le Gendre, et il paraît, à en croire Diderot, qu'il favorisait la carrière du mari pour mériter les faveurs de la dame (97). Il était alors le supérieur de

---

(90) CORR, t. III, p. 355 : « Et les papiers de M. DUCLOS sur les *postes* partiront-ils de vos mains ? » On rencontre aussi dans une lettre de DIDEROT le nom de DESTOUCHES, « secrétaire de la Ferme générale ». DIDEROT comptait sur lui pour l'introduire avec GOUSSIER dans une fabrique de tabac, dont il voulait « connaître et décrire (la) manœuvre ». C'est avec DESTOUCHES, et une fille de la rue des Prouvaires, que DIDEROT a eu l'accident de carrosse qu'il décrit plaisamment dans une lettre à Sophie du 7 octobre 1760 (CORR, t. III, pp. 118-119).

(91) *Ibid.*, t. II, p. 258.

(92) « Que ma boulangerie se fasse », écrivait DIDEROT à DAMILAVILLE, en lui réclamant des articles qu'il devait écrire sur les impôts. L'article *Vingtième* parut sous le nom de BOULANGER (CORR, t. III, p. 161).

(93) AT, t. VI, pp. 339-346.

(94) *Ibid.*, p. 341.

(95) CORR, t. II, p. 134; cf. p. 231 et p. 245.

(96) *Ibid.*, t. IV, p. 118.

(97) « M. PERRONET sera toujours mené par le nez. Le goût qu'il a pour Uranie y contribuera. On se fait secrètement un mérite de mille petites injustices faites en faveur du mari, quand on en veut à sa femme » (CORR, t. IV, p. 112; cf. SV, t. II, p. 111, p. 135, p. 171).

M. Le Gendre. Vialet avait au contraire été sous ses ordres, comme « sous-ingénieur des ponts et chaussées pour la province de Champagne » (98). Lui aussi courtisait assidûment Mme Le Gendre. La belle Uranie lui écrivait, ou lui faisait écrire par Sophie, quand il était en province, et Diderot n'avait nulle vergogne à faire glisser par Sophie, au milieu des tendresses, les messages qu'il voulait faire tenir à son collaborateur (99).

Une lettre de septembre 1767 montre que Diderot rencontrait au moins au Grandval, chez le baron d'Holbach, Le Romain, ingénieur en chef de l'île de la Grenade, et qu'il aurait eu plaisir à le voir plus souvent. Il écrit à ce sujet :

> « J'ai prêché inutilement M. Le Romain, qu'on aurait grand plaisir à avoir mais que sa mélancolie retient dans l'obscurité de sa cahute, où il aime mieux broyer du noir dont il puisse barbouiller toute la nature que d'aller jouir de ses charmes à la campagne » (100).

Ce milieu de fonctionnaires, où Diderot se mouvait comme on voit avec beaucoup de liberté, était un milieu essentiellement bourgeois, où l'aisance et la compétence allaient de pair. Damilaville avait au seul titre de commis un traitement annuel de trois mille livres, et il pouvait espérer devenir directeur général du Vingtième, à vingt mille livres de rente (101). Les Le Gendre faisaient meilleure figure encore. M. Le Gendre avait des collections de livres, de tableaux, de sculptures, de dessins et d'estampes (118), et la maison qu'il avait installée à Châlons fit une grande impression sur Diderot, quand il y fut accueilli, à son retour de Langres, dans l'été 1759 :

> « Je ne vous parlerai pas de sa maison, écrivait-il à Grimm. On en trouvera de plus riches, mais on ne remarquera plus de goût dans aucune. C'est un faste qui se dérobe par sa simplicité. Point de vernis, point de dorures; mais des boisures élégantes, de grandes glaces, des sculptures recherchées dans les angles, des groupes de Bouchardon et de Pigalle. Partout une unité qui lie les choses; en quelque endroit que l'on regarde, il y a précisément ce qu'il fallait. L'appartement de la maîtresse est très éclairé; mais comme elle aime à rêver, le grand jour y entre rarement » (103).

---

(98) CORR, t. III, p. 51.

(99) Du 12 septembre 1761 : « Ecrivez sur-le-champ; ou plutôt faites écrire par Uranie sur la première lettre que vous écrirez à M. Vialet : « Oui vraiment, oui l'Anjou, et le plus tôt que faire se pourra » (CORR, t. III, p. 304). Diderot attendait à ce moment-là des mémoires et des planches sur les ardoisières (cf. *ibid.*, p. 333, p. 344 et p. 349). Pourtant la description que Vialet a donnée dans le tome VI des *Planches* de l'*Encyclopédie* concerne les ardoisières de la Meuse. La description des ardoisières d'Anjou y est faite par Perronet et elle était rédigée pour l'essentiel en 1754. Diderot a donc fait un lapsus en parlant de « l'Anjou » dans sa lettre à Sophie, ou bien il parlait d'autre chose que des ardoisières. Sur les relations de Diderot avec Vialet après 1765, voir SV, t. II, p. 129, p. 138, p. 171, p. 235. Il semblerait que Diderot ait songé un moment à lui faire épouser Angélique.

(100) SV, t. II, p. 164.

(101) CORR, t. III, pp. 343-344.

(102) Le catalogue en a été imprimé pour la vente après décès qui fut faite à Paris, dans la maison que les Le Gendre avaient achetée rue Sainte-Anne (CORR, t. II, p. 245).

(103) *Ibid.*

Les collaborateurs de l'*Encyclopédie* ayant exercé une activité libérale sont quatre-vingts, et représentent 64 % du total de ceux qui sont présentés dans les avertissements. Le nombre des savants, quarante, est égal à celui des littérateurs et des artistes. Mais si l'on ajoute à la liste des premiers les techniciens que nous avons énumérés, la balance penche très fortement du côté scientifique.

Parmi les savants, douze ont eu comme principale activité la recherche. Ils sont treize si l'on compte avec eux Desmarets, qui indépendamment de sa carrière dans l'inspection des manufactures fut aussi géographe (104). Nous savons que la plupart purent se livrer librement à leurs activités scientifiques parce qu'ils jouissaient par ailleurs de revenus confortables : Allut le fils, avocat (105), Buffon, propriétaire foncier et industriel, d'Holbach, de Ratte, le comte de Tressan, propriétaires fonciers.

Vingt-deux collaborateurs de l'*Encyclopédie* ont été médecins ou chirurgiens et la plupart d'entre eux étaient sans doute praticiens en même temps que savants (106). Quatorze ont enseigné habituellement ou pour un temps leur art, ou une science voisine, comme l'histoire naturelle ou la chimie, voire les mathématiques. D'Aumont professait la médecine à Valence, Barthez, Charles Le Roy, Venel, la médecine à Montpellier, Bordeu l'obstétrique, Bouillet père les mathématiques à Béziers. On eut à Paris Daubenton pour l'histoire naturelle, Louis pour la physiologie et la chirurgie, Malouin et Roux pour la chimie, Morand pour la chirurgie, Tarin et Vandenesse pour la médecine, Le Monnier pour la botanique. Enfin cinq autres savants, non médecins, enseignèrent également les mathématiques, l'art vétérinaire, l'architecture (107).

En plus des revenus de leurs biens fonciers, ou de leur charge, et en plus des gains réalisés dans l'exercice de leur art, s'ils étaient médecins, un quart des savants de l'*Encyclopédie* ont bénéficié de la protection des grands et surtout du roi. D'Anville a été secrétaire du duc d'Orléans et premier géographe du roi; Bourgelat a obtenu des capitaux de l'Etat pour la fondation de son école vétérinaire; Buffon fut intendant du jardin du roi, et Louis XV érigea sa terre de Buffon en comté; Daubenton fut garde du cabinet d'histoire naturelle; Falconet fut méde-

---

(104) Les autres sont D'ALEMBERT, ALLUT le fils, D'ANVILLE, BUFFON, DEPARCIEUX, GUÉNEAU DE MONTBEILLARD, d'HOLBACH, l'abbé DE LA CHAPELLE, LA CONDAMINE, DE RATTE, Robert DE VAUGONDY, TRESSAN.

(105) Pour être procureur de sa commune, en 1790, il était certainement aussi propriétaire foncier.

(106) D'AUMONT, BARBEU DU BOURG, BARTHEZ, BORDEU, BOUILLET père et fils, DAUBENTON, FALCONET, JAUCOURT, LAVIROTTE, LE MONNIER, Ch. LE ROY, LOUIS (chirurgien), MALOUIN, MORAND (chirurgien), PENCHENIER, QUESNAY (chirurgien), ROUX, TARIN, VANDENESSE, VILLIERS. Nous savons que BORDEU, le père et le fils BOUILLET, FALCONET, LAVIROTTE, LE MONNIER, LOUIS, MALOUIN, MORAND, PENCHENIER, QUESNAY, ROUX, TARIN, VILLIERS, ont effectivement pratiqué. En revanche il est peu probable que DAUBENTON ou DE JAUCOURT aient habituellement soigné des malades.

(107) Respectivement GOUSSIER, LE BLOND et NECKER; BOURGELAT; BLONDEL. DESMARETS, que nous avons rencontré plusieurs fois, enseigna lui aussi les mathématiques.

cin du roi; Le Blond enseigna les mathématiques aux enfants de France; Le Monnier fut médecin des enfants de France et premier médecin du roi; Quesnay fut premier médecin ordinaire du roi et fut anobli par Louis XV; Robert de Vaugondy fut géographe ordinaire du roi; Véron de Forbonnais entra au département de Silhouette sur la demande instante du roi.

La répartition de tous ces savants par disciplines est significative. Les mathématiciens sont sept (108), mais le nombre des historiens de la nature est également de sept (109). Viennent ensuite les géographes, au nombre de quatre (110), et les chimistes, quatre également (111). Les physiciens et mécaniciens sont trois (112).

Mais la médecine est reine : six mathématiciens, chimistes, et historiens de la nature sont également médecins, et les seize autres collaborateurs scientifiques sont d'abord médecins. Les disciplines traditionnelles, mathématiques et physique, avec dix représentants, sont donc délibérément sacrifiées aux sciences de la nature et de l'homme, avec vingt-sept représentants, et même trente et un si on leur adjoint les chimistes. Encore faut-il noter que sur les trois savants que nous avons groupés sous le nom de physiciens, deux sont surtout occupés de physique appliquée et de mécanique.

A côté des savants, les artistes forment un groupe compact de quatorze personnes. C'est le groupe le plus homogène socialement, si l'on excepte Montdorge et Watelet, dont l'activité artistique fut permise par les revenus confortables d'une charge (113). Tous les autres furent des praticiens qui vivaient, ou qui pouvaient vivre, de leur art (114). La moitié d'entre eux étaient graveurs, et ils ont surtout collaboré aux planches de l'*Encyclopédie*. Cochin fils et Goussier étaient dessinateurs, et Soubeyran était dessinateur et graveur. On compte enfin un architecte, un peintre en émail, un flûtiste. Trois de ces artistes ont enseigné : Blondel a fondé une école d'architecture et donné des cours au Louvre. Delusse a été professeur de flûte, et Soubeyran a dirigé une école de dessin à Genève. Deux ont bénéficié de la protection royale, Cochin fils, garde des dessins du cabinet du roi, anobli par Louis XV et nommé membre de l'ordre de Saint-Michel avec pension, et Blondel, dont les éléves furent récompensés par le roi. Il faut surtout remarquer que si l'on considère l'objet le plus habituel de leur travail, ces artistes ont presque tous travaillé avec des techniciens, au service de l'artisanàt ou de l'industrie. Nous avons même rencontré, avec Delusse, un exemple parfait de cette asso-

---

(108) D'Alembert, Bouillet père, Goussier, La Chapelle, Le Blond, Necker, Rogeau.

(109) Barbeu du Bourg, Buffon, Daubenton, Guéneau, d'Holbach, La Condamine, Le Monnier.

(110) D'Anville, Desmarets, La Condamine, Robert de Vaugondy.

(111) La Condamine, Malouin, Rouelle, Roux.

(112) Deparcieux, de Ratte, Sauvages.

(113) Tous deux furent officiers de finance.

(114) Besnard, Blondel, Cochin fils, Deferth, Delusse, Durand, Goussier, Le Canu, Lucotte, Papillon, Prévost, Soubeyran.

ciation, puisqu'il était musicien en même temps que facteur d'instruments. Goussier, Lucotte, Soubeyran, sont des dessinateurs industriels. Durand, peintre en émail, exerce un métier d'art. Les cinq graveurs autres que Soubeyran ont travaillé eux aussi au service de la technique et de l'industrie puisque ce sont eux qui ont fait les planches de l'*Encyclopédie.* Enfin l'architecture est l'art utile par excellence. Onze de ces artistes sur quatorze sont donc en rapport direct avec la production.

Parmi les vingt-six littérateurs signalés dans les avertissements de l'*Encyclopédie,* dix ont été enseignants (115). Trois ont enseigné la rhétorique ou la philosophie (116), trois ou quatre ont enseigné la grammaire (117), un a enseigné l'arabe (118). Le droit et surtout la théologie font figure de parents pauvres avec un représentant chacun (119). Les seize autres ont partagé leur activité entre la philosophie, l'art dramatique, le roman. Ils sont du reste en général polygraphes (120). Leurs origines sociales sont variées, mais ils sont issus principalement des milieux parlementaires et ecclésiastiques. Six étaient abbés, un était pasteur (121). Deleyre fut d'abord jésuite, et Diderot lui-même faillit bien être chanoine. Trois étaient parlementaires, un était avocat, un se destinait d'abord à la magistrature (122). Nous avons vu que leurs sources de revenus restaient pour nous trop souvent inconnues, mais semblaient d'importance et surtout de nature très variables. Quatre d'entre eux au moins ont vécu sous la protection du roi ou des grands, Deleyre, Dumarsais, déjà rencontrés, Duclos, historiographe de France (123), Marmontel, qui eut une pension sur le *Mercure* avant d'en avoir la direction, et qui remplaça Duclos comme historiographe. De Prades fut un temps lecteur du roi de Prusse, et Voltaire, Diderot, Rousseau lui-même, n'ont pas toujours méprisé les bienfaits du mécénat.

Il serait fastidieux de relever dans la correspondance de Diderot les noms de tous les savants, écrivains ou artistes qu'il a pu fréquenter. Ils

---

(115) BEAUZÉE, BOUCHAUD, DESHAUTERAYES, DOUCHET, DUMARSAIS, FAIGUET, FORMEY, MALLET, MARMONTEL, TOUSSAINT.

(116) FORMEY et TOUSSAINT à Berlin, MARMONTEL en France dans sa jeunesse.

(117) BEAUZÉE, DOUCHET, DUMARSAIS. Il est possible mais non certain que FAIGUET ait aussi enseigné la grammaire.

(118) DESHAUTERAYES, au Collège de France.

(119) BOUCHAUD pour le droit et l'abbé MALLET pour la théologie.

(120) DE BROSSES, CAHUSAC, DELEYRE, DESMAHIS, DIDEROT, LANDOIS, LENGLET DU FRESNOY, MONTESQUIEU, MORELLET, PESTRÉ, PINOT DUCLOS, DE PRADES, PUISIEUX, J.-J. ROUSSEAU, VOLTAIRE, YVON. Nous ne comptons pas ici DE JAUCOURT, de formation scientifique. A la rigueur bien d'autres noms d'encyclopédistes pourraient figurer dans la liste des hommes de lettres. Nous n'avons retenu ici que ceux dont la principale activité fut littéraire. D'ALEMBERT, par exemple, a collaboré à l'*Encyclopédie* comme mathématicien plus que comme philosophe.

(121) LENGLET DU FRESNOY, MALLET, MORELLET, PESTRÉ, DE PRADES, YVON, et FORMEY.

(122) DESMAHIS se destinait à la magistrature. DE BROSSES, CAHUSAC, MONTESQUIEU, étaient parlementaires, PUISIEUX était avocat.

(123) Il fut même anobli.

constituent un milieu vaste et divers, et c'est par excellence le milieu de Diderot. Si l'on se borne seulement à ceux d'entre eux qui collaborèrent à l'*Encyclopédie* et qui furent aussi liés d'amitié avec Diderot, quelques constatations s'imposent pourtant. Avec Voltaire, avec Rousseau, les relations personnelles de Diderot ont été bonnes, voire excellentes, pendant un certain temps. On perçoit cependant très tôt les failles qui ébranleront ces amitiés littéraires. Elles paraîtront au grand jour, du côté de Rousseau, dès 1757. Du côté de Voltaire elles seront prudemment recouvertes, mais elles iront aussi s'élargissant.

Outre les raisons purement philosophiques qui expliquent ces désaccords, — nous en examinerons quelques-unes, — il paraît évident que ce qui éloigne Diderot de Rousseau d'une part, et de Voltaire d'autre part, tient à leurs situations sociales respectives. Nous verrons, quand nous étudierons la place occupée par Diderot dans l'entreprise encyclopédique, que Voltaire n'a jamais compris les raisons de l'attachement du Philosophe à une cause qui lui rapportait si peu. Par ailleurs on sent bien, au ton qu'emploie Diderot pour parler de Voltaire, dans ses lettres à Damilaville ou à Sophie Volland, et même dans les lettres qu'il lui adresse directement, qu'il est agacé par ses airs de grand seigneur, par cette supériorité que le « cher maître » affiche dans tous les domaines. Il lui écrit par exemple, en novembre 1760 :

> « Vous avez fait la moisson de tous les lauriers; et nous allons glanant sur vos pas, et ramassant par-ci par-là quelques méchantes petites feuilles que vous avez négligées et que nous nous attachons fièrement sur l'oreille en guise de cocarde, pauvres enrôlés que nous sommes » (124).

Pour Rousseau au contraire, qui l'avait connu aussi gueux que lui, c'est Diderot qui de plus en plus se donnait l'allure d'un grand seigneur. Il trouvait en particulier que son ami faisait sonner bien haut les services qu'il lui rendait, et plus encore les leçons qui les accompagnaient (125). Diderot ne cessait de lui répéter qu'il avait « femme, enfant, domestique, nulle fortune », et qu'il ne pouvait même « payer le louage d'un fiacre sans se gêner » (126). Mais Rousseau trouvait qu'il y avait bien de la différence entre un homme qui portait « bons bas drapés », « bons souliers », « bonne camisole », et avait eu bon souper la veille, et un pauvre diable comme lui, que la perspective de donner un pourboire à un valet mettait à la torture (127).

En dehors de Rousseau et de Voltaire, Diderot n'a eu vraiment de relations personnelles qu'avec Deleyre, dont la position sociale valait à peu près la sienne, et qu'il voyait beaucoup (128). Il ne fréquentait pas Dumarsais, qui était âgé et pauvre (129). Si la lettre du 29 juin 1756 était

---

(124) CORR, t. III, pp. 274-275.
(125) *Ibid.*, t. I, p. 242.
(126) *Ibid.*, p. 234 et p. 235.
(127) J.-J. Rousseau, *Correspondance générale*, t. III, p. 142.
(128) Voir en particulier CORR, t. I, p. 226, t. II, pp. 28, 43.
(129) Diderot chargeait Le Breton de faire rentrer les articles dont Dumarsais était l'auteur (CORR, t. I, p. 196).

vraiment adressée à Landois, on ne peut dire que Diderot l'ait traité avec plus de ménagement qu'il n'en avait pour Rousseau. La partie non philosophique de la lettre est méprisante et insultante (130). Il est vrai que Landois n'avait que 500 livres de rente quand Diderot en avait 2 500 (131). Diderot parle souvent de Marmontel. Comme Deleyre et comme Diderot, Marmontel était d'une origine modeste, et comme eux il s'était tiré de misère par ses travaux littéraires. Mais la protection de Mme de Pompadour lui avait assuré un sort plus enviable que le leur. Aussi Diderot, qui lui donne du « cher ami », et l'embrasse de tout son cœur, le traite avec une considération qu'il n'a point pour ses intimes (132). Ce qui ne l'empêche pas, dans le privé, d'en rabattre un peu sur le personnage, à qui il trouve trop de vanité, et trop peu de génie (133). Il connaissait aussi Pinot Duclos, mais même si le billet irrité qu'a reproduit M. Roth dans son édition de la correspondance de Diderot, est apocryphe (134), on n'a pas l'impression qu'il y ait eu des liens très amicaux entre l'Historiographe de France et le Philosophe.

Ce que nous avons remarqué à l'égard des hommes de lettres se remarque aussi à l'égard des savants. Diderot utilise toutes les compétences, mais il se lie seulement avec les gens que leur position sociale n'entête pas plus qu'il n'est convenable. A La Condamine, par exemple, il ne saurait écrire sans protester de son humilité et de son obéissance (135). Alors que Diderot insiste pour avoir son mémoire sur les séances de crucifixion des convulsionnaires, La Condamine se fait prier longtemps (136). Aussi malgré l'estime dans laquelle il le tient, Diderot raille-t-il sans façon le glorieux académicien. Il écrit par exemple à Sophie, en novembre 1760 :

> « Vous savez que ce pauvre La Condamine a perdu ses oreilles à Quito, en mesurant un arc de l'équateur et du méridien pour déterminer la figure de la terre » (137).

Les relations de Diderot avec d'Alembert ont longtemps été bonnes, mais elles ont été traversées de bien des querelles. Par leur origine, par

---

(130) « Si vous êtes toujours aussi pressé de secours que vous le dites, pourquoi attendez-vous à la dernière extrémité pour les appeler ? Vos amis ont assez d'honnêteté et de délicatesse pour vous prévenir; mais, errant comme vous êtes, ils ne savent jamais où vous prendre » (CORR, t. I, p. 210).

(131) *Ibid.*, p. 216.

(132) Lettre à MARMONTEL du 23 avril 1757 (CORR, t. I, p. 245).

(133) DIDEROT écrit à GRIMM : « Après dîner, MARMONTEL nous a lu un petit roman (...). Il y a du charme, du style, des grâces, de la couleur, de la vitesse, de la chaleur, du pathétique; beaucoup d'idées et de talent; mais peu de vérité et point de génie » (CORR, t. II, p. 257). Et il écrit à Sophie : « On n'a pas plus d'esprit, de connaissance et de logique que MARMONTEL; mais pourquoi gâter tout cela par une suffisance et une dureté qu'on ne saurait supporter ? » (*Ibid.*, t. IV, p. 203).

(134) CORR, t. II, p. 85 et n. 2.

(135) *Ibid.*, t. I, p. 148.

(136) *Ibid.*, t. II, p. 127 et p. 151.

(137) *Ibid.*, t. III, p. 266. On lit encore dans une lettre de 1762 : « J'ai commencé la semaine par me quereller avec LA CONDAMINE. Je ne saurais m'accommoder de ces gens stricts. Ils ressemblent à ces écureuils du quai de la Ferraille qui font sans cesse tourner leur cage » (*Ibid.*, t. IV, p. 88).

leur genre de vie, Diderot et d'Alembert avaient toutes les raisons de se rapprocher, et leur travail dans la manufacture encyclopédique semblait fait pour les lier intimement. Mais d'Alembert était mieux nanti que Diderot, bien qu'il se plaignît souvent. Il était académicien, et il touchait plusieurs pensions, dont une sur *la Gazette,* et une du roi de Prusse. Certes, il ne recevait pas régulièrement l'argent qu'il attendait. Diderot rapporte ainsi ses doléances dans une lettre de 1759 :

« Ma situation commence à devenir désagréable. On ne paye point ici nos pensions. Celles de Prusse sont arrêtées; nous ne touchons plus de jetons à l'Académie française. Je n'ai d'ailleurs, comme vous savez, qu'un revenu fort modique » (138).

Cela était vrai sans doute, mais d'Alembert pouvait se permettre de traiter de haut les libraires, alors que Diderot ne le pouvait pas, et cette différence de condition a souvent nui à leur amitié.

Parmi les médecins et les chirurgiens, qui sont certainement, avec les ingénieurs et les administrateurs, les gens que le Philosophe fréquentait le plus librement, Diderot fait encore une distinction entre ceux que leur position sociale met au-dessus du commun et les autres. Sa lettre à Morand du 16 décembre 1748 est extrêmement déférente. Il est vrai qu'elle était destinée à la publication (139). Mais Quesnay dont il fut l'ami n'eût pas apprécié sans doute trop de familiarité. C'est que Quesnay était « le médecin, l'ami et le confident de Madame la Marquise » (140). Quesnay acceptait bien de solliciter la Pompadour pour Diderot (140 *bis*), mais enfin il avait acheté 40 000 livres la survivance de premier médecin ordinaire du roi, il avait 20 000 livres de rentes, et il avait reçu ses lettres de noblesse des mains du roi (141). Aussi le nom de Quesnay n'apparaît-il pas dans les lettres de Diderot autrement que comme celui d'un homme en place avec qui l'on maintient des liens utiles (142). Diderot a eu en revanche des relations très confiantes avec le docteur Bordeu, comme en témoigne *le Rêve de d'Alembert.* La *Correspondance* ne contient aucune allusion à sa personne avant 1766 (143), mais cela ne prouve pas, naturellement, que Diderot n'a pas fréquenté Bordeu plus tôt. Le ton des entretiens qu'ils ont au chevet de Mme Le Gendre gravement malade est celui d'hommes qui ont l'habitude de parler à cœur ouvert. Ils se comprennent autant par sympathie personnelle que par l'estime dans laquelle chacun d'eux tient les talents de l'autre. Le ton de la lettre de Diderot à d'Aumont, du 8 janvier 1755, est également celui de l'affection

---

(138) CORR, t. II, p. 273.
(139) *Ibid.*, t. I, pp. 59 et suivantes.
(140) *Ibid.*, p. 149.
(140 *bis*) *Ibid.*, p. 152 et p. 155.
(141) J. HECHT *La vie de François Quesnay*, p. 239, p. 241 et p. 244.
(142) Il en va de même pour LE MONNIER, qui était médecin ordinaire du roi à Saint-Germain-en-Laye, et qui devait racheter à QUESNAY sa charge de premier médecin ordinaire du roi (CORR, t. I, p. 152 et n. 14).
(143) Lettre à Sophie du 14 février 1766, SV, t. II, p. 123; cf. pp. 129-130, 131, 134.

et de l'estime (144). Plusieurs lettres postérieures à 1765 montrent que le docteur Roux fréquentait chez le baron d'Holbach, où Diderot le rencontrait (145). C'est Roux qui soigna Damilaville dans sa dernière maladie, avec Bordeu et Tronchin (146). C'est en partie pour être en état de répondre aux questions de Roux et de ses amis que Diderot, en 1770, rédigea son *Voyage à Bourbonne* (147). Enfin du docteur Venel, professeur à Montpellier, Diderot fera ce portrait savoureux :

> « J'ai eu une liaison intime avec (lui). (Il) est maintenant professeur de chimie à Montpellier où il se promettait de faire les plus belles choses et où il végète amplement. C'est un homme d'un rare mérite, excellent chimiste, le plus grand amateur des aises de la vie, le contempteur le plus insigne et le plus vrai de la gloire et de l'utilité publique, et le moraliste le plus circonscrit que je connaisse. Le gouvernement l'employa à l'examen des eaux médicinales du royaume. Il y travailla pendant dix ans. Mais tant payé, tant tenu; les travaux cessèrent du moment où cessa la finance. Avec un grain d'enthousiasme et d'amour du genre humain, car il en faut, il eût poursuivi ses voyages et ses analyses à ses dépens, et il eût complété un ouvrage dont les fragments précieux sont aujourd'hui abandonnés à la pâture des rats. Mais qu'est-ce que cela lui fait ? Il boit, il mange, il dort; il est profond dans la pratique de la morale de Salomon, la seule qui lui paraisse sensée pour des êtres destinés à n'être un jour qu'une pincée de poussière » (148).

Si l'on veut juger de l'audience des collaborateurs de l'*Encyclopédie*, on doit tenir compte surtout de deux faits : leur activité d'enseignement, leur participation à la vie des grandes compagnies littéraires ou savantes. Trente-deux d'entre eux ont, comme Venel, été professeurs toute leur vie ou occasionnellement (149). Ce chiffre représente 40 % du total des intellectuels de profession libérale, et plus du quart du total des collaborateurs connus. Enfin quarante-cinq encyclopédistes au moins, soit 36 %, ont été membres d'une ou de plusieurs académies de province, de Paris, ou de l'étranger, et trente, soit 24 %, ont appartenu à une société ayant une audience internationale.

Quelles conclusions tirer de l'examen d'ensemble de ce tableau, compte tenu de son caractère incomplet ?

La grande majorité des collaborateurs de l'*Encyclopédie* est issue de la bourgeoisie d'Ancien Régime. Les nobles, les parlementaires, les ecclésiastiques qui se trouvent parmi eux sont là d'abord parce que l'activité sociale qu'ils ont choisie les assimile à cette bourgeoisie. Ni les paysans, ni les ouvriers en général, compagnons ou maîtres, ne sont d'autre part nommés dans les avertissements du dictionnaire. Si leur compétence a été jugée nécessaire, Diderot n'a pas cru devoir les en remercier publiquement. Mais toute la bourgeoisie d'Ancien Régime n'est pas représentée également. Les négociants et les gros marchands sont absents. Les avocats, les officiers de finance, comme les parlementaires,

---

(144) CORR, t. I, p. 191.
(145) SV, t. II, p. 165.
(146) *Ibid.*, p. 174.
(147) *Ibid.*, p. 237.
(148) AT, t. XVII, pp. 341-342. Sur la sagesse de VENEL, voir CORR, t. III, p. 76.
(149) Quatorze médecins et cinq savants, dix littérateurs, trois artistes.

n'ont pas le plus souvent collaboré en tant que tels. L'immense majorité des fonctionnaires, commis ou officiers, a été laissée de côté. Les intellectuels, savants ou hommes de lettres, attachés au système de pensée et au système social traditionnels, théologiens et juristes surtout, ont été écartés. En réalité l'équipe de travail réunie autour de Diderot ne représente qu'une fraction numériquement très limitée de la bourgeoisie, et à plus forte raison de la société d'Ancien Régime.

Par ses sources de revenus connues ou probables cette fraction de la bourgeoisie est dans son ensemble aisée, et quelquefois fortunée. Elle vit essentiellement de la rente foncière, du revenu des offices, des pensions, et se trouve ainsi profondément intégrée dans le système féodal. Les encyclopédistes sont pour la plupart des possédants. S'ils ne sont généralement pas nobles de naissance, plusieurs d'entre eux se sont introduits dans l'aristocratie par leur mérite ou leur fortune. Ils sont devenus par là des privilégiés. A côté de ces sources de revenus pour ainsi dire traditionnelles, et pouvant même les suppléer, on voit apparaître dans un grand nombre de cas des gains qui résultent de l'activité professionnelle elle-même. Ce sont les bénéfices industriels ou commerciaux réalisés par les fabricants, les marchands-fabricants, les artisans d'art ou de luxe, les artistes proprement dits. Ce sont les gratifications perçues par les techniciens travaillant au service de l'Etat, dans des fonctions de direction ou d'inspection. Ce sont les honoraires des médecins praticiens et des professeurs de tous ordres. Le caractère commun de ces différents modes de rétribution est d'être individuel, proportionné à la fois à la qualification professionnelle, à la quantité et à la qualité du travail. Ils n'ont aucun caractère de privilège et semblent être la mesure rigoureuse de l'utilité sociale. Ils ont donc un caractère essentiellement libéral, au sens économique qu'a le mot aujourd'hui. Même si par ailleurs ils sont intégrés par leurs biens fonciers, leurs charges et leurs privilèges dans le système féodal, ceux qui sont ainsi rétribués jouissent par rapport à ce système d'une indépendance suffisante pour les rendre capables de concevoir un autre ordre de choses.

Mais la fraction de la bourgeoisie dans laquelle Diderot a recruté ses collaborateurs se caractérise plus encore par la nature de son activité sociale que par ses sources de revenus. Numériquement et socialement très étroite, cette fraction pèse en effet d'un poids considérable dans les secteurs décisifs de l'activité de la nation, ceux où s'élabore progressivement un ordre économique et social nouveau. Les encyclopédistes sont d'abord des savants et des techniciens libérés de la plupart des entraves d'un passé sclérosé, et qui dans leur domaine propre sont prêts à pousser la recherche et l'innovation aussi loin que faire se peut. Par là ils préparent les bases théoriques et techniques de la révolution industrielle du début du XIXe siècle. Toutes les fois qu'ils le peuvent, ce sont aussi des praticiens qui dans l'exercice quotidien de leur art, de la médecine aux manufactures, essaient de réaliser les progrès que leurs recherches leur ont fait concevoir. S'ils ont des capitaux disponibles, ils les investissent dans des entreprises industrielles ou agricoles qui contribuent à l'expansion et à l'amélioration de la production. C'est en effet par la quantité et la qualité de leurs rapports directs ou indirects avec le processus de la production, considérée dans son sens le plus large, que se caractérisent dans leur grande majorité les encyclopédistes.

Dernier trait important : s'ils n'ont pas en main la totalité ni même la plus grande partie de l'appareil d'Etat, — ce qui supposerait réalisée la révolution bourgeoise, — les encyclopédistes tiennent solidement la partie de cet appareil où leurs capacités les ont placés, et où ils sont à vrai dire indispensables, celle qui précisément contrôle, et finalement oriente la production nationale.

La « bourgeoisie » encyclopédique fut-elle révolutionnaire ? Nous avons vu avec Louis Blanc, Jaurès, et plus récemment M. Volguine, qu'un des meilleurs moyens de le savoir était de suivre le cours des idées encyclopédiques, de la Constituante à la Restauration. D'une façon générale, ceux qui ont envisagé la question dans cette perspective ont eu l'impression que l'*Encyclopédie* avait été pendant toute la Révolution le symbole d'une politique libérale mais modérée, nullement révolutionnaire au fond. M. Soboul remarquait par ailleurs que de toute manière les fractions de la bourgeoisie de l'Ancien Régime les plus proches de l'aristocratie, et celles qui avaient appartenu à l'appareil d'Etat dans les secteurs judiciaire, financier, administratif, ont diversement souffert de la Révolution, et ont finalement subi le même sort que les privilégiés (150). Mais ce ne sont là que des impressions, des approximations ne reposant pas sur une étude historique précise. Cette étude est à faire, et doit, à notre sens, être menée dans deux directions. Il faudrait d'un côté, dans le domaine de l'histoire des idées, suivre à travers l'abondante littérature révolutionnaire et contre-révolutionnaire, la trace des idéaux encyclopédiques, enregistrer les réactions favorables ou défavorables qu'ils ont suscitées dans telle ou telle famille d'esprits. D'autre part il faudrait faire l'histoire des personnes, écrire sur chacun des encyclopédistes ou amis de l'*Encyclopédie* que nous connaissons la monographie complète qu'il mérite, en examinant de près ce qu'il a fait, dit, et écrit pendant la période révolutionnaire et la période impériale, s'il a vécu jusque-là. Nous ne pouvons ici qu'esquisser cette double histoire, mais ce que nous en savons déjà permet de confirmer largement les conclusions auxquelles nous sommes arrivé en étudiant la place et le rôle des encyclopédistes dans la société prérévolutionnaire.

M. Jean Dautry a naguère étudié d'assez près les réactions respectives de Robespierre et des Girondins en face de l'*Encyclopédie*, et son travail peut être un modèle utile pour ceux qui feront les recherches d'histoire des idées dont nous parlions plus haut (151). M. Dautry a choisi d'étudier plus particulièrement la période conventionnelle, parce que les rapports entre la pensée des Girondins et celle des encyclopédistes sont supposés connus depuis longtemps. Il est couramment

---

(150) A. Soboul, *Classes et luttes de classes sous la Révolution*, pp. 43-44 et p. 58.

(151) Jean Dautry, *La révolution bourgeoise et l'« Encyclopédie »*.

admis que Danton et ses amis ont été formés à l'école de Diderot, et que les robespierristes étaient disciples de Rousseau. Cette idée remonte en fait à Auguste Comte, comme l'a rappelé Laurent Tailhade, dans une brève notice sur Diderot (152). On la retrouve par exemple chez Daniel Mornet, qui évoque dans ses *Origines intellectuelles de la Révolution française*, le jeune Danton lisant avec fièvre l'*Encyclopédie* (153). On la retrouve aussi chez M. Volguine.

M. Dautry n'a pas de peine à montrer qu'avant 1789 le peuple était absolument étranger à la philosophie des lumières. Il montre aussi, à juste titre, que les constituants, comme les encyclopédistes, avaient une conception très restrictive du peuple. Pour eux, la citoyenneté ne devait être accessible qu'aux individus ayant une certaine aisance, preuve et garantie de leur compétence et de leur intérêt pour la chose publique. « La constitution de 1791, écrit M. Dautry, réserva le pouvoir politique à la bourgeoisie et aux ex-privilégiés qui voulaient bien se contenter de n'être que des hommes riches » (154). Ce sont bien là, déjà, les groupes dominants dans l'équipe rassemblée par Diderot et d'Alembert. M. Dautry aurait pu analyser plus finement la réalité historique, s'il avait examiné quelques textes de grands constituants, et en particulier de Barnave, que Jaurès citait fort à propos (155). Le texte de Barnave reproduit par Jaurès contient en effet une définition très satisfaisante du milieu social qui a porté l'entreprise encyclopédique, et que Diderot et ses amis appelaient « le peuple ». Barnave, qui était très lié à la bourgeoisie libérale du Dauphiné, écrivait :

« Dès que les arts et le commerce parviennent à pénétrer dans le peuple et créent un nouveau moyen de richesse au secours de la classe laborieuse (156), il se prépare une révolution dans les lois politiques; une nouvelle distribution dans les richesses produit une nouvelle distribution du pouvoir. De même que la possession des terres a élevé l'aristocratie, la propriété industrielle élève le pouvoir du peuple; il acquiert la liberté, il se multiplie, il commence à influer sur les affaires » (157).

Notons tout de suite que la « révolution » dont parle Barnave est une *évolution* naturelle : puisque le « peuple » joue le rôle dominant dans les affaires, il est fatal que le pouvoir politique, après le pouvoir économique, passe insensiblement dans ses mains.

« La volonté de l'homme ne fait pas les lois, écrit-il, elle ne peut rien, ou presque rien sur la forme des gouvernements. C'est la nature des choses, le période social où le peuple est arrivé, la terre qu'il habite, ses richesses, ses besoins, ses habitudes, ses mœurs, qui distribuent le pouvoir ».

---

(152) L. Tailhade, *Diderot*, p. 6.
(153) D. Mornet, *Les origines intellectuelles*, p. 415.
(154) J. Dautry, *art. cité*, p. 78.
(155) A. Soboul le cite également dans son article *Classes et luttes de classes*, p. 45.
(156) Il s'agit évidemment des citoyens qui jouent un rôle dirigeant dans la production, et non des artisans et des paysans.
(157) Barnave, *Œuvres*, t. I, *Introduction à la Révolution française*, pp. 13-14. Reproduit par J. Jaurès, *Les causes économiques de la Révolution française*, p. 65.

L'idéal social de Barnave n'est nullement populaire au sens que nous donnons aujourd'hui à ce mot. Il imagine, dans les petits états, la relève de l'aristocratie féodale par une nouvelle aristocratie, « bourgeoise et marchande » (158).

Dans les grands états, comme la France, il voit plutôt se fondre l'une dans l'autre l'ancienne et la nouvelle aristocratie :

« A mesure que les arts, l'industrie et le commerce enrichissent la classe laborieuse du peuple, appauvrissent les grands propriétaires de terre, et rapprochent les classes par la fortune, les progrès de l'instruction les rapprochent par les mœurs » (159).

Or cette fusion était déjà réalisée, avant la Révolution, dans l'équipe encyclopédique.

Mounier, compatriote de Barnave, et son compagnon de combat à Vizille d'abord, puis à Paris, tient comme Barnave à l'ordre ancien par les fonctions qu'il occupe dans le système judiciaire, et à l'ordre nouveau par ses attaches familiales et amicales avec les marchands et les manufacturiers. Mounier est un produit typique de la philosophie des lumières, et son témoignage sur les encyclopédistes est précieux (160). Or, si Mounier admet que les encyclopédistes, et les Philosophes en général, ont eu un rôle essentiel dans la lutte contre les abus de la société d'Ancien Régime, il nie comme Barnave que la volonté des hommes, et en particulier celle du baron d'Holbach et de ses amis ait pu renverser le régime (161). Le régime est mort de lui-même, à la suite d'un affaiblissement lent et continu de l'autorité monarchique. En ce qui concerne la structure de la société, Mounier pense que si les hommes sont civilement égaux en droit ils ne le sont pas en force et en capacité. Tout homme digne d'exercer une fonction doit pouvoir y accéder, mais à la condition qu' « une certaine valeur en propriétés acquises » garantisse son esprit de responsabilité (162). Mounier, comme Barnave, comme les encyclopédistes, exprime donc l'idéal d'une bourgeoisie commerçante et industrielle aisée, désireuse de relayer sans violence l'ancienne aristocratie à la direction de la nation, comme elle l'a en partie supplantée par la pratique des affaires, dans l'ordre de la richesse (163).

M. Dautry a montré plus complètement qu'on ne l'avait fait avant lui que la haine des jacobins contre l'*Encyclopédie* et les encyclopédistes était l'expression d'un antagonisme de classe.

« La nature sociale de la dictature jacobine fut petite-bourgeoise, écrit-il, ne serait-ce que parce que la dictature jacobine représentait un compromis (...) entre la grande bourgeoisie qui n'en était que partiellement éliminée et les masses populaires qui n'y étaient que partiellement incluses » (164).

---

(158) Barnave, *ouvrage cité*, p. 14.
(159) *Ibid.*, p. 19.
(160) J.-J. Mounier, *De l'influence attribuée aux philosophes, aux francs-maçons et aux illuminés sur la révolution de France.*
(161) *Ibid.*, pp. 13-15 et p. 32.
(162) *Ibid.*, p. 47.
(163) *Ibid.*, p. 50.
(164) J. Dautry, *La révolution bourgeoise et l'« Encyclopédie »*, p. 82.

Les jacobins ont en somme conçu de haut en bas, en direction du petit peuple, un compromis social que les encyclopédistes et les constituants comme Barnave et Mounier ne concevaient que vers le haut entre la bourgeoisie active et l'aristocratie (165). C'est cette opposition sociale fondamentale que traduit la fameuse diatribe de Robespierre contre les encyclopédistes citée par M. Dautry dans son article. Mais la description que contient cette diatribe prend un relief singulier lorsqu'on la confronte avec la réalité sociale dont nous avons tracé les contours :

« (L'*Encyclopédie*) renfermait quelques hommes estimables et un grand nombre de charlatans ambitieux. Plusieurs de ses chefs étaient devenus des personnages considérables dans l'Etat : quiconque ignorerait son influence et sa politique n'aurait pas une idée complète de la préface de notre Révolution. Cette secte, en matière politique, resta toujours au-dessous des droits du peuple (...). Ses coryphées déclamaient quelquefois contre le despotisme, et ils étaient pensionnés par les despotes (...). On a remarqué que plusieurs d'entre eux avaient des liaisons intimes avec la maison d'Orléans, et la constitution anglaise était, suivant eux, le chef-d'œuvre de la politique et le maximum de bonheur social » (166).

Le triomphe de l'esprit encyclopédique s'est produit, après le 9 Thermidor, dans la dernière période de la Convention et sous le Directoire, lorsque la bourgeoisie, ayant acquis enfin la direction politique du pays, rompit avec les classes populaires pour revenir au type de compromis dont rêvaient les constituants. Louis Blanc l'avait déjà bien montré, et M. Dautry le confirme aisément. Il évoque la création des écoles centrales, de l'Ecole normale supérieure, de Polytechnique, celle de l'Institut surtout. Il remarque que tous les membres de l'Institut national, ceux de la deuxième classe surtout, considéraient l'*Encyclopédie* comme le point de départ de toute recherche future. Il remarque aussi qu'une bonne partie de la presse littéraire était alors aux mains des encyclopédistes ou de leurs disciples, et enfin que les œuvres les plus personnelles de Diderot ont été révélées au grand public sous le Directoire (167).

Un point de cette histoire reste cependant obscur. Est-il vrai que sous la Convention l'idéal encyclopédique ait été celui de la bourgeoisie girondine ? M. Dautry le dit, après bien d'autres, sans le prouver (168). Il ne suffit pas de noter que Danton a lu fiévreusement l'*Encyclopédie* dans sa jeunesse, et que les Girondins ont défendu les encyclopédistes contre Robespierre et ses amis, pour affirmer à coup sûr que la bourgeoisie

---

(165) Voir A. Soboul, *article cité*, p. 50.
(166) Cité dans J. Dautry, *art. cité*, p. 85.
(167) *Ibid.* (suite), pp. 52-55. Mary Lane Charles (*The growth of Diderot's fame in France*, pp. 35-37) donne plusieurs exemples de ce retour en force de l'esprit encyclopédique, à un moment où la conjuration de Babeuf, et les calomnies de La Harpe, avaient pourtant ébranlé le crédit moral de Diderot. Elle cite l'*Eloge philosophique de Denis Diderot*, qui est aussi un éloge de l'*Encyclopédie*, et qui parut sous la signature de Salverte dans l'*Institut national*, le 7 Thermidor an VIII. Elle cite également le *Magazin encyclopédique*, au titre symbolique, et la *Décade philosophique*. Le 10 Germinal an IX, dans la *Décade*, un journaliste disculpa Diderot et ses amis d'avoir eu quelque responsabilité que ce fût dans les excès révolutionnaires, la philosophie étant à ses yeux essentiellement tolérante et antirévolutionnaire.
(168) J. Dautry, *art. cité* (suite), p. 80.

d'affaires, et en particulier les gros négociants qui ont soutenu la Gironde, sont socialement les héritiers de la « bourgeoisie encyclopédique ». C'est ici que l'histoire des hommes permet opportunément de combler les lacunes de l'histoire des idées. Barnave et Mounier, par exemple, n'ont pas été girondins. Quand Mounier vit que la politique qu'il souhaitait, sur la base d'un compromis entre la bourgeoisie et l'aristocratie, n'était pas viable, il émigra, et rejoignit la contre-révolution, dès le mois de mai 1790. Il ne rentra en France qu'en 1801 après avoir écrit en Suisse, puis à Weimar, plusieurs ouvrages politiques, dont celui que nous citions plus haut. Il fut alors nommé préfet, et il mourut conseiller d'Etat, sous l'Empire. Quant à Barnave, il ne fit que poursuivre plus longtemps les efforts de Mounier. Mais les Feuillants, dont il était, s'opposaient socialement et politiquement à Brissot et à ses amis, les futurs girondins. Le fait qu'il fut guillotiné, en 1793, après Brissot, Vergniaud, Gensonné, Mme Roland, n'implique pas qu'il eût quoi que ce fût de commun avec eux.

Mais, comme le dit fort bien Mounier dans son livre sur les Philosophes, pour situer exactement les encyclopédistes par rapport aux diverses forces sociales qui se sont révélées et affrontées pendant la Révolution, le plus simple est de considérer ce qu'il est arrivé au cours de cette période à ceux des savants et des philosophes qui n'étaient pas déjà décédés en 1789 (169). Nous ne considérerons ici, pour plus de commodité, que les savants et les philosophes qui ont collaboré effectivement à la première édition de l'*Encyclopédie*, mais il est évident que l'enquête complète devra aussi porter sur ceux qui ont participé aux suppléments, à l'*Encyclopédie méthodique*, et d'une façon générale sur tous ceux qui ont partagé peu ou prou l'idéal encyclopédique, comme Malesherbes, Condorcet, ou l'abbé Raynal.

Les années 1792, 1793, 1794 furent aussi tragiques pour les anciens collaborateurs de Diderot que pour les ci-devant aristocrates. Allut le fils, qui avait été député à la Législative, fut condamné par un tribunal révolutionnaire et guillotiné, le 25 juin 1794. Barthez, Marmontel, Morellet, se cachèrent en province ou à Paris, Desmarets et de Ratte furent emprisonnés. Pourtant la Révolution commençante avait su utiliser les compétences de certains encyclopédistes : Desmarets fut du bureau consultatif des arts et métiers créé par Louis XVI; Goussier fut appelé en 1792, par Roland, ministre de l'Intérieur, pour revoir la partie technique de l'*Encyclopédie méthodique*, et en 1790 Véron de Forbonnais avait été invité à Paris par le Comité des finances pour travailler sur les monnaies. Si l'on admet que l'aide apportée par Goussier à Roland ne signifie pas qu'il fût compromis pour autant avec la Gironde, Allut semble être le seul des anciens collaborateurs de Diderot à avoir effectivement participé au mouvement fédéraliste. C'est en tout cas pour cela qu'il fut guillotiné.

---

(169) J.-J. Mounier, *De l'influence attribuée aux philosophes*, pp. 124-125.

Le schéma de Louis Blanc paraît donc finalement le plus juste. La courbe qui pourrait représenter l'évolution de l'audience des encyclopédistes pendant la Révolution a été à son plus haut niveau sous la Constituante, et à son plus bas niveau sous la Convention. Tout le monde s'accorde à reconnaître que l'esprit encyclopédique a triomphé de nouveau sous la Convention thermidorienne et le Directoire. Pourtant il serait erroné de croire que la courbe de l'audience de l'*Encyclopédie* ait retrouvé à ce moment-là son niveau des années 1789-1790. Aucun des encyclopédistes connus n'a eu de part au pouvoir politique sous le Directoire. Les groupes sociaux qu'ils représentaient ont cessé définitivement de représenter une force importante depuis l'échec des monarchiens et des Feuillants. La bourgeoisie de l'extrême fin du XVIIIe siècle, « formée des chefs de l'industrie, des dirigeants du commerce et de la finance » (170), n'est plus celle où se recrutaient les encyclopédistes, bien que ce soient les encyclopédistes qui ont créé les conditions de sa naissance, en donnant à la production nationale une impulsion décisive.

Aussi la Convention thermidorienne, le Directoire, le Consulat même, et l'Empire, ont-ils entouré d'un respect proprement filial ceux des collaborateurs de Diderot qui vivaient encore, mais à aucun moment on n'aurait songé à leur donner une responsabilité politique. Il est vrai que leur âge les excluait naturellement de la vie politique active. On leur donna donc, outre les honneurs, la possibilité de montrer jusqu'à la fin de leurs jours leur « goût pour les arts utiles », soit comme membres de l'Institut, soit comme professeurs dans les grandes écoles récemment créées. Sur quatorze survivants identifiés, quatre seulement ont eu une fonction que l'on peut appeler politique, mais les corps dont ils furent membres, Conseil des anciens, Sénat, Corps législatif, ne leur permirent pas d'avoir une action notable (171). Sept d'entre eux furent membres de l'Institut, surtout dans la seconde classe, celle des sciences morales et politiques, et dans la première, section de mécanique (172). Durival, tombé dans la misère, fut secouru par la Convention, Barthez, Berthoud, de Ratte, qui connurent le temps du Consulat à vie, furent nommés membres de la Légion d'honneur. Barthez eut en outre le titre de médecin titulaire du gouvernement, puis de médecin consultant de l'Empereur. Enfin trois encyclopédistes eurent une fonction d'enseignement ou d'inspection dans les écoles créées par la Convention en 1795, Ecole normale supérieure, écoles centrales, écoles normales (173).

---

(170) A. Soboul, *art. cité*, p. 61.

(171) Marmontel et Deleyre firent partie du Conseil des anciens, Daubenton fut sénateur en 1799, Morellet fut membre du Corps législatif.

(172) Berthoud, horloger; Bouchaud, juriste; Deleyre, philosophe; Le Monnier, médecin, — comme associé, — J.-B. Le Roy, horloger; de Ratte, physicien, — comme associé, — et Véron de Forbonnais, économiste, — comme associé.

(173) Daubenton fut professeur à l'E.N.S. en 1795, Deleyre fut chargé de la surveillance des écoles normales, et Desmarets enseigna l'histoire naturelle à l'Ecole centrale de la Seine.

CHAPITRE II

HISTOIRE DE LA " MANUFACTURE ENCYCLOPÉDIQUE " (1)

IMPORTANCE DE L'ENTREPRISE

La publication de l'*Encyclopédie* ne fut pas seulement la mise au jour d'un grand inventaire des connaissances reçues, éclairé par une philosophie souvent neuve et hardie. Ce fut aussi, comme l'a fort bien dit M. Torrey, « une grande aventure » dans le domaine de l'édition, « la plus grande par son volume, par le capital investi, par la distinction et le nombre de ses collaborateurs » (2).

Même si son contenu n'était pas ce qu'il est, l'*Encyclopédie* serait en effet à sa date une entreprise véritablement révolutionnaire, par la nouveauté de la conception, l'ampleur des moyens financiers et techniques mis en jeu, l'étendue du public atteint, soit dans la recherche des collaborateurs, soit dans celle des souscripteurs, le développement progressif et sûr de l'affaire à travers mille dangers qui ne furent pas tous d'ordre idéologique ou politique. Tout cela fait de l'*Encyclopédie*, dans son secteur économique propre, celui de l'édition, l'équivalent des plus grandes entreprises du capitalisme français à la fin du XVIIIe siècle. A côté de ces grands capitaines du commerce ou de l'industrie que l'on cite toujours parce qu'ils ne sont pas si nombreux encore, à côté des Holker, des Oberkampf, des Wendel, Le Breton et ses associés ne font pas si mauvaise figure.

Certes, leurs intentions, au départ, furent modestes. L'idée de faire paraître en France une traduction de la *Cyclopaedia* de Chambers était bonne mais n'avait rien de hardi. L'entreprise était sans risque. A qui est venue l'idée géniale d'incorporer cette traduction dans un projet

(1) Nous empruntons l'expression à une lettre anonyme imprimée, adressée à DIDEROT le 14 février 1751 dans le cours de sa polémique avec le R.P. BERTHIER. DIDEROT y est ironiquement honoré du titre de « Directeur de la manufacture encyclopédique » (MS : MAZARINE 41.774, cité dans CORR, t. I, p. 265). Il se trouve que l'anonyme ironiste n'a pas si mal rencontré.
(2) Norman L. TORREY, *L'« Encyclopédie » de Diderot, « une grande aventure » dans le domaine de l'édition.*

plus vaste et plus aventureux ? Il est séduisant d'imaginer que c'est Diderot qui en a eu l'illumination, et qui a su faire partager son enthousiasme à Le Breton et à ses associés. Mais rien n'est moins vraisemblable. Lorsque le nom de Diderot apparaît sur les livres de comptes de Le Breton, c'est celui d'un simple témoin qui signe au bas d'un contrat passé le 27 juin 1746 entre les libraires et l'abbé de Gua de Malves (3). Et déjà le contrat passé le 5 mars 1745 entre Le Breton et John Mills prévoyait que la traduction serait revue et augmentée, et que le nombre des planches serait accru (4). Lorsque Luneau de Boisjermain se plaignit d'avoir dû payer dix-sept volumes in-folio quand il n'avait souscrit que pour huit, Diderot, dans une longue lettre à Briasson et à Le Breton du 31 août 1771, donna lui-même ce qui semble bien être la vue la plus juste des choses. Le Breton n'est pas responsable de l'accroissement progressif de l'ouvrage, et l'on s'en doutait bien. Le génie du libraire consiste à engager les fonds nécessaires au moment le plus opportun, et Le Breton a eu ce génie-là.

« Le libraire, écrit Diderot, trouve que mon bavardage chasse beaucoup et s'en plaint. Qu'en arrive-t-il ? Je l'écoute ou je ne l'écoute pas, selon qu'il m'en prend envie. Il insiste; je lui propose de laisser l'ouvrage. Il revient à la charge et m'importune; je le prie le plus honnêtement que je peux de sortir de mon cabinet; et son unique ressource est de continuer à ma discrétion une entreprise dans laquelle il s'est engagé, sans savoir où je le conduirais. » (5).

Faut-il comprendre par là que le véritable initiateur de l'entreprise fut Diderot, et que Le Breton et ses associés n'ont été que de dociles bailleurs de fonds ? Diderot ne dit pas cela. Il écrit en effet :

« Avec le beau zèle dont on était épris en province, à Paris, dans toutes les contrées de l'Europe policée, de contribuer à cette énorme entreprise, il était impossible de savoir jusqu'où nous irions. Fallait-il jeter au feu tous ces matériaux ? » (6).

Des cinq volumes, dont un de cent vingt planches, prévus en mars 1745, aux dix volumes, dont deux de 600 planches, prévus à la fin de la même année, et annoncés dans le *Prospectus* en octobre 1750, puis aux dix-sept volumes de discours et onze volumes de planches finalement livrés au public, sur plus d'un quart de siècle l'entreprise s'est accrue non par la volonté d'un seul, mais pour ainsi dire par la force des choses. Ce qui n'était au départ que l'affaire du seul Le Breton est devenu l'affaire de Le Breton, de Briasson, de David, de Durand, puis de d'Alembert et de Diderot et de dizaines de collaborateurs. Elle devint bientôt l'affaire de plus de cent cinquante collaborateurs, et de quatre mille souscripteurs. Pendant plus de vingt-cinq ans elle fit vivre, si l'on en croit Voltaire, plus de mille ouvriers,

---

(3) L.-Ph. MAY, *Histoire et sources*, p. 9.
(4) *Ibid.*, p. 8.
(5) AT, t. XX, p. 31.
(6) *Ibid.*.

papetiers, imprimeurs, relieurs et graveurs (7). Le mouvement qu'elle entraîna dans le domaine des idées n'a d'égal en ampleur et en force que celui qu'elle produisit dans la circulation du capital : sept millions six cent cinquante mille livres, dit Voltaire, et il ajoute que jamais le commerce des deux Indes n'en fit tant (8). Il faut en croire Voltaire, qui était un capitaliste avisé (9).

HISTOIRE COMMERCIALE DE L'*ENCYCLOPEDIE* (9 *bis*)

Considérée du simple point de vue commercial, l'histoire de l'*Encyclopédie* est celle d'un mouvement continu et régulier. Il ne s'agit au départ que de traduire en langue française une encyclopédie anglaise de dimensions modestes : deux volumes in-folio, trente planches. Le succès est assuré, si l'on tient compte de l'anglomanie, et du goût croissant du public pour ce genre d'ouvrages. En revanche les risques sont nuls. Pour le libraire Le Breton, à qui Sellius soumet le projet en janvier 1745, c'est une petite affaire, au prix de la publication du *Dictionnaire de médecine* de James en six volumes in-folio, pour laquelle il a dû s'associer en 1744 avec Briasson, David l'aîné, et Durand. En février, il convient avec Mills d'étoffer notablement le Chambers, en complétant les discours et en augmentant le nombre des planches. Avec cinq volumes in-folio et cent vingt planches, le projet n'a pas encore l'importance du *Dictionnaire* de James. Lorsque

---

(7) *Questions sur l' « Encyclopédie »*, in *Œuvres* (Moland), t. XVII, p. 4.

(8) *Ibid.*.

(9) Voir, après Nicolardot et Léon Kozminski, J. Donvez, *De quoi vivait Voltaire.*

(9 *bis*) L'histoire de l'entreprise encyclopédique n'a pas été écrite, et il manque trop de documents pour qu'on puisse faire autre chose qu'en esquisser les grandes lignes. L'étude de M. Torrey qui en a donné les premiers traits était fondée notamment sur le livre de M. Venturi consacré aux origines de l'*Encyclopédie* (*Le origini dell'Enciclopedia*) et sur les documents publiés par L.-Ph. May *(Histoire et sources)*. M. Venturi a, par la suite, apporté des pièces nouvelles au dossier des origines, en étudiant de près la place de l'Anglais Mills dans ce qu'on pourrait appeler la préhistoire de l'*Encyclopédie (Le origini dell' Enciclopedia in Inghilterra)*. La synthèse la plus récente des documents et des faits ayant trait à l'histoire de la « manufacture encyclopédique » se trouve dans le livre de M. Wilson sur Diderot *(Diderot : the testing years)*. La synthèse des travaux sur l'*Encyclopédie* antérieurs à 1951 a été faite par P. Grosclaude *(Un audacieux message)*. Le développement commercial de l'*Encyclopédie* n'est cependant qu'un aspect d'une histoire d'ensemble dont l'exposé très détaillé a été fait par M. Le Gras dans son livre sur *Diderot et l' « Encyclopédie »*. C'est, bien entendu, le livre de M. Le Gras qui nous a fourni la trame de ce chapitre. Toutes les fois que nous citons un fait sans indiquer expressément notre source, c'est que nous avons cru devoir nous fier à lui. Mais nous nous sommes aussi reporté aux documents originaux, et tout particulièrement à une mine de documentation très incomplètement exploitée jusqu'ici, et qui est constituée par le dossier volumineux du procès de Luneau de Boisjermain contre les libraires associés (MS : BN, fr. 22 069 et 22 086, et MS : Cercle de la Librairie, 4 *bis*). Enfin nous avons abondamment utilisé la presse française et la presse étrangère contemporaines de l'*Encyclopédie*, qui sont des moyens d'information précieux et trop souvent négligés.

Le Breton rompt son contrat avec Mills, en août 1745, il n'a encore engagé que 17 900 livres pour acheter du papier, faire préparer des caractères et des gravures, payer les traducteurs (10). Le syndicat qu'il forme aussitôt avec les autres associés du James n'a évidemment pas d'autre but que de partager les risques subitement apparus. Il n'est pas encore question de donner une nouvelle extension à l'entreprise. Le Breton s'assure cependant la moitié des bénéfices futurs puisque, avec dix mille livres, il engage dans l'affaire autant que Briasson, David et Durand réunis. Par ailleurs Le Breton met ses presses au service du syndicat, qui le rétribuera normalement comme imprimeur (11). Les associés pensent dès ce moment tirer à 1 625 exemplaires. Quand la cession de la moitié du privilège vient sceller en novembre le traité passé en octobre, Le Breton est crédité par ses associés de 4 800 livres, pour « profits et pertes précédemment faits à l'occasion dudit ouvrage ». Cette somme lui sera remise avant tout partage de bénéfices (12). Il faut croire cependant que la trésorerie du syndicat n'est pas encore à l'aise. En février 1746, il faut emprunter pour un an 16 000 livres, au taux normal pour l'époque de 23 %, intérêts payables d'avance (13).

Lorsqu'en août 1747 se trouve résilié le contrat passé en juin avec l'abbé de Gua de Malves, il apparaît décidément que les risques excèdent ce que Le Breton avait prévu deux ans plus tôt. Il a fallu rembourser le capital emprunté en février, et le 19 octobre 1747, le livre de comptes que tient Briasson fait apparaître 36 759 livres 15 sous de dépenses pour un profit nul (14). Périodiquement les associés ajoutent au prorata de leur part une certaine somme au capital commun. La modicité et le rythme de ces augmentations révèlent assez leur prudence (15).

Il est bien possible que le choix de Diderot comme directeur de l'*Encyclopédie* s'explique par le souci des libraires de mettre à la tête de l'entreprise une personne enfin sûre. Diderot avait fait ses preuves,

---

(10) L.-Ph. May *Histoire et sources*, p. 9.

(11) Le Breton fut reçu maître imprimeur quelques mois plus tard, le 3 mars 1746 (CORR, t. I, p. 53).

(12) L.-Ph. May, *Histoire et sources*, p. 17.

(13) *Ibid.*, p. 18. Dans le *Factum* publié par Tourneux, p. 374, Diderot indique que les libraires ont fait des « emprunts considérables et onéreux ». Mais il ne précise ni le nombre, ni le montant de ces emprunts, non plus que le nom des prêteurs. Le Gras rapporte *(Diderot et l'« Encyclopédie »*, p. 45), mais le fait n'est pas prouvé, que Mme Geoffrin avança à maintes reprises des « sommes importantes » aux libraires. Une note précise que ces prêts se seraient montés à plus de 100 000 écus. Le chiffre paraît invraisemblable. Dans sa *Lettre sur le commerce de la librairie* (AT, t. XVIII, p. 37), Diderot écrit : « Quand le libraire se résoudrait à emprunter, quels coffres lui seront ouverts, surtout lorsque, par l'instabilité des privilèges et la concurrence générale, il sera démontré que le fond de sa fortune n'a rien de réel, et qu'il peut aussi sûrement et aussi rapidement être réduit à la mendicité par un acte d'autorité que par l'incendie de son magasin ? Et puis, qui est-ce qui ne connaît pas l'incertitude de ses entreprises ? ».

(14) L.-Ph. May, *Histoire et sources*, p. 22.

(15) *Ibid.*, p. 20 (4 800 livres le 3-2-47); p. 22 (4 800 livres le 5-3-48); p. 23 (4 800 livres le 20-11-48); p. 23 (4 800 livres le 22-4-49); etc..

dès 1743, en donnant à Briasson la traduction de l'*Histoire de la Grèce* en trois volumes in-12. Il les avait faites surtout en travaillant dès le printemps de 1744 au *Dictionnaire de médecine* de James. Le premier volume était sorti dès 1745 (16). Le dernier devait paraître en 1748. La partie la plus considérable de l'ouvrage était donc à peine achevée lorsque le contrat engageant Diderot et d'Alembert comme codirecteurs de l'*Encyclopédie* fut signé, le 16 octobre 1747.

Que s'est-il passé à la fin de cette année et au début de 1748 ? Qui a eu l'idée de transformer une traduction augmentée de Chambers en un ouvrage plus vaste et de conception originale (17) ? Toujours est-il que le privilège de 1748 n'est pas le simple renouvellement du privilège de 1745-1746; il prévoit de nombreux changements et augmentations à la traduction de Chambers.

Les années qui suivent voient s'accroître les investissements des libraires et s'accumuler les matériaux, manuscrits de traductions nouvelles ou d'articles originaux, dessins et gravures (18). Sans remettre totalement en cause les affirmations de Diderot et de d'Alembert sur l'enquête qui fut menée dans les ateliers, il est permis de penser que la *Description des arts* devait d'abord être en partie un travail de seconde main, au moins en ce qui concerne les planches. Tout un faisceau de présomptions va dans ce sens. Et d'abord la façon dont sont conçus certains articles techniques de Diderot dans leur état définitif ou dans leur dessein initial (19). Diderot a travaillé sur des documents iconographiques préexistants, avant d'aller se rendre compte sur place. Quelquefois même son travail en est resté au premier stade.

Quelle était l'origine de ces documents ? Chambers d'abord, dont les gravures ont été reproduites, par exemple dans le tome V des *Planches* de l'*Encyclopédie* (20). Puis *Histoire et mémoires de l'Académie des sciences,* dont un volume sortait chaque année depuis 1699, et les six volumes parus des *Machines et inventions approuvées par l'Académie des sciences* (21). Egalement divers ouvrages techniques illustrés de planches, comme le livre de Boffrand sur la fonte des statues équestres. Enfin et surtout la collection de dessins et de gravures rassemblée au cours d'un demi-siècle par l'Académie des sciences pour sa propre *Description des arts.* Si l'on n'a pas le droit de parler

---

(16) A. M. Wilson, *Diderot,* p. 355 (n. 30).

(17) Sur la paternité du nouveau projet, voir A. M. Wilson, *Diderot,* pp. 79 et suivantes, qui donne un état complet de la question. M. Wilson ne cite cependant pas G. L. Roosbroek, *Who originated the plan of the « Encyclopédie »*.

(18) Dans le contrat signé avec l'abbé de Gua de Malves le 27 juin 1746 il était déjà prévu que Diderot et d'Alembert pourraient faire refaire la traduction des articles mal traduits (L.-Ph. May, *Histoire et sources,* p. 19). On a traité avec Le Roy le fils, en 1747, pour l'horlogerie, la serrurerie, les instruments de mathématiques (*Ibid.,* p. 22).

(19) Voir notre article sur la *Documentation technique de Diderot.*

(20) Arpentage et nivellement, planches I et III; Algèbre, planche I; Analyse, planches I et II.

(21) Pour la machine arithmétique et la forge des ancres, par exemple, voir notre article sur la *Documentation technique de Diderot,* p. 335 et p. 339.

vraiment de plagiat pour les planches de l'*Encyclopédie* qui furent finalement publiées, il est évident que l'intention première de Diderot était bien d'utiliser librement les dessins et les gravures de l'Académie (22). Patte, qui dénonça Diderot, savait bien, pour avoir travaillé lui-même au service des libraires, comment ces dessins et ces gravures avaient été acquis, et comment ils devaient être utilisés. On achetait à vil prix les épreuves que quelques graveurs indélicats gardaient par devers eux, et l'on s'en servait au même titre que d'une quelconque publication scientifique ou technique, comme base de la description à faire, en complétant et en corrigeant les parties du dessin qui étaient devenues caduques par le progrès des techniques, ou qui ne concordaient pas bien avec le « discours ». La gravure refaite devait ensuite être incorporée sans indication d'origine dans les *Planches* de l'*Encyclopédie*. Tel est en tout cas l'ordre des faits qu'on peut reconstituer avec précision dans le cas de plusieurs arts, et que Patte a décrit dans la feuille de Fréron. Le grand tort de Patte et de Fréron est d'avoir cru, — et surtout d'avoir voulu faire croire, — que cet usage était général et systématique.

« (Les) estampes une fois rassemblées, écrit Patte, les explications devenaient faciles; il ne s'agissait que de consulter les différents ouvriers, soit pour décrire les diverses opérations qu'elles contenaient, soit pour savoir les noms des différents outils ou instruments qui y étaient exprimés. Alors plus de voyages, plus de déboursés pour tous ces dessins; ce n'était plus qu'une affaire de cabinet » (23).

Au nombre des intermédiaires, Patte nomme le graveur Lucas (24). Ce nom ne figure pas sur les registres de Briasson, mais on en trouve d'autres, au cours de l'année 1748 :

« N° 236 : Remboursé à M. Diderot pour 650 figures des arts, achetées à M. Simonneau, 20 l. (...) N° 239 : Figures remboursées à M. Diderot, achetées à Haussart, 36 l. (...) N° 241 : Figures achetées par M. Diderot, 66 l. (...) N° 246 : Payé à M. Simonneau, pour estampes, 20 l. » (25).

Or ce nom de Simonneau qui revient ici trois fois se trouve aussi au moins une fois dans les descriptions publiées par l'Académie après 1761, au bas d'une planche qui séjourna sans doute longtemps dans le portefeuille de Réaumur. C'est une planche de *l'Art du cartonnier*, publié par de Lalande en 1762. Elle est signée par Simonneau et datée de 1697 (26). C'est aussi le nom de Simonneau que nous rencontrons au bas de la plus grande partie des planches qui illustrent le manuscrit de Jaugeon sur l'art de faire les caractères : « *Ludovicus*

---

(22) Sur l'histoire du « plagiat », voir surtout G. HUARD, *Les planches de l' « Encyclopédie »*, et notre article déjà cité.
(23) Reproduit dans notre article déjà cité, p. 342.
(24) *Année littéraire*, 1759, VII, pp. 345-346.
(25) L.-Ph. MAY, *Histoire et sources*, p. 43.
(26) Nous n'en avons pas retrouvé le dessin dans les cartons du *Recueil de planches* de l'Institut, mais sa date permet de dire qu'elle a immanquablement fait partie de la collection.

Simonneau *fecit* 1694 » (27). Avec ce personnage nous tenons bien le chaînon qui nous manquait jusqu'ici pour affirmer que la plupart des figures achetées en 1748 provenaient de la collection académique (28).

Les comptes des libraires montrent pourtant que dès cette même année 1748 l'enquête directe dans les ateliers était commencée, en particulier pour la bonneterie et la soierie (29). Le nom du dessinateur Goussier, qui par la suite jouera un si grand rôle dans la *Description des arts*, apparaît également très tôt. Le 7 septembre 1749, il est cité dans les représentations des libraires au comte d'Argenson (30).

La lettre écrite par les libraires au Chancelier au moment de l'arrestation de Diderot fait état de 80 000 livres déjà dépensées, et prévoit une dépense totale de 250 000 livres. Même si le chiffre des dépenses est un peu gonflé pour les besoins de la cause (31), il fait nettement apparaître l'ampleur de l'entreprise. Et en effet le *Prospectus* distribué en octobre 1750, au lieu des cinq volumes prévus à l'origine, annonce un minimum de huit volumes de discours et six cents planches, en deux volumes (32).

Après cinq années de dépenses et de travail sans profit, Le Breton et ses associés espèrent maintenant publier vite et voir affluer les souscriptions. Au rythme de deux volumes par an, quatre la dernière année, tout doit être fini pour décembre 1754. Le prix de souscription est élevé, 280 livres, payables par fractions (33). Les libraires de Paris ont un rabais de 12 livres, et ceux de province un rabais de 24 livres (34). La souscription doit être close le 1er mai 1751. A la date du 29 avril 1751 Briasson a enregistré 1 002 souscriptions, et encaissé 60 120 livres (35).

---

(27) MS : Institut, 2741.

(28) Luneau de Boisjermain (MS : BN, fr. 22069, f° 208 r°, p. 49 d'un *Mémoire* imprimé de 1771) confirme pour l'essentiel la dénonciation de Patte, et ajoute que des planches autres que celles de l'Académie ont été fournies aux libraires par un « bouquiniste en estampes ».

(29) Voir L.-Ph. May, *Histoire et sources*, pp. 47-48 : « N° 252 : Le voyage de M. Diderot à Saint-Germain-en-Laye. (...) N° 359 : Payé à M. Diderot pour les travailleurs du faubourg en soie, 24 livres. (...) N° 364 : Payé à M. Diderot pour figures ou pour les travailleurs du faubourg, 63 livres. (...) N° 376 : Mémoire de l'ouvrier à bas le 28 novembre, 12 livres ».

(30) AT, t. XIII, p. 113 : « Le sieur Diderot a fait venir à Vincennes un dessinateur intelligent nommé Goussier; il a voulu travailler avec lui à l'arrangement et à la réduction des dessins, mais faute d'échelle et faute d'avoir les objets présents, ils n'ont su quelle figure leur donner ni quelle place leur assigner dans la planche ».

(31) Les registres de Briasson, à la date du 24 janvier 1750 totalisent les dépenses à 62 395 livres, 12 sous, 6 deniers (L.-Ph. May, *Histoire et sources*, p. 24).

(32) « (L'ouvrage) n'aura *pas moins de huit volumes* » (souligné par moi J.P.) (AT, XIII, p. 129).

(33) 60 livres à la souscription, 36 livres pour le premier volume, 24 livres pour chacun des volumes suivants jusqu'au septième, 40 livres pour les volumes de planches (J. Le Gras, *Diderot et l' « Encyclopédie »*, p. 67).

(34) L.-Ph. May, *Histoire et sources*, p. 24.

(35) J. Le Gras, *Diderot et l' « Encyclopédie »*, p. 68.

Le 28 juin 1751 le premier tome de l'*Encyclopédie* sort des presses. Prévu d'abord à 1 500 exemplaires, le tirage a été porté à 2 050. Le succès des premières souscriptions a été tel que les libraires n'hésitent pas à s'engager plus loin. Au début de juillet ils déclarent accepter les souscriptions trois mois encore, mais ils en augmentent le prix de vingt-quatre livres pour les particuliers. En revanche le rabais consenti aux libraires de province est porté à trente-six livres. Il s'agit d'assurer au maximum la diffusion de l'ouvrage dans tout le pays (36). Maintenant l'affaire est bien lancée. Les obstacles de tous ordres qu'elle rencontrera n'en arrêteront plus le cours, bien au contraire.

Le nombre des souscriptions atteint 2 000 quand l'arrêt du Conseil du 7 février 1752 interdit les deux premiers volumes (37). Il s'en présentera encore en mars, l'ouvrage étant supprimé. Barbier évalue à plus de 8 000 louis les rentrées des libraires après la livraison du premier volume (38). Un mois après la sortie du tome II les libraires peuvent se partager les premiers profits au prorata de leurs parts de capital investi, en tout 30 000 livres (39). Il semble que les persécutions subies par l'*Encyclopédie* soient pour elle la meilleure publicité. Le nombre des collaborateurs s'accroît en même temps que celui des souscripteurs. Le tome III est tiré à 3 100 exemplaires. Un deuxième et un troisième tirages sont décidés en février 1754 pour les tomes I et II, ainsi qu'un second tirage du tome III, de manière à porter à 4 200 le nombre total d'exemplaires des trois volumes ensemble. Dès ce moment un tirage de 4 200 exemplaires est prévu pour le tome IV, qui sortira en octobre (40).

Désormais les libraires associés voient grand, et ils n'hésitent pas à faire des prévisions qui vont bien au-delà de la demande immédiate. Le 15 septembre 1754, en effet, la *Correspondance littéraire* de Grimm évalue à trois mille le nombre des souscripteurs. Bien que le registre de Briasson ne donne plus le chiffre des recettes en regard du chiffre des dépenses, on peut estimer d'après le nombre des souscriptions que plus de 550 000 livres ont été versées au syndicat à la fin de cette année 1754. La recette excède donc déjà de plus de 270 000 livres le total des dépenses, chiffré à 278 886 livres 15 sous par Briasson, le 28 décembre (41). L'affaire a pris une importance considérable, et sans même parler de son contenu ou de la qualité de ses rédacteurs, on peut dire que l'*Encyclopédie* est devenue une entreprise nationale. Elle « appartient à la France », dit fièrement David dans l'article *Droit de copie* qu'il donne à Diderot pour le tome V (42).

---

(36) L.-Ph. May, *Histoire et sources*, p. 25.
(37) J. Le Gras, *ouvrage cité*, pp. 86-87.
(38) Barbier, *Chronique de la Régence*, t. V, p. 170.
(39) L.-Ph. May, *Histoire et sources*, p. 26, à la date du 25 février 1752.
(40) *Ibid.*, p. 27, à la date du 6 février 1754.
(41) *Ibid.*, p. 27.
(42) ENC, t. V, p. 147 b.

Après la sortie du tome VII, en novembre 1757, le chiffre des souscriptions a presque rattrapé celui du tirage : 4 000 souscriptions pour un tirage à 4 200 exemplaires. Les prévisions qui trois ans plus tôt pouvaient paraître téméraires se révèlent maintenant justes. Plus de 960 000 livres sont entrées dans les caisses des libraires.

Mais le tome VII s'arrête au mot *Gythinne*, et nul ne peut croire que le dernier volume à paraître contiendra le reste de l'alphabet. Un nouvel accroissement de l'entreprise est donc prévisible. Luneau de Boisjermain dira plus tard que cette augmentation était depuis longtemps prévue par les libraires, ainsi que le ralentissement du rythme de publication des volumes, l'un et l'autre ayant pour but de réaliser des bénéfices supplémentaires et frauduleux au détriment des souscripteurs (43). Mais Diderot répondra, — et nous n'avons aucune raison de ne pas le croire, — que les libraires avaient en effet la matière de dix volumes et à peu près six cents planches au moment du lancement du *Prospectus*, que le nombre des collaborateurs s'est considérablement accru d'un volume à l'autre, que même en sacrifiant une copie préparée pour une copie meilleure envoyée au dernier moment, les éditeurs ont vu aussi s'accroître la matière des articles (44).

Quoi qu'il en soit, un avis aux souscripteurs diffusé en novembre 1757 en même temps que le tome VII les avertit de l'augmentation du nombre de volumes de discours et fixe à 24 livres le prix de chaque tome supplémentaire (45). Il y aura aussi deux volumes de planches supplémentaires, soit mille planches au total au lieu de 600 (46). Le prix total des planches passera de 40 à 130 livres (47).

La grande crise de 1759, qui faillit avoir de si grandes conséquences pour l'entreprise et pour ses initiateurs, se traduit du point de vue strictement commercial par une extension de l'affaire telle que les libraires ne pouvaient certainement l'imaginer. Quand l'arrêt du Conseil du 8 mars 1759 révoque le privilège accordé onze ans plus

---

(43) MS : BN, fr. 22 069, f° 188 r° (p. 9, n. 2 d'un *Mémoire* imprimé daté de 1771) : « Les libraires sont dans l'usage de mettre à tous les ouvrages qui sont distribués dans les mois de septembre, de novembre et de décembre, la date de l'année qui suit celle où ces ouvrages paraissent, afin de les rajeunir d'avance ». En outre le rythme prévu de deux volumes par an a été réduit à un volume par an et l'argent des souscripteurs a été retenu plus longtemps : « Les intérêts de cet argent ont suffi à payer un sixième de (la) dépense » (f° 190 r°, p. 13 du *Mémoire*). Objectera-t-on que le rythme de publication a été ralenti par la persécution ? LUNEAU répond alors que DIDEROT a glissé des propositions douteuses dans l'*Encyclopédie* avec la complicité des libraires, pour mieux faire vendre l'ouvrage en le faisant poursuivre (f° 345 v°, lettre imprimée à DIDEROT). La lettre de DIDEROT à LE BRETON du 12 novembre 1764 fait justice de cette dernière allégation.

(44) M. TOURNEUX, *Un factum inédit*, p. 367.

(45) Dont six à valoir sur les planches à paraître ultérieurement (MS : BN, fr. 22 069, f° 144 r°).

(46) J. LE GRAS, *Diderot et l'« Encyclopédie »*, p. 109; cf. *Annonces, affiches et avis divers*, année 1757, p. 730. C'est par erreur que la *Correspondance littéraire* de GRIMM du 1er avril 1759 (t. IV, p. 96) parle de trois volumes de planches et de trois mille planches. GRIMM a rétabli lui-même les faits le 1er avril 1760, en réduisant ce dernier chiffre à mille.

(47) MS : BN, fr. 22 069, f° 144 r°.

tôt, le tome VIII de l'*Encyclopédie* est à l'impression (48), et six autres volumes de discours sont prévus (49). Mais après l'arrêt du 21 juillet ordonnant le remboursement de 72 livres de trop-perçu aux souscripteurs des sept premiers volumes de discours, et après l'octroi d'un nouveau privilège pour le recueil des planches (50), l'histoire commerciale de l'*Encyclopédie* se dédouble.

Dès le début le projet du *Recueil de planches* se heurte à une difficulté extrêmement grave. La première lettre de dénonciation de Patte à *l'Année littéraire* est en effet du 23 novembre 1759 (51). En réalité les libraires pouvaient s'attendre depuis la mort de Réaumur, survenue le 17 octobre 1757, à voir poser publiquement des questions sur le sort des planches dessinées ou gravées de l'Académie des sciences. Dès le mois de mai 1758 le *Mercure de France*, faisant l'éloge funèbre de Réaumur, révélait qu'on avait retrouvé dans ses papiers cent trente-huit portefeuilles contenant « la plus grande partie de l'histoire des arts, presque en état d'être publiée, et quantité de mémoires sur le reste ». Et le journaliste ajoutait : « L'Académie ose assurer le public qu'elle ne négligera rien pour le mettre en état de recueillir cette partie de la succession de M. de Réaumur » (52).

Il est probable que tout en protestant de leur innocence et en préparant leurs propres portefeuilles pour les mettre en état de soutenir avec honneur les inspections ordonnées par l'Académie (53), les libraires persuadaient Diderot de tout faire pour que le *Recueil de planches* n'eût pas à souffrir de la comparaison avec celui que l'Académie devait publier. L'accroissement du recueil encyclopédique, dont le volume global dépasse de beaucoup les projets initiaux, et même le projet de 1757, est inexplicable autrement. Ce n'est pas seulement l'appât du gain, comme l'affirmera Luneau de Boisjermain, c'est d'abord la nécessité de prendre une honnête distance par rapport au recueil académique, et de le dépasser si possible, qui explique la multiplication des planches de l'*Encyclopédie*. Il fallut aussi considérer comme nulles les planches qui pouvaient avoir une parenté trop marquée avec celles de Réaumur. C'est sans doute pour cela qu'aucune des planches de l'*Encyclopédie* n'est à proprement parler le plagiat d'une gravure ou d'un dessin des portefeuilles de Réaumur. Aussi, bien des descriptions parues dans les premiers volumes de discours ne correspondent-elles plus aux planches publiées postérieurement. Souvent même il fallut faire de nouvelles

---

(48) CORR, t. II, p. 121, lettre de Diderot à Grimm du 1er mai 1759.

(49) CORR LIT, t. IV, p. 81 (15 février 1759).

(50) *Recueil de planches sur les sciences, les arts libéraux et les arts mécaniques avec leur explication.* Le privilège fut accordé à Le Breton le 8 septembre 1759. Voir à ce sujet G. Huard, *Les planches de l'« Encyclopédie »*, p. 239.

(51) Sur cette affaire voir G. Huard, *article cité*, et notre article sur la *Documentation technique de Diderot.*

(52) *Mercure*, mai 1758, p. 170.

(53) 14 décembre 1759 et 16 janvier 1760.

descriptions, qui trouvèrent place dans les volumes de planches au lieu d'être dans les volumes de discours (54).

Le registre de souscription pour les planches fut ouvert jusqu'au 1er mars 1760, et le montant de la souscription fut fixé à 360 livres ainsi réparties : 72 livres à l'inscription, et 72 livres pour chacun des quatre volumes. Mais les 72 livres initiales furent considérées comme déjà versées par les souscripteurs des sept volumes de discours. A ceux-là on demandait seulement 28 livres par volume. Les libraires évitaient ainsi à coup sûr ce remboursement de 72 livres à quoi les condamnait l'arrêt du 21 juillet 1759, et où ils voyaient leur ruine prochaine.

Ces dispositions prises, on peut dire que la *Description des arts* de l'*Encyclopédie* prend un nouveau départ. La « première » description, celle de Diderot, était souvent de seconde main, et elle était en grande partie achevée dès 1749 (55). La « deuxième » est aussi dirigée par Diderot, mais de beaucoup plus haut. L'enquête est toujours conduite par Goussier, et les visites, qui en 1749 n'étaient encore qu'un moyen de contrôler les informations reçues, et un idéal de travail, deviennent la pratique courante. On n'hésite même pas à faire de longs déplacements en province, comme en témoigne une attestation de Goussier qui figure dans les dossiers de l'affaire Luneau de Boisjermain, et où il déclare avoir séjourné six semaines à Montargis pour enquêter sur la fabrication du papier, un mois à Cosne-sur-Loire pour voir la forge des ancres, six mois en Champagne et en Bourgogne pour visiter les grosses forges et des manufactures de glaces (56). La correspondance de Diderot permet de préciser que l'un de ces séjours au moins n'a pas eu lieu avant octobre 1760 (57).

La dépense que suppose une telle extension de l'enquête est évidemment bien supérieure à celle que nécessitait la pratique des années

(54) Pour l'ensemble de cette question, voir notre article sur la *Documentation technique de Diderot*.

(55) Le 7 septembre 1749, dans leurs représentations au comte D'ARGENSON, les libraires déclarent : « Entre les arts, il y en a quelques-uns qui ne sont que commencés et quelques autres qui sont encore à faire » (AT, t. XIII, p. 129). Le *Prospectus* de 1750 allait plus loin : « L'ouvrage que nous annonçons n'est plus un ouvrage à faire. Le manuscrit et les dessins en sont complets » (AT, t. XIII, p. 129). Même si l'on tient compte d'une certaine exagération « publicitaire », l'étude des articles techniques du dictionnaire édités par DIDEROT, et notamment de leurs rapports avec les sources d'où ils sont tirés, confirme que le plus grand nombre d'entre eux étaient rédigés avant 1750.

(56) MS : Cercle de la librairie, 4 bis, pièce 13, p. 42.

(57) CORR, t. IV, p. 27. DIDEROT écrit à DAMILAVILLE : « Je vous prie, mon cher, de savoir de M. DUCLOS s'il ne pourrait pas faire payer 48 livres à GOUSSIER par le directeur de la poste de Cosne-sur-Loire. Si cela se peut, il faut que cela se fasse sur le champ, parce que ledit sieur GOUSSIER n'est pas à son aise. (...) Le sieur GOUSSIER demeure à Cosne, chez le sieur RALLE, aubergiste ». DIDEROT lui-même, à ce moment-là, court les ateliers parisiens, comme en témoigne une autre lettre, du 7 octobre 1760. Il écrit ce jour-là à Sophie : « (M. DESTOUCHES) est secrétaire de la Ferme générale. Il y demeure. Il s'était engagé à m'introduire à l'endroit où l'on fabrique le tabac, afin que je pusse connaître et décrire cette manœuvre. J'étais allé avec mon dessinateur le sommer de sa parole » (CORR, t. III, pp. 118-119).

1745-1750. Elle a sans nul doute été rendue possible par l'accroissement du capital investi dans l'entreprise, grâce au rythme et à l'importance des souscriptions reçues.

Le premier volume des planches de l'*Encyclopédie* sort au début de janvier 1762, alors que le premier volume des descriptions de l'Académie des sciences a été distribué à la fin de 1760. Dès lors les deux publications poursuivront parallèlement leur cours, chacune observant les défauts de l'autre pour s'améliorer elle-même, comme le montrent l'exemple de la forge des ancres et celui des ardoisières. Diderot avait d'abord conçu sa description de la forge des ancres sur trois planches du recueil de Réaumur, qui dataient de 1717. La description académique, publiée en 1760, a eu aussi pour point de départ les trois planches de 1717, corrigées, et augmentées de trois autres planches. Mais en 1769 le tome VII des *Planches* de l'*Encyclopédie* contiendra sur la forge des ancres treize planches entièrement nouvelles, et un nouveau « discours » sur le sujet, fait par Goussier, en onze pages in-folio (58). L'article *Ardoise* était fait d'abord sur trois planches du recueil de Réaumur, dont les éléments étaient regroupés en deux planches seulement. Mais en 1768 le tome VI des *Planches* contiendra cinq planches sur les ardoisières de la Meuse et sept sur les ardoisières d'Anjou, alors que la description académique de 1761 n'en avait que quatre. Vingt pages de nouveaux « discours » les accompagnent. L'auteur de la description des ardoisières d'Anjou critique d'ailleurs sévèrement la description académique, sur les conseils de Diderot, semble-t-il (59).

Le montant des dépenses engagées par les libraires, au moment même où sort le premier volume de planches est de 490 183 livres, 1 sol, 5 deniers. Nul souscripteur ne s'étant présenté pour obtenir le remboursement de ses 72 livres, chaque série de 250 planches livrée à l'ensemble des 4 000 souscripteurs doit, à 28 livres la série, faire entrer 112 000 livres dans les caisses des libraires. Mais les difficultés particulières rencontrées par les graveurs, s'ajoutant à l'augmentation générale des prix, permettent aux libraires de faire payer plus cher

---

(58) Voir notre article sur la *Documentation technique de Diderot*, p. 345.

(59) CORR, t. IV, p. 111 (lettre à Sophie du 19 août 1762) : « (VIALET) m'a écrit que l'académicien qui avait écrit sur les ardoises de la Meuse avait dit tout plein de bêtises. Exigez de lui qu'il m'envoie l'état le plus scrupuleux de ces bêtises-là, pour en faire usage en temps et lieu. Qu'il s'en rapporte surtout à ma prudence. Je ne le compromettrai pas, ni moi non plus. Avec de l'honnêteté et l'amour de la vérité, tout se dit sans blesser personne ». M. Georges ROTH se demande si l' « académicien » ne serait pas Jean-Rodolphe PERRONET, rival de VIALET auprès de Mme LE GENDRE, et son collègue dans les ponts et chaussées. Mais cette hypothèse est sans fondement. C'est en effet VIALET qui dans les *Planches* de l'*Encyclopédie* s'est chargé des ardoisières de la Meuse. L'académicien qui a dit « tout plein de bêtises » sur les ardoises de la Meuse est FOUGEROUX DE BONDAROY, auteur de l'*Art de tirer des carrières la pierre d'ardoise*, paru en 1761. Contrairement à ce qu'on pourrait croire, d'après la lettre de DIDEROT, ce n'est pas VIALET qui a fait la critique de FOUGEROUX dans l'*Encyclopédie* mais PERRONET. Cette critique se trouve du reste curieusement placée à la fin de la description des ardoisières de la région Maine-Anjou, déjà rédigée en janvier 1754, et reprise pour la circonstance par son auteur.

certains volumes : 36 livres pour le tome IV, 56 livres 10 sous pour le tome V, 72 livres pour le tome VI, 56 livres 10 sous pour le tome VII (60). Ces différences s'expliquent d'abord par le fait que chaque tome ne correspond jamais exactement à une série de 250 planches (61), et ensuite par deux augmentations successives. Le prix de la série de 250 planches a été porté de 28 à 56 livres 10 sous avant la sortie du tome V, en 1767, avec l'excuse qu'une fois achevée la publication de quatre volumes de planches, les libraires étaient quittes de leurs précédents engagements (62). Il y a eu une autre augmentation de 5 livres 12 sous par série de 250 planches, décidée en 1768 pour le tome VI consacré à l'histoire naturelle (63).

Dans l'intervalle, les dix derniers volumes de « discours » de l'*Encyclopédie* avaient été distribués aux souscripteurs pour le prix forfaitaire de 200 livres. Quand Luneau de Boisjermain voudra aussi demander compte de ce supplément de prix, les libraires répondront que les dix volumes en question n'étaient pas prévus dans le plan de financement initial, et que de toute façon l'arrêt du 21 juillet 1759 les avait dégagés de leurs obligations antérieures (64).

Lorsqu'en 1771 seront sortis les volumes VIII et IX des *Planches*, toujours à 56 livres 10 sous, c'est une somme globale de 850 livres qui aura été versée par chacun des 1 000 souscripteurs de la première heure. Chacun des souscripteurs inscrits entre juillet 1751 et novembre 1757 en aura versé 874, et ils seront plus de 3 000. Luneau de Boisjermain calculera alors que les libraires ont encaissé plus de 3 500 000 livres (65). A la fin de 1767 le livre de comptes de Briasson fixait à 1 039 642 livres,

---

(60) Le tome II a été livré en deux volumes et payé globalement 48 livres, mais il n'y a pas eu de tome III.

(61) Il y en a 269 dans le tome I, 434 dans le tome II, première et deuxième livraisons ensemble, etc..

(62) MS : BN, fr. 22 069, f° 147 r°, p. 9 d'un *Mémoire* de 1770, et avis en tête du tome VI des *Planches* de l'*Encyclopédie*.

(63) Voir M. Tourneux, *Un factum inédit*, pp. 374 et suivantes. Diderot explique qu'il a dû faire déchirer les planches déjà terminées parce qu'il n'en était pas satisfait. Daubenton les a refaites pour deux mille écus. Le prix du papier étant passé de seize à vingt-quatre francs et Diderot ayant eu trois années de travail supplémentaire, le prix du tirage a augmenté d'un quart (cf. aussi ENC, *Planches*, t. VI, *Avertissement*, daté d'août 1768). La correspondance de Diderot porte la trace de cet incident, ou d'un autre incident du même ordre. Diderot signait en effet le 1er mai 1763 le billet suivant : « Je reconnais que M. Le Breton a été obligé de faire refaire les quatre cent quatre-vingt livres de planches qui ont été perdues entre les mains de M. Deferth » (CORR, t. IV, p. 251). Au cours du procès Luneau les deux parties ont modifié plusieurs fois, arbitrairement, la répartition et la justification des sommes versées, de manière à faire apparaître la mauvaise foi de l'adversaire (voir MS : BN, fr. 22 069, *passim*). Nous ne tenons pas compte ici de ces variations de détail, ne retenant que les sommes effectivement versées par les souscripteurs quand elles leur ont été demandées.

(64) MS : BN, fr. 22 069, f° 155 v°, p. 26 du *Mémoire* pour les libraires du 7 janvier 1770.

(65) *Ibid.*, f° 180 r°, p. 1 d'un *Mémoire* pour Luneau, de 1771. Nous avons refait tous les calculs de Luneau. Ils sont très contestables dans le détail, mais l'évaluation globale de la recette des libraires est exacte.

7 sous, 3 deniers le chiffre total des dépenses effectuées alors (66). Le registre des libraires ne donne aucun chiffre ultérieur, mais compte tenu du chiffre des dépenses de 1767, le total de 1 158 958 livres, 3 sous, 6 deniers que donne Luneau en 1771 paraît tout à fait vraisemblable. Dans ces conditions le profit des libraires est donc de 2 400 000 livres environ, si l'on ne tient pas compte de la vente des cuivres des gravures, dont Luneau évalue le bénéfice à 230 000 livres (67).

Les chiffres approximatifs que donne de son côté Diderot sont tout proches de ceux qu'avance Luneau. A la fin de 1769 il évalue à deux millions le profit des libraires associés (68). En 1773, au cours de ses entretiens avec Catherine II, il tentera de lui donner une idée de l'importance commerciale de l'affaire. Les chiffres sont un peu supérieurs à ceux que Luneau donnait en 1771, mais deux volumes de planches, les tomes X et XI ont encore été distribués aux souscripteurs en 1772.

« C'est moi, écrit Diderot, qui ai fait toute la dépense des commerçants associés pour notre édition. Elle se montait, l'entreprise achevée, à un million cinq cent mille livres (...). Ils ont tiré quatre mille cinq cents exemplaires, dont il ne reste pas un seul depuis plus de quatre ans.

« Ils ont vendu l'exemplaire, l'un portant l'autre, neuf cents francs. Ils ont donc eu une rentrée de plus de quatre millions, et, toutes dépenses prélevées, un résidu de deux millions cinq cent mille francs et ils en conviennent » (69).

C'est à peu près le bilan définitif que donnera Luneau de Boisjermain dans un mémoire de 1777 fondé sur des documents déposés par les libraires (70).

L'*ENCYCLOPEDIE* ET L'OPINION PUBLIQUE

Il est évident qu'une entreprise de cette ampleur n'a pu prospérer que par le soutien d'une large fraction de l'opinion publique, et cela de plusieurs manières.

Nous avons déjà vu quelle fraction de la bourgeoisie française de l'Ancien Régime avait fourni à Diderot son équipe de collaborateurs. Il faut préciser que cette collaboration fut la plupart du temps bénévole. Ce qui explique l'ampleur du profit réalisé par les libraires. La partie de leur capital consacrée à l'achat des manuscrits est infime, comparée au total des dépenses. Dans les registres publiés par M. May et dans le

(66) L.-Ph. MAY, *Histoire et sources*, p. 98.
(67) MS : BN, fr. 22 069, *Mémoire* pour LUNEAU de 1771.
(68) AT, t. XX, p. 7. C'est aussi le chiffre qu'avance FENOUILLOT DE FALBAIRE en 1770 (cité dans AT, t. XIII, p. 125).
(69) M. TOURNEUX, *Diderot et Catherine II*, pp. 434-435.
(70) Dont sans doute les registres des libraires publiés par M. MAY. Le *Mémoire* de 1777 est la pièce 5 *bis* du MS : Cercle de la librairie, 4 *bis*.

dossier Luneau nous trouvons des chiffres qui paraissent ridiculement bas : en 1747, neuf cents livres à l'abbé Mallet pour ses articles sur la théologie, l'histoire ecclésiastique, le commerce, les monnaies, trois cents livres à Toussaint pour des articles de droit (71) ; les salaires versés à Diderot n'atteignent pas en trente ans le total de 80 000 livres (72). Le coût global du manuscrit est évalué au mieux à 400 000 livres par Le Breton, qui a intérêt à gonfler le chiffre, et à la rigueur à 150 000 livres par Luneau, qui cherche évidemment à le réduire. Le désintéressement quasi général des encyclopédistes est donc pour beaucoup dans le succès du dictionnaire. En permettant de réduire au minimum le coût du manuscrit, ce beau désintéressement fit que les libraires consacrèrent des capitaux plus importants par exemple à la gravure. Il fit aussi qu'ils gonflèrent leurs profits. Mais ce même désintéressement autorisait aussi chez les auteurs la totale liberté d'expression qui malgré d'éclatantes exceptions caractérise en général les articles de l'*Encyclopédie*.

Les listes de souscription de l'*Encyclopédie* ont été perdues, et il n'est pas possible de définir avec l'exactitude souhaitable le secteur de l'opinion publique où se recrutèrent les 4 000 ou 4 500 souscripteurs pour qui le dictionnaire a été fait, et grâce à qui l'entreprise a tenu contre vents et marées. Il est probable que ce secteur, au minimum, coïncide avec celui dans lequel ont été recrutés les encyclopédistes eux-mêmes. La plupart des collaborateurs ont dû être aussi souscripteurs. En effet les registres des libraires, dans les rubriques consacrées aux différents tirages, ne prévoient jamais plus de vingt-cinq exemplaires pour les éditeurs (73).

Les résultats de l'enquête faite autrefois par Daniel Mornet dans cinq cents bibliothèques privées donnent en tout cas des indications qui confirment l'hypothèse d'une identité entre les deux secteurs, compte tenu de l'imprécision de la classification sociale adoptée par l'auteur, et des limites géographiques d'une enquête qui ne concerne que Paris (74). Mornet a trouvé l'*Encyclopédie* dans 82 bibliothèques, ce qui la place dans un rang très honorable étant donné son prix. Parmi les possesseurs du dictionnaire qu'il a pu classer socialement il y a quatorze fonctionnaires. Ils sont les plus nombreux et c'est significatif. Il a compté six nobles, mais ce chiffre ne peut être interprété, puisqu'on ne sait pas comment ni de quoi vivaient ces nobles. La remarque vaut aussi pour les cinq avocats, les trois parlementaires, les trois ecclésiastiques et les deux abbés. Nous avons aussi trouvé parmi les collaborateurs du dictionnaire des parlementaires, des avocats, des abbés, mais ce n'est presque jamais à ce titre qu'ils ont été encyclopédistes. Les deux apothicaires, les deux

---

(71) L.-Ph. May, *Histoire et sources*, p. 23.

(72) MS : Cercle de la librairie, 4 *bis*, pièce 5 *bis*, p. 7.

(73) Voir par exemple pour le premier tirage, à la date du 3 juillet 1751 dans L.-Ph. May, *Histoire et sources*, p. 25. Ce sont vingt-cinq exemplaires « de grand papier » avec « quelques feuilles blanches d'un côté pour les éditeurs ». Même prévision le 6 février 1754 (*Ibid.*, p. 27).

(74) D. Mornet, *Les enseignements des bibliothèques privées.*

médecins et l'académicien des sciences appartiennent en revanche à des catégories que nous avons trouvées bien représentées dans l'équipe encyclopédique (75).

Plus intéressants sont les souscripteurs que Luneau de Boisjermain a su gagner à sa cause dans son procès contre les libraires (76). Le dossier Luneau contient trente-huit noms. Parmi eux sont représentées des catégories sociales qui n'ont pas donné de collaborateurs au dictionnaire, par exemple deux moines et un procureur d'abbaye. On y trouve aussi un de Préménil, habitant près de Saint-Malo, qui a renoncé à acheter les volumes de l'*Encyclopédie* au-delà du septième parce que le dictionnaire lui a paru trop anticlérical, et qui pourrait bien être un hobereau breton (76 *bis*). Le négoce n'a pas collaboré, mais il a quelquefois souscrit puisque deux négociants sont parmi les pétitionnaires. La police même est représentée par un procureur de la maréchaussée. Il convient toutefois de noter que les uns et les autres sont mécontents de l'*Encyclopédie* et qu'ils y ont souscrit si l'on peut dire par erreur.

Trois des catégories sociales qui ont soutenu la plainte de Luneau présentent un intérêt particulier. Ce sont les parlementaires, les avocats, les officiers de finance. Nous en avions rencontré un certain nombre parmi les collaborateurs de Diderot, mais deux remarques s'imposent à leur sujet. D'abord ils sont relativement plus nombreux ici, plus de 13 % d'avocats, autant d'officiers de finance, 10,5 % de magistrats, ce qui est normal si l'on tient compte des loisirs et des revenus dont ils disposent. Mais surtout ce sont des souscripteurs mécontents, ce qui confirme la conclusion à laquelle nous étions arrivé : la bourgeoisie ou la noblesse des offices et du corps parlementaire, ainsi que les catégories assimilées

---

(75) Dans son livre sur les *Origines intellectuelles de la Révolution française*, Daniel MORNET fait état de deux listes de souscripteurs de l'*Encyclopédie* concernant le Périgord. Sur quarante noms cette liste comptait ceux de vingt-quatre curés (p. 157).

(76) MS : Cercle de la librairie, 4 *bis*, pièce 1 et pièce 5 : le lieutenant général de la sénéchaussée de Villefranche en Beaujolais; M. DE PRÉMÉNIL, près de Saint-Malo; le lieutenant général au bailliage et au siège du présidial de Bayeux; le trésorier de France à Châtillon-sur-Seine en Bourgogne; le secrétaire perpétuel de l'Académie de Dijon; un chanoine du chapitre de Notre-Dame d'Amboise; un conseiller pensionnaire de Cambrai, subdélégué de l'intendance du Hainaut; le duc DE LA TOURNELLE, trésorier de France, receveur des décimes à Soissons; un académicien noble de Soissons; un ancien capitaine de cavalerie de Soissons; un avocat au Parlement, de Soissons; un ancien directeur des Domaines, de Soissons; un procureur d'abbaye, de Soissons; un médecin, de Soissons; un ancien avocat, de Paris; un ancien chargé d'affaires à Venise, de Paris; un avocat de Saint-Omer; un procureur du roi à la maréchaussée, de Châtillon-sur-Seine; un libraire de Tournai; le subdélégué de l'intendance de Berry, de Bourges; un médecin de Bourges; un receveur des tailles, de Carcassonne; un négociant, de Carcassonne; un avocat au Parlement, de Sainte-Menehould; un receveur général des finances, de Saint-Quentin; un ancien avocat au Parlement et au conseil d'Artois, échevin, d'Arras; un négociant d'Arras; un bénédictin d'Arras; un abbé, de Hesdin; un dominicain, bibliothécaire de son monastère; un marquis, conseiller au Parlement, de Toulouse; le représentant en France du prince HOHEN-LOHE; DE LALANDE, de l'Académie des sciences; un directeur d'école de dessin; un conseiller au présidial de Langres; le gouverneur de la ville de Nantua.

(76 *bis*) Nous n'avons pu identifier ce personnage dont le nom doit cependant se lire comme D'ESPRÉMÉNIL.

n'ont pas soutenu l'*Encyclopédie* en tant que telles, et ceux de leurs représentants qui l'ont fait se sont dans une certaine mesure désolidarisés des intérêts traditionnels de leur classe pour s'allier à une fraction de la bourgeoisie dont les intérêts étaient tout différents.

Les autres catégories où se recrutent les pétitionnaires de Luneau sont aussi celles qui ont fourni des collaborateurs à Diderot. Quatre de ces pétitionnaires se présentent comme académiciens, trois comme fonctionnaires de l'administration provinciale ou locale; il y a deux médecins, un militaire, un ingénieur, un commerçant, un directeur d'école, un chanoine, un abbé. Mais si l'échantillonnage est complet, on est frappé cette fois du petit nombre relatif des mécontents.

Une seule rubrique soutient la comparaison avec la rubrique qui lui correspond dans le classement des collaborateurs, c'est celle des fonctionnaires d'autorité. Le fait confirme qu'une partie seulement de l'appareil d'Etat est prête à servir les idéaux encyclopédiques.

On peut donc conclure provisoirement de l'enquête de Mornet et de l'étude du dossier Luneau de Boisjermain, — compte tenu encore une fois des limites des deux documents, — que les quatre mille souscripteurs de l'*Encyclopédie* et l'équipe de ses rédacteurs appartiennent probablement à la même fraction de la bourgeoisie. Toutefois, l'*Encyclopédie* a été achetée dans des milieux plus larges, ouverts notamment du côté de la bourgeoisie des offices et de la noblesse de robe, voire même du clergé régulier.

Mais vers l'autre extrémité de la hiérarchie sociale, du côté des ouvriers et des paysans, un phénomène inverse a dû se produire. Si certains ouvriers ont collaboré anonymement au dictionnaire, il est peu probable qu'aucun d'eux ait pu débourser 900 livres pour en avoir un exemplaire. Il est vrai que les versements ont été répartis sur vingt années. Cela fait en moyenne 45 livres par an. Mais en 1766, un ouvrier en soie de Lyon, père de huit enfants, et sa femme faisant de la passementerie gagnaient tout au plus 639 livres à eux deux dans leur année. Déduction faite du loyer, de la nourrice pour deux enfants et des impôts, le ménage et ses six autres enfants n'avaient que 436 livres pour se nourrir, se vêtir, se chauffer, s'éclairer, soit 25 sous et 3 deniers par jour (77). Comme le pain n'a jamais coûté moins de trois sous la livre (78), et comme un travailleur adulte en consommait alors trois livres par jour (79), on conçoit mal comment notre ouvrier en soie eût été en état de souscrire pour l'*Encyclopédie*. En admettant qu'il sût lire.

On ne peut étudier l'audience de l'*Encyclopédie* dans le public du XVIIIe siècle sans étudier aussi le rôle joué par la presse dans son déve-

---

(77) VOLTAIRE, *Œuvres* (MOLAND), t. XIX, p. 116.
(78) Trois sous et six deniers en novembre 1756, d'après le *Journal* d'ARGENSON (année 1756, p. 349).
(79) C.-E. LABROUSSE, *La crise de l'économie française*, p. XXIV.

loppement (80). Les encyclopédistes, et singulièrement Diderot, ont montré dès le début de l'entreprise qu'ils avaient compris ce rôle.

Indépendamment des avis diffusés par voie de presse et qui ressortissent à la simple publicité, les éditeurs du dictionnaire ont conçu la presse tantôt comme un moyen d'incliner vers eux l'opinion publique indifférente, tantôt comme une arme pour combattre les opinions adverses. La publication de la première lettre au R.P. Berthier et de l'article *Art*, en janvier 1751 (81), était par exemple de nature à attirer l'attention du public sur le premier volume du dictionnaire, à paraître en juin. Elle donnait un avant-goût du contenu de ce volume, en faisant connaître un de ses meilleurs articles. Mais surtout elle répondait coup pour coup et même bien au-delà, à l'attaque encore modérée du rédacteur des *Mémoires de Trévoux* contre le *Prospectus*. Le P. Berthier avait montré dans la seconde livraison de janvier des *Mémoires* que l' « Explication détaillée du système des connaissances humaines », jointe au *Prospectus*, ressemblait fort à l'arbre de Bacon (82). La réponse de Diderot est de cette ironie cinglante que le public a toujours appréciée dans la presse militante, et le P. Berthier a été beau joueur en lui offrant l'hospitalité de son journal.

La lettre de Diderot était en effet à deux fins. Elle visait tout à la fois à faire rire de l'adversaire, et à aviver l'impatience de ceux qui attendaient la suite du *Prospectus*, comme le montre sa conclusion :

> « Les difficultés que vous pouvez avoir sur cet ouvrage, et même celles que vous n'avez pas, seront pleinement résolues dans la préface, à laquelle M. d'Alembert travaille; il me charge de vous demander quelques bontés pour lui. Vous trouverez aussi, dans la même préface, le nom des savants qui ont bien voulu concourir à l'exécution de cette grande entreprise : vous les connaissez tous, mon Révérend Père ou le public les connaît pour vous. Au reste nous serions disposés à convenir que, pour former une *Encyclopédie*, cinquante savants n'auraient pas été de trop, quand même vous auriez été du nombre » (83).

Le Père Berthier répondit de la même encre :

> « Plusieurs de ces Messieurs de l'*Encyclopédie* nous sont connus; nous en faisons beaucoup de cas; ils ont de la capacité, de la politesse, des mœurs, de la religion. M. Diderot a donné une preuve singulière de modestie, en ne les nommant pas après lui dans le frontispice du *Prospectus*. Leurs noms auraient répandu un grand éclat sur le sien » (84).

---

(80) Il ne s'agit pas ici de montrer les réactions de la presse à l'*Encyclopédie*. Ces réactions seront étudiées en même temps que le contenu des articles de Diderot. On attendait de l'étude de M. Zioutos sur *La presse et l'« Encyclopédie »* autre chose que des généralités sur le rôle croissant de l'opinion publique au XVIIIe siècle. Il définit cette opinion publique d'une manière trop vague lorsqu'il l'identifie avec celle de la « bourgeoisie éclairée ». Il croit, — à tort selon nous, — que le journalisme critique a été tout entier au service des adversaires des Philosophes, et que les Philosophes ont méprisé les journaux.

(81) Cette publication ne fut pas faite dans la presse, mais par son objet comme par la technique et par le ton, elle appartient à l'art journalistique. La lettre de Diderot fut du reste reproduite dans les *Mémoires de Trévoux*.

(82) *Mémoires de Trévoux*, janvier 1751, 2e livraison, pp. 302 et suivantes.

(83) AT, t. XIII, p. 168.

(84) *Mémoires de Trévoux*, fév. 1751, p. 577.

Une deuxième lettre lui fut adressée par Diderot dès le 2 février. Il n'en fallut pas plus pour alimenter une polémique fort peu courtoise, dont les éclats préparaient l'opinion à accueillir avec la plus vive curiosité un ouvrage si controversé (85). Dès lors l'opinion put suivre dans la presse chacune des étapes de la publication. Cependant les encyclopédistes ne tentèrent pas de créer un organe qui pût les servir. Le dictionnaire lui-même, étant donné le rythme de sa publication, était encore la meilleure tribune. Les avertissements des différents volumes et même certains articles doivent ainsi être considérés comme de véritables articles de presse. Ils sont datés, répondent aux attaques des adversaires, font écho aux lettres des soucripteurs, prennent constamment le public à témoin (86).

La presse proprement dite s'est naturellement répartie entre le camp des adversaires et celui des partisans du dictionnaire. Mais il y a aussi le camp des prudents.

Parmi les adversaires il faut compter très tôt les *Mémoires de Trévoux*, même si les intentions du R.P. Berthier n'étaient pas d'emblée aussi noires que voulut le faire croire Diderot (87). L'arme utilisée de préférence dans les *Mémoires* est la dénonciation du plagiat. L'objet de la lutte est de défendre la religion, et accessoirement l'ordre poli-

---

(85) Plusieurs lettres ouvertes et anonymes ont été publiées au cours de cette controverse. M. ROTH en a reproduit deux en annexe au tome I de la *Correspondance* de DIDEROT, pp. 263-267. La *Bibliothèque impartiale* fait écho à la polémique entre DIDEROT et le R.P. BERTHIER, en même temps qu'elle annonce la publication de l'*Encyclopédie* (janvier-juin 1751, pp. 302-303).

(86) Dans l'*Avertissement* du tome II D'ALEMBERT s'explique au sujet de certaines accusations de plagiat portées contre le tome I. Il laisse prévoir des collaborations illustres, comme celle de BUFFON. Dans l'*Avertissement* du tome III, il fait justice de l'accusation de duplicité portée contre les encyclopédistes au cours de l'affaire DE PRADES, et il se justifie avec hauteur d'avoir omis de faire des articles sur les Pères de l'Eglise ou la généalogie des grandes maisons. Il s'explique encore une fois au sujet des plagiats. Il lance un appel aux écrivains pour qu'ils se joignent à l'entreprise. Enfin il retourne l'accusation de plagiat contre les jésuites de TRÉVOUX dont le *Dictionnaire* est, dit-il, copié de FURETIÈRE. L'annonce de la collaboration de VOLTAIRE à partir du tome V donne tout son lustre à l'*Avertissement* du tome IV. Le tome V s'ouvre par un éloge funèbre de MONTESQUIEU. L'*Avertissement* remercie ceux des lecteurs qui ont envoyé des observations sur les précédents volumes et lance un appel aux autres pour qu'ils suivent cet exemple. L'*Avertissement* du tome VI tente de couper court à toute polémique sur le contenu du dictionnaire, et adresse à ROUSSEAU les lecteurs mécontents de ses articles de musique. Il se termine par un appel aux lecteurs pour l'envoi de mémoires sur les manufactures. Enfin le tome VIII s'ouvre par un *Avertissement* de circonstance où DIDEROT prie d'excuser les fautes imputables aux conditions d'impression des dix derniers volumes, et où il fait appel à la postérité pour poursuivre l'œuvre commencée. Mais l'exemple le plus typique de ce genre d'intervention est encore l'*Avertissement* du tome VI des planches. Il contient un morceau parfaitement incongru, que seule justifie l'actualité. DIDEROT y montre l'*Encyclopédie* diffusée dans toute l'Europe et y exalte la grandeur et la bonté de Catherine II. Parmi les articles d'actualité, citons encore la partie de l'article *Eclectisme* écrite au retour des funérailles de MONTESQUIEU (AT, t. XIV, p. 349) et le triomphal article *Jésuite*, écrit au lendemain de la condamnation de la compagnie (AT, t. XV, pp. 273 et suivantes).

(87) Voir A. CAZES, *Un adversaire de Diderot et des Philosophes.*

tique (88). Fréron a été quasiment à lui seul un adversaire aussi grand et aussi redoutable que les jésuites. Les *Lettres sur quelques écrits de ce temps*, plus connues sous le titre d'*Année littéraire* qu'elles prirent en 1754, ne cessèrent pas un instant de harceler Diderot, d'Alembert, et l'*Encyclopédie*. L'arme de Fréron est celle des jésuites, la dénonciation du plagiat. On a déjà vu quel danger avait fait courir à l'entreprise sa campagne de presse de l'hiver 1759-1760 au sujet des planches de Réaumur.

Du côté janséniste, deux périodiques également se sont signalés par leur hargne antiencyclopédique, les *Nouvelles ecclésiastiques*, imprimées clandestinement en France, et, à partir de 1760, *Le censeur hebdomadaire*, de Chaumeix, imprimé à Utrecht (89). *Le censeur hebdomadaire* fut même créé tout spécialement pour défendre la religion contre l'*Encyclopédie*. Il est la continuation sous forme de périodique des *Préjugés légitimes contre l' « Encyclopédie »* publiés par Chaumeix en 1758-1759 (90). Chaumeix voulait évidemment détourner du dictionnaire les catégories sociales qui pouvaient être amenées par leur opposition janséniste, à épouser la cause des encyclopédistes, c'est-à-dire les parlementaires, les avocats, une partie du clergé. La tactique de Chaumeix, comme celle des *Nouvelles*, consiste donc à renvoyer dos à dos les Philosophes et les jésuites, à lutter de sévérité avec les seconds contre les premiers, à rappeler constamment les autorités religieuses et civiles au devoir d'une rigoureuse intransigeance. C'est en somme la tactique que le Parlement de Paris n'a pas cessé de suivre dans sa lutte contre l'*Encyclopédie*, et singulièrement en 1759, quand le réquisitoire de l'Avocat général Joly de Fleury, relayant celui des *Préjugés légitimes*, ouvrit la voie à l'arrêt du 6 février (91).

L'attitude de la presse protestante ne pouvait pas être semblable. D'abord parce que les périodiques protestants de langue française étaient tous publiés dans des pays de refuge. Ensuite parce que les protestants ne liaient pas comme les jésuites ou les jansénistes la défense de la religion et celle de l'ordre politique. Par exemple les *Cinq années littéraires*, lettres périodiques de Clément publiées en 1754 à La Haye, soutinrent d'abord l'entreprise encyclopédique avant de faire des réserves qui

---

(88) En mars 1752, p. 465 et p. 468, les *Mémoires* contiennent des attaques très précises contre le contenu politique et philosophique du dictionnaire.

(89) CHAUMEIX se retira de la direction du *Censeur* après le lancement du journal. Voir t. II, p. 416, l'avis au lecteur expliquant cette retraite.

(90) Voir *Le censeur hebdomadaire*, t. I (1760), pp. 3 et suivantes, *Idée de ce journal* : « Il règne dans un très grand nombre d'écrits nouveaux un esprit de doute et d'incrédulité, qui gâte les meilleurs ouvrages. Rien n'est plus pernicieux que cet esprit. Les personnes peu éclairées n'en éprouvent que trop la contagion. Nous nous proposons de nous élever avec force contre ce goût trop répandu ». CHAUMEIX dénonce ensuite expressément le danger que l'*Encyclopédie* incarne.

(91) *Le Censeur* n'étant pas encore créé, ce sont les *Nouvelles ecclésiastiques* qui en 1758-1759 ont servi de tribune à CHAUMEIX. Elles ont mené campagne contre l'*Encyclopédie* en diffusant de larges extraits des *Préjugés légitimes* (année 1758, p. 201; 1759, p. 9, p. 32, p. 57, p. 61, p. 159). Le réquisitoire de JOLY DE FLEURY évoque expressément les *Préjugés légitimes* de CHAUMEIX (MS : BN, fr. 22 177, f° 266 r°).

portèrent plus sur la forme que sur le contenu de l'ouvrage. Comme le déclarait plaisamment l'auteur après l'affaire de Prades : « Nous ne sommes point à cela près nous autres hérétiques de profession : d'ailleurs tout se digère dans un bon estomac » (92).

Même soutien modéré quelques années plus tard, dans la *Bibliothèque des sciences et des beaux-arts*, publiée également à La Haye. Le dessein général de l'ouvrage est loué, mais « on aurait voulu des traits lancés d'une main plus ferme contre le déisme, le libertinage et l'indifférence » (93). La *Bibliothèque impartiale*, publiée à Leyde par Elie Luzac dans le même temps que Clément écrivait ses lettres, fit campagne en faveur de l'*Encyclopédie* au nom de la liberté de penser et d'écrire :

> « Si l'on bride les écrivains par des censures qui les forcent à étouffer des idées neuves et propres au progrès des connaissances humaines, ce livre sera réduit à une nomenclature fade et languissante » (94).

Enfin les silences et les réserves de la *Nouvelle bibliothèque germanique* de Samuel Formey, publiée à Amsterdam, s'expliquent sans doute par un désaccord de fond sur les questions religieuses, mais il est évident aussi que Formey ne se résout pas de bon cœur à l'abandon qu'il a fait de son propre projet d'encyclopédie entre les mains de Diderot (95).

En France même aucun journal imprimé ne prit ouvertement fait et cause pour l'*Encyclopédie*. Le *Journal des savants*, qui fit objectivement l'éloge de la partie scientifique et technique du dictionnaire, garda un silence prudent sur son contenu philosophique et politique (96). Les *Annonces*, le *Mercure*, la *Gazette*, se contentèrent le plus souvent d'informer leurs lecteurs des faits marquants de l'histoire de la publication, mais sans prendre parti.

L'*Encyclopédie* n'eut à vrai dire que peu d'alliés résolus et conséquents dans la presse du XVIIIe siècle, mais deux au moins furent de poids. Ce sont le *Journal encyclopédique* et la *Correspondance littéraire* de Grimm (97).

De Liège à partir de 1756, et de Bouillon à partir de 1760, le *Journal encyclopédique* de Pierre Rousseau défendit inlassablement l'entreprise contre les critiques de Chaumeix et de Fréron, la soutint dans toutes les crises qu'elle traversa, et surtout contribua à en diffuser le contenu, par de copieux et fréquents extraits des articles les plus divers (98).

---

(92) *Cinq années littéraires*, t. IV (15 mars 1752), pp. 146-147.
(93) *Bibliothèque des sciences et des beaux-arts*, 1er trimestre 1758, p. 223.
(94) *Bibliothèque impartiale*, janvier-juin 1752, p. 305.
(95) Voir G. Roth, *Samuel Formey et son projet.*
(96) En septembre 1751, p. 626 b, le journaliste déclare seulement au sujet du *Discours préliminaire* de l'*Encyclopédie* : « On pourrait soupçonner dans cette préface un laconisme affecté sur ce qui regarde la religion ».
(97) Voir surtout G. Charlier et R. Mortier, *Le journal encyclopédique.*
(98) Le 15 juillet 1770, le *Journal encyclopédique* publie encore quatre articles du tome XVII du dictionnaire : *Affabilité* (p. 170), *Bibliotaphe* (p. 172), *Enthousiasme (peinture)* (p. 175), *Glorieux* (p. 178).

Au prix de ce soutien zélé, celui de l'*Observateur littéraire* de l'abbé de La Porte paraît peu important. Pourtant sa prise de position dans l'affaire du plagiat des planches académiques, par exemple, servit très utilement l'*Encyclopédie* (99).

Mais il ne faut surtout pas sous-estimer le rôle de la *Correspondance littéraire*. Pour être manuscrite et confidentielle, elle n'en a pas moins contribué à donner aux personnalités les plus influentes d'Europe le goût de lire et la volonté de défendre l'*Encyclopédie*. Le cas de la *Correspondance littéraire* vaut d'ailleurs qu'on s'y attarde, car les principaux procédés qu'un journaliste avisé peut utiliser pour mener une campagne suivie et efficace sur un sujet qui lui tient à cœur ont été utilisés par Grimm. Il est probable, du reste, que Diderot à l'occasion inspirait son ami; nous verrons au moins un exemple de cette collaboration.

D'une manière générale la *Correspondance littéraire* s'en tient, concernant l'*Encyclopédie*, à un rôle purement objectif d'information. En apparence même cette information est tout à fait impartiale, puisque les productions des adversaires de l'*Encyclopédie* sont présentées en leur temps aux lecteurs, de la même manière que leur sont annoncés les tomes du dictionnaire, et sans commentaires désobligeants. Grimm signale aussi, bien entendu, les faits importants qui jalonnent la route des encyclopédistes, et notamment les décisions prises par les autorités à leur égard.

Pourtant, quand on examine de près les articles de pure information concernant l'*Encyclopédie*, on s'aperçoit qu'une certaine manière de présenter les choses, de choisir les détails intéressants, de glisser sur d'autres, permet à l'information d'être aussi suggestion. Tout est fait pour que les ennemis de l'*Encyclopédie* paraissent une négligeable poussière, et pour que le dictionnaire prenne la taille et le poids d'une œuvre monumentale, devenue l'affaire de tout un peuple. Cela du moins jusqu'à la publication des dix derniers volumes de discours. Grimm ne se contente pas d'annoncer machinalement à ses lecteurs que tel volume sort des presses de Le Breton. Il s'arrange d'abord, et cela lui est aisé, pour faire passer son annonce juste avant ou juste après la publication du volume, alors que pour un ouvrage anodin il lui arrive d'attendre quelques semaines, ou quelques mois (100). Le plus souvent il donne sur le tome paru ou à paraître des détails utiles, choisis pour mettre en valeur son contenu. C'est en outre une bonne occasion pour informer le public de la marche générale de l'*Encyclopédie*, en lui faisant discrètement imaginer, grâce à quelques chiffres, l'ampleur croissante de l'entreprise.

---

(99) *L'Observateur littéraire* fait justice des accusations de Patte dans la lettre XII, datée du 29 février 1760 (1760, tome I, pp. 267 et suivantes). Il reproduit une déclaration de Diderot sur les motifs qui ont déterminé Patte à faire sa dénonciation, et publie un billet de Patte reconnaissant avoir reçu six cents livres de Briasson pour son travail, le 9 juin 1759.

(100) CORR LIT, t. II, p. 298, 15 nov. 1753, le troisième volume paraît; t. II, p. 407, 15 septembre 1754, le quatrième volume va paraître; t. III, p. 129, 15 novembre 1755, le cinquième volume vient de paraître, etc..

Pour le troisième volume, par exemple, il s'agit de raviver l'intérêt des lecteurs pour un ouvrage dont l'affaire de Prades a failli marquer la fin. Grimm signale donc que la partie du dictionnaire consacrée au droit a été reprise complètement, grâce à l'apport nouveau de Boucher d'Argis, que la chimie, la pharmacie, la physiologie, la médecine sont pour ainsi dire transformées par Venel, d'Holbach et de Jaucourt, qui a aussi écrit sur la physique générale. Il signale pour finir que Diderot s'occupe toujours des arts et métiers, mais également de la philosophie (101).

La présentation du tome IV est un peu différente, mais tout aussi attrayante. Cette fois Diderot est le seul auteur en vedette, pour ses articles remarquables sur la philosophie et sur les arts, et ses articles *Cyniques* et *Cyrénaïque* sont recommandés tout spécialement à l'attention des lecteurs. Grimm signale en outre, sans commentaire, que ce quatrième tome ne contient même pas toute la lettre D et que l'on compte jusqu'à trois mille souscripteurs (102).

Même technique pour le VII : Grimm montre d'une part que le chiffre des souscripteurs a encore augmenté puisqu'il atteint « près de quatre mille »; d'autre part il attire l'attention sur l'article *Génie* de Saint-Lambert, et sur l'article *Genève* de d'Alembert (103).

Une autre tactique, fort efficace, consiste à rappeler l'*Encyclopédie* comme en passant à propos des ouvrages indépendants que publient les collaborateurs du dictionnaire. L'excellence de l'ouvrage doit rejaillir bien entendu sur l'*Encyclopédie.* Ainsi, quand Forbonnais fait paraître ses *Eléments du commerce,* Grimm prévient le public qu'une grande partie du livre a paru sous forme d'articles dans l'*Encyclopédie* (104). Quand Saint-Lambert publie son *Essai sur le luxe,* en 1764, Grimm s'en sert en quelque manière pour appâter les souscripteurs, en leur signalant que le contenu de l'*Essai* sera l'article *Luxe* de l'*Encyclopédie.* Les voilà du même coup avertis que l'entreprise se poursuit normalement, et que la sortie des derniers volumes ne saurait tarder beaucoup (105). Quelques semaines à peine avant la publication simultanée des dix derniers volumes de « discours », la sortie du *Traité de la formation mécanique des langues* permet à Grimm de renouveler avec le nom du Président de Brosses l'opération réussie avec celui de Saint-Lambert (106).

Cette sorte de publicité ne s'est d'ailleurs pas arrêtée en 1765. En 1767 encore Grimm profitera de la publication de la *Grammaire générale et raisonnée* de Beauzée, — un excellent ouvrage bien entendu, — pour rappeler que Beauzée a fait une grande partie des articles grammaticaux de l'*Encyclopédie*, et que sa contribution vaut celle de feu Dumarsais qui en avait d'abord été chargé (107).

---

(101) *Ibid.*, t. II, p. 298.
(102) *Ibid.*, p. 407.
(103) *Ibid.*, t. III, pp. 457-458.
(104) *Ibid.*, t. II, p. 338; cf. p. 506.
(105) *Ibid.*, t. V, p. 465.
(106) *Ibid.*, t. VI, p. 432.
(107) *Ibid.*, t. VII, pp. 473-474.

Mais il serait fastidieux de louer toujours, et Grimm était assez fin pour comprendre que de temps à autre une critique intelligente, habilement présentée, pouvait aussi bien servir sa cause. C'est ainsi que dans sa livraison du 15 mai 1761 la *Correspondance littéraire* contient un « éreintement » de Pesselier, auteur des articles *Ferme* et *Financier* de l'*Encyclopédie*. Grimm le déclare tout net, les éditeurs du dictionnaire ont eu tort d'accepter de tels articles. Mais la critique se trouve bien émoussée quand Grimm précise en quoi Pesselier s'est trompé. Il a réfuté bêtement Montesquieu, voilà son crime. Mais comme nul n'ignore que le nom de Montesquieu, comme celui de Voltaire, a été placé fort haut dans l'*Encyclopédie*, il s'en faut de peu que la critique faite à Pesselier, tournant à la louange de Montesquieu, ne soit finalement portée au crédit de l'*Encyclopédie* (108).

Enfin il est mille manières de mettre en valeur un sujet, quand on est journaliste avisé. Le ton sérieux n'est pas toujours le meilleur, et parfois le badinage fait aussi son effet. Vraie ou fausse, la lettre sur l'article *Fontange* publiée dans la livraison du 15 avril 1756 faisait admettre de façon plaisante une idée importante : si les articles du dictionnaire traitant de ces colifichets étaient faits avec tant de soin, que ne devait-on pas attendre des articles sérieux de médecine ou de philosophie (109) ?

A l'inverse, les faits ou les publications défavorables à l'*Encyclopédie* sont présentés de manière à ne pas lui causer de tort, quelquefois même à la servir. Quand Chaumeix publie les deux premiers volumes de ses *Préjugés légitimes contre l' « Encyclopédie »*, Grimm ne fait aucun commentaire sur le livre. Il le signale simplement à ses lecteurs, non sans avoir précisé que l'*Encyclopédie* poursuit normalement son chemin (110). Pas de commentaire non plus, dans la livraison du 15 février 1759, au sujet des *Lettres sur le septième volume de l' « Encyclopédie »* (111), mais l'effet de cet ouvrage est balancé peu de temps après, par la nouvelle que Voltaire a pris en main la défense de la cause encyclopédique (112).

Il est des cas pourtant où la gravité de la situation exige un déploiement de forces inhabituel, et à deux reprises au moins, en 1759-1760, et en 1765, Grimm n'a pas hésité à s'engager à fond dans la bataille encyclopédique pour défendre ses amis. Lorsque l'arrêt du conseil du 8 mars 1759 révoque le privilège de l'*Encyclopédie*, Grimm fait immédiatement écho aux plaintes des libraires, des éditeurs, et du public : les libraires et les souscripteurs ont dépensé leur argent en vain, Diderot a travaillé quinze ans pour constituer un recueil de trois mille planches qui ne paraîtra pas (113). Mais les choses se corsent, avec la publication du *Mémoire pour Abraham Chaumeix*, que tout le monde attribue à Diderot.

---

(108) *Ibid.*, t. IV, p. 404.
(109) *Ibid.*, t. III, p. 203.
(110) *Ibid.*, t. IV, p. 59.
(111) *Ibid.*, t. IV, p. 83.
(112) *Ibid.*, p. 117.
(113) *Ibid.*, p. 96.

Pendant que Diderot tente de se disculper de son côté, Grimm affirme que son ami n'est pas l'auteur du mémoire, et que l'ouvrage est d'un « ennemi bien cruel » ou d'un « ami bien indiscret » (114). Nous sommes alors en mai. Vers la fin de l'année, avec le septième tome de l'*Année littéraire,* éclate le scandale des planches volées à Réaumur. L'offensive de Patte et de Fréron se développe au début de 1760. Elle est d'autant plus dangereuse qu'elle compromet dès le départ la publication des *Planches,* pour lesquelles les libraires ont obtenu à grand peine un privilège (115), après la suppression de celui qui couvrait les volumes de « discours ». Et les accusations de Patte sont terriblement précises. Il a vu, de ses yeux vu, cent cinquante descriptions correspondant trait pour trait aux planches de Réaumur. Il cite des articles, sur l'aiguillerie, l'ardoiserie, le cloutier, l'épinglier, les grosses forges (116). L'effet de cette dénonciation va-t-il annuler celui de la première enquête académique, qui avait en quelque sorte conclu à un non-lieu ? La livraison de la *Correspondance littéraire* datée du 1er avril 1760 est conçue de manière à faire définitivement justice des accusations de Patte. La nature des détails que contient l'article d'introduction, et surtout l'*Etat des planches* qui est la pièce maîtresse de la démonstration révèlent incontestablement que Diderot a participé à l'élaboration de cette réplique, même si Grimm a tenu la plume. La *Correspondance littéraire,* après avoir rappelé l'essentiel des allégations de Patte et de Fréron, nie donc que les 217 planches de Réaumur aient jamais été utilisables, chiffre à 600 le total des planches techniques que Diderot a dû faire faire, et rend public un *Etat des planches sur les arts et métiers ou gravées, ou dessinées et vérifiées par MM. les commissaires de l'Académie royale des sciences, sur les portefeuilles des libraires associés à l' « Encyclopédie »*. Cet état, au moins, a été rédigé par Diderot (117). Sa publication intégrale a évidemment pour but de mettre les commissaires académiques dans l'impossibilité morale de faire une troisième enquête dont les résultats ne confirment pas en tout point ceux des premières (118). Par la suite Grimm eut grand soin de montrer que l'affaire était définitivement enterrée. Contrairement à son habitude il signala deux fois la publication du premier volume de planches, un mois avant sa sortie, le 1er décembre 1761, et

---

(114) *Ibid.*, p. 108.

(115) Le 8 septembre 1759.

(116) *Année littéraire*, 1760, tome I, p. 256.

(117) L'auteur écrit par exemple : « Les étoiles désignent ceux d'entre les arts sur lesquels on a avancé que nous n'avions rien du tout, ou rien qui nous appartînt » (CORR LIT, t. IV, p. 224).

(118) La première enquête fut faite le 14 décembre 1759, après la première dénonciation de PATTE. La seconde fut faite le 16 janvier 1760, avant la deuxième dénonciation. DIDEROT savait de bonne source que les derniers arguments de PATTE avaient ébranlé la conviction des académiciens. Ils commençaient à croire qu'on les avait bernés, et à la suite d'une visite de contrôle effectuée chez LE BRETON le 23 février 1760, ils ne furent pas loin de revenir officiellement sur leur premier avis. « Ces commissaires de l'Académie sont revenus sur leur premier jugement, écrivait DIDEROT peu après la visite du 23. Ils s'étaient arraché les yeux à l'Académie. Ils se sont dit hier toutes les pouilles de la halle. Je ne sais ce qu'ils auront fait aujourd'hui » (CORR, t. III, p. 22).

aussitôt après, le 15 janvier 1762 (119). Et le 15 janvier 1766, avertissant les souscripteurs de l'achèvement des dix derniers volumes de « discours », il n'omet pas de les prévenir que le quatrième volume de planches qui les accompagne sera encore suivi de quatre autres (120).

Après 1766, cependant, l'attitude de Grimm à l'égard de l'*Encyclopédie* change. Non qu'il renie la cause qu'il avait jusque-là si habilement défendue. Mais il sait par Diderot que les libraires, et en particulier Le Breton, ont eu dans les derniers temps de fâcheuses défaillances. Aussi Grimm n'hésite pas à faire connaître à ses lecteurs en dosant toutefois ses effets, certains « dessous » de l'histoire encyclopédique. Le but de cette campagne est évidemment de faire porter au compte des seuls libraires, gens bornés et cupides, les défauts que les lecteurs ont pu remarquer dans l'*Encyclopédie*. En noircissant Le Breton, Grimm pense que tous les fidèles ouvriers de la manufacture encyclopédique seront aux yeux des lecteurs de l'ouvrage auréolés d'une gloire plus pure. Cela commença dès le 15 mai 1766, quand Le Breton fut embastillé. Aux cent mille écus de bénéfice empochés par chacun des associés, Grimm opposait la misère du chevalier de Jaucourt, obligé de vendre une maison pour payer ses secrétaires (121). Trois ans plus tard, le 15 décembre 1769, Grimm fait complaisamment écho aux accusations de Luneau et résume pour ses lecteurs l'*Avis aux gens de lettres* de Fenouillot de Falbaire, destiné à montrer que les profits des libraires ont été honteux, comparés au salaire versé à Diderot (122). Mais c'est seulement en janvier 1771, lorsque l'entreprise sera à peu près à son terme, et ne courra plus aucun risque, qu'il révèlera à ses correspondants le traitement subi par les articles philosophiques de Diderot, et qu'il leur donnera la reproduction intégrale de la lettre écrite par le Philosophe au libraire, le 12 novembre 1764 (123). Cette manière d'exploiter le scandale n'est pas après tout la moindre des habiletés du rusé journaliste. Car sachant que Le Breton avait censuré les articles de Diderot, quel lecteur n'eût rouvert son exemplaire de l'*Encyclopédie* pour supputer l'étendue des dommages, et rêver à son aise sur les hardiesses que le Philosophe n'eût pas manqué d'ajouter à son œuvre s'il en avait eu la liberté ?

L'*ENCYCLOPEDIE* ET LE POUVOIR

Il faut évidemment tenir compte de l'importance des capitaux engagés dans l'entreprise encyclopédique, et de son assise dans l'opinion publique, si l'on veut comprendre la nature de ses rapports avec l'autorité politique.

---

(119) CORR LIT, t. IV, p. 492, et t. V, p. 22.
(120) *Ibid.*, t. VI, p. 476.
(121) *Ibid.*, t. VII, p. 44.
(122) *Ibid.*, t. VIII, p. 411.
(123) *Ibid.*, t. IX, pp. 203-215.

La Direction de la librairie représentait dans son domaine propre l'Etat monarchique, et elle devait faire face à deux exigences contradictoires et également impératives. Ces exigences, Malesherbes les a très bien définies dans les *Mémoires* qu'il écrivit à l'intention du Dauphin au début de la dernière grande crise que traversa l'*Encyclopédie* (124).

« Le commerce des livres est aujourd'hui trop étendu, écrivait-il, et le public en est trop avide pour qu'on puisse le contraindre à un certain point sur un goût qui est devenu dominant » (125).

Voilà la première exigence; elle est d'ordre essentiellement économique. La seconde est d'ordre politique et idéologique : si l'on peut admettre que les ministres soient critiqués, on ne peut transiger quand l'autorité royale est en cause (126); en matière de religion, on ne peut non plus tolérer des ouvrages qui « sous prétexte de traiter d'autres matières, établissent des principes pernicieux ou donnent lieu à des ironies scandaleuses » (127).

La première exigence est celle de la fraction de la bourgeoisie qui nourrit l'*Encyclopédie* de ses connaissances scientifiques et techniques, la soutient de ses capitaux, de sa presse, la sert dans la mesure où elle a acquis une part d'autorité dans l'appareil d'Etat. C'est aussi celle de Malesherbes. L'intérêt économique et financier de l'Etat monarchique est de la satisfaire, comme Diderot n'a cessé de le répéter à propos de l'octroi des privilèges ou des risques de concurrence étrangère (128). La deuxième exigence est celle des privilégiés de l'Ancien Régime, clergé, aristocratie, vieille bourgeoisie, attachés à l'ordre traditionnel. Le Parlement s'en est fait en quelque sorte le champion. Et l'intérêt supérieur d'un état où le trône s'appuie sur l'autel est aussi de la satisfaire.

L'histoire des rapports entre l'entreprise encyclopédique et le pouvoir n'est que le développement de cette contradiction fondamentale.

---

(124) MALESHERBES, *Mémoires sur la librairie*. La première lettre au Dauphin est datée du 11 février, la dernière est du 3 mars. L'arrêt du Parlement du 6 février est intervenu pendant que MALESHERBES rédigeait, et l'a obligé à modifier son premier projet.

(125) MALESHERBES, *Mémoires*, p. 45.

(126) *Ibid.*, pp. 76-77.

(127) *Ibid.*, pp. 92-93.

(128) En particulier dans la *Lettre sur le commerce de la librairie :* « Puisque vous tirez des subsides considérables des corporations, et que vous n'avez ni la force ni le moyen de les anéantir; puisque vous avez assez de justice pour sentir qu'en les privant des droits que vous leur avez accordés, il ne faut pas les laisser sous le poids de dettes qu'elles ont contractées dans vos besoins urgents; puisque vous continuez à leur vendre votre pernicieuse faveur, soutenez-les au moins de toute votre force » (AT. t. XVIII, p. 53). DIDEROT disait encore : « Et si, dans ce découragement où vous seriez tombé vous-même à la place du commerçant, il arrivait, Monsieur, que quelque innovation mal entendue, suggérée par un cerveau creux et adoptée par un magistrat à tête étroite et bornée, se joignît aux dégoûts que l'imprimerie, la librairie et les lettres ont déjà soufferts, et les bannît de la France, voilà vos doreurs, vos relieurs, vos papetiers et d'autres professions liées à celles-ci ruinées. C'est fait de la vente de vos peaux, matières premières que l'étranger saura bien tirer du royaume, lorsque le prix en sera baissé, et vous renvoyer toutes fabriquées, comme il a déjà commencé de faire » (*Ibid.*, p. 55).

L'intelligence politique de Malesherbes a consisté d'abord à la comprendre, puis à tenter de la résoudre par une série de compromis qui dans l'ensemble ont répondu à la première exigence plus qu'à la seconde (129).

Un des aspects les plus négligés de l'histoire de l'*Encyclopédie* est sans aucun doute celui qui concerne le risque réel ou supposé d'une impression du dictionnaire à l'étranger. On ne peut certes avancer que les libraires aient créé de toutes pièces cette menace, et se soient livrés à un chantage de quinze années auprès de Malesherbes, mais il est sûr que cette menace a été pour eux une arme des plus efficaces.

L'arme était du reste à deux tranchants, et avant de l'utiliser les libraires associés l'ont d'abord redoutée. Le premier volume de l'*Encyclopédie* venait à peine de paraître que des libraires anglais en offraient une contrefaçon au public britannique, à moitié prix de l'édition française (130). Puis, en janvier 1752, Sir Joseph Ayloffe commençait la publication par tranches hebdomadaires d'une traduction anglaise un peu remaniée de l'*Encyclopédie* (131). Le premier projet dut paraître fort périlleux aux libraires associés, puisqu'ils dépêchèrent David et Briasson à Londres pour traiter avec les Anglais, ce qu'ils firent avec succès (132). Le projet Ayloffe mourut, semble-t-il, de lui-même (133).

C'est en 1752 que l'on trouve la première trace de ce qui deviendra une véritable campagne d'opinion, et un excellent moyen de pression sur l'autorité. Inspiré, sollicité peut-être par Voltaire, d'Alembert a songé un moment à se rendre en Prusse pour continuer à Berlin la publication de l'*Encyclopédie*, interrompue à la suite de l'affaire de Prades. Il écrivait en tout cas le 24 août 1752 :

> « Nous connaissons mieux que personne tout ce qui manque à cet ouvrage. Il ne pourrait être bien fait qu'à Berlin, sous les yeux et avec la protection et les lumières de votre prince philosophe; mais enfin nous commencerons, et on nous en saura peut-être à la fin quelque gré » (134).

---

(129) L'abbé Barruel a vu une complicité de fait entre Malesherbes et les Philosophes dans l'affirmation du directeur de la librairie que « tout livre, soit impie, soit religieux, n'était qu'une affaire de commerce » (*Abrégé des mémoires*, p. 70).

(130) Déjà en 1751 l'éditeur hollandais J. Néaulme avait revendiqué pour lui l'idée première d'une version française du Chambers, améliorée et augmentée. Néaulme prétendait avoir été dépouillé par les libraires parisiens, et en conséquence annonçait une réimpression du texte de l'*Encyclopédie* pour la moitié du prix de l'original (G. L. van Roosbroek, *Who originated the plan of the « Encyclopédie »*).

(131) Voir A. M. Wilson, *Diderot*, p. 151 et J. Lough, *The « Encyclopédie » in eighteenth century England*, pp. 292-293.

(132) L.-Ph. May, *Histoire et sources*, p. 25. Les libraires français offrirent aux anglais soit de leur céder un certain nombre d'exemplaires « à très bon prix », leur épargnant ainsi les frais d'une réimpression, soit de leur vendre des planches pour leur édition. C'est sans doute la première solution qui fut retenue puisque la contrefaçon anglaise ne fut pas publiée.

(133) Après l'affaire de Prades les libraires se virent à la veille d'être dépossédés sur le territoire même du royaume. Si l'on en croit *La Bigarrure* du 24 mars 1752, en effet, il fut un moment question de confier aux jésuites la correction des deux premiers volumes du dictionnaire et la « composition des suivants » (t. VIII, p. 70).

(134) Cité dans CORR, t. I, p. 141.

Même si ce projet n'était pas sérieux, il suffisait qu'il fût évoqué, et dans une lettre à l'indiscret Voltaire, pour qu'il prît aussitôt l'allure d'une menace. C'était en tout cas pour le gouvernement français un premier avertissement.

En 1756, nouvelle alerte pour les libraires. Formey date de Berlin son projet d'une *Encyclopédie réduite,* et il fait appel aux libraires de bonne volonté pour l'impression de l'ouvrage. Cette fois d'Alembert appelle le gouvernement à l'aide. Malesherbes répond immédiatement que l'*Encyclopédie* de Formey ne sera pas permise (135), et en effet elle ne l'est pas.

La menace fut beaucoup plus grave en 1759. Il ne semble pas que les libraires aient réagi d'une manière quelconque à la publication, à Lucques et à Genève, de deux rééditions de l'*Encyclopédie* (136). Mais ces rééditions étaient la preuve tangible que l'entreprise était réalisable hors des frontières de France, et les libraires comme le gouvernement n'attendirent pas bien longtemps pour tirer les conséquences d'un tel fait. Dès que l'arrêt du Parlement du 6 février 1759 fut connu, les libraires arguèrent des éditions étrangères pour représenter au gouvernement le tort que subirait la librairie française si l'*Encyclopédie* était supprimée (137).

Après l'arrêt du 8 mars ils sont même allés plus loin et des sondages plus ou moins officieux ont été faits auprès des éditeurs étrangers pour préparer une éventuelle impression hors de France. Une lettre écrite le 5 juin par Diderot à Grimm, qui se trouvait à ce moment-là à Genève, témoigne de l'intérêt que l'éditeur Cramer portait à l'affaire (138). Mais les libraires associés songeaient plutôt à la Hollande. Dès la fin d'avril ils s'en étaient entretenus avec Diderot, qui le rapporte à Grimm au début de mai (139). Le 15 mai, le journaliste des *Nouvelles ecclésiastiques,* prenant peut-être simplement ses craintes pour la réalité, se fait l'écho d'un bruit selon lequel « Messieurs les encyclopédistes font imprimer leur ouvrage en pays étranger » (140). Le 15 juillet, le *Journal encyclopédique,* qui s'imprime encore à Liège, prie ses lecteurs de lui faire parvenir les papiers qu'ils destinaient à l'*Encyclopédie,* et publie un article qui

---

(135) G. Roth, *Samuel Formey et son projet,* et CORR, t. I, pp. 204-205.

(136) Voir G.B. Watts, *Forgotten folio editions,* au sujet de l'édition de Genève. Le premier volume de l'édition de Lucques est daté de 1758 et l'édition de Genève ne doit pas être de beaucoup antérieure.

(137) Lettre du 18 février 1759 (MS : BN, n. a. fr. 3 348, f° 170 r° v°) : « il paroist que l'on juge bien plus favorablement de cet Ouvrage chez l'Etranger. puisqu'on l'imprime en francois et sans changemens, — a Lucques, et a Venise sous les yeux de l'inquisition ».

(138) CORR, t. II, p. 152 : « Voici ce que vous direz à MM. Cramer, et c'est la vérité : que nous travaillons; que je crois tout le bien que vous m'en dites et que j'en avais entendu de M. Cromelin (résident de Genève à Paris); que je ferai tout ce qui dépendra de moi dans le temps; mais qu'il faut attendre. Les libraires n'ont point encore de parti à prendre. Il faut que l'ouvrage soit achevé et prêt, et nous sommes bien loin de là ».

(139) *Ibid.*, p. 120 : « on convint de travailler les volumes suivants avec la liberté des premiers, au hasard d'imprimer en Hollande ».

(140) *Nouvelles ecclésiastiques,* 1759, 15 mai, p. 84.

pourrait bien être le premier d'une sorte de suite liégeoise du dictionnaire (141).

Que les libraires aient ou non pris l'initiative de ces contacts et de ces projets, ils usèrent très fermement de la menace qu'ils représentaient pour mettre le gouvernement dans l'embarras. Dans des réflexions destinées à compléter un mémoire adressé au Chancelier, à la fin de juillet 1759, ils dégagent à l'avance leur responsabilité, au cas où l'impression de l'*Encyclopédie* se poursuivrait hors de France, « comme il est vraisemblable que cela arriveroit même sans que les Libraires de Paris y coopérassent » (142). Puis ils reprennent une proposition de compromis qui émane selon eux de certains cercles gouvernementaux. Ce serait, disent-ils, pour concilier l'intérêt du public et le leur, en réalité pour concilier les nécessités économiques et les nécessités idéologiques entre lesquelles le gouvernement est écartelé : que l'ouvrage s'achève à l'étranger, et que la suite en soit « livrée en france tout à la fois » (143). Mais une note marginale du manuscrit prouve que Malesherbes n'est pas disposé à laisser s'imprimer le dictionnaire à l'étranger, et que ce n'est pas lui qui a imaginé ce compromis (144). Le document s'achève sur une seconde proposition de compromis : il faut que tout paraisse à la fois et soit imprimé en France sous la protection du gouvernement (145). C'est un appel non déguisé à l'octroi d'une permission tacite. Les *Mémoires* de Malesherbes montrent qu'il était depuis longtemps favorable au principe de telles permissions (146). On ne s'étonne donc pas que cette solution ait été finalement adoptée.

Pourtant les libraires ne se sont pas contentés d'attendre passivement la décision gouvernementale. Et c'est là, semble-t-il, qu'on peut parler de chantage. Comment appeler autrement certains moments du voyage de David à Amsterdam, et les lettres qu'il écrivit à Malesherbes les 3, 6 et 9 août 1759 (147) ? Si l'on veut bien croire David, ce voyage n'a aucun

---

(141) Article *Maraudeurs*, in *Journal encyclopédique*, 1759, tome V, 2e partie, p. 50. Il n'y a pas d'article *Maraudeurs* dans l'*Encyclopédie* et l'article *Maraude* est très court.

(142) MS : BN, n.a.fr. 3 348, f° 171 r°.

(143) *Ibid.*, f° 171 v°.

(144) Sur le rôle de MALESHERBES au cours de l'année 1759, il faut consulter, outre le livre cité de J. LE GRAS, l'article de P. GROSCLAUDE, *Malesherbes et l' « Encyclopédie »*. M. GROSCLAUDE utilise plus complètement qu'on ne l'avait fait avant lui les papiers de MALESHERBES conservés à la Bibliothèque nationale.

(145) MS : BN, n.a.fr. 3 348, f° 173 r°.

(146) MALESHERBES, *Mémoires*, pp. 245 et suivantes. Voir surtout pp. 310 et suivantes, dans le mémoire écrit à la fin de 1788 et où MALESHERBES cite expressément le cas de l'*Encyclopédie*. MALESHERBES explique d'abord que l'usage des permissions tacites était répandu bien avant lui, et répondait surtout au dessein de ne pas nuire aux commerçants honnêtes au profit des fraudeurs. Après la mort de Louis XIV les permissions tacites n'ont été données que sur rapport d'un censeur, sur examen du manuscrit ou de l'imprimé. La permission, enregistrée chez le Chancelier et à la Chambre syndicale des libraires de Paris, vaut assurance d'impunité, garantie par le Lieutenant de police. Il est bien entendu que si le Clergé ou le Parlement s'inquiètent, une enquête officielle est faite par la police, qui s'arrange toutefois pour que le libraire, prévenu en temps utile, ne puisse être pris sur le fait.

(147) MS : BN, n.a.fr. 3 345, f° 115 r° à f° 116 v°, et n.a.fr. 3 348, f° 120 r° à 121 r°.

rapport avec l'*Encyclopédie*. Il insiste même beaucoup sur une démarche faite par lui auprès de Malesherbes le 14 juillet, la veille de son départ, pour s'en expliquer. Mais Malesherbes n'étant pas là, l'explication n'a pu se faire, et les langues vont bon train. David est sans doute sincère quand il écrit :

« Je souhaite que dans un sens ou dans un autre vous puissiez apprendre avec quelle circonspection j'en ai parlé. peut etre cela vous prouveroit il encore que je ne suis pas venu en Hollande pour cet ouvrage » (148).

Il est sûr que David était venu en Hollande aussi pour autre chose, mais est-il vraisemblable qu'il n'ait pas profité de l'occasion pour faire quelques sondages utiles ? Quoi qu'il en dise, David n'est pas fâché que Malesherbes en soit persuadé. En août le bruit court même avec persistance que Diderot a suivi David en Hollande pour y achever l'*Encyclopédie* (149). Cette fois le bruit n'est pas fondé. Mais si Diderot n'a pas quitté la France, il est vrai que le libraire Durand a suivi David en Hollande. Nous savons même avec qui les deux compères ont négocié. C'est avec Marc-Michel Rey, et c'est une lettre de Rey à Rousseau, du 24 décembre 1759, qui nous livre ce précieux renseignement (150). On peut être sûr que ces démarches, et surtout les conséquences que Malesherbes a pu en redouter, ont pesé d'un grand poids dans la décision finalement prise de permettre tacitement l'impression à Paris des derniers volumes de « discours », et d'accorder dès le début de septembre un privilège pour l'impression des planches.

Mais une permission tacite était toujours révocable, et tant que l'impression ne fut pas achevée, l'entreprise courut les plus grands risques. Aussi les Philosophes et les libraires firent constamment peser sur l'autorité la menace de l'expatriation. Avec Genève et Amsterdam, Bouillon pouvait être une troisième place de refuge. Le *Journal encyclopédique* s'y était installé au début de 1760, et le lieu était plus propice que Liège à la liberté de la presse (151). De son côté Voltaire n'avait pas manqué depuis deux ans de harceler d'Alembert pour que l'*Encyclopédie* s'achevât à l'étranger, et d'Alembert semblait tout disposé à s'expatrier. Dans une lettre à d'Argental du 29 février 1758, Voltaire se disait même prêt à sacrifier 200 000 livres pour que les éditeurs de l'*Encyclopédie* vinssent travailler à Lausanne à ses frais (152).

---

(148) MS :BN, n.a. fr. 3 348, f° 121 r°.

(149) CORR, t. II, p. 234.

(150) J.-J. Rousseau, *Correspondance*, t. IV, p. 359. J. Le Gras dans *Diderot et l'« Encyclopédie »*, pp. 132-133, parle aussi du voyage de Durand, mais c'est parce qu'il substitue son nom par erreur à celui de David, auteur des lettres des 3, 6 et 9 août 1759. On lit pourtant sans difficulté le nom de David dans les manuscrits.

(151) CORR, t. III, p. 256 (lettre à Sophie du 21 novembre 1760) : « Nous ne sommes pas à Bouillon, mais il est décidé que nous imprimerons en pays étranger, et que je n'irai pas. Ma présence ici donnera le change à nos ennemis, et rien n'empêchera, avec trois ou quatre contreseings dont nous disposons, que les feuilles ne nous viennent et que nous ne puissions revoir l'ouvrage à notre aise ».

(152) Voltaire, *Œuvres* (Moland), t. XXXIX, pp. 408-409.

Mais le projet le plus spectaculaire fut celui de Catherine II offrant à Voltaire, le 20 août 1762, les secours qu'il jugerait nécessaires pour accélérer l'impression de l'*Encyclopédie :* « En cas qu'elle trouvât des obstacles ailleurs, elle pourrait se faire à Riga ou dans quelque autre ville de cet empire ». Voltaire transmit l'offre le 25 septembre, et Diderot lui répondit le 29 (153). Il répondait par un refus, mais une telle publicité fut faite au projet de Catherine qu'il devint difficile au gouvernement français de reconsidérer son attitude bienveillante envers l'*Encyclopédie* sans ajouter à une grosse perte commerciale une perte de prestige non moins dommageable dans l'opinion publique internationale. La *Correspondance littéraire* diffusa la lettre du 20 août dans toutes les cours d'Europe dès le 1er janvier 1763 (154). Le *Journal encyclopédique* du 1er février 1763 diffusa plus largement encore la nouvelle de l'offre générale faite par Catherine à d'Alembert de venir avec ses amis chercher en Russie l'aisance et la liberté (155). Les encyclopédistes refusaient de partir, mais ils s'arrangeaient pour qu'on sût bien que ce n'était pas sans conditions. Témoins les réflexions insolentes que Diderot glissait dans sa *Lettre sur le commerce de la librairie,* à la fin de 1763, pour signifier au magistrat que s'il faisait trop d' « imprudences », certaines « propositions avantageuses » faites du dehors aux hommes de lettres et rejetées par eux avec « courage » finiraient par être entendues (156). L'achat de la bibliothèque de Diderot et surtout le bruit qu'il fit dans le monde, au printemps de 1765, vinrent opportunément faire la preuve que ces « propositions avantageuses » n'étaient point des paroles en l'air. Le 16 mars, Betzky avisait Grimm que Catherine II achetait les livres de Diderot. Le 15 avril, la *Correspondance littéraire* faisait connaître à tous ses lecteurs les conditions extraordinaires de cet achat. Cinq mois plus tard les raisons bonnes ou mauvaises qui s'opposaient encore à la distribution des dix derniers volumes de l'*Encyclopédie* étaient levées et Sartine lui-même veillait à la bonne marche de l'opération (157). Il est permis de croire qu'il y eut entre les deux faits plus qu'un rapport de coïncidence.

L'histoire du privilège de l'*Encyclopédie* montre également d'une façon exemplaire comment d'un compromis à l'autre les nécessités du libéralisme économique l'ont emporté sur celles de la défense de l'ordre établi. Ce fut au point que la vieille institution du privilège, qui était en son principe une des expressions de l'absolutisme monarchique, se trouva finalement transformée en son contraire et mise au service du libéralisme économique et idéologique.

---

(153) Les trois lettres sont dans CORR, t. IV, pp. 174-178.
(154) CORR LIT, t. V, p. 199.
(155) *Journal encyclopédique*, 1763, t. I, 3e partie, pp. 131-132.
(156) AT, t. XVIII, pp. 49-50 : « Votre ennemi fait des vœux pour que l'esprit de vertige s'empare de vous, que vous preniez une verge de fer et que vos imprudences multipliées lui envoient un petit nombre de lettrés qu'il vous envie. Ils liront, c'est moi qui vous en avertis, et bien plus fortement que moi les propositions avantageuses qu'on leur fait et qu'ils ont encore le courage de rejeter ».
(157) CI, t. I, p. 279, lettre du 12 septembre 1765 à DAMILAVILLE.

La *Lettre sur le commerce de la librairie*, les *Représentations* adressées par les libraires à Sartine en 1764, les notes jointes à ce texte par les représentants de l'autorité, et les *Mémoires* de Malesherbes, font apparaître deux conceptions opposées du privilège. Pour Marin, annotateur des *Représentations* des libraires, le privilège est une « grâce » et le Vice-Chancelier, parlant au nom du roi, l'accorde ou la refuse comme il veut (158). La nécessité de défendre l'intérêt général de la librairie, et en particulier les intérêts des libraires de province contre les libraires parisiens est bien invoquée pour justifier l'institution, mais cette justification est accessoire. Malesherbes lui-même, étudiant les conséquences d'un arrêt du Parlement qui défend de débiter un ouvrage revêtu d'un privilège, pense qu'il s'agit d'un abus intolérable portant atteinte à l' « autorité du roi » (159). Mais lorsque Diderot et les libraires parlent de privilège, ils donnent au mot un tout autre contenu. Le privilège n'est plus pour eux une grâce souveraine (160). Il n'est même pas la consécration d'un droit que le possesseur d'un manuscrit tient de la nature des choses (161). Le privilège n'est que la garantie de ce droit,

> « une sauvegarde accordée par le souverain pour la conservation d'un bien dont la défense, dénuée de son autorité expresse, excéderait souvent la valeur » (162).

Aucune raison d'état ne peut donc justifier l'interruption, le transfert, ou le partage d'un privilège (163). Dans cette perspective, le privilège et la permission tacite ne diffèrent pas de nature mais de forme : le privilège couvre explicitement l'ouvrage, la permission le couvre implicitement, et si le privilège est refusé la permission doit être nécessairement accordée (164).

L'histoire même de la publication de l'*Encyclopédie* montre que la conception des libraires et de Diderot a fini par prévaloir dans les faits. Nous avons vu grâce à quelles forces. Mais avant même d'obtenir la permission tacite qui de 1759 à 1765 couvrit à Paris l'impression des dix derniers volumes de l'*Encyclopédie*, les libraires avaient réussi à mettre l'autorité dans une situation telle que l'octroi et même le retrait

---

(158) MS : BN, fr. 22 183, f° 8 v°, note marginale, et f° 71 v°.
(159) Malesherbes, *Mémoires*, p. 7.
(160) *Lettre sur le commerce de la librairie*, AT, t. XVIII, p. 29 : « Ce titre odieux qui consiste à conférer gratuitement à un seul un bénéfice auquel tous ont une égale et juste prétention, voilà le privilège abhorré par le bon citoyen et le ministre éclairé ».
(161) *Ibid.*, p. 30 : « L'auteur est maître de son ouvrage ou personne dans la société n'est maître de son bien. Le libraire le possède comme il était possédé par l'auteur; il a le droit incontestable d'en tirer tel parti qui lui conviendra ».
(162) *Ibid.*, p. 31; cf. p. 43 : « la garantie d'une vraie propriété à laquelle on ne saurait toucher sans injustice ».
(163) *Ibid.*.
(164) *Ibid.*, p. 66 : « Je pense que, si un livre est acquis par un libraire qui en a payé le manuscrit et qui l'a publié sur une permission tacite, cette permission équivaut à un privilège »; cf. p. 74 : « Qu'on ne refuse donc aucune permission tacite ».

du privilège avaient effectivement, et à plusieurs reprises, servi à la sauvegarde de leur bien. Ce résultat paradoxal ne fut rendu possible que parce que l'autorité ne présentait pas un front uni aux exigences des commerçants. Il est bien connu que l'*Encyclopédie* bénéficia en particulier de la rivalité entre le Parlement et le gouvernement. Le Parlement était en l'occurrence le défenseur intransigeant de l'ordre traditionnel, et la garantie des seuls privilégiés, alors que le gouvernement, champion du même ordre et garant des mêmes intérêts, devait aussi tenir compte des intérêts des commerçants et des entrepreneurs capitalistes, dont il tirait la plus grande partie de l'impôt (165).

A cet égard la crise de 1759 est typique. C'est le Parlement qui l'a déclenchée, sur le réquisitoire de Joly de Fleury, à la suite de la campagne de Chaumeix. Mais en décidant de faire examiner les sept volumes déjà imprimés de l'*Encyclopédie* par des censeurs désignés par ses soins, le Parlement se montrait si l'on peut dire plus royaliste que le roi. Le premier *Mémoire* de Malesherbes, qui est contemporain des faits, explique que cette décision, qui prétendait limiter l'arbitraire, instaurait en réalité l'anarchie. L'arrêt du Conseil du 8 mars 1759, révoquant le privilège de l'*Encyclopédie,* semble rivaliser de sévérité avec le Parlement, mais il convient d'en distinguer soigneusement la lettre, l'intention et la portée, comme l'avait pressenti Barbier (166).

A la lettre, l'arrêt du 8 mars était un acte purement arbitraire; le privilège y était considéré comme une grâce, et sa révocation se justifiait par la seule raison d'Etat. Tel quel il répondait sans doute à l'intention de certains de ses initiateurs. Mais pour d'autres l'intention était différente. Malesherbes était de ce nombre. Il a vu surtout dans cet arrêt un moyen de s'opposer à un abus du Parlement. La révocation du privilège coupait court à son action, et comme disait malicieusement Malesherbes, « il faut avouer que la nécessité de punir un scandale public par des peines plus fortes que celles qu'un arrêt du Conseil peut prononcer, est au moins un prétexte bien plausible » (167).

---

(165) Voir à ce sujet A. Mathiez, *Les philosophes et le pouvoir*, p. 11. Mathiez cite, p. 7, la lettre de Voltaire à d'Alembert du 13 novembre 1756, où il est dit que la guerre des parlements et des évêques a permis aux encyclopédistes de « farcir » le dictionnaire « de vérités qu'on n'eût pas osé dire il y a vingt ans ». Mathiez eût pu citer une lettre de Diderot à Grimm du 1er mai 1759 (CORR. t. II, p. 129), qui montre bien à quelles conséquences aboutissait la rivalité du Parlement et du Gouvernement : « Croiriez-vous bien une chose, écrivait Diderot, c'est que, sans cette brochure maudite qui a ulcéré tous les esprits (le *Mémoire pour Abraham Chaumeix*), le Parlement allait nous absoudre ? Non qu'ils s'intéressent à la continuation de l'ouvrage. Ils se soucient bien de cela. Mais ils se disaient : le Chancelier s'est hâté de nous ôter la connaissance de cette affaire par un arrêt qui supprime le privilège. Vite un autre arrêt qui décharge le livre des accusations intentées contre lui, et qui montre que le Chancelier s'est conduit comme un sot, non en permettant le livre, mais en le défendant. Vous voyez quelles sont les vues sublimes, les grands motifs de nos magistrats ».

(166) Cité dans AT, t. XIII, p. 118.

(167) Malesherbes, *Mémoires*, p. 7. Une phrase de l'arrêt du 8 mars est d'un ton qui s'accorde assez bien avec celui de Malesherbes. « Sa Majesté » y évoque les cinq volumes du dictionnaire parus depuis l'article du 7 février 1752, et remarque qu'ils « ont même déjà excité le zèle du ministère public de son Parlement » (AT, t. XIII, p. 119).

Il ne semble pas que Malesherbes et ses amis soient allés jusqu'à considérer la révocation du privilège comme le meilleur moyen de favoriser la publication de l'*Encyclopédie.* C'est pourtant la conséquence paradoxale que l'arrêt du 8 mars a eue à terme, grâce aux différents compromis négociés au cours de l'année 1759 entre les libraires et Malesherbes. Le privilège une fois révoqué, on eût pu concevoir que les encyclopédistes et les libraires fissent campagne pour obtenir l'annulation de l'arrêt (168). Mais ils n'en firent rien. Tout se passa au contraire comme s'ils avaient vu tout de suite la portée réelle de l'arrêt du 8 mars : en éteignant l'action du Parlement, il ne laissait en face d'eux qu'un adversaire plus qu'à demi gagné à leur cause, le directeur de la librairie. On sait avec quelle bienveillance Malesherbes examina les comptes des libraires pour qu'ils ne fussent pas lésés par l'ordre de remboursement du trop-perçu aux premiers souscripteurs (169). Il agréa même très volontiers le projet des libraires de rembourser sous forme de planches. C'est encore lui qui vraisemblablement leur « insinua » qu'ils pouvaient publier leurs planches indépendamment des volumes de « discours » (170). Enfin dans le privilège accordé le 8 septembre 1759 pour le *Recueil de planches,* il était permis de voir une garantie implicite donnée à l'impression clandestine des dix derniers volumes de « discours ». C'était en droit un acte gracieux de l'autorité, conforme à la tradition. En fait, dans les circonstances où il fut accordé, c'était une capitulation de l'autorité devant le point de vue des libraires. La forme du privilège était sauve, mais son contenu était nouveau.

---

(168) Quand l'arrêt du Conseil du 28 août 1745 eut annulé le privilège du 26 mars 1745, Le Breton obtint, semble-t-il, aisément qu'un jugement annulât à son tour l'arrêt du 28 août (CORR, t. II, p. 52).

(169) Sur l'attitude de Malesherbes vis-à-vis des libraires, voir MS : BN, n.a. fr. 3 345, et 3 348, partiellement exploités par J. Le Gras, *Diderot et l' « Encyclopédie »*, pp. 130 et suivantes.

(170) MS : BN, n.a. fr. 3 348, f° 140 r° v°. La complaisance de l'autorité est allée très loin. Lorsque Patte dénonça le plagiat des planches de l'Académie, Malesherbes savait déjà à quoi s'en tenir. Dans une des notes qu'il rédigea pendant l'été 1759 au sujet du remboursement de 72 livres que les libraires devaient faire aux souscripteurs, il remarquait qu'à la révocation du privilège les libraires n'avaient pas une seule planche gravée et qu'un grand nombre de leurs dessins avaient été acquis « à vil prix de quelques ouvriers ou brocanteurs qui avaient des doubles des desseins faits pour l'histoire des arts de m. de reaumur » (MS : BN, n. a. fr. 3 345, f° 184 r°). Pourtant l'autorité ne se mêla à aucun moment de cette affaire.

Chapitre III

L'ENCYCLOPÉDIE ET LA FORTUNE DE DIDEROT

DIDEROT ET LES LIBRAIRES ASSOCIES

Face aux dangers de l'extérieur, Diderot, comme directeur de la manufacture encyclopédique, a toujours eu à cœur de se montrer solidaire des libraires associés. Il avait pour cela plusieurs raisons. Et d'abord des raisons de tactique. Il fallait présenter à l'ennemi un front sans fissures. Lorsque Luneau de Boisjermain attaqua les libraires, Diderot, malgré qu'il en eût, garda longtemps la plus grande réserve. Il fit même son possible pour éviter l'exploitation publique du scandale que représentait à ses yeux, et aux yeux de ses amis, la censure à laquelle Le Breton avait soumis les articles des derniers volumes de l'*Encyclopédie*. Il écrivait par exemple à Luneau, en 1770 :

« J'ai une (...) grâce à vous demander que vous ne me refuserez certainement pas : c'est de ne point faire mention dans vos *Mémoires* des sept derniers volumes de l'*Encyclopédie* charpentés. Le fait ne peut être su que par moi. Il est étranger à votre affaire » (1).

Quand Diderot, par la force des choses, dut sortir de sa réserve, il n'intervint pas contre les libraires, mais en leur faveur. Ainsi il écrivait à Briasson et à Le Breton, le 31 août 1771 : « Si l'*Encyclopédie* a des vices, ce n'est pas votre faute; c'est la mienne » (2). Et il ajoutait :

« Je hais toutes disputes; j'en suis las; mais il serait bien malhonnête à moi de me tenir clos et couvert dans une circonstance où l'ignorance des faits (...) se prévaut contre vous des fautes que j'ai pu faire, moitié par insuffisance, moitié par nécessité, pour en imposer à la justice et vous tourmenter (...). Dix fois dans votre *Mémoire* vous répétez que c'est moi qui ai fait dessiner; que c'est moi qui ai approuvé les planches. Et à qui apparte-

---

(1) AT, t. XX, p. 8. Nous avons vu que Grimm, vers la même époque, ne se fit pas scrupule de divulguer l'affaire dans la *Correspondance littéraire*. Il serait étrange qu'il l'eût fait sans l'assentiment de Diderot. Diderot aurait-il donc été fourbe en interdisant à Luneau ce qu'il permettait à Grimm ? Disons à sa décharge que Luneau pouvait exploiter l'affaire dans un procès public, alors que la *Correspondance littéraire* était semi-confidentielle, et diffusée principalement à l'étranger.

(2) *Ibid.*, p. 29.

nait-il donc, Messieurs, de prendre ce soin ? J'ai ordonné; vous avez bien payé, on n'a plus rien à vous dire. Soit en éloge, soit en blâme, le reste me regarde (...). J'avoue qu'il est affligeant, Messieurs, après quarante à cinquante ans d'une probité reconnue dans son commerce et récompensée par des fonctions distinguées dans son corps et dans la société, de se voir tout à coup accusé de malversation et de mauvaise foi; j'avoue qu'il est triste, après une vingtaine d'années de persécutions que j'ai bien partagées, d'être troublé dans la jouissance d'une fortune que vous avez méritée par votre travail » (3).

A aucun moment d'ailleurs Diderot ne consentit à se laisser entraîner hors du domaine que lui réservaient ses fonctions d'éditeur, considérées au sens le plus strict. La lettre du 31 août 1771 traite de questions purement techniques, surtout celles de l'extension du manuscrit et des planches. Le *Factum* rédigé à l'occasion du même procès, et non publié alors, se bornait aussi à des questions de cet ordre (4).

Diderot eut pourtant la tentation de profiter de l'occasion que lui offrait Luneau pour se venger des procédés perfides de Le Breton. C'est grâce à Diderot en tout cas que Luneau put se montrer si bien renseigné. Luneau lui-même s'en est vanté publiquement :

« C'est de vous que je tiens toutes les anecdotes dont mon *Mémoire* est rempli; c'est à vous que je dois la connaissance secrète de tout ce qui s'est passé entre vous et le Sieur Le Breton. Je n'ai rien appris que de vous. Le public en devinera bien les raisons » (5).

Même si Diderot n'a pas voulu prendre parti personnellement contre les libraires, il est clair qu'il a encouragé Luneau dans son procès. La lettre de 1770 que nous citions plus haut se termine par une formule sans ambiguïté : « *Vale iterum et litiga fortiter* » (6). Mais c'eût été une faute tactique que de transformer une simple chicane de librairie en un procès mettant en cause le contenu même de l'*Encyclopédie*. Comme l'écrivait à Diderot l'avocat des libraires associés : « On oubliera les Libraires pour penser à l'Auteur et une querelle d'argent finira par devenir une querelle de Réligion » (7).

Mais la loyauté de Diderot à l'égard des libraires a aussi une autre cause, l'intérêt. La lettre à Luneau de 1770 y fait allusion, discrètement, mais clairement. Après avoir demandé à son correspondant de ne pas faire état du scandale de la censure, Diderot écrit : « Je pense encore avoir des démêlés d'intérêts avec les associés. Cela pourrait les irriter et m'embarrasser » (8). A cette date en effet, tous les volumes de planches n'étaient pas encore sortis, et surtout Diderot n'avait pas encore marié sa fille. Or, comme nous le verrons, la dot d'Angélique devait être constituée essentiellement par la rente du capital garanti à son père,

---

(3) *Ibid.*, p. 32, p. 34, p. 35.
(4) M. Tourneux, *Un factum inédit.*
(5) MS : BN, fr. 22 069, f° 343 v°. Cette déclaration de Luneau était dans une lettre ouverte, qui fut imprimée.
(6) AT, t. XX, p. 8.
(7) MS : BN, n.a. fr. 24 938, f° 265 v°, troisième lettre de Gerbier à Diderot. Voir au sujet de ces lettres H. Dieckmann, *Inventaire*, p. 59 et p. 130.
(8) AT, t. XX, p. 8.

depuis 1762, par les libraires associés. Mais ces liens d'intérêt sont surtout mis en lumière dans la *Lettre sur le commerce de la librairie.* Cette *Lettre* est un document capital, non seulement pour qui s'intéresse aux rapports que Diderot a eus en particulier avec les libraires associés, mais plus généralement pour l'étude historique de la condition des écrivains.

Au XVIIIe siècle, comme dans les siècles précédents, l'activité littéraire était encore une activité noble. On s'y consacrait d'une manière désintéressée quand on disposait de revenus personnels suffisants pour ne pas avoir besoin de négocier son talent. Tel était le cas pour un bon nombre d'encyclopédistes, propriétaires de biens fonciers ou d'offices. Le type même de ces écrivains parfaitement libres est Montesquieu, que Diderot cite d'ailleurs nommément dans sa *Lettre,* comme l'exemple de l'auteur dont le seul génie n'eût jamais suffi à assurer le succès littéraire.

« Je suppose, écrit Diderot, que l'*Esprit des lois* fût la première production d'un auteur inconnu et relégué par la misère à un quatrième étage; malgré toute l'excellence de cet ouvrage, je doute qu'on en eût fait trois éditions, et il y en a peut-être vingt. Les dix-neuf vingtièmes de ceux qui l'ont acheté sur le nom, la réputation, l'état et les talents de l'auteur, et qui le citent sans cesse sans l'avoir lu et sans l'avoir entendu, le connaîtraient à peine de nom. Et combien d'auteurs qui n'ont obtenu la célébrité qu'ils méritaient que longtemps après leur mort ? C'est le sort de presque tous les hommes de génie; ils ne sont pas à la portée de leur siècle; ils écrivent pour la génération suivante. Quand est-ce qu'on va chercher leurs productions chez le libraire ? C'est quelque trentaine d'années après qu'elles sont sorties de son magasin pour aller chez le cartonnier » (9).

A ceux qui n'avaient rien, et qui ne pouvaient pour vivre attendre que la postérité reconnût leur talent, il ne restait d'autre ressource que de solliciter habilement des pensions, ou de se faire « domestiques » dans la maison d'un Grand. Nous avons aussi rencontré plusieurs encyclopédistes qui ont vécu de cette façon-là.

Eu égard à cet état de chose, consacré par une longue tradition, la *Lettre sur le commerce de la librairie* a un caractère proprement révolutionnaire. Elle décrit et légitime en effet avec vigueur des rapports entre libraires et écrivains qui n'étaient nullement inconnus, mais qui n'avaient jamais eu l'importance ni surtout la signification qu'ils y acquièrent. Jusqu'alors l'écrivain qui vendait son manuscrit à un libraire n'en attendait qu'une minime rémunération. Il eût jugé indigne de considérer son œuvre comme une marchandise et d'en tirer profit. C'est en vertu d'un préjugé semblable qu'un noble ne pouvait faire de commerce sans déroger.

L'idée de considérer l'œuvre littéraire comme une marchandise est naturellement venue d'abord aux libraires, qui la traitaient en effet

(9) *Ibid.*, t. XVIII, pp. 15-16.

comme telle (10). Que Diderot considère l'œuvre littéraire comme une marchandise n'est donc pas original en soi. Ce qui est nouveau c'est qu'un écrivain adopte de propos délibéré le point de vue des libraires. Le fait est paradoxal, et Diderot en avait parfaitement conscience. Il écrit par exemple à Sartine :

« Il n'est pas d'un homme de mon état de plaider la cause du commerçant contre la postérité de l'auteur; mais il est d'un homme juste de reconnaître la justice » (11).

Un des arguments qu'on pouvait lui opposer, — et l'annotateur du *Mémoire* des libraires l'a fait indirectement, — c'est que reconnaître le droit de propriété du libraire sur les œuvres revenait à dépouiller définitivement les auteurs de leurs propres droits (12). L'objection eût été recevable si les écrivains du XVIIIe siècle avaient été placés simplement devant une alternative, aliéner leur œuvre ou la garder. En réalité le choix était bien plus délicat. Il s'agissait pour l'écrivain ne disposant pas de revenus personnels, de choisir entre deux formes d'aliénation, la domestication, qui tôt ou tard conduisait l'écrivain à sacrifier son indépendance d'esprit à son souci du confort matériel, ou le contrat de vente, qui au prix de l'aliénation du manuscrit lui donnait au moins le droit d'exiger le respect de sa pensée, tout en lui permettant de vivre avec décence. Cette deuxième forme d'aliénation était un progrès sur la première, dans la mesure où elle faisait apparaître une certaine marge de liberté, condition d'une libération ultérieure plus complète de l'écrivain. Plusieurs passages de la *Lettre sur le commerce de la librairie* montrent que Diderot l'avait fort bien compris, et qu'il en avait tiré toutes les conséquences. Sa critique du mécénat est courte, mais péremptoire :

« Quelles que soient la bonté et la munificence d'un prince ami des lettres, elles ne peuvent guère s'étendre qu'aux talents connus. Or, combien de tentatives heureuses, malheureuses, avant que de sortir de l'obscurité et d'avoir acquis cette célébrité qui attire les regards et les récompenses des souverains ? (13) ».

En revanche il souligne à plusieurs reprises, et avec une passion qui va jusqu'à l'enthousiasme, le caractère imprescriptible des droits de l'auteur sur l'œuvre littéraire, produit de son travail.

« Quel est le bien qui puisse appartenir à un homme, écrit-il, si un ouvrage d'esprit, le fruit unique de son éducation, de ses veilles, de son temps, de ses recherches, de ses observations, si les plus belles heures, les

---

(10) Voir dans notre article *Pour servir à une édition critique*, à propos des sources de la *Lettre sur le commerce de la librairie*, le résumé du *Mémoire* de Louis D'HÉRICOURT, et celui du *Mémoire* anonyme en faveur des libraires parisiens. Leur argumentation sur la transmission de la propriété littéraire n'a de sens que si l'on considère l'œuvre littéraire comme une marchandise qui se crée, s'acquiert, se transmet.

(11) AT, t. XVIII, p. 27.

(12) MS : BN, fr. 22 183, f° 73 v° et f° 74 r°.

(13) AT, t. XVIII, pp. 46-47.

plus beaux moments de sa vie, si ses propres pensées, les sentiments de son cœur, la portion de lui-même la plus précieuse, celle qui ne périt point, celle qui l'immortalise, ne lui appartient pas ? » (14).

On sent bien que pour Diderot l'essentiel est de garantir ce droit, coûte que coûte. Le paradoxe, c'est que pour assurer cette garantie, il faille affirmer avec une force égale le droit du libraire sur l'œuvre qu'il a achetée. Mais le marché littéraire est ainsi organisé, au milieu du XVIIIe siècle, que ces deux droits se renforcent l'un l'autre.

« Sans cela, écrit Diderot, quelle serait la vile et misérable condition d'un littérateur ? Toujours en tutelle, on le traiterait comme un enfant imbécile dont la minorité ne cesse jamais » (15).

Du moins Diderot a-t-il la consolation de considérer comme libre le contrat par lequel la propriété de l'œuvre est transférée au libraire.

« Si j'ai fait un mauvais traité, écrit-il encore, c'est mon affaire. Je n'ai point été contraint; j'ai subi le sort commun, et si ma condition est mauvaise, espérez-vous la rendre meilleure en me privant du droit d'aliéner ? » (16).

Certes, cette liberté est toute négative. Quoi qu'en dise Diderot, — mais le pense-t-il ? — l'auteur débutant ne peut pas ne pas vendre son œuvre, s'il tient à subsister, alors que le libraire trouve toujours sur le marché littéraire des manuscrits à éditer. Il est vrai qu'un auteur peut toujours changer de libraire, quand il a un nouveau manuscrit, et si son talent se déclare, il n'a que l'embarras du choix entre les libraires empressés à le publier. Diderot idéalise un peu cette espèce de lutte pour la vie, qu'il décrit en ces termes :

« Un auteur fait un premier ouvrage, il n'en connaît pas la valeur, ni le libraire non plus; si le libraire nous paye comme il veut, en revanche nous lui vendons ce qu'il nous plaît. C'est le succès qui instruit le commerçant et le littérateur; ou l'auteur s'est associé avec le commerçant, mauvais parti : il suppose trop de confiance d'un côté, trop de probité de l'autre; — ou il a cédé sans retour la propriété de son travail à un prix qui ne va pas loin, parce qu'il se fixe et doit se fixer sur l'incertitude de la réussite. (Mais) l'accroissement en valeur commerçante de sa seconde production n'a nul rapport avec la diminution du hasard; il semble que les libraires jaloux de conserver l'homme, calculent d'après d'autres éléments. Au troisième succès, tout est fini; l'auteur fait peut-être encore un mauvais traité, mais il le fait à peu près tel qu'il veut » (17).

Cette conception très neuve du contrat commande l'histoire des rapports entre Diderot et le syndicat des libraires associés. D'une manière plus particulière, elle explique certains épisodes décisifs de l'histoire de l'*Encyclopédie*. Par exemple, l'obstination avec laquelle Diderot résista à ceux qui le pressaient d'aller achever le dictionnaire

---

(14) *Ibid.*, p. 30.
(15) *Ibid.*.
(16) *Ibid.*, p. 49.
(17) *Ibid.*, p. 47.

hors de France a paru incompréhensible à beaucoup, et en particulier à Voltaire.

Voltaire méprisait les libraires, en règle générale, et il n'attendait pas sa subsistance de la vente de ses livres. Lui-même s'était heurté très tôt, comme Diderot, au problème redoutable de la liberté de l'écrivain sans biens. Au moment où Diderot s'engagea dans la « manufacture encyclopédique » Voltaire l'avait déjà brillamment résolu, mais dans un esprit tout compte fait très traditionnel. Voltaire avait d'abord été tenté par la chasse aux pensions, et jusqu'à sa fuite de Berlin on peut dire qu'il a cru aux vertus du mécénat. Mais parallèlement à son expérience des cours, il menait aussi bien celle des affaires, et celles-ci lui assuraient largement ce que celles-là ne faisaient guère que promettre. L'indépendance que Voltaire s'est finalement assurée ne doit rien à son activité littéraire. Il l'a conquise par la spéculation, par le commerce. En 1749, il jouissait de 80 000 livres de rentes, ce qui le situait, dans la hiérarchie des fortunes couramment admise, dans la seconde catégorie. En 1754, avec 120 000 livres de rentes, il était déjà en bon rang parmi les gens opulents. Il avait 200 000 livres de rentes en 1778 (18). Quand Luneau de Boisjermain attaqua les libraires associés en justice, Voltaire le soutint par solidarité avec les gens de lettres, mais sans beaucoup de conviction. « Il faut, lui écrivait-il, que (les auteurs) soient écrasés, attendu qu'ils ne font point corps, et qu'ils ne sont que des membres très épars » (19). N'ayant aucun compte à rendre aux libraires, Voltaire était en droit d'exiger d'eux ce qu'il voulait. En particulier, il « devenait libre d'exiger d'eux une fidélité aux textes dont ils n'étaient pas coutumiers » (20). Bref, il les tenait à sa merci, et ils ne pouvaient rien sur lui.

Cette différence de situation est fondamentale. Elle explique le ton des lettres, nombreuses, où Voltaire invite d'Alembert et Diderot à laisser la boutique de la rue Saint-Jacques pour aller à Berlin, à Lausanne, à Riga, n'importe où pourvu qu'on y soit libre (21). Diderot, « esclave des libraires; quelle honte ! » voilà le jugement qui se lit au bas d'une lettre à d'Alembert des 25-26 février 1758 (22). Et à d'Argental Voltaire écrivait dans le même temps : « Des engagements avec les libraires ? C'est bien à un grand homme tel que (Diderot) à dépendre des libraires !

---

(18) Voir J. Donvez, *De quoi vivait Voltaire*, p. 133. La hiérarchie des fortunes au XVIIIe siècle a été décrite par Turgot, en 1764, dans un mémoire rédigé à l'intention de deux Chinois, à qui il avait confié le soin d'une enquête économique sur la Chine. Cette hiérarchie comprend cinq catégories de gens riches : ceux de la première ont plus de 100 000 livres de rente, ceux de la seconde ont de 60 000 à 100 000 livres, ceux de la troisième ont de 36 000 à 60 000, ceux de la quatrième ont de 24 000 à 36 000, ceux de la cinquième ont de 15 000 à 24 000. De 12 000 à 15 000 livres on est encore riche en province, mais à Paris on est seulement à l'aise. A 6 000 livres de rentes on a un revenu convenable, mais on n'est pas riche (cité par L. A. Maverick, *China a model*, p. 53).

(19) J. Donvez, *ouvrage cité*, p. 119.

(20) Cité par J. Donvez, *ibid.*, p. 113.

(21) Voir dans notre chapitre II les lettres de 1752, 1758, 1762.

(22) CORR, t. II, p. 40.

C'est aux libraires à attendre ses ordres dans son antichambre » (23). Et plus loin : « Il est question de ne pas se prostituer à de vils ennemis, de ne pas travailler en esclave des libraires » (24). C'est le même ton, et presque la même expression, dans une autre lettre à d'Argental du 12 mars :

> « Vous dites donc que Diderot est un bon homme; je le crois, car il est naïf. Plus il est bon homme, et plus je le plains d'être dépendant des libraires qui ne sont point du tout bonnes gens (...). Si vous voyez ce bon Diderot, dites à ce pauvre esclave que je lui pardonne d'aussi bon cœur que je le plains » (25).

Le 15 octobre 1759, il écrivait encore à d'Alembert : « Votre pauvre Diderot s'est fait l'esclave des libraires » (26). Ainsi harcelé par Voltaire, Diderot n'a cessé de lui opposer le contrat en bonne et due forme qui réglait ses rapports avec les libraires associés. Là où Voltaire voit des liens d'esclavage, Diderot voit une obligation réciproque :

> « Par les offres qu'on nous fait, disait-il, je vois qu'on ignore que le manuscrit de l'*Encyclopédie* ne nous appartient pas, qu'il est en possession des libraires qui l'ont acquis à des frais exorbitants, et que nous n'en pouvons distraire un feuillet sans infidélité » (27).

A l'inverse, la censure à laquelle Le Breton soumit les articles des sept derniers volumes de l'*Encyclopédie* n'eût pas paru si odieuse à Diderot s'il n'y avait vu une sorte de rupture unilatérale du contrat (28). Mais le contrat était-il rompu ? Le Breton, acquéreur du manuscrit, devait-il absolument en respecter le contenu ? La chose est si peu sûre que Diderot lui-même a justifié son indignation de deux manières différentes. Tantôt il condamne Le Breton en tant que « principal propriétaire de la chose » (29), tantôt il lui objecte que les encyclopédistes dont il a massacré les articles ont travaillé « gratuitement » (30). Sa lettre à Le Breton du 4 mars 1769 insiste par ailleurs sur le fait que les articles de l'*Histoire de la philosophie* n'ont jamais été prévus dans le contrat le liant aux libraires.

> « J'ai donné, écrit-il, mais bien donné à la Société l'histoire ancienne et moderne de la philosophie qui n'est pas la mince partie de l'ouvrage. Voyez, cherchez dans nos traités; et dites-moi s'il y a jamais été question de ce travail » (31).

Ces hésitations, et le fait même que Le Breton s'est cru autorisé à censurer les articles des rédacteurs du dictionnaire prouvent au moins

---

(23) *Ibid.*, p. 41.
(24) *Ibid.*.
(25) *Ibid.*, p. 46.
(26) *Ibid.*, p. 278.
(27) *Ibid.*, t. IV, p. 176.
(28) Lettre du 12 novembre 1764, *passim* (AT, t. XIX, pp. 467 et suivantes).
(29) *Ibid.*, p. 470. LE BRETON est « principal propriétaire » parce qu'il a le plus grand nombre de parts dans le capital de la société.
(30) *Ibid.*, p. 468.
(31) M.-J. DURRY, *Un extraordinaire inédit*, col. 3.

que le contrat dont Diderot parle sans cesse n'était pas tout à fait clair, et pouvait avoir une signification différente pour chacune des deux parties.

Mais si le contrat est équivoque, c'est que la nature des rapports qu'il reflète est contradictoire. Le droit de l'auteur et le droit du libraire devaient naturellement s'étayer face à l'ordre ancien des choses, mais à terme ils devaient de toute nécessité entrer en conflit l'un avec l'autre. La censure de Le Breton n'est que l'épisode le plus dramatique de ce conflit. Mais plusieurs mois auparavant la *Lettre sur le commerce de la librairie*, et surtout les corrections que lui apportait le *Mémoire* des libraires, faisaient apparaître déjà des divergences fondamentales entre les intérêts de l'écrivain et ceux du libraire. Le libraire ne voit, et ne peut voir, dans l'œuvre littéraire, qu'une marchandise. Il considère la police de la librairie comme une pure affaire de commerce. Diderot aussi, nous l'avons dit, considère l'œuvre littéraire comme une marchandise, mais d'une certaine manière seulement, car pour celui qui l'a créée, l'œuvre est plus que le produit d'un travail, elle est la « substance même de l'homme, son âme » (32). En somme l'œuvre vaut infiniment plus pour celui qui la vend que pour celui qui l'achète. Ils se servent de deux étalons différents pour en mesurer la valeur. Sans doute, le commerçant ne méconnaît pas la valeur proprement artistique, ou idéologique, de l'œuvre, mais elle n'est pour lui qu'un élément pour en apprécier la valeur marchande. Au contraire l'auteur, et éventuellement son public, s'ils sont obligés de tenir compte de la valeur marchande de l'œuvre, le premier pour vendre son manuscrit, le second pour acheter son exemplaire imprimé, jugent en dernier ressort l'œuvre littéraire au poids de l'art ou de l'idée, et non au poids de l'or.

Eu égard à cette divergence initiale d'appréciation, le contrat entre le libraire et l'auteur est forcément inique. Toutes les remarques de la *Lettre sur le commerce de la librairie* concernant la rapacité des libraires et la pauvreté des gens de lettres montrent que Diderot en avait parfaitement conscience. Dès 1758 Diderot écrivait à Voltaire, en badinant :

« Mon arrangement avec les libraires est à peine conclu. Nous avons fait ensemble un beau traité, comme celui du Diable et du paysan de La Fontaine. Les feuilles sont pour moi; le grain est pour eux. Mais au moins ces feuilles me sont assurées » (33).

Plus amer, il écrira à Sartine, le 13 octobre 1769 :

« Je sais que vous nous estimez un peu plus que ces gens dont nous faisons la fortune, et qui nous ont condamnés à mâcher des feuilles de lauriers. N'est-il pas bien étrange que j'aie travaillé trente ans pour les associés

---

(32) AT, t. XVIII, p. 30.
(33) CORR, t. II. p. 61.

de l'*Encyclopédie*; que ma vie soit passée, qu'il leur reste deux millions et que je n'aie pas un sol ? A les entendre, je suis trop heureux d'avoir vécu » (34).

Il est évident que cette théorie du contrat, que nous avons dégagée de la *Lettre sur le commerce de la librairie* et de la correspondance de Diderot, n'est pas sortie toute armée de la tête du Philosophe. Il l'a élaborée au cours d'une longue expérience, et c'est la nature même de cette expérience qui justifie le double aspect de la théorie.

DIDEROT SALARIE DES LIBRAIRES

Quand les libraires associés engagèrent Diderot comme codirecteur de l'*Encyclopédie*, il était à peu près « l'aiglon (qui) déploie ses ailes et se confie au vague de l'air », comme il l'écrit plaisamment dans la *Lettre sur le commerce de la librairie* (35).

De quoi avait-il vécu jusque-là en effet ? Des subsides de sa famille et d'expédients, pas toujours honorables. Mme de Vandeul a fait un tableau édifiant de ces années de misère pendant lesquelles le jeune Diderot livré à lui-même n'avait d'autre ressource que les « quelques louis » que sa mère lui faisait parvenir par une servante fidèle (36), et les petites rémunérations en nature ou en espèces qu'on lui donnait pour des leçons de mathématiques, ou pour un travail de nègre (37). A quinze cents livres par an, il fut engagé comme précepteur chez un financier mais il n'y tint pas et s'en fut, malgré la proposition fort honnête qu'on lui fit de doubler ses appointements, et d'améliorer son confort (38). Bien que le père eût décidé de ne pas donner un sol à l'écervelé tant qu'il n'aurait pas d'état (39), c'est tout de même lui qui finalement assura pendant dix ans le plus clair des revenus de Diderot. « Lorsque le hasard amenait à Paris quelques amis de son père, écrit Mme de Vandeul, il leur empruntait quelque petite somme. Le père rendait » (40).

Les amis parisiens de la famille Diderot furent aussi mis à contribution, et le bon Foucou dut plus d'une fois écrire au coutelier de Langres pour lui demander de couvrir les dettes que son fils faisait chez lui. M. Georges Roth a retrouvé un billet de 1736 dans lequel le père Diderot avertit le frère Ange qu'il a interdit à Foucou de faire de nouvelles avances à son fils ou de le nourrir, et un reçu de Foucou, daté du 20 août de la même année, donnant décharge à son ami de 38 livres

---

(34) AT, t. XX, p. 7. Dans la *Lettre sur le commerce de la librairie* DIDEROT disait déjà que « l'honneur (était) la portion la plus précieuse des émoluments de l'auteur ». La contradiction est identique pour le fond, mais la conscience qu'en a DIDEROT est plus aiguë en 1769 qu'elle n'était en 1763.

(35) AT, t. XVIII, p. 47.

(36) *Ibid.*, t. I, p. XXXII.

(37) *Ibid.*, p. XXXIII.

(38) *Ibid.*.

(39) *Ibid.*, p. XXXII.

(40) *Ibid.*, p. XXXIV.

« pour solde de tout compte jusqu'à ce jour » (41). On sait par Mme de Vandeul que le Frère Ange ne fut pas non plus épargné par les demandes d'argent du jeune homme. Elle fait état de douze cents francs, puis de huit ou neuf cents francs, que Diderot attrapa ainsi au couvent des Carmes, contre la promesse hypothétique d'embrasser la vie monastique (42).

Mais le Frère Ange ne fut pas le seul berné par cette promesse. Pierre La Salette, venu à Paris au cours de l'été 1741, parle dans plusieurs lettres aux Caroillon de l'entrée prochaine de Diderot à « Saint-Sulpice », et s'apitoie sur le sort de ce pauvre enfant, obligé de dépenser jusqu'à trente sous par chemise, pour faire retailler celles que lui avait envoyées sa mère (43). Le père Diderot, dans son testament, évaluait à dix mille livres les sommes envoyées à son fils aîné sous une forme ou sous une autre, au cours de la période 1730-1750 (44). En 1763 l'abbé Diderot les évaluera à « plus de dix mille livres » et pourra les comparer avantageusement aux trois mille livres dépensées pour lui-même pendant la période correspondante (45).

Tout cela n'empêchait pas le jeune homme de mourir proprement de faim à Paris, comme le montre l'anecdote que Mme de Vandeul rapporte à la date d'un certain mardi gras (46). Assez longtemps encore et jusqu'au moment de son mariage, Diderot a pensé que le seul recours stable était finalement sa famille. Son voyage à Langres, en décembre 1742, n'avait pas d'autre but que d'arracher par surprise une petite pension. Il ne devait révéler son dessein de prendre femme qu'après l'avoir obtenue. Il écrivait à sa fiancée le 17 décembre : « Je travaille sourdement à obtenir de mes gens une pension, ne fût-elle que de vingt à vingt-cinq pistoles; c'est toujours quelque chose, quoi qu'il arrive » (47). Et le 27 :

> « Je te disais dans ma première (lettre) que j'espérais (...) obtenir une pension. Si je peux tirer quelque conjecture raisonnable des discours des personnes en qui (mes parents) ont mis leur confiance, ils s'attendent au moins que je la demanderai; et s'ils avaient résolu de me la refuser, je ne leur remarquerais assurément pas la bonne humeur qu'ils ont et toutes les attentions dont je suis comblé » (48).

Mais Diderot se trompait sur les dispositions de ses parents, et lorsqu'il s'ouvrit à eux de son projet de mariage, il s'en fallut de peu qu'il ne fût déshérité. Il écrivait à Nanette, le 14 janvier 1743 :

> « Si mes parents me disaient tout simplement : « Tiens, voilà le consentement que tu demandes et nous te déshéritons », je leur répondrais : « Grand merci, c'est tout ce que je demande » (49).

(41) CORR, t. I, p. 23.
(42) AT, t. I, pp. XXXIV-XXXVI.
(43) CORR, t. I, pp. 25-26.
(44) H. Gautier, *Le père de Diderot,* p. 17.
(45) « Compris les frais de (son) séminaire et deux voyages de Paris » (cité dans CORR, t. IV, p. 242).
(46) AT, t. I, p. XXXVII.
(47) CORR, t. I, p. 36.
(48) *Ibid.*, p. 37.
(49) *Ibid.*, p. 40.

Il ajoutait, en faisant le fanfaron : « Mais leur emportement va plus loin, et c'est là ce qui me rassure » (50). En fait le père Diderot a bel et bien été tenté de déshériter son fils, comme il en avait légalement le droit, puisque Denis n'avait pas trente ans. C'est du moins ce qu'il écrivait à Mme Champion, le 1er février 1743 :

> « Cette inclination que je désapprouve lui a déjà fait un tort considérable en l'éloignant d'un parti convenable qui lui était destiné. Si vous n'y mettez ordre, elle achèvera de le ruiner, car vous n'ignorez pas que l'exhérédation est la suite ordinaire des engagements semblables à celui qu'il me dicte » (51).

Diderot ne fut pas déshérité, mais le peu d'argent qu'il put soustraire à ses parents avant son internement (52) ne pouvait assurer longtemps la vie du futur ménage.

C'est à peu près au moment où Diderot a vu disparaître définitivement la possibilité de vivre en fils de famille qu'il a découvert la possibilité de vivre du produit de son activité intellectuelle. En partant pour Langres, il avait demandé à Briasson de lui envoyer les épreuves de la traduction qu'il avait entreprise au printemps précédent (53). Cette traduction, celle de *l'Histoire de la Grèce* de Temple Stanyan, parut en avril ou en mai 1743 (54). Mme de Vandeul assure que l'ouvrage rapporta trois cents livres à son père (55). Il est probable que c'est cette somme pourtant modeste qui permit à Diderot de se marier, au mois de novembre suivant, et d'installer son ménage rue Saint-Victor (56). Le fait est d'importance, car il marque le moment où Diderot a conçu qu'il pouvait subsister par son travail, comme il l'a lui-même écrit plus tard :

> « Je me trouvai dans des conjonctures qui me conduisirent à un mariage (...). je fus obligé de travailler et de tirer parti de mon travail. Je me tournai donc entièrement du côté des lettres » (57).

De 1743 jusqu'à la date du premier contrat passé avec les libraires associés, Diderot a ainsi travaillé à la petite semaine, d'une manière en quelque sorte artisanale, en vendant au fur et à mesure le produit de son activité littéraire. Il s'agit surtout de traductions, ou d'adaptations plus ou moins libres. Le 23 avril 1744, le privilège obtenu par Briasson, David et Durand pour le *Dictionnaire* de James le compte avec Eidous et Tous-

---

(50) *Ibid.*.

(51) *Ibid.*, pp. 41-42.

(52) Lettre du 14 janvier 1743 : « J'ai de l'argent. J'ai prudemment commencé par m'en pourvoir » (CORR, t. I, p. 40). Cf. la lettre de février, écrite après l'évasion de DIDEROT : « heureusement j'ai quelque argent, dont j'avais eu soin de me pourvoir avant que de déclarer mes desseins. Je l'ai sauvé des mains de mes geôliers, en l'enfermant dans un des coins de ma chemise ».

(53) *Ibid.*, p. 37.

(54) *Ibid.*, p. 46.

(55) AT, t. I, p. XL.

(56) CORR, t. I, p. 47. Mme DE VANDEUL parle de l'*Histoire de la Grèce* comme si la vente de l'ouvrage avait eu lieu après le mariage de son père. Les dates montrent au contraire que cette vente a permis à DIDEROT de consolider sa liaison par un mariage.

(57) Lettre à BERRYER du 10 août 1749 (CORR, t. I, pp. 85-86).

saint parmi les traducteurs de l'ouvrage. Selon Mme de Vandeul, Eidous et Toussaint étaient aussi gueux que lui (58). Diderot travailla trois ans à cette traduction. On ne sait pour quelle somme, mais le profit, divisé en trois, ne fut sans doute pas très gros (59). En 1745, l'*Essai sur le mérite et la vertu* lui rapporte cinquante louis, soit douze cents livres, donc quatre fois autant que l'*Histoire de la Grèce,* si l'on en croit du moins Mme de Vandeul (60). En 1746, les *Pensées philosophiques* rapportent encore douze cents livres (61). Mais ce n'est pas la fortune, et le ménage Diderot vit fort mal pendant ces années-là. Certes dans son acte de mariage Diderot avait été honoré du titre de « bourgeois de Paris » (62). Mais au XVIIIe siècle on n'est pas un bourgeois quand on habite rue Saint-Victor ou, pis encore, faubourg Saint-Antoine (63) ou rue Mouffetard (64). Il faut voir un indice certain de la misère du jeune ménage dans le sort de leurs premiers enfants, Angélique, née le 13 août 1744, morte à un mois et demi (65), Jacques-François, né le 22 mai 1746, mort à quatre ans (66). Diderot il est vrai pouvait faire figure dans le monde, puisqu'il avait une maîtresse, Mme de Puisieux. Mais Mme de Puisieux était pauvre (67), ou exigeante, et il devait lui donner une bonne part de ce qu'il gagnait.

On conçoit que Diderot, ainsi acculé par la misère, n'ait pas été trop difficile lors du premier contrat passé avec les libraires associés, le 6 octobre 1747. Ce contrat était beaucoup moins avantageux que celui qui avait été précédemment consenti à l'abbé de Gua de Malves. Mais l'abbé était membre de l'Académie des sciences et professeur au Collège de France, et les libraires ne pouvaient pas lui promettre moins de 18 000 livres (68). Diderot qui n'avait pas tant de titres dut se contenter d'une somme forfaitaire de 7 200 livres, payables à raison de douze cents livres à la sortie du premier volume du dictionnaire, et le reste par mensualités de 144 livres, réparties sur un peu plus de quarante et un mois (69). D'Alembert, pour sa part, devait toucher trois mille livres par mensualités de 144 livres pendant la même période (70).

Ce contrat de 1747 est extrêmement curieux, car il combine deux rémunérations, l'une de type forfaitaire et libéral, l'autre d'un type assez

---

(58) AT, t. I, p. XL.
(59) *Ibid.* : « Mon père, n'ayant rien, se priva des deux tiers de l'argent qu'il pouvait espérer de sa traduction ».
(60) *Ibid.*, p. XLII.
(61) *Ibid. :* Mme DE VANDEUL écrit bien « cinquante louis » et non « cinquante écus » comme a lu M. ROTH (CORR, t. I, p. 53).
(62) CORR, t. I, p. 47.
(63) Les DIDEROT y ont habité en 1744 (*Ibid.*, p. 49).
(64) *Ibid.*, p. 53.
(65) *Ibid.*, p. 49.
(66) *Ibid.*, p. 53 et p. 99. Un autre enfant, né le 29 octobre 1750, mourra à l'âge de deux mois (*Ibid.*, p. 100).
(67) AT, t. I, p. XLII.
(68) L.-Ph. MAY, *Histoire et sources*, p. 19.
(69) *Ibid.*, p. 21. J. LE GRAS a cru, on ne sait pourquoi, que DIDEROT avait été engagé par les libraires à douze cents livres par an (*Diderot et l' « Encyclopédie »*, p. 37).
(70) L.-Ph. MAY, *Histoire et sources*, p. 21.

proche du salariat. La plus intéressante pour un écrivain besogneux comme Diderot était incontestablement la seconde, puisqu'elle lui garantissait une sécurité relative pour plus de trois années. Mais du point de vue purement quantitatif elle ne représentait qu'un salaire de misère. A la même époque un mineur d'alun gagnait une livre par jour, et un ouvrier travaillant le minerai en gagnait une et demie. Comme ils travaillaient aussi bien les dimanches que les jours de fêtes, ils se faisaient en moyenne l'un trente livres et demie par mois, l'autre plus de quarante-cinq livres et demie (71). Par rapport aux soixante et quelques milliers de livres investies par les libraires dans leur entreprise, vers 1749, et aux 280 livres que devait initialement coûter un seul exemplaire de l'*Encyclopédie,* ces 144 livres mensuelles étaient vraiment peu de chose. Les registres des libraires montrent que Diderot a touché sa première mensualité le 17 octobre 1747, la seconde le 9 novembre, la troisième le 15 décembre et ainsi de suite. Ces paiements se poursuivirent régulièrement jusqu'au mois de juillet 1749. Les libraires comptabilisaient à part le prix des livres qu'ils fournissaient à Diderot, et les frais divers dont il leur demandait le remboursement, par exemple les achats de planches, le coût de ses déplacements, ou celui des mémoires sur les manœuvres des arts.

En 1749 Diderot fut interné à Vincennes. Le versement de son salaire fut alors interrompu pendant trois mois (72). Les libraires pensaient sans doute, comme le père Diderot, que la subsistance de leur directeur était suffisamment assurée par la munificence de Sa Majesté (73). Ils savaient bien pourtant que Diderot avait femme et enfant, comme le malheureux ne se lassait pas de le répéter dans les suppliques qu'il envoyait un peu partout. Il écrivait par exemple à Berryer, le 10 août 1749 :

> « Malgré les douleurs de corps et les peines d'esprit dont je suis accablé, je suis pressé d'un intérêt plus touchant et plus tendre. J'ai laissé à la maison une femme et un enfant; une femme désolée et un enfant au berceau. Ils ne subsistaient que par moi; je leur manque, — et ce sera bientôt pour toujours; que vont-ils devenir ? » (74).

Diderot, qui depuis 1743 n'avait plus rien demandé à son père, pour ne pas lui avouer son mariage, dut se résoudre à tout lui dire en implorant son secours. Le bonhomme, compréhensif, fit encore une fois un billet qu'il envoya à Vincennes et dont Foucou dut payer le montant à Diderot ou à sa femme (75).

Une fois libéré Diderot recommença à percevoir son salaire comme par le passé, jusqu'à la fin de 1750. De temps en temps il se faisait un peu d'argent supplémentaire, en vendant quelque manuscrit commerçable. Ainsi les *Bijoux indiscrets* lui rapportèrent douze cents livres en 1748; les

---

(71) Voir dans l'*Encyclopédie* l'article *Alun.*
(72) Les mois d'août, septembre et octobre, correspondant à l'incarcération de Diderot.
(73) Lettre du père Diderot, datée du 3 septembre 1749 (CORR, t. I, p. 93).
(74) *Ibid.,* p. 84.
(75) *Ibid.,* p. 94. Le billet était de 150 livres.

Bijoux, comme précédemment les *Pensées philosophiques*, furent publiés par Laurent Durand, mais les associés redoutaient fort, déjà, les intempérances de plume de leur directeur, car l'entreprise principale risquait d'en souffrir (76). L'affaire de la *Lettre sur les aveugles* prouva qu'ils n'avaient pas tort, et il est probable que dès ce moment-là ils le mirent en garde contre tout nouvel éclat de ce genre. En tout cas ils refusèrent d'imprimer la *Lettre sur les sourds et muets*, et il semble même qu'ils aient refusé de la vendre, comme il ressort d'une lettre de Diderot à Le Breton du début de 1751 publiée pour la première fois par M. Georges Roth .

« Ma lettre est imprimée, comme vous savez, écrivait-il. Si vous en voulez, faites m'en demander, et je vous en enverrai tant qu'il vous plaira. Je fais la même offre à Messieurs les associés. Mais comme ils n'ont pas été d'avis de l'imprimer, je ne crois pas qu'ils soient d'avis de la répandre » (77).

Les libraires comprirent-ils que le meilleur moyen d'empêcher Diderot de compromettre sa plume dans des œuvres dangereuses était de le retenir par une chaîne d'argent ? Nous ne savons pas quels furent les arrangements qui accompagnèrent la sortie du *Prospectus* et la publication du premier volume de « discours ». Nous ne savons pas non plus si ces arrangements annulèrent le traité de 1747. Ce qui est sûr, c'est que passé le 1er janvier 1751, les registres des libraires présentent la rémunération de Diderot d'une manière entièrement nouvelle. Au lieu de toucher des mensualités de 144 livres, il touche maintenant des trimestres de 500 livres. Cela représente une augmentation assez sensible, d'environ 15 %, par rapport à ce qu'il gagnait jusqu'alors. Cette augmentation a été compensée vraisemblablement en partie par celle du coût de la vie. D'autre part après la sortie du premier volume, les libraires ont augmenté les souscriptions de vingt-quatre livres, soit d'un peu plus de 8,5 %. Enfin le tirage prévu d'abord à 1 500 exemplaires a été porté à 2 050. Mais il n'est plus question, semble-t-il, des douze cents livres que Diderot devait toucher à la sortie du premier volume. Si cette clause est vraiment annulée, il faut considérer qu'à compter du 1er janvier 1751 il est purement et simplement un salarié. Il le restera jusqu'à la fin de 1754.

La naissance d'Angélique, le 2 septembre 1753, semble avoir marqué dans la vie de Diderot un tournant décisif. Jusque-là il s'était assez bien accommodé de sa condition, sans trop se soucier des besoins de sa femme, ni même de ces enfants qui venaient, puis mouraient sans faire de bruit. Après tout Rousseau fut peut-être un père plus avisé en mettant les siens aux Enfants-trouvés. Mais Angélique paraît et tout change. Peut-être

---

(76) Le libraire Boni écrivait, le 14 février 1748 : « C'est le sieur Durand, rue Saint-Jacques, qui a fait imprimer *Les bijoux indiscrets* et qui les vend. Il en a acheté la copie de Diderot 1 200 livres. Ce libraire est fort inquiet, de même que les sieurs David et Briasson, qui craignent qu'il n'arrive quelque chose à Diderot, ce qui suspendrait le *Dictionnaire de médecine* dont Diderot est éditeur » (CORR, t. I, p. 55). En réalité les associés tremblaient pour l'*Encyclopédie* et non pour le *Dictionnaire* de James.

(77) CORR, t. I, pp. 110-111. La *Lettre* fut imprimée par Bauche.

aussi le sentiment d'avoir passé la quarantaine sans avoir fait « bon usage » de « l'éducation » que son père lui avait donnée (78) n'est-il pas pour rien dans la véritable conversion à la vie bourgeoise qu'amènent chez Diderot ces années 1753-1754.

Un an après la naissance d'Angélique, en septembre ou en octobre 1754, Diderot se rend à Langres. Il est parrain du cadet des Caroillon qu'on baptisera en l'église Saint-Martin de Langres le 13 novembre. Sa commère, Mme Dubois, est la femme d'un notaire. La bonne bourgeoisie de Langres le considère comme l'un des siens. N'a-t-il pas d'ailleurs par son père ou par sa mère des parents et des alliés

> « dans le clergé, dans la magistrature, dans le barreau, dans l'apothicairerie, dans la librairie, dans le tabellionnage, dans la tannerie, dans la coutellerie » ? (79).

C'est comme « bourgeois de Paris », au domicile de « Monsieur son père », qu'il signe le 4 novembre « une constitution au Sieur Hutinet, laboureur à Dampierre » (80). Hutinet est sans doute un de ses parents, et ce n'est pas une garantie négligeable. L'existence de cet acte, dont nous ne connaissons pas le détail, montre au moins que Diderot songe sérieusement à s'assurer pour l'avenir des revenus stables. Or la rente est au XVIIIe siècle le revenu stable par excellence, et la « constitution » représente un véritable brevet de bourgeoisie. La rente constituée par Diderot en 1754 n'était sans doute pas très importante. Deux cents livres peut-être, si c'est bien à elle qu'il fait allusion dans une lettre d'août 1759 (81).

A son retour de Langres, en tout cas, il semble que Diderot ne soit plus le même homme. Il ne supporte plus d'être le « tartare » des libraires associés, il parle haut, il menace d'abandonner la direction de l'entreprise (82). Il est infiniment probable que les parents et les amis de Langres lui ont ouvert les yeux sur certaines réalités qu'il méconnaissait, et l'ont incité à se défendre. Comment expliquer autrement cette lettre collective du 6 janvier 1755, adressée à la fois au père Diderot, à Denise, aux Caroillon, au notaire Dubois surtout ? Elle ne paraît pas avoir d'autre but que d'introduire la copie du traité passé en décembre avec les libraires. Pour un peu Diderot enverrait même l'original (83). Si l'on comprend bien un certain passage de la lettre, le notaire Dubois avait fait pour Diderot un modèle de contrat. Diderot l'a présenté aux libraires à son retour de Langres. Les libraires ont opposé leur propre projet à

---

(78) Voir la lettre du père DIDEROT, du 3 septembre 1749 (CORR, t. I, p. 93).
(79) L. MARCEL, *La sœur de Diderot*, p. 30.
(80) CORR, t. I, p. 171.
(81) *Ibid.*, t. II, p. 199.
(82) Voir la lettre du 2 janvier 1755 de ROUSSEAU au pasteur VERNES : « (DIDEROT) a essuyé de la part de ses libraires des tracasseries qui l'ont mis à la veille d'abandonner l'*Encyclopédie* » (*Ibid.*, t. I, p. 172).
(83) *Ibid.*, p. 179. Cf. p. 187.

celui de Dubois. Finalement on s'est accordé sur un compromis (84), et c'est ce compromis que Diderot soumet à ses amis en leur demandant timidement ce qu'ils en pensent :

« Voilà mon traité, tel exactement que nous l'avons signé. J'ai consulté s'il fallait le faire passer par-devant notaire ou non. On m'a conseillé de le laisser sous seing privé, parce qu'il en devient moins contestable, toute la prévention restant en faveur de l'homme de lettres contre des commerçants. On ne supposera jamais que les uns aient été trompés par l'autre, et cela n'est pas réciproque. Au reste j'attendrai et suivrai là-dessus vos avis et ceux de M. Dubois » (85).

Nous ignorons ce que M. Dubois répondit, mais nous savons par les registres des libraires que le traité fut appliqué à compter du 1er janvier 1755. Ce traité contient trois articles intéressants dont deux sont absolument nouveaux. L' « honoraire », ou plutôt le salaire, n'est plus qu'une partie de la rémunération promise à Diderot. Ce salaire est du reste sensiblement augmenté puisqu'à partir du cinquième volume, à paraître en 1755, Diderot touchera 2 500 livres par volume, payables en deux fractions, l'une « en fournissant la copie première du volume », l'autre en fournissant la dernière (86). Comme le rythme de publication est depuis le début d'un volume par an, c'est donc un salaire de 2 500 francs par an qui est ainsi garanti à Diderot jusqu'à la fin de l'entreprise. Par ailleurs tous les livres fournis à Diderot depuis le début et dont les libraires tenaient jusqu'ici un compte suivi lui sont laissés en toute propriété. Cette donation équivaut en fait à la constitution d'un véritable « fonds », étant donné le nombre et la valeur des livres acquis par Diderot. Pour la seule année 1752 par exemple et en admettant que les registres des libraires aient été bien tenus, nous comptons pour 537 francs, 10 sous de livres divers. Enfin et surtout les libraires s'engagent solidairement à remettre à Diderot « ou à ses ayants cause une somme de vingt mille livres qu'ils lui devront du jour qu'il aura fourni la fin du dernier volume de discours et qu'ils lui remettront en un seul paiement trois mois après la publication dudit dernier volume » (87). Ce qui équivaut à l'assurance formelle désormais donnée à Diderot que son salaire, au terme de l'entreprise, sera relayé par une rente de mille livres, en calculant au denier vingt selon l'usage.

Remarquons bien la clause, « ou à ses ayants cause ». Elle signifie que la rente est réversible et qu'Angélique aura, quoi qu'il advienne, ces vingt mille livres ou la rente correspondante. Ce contrat est donc en toutes ses parties un contrat de père de famille. D'ailleurs on peut imagi-

---

(84) Voir *ibid.*, pp. 178-179. Au projet Dubois, contesté par eux dans tous ses articles, les libraires ont opposé un projet David. Chacun restant sur ses positions, un « ami commun » a rédigé un projet de compromis, accepté par Diderot d'abord, mais refusé par les libraires. Un deuxième compromis, imaginé par d'Alembert et l'abbé Sallier, a finalement été accepté par les deux parties malgré les réticences des associés.
(85) *Ibid.*, pp. 186-187.
(86) *Ibid.*, p. 186.
(87) *Ibid.*.

ner que les deux articles les plus importants sont ceux que les amis de Langres ont soufflés à Diderot, ceux aussi que les libraires ont dû le plus contester.

La sollicitude qu'a Diderot pour l'avenir de cette enfant de seize mois a quelquefois des aspects plaisants. Au cours de ce voyage à Langres, qui à certains égards semble avoir eu plus de conséquences importantes dans la vie du Philosophe que son voyage de 1759, les Caroillon lui ont appris, ou rappelé, qu'une tante de Mme Caroillon, une certaine Mme Buignet, veuve, et sans enfants, vivait à Paris. Les Caroillon ont naturellement chargé Diderot de les rappeler au bon souvenir de la vieille dame, de l'entretenir de leurs charmants enfants, de la sonder aussi sur l'état de sa fortune, tout en s'informant de sa santé. La lettre à Caroillon dans laquelle Diderot raconte sa première visite à Mme Buignet est une excellente scène de comédie bourgeoise (88). Les deux interlocuteurs s'y montrent aussi finauds l'un que l'autre, mais tout compte fait s'entendent assez bien. L'étonnant dans cette affaire, c'est de voir Diderot venu chez la tante en représentant de la famille Caroillon, se prendre à son propre jeu et se mettre à caresser des projets personnels, auxquels il associe déjà la petite Angélique et l'aîné des enfants Caroillon. Il écrit en effet à son ami :

> « J'ai une petite fille à qui je veux laisser le plus d'éducation et de bien que je pourrai, afin qu'elle soit digne de son petit prétendu. Je ne suis pas scrupuleux en fait de successions. Qui sait ce qui peut arriver, et si je ne réussirai pas à lui donner un peu de volonté pour cette petite fille qui la caressera, et que je sifflerai comme un perroquet. Nous endormirons la bonne tante; et puis quand nous serons nantis, il faudra bien que vous nous donniez l'époux que vous nous aviez promis » (89).

Nous ne savons pas ce qu'il advint de Mme Buignet, ni surtout de sa succession (90). Mais nous savons que dès sa première visite Diderot réussit à lui soutirer deux cents livres (91). On n'ose croire que ce fut à son profit.

L'anecdote en elle-même est mince et ne mériterait pas d'être rapportée dans cette étude si elle ne révélait à quel point dès 1754 Diderot a été repris par le milieu langrois et surtout par l'esprit de calcul qui le caractérise. Il faut tenir compte de ce nouvel état d'esprit pour comprendre le développement ultérieur de ses rapports avec les libraires. Il faut en tenir compte aussi, sans aucun doute, pour comprendre certains aspects nouveaux du personnage et même de sa pensée. Le « bonhomme tout rond » qui allait chez Mme Buignet présenter ses vœux de nouvel an, l'homme d'affaires qui discutait pied à pied les articles de son contrat avec les libraires n'était plus, ne pouvait plus être

---

(88) Lettre de janvier 1755 (*Ibid.*, pp. 188-191).
(89) *Ibid.*, p. 190.
(90) Voir *ibid.*, p. 103. Mme Buignet mourut sans doute à la fin de 1758 et sa succession semble avoir été très convoitée.
(91) *Ibid.*, p. 190.

tout à fait le Philosophe illuminé que Rousseau allait voir quelques années plus tôt au château de Vincennes. Socrate s'est embourgeoisé.

L'importance même des revenus ne fait rien à l'affaire. Leur nature, leur stabilité surtout suffisent à caractériser le petit-bourgeois, comme aussi une certaine manière de vivre qui en est la conséquence. C'est après le contrat de 1754 que Diderot s'installe dans l'appartement de la rue Taranne, dans le quartier de l'Université (92). Les Diderot, désormais, ont une domestique. Comme il sied, c'est une fille des environs de Langres, et comme il sied aussi, — même à un Philosophe, — Diderot s'est renseigné sur elle et sur sa famille auprès du curé de son village (93). Enfin comme le père Diderot a des terres, il arrive encore assez souvent que des voituriers viennent décharger rue Taranne quelques tonneaux de bon vin ou des caisses de produits fermiers. Diderot est fort attentif au contenu des tonneaux, car il se méfie des voituriers, et il n'aime guère qu'on lui fasse payer des droits d'octroi quand on pourrait les éviter (94). Ce n'est pas la richesse ni même l'aisance, et l'on veut bien croire que Diderot ne pouvait pas se permettre d'aller à l'Ermitage autrement qu'à pied (95). Du moins sa subsistance et celle de sa famille étaient-elles honnêtement assurées. On s'en aperçoit de reste au ton des sermons qu'il administre au pauvre Rousseau ou au pauvre Landois.

Le traité de 1754 fut scrupuleusement appliqué jusqu'à la fin de 1757. En trois ans Diderot toucha donc, pour les volumes cinq, six, sept et huit, — bien que ce huitième volume n'ait pu paraître en temps utile, — un total de dix mille livres, soit avec sa rente de Langres, si du moins notre hypothèse est fondée, un revenu annuel de plus de 3 500 livres (96). Nous sommes loin encore des 6 000 livres que Turgot considère comme un revenu « convenable ».

LE TOURNANT DE 1759

La crise de 1758, la retraite de d'Alembert, allaient de manière inattendue arranger les affaires de Diderot. En décidant de rester à son poste malgré toutes les sollicitations, Diderot entendait bien faire payer aux libraires son courage et sa fidélité. Il faut le croire lorsqu'il affirme à Voltaire qu'il est sincèrement désolé de la retraite de son collègue, et

---

(92) A. M. Wilson, *Diderot*, p. 220.

(93) Lettre aux parents et amis de Langres, du 6 janvier 1755 : « Vous vous souviendrez bien, Sœurette, que je laissai à M. le Doyen de Dommarien une petite note sur ma domestique et sur ses deux sœurs. Il s'agit d'avoir leurs extraits baptistaires, et de s'instruire de l'état de leurs petites affaires. Je n'ai entendu parler de rien. Je vous prie de me rappeler à la mémoire de M. le Doyen » (CORR, t. I, p. 184).

(94) *Ibid.*, pp. 182-183.

(95) Lettre à Rousseau du 14 mars 1757, *ibid.*, pp. 234-235.

(96) Pourtant dans sa lettre à Landois de 1756 Diderot n'avoue que 2 500 livres de rentes (CORR, t. I, p. 216).

lorsqu'il écrit : « Un autre se réjouirait en secret de sa désertion : il y verrait de l'honneur, de l'argent, et du repos à gagner » (97). Mais il faut le croire aussi lorsqu'il insinue à son correspondant qu'il saura bien tirer parti des événements : « Les libraires sentent aussi bien que moi que d'Alembert n'est pas un homme facile à remplacer; mais ils ont trop d'intérêt au succès de leur ouvrage pour se refuser aux dépenses » (98). Cela s'entend à demi-mot.

Nous ne savons pas quelles furent exactement les dispositions de l'arrangement fait par Diderot et les libraires associés au début de juin 1758. Diderot en parle à Voltaire, le 14 juin, comme d'un traité de dupe, mais au fond de lui-même il n'en est pas si fâché (99). Les registres retrouvés par M. May permettent de deviner à peu près ce qui fut alors décidé. Diderot a touché en 1758, en deux semestres, une rente de 500 francs, correspondant à un capital de 10 000 livres. Il faut donc supposer que la publication étant arrêtée, et Diderot ne pouvant plus percevoir aucun salaire, les libraires lui ont versé immédiatement la rente de la moitié du capital qui en 1754 lui avait été garanti à terme. C'est ce que confirme le traité signé au mois d'avril de l'année suivante et reproduit dans une lettre à Grimm du début de mai 1759. Ce traité n'annule pas celui de 1754, mais il le corrige et le complète dans un sens apparemment favorable à Diderot.

Diderot n'a d'ailleurs pas obtenu ce contrat sans peine. Il fallait d'abord savoir si d'Alembert maintenait fermement sa décision de ne plus collaborer à l'*Encyclopédie*. D'Alembert ayant accepté de collaborer strictement pour sa partie, et ayant renoncé à ses fonctions de codirecteur, il s'agissait de savoir comment Diderot allait être rémunéré pour une entreprise qui ne devait plus être rythmée par la publication régulière de volumes imprimés. Le contrat de 1759 assure toujours à Diderot un « honoraire » de 2 500 livres par volume, soit 15 000 livres pour sept volumes à paraître, compte tenu du fait que le tome VIII a déjà été payé. Ces 15 000 livres seront payées en seize tranches correspondant aux lettres de l'alphabet, à partir de H. Il n'y a donc pas là d'innovation, mais simplement une adaptation du traité de 1754 aux conditions nouvelles de l'édition clandestine. La nouveauté concerne le capital garanti. Il est entendu en effet que les 20 000 francs ne seront pas versés à Diderot au terme de l'entreprise, mais permettront de constituer une rente qu'il touchera tout de suite. Un système de calcul assez compliqué lui permettra de percevoir, comme en 1758, la rente de la moitié de ces 20 000 livres, puis successivement des sept parties du capital restant (100).

---

(97) *Ibid.*, t. II, p. 39.

(98) *Ibid.*.

(99) « Les feuilles sont pour moi; le grain est pour eux. Mais au moins ces feuilles me sont assurées » (*Ibid.*, p. 61).

(100) *Ibid.*, p. 121 : « Nous arrêtâmes (...) que, quant aux dix mille francs, reste de vingt mille, dont la moitié m'était assurée par le traité précédent, on les diviserait en sept parties et qu'on me ferait un contrat de la première de ces sept parties en livrant les lettres H. I. K.; de la seconde, en livrant les lettres L. M.; de la troisième en livrant les lettres N. O.; et ainsi de suite jusqu'à X. Y. Z. ».

On voit bien ce qui, dans ce traité, pouvait réjouir Diderot. Il trouve « très honnête » que les libraires veuillent bien lui faire « pour de la copie manuscrite » les conditions qu'ils faisaient jusqu'alors pour des livres imprimés. Et surtout il touchera tout de suite une rente. La tête lui en tourne, et le voilà comme Perrette, supputant sa future fortune (101).

Il faut pourtant y regarder de près, et Voltaire n'avait pas tort d'écrire à d'Alembert, quelques mois plus tard :

> « Est-il vrai que de cet ouvrage immense et de douze ans de travaux, il reviendra vingt-cinq mille francs à Diderot, tandis que ceux qui fournissent du pain à nos armées gagnent vingt mille francs par jour ? » (102).

Si l'on y songe, en effet, le contrat de 1759 n'est pas si avantageux qu'il le paraît. La part de salaire qui doit être versée à Diderot n'a pas augmenté d'une livre depuis 1754, alors que le nombre et le prix des souscriptions n'ont pas cessé de s'accroître. Quant au capital garanti, tout se passe comme si les libraires empruntaient d'une main ce qu'ils donnent de l'autre. A partir de 1758 Diderot est en somme propriétaire d'actions dans la société des libraires, pour dix mille livres d'abord, puis pour 11 428 livres, 11 sous, 5 deniers, puis pour 12 857 livres, 1 sol, 10 deniers et ainsi de suite. Du point de vue de Diderot, qui pense en termes de rente viagère, la rente au denier vingt qu'on lui sert pour son capital est honnête. Mais que penser de ces libraires qui « empruntent » à 5 % à l'un de leurs employés un capital dont le rapport, au taux normal du commerce, est évalué au denier dix par Diderot lui-même ? (103). En fait nous savons que les libraires ont tiré de l'*Encyclopédie* beaucoup plus de 10 % de bénéfice net. Les chiffres donnés par Diderot à Catherine II permettent d'évaluer ce bénéfice à 166 % au minimum (104) ! Il perd donc sur la quantité beaucoup plus qu'il ne gagne par ailleurs en sécurité pour lui et ses ayants cause. D'une certaine manière il sacrifie son bien-être présent à son avenir, et surtout à celui de sa postérité.

Si Diderot n'est pas devenu totalement et définitivement l'esclave des libraires, il le doit à l'héritage de son père, qui à partir de 1759 lui a assuré une assez large marge de sécurité, et par conséquent de liberté. Il est vrai que d'un autre côté cet héritage n'a pu que renforcer chez Diderot cette tendance à l'embourgeoisement de la vie et de la pensée, dont nous avons vu les premières manifestations en 1754.

---

(101) *Ibid.*.

(102) *Ibid.*, n. 11.

(103) *Lettre sur le commerce de la librairie*, AT, t. XVIII, p. 35. Dans une note autographe de MALESHERBES, qui, en 1759, examina les comptes des libraires pour déterminer le montant du remboursement des souscriptions, on lit aussi que le taux normal du commerce est de 10 %, déduction faite des pertes (MS : BN, n.a.fr. 3 345, f° 186 v°). Il s'agit donc de 10 % de bénéfice net. A titre de comparaison, rappelons que les libraires avaient emprunté à court terme, en 1746, au taux de 23 %. Le taux de l'emprunt forcé fait à DIDEROT est autrement avantageux.

(104) Voir notre chapitre précédent.

Le père Diderot avait à sa mort environ six mille livres de rentes. Comme Diderot l'écrivait à Grimm, c'était « beaucoup pour un homme de province qui avait commencé avec rien » (105). Dans la hiérarchie des fortunes établie par Turgot, six mille livres sont à Paris un revenu convenable, donc l'aisance en province. Hubert Gautier, auteur d'un précieux opuscule sur *Le père de Diderot,* ne trouve pas invraisemblable l'estimation que Diderot fait de la fortune de son père, en l'évaluant à 200 000 livres (106). Des trois lots constitués lors du partage, Denis, par droit d'aînesse, a eu le meilleur, et s'en est assez bien accommodé. « Je ne suis pas intéressé, écrivait-il à Sophie; mais j'aime les procédés honnêtes, et je ne saurais vous dire combièn le leur m'a touché » (107). Ce lot comprenait des terres à Avrecourt et à Marcilly-en-Bassigny (108), rapportant bon an mal an au propriétaire 29 émines et 4 bichets de grain, moitié froment moitié avoine, soit 4 248 litres de froment et 7 198 litres d'avoine (109). Diderot avait en outre quinze « contrats » pour un montant de 9 350 livres placées selon l'usage au denier vingt. Sa part dans la maison de famille qu'il laissait à son frère et à sa sœur, se montait à 1 700 livres et il fut entendu que Denise et l'abbé en verseraient l'intérêt, au denier vingt, jusqu'au remboursement du capital, qui devait se faire dans les trois ans. La partie de l'héritage non comprise dans les trois lots restait indivise. Elle comprenait des meubles, un contrat de six cents livres, une maison et des vignes à Chassigny, une maison, des vignes et deux chènevières à Cohons, deux paniers d'abeilles dans le jardin d'un chanoine (110). Diderot ne voulut pas entendre parler des meubles et du linge, et il abandonna sa part à sa sœur (111). Il ne la perdit pourtant pas. Il écrivait à Grimm, le 12 août : « Je n'ai point voulu entendre parler du mobilier, et ils ont de leur côté pris des précautions pour m'en dédommager » (112). En effet Diderot eut en compensation le contrat de 600 livres qui n'avait pas été compris dans le partage (113). La maison de Chassigny fut vendue avec sa vigne et son prix fut partagé également entre les trois héritiers (114). Le fonds de

(105) CORR, t. II, p. 198.
(106) H. GAUTIER, *Le père de Diderot,* p. 29.
(107) CORR, t. II, p. 205.
(108) Respectivement à cinq et à quatre lieues au nord-est de Langres, en allant vers Bourbonne. Ce lot était plus avantageux que les autres parce que les terres se trouvaient bien groupées, donc plus faciles à administrer de loin. Le troisième lot par exemple était réparti entre cinq paroisses, dont l'une à cinq lieues au sud de Langres, une autre à une lieue à l'est, une autre à une lieue à l'ouest, etc. (H. GAUTIER, *Le père de Diderot,* p. 25 et *passim*).
(109) L'émine de blé, à Langres, faisait 288 litres; l'émine d'avoine en faisait 488, et il y avait 8 bichets dans une émine (A. GARNIER, *Histoire de la maréchaussée de Langres,* p. 59).
(110) H. GAUTIER, *ouvrage cité,* p. 26.
(111) CORR, t. II, p. 199.
(112) *Ibid.,* p. 209; cf. p. 206.
(113) H. GAUTIER, *ouvrage cité,* p. 27.
(114) *Ibid.* : cf. CORR, t. II, p. 205 : « Des trois maisons que nous avions, nous sommes convenus d'en vendre une ». L'hypothèse de M. ROTH (*Ibid.,* n. 4) selon laquelle cette maison aurait été située à Peigney est démentie par tous les textes que nous connaissons et en particulier par la lettre du 29 juillet 1759, où DIDEROT énumère les trois maisons, de Langres, Chassigny, Cohons (*Ibid.,* p. 186).

coutellerie fut aussi vendu, et le produit de la vente partagé en trois (115). Enfin de toutes les rentrées d'argent attendues après la mort du vieux coutelier, fut constituée une bourse commune, à partager également en trois parts (116). L'indivision devait donc porter uniquement sur les revenus de la maison, des vignes et des chènevières de Cohons, et sur ceux des vignes de Chassigny qui ne dépendaient pas de la maison vendue (117).

Diderot a-t-il tiré de la succession de son père des avantages particuliers au détriment de son frère et de sa sœur ? Aucun, à l'en croire. Dans ses lettres à Sophie et à Grimm il insiste au contraire avec une émotion communicative sur la bonne foi totale qui a présidé à ce partage, sur le désintéressement des trois héritiers, sur leur délicatesse (118). Pourtant l'abbé Diderot, trois ans après la mort de son père, avait encore sur le cœur quelques petites malversations. Le testament du père Diderot demandait à Denis et à son frère de ne pas oublier au moment du partage qu'ils avaient reçu l'un dix mille livres et l'autre trois mille pendant leurs études, alors que leur sœur n'avait rien eu. Le père suggérait donc que Denise eût, en plus de son lot, un « terrage » supplémentaire à Brennes (119). Cette clause du testament fut en effet respectée (120). Mais l'abbé, à la réflexion, trouva que cette réparation coûtait beaucoup moins à son frère qu'à lui-même puisque Denis avait touché trois fois plus d'argent autrefois. L'abbé se considérait d'ailleurs comme dégagé de toute obligation, pour avoir apporté à la communauté, au moment du partage, un terrage dont son père lui avait précédemment donné l'usufruit (121). Enfin il prétendait que son frère et sa sœur avaient obtenu de l'argent de son père, par des voies détournées, avant tout partage. Il accusait en particulier les Caroillon d'avoir eu en dépôt de l'argent pour Denise (122). Nous ne savons pas si cette dernière accusation est fondée (123), mais il est sûr que le Philosophe n'est pas intervenu au moment du partage pour qu'il fût tenu compte, expressément, des dix mille livres qu'il avait reçues autrefois. Le premier mouvement de Diderot,

---

(115) Voir CORR, t. II, p. 209; cf. *ibid.*, p. 187 (de DIDEROT à sa femme).
(116) *Ibid.*, p. 206.
(117) Voir la lettre à Sophie du 11 août : « (La maison) de la campagne sera commune aux trois enfants. C'est le cellier de nos vendanges et le grenier de nos moissons »; cf. *ibid.*, p. 209 : « Nous avons gardé en commun l'autre chaumière (Cohons) avec toutes les vignes. Celle-ci sera la grange de nos moissons et la cave de nos vendanges, et le commencement un jour de nos étables ».
(118) CORR, t. II, p. 204 : « Nous venons de faire un arrangement de cent mille francs ou à peu près comme on fait celui de cent liards. Cela n'a pas duré un demi-quart d'heure ». Cf. *ibid.*, p. 206 : « Au reste, ces partages, moins réels que simulés, ne sont que des précautions raisonnables contre les inconvénients à venir (...). Tout cela s'est fait en un quart d'heure, et d'une manière si douce, si tranquille, si honnête, que vous en auriez pleuré de joie ».
(119) Testament de Didier DIDEROT, cité dans CORR, t. IV, p. 242, n. 2.
(120) H. GAUTIER, *Le père de Diderot*, p. 24; cf. CORR, t. IV, p. 242.
(121) CORR, t. IV, pp. 242-243.
(122) *Ibid.*, p. 245.
(123) DIDEROT la contesta vigoureusement, bien entendu; voir *ibid.*, p. 240.

en prenant connaissance du testament de son père, avait pourtant été de faire quelque chose pour sa sœur. Il écrivait le 25 juin à Sophie :

« (Mon père) s'est ressouvenu des soins que Seurette a pris de lui pendant le cours de sa maladie, et il l'a avantagée de quelque chose. Il nous a apparemment laissé celui d'achever sa reconnaissance et je n'y manquerai pas » (124).

Mais « apparemment » Diderot, arrivé à Langres, oublia ces bonnes dispositions. Bien qu'il parle en termes très nobles de son désintéressement, cette petite omission n'est pas pour nous étonner outre mesure, de la part de l'homme qui écrivait en d'autres temps : « Je ne suis pas trop scrupuleux en fait de successions » (125).

Quel est donc l'état des affaires de Diderot, à la fin de 1759 ? Il a lui-même plusieurs fois supputé, dès la mort de son père, les revenus qui lui étaient désormais assurés, compte tenu du projet de vendre sa bibliothèque, qui déjà lui trottait par la tête.

« Ainsi, mon ami, écrivait-il à Grimm au début d'août 1759, quinze cents livres de mon père, mille des libraires dont cinq cents me sont assurées, deux cents que j'ai d'un autre côté, huit ou neuf mille francs qui me resteront à placer quand la grande besogne sera finie, et qui donneront encore quatre à cinq cents livres; Aristote, Platon, Bacon, Homère et les autres qui déguerpiront tous dans deux ans et qui me laisseront autres cinq cents livres; calculez, et vous trouverez trois à quatre mille livres de rentes avec lesquelles on est bien, si l'on n'est pas fou » (126).

Calculons donc, à notre tour. Pour l'année 1760, par exemple, les revenus de Diderot se répartissent à peu près de la manière suivante. Des libraires, il touche cette année-là 5 288 livres d' « honoraire » pour les lettres LMNOPQ, et pour la fin de l'*Histoire naturelle* (127). Il touche en outre cinq cents livres de rente, pour la première moitié de son capital garanti, plus 71 livres, 8 sous, 6 deniers représentant les intérêts d'une première tranche de capital, — soit 1 428 livres, 11 sous, 5 deniers, — qui s'y ajoute cette année-là (128). Les revenus personnels de Diderot se répartissent d'autre part comme suit : 200 livres de rente, payées sans doute par le Sieur Hutinet, de Dampierre; 29 émines et 4 bichets de grain, de ses fermes de Marcilly et d'Avrecourt, représentant à peu près, avec sa part du produit des terrages indivis, une somme de 660

(124) *Ibid.*, t. II, pp. 163-164.
(125) *Ibid.*, t. I, p. 190.
(126) *Ibid.*, t. II, p. 199.
(127) Nous additionnons les sommes indiquées dans les registres des libraires. Leur répartition ne coïncide pas du tout avec ce qui était stipulé au contrat. Nous verrons plus bas pourquoi.
(128) Si Diderot a bien livré en 1760 les lettres L.M.N.O.P.Q., il aurait dû toucher la rente des trois septièmes de dix mille francs, conformément au traité. Mais dès 1759 il avait livré I et K sans que son capital garanti fût augmenté d'une tranche. Les libraires se sont donc acquittés de leurs obligations avec beaucoup de fantaisie.

livres (129); 467 livres, 10 sous de ses contrats en argent; 30 livres du contrat supplémentaire qu'il avait obtenu pour compenser sa part de mobilier; et enfin 35 livres, 15 sous, 9 deniers, de l'abbé Diderot, et autant de sa sœur, pour la rente du capital que représentait la part de Diderot dans la maison familiale de Langres (130). Nous ne comptons pas naturellement les avantages en nature, tels que miel, vin, et produits de la ferme de Cohons dont Denise devait assurer l'expédition sur Paris (131). Cela fait donc au total 5 288 livres de salaire, 571 livres pour la rente du capital garanti par le syndicat des libraires, et environ 1 430 livres de rente foncière.

La part de la rente foncière ressort d'une façon beaucoup plus remarquable dans le compte des revenus de 1761, puisque cette année-là Diderot n'a touché que 1037 livres d'honoraires. La rente de son capital garanti par les libraires est passée de 571 livres à 958. De son côté sa rente foncière n'a pas dû varier beaucoup, bien que le blé ait diminué de 5 livres l'émine (132). Elle ne représente donc pas loin de la moitié des ressources totales de Diderot pour l'année.

La conséquence de cet état de fait est double. Assuré désormais de revenus fonciers qui d'une manière générale ne peuvent que s'accroître (133), Diderot n'est plus cet « esclave » des libraires dont Voltaire déplorait jusqu'ici le sort. Mais d'autre part les libraires, voyant que Diderot n'attendait plus d'eux sa subsistance, ne se sont pas gênés pour prendre, à leur profit, des libertés avec le contrat de 1759. L'examen attentif des registres publiés par M. May fait apparaître qu'à partir de la lettre P, notamment, le versement d'un seizième de 15 000 francs par lettre de l'alphabet n'a pas été fait. On constate aussi que les sept tranches de la seconde moitié du capital garanti n'ont pas été dégagées au rythme initialement prévu. Si bien que d'une manière détournée les libraires ont grosso modo retenu en deux ans dix mille livres du salaire de Dide-

---

(129) En 1759 Diderot estimait à cent émines le produit des terrages de son père et à 40 000 livres leur valeur en capital. Ce chiffre a sans doute été obtenu à partir de l'équivalent en espèces de cent émines de grain, soit 2 000 livres, qui sont le revenu de 40 000 livres, au denier vingt. En 1760 le blé s'est vendu à Langres 25 livres l'émine (A. Garnier, *Histoire de la maréchaussée de Langres*, p. 59). Comme la moitié de la récolte de Diderot était en blé, cela fait donc, en blé seulement, un revenu de 368 livres. Le total de 660 est donc doublement vraisemblable.

(130) Le reçu de Diderot à son frère est daté du 28 septembre 1760 (CORR, t. III, pp. 96-97).

(131) Voir la lettre écrite par Mme Caroillon à Mme Diderot, le 11 décembre 1760 : « Mademoiselle Diderot n'a pas encore pu trouver à vous faire passer les provisions qui vous sont annoncées, par le défaut de voiturier qui aille directement à Paris, ne voulant pas les remettre à ceux qui déchargent leur voiture à Troyes » (CORR, t. III, p. 282).

(132) A. Garnier, *Histoire de la maréchaussée de Langres*, p. 59.

(133) *Ibid.*. L'émine de froment vaudra de nouveau 25 livres en 1765; elle en vaudra 35 en 1768 et même 50 en 1770.

(134) Le fait est confirmé par le factum publié en 1901 par Tourneux. Diderot y révèle que plusieurs années de suite les libraires n'ont pas satisfait à ses honoraires. Et il précise : « J'atteste leur avoir prêté jusqu'à 10 000 francs » (M. Tourneux, *Un factum inédit*, p. 374).

rot (134), faisant ainsi de gré ou de force passer le capital « investi » par lui dans leur entreprise, de 20 000 à 30 000 livres (135).

Aussi, à la fin de 1761, les rapports de Diderot avec les libraires vont se détériorer rapidement. Il traite les libraires de « corsaires » et il écrit à Sophie à la mi-septembre :

« Mes corsaires ont tous leur manuscrit sous les yeux. C'est une masse énorme qui les effraye. Ils surfont eux-mêmes mon travail, et moi je dis : « Donc, je n'en obtiendrai rien. » La conséquence est juste. S'ils avaient envie de le payer, ce travail, ils le déprimeraient » (136).

Une dizaine de jours plus tard Diderot écrit encore : « *Où j'étais ces jours derniers qu'il faisait si beau ?* — J'étais enfermé dans un appartement très obscur, à m'user les yeux à collectionner (sic) des planches avec leurs explications, à achever de m'abêtir pour des gens qui ne me donneront pas un verre d'eau lorsqu'ils n'auront plus besoin de moi, et qui ont dès à présent bien de la peine à garder avec moi la mesure » (137). Son amertume est d'autant plus grande que les libraires n'ont, semble-t-il, pas songé d'eux-mêmes à prévoir son « honoraire » pour les volumes de planches, dont le premier devait paraître au début de 1762. Diderot écrivait à ce sujet, en septembre 1761 :

« Je travaille toujours. Ce sont des figures que j'explique. Les libraires ont rougi de leur dureté. Je crois qu'ils m'accorderont pourtant par volume de planches le même honoraire mesquin qu'ils me font par volume de discours. Si je ne m'enrichis pas, au moins, je ne m'appauvris pas » (138).

Dès le dernier trimestre de 1761, les libraires décidèrent de payer à Diderot un quartier de la rente de ses 30 000 livres, et 350 livres pour le premier volume de planches. Ces dispositions ne faisaient qu'anticiper sur le nouveau contrat qu'ils lui proposèrent finalement, et qui fut signé, semble-t-il, à la fin de juillet 1762. Diderot n'obtint pourtant pas ce nouveau traité sans mal. La reconnaissance de dette du 8 août 1761, une autre reconnaissance, signée le 26 février 1762, n'annulaient pas le traité de 1759 et n'y étaient pas non plus conformes. Le papier du 26 février par exemple, était libellé en termes équivoques. On y lisait :

« (La compagnie) reconnaît les changements faits dans les différents traités renouvelés avec M. Diderot et l'emprunt de trente mille livres en un billet ou écrit des associés portant promesse de passer contrat de constitution, exempt de toute retenue » (139).

---

(135) Ils lui feront une reconnaissance de dette de trente mille livres le 8 août 1761.

(136) CORR, t. III, p. 300.

(137) *Ibid.*, p. 310.

(138) *Ibid.*, p. 321. Les rapports entre Diderot et les libraires étaient si tendus qu'un soir d'octobre une réflexion malencontreuse de Diderot sur le libraire Cramer, en présence de Le Breton, déclencha une querelle violente qui dura jusqu'à une heure avancée de la nuit (CORR, t. III, p. 343).

(139) L.-Ph. May, *Histoire et sources*, p. 29.

Diderot n'était pas trop content de ces dérobades. Dès octobre 1761, il faisait part de sa méfiance à Sophie :

« Non, chère amie, vous avez beau dire, je ne saurais me méfier de personne jusqu'à un certain point (...). Ils en usent bien avec moi. Cela me suffit. J'ai seulement l'attention de tourner mes quittances de manière qu'on n'en puisse abuser dans aucune circonstance » (140).

Mais en juillet 1762, il fallut parler net :

« J'ai représenté aux libraires, écrivait alors Diderot, que je portais seul un fardeau que je partageais auparavant avec un collègue; que ma sujétion s'était accrue, et qu'il ne fallait pas que mon sort empirât. Nous en sommes aux couteaux tirés; mais j'ai l'équité pour moi, et je me suis promis d'être ferme » (141).

Le contrat que les libraires consentirent alors à signer est de loin le plus favorable de tous ceux que Diderot a obtenus. Ce fut aussi le dernier, et jusqu'en 1772 il devait régler les rapports de Diderot et de ses employeurs. Les trente mille livres de capital retenues, — ou garanties, — par les libraires associés portaient intérêt à quinze cents livres par an. Chacun des neuf volumes de « discours » à imprimer, nonobstant les avances faites sur le manuscrit à l'achèvement de chaque lettre, devait être payé 850 livres, dont 500 d'indemnité pour le supplément de travail causé par la retraite de d'Alembert. Enfin Diderot devait recevoir 350 livres par volume de planches.

Les registres des libraires montrent que ce traité fut scrupuleusement respecté. Diderot toucha ainsi, en 1762, 850 livres d' « honoraire » pour le huitième volume de « discours » et 1 500 livres de rentes; en 1763, 3 180 livres d' « honoraire » pour trois volumes de « discours » et deux séries de planches en un volume, et ainsi de suite. En tenant compte de ce que Diderot percevait à Langres on peut dire qu'en moyenne, jusqu'en 1765 au moins, ses revenus annuels se sont établis autour de 4 500 livres, dont un tiers de salaire, un tiers de rente foncière proprement dite, et un tiers de rente garantie par la « manufacture encyclopédique ». Son sort était donc moins enviable que celui de son père, puisque le coutelier de Langres avait à sa mort 6 000 livres de revenus, dont 3 600 de rente foncière et 2 400 provenant de son travail et de son commerce.

Diderot savait du reste que ses revenus seraient considérablement réduits lorsqu'il aurait marié sa fille, et lorsque l'*Encyclopédie* serait achevée. Dès 1761 en effet il avait à peu près arrêté dans son esprit que le capital que lui garantissaient les libraires serait la dot d'Angélique, qui allait sur ses neuf ans. Il écrivait à Sophie, le 2 octobre 1761 :

« Il faut seulement jeter les yeux à quelque temps de soi; prévoir le moment où les yeux de ma petite fille s'ouvriront, où sa gorge s'arrondira (...). Ce sera alors aussi le temps (...) de partager ma petite fortune en deux. Il faudra donc que ce que je lui en céderai suffise à son aisance, et que ce qui m'en restera suffise à la mienne » (142).

---

(140) CORR, t. III, p. 337.
(141) *Ibid.*, t. IV, p. 75.
(142) *Ibid.*, t. III, p. 325.

Et en juillet 1762 il précisait : « Je me suis arrangé avec les libraires. Mon travail me déplaît moins depuis que je suis soutenu par l'espérance de préparer la dot de ma fille » (143).

Diderot, après quinze années d'un travail acharné et d'un dévouement sans bornes se voyait donc à quarante-neuf ans dans la situation suivante : il était assuré de donner à sa fille d'ici une dizaine d'années une dot raisonnable (144); pour lui-même et pour son ménage il pouvait encore compter sur quelques années de salaire (145) et, jusqu'au mariage de sa fille, sur une dizaine d'annuités de rente. Finalement le seul revenu stable qu'il pouvait espérer au-delà de la soixantaine était celui de ses fermes d'Avrecourt et de Marcilly, soit, répétons-le, « douze à quinze cents livres » de rente foncière, « la fortune de Saint-Albin » comme Diderot l'écrivait en plaisantant au mois d'août 1759 (146). Avec quinze cents francs de rente on pouvait vivre honnêtement à Langres, quand on était célibataire, comme Denise Diderot. A Paris c'était une misère, pour un homme marié, qui avait le goût du luxe et qui fréquentait des gens cossus.

Tout compte fait il semble bien que les jugements divers que Diderot a pu porter sur les libraires associés péchaient plus par optimisme que par pessimisme. Il a cru trouver dans la condition de ce que nous pourrions appeler « l'intellectuel salarié » les moyens de sa liberté et de sa subsistance. Effectivement les libraires ont assuré sa subsistance et celle de sa famille, mais ils ne sont pas allés au-delà. Quant à la liberté, après plus de dix années pendant lesquelles il n'aurait eu garde de rien publier qui pût nuire à la cause commune, Diderot put mesurer ce qui lui en restait, lorsqu'il découvrit en 1764 les traces de la censure de Le Breton.

RETOUR AU MECENAT

On conçoit que bon gré mal gré Diderot ait dû, dans ces années 1759-1765, réviser quelques-unes de ses conceptions anciennes, et chercher hors de l'entreprise encyclopédique les moyens d'assurer son avenir

(143) *Ibid.*, t. IV, p. 43.

(144) Le contrat de mariage d'Angélique sera signé le 8 septembre 1772. C'est donc à cette date que DIDEROT se dessaisira de sa rente au profit de sa fille. Voici d'ailleurs ce que stipule le contrat : « Pour se libérer de (la somme de 30 000 livres donnée en dot à la future épouse, ses parents) cèdent, délaissent et abandonnent, promettent solidairement de garantir auxdits sieur et dame futurs époux, ce acceptant du chef de ladite demoiselle, quinze cents livres de rente au principal au denier vingt de trente mille livres constituées au profit dudit sieur père de ladite future épouse par Michel Antoine DAVID, André François LE BRETON et Laurent DURAND, libraires à Paris, associés, copropriétaires de l'*Encyclopédie*, solidairement audit sieur DIDEROT, suivant l'acte fait double entre eux sous leurs seings privés, le huit août mil sept cent soixante et un » (Mme JURGENS, *Documents inédits*, p. 20).

(145) 3 180 livres en 1763, 3 400 livres en 1764, 3 548 livres en 1765. Mais dès 1766, après la publication des derniers volumes de « discours », le salaire de DIDEROT tombera à 700 livres. Il ne sera plus que de 350 livres en 1767.

(146) CORR, t. II, p. 198.

proche et lointain. Il était trop engagé dans l'entreprise pour dire publiquement qu'il avait été dupé, et cela explique aussi bien sa *Lettre sur le commerce de la librairie* que son attitude au moment de l'affaire Luneau. Cela explique même l'étonnante attitude qu'il adopta à l'égard de son collègue d'Alembert. Un entretien comme celui qui est rapporté dans la lettre à Sophie du 14 octobre 1759 ne se comprend que si l'on sait dans quelles contradictions inextricables se trouvait alors le directeur de la « manufacture encyclopédique ». Quand d'Alembert lui disait : « Je ne dois ni mon temps ni ma peine à personne, et je ne suis plus d'humeur à en faire présent à ces gens-là », Diderot, qui pensait à peu près de même, ne pouvait que répondre : « Je ne vous blâme pas. Il faut que chacun pense à soi » (147). Mais quand un peu plus tard Diderot se mettait à plaider la fidélité au contrat, les bons « procédés » des libraires à l'égard de d'Alembert, l'importance des capitaux risqués dans l'entreprise, l'obligation morale de ne pas publier à part les articles insérés dans le dictionnaire, d'Alembert pouvait légitimement s'exclamer : « *Quoi, Diderot, c'est vous qui prenez le parti des libraires ?* » (148) Diderot allait peut-être au-delà du vraisemblable en proposant à son collègue de lui donner de sa poche les trois mille livres que lui contestaient les libraires (149), mais il faut comprendre qu'à ce moment-là il avait accepté de sacrifier délibérément son intérêt personnel à l'intérêt général, même sachant que ce sacrifice ferait le profit de quelques particuliers.

Mais si, publiquement, Diderot ne pouvait agir et parler autrement qu'il n'a fait sans nuire à la cause encyclopédique, il devait pratiquement prendre des dispositions pour s'assurer des moyens de subsistance qui ne dépendissent point des libraires, et sauver ce qui pouvait l'être de son indépendance intellectuelle. C'est dans cette perspective seulement que l'on peut comprendre un certain nombre de démarches entreprises après 1759, et les changements intervenus à partir de ce moment-là dans le genre de vie du Philosophe.

Alors que Diderot avait toujours fui les mécènes, on le voit soudain, en 1762, songer à obtenir une pension comme tant d'autres (150). L'idée est venue, semble-t-il, à l'abbé Raynal. Il s'agissait d'une pension sur le *Mercure* de quinze cents livres par an, avec en contre-partie l'obligation de « fournir une feuille tous les mois » (151). Pour un homme qui avait la plume facile et qui avait déjà pris l'habitude de fournir gratuitement la « boutique » de la *Correspondance littéraire*, l'état de pensionnaire du *Mercure* était une sinécure. Mais cette sinécure ravalait son possesseur au rang des Piron et des Poinsinet, qui furent eux aussi pensionnaires du

---

(147) *Ibid.*, p. 273.
(148) *Ibid.*, p. 275.
(149) *Ibid.*.
(150) Déjà en 1758 VOLTAIRE suggérait à D'ARGENTAL que DIDEROT et ses amis fissent les démarches nécessaires pour obtenir la protection de Mme DE POMPADOUR. « Je suis persuadé, écrivait-il, (...) que Madame DE POMPADOUR obtiendrait une pension pour DIDEROT; elle y mettrait sa gloire, et j'ose croire que cela ne serait pas bien difficile. C'est à quoi il faudrait s'occuper pendant six mois » (cité dans CORR, t. II, p. 42).
(151) *Ibid.*, t. IV, p. 76.

Mercure. Malheureusement, — ou heureusement, — le projet échoua. Diderot écrivait à Sophie, le 12 août 1762 :

> « L'affaire de l'abbé Raynal est au diable. Ils se moquent de moi et ils me soutiennent que l'abbé Raynal ne m'a rien promis de cela. Je n'ai pas été trop attrapé, car je n'y comptais pas trop » (152).

Sans doute eût-il fallu s'agiter, intriguer, flatter, alors qu'apparemment Diderot se contenta d'attendre le succès des démarches de ses amis.

C'est aussi grâce à ses amis que Diderot put vendre sa bibliothèque dans les conditions où il la vendit. Le projet de constituer avec ses livres un fonds dont il pourrait tirer profit est venu à Diderot au cours de l'été 1759. Il en parle pour la première fois à Grimm au début d'août (153). Il estime alors son fonds à dix mille francs, et la vente pourrait lui assurer une rente de cinq cents francs. Mais il ne peut faire cette vente avant deux ans, puisque ses livres lui servent essentiellement pour l'*Encyclopédie* (154). Nous savons qu'à l'origine ces livres lui avaient été vendus par les libraires associés, et nous avons vu que le traité de 1754 lui en assurait gracieusement la pleine propriété. Les registres des libraires ne font pourtant pas état de dix mille francs de livres, il s'en faut de beaucoup. Nous devons donc supposer que Diderot avait acheté de ses propres deniers une assez grande quantité de volumes.

Nous avons fait ailleurs l'historique des démarches entreprises successivement par Diderot de 1760 à 1763 pour trouver acquéreur à sa bibliothèque (155). On remarque dans ces démarches qu'il n'est pas un vendeur fort habile. Il se fie volontiers à des intermédiaires comme le marquis de Ximénès, il ne sait pas marchander, il se lasse vite. D'autre part il apparaît que l'estimation que fit le libraire Pissot, en 1762, était excessive, à 13 185 livres. Les acquéreurs proposaient mille livres de moins, peut-être trois mille; Diderot lui-même n'allait qu'à dix mille livres en 1759. Finalement Grimm dut s'en mêler, et c'est grâce à lui que Catherine II acheta les livres du Philosophe en mars 1765. En les payant quinze mille francs elle faisait un véritable cadeau de trois à cinq mille francs à son protégé. En lui laissant l'usufruit de sa bibliothèque, elle lui assurait déjà en réalité, au denier vingt, une pension de 750 francs par an. Catherine mettait donc le comble à ses faveurs en ajoutant à ces 750 francs une pension effective de mille francs, avec comme seule contre-partie apparente la charge pour Diderot de conserver le fonds, et pour ses héritiers d'en assurer le transfert à Saint-Pétersbourg.

D'une façon détournée, et certainement sans qu'il s'en rendît compte d'abord, Diderot, en acceptant ce marché, s'engageait en fait jusqu'à la fin de ses jours à être le laudateur appointé de la Tsarine. Il retombait par là malgré qu'il en eût dans ce que la condition d'écrivain pouvait avoir

---

(152) *Ibid.*, p. 102.
(153) *Ibid.*, t. II, p. 199.
(154) *Ibid.*
(155) *La bibliothèque de Diderot*, pp. 265-266.

de plus humiliant, de plus asservissant, la domesticité des grands. Il le vit bien lorsqu'il se présenta, en juillet 1765, au bureau de Collin de Saint-Marc, à l'Hôtel des Fermes, pour toucher ses seize mille livres. Hors du théâtre de Molière il est peu de scènes plus âprement comiques que celle de ce philosophe célèbre dans l'Europe entière, académicien de Berlin, protégé de la Tsarine, qui, à cinquante-deux ans, doit littéralement courir après son argent, et supporter tous les affronts pour s'entendre dire à peu près qu'on le paiera quand on aura le temps. Pourtant au début de septembre Diderot put toucher son argent, « en quatre billets des Fermiers généraux » (156). Comme ils portaient la date du 1er août, c'étaient deux mois d'intérêts de perdus, plus de 130 francs. Une poussière pour Collin de Saint-Marc, qui en avait 300 000 par an. Pour Diderot c'était de quoi acheter soixante-dix livres de ce café dont il était si gourmand et qui malgré son prix modeste paraissait un luxe inouï du côté de la rue Taranne (157).

En 1766, nouvelle humiliation : la Tsarine oublie de verser la rente promise. Elle compensera cet oubli, et bien au-delà, en lui donnant d'un coup 50 000 francs, à valoir sur les cinquante années à venir (158).

Ce n'est pas ici le lieu de faire l'histoire des rapports entre Catherine II et Diderot. En dépit de certaines apparences cette histoire ressemble fort à celle de ses rapports avec les libraires associés. En 1765, Diderot n'a fait que changer de chaîne. Il le pressentait confusément, comme on le voit dans cette émouvante lettre du 8 septembre 1765 où, loin de se réjouir de son sort, le Philosophe écrivait à Sophie :

> « Sommes-nous faits pour attendre toujours le bonheur ? et le bonheur est-il fait pour ne venir jamais ? Encore deux ou trois mois de la vie que je mène, et je reste convaincu que les conditions de l'homme sont toutes également indifférentes, et je m'abandonne au torrent qui entraîne les choses, sans me soucier de la manière dont il disposera de moi. J'avais une fortune bornée; la nécessité de la partager au temps où une fille nubile me demanderait sa dot, et l'impossibilité de ce partage sans aller chercher l'aisance en province, ou sans ressentir la disette à Paris, m'inquiétaient et semblaient me condamner au travail jusqu'à l'âge des infirmités et du repos. Un événement inattendu m'enrichit et ne me laisse aucun souci sur l'avenir. En ai-je été plus heureux ? Aucunement. Une chaîne ininterrompue de petites peines m'a conduit jusqu'au moment présent. Si je faisais l'histoire de ces peines, je sais bien qu'on en rirait : c'est le parti que je prends moi-même quelquefois; mais qu'est-ce que cela fait ? Mes instants n'en ont pas été moins troublés, et je ne prévois pas que ceux qui suivront soient plus tranquilles » (159).

Deux ans plus tard, en septembre 1767, ce qui n'était d'abord que pressentiment deviendra certitude : Diderot s'est laissé prendre par les bienfaits de l'impératrice comme l'alouette au piège; il a gagné l'aisance et le repos, mais il a perdu de diverses manières ce qu'il gagnait ailleurs, et il se sent moralement obligé, à cinquante-quatre ans, de faire huit

---

(156) SV, t. II, pp. 47-49 et p. 70.
(157) Voir CORR, t. III, pp. 241-242. Le café à 37 sous la livre était du café à bon marché. DAMILAVILLE faisait venir le sien de Marseille, mais le « traître » avait des revenus supérieurs à ceux du Philosophe.
(158) AT, t. I, pp. LI-LII.
(159) SV, t. II, p. 67.

cents lieues de route au risque de s'y briser les os pour remercier sa bienfaitrice (160).

En même temps qu'il devait se résoudre, par étapes, à accepter comme bien d'autres la protection d'un mécène, Diderot, par lassitude de sa médiocrité, glissait doucement dans le semi-parasitisme distingué où tant d'hommes de lettres se complaisaient au milieu du XVIIIe siècle. On sent bien, à lire sa correspondance, à partir de 1759 à peu près, que Diderot a de plus en plus de peine à supporter la vie mesquine que lui imposent son travail et la modicité de ses ressources. La mésentente du ménage Diderot n'a pas seulement pour cause cette médiocrité, mais il apparaît que les questions d'argent l'ont considérablement aggravée. Le père Diderot, avec son robuste bon sens, l'avait pressenti tout de suite, et il n'avait pas absolument tort d'écrire à Mme Champion au sujet de sa fille :

« Que fera-t-elle d'un homme qui n'a point d'état et qui n'en aura peut-être jamais ? A-t-elle assez de bien pour les deux ? Si j'en crois (les) discours (de mon fils) la nature lui a été plus prodigue de ses faveurs que la fortune. Non, Madame, je ne souffrirai point qu'il fasse une malheureuse et qu'il se rende malheureux » (161).

Mme de Vandeul a évoqué avec beaucoup de tact ces premières années de vie commune, pendant lesquelles Mme Diderot soupait de pain sec pour permettre à son mari de manger quelquefois en ville avec ses amis, et d'aller tous les jours prendre pour six sous sa tasse de café à la Régence (162). Les lettres de la période 1759-1765 nous montrent pourtant que Diderot a fini par fuir sa femme et sa maison, tout en gardant les dehors d'une certaine respectabilité bourgeoise. Que trouvait-il rue Taranne, lorsqu'il lui arrivait d'y être ? Une femme souvent malade et grincheuse, une fille fragile, une servante dont Mme Diderot ne pouvait pas attendre grand-chose (163). Ce qui paraît avoir été le plus insupportable au Philosophe, c'est la médiocrité du milieu dans lequel se complaisait l'ancienne lingère, la vulgarité de ses relations. Diderot, il est vrai, n'a rien fait pour que sa femme fût plus brillante, moins terre-à-terre. Au moins a-t-il tenté quelquefois de se mettre à son niveau. Il parle quelquefois, plaisamment, — mais le dégoût n'est pas loin, — des petites parties organisées rue Taranne par Mme Diderot, et de la figure qu'il y fait bon gré mal gré. Il écrit par exemple, le 12 octobre 1761 : « Nous dînâmes hier en grande compagnie. Madame avait rassemblé toutes ses amies. Je fus très gai, je bus, je mangeai. Je fis à merveille les honneurs de ma table ». Et il ajoute pour Sophie : « Je fus charmant, et si vous saviez avec qui; quels discours; quelle joie ! On tremblait un peu sur la manière

(160) *Ibid.*, p. 153.
(161) CORR, t. I, p. 41.
(162) AT, t. I, p. XL.
(163) CORR, t. III, p. 218. Sur les maladies de Mme DIDEROT, voir *ibid.*, t. III, p. 124, et t. IV, p. 70, p. 145, p. 182, p. 288; sur celles d'Angélique, *ibid.*, t. III, p. 344.

dont j'en userais. On rendait plus de justice à mon goût qu'à mes égards et à ma complaisance » (164).

Certes il y avait loin, comme Diderot le dit ailleurs, du « commérage » auquel on se complaisait dans le milieu fréquenté par Mme Diderot, aux « idées » dont le Philosophe aimait s'entretenir avec les gens d'esprit et de culture qu'il recherchait naturellement (165). Aussi, le plus souvent, quand il était chez lui, le Philosophe s'enfermait dans son cabinet de travail et tâchait de ne pas penser au train que menait sa femme à l'étage au-dessous. Il tâchait aussi d'oublier l'éducation qu'Angélique recevait dans ce milieu-là. « Quelle femme on ferait de cette enfant, écrivait-il à Grimm, si la mère le permettait » (166). Il arrivait que mari et femme restassent de longs jours sans s'adresser la parole. En septembre 1761, Diderot écrivait à Sophie :

> « Depuis le dernier orage domestique, nous mangeons séparés. On me sert dans mon cabinet. Lorsque nous ne nous verrons plus qu'en passant, il faut espérer que nous n'aurons ni l'occasion ni le temps de quereller. O la cruelle vie ! (167) ».

A certains traits qui lui échappent on devine pourtant que Diderot, tout au fond de lui-même, était assez lucide pour déceler les vraies raisons de l'humeur de sa femme. Il sait bien que si la santé de Mme Diderot est mauvaise les privations qu'elle subit y sont pour quelque chose. « Quelle est la santé qui résisterait à la vie qu'elle mène ? écrivait-il en 1760. Point sortir, toujours travailler; vivre de rien; et crier depuis le matin jusqu'au soir. Le bronze n'y résisterait pas » (168). Diderot a vu sa femme, affaiblie par une longue et douloureuse maladie « pleurer comme un enfant » dans son lit, à la pensée du « surcroît de dépenses » occasionné par son état (169). Il n'était point de bronze, lui non plus, et non sans gaucherie il tâchait de temps à autre de racheter ses torts et de faire oublier à Nanette leur commune infortune. Ces jours-là il gardait la maison, s'occupait de l'enfant, soignait la mère, avant de se rendre comme un bon employé à la boutique de Le Breton (170). Le soir, il renvoyait la domestique; il entreprenait de tourner sur le feu, pendant des heures, le gruau de Mme Diderot; puis il couvrait la jatte pour qu'à son lever elle le trouvât chaud, « prêt et excellent », et s'en allait coucher, en songeant à sa maîtresse (171).

Que resterait-il de l'œuvre de Diderot, s'il avait dû vivre sans cesse dans ces conditions-là ? Le plus grave des dangers que l'*Encyclopédie* fit courir à Diderot n'est pas celui de la « castration » violente qu'il évoque dans sa lettre à Le Breton de 1764. C'était plutôt celui d'un avilissement

(164) *Ibid.*, p. 336.
(165) *Ibid.*, t. IV, p. 75.
(166) *Ibid.*, t. II, p. 129.
(167) *Ibid.*, t. III, p. 313.
(168) *Ibid.*, p. 124.
(169) *Ibid.*, t. IV, p. 200.
(170) *Ibid.*, p. 192.
(171) *Ibid.*, p. 202.

progressif. De cet avilissement spirituel et moral où l'homme le mieux doué finit par glisser lorsque la suite de ses journées est pleine de tâches médiocres, et qu'il n'est même plus soulevé par l'espoir d'échapper un jour à la médiocrité.

La chance de Diderot est d'avoir eu de vrais amis, et c'est sans doute pour cela qu'il a toujours placé la sociabilité au nombre des vertus cardinales. Toutes les fois qu'il l'a pu, il a fui la rue Taranne pour aller s'installer chez le baron d'Holbach ou chez Mme d'Epinay.

Il semble même que pendant quelques années Le Breton ait tenté de jouer à son égard le rôle d'un protecteur généreux et discret. Le Breton avait une maison et une ferme à Massy et Diderot y fit plusieurs séjours. Il y passa par exemple trois semaines à la fin d'août et au début de septembre 1756 (172). Une lettre du 2 octobre 1761 nous apprend que Diderot est encore allé chez Le Breton pour deux jours (173). Il lui arrivait aussi d'aller passer la soirée au domicile parisien du libraire (174). Mais il ne semble pas qu'il ait trouvé chez le libraire et chez sa femme, ni dans leur entourage, un milieu réceptif aux grandes idées. Mme Le Breton, à l'en croire, n'était qu'une vieille folle. Il fallait que sa folie fût grande pour que le Philosophe en fût incommodé. La conversation que reproduit la lettre du 2 octobre 1761 ne ressemble que de loin à celles du Grandval. Non que les propos rabelaisiens de Mme Le Breton sur la bonde d'un tonneau, ou les plaisanteries de Diderot sur Antoine le cochon eussent été déplacés dans l'entourage de Madame d'Aine. Certaines réflexions de l' « hôtesse de Massy » sur l'hypocrisie (175) sont même d'une « philosophie » assez profonde. Mais on ne sent pas dans la conversation qui nous est rapportée passer ce souffle de liberté et d'allégresse, cet air large, qui anime et transfigure le moindre entretien du Grandval. Et comment causer librement, quand Le Breton ramène tout à sa boutique ? Que Diderot moralise sur l'honnêteté des commerçants et voilà Le Breton en fureur, criant qu'on l'injurie (176).

Mais surtout Diderot n'a pas tardé à se rendre compte que Le Breton l'invitait par calcul, que les soirées de Massy, les dîners de Paris, étaient autant de moyens pour lui jeter de la poudre aux yeux, de bons prétextes pour le payer moins et acheter son silence. Vers la fin de 1762 il faut qu'il éclate, et il confie ses sentiments à Sophie :

> « A trois heures je suis chez Le Breton (...). Mon ouvrage fait ou non, je me hâte de déloger. Je ne veux pas que ces gens-là m'invitent à souper, parce que j'ai juré que je n'y mangerais plus, pour une raison que je vous dirai, mais qui ne vaut pas la peine d'être écrite. Elle revient à ce qu'ils sont avares, et qu'ils mettent trop d'importance à un méchant repas pour qu'on puisse l'accepter à ce prix » (177).

---

(172) *Ibid.*, t. I. p. 222.
(173) *Ibid.*, t. III, p. 322.
(174) *Ibid.*, p. 343.
(175) *Ibid.*, pp. 323-324.
(176) *Ibid.*, p. 343.
(177) *Ibid.*, pp. 192-193.

Diderot ne croyait pas si bien dire. Il arrive en effet qu'on trouve dans les registres de Le Breton et de ses associés, à côté des frais de fiacre, au titre des frais généraux, le prix d'un dîner offert au directeur de la « manufacture encyclopédique ».

Quoi qu'ait pu dire et écrire Jean-Jacques Rousseau, il ne semble pas que La Chevrette et le Grandval aient été de ces maisons, nombreuses au XVIIIe siècle, où l'on enchaînait les hommes d'esprit en les comblant de bienfaits. La lettre de Rousseau à Grimm du 19 octobre 1757 est un beau morceau d'éloquence, et elle nous apprend beaucoup sur la personnalité de son auteur, mais il serait tout à fait injuste de voir l'entourage de Mme d'Epinay à travers la description qu'il en donne. « Il faut être pauvre, écrit-il, sans valet, haïr la gêne, et avoir mon âme, pour savoir ce que c'est pour moi que de vivre dans la maison d'autrui ». Et il ajoute : « Cherchez combien d'argent vaut une heure de la vie et du temps d'un homme » (178). La plupart des lettres de Rousseau à Diderot, une bonne partie des *Confessions*, sont un parallèle implicite ou explicite entre le Citoyen, qui préfère rester gueux, mais ne rien devoir à personne, et le Philosophe qui aliène sa liberté, ses goûts, sa personnalité, pour conserver la faveur et la protection des riches.

Diderot n'avait pas l'épiderme moins sensible que Rousseau, et s'il avait sur lui la supériorité de savoir ruser, il était assez sincère avec Sophie pour lui dire du baron d'Holbach ou de Mme d'Epinay ce qu'il lui dit de Le Breton. Tout au contraire, ses lettres écrites du Grandval ou de La Chevrette donnent une impression qu'on a rarement à lire la correspondance de Diderot, celle que leur auteur est pour un temps libéré de tout souci matériel, libéré du travail fastidieux de la « manufacture encyclopédique », libéré de Le Breton, de ses collègues, des contrats mesquins, des incessants débats d'intérêt. Libéré aussi de la rue Taranne et d'une misère d'autant plus insupportable qu'elle n'est qu'une demi-misère, une misère qui se cache.

Les lettres du Grandval et de La Chevrette sont d'un homme enfin libre de penser, de créer. On n'a pas assez remarqué, semble-t-il, l'ingéniosité discrète avec laquelle les d'Holbach, et même Mme d'Epinay, ont su aménager le temps que leur hôte passait chez eux pour créer autour de lui les meilleures conditions d'un véritable travail créateur. Et la première condition est précisément cette liberté, dont le maladroit Rousseau ne savait pas jouir. Diderot écrit par exemple, au début d'octobre 1759, du Grandval :

« On m'a installé dans un petit appartement séparé, bien tranquille, bien gai et bien chaud. C'est là qu'entre Horace et Homère, et le portrait de mon amie, je passe des heures à lire, à méditer, à écrire et à soupirer. C'est mon occupation depuis six heures du matin jusqu'à une heure. A une heure et demie, je suis habillé et je descends dans le salon, où je trouve tout le monde rassemblé. J'ai quelquefois la visite du baron; il en use à merveille. S'il me voit occupé, il me salue de la main et s'en va. S'il me trouve désœuvré, il

(178) J.-J. Rousseau, *Correspondance*, t. II, p. 138.

s'assied et nous causons. La maîtresse de la maison ne rend point de devoirs et n'en exige aucun. On est chez soi, et non chez elle ».

Après sept heures d'un travail profitable, une partie de tric-trac, un bon dîner, la sieste ou un brin de causette, « entre trois et quatre » le Philosophe et le baron partent pour une longue promenade hygiénique à pied, en devisant d'histoire, de politique, de littérature ou de physique. On rentre à sept heures, on joue, on plaisante, on soupe. A onze heures et demie tout le monde dort, et le lendemain cette belle vie recommence (179). Le rythme des jours n'est pas bien différent à La Chevrette, et surtout la liberté de chacun y est aussi bien ménagée qu'au Grandval (180).

Ces semaines passées chaque année au Grandval ou à La Chevrette sont les seuls moments de grâce qu'ait connus Diderot jusqu'à la fin de l'entreprise encyclopédique, et c'est à ce titre qu'il convenait de les évoquer, si brièvement que ce fût. Mais le ton qui anime les lettres écrites chez d'Holbach ou chez Mme d'Epinay n'est pas le ton dominant, et ce serait donner du réel un reflet singulièrement déformé que de conclure cette histoire de la « fortune » de Diderot pendant les années les plus importantes de sa vie sur une note heureuse. Le ton dominant n'est pas celui du bonheur, mais celui du désenchantement. C'est celui que donne la lettre à Sophie du 25 juillet 1765 :

« Dans huit ou dix jours, je verrai donc la fin de cette entreprise qui m'occupe depuis vingt ans, qui n'a pas fait ma fortune, à beaucoup près, qui m'a exposé plusieurs fois à quitter ma patrie ou à perdre ma liberté, et qui m'a consumé une vie que j'aurais pu rendre plus utile et plus glorieuse. Le sacrifice des talents au besoin serait moins commun s'il n'était question que de soi; on se résoudrait plutôt à boire de l'eau, à manger des croûtes et à suivre son génie dans un grenier; mais pour une femme, pour des enfants, à quoi ne se résout-on pas ? Si j'avais à me faire valoir, je ne leur dirais pas : j'ai travaillé trente ans pour vous; mais je leur dirais : j'ai renoncé pour vous pendant trente ans à la vocation de nature, j'ai préféré de faire, contre mon goût, ce qui vous était utile à ce qui m'était agréable : voilà la véritable obligation que vous m'avez et à laquelle vous ne pensez pas » (181).

Faut-il rendre Le Breton et ses associés responsables de ce relatif échec ? Le bilan de l'entreprise encyclopédique est certes, tout compte fait, peu avantageux pour notre Philosophe, et cela apparaissait dès 1759. Si Diderot n'avait eu pour lui et pour les siens que le seul produit de son travail d'encyclopédiste, il aurait eu à peine de quoi subsister jusqu'à la fin de ses jours. L'*Avis aux gens de lettres*, publié par Fenouillot de Falbaire en 1770 est déclamatoire, il grossit peut-être l'injustice faite à Diderot par les libraires, mais Fenouillot a raison quant au fond. Diderot est le type même de l'écrivain écartelé entre sa fonction d'artiste et sa condition d'homme, entre les impératifs de sa pensée et de son art, et ceux d'une société où l'or est roi. Fenouillot, dans une image digne de l'auteur de *Germinal*, montre l'homme de lettres en proie aux sangsues

---

(179) CORR, t. II, pp. 264-265; cf. t. III, p. 206 (oct. 1760).
(180) *Ibid.*, t. III, pp. 61-62; cf. pp. 66-69.
(181) SV, t. II, p. 53.

qui s'attachent à son corps et se gonflent de son sang (182). Elle est assez juste, si toutefois l'on admet comme Diderot lui-même que les libraires ont agi comme ils devaient le faire. Il n'y a guère de sangsues hors des marécages, et Diderot n'eût pas été victime des libraires si la société dans laquelle il vivait et qu'il contribuait lui-même à faire n'avait été fondée sur le mépris de l'homme et le culte du profit. C'est à peu près ce qu'il écrivait à Sophie le 15 août 1762 :

« Ne dites point de mal de mes libraires. Ils font tout ce que j'exige. Voilà l'équité qu'il faut attendre de tout le monde. La générosité consisterait à aller au-delà. Reste à savoir si on en peut exiger d'un homme dans son état, d'un marchand dans son comptoir, d'un libraire dans sa boutique. C'est là qu'il vend son temps, son industrie, son savoir-faire, et qu'il doit en tirer le meilleur parti possible, s'il veut qu'on l'appelle bon commerçant, bon procureur, bon libraire » (183).

---

(182) AT, t. XIII, p. 125.
(183) CORR, t. IV. pp. 105-106.

Chapitre IV

LA COLLABORATION PERSONNELLE DE DIDEROT A « L'ENCYCLOPÉDIE »

ASSEZAT ET LA TRADITION

La difficulté majeure à laquelle on se heurte lorsqu'on désire étudier la pensée de Diderot dans l'*Encyclopédie* est celle du choix des textes. Il importait peu, semble-t-il, au lecteur du XVIIIe siècle de savoir de qui était l'article qu'il avait sous les yeux. Il lui suffisait qu'il fût bien écrit et correctement pensé.

Au demeurant l'*Encyclopédie* était par la volonté même de ses auteurs une œuvre collective. Elle devait refléter un siècle entier, et non l'esprit de tel ou tel. C'est ce qui explique qu'un bon nombre des collaborateurs du dictionnaire, quelquefois par prudence, mais le plus souvent par indifférence, n'ont pas jugé utile de se faire connaître à la postérité par une marque quelconque. La liste des auteurs ayant une marque particulière est brève au regard de celle des auteurs nommés dans les avertissements (1), et le nombre des anonymes ayant envoyé leur contribution, ou seulement soutenu l'ouvrage de leurs conseils et de leurs critiques paraît considérable, si l'on en juge au moins par les remerciements que leur prodiguent les éditeurs au début ou à la fin de chaque volume (2). Parmi ces anonymes il en est pourtant qui sont des personnages importants. Certains se dissimulent à peine, comme d'Holbach, qui signe d'un tiret, mais que désigne assez son titre « M. le B.D.H » (3), comme Forbonnais, que signalent les initiales V.D.F. (4), comme Quesnay, qui se fait appeler « Quesnay le fils » (5). D'autres se dissimulent **totalement,**

---

(1) Voir *Annexe* I. Vingt marques particulières seulement sont énumérées dans l'*Avertissement* du premier volume.

(2) Voir par exemple à la fin du tome II, « différentes personnes qui n'ont pas voulu être connues » et, au début du tome III, p. XIV, cet inconnu qui a renvoyé son exemplaire du tome II « avec d'excellentes observations marginales », etc..

(3) *Avertissement* du t. VI, p. VI.

(4) ENC, t. III, p. XIV.

(5) *Ibid.*, t. VI, p. VI.

comme Saint-Lambert (6), comme Damilaville (7), comme tous ceux qui ont en particulier fourni à Diderot les mémoires ou les informations dont il avait besoin pour sa *Description des arts* (8). Certains collaborateurs de Diderot sont assez modestes pour lui fournir à tour de rôle leur contribution sous la même marque. C'est le cas par exemple de Douchet et de Beauzée, professeurs de grammaire à l'Ecole royale militaire, qui signent l'un et l'autre E.R.M. (9).

La modestie qui, d'une façon générale, caractérise les encyclopédistes, caractérise aussi les premiers d'entre eux, Diderot et d'Alembert. Ils n'ont nulle vanité d'auteur, et ils donnent maintes fois l'exemple du désintéressement personnel. Ils font souvent appel à la critique constructive des lecteurs éclairés. On lit ainsi dans l'*Avertissement* du tome III :

> « Nous croyons que la démocratie de la république des Lettres doit s'étendre à tout, jusqu'à permettre et souffrir les plus mauvaises critiques quand elles n'ont rien de personnel. Il suffit que cette liberté puisse en produire de bonnes » (10).

On voit jusqu'à quel point Diderot désirait que s'étendît cette démocratie, dans le cas des articles pour lesquels il a sacrifié le texte qu'il avait lui-même rédigé, parce qu'il préférait le texte d'un de ses collaborateurs habituels ou occasionnels. Cela s'est produit par exemple pour l'article *Encaustique*, au volume V. Il est signé de Monnoye, et Diderot s'explique à son sujet dans l'*Avertissement* du tome VI : « Nous n'avons pas hésité à le préférer à un autre qui était de nous, et que nous avons supprimé » (11).

Pour l'historien des idées qui veut aujourd'hui apprécier à sa juste valeur l'étendue et la qualité de la contribution personnelle de Diderot à l'*Encyclopédie*, ces pratiques, pour admirables qu'elles soient du point de vue moral, ont entraîné des conséquences détestables, et nous verrons que sur plus d'un point la pensée de Diderot a été totalement déformée

---

(6) Voir *Annexe* II et H. Dieckmann, *The sixth volume*, p. 112, n. 7.

(7) Voir *Annexe* I.

(8) Voir notre article sur la *Documentation technique de Diderot*, et son annexe, p. 351, titre B.

(9) Beauzée signe parfois B.E.R.M.

(10) ENC, t. III, p. XI.

(11) ENC, t. VI, p. VI. Le cas de l'article *Encaustique* n'est sans doute pas isolé. Par exemple l'article *Fortune* qui se trouve au tome VI de l'*Encyclopédie* n'est pas celui que reproduit Assézat. Le texte d'Assézat vient du tome XVII de l'*Encyclopédie*, à la fin duquel sont groupés des « articles omis ». L'article du tome VI est signé D.J.; nous le désignerons par la lettre *b*. L'article du tome XVII est anonyme : nous le désignerons par la lettre *a*. On ne peut évidemment dire que l'anonymat cache ici Diderot plutôt qu'un de ses collaborateurs. On peut seulement affirmer que *a* est antérieur à *b*, et que de Jaucourt l'a eu sous les yeux en rédigeant le sien. La fin de *b* est en effet identique au début de *a*. De Jaucourt coupe *a* au moment où l'anonyme se lance dans un développement sur les attributs de la déesse et sur les vers qu'elle a inspirés aux Anciens. Quel que soit l'auteur de *a*, sa vanité n'a pas été piquée par la manipulation de Jaucourt au point qu'il se fasse nommer

par des commentateurs insoucieux de vérifier si les textes que l'on croyait du Philosophe étaient bien sortis de sa plume.

Il semble pourtant que nous n'ayons que l'embarras du choix. L'édition Assézat et Tourneux contient plusieurs volumes d'articles de Diderot, et se présente comme le point d'aboutissement d'un long travail de compilation commencé par Naigeon, et poursuivi par Belin et Brière. Pour qui n'aurait cependant qu'une confiance limitée dans le choix d'Assézat, la première édition de l'*Encyclopédie* doit être un moyen sûr de vérification. Enfin nous avons depuis quelques années le libre accès du fonds Vandeul et d'une partie du fonds Diderot de Leningrad. Or ils contiennent l'un et l'autre un choix considérable d'articles de l'*Encyclopédie,* sous forme de copies manuscrites ou de listes de titres (12). Quand M. Dieckmann a découvert le fonds Vandeul il lui a semblé que des « renseignements précieux » pouvaient en être tirés concernant « la nature et l'étendue des contributions de Diderot à l'*Encyclopédie* » (13), bien que d'emblée certains faits lui parussent déconcertants (14). Sa conclusion provisoire était tout compte fait décevante : c'est que du vivant même de Mme de Vandeul il y avait déjà « une grande incertitude sur les contributions de Diderot à l'*Encyclopédie* » (15).

Comment les choses se présentent-elles aujourd'hui ? Il y a déjà assez longtemps que des lecteurs attentifs se sont aperçus, à certains indices, du caractère douteux du choix d'articles présenté dans l'édition Assézat et Tourneux. Pourtant l'autorité de cette édition était, et reste encore si grande, qu'aucun d'eux n'a jamais tiré explicitement de ses remarques la seule conclusion qui s'imposait : c'est qu'il faut douter *systématiquement* du choix d'Assézat et de Tourneux, et ne *jamais* admettre qu'un article est de Diderot pour la seule raison qu'il est reproduit dans ses *Œuvres complètes.*

M. Venturi a sans doute été l'un des premiers à s'aviser que certains articles dont Diderot était traditionnellement considéré comme l'auteur pouvaient bien être sortis d'une autre plume que la sienne. Ainsi dans son livre *Le origini dell' Enciclopedia,* il renonce à attribuer à Diderot

---

dans le tome XVII. Les articles *Glorieux, Grave, Gravité, Grandeur,* qui sont reproduits dans Assézat, viennent également du tome XVII de l'*Encyclopédie,* et sont aussi anonymes. Au tome VII le portrait du « glorieux » est de Voltaire, qui a fait aussi *Grave* et *Gravité.* Il n'y a pas d'article *Grandeur* dans le tome VII. Même si Diderot était l'auteur de ces articles, il n'est pas invraisemblable qu'il les ait retirés pour faire passer ceux de Voltaire : la contribution du grand homme était trop précieuse, — et trop mince, — pour qu'on pût se permettre d'en sacrifier une seule ligne.

(12) Le microfilm d'une partie du fonds Diderot peut être consulté au Département des manuscrits de la Bibliothèque nationale à Paris. Des trois volumes d'articles d'histoire de la philosophie qui se trouvent à Leningrad, le troisième seul a été reproduit. C'est le tome XII de la collection, d'après l'inventaire de Tourneux. La série commence par l'article *Mosaïque,* mais l'ordre alphabétique n'est pas parfaitement respecté, et l'on trouve aussi dans ce volume *Malabares, Machiavélisme, Leibnizianisme,* et même *Bacchionites.*

(13) H. Dieckmann, *L'« Encyclopédie » et le fonds Vandeul,* p. 321.

(14) *Ibid.,* p. 323.

(15) *Ibid..*

le pesant édifice d'arguments orthodoxes que constitue l'article *Liberté* pour le restituer à l'abbé Yvon (16).

M. Dieckmann était évidemment le plus qualifié pour ruiner l'autorité trop longtemps acceptée du choix d'Assézat-Tourneux. Déjà en avril 1951, un article trop peu remarqué, paru dans *The Romanic Review*, énumérait quelques articles généralement attribués à Diderot, et rédigés en fait par Saint-Lambert, dans les œuvres de qui ils se trouvent reproduits (17).

A vrai dire, pour quelques-uns de ces articles au moins, la confusion était impossible dès le temps de leur publication. Il suffisait de lire les avertissements des volumes de « discours » de l'*Encyclopédie* et, à l'occasion, la *Correspondance littéraire* de Grimm pour découvrir que *Fantaisie*, *Fragilité*, *Frivolité*, *Génie*, *Luxe*, ne pouvaient être de Diderot (18). Or, si l'on peut à la rigueur excuser l'éditeur des *Œuvres complètes* de Diderot de n'avoir pas feuilleté les *Œuvres* de Saint-Lambert, dont il parle pourtant plus d'une fois, il est moins pardonnable de n'avoir pas prêté attention aux avertissements de l'*Encyclopédie*.

Dans le même temps qu'il rendait à Saint-Lambert quelques-uns des articles les plus célèbres « de » Diderot, M. Dieckmann retrouvait dans le fonds Vandeul une liste d'articles du baron d'Holbach dont plusieurs portaient en effet la marque du baron dans le dictionnaire, mais dont plusieurs aussi étaient anonymes (19). Et l'on avait la surprise de trouver parmi ces anonymes *Ngombos*, *Prêtres* et *Représentants*, que tout lecteur de l'édition Assézat-Tourneux admettait jusque-là comme étant de Diderot (20). Pourtant M. Dieckmann ne pouvait pas tirer argument de sa découverte pour faire une critique fondamentale du choix d'articles contenu dans les *Œuvres complètes*. Il écrivait seulement :

> « Assézat et Tourneux ont incorporé dans leur édition plusieurs articles qui ne sont pas de Diderot et en ont exclu beaucoup qui peuvent lui être attribués. Leur erreur provient du fait qu'ils n'ont pas tenu compte des informations que les avertissements de l'*Encyclopédie* ou les notices en fin de volumes nous fournissent sur l'attribution des articles. De plus, dans les articles qu'ils ont imprimés, ils n'ont pas observé la distinction faite dans l'*Encyclopédie* entre les articles non signés et ceux qui portent un astérisque » (21).

C'est en effet tout ce qu'on pouvait honnêtement dire, après avoir constaté que Saint-Lambert et d'Holbach avaient écrit certains des articles prêtés à Diderot dans ses *Œuvres complètes*.

M. Vernière, étudiant le spinozisme de Diderot, s'est heurté, comme M. Venturi, à ces articles troublants, où il semble que le Philosophe fasse

---

(16) F. Venturi, *Le origini*, p. 139.
(17) H. Dieckmann, *The sixth volume*, p. 112, n. 7.
(18) Voir ces articles dans l'*Annexe* II.
(19) H. Dieckmann, *L'« Encyclopédie » et le fonds Vandeul*, p. 332.
(20) Pour plus de sûreté M. Dieckmann a comparé l'article *Représentants* avec la « partie sur l'élection des représentants dans le *Système social* de d'Holbach » (*Ibid.*, n. 1). Il a été frappé par « la grande ressemblance entre les idées et la terminologie dans les deux textes ».
(21) *Ibid.*, p. 319.

litière de ses idées les plus chères pour défendre à grand renfort de plagiats, dans des dissertations d'une lourdeur sans pareille, le point de vue le plus éloigné du sien. Il s'est en particulier demandé pourquoi l'article *Spinoza* était un tel monument d'incompréhension. L'examen attentif de l'article l'amène à penser que Diderot ne s'y « engage » pas « tout entier », qu'il « retarde volontairement de cinquante ans sur la question », qu'il « s'égare ou veut nous égarer en attaquant dans le spinozisme les thèses qu'il professe lui-même et qu'il a déjà aventurées » (22). Et il conclut : « Le véritable Diderot n'est pas là » (23). Mais M. Vernière a mieux aimé douter de la bonne foi de Diderot que remettre en cause le choix de l'article *Spinoza* par Assézat et Tourneux. Or, pourquoi accorder à l'éditeur la pleine confiance que l'on refuse à l'auteur lui-même ? La connaissance approfondie qu'il a des idées et des textes a pourtant conduit M. Vernière bien près de la véritable question, lorsqu'il a remarqué par exemple qu'Assézat reproduisait *Spinoza,* mais non *Spinoziste,* attribué nommément à Diderot par son ami Naigeon (24). Ne devait-il pas se demander quelle raison pouvait avoir Assézat de donner *Spinoza* plutôt que *Spinoziste,* et pourquoi Naigeon, au contraire, avait donné *Spinoziste,* et non *Spinoza ?* D'autant que juste avant de remarquer le désaccord entre Naigeon et Assézat, M. Vernière avait noté le refus conjoint de M. Loy et de M. Venturi de maintenir l'attribution à Diderot d'un article comme *Liberté. Spinoza* a-t-il pu être écrit par Yvon et par Naigeon ? M. Vernière en doute, car il est bien connu qu'Yvon s'est enfui en Hollande en février 1752, et l'on admet généralement que Diderot n'a pas connu Naigeon avant 1765 (25). De plus, il lui semble que la parole de Naigeon n'est pas sûre. Somme toute, M. Vernière, comme tous les diderotistes consciencieux, a bien vu que l'attribution des articles de Diderot posait un problème grave et que dans plusieurs cas au moins il y avait tromperie, volontaire ou involontaire. Mais comme il arrive bien souvent le « coupable » était celui que nul ne songeait à soupçonner.

Sur quelle base Assézat, puis Tourneux, ont-ils choisi les articles qu'ils donnent dans leur édition comme étant de Diderot ? Assézat s'en

---

(22) P. Vernière, *Le spinozisme et l'« Encyclopédie »*, p. 357.

(23) *Ibid.*, p. 358. Gide, dont M. Vernière cite un texte de 1941, avait déjà remarqué la contradiction flagrante qui existe entre l'article *Spinoza* et les principaux textes philosophiques de Diderot. Mais là où M. Vernière voit de la duplicité, Gide ne voyait qu'ignorance et erreur involontaire. Il écrivait en effet : « On souhaiterait parfois qu'un auteur, qu'un artiste puisse revenir sur terre, pour reconnaître et tirer profit de ses erreurs. L'aveuglement de Diderot à l'égard de Spinoza, je ne puis dire si c'est pour lui ou pour Spinoza qu'il m'est le plus douloureux. Il lui reproche son « athéisme »; on est surpris d'abord; il faut un petit temps de réflexion pour bien comprendre la position moralisante de ces grands théistes du XVIIIe siècle, Rousseau, Voltaire, Diderot, etc. » (*Journal*, 13 janvier 1929, éd. Gallimard, Paris, 1952, t. II, p. 248).

(24) P. Vernière, c.r. de J.R. Loy, p. 391. n. 4 et n. 5.

(25) Nous verrons ultérieurement ce qu'il faut penser de la fuite d'Yvon et de sa collaboration à l'*Encyclopédie*. Le deuxième argument retenu par M. Vernière ne résiste pas devant le fait que Naigeon a bel et bien signé un article au moins de l'*Encyclopédie*, l'article *Unitaire*, dans le tome XVII.

est expliqué dans sa notice préliminaire aux articles de l'*Encyclopédie*, d'une manière qui prouve en tout cas que, s'il s'est trompé, il l'a fait de la meilleure foi du monde.

C'est d'ailleurs beaucoup dire que parler d'explication. Car Assézat n'explique rien. Il déclare avoir fait plus et mieux que ses prédécesseurs, et dans un certain sens il n'a pas tort. Les extraits de l'*Encyclopédie* publiés sous le nom de Diderot en 1769, en 1772, en 1773, étaient des éditions très fautives.

Effectivement, l'*Histoire générale des dogmes et opinions philosophiques*, publiée à Londres, — Bouillon, — en 1769, comprend, à côté d'articles qui sont certainement de Diderot, des articles que l'*Encyclopédie* attribue expressément à d'autres (26). Le recueil ne porte du reste aucun nom d'auteur, bien qu'il ait tout de suite été attribué à Diderot. Son titre indique seulement en termes généraux qu'il a été tiré de l'*Encyclopédie*. Mais il se pourrait que cette édition fût à l'origine de nombreuses erreurs d'attribution commises par la suite, et en particulier de celles que nous relèverons dans les manuscrits du fonds Vandeul ou du fonds de Leningrad, bien que les uns et les autres contiennent des articles qui ne sont pas dans les trois volumes publiés en 1769.

En 1772 et 1773 il n'y a pas eu deux, mais trois éditions d'œuvres de Diderot, comme l'a montré naguère M. Leigh (27). Seule l'édition de Londres, — Amsterdam, — en cinq volumes in-8° contient un nombre appréciable d'articles de l'*Encyclopédie*, en plus du *Prospectus* et du *Système des connaissances humaines* (28). Ces articles sont au nombre de quinze et concernent presque tous l'histoire de la philosophie. Parmi eux, *Canadiens* et *Celtes* ne sont pas de Diderot. L'édition in-12 et l'édition in-8° d'Amsterdam n'ont que l'article *Beau* et l'article *Chinois* (29).

De Naigeon, Assézat connaissait évidemment les trois recueils d'articles que constituent, dans l'ordre, les trois volumes de l'*Encyclopédie méthodique* parus sous le titre *Philosophie ancienne et moderne*, les tomes V, VI et VII des *Œuvres* de Diderot, et les *Mémoires historiques*. Mais comme l'a remarqué Assézat, le choix de Naigeon est très limité et n'a jamais prétendu recouvrir la totalité des contributions de Diderot à l'*Encyclopédie*. La tentation était grande d'élargir encore ce choix, comme l'ont fait successivement Belin, puis Brière, qui a donné deux fois plus d'articles que n'en avait donné son prédécesseur. Il y a donc eu une sorte d'émulation entre les éditeurs du XIXe siècle. C'était à

---

(26) *Académiciens* (Yvon), *Atomisme* (Yvon et Formey), *Bacon* (Pestré), *Barbares* (Yvon), *Campanella* (Pestré), etc..

(27) R.A. Leigh, *A neglected edition.*

(28) Ces articles sont contenus dans le premier volume de la collection.

(29) Assézat ne connaissait que l'édition in-8° publiée chez Rey. M. Leigh n'a trouvé l'édition in-12 en six volumes, — *Œuvres philosophiques et dramatiques de M. Diderot*, — qu'à Edimbourg, Stockholm et Upsal. Cette édition ne contient aucune erreur, et M. Leigh a l'impression qu'elle a été préparée sinon par Diderot lui-même, du moins par une personne qui connaissait bien son œuvre.

qui donnerait le choix le plus large et le plus varié d'articles de Diderot.

Assézat lui-même a été tenté de doubler le choix de Brière (30), mais deux raisons l'ont retenu sur cette pente. D'une part beaucoup d'articles de Diderot sont de pur remplissage et n'offrent aucun intérêt, d'autre part le « zèle méritoire mais trop ardent » des prédécesseurs d'Assézat leur avait fait attribuer à Diderot des articles tirés du *Supplément* auquel on sait bien qu'il n'a pas participé, et des articles « dont la signature n'avait point été aperçue par eux » (31). L'édition Assézat est donc d'une certaine manière en retrait sur celles de Belin et de Brière, elle est plus prudente, donc plus sûre.

Pourtant Assézat ne semble pas s'être demandé pourquoi le « zèle » de ses prédécesseurs les avait égarés. Il ne s'est pas interrogé sur la méthode qui avait pu guider leur choix. Il a cru qu'ils ne s'étaient trompés que sur la quantité, alors qu'ils se trompaient sur la nature même des articles, n'ayant pas de critère sûr pour décider que tel texte était ou n'était pas de Diderot. Car il est évident que ni Belin ni Brière n'eussent attribué à Diderot des articles tirés du *Supplément* ou signés de quelqu'un d'autre, s'ils avaient disposé de ses manuscrits, ou du moins d'une liste certaine de ses articles. Assézat ne s'est pas interrogé sur la méthode de ses prédécesseurs parce qu'elle lui paraît aller de soi; c'est celle-là même qu'il a adoptée. Elle consiste à attribuer à Diderot tous les articles de l'*Encyclopédie* marqués de l'astérisque, et tous les articles anonymes dont on n'a pas la certitude qu'ils sont de quelqu'un d'autre (32).

Aristotélisme et *Instinct* sont deux bons exemples de l'application de cette méthode. Du premier de ces articles, Assézat écrit : « Cet article fort long, fort étudié, a dans l'*Encyclopédie* les caractères matériels qui distinguaient les articles de Diderot » (33). Du second il écrit plus prudemment : « Aucun signe distinctif n'indique, dans l'*Encyclopédie*, que cet article soit d'un autre que Diderot » (34). Or *Aristotélisme* et *Instinct* ont rigoureusement les mêmes caractéristiques : ils ne portent aucune marque matérielle d'identification. Assézat considère donc que cette absence de marque est une raison d'attribuer un article à Diderot. Mais il ne le fait pas ici, parce que Naigeon ne reconnaît pas *Aristotélisme* comme étant de Diderot (35), et parce que le texte d'*Instinct* se retrouve dans les *Lettres philosophiques sur la perfectibilité et l'intelligence des animaux*, de Georges Le Roy (36).

---

(30) AT, t. XIII, p. 128.
(31) *Ibid.*, et notes 1, 2 et 3.
(32) Cette tradition remonte au moins jusqu'à l'éditeur Brière qui considérait Diderot comme l'auteur de tous les articles non signés « relatifs aux matières qu'il s'était réservées comme auteur » (Diderot, *Œuvres*, éd. Brière, t. XIII, pp. XXVI-XXVII).
(33) AT, t. XIII, p. 359, n. 1.
(34) *Ibid.*, t. XV, p. 226, n. 1.
(35) *Ibid.*, t. XIII, p. 359, n. 1.
(36) *Ibid.*, t. XV, p. 226, n. 1.

A regarder les choses de plus près, on s'aperçoit du reste qu'Assézat n'a pas rigoureusement appliqué sa méthode, pour la simple raison qu'elle était impraticable. Pour l'appliquer de façon stricte il fallait en effet reproduire non seulement tous les articles marqués de l'astérisque, mais encore tous les articles anonymes pour lesquels la preuve n'était pas faite qu'ils étaient d'un autre que Diderot. Mais les vingt volumes des *Œuvres complètes* n'y eussent pas suffi. Assézat a donc fait une sélection seconde, dans cet ensemble dont sa prétendue méthode lui garantissait les contours. Des articles qu'il appelle de remplissage, et qui sont surtout les articles marqués de l'astérisque, il n'a gardé que

« ceux dans lesquels, à un degré quelconque, se fait sentir la personnalité de l'écrivain »,

et des articles techniques, il n'a reproduit que ceux « qui ne nécessitaient pas de renvois à des figures » (37).

Il n'y a rien à redire à la seconde de ces raisons, mais beaucoup à redire à la première, d'autant qu'Assézat n'a pas seulement tranché parmi les articles de pur remplissage. C'est l'ensemble des articles marqués de l'astérisque ou anonymes qu'il a soumis à la pierre de touche de la « personnalité de l'écrivain ». Autant dire qu'à partir de principes **déjà peu sûrs**, Assézat a fait parmi les articles de l'*Encyclopédie* un choix en grande partie *arbitraire*. Cela n'est pas très grave pour les articles marqués de l'astérisque, dont nous sommes sûrs au moins que Diderot y a mis la main (38). Mais pour les articles anonymes, il est clair qu'Assézat n'avait aucun critère objectif de sélection. Le choix qu'il donne reflète simplement l'idée qu'il se faisait lui-même, ou celle qu'on se faisait en son temps, de la personnalité de Diderot, et le moins qu'on puisse dire est que cette idée était très confuse, sinon tout à fait incohérente. Une partie non négligeable de tout ce qui a pu être écrit depuis trois quarts de siècle sur la tête langroise de Diderot et sur ses prétendues contradictions a incontestablement pour origine le choix d'Assézat, lui-même conditionné de façon plus ou moins consciente par une certaine imagerie traditionnelle.

Les exemples de l'arbitraire d'Assézat pourraient aisément être multipliés. Nous en avons rencontré un à propos de *Spinoza* et de *Spinoziste*. En voici d'autres, relevés au hasard de la lecture de l'*Encyclopédie*. L'édition Assézat-Tourneux ne contient pas l'addition importante faite par Diderot à l'article *Ame* de l'abbé Yvon; or cette addition sur le siège de l'âme est marquée de l'astérisque (39). Elle ne contient pas non plus *Animal*, également marqué de l'astérisque, et qui est, comme l'addition sur le siège de l'âme, un texte capital pour la compréhension du matérialisme de Diderot. Si les anonymes sont en

---

(37) *Ibid.*, t. XIII, p. 128.
(38) Encore faut-il dans chaque cas particulier se reporter à l'*Encyclopédie* puisque l'édition Assézat ne distingue pas entre les articles anonymes et ceux qui sont marqués de l'astérisque.
(39) ENC, t. I, pp. 340 b et suivantes.

principe de Diderot, et si le critère de la « personnalité » est suffisant, pourquoi n'avoir pas reproduit *Connaissance*, qui contient, à côté de plates considérations empruntées au Père Buffier ou à Formey, de bons passages sur le sensualisme de Locke ? Pourquoi omettre encore *Hippocratisme*, ou *Hylozoïsme ?* Assézat a-t-il rejeté *Hylozoïsme* parce qu'il contient un violent réquisitoire contre l'athéisme et le matérialisme ? Mais si *Hylozoïsme* n'est pas conforme à ce qu'on croit devoir attendre de la « personnalité » de Diderot, *Immatérialisme, Liberté, Spinoza* et bien d'autres ne le sont pas non plus, et devaient être omis. Pourquoi ne pas reproduire la seconde partie d'*Intendant* alors que *Magistrat* est retenu ? Pourquoi *Prophète* et non *Prophétie ? Sensations*, et non *Révélation ?*

L'arbitraire d'Assézat n'est pas sensible seulement dans le choix de ses articles, il l'est encore dans la façon dont il les reproduit. Il lui arrive de couper un article sans préciser l'importance de la mutilation, voire sans prévenir le lecteur. Mais si l'on admet encore qu'une page entière de l'*Encyclopédie* soit escamotée au milieu de l'article *Bois*, qui est technique (40), on comprend difficilement que *Jouer* soit amputé sans avertissement d'une longue dissertation sur les jeux de hasard et le calcul des probabilités qui est au moins fort intéressante pour l'étude de certains aspects de la « personnalité » de Diderot (41).

Mais plus grave est sans doute la substitution aux textes mêmes de l'*Encyclopédie* de textes ayant une autre provenance. Il se trouve que cette substitution a eu un effet heureux, puisqu'elle nous permet aujourd'hui, comme nous le verrons, de connaître le texte des articles d'histoire de la philosophie corrigé par Diderot après la publication du dictionnaire. Mais du point de vue de l'établissement du texte des articles de l'*Encyclopédie* cette substitution est d'autant plus fâcheuse qu'elle n'est pas signalée au lecteur. Or il est évident qu'Assézat *savait*, en éditant les articles de Diderot, qu'il ne donnait pas le texte imprimé de l'*Encyclopédie*, mais un texte un peu différent. Il le savait, car il se trahit lui-même, au moins deux fois; la première dans sa notice préliminaire aux articles de l'*Encyclopédie*, la seconde dans une note à l'article *Juifs*. On lit dans le premier de ces deux textes :

> « Si Diderot a exigé quelques cartons pour ses articles de philosophie, Naigeon a dû en avoir connaissance; c'est ce qui explique peut-être les différences qu'on remarque entre l'édition qu'il a donnée de ces articles et leur rédaction dans l'*Encyclopédie* » (42).

Mais Assézat ne dit pas qu'il a préféré le texte de Naigeon à celui de l'*Encyclopédie*. Tout se passe au contraire, au moins jusqu'à l'article *Juifs*, comme si le texte reproduit par Assézat était toujours celui de

(40) AT, t. XIII, p. 484. La coupure est simplement marquée par des points de suspension.

(41) AT, t. XV, p. 311. Le morceau rejeté par Assézat trouve place dans l'*Encyclopédie* entre son avant-dernier et son dernier paragraphe. La coupure n'est même pas signalée par des points de suspension.

(42) AT, t. XIII, p. 124.

l'*Encyclopédie*. Or la note de l'article *Juifs* semble indiquer que tel n'est pas le cas, et que le texte reproduit est celui de Naigeon. Diderot en effet vient de parler du « châtiment exemplaire » qui frappa les disciples de Judas quand ils osèrent le quitter, et il termine son récit par une phrase d'une « philosophie ferme et hardie » : « mais ce miracle est fabuleux, comme tous les miracles ». Ici se place la note d'Assézat :

> « C'est sur plusieurs additions du genre de celle-ci que M. Génin s'est appuyé pour accuser Naigeon d'avoir falsifié le texte de Diderot. En effet la phrase : *comme tous les miracles* manque dans l'édition originale de l'*Encyclopédie*. Il y a dans ce même article *Juifs*, plusieurs autres passages, entre autres un sur Jésus-Christ « ce juif fanatique » qui n'auraient pas pu passer à l'époque où paraissait l'ouvrage; mais il est à remarquer que c'est le seul article qu'on puisse accuser Naigeon d'avoir retouché dans ce sens et cela donne à penser qu'il ne l'a pas fait sans de bonnes raisons » (43).

Or l'article *Juifs* est loin d'être le seul pour lequel Naigeon ait donné un texte différent de celui de l'*Encyclopédie* (44), et une fois mis en alerte Assézat ou ses prédécesseurs auraient pu s'en aviser. Le tort d'Assézat est d'avoir fait croire à ses lecteurs que, doutant de Naigeon, il avait effectivement vérifié dans l'*Encyclopédie* s'il y avait d'autres divergences, ailleurs. Il est évident qu'il n'en a rien fait, bien qu'une certaine phrase de l'article *Eclectisme* trahisse au moins une tentative pour harmoniser *a posteriori* la leçon de Naigeon et celle de l'*Encyclopédie* (45).

Une dernière remarque s'impose au sujet de l'édition Assézat-Tourneux. Toutes les critiques que nous avons faites concernent surtout Assézat, responsable de l'édition des *Œuvres* de Diderot jusqu'au tome XVI inclusivement. Assézat était déjà gravement malade lorsqu'il eut à corriger les épreuves des tomes XIV et XV (46). C'est Tourneux, son auxiliaire, qui se chargea de cette révision. Pourtant le nom de Tourneux n'apparaît pas encore sur la couverture du tome XVI. Il figure pour la première fois en tête du tome XVII.

Or il y a une très nette différence entre les premiers volumes d'articles encyclopédiques et les derniers, et il semble qu'elle ne soit pas due seulement à la difficulté accrue d'identifier les articles de Diderot dans les dix derniers volumes de l'*Encyclopédie*. Dans les tomes XIII, XIV et XV, au moins jusqu'à la lettre J, le nombre d'articles arbitrairement attribués à Diderot est très restreint. Le tome XVI, à peu près dans sa totalité, de *Loi naturelle* à *Quotidien*, est un véritable monstre. C'est lui qui contient le plus grand nombre d'erreurs évidentes et d'attributions non motivées. Le tome XVII est au contraire un modèle de prudence, compte tenu de l'erreur initiale de méthode commise par Assézat, et perpétuée par Tourneux. Du moins Tourneux a-t-il limité les risques en ne reproduisant qu'un tout petit nombre d'articles depuis *Raison* jusqu'à *Zend-Avesta*. En ce qui concerne l'établissement du

---

(43) AT, t. XV, p. 358, n. 1.
(44) Voir *Annexe* III.
(45) *Ibid.*, art. *Eclectisme*, remarque *a*.
(46) AT, t. XVII, p. 1.

texte, toutes les divergences entre l'édition Assézat et l'*Encyclopédie* se trouvent dans les tomes XIV, et surtout XV et XVI. Une seule divergence se rencontre dans le tome XVII, — article *Socratique*, — mais elle est scrupuleusement indiquée par Tourneux (47), qui donne à la fois le texte de Naigeon et celui de l'*Encyclopédie*. Tourneux savait donc personnellement à quoi s'en tenir sur les méthodes de travail de son maître, mais il n'eût pas été bienséant pour lui de le dire, au moment où il reprenait la plume tombée de ses mains.

COPIES ET LISTES MANUSCRITES

Etant donné le caractère peu sûr de la collection d'articles transmise par Assézat et Tourneux, on est naturellement amené à chercher dans les manuscrits qui nous sont parvenus la réponse aux nombreuses questions posées par la contribution personnelle de Diderot au dictionnaire.

Comme nous l'avons déjà vu, M. Dieckmann a naguère amorcé l'étude des rapports existant entre l'*Encyclopédie* et le fonds Vandeul qui est, à l'heure actuelle, une source manuscrite essentielle (48).

Le fonds Vandeul ne contient qu'un manuscrit autographe se rapportant à l'*Encyclopédie*. C'est une description de planches du métier à bas que M. Dieckmann a sommairement analysée (49), et que nous avons plus complètement étudiée ailleurs (50). Tous les autres manuscrits sont des copies, et une question préliminaire se pose à leur sujet : quels moyens Mme de Vandeul avait-elle pour identifier à coup sûr les articles de son père ? M. Dieckmann constate que nous n'en savons rien, bien qu'il ait eu parfois l'impression que le choix de Mme de Vandeul n'était pas arbitraire (51). Nous avons étendu l'enquête aux manuscrits de Leningrad, mais les résultats de cette enquête confirment ceux de l'étude de M. Dieckmann : aucune des collections d'articles manuscrits, aucune des listes manuscrites actuellement connues ne peut être considérée comme une source d'information sûre; aucune ne contient la totalité des contributions de Diderot, toutes renferment des articles qui appartiennent notoirement à d'autres auteurs.

Le fonds Vandeul contient des listes d'articles, des articles isolés et des collections d'articles copiés. Une liste de la main de Mme de Vandeul groupe les articles de philosophie de l'*Encyclopédie* (52). Certains articles qui sont bien de Diderot n'y figurent pas, mais on y trouve *Académie*, qui porte la marque de l'abbé Mallet et de d'Alembert, *Acadé-*

---

(47) *Annexe* III.
(48) H. Dieckmann, *L'« Encyclopédie » et le fonds Vandeul*, à compléter par *Inventaire, passim*.
(49) H. Dieckmann, *art. cité*, pp. 323-326.
(50) Voir notre article sur la *Documentation technique*, pp. 346-348.
(51) H. Dieckmann, *art. cité*, p. 322.
(52) *Ibid.*, et H. Dieckmann, *Inventaire*, p. 172; cf. *ibid.*, pp. 176-177.

miciens (53) et *Atomisme*, de l'abbé Yvon, *Bacon*, de l'abbé Pestré, *Celtes*, de l'abbé Yvon, *Cartésianisme*, de l'abbé Pestré en collaboration avec d'Alembert, *Physique corpusculaire*, de Formey, *Ecole*, de d'Alembert, *Newton*, de d'Alembert également, *Philosophe*, dont une étude de M. Dieckmann a restitué définitivement le contenu à Dumarsais, l'auteur de l'extrait lui-même restant anonyme (54), *Démon de Socrate*, de l'abbé Mallet. *Barbares* est encore de l'abbé Yvon, *Campanella*, *Canadiens*, *Cardan*, sont de l'abbé Pestré. Cela fait au total quinze articles sur soixante et onze (55), soit 20 % d'erreurs évidentes, ce qui représente une proportion assez considérable.

Trois tomes reliés contiennent des copies d'articles de philosophie (56). La liste de ces articles ne coïncide pas avec celle qu'a établie Mme de Vandeul, mais elle comprend aussi des titres qui, de toute manière, ne peuvent être attribués à Diderot, *Bacon*, *Barbares*, *Campanella*, *Canadiens*, *Cartésianisme*, *Celtes*, *Nombres* (de Jaucourt), *Platoniciens* (de Jaucourt) (57), soit huit articles sur quarante-sept, donc 17 % d'erreurs au moins.

M. Dieckmann a donc tout à fait raison de dire que la valeur des manuscrits du fonds Vandeul est relative; et encore ne tenons-nous pas compte, dans le calcul de ces pourcentages, des articles omis ni des articles qui figurent dans les manuscrits, qui sont anonymes dans l'*Encyclopédie*, mais que le témoignage de Naigeon, par exemple, interdit de compter au nombre des contributions de Diderot (58).

Le fonds Vandeul contient encore un certain nombre d'articles de philosophie isolés (59). Mais exception faite pour *Philosophe*, qui n'est

---

(53) Il s'agit de la philosophie des *Académiciens*. Assézat a reproduit un article *Académicien, Académiste* qui est une définition de synonymes (voir *Annexe* III).

(54) Voir *Annexe* II.

(55) Il n'y a pas d'article *Gètes* dans l'*Encyclopédie*, qui renvoie à *Scythes*. Les deux articles, distingués par Mme de Vandeul, n'en font donc qu'un.

(56) Un volume non numéroté et les volumes XLV et XLVI (H. Dieckmann, *Inventaire*, pp. 100-101. Les trois volumes sont cotés n. a. fr. 24 933-24 935).

(57) Il y a dans l'*Encyclopédie* un article *Platonisme* ou *Philosophie de Platon*, qui n'est pas signé. C'est celui que reproduit AT. Il se trouve aussi dans MS : BN, n.a. fr. 24 934. L'article *Platoniciens* de MS : BN, n.a. fr. 24 935 porte dans l'*Encyclopédie* un titre différent : *Platoniciens et Aristotéliciens (guerre littéraire entre les)*; cet article est du chevalier de Jaucourt.

(58) C'est le cas de l'article *Spinoza*.

(59) *Philosophe* (H. Dieckmann, *Inventaire*, p. 111, n° 1 et MS : BN, n.a. fr. 13 782); *Encyclopédie* (H.D., *Inv.*, p. 111, n° 4 et MS : BN, n.a. fr. 13 782); *Jésuite* (H.D., *Inv.*, p. 112, n° 7); *Siège de l'âme* (*Ibid.*, n° 8, M. Dieckmann a bien remarqué qu'il s'agissait d'un fragment de l'article *Ame*, de l'abbé Yvon, mais il a cru qu'il n'était identifié par aucune marque dans l'*Encyclopédie*. En réalité une partie de l'article *Ame* est intitulée *Siège de l'âme*, et elle est marquée de l'astérisque de Diderot. Le texte du manuscrit commence à quelques lignes du début de la partie marquée. Il s'arrête au milieu d'une phrase du texte imprimé, et sans ponctuation. La phrase ainsi tronquée n'a plus de sens. Il semble donc que l'interruption du travail du copiste ait été fortuite. Le texte rédigé par Diderot se poursuit bien au-delà); *Animal* (H.D., *Inv.*, p. 120, n° 18 et MS : BN, n.a. fr. 24 937, f° 193 et suivants); *Apparition*, *Bon sens*, *Châtiment*, *Contention*, *Convenable*, *Convenance*, *Corrélatif*, *Famille*, *Fantaisie*, etc. (ces articles sont groupés en deux paquets, décrits dans H. Dieckmann, *Inventaire*, p. 121, n° 26; cf. MS : BN, n.a. fr. 24 937, f° 245 à f° 290).

certainement pas de Diderot, et qui ne porte d'ailleurs dans l'*Encyclopédie* aucune marque distinctive, ces articles ne peuvent être attribués à Diderot que s'ils portent l'astérisque; or un bon nombre d'entre eux sont anonymes. Cette liste doit être complétée par la « philosophie de Platon » et la « philosophie de Socrate », qui sont aussi des copies manuscrites (60), et l'article *Art*, qui est imprimé (61).

Deux volumes manuscrits contiennent les articles de Diderot sur les synonymes (62). Nous en avons compté 222. La plupart se trouvent dans l'édition Assézat-Tourneux. Il existe d'autres synonymes dans l'*Encyclopédie* qui portent l'astérisque mais qui ne figurent pas dans la copie. C'est le cas de l'article *Bassesse*, que Naigeon donnait comme un exemple typique du travail de définition fait par Diderot (63). Quelques-uns de ces articles, en revanche, ne sont pas de Diderot, comme *Charlatan* (de Jaucourt), *Etre, Etre feint, Etre imaginaire* (Formey), *Qualité* (de Jaucourt). La proportion de ces erreurs est très faible, de l'ordre de 3 %. Il faut toutefois préciser que le texte de ces articles est souvent plus court dans le manuscrit que dans l'*Encyclopédie*, et que nombre de corrections, d'additions, de suppressions, restent d'origine mystérieuse (64).

Un volume du fonds Vandeul contient des articles sur des sujets divers : mythologie, religion, histoire ancienne ou moderne, grammaire (65). Nous en avons compté 303. Un grand nombre d'articles marqués de l'astérisque dans les premiers volumes du dictionnaire ne sont pas inclus dans ce recueil. Les articles recopiés ne portent pas tous la marque de l'éditeur dans les volumes imprimés de l'*Encyclopédie*. Cela est vrai déjà des premiers volumes. Certains articles enfin portent la marque d'un auteur autre que Diderot : *Arot et Marot* est de Toussaint, *Chacabout* est de Lenglet du Fresnoy, *Consentes* est de l'abbé Mallet, *Hécatombes, Ithomée, Ridiculus*, sont du chevalier de Jaucourt. Au total le pourcentage d'erreurs évidentes n'atteint pas 3 %. Le texte de ces articles copiés est souvent plus court que dans l'*Encyclopédie*. M. Dieckmann se demande si l'auteur du recueil avait un moyen de distinguer dans les textes qu'il avait à sa disposition la partie rédigée par Diderot. En l'état actuel de nos connaissances, il est impossible de répondre à cette question.

---

(60) H. Dieckmann, *Inventaire*, pp. 141-142, n° 66 et n° 67; cf. MS : BN, n.a.fr. 24 937.

(61) H. Dieckmann, *Inventaire*, p. 155; c'est une partie de la *Lettre au R.P. Berthier* de 1751.

(62) *Ibid.*, pp. 43-45. Ce sont les tomes XII et XIII des volumes reliés du fonds Vandeul (MS : BN, n.a.fr. 13 742-13 743). Le second a été copié sur le premier.

(63) J.-A. Naigeon, *Philosophie ancienne et moderne*, t. II, art. *Diderot*, p. 220 b, n. 1.

(64) H. Dieckmann, *Inventaire*, pp. 44-45; cf. *L'« Encyclopédie » et le fonds Vandeul*, pp. 326-328. Tous les articles contenus dans MS : BN, n.a. fr. 24 937, f° 245 à f° 290, se retrouvent dans cette collection.

(65) H. Dieckmann, *Inventaire*, p. 68 et MS : BN, n.a. fr. 13 757.

Le fonds Vandeul contient enfin quatre volumes de définitions diverses, généralement très brèves, concernant aussi bien l'histoire ou la philosophie que la grammaire ou la mythologie (66). Cette collection comprend 719 articles, mais certains figurent aussi dans les manuscrits que nous venons de décrire. Quelques autres avaient déjà été recopiés dans le MS : BN, n.a.fr. 13 742. Il reste 698 articles à ajouter aux listes précédentes. Ce chiffre, bien entendu, est encore loin d'atteindre celui des seuls articles marqués de l'astérisque dans l'*Encyclopédie.* D'autre part il y a des erreurs évidentes d'attribution : *Anomal* (Dumarsais), *Ombiasses* (67), *Appariteur* (abbé Mallet), *Embonpoint* (d'Aumont), *Ephélide* (d'Aumont), *Office* (de Jaucourt), *Plier* (de Jaucourt), *Recevoir* (de Jaucourt), *Séduction* (Boucher d'Argis), *Suppléer* (de Jaucourt). Ces erreurs n'atteignent pas deux pour cent du total (68).

Faut-il accorder plus de confiance aux manuscrits de Leningrad ? Nous savons par Tourneux que neuf volumes sur les trente-deux qui constituent le fonds sont consacrés à des articles divers de l'*Encyclopédie,* sous le titre collectif de *Mélanges encyclopédiques.* Trois autres volumes contiennent des articles de philosophie sous le titre collectif d'*Histoire de la philosophie* (69). Actuellement (70) le seul volume XII est accessible aux chercheurs français, grâce au microfilm qui en a été communiqué à la Bibliothèque nationale. L'*Inventaire* de Tourneux donne le détail des articles de philosophie contenus dans les volumes X et XI. La liste des articles contenus dans les volumes I à IX est aussi donnée par Tourneux, qui omet cependant à la fin de chacun des six premiers volumes une liste de « termes de remplissage », qu'il a jugé « inutile de transcrire »

Une remarque préliminaire s'impose à propos de cette collection : pas plus que les recueils du fonds Vandeul elle ne contient la totalité de la contribution de Diderot à l'*Encyclopédie.* Ajoutons, après Tourneux, que le nombre des attributions erronées est considérable. Les articles contenus dans les tomes X à XII correspondent, dans un ordre différent, à la liste établie par Mme de Vandeul. Le numéro 54 de la liste Vandeul correspond au tome X de Leningrad qui contient en outre l'article *Abiens.* Le numéro 55 correspond au tome XI, auquel manque *Etrusques,* mais qui comprend en outre *Jordanus Brunus* et *Juifs,* classés sous le numéro 56 dans la liste Vandeul. Les numéros 56 et 57 correspondent au

---

(66) H. DIECKMANN, *Inventaire,* pp. 98-100 et MS : BN, n.a.fr. 13 771-13 774.

(67) H. DIECKMANN, *L'« Encyclopédie » et le fonds Vandeul,* p. 332. L'article est du baron D'HOLBACH.

(68) Le cas de *Emporter (synonyme)* est curieux. L'article, que reproduit ASSÉZAT, est marqué de l'astérisque dans l'*Encyclopédie* et il figure dans MS : BN, n.a.fr. 13 771. Une main a cependant ajouté sur le manuscrit : « Art. de M. le Chevalier DE JAUCOURT ». Quelle que soit l'origine de cette note, elle est de nature à autoriser la méfiance, aussi bien à l'égard des indications portées en tête ou à la fin des articles, dans les volumes imprimés, qu'à l'égard des copies du fonds VANDEUL.

(69) M. TOURNEUX, *Inventaire,* pp. 8-9.

(70) Février 1962.

tome XII. Les articles *Ionique, Perses, Thrace, Démon de Socrate,* manquent dans le volume de Leningrad, qui a en revanche *Zend-Avesta,* non indiqué dans la liste Vandeul. Les erreurs d'attribution de la copie de Leningrad sont donc celles que nous avons relevées dans la liste Vandeul. En ce qui concerne les volumes I à IX, il est quelquefois difficile de savoir à quel article, ou à quelle partie d'article correspondent exactement les titres donnés par Tourneux. Il est certain, en tout cas, que plusieurs articles qui sont dans les manuscrits de Leningrad sont attribués à un autre dans l'*Encyclopédie.* Il y en a au moins trente-cinq, sur plus de 340, ce qui représente plus de 10 % d'erreurs (71). Ajoutons qu'en dehors des articles de philosophie il y a rarement coïncidence entre la liste des articles de Leningrad, et les divers recueils du fonds Vandeul.

Comme les copies de Leningrad ont été faites à Paris sous la direction des Vandeul, nous pouvons tirer de l'examen des collections d'articles manuscrits actuellement accessibles la conclusion générale suivante : c'est que Mme de Vandeul, pas plus que Belin, Brière, Assézat et Tourneux, pas plus que les éditeurs de 1769 et de 1773, n'avait les moyens de discerner dans l'*Encyclopédie* la contribution personnelle de son père. Par conséquent, ni les manuscrits, ni l'édition Assézat-Tourneux ne nous permettent de disposer d'un ensemble de textes dont le choix et le contenu soient absolument sûrs.

LES CRITERES D'UN CHOIX : L'ASTERISQUE ET NAIGEON

La question des articles de Diderot doit donc être reprise de fond en comble, sur les deux bases qui en définitive sont tout à fait sûres : les renseignements que donne le texte même de la première édition de l'*Encyclopédie,* et le fait que Naigeon a cru devoir publier certains articles sous une forme autre que celle du texte imprimé dans cette édition.

La grave erreur de méthode commise par Assézat et Tourneux, et avant eux par Brière, a consisté à prendre à la lettre une déclaration qui se trouve dans le premier volume de l'*Encyclopédie,* et à l'appliquer à l'ensemble de l'ouvrage sans tenir compte des textes postérieurs qui pouvaient la corriger. Ils n'ont pas non plus tenu compte d'un certain nombre de faits qui sautent aux yeux d'un lecteur un peu attentif de l'*Encyclopédie,* et qui contredisent la déclaration initiale. Le texte de cette déclaration se lit ainsi, à la fin du *Discours préliminaire :*

> « Les articles qui n'ont point de lettres à la fin, ou qui ont une étoile au commencement sont de M. Diderot : les premiers sont ceux qui lui appartiennent comme étant un des *auteurs* de l'*Encyclopédie;* les seconds sont ceux qu'il a suppléés comme *éditeur* » (72).

---

(71) *Animalcule* (DAUBENTON), *Athée* (YVON), *Athéisme* (YVON), *Chacabout* (LENGLET DU FRESNOY), *Création* (« en grande partie de M. FORMEY »), *Dieu* (FORMEY), etc..

(72) ENC, t. I, p. XLVI.

Il doit être rapproché du texte du *Prospectus* où l'on peut lire d'autre part :

« Afin que la personne chargée d'une partie ne soit point comptable des fautes qui pourraient se glisser dans des morceaux surajoutés, nous aurons l'attention de distinguer ces morceaux par une étoile » (73).

A les prendre à la rigueur, ces deux textes signifient bien que tout article anonyme de l'*Encyclopédie* est de Diderot comme auteur; quant à l'astérisque éditorial, il signifie soit que Diderot intervient dans un article traité par un autre pour le compléter, soit qu'il donne un article de remplissage pour remplacer au dernier moment un collaborateur défaillant. Somme toute les seules contributions personnelles vraiment intéressantes de Diderot seraient celles qu'il n'a pas signées. Les autres seraient d'un intérêt mineur ou sans intérêt du tout. A ce compte les tomes XIII, XIV et XV de l'édition Assézat-Tourneux seraient en grande partie composés d'articles sans valeur, et la « personnalité » de Diderot n'apparaîtrait pleinement que dans le pot-pourri du tome XVI, ce qui est absurde.

Dans son étude des rapports entre l'*Encyclopédie* et le fonds Vandeul, M. Dieckmann insistait justement sur le fait que la déclaration du *Discours préliminaire* était corrigée par certains avertissements et par certaines notices des volumes suivants. On lit en effet à la fin du tome II un correctif extrêmement important :

« Les articles dont l'auteur n'est ni nommé ni désigné, sont de M. Diderot, ou de plusieurs auteurs qui ont fourni les matériaux, ou de différentes personnes qui n'ont pas voulu être connues, ou qui sont nommées dans le *Discours préliminaire* » (74).

Dès le tome II de l'*Encyclopédie* il faut donc s'interdire d'attribuer systématiquement à Diderot tous les articles anonymes. Un article anonyme peut être de Diderot, mais il peut être aussi d'un auteur inconnu, et cette seule possibilité d'erreur ne permet pas d'appliquer à l'ensemble de l'*Encyclopédie* la méthode de Brière et d'Assézat. La notice qui termine le tome III ne distingue même plus entre les articles de Diderot comme éditeur et de Diderot comme auteur. Il en va de même dans les avertissements du tome VI et du tome VII, où le nom de Diderot, accompagné de son étoile est donné en tête de la liste générale des collaborateurs et de leurs marques.

La distinction faite dans le *Discours préliminaire* se trouve donc sans valeur à partir du tome II de l'*Encyclopédie*. Par ailleurs les indications des tomes II, III, VI et VII nous imposent expressément deux constatations : d'une part Diderot a bien, comme auteur ou comme éditeur, rédigé lui-même les articles marqués de l'astérisque, d'autre part les articles anonymes ont autant de chances d'être de lui que d'un autre.

---

(73) AT, t. XIII, p. 135.
(74) ENC, t. II, p. 872.

La probabilité qu'ils soient de lui décroît même à mesure que l'ouvrage avance, s'il est vrai que le nombre des collaborateurs qui n'ont pas tenu à se faire connaître a augmenté lorsque les difficultés de l'entreprise se sont multipliées. Cela est vrai surtout pour les dix derniers volumes, où le nombre d'articles anonymes est considérable, et où pourtant l'astérisque de Diderot paraît encore, ainsi que la marque de la plupart de ses collaborateurs habituels. Diderot montre clairement dans l'*Avertissement* du tome VIII la raison de cet état de choses :

« Tous nos collègues se sont empressés à nous seconder; et c'est lorsque nos ennemis se félicitaient de nous avoir accablés, que nous avons vu des hommes de lettres et des gens du monde, qui s'étaient jusqu'alors contentés de nous encourager et de nous plaindre, venir à notre secours et s'associer à nos travaux. Que ne nous est-il permis de désigner à la reconnaissance publique tous ces habiles et courageux auxiliaires » (75).

Nous avons d'ailleurs une autre raison de penser que le nombre des articles rédigés par Diderot pour les dix derniers volumes de l'*Encyclopédie* est bien moindre qu'on ne l'imagine généralement. On constate en effet que la marque D.J., qui est celle du chevalier de Jaucourt, est aussi fréquente dans les derniers volumes que l'était l'astérisque dans les premiers. On sait par divers témoignages, et d'abord par Diderot, que Jaucourt a accompli durant des années un labeur écrasant. Mais ces témoignages se multiplient dans la dernière période. Diderot écrit à Sophie, en novembre 1760 : « Cet homme est depuis six à sept ans au centre de six à sept secrétaires, lisant, dictant, travaillant treize à quatorze heures par jour » (76). Deux semaines plus tard, répondant sans doute aux inquiétudes de sa correspondante, il écrit encore : « *Le chevalier de Jaucourt.* Ne craignez pas qu'il s'ennuie de moudre des articles; Dieu le fit pour cela » (77). Diderot lui a rendu le plus éclatant hommage dans l'*Avertissement* du tome VIII, où un seul collaborateur du dictionnaire se trouve nommé :

« Mais puisqu'il n'en est qu'un seul que nous ayons la liberté de nommer, tâchons du moins de le remercier dignement : c'est M. le chevalier de Jaucourt.

« Si nous avons poussé le cri de joie du matelot lorsqu'il aperçoit la terre après une nuit obscure qui l'a tenu égaré entre le ciel et les eaux, c'est à M. le chevalier de Jaucourt que nous le devons. Que n'a-t-il pas fait pour nous, surtout dans ces derniers temps ! Avec quelle constance ne s'est-il pas refusé à des sollicitations tendres et puissantes qui cherchaient à nous l'enlever ! Jamais le sacrifice du repos, de l'intérêt et de la santé ne s'est fait plus entier et plus absolu : les recherches les plus pénibles et les plus ingrates ne l'ont point rebuté; il s'en est occupé sans relâche, satisfait de lui-même s'il en pouvait épargner aux autres le dégoût; mais c'est à chaque feuille de cet ouvrage à suppléer ce qui manque à notre éloge : il n'en est aucune qui n'atteste et la variété de ses connaissances et l'étendue de ses secours » (78).

---

(75) AT, t. XIII, p. 172.
(76) AT, t. XIX, p. 24.
(77) *Ibid.*, p. 35.
(78) AT, t. XIII, pp. 172-173.

Ce texte devait être cité en entier, car il est trop peu connu. Il est pourtant de nature à combattre efficacement le préjugé tenace qui veut que Diderot, surtout dans les dernières années, ait porté presque seul le poids de l'*Encyclopédie,* et suppléé avec autant de fécondité que de talent un nombre prodigieux d'articles divers (79). Si tel avait été le cas, il serait bien étonnant que sa correspondance n'en portât pas la trace. Or les lettres écrites du Grandval, de la Chevrette, ou même de Paris, ne donnent nullement l'impression que Diderot ait été obsédé par le soin de « moudre des articles » pour l'*Encyclopédie.* Il parle souvent de « révision », ce qui est tout autre chose, comme nous aurons l'occasion de le voir.

En fait le véritable « éditeur » de l'*Encyclopédie,* au sens que le *Discours préliminaire* donnait à ce mot, à propos de l'astérisque, a été pendant les six dernières années Jaucourt et non pas Diderot. Il n'est pour s'en convaincre que de feuilleter les derniers volumes du dictionnaire. On constate que Jaucourt a « suppléé » un nombre invraisemblable d'articles, dans les domaines les plus divers, y compris ceux que Diderot s'était en principe réservés dès le début, comme les synonymes, la mythologie, voire l'*Histoire de la philosophie* ou la *Description des arts* (80).

L'examen des articles anonymes eux-mêmes confirme le caractère extrêmement aventureux de la méthode qui consiste à les attribuer en principe à Diderot, sauf évidence contraire (81). Surtout si l'on tient

---

(79) M. Dieckmann est sans doute l'un des premiers à avoir mis en doute la légendaire fécondité de Diderot (*L' « Encyclopédie » et le fonds Vandeul,* p. 329). Il n'a pas osé cependant, faute de preuves suffisantes attaquer de front la légende, impressionné qu'il était, comme beaucoup d'autres, par la somme considérable qu'on obtiendrait en ajoutant le nombre des articles anonymes et celui des articles marqués de l'astérisque. Dans une note à l'article de M. Dieckmann, M. Pommier ajoutait à ce propos : « La liste en a été établie, presque entièrement, par deux étudiants français (...). Elle est, en effet, comme le présume H. Dieckmann, impressionnante ». M. Pommier a bien voulu nous communiquer cette liste pour vérification. Elle ne dépasse malheureusement pas la lettre C et elle a été établie avec le plus grand arbitraire. En outre, la méthode même qui consiste a additionner articles anonymes et articles marqués de l'astérisque est mauvaise.

(80) Le chevalier de Jaucourt a signé par exemple *Jalousie, Idée (antiquité grecque et romaine),* la plupart des articles concernant la *Laine, Liberté politique, Liberté (mythologie), Paradis (critique sacrée),* la plupart des articles concernant la peinture, etc.. Voltaire, écrivant à Damilaville, le 4 avril 1766, pouvait ironiser : « En lisant le *Dictionnaire* je m'aperçois que le chevalier de Jaucourt en a fait les trois quarts. Votre ami (Diderot) était donc occupé ailleurs ? » (cité par R. Naves, *Voltaire et l'« Encyclopédie »,* p. 92). Deux articles récents de M. R.N. Schwab ont montré que Voltaire ne se trompait guère dans son appréciation. M. Schwab a calculé que sur 60 660 articles que contiennent les dix-sept volumes de l'*Encyclopédie,* 17 050, soit 28 % avaient été rédigés par Jaucourt. Cette participation augmente jusqu'à 44 % dans les quatre derniers volumes, et dans le tome XVI, 2 500 articles sur 3 500 sont signés D.J. (*The chevalier de Jaucourt,* p. 48; cf. du même, *The extent of chevalier de Jaucourt's contribution*).

(81) Nous ne parlons pas ici des anonymes dont M. Dieckmann a percé le mystère, ni de ceux que les avertissements des tomes VI et VII énumèrent comme étant d'auteurs non désireux de se faire connaître (*Etymologie, Existence, Expansibilité, Evidence, Fonction de l'âme, Fatalité,* etc.).

compte d'une singulière disposition typographique que le *Discours préliminaire* explique en ces termes :

« Lorsque plusieurs articles appartenant à la même matière, et par conséquent faits ou revus par la même personne, sont immédiatement consécutifs, on s'est contenté quelquefois de mettre la lettre distinctive à la fin du dernier de ces articles » (82).

D'autre part, faut-il attribuer à Diderot l'article *Gangrène* (*manège et maréchalerie*) parce qu'il n'a ni signature ni astérisque ? Mais l'article se termine par cette phrase : « Tels sont les remèdes auxquels nous avons recours dans toutes les affections gangréneuses qui procèdent des causes externes ». Il est bien évident que ce n'est pas Diderot qui parle ici à la première personne. Dans un tout autre domaine *Hébraïque* (*langue*) est aussi anonyme, mais suppose des connaissances précises que seul un spécialiste pouvait avoir. *Lumière, Magistrat* (*pol.*), ne sont pas signés non plus. Mais l'auteur du premier de ces articles renvoie à l'un de ses articles précédents, *Couleur,* qui était signé O, c'est-à-dire d'Alembert. Quant à *Magistrat* (*pol.*), qui est reproduit dans l'édition Assézat-Tourneux, il précède *Magistrat* (*jurispr.*), qui porte la marque A, c'est-à-dire de Boucher d'Argis. Si l'on en croit le *Discours préliminaire* Boucher peut donc être le signataire des deux articles.

Nous avons déjà eu l'occasion de dire que l'astérisque de Diderot se rencontrait encore dans les dix derniers volumes de l'*Encyclopédie.* Le fait est important, car beaucoup ont cru que la marque de Diderot ne paraissait pas au-delà du tome VII, ce qui les affermissait dans l'opinion qu'au moins dans les dix derniers volumes tout article anonyme devait en principe lui être attribué. En réalité l'astérisque de Diderot ne cesse d'apparaître qu'après le tome X. L'article *Marbreur de papier* est, sauf erreur, le dernier qui soit ainsi identifié. On s'explique assez mal cette soudaine discrétion, si l'on n'admet pas que la collaboration personnelle de Diderot s'est effectivement raréfiée dans les derniers volumes. En effet, si elle était justifiée par des raisons de prudence, il fallait supprimer toute marque à partir du tome VIII. Il est vrai que la majeure partie des articles marqués de l'astérisque dans les volumes VIII, IX et X sont des articles techniques. Diderot n'a pourtant pas renié la paternité de *Japonais, Journée de la Saint-Barthélemy, Juifs,* qui sont loin d'être des articles anodins, le second notamment.

Tant de raisons conjuguées nous amènent à la conclusion qu'à la différence de l'édition Assézat-Tourneux et des manuscrits conservés à Paris ou à Leningrad, la première édition de l'*Encyclopédie* est somme toute une base sûre pour juger de l'ampleur et de la qualité de la collaboration personnelle de Diderot au dictionnaire, à condition que l'on admette, d'une part, qu'aucun article anonyme ne doit être attribué à Diderot, principalement dans les derniers volumes, si la preuve n'est pas faite par ailleurs que cet article est bien de lui; d'autre part, que les

(82) ENC, t. I, p. XLVI.

articles marqués de l'astérisque constituent en tout état de cause le fonds minimum certain sur lequel il est possible de travailler.

Toutefois les articles marqués de l'astérisque ne doivent pas être utilisés sans précautions. Car si l'astérisque indique à coup sûr que Diderot a rédigé le texte, sa signification est ambiguë quant à la part exacte qu'il a prise dans son élaboration. Nous avons vu qu'au moins dès le tome III l'astérisque marquait indistinctement des textes dont Diderot était l'auteur et des textes dont il était l'éditeur. Encore faudrait-il entendre exactement le sens du mot « éditeur ». Il faut croire que les lecteurs de l'*Encyclopédie* ne le trouvaient pas trop clair, puisqu'il fallut plusieurs fois leur apporter des précisions. On lit ainsi dans l'*Avertissement* du tome II :

> « Le travail des éditeurs, comme éditeurs, consiste uniquement à réunir et à publier l'ouvrage des autres avec le leur : mais ils n'ont jamais prétendu s'engager, ni à réformer les articles faits par d'autres, ni à remonter aux sources d'où l'on a pu les tirer » (83).

L'*Avertissement* du tome III insiste sur le fait que l'*Encyclopédie* ne saurait être originale en tout, et que l'éditeur emprunte ses matériaux à d'autres : « Tout est utile dans la littérature, jusqu'au rôle d'historien des pensées d'autrui (84) ». Notre rôle, ajoute l'auteur de l'*Avertissement*, n'est pas de tout savoir, mais de

> « mettre en ordre (...) et de publier les articles que nous ont fournis nos collègues; (...) suppléer ceux qui n'ont point été faits, parce qu'ils étaient communs à des sciences différentes; (...) refondre quelquefois en un seul les articles qui ont été faits sur le même sujet par différentes personnes, désignées toutes en ce cas à la fin de l'article » (85).

L'article *Editeur*, au tome V, fait état des difficultés propres à ce travail : l'éditeur doit être « suffisamment instruit de la matière » traitée par l'auteur, et la variété des questions abordées dans l'*Encyclopédie* ne permet pas toujours qu'il le soit. D'autre part l'éditeur ne peut s'arroger « aucune sorte d'autorité sur les productions de (ses) collègues »; en conséquence, il ne peut les modifier sous prétexte qu'il en désapprouve parfois, « intérieurement », le contenu :

> « Chacun a une manière de penser et de dire qui lui est propre, et dont on ne peut exiger le sacrifice dans une association où l'on n'est entré que sur la convention tacite qu'on y conserverait toute sa liberté » (86).

Il y a du reste une contradiction évidente entre ce souci de respecter à la fois le contenu et la forme des textes édités, et le travail de mise en ordre et de refonte qui est défini dans l'*Avertissement* du tome III.

---

(83) ENC, t. II, p. IV.
(84) *Ibid.*, t. III, p. VII.
(85) *Ibid.*, p. IX.
(86) L'article *Editeur* n'est pas signé. Bien qu'ASSÉZAT l'attribue à DIDEROT, nous ne le citons pas comme étant de DIDEROT, mais parce qu'il nous éclaire sur la conception que l'équipe encyclopédique se faisait du rôle d'un « éditeur ».

Quelques sondages permettent de constater que la signification de l'astérisque est, en effet, équivoque. Placé au début de l' « explication détaillée du système des connaissances humaines » et des « observations sur la division des sciences du chancelier Bacon », il signifie bien que Diderot *édite* Bacon. Placé à la fin de l'article *Aiguille,* signé Louis, il introduit une addition et un renvoi de Diderot :

« Ce sont les couteliers qui font ces aiguilles; elles se forgent, s'émoulent, et se polissent comme les autres ouvrages de ces ouvriers. Voyez l'article *Coutelier* ».

A la fin de l'article *Allusion,* qui est de l'abbé Mallet, il introduit encore une addition, mais c'est une réflexion de l'homme de lettres : « On ne doit jamais (...) tirer (les allusions) que des sujets connus, en sorte que les auditeurs ou les lecteurs n'aient pas besoin de contention d'esprit pour en saisir le rapport ».

La première partie de l'article *Animal* est tirée de Buffon, la deuxième étant signée de Daubenton. L'astérisque qui marque cette première partie signale cependant l'intervention de Diderot éditeur. En fait l'alternance des caractères normaux et des italiques permet de constater qu'il s'agit là d'une véritable discussion, où l'éditeur serre de si près la pensée de son auteur qu'il ne lui permet aucune défaillance, lui substituant à l'occasion la sienne, dans un dialogue passionné qui préface à vingt années de distance l'*Entretien* et le *Rêve.*

L'article *Cacao,* en revanche, a été reproduit avec un tel soin que l'éditeur a même conservé la première personne : « A la Martinique (...), j'(...)incorporais (la fleur de soufre) avec le beurre de *cacao* ». L'astérisque, ici, n'a plus aucun sens. A quelques pages de là il signale derechef l'intervention personnelle de Diderot dans un entretien qui réunit trois personnes, Toussaint, d'Alembert et l'éditeur. Il s'agit du problème de la dissection, sur lequel Diderot prend position après ses deux interlocuteurs.

D'une façon générale les articles techniques de la *Description des arts* et ceux de l'*Histoire de la philosophie* sont typiques de l'usage anarchique que Diderot, — ou l'imprimeur, — a fait de l'astérisque. Notre étude sur la *Documentation technique de Diderot* nous a montré que l'astérisque précédait aussi bien des articles simplement mis en forme par Diderot que des articles supposant un travail plus poussé d'élaboration. Quant aux articles de l'*Histoire de la philosophie,* dont nous verrons qu'ils peuvent presque tous être attribués avec certitude à Diderot, et qui tous ont été peu ou prou tirés de Brucker (87), les uns sont signés de l'astérisque (88) et les autres ne le sont pas (89), alors qu'ils devraient tous porter la marque de l'éditeur.

---

(87) ENC, t. II, p. IV.
(88) Par exemple *Brachmanes, Bramines, Chinois, Cyniques.*
(89) Par exemple *Antédiluvienne, Arabes, Asiatiques, Chaldéens.*

Les articles marqués de l'astérisque de Diderot, aussi bien d'ailleurs que les articles anonymes dont on est sûr qu'ils sont de lui, ne doivent donc pas être utilisés sans qu'une étude préalable précise ait été faite de leurs sources.

Nous avons réservé jusqu'ici la question de Naigeon, car elle est importante, complexe, et dans l'état actuel de nos connaissances sa solution peut seule, à notre avis, permettre d'obtenir quelques résultats positifs dans l'attribution des articles anonymes de l'*Encyclopédie.*

Il y a du reste deux questions Naigeon. L'une concerne le choix même des articles reproduits dans ses trois recueils. L'autre concerne, comme nous l'avons vu, l'établissement du texte de certains de ces articles. Mais il est évident que si nous pouvons arriver à la certitude que le choix de Naigeon est sûr, nous aurons une raison supplémentaire de nous fier à lui pour l'établissement du texte. Et inversement, si Naigeon n'a pas falsifié les textes, s'il avait entre les mains des manuscrits l'autorisant à affirmer que Diderot les avait corrigés, il devient plus vraisemblable qu'il ait reproduit des articles qui effectivement étaient de Diderot.

Les trois volumes de *Philosophie ancienne et moderne* publiés chez Panckoucke en 1791 contiennent de nombreux articles philosophiques de Diderot, et Naigeon n'omet jamais de rendre à son maître ce qui lui revient (89 *bis*). Aux articles proprement philosophiques il convient d'ajouter de nombreux articles sur divers sujets. Ils sont cités par Naigeon, qui en modifie quelquefois le titre, dans la septième partie de son article *Diderot*, notamment (90). Il donne par exemple une définition de synonymes, comme *Bassesse,* — sous le titre *Abjection,* — (91), ou l'article *Dranses,* qu'il intitule *Naissance* (92). Le *Discours préliminaire* cite en outre les titres *Bas (au métier)*, *Velours, Arithmétique (machine)*. Or, contrairement aux recueils manuscrits ou imprimés que nous avons déjà étudiés, le choix de Naigeon, quoique très incomplet, ne comporte aucune erreur manifeste d'attribution. On est donc tenté de faire crédit à Naigeon lorsqu'il attribue à Diderot un article anonyme de l'*Encyclopédie,* ou même, ce qui paraît significatif, une partie seulement d'un article anonyme, comme c'est le cas pour *Naturaliste* (93).

Sur les quinze volumes des *Œuvres* de Diderot qu'il fit paraître en 1798, Naigeon en consacra trois aux articles tirés de l'*Encyclopédie.*

(89 *bis*) Ce sont les articles portant dans notre *Annexe* III la marque N 1791. Il convient cependant d'y adjoindre des articles philosophiques qu'Assézat et Tourneux n'ont pas recueillis, comme *Spinoziste, Syncrétistes, Théologie mystique.*

(90) *Philosophie ancienne et moderne,* t. II, pp. 153-228.

(91) *Ibid.*, p. 220 b, n. 1.

(92) *Ibid.*, p. 350 a. Naigeon attribue encore à Diderot les articles suivants, dont le titre n'est pas toujours celui de l'*Encyclopédie : Fétichisme, Mouvement, Nature (intempéries), Notions indistinctes, Opération, Oracle d'Hercule, Pressentiment, Prodige, Récompense, Revenant, Solitaire, Spéculation, Spontanéité, Succès, Superstition, Système de l'âme, Ténèbres, Transmission, Variation, Veille, Vigilance, Vraisemblance,* etc..

(93) *Annexe* III.

Ces articles sont dans leur quasi-totalité des articles de philosophie. Ce sont ceux qu'avait déjà fait connaître l'*Encyclopédie méthodique*. L'article *Indiens* a disparu, on ne sait pourquoi. Mais de nouveaux articles font leur apparition (94). Naigeon cite également *Intolérance* qu'il rattache, pour son contenu, à la lettre écrite par Diderot à son frère, en 1760 (95). La *Préface* de Naigeon annonçait, sous le titre de *Mélanges*, des articles « sur les arts mécaniques, la grammaire, la politique, la morale et la philosophie » (96). Si Naigeon avait à sa disposition les matériaux nécessaires, on peut se demander pourquoi il n'a pas rempli le programme qu'il s'était fixé. Peut-être a-t-il simplement reculé devant l'ampleur du travail. La tâche idéologique qu'il s'était assignée lui imposait de donner la priorité aux articles de philosophie. Il le devait d'autant plus qu'il pouvait publier un texte qui, en plusieurs endroits, différait sensiblement de celui de l'*Encyclopédie* ou des recueils subséquents. En réalité nous devrons sur ce point nous contenter d'hypothèses, tant que nous ne saurons pas exactement quels étaient les manuscrits qu'il possédait.

Dans les *Mémoires historiques* qu'il publia en 1821, Naigeon est revenu sur la participation de Diderot à l'*Encyclopédie*. Il y cite de nouveau *Bas (au métier)*, et *Velours* (97), des articles de remplissage comme *Fordicidies, Bois sacré, Coterie* (98), des articles de grammaire comme *Loisir, Eclairé, Natal,* des articles divers comme *Importants, Saccager, Puérilité, Intolérance, Education* (99), *Subit, Vice, Jouissance, Encyclopédie.* Non seulement il ne fait jamais d'erreur manifeste d'attribution mais encore la façon dont il découpe les textes semble prouver qu'il avait des moyens sûrs d'identification. L'article qu'il intitule *Importants* représente une partie seulement, la seconde, de l'article *Importance* de l'*Encyclopédie* (100), et *Vice* est une addition anonyme à un article signé de Jaucourt.

A ne considérer que le choix des textes présentés dans ces trois recueils nous arrivons donc à cette opinion très probable, — mais non pourtant à la certitude, — que Naigeon avait bien le moyen de discerner parmi les articles anonymes de l'*Encyclopédie* la contribution personnelle de Diderot. Mais que penser du texte même qu'il propose ?

Le livre publié naguère par MM. Gordon et Torrey a montré comment Le Breton et son prote avaient censuré les articles de *l'Encyclopédie* qu'ils jugeaient trop hardis. MM. Gordon et Torrey pensent que Le Breton avait quelques excuses, et que son travail de censeur ne

---

(94) Par exemple *Acousmatiques, Antédiluvienne, Aschariens, Asiatiques, Azarecah, Belbuch, Brachmanes, Bramines, Chavarigtes* (voir *Annexe* III).

(95) Diderot, *Œuvres*, éd. Naigeon, t. I, p. 449.

(96) *Ibid.*, p. XIII, n. 1.

(97) J.-A. Naigeon, *Mémoires*, pp. 50-51.

(98) *Ibid.*, p. 58.

(99) Cet article *Education* n'est pas celui de l'*Encyclopédie*, signé F, c'est-à-dire Dumarsais. Le morceau reproduit par Naigeon est en réalité la fin de l'article *Locke* depuis « Celui qui veut que l'arbre », jusqu'à « travailler à reconnaître et à amollir » (AT, t. XV, pp. 523-524).

(100) Voir *Annexe* II.

fut pas « absolument inepte » (101). On a cependant l'impression, quand on lit les parties du texte original qu'ils nous ont restituées, que la pensée de Diderot a subi une mutilation grave. Une lettre publiée par Mme Marie-Jeanne Durry montre, s'il en était besoin, que plus de quatre ans après l'événement Diderot n'avait pas encore dominé son ressentiment (102). MM. Gordon et Torrey, qui semblent parfois s'étonner de la violence des réactions de Diderot, reconnaissent pourtant que les trois cent dix-huit pages d'épreuves qu'ils ont retrouvées ne sauraient être considérées comme recouvrant la totalité des articles corrigés par Le Breton. C'est un recueil « intentionnellement choisi » (103). Peut-on espérer retrouver un jour les autres épreuves, et reconstituer ainsi le texte original des articles de philosophie de Diderot ? Diderot avait quelques-unes de ces épreuves, il le dit dans sa lettre à Le Breton de 1764 (104). Il ne nous en est rien parvenu. Le Breton avait gardé les autres, et Diderot ne fit aucune démarche pour se les faire restituer (105). Il est peu probable que Le Breton les ait gardées par devers lui, s'il les a exclues de son recueil. Il y a tout lieu de croire qu'elles sont irrémédiablement détruites.

Mais puisqu'il en est ainsi, et à défaut du texte original, le texte reproduit par Assézat et Tourneux d'après l'édition Naigeon ne serait-il pas tout simplement un texte *rétabli* par Diderot lui-même *après* la publication dans l'*Encyclopédie* des articles censurés par Le Breton ? On ne peut répondre à une telle question avant d'avoir quelque idée de l'étendue des corrections proposées par Naigeon, ni surtout de leur fondement.

Nous avons vu qu'Assézat signalait en tout et pour tout deux divergences dans l'article *Juifs*, et que Tourneux en avait noté une dans *Socratique*. Nous avons aussi reproduit un texte d'Assézat qui faisait allusion à des accusations portées par Génin contre Naigeon. En réalité Génin ne fut pas le premier à remarquer des divergences entre le texte donné par Naigeon pour certains articles de Diderot et le texte réputé original de l'*Encyclopédie*. Le *Journal des débats* du 23 août 1819, rendant compte de l'édition Belin des *Œuvres* de Diderot accusait déjà Naigeon d'avoir accordé le texte de son ami avec ses propres opinions philosophiques. Et le journaliste, — qui signait « Z », — prenait comme exemple un passage de l'article *Jésus-Christ* où la phrase de l'*Encyclopédie*, « Jésus-Christ débitait ses propres pensées », devient chez Naigeon « Jésus-Christ débitait ses propres rêveries ».

C'est précisément à propos de l'athéisme de Diderot que Génin fut amené à s'interroger sur les divergences qu'il avait remarquées entre

---

(101) D. H. Gordon et N. L. Torrey, *The censoring*, p. 39; cf. p. 63.
(102) M.-J. Durry, *Un extraordinaire inédit*, p. 7.
(103) D. H. Gordon et N. L. Torrey, *The censoring*, p. 39.
(104) AT, t. XIX, p. 471 : « Vous fîtes main basse sur l'article *Intendant* et sur quelques autres dont j'ai les épreuves ».
(105) *Ibid.* : « Encore s'il était possible d'obtenir de vous les épreuves afin de transcrire à la main les morceaux que vous avez supprimés ! La demande est juste, mais je ne la fais pas ».

l'édition Naigeon des œuvres de Diderot, et le texte de l'*Encyclopédie.* Génin croyait, et en tout cas voulait faire admettre à ses lecteurs, que Diderot « n'était pas athée, mais sceptique, et surtout tolérant » (106). Pour mener à bien sa démonstration, il devait affronter deux adversaires d'un grand poids, La Harpe et Naigeon. Le premier, au nom du parti dévot, le second par fanatisme antireligieux, auraient, selon lui, accrédité l'image mensongère d'un Diderot matérialiste et athée. Contre La Harpe, Génin n'a pas de peine à démontrer que des textes attribués longtemps à Diderot, comme le *Code de la Nature* ou la *Lettre au R.P. Berthier sur le matérialisme,* n'ont jamais été de lui. Avec Naigeon, Génin a affaire à plus forte partie. C'est la philosophie des *Malabares* qui lui permet de déclencher son attaque. On remarque en effet dans cet article un développement sur l'athéisme dont la conclusion est bien différente selon qu'on se fie au texte de Naigeon ou au texte de l'*Encyclopédie.* « Il n'est pas étonnant qu'il y ait des athées partout où il y a des superstitieux », lit-on dans l'*Encyclopédie,* qui poursuit :

« C'est un raisonnement qu'on fera partout où l'on racontera de la Divinité des choses absurdes. Au lieu de dire : Dieu n'est pas tel qu'on me le peint, on dira : Il n'y a point de Dieu ».

Le texte ainsi présenté est de nature à satisfaire les censeurs les plus pointilleux. Tout change si l'on ajoute comme le fait Naigeon : « et l'on dira la vérité ». Dans le premier cas nous avons l'exposé impersonnel de l'historien de la religion, dans le second nous avons la ferme profession d'incroyance d'un philosophe athée.

Génin a bien lu dans la préface de Naigeon que certains passages avaient été « rétablis d'après les manuscrits de l'auteur », mais il ne semble pas qu'il ait tenté de vérifier l'exactitude des propos de Naigeon. Entre la recherche patiente des faits et la défense de sa thèse, cet universitaire de qui l'on pouvait attendre plus d'honnêteté intellectuelle a vite fait son choix. Le texte de Naigeon contredit ses affirmations ? C'est que Naigeon a falsifié les textes, Naigeon est un faussaire. Si Naigeon avait des manuscrits corrigés par Diderot, pourquoi n'a-t-il pas indiqué la nature et l'étendue des corrections ? Comment se fait-il que nul n'a pu voir ces manuscrits ? Naigeon prétend que Diderot avait noté ses corrections sur des feuilles volantes, et Génin de s'exclamer : « Ah ! fort bien ! j'entends : si par hasard vous vous trouviez sommé de les produire, les papiers volants se seraient envolés » (107). Au reste peut-on imaginer Diderot assez hypocrite pour dire le plus souvent le contraire de ce qu'il pensait vraiment ? La *preuve* que Naigeon fut un faussaire, c'est qu'il fut un athée fanatique : il était *donc* capable de tout (108). Sa fraude fut une « fraude pieuse ». Pour justifier cet adjectif inattendu Génin rappelle le culte de Naigeon pour Diderot, cette « superstition » qui « lui interdisait d'enlever une ligne, un mot, aux

---

(106) F. Génin, *Œuvres choisies de Diderot,* t. I, chap. X.
(107) *Ibid.,* p. LXXIX.
(108) *Ibid.,* p. LXXXII.

œuvres qu'il était chargé de publier ». Si l'on comprend bien Génin, la preuve la plus manifeste de la fausseté de Naigeon serait précisément son respect superstitieux des textes. N'y aurait-il pas là une contradiction ? Soit : cette contradiction était chez Naigeon, et il fut trop aveuglé ou assez simple pour ne point s'en rendre compte. Et Génin de conclure :

« Ce sera pour le futur éditeur des œuvres complètes de Diderot une tâche difficile, mais obligatoire, de chercher à retrouver le véritable texte, et à le débarrasser des impuretés de Naigeon; il est à craindre qu'on n'y parvienne jamais » (109).

Si l'on se réfère à la préface donnée par Naigeon à son édition des œuvres de Diderot, on s'aperçoit qu'il nous a laissé en réalite beaucoup plus que ce que Génin appelle « un petit avis en termes généraux ». Après avoir critiqué l'*Histoire générale des dogmes et opinions philosophiques*, publiée à Londres, — Bouillon —, en 1769, et qui, dit-il, est fort incorrecte, Naigeon explique comment il a établi son texte :

« J'ai rétabli partout le texte de cet ouvrage (...). Diderot avait fait à cette Histoire des dogmes des anciens philosophes, diverses corrections que j'ai suivies très exactement. Son dessein était, comme je l'ai dit ailleurs, de la refondre entièrement, d'en changer le plan et la forme, et d'y appliquer tout ce que de nouvelles lectures, et un examen plus exact des mêmes objets, avaient pu ajouter à cet égard à ses connaissances. Il voulait surtout restituer dans tous les endroits affaiblis, mutilés sans pitié par le censeur, mais plus encore par l'imprimeur, la vraie leçon de son manuscrit » (110).

Le texte de Naigeon, qui se distingue en cela du texte publié par MM. Gordon et Torrey, ne saurait donc en aucune façon être considéré comme le texte original des articles de l'*Encyclopédie*. Les corrections reproduites par Naigeon seraient postérieures à la publication de l'*Encyclopédie*. Elles viseraient, remarquons-le, à suppléer non seulement les passages supprimés par Le Breton, mais aussi ceux qui le furent, antérieurement, par la censure gouvernementale. Diderot aurait eu en outre le dessein « de retrancher de ses recherches sur la philosophie des anciens, et en général de ses autres ouvrages, tout ce qu'il avait écrit, contre sa pensée, en faveur des préjugés religieux » (111). Ce projet, ajoute Naigeon, ne fut

« exécuté qu'en partie (...). Il reste encore dans la plupart des articles dont il a enrichi l'*Encyclopédie*, et dans les divers ouvrages qu'il a publiés à différentes époques, un assez grand nombre de passages de doctrine purement exotérique » (112).

Il faut reconnaître que l'explication de Naigeon rend assez bien compte de deux faits importants : d'une part les corrections qui figurent

---

(109) *Ibid.*, p. LXXXIV.
(110) DIDEROT, *Œuvres*, éd. NAIGEON, t. I, pp. XXVI-XXVII.
(111) *Ibid.*, p. XXIX. DIDEROT était indigné d'avoir dû « s'envelopper » d'expressions « orthodoxes » pour esquiver toute accusation, et ne se pardonnait pas, paraît-il, une telle lâcheté (p. XXVIII).
(112) *Ibid.*, p. XXX.

dans son texte ne constituent en aucun cas un rétablissement du texte original, comme on peut le vérifier par exemple pour l'article *Sarrasins* en confrontant ses trois états, dans le livre de MM. Gordon et Torrey, dans l'*Encyclopédie*, et dans l'édition Naigeon, reproduite par Assézat-Tourneux. D'autre part il y a des contradictions sensibles entre les articles ou les passages d'articles corrigés et ceux qui ne l'ont pas été. Ce sont celles que remarquait Génin. Loin d'être le fait de Naigeon, elles seraient le fait de Diderot lui-même, ou plutôt elles témoigneraient, sinon de deux états différents de sa pensée, du moins de deux traductions différentes, l'une infidèle, l'autre fidèle, d'une pensée qui n'a pas varié.

Quant aux papiers volants qui excitaient la verve de Génin, voici en quels termes Naigeon s'en explique :

> « Les corrections qu'on pourra remarquer dans plusieurs ouvrages de ce recueil, sont les seules qui se soient trouvées parmi les papiers que Diderot m'a remis quelques mois avant sa mort. La plupart de ces corrections, plus ou moins importantes, étaient sur des papiers volants, avec des renvois en général assez exacts, qui m'ont été très utiles pour insérer à leur place ces changements et ces additions. Diderot avait fort à cœur qu'aucun de ces passages destinés à corriger et à suppléer ceux où, pour me servir de son expression, il avait trahi lâchement la cause de la vérité, ne fût oublié. C'est même un des articles qu'il me recommandait avec le plus d'instance, toutes les fois qu'il me parlait de l'édition de ses Œuvres dont il m'avait depuis longtemps confié le soin (113) ».

Ces papiers volants posent deux questions distinctes, que le mauvais jeu de mots de Génin ne saurait escamoter : ont-ils pu exister et s'ils ont existé, que sont-il devenus ? D'après ce que nous savons aujourd'hui des méthodes de travail de Diderot, les affirmations de Naigeon sont tout à fait vraisemblables. Le fonds Vandeul a révélé bon nombre de ces petits papiers. C'étaient tantôt des notes de lecture que Diderot insérait dans ses livres, tantôt des pensées qu'il fixait à la hâte pour les reprendre à loisir, tantôt des corrections et des additions, avec des renvois à l'œuvre qu'il voulait refondre (114). La deuxième question est encore insoluble, mais elle ne constitue qu'un aspect d'un problème plus général : qu'est devenue la collection des manuscrits laissés par Diderot à Naigeon ?

En l'absence de la preuve formelle que constituerait la découverte de ces manuscrits et, parmi eux, des feuilles volantes portant les corrections ou les additions autographes de Diderot, nous ne pouvons nous contenter du caractère de vraisemblance qui marque les déclarations de Naigeon. Il existe heureusement une série de témoignages plus ou moins directs dont la concordance atteste la vérité de ces déclarations.

---

(113) *Ibid.*, p. XXXI.

(114) Voir M. Tourneux, *Diderot et Catherine II*, p. 449 et H. Dieckmann, *Inventaire*, p. XXVII. La préface-annexe de *La Religieuse*, par exemple, est accompagnée d'un « papier volant » portant cinq additions écrites de la main de Diderot, avec des renvois précis. Ces additions elles-mêmes ont été corrigées plusieurs fois (H. Dieckmann, *Inventaire*, p. 142).

Nous avons d'abord celui de Diderot lui-même. Dans sa lettre à Le Breton du 12 novembre 1764, Diderot indique très clairement son dessein de rétablir d'une façon ou d'une autre les parties du texte de ses articles supprimées par l'imprimeur (115). L'examen des passages restitués par MM. Gordon et Torrey prouve que Diderot n'a pas obtenu les épreuves. Le fait même qu'il a songé à les demander prouve qu'il n'avait pas non plus gardé le texte original manuscrit. Il ne pouvait donc que se fier à sa mémoire, lorsqu'il entreprit de réparer les torts que Le Breton lui avait causés. Cette mémoire, on le sait, n'était pas très fidèle, et il est naturel que Diderot n'ait pas pu reconstituer certains passages très longs comme ceux qui concernent Bayle dans l'article *Pyrrhonienne*. Il est normal aussi, dans ces conditions, qu'il ait corrigé après coup des phrases qu'il avait originellement écrites telles qu'elles furent imprimées par Le Breton (116), ou qu'il ait rétabli le texte censuré en termes différents de ceux dont il avait d'abord usé (117). Il est probable que l'exemplaire de l'*Encyclopédie* dont parle Mme de Vandeul dans ses *Mémoires* était un exemplaire ainsi corrigé, et non pas, comme elle l'a cru, un tirage à part avec des « colonnes où tout était rétabli » (118).

Même si l'on admet comme à peu près certaine l'existence d'un texte corrigé par Diderot, il faut pourtant prouver encore que c'est bien ce texte-là qu'a reproduit Naigeon. Or nous avons deux jugements portés sur le travail de Naigeon par des personnes peu suspectes de partialité en sa faveur, puisqu'il s'agit de Mme de Vandeul et de Meister. Leur témoignage ne pouvait être connu de Génin, et il est suffisant pour lever les derniers doutes.

Le témoignage de Mme de Vandeul est en quelque sorte un témoignage de moralité. Parlant de l'édition qui vient de paraître, mais qu'elle n'a pas encore lue, elle déclare en effet le 11 brumaire an VI à son mari : « Je ne pense pas que l'homme ait altéré, vu son respect pour les textes de temps immémorial » (119). Or Mme de Vandeul n'ignorait rien de l'athéisme de Naigeon, et elle savait bien aussi sous quel jour Naigeon voyait son père. Naigeon s'était même ouvert à elle des scrupules qu'il aurait eus à travestir la pensée de Diderot pour des raisons de prudence. Dans une lettre du 3 août 1786 il lui disait en effet : « Je ne me déterminerai jamais à écrire contre ma pensée après avoir parlé selon ma pensée et je ne ferai pas d'un incrédule un dévot » (120). Mme de Vandeul n'a jamais dit un mot qui puisse nous autoriser à

---

(115) AT, t. XIX, p. 471.

(116) L'édition Naigeon dit par exemple « fausseté de tous les systèmes religieux » quand l'*Encyclopédie* dit « vanité de la plupart des systèmes religieux » (*Annexe* III, art. *Pyrrhonienne*). Or MM. Gordon et Torrey ne signalent aucune variante, pour cette phrase, entre le texte des épreuves et le texte définitif de l'*Encyclopédie*.

(117) *Annexe* III, art. *Machiavélisme*.

(118) AT, t. I, p. XLV.

(119) Massiet du Biest, *Lettres inédites de Naigeon à M. et Mme de Vandeul*, p. 9.

(120) *Ibid.*, p. 6.

croire qu'elle ne partageait pas ce point de vue. Il apparaît assez bien à la lecture des lettres publiées par M. Massiet du Biest qu'aucune divergence de vue fondamentale n'opposait Mme de Vandeul et Naigeon. Ce sont bien plutôt des raisons de convenance, de prudence, d'opportunité, qui amenèrent Mme de Vandeul à rompre pratiquement avec Naigeon, et à désapprouver son édition (120 *bis*).

On imagine avec quel soin Meister dut examiner les volumes que lui envoya Mme de Vandeul, le 1er mai 1798 (121). Elle lui avait confié cette mission en termes explicites : « Si vous trouvez des choses qui puissent me faire une nouvelle peine, je le saurai d'une façon qui ne me sera pas insupportable ». La réponse de Meister est prudente (122). Il ne semble pas d'abord qu'il soit satisfait de la manière dont Naigeon a établi le texte de cette édition. « Je crois déjà m'être assuré, dit-il, qu'elle n'est ni aussi complète ni aussi châtiée que je l'aurais désiré ». Mais ce sont surtout les « discours préliminaires » et les notes qui ont choqué Meister. Finalement aucun reproche grave n'est fait à l'éditeur en tant que tel. Croit-on que Meister écrivant à Mme de Vandeul, eût passé sous silence les falsifications de Naigeon, si celui-ci avait fait œuvre de faussaire ?

Mais il y a plus convaincant encore. C'est le compte rendu de l'édition Naigeon que fit Meister pour la *Correspondance littéraire* (123). Les jugements portés par Meister sur les différentes parties de la collection ont d'autant plus de prix qu'ils sont précédés d'un avant-propos extrêmement dur, où Meister, défendant visiblement les intérêts de Mme de Vandeul, conteste les droits que Naigeon prétendait avoir sur l'héritage spirituel de Diderot. On pouvait admettre que lorsqu'il écrivait à Mme de Vandeul, le 27 juillet an VI, il avait à peine eu « le temps de parcourir même de l'œil le plus rapide » les volumes qu'il avait reçus. Mais le compte rendu de la *Correspondance littéraire* a été fait à loisir, et ce que Meister nous dit des articles de philosophie est tout à fait net :

> « Les *Essais d'une histoire critique de la philosophie ancienne et moderne*, dont on avait donné une édition si défectueuse à Bouillon, reparaissent ici du moins suivant la vraie leçon du manuscrit avec les différentes corrections que l'auteur y avait faites depuis qu'ils avaient paru dans la première édition de l'*Encyclopédie* » (124).

La cause est donc entendue, et nous pouvons maintenant affirmer à coup sûr que Naigeon ne fut pas un faussaire : le texte qu'il donne et que l'édition Assézat-Tourneux a reproduit après lui est bien le texte des articles de philosophie corrigé par Diderot sur la première édition de l'*Encyclopédie*.

Quelques points de l'histoire de ce texte méritent cependant d'être examinés de plus près. Comment expliquer que Naigeon ait attendu 1798

(120 *bis*) *Ibid.*.
(121) Lettre d'envoi citée par H. DIECKMANN, *Inventaire*, p. XXIX, n. 2.
(122) *Ibid.*, pp. XXIX-XXX. La lettre est, semble-t-il, du 27 juillet an VI.
(123) CORR LIT, t. XVI, pp. 229 et suivantes.
(124) *Ibid.*, p. 231.

pour le donner au public ? En effet les trois volumes consacrés par Naigeon à la philosophie ancienne et moderne dans l'*Encyclopédie méthodique* de Panckoucke contenaient déjà en 1791 la plus grande partie des articles de philosophie de Diderot. Or le texte de l'*Encyclopédie méthodique* est, à quelques variantes près, le texte même de l'*Encyclopédie*. Le discours préliminaire est consacré pour une part à Diderot, mais il n'est rien dit des corrections dont Naigeon fera état sept ans plus tard et qu'il doit connaître déjà. Ce discours préliminaire est du reste assez discret sur l'athéisme de Diderot, et l'on croirait que Naigeon ne juge pas encore le moment venu de présenter le Philosophe sous son vrai jour. Mais le commentaire dont il accompagne le texte des articles et qui souvent sera repris dans l'édition de 1798 ne laisse rien à désirer sur ce point : la note de l'article *Grecs* (125) n'apparaît qu'en 1798, mais celle de l'article *Jésus-Christ* et celle de l'article *Mosaïque* sont déjà dans l'*Encyclopédie méthodique* (126). Or c'est à propos de l'article *Mosaïque* que Naigeon fait la déclaration maintes fois reproduite : « Diderot était athée, et même un athée très ferme et très réfléchi ». Naigeon juge d'autant plus utile de le dire que l'article *Mosaïque* contient des formules pieuses qui pourraient faire croire que Diderot était religieux. Naigeon explique que le Philosophe, victime désignée de la « tyrannie » du gouvernement, de l'Eglise, des préjugés de son temps, ne pouvait éviter ces contradictions entre le contenu véritable de sa pensée et la forme qu'il était contraint de lui donner.

Mais comment expliquer, dans ces conditions, que Naigeon n'ait pas fait état dès ce moment-là des corrections manuscrites que Diderot lui avait laissées ? Il est certain que Naigeon les connaissait déjà, car plusieurs ont trouvé place dans le texte de l'*Encyclopédie méthodique*. Leur insertion est d'autant plus discrète qu'aucun artifice typographique ne les signale à l'attention, et qu'il s'agit généralement d'un ou deux mots changés ou ajoutés ici et là. On lit en effet dans l'*Encyclopédie*, article *Japonais* : « Il n'y a que la vraie religion qui ait de vrais miracles ». La même phrase se lit dans l'édition de 1798, reproduite par Assézat-Tourneux : « Il n'y a que la vraie religion qui ait de vrais miracles, cela nous est démontré ». Cette correction se trouve déjà dans l'*Encyclopédie méthodique* sous une forme presque identique : « cela est démontré ». Dans l'article *Machiavélisme* la correction que nous avons signalée, — « furent de la dernière impiété », remplacé par « furent ceux d'un philosophe », — se lit dans l'*Encyclopédie méthodique*. L'article *Malabares* est plus surprenant encore, car l'unique correction qui est reproduite dans l'*Encyclopédie méthodique* n'est pas identique à celle qui se trouve à cet endroit-là dans l'édition de 1798. Les bramines qui « se moquent du dogme fondamental » sont traités en effet d' « impies » dans l'*Encyclopédie*. L'édition de 1798 leur décerne le titre de « philosophes », mais l'*Encyclopédie méthodique* se contente de les

(125) AT, t. XV, p. 45.
(126) *Ibid.*, p. 286, n. 1, et t. XVI, p. 134, n. 1.

appeler « sages ». La différence est légère mais sensible, et il semble que « philosophes » ait été pour l'époque plus actuel, donc plus hardi que « sages ». Il se peut aussi, plus simplement, que Naigeon ait eu à choisir entre deux corrections de Diderot lui-même, et les ait données successivement. Pour l'article *Mosaïque* certaines corrections qui figureront dans l'édition de 1798 figurent aussi dans l'*Encyclopédie méthodique.* Dans l'*Encyclopédie* Diderot ne paraît pas douter que les livres du Pentateuque soient de « cet auteur sublime » qu'était Moïse. Mais l'*Encyclopédie méthodique* et l'édition de 1798 parlent seulement des « livres attribués à cet auteur ». Plus loin l'article évoque Jean Amos Comenius qui, nous dit-on, « se mit à faire le prophète, et l'on sait bien que ce métier ne s'accorde guère avec le repos ». Une correction importante intervient ici dans l'*Encyclopédie méthodique,* et l'édition de 1798 la reprendra : « Jean Amos Comenius (...) se mit à faire le prophète. L'on sait bien que ce métier, qui n'exige qu'une imagination forte et beaucoup d'effronterie, ne s'accorde guère avec le repos ». Les deux éditions de Naigeon parlent de même de la « mauvaise physique » de Moïse, quand l'*Encyclopédie* dit simplement « la physique » de Moïse.

Si l'on ajoute à ces additions et corrections « philosophiques » de menues corrections de forme qui figurent dans l'*Encyclopédie méthodique* avant de figurer dans l'édition de 1798, une double constatation s'impose : Naigeon connaissait dès 1791 les corrections de Diderot, mais il n'en a reproduit qu'un nombre très restreint, en choisissant, semble-t-il, celles qui ne risquaient pas d'être trop remarquées; aucune n'est vraiment hardie.

Nous sommes ainsi ramené à notre hypothèse initiale : ce serait bien pour des raisons de prudence que Naigeon aurait renoncé à exploiter dans l'*Encyclopédie méthodique* le texte corrigé des articles de Diderot. Cette hypothèse semble confirmée dans une lettre écrite par Naigeon à Mme de Vandeul après la mort de Diderot. Cette lettre est de 1786 (127) et elle comporte un paragraphe mystérieux. Naigeon y parle en effet des « circonstances impérieuses qui (le) forcent d'enrayer sur le penchant de la colline » et le paragraphe se termine sur ces mots : « Il faudra voir d'où vient le vent ». Comme la lettre a trait d'un bout à l'autre aux œuvres de Diderot que Naigeon tente de rassembler avec le concours de Mme de Vandeul, il faut bien penser avec M. Massiet du Biest que ce paragraphe reflète les inquiétudes que lui inspire la perspective d'une publication intégrale des manuscrits. Il faut d'autre part considérer que si les volumes de la *Philosophie ancienne et moderne* parurent en 1791, Naigeon a dû entreprendre leur publication avant la Révolution, à une époque par conséquent où la « tyrannie » qui avait contraint Diderot à la prudence l'obligeait lui-même à être discret. Cela peut expliquer que le texte ait été établi sans qu'il fût fait mention des corrections les plus significatives apportées par Diderot à ses articles. Les notes qui soulignent l'athéisme de Diderot ont dû, dans cette hypothèse, être rédigées

---

(127) Massiet du Biest, *Lettres inédites*, pp. 3 et suivantes.

après 1789 : Naigeon pouvait alors parler à cœur ouvert, mais il était trop tard pour remanier le texte.

D'autres raisons, il est vrai, ont pu inciter Naigeon à la discrétion. Les volumes de l'*Encyclopédie méthodique* paraissaient sous son nom, et ce n'était pas le lieu de reproduire les articles de Diderot avec des corrections dont on pouvait l'accuser d'être lui-même l'auteur. On est étonné de voir avec quel luxe de précautions Naigeon a veillé justement à ce qu'aucune confusion ne soit possible entre le texte de Diderot et le sien. Il n'omet pas de signaler, toutes les fois qu'il est nécessaire : « Cet article est de Diderot ». Dans son *Discours préliminaire* il précise en outre que partout où il a ajouté quelque chose aux articles de Diderot, — mais de Diderot seulement, — ces additions sont mises entre crochets (128) ; et il est aisé de constater qu'il a tenu ses engagements sur ce point. Enfin Naigeon était à ce moment-là lié d'amitié avec les Vandeul; il pouvait encore espérer que Mme de Vandeul ferait elle-même paraître une édition des œuvres de son père, et il n'eût pas été bien délicat de sa part de publier avant l'heure, et séparément, un texte corrigé de la main de Diderot.

Au terme de cette enquête sur la contribution de Diderot à l'*Encyclopédie,* nous arrivons donc aux conclusions suivantes, qui ont l'avantage d'être certaines :

1° Il est actuellement impossible de déterminer, même approximativement, l'étendue de la contribution de Diderot à l'*Encyclopédie.*

2° La distinction entre articles non signés et articles marqués de l'astérisque ne correspond pas dans la réalité à la distinction couramment admise entre les articles rédigés par Diderot comme auteur et les articles rédigés par Diderot comme éditeur.

3° Tout texte marqué de l'astérisque dans l'*Encyclopédie* a été rédigé, sinon entièrement élaboré par Diderot.

4° Aucun article anonyme de l'*Encyclopédie* ne doit être attribué à Diderot si la preuve n'est pas faite qu'il est bien de lui.

5° Aucune conclusion ne peut être tirée d'un article de Diderot, quant à sa pensée profonde, sans examen préalable des sources de cet article.

6° Les éditions Belin, Brière, Assézat-Tourneux, des œuvres de Diderot ne sont pas une base sûre pour l'étude des articles de Diderot, ni en ce qui concerne le choix de ces articles, ni en ce qui concerne le texte de certains d'entre eux. Les collections manuscrites et les listes d'articles contenues dans le fonds Vandeul et dans le fonds de Leningrad ne sont pas non plus une base sûre.

7° Les trois collections d'articles, ou de fragments d'articles, constituées par Naigeon sont actuellement, en dehors de l'*Encyclopédie,* la

---

(128) J.-A. Naigeon, *Philosophie ancienne et moderne*, t. I, p. VIII.

seule base sûre que nous ayons pour étudier la contribution personnelle de Diderot au dictionnaire, puisqu'elles ont été constituées à partir des papiers mêmes de Diderot, revus par lui. Du point de vue de la quantité, ces collections sont très insuffisantes pour les articles marqués de l'astérisque dans l'*Encyclopédie*. Mais elles sont irremplaçables pour les articles anonymes. Les textes donnés par Naigeon peuvent donc être utilisés sans réserve, compte tenu du fait qu'il présente parfois les articles de Diderot sous un titre qui n'est pas celui de l'*Encyclopédie*, et surtout du fait que le texte de la plupart des articles d'histoire de la philosophie n'est pas celui de l'*Encyclopédie*, mais un texte rétabli par Diderot après la censure de Le Breton.

CHRONOLOGIE ET GROUPEMENT DES ARTICLES DE DIDEROT

Peut-on dater les articles de l'*Encyclopédie*, et par là se représenter au moins les grandes phases du travail personnel que Diderot a fait pour le dictionnaire ?

L'entreprise encyclopédique a duré plus de vingt années. Certains de ceux qui y ont collaboré au début l'ont ensuite abandonnée. D'autres les ont remplacés. Des difficultés qui pouvaient paraître insurmontables ont entravé à plusieurs reprises le cours de la publication. Il a fallu, nécessairement, que les éditeurs réagissent en face de ces difficultés et lorsqu'ils réussirent à les tourner ou à les surmonter, ce ne fut pas sans modifier peu ou prou leurs desseins initiaux. Il y a loin de l'œuvre que Diderot vit achevée en 1772, au projet dont Le Breton lui avait confié l'exécution en 1745. Il devrait donc être possible de discerner une évolution dans la pensée de Diderot, telle qu'elle se révèle dans ses articles de l'*Encyclopédie*. Il faudrait pour cela pouvoir leur assigner une date.

Chaque article porte au moins une date, celle de la publication du volume où il se trouve. Mais cette date n'a qu'une valeur relative. Les articles des dernières lettres de l'alphabet pouvaient être en portefeuille bien des années avant leur publication. Il y a d'autre part deux lacunes considérables entre le début du travail préparatoire et la publication du premier volume, et entre la publication du septième volume et celle des dix derniers. Nous avons deux moyens de dater approximativement la rédaction d'un article : ce que Diderot peut en dire dans sa correspondance, et ce que trahit parfois le contenu même du texte. Même lorsque cette deuxième date peut être établie, il ne faut pas lui accorder une valeur décisive. Quelle que fût la hâte avec laquelle Diderot devait le plus souvent travailler, bien des articles importants furent rédigés en plusieurs fois. Nous n'avons pas, malheureusement, de manuscrits autographes. Il n'y a qu'une exception, pour l'article *Bas*.

L'état actuel de nos connaissances ne nous permet pas de dégager même les grandes lignes d'une véritable évolution. Les dates qu'il est possible de fixer permettent seulement de voir dans quelles directions

Diderot dut successivement faire porter son effort principal aux différentes étapes de l'entreprise. Il est bien entendu que les limites chronologiques que nous serons ainsi amené à donner aux différentes périodes sont approximatives, et que le fait, pour Diderot, de s'attacher plus particulièrement aux techniques ou à la philosophie, ne le libère jamais de ses préoccupations constantes d'éditeur ou d'auteur.

Dans les premiers temps, au moins jusqu'à la publication des premiers volumes, Diderot s'est consacré surtout à la partie la plus neuve de l'ouvrage, la *Description des arts*. Quand Diderot est enfermé à Vincennes, en 1749, les libraires, dans leurs réclamations, déplorent surtout l'interruption forcée de l'enquête sur les arts. Ils insistent sur la part que Diderot doit y prendre (129). Le travail est avancé, mais il est loin d'être achevé : « Entre les arts, il y en a quelques-uns qui ne sont que commencés et quelques autres qui sont encore à faire ». Au moment de son arrestation, Diderot « avait laissé de l'ouvrage entre les mains de plusieurs ouvriers sur les verreries, les glaces, les brasseries ». Dans le *Prospectus*, paru au mois d'octobre 1750, Diderot donne sur la *Description des arts*, et notamment sur sa méthode de travail, des renseignements très précis. On conçoit bien que pour définir avec tant de soin les grandes lignes de l'ouvrage il fallait que la plus grande partie en fût déjà achevée. L'*Avertissement* qui ouvre le tome I de l'*Encyclopédie* confirme cette hypothèse. On y trouve en effet la liste des personnes à qui Diderot est redevable de mémoires ou d'explications sur les arts mécaniques, et les matières qui en ont été l'objet se répartissent à peu près sur la totalité des volumes à paraître (130). L'examen des articles eux-mêmes permet de voir que les documents qui leur ont servi de base sont le plus souvent antérieurs à 1751 (131). Cela ne manqua pas, du reste, de poser quelques questions embarrassantes à l'éditeur. Les nécessités de l'ordre alphabétique l'amenèrent par exemple à faire paraître *Laiton* et *Lin* en 1765; mais les renseignements chiffrés que contenaient ces articles risquaient de ne plus être à jour. Honnêtement Diderot prévient alors le lecteur. Ainsi, décrivant une exploitation de calamine, proche de Namur, il précise : « Lorsque nous écrivions ce mémoire, le grand bure avait en profondeur quarante-trois toises du pays ». Et plus loin : « Le terrain produit à sa surface toutes sortes de grains (...). Lorsque nous y étions, le prix convenu était de cinquante-six sols de change » (132). L'article *Lin* est encore plus explicite : « Il ne faut avoir

---

(129) AT, t. XIII, pp. 111-112.

(130) ENC, t. I, pp. XLIV-XLV : sucres, lutherie, facture de l'orgue, imprimerie, librairie, verrerie, brasserie, teintures, draperie, soie, passementerie, bonneterie, velours, gravure en bois, serrurerie, taillanderie, fonte des canons, ardoises, forges, tréfilerie, etc..

(131) Il est regrettable que les registres de prêt de la Bibliothèque du roi soient perdus pour la période qui va de septembre 1751 à 1768. Pour les emprunts faits avant septembre 1751, voir notre article sur l'*Initiation artistique de Diderot*.

(132) ENC, t. IX, p. 213 b.

égard à ce prix que relativement au temps ou nous avons obtenu le mémoire, je veux dire, le commencement de cet ouvrage » (133).

Ce décalage dans le temps entre l'enquête personnelle de Diderot et la publication des volumes de « discours » eut encore une autre conséquence. Déjà dans le *Prospectus* Diderot constatait que Chambers était bien dépassé : « Il n'est pas étonnant que la carrière se soit étendue sous nos pas. Elle est immense, et nous ne nous flattons pas de l'avoir parcourue » (134). Diderot lui-même s'aperçut, au cours de la publication des volumes de « discours » de l'*Encyclopédie*, que son propre travail devait être complété. La part prise par les véritables techniciens dans la *Description des arts* s'accroît à mesure que la publication s'avance, et la part originale de Diderot diminue d'autant. Les avertissements publiés en tête des premiers volumes font constamment appel à de nouvelles collaborations. A partir du tome III de nombreux collaborateurs nouveaux, connus ou anonymes, se joignent à l'équipe initiale et Diderot se plaît à les citer en exemple à ses lecteurs. Il lui arrive, nous l'avons vu, de sacrifier ses propres articles si le texte qu'on lui propose est meilleur que le sien; il se contente d'ajouter ici un complément, là une mise au point. Ainsi l'article *Echappement*, rédigé par l'horloger Le Roy, est mis à jour par Diderot en 1755, parce qu'il tient à mettre ses lecteurs au courant des dernières contestations qui se sont élevées entre l'inventeur de l'échappement à virgules et l'horloger Romilly, à propos du perfectionnement de l'invention.

Lorsqu'on en vint à la publication des planches, la *Description des arts* avait pris de telles proportions qu'il fallut en fait la refondre totalement; et la participation personnelle de Diderot s'amenuisa encore (135). Il est vrai que son rôle d'éditeur était devenu écrasant. Dans ses lettres à Sophie Volland, il ne cesse de se lamenter, après 1760, sur ses interminables révisions (136). Les avertissements permettent aussi de mesurer exactement la part de travail personnel qui lui revient alors. Il a fait quelques descriptions de planches, généralement courtes, et qui lui permettaient à l'occasion de corriger les articles parus dans les volumes de « discours ». C'est le cas par exemple du métier à bas. Souvent les planches correspondant à ses propres articles sont expliquées par un de ses collaborateurs : « J'ai fait les arts du *Batteur d'or*, du *Chamoiseur*, du *Mégissier*, du *Bonnetier*, du *Coutelier*, de la *Dentelle*, etc.; et c'est un autre qui en a expliqué les planches » (137). Le travail personnel de Diderot paraît d'autant plus mince, à ce stade de la publication, que certains arts sont l'objet de véritables traités techniques, communiqués trop tard pour figurer à leur place alphabétique. Ces traités reprennent parfois de fond en comble une question négligée, ou

---

(133) *Ibid.*, p. 552 a.
(134) AT, t. XIII, p. 144.
(135) Nous avons vu dans le chapitre II que la refonte de la *Description des arts* s'expliquait aussi par des causes extérieures.
(136) Voir les lettres à Sophie des 12 septembre, 22 septembre, 2 octobre 1761, et 26 août, 26 septembre, 21 novembre 1762.
(137) ENC PL, t. II, p. 6 b (ce volume parut en 1763).

développée incomplètement dans les volumes de « discours » (138). Le volume IV des *Planches* contient ainsi un traité de la fabrication des épingles, qui a été fait par Perronet, et dont la qualité technique est évidemment bien supérieure à celle de l'article *Epingle* donné dans le tome VI des « discours » par Deleyre. Le même volume contient aussi une section *Forges*, de quarante-cinq pages in-folio. Cette section vient compléter l'article *Grosses forges* paru dans le septième volume de « discours » sous la signature de Bouchu, et elle a été rédigée par Goussier, sous la direction de Bouchu et de Grignon, tous deux maîtres de forges.

La même évolution se remarque dans la partie de l'*Encyclopédie* consacrée aux synonymes. Bien qu'il soit impossible, en ce domaine, d'obtenir des précisions chiffrées, il semble que les définitions procurées par Diderot soient beaucoup plus nombreuses dans les premiers volumes que dans les derniers. Tout se passe comme si Diderot avait voulu donner l'impulsion initiale, et tenu à bien préciser la méthode, pour se décharger ensuite du travail sur des collaborateurs plus qualifiés, ou plus patients. Le nombre des définitions qui reviennent à Jaucourt est de plus en plus important à mesure que l'ouvrage s'avance, comme cela apparaît très bien à l'examen du recueil publié en 1801 sous le titre de *Synonymes français* (139). Les articles reproduits le sont anonymement, mais il est aisé de vérifier dans l'*Encyclopédie* s'ils sont signés, et de qui. On s'aperçoit alors que pour treize articles de la lettre V, par exemple, sept sont marqués D.J., et les six autres sont anonymes. Sur trente-cinq articles de la lettre A, en revanche, vingt-cinq portent l'astérisque, huit seulement sont anonymes.

A côté de la marque du chevalier de Jaucourt, nous rencontrons souvent, à partir de 1757, la marque E.R.M. ou B.E.R.M. D'après l'*Avertissement* du tome VII, E.R.M. signifie Ecole Royale Militaire. C'est la marque de deux professeurs de grammaire de cette école, Douchet et Beauzée. B.E.R.M. désigne donc vraisemblablement Beauzée seul. Un exemple suffit ici à montrer que Diderot s'est volontairement effacé après avoir jalonné la voie à suivre. Les articles *Al*, dans le tome I, et *Encyclopédie*, dans le tome VI, sont avec *Bassesse*, déjà cité, les articles méthodologiques les plus importants de Diderot sur la question des synonymes (140). L'article *Synonyme*, au tome XV, est aussi important, sinon plus, puisqu'il permet à son auteur de mesurer le chemin parcouru dans l'*Encyclopédie* elle-même, et de montrer de nouvelles perspectives. Mais l'auteur de *Synonyme* n'est pas Diderot, c'est le grammairien Beauzée (141).

---

(138) Il fallait aussi tenir compte de la concurrence redoutable des descriptions de l'Académie des sciences.

(139) Diderot, d'Alembert, Jaucourt, *Synonymes*.

(140) Respectivement dans AT, t. XIII, p. 269, et t. XIV, pp. 447 et suivantes.

(141) Cette véritable passation des pouvoirs se trouve en quelque sorte sanctionnée par l'avertissement mis par Diderot en tête du livre que Beauzée publia par la suite pour servir de complément à celui de l'abbé Girard (voir H. Dieckmann, *Inventaire*, p. 44, et J.-A. Naigeon, *Philosophie ancienne et moderne*, t. II, p. 221). L'édition des *Synonymes français* de l'abbé Girard, augmentée par Beauzée, parut en 1769.

Il est relativement plus aisé de suivre dans le temps la préparation des articles de philosophie. Dans ce domaine la participation de Diderot fut au début assez restreinte. Pour des raisons que nous aurons à analyser, et qui ne sont pas fort mystérieuses, Diderot a d'abord confié cette tâche à des ecclésiastiques. Les signataires des grands articles philosophiques des premiers volumes sont l'abbé Yvon, l'abbé Mallet, l'abbé Pestré. On y rencontre aussi la marque de l'abbé de Prades (143). D'Alembert, à cette époque, ne répugne pas à se joindre à eux pour compléter l'article *Cartésianisme*, ou rédiger entièrement *Ecole*, *Expérimental*. Les papiers de Formey sont souvent mis à contribution, comme Diderot l'a reconnu dans le *Prospectus* (144) et comme le rappellent de nombreux articles (145). Sur soixante et un articles de philosophie attribués par Naigeon à Diderot dans son édition de 1798, vingt seulement, jusqu'à *Grecs* inclusivement, appartiennent aux volumes parus jusqu'en 1757. Encore faut-il remarquer que ces articles sont fort courts jusqu'au volume IV. Les deux plus longs, *Chinois* et *Cyniques*, ont respectivement vingt et quinze pages dans l'édition Assézat. Les six articles du premier volume ont d'une demi-page à neuf pages. Au volume V les articles sont beaucoup plus étoffés : *Eclectisme* a 74 pages, *Egyptiens* en a quinze, *Eléatique* treize, *Epicuréisme* vingt. Les quarante articles parus en 1765 sont souvent massifs : *Hobbisme* a trente pages, *Juifs* quatre-vingt-trois, *Leibnizianisme* trente-sept, *Pythagorisme* cinquante-deux, *Sarrasins* quarante-huit.

On s'explique très bien que Diderot ait été amené à assumer seul la responsabilité des articles d'histoire de la philosophie. C'est une conséquence de l'affaire de Prades. Après la condamnation de sa thèse, l'abbé doit s'enfuir à Berlin. L'abbé Yvon, son ami, prend aussi la route de l'exil : l'*Avertissement* du tome III signale discrètement son « absence ». Cette absence devait durer jusqu'en 1762 (146). L'abbé Mallet fut également inquiété à l'occasion de l'affaire, et sa mort, le 25 septembre 1755, vint mettre fin à sa collaboration à l'*Encyclopédie*. Nous savons peu de choses sur l'abbé Pestré, mais sa collaboration coïncide, dans le temps, avec celle de Mallet et d'Yvon. Il est vraisemblable qu'il fut lui aussi inquiété dans l'affaire de Prades (147). On sait enfin que d'Alembert ne participa à la rédaction d'articles de philosophie que comme mathématicien (148), et qu'à la suite de l'affaire de Prades il se réfugia dans une prudente abstention (149).

---

(143) Art. *Certitude*.

(144) AT, t. XIII, p. 138.

(145) La liste complète des articles de FORMEY, utilisés en totalité ou en partie par les éditeurs de l'*Encyclopédie* a été dressée par Mme E. MARCU (*Un encyclopédiste oublié*).

(146) Voir AT, t. I, pp. 433-434, F. VENTURI, *Jeunesse*, pp. 212-213, A. MONOD, *De Pascal à Chateaubriand*, p. 358, n. 5.

(147) L'abbé PESTRÉ n'est autre que cet ami des abbés YVON et DE PRADES que M. VENTURI appelle curieusement PESTREL (*Jeunesse de Diderot*, p. 231). PESTRÉ était aussi un ami de l'abbé RAYNAL. C'est lui qui corrigea les épreuves et surveilla l'édition de l'*Apologie* de l'abbé DE PRADES.

(148) Lettre à FORMEY du 19 septembre 1749, citée dans CORR, t. I, p. 95.

(149) Lettre à FORMEY du 10 juillet 1752, *ibid.*, p. 140.

Sans doute Diderot n'avait-il pas attendu 1753 pour insérer quelques articles philosophiques au milieu de ceux de ses collaborateurs. Le contraire eût été étonnant de la part de l'auteur de la *Lettre sur les aveugles*. Les ouvrages qui seront à la source de ses grands articles de philosophie sont entre ses mains très tôt. En 1747 il lit les *Eléments philosophiques du citoyen* de Hobbes. En 1748 il fait l'acquisition de l'*Historia philosophiae* de Stanley (150). Il faut cependant attendre la fin de 1750 pour voir Diderot emprunter à la Bibliothèque du roi le fameux Brucker qu'il devait si bien piller (151).

De l'examen de tous ces faits nous pouvons donc déjà tirer une conclusion : Diderot se chargea plus particulièrement des articles d'histoire de la philosophie quand ses collaborateurs attitrés l'abandonnèrent, au moment où son enquête sur les arts était pratiquement achevée, dans sa première forme, c'est-à-dire vers 1753-1754. Nous en voyons une preuve supplémentaire dans le fait que le premier article philosophique important, par son ampleur et par son contenu, *Eclectisme*, a été daté par Diderot : 11 février 1755 (152).

Il faut ensuite attendre 1759 pour trouver de nouveaux repères chronologiques. Une lettre à Sophie du 12 octobre 1759 nous apprend qu'à cette date Diderot a fait tous ses articles de philosophie (153). D'ailleurs cela n'est pas vrai, puisque le 30 octobre il lui reste encore à faire « l'examen du platonisme et du pythagorisme, avec l'histoire de la philosophie chez les Etrusques et les Romains » (154). A cette date Diderot vient d'achever *Sarrasins* (155), après avoir fait dans l'ordre *Indiens, Malabares, Phéniciens* (156). On peut donc dire qu'à la fin de 1759 la plus grande partie des articles philosophiques est terminée. Il convient toutefois d'y ajouter *Intolérance*, à rapprocher de la lettre de Diderot à son frère du 29 décembre 1760 (157). Peut-être faut-il voir dans une lettre à Sophie du 20 octobre 1760 un reflet de l'article *Leibnizianisme* (158). Précisons encore que *Jésuite* a été rédigé à la fin de l'année 1762 (159). *Zend-Avesta* est postérieur à cette même année 1762 (160). Si l'on compare le *Discours préliminaire*, paru en 1751, avec le premier volume de l'*Encyclopédie*, et

---

(150) Voir notre article sur la *Bibliothèque de Diderot*, p. 260, et notre article sur l'*Initiation artistique de Diderot* (emprunt du 26 août 1747).

(151) Emprunt du 7 novembre 1750 (voir *Initiation artistique*).

(152) AT, t. XIV, p. 349.

(153) CORR, t. II, p. 273.

(154) CORR, t. II, p. 309.

(155) *Ibid.*.

(156) *Ibid.*, p. 316.

(157) AT, t. I, pp. 485-490.

(158) Diderot cite Leibniz après avoir fait allusion à la philosophie des Malabares et à celle des Perses (CORR, t. III, p. 172).

(159) AT, t. XV, p. 282 : « Lisez l'ouvrage intitulé les *Assertions*, et publié cette année 1762 (...). Lisez l'arrêt du parlement de Paris, publié le 6 août 1762 ». La correspondance de Diderot, de 1759 à 1762, montre qu'il suivit passionnément les démêlés de la Compagnie de Jésus avec le pouvoir politique, depuis son expulsion du Portugal jusqu'à son expulsion de France.

(160) La fin de l'article renvoie à *The Annual Register* (...) *of the year 1762* (AT, t. XVII, p. 326).

la lettre envoyée à Le Breton le 12 novembre 1764 (161), on voit très bien le changement de perspective. Alors que dans le *Discours* Diderot est avant tout considéré comme l'auteur de la *Description des arts* (162), dans sa lettre au libraire la philosophie occupe la première place.

« Vous avez oublié, écrit Diderot, que ce n'est pas aux choses courantes, sensées et communes que vous deviez vos premiers succès, qu'il n'y a peut-être pas deux hommes dans le monde qui se soient donné la peine de lire une ligne d'histoire, de géographie, de mathématiques et même d'arts, et que ce qu'on y a cherché et ce qu'on y recherchera, c'est la philosophie ferme et hardie de quelques-uns de vos travailleurs » (163).

Quel lien maintenant les articles de Diderot ont-ils entre eux ?

Il ne s'agit naturellement pas ici d'étudier le système des connaissances humaines repris par Diderot de Bacon, pour relier entre elles et subordonner les unes aux autres les parties de l'*Encyclopédie* arbitrairement démembrées par l'ordre alphabétique. Diderot est revenu dans l'article *Encyclopédie* sur la question de l' « enchaînement » des connaissances sans se faire trop d'illusions sur la valeur des systèmes possibles :

« L'univers ne nous offre que des êtres particuliers, infinis en nombre, et sans presque aucune division fixe et déterminée; il n'y en a aucun qu'on puisse appeler ou le premier ou le dernier; tout s'y enchaîne et s'y succède par des nuances insensibles » (164).

Les éditeurs de l'*Encyclopédie méthodique* n'ont pas mieux réussi que Diderot à trouver un ordre satisfaisant.

L'ordre qui nous intéresse ici est plus essentiel, et en même temps plus restreint. C'est celui qui relie entre eux les articles de Diderot, et ces articles à l'ensemble de son œuvre. Sans doute cet ordre est dans une certaine mesure prémédité. Il est né des réflexions de Diderot sur Bacon, comme le « système des connaissances humaines » qui sert d'armature à l'*Encyclopédie* tout entière. Mais nous avons vu aussi par la comparaison des dates que des circonstances fortuites et l'expérience acquise au cours de la bataille encyclopédique, avaient sensiblement modifié les desseins initiaux de Diderot. Nous avons même vu, au moins pour la *Description des arts* et pour les articles de philosophie, s'esquisser un ordre chronologique. L'étude des manuscrits montre d'autre part que les articles de Diderot peuvent se répartir par grandes masses. Il semble que Diderot ait éprouvé très tôt le désir de regrouper les articles qu'il avait dû disperser dans l'*Encyclopédie*, et il n'est sans doute pas étranger, au moins dans le principe, à la classification opérée dans le fonds Vandeul (165).

Pour les contemporains de Diderot, et pour lui-même, sa collaboration personnelle à l'*Encyclopédie* semble s'être rangée essentiellement

---

(161) AT, t. XIX, pp. 467 et suivantes.
(162) ENC, t. I, p. XLIII.
(163) AT, t. XIX, p. 469.
(164) *Ibid.*, t. XIV, p. 451.
(165) H. Dieckmann, *Inventaire*, pp. XII-XIII et *passim*.

sous deux têtes de chapitre : la *Description des arts* et l'*Histoire de la philosophie.* Par exemple la *Correspondance littéraire* de Grimm désigne plusieurs fois Diderot comme responsable de ces deux ensembles (166). Dans les dossiers de l'affaire Luneau sont reproduites des déclarations de Diderot à Panckoucke qui confirment celles de Grimm :

« Quant à l'histoire ancienne et moderne de la philosophie, dont je me suis chargé, ce n'est pas la partie honteuse de l'*Encyclopédie :* elle est à revoir, à rectifier (...). Les arts mécaniques, à perfectionner et à compléter (...). C'est moi qui m'en suis chargé; et je sais bien ce qui reste à y faire » (167).

La partie de l'*Encyclopédie* qui acquit le plus tôt une sorte d'autonomie est l'*Histoire générale des dogmes et opinions philosophiques* telle qu'elle fut publiée sous ce titre en 1769. Diderot n'était sans doute pour rien dans cette édition, mais elle répondait tout de même à son intention. Naigeon nous apprend en effet, en 1791, que Diderot « regrettait de n'avoir pas donné à cette partie de l'histoire des progrès de l'esprit humain une attention et des soins qui répondissent à l'importance de l'objet » et qu'il se proposait d'y remédier « dans une seconde édition » (168). Les corrections manuscrites recueillies par Naigeon et publiées en 1798 confirment que Diderot considérait comme nécessaire une refonte générale de son travail. Cette refonte devait atteindre jusqu'au plan et à la forme de l'ouvrage, mais Diderot n'eut jamais le temps, ou le courage, d'y apporter plus que des corrections de détail (169).

Il convient ici de remarquer que cette *Histoire de la philosophie* ne constitue pas, et de loin, toute la partie philosophique du dictionnaire. Il faut en distinguer avec soin la logique, la métaphysique, la morale, comme le fait Diderot dans le document qui figure au dossier Luneau (170). Dans ce document Diderot ne nomme pas l'auteur de ces différentes parties, mais nous savons qui il était, par l'*Avertissement* du tome I du dictionnaire. C'était l'abbé Yvon, aidé de l'abbé Pestré pour la partie morale. Yvon et Pestré, aidés par l'abbé de Prades, étaient en outre chargés, au début, de l'histoire de la philosophie. Mais les signatures d'Yvon, Pestré et de Prades, disparurent assez vite de l'*Encyclopédie.* C'est pour cette raison sans doute que tous les éditeurs de Diderot, à l'exception toutefois de Naigeon, ont été tentés de lui attribuer indistinctement tous les articles anonymes du dictionnaire qui traitent de questions philosophiques. L'édition Assézat-Tourneux en contient un nombre impressionnant. Or, comme nous l'avons vu à propos de *Liberté* et de *Spinoza,* on est frappé de la platitude de la plupart de ces articles et on peut souvent s'indigner de leur contenu, en contradiction manifeste avec

(166) CORR LIT, t. II, p. 298, p. 407.

(167) AT, t. XX, pp. 132-133; cf. MS : BN, fr. 22 086, f° 185 v°; cf. aussi la lettre de Naigeon à Panckoucke du 12 février 1788 reproduite dans le même dossier (f° 345 et suivants).

(168) J.-A. Naigeon, *Philosophie ancienne et moderne,* t. I, p. VI.

(169) Voir *Annexe* III et Diderot, *Œuvres,* éd. Naigeon, t. I, pp. XXVI-XXVII.

(170) AT, t. XX, p. 132.

ce que l'on connaît d'autre part de la pensée de Diderot (171). Mais rien ne prouve, justement, qu'ils soient de Diderot. Pourquoi ne seraient-ils pas de collaborateurs qui ont tenu à garder prudemment l'anonymat ? Pourquoi ne seraient-ils pas d'Yvon, de Pestré, ou de l'abbé de Prades ? Ce n'est qu'une hypothèse, mais plusieurs faits la rendent vraisemblable.

Il se trouve que dès les premiers tomes nos abbés encyclopédistes n'ont pas toujours avoué la paternité de leurs articles. C'est le cas de l'abbé Yvon pour *Aristotélisme*. L'article n'est pas signé, et c'est seulement parce que Naigeon ne l'avait pas attribué à Diderot qu'Assézat ne l'a pas mis dans son édition (172). On sait que l'article fit grand bruit, et comme il devait en être ainsi étant donné le sujet traité, on comprend que l'auteur ait gardé l'anonymat (173). Il était pourtant facile de prendre l'abbé Yvon en flagrant délit. Il se trahit en effet au cours de sa rhapsodie de Brucker, de Deslandes et des Pères de l'Eglise en renvoyant à « son » article *Ame* (174). Or l'article *Ame* porte la marque distinctive de l'abbé Yvon. De la même façon, dans l'article *Cause*, qui porte sa marque, l'abbé Yvon s'avoue l'auteur de l'article *Harmonie préétablie* qui figure anonymement dans le tome VIII (175). L'exemple est cette fois-ci d'autant plus intéressant que le tome VIII parut longtemps après que l'abbé eut cessé de collaborer au dictionnaire.

Il y a par ailleurs de fortes présomptions pour que l'abbé Yvon soit responsable de maint article anonyme de philosophie dans les volumes III à XVII de l'*Encyclopédie*. On trouve notamment une curieuse ressemblance entre certains passages de ses œuvres et certains articles du dictionnaire. C'est ainsi que toute la deuxième partie de la *Liberté de conscience resserrée dans des bornes légitimes* et l'article *Persécuter, persécution* développent une argumentation identique (176). Son *Abrégé de l'histoire de l'Eglise* contient aussi plusieurs morceaux dont le contenu et même la lettre se trouvent dans certains articles anonymes de l'*Encyclopédie* (177). D'une manière générale le déisme, ou le christianisme

---

(171) Par exemple *Ontologie* (AT, t. XVI, pp. 166 et suivantes); *Philosophie* (*Ibid.*, pp. 278 et suivantes); *Prémotion physique* (AT, t. XVI, pp. 391 et suivantes); *Principes (premiers)* (AT, t. XVI, pp. 409 et suivantes); *Raison* (AT, t. XVII, pp. 3 et suivantes. DIDEROT a-t-il pu écrire de la raison : « cette faculté naturelle dont Dieu a pourvu les hommes pour connaître la vérité » ?); *Sensations* (AT, t. XVII, pp. 115 et suivantes. DIDEROT n'a pas pu dire que par les sensations « Dieu nous avertit de notre existence »).

(172) AT, t. XIII, p. 359, n. 1.

(173) AT, t. I, p. 432. Cf. ENC, t. II, *Avertissement*.

(174) ENC, t. I, p. 659 b. On ne sait pourquoi J. E. BARKER est tenté d'attribuer *Aristotélisme* à D'ALEMBERT (*Diderot's treatment*, p. 95, n. 66).

(175) ENC, t. II, p. 787 b.

(176) Le livre de l'abbé fut publié à Londres, — Paris, — en 1754, et l'article ne parut que dans le tome XI du dictionnaire. L'article *Persécuter, persécution* est reproduit comme étant de DIDEROT dans AT, t. XVI, pp. 253-256.

(177) C'est le cas d'un passage sur le polythéisme, pp. LVIII-LIX, depuis « Comme l'espérance et la crainte », jusqu'à « en avaient effacé la tradition ». Il est identique dans l'article *Polythéisme* attribué à DIDEROT par ASSÉZAT (AT, t. XVI, p. 353). La substance de la note 1, pp. LIX et suivantes de l'*Abrégé*, se retrouve dans un autre paragraphe du même article (AT, t. XVI, p. 357) depuis « Au reste, c'étaient le soleil et la lune ». La note de la page LXI de l'*Abrégé*,

raisonnable de l'abbé Yvon expliquent mieux l'esprit d'un certain nombre d'articles philosophiques de l'*Encyclopédie* que le matérialisme de Diderot. Ce christianisme raisonnable a trouvé sa parfaite expression dans l'*Accord de la philosophie avec la religion,* dont l'idée est ainsi dégagée dès la seconde page : « Toute vérité venant également de Dieu, le théologien et le philosophe ne doivent jamais être en contradiction l'un avec l'autre ». Il expliquerait, à notre avis, beaucoup mieux la teneur de l'article *Spinoza,* par exemple, que ne le peut faire le matérialisme de Diderot. D'autant que l'abbé Yvon a affiché plus d'une fois son antipathie pour Spinoza (178).

Enfin le dossier Luneau de Boisjermain contient des renseignements fort curieux sur un personnage qui pourrait bien être l'abbé Yvon. C'est dans un *Mémoire* de 1771. Luneau, pour illustrer la rapacité des libraires, y évoque le cas d'un abbé***, réfugié en Hollande, et qui avait fourni des articles aux deux premiers volumes de l'*Encyclopédie.* L'abbé avait sans doute laissé des matériaux pour la suite du dictionnaire, puisqu'il en demanda le prix. Il lui fut répondu que ses manuscrits n'avaient pas été utilisés. Revenu en France, l'abbé tombe sur un manuscrit où l'un de ses amis a copié des extraits de l'*Encyclopédie.* L'abbé reconnaît ses propres écrits, demande les dix-sept volumes du dictionnaire, et y trouve tous les articles qu'il avait faits avant son exil. Il réclame son dû et un exemplaire d'auteur; on ne lui répond pas (179). Même si l'on tient pour peu sûr que Luneau veuille parler de l'abbé Yvon, et non de Pestré par exemple, même si les rapprochements que l'on peut faire entre les œuvres de l'abbé et certains articles philosophiques anonymes de l'*Encyclopédie*

---

depuis « Il est vrai que, dans le progrès de la corruption », jusqu'à « à cause de sa beauté », est semblable pour le fond, et en partie identique pour la forme, à AT, t. XVI, pp. 358-359, depuis « Ce qui embarrasse les savants », jusqu'à « du nom d'Isis ». L'essentiel du développement de l'article *Polythéisme* sur la naissance de l'adoration des astres, contemporaine du déluge (AT, t. XVI, p. 354) est dans l'*Abrégé,* pp. LXXXII et suivantes.

On peut encore rapprocher, pour l'article *Plastique, Abrégé,* p. CCIV, et AT, t. XVI, pp. 306-307 (passage sur l'absence de sentiment clair et précis dans l'activité vitale des natures plastiques); *Abrégé,* pp. CCV-CCVI et AT, t. XVI, pp. 305-306 (la nature plastique fait des ouvrages plus achevés que ceux de l'art); *Abrégé,* p. CCVII, et AT, t. XVI, p. 308 (âmes et natures plastiques); *Abrégé,* p. CCVIII, et AT, t. XVI, p. 310 (il est absurde que les natures formatrices ne sachent ce qu'elles font).

(178) Voir l'*Accord de la philosophie et de la religion,* p. 123. P. 130, l'abbé critique la théorie de la « corporéité de Dieu » et de « l'existence éternelle de la matière ». Il y critique aussi la théorie de la nécessité de tout ce qui est, en bien comme en mal. Dans son article sur le *Spinozisme et l' « Encyclopédie »,* pp. 348-350, M. Vernière a fort bien exposé l'attitude de l'abbé Yvon en face du spinozisme, à partir de ses seuls articles encyclopédiques connus, comme *Athéisme* et *Ame.* Il est regrettable que l'autorité d'Assézat et Tourneux lui ait interdit de soupçonner que *Polythéisme, Liberté, Spinoza,* avaient quelque chance d'être aussi de l'abbé.

(179) MS : BN, fr. 22 069, f° 194 v°, p. 22 du *Mémoire,* n. 1. Il n'est sans doute pas inutile de rappeler que pendant son exil l'abbé Yvon collabora un certain temps au *Journal encyclopédique* (G. Charlier et R. Mortier, *Le journal encyclopédique,* p. 24).

s'expliquent par une communauté de source (180), il reste en tout cas assez de doutes sur la paternité des articles de philosophie autres que ceux de l'*Histoire de la philosophie* pour qu'on ne soit pas tenté de les attribuer à Diderot (181).

S'il a pensé reprendre l'*Histoire de la philosophie*, Diderot en revanche n'a jamais songé à reprendre la *Description des arts*. Une fois donnée l'impulsion initiale, de plus qualifiés que lui, nous l'avons vu, avaient complété et élargi son enquête. D'ailleurs les années soixante virent se multiplier les ouvrages de technologie. C'est sans doute la raison pour laquelle les articles sur les arts n'ont pas été recueillis dans les copies

---

(180) Par exemple R. Cudworth, *The true intellectual system*, pour les natures plastiques. Dans les déclarations recueillies par Luneau (AT, t. XX, p. 132) Diderot parle de la logique, de la métaphysique et de la morale comme d'un « plagiat continuel ». Il ne désigne pas de source, mais on peut aisément suppléer un des noms qui manquent : c'est le Père Buffier. Or, au temps où Yvon signait ses articles, les *Mémoires de Trévoux* prenaient un malin plaisir à dénoncer ses multiples emprunts, notamment à Buffier. Le journaliste pouvait ainsi rapprocher *Amitié* du *Traité de la société civile* de Buffier (*Mémoires*, janvier 1752, pp. 186-187; cf. ENC, t. III, *Avertissement*, p. VII et n. K); *Ame*, des *Dissertations sur l'existence de Dieu* de Jaquelot (février 1752, p. 297); *Aristotélisme*, de l'*Histoire critique de la philosophie* de Boureau-Deslandes (mars 1752, p. 431), etc.. Il est curieux de constater que les articles anonymes de logique, de métaphysique et de morale contenus dans l'*Encyclopédie* doivent beaucoup, justement, aux sources où puisait habituellement Yvon. Cela ne prouve point sa responsabilité, mais cela pourrait en être un indice. Ainsi l'article *Logique*, attribué à Diderot par Assézat (AT, t. XV, pp. 524 et suiv.) doit beaucoup au *Traité des premières vérités* de Buffier, par exemple pour tout ce qui concerne le système de Locke (AT, t. XV, pp. 528-529 et Buffier, *Cours des sciences*, col. 727 et suivantes; voir P. Hermand, *Sur le texte de Diderot*, p. 364). Hermand montre encore que plusieurs articles traditionnellement attribués à Diderot, *Société*, *Vérité*, *Vraisemblable*, viennent aussi de Buffier (*Sur le texte de Diderot*, pp. 363-364). Précisons bien que ces articles sont anonymes, contrairement à ce que Hermand laisse supposer en disant qu'ils « n'ont guère de Diderot que la signature ». Un bon nombre des articles étudiés dans J. E. Barker, *Diderot's treatment*, et qui ne sont pas signés dans l'*Encyclopédie*, ont leur source dans Buffier (voir p. 32, n. 39, et p. 40, n. 84, pour *Principes (premiers)*, p. 41, n. 86, pour *Sens commun*, p. 105, n. 3, pour *Société*, etc.).

(181) Pour la théologie, dont s'étaient chargés, au début l'abbé Mallet, et à partir du tome VI l'abbé Morellet, il s'est produit un phénomène analogue à celui que nous avons constaté pour la logique, la métaphysique et la morale. Mallet est mort avant la sortie du tome VI et Morellet ne semble pas avoir collaboré au dictionnaire au-delà du tome VII. C'est du moins ce qu'il affirme dans ses *Mémoires* (t. I, p. 85). Faut-il supposer dès lors que Diderot a suppléé à partir du tome VIII la partie théologique du dictionnaire ? C'est encore ce qu'ont fait Assézat et Tourneux, qui lui attribuèrent par exemple *Providence* (AT, t. XVI, pp. 442 et suivantes). Ils n'ont pourtant pas osé le rendre coupable de *Primauté du pape*, de *Révélation*, de *Transsubstantiation*, de *Testament* qui sont tout aussi anonymes, tout aussi théologiques. Nous pouvons d'ailleurs retrouver l'auteur d'un de ces articles au moins. L'article *Testament* se termine en effet par la phrase suivante : « Nous avons traité de tous ces livres sous l'article de chacun, ou du moins de ceux sur lesquels on forme quelque question (...). Nous avons aussi parlé des livres apocryphes, tant de l'ancien que du nouveau *Testament*, sous le mot *Apocryphe* » (ENC, t. XVI, p. 190 a). Or l'article *Apocryphe* porte la marque de l'abbé Mallet, ainsi qu'*Actes des apôtres*, *Ecclésiaste*, *Genèse*, etc.. C'est donc apparemment Mallet, qui a fait *Testament*, paru pourtant plusieurs années après sa mort. Il est vraisemblable que ce n'est pas le seul article qu'il ait laissé aux mains des éditeurs du dictionnaire et il est probable que tant d'articles orthodoxes ont été écrits par le pieux abbé, plutôt que par le philosophe athée.

manuscrites du fonds Vandeul. Naigeon ne les a pas recueillis non plus, dans son édition des *Œuvres* de Diderot, bien qu'il en ait annoncé la publication dans sa préface. Il y avait longtemps, en 1798, que les articles de Diderot n'avaient plus de valeur qu'historique. Malgré cette lacune, Naigeon ne manque pas de donner à la *Description des arts* une place privilégiée dans l'œuvre de Diderot. Pour lui cette description n'est pas seulement la partie la plus originale du dictionnaire. L'insistance avec laquelle Naigeon revient sur elle, dans l'*Encyclopédie méthodique*, dans sa préface aux *Œuvres* de Diderot, dans ses *Mémoires historiques* surtout (182), montre qu'il n'est pas loin d'en faire une expérience philosophique décisive, et comme le pivot de la pensée de Diderot.

Un troisième groupe d'articles, beaucoup moins important, mais nettement différencié, est constitué par les synonymes. Qu'ils aient été recueillis comme tels dans le fonds Vandeul, et visiblement arrangés pour une édition, vient confirmer la véracité des propos de Naigeon, dans son article *Diderot* de l'*Encyclopédie méthodique :*

> « Diderot avait conçu de bonne heure le plan d'un ouvrage qu'il n'a jamais perdu de vue, et dont le projet avait même pris plus d'importance dans sa tête à mesure que l'expérience, produit trop tardif du temps, était venue confirmer ce que la réflexion lui avait appris. Il voulait faire ce qu'il appelait le *Dictionnaire universel et philosophique de la langue :* il a même dispersé dans l'*Encyclopédie* un grand nombre de matériaux qui devaient servir un jour à la composition de ce vocabulaire par lequel il avait résolu de terminer sa carrière littéraire » (183).

A côté de ces trois groupes d'inégale importance la lecture de l'*Encyclopédie* fait apparaître un quatrième groupe d'articles, souvent courts, dispersés dans les dix-sept volumes de discours, et bien difficiles à situer dans le temps. Ce sont des articles politiques. Ici la classification adoptée dans l'*Encyclopédie* ne doit pas plus nous tromper qu'elle ne trompait les lecteurs du XVIIIe siècle. L'article *Librairie* est classé dans le commerce, *Laborieux* est dans la grammaire, *Dranses* est dans la géographie ancienne (184). Ce sont bien là pourtant des articles politiques. Ce sont eux qui donnaient à l'*Encyclopédie* son piquant, son actualité, au sens que la grande presse nous a appris à donner à ce mot (185).

Il reste une quantité d'articles que l'on appelle couramment des articles de remplissage. Il reste aussi des articles isolés, importants, qui n'entrent en apparence dans aucune des catégories précédentes, ou qui

---

(182) J.-A. NAIGEON, *Philosophie ancienne et moderne*, t. I, p. VII, n. 1, et article *Diderot;* DIDEROT, *Œuvres*, éd. NAIGEON, t. I, p. 513 (cf. AT, t. VI, p. 316, note sur le commentaire d'HORACE qui termine la *Satire première*), J.-A. NAIGEON, *Mémoires*, pp. 49-56.

(183) J.-A. NAIGEON, *Philosophie ancienne et moderne*, t. II, p. 219 b. Nous ne consacrerons pas de chapitre particulier à l'étude des synonymes. Voir dans l'*Annexe IV* comment DIDEROT a utilisé l'abbé GIRARD.

(184) Seul le troisième de ces articles est assurément de DIDEROT.

(185) La similitude entre le rôle joué par les journaux au XIXe siècle et le rôle joué par l'*Encyclopédie* au XVIIIe a été bien marquée par J. MORLEY, *Diderot*, et par V. ZOTOV, dans un article, — en russe, — destiné à rendre compte du livre de MORLEY, *Encyclopédisme et journalisme.*

appartiennent à plusieurs d'entre elles. Articles de remplissage et articles isolés peuvent en réalité se rattacher, par leur contenu, à l'une de ces catégories (186). Ceux qui appartiennent à deux ordres différents doivent être étudiés deux fois, comme il arrive souvent par exemple pour les articles concernant la religion. Ils touchent d'un côté à la philosophie, mais ils sont aussi politiques. Ce cas est loin d'être exceptionnel, et l'on pourrait même dire que c'est celui de tous les articles de Diderot. Il n'est guère d'article de la *Description des arts* qui ne touche en effet à la philosophie par les réflexions qu'il nous livre ou qu'il suppose sur la théorie de la connaissance ou la psychologie de l'invention. Le même article touche aussi, le plus souvent, à la politique, quand Diderot attire par exemple l'attention des pouvoirs publics sur un règlement à abolir. Il lui arrive même de toucher à l'esthétique, s'il s'agit d'un métier d'art.

Ces interférences répétées ne sont pas un aspect secondaire de l'œuvre de Diderot. Elles en sont l'aspect essentiel; ce sont elles qui nous permettent le mieux de comprendre le caractère à la fois un et multiple de sa pensée. Comme dans la nature et comme dans l'encyclopédie idéale dont il rêva, « tout s'y enchaîne et s'y succède par des nuances insensibles ». Dans cette perspective il est non seulement légitime, mais indispensable, de ne pas faire de la contribution de Diderot à l'*Encyclopédie* une œuvre finie. Cette contribution a des prolongements hors de l'*Encyclopédie.*

Cela est vrai du reste aussi bien de Diderot que de ses collaborateurs. L'originalité de l'entreprise est précisément de n'avoir pas asservi ceux qui y participèrent. Loin d'y perdre leur personnalité, et de lui sacrifier leur œuvre propre, tous y trouvèrent la possibilité d'enrichir leur expérience. C'est ainsi que les dix-sept in-folio de l'*Encyclopédie* parurent escortés d'une multitude d'in-12 et d'in-8° qui éclairèrent leur route et prolongèrent leur rayonnement dans tous les domaines de la pensée.

Il convient donc d'étudier en même temps que les articles de l'*Encyclopédie* des textes de Diderot qui furent rédigés au cours de la publication du dictionnaire, et qui ne s'éclairent complètement que si on les confronte avec eux. La lettre à Landois de juin 1756, les notes sur le livre *De l'Esprit,* les *Additions aux Pensées philosophiques* ne doivent pas être séparées des articles de philosophie; la notice sur Frédéric II, de 1760, et la *Lettre sur le commerce de la librairie* sont des fragments politiques au même titre que les articles *Autorité politique* ou *Droit naturel;* le compte rendu du livre de du Tillet sur les causes de la corruption du grain dans l'épi, que publia la *Correspondance littéraire* du 15 juin 1755, se situe tout naturellement en marge de la *Description des arts.*

---

(186) Nous n'étudierons pas ceux de ces articles qui ont un contenu proprement scientifique, bien qu'ils soient nombreux, et quelquefois importants. M. J. Mayer leur a consacré une partie de sa thèse sur *Diderot homme de science.*

Allons plus loin encore. Par mille liaisons insensibles, l'œuvre encyclopédique de Diderot continue les essais de sa jeunesse et prépare les grandes œuvres de sa maturité et de sa vieillesse. La *Promenade du sceptique* débouche sur l'histoire de la philosophie et l'article *Animal* est la préface de l'*Entretien* et du *Rêve*. Les considérations sur l'*Agriculture*, la liberté du commerce, ou l'économie politique annoncent l'*Apologie de l'abbé Galiani* et le *Voyage de Hollande*.

CHAPITRE V

LES ENCYCLOPÉDISTES DEVANT LE DÉVELOPPEMENT DES FORCES PRODUCTIVES ET L'ÉVOLUTION DE LA TECHNIQUE.

LA MANUFACTURE ET L'AGRICULTURE EN 1750

La préparation par Diderot de la partie de l'*Encyclopédie* consacrée aux arts se situe à la fin d'une phase relativement lente du développement des forces productives, qui avaient reçu une impulsion décisive sous le ministère de Colbert. Sa publication marque le début de la dernière phase de ce mouvement, qui créa les conditions de la naissance du capitalisme industriel.

En un certain sens, l'*Encyclopédie* n'a rien de révolutionnaire, et on a souvent l'impression, à lire la *Description des arts,* qu'elle aurait pu être écrite à la fin du XVIIe siècle. C'est sans doute ce qui a fait dire à l'auteur d'une étude par ailleurs fort pertinente sur la partie technique de l'*Encyclopédie,* que celle-ci renfermait, « à côté de renseignements valables, (...) une splendide collection de traditions techniques souvent périmées » (1). Mais si l'*Encyclopédie* semble ainsi dater, si la machine

---

(1) B. GILLE, *L' « Encyclopédie » dictionnaire technique,* p. 192. C'est la seule étude sérieuse qui ait été consacrée jusqu'ici à la partie technique de l'*Encyclopédie.* M. MOUSNIER, dans *Progrès technique et progrès scientifique en Europe au XVIIIe siècle* a repris les conclusions de M. GILLE en ce qu'elles ont de plus discutable, et les a durcies dans une intention polémique.

Il est vrai qu'il est absurde de considérer, comme l'ont fait quelques marxistes, que l'*Encyclopédie* a été « à la pointe du progrès, à la pointe du combat pour le développement du machinisme et de l'industrie » (R. MOUSNIER, *ouvrage cité,* p. 153). L'*Encyclopédie* ne mérite point tant d'honneur et il est toujours excellent de rappeler à ceux qui l'ont oublié que la révolution industrielle ne date en France que du XIXe siècle. Mais l'*Encyclopédie* ne mérite pas non plus qu'on l'accuse d'être retardataire, de ne pas « ouvrir la voie à la recherche », d'être indigne en somme du rôle que l'on pouvait attendre d'elle (*Ibid.,* p. 157).

Aux questions que pose M. MOUSNIER dans son livre, on peut répondre, nous semble-t-il, premièrement que l'*Encyclopédie* met bien la technologie au premier plan, comme l'indiquent assez son titre, sa composition, le nombre et la qualité de ses planches, mais que les encyclopédistes ne se souciaient guère de savoir si la science sortait de la technique ou la technique de la science; deuxièmement que l'*Encyclopédie* reflète dans l'ensemble de façon fidèle les connaissances du temps, sans retard scandaleux, mais sans anticipation prophétique. Elle n'est pas à la pointe du progrès, mais comme tout bilan bien fait elle est tout de même un remarquable *instrument* de progrès.

y a peu de place, si la future révolution industrielle n'y est jamais même pressentie, ce n'est pas que l'enquête ait été mal faite ou que Diderot et ses collaborateurs aient manqué de perspicacité. En 1745, voire en 1760, il était impossible à personne de prévoir une révolution économique.

Pour l'essentiel en effet, l'état des forces productives en France, en 1750, ne diffère pas de ce qu'il était en 1683 à la mort de Colbert. La différence n'est que quantitative : les manufactures sont plus nombreuses, le commerce s'est développé, la production s'est accrue, mais l'organisation de cette production n'a pas changé, et les instruments de production sont restés à peu près ce qu'ils étaient. En 1750 comme en 1683 l'immense majorité des producteurs reste composée d'artisans possesseurs de leurs outils ou de leurs métiers, produisant pour un marché restreint.

Dans les villes, ces artisans sont groupés dans les corporations héritées du Moyen Age. Mais ces corps sont de plus en plus fermés, les maîtres ouvriers forment une véritable aristocratie ouvrière, et peu de progrès techniques sont possibles dans un cadre fait précisément pour perpétuer la qualité de la production grâce à la conservation des secrets de fabrication. On voit par exemple dans l'article *Boucher* de l'*Encyclopédie* à quelles règles strictes obéissait encore cette profession au milieu du XVIIIe siècle (2). Et d'autre part le cas du père de Diderot, maître coutelier, mais riche, honoré, allié aux meilleures familles de son pays, n'était certainement pas isolé dans sa corporation (3). Dans ces conditions, la part relative des corporations dans la production se trouve de plus en plus réduite au XVIIIe siècle, et un historien a pu dire récemment à propos d'une des régions les plus actives de France, le Dauphiné, qu'à la veille de la Révolution le régime corporatif n'y avait plus aucune importance réelle (4).

Mais à côté des corporations, dans les faubourgs des villes et surtout dans les campagnes, s'est développée depuis longtemps une forme de production absolument indépendante des cadres traditionnels. C'est celle qui est décrite sous le nom de « manufacture dispersée » dans l'article *Manufacture* de l'*Encyclopédie* (5). Dans la manufacture dispersée les producteurs sont libres. Ce sont souvent de petits exploitants, — des laboureurs, dit l'*Encyclopédie*, — qui partagent leur temps entre une activité artisanale comme le filage ou le tissage, et la culture de la terre. Par leur nombre et leur activité ils sont « les premiers et les plus

---

(2) AT, t. XIII, p. 493. L'article est marqué de l'astérisque de DIDEROT.

(3) Voir MARCEL, *Le frère de Diderot*, et H. GAUTIER, *Le père de Diderot*. L'*Entretien d'un père avec ses enfants* montre le père DIDEROT sous les traits d'un homme de bien, « renommé » dans sa province pour sa probité rigoureuse, et faisant à l'occasion office d'un véritable juge de paix (AT, t. V, p. 281).

(4) P. LÉON, *La naissance de la grande industrie*, p. 150.

(5) L'article n'est pas signé et rien ne permet de l'attribuer à DIDEROT plutôt qu'à l'un de ses collaborateurs.

utiles manufacturiers de l'Etat » (6). Eugène Tarlé, par exemple, a bien montré que l'arrêt du Conseil d'Etat du 7 septembre 1762, qui donnait aux paysans le droit de fabriquer toutes sortes d'étoffes sans faire partie d'une corporation était un acte capital. Ce n'était pas une innovation, mais la sanction officielle d'un état de fait déjà ancien (7). En Dauphiné notamment la manufacture dispersée était la règle dans les industries textiles (8). Du point de vue technique cette organisation ne permettait que des progrès très limités. Ceux qui ont été réalisés l'ont été sous la pression de la concurrence accrue. Le nombre de plus en plus grand des producteurs amenait en effet chacun d'eux à perfectionner ses outils pour produire mieux et plus vite. Comme Diderot le remarquait dans l'article *Art* :

« Le goût et la façon se perfectionnent nécessairement entre un grand nombre d'ouvriers, parce qu'il est difficile qu'il ne s'en rencontre quelques-uns capables de réfléchir, de combiner, et de trouver enfin le seul moyen qui puisse les mettre au-dessus de leurs semblables; le moyen ou d'épargner la matière, ou d'allonger le temps, ou de surfaire l'industrie, soit par une machine nouvelle, soit par une manœuvre plus commode » (9).

Produire mieux, et plus vite, c'est à ce besoin que répondait aussi la division sociale du travail, c'est-à-dire la répartition des différentes opérations de production entre des artisans spécialisés, mais indépendants les uns des autres (10). Cette division était inévitable à cause de la dispersion de la production, et elle était poussée à un très haut point dès le début du XVIIIe siècle.

« Pour la célérité du travail et la perfection de l'ouvrage, disait encore Diderot, elles dépendent entièrement de la multitude des ouvriers rassemblés. Lorsqu'une manufacture est nombreuse, chaque occupation occupe un homme différent. Tel ouvrier ne fait et ne fera de sa vie qu'une seule et unique chose; tel autre une autre chose; d'où il arrive que chacune s'exécute bien et promptement, et que l'ouvrage le mieux fait est aussi celui qu'on a à meilleur marché » (11).

Des expressions comme « multitude des ouvriers rassemblés » ou « manufacture nombreuse » pourraient faire croire que Diderot parle de la division manufacturière et non de la division sociale du travail. En réalité il songe aux ouvriers indépendants, produisant pour leur compte, rassemblés dans un centre urbain spécialisé dans l' « emploi de la même matière », comme le montre l'exemple de Lyon qu'il donne plus loin. Diderot a été très frappé par cette forme de division du

---

(6) ENC, t. X, p. 60 b.
(7) E. Tarlé, *L'industrie dans les campagnes*, p. 4.
(8) P. Léon, *ouvrage cité*, pp. 29-31 et 55-56; cf. aussi d'une manière plus générale E. Préclin et V.-L. Tapié, *Le XVIIIe siècle*, p. 627.
(9) AT, t. XIII, p. 372. Diderot a bien écrit : « allonger le temps ». C'est évidemment un lapsus. Il pensait certainement : « diminuer le temps ».
(10) La division sociale du travail a précédé chronologiquement et logiquement la division manufacturière du travail qui est la répartition des opérations de production entre des ouvriers groupés dans une même entreprise (K. Marx, *Le Capital*, livre I, vol. II, pp. 31-50 et surtout p. 48).
(11) AT, t. XIII, p. 372.

travail, et quelques-unes des pages les plus suggestives qu'il ait écrites concernent, on le sait, les déformations corporelles des ouvriers spécialisés (12). Dans l'industrie de la soie, à Lyon, et dans le Dauphiné, pour la draperie, cette division du travail entre les ateliers ou les familles était couramment pratiquée (13).

Nous avons vu plus haut que Diderot employait le mot « machine ». Ce mot, bien entendu, n'avait pas pour lui le sens que nous lui donnons. La machine n'est pour Diderot qu'un outil complexe et perfectionné; c'est le bras ou le pied de l'ouvrier qui l'anime, c'est du coup d'œil, de la précision et de la rapidité des gestes de l'ouvrier que dépend la perfection du produit. Le métier à bas est une « machine » extrêmement ingénieuse, la plus complexe sans doute que l'on ait connue au XVIIIe siècle, et Diderot lui a consacré à juste titre un article capital. Pourtant le fabricant de bas au métier n'est pas différent, par nature, de celui qui tricote les bas à la main. Il travaille seulement mieux et plus vite.

Au XVIIIe siècle, comme au XVIe, la seule force motrice connue, en dehors de la force de l'homme ou de l'animal, est celle de l'eau ou du vent, mais surtout de l'eau. Des machines hydrauliques permettent d'actionner les soufflets et les martinets des grosses forges, et les moulins à foulon. Mais il arrive encore souvent, au milieu du XVIIIe siècle, que les mêmes manœuvres soient assurées à la force des bras. Ainsi, pour la forge des ancres, les planches de l'*Encyclopédie* donnent conjointement deux représentations de la manœuvre du martinet, selon que la manufacture est établie ou non près d'un cours d'eau (14).

On peut s'étonner, avec M. Gille (15), que la machine à vapeur n'ait pas dans l'*Encyclopédie* la place qu'on attendrait, étant donné le rôle qu'elle allait jouer dans la révolution industrielle. Mais il faut bien plutôt s'étonner de trouver une description de la pompe à feu, dans le volume de « discours » paru en 1756, à la fin de l'article *Feu* (16). La pompe à feu était en effet à cette époque, en France, une machine plus curieuse que vraiment utile. Elle servait à élever l'eau dans les mines en Angleterre, dans les Pays-bas autrichiens. Il n'y en avait alors guère plus d'une demi-douzaine en France. De petites pompes à feu permettaient aussi d'élever l'eau pour l'arrosage des jardins à

---

(12) Voir par exemple AT, t. X, p. 487 (*Essai sur la peinture*) : « Parmi les artisans, il y a des habitudes de corps, des physionomies de boutiques et d'ateliers »; cf. AT, t. XI, pp. 412-413 (*Salon de 1767*); cf. AT, t. XI, pp. 239-249 (échange de lettres avec le Dr PETIT et un autre médecin sur les déformations professionnelles).

(13) Pour le Dauphiné, voir P. LÉON, *La naissance de la grande industrie*, p. 56.

(14) La forge des ancres a été décrite par DIDEROT à la fin de l'article *Ancre*. Les planches ont été expliquées par GOUSSIER.

(15) B. GILLE, *L' « Encyclopédie » dictionnaire technique*, p. 202.

(16) L'article *Feu* est de D'ALEMBERT. D'ALEMBERT y fait sommairement l'historique de l'invention de la pompe par PAPIN, et de son perfectionnement par les Anglais (ENC, t. VI, p. 602 a). La description de la pompe a été faite par DIDEROT d'après un mémoire de PERRONET (*Ibid.*, p. VI).

l'anglaise (17). La machine suscitait un très grand intérêt, dont Diderot se fait l'écho :

« Le jeu de cette machine est très extraordinaire, et s'il fallait ajouter foi au système de Descartes, qui regarde les machines comme des animaux, il faudrait convenir que l'homme aurait imité de fort près le Créateur, dans la construction de la *pompe à feu*, qui doit être aux yeux de tout cartésien conséquent, une espèce d'animal vivant, aspirant, agissant, se mouvant de lui-même par le moyen de l'air, et tant qu'il y a de la chaleur » (18).

On opposera sans doute à ce jugement un peu puéril celui de Réaumur : « Nous voyons (...) qu'il sera utile et commode d'avoir de ces machines en petit volume, et par là portatives, pour pouvoir s'en servir partout où l'on voudra épargner la main-d'œuvre » (19). Mais quel que soit le bonheur de l'expression, l'intuition de Réaumur ne diffère guère, en fait, de la vision « philosophique » de Diderot. Il voit dans la pompe à feu perfectionnée un moteur capable de suppléer la force de l'homme, mais non une machine au sens moderne du mot. Comme l'a constaté Marx, la machine à vapeur ne fit pas d'abord de révolution dans l'industrie : « Ce fut, au contraire, la création des machines-outils qui rendit nécessaire la machine à vapeur révolutionnée » (20).

Mais sans parler encore de la machine à vapeur, des machines aussi importantes que les martinets de forges ou les moulins à foulon, et aussi complexes que les métiers à bas, supposaient des mises de fonds qui excédaient généralement de beaucoup les ressources dont disposaient les artisans des villes et des campagnes. Même les maîtres ouvriers des corporations, s'ils disposaient du seul capital accumulé par eux et par leurs ancêtres, ne pouvaient pas faire d'investissements très importants. Les laboureurs à plus forte raison ne le pouvaient pas davantage (21). La composition de la fortune d'un maître coutelier comme le père Diderot montre que son objet essentiel n'était pas d'investir dans son entreprise des capitaux toujours plus importants, mais de s'assurer des revenus stables en achetant des terres ou en constituant des rentes avec les économies qu'il réalisait (22).

Est-ce à dire que la « manufacture réunie » qui, dans l'article *Manufacture* de l'*Encyclopédie*, est opposée à la « manufacture dispersée », pouvait seule permettre des progrès techniques appréciables, et préparer les bases de la révolution industrielle ? L'article *Manufacture* considère l'entreprise de Vanrobais comme le type même de la manu-

---

(17) Ch. Ballot, *L'introduction du machinisme*, pp. 385-386.

(18) ENC, t. VI, p. 609 a.

(19) *Machines et inventions*, t. VII, p. 253. C'est la conclusion d'un rapport des commissaires de l'Académie des sciences, Réaumur et Nicole, sur une nouvelle « machine pour élever l'eau par le moyen du feu », de M. de Geussane (29 fév. 1744).

(20) Karl Marx, *Le Capital*, livre I, vol. II, p. 68.

(21) En Dauphiné les capitaux investis par les artisans dans leur entreprise étaient généralement très peu importants (P. Léon, *ouvrage cité*, p. 58, p. 264 et *passim*).

(22) Nous avons vu que les revenus qu'il tirait de la coutellerie ne représentaient pas la part la plus importante de ses ressources.

facture réunie. Elle est caractérisée à la fois par l'importance des capitaux investis et par le nombre et la concentration des ouvriers qui y travaillent. Pourtant ce genre d'entreprise est considéré comme exceptionnel et l'auteur semble penser qu'il doit le rester (23). Et d'ailleurs l'*Encyclopédie* ne lui fait qu'une place limitée, sans commune mesure avec celle qui est faite à la manufacture dispersée. Si la manufacture réunie avait été l'ancêtre directe de l'entreprise industrielle moderne, il faudrait conclure de la lecture de la *Description des arts* que Diderot et les encyclopédistes ont été retardataires et même rétrogrades en ne la mettant pas à la première place. Mais il n'en est rien, et la place mineure qu'occupe la manufacture réunie dans la *Description des arts* est très exactement celle qui lui revient. Il est prouvé depuis longtemps que ce qu'on a appelé la grande industrie avait été au XVIIIe siècle une création exceptionnelle, et surtout artificielle, soutenue le plus souvent par le trésor royal, seul ou venant en aide à des capitaux privés (24). L'auteur de l'article *Manufacture* l'a fort bien montré, ce soutien ne pouvait s'admettre que dans l'industrie de luxe, eu égard à la perfection de ses produits (25).

On sait dans quelle intention Colbert encouragea les manufactures. Le mercantilisme colbertien était encore la théorie officielle à l'époque où Diderot faisait la *Description des arts*, et il s'en fait souvent l'écho : tout achat de produit étranger fait sortir du royaume une certaine quantité d'argent; la richesse d'un pays étant fonction de la quantité d'argent qu'il possède, de tels achats l'appauvrissent; la France doit donc créer sur son sol les manufactures qui lui manquent. C'est ainsi, explique Diderot, qu'

> « il sort du royaume près de trois millions par an pour l'*acier* qui y entre. Cet objet est assez considérable pour qu'on y fît plus d'attention, qu'on éprouvât nos fers avec plus de soin, et qu'on tâchât enfin d'en obtenir ou de l'*acier* naturel, ou de l'*acier* artificiel, qui nous dispensât de nous en fournir auprès de l'étranger » (26).

Il ne faut certes pas négliger le rôle stimulant que cette grande industrie a joué pour l'ensemble de la production. Quelquefois même les manufactures du roi ont eu un rôle de toute première importance. Diderot a expliqué, au début de l'article *Bas*, comment était née la manufacture de bas du Château de Madrid, à la fin du XVIIe siècle. La France produisait des bas tricotés à la main, inférieurs en qualité aux

---

(23) Le sort des compagnons dans les ateliers artisanaux lui paraît idyllique, à côté de celui des ouvriers des grandes manufactures, qui travaillent « au coup de cloche » et qui sont sans cesse « contraints » et « gourmandés » par les « commis », c'est-à-dire par les contremaîtres.

(24) P. MANTOUX, *La révolution industrielle*, pp. 7-15.

(25) ENC, t. X, p. 60 b : « Si on n'avait jamais connu les draps de Vanrobais, on se serait accoutumé à en porter de qualités inférieures, et ces qualités auraient pu être exécutées dans des fabriques moins dispendieuses et plus multipliées ».

(26) Art. *Acier*, AT, t. XIII, p. 210.

bas anglais, tricotés au métier. Les bas anglais s'achetaient à bon prix et si l'on voulait éviter au royaume de s'appauvrir au profit de l'Angleterre, il fallait produire en France des bas au métier. Aussi Jean-Claude Hindret fut-il envoyé en Angleterre en 1656 pour y lever les plans du métier à bas (27). Sa mission remplie, Hindret devait obtenir le privilège d'installer à Paris et dans d'autres villes des manufactures de bonneterie. En 1666, en effet, fut constituée une société au capital de 300 000 livres, qui permit l'installation de deux cents métiers au Château de Madrid, devenu « Manufacture royale des bas de soie en France ». Dans le même temps on interdisait la vente en France des bas de soie anglais (28). Très vite le nombre des manufactures de bas au métier s'accrut, avec l'aide du gouvernement. Les privilèges accordés ne donnaient du reste aucun monopole aux manufacturiers qui en bénéficiaient. Ils n'étaient que la garantie du soutien financier et administratif de l'Etat. Si riches fussent-ils, bien rares en effet étaient au début les marchands, et à plus forte raison les fabricants, capables d'investir dans une manufacture de bas les capitaux qu'exigeait la seule acquisition des métiers.

L'exemple des manufactures de l'Etat, et des manufactures royales appartenant à des particuliers mais subventionnées par l'Etat, illustre la difficulté majeure à laquelle se heurtait le développement des forces productives : le manque de capitaux. C'est la pénurie des capitaux, jointe évidemment à la pénurie, et surtout au manque de fluidité de la main-d'œuvre, retenue à la terre ou dans les corporations, qui explique la lenteur des progrès de la production en France, au milieu du XVIIIe siècle. Ce n'est pas par hasard, si, à la fin de son article *Art*, Diderot fait appel à l' « homme opulent », c'est-à-dire au capitaliste, « pour le prix des matières, des peines et du temps », au même titre et peut-être plus encore qu'à l' « artiste », c'est-à-dire à l'ouvrier, pour « la main-d'œuvre », et à l' « académicien », c'est-à-dire au savant et au technicien, pour « les lumières et les conseils » (29).

L'industrie du XVIIIe siècle a connu principalement deux sortes de capitalistes, les grands propriétaires qui investissaient le produit de la rente foncière dans la métallurgie et dans les mines, et les marchands-fabricants qui investissaient leurs profits commerciaux dans toutes les branches de l'industrie dont les produits pouvaient se vendre sur un marché suffisamment large. Mais les seconds ont joué un rôle incomparablement plus grand que les premiers. Le développement considérable du commerce extérieur et du commerce intérieur à partir du XVIe siècle aboutit à un tel élargissement des marchés que les artisans des villes

---

(27) Hindret était membre de la corporation des merciers, et par conséquent marchand. Ce fait souligne le caractère mercantile de la politique de Colbert. Il s'agissait pour lui, avant tout, d'encourager un commerce lucratif pour le royaume.

(28) A. Latour, *Le bas*, p. 1962.

(29) AT, t. XIII, p. 371. L'homme opulent est nommé à la fin de l'énumération.

aussi bien que ceux des campagnes tombèrent de plus en plus dans la dépendance des marchands. Même ceux qui restèrent propriétaires de leurs outils ou de leurs métiers dépendirent de plus en plus des marchands qui leur achetaient leurs produits pour les revendre et qui parfois même leur procuraient la matière première. Il arriva souvent que la production fut ainsi concentrée sous la dépendance du capital commercial, notamment dans le textile (30). Certaines opérations d'apprêt demandaient des machines coûteuses, de vastes locaux, un emplacement de choix, fréquemment à proximité d'un cours d'eau. Seul le marchand disposait de capitaux suffisants pour acheter ou louer le terrain, acquérir des machines, faire construire ou aménager des bâtiments assez vastes. Ainsi le marchand devenait manufacturier, et l'artisan perdait un peu plus de son autonomie. Cette évolution est typique dans l'industrie de la laine : le marchand

> « achète la laine brute, la fait laver, dégraisser, teindre par ses ouvriers. Puis il la confie parfois directement aux cardeuses ou fileuses, plus souvent à un entrepreneur, travailleur lui-même, qui l'emporte et la distribue dans son village. Lorsqu'on lui rapporte les fils, ce marchand fait généralement ourdir la chaîne, puis il la remet avec le fil de trame à un second entrepreneur chargé du tissage, tisserand lui-même en général. La pièce tissée, le marchand lui fait donner les différents apprêts par les maîtres tondeurs et laineurs; quant au foulage, il n'est pas rare que le marchand soit lui-même propriétaire d'un moulin » (31).

On voit bien ici, aux différentes étapes de la production, comment le travail des ouvriers coopérant dans un même atelier, pour le lavage, le dégraissage, la teinture, l'ourdissage de la chaîne et finalement le foulage, prolonge, complète ou prépare celui des entrepreneurs travaillant pour leur propre compte. La manufacture dans son ensemble reste dispersée, mais là où le processus de production nécessite des installations et des instruments trop coûteux existe la base d'une manufacture réunie. La concentration commerciale crée les conditions de la concentration industrielle. Que l'artisan, mis en coupe réglée par le marchand, en vienne à perdre la propriété de ses outils ou de son métier, le marchand lui louera des outils, un métier. Finalement le marchand possédera ses propres métiers. S'il les rassemble dans un même lieu et y fait travailler ses ouvriers, le processus de la production n'aura pas changé, mais une grande manufacture sera née.

L'étude d'ensemble de l'économie française du XVIIIe siècle et les études particulières consacrées à de grandes régions économiques font très bien apparaître l'emprise croissante et multiforme du capital commercial sur d'innombrables producteurs indépendants. Il n'y a aucune différence à cet égard entre les ouvriers des corporations et les autres, qu'ils soient citadins ou ruraux (32). Les ouvriers des corpora-

---

(30) Ch. Ballot, *L'introduction du machinisme*, p. 5.
(31) *Ibid.*, p. 165.
(32) Voir E. Tarlé, *L'industrie dans les campagnes;* H. Sée, *La France économique et sociale*, pp. 131-135, et *Les origines du capitalisme*, pp. 134-140; P. Léon, *La naissance de la grande industrie*, pp. 65-66, et 269-277.

tions étaient cependant les mieux armés pour résister à cette emprise et il y eut de fréquents conflits entre les marchands-fabricants et les maîtres ouvriers pendant toute la première moitié du XVIIIe siècle. Ils se terminèrent rarement à l'avantage des seconds.

Dès le début du XVIIIe siècle, par exemple, les maîtres fabricants de bas de Paris perdirent leur indépendance au profit des marchands bonnetiers. En 1723 les marchands réussirent à obtenir à leur profit la fusion des deux corporations (33). La manufacture lyonnaise, tout entière contrôlée par le capital commercial, fut très souvent agitée par des mouvements de révolte des maîtres ouvriers. C'est ainsi que la grande grève de 1744 chassa de la ville Vaucanson, dont les innovations techniques favorisaient les marchands-fabricants au détriment des maîtres ouvriers (34). Dans l'article *Velours* de l'*Encyclopédie* Diderot fait écho aux plaintes des ouvriers lyonnais au sujet d'un règlement du 19 juin 1744 favorable aux marchands. Il trouve les « instigateurs » de ce règlement « dignes de tous reproches », parce qu'ils sacrifient la fabrique « à leur intérêt propre ou à leur aveuglement ». La sollicitude que Diderot marque un peu plus loin aux ouvriers à façon montre bien de quel côté il penche (35). Dans un tout autre domaine, celui de l'imprimerie et de la librairie, l'exemple de l'*Encyclopédie* nous a montré comment quelques marchands résolus, associés au besoin, pouvaient dominer le marché et contrôler plusieurs branches de la production.

Mais les marchands n'étaient intéressés que par les produits susceptibles d'être livrés tout de suite aux consommateurs, et notamment par ceux de l'industrie textile. C'est ce qui explique que l'industrie textile a connu au XVIIIe siècle les progrès les plus spectaculaires (36). C'est ce qui explique aussi l'intérêt que Diderot lui a porté personnellement, dans la *Description des arts :* ses articles les plus importants, — pour la masse de documentation qu'ils mettent en œuvre, pour le soin avec lequel ils sont faits, pour la place qu'ils occupent dans le dictionnaire, — s'intitulent en effet *Bas au métier, Bonneterie, Damas, Gaze, Soie, Velours* (37).

A côté du secteur de la production où le capital commercial régnait en maître et créait progressivement à son profit les conditions d'une certaine concentration industrielle, celui des mines et des forges paraît étroit. Il l'est effectivement si on en mesure l'étendue au nombre des entreprises. Mais pour chacune de ces entreprises il fallait des installa-

---

(33) A. LATOUR, *Le bas*, p. 1963.
(34) Ch. BALLOT, *ouvrage cité*, p. 318.
(35) ENC, t. XVI, pp. 902 a - 906 b.
(36) P. LÉON, *La naissance de la grande industrie*, p. 28.
(37) Pour les sources de la plupart de ces articles voir notre étude sur la *Documentation technique*, p. 348-352. *Bonneterie, Damas* et *Gaze* sont marqués de l'astérisque, *Bas* et *Soie* ne sont pas signés. Sur l'attribution à DIDEROT de ces deux derniers articles voir dans notre étude, p. 350, n. 2 et n. 3. *Velours* n'est pas non plus signé mais DIDEROT y fait explicitement un renvoi à son article *Art* (ENC, t. XVI, p. 906 b).

tions fixes très importantes et des mises de fonds sans commune mesure avec celles que demandait l'industrie textile (38). Les fondateurs en furent le plus souvent de grands propriétaires qui étendirent leur exploitation au sous-sol de leurs domaines, et consacrèrent à ces coûteux établissements le profit accumulé de la rente foncière (39).

A côté de cette aristocratie d'affaires on rencontre aussi à la tête des entreprises minières ou métallurgiques des fermiers capitalistes qui louent le terrain à des nobles particuliers ou à des abbayes, et font exploiter à leur compte (40). Au nombre des collaborateurs de l'*Encyclopédie* nous avons rencontré deux maîtres de forges, Bouchu et Buffon (41). Ils sont trois si on leur adjoint Grignon, auteur d'une *Sidérotechnie* utilisée par Goussier pour sa description des forges dans le volume IV des *Planches*. Parmi les maîtres de forges connus au XVIIIe siècle, il faut encore citer le duc de Charost, propriétaire des mines de Roche-la-Molière, et le marquis de Courtivron, pionnier de l'utilisation du charbon minéral dans la métallurgie (42).

Certes l'industrie lourde du XIXe siècle s'est développée sur la base que lui avaient préparée les propriétaires de mines et les maîtres de forges du XVIIIe siècle. Pourtant il n'y a aucun lien de filiation directe entre la grande industrie minière et métallurgique antérieure à la Révolution et l'industrie moderne. La nature des capitaux investis dans les entreprises du XVIIIe siècle fait d'elles des appendices de la culture des terres, même si à la suite d'une lente évolution, en Dauphiné par exemple, la rente foncière s'est trouvée en partie relayée par des capitaux mobiliers (43). On ne s'expliquerait pas autrement que Quesnay ait obstinément considéré la classe industrielle comme une classe stérile.

D'autre part le caractère même des entreprises, au milieu du XVIIIe siècle, est resté tout à fait artisanal. La concentration que l'on y constate, jusqu'à un certain point, est due à des nécessités géographiques et à la nature des capitaux investis, mais dans l'ensemble les

---

(38) Bien entendu cela ne vaut pas pour les petites forges installées un peu partout dans les campagnes et où l'on transformait le fer en barre en outils, en objets de serrurerie, de quincaillerie, etc. (Ch. BALLOT, *ouvrage cité*, p. 420).

(39) C.-E. LABROUSSE, *La crise de l'économie*, p. XXVI. Sur les mines et les installations métallurgiques du Dauphiné, voir P. LÉON, *La naissance de la grande industrie*, pp. 59-63 et p. 266.

(40) Ch. BALLOT, *L'introduction du machinisme*, p. 424.

(41) Ce sont les recherches de BUFFON « sur la conservation et le rétablissement des forêts » qui ont été résumées par DIDEROT dans la partie de l'article *Bois* qu'il a marquée d'un astérisque (AT, t. XIII, p. 483, n. 1). La question de la protection des forêts et du reboisement était capitale à une époque où les hauts fourneaux étaient encore chauffés au bois. Le mémoire de BUFFON utilisé par DIDEROT a été publié dans les *Mémoires de l'Académie*, 1739, p. 140. BUFFON fit un autre mémoire sur le reboisement en 1742 (*Ibid.*, p. 233).

(42) Il fit en 1747 un *Discours sur la nécessité de perfectionner la métallurgie des forges* (*Mémoires de l'Académie*, 1747, pp. 287 et suivantes) et en 1762 l'*Art des forges et fourneaux à fer* fut publié sous sa direction. Une liste des grands seigneurs manufacturiers se trouve dans GERMAIN-MARTIN, *La grande industrie*, p. 215, n. 7.

(43) P. LÉON, *ouvrage cité*, pp. 63-64.

mines et la métallurgie ressortissent à la « manufacture dispersée », plus qu'à la « manufacture réunie ». Elles font en effet encore appel à la main-d'œuvre indépendante. Une entreprise métallurgique, par exemple, se compose souvent d'un haut fourneau fonctionnant six à dix mois par an (44), et d'une forge située soit dans la même enceinte, soit en amont ou en aval du cours d'eau qui fournit la force motrice. La forge comprend deux feux d'affinerie et un de chaufferie; quelquefois il s'y ajoute une fonderie, ou une tréfilerie. Les ouvriers sont peu nombreux, cinq pour un haut fourneau, dix à vingt dans une forge. Un grand nombre d'ouvriers, mineurs, bûcherons, charbonniers, voituriers, travaillent à leur compte, pour la forge, dans les campagnes avoisinantes (45). C'est précisément le tableau que Goussier a dessiné sous tous ses aspects dans les planches de l'*Encyclopédie* consacrées aux forges.

Il est trop facile de dire, comme le fait par exemple M. Gille, que l'article *Forges* fait preuve d'un traditionalisme technique retardataire, sous prétexte que la fonte au coke n'y est même pas nommée, alors qu'elle avait été découverte en Angleterre en 1735, et qu'elle fut connue en France en 1756 (46). En réalité l'article *Forges*, paru en 1757, pouvait difficilement faire état d'une révélation aussi récente, et encore toute théorique. La première enquête vraiment sérieuse sur la fonte au coke est celle que Jars fit en 1764 en Angleterre. C'est seulement quand l'enquête eut été complétée par des recherches dans les Pays-bas autrichiens, en Allemagne, et en Suède, que les expériences commencèrent en France, en 1768-1769 (47).

Mais il faut surtout dire que les grandes innovations techniques ne pouvaient s'imposer que dans une industrie entièrement réorganisée, financée par d'autres capitaux que ceux des grands propriétaires fonciers et des marchands, ou même ceux de l'Etat monarchique, et employant une main-d'œuvre différente.

Paul Mantoux avait observé il y a longtemps que les grands patrons de l'époque industrielle n'étaient pas « purement et simplement les successeurs des marchands manufacturiers du XVIIIe siècle » (48). Il avait noté qu'en France, comme en Angleterre, la plupart des chefs d'industrie du XIXe siècle n'avaient aucun rapport avec ceux du XVIIIe et sortaient de la classe mi-agricole, mi-industrielle des campagnes, c'est-à-dire de cette

---

(44) En Dauphiné les fourneaux ne coulaient quelquefois que tous les deux ou trois ans, tant leurs propriétaires avaient de mal à mobiliser les capitaux nécessaires à l'opération (P. Léon, *ouvrage cité*, p. 59).

(45) D'après Ch. Ballot, *ouvrage cité*, p. 423. Tableau tout à fait semblable dans P. Léon, *ouvrage cité*, pp. 59-63. En Dauphiné les seuls ouvriers salariés de l'entreprise métallurgique étaient les fourneliers. Les mineurs étaient des petits producteurs semi-indépendants; ils payaient en quelque sorte le droit d'exploiter la mine du propriétaire en lui livrant une part du produit de l'extraction. Les charbonniers et les voituriers travaillaient à façon. Enfin les martinets étaient loués à des entrepreneurs.

(46) B. Gille, *L' « Encyclopédie » dictionnaire technique*, p. 201.

(47) Ch. Ballot, *ouvrage cité*, pp. 437-440.

(48) Cité par H. Sée, *Les origines du capitalisme*, p. 178.

classe de petits producteurs indépendants ou semi-indépendants qu'évoque l'article *Manufacture* de l'*Encyclopédie*, et que nous avons vu travailler pour les marchands-fabricants ou les grands propriétaires dans le textile ou la métallurgie. Paradoxalement c'est donc lorsqu'elle donne le pas à la « manufacture dispersée » sur les grandes manufactures que la *Description des arts* révèle le mieux le sens profond des réalités économiques qui guidait son auteur.

En effet si l'emprise du capital commercial sur la production est allée croissant au cours du XVIIIe siècle, les conséquences de cette évolution n'ont pas été uniformes pour tous les petits producteurs des villes et des campagnes. La majorité d'entre eux semble avoir perdu l'indépendance, totalement ou en partie, et s'être trouvée réduite en fait à une condition toute proche de celle qui devait être au XIXe siècle le lot du prolétariat (49). Le cas des maîtres ouvriers de Lyon est exemplaire à cet égard. Dans plus d'un cas, cependant, et surtout hors des villes, les petits ateliers, moins vulnérables aux fluctuations du marché que les grandes entreprises, ont su résister à la concurrence de celles-ci aussi bien qu'aux pressions du capital commercial (50). Mais certains maîtres ouvriers ont fait mieux que se maintenir, et sans aller jusqu'à faire concurrence aux marchands-fabricants, ils ont su profiter de leur exemple, acquérir leur esprit d'entreprise, parfois même adopter leurs méthodes. Ce sont leurs « boutiques » et non les grandes manufactures qui ont été les véritables pépinières des entreprises industrielles du XIXe siècle (51).

Ces manufactures-là, d'importance médiocre, et se distinguant à peine des ateliers traditionnels, ont une originalité double. A la différence des manufactures colbertiennes, des manufactures fondées par des marchands ou par des grands seigneurs, ces petites manufactures n'étaient pas sous la dépendance du capital commercial. Elles furent fondées avec les capitaux d'abord limités de certains producteurs indépendants, paysans ou artisans. La deuxième originalité de ces manufactures est d'employer toutes les fois qu'elles le peuvent une main-d'œuvre libre, des ouvriers ne possédant aucun instrument de production et disposant de leur seule force de travail, paysans ou artisans ruinés, compagnons trop pauvres pour espérer jamais devenir maîtres, membres de la propre famille du producteur (52). Dans une certaine mesure la boutique du père de Diderot pouvait se rattacher à ce type-là. Le père

---

(49) Voir H. Sée, *La France économique*, p. 142.

(50) M. Léon l'a montré pour le Dauphiné, *ouvrage cité*, p. 257, p. 299, p. 303.

(51) Il est aussi très remarquable que de ces boutiques soient sortis les sans-culottes les plus déterminés et les plus conséquents (A. Soboul, *Classes et luttes de classes*, pp. 53-54).

(52) Dans les ateliers dauphinois, très nombreux dans les campagnes, et dans les faubourgs des villes, le père travaillait avec sa femme et ses enfants, ou bien le patron occupait de deux à dix ouvriers. Quand la famille avait en même temps une exploitation rurale, ce qui était le cas le plus fréquent, la femme et les enfants filaient la laine du troupeau familial, le père tissait, les domestiques faisaient marcher un ou deux métiers supplémentaires (P. Léon, *ouvrage cité*, pp. 55-56).

de Diderot, en effet, n'était pas seulement un petit boutiquier travaillant avec quelques compagnons et apprentis, et vendant le produit de son travail. Son testament montre qu'à l'exemple des marchands-fabricants il donnait aussi de l'ouvrage à façon à des ouvriers plus modestes que lui. Il semble bien qu'il ait ainsi contrôlé un assez grand nombre de boutiques et d'ateliers, dans toute la région de Langres, et jusqu'à Nogent-en-Bassigny (53).

Mais il y eut jusqu'à la Révolution plusieurs obstacles au développement de telles manufactures, le manque de capitaux mobiliers, le système corporatif, la concurrence des marchands-fabricants.

Le manque de capitaux s'explique assez bien, chez des producteurs qui devaient surtout compter sur leurs vertus d'économie pour amasser quelque argent. Le système corporatif était également une entrave, dans la mesure où il limitait le nombre des compagnons qu'un maître pouvait employer, et où il interdisait l'emploi de compagnons d'un corps de métier différent de celui du maître (54). Enfin, nous l'avons vu, la concentration de la production sous la dépendance des marchands menaçait toujours les maîtres ouvriers de perdre progressivement jusqu'à la propriété de leurs outils et de leurs métiers. C'est cependant cette déchéance même d'un nombre croissant de producteurs indépendants, jointe à l'exode vers les villes de petits paysans ruinés par la baisse des salaires agricoles et le développement des techniques de culture, qui créa le libre marché du travail, indispensable au développement des nouvelles manufactures.

L'existence de ce marché du travail est attestée dès la fin du XVIIe siècle, et l'on voit déjà Colbert s'indigner des aumônes distribuées aux pauvres honteux par les abbayes et les monastères. Il voulait « qu'on fît gagner aux pauvres le pain qu'ils recevaient » (55).

Le nombre des individus sans ressources s'est accru au cours de la première moitié du XVIIIe siècle. Diderot le constate dans l'article *Hôpital* (56), et s'indigne, après Colbert, de la solution de paresse qu'est la charité privée ou publique :

> « Rendre la condition des mendiants de profession et des vrais pauvres égale, en les confondant dans les mêmes maisons, c'est oublier qu'on a des terres incultes à défricher, des colonies à peupler, des manufactures à soutenir, des travaux publics à continuer ».

Les procès-verbaux du Conseil de commerce et du Bureau du commerce confirment le fait, et montrent que la solution préconisée par Colbert fut assez souvent appliquée (57).

---

(53) H. GAUTIER, *Le père de Diderot*, p. 15.
(54) Karl MARX, *Le Capital*, livre I, vol. II, p. 53.
(55) COLBERT, *Lettres*, t. II, p. CXLVII.
(56) AT, t. XV, pp. 140-143.
(57) *Conseil de commerce, inventaire* : le 19 février 1728 les administrateurs de l'hôpital de Sedan demandent la permission d'établir des métiers à bas; le 2 mars 1730, on permet l'installation de six métiers à bas à l'hôpital de Bourbonne-les-Bains; le 21 août 1725, on propose d'établir à l'hôpital de Valenciennes une manufacture de dentelle, etc..

Le système corporatif fut la principale entrave à l'exploitation de ce marché du travail. L'utilisation de la main-d'œuvre libre sur une grande échelle ne fut possible qu'après la suppression des corporations, mais la nécessité d'une stricte réglementation, la minutie avec laquelle les règlements définissent les conditions d'emploi de la main-d'œuvre, montrent que bien avant la Révolution certains maîtres auraient volontiers fait appel à des travailleurs libres (58). D'autre part la violence croissante des conflits qui opposèrent marchands-fabricants et maîtres ouvriers, comme en 1744 à Lyon, montre aussi que ces derniers, quand ils avaient réussi à conserver leur indépendance, pouvaient devenir une force avec laquelle il fallait compter.

Le développement des forces productives fut beaucoup plus lent encore dans l'agriculture. Il est pourtant sensible, et l'*Encyclopédie* le reflète partiellement. La montée des prix, continue en France de 1733 à 1764, profite à la fois aux fermiers et aux propriétaires non-exploitants, seigneurs ou bourgeois. Les bénéficiaires de la rente foncière seigneuriale ou bourgeoise investirent l'argent accumulé dans des entreprises commerciales ou industrielles, comme nous l'avons vu. Les fermiers, de leur côté, et certains propriétaires, étendirent leurs cultures par des défrichements, en améliorant l'outillage, en employant une main-d'œuvre accrue. Ainsi une certaine concentration capitaliste apparut dans les campagnes en même temps que dans les villes, sans que, pour l'essentiel, rien fût encore changé dans la production agricole considérée dans son ensemble (59).

Tel est bien le tableau qui apparaît en effet à la lecture des articles de la *Description des arts* consacrés à l'agriculture. La majorité d'entre eux pourraient figurer dans un de ces almanachs que les colporteurs promenaient dans les campagnes, et l'image qu'ils donnent de la vie des champs pourrait aussi bien dater de 1550 que de 1750. Ainsi la première partie de l'article *Agriculture* n'est qu'un recueil de recettes traditionnelles. Il n'y manque même pas les dictons : « *En février* (...) vous sèmerez l'avoine, si vous écoutez le proverbe » (60). En revanche la deuxième partie de l'article expose un nouveau système d'agriculture. Ce système est beaucoup plus productif que l'ancien, mais il est beaucoup plus coûteux. Pour trois cents arpents, le fermier qui cultive sa terre suivant la nouvelle méthode dépense 10 350 livres, et celui qui la cultive de la manière traditionnelle en dépense 5 000 (61).

---

(58) Voir l'art. *Velours*.

(59) C.-E. Labrousse, *La crise de l'économie*, pp. XXIII-XXV.

(60) AT, t. XIII, p. 253.

(61) Ce nouveau système d'agriculture est celui de Jethro Tull, introduit en France par Duhamel (voir notre article sur la *Documentation technique*, p. 339, et p. 349, n. 10). L'idée d'investir des capitaux importants dans de vastes domaines était de nature à faire progresser la production agricole, mais techniquement le système de Tull était très imparfait (T. H. Marshall, *Jethro Tull and the « New husbandry » of the XVIII th century*, art. cité dans E. Préclin et V.-L. Tapié, *Le XVIII*[e] *siècle*, p. 655).

En 1750 le progrès technique n'est donc possible qu'à ceux qui disposent de capitaux suffisants, et Diderot constate un fait en même temps qu'il émet un vœu lorsqu'il déclare en conclusion de son article : « Nous invitons ceux à qui leurs grands biens permettent de tenter des expériences coûteuses, sans succès certain et sans aucun dérangement de fortune, de se livrer à celles-ci ».

Au-dessous de la minorité que représentent riches fermiers et propriétaires, la production agricole est répartie, comme la production artisanale, entre une multitude de producteurs indépendants. On ne saurait trop insister sur la place que ces petits producteurs occupent encore en 1750, et jusqu'à la fin du XVIIIe siècle. Cette place est considérable non seulement par le nombre qu'ils représentent, mais plus encore par la synthèse unique qu'ils réalisent, le plus souvent, entre le travail de la terre et le travail artisanal (62).

LES PRECURSEURS DE DIDEROT

Diderot n'a jamais nié qu'il ait eu « des contemporains sous le siècle de Louis XIV » (63), et il en cite un certain nombre dans l'article *Encyclopédie*.

Il est vrai qu'il parle en termes parfois méprisants de ses prédécesseurs. Il dit des grandes collections académiques :

> « Tous ces recueils énormes commencent à chanceler, et il n'y a aucun doute que le premier abréviateur qui aura du goût et de l'habileté ne les fasse tomber » (64).

De Ramelli, Leupold, et des volumes de machines de l'Académie des sciences, il ne pense pas pouvoir tirer seulement vingt planches (65). Il semble en effet que la littérature technique jusqu'au milieu du XVIIIe siècle, ait été abondante. Mais abondance n'est pas richesse; cette littérature était un mélange confus du meilleur et du pire, et plutôt que de faire œuvre nouvelle, le problème était pour Diderot de débrouiller tout ce fatras.

Il ne saurait être question de dresser une liste, même sommaire, des encyclopédies ou des préencyclopédies qui parurent en Europe, depuis la *Cyclopaedia* de Ringelberg jusqu'à la *Cyclopaedia* de Chambers. On ne peut non plus énumérer les « théâtres de machines » qui, après Ramelli, se multiplièrent en Italie, en Allemagne, en France et

---

(62) Sur l'état et l'organisation de l'agriculture française au XVIIIe siècle, voir surtout M. BLOCH, *Les caractères originaux*.
(63) AT, t. XIV, p. 425.
(64) *Ibid.*, p. 420.
(65) *Ibid.*, p. 479.

ailleurs (66). Nous retiendrons seulement quelques textes qui, rapprochés de ceux de Diderot, nous permettront de mieux situer la *Description des arts*. Par exemple Leupold, auteur d'un *Théâtre de machines* que Diderot trouvait inutilisable, a conçu son ouvrage dans un esprit qui souvent est proche de celui de la *Description des arts* (67). Plus de vingt ans avant l'*Encyclopédie* Leupold trouve nécessaire de consacrer le premier chapitre de son ouvrage aux « termes techniques principaux qu'un mécanicien doit savoir ». Parmi les machines qu'il décrit, il fait une place importante, dans son chapitre XIX, aux différents modèles de pompes à feu. Il se préoccupe même déjà « de mouvoir des machines par la fumée et la chaleur ». Enfin les planches nombreuses qui illustrent son texte sont, pour la présentation, semblables en tout point à celles de l'*Encyclopédie* (68). Dans son *Traité de l'art métallique*, paru d'abord en 1640 à Madère (69), Alvare-Alfonse Barba avait déjà conçu l'image comme une illustration du texte, inséparable de lui. Mais ses planches sont sommaires, les détails n'en sont guère perceptibles, et ne sont pas vraiment expliqués malgré les lettres de renvoi au texte. En revanche il s'attache à suivre la transformation de la matière première, aux différents stades de la production, depuis l'extraction du minerai jusqu'à la fonte, et il a même l'idée de rassembler sur une seule figure les ouvriers occupés à ces opérations successives, par un artifice qui sera repris systématiquement dans les traités de technologie bien avant Diderot (70). Le défaut majeur de l'ouvrage a été très bien remarqué dans le compte rendu qu'en donne le *Journal des savants* : Barba rapporte ses observations avec la minutie et l'obscurité de l'artiste qui connaît si bien sa matière qu'il omet d'expliquer les causes de ce qu'il décrit (71).

A côté des traités séparés, les dictionnaires à caractère technique tiennent une grande place dans le développement de la technologie, et ici encore Diderot aurait pu reconnaître plus complètement sa dette,

---

(66) Une courte liste de théâtres de machines figure dans l'article de M. Gille, déjà cité, p. 188. Le catalogue de l'exposition consacrée par la Bibliothèque nationale, en 1951, à *Diderot et l'« Encyclopédie »*, donne les titres des encyclopédies les plus récentes au moment où Diderot entreprenait la sienne (p. XIV). Ces deux listes sont seulement indicatives.

(67) Jacques Leupold, — Diderot écrit Lupold, — était mathématicien, mécanicien, conseiller à la Chambre de commerce du roi de Prusse, membre de plusieurs académies des sciences, dont celle de Prusse et celle de Saxe. Son *Théâtre*, en allemand, parut à Leipzig en 1724.

(68) Les planches de Leupold ne décrivent que des machines produisant ou transmettant la force motrice. Elles ne décrivent pas ce que Diderot appelle « la manœuvre des arts ».

(69) Une traduction française de l'ouvrage parut en 1730 à Paris, augmentée d'un *Mémoire concernant les mines de France*. Traduction et préface sont d'un éditeur anonyme. Le *Mémoire* est de Hautin de Villars. Une autre édition française, en deux volumes in-12, fut faite en 1751 par Lenglet du Fresnoy, l'un des collaborateurs de Diderot pour la rédaction de l'*Encyclopédie*.

(70) Le frontispice de l'ouvrage de Barba représente côte à côte six opérations successives, de l'extraction du minerai jusqu'à la fonte. Les quatre dernières opérations sont artificiellement rassemblées dans un seul atelier.

(71) *Journal des savants*, mai 1730, pp. 275 et suivantes.

bien que ces dictionnaires aient des limites. Le *Dictionnaire des arts et des sciences* de Thomas Corneille, revu et corrigé par Fontenelle en 1732, ne donne aucun détail sur les procédés de fabrication, et ses définitions sont souvent très sommaires. En dépit d'un titre qui promettait beaucoup (72), la *Cyclopaedia* de Chambers, cinq fois rééditée de 1728 à 1742, ne donne non plus aucun détail sur les procédés de fabrication, et Diderot s'en est plaint plus d'une fois (73). Les dictionnaires de Dyche et de Harris sont aussi discrets que celui de Chambers (74).

Mais les véritables précurseurs de Diderot sont français, et on ne l'a pas suffisamment souligné. Fontenelle, rééditant le *Dictionnaire* de Thomas Corneille, exprimait déjà le souci de se renseigner directement auprès des « plus habiles dans chaque art », et il indiquait, par exemple, qu'on s'était servi pour les termes de chimie, d'un manuscrit de « feu Perrault, docteur en médecine, de l'Académie des sciences », et de Félibien, pour l'architecture, la sculpture, et la peinture (75). D'autre part, Fontenelle faisait appel au public éclairé pour qu'il lui communiquât ses remarques, et des corrections éventuelles. A la lecture des articles eux-mêmes, on peut remarquer avec quel soin les différentes acceptions d'un même mot sont distinguées et expliquées. Au mot *Fer* par exemple, on ne trouve pas moins de quarante mots ou locutions de la langue des métiers.

En 1723 paraissait le premier des trois volumes du *Dictionnaire universel de commerce* de Jacques Savary-Desbruslons, inspecteur général des manufactures (76). Diderot connaissait bien ce dictionnaire. Il en parle comme d'un dictionnaire d'usage, — « le Savary », — dans un compte rendu sur le *Prospectus* d'un *Dictionnaire de commerce* que l'abbé Morellet ne fit jamais paraître (77). Diderot reproche surtout au Savary de manquer de « logique » et d'être mal composé. C'est pourtant le dictionnaire qui se rapproche le plus de ce que Diderot voulait faire dans la *Description des arts.*

---

(72) *Cyclopaedia : or an universal dictionary of arts and sciences; containing an explication of the terms, and an account of the things signified thereby, in the several arts, both liberal and mechanical; (...) the figures, kinds, productions, preparations and uses of things natural and artificial,* etc..

(73) R.-L. Cru, dans *Diderot as a disciple*, p. 259 et p. 261, a montré, à propos de l'article *Bas* et de l'article *Beurre* que Chambers s'arrêtait au point où Diderot entrait vraiment en matière : à la description de la fabrication du produit.

(74) L'article *Alun* n'a que quelques mots dans le dictionnaire de Dyche : « Sorte de minéral d'un goût acide, laissant dans la bouche un sentiment (*sic*) de douceur. Il est fort astringent ». L'article *Fer* tient à l'aise dans une colonne de volume in-4°.

(75) Th. Corneille, *Dictionnaire des arts*, éd. de 1732, p. 5 (non numérotée).

(76) L'ouvrage, continué par le chanoine Philémon-Louis Savary, parut à Paris chez Jacques Estienne, les deux premiers volumes en 1723, le troisième en 1730.

(77) AT, t. VI, p. 393 et p. 396.

Le dictionnaire de Savary est dédié au conseiller d'Etat Amelot, et l'épître liminaire contient un vibrant éloge des règlements sur le commerce élaborés par celui-ci. Ce détail est important, car il indique déjà dans quel esprit fut conçue l'entreprise. En effet Amelot de Gournay joua un grand rôle dans le Conseil de commerce réorganisé en 1700. Il réussit, pendant quelques années, à faire revivre la politique économique de Colbert, en l'assortissant de mesures libérales qui contribuèrent à l'extension de certaines branches de la production. Dans sa préface, le chanoine Savary souligne d'abord l'importance des questions économiques, qu'il situe immédiatement après la religion, dans l'ordre des valeurs. Puis, après avoir fait l'apologie du mercantilisme (78), le chanoine explique comment son frère a préparé son dictionnaire. Savary a d'abord utilisé des mémoires envoyés par des inspecteurs des manufactures établis en province :

« Ils lui envoyèrent comme à l'envi des états si circonstanciés des manufactures de leurs départements, et des détails si curieux de la manière dont les étoffes et autres ouvrages s'y fabriquent, qu'il n'eut presque qu'à les copier » (79).

Lorsque le Conseil de commerce fut rétabli, en 1700, des Chambres de commerce furent instituées dans plusieurs villes, et les députés des villes furent invités à fournir des mémoires sur l'amélioration et le développement du commerce. Un tarif unique, pour toute la France, fut envisagé, mais les commissaires chargés de l'élaborer furent arrêtés par leur ignorance « de la nature et de la qualité des marchandises ». Les mêmes commissaires se trouvèrent aussi embarrassés lorsqu'il fallut juger des contraventions aux règlements :

« Comme dans ces règlements il est parlé de quantité de choses, et qu'on y emploie divers termes qui ne sont guère connus que des ouvriers qui y travaillent, on perdait bien du temps à se faire expliquer par ceux qu'on consultait, la véritable signification de ces termes, qui ne pouvaient pas manquer de paraître nouveaux à des personnes accoutumées à décider des plus importantes affaires de l'Etat, mais qui n'étaient pas faites au détail et au jargon des ouvriers et des gens de métier » (80).

Le président du Conseil de commerce, d'Aguesseau, invita alors Desbruslons à faire un dictionnaire de ces termes de métiers, avec une courte description des machines et des instruments. Le problème qui se posa à Desbruslons et à son frère, qui se joignit à lui à ce moment-là, fut non seulement de rassembler les documents nécessaires, mais

---

(78) SAVARY montre très bien les raisons profondes de la politique mercantile. Il en voit essentiellement deux. D'une façon générale le commerce naît de la nécessité pour les laboureurs de vendre leurs produits. Aux yeux du gouvernement, le commerce est indispensable pour faire entrer de l'argent dans les caisses de l'Etat, et pour lui permettre ainsi d'entretenir ses armées. On ne saurait mieux marquer à quel point le mercantilisme est originellement lié à l'organisation économique de la société féodale.

(79) J. SAVARY, *Dictionnaire*, t. I, p. XVI.

(80) *Ibid.*.

de présenter l'ouvrage dans un style « simple » et « clair », accessible à l'apprenti et à l'artisan comme au savant et au curieux.

Dans sa recherche des documents Desbruslons vit s'ouvrir à lui tous les « dépôts publics », et « ceux qui en étaient chargés eurent ordre de lui communiquer et de lui fournir tous les mémoires, actes, instructions, règlements et autres pièces convenables à son ouvrage » (81). Après le traité de Ryswick, Desbruslons reçut de nouveaux mémoires sur le commerce de chaque généralité, « soit par rapport à ses productions naturelles, soit par rapport à ses manufactures ». Il reçut même des mémoires des consuls français en fonction dans les pays étrangers. Quelquefois des descriptions lui furent fournies par les artistes eux-mêmes.

Le chanoine Savary explique ensuite comment les articles ont été conçus :

« A chaque article des arts et métiers, on a fait mention des outils et des instruments qui sont nécessaires aux ouvriers qui en font profession; et à la plupart de ces articles l'on a encore joint d'exactes descriptions de la manière de fabriquer les ouvrages qui en font l'objet, aussi bien que des machines et des matières qu'on y emploie » (82).

La préface se termine par une question : est-ce bien de dévoiler les secrets du commerce ? Le chanoine y répond en faisant l'éloge de la liberté : le progrès économique ne peut que gagner au libre échange des informations, il n'y a rien de mieux que la concurrence pour stimuler la production, cela est vrai à l'intérieur du royaume aussi bien qu'entre les nations (83).

L'examen de quelques-uns des articles du *Dictionnaire* de Savary permet de constater que leur économie ne diffère pas sensiblement de celle des articles de la *Description des arts*, dans l'*Encyclopédie*. Ils sont seulement plus courts, et la « manœuvre des arts » y est souvent moins détaillée, quand elle n'est pas totalement absente. Ainsi l'article *Bas* définit d'abord ce que sont les bas au tricot et les bas au métier. Il comporte l'historique de l'installation en France de la manufacture de bas au métier, et reproduit les statuts et les règlements de la communauté des maîtres ouvriers en bas au métier constituée en 1672. Il ne manque à cet article que la description du métier, et sa manœuvre, qui sont l'essentiel de l'article de Diderot.

Nous avons vu, au passage, comment l'entreprise de Savary-Desbruslons avait bénéficié dès le début du soutien actif du gouvernement. C'est que son dictionnaire n'est pas seulement un dictionnaire technique. C'est d'abord un dictionnaire économique, et un dictionnaire orienté, qui expose et en même temps justifie une certaine politique. On doit souligner le rôle essentiel que le gouvernement, et les organes créés par lui ont

(81) *Ibid.*, p. XIX.
(82) *Ibid.*, p. XXV.
(83) *Ibid.*, p. XXVII.

joué dans le développement de la technologie en France à partir de Colbert. Il n'y a rien là que de très naturel, si l'on songe au rôle également fort important que jouaient les capitaux d'Etat. dans le développement des forces productives elles-mêmes.

Nous avons vu ailleurs que des rapports étroits existaient entre l'*Encyclopédie* et les descriptions des arts et métiers publiées par l'Académie des sciences à partir de 1761 (84). En réalité ces descriptions ont été mises au jour après une longue période de recherches et de tâtonnements dont il importe de faire l'historique sommaire si l'on veut situer avec précision la *Description des arts* de l'*Encyclopédie*, et voir quelles parentés et quelles divergences fondamentales existent entre les deux entreprises (85).

On peut dire que l'essor de la technologie, en France, date de la création de l'Académie des sciences, en 1666. L'une des premières préoccupations de l'Académie fut en effet de confier à quelques-uns de ses membres la mission d'enquêter sur les ouvriers, leur travail, leur outillage, pour découvrir les secrets de leurs fabrications et si possible en améliorer les procédés (86).

En 1667 Colbert acheta, au nom du roi, le cabinet d'estampes de l'abbé Michel de Marolles. Ce cabinet constitua le fonds essentiel du cabinet des estampes de la Bibliothèque du roi, et il fut sans doute de quelque utilité pour les descriptions entreprises. L'abbé de Marolles insiste beaucoup, dans ses *Mémoires*, sur l'importance qu'avaient à ses yeux les arts mécaniques :

« Je ne parlerai point du reste des mécaniques qui s'exercent dans Paris avec tant de perfection, de la diverse fabrique des tapisseries, des étoffes, et des passements qui s'y débitent, des modes qu'inventent tous les jours les tailleurs d'habits, les chapeliers et les cordonniers, (...) de la taille des lapidaires, du travail des serruriers, de l'industrie des fondeurs, de l'excellence de quelques faiseurs d'épée (...) et aussi de mille choses qui ne sont pourtant point si peu considérables que les plus honnêtes gens de ceux du dehors et des étrangers n'en désirent avoir plutôt des ouvrages, que des artisans de tous les autres lieux du monde » (87).

L'abbé avait commencé à rassembler des estampes sur les arts en 1644, et en 1667 il en avait acquis cent vingt-trois mille (88). Il méditait une grande histoire de l'art, où il voulait comprendre jusqu'aux ingénieurs, maîtres écrivains, orfèvres, menuisiers, brodeurs, jardiniers, et

---

(84) Voir notre article sur la *Documentation technique*, pp. 341-346 et plus haut, chapitre II.

(85) La question du plagiat des planches, que nous considérons comme résolue, n'est qu'un à-côté de ce problème d'ensemble. L'histoire des descriptions de l'Académie n'a été qu'esquissée dans l'article de A.H. Cole et G.B. Watts, *The handicrafts of France*.

(86) A.H. Cole et G. B. Watts, *art. cité*, p. 5.

(87) M. de Marolles, *Mémoires*, t. III, pp. 214-215.

(88) Détails biographiques dans l'art. *Marolles* de Hœfer, *Nouvelle biographie*.

dont le plan est esquissé à la fin du catalogue qu'il publia en 1666 (89). Etant donné les goûts et les intentions de l'abbé, il ne faut pas s'étonner si le catalogue de la collection de Marolles fait une place de choix aux arts mécaniques. On y trouve par exemple sous le numéro 201, « un livre intitulé *Arts libéraux et mécaniques* » contenant 588 pièces, dont des dessins d'horloges, de monuments, de moulins; sous le numéro 208, des estampes concernant l'orfèvrerie, la menuiserie, les dentelles, la broderie; sous le numéro 345, *Le fidèle serrurier* de Mathurin Jousse, contenant cinquante-deux pièces gravées (90). C'est aussi de cette collection que provient le *Recueil de figures et pièces du métier à bas* que Diderot emprunta à la Bibliothèque du roi le 13 août 1748 (91). Il est vraisemblable que ce ne fut pas son seul emprunt, et que la collection de Marolles fut une des sources importantes de sa documentation.

Il ne semble pas que l'Académie ait entrepris tout de suite son enquête, bien que Colbert continuât à faire réunir des documents. Le 29 juin 1670, il écrivait aux propriétaires de la manufacture de rubans de Chevreuse :

« Le roi désirant faire mettre dans sa bibliothèque des modèles des machines les plus curieuses, les intéressés en la manufacture de rubans établie à Chevreuse feront voir au sieur Niquet les nouveaux métiers sur lesquels se font plusieurs rubans à la fois, et lui laisseront prendre sur les dits métiers les mesures dont il aura besoin ».

Le même jour, il invitait les propriétaires d'une manufacture de draps d'or de Paris à laisser relever le dessin d'un moulin à retordre la soie (92).

En 1675 le roi émit de nouveau le vœu que l'Académie entreprît la rédaction d'un traité sur les arts, à la fois théorique et pratique, accessible à tous. Mais la diminution de l'influence de Colbert, sa mort, la Révocation de l'Edit de Nantes, expliquent sans doute que ce vœu resta d'abord sans effet. Les travaux commencèrent seulement en 1693 (93).

---

(89) Il existe un autre *Catalogue des livres d'estampes* de l'abbé DE MAROLLES, publié en 1672. C'est le catalogue d'une seconde collection qu'il commença à rassembler dès qu'il eut vendu la première à COLBERT. On ne sait ce qu'est devenue cette collection. On relève par exemple dans ce second catalogue, sous le numéro 167 (p. 60), un « livre de diverses pièces concernant les arts libéraux et mécaniques, dont la plupart sont sans nom d'auteur », et comprenant 334 pièces; sous le numéro 190 (p. 65) un « livre de machines et de fontaines de Jacques BESSON Daulfinois, Giovanni MAGGI ROMANO, I. BARBET, Antoine FRERETS et autres, en 177 pièces »; sous le numéro 199 (p. 66), un « livre de machines de Simon DE CAUX, contenant 82 pièces », etc..

(90) M. DE MAROLLES, *Catalogue* (1666), pp. 107, 111, 148.

(91) Reçu de DIDEROT à M. DE LA CROIX, garde des estampes de la Bibliothèque du roi, cité dans AT, t. XIII, p. 114. Voir aussi notre article sur la *Documentation technique*, p. 346 et n. 3.

(92) COLBERT, *Lettres*, p. 532, et n. 1.

(93) A.H. COLE et G.B. WATTS (*The handicrafts*, p. 7) font dater de 1699 le début des travaux parce que les *Mémoires de l'Académie* en ont donné le programme cette année-là. Pourtant le recueil des dessins et des gravures ayant appartenu à RÉAUMUR et conservé à l'Institut montre que certains dessins ont été approuvés dès 1693. Le manuscrit de JAUGEON sur l'art de construire les caractères donne aussi la date de 1693 pour le début des travaux de l'Académie (MS : Institut, 2 741, f° 6 r°).

Bignon eut la direction de l'affaire, et il choisit trois collaborateurs qui furent soumis à l'agrément du roi par le Contrôleur général. Ces trois collaborateurs furent des Billettes, le Père Sébastien Truchet, religieux carme, et Jaugeon, qui nous a laissé ces précieux renseignements.

C'est Jaugeon en effet qui acheva, en 1704, le premier tome du traité des arts de l'Académie des sciences. Ce tome ne fut jamais publié, semble-t-il, mais nous en connaissons deux manuscrits, l'un à la bibliothèque de l'Institut, l'autre à la Bibliothèque nationale (94). Le manuscrit de l'Institut comporte 424 pages in-folio, avec des planches dessinées au crayon. Il a pour titre

« Description et Perfection/ Des/ Arts-Et-Mestiers./ Des Arts./ De Construire Les Caractères./ De Graver Les Poinçons de Lettres./ D'Imprimer Les Lettres./ et De Relier Les Livres./ Tome Premier./ 424 Pages/ Par Monsieur Jaugeon/ de l'Académie Royale/ Des sciences./ MVCCIIII ».

Il est accompagné d'une préface de sept feuillets non paginés, qui présente le traité, en définit le but, en rappelle l'historique. Cette préface s'ouvre sur un chaleureux plaidoyer pour les arts et les artisans, jusque-là trop méprisés :

« Cependant ces arts et ces artisans sont ce qu'il y a de meilleur pour l'usage, et les causes efficientes de tous Les bonheurs de La vie, quand on les envisage avec tous leurs effects (...). Les Arts sont des Effects de connaissances ordonnées pour mettre les choses de la nature à l'usage de l'homme, à qui les besoins et la volupté donnent l'être, les temps et les occasions l'étendue, l'esprit et les lieux les différences, l'adresse et le superflu le mérite, les soins et la gloire la perfection » (95).

Jaugeon souligne au passage les liens étroits qui unissent arts libéraux et arts mécaniques, puis il se tourne vers la postérité, à qui est dédié l'ouvrage. Il fait le rapide historique que nous avons rappelé, en précisant qu'aux quatre personnes désignées en 1693 était venu se joindre un certain Quarré, en 1702. Il définit les principes qui ont guidé son travail et celui de ses collègues :

« Faire de tous les arts que nous aurions à décrire, écrit-il, une exacte recherche de ce qu'ils peuvent contenir, (...) disposer ces matières dans l'ordre qu'elles font naturellement et qu'elles se pratiquent, (...) prendre les procédés de plusieurs ouvriers des plus habiles, (...) examiner s'ils portent leur métier aussi loin qu'il peut aller, (...) leur fournir les moyens qui enlèvent les obstacles, et (...) donner de tout, c'est-à-dire tant de leurs actions que de leurs instruments, une représentation qui les mette à la portée de se faire comprendre à toutes sortes d'esprits » (96).

Pour finir, il fait appel aux critiques des lecteurs pour enrichir l'ouvrage.

---

(94) MS : Institut, 2 741 et MS : BN, fr. 9 157-9 158, deux volumes in-folio. Le manuscrit de la B.N. a été exposé en 1951 et il est décrit dans le catalogue *L'art du livre* sous le numéro 166. Il est identique pour le contenu du discours et les planches au manuscrit de l'Institut.
(95) MS : Institut, 2 741, f° 3 r°.
(96) *Ibid.*, f° 6 r°.

Cette préface, comme le texte de la description elle-même, est verbeuse, ampoulée. La description est très minutieuse, pesamment didactique. L'article *Caractères* de l'*Encyclopédie*, qui est de Diderot, et qui ne doit rien à Jaugeon (97), est autrement alerte et clair. La description de Jaugeon possède cependant un net avantage sur celle de l'*Encyclopédie :* elle ne sépare pas les planches du texte. Ces planches sont plus nombreuses et plus détaillées que celles de l'*Encyclopédie* mais leur présentation est identique. La plupart sont datées de 1694 et signées « Ludovicus Simonneau ».

La composition même du recueil de dessins et de gravures ayant appartenu à Réaumur, et les dates indiquées au bas des planches prouvent que le mémoire de Jaugeon n'a pas été un effet isolé des décisions prises en 1693 (98). Dans le recueil de Réaumur, les doubles des planches qui illustrent le mémoire de Jaugeon voisinent avec les planches sur la gravure en bois, sur la préparation des peaux, l'art de l'épinglier, la forge des ancres, l'organsinage, l'art du fileur d'or, la taillanderie. Les dates qui figurent au bas de ces planches dessinées ou gravées montrent qu'on travaillait, en 1693, à la description de la gravure en bois, en 1702, à l'art du chamoiseur, en 1703 et en 1713 à l'art du fileur d'or, en 1714 à la soierie, en 1717 à la forge des ancres, en 1718 à la tréfilerie et à l'art de l'épinglier (99).

Les mémoires correspondant à ces diverses descriptions sont malheureusement perdus. Ils ont pourtant existé, et nous pouvons suivre presque année par année la marche de l'entreprise, en particulier grâce au *Journal des savants* qui avise ses lecteurs chaque fois qu'une description se trouve achevée. En 1706 des Billettes avait lu à l'Académie un mémoire sur l'*Art de faire le papier* (100). En 1707 il avait terminé l'*Art du batteur d'or* (101), et Jaugeon la *Description des arts et métiers*

---

(97) Diderot en fut l'éditeur, mais il tenait tous les matériaux, description et planches, de Fournier le jeune, auteur d'un livre paru en 1742, sur les modèles de caractères d'imprimerie. Ces renseignements sont donnés par Diderot lui-même dans la partie de l'article qui n'est pas reproduite par AT. Pour la fonte des caractères, il y a douze colonnes de texte dans l'*Encyclopédie* et cinq colonnes d'explications dans les *Planches*. Jaugeon y consacre quarante-cinq pages de texte, qu'il fait précéder d'une longue digression sur l'acier, et sur les moyens de le traiter pour en faire des poinçons.

(98) Pour le recueil de Réaumur, voir notre article sur la *Documentation technique*, p. 344. Le titre qui est donné à ce recueil dans le catalogue de l'Institut, — *Recueil de planches gravées (accompagnées d'indications manuscrites) et de dessins à la main, se rapportant aux Descriptions des arts et métiers faites ou approuvées par MM. de l'Académie royale des sciences, 1761-1777*, — n'est pas exact, puisqu'il laisse entendre que le recueil a été composé en fonction des descriptions de 1761-1777. En réalité la collection de Réaumur « se rapportait » d'abord aux descriptions de Jaugeon et de ses collègues.

(99) MS : Institut, 1064-1065, vol. I, f° XIII, f° XXXII; vol. II, f° XXIX, f° XIV; vol. I, f° XCI, f° XCVI, f° XCVIII, etc..

(100) *Journal des savants*, 1762, p. 224. Le travail de des Billettes a été refondu par de Lalande, mais les planches qui l'illustraient ont été conservées pour la description de l'Académie des sciences.

(101) Le *Journal des savants* en avise ses lecteurs dans son supplément de 1708, p. 310.

qui concernent la soie (102). En 1709 des Billettes avait terminé la *Description de la tannerie* (103), et Jaugeon la *Manière dont se font les bas, soit à l'aiguille, soit au métier* (104). En 1711 Réaumur devient mécanicien-pensionnaire de l'Académie des sciences (105). C'est lui qui désormais a la responsabilité de la *Description et perfection des arts et métiers.* Il fait successivement la *Description de l'art de faire l'ardoise,* en 1711 (106), la *Description de l'art du tireur d'or,* en 1713 (107), la *Description des arts qui regardent les pierres précieuses,* en 1715 (108). En 1720, 1721 et 1722, il lit à l'Académie des sciences dix-huit mémoires sur l'*Art de convertir le fer forgé en acier et l'art d'adoucir le fer fondu* (109). En 1723 c'est encore un mémoire, sur la fabrique des ancres (110); trois ans après, l'*Idée générale d'un nouvel art d'adoucir le fer fondu* (111). En 1727, 1729, 1739, il communique à ses collègues les résultats de ses recherches sur la fabrication de la porcelaine (112); en 1728 il achève un mémoire sur l'art de fabriquer le fer-blanc (113).

Cependant Réaumur ne porte pas seul tout le poids de l'entreprise. Ou plutôt il semble que l'entreprise soit devenue de plus en plus anarchique, à mesure que la technologie se développait. Le dessein initial de l'Académie était dépassé par la vie même. La plupart des descriptions de Jaugeon, des Billettes, Réaumur, ne furent même pas publiées. Le rythme de travail des académiciens était lent. Toutes les descriptions commencées n'étaient pas d'un intérêt immédiat. Nous avons vu d'autre part les défauts du livre de Jaugeon sur les caractères. Réaumur lui-même, en dépit de sa compétence, n'échappa pas aux reproches. Le *Journal des savants,* rendant compte en 1723 de ses mémoires sur l'*Art de convertir le fer forgé,* montre avec toute la netteté désirable les limites de l'ouvrage de Réaumur : il manque de perspective, et ne relie pas l'art de l'acier à la description générale des arts; il est consciencieusement fait, mais il se perd dans les détails; c'est un ouvrage destiné aux chefs d'entreprise, et non aux ouvriers. On ne saurait mieux dire que ces mémoires ne répondent pas aux besoins

---

(102) *Ibid.*, p. 310.
(103) *Ibid.*, supp. de 1709, p. 339.
(104) *Ibid.*, 1712, p. 176.
(105) J. Torlais, *Réaumur,* p. 43 et p. 46.
(106) *Journal des savants,* 1714, p. 508; cf. *Histoire et Mémoires,* 1711, première partie, p. 100.
(107) *Journal des savants,* 1717, p. 349; cf. J. Torlais, *Réaumur,* p. 46.
(108) J. Torlais, *Réaumur,* p. 47.
(109) Dans les réflexions que ces mémoires inspirèrent au *Journal des savants,* le 15 mars 1723, pp. 161 et suivantes, il est bien précisé qu'ils étaient une partie de « la description générale des arts, dont M. de Réaumur avait été chargé ».
(110) J. Torlais, *Réaumur,* p. 65. Le mémoire de Réaumur ne fut publié qu'en 1762 dans les descriptions des arts et métiers.
(111) *Ibid.*, p. 72. Le mémoire ne parut que dans les descriptions des arts et métiers en 1762.
(112) *Histoire et Mémoires,* 1727, deuxième partie, p. 185; 1729, deuxième partie, p. 325; 1739, deuxième partie, p. 370.
(113) *Journal des savants,* 1728, p. 644.

d'une production accrue, et à l'attente d'un public de plus en plus large.

L'Académie des sciences fut sensible à cette évolution, et essaya de parer au plus pressé. C'est ainsi que Fontenelle réédita le Corneille en 1732, et que Gallon publia, en 1735, les six premiers volumes des *Machines et inventions* (114). L'avertissement qui est en tête du premier volume montre à quel point cette publication était nécessaire, et souligne par contraste l'insuffisance des travaux déjà faits :

« Je compris tout d'un coup, — dit l'éditeur, — qu'(en faisant connaître ces inventions) une infinité de personnes qui avaient du goût pour les machines, pourraient, en ayant celles-ci sous les yeux, y puiser des idées capables de les perfectionner, ou d'en faire imaginer de nouvelles : que des gens même qui n'auraient aucune connaissance exacte des mécaniques, comme la plupart des artisans, et autres ouvriers, pourraient contribuer par le moyen de ce recueil, à la perfection de ces machines, ou de l'art des machines en général ».

La *Description et perfection des arts et métiers* ne fut pas interrompue, à proprement parler, mais elle se poursuivit à un rythme très lent, et surtout la tâche fut répartie entre plusieurs spécialistes : sur le plan de la technologie comme sur le plan de la production, la division du travail était devenue inévitable. Ainsi Hellot fit en 1740 et 1741 deux mémoires sur la teinture, et en 1750 un *Précis de l'art de la teinture des laines* (115). Duhamel fit en 1746 son *Précis de l'art de la corderie* (116). Le marquis de Courtivron fit en 1747 un *Discours sur la nécessité de perfectionner la métallurgie des forges* (117). En 1750 Hellot achevait son *Précis du traité de la fonte des ancres et des fonderies* (118).

La substitution du titre de *Précis* à celui de *Description* est révélatrice d'un changement radical dans la présentation comme dans les méthodes. D'autre part Hellot, Duhamel, Courtivron, sont des gens que nous retrouverons. Ils traiteront après 1761 les arts correspondant à leur spécialité. Leurs précis sont des mises au point provisoires, qui préparent les synthèses futures. Ils essaient, de cette façon, de suivre le rythme de plus en plus rapide de l'évolution technique, sans sacrifier définitivement l'espoir de reprendre sur d'autres bases la description générale commencée par Bignon et Réaumur.

En même temps que la *Description et perfection des arts et métiers* dans sa conception initiale était pratiquement abandonnée, les recherches de détail se multipliaient au sein de l'Académie et en dehors d'elle. La liste des travaux qui ont fait l'objet de publications et de comptes rendus dans les *Mémoires de l'Académie des sciences* entre 1720 et 1750

(114) Les six volumes, publiés avec le consentement de l'Académie, recouvrent la période 1666-1734. Un septième volume parut en 1777 pour les machines approuvées entre 1734 et 1754.

(115) *Histoire et Mémoires*, 1740, deuxième partie, p. 126; 1741, deuxième partie, p. 38; 1750, première partie, p. 62.

(116) *Ibid.*, 1746, première partie, p. 116.

(117) *Ibid.*, 1747, deuxième partie, p. 287.

(118) *Ibid.*, 1750, première partie, p. 78.

est impressionnante (119). Ces travaux ont tous un caractère pratique, et sont entrepris soit à l'initiative de particuliers participant directement à la production, soit à l'initiative du gouvernement. On ne se préoccupe plus, comme au temps de Jaugeon, de laisser un monument à la postérité, on cherche à produire plus, à meilleur compte, pour faire le plus de profits possible.

L'exemple de Vaucanson, inspecteur des manufactures de soie en 1741, et membre de l'Académie des sciences, comme mécanicien, en 1748, illustre très bien cette évolution. Il travailla le plus souvent, sur ordre du gouvernement, pour le compte de grands manufacturiers. Il publia de nombreux mémoires, mais ne laissa aucune « description ». Parmi ses inventions, seules furent retenues et exploitées celles qui amélioraient les procédés de fabrication existant, et les rendaient égaux ou supérieurs aux procédés étrangers. Celles qui supposaient une véritable révolution industrielle, comme ce métier automatique qu'il imagina en 1747, furent écartées, parce qu'elles demandaient une coûteuse refonte des entreprises, et auraient diminué momentanément le profit. Certaines furent aussi écartées parce qu'elles aggravaient les conflits existant entre les différentes catégories de producteurs (120).

Lorsque Diderot entreprit vers 1746 sa *Description des arts,* la technologie traversait donc une sorte de crise. Elle avait connu de 1666 à 1730 environ un essor remarquable, en grande partie sous l'impulsion du gouvernement et de l'Académie des sciences. Mais elle s'était essoufflée à suivre le développement relativement plus rapide de la production. La *Description et perfection des arts et métiers* était en fait abandonnée. Les recherches se multipliaient, mais leur caractère était le plus souvent étroitement utilitaire. La dépendance dans laquelle le commerce tenait la production, et le poids de la tradition, défendue par le système corporatif, empêchaient les inventions vraiment neuves de se répandre. En revanche les questions techniques éveillaient un intérêt chaque jour plus grand dans les milieux les plus divers, chez les chefs d'entreprise comme chez les petits producteurs indépendants, à Paris et dans les provinces (121).

---

(119) Abbé Rozier, *Nouvelle table, passim.* Dans la seule décade qui a précédé la publication du premier volume de l'*Encyclopédie,* nous relevons entre autres pour l'année 1742, un mémoire de Buffon sur la culture des forêts, et plusieurs mémoires de Le Roy, Gourdain, Volet, Galonde sur les échappements d'horlogerie; pour l'année 1743, un mémoire de Grieser sur une machine à l'usage des fabricants de bas au métier; pour l'année 1744, un mémoire de Blackey sur la manière de tirer à la filière le fil d'acier cannelé, et un mémoire de Rouvière sur un tour à tirer la soie; pour l'année 1745, un mémoire de Hellot sur une mine d'alun dans laquelle on trouve du fer, et un mémoire d'André sur un nouveau rouet à filer; pour l'année 1749, un mémoire de Macquer sur une nouvelle teinture bleue et un mémoire de Vaucanson sur un tour à filer la soie.

(120) Ch. Ballot, *L'introduction du machinisme,* pp. 316-369, donne de très nombreux détails sur Vaucanson et l'industrie de la soie au milieu du XVIIIe siècle.

(121) Diderot cite la *Gazette d'Avignon* du 28 janvier 1749 à plusieurs reprises au cours de l'article *Soie.* Le même article fait état d'expériences faites en 1745 dans l'orangerie de Le Nain, intendant de Languedoc, avec de nouvelles machines à tirer la soie. Les procès-verbaux du Conseil de commerce ou du Bureau du commerce enregistrent parfois ces expériences locales, faites sous le contrôle des intendants.

CHAPITRE VI

LA " DESCRIPTION DES ARTS "

PRINCIPES DE L'ENTREPRISE

Avant de se lancer dans la description des arts et métiers, et en face des difficultés qu'il lui fallait surmonter, Diderot a dû réfléchir sur les travaux de ses prédécesseurs, et en faire la critique. Ces réflexions ont alimenté en partie le *Prospectus* de l'*Encyclopédie* publié en octobre 1750, et l'article *Encyclopédie* paru dans le tome V, en 1755.

Le *Prospectus* montre surtout les insuffisances des encyclopédies existantes : celles du XVIe siècle sont dépassées; le plan de la *Cyclopaedia* de Chambers est satisfaisant, mais dans le domaine des arts il s'est contenté de compiler, il n'a pas cherché à se renseigner directement dans les ateliers (1).

Dans l'article *Encyclopédie* Diderot s'attache plus particulièrement à l'examen des descriptions de l'Académie. Il ne les nomme pas, pour des raisons évidentes, mais nul ne pouvait s'y tromper (2). La lettre de Réaumur dans laquelle il se plaint à Formey d'avoir été dépouillé est postérieure de quelques mois seulement à la publication du tome V de l'*Encyclopédie;* ce n'est certainement pas une coïncidence fortuite (3). Diderot commence par marquer les limites pour ainsi dire naturelles des différentes académies (4) et des sociétés savantes en général. Chacune

---

(1) AT, t. XIII, pp. 131-132.

(2) Aucun de ceux qui ont étudié les rapports entre l'*Encyclopédie* et les *Descriptions des arts et métiers* ne s'est avisé, semble-t-il, de l'importance de l'article *Encyclopédie* pour éclairer cette question. Cela s'explique sans doute par le fait qu'on n'avait pas jusqu'ici distingué de façon suffisante entre la *Description et perfection des arts et métiers* de BIGNON et RÉAUMUR, et les *Descriptions des arts et métiers*, publiées après 1761.

(3) La lettre de RÉAUMUR, citée dans G. HUARD, *Les planches de l'« Encyclopédie »*, p. 241, est datée du 23 février 1756. Le tome V de l'*Encyclopédie* où se trouve l'article *Encyclopédie* avait été distribué quelques mois auparavant, en novembre 1755.

(4) AT, t. XIV, p. 418.

a son objet propre, mais aucune ne peut prétendre embrasser « la science de l'homme en général ». La société savante idéale devrait

« rapprocher les découvertes et (...) les ordonner entre elles, afin que plus d'hommes soient éclairés, et que chacun participe, selon sa portée, à la lumière de son siècle » (5).

Les forces productives se sont développées à un tel point que les lumières des seuls académiciens ne suffisent plus, et qu'il faut faire appel à un « plus grand nombre d'hommes » à qui leur état interdit malheureusement l'entrée des académies. Les volumes publiés chaque année par l'Académie des sciences contiennent un grand nombre de matériaux excellents, mais ce sont « des charbons épars » qui pour constituer un « brasier » devraient être triés et rassemblés. Ce qui est vrai des publications académiques l'est de toutes les publications du même genre. Il faut élaguer, abréger. Diderot montre au passage qu'une entreprise comme celle-là ne peut réussir si elle est dans la dépendance du gouvernement : « Il n'en est pas d'une société de gens de lettres ainsi que d'une troupe de manouvriers » (6). Cette phrase prend tout son sens quand on sait comment Colbert et les continuateurs de sa politique ont constamment « ordonné » la *Description et perfection des arts et métiers*. Un des plus grands défauts de cette *Description* a été sa lenteur. Elle a été trop souvent interrompue. Les résultats des travaux entrepris sont souvent restés ensevelis dans l'oubli (7). Il est évident que Diderot songe aux descriptions comme celles de Jaugeon ou des Billettes, qui sont restées manuscrites et qui ont été perdues sans profit pour qui que ce fût. La science et la technique se développent si rapidement qu'on peut parler d'une véritable « révolution » : les connaissances acquises et les notions les plus fermes doivent chaque jour céder la place à d'autres; l'intérêt pour les arts gagne toutes les classes de la société; on peut prévoir que la langue populaire va se transformer en s'enrichissant d'une multitude de mots techniques (8). La lenteur du travail des académiciens fait que les résultats sont dépassés par la vie avant même d'être publiés, s'ils le sont (9).

Ici la critique atteint non seulement la *Description et perfection des arts et métiers* mais aussi celui qui en fut longtemps le principal responsable :

« Qu'un homme consume une partie de sa vie à la description des arts; que dégoûté de cet ouvrage fatigant, il se laisse entraîner à des occupations plus amusantes et moins utiles, et que son premier ouvrage demeure enfermé dans ses portefeuilles : il ne s'écoulera pas vingt ans qu'à la place de choses nouvelles et curieuses, piquantes par leur singularité, intéressantes par leurs usages, par le goût dominant, par une importance momentanée, il ne retrouvera que des notions incorrectes, des manœuvres surannées, des machines ou impar-

(5) *Ibid.*, p. 419.
(6) *Ibid.*, p. 421.
(7) *Ibid.*, p. 422.
(8) *Ibid.*, pp. 425-426.
(9) *Ibid.*, p. 423.

faites, ou abandonnées. Dans les nombreux volumes qu'il aura composés, il n'y aura pas une page qu'il ne faille retoucher, et dans la multitude de planches qu'il aura fait graver, presque pas une figure qu'il ne faille redessiner ».

On imagine avec quelle amertume Réaumur put se reconnaître dans ce portrait !

Il ne faut pas croire, cependant, que Diderot ait voulu accabler Réaumur. Il a même assez bien discerné les causes de l'échec de son prédécesseur. Il revient en effet, à la fin de l'article, sur les rapports qu'une encyclopédie peut avoir avec le gouvernement, et dénonce les « têtes étroites », les « âmes mal nées », les « méchants hommes », qui s'opposent à la divulgation des secrets des arts, au nom d'un intérêt national mal compris. Il semble que la politique mercantile qui jusqu'en 1750 à peu près a été celle du gouvernement ait été à la fois un stimulant et un frein pour les recherches techniques, et au premier chef pour celles de l'Académie. Il s'agissait pour le gouvernement d'encourager les recherches sur les secrets des fabrications étrangères, ou sur les procédés permettant de rivaliser avec l'étranger : ainsi furent encouragées les recherches de Réaumur sur l'acier, de Vaucanson sur la soie. Mais un gouvernement fidèle aux principes du mercantilisme ne pouvait sérieusement encourager la description *générale* des arts pratiqués dans le royaume, sinon pour une petite minorité de grands manufacturiers. Il ne pouvait pas non plus, nous l'avons dit, encourager des recherches vraiment nouvelles. C'est ce que Diderot résume d'une façon frappante dans le raisonnement qu'il prête à ses propres adversaires :

« On dirait, à les entendre, (...) qu'une histoire générale des arts ne devrait être qu'un grand manuscrit soigneusement renfermé dans la bibliothèque du monarque, et inaccessible à d'autres yeux que les siens, un livre de l'Etat, et non du peuple. A quoi bon divulguer les connaissances de la nation, ses transactions secrètes, ses inventions, son industrie, ses ressources, ses mystères, sa lumière, ses arts, et toute sa sagesse ! Ne sont-ce pas là les choses auxquelles elle doit une partie de sa supériorité sur les nations rivales et circonvoisines ? » (10).

Pour éviter les erreurs commises par ses prédécesseurs, Diderot pense que la *Description des arts* doit être l'œuvre collective d'un « nombre suffisant de savants et d'artistes », travaillant vite et sans contrainte. C'est à son avis le seul moyen de s'adapter au rythme de plus en plus vif de l'évolution économique et technique.

Comment Diderot a-t-il donc conçu sa propre *Description des arts*, compte tenu des leçons de l'expérience des autres ?

Nous avons aujourd'hui de sérieuses raisons de mettre en doute la fidélité de l'image traditionnelle que nous donne le *Prospectus* de l'*Encyclopédie*, et que reprend Naigeon dans ses *Mémoires*.

« (Diderot), écrit Naigeon, passait des jours entiers dans les ateliers des plus habiles artistes, et ne négligeant pas même les simples manouvriers,

---

(10) *Ibid.*, p. 493.

qui, sans avoir jamais réfléchi sur leur art, et sans en avoir embrassé l'ensemble, en connaissent très bien certaines parties, et sont même parvenus, par une pratique habituelle, et par une longue expérience à laquelle la théorie la plus ingénieuse ne peut jamais suppléer, à perfectionner les méthodes connues, à rendre les résultats plus sûrs, plus constants et plus faciles à obtenir (...). Diderot, qui étudiait les arts en philosophe, comme il faut étudier toutes les sciences dont on veut donner de bons éléments, examinait d'abord une machine, demandait le nom, se faisait expliquer l'usage de chaque pièce en particulier, et le jeu ou l'action déterminée de chacune dans le mécanisme général. L'ouvrier travaillait ensuite devant lui, et il travaillait lui-même sous les yeux de l'artiste. Après plusieurs essais de ce genre, où il montrait autant de patience et d'activité que d'adresse et de pénétration, il faisait démonter et remonter la machine » (11).

On a toujours eu peine à croire que Diderot soit l'auteur de tant d'articles volumineux, si bien documentés, si minutieusement détaillés. Et quand donc aurait-il eu le temps de s'informer, puis de rédiger ces articles ? En vérité il serait étonnant qu'après avoir critiqué Réaumur, dont la qualification scientifique et technique était sans commune mesure avec la sienne, Diderot soit tombé dans les mêmes errements que lui.

Nous savons maintenant que la participation si l'on peut dire matérielle de Diderot à la *Description des arts* est beaucoup moins importante qu'on ne l'imaginait. La *Description des arts* est d'abord l'œuvre de « savants » et d' « artistes » éminents dans leur spécialité, et capables d'exposer eux-mêmes leur art. Leur nombre n'est pas si restreint que Diderot le disait dans le *Prospectus* (12), et il s'est plu à le reconnaître dans les avertissements de plusieurs volumes de « discours », comme dans les volumes de planches (13). Dans la grande majorité des cas, il n'est intervenu directement que pour mettre en forme des documents élaborés par des spécialistes, et il est rare qu'il n'en avertisse pas loyalement le lecteur (14). Il s'agit soit de documents manuscrits rédigés sur sa demande et sur ses indications, soit de documents imprimés d'origines diverses, mais le plus souvent tirés des publications de l'Académie des sciences.

Le travail de Diderot dans la préparation de la *Description des arts* a donc été essentiellement un travail de *direction* et n'a aucun rapport avec le travail personnel de recherche assumé par Réaumur. Il s'est du reste clairement expliqué dans le *Prospectus*, et surtout dans l'article *Encyclopédie*, sur la façon dont il a conçu ce travail de direction.

---

(11) J.-A. Naigeon, *Mémoires historiques*, pp. 49-50; cf. le *Prospectus* de l'*Encyclopédie*, AT, t. XIII, pp. 140-142.

(12) AT, t. XIII, p. 140 : « Il est des artistes qui sont en même temps gens de lettres; et nous en pourrions citer ici; mais le nombre en serait fort petit ».

(13) Sur les collaborateurs de Diderot pour la partie technique du dictionnaire, voir *supra* chapitre I; voir aussi l'*Annexe* I. Certains collaborateurs de Diderot ont eu une part si importante dans la *Description des arts* qu'une marque particulière a remplacé leur signature : T pour Le Roy, Q pour Le Blond, etc..

(14) Voir notre article sur *La documentation technique*, pp. 350-351; nous y citons des auteurs de mémoires utilisés par Diderot pour des articles marqués ensuite du seul astérisque.

Il lui a fallu d'abord faire un plan d'ensemble, pour classer les arts selon les matières utilisées. Puis il a tracé, « pour chaque artiste, un canevas à remplir » (15). C'est ce canevas que détaille le *Prospectus*, en cinq parties, permettant de suivre la fabrication depuis la préparation ou l'extraction de la matière première jusqu'à la finition du produit:

« On a traité :

« 1° De la matière, des lieux où elle se trouve, de la manière dont on la prépare, de ses bonnes et mauvaises qualités, de ses différentes espèces, des opérations par lesquelles on la fait passer, soit avant de l'employer, soit en la mettant en œuvre;

« 2° Des principaux ouvrages qu'on en fait, et de la manière de les faire;

« 3° On a donné le nom, la description et la figure des outils et des machines, par pièces détachées et par pièces assemblées, la coupe des moules et d'autres instruments, dont il est à propos de connaître l'intérieur, leurs profils, etc.;

« 4° On a expliqué et représenté la main-d'œuvre et les principales opérations dans une ou plusieurs planches, où l'on voit tantôt les mains seules de l'artiste, tantôt l'artiste entier en action et travaillant à l'ouvrage le plus important de son art;

« 5° On a recueilli et défini le plus exactement qu'il a été possible les termes propres de l'art » (16).

Chaque mémoire achevé, il a fallu conférer avec l'auteur, pour lui faire compléter ce qu'il avait pu omettre, ou éclairer ce qui restait obscur (17). L'essentiel du travail de Diderot a donc été de trouver des collaborateurs qualifiés, de leur indiquer dans les grandes lignes ce qu'il attendait d'eux, puis de revoir avec eux leur travail pour le mettre au point. Cela suppose beaucoup de lettres échangées (18), beaucoup de démarches et d'entretiens, mais ce genre d'activité convient mieux à notre Philosophe que le rôle de « manouvrier d'expérience » qu'on lui a trop souvent prêté, contre toute vraisemblance, et en dépit de tout ce qu'il a pu dire lui-même. Diderot est revenu en effet plusieurs fois sur le rôle de l' « éditeur » dans la préparation d'un dictionnaire comme l'*Encyclopédie*, mais jamais il ne s'est exprimé aussi clairement à ce sujet qu'à la fin de l'article *Encyclopédie*. On n'a pas assez remarqué que ses préoccupations sont celles d'un philosophe et d'un homme de lettres. Il s'attache autant à la fermeté des principes qu'à la rigueur de l'expression, et ces deux exigences, à vrai dire, n'en font qu'une aux yeux de la raison.

Les manuscrits de l'*Encyclopédie* ayant été détruits, nous ne pouvons pas apprécier à sa juste valeur le travail de révision que Diderot a dû faire sur ces mémoires. Il faudrait pour cela que nous

---

(15) Article *Encyclopédie*, AT, t. XIV, p. 490.
(16) *Prospectus*, AT, t. XIII, pp. 141-142.
(17) Art. *Encyclopédie*, AT, t. XIV, p. 490.
(18) La correspondance de DIDEROT a gardé quelques traces de ses préoccupations d'éditeur. Il réclame souvent à l'un ou à l'autre un mémoire pour l'*Encyclopédie*.

ayons les manuscrits qui lui ont servi, ou leur mise au net. Il nous a donné cependant quelque idée des difficultés qu'il avait à surmonter :

« Je me souviens, dit-il, qu'un artiste, à qui je croyais avoir exposé assez exactement ce qu'il avait à faire pour son art, m'apporta, d'après mon discours, à ce qu'il prétendait, sur la manière de tapisser en papier, qui demandait à peu près un feuillet d'écriture et une demi-planche de dessin, dix à douze planches énormément chargées de figures, et trois cahiers épais, *in-folio*, d'un caractère fort menu, à fournir un à deux volumes in-12.

« Un autre, au contraire, à qui j'avais prescrit exactement les mêmes règles qu'au premier, m'apporta, sur une des manufactures les plus étendues par la diversité des ouvrages qu'on y fabrique, des matières qu'on y emploie, des machines dont on se sert, et des manœuvres qu'on y pratique, un petit catalogue de mots sans définition, sans explication, sans figures, m'assurant bien fermement que son art ne contenait rien de plus : il supposait que le reste, ou n'était point ignoré, ou ne pouvait s'écrire » (19).

On voit dès le premier exemple de quelle nature était la difficulté. Diderot n'avait pas à se documenter personnellement sur l'art de tapisser en papier. Il devait le situer à sa place au milieu des autres en ramenant sa description à de justes proportions. Il fallait en même temps simplifier et clarifier : question de principe, affaire d'expression, problème philosophique et littéraire, mais non proprement technique.

Comment faut-il, dans ces conditions, interpréter le texte du *Prospectus* et les déclarations de Naigeon, qui nous montrent Diderot visitant les ateliers et travaillant lui-même au métier ? Il ne faut pas faire dire à Diderot plus qu'il ne dit : « Il a (...) fallu plusieurs fois se procurer les machines ». Plusieurs fois ne signifie pas « le plus souvent », ni même « souvent ». Cela peut être trois ou quatre fois. A la fin du *Discours préliminaire* de l'*Encyclopédie,* d'Alembert ne cite que *trois* métiers montés et démontés devant Diderot : le métier à bas, le métier à velours ciselé, le métier à étoffes brochées. Naigeon de son côté cite aussi le métier à bas et le métier à velours ciselé. Il précise même, — ce que ne fait pas l'*Encyclopédie,* — que Diderot avait fait « exécuter en petit un modèle de chacun de ces métiers », et qu'il le trouva plusieurs fois

« dans son cabinet occupé à déranger à dessein l'un ou l'autre, pour le restituer ensuite dans l'état qui convient au travail, ce qu'il exécutait avec cette facilité qui suppose une assez longue habitude de l'art, de ses moyens et de ses effets » (20).

Ne nous figurons donc pas Diderot courant tous les jours les boutiques avec Goussier pour s'instruire sur place de tous les secrets de l'art. L'image du philosophe jouant dans son cabinet avec une ingénieuse maquette, entre deux révisions de mémoires, est, après tout, aussi pittoresque, et plus conforme à son caractère (21).

---

(19) AT, t. XIV, p. 454.

(20) J.-A. Naigeon, *Mémoires historiques,* p. 50.

(21) Ce qu'il y a d'original dans ce tableau, ce n'est pas la maquette elle-même. A une époque où le dessin industriel était encore dans l'enfance, et où les ouvriers étaient souvent illettrés, le modèle réduit en bois, à l'échelle,

Que Diderot n'ait qu'exceptionnellement fait des enquêtes directes sur les arts n'enlève d'ailleurs rien à son mérite. Il faut même remarquer la sûreté de son choix, surtout en ce qui concerne le métier à bas. Les historiens de la technique donnent une place tout à fait à part à ce métier, dont le caractère ingénieux et la complexité ont fait la machine la plus perfectionnée de l'époque manufacturière (22). C'est encore un outil, prolongement de la main de l'artiste, mais il faudra peu de chose pour en faire une machine-outil moderne.

En dehors de quelques cas, les visites de Diderot dans les ateliers n'ont été que des moyens de contrôle, des occasions de faire préciser sur place aux ouvriers les points que leurs mémoires laissaient dans l'ombre. L'article *Carton*, par exemple, se termine par cette réflexion suggestive : « J'ai visité les ateliers des ouvriers, que je n'ai pas trouvés aussi bien entendus que celui que je viens de décrire ». Voilà qui nous permet assez bien d'imaginer Diderot chargeant peut-être un ouvrier de province de faire un mémoire sur le carton, puis se rendant dans un atelier parisien pour confronter la description reçue avec la réalité. Quelquefois ces visites ont été rendues nécessaires par les divergences constatées entre plusieurs descriptions d'une même fabrication. C'est ce que nous indique par exemple l'article *Corde*.

Il est arrivé aussi, comme le signale le *Prospectus*, que Diderot a dû se rendre dans un atelier pour écrire en quelque sorte sous la dictée d'un artiste. Il ne s'agit pas là tellement d'enquête technique que de ce qu'on pourrait appeler du reportage. L'article *Email* en est un bon exemple; c'est vraiment un reportage réalisé dans l'atelier du peintre Durand. Le Philosophe regarde Durand qui peint le fond d'une tabatière, et il rédige en même temps sa description de l'art de peindre en émail, sous la dictée, ou tout au moins sur les indications de l'artiste (23).

était le seul moyen de reproduire commodément et exactement n'importe quelle machine. Aussi le XVIIIe siècle nous a-t-il légué un très grand nombre de modèles réduits de machines, dont beaucoup sont encore au Conservatoire des arts et métiers. Ce qui est original dans la description de NAIGEON, — et c'est sur ce point que NAIGEON voulait attirer l'attention, — c'est qu'un philosophe ait dans son cabinet la maquette d'un métier, et surtout sache la monter, la démonter, et la faire fonctionner.

(22) C. BALLOT, *L'introduction du machinisme*, p. 263.

(23) DIDEROT a fait deux fois cette description, au tome V de l'*Encyclopédie*, et en tête du livre de MONTAMY, *Traité des couleurs pour la peinture en émail*, qu'il édita en 1765. Le texte de 1765, reproduit par ASSÉZAT (t. XIII, pp. 50 et suivantes) est différent du texte de 1755. Les corrections concernent surtout le style. DIDEROT allège son premier texte, ou précise certains détails. Exemple : ENC, t. V, p. 536 a, « On observera seulement que quand la plaque n'est point contre-émaillée, il faudra qu'elle soit moins chargée d'*émail*, parce que l'*émail* mis au feu tirant l'or à soi, la pièce deviendrait convexe »; cf. AT, t. XIII, p. 51, « Quand la plaque n'est point contre-émaillée, il faut qu'elle soit moins chargée d'émail, parce que l'émail mis au feu tirant l'or à soi, ou pesant plus sur les bords qu'au milieu, la pièce deviendrait convexe ».

Le texte de 1765 comporte aussi des additions, notamment une formule d'émail trouvée dans les papiers de MONTAMY (AT, t. XIII, p. 53), une mise au point sur le cobalt suggérée à DIDEROT par le cours de chimie de ROUELLE, la lecture de HENCKEL, et les expériences de MONTAMY (*Ibid.*, pp. 66-67), et diverses conjectures sur les moyens d'obtenir artificiellement un bleu analogue à celui du régule de cobalt (*Ibid.*, pp. 67-69).

PHILOSOPHIE ET TECHNIQUE

Si le rôle de la *Description des arts* a été si grand dans l'histoire de la technologie, et dans la préparation de la révolution industrielle en France, ce n'est pas surtout comme traité technique. La *Description des arts* a été lue et comprise, elle se comprend du reste toujours, en relation avec l'ensemble dont elle fait partie. Diderot n'a pu la concevoir que parce qu'il avait déjà dégagé les grandes lignes d'une philosophie qui lui permettait de comprendre le réel mieux que ses prédécesseurs. La *Description des arts* s'inscrit logiquement, sinon chronologiquement, entre l'article *Art* et les *Pensées sur l'interprétation de la nature*.

L'enquête sur les techniques a été pour Diderot comme la vérification expérimentale de théories qu'il avait déjà faites siennes. Elle prolonge, dans la pratique, sa réflexion antérieure et, en même temps, elle lui permet d'approfondir et de préciser sa pensée, par un double mouvement que décrit fort bien la pensée IX : « revenir des sens à la réflexion, et de la réflexion aux sens : rentrer en soi et en sortir sans cesse » (24).

Les idées qui ont guidé Diderot dans son enquête, il n'en a jamais fait mystère, avaient déjà été exprimées par Bacon (25). Ces idées sont bien connues, et l'article *Art* les reprend presque toutes : les arts mécaniques ne sont pas moins estimables que les arts libéraux; l'histoire des arts prolonge l'histoire naturelle; le hasard est à l'origine de la plupart des découvertes et des inventions, mais l'ordre et la méthode rendront nos recherches plus fructueuses; aucune invention, si étonnante soit-elle, ne doit être considérée *a priori* comme irréalisable; l'invention de l'imprimerie, celle de la poudre, et celle de la boussole ont changé la face du monde (26).

A l'influence de Bacon il faudrait ajouter celle de Locke, qui n'est pas nommé dans l'article *Art*, mais qui a certainement inspiré à Diderot ce qu'il a dit de la langue des arts (27). Locke avait déjà remarqué que

---

(24) *Pensées sur l'interprétation de la nature*, éd. par J. VARLOOT, p. 44.

(25) Voir le chapitre que M. VENTURI, dans *La jeunesse de Diderot*, a consacré à l'article *Art* et aux *Pensées*. M. VENTURI considère, à juste titre, que les *Pensées* marquent le terme d'une première étape de l'évolution de DIDEROT. Nous ne reprendrons pas ce qu'il dit, en général, sur cet ouvrage. Nous remarquerons seulement que les *Pensées* viennent aussi couronner la *Description des arts*, — dans sa première conception, — et qu'il convient de les étudier dans leurs rapports avec celle-ci, ce que n'a pas fait M. VENTURI.

(26) Les citations de BACON, ou les passages inspirés de BACON que contient l'article *Art*, ont été étudiés par R.-L. CRU, *Diderot and the English thought*, p. 246. Il convient toutefois de corriger les conclusions d'ensemble auxquelles était arrivé CRU, par l'article de H. DIECKMANN, *The influence of Francis Bacon*. M. DIECKMANN a l'impression que DIDEROT a lu rapidement BACON et qu'il n'a pas compris clairement sa philosophie « en tant que système complet d'idées » (p. 327).

(27) AT, t. XIII, pp. 368-369, à rapprocher de LOCKE, *Essai philosophique*, liv. III, chap. XI.

les mots étaient souvent employés par les hommes dans des sens différents, faute de représenter pour tous un objet identique. Sa théorie sensualiste de la connaissance l'avait amené à concevoir un dictionnaire associant au mot et à sa définition la représentation même de la chose :

« Il serait à souhaiter, disait-il, que ceux qui se sont exercés à des recherches physiques et qui ont une connaissance particulière de diverses sortes de corps naturels, voulussent proposer les idées simples dans lesquelles ils observent que les individus de chaque espèce conviennent constamment. Cela remédierait en grande partie à cette confusion que produit l'usage que différentes personnes font du même nom pour désigner une collection d'un plus grand ou d'un plus petit nombre de qualités sensibles (...). Il n'est (...) pas, je crois, mal à propos d'avertir que les mots qui signifient des choses qu'on connaît et qu'on distingue par leur figure extérieure, devraient être accompagnés de petites tailles-douces qui représentassent ces choses » (28).

Les *Pensées sur l'interprétation de la nature* reprennent, et souvent développent les idées contenues dans l'article *Art*. L'une de ces idées, qui apparaît à Diderot comme tout à fait essentielle, vient de Bacon : c'est celle du lien nécessaire entre la théorie et la pratique. Elle est inséparable de cette autre idée que le vrai est d'abord utile : « *Quod in operando utilissimum, id in sciendo verissimum* » (29). Ce que Diderot dit, dans la pensée XLVII, de la nécessité de faire toutes sortes d'expériences, sans idées préconçues, avec une totale liberté, se trouve aussi dans Bacon (30). On trouve même déjà chez le philosophe anglais l'idée que les « hommes riches », et le gouvernement royal, devraient consacrer leur argent aux expériences coûteuses que le philosophe ne peut réaliser par ses seuls moyens (31). Le passage de l'article *Art* concernant la « géométrie des *arts* » est repris dans les pensées II à V. Diderot y critique les excessives prétentions des mathématiciens. Il les invite à se rappeler que les mathématiques « ne conduisent à rien de précis, sans l'expérience » (32). C'est ce que disait Bacon :

« Je ne sais par quel destin il arrive que la Mathématique et la Logique, qui devraient être telles envers la Physique que le sont les servantes, sont si hardies que de prétendre la primauté sur elle, se vantant qu'elles sont plus certaines qu'elle n'est » (33).

---

(28) Locke, *Ouvrage cité*, t. III, p. 284 et p. 286.

(29) Bacon, *Novum organum*, II, aphor. 4; cf. article *Art*, AT, t. XIII, p. 360 : « Il est difficile, pour ne pas dire impossible de pousser loin la pratique sans la spéculation »; cf. aussi *Pensées*, éd. par J. Varloot, p. 36 : « L'intérêt de la vérité demanderait que ceux qui réfléchissent daignassent enfin s'associer à ceux qui se remuent », et p. 43 : « L'Utile circonscrit tout », ou p. 50 : « Le vulgaire demande toujours : *à quoi cela sert-il ?* Et il ne faut jamais se trouver dans le cas de lui répondre : à rien. »

(30) *Pensées*, éd. citée, p. 83. Rapprocher de plusieurs passages de Bacon, cités par P.-M. Schuhl, *Pour connaître la pensée de Lord Bacon*, p. 43 et p. 47.

(31) *Pensées*, p. 54. Rapprocher de Bacon, Epître dédicatoire de l'*Instauratio magna*, *De augmentis scientiarum*, *Novum organum*, textes cités dans P.-M. Schuhl, *Ouvrage cité*, p. 48.

(32) *Pensées*, éd. citée, p. 37; cf. l'article *Art*, AT, t. XIII, p. 366 : « Il est évident que les éléments de la géométrie de l'Académie ne sont que les plus simples et les moins composés d'entre ceux de la géométrie des boutiques ».

(33) Dans P.-M. Schuhl, *Ouvrage cité*, p. 85.

La question du langage avait été abordée d'une manière très pratique dans l'article *Art*. Diderot la reprend dans les *Pensées* d'un point de vue plus spéculatif, en s'inspirant toujours de Locke, semble-t-il :

« Pourquoi donc possédons-nous si peu de connaissances certaines ? Par quelle fatalité les sciences ont-elles fait si peu de progrès ? (...) Les sciences abstraites ont occupé trop longtemps et avec trop peu de fruit les meilleurs esprits (...) ; les mots se sont multipliés sans fin, et la connaissance des choses est restée en arrière » (34).

Ces quelques mots résument excellemment tout le début du chapitre XI du livre III de l'*Essai philosophique concernant l'entendement humain :*

« Combien n'y a-t-il pas de gens qui, lorsqu'ils veulent penser aux choses, attachent leurs pensées aux mots (...) ? Le moyen d'être surpris après cela que (...) ces contemplations ou raisonnements qui ne roulent que sur des sons (...) ne se terminent qu'à des décisions obscures et erronées sans produire aucune connaissance claire et raisonnée » (35).

C'est sans doute encore la lecture de Locke qui a suggéré à Diderot ce qu'il dit dans les pensées XXXIX et XL de « l'affectation des grands maîtres », de cette obscurité qui rend inaccessible au peuple la pensée de savants par ailleurs estimables :

« La subtilité a passé (...) hautement pour vertu dans la personne de ceux qui font profession d'enseigner ou de défendre la vérité : vertu qui ne consistant pour l'ordinaire que dans un usage illusoire de termes obscurs ou trompeurs, n'est propre qu'à rendre les hommes plus vains dans leur ignorance, et plus obstinés dans leurs erreurs » (36).

C'est donc en méditant les idées de Bacon et de Locke que Diderot a fait le plan de la *Description des arts,* choisi ses collaborateurs, dépouillé les ouvrages techniques, visité les ateliers (37). Il ne faut pas s'étonner dans ces conditions que Diderot ait quelquefois vu les choses avec les yeux de ses maîtres. Certains articles de la *Description des arts* pourraient fournir un commentaire caricatural à l'article *Art* et aux *Pensées.* C'est ainsi qu'interprétant de manière assez simpliste les idées de Bacon sur l'alliance entre la théorie et la pratique, Diderot a cru quelquefois qu'il suffisait d'associer un philosophe et un ouvrier pour faire progresser l'art. L'article *Asple* montre que les résultats

---

(34) *Pensées,* éd. citée, p. 50.

(35) LOCKE, *Essai philosophique,* t. III, p. 260. Cette idée est développée pendant plusieurs pages.

(36) *Ibid.*, p. 261.

(37) Sans qu'on puisse, croyons-nous, parler d'une influence véritable, LEIBNIZ peut être compté avec BACON et LOCKE au nombre des « pères » de l'*Encyclopédie.* Dans l'article *Leibnizianisme* DIDEROT profite d'un rapprochement que fait BRUCKER entre ALSTEDIUS et LEIBNIZ pour rappeler en passant le programme encyclopédique de son prédécesseur (voir *Annexe* IV) : « Le projet avait plu à LEIBNIZ; il s'était proposé de perfectionner l'ouvrage d'ALSTEDIUS; il avait appelé à son secours quelques savants : l'ouvrage allait commencer, lorsque le chef de l'entreprise, distrait par les circonstances, fut entraîné à d'autres occupations, malheureusement pour nous qui lui avons succédé » (AT, t. XV, p. 440).

n'étaient pas toujours convaincants. L'étonnement de Diderot devant certains procédés de fabrication ou devant certaines innovations de détail ne manquait pas sans doute de faire sourire les ouvriers qui en étaient témoins. L'idée, féconde en elle-même, que l'art est en quelque sorte le prolongement de la nature, apparaît sous un aspect plaisant dans l'article sur la *Pompe à feu* qui fait de la machine à vapeur « une espèce d'animal vivant » (38).

Ce serait pourtant une erreur de considérer la *Description des arts* et les *Pensées* comme un simple prolongement des idées de Bacon et de Locke, dont elles seraient en quelque sorte l'illustration. L'enquête que Diderot a dirigée l'a amené à approfondir certaines des idées exprimées par ses prédécesseurs, et par là même à enrichir sa propre philosophie.

C'est autour du problème de l'invention que s'ordonnent ses réflexions les plus intéressantes. L'idée du parallélisme entre l'histoire de la nature et l'histoire des arts avait amené Bacon à penser que les découvertes et les inventions naissaient, comme les espèces animales, du hasard : « En ce qui concerne l'invention des arts (...), disait-il, nous devons plus au hasard ou à n'importe quoi d'autre, plutôt qu'à la dialectique » (39). Sans même avoir à se référer à Bacon, Diderot n'avait qu'à feuilleter son Brucker pour y trouver la même idée, courante au XVIIIe siècle. Dans l'article *Antédiluvienne* c'est Brucker, et non Diderot, qui est responsable de la digression « philosophique » sur Jubal et Tubalcaïn, inventeurs présumés l'un de la musique, l'autre de la métallurgie : « Ne sait-on pas que c'est au hasard que nous devons la plupart des arts utiles à la société ? » (40). Diderot a repris plusieurs fois cette idée, et on a pu croire, avec M. Venturi par exemple, qu'il la faisait sienne sans réserve (41). Le passage qui est généralement cité à l'appui de cette thèse se trouve dans l'article *Art :*

> « Souvent on ignore l'origine d'un *art mécanique*, ou l'on n'a que des connaissances vagues sur ses progrès (...). Dans ces occasions, il faut recourir à des suppositions philosophiques, partir de quelque hypothèse vraisemblable, de quelque événement premier et fortuit, et s'avancer de là jusqu'où l'*art* a été poussé » (42).

On n'a pas remarqué que l'hypothèse qui suit, au sujet de la verrerie et de la papeterie, est conditionnelle. Diderot définit une méthode d'exposition, il ne prétend pas faire une histoire :

> « En s'y prenant ainsi, explique-t-il, les progrès d'un art seraient exposés d'une manière plus instructive et plus claire, que par son histoire véritable, quand on la saurait ».

---

(38) ENC, t. VI, p. 609 a.

(39) BACON, *De augmentis scientiarum*, V, 2, dans P.-M. SCHUHL, *Ouvrage cité*, p. 15.

(40) AT, t. XIII, p. 304; cf. BRUCKER, *Historia critica*, t. I, p. 60. BRUCKER est même à cet endroit plus « philosophe » que DIDEROT puisqu'il attribue sagement les inventions non seulement au hasard mais aussi à la multiplicité des expériences. Nous verrons cette idée développée ailleurs chez DIDEROT.

(41) F. VENTURI, *La jeunesse de Diderot*, p. 294.

(42) AT, t. XIII, pp. 362-363.

Il n'est pas tout à fait sûr que Diderot n'ait pas quelquefois confondu les deux plans, et qu'il n'ait pas cru, de bonne foi, que bien des inventions étaient nées fortuitement. En tout cas son intention n'est pas de laisser au hasard les découvertes à faire, et le but de la *Description des arts* est justement d'aider à mettre de l'ordre et de la méthode dans les recherches futures :

> « Nous devons au hasard un grand nombre de connaissances, dit-il; il nous en a présenté de fort importantes que nous ne cherchions pas : est-il à présumer que nous ne trouverons rien, quand nous ajouterons nos efforts à son caprice, et que nous mettrons de l'ordre et de la méthode dans nos recherches ? » (43).

En réalité Diderot a cherché une explication plus rationnelle de l'invention. Dès le début de l'article *Art* il montre que « l'industrie de l'homme appliquée aux productions de la nature » naît de ses « besoins », de son « luxe », de son « amusement » ou de sa « curiosité » (44). Tout ce qu'il dit par ailleurs de l'utilité confirme que pour lui les arts répondent d'abord aux besoins de l'homme. Mais cela peut être vrai de l'invention en général, et laisser entier le problème particulier que pose chaque invention. La fin de l'article *Batteur d'or* nous révèle les hésitations de Diderot à ce sujet :

> « Comment les hommes se sont-ils avisés d'aller chercher sur le boyau de bœuf cette pellicule déliée, sans laquelle ils auraient eu bien de la peine à étendre l'or ? (...) La baudruche était-elle trouvée avant qu'on l'employât à cet usage; ou bien est-ce le besoin qu'on en avait qui l'a fait chercher ? »

Même perplexité, en ce qui concerne les inventions anciennes, inexploitées pendant des siècles, comme celle de l'imprimerie ou celle de la gravure. Diderot est tenté d'y voir une bizarrerie de l'esprit humain, mais on voit bien que cette réponse ne peut le satisfaire. En fait il laisse la question pendante, et on pourrait l'ajouter à celles qui terminent les *Pensées sur l'interprétation de la nature*.

Si Diderot a pu seulement poser le problème historique de l'origine de l'invention, sans le résoudre, il est allé plus loin dans l'étude de la psychologie de l'invention. Lorsqu'il commença son enquête, il était déjà persuadé, ayant lu Bacon, que la géométrie de l'Académie avait beaucoup à apprendre de celle des boutiques, et réciproquement. Il s'aperçut très vite que les ouvriers, même incultes, étaient capables, non seulement de faire des opérations très délicates, mais encore de réaliser les découvertes les plus ingénieuses. C'est sans doute sous l'effet de l'étonnement, et bientôt de l'enthousiasme qu'il en éprouva, qu'il conçut l'injuste réquisitoire contre les mathématiques « transcendantes » qui ouvre les *Pensées*. En revanche, dans la pensée XXX, il n'hésite pas à considérer le « pressentiment » des « manouvriers d'opérations » comme une véritable « inspiration », comme le « démon familier » de Socrate. Il s'est bien gardé, cependant, de se laisser prendre au piège de

---

(43) *Ibid.*, p. 364.
(44) *Ibid.*, p. 360.

l'irrationnel, et il a essayé de définir cet « instinct ». Ce qu'on appelle instinct, chez le « manouvrier d'opérations », n'est que le résultat d'une longue habitude. Cependant l'habitude s'acquiert lentement, et ne se communique pas. Et ici Diderot reprend l'idée de la liaison entre la pratique et la théorie. Dans la pensée XXXI, il voit cette liaison non plus en deux personnes, mais en une seule : il suffit d'instruire le manouvrier pour qu'il soit en mesure de « substituer au démon familier des notions intelligibles et claires ». Cette figure idéale de l'ouvrier devenu pour ainsi dire philosophe, nous l'avons déjà rencontrée à la fin de l'article *Acier :*

« Pour réussir dans cet examen (...) il faut des ouvriers (...). Il faut des hommes de forge intelligents qui aient opéré, mais qui n'aient pas opéré comme des automates, et qui aient eu pendant vingt à trente ans le marteau à la main. Mais on ne fait pas assez de cas de ces hommes pour les employer ».

Le ton de la dernière formule, cependant, indique assez que Diderot se faisait peu d'illusions sur la réalisation de ce rêve dans l'immédiat. L'objet de l'*Encyclopédie* était partiellement d'en hâter le succès.

Cette analyse de la psychologie individuelle de l'invention nous paraît aujourd'hui assez pauvre. Elle le serait en effet si elle n'était complétée, dans l'esprit de Diderot, par l'analyse des conditions sociales de la naissance de l'invention. La dernière page de l'article *Art* est une des plus suggestives que le Philosophe ait écrites à ce sujet. Elle explique bon nombre d'articles de sa *Description des arts,* et représente certainement la pointe extrême de sa pensée. Elle lui a été suggérée par les manufactures lyonnaises de soie, qui offraient alors, nous l'avons vu, le plus bel exemple de division sociale du travail. Diderot voit dans cette division sociale du travail, jointe au groupement dans un même lieu d'un grand nombre d'ouvriers, la condition idéale du progrès technique : chaque ouvrier cherche à faire mieux que les autres, et contribue ainsi à faire progresser son art. Mais l'exemple de Lyon n'est pas isolé dans la *Description des arts.* La partie de l'article *Echappement* que Diderot a écrite pour compléter un texte de Le Roy montre en détail comment le perfectionnement de l'échappement à virgule, dans l'horlogerie, a été le résultat d'une émulation parfois peu pacifique entre plusieurs inventeurs. Dans l'article *Chapeau* Diderot constate que « les expériences d'une infinité d'hommes » ont été nécessaires pour résoudre le « problème mécanique » de la fabrication des chapeaux. Dans l'article *Corde* enfin, il souligne la nécessité de mettre en parallèle les différents procédés de fabrication connus pour qu'on puisse choisir le meilleur. Cette reconnaissance du caractère social de l'invention et du perfectionnement des techniques justifie, en fin de compte, la *Description des arts.* Lorsqu'il s'écrie, dans les *Pensées :*

« Hâtons-nous de rendre la philosophie populaire. Si nous voulons que les philosophes marchent en avant, approchons le peuple du point où en sont les philosophes » (45),

---

(45) *Pensées,* éd. par J. Varloot, p. 77.

Diderot s'acquitte en quelque sorte d'une dette envers la partie la plus nombreuse, celle qu'il considère aussi comme la plus « utile » de la société. Le rôle du philosophe est de faire prendre conscience au peuple de la force collective qu'il représente et de permettre à ses possibilités créatrices de s'épanouir librement (46). On conçoit que cette philosophie militante et dynamique ait rebuté Réaumur. On comprend aussi qu'elle ait été accueillie froidement dans les milieux ecclésiastiques. La conception du bonheur qu'elle suppose est, évidemment, étrangère à la pensée religieuse. Ce n'est pas sans malice que Diderot a choisi l'article *Art* pour accompagner sa première lettre au R.P. Berthier. « L'*Encyclopédie* doit mettre en évidence les *richesses* d'une partie de la littérature et l'*indigence* des autres » (47), — cette seule phrase donne le ton de la lettre, et résume l'esprit de la *Description des arts.* On lit encore, dans l'*Avertissement* du tome III de l'*Encyclopédie,* que les Pères de l'Eglise n'ont pas fait l'objet d'articles dans le dictionnaire, parce qu'ils « n'ont pu ni dû rien apprendre de nouveau aux hommes sur les matières importantes dont ils se sont occupés ». Cet esprit n'est pas antireligieux, il est délibérément, sereinement a-religieux.

LA « DESCRIPTION DES ARTS » ET LE PROGRES TECHNIQUE

« Connaître l'esprit de sa nation, en pressentir la pente, le gagner de vitesse, en sorte qu'il ne laisse pas votre travail en arrière, mais qu'au contraire il le rencontre en avant », tel est l'objectif que Diderot fixe à l'éditeur d'un « dictionnaire universel et raisonné » comme l'*Encyclopédie* (48). Cet objectif a-t-il été atteint dans la *Description des arts ?* En un certain sens, oui. Du point de vue strictement technique, nous l'avons déjà dit, il est vain d'attendre de l'*Encyclopédie* qu'elle soit en avance sur son temps. Le technologue trouve, dans la *Description des arts,* le reflet assez exact des procédés utilisés en France au milieu du XVIIIe siècle. La qualité des techniciens qui y ont collaboré, la sûreté des sources imprimées qui ont été utilisées, en sont la meilleure garantie. La visite des ateliers n'a pas eu dans la préparation de cette *Description* le rôle essentiel qu'on lui a souvent attribué. Diderot a conçu l'enquête directe surtout comme un moyen de vérification, et comme une garantie supplémentaire. Sans doute aucun des articles, pris à part, ne serait de nature à satisfaire pleinement un spécialiste. Nous avons vu ailleurs comment Diderot élaguait, en faisant ses extraits, tout ce qui avait un caractère trop technique (49). Le niveau général des articles de la *Description des arts* est cependant assez élevé et, comme

---

(46) Nous avons négligé ici, délibérément, l'aspect social de la *Description des arts,* parce qu'il n'y avait pas à proprement parler de « question sociale » pour DIDEROT. Nous reviendrons là-dessus dans notre chapitre XII.

(47) AT, t. XIII, p. 167.

(48) Article *Encyclopédie,* AT, t. XIV, pp. 426-427.

(49) Voir notre article sur *La documentation technique.*

le dit Diderot dans sa description de la machine arithmétique, la plupart « ne sont destinés qu'à ceux qui ont quelque habitude de s'appliquer » (50).

Il y avait là un délicat problème à résoudre. La solution adoptée n'a pas plu à tout le monde et Réaumur a fort bien résumé l'opinion de certains milieux scientifiques en écrivant à Formey que l'ouvrage était « trop long ou de beaucoup trop court » (51).

En réalité ce problème se pose pour tous les ouvrages de vulgarisation, et pour toute publication encyclopédique (52). Le niveau technique est choisi par l'éditeur selon l'étendue du public auquel il s'adresse. Une encyclopédie comme celle de Chambers s'adressait à un public non spécialisé, et n'apprenait rien à personne. Les descriptions de Réaumur, et la plupart des traités ou mémoires publiés avant 1750 étaient au contraire destinés aux seuls artistes spécialisés dans le domaine considéré. Ils étaient donc inaccessibles au grand public, et même aux artistes d'une autre spécialité. Nous avons lu en outre sous la plume de Réaumur que cette littérature n'était pas faite pour les ouvriers mais pour les chefs d'entreprise.

L'originalité de l'*Encyclopédie* est de s'adresser à un vaste public, en partie nouveau, qui va *en principe* de l'académicien au maître ouvrier (53). Elle est aussi de donner pour la première fois un tableau des forces productives du royaume. L'*Encyclopédie* fait prendre conscience au soyeux comme au maître de forges de l'importance qu'il a dans la vie économique, et elle lui montre en même temps quelle doit être sa place dans le tout. Ce sont là les deux tâches essentielles que Diderot s'était fixées; c'est en cela, et en cela seulement qu'il « rencontre en avant » l'esprit de la nation.

Diderot n'a jamais prétendu apprendre aux artistes leur métier et, dans le *Prospectus* de l'*Encyclopédie* il se flatte seulement de leur proposer « des vues » qu'ils n'eussent peut-être jamais eues, « des observations » qu'ils n'eussent faites qu'après bien des recherches (54). Nous avons cité ailleurs des exemples de ces vues et de ces observations, que Diderot glissait au milieu de ses extraits. Toutes n'ont pas le caractère génial de l'hypothèse contenue dans l'article *Acier* (55). Dans l'article *Asple* (56), par exemple, Diderot prétendait améliorer le tour à tirer la soie, par une machine de son invention, dont il avait fait faire les dessins par Goussier. Ce nouveau tour devait permettre aux fabricants français d'égaler les Piémontais. Mais Vaucanson démontra à Diderot qu'il avait

---

(50) ENC, t. I, p. 681a.
(51) Dans J. Torlais, *Réaumur*, p. 249.
(52) En termes fort pertinents M. Raymond Queneau a posé naguère à nouveau la question dans la *Présentation de l'Encyclopédie de la Pléiade*, pp. 7 et suivantes.
(53) Il faut bien dire « en principe », puisque la plus grande partie des ouvriers ne pouvaient pas songer à acquérir l'*Encyclopédie*.
(54) AT, t. XIII, p. 143.
(55) Voir notre article sur *La documentation technique*, p. 338.
(56) L'article est marqué de l'astérisque.

mal lu les règlements piémontais, et lui signala en outre que son invention n'était pas toute neuve. Diderot, de bonne grâce, publia un rectificatif dans l'*Avertissement* du tome II de l'*Encyclopédie*. Par la suite, il ne se risqua plus guère à proposer lui-même des innovations techniques (57). Il se contenta d'indiquer aux « mécaniciens » des directions de recherche, comme il l'avait fait, par exemple, dans l'article *Aiguilles* (*d'ensuple*) (58) :

« Reste donc un beau problème à proposer aux mécaniciens, et surtout à l'habile académicien M. Vaucanson, à qui ces objets sont si connus (...). Ce problème consiste à trouver une machine applicable à tout genre d'étoffe en général, qui ne la pique point en-dessous, qui ne la fronce point en-dessus, et qui soit telle encore que l'ouvrier puisse changer souvent de sassure sans perdre beaucoup de temps » (59).

Ces encouragements répétés à la recherche, indépendamment de leur contenu même, ont joué un rôle non négligeable dans le développement de la technologie. Par leur caractère systématique, ils sont le prolongement naturel de la lutte contre le secret et les préjugés qui est la justification de la *Description des arts*, et ici encore Diderot « rencontre en avant » l'esprit de la nation (60). Il n'est guère d'article technique de l'*Encyclopédie* qui ne popularise en effet, sinon toujours des procédés nouveaux, du moins des procédés peu connus, et susceptibles par leur généralisation d'améliorer la production. Ainsi l'article *Bonneterie* décrit une invention qui a permis à un fabricant parisien d'alimenter ses « fouloires » en eau de puits distillée. L'article *Charrue* fait une vigoureuse propagande en faveur de la charrue à quatre coutres de l'anglais Tull. L'article *Damas* et l'article *Soie* sont tout entiers conçus pour montrer la supériorité des machines piémontaises sur les machines françaises. L'article *Encaustique*, publié à part en 1755, ne fit sans doute pas progresser la production, mais il illustre très bien l'esprit dans lequel Diderot luttait pour la publication de tous les secrets de fabrique :

« S'il arrive, écrivait-il, qu'une invention, favorable aux progrès des sciences et des arts, parvienne à ma connaissance, je brûle de la divulguer; c'est ma maladie. Né communicatif autant qu'on le peut être, c'est dommage que je ne sois pas né plus inventif; j'aurais dit mes idées au premier venu. Je n'aurais eu qu'un secret pour toute ressource, que, si le bien général en

---

(57) Voir *Androïde*, partie marquée de l'astérisque, où Diderot rappelle son invention d'un nouvel orgue d'Allemagne, et *Dentelle*, où il expose une méthode « très facile » selon lui, pour apprendre l'art de la dentelle, par la lecture d'un papier sur lequel seraient notés les points. Diderot s'avoue l'auteur de l'article *Dentelle* dans l'*Avertissement* du tome II des *Planches*, p. 6.

(58) L'article n'est pas marqué de l'astérisque, mais il fait partie d'une série d'articles sur les aiguilles dont le premier a la marque de Diderot.

(59) Voir aussi *Bobine*.

(60) Diderot a insisté sur la nécessité de publier les inventions utiles ailleurs que dans la *Description des arts*. Dans l'article sur la philosophie des *Grecs*, par exemple, il cesse un instant de suivre Brucker pour écrire : « Si une découverte est essentielle au bien de la société, c'est être mauvais citoyen que de l'en priver; si elle est de pure curiosité, elle ne valait ni la peine d'être faite, ni celle d'être cachée : utile ou non, c'est entendre mal l'intérêt de sa réputation que de la tenir secrète; ou elle se perd après la mort de l'inventeur qui s'est tu, ou un autre y est conduit, et partage l'honneur de l'invention » (AT, t. XV, p. 52).

eût demandé la publicité, il me semble que j'aurais mieux aimé mourir honnêtement au coin d'une rue, le dos contre une borne, que de laisser pâtir mes semblables (...). Les lois de l'Etat ne seraient pas trop rigoureuses, si elles décernaient la même peine contre ceux qui seraient convaincus d'avoir emporté avec eux, en mourant, les découvertes qu'ils auraient faites pendant leur vie (cette peine est la privation de sépulture) (...). Les découvertes ne me paraissent en valeur et en sûreté, que quand elles sont rentrées dans la masse commune; et je me hâte de les y porter » (61).

PROBLEMES LITTERAIRES DE LA TECHNOLOGIE

Toucher un vaste public, encourager la recherche à tous les stades de la production, mettre au jour tous les secrets de fabrique, ce triple objectif supposait une délicate mise au point de la méthode d'exposition, et de la langue. Diderot a beaucoup réfléchi à ces problèmes d'expression, et c'est par la façon dont il les a résolus qu'il a fait faire un pas décisif à la technologie.

Ce ne sont pas les encyclopédistes qui ont créé de toutes pièces la littérature technique, il s'en faut de beaucoup. Diderot n'est donc pas le premier qui se soit interrogé sur les moyens d'expression les plus convenables à la technologie. Dans la pratique tous ses prédécesseurs avaient eu à résoudre les problèmes qui se posèrent à lui. Mais tous ne les avaient pas résolus avec un égal bonheur, et surtout aucun d'eux n'avait jugé bon de les énoncer clairement, d'en étudier les données théoriques, de définir avec précision les conditions de leur solution. A cet égard Diderot a véritablement été un pionnier. Il est sans doute le premier homme de lettres qui ait considéré la technologie comme une partie de la littérature, dans laquelle par conséquent le « littéraire » avait son mot à dire au même titre que le technicien.

Nous avons pourtant rencontré parmi les prédécesseurs de Diderot deux hommes de lettres, Thomas Corneille et Fontenelle.

Leur rôle est important dans le domaine de l'expression littéraire des techniques, mais sur un seul point, celui de la langue même. Si l'on en croit Fontenelle, le succès du Corneille, en 1688, a surtout fait voir « le goût du public pour la connaissance des *termes des arts* » (62). Effectivement le travail de Thomas Corneille a surtout été un travail de définition, visant à distinguer les différents sens d'un même mot selon les techniques qui l'emploient, mais non point à décrire ces techniques elles-mêmes. Le plus souvent, le terme est situé par une double référence, à la locution dont il fait partie, et au métier auquel il appartient, comme le montre l'exemple suivant : « *Bois de tête*. Terme d'imprimerie ».

---

(61) AT, t. X, p. 69. DIDEROT sacrifia son article à celui de M. DE MONNOYE, mais il le fit paraître à part, anonymement, en 1755, sous le titre *L'histoire et le secret de la peinture en cire*. Sur la polémique entre DIDEROT et le comte DE CAYLUS, voir AT, t. X, pp. 45-46, CORR LIT, t. II, p. 427, p. 478, t. III, p. 15, p. 90 et *Observations sur l'histoire naturelle*, 1757, II, pp. 144 et suivantes.

(62) Th. CORNEILLE, *Le dictionnaire des arts*, éd. par FONTENELLE, p. 1. C'est nous qui soulignons.

Fontenelle, dans sa réédition du Corneille, ne cherche pas non plus à donner autre chose que des définitions de termes. Il les veut seulement plus exactes, et corrige toutes les fois qu'il le peut les erreurs d'étymologie commises par son prédécesseur.

L'étymologie est sans conteste une belle science, mais on doute que la technologie ait gagné quelque chose aux recherches de Fontenelle en ce domaine. D'une façon générale il était encore entendu vers 1730 que si les termes des arts méritaient l'attention des hommes de lettres, comme tous les mots de la langue, ils appartenaient tout de même à un domaine réservé, situé incontestablement hors de la littérature. On lisait par exemple dans l'édition du Furetière de 1727, article *Art :*

« Un galant homme doit parler des arts en homme du monde plutôt qu'en artisan (...). Remarquez que c'est une espèce de barbarisme, de se servir de tous les termes d'*art*, ou devant les personnes qui ne sont pas du métier, ou lorsqu'il ne s'agit pas d'écrire, ou de parler expressément, et de dessein formé, sur la matière : autrement il faut user des termes les plus connus, et qui peuvent être plus facilement entendus de tout le monde » (63).

Le *Dictionnaire* de Savary ne contient aucune théorie de l'expression littéraire des techniques, mais la plupart des grands problèmes pratiques qui se poseront à Diderot y sont déjà abordés en fait avec assez de bon sens : nécessité d'associer à la définition une description des machines et des outils, et une description des opérations, nécessité de trouver un style simple et clair, qui soit accessible à des lecteurs allant de l'apprenti au savant en passant par l'artisan ou l'amateur. L'article *Chandelle,* traité par Savary, montre assez bien que le problème de la langue est pour lui inséparable du problème de l'exposition. Il ne se présente pas de mot nouveau qu'il n'en donne aussitôt une définition dynamique (64) et le texte est en principe conçu de manière à faire voir avec précision comment se fabriquent effectivement les chandelles (65).

Ni Corneille, ni Fontenelle, ni Savary ne s'étaient posé la question de la liaison entre le texte et l'image, qui préoccupera tant Diderot, et qu'il aura conscience d'avoir mal résolue, puisqu'il écrira dans sa critique de

---

(63) Le point de vue de FURETIÈRE est celui des classiques.

(64) « Les chandeliers appellent *tournettes* les dévidoirs sur lesquels ils dévident leur coton ».

(65) L'article est en quatre parties : généralités, fabrique des chandelles en général, fabrique des chandelles plongées, fabrique des chandelles moulées. Voici comment SAVARY décrit la remise et le colletage des chandelles plongées :

« Pour la troisième trempe, qui ne se fait jamais que lorsque l'autre est sèche, ce qui s'observe aussi dans toutes les autres, on dit remise, ou remettre. A celle-ci, les chandelles se plongent deux fois; toutes les autres couches qu'on donne ensuite, se faisant à trois fois. On donne plus ou moins de trempes, suivant que les chandelles doivent être plus ou moins grosses; mais ces trempes n'ont aucun nom particulier, à la réserve des deux dernières, dont l'une s'appelle mettre prêtes, et l'autre, rachever, ou rachevure. Quand les chandelles sont en cet état, on en fait le collet, ce qu'on appelle colleter; c'est-à-dire qu'on les plonge au-delà de l'endroit des mèches où l'on s'était arrêté à chaque trempe; ce qui les tient séparées, en sorte qu'elles forment comme deux lumignons ». La description est loin d'être claire, mais l'effort pour décrire en même temps que pour définir est très sensible.

l'*Encyclopédie*, et en particulier de la *Description des arts* : « (Il faut surtout) rapporter le discours aux planches, ce qui n'a pas presque été fait, et à faire rentrer dans le discours les explications qui sont à la tête des planches » (66). Nous savons qu'une des raisons de cette absence de liaison est le changement intervenu dans la conception même de la *Description des arts*, de 1750 à 1759. Mais de toute manière les illustrations ont toujours été conçues par Diderot et ses collaborateurs comme devant être groupées à part du texte de description, et non pas insérées dans le texte.

A cet égard, l'*Encyclopédie* est en retrait sur les descriptions diverses publiées par l'Académie des sciences, isolément, ou dans ses recueils de machines et d'inventions. C'est le seul point, et il est important, où l'apport de l'Académie à la solution des problèmes d'expression technique ait été positif. Quant au texte, on ne peut dire qu'il présente un intérêt quelconque. Il est même souvent mauvais, car les académiciens ne sont pas tous Fontenelle, et ceux qui décrivent des machines sont souvent plus techniciens qu'hommes de lettres. C'est même une des grandes faiblesses des descriptions académiques. Le *Journal des savants* le sous-entendait pudiquement, à propos d'un ouvrage de Réaumur, en remarquant qu'il ne pouvait être compris de « toutes sortes d'esprits », mais seulement de quelques-uns (67). Toutes les descriptions académiques ne sont pourtant pas aussi fastidieuses, aussi verbeuses, aussi lourdes que celle de Jaugeon. En passant des *Descriptions* aux *Précis* les académiciens ont dû par la force des choses alléger et clarifier leur style. Mais on peut dire que le problème spécifique de l'expression littéraire des techniques n'est vraiment abordé dans toute son ampleur que dans l'*Encyclopédie*, plus particulièrement dans le *Prospectus*, dans l'article *Art*, et dans l'article *Encyclopédie*.

Le problème a deux aspects principaux : l'un concerne les rapports entre le rédacteur et sa documentation technique, directe ou livresque; l'autre concerne les rapports entre le rédacteur et le public qu'il veut atteindre. Il s'agit en somme des deux phases d'un mouvement unique qui va du fait technique au lecteur, en passant par un intermédiaire, le rédacteur, dont le rôle est délicat et complexe. Il doit en effet résoudre une contradiction majeure entre la technicité de la matière qu'il traite et l'ignorance relative du lecteur à qui il l'expose; et lui seul peut la résoudre.

Le fait technique se présentait à Diderot sous deux formes, soit dans des traités, précis ou recueils imprimés, soit dans des enquêtes, faites à la demande, et donnant lieu à un rapport ou mémoire dont il vérifiait éventuellement l'exactitude sur place. Les imprimés eux-mêmes, et notamment les travaux académiques, se présentaient de façon différente, selon que l'auteur était un amateur, désireux de faire connaître au public

(66) AT, t. XX, p. 132.
(67) 15 mars 1723, p. 162.

une de ses petites inventions, ou un technicien s'adressant à d'autres techniciens. Paradoxalement, les uns et les autres tombaient souvent dans le même défaut littéraire : ils sacrifiaient l'essentiel au détail, les premiers parce qu'ils ne savaient pas discerner l'essentiel, les seconds parce qu'ils le supposaient connu. Entre ceux qui ont écrit des arts mécaniques, explique Diderot,

> « *l'un* n'était pas assez instruit de ce qu'il avait à dire, et a moins rempli son objet que montré la nécessité d'un meilleur ouvrage; *un autre* n'a qu'effleuré la matière, en la traitant plutôt en grammairien et en homme de lettres qu'en artiste; *un troisième* est, à la vérité, plus riche et plus *ouvrier*, mais il est en même temps si court, que les opérations des artistes et la description de leurs machines, cette matière capable de fournir seule des ouvrages considérables, n'occupent que la très petite partie du sien » (68).

Le travail de Diderot a donc consisté souvent, non seulement à « rassembler tout ce qui s'est publié sur chaque matière », mais plus encore à « digérer », à « éclaircir », à « serrer », à « ordonner », de manière à ce que « chaque chose n'occupât que l'espace qu'elle mérite d'occuper » (69). C'est là tout un art, qu'il aime comparer à celui du dépeçage, et qu'il décrit ainsi :

> « Il faut savoir dépecer artistement un ouvrage, en ménager les distributions, en présenter le plan, en faire une analyse qui forme le corps d'un article, dont les renvois indiqueront le reste de l'objet. Il ne s'agit pas de briser les jointures, mais de les relâcher; de rompre les parties, mais de les désassembler, et d'en conserver scrupuleusement ce que les artistes appellent les *repères* » (70).

Le dépeçage ainsi conçu aboutit donc en fait à une refonte complète, à une véritable re-création d'ordre quasi artistique. Nous avons montré ailleurs, en étudiant la documentation technique de Diderot en quoi consistait cette re-création. Dans le cas de la machine arithmétique, par exemple, Diderot élague tous les détails accessoires pour mettre en valeur la pièce qui permet de comprendre l'ensemble d'un mécanisme. Dans le cas de la fonte des statues équestres, il refait le plan de l'ouvrage pour le rendre plus logique, et l'allège en supprimant ou en condensant les développements trop détaillés. Pour l'acier, il amalgame au contraire entre eux plusieurs ouvrages différents qu'il résume (71). Dans tous les cas la préoccupation dominante du rédacteur est de *préparer* le document technique sans le dénaturer, de telle sorte qu'il puisse être assimilé par le futur lecteur dans le temps le plus court et avec le moins de peine.

L'enquête directe présentait de tout autres difficultés. Car il ne s'agissait plus seulement de refondre ce qui avait été une fois décrit. Il fallait, en présence du fait technique lui-même, trouver directement la

---

(68) *Prospectus*, AT, t. XIII, p. 140.
(69) *Ibid.*, t. XIV, p. 420.
(70) *Ibid.*, pp. 482-483.
(71) Voir notre article sur *La documentation technique*, pp. 335-338.

forme qui convenait le mieux à son expression littéraire. Or, explique Diderot dans le *Prospectus,*

« la plupart de ceux qui exercent les arts mécaniques ne les ont embrassés que par nécessité, et n'opèrent que par instinct. A peine, entre mille, en trouve-t-on une douzaine en état de s'exprimer avec quelque clarté sur les instruments qu'ils emploient et sur les ouvrages qu'ils fabriquent. Nous avons vu des ouvriers qui travaillaient depuis quarante années sans rien connaître à leurs machines. Il nous a fallu exercer avec eux la fonction dont se glorifiait Socrate, la fonction pénible et délicate de faire accoucher les esprits : *obstetrix animorum* » (72).

L'article *Encyclopédie* nous permet d'imaginer aisément ce qu'était dans ces conditions le premier contact entre l'enquêteur et ses interlocuteurs, et les situations plus ou moins plaisantes qui en résultaient.

« J'ai éprouvé, écrit Diderot, que ceux qui s'occupent sans cesse d'un objet avaient un penchant égal à croire que tout le monde savait ce dont ils ne faisaient point un secret, et que ce dont ils faisaient un secret n'était connu de personne; en sorte qu'ils étaient toujours tentés de prendre celui qui les questionnait, ou pour un génie transcendant, ou pour un imbécile » (73).

Le contact une fois établi, il faut encore interroger les ouvriers de façon utile. Il faut « écrire sous leur dictée », ce qui est peu de chose, mais aussi « développer leurs pensées, (...) en tirer les termes propres à leurs professions, (...) en dresser des tables, (...) les définir » (74). Si l'enquêteur a la chance d'obtenir un mémoire écrit, il doit encore « converser » avec l'auteur pour lui faire préciser, compléter, corriger sa description, il doit même chercher à confronter les renseignements obtenus avec d'autres témoignages, pour « rectifier dans de longs et fréquents entretiens avec les uns, ce que d'autres (ont) imparfaitement, obscurément, et quelquefois infidèlement expliqué » (75).

Mais à ce niveau les problèmes qui se posent à l'enquêteur ne sont pas seulement « littéraires ». Ils sont aussi techniques, et leur solution suppose de sa part, outre des talents certains d'expression, une vaste culture polytechnique. Car, écrit Diderot, « il n'y a guère qu'un artiste sachant raisonner qui puisse bien parler de son art » (76). Qu'il opère lui-même ou dirige le travail d'une équipe, le responsable de l'enquête technique devra donc être versé aussi bien dans l'histoire naturelle que dans la mécanique, la physique, la chimie (77), et il devra avoir reçu une formation tout à la fois théorique et pratique, de manière à pouvoir saisir « l'esprit » des opérations mécaniques, et les décrire avec autant de clarté que de sûreté (78).

---

(72) *Prospectus*, AT, t. XIII, pp. 140-141.
(73) *Ibid.*, t. XIV, pp. 490-491. La suite de l'article montre que la peur du fisc, et la méfiance à l'égard d'un concurrent éventuel étaient aussi, au milieu du XVIIIe siècle, deux raisons pour les ouvriers d'être discrets sur leur art.
(74) *Prospectus*, AT, t. XIII, p. 140.
(75) *Ibid.*.
(76) Article *Art*, AT, t. XIII, p. 361.
(77) Article *Encyclopédie*, AT, t. XIV, p. 489.
(78) *Ibid.*, p. 490.

Dès le moment de l'enquête dans les livres ou dans les ateliers, mais surtout au moment de l'élaboration de son texte, le rédacteur doit penser le fait technique en fonction de l'étendue, et de la nature, du public de lecteurs qu'il veut atteindre. On a trop longtemps cru que l'*Encyclopédie* et plus particulièrement la *Description des arts* était une sorte de manuel d'éducation populaire, et comme le *vade-mecum* de la promotion ouvrière au XVIIIe siècle. Diderot ne déclarait-il pas lui-même :

« Nous aimons plus les progrès de l'esprit humain que la durée de nos productions; et (...) nous aurions réussi au-delà de nos espérances, si nous avions rendu les connaissances si populaires, qu'il fallût au commun des hommes un ouvrage plus fort que l'*Encyclopédie* pour les attacher et les instruire » (79).

Or cette déclaration conclut un paragraphe sur la nécessité pour un dictionnaire d'être bien écrit. Doit-il être bien écrit pour être accessible à tous ? Nous avons vu en étudiant l'histoire commerciale de l'*Encyclopédie* ce qu'il fallait penser du public qui avait pu acquérir et lire un tel dictionnaire. Nous verrons d'autre part, à propos des idées politiques de Diderot, que le mot peuple a chez lui deux acceptions différentes.

Il convient donc ici de définir avec précision ce que Diderot entend par le « commun des hommes ». Le *Prospectus*, l'article *Encyclopédie*, en donnent une approximation séduisante, mais qui tout compte fait paraît trop facile et ne résout rien. Selon cette approximation, le niveau technique et le style d'articles comme ceux de la *Description des arts* devraient s'adapter à un certain niveau d'intelligence. Diderot écrit dans le *Prospectus* :

« Il y a des notions qui sont communes à presque tous les hommes, et qu'ils ont dans l'esprit avec plus de clarté qu'elles n'en peuvent recevoir du discours. Il y a aussi des objets si familiers, qu'il serait ridicule d'en faire des figures. (Dans ces cas-là) nous avons supposé que le lecteur n'était pas entièrement dénué de bon sens et d'expérience (...). Il y a en tout un juste milieu, et nous avons tâché de ne le pas manquer ici » (80).

L'article *Encyclopédie* précise un peu cette notion de juste milieu, dans un long paragraphe qui, en théorie, ne laisse rien à désirer :

« Plus les matières seront abstraites, plus il faudra s'efforcer de les mettre à la portée de tous les lecteurs.

« Un éditeur qui aura de l'expérience et qui sera maître de lui-même se placera dans la classe moyenne des esprits. Si la nature l'avait élevé au rang des premiers génies, et qu'il n'en descendît jamais, conversant sans cesse avec les hommes de la plus grande pénétration, il lui arriverait de considérer les objets d'un point de vue où la multitude ne peut atteindre : trop au-dessus d'elle, l'ouvrage deviendrait obscur pour trop de monde. Mais s'il se trouvait malheureusement, ou s'il avait la complaisance de s'abaisser fort au-dessous, les matières, traitées comme pour des imbéciles, deviendraient longues et fastidieuses. Il considérera donc le monde comme son école, et le genre humain comme son pupille; et il dictera des leçons qui ne fassent pas perdre aux bons

(79) *Ibid.*, p. 498; cf. le texte que nous avons cité plus haut (AT, t. XIV, p. 493), opposant le livre de l'Etat et le livre « du peuple ».
(80) AT, t. XIII, pp. 142-143.

esprits un temps précieux, et qui ne rebutent point la foule des esprits ordinaires. Il y a deux classes d'hommes, à peu près également étroites, qu'il faut également négliger : ce sont les génies transcendants, et les imbéciles, qui n'ont besoin de maîtres ni les uns ni les autres » (81).

Le morceau a de l'allure, et pourrait servir d'introduction à tout bon ouvrage de vulgarisation scientifique ou technique. Malheureusement c'est aussi un morceau de pure rhétorique, un schéma abstrait sans aucun rapport avec les difficultés d'expression auxquelles se heurte réellement le vulgarisateur technique.

Le problème n'est bien posé, et bien résolu par Diderot, que dans un paragraphe du *Prospectus* auquel on n'a pas jusqu'ici prêté assez d'attention. Il est pourtant d'une importance capitale, comme le dit assez sa place, qui est celle d'une conclusion.

« De tout ce qui précède, y est-il dit, il s'ensuit que, dans l'ouvrage que nous annonçons, on a traité des sciences et des arts de manière qu'on n'en suppose aucune connaissance préliminaire; qu'on y expose ce qu'il importe de savoir sur chaque matière; que les articles s'expliquent les uns par les autres; et que, par conséquent, la difficulté de la nomenclature n'embarrasse nulle part. D'où nous inférerons que *cet ouvrage pourrait tenir lieu de bibliothèque dans tous les genres, excepté le sien, à un savant de profession* (souligné par nous, J. P.); qu'il suppléera aux livres élémentaires; qu'il développera les principes des choses; qu'il en marquera les rapports; qu'il contribuera à la certitude et aux progrès des connaissances humaines; et qu'en multipliant le nombre des vrais savants, des artistes distingués et des amateurs éclairés il répandra dans la société de nouveaux avantages » (82).

Voilà qui est clair, et définit rigoureusement un niveau technique et un style en fonction d'un public.

Et d'abord ce public n'est rien moins que « populaire ». S'il se situe *intellectuellement* dans un juste milieu, à mi-chemin entre le génie et l'imbécillité, il est *professionnellement* et *socialement* circonscrit dans des limites étroites. Savants, fabricants, artisans d'art et maîtres ouvriers, amateurs éclairés, tels sont bien en effet les collaborateurs et les lecteurs types de l'*Encyclopédie*. Du point de vue de la formation, ce ne sont pas simplement des lecteurs de bon sens ayant un minimum d'expérience, comme pouvait le faire croire un autre passage du *Prospectus*. Ce sont au contraire des savants et des techniciens fortement spécialisés, chacun dans un domaine particulier et limité de la science ou de la technique.

Le problème d'expression à résoudre n'est donc pas en réalité celui d'une vulgarisation. Il ne s'agit point de faire assimiler indifféremment *toutes* les techniques à des lecteurs n'ayant qu'un minimum de culture générale. Il s'agit, dans chaque cas, de rendre telle technique particulière assimilable par des savants ou des artistes qui l'ignorent, mais possèdent à fond une autre technique ou une autre science. En d'autres termes, lorsque Diderot rédigeait son article sur le métier à bas d'après le mémoire de Barrat, il ne s'adressait point à ce que nous appelons aujour-

---

(81) *Ibid.*, t. XIV, p. 499.
(82) *Ibid.*, t. XIII, pp. 144-145.

d'hui l'homme de la rue. Il n'avait pas non plus la prétention d'instruire des techniciens de la bonneterie qui connaissaient mieux que lui la machine et la manière de s'en servir. Le lecteur idéal dont il avait l'image en tête avait les traits mêlés du mathématicien d'Alembert, de l'horloger Jean-Baptiste Le Roy, de l'amateur Montdorge.

C'est dans cette perspective parfaitement légitime, et fort bien définie, que Diderot a résolu conjointement les questions de vocabulaire, de style et de composition.

Contrairement aux hommes de lettres qui l'ont précédé, Diderot n'a pas considéré les langues techniques comme des provinces écartées de la langue française, que l'on étudie à la manière des patois et des dialectes, par goût du folklore ou de l'exotisme. Pour lui les langues techniques sont du domaine royal et font partie intégrante de « la langue » que tout homme de lettres doit connaître et pratiquer.

Or, écrit-il dans le *Prospectus*, « nous nous sommes mis en état de démontrer que l'homme de lettres qui sait le plus sa langue ne connaît pas la vingtième partie des mots » (83). Il est d'autant plus difficile d'explorer cet immense domaine que le vocabulaire technique n'est pas un répertoire inerte de mots et de locutions. Les langues techniques sont nombreuses et chacune d'elles a une vie propre. Dans une époque de progrès technique cette vie est exubérante : « Quelle diversité ne s'introduit pas tous les jours dans la langue des arts, dans les machines et dans les manœuvres ? » (84) Diderot considère chaque mot technique comme un néologisme. Mais deux attitudes sont possibles en face des néologismes. On peut les rejeter d'abord pour préserver le fonds de la langue, et attendre que « l'usage et le temps » leur ôte leur « vernis équivoque » pour les naturaliser (85). Sans le dire Diderot pense évidemment ici au dictionnaire du type « conservatoire » qu'est le dictionnaire académique. Mais Diderot, dans la grande tradition des auteurs de la Renaissance, est un conquérant, non un conservateur. La langue est pour lui un être vivant qui se nourrit et se développe. Il pense donc qu'il faut accueillir tous les néologismes, et laisser ensuite à l'usage et au temps le soin d'éliminer de façon naturelle ceux qui ne sont pas « clairs, énergiques et nécessaires » (86).

Est-ce à dire que tous les mots, toutes les locutions des diverses langues techniques doivent être accueillis indistinctement ? On voit

---

(83) *Ibid.*, p. 141. Dans l'*Histoire de la langue française* de Brunot (t. VI, I, p. 393, notes 1 et 2) Alexis François cite des documents administratifs de 1729 et de 1730 qui contiennent des listes impressionnantes de noms simples ou composés. L'un d'eux énumère les étoffes fabriquées dans la seule généralité de Montauban : « Cadis, serges, pessots, burates, droguets, cordelas, reveschcs, ratines, molletons, finettes, drapades, sargues ». Un autre classe les papiers selon leur origine; dans la seule élection de Limoges on en fait plus de douze sortes, « grand-soleil fin; grande fleur de lys fine, chapelet-fin, grand-jésus fin; petite fleur de lys fine; raisin fin simple; raisin moyen; bulle; violet; bleu ». Et il y en a trois fois autant dans l'élection d'Angoulême.

(84) Article *Encyclopédie*, AT, t. XIV, p. 423.

(85) *Ibid.*, p. 426.

(86) *Ibid.*.

tout de suite à quels excès conduirait ce libéralisme. Chaque article étant écrit dans le jargon propre au métier serait incompréhensible aux lecteurs non initiés, et le but visé par l'écrivain ne serait pas atteint. Diderot a donc examiné de façon critique les diverses langues techniques qui étaient à sa disposition. Par là il a peut-être fait plus pour les progrès ultérieurs de la technologie que par le contenu proprement technique de sa *Description des arts,* bien qu'en ce domaine il soit fort malaisé de mesurer une influence. « Quoique chaque art ait la sienne, écrit-il dans le *Prospectus*, cette langue est encore bien imparfaite » (87). Il a constaté en effet que « c'est par l'extrême habitude de converser les uns avec les autres que les ouvriers s'entendent et beaucoup plus par le retour des conjonctures que par l'usage des termes » (88). Au fond les langues techniques sont à la fois trop pauvres et trop riches, trop pauvres en mots propres, et trop riches de synonymes. Diderot écrit à ce sujet dans l'article *Art* :

« Il y a des outils qui ont plusieurs noms différents; d'autres n'ont, au contraire, que le nom générique, *engin, machine,* sans aucune addition qui les spécifie; quelquefois la moindre petite différence suffit aux artistes pour abandonner le nom générique et inventer des noms particuliers; d'autres fois, un outil singulier par sa forme et son usage, ou n'a point de nom, ou porte le nom d'un autre outil avec lequel il n'a rien de commun » (89).

Les préoccupations de l'homme de lettres sont ici inséparables de celles du philosophe sensualiste. En faisant dans chaque langue technique le tri des termes justes, l'homme de lettres satisfait son goût artistique du mot propre, le philosophe contribue à l'élaboration d'un système exact de correspondance entre les mots, les idées et les choses, le « polytechnicien » favorise la communication entre toutes les spécialités. Il s'agit pratiquement de définir le sens de tous les mots techniques non par rapport les uns aux autres, comme l'avaient fait Thomas Corneille et Fontenelle, mais par rapport aux objets eux-mêmes, c'est-à-dire en particulier de

---

(87) *Ibid.*, t. XIII, p. 141.

(88) *Ibid.*.

(89) *Ibid.*, p. 368. Alexis François a relevé dans le *Recueil des machines et inventions,* entre 1734 et 1754, de nombreux exemples de locutions faites à partir de noms généraux comme *machine* ou *moulin :* la machine à élever les eaux, la machine pour tailler les verres objectifs des lunettes, la machine à élever l'eau, la pompe pour éteindre les incendies, le moulin horizontal, le moulin à papier, le moulin à dégraisser et à friser les étoffes, la machine pour nettoyer les ports et à enlever du sable, la machine pour purifier l'eau, la machine à filer, la machine à raboter le fer (Brunot, *Histoire de la langue,* t. VI, I, p. 417). Plutôt que d'inventer les mots appropriés, les techniciens du XVIIIe siècle préfèrent composer ainsi des « expressions dénominatives » à partir d'un nom général et banal que l'on fait suivre d'une détermination, par exemple « le nom d'un (des) organes (de l'appareil), l'indication du mécanisme, de la force qui la fait mouvoir ». Ou bien encore on caractérise l'engin par sa destination. Quelquefois les divers systèmes de détermination sont si bien combinés que le nom de la machine est une véritable description, comme dans le cas de la « machine pour retenir la roue qui sert à élever le mouton pour battre les pilotis dans la construction des ponts » (*Ibid.*, pp. 419-420).

« déterminer sur la différence et sur la ressemblance des formes et des usages d'un instrument et d'un autre instrument, d'une manœuvre et d'une autre manœuvre, quand il faudrait leur laisser un même nom et leur donner des noms différents » (90).

« Je ne doute point, poursuit Diderot, que celui qui entreprendra cet ouvrage ne trouve moins de termes nouveaux à introduire que de synonymes à bannir ». La tâche de l'homme de lettres n'est donc pas simplement d'enregistrer des néologismes. C'est aussi un travail sélectif et normatif, dans lequel l'écrivain, attentif à ne perdre aucune des richesses de la langue, s'efforce en même temps de les accroître.

Les articles de la *Description des arts* représentent un extraordinaire travail de définition de verbes et de substantifs techniques, sans précédent dans l'histoire de la langue, si l'on excepte toutefois la tentative de Savary.

Comme Corneille et Fontenelle, Diderot n'omet pas de donner toutes les acceptions d'un même mot lorsqu'il est employé dans plusieurs langues techniques. Ainsi il donne, — ou il fait donner par ses collaborateurs, — la liste de tous les sens connus du mot *fer,* chez les ardoisiers, les forgerons, les cordiers, les doreurs, les éperonniers, les filassiers, les fontainiers, les gaîniers, les perruquiers, les plombiers, les relieurs; ou bien la liste de toutes les locutions contenant le mot *argent,* de l'argent de coupelle à l'argent en feuille en passant par l'argent en laine, l'argent trait, l'argent filé. Il s'attache aussi à donner le nom de tous les outils dont on se sert dans un métier donné. Ainsi l'article *Laiton* contient un bel échantillonnage des instruments utilisés par les fondeurs, la *mée,* qui sert à mélanger la calamine et le charbon de bois pulvérisé, l'*attrape,* qui est une pince coudée pour retirer les creusets, le *havet* qui est un crochet à tout faire, le *tiont,* qui sert à tirer les cendres et les crasses du creuset, le *polichinelle,* qui est une sorte de hoyau, etc.

A l'exemple de Savary, qu'il utilise souvent, Diderot préfère les définitions dynamiques aux définitions statiques. Mais il s'efforce de serrer la réalité de plus près, ainsi qu'on le constate en comparant le passage de l'article *Chandelle* de Savary que nous citions plus haut, et le passage correspondant de l'article *Chandelle* de l'*Encyclopédie* (91) :

« Lorsque (les) brochées (du chandelier) sont suffisamment essorées, il les *remet*; *remettre,* c'est donner la seconde façon qui s'appelle *remise*; à la remise les *chandelles* ne se plongent que deux fois : toutes les autres trempées ou couches suivantes se donnent à trois; mais il n'y a que les dernières qui aient des noms. Lorsqu'on les a multipliées au point que les *chandelles* ont presque la grosseur qu'on leur désire, et qu'il n'en reste plus que trois à donner, on dit de l'*antépénultième* qu'elle les *met prêtes*, de la *pénultième* qu'elle les *rachève*, et de la dernière qu'elle les *collette. Colleter,* c'est enfoncer la *chandelle* dans l'abysme (prisme triangulaire creux qui sert de moule) jusqu'à ce que le suif soit monté entre les deux portions de la boucle appelée *collet*, que la mèche forme à l'extrémité de la chandelle » (92).

---

(90) AT, t. XIII, p. 369. Cf. *supra,* note 65.
(91) L'article est marqué de l'astérisque.
(92) ENC, t. III, p. 125 b.

Le manuscrit autographe du premier état de l'article *Bas*, conservé dans le fonds Vandeul, montre très bien quelles étaient les limites d'un travail de définition conçu dans l'esprit de Corneille. Puisqu'il disposait de dessins de pièces et d'assemblages contenus dans le recueil de la Bibliothèque du roi, Diderot n'avait, semble-t-il, qu'à rassembler patiemment tous les mots correspondant aux chiffres portés sur les dessins, et à les assortir d'une courte explication. Mais sa nomenclature révèle, par d'assez nombreux blancs, le caractère aléatoire de l'entreprise (93). Quelquefois il ne trouve pas le mot convenable. Plus souvent encore il ne sait pas quelle en est la définition, ou il le définit de façon peu précise. Mais surtout la comparaison entre le manuscrit et le texte imprimé de l'article *Bas* fait apparaître la supériorité incontestable de la définition dynamique sur la définition statique. Dans sa nomenclature Diderot tombe à tout moment dans l'embarras que révèle par exemple cet extrait du manuscrit :

« Planche Premiere Du metier a bas (...) 21. L'arretant Voyez Planche. 3 fig. 27. L'arretant est un morceau de fer fendu qui est attaché à la surface interieure laterale du montant de devant et qui empeche par son eminence ou pointe AD Le crochet en fer de L'abbatant d'avancer trop en devant.

« il y a un arretant a La surface interieure laterale de l'autre montant a la meme hauteur que Son correspondant. on peut avancer ou reculer l'arretant

« 22. un petit coup. voy. planch. 3. fig. 28.

« Le petit coup est un morceau de fer placé au dessous de l'arretant et attaché au montant, a L'eminance du quel Le bout du crochet inferieur de L'abbatant S'arrete, quand on travaille ».

Mais dans le cours d'une description de la machine *en marche*, l'abattant et le petit coup se trouvent soudain allégés, et leur définition se fait comme d'elle-même à mesure que Diderot en montre le fonctionnement :

« (L'arrêtant est) un morceau de fer fendu d'une ouverture oblongue, qui lui permet d'avancer ou de reculer à discrétion sous la tête de la vis, qui le fixe au côté intérieur du *montant*, et terminé d'un bout par une pointe dont l'usage est d'arrêter le crochet inférieur de l'*abattant*, et de l'empêcher d'avancer trop en devant » (94).

Quant au petit coup, c'est

« une espèce de vis, dont la tête a une éminence à laquelle on porte le bout du crochet inférieur de l'*abattant* quand on travaille : cette éminence est coupée en plan incliné vers le fond du métier, et permet au crochet de s'échapper presque de lui-même (95).

Parfois au contraire le manuscrit donne une série de définitions dans le cours d'une description des pièces en mouvement, quand l'art consisterait à en donner, pour la clarté, deux descriptions successives, l'une

---

(93) Voir notre article sur *La documentation technique*, p. 347.
(94) ENC, t. II, p. 99 a.
(95) *Ibid.*.

statique, l'autre dynamique, comme Diderot le fait dans l'*Encyclopédie* (96).

D'autre part, un des soucis principaux de Diderot est de ne jamais prendre un mot pour un autre. Il lui arrive même de corriger d'autorité les auteurs auprès de qui il puise sa documentation, comme dans ce passage de Geoffroy qu'il cite dans l'article *Acier*, et où le mot de *paillettes* est employé improprement :

> « Il faut substituer dans cette description le mot de *lames* à celui de *paillettes*, parce que celui-ci se prend toujours en mauvaise part, et que tout *acier* pailleux est défectueux » (97).

En revanche, pourvu que le mot soit clair, nécessaire, et qu'il peigne bien la chose, Diderot ne recule devant aucune hardiesse et accueille libéralement tous les néologismes, avec une prédilection pour les plus colorés. On lit ainsi dans l'article *Gant :*

> « A l'aide de son pouce et de son ongle (le gantier) suit la coupe de cette portion de sa peau dans toute sa longueur. C'est ainsi qu'il la rend d'égale épaisseur, et plus maniable. C'est ce qu'on appelle *effleurer de la main* (...). Il roule toutes ses peaux et en fait un paquet rond, ce qu'il appelle les *mettre en pompe* (...). Si l'ouvrier est un maladroit, et que sa coupe soit mal entendue, il perd beaucoup, et les ouvriers disent alors que *les forces ont dîné avant le maître* » (98).

Le souci de rendre chaque technique assimilable par tous les techniciens a conduit Diderot à formuler, non sans quelque maladresse, une idée incontestablement neuve en son temps, et qui n'a pas encore porté tous ses fruits. Cette idée est née de la constatation d'un mal qui sévit jusqu'à la Révolution, la diversité des poids et mesures.

Chaque métier ayant pratiquement son propre système de mesure, variable encore selon les régions, il est bien difficile en effet, pour celui qui veut en décrire les outils, les machines, et même les opérations, de traduire ces mesures dans une langue accessible à tous, d'être à la fois

---

(96) Comparer MS : BN, n. a. fr. 24 932, planche 7, fig. 8 et ENC, t. II, p. 101a.

(97) Cité dans notre article sur *La documentation technique*, p. 337.

(98) ENC, t. VII, p. 474 b. Pour la précision de la langue, il faut remarquer que les articles de Diderot ne se distinguent guère de ceux de ses collaborateurs, soit qu'il les ait soumis rigoureusement à ses exigences en ce domaine, soit que le souci de la précision ait été naturellement partagé par tous les techniciens de l'équipe. La deuxième hypothèse est la plus vraisemblable. En ce cas le mérite de Diderot n'aurait été que de formuler explicitement dans ses articles théoriques l'opinion commune. Voici un passage de l'article *Verrerie*, qui est d'Allut le fils, et qui est tout à fait conforme aux principes énoncés par Diderot : « On confond souvent dans le langage ordinaire *attrempage* et *recuisson;* je ne crois cependant pas qu'*attremper* et *recuire* soient synonymes. Il me semble qu'*attremper* exprime l'opération de monter peu à peu avec ménagement la chaleur du four, et que *recuire* est chauffer quelque temps avec le dernier degré de feu, pour achever de faire prendre au four la retraite dont il est susceptible. Selon ma définition, la recuisson serait la suite de l'attrempage, l'attrempage à son plus haut degré, en un mot, la perfection et le point définitif de l'attrempage » (ENC, t. XVII, p. 124 b).

très précis et compréhensible. Tel est le problème posé par Diderot à propos de ce qu'il appelle les « corrélatifs » :

« Il serait (...) à souhaiter, écrit-il dans l'article *Art*, qu'un bon logicien, à qui les *arts* seraient familiers, entreprît des éléments de la *grammaire des arts*. Le premier pas qu'il aurait à faire, ce serait de fixer la valeur des corrélatifs, *grand, gros, moyen, mince, épais, faible, petit, léger, pesant*, etc. » (99).

De là Diderot en arrive à formuler la nécessité d'un système rationnel de poids et mesures, et mieux encore d'une *langue universelle* des arts, permettant la communication immédiate et sûre entre tous les techniciens, quelle que soit leur spécialité et leur résidence. Cette langue commune engloberait non seulement les poids et les mesures, mais jusqu'à la nomenclature des pièces et assemblages élémentaires dont sont composées toutes les machines, et des effets simples qui concourent aux opérations les plus complexes.

« Ne doit-on pas être convaincu de ce que j'avance, écrit-il, quand on considère que les machines composées ne sont que des combinaisons des machines simples; que les machines simples sont en petit nombre; et que, dans l'exposition d'une manœuvre quelconque, tous les mouvements sont réductibles, sans aucune erreur considérable, au mouvement rectiligne et au mouvement circulaire ? » (100)

Et Diderot va même jusqu'à imaginer la constitution de « tables auxquelles on inviterait les artistes à conformer leurs langues » (101).

Mais ce n'est pas tout d'exposer les techniques dans une langue précise et claire. Il faut encore leur trouver un style, et c'est à quoi nul n'avait songé encore, à en juger du moins par la plupart des descriptions, académiques ou non, publiées dans la première moitié du siècle.

Reconnaissons toutefois que certains académiciens avaient compris, avant Diderot, la nécessité d'éviter l'affectation et l'obscurité, deux défauts majeurs et souvent conjoints de la plus grande partie des ouvrages de technologie. Certains résumés de Fontenelle, dans *Histoire et Mémoires de l'Académie des sciences*, sont à cet égard des modèles dont Diderot a pu utilement s'inspirer (102).

---

(99) AT, t. XIII, p. 369.

(100) *Ibid.*, pp. 368-369.

(101) *Ibid.*, p. 369. Les tables auxquelles songe Diderot sont des *tables de mots*, et non de signes mathématiques. Il s'agit pour lui de créer une *langue* et non une mathématique des arts. Diderot conçoit bien que les techniques ne peuvent se passer des mathématiques, et en particulier de la géométrie. Toute technique suppose, comme il dit, des « éléments de mathématiques » (AT, t. XIII, p. 366, article *Art*). Il y a une géométrie des arts, qu'il appelle encore « géométrie expérimentale » ou « géométrie des boutiques » (*Ibid.*, pp. 366-367). Mais le langage mathématique, à lui seul, est impuissant à rendre compte de tous les aspects de la technique. Il y faut le discours, car « il n'y a pas un levier dans la nature dont toutes les conditions puissent entrer en calcul » (*Ibid.*). Le langage courant et le langage mathématique doivent donc concourir à l'exposé des arts, un peu comme la main et l'intelligence coopèrent à leur pratique.

(102) Voir dans notre article sur *La documentation technique*, p. 337, ce qui concerne l'article *Acier*. Diderot n'a pas utilisé directement les mémoires de Réaumur sur la fabrication de l'acier mais l'extrait qu'en avait fait Fontenelle pour *Histoire et Mémoires de l'Académie des sciences*. Cet extrait, fort bien écrit, résumait en 16 pages in-4° les 566 pages de Réaumur.

L'article *Encyclopédie* rassemble les idées les plus importantes de Diderot sur le style des dictionnaires en général et des exposés techniques en particulier. Et d'abord, que chaque art ait son style comme il a sa langue : « Chaque travailleur, chaque science, chaque art, chaque article, chaque sujet a sa langue et son style. Quel inconvénient y a-t-il à le lui conserver ? » (103) Pourtant il ne faut pas que chaque technicien se singularise au point de lasser les lecteurs non spécialisés. La diction doit rester pure, c'est-à-dire éviter la lourdeur, l'affectation, l'obscurité (104). La clarté est finalement le devoir principal, et tout doit lui être sacrifié. Le style idéal serait celui qu'on oublie, l'eau limpide à travers quoi l'objet se fait voir sans réfraction appréciable. On ne s'attendrait guère à rencontrer ici Pétrone, que Diderot cite pourtant fort à propos et « traduit » de génie : « *Grandis, et, ut ita dicam, pudica oratio neque maculosa est neque turgida, sed naturali pulchritudine exsurgit* (...). La description est la chose même » (105). Aussi bien, commente Diderot,

> « il faut se garantir singulièrement de l'obscurité, et se ressouvenir à chaque ligne, qu'un dictionnaire est fait pour tout le monde, et que la répétition des mots qui offenserait dans un ouvrage léger, devient un caractère de simplicité, qui ne déplaira jamais dans un grand ouvrage » (106).

C'est aussi la nécessité d'être clair qui détermine l'ordre à suivre dans l'exposition. Le « canevas » de recherche exposé dans le *Prospectus*, et que nous avons cité plus haut, n'est pas dans tous les cas le meilleur ordre d'exposition, même si les encyclopédistes l'ont fréquemment suivi (107). L'ordre dépend de la « matière » considérée. Diderot écrit à ce sujet dans l'article *Encyclopédie :*

> « J'exige seulement de la méthode, quelle qu'elle soit. Je ne voudrais pas qu'il y eût un seul article capital sans divisions et sans sous-divisions; c'est l'ordre qui soulage la mémoire. Mais il est difficile qu'un auteur prenne cette attention pour le lecteur, qu'elle ne tourne à son propre avantage. Ce n'est qu'en méditant profondément sa matière qu'on trouve une distribution générale. C'est presque toujours la dernière idée importante qu'on rencontre » (108).

---

(103) AT, t. XIV, p. 495.
(104) *Ibid.*, p. 496.
(105) *Ibid.*, p. 498.
(106) *Ibid.*.
(107) Voici comment ALLUT le fils résume le plan de son article sur la *Verrerie*, entre deux développements : « A présent que nous tenons toutes les connaissances primordiales, c'est-à-dire, que nous connaissons les matières nécessaires à la fabrication des glaces; que nous savons les préparer, et les rendre (...) propres à faire du beau verre; que nous savons faire des creusets, des fours, recuire les uns et les autres, et que nous venons d'apprendre à chauffer ces mêmes fours; c'est le lieu de considérer la suite des opérations, par laquelle on parvient à donner au verre la forme de glaces : et en raisonnant sur ces opérations, nous décrirons en même temps les outils propres à chacune d'elles » (ENC, t. XVII, p. 137 b).
(108) AT, t. XIV, p. 460.

La question de l'ordre de la présentation était particulièrement délicate à résoudre dans le cas des machines complexes. Diderot la pose en ces termes dans l'article *Encyclopédie :*

« En général, la description d'une machine peut être entamée par quelque partie que ce soit. Plus la machine sera grande et compliquée, plus il y aura de liaisons entre ses parties; moins on connaîtra ces liaisons, plus on aura de différents plans de description » (109).

En somme le plan de la description d'une machine s'impose nécessairement dès que son principe est connu. Dans certains cas, celui de la machine arithmétique par exemple, le meilleur ordre sera celui qui mettra en valeur la pièce maîtresse de la machine. Dans d'autres cas, le mieux sera de composer en quelque sorte la machine sous les yeux du lecteur. Le *Prospectus* explique dans tous ses détails cette méthode d'exposition, et il semble que Diderot en soit aussi fier que s'il l'avait lui-même inventée :

« Dans le cas où une machine mérite des détails par l'importance de son usage et par la multitude de ses parties, on a passé du simple au composé. On a commencé par assembler, dans une première figure, autant d'éléments qu'on en pouvait apercevoir sans confusion. Dans une seconde figure, on voit les mêmes éléments, avec quelques autres. C'est ainsi qu'on a formé successivement la machine la plus compliquée, sans aucun embarras ni pour l'esprit ni pour les yeux » (110).

Cette méthode, Diderot l'a suivie non seulement pour les figures, mais aussi pour le « discours » de l'article *Bas*. Mais elle était connue depuis longtemps, et le recueil de planches du métier à bas qu'il a utilisé pour son article était précisément conçu comme une suite d'assemblages de plus en plus complexes, à partir des pièces simples de la machine.

On peut encore concevoir d'autres méthodes, en fonction de l'effet à produire, et non plus de la structure de l'engin. Diderot écrit dans l'article *Art :*

« On emploie quelquefois une machine très composée pour produire un effet assez simple en apparence; et d'autres fois une machine très simple en effet suffit pour produire une action fort composée : dans le premier cas, l'effet à produire étant conçu facilement, et la connaissance qu'on en aura n'embarrassant point l'esprit et ne chargeant point la mémoire, on commencera par l'annoncer, et l'on passera ensuite à la description de la machine : dans le second cas, au contraire, il est plus à propos de descendre de la description de la machine à la connaissance de l'effet » (111).

Ainsi, dans le second cas, ne saurait-on concevoir ce qu'est la gaze sans avoir aucune notion de la machine qui sert à la fabriquer. L'article *Gaze*, qui est de Diderot, commence donc par la description du métier à ourdir la gaze, en insistant d'ailleurs sur la partie de ce métier qui le

(109) *Ibid.*, p. 451.
(110) AT, t. XIII, p. 142.
(111) *Ibid.*, p. 366.

distingue des métiers à tisser la toile ou le satin, et qui est la *lisse à perle*. En comparant le métier du gazier à ceux qui lui ressemblent, et en le distinguant des autres par sa partie essentielle, Diderot fait mieux concevoir ce qui en distingue l'effet, — en l'occurrence la gaze, — de la toile ou du satin de soie.

LES OBJECTIFS POLITIQUES ET L'AUDIENCE DE LA « DESCRIPTION DES ARTS »

Qu'il s'agisse du contenu de ses articles techniques, de leur plan, de leur langue ou de leur style, tous les problèmes que Diderot avait à résoudre étaient en fin de compte politiques, au sens le plus large du mot. Il est évident par exemple que le désir de rendre toutes les techniques assimilables par les savants, les artistes et les amateurs, correspondait chez Diderot au dessein *politique* de faire sauter les barrières traditionnelles entre les corps de métiers, et de faire de la production l'affaire commune de la partie la plus qualifiée et la plus active de la nation. Mais ce dessein se heurtait à bien des difficultés.

Il serait simpliste en effet d'imaginer le développement des forces productives en France, pendant la première moitié du XVIIIe siècle, comme une évolution harmonieuse. Les rapports de production étaient fort complexes, et il fallait un grand sens politique pour discerner ce qui, dans le présent, préparait l'avenir.

En écrivant la *Description des arts* Diderot cherchait avant tout à détruire les résistances qui, au sein du vieil ordre féodal, s'opposaient au développement des forces productives. La lutte qu'il mena contre le secret, et pour la publicité des inventions, notamment, n'est qu'une forme de la lutte qu'il mena plus généralement contre le système corporatif. A ce système, qui met des cloisons infranchissables entre les différents corps, et qui en même temps détermine un point de perfection que les produits ne sauraient franchir, Diderot veut voir se substituer la liberté de produire et de commercer. Dans l'article *Chef-d'œuvre*, par exemple, il ouvre indirectement le procès des corps de métiers. Les fils de maîtres sont dispensés de chef-d'œuvre; les ouvriers qui sont bien vus de la communauté, ou qui ont de l'argent, n'ont pas de peine à faire agréer le leur. On ne saurait mieux souligner à quel point ce système est corrompu et entrave tout progrès réel. L'article *Boucher* revendique la liberté plus ouvertement encore :

> « Les corps qui tiennent entre leurs mains les choses nécessaires à la subsistance du peuple sont très redoutables dans les temps de révolution, surtout si ces corps sont riches, nombreux et composés de familles alliées; (...) ils ne devraient point former de communauté, et il devrait être libre à tout particulier de vendre en étal de la viande et du pain » (112).

---

(112) *Ibid.*, p. 492.

En attaquant le système corporatif Diderot cherchait à atteindre tous les privilèges exclusifs de quelque nature qu'ils fussent. C'est ici que la *Description des arts* diffère sensiblement des ouvrages techniques qui l'ont précédée, et surtout de la *Description et perfection des arts et métiers* de l'Académie des sciences (113). Alors que la *Description et perfection* devait avant tout servir la politique gouvernementale, l'*Encyclopédie* est destinée à faire changer cette politique.

Diderot dans la *Description des arts* ne fait certes à aucun moment la critique ouverte ou même indirecte de la politique économique du gouvernement. En un certain sens, même, on peut s'étonner de le voir reprendre les thèses traditionnelles du mercantilisme comme dans l'article *Acier*. Et il ne semble pas que ce fût habileté de sa part. Ses maîtres en économie politique étaient alors Dutot et Melon, qui tous deux se réclamaient de Colbert (114). En réalité Diderot à ce moment-là se souciait assez peu des principes, en économie politique. Il souhaitait une conversion de la politique gouvernementale au libéralisme économique, sans se rendre compte qu'une telle conversion supposait le renversement des bases mêmes de l'Etat. C'est dans cet esprit qu'il a lutté pour l'abolition des règlements qui entravaient le développement de la production. Par exemple l'article *Soie* contient un appel au monarque, pour que l'autorité politique cesse de s'opposer, par des règlements périmés, à l'autorité des lois naturelles sur lesquelles sont fondés les arts. L'article *Velours* contient un passage qui va plus loin encore. Il critique en effet les « instigateurs du règlement de 1744 », et traduit la volonté des encyclopédistes d'en obtenir la suppression :

> « N'est-ce pas sacrifier la fabrique de Lyon à leur intérêt propre ou à leur aveuglement ? Le conseil n'a point été instruit de cette façon de fabriquer le *velours*; ce ne serait point un mal que le Dictionnaire encyclopédique fît corriger ce défaut » (115).

Or le règlement de 1744 contenait des dispositions qui favorisaient les maîtres marchands au détriment des maîtres ouvriers. En attaquant le règlement de 1744 Diderot reflétait sans doute la pensée de l'ouvrier qui l'avait documenté pour son article; mais il prenait en fait position, sur le fond, aux côtés des maîtres ouvriers contre les maîtres marchands, et demandait au gouvernement d'en faire autant. L'article *Laiton* revient plus explicitement sur cette question, en s'attaquant au principe même du privilège exclusif. Cette attaque prend tout son sens, lorsqu'on la rapproche des plaintes enregistrées par le Bureau du

---

(113) M. TORLAIS, qui apparemment n'aimait pas DIDEROT et qui lui préférait RÉAUMUR, a fort bien vu cette différence : « Derrière (le) souci de prétendues études scientifiques, les encyclopédistes, DIDEROT en tête, ont caché leur désir de changer l'esprit général de la France (...). Il est bien difficile d'allier science et politique » (*Réaumur*, p. 250).

(114) MELON, *Essai politique*, et DUTOT, *Réflexions politiques*. Ces deux ouvrages étaient dans la bibliothèque de DIDEROT en 1751 (voir notre article sur *La bibliothèque de Diderot*, p. 262).

(115) ENC, t. XVI, p. 904 b.

commerce pendant toute la première moitié du siècle (116). Diderot reproche au privilège d'être une entrave au progrès de la production, puisqu'il suppose la conservation exclusive d'un secret de fabrication. Il lui reproche aussi

> « de ruiner ceux qui s'occupaient, avant l'invention, du même genre de travail, qu'ils sont forcés de quitter; parce que leurs frais sont les mêmes, et que l'ouvrage baisse nécessairement de prix » (117).

Le rôle essentiel joué par l'Etat n'est pas ici critiqué dans son principe. A ce stade de l'évolution économique, aucun particulier ne pouvait sans risque investir son capital dans une entreprise. C'eût été lutter à contre-courant qu'exiger la suppression du privilège; aussi n'est-ce pas le privilège que Diderot attaque, c'est l'exclusivité, le monopole. Se faisant l'écho de la grande majorité des producteurs moyens et petits, il demande en réalité l'extension du privilège à tous :

> « Il faut que le gouvernement acquière à ses dépens toutes les machines nouvelles et d'une utilité reconnue, et qu'il les rende publiques; et s'il arrive qu'il ne puisse pas faire cette dépense c'est qu'il y a eu et qu'il y a encore quelque vice dans l'administration, un défaut d'économie qu'il faut corriger » (118).

L'utopie était de croire qu'il n'y avait là qu'un vice d'administration.

Il faut remarquer cependant que la préparation et la publication de la *Description des arts* coïncide, dans le temps, avec un renouvellement partiel du personnel gouvernemental qui a pu faire naître de légitimes espérances. Le développement de plus en plus rapide des forces productives, surtout après 1730, avait déjà imposé au gouvernement diverses réformes administratives. Toutes tendaient à assurer un meilleur contrôle de la production, mais par leur nature même elles en encouragèrent les progrès. C'est ainsi qu'en 1730 furent créés deux postes d'inspecteurs généraux des manufactures. En 1744 la présidence du Bureau du commerce et la direction des affaires commerciales furent séparées. La même année le contrôle des grandes industries fut confié à des intendants

---

(116) *Conseil de commerce,* 10 décembre 1750 (maîtres bonnetiers au tricot de Troyes), 23 juillet 1744 (fabricants de Metz), 29 novembre 1747 (fabricants de Tours contre le privilège accordé à un marchand), etc..

(117) ENC, t. IX, p. 222 a, article *Laiton*, marqué de l'astérisque.

(118) *Ibid.*, t. IX, p. 222 a. Dans la longue digression qui coupe l'adaptation de BRUCKER dans le cours de l'article *Eclectisme*, DIDEROT insiste sur la protection que le gouvernement doit accorder aux arts utiles, en payant les inventions de génie (AT, t. XIV, p. 348). Il suggère même que le gouvernement encourage la fondation d'une académie des arts mécaniques, et y consacre quelque cinquante mille francs par an. « En vingt ans de temps, écrit-il, il en sortirait cinquante volumes in-4°, où l'on trouverait à peine cinquante lignes inutiles; les inventions dont nous sommes en possession se perfectionneraient, la communication des lumières en ferait nécessairement naître de nouvelles, et recouvrer d'anciennes qui se sont perdues; et l'Etat présenterait à quarante malheureux citoyens qui se sont épuisés de travail, et à qui il reste à peine du pain pour eux et pour leurs enfants, une ressource honorable, et le moyen de continuer à la société des services plus grands peut-être encore que ceux qu'ils lui ont rendus, en consignant dans des Mémoires les observations précieuses qu'ils ont faites pendant un grand nombre d'années » (AT, t. XIV, pp. 350-351).

particuliers. En 1746 deux autres inspecteurs généraux furent nommés. Les procès-verbaux du Bureau du commerce montrent que dans le même temps les privilèges accordés aux manufactures se multiplièrent. Ils étaient toujours « exclusifs », mais leur nombre atténuait beaucoup les inconvénients de l'exclusivité. A mesure que le nombre des producteurs s'accroissait, les règlements étaient moins observés, comme Diderot le note à la fin de l'article *Chapeau*. Lorsque Trudaine prit en 1749 la direction des affaires de commerce, on put croire que les vices d'administration allaient disparaître (119). En 1751 Gournay devint intendant du commerce. En 1759 Trudaine de Montigny devint l'adjoint de son père. Bien que leur action fût sans cesse contrecarrée par les Machault, Silhouette, Laverdy, Terray, ces trois hommes donnèrent à la politique économique une orientation libérale, qui le devint plus nettement encore quand Bertin d'Antilly fut Contrôleur général, de 1759 à 1763.

Il n'y a pas seulement coïncidence chronologique entre la *Description des arts* et ce renouvellement du personnel gouvernemental. Il y a aussi, jusqu'à un certain point, communauté de pensée, et en tout cas communauté d'objectifs entre les encyclopédistes et ces hommes nouveaux. Les liens d'amitié qui unirent Trudaine de Montigny et Diderot ne s'expliquent pas seulement par l'intérêt qu'ils portèrent tous deux à la traduction de *Miss Sara Sampson*. On sait aussi que Bertin d'Antilly a rendu de grands services à Diderot (120). Le fait, en apparence si étrange, que l'*Encyclopédie* a pu continuer à paraître malgré les attaques dont elle fut l'objet, le fait qu'après 1759 Diderot a pu, sans être inquiété, continuer à préparer ses derniers volumes et surtout ses planches, le fait même que l'enquête de l'Académie des sciences, au début de 1760, se termina par un non-lieu, tout cela s'expliquait déjà fort bien par les nécessités contradictoires auxquelles devait faire face Malesherbes; cela s'explique mieux encore si l'on songe que la *Description des arts* correspondait aux vues nouvelles que Trudaine, Trudaine de Montigny, Gournay, Bertin d'Antilly essayaient au même moment d'appliquer dans les faits. Du reste, nous avons vu ailleurs qu'un certain nombre de collaborateurs de Diderot pour la partie technique de l'*Encyclopédie* avaient des fonctions de responsabilité dans l'appareil d'Etat chargé de l'administration des affaires économiques.

Mais ce n'est pas l'action limitée de ces fonctionnaires, si compétents fussent-ils, ni la propagande encyclopédique, qui pouvaient améliorer les « vices » du système féodal. Elles pouvaient seulement accélérer le développement des forces productives, et par là rendre ultérieurement

---

(119) Sur les changements intervenus dans l'administration des affaires de commerce entre 1730 et 1760, voir l'*Introduction* au *Conseil de commerce*. Sur le rôle joué par les inspecteurs des manufactures, voir F. Bacquié, *Les inspecteurs des manufactures*.

(120) Sur Bertin d'Antilly, voir Diderot, *Le neveu de Rameau*, éd. par J. Fabre. Sur les liens entre Trudaine de Montigny et Diderot, voir SV, t. I, p. 111 (17 septembre 1760), t. II, p. 130 (23 février 1766), p. 224 (2 septembre 1769), p. 229 (22 septembre 1769).

possible un changement complet des structures. En ce sens le rôle de la *Description des arts* a été très important dans les années 1750-1760.

Nous avons déjà vu à quelles catégories sociales s'adressait l'*Encyclopédie,* et dans quels milieux s'étaient surtout recrutés ses collaborateurs et ses souscripteurs. Mais le rayonnement réel de la *Description des arts* ne se mesure pas au nombre de souscripteurs du dictionnaire. Il faut aussi compter avec l'action que les collaborateurs de Diderot ont pu mener, chacun à sa place. Leur ardeur dut être d'autant plus grande qu'ils avaient conscience de ne plus travailler isolément. Et l'enthousiasme de Diderot était communicatif.

On voit alors, en quelques années, se multiplier les recherches et les mémoires sur les arts (121). De nouveaux périodiques apparaissent, comme le *Journal économique,* dès janvier 1751, les *Observations sur l'histoire naturelle,* à partir de 1752 (122), le *Journal de commerce* à partir de 1759. Tous définissent leur objectif dans l'esprit même de l'*Encyclopédie :* mettre à la portée du plus grand nombre les secrets de fabrication et les nouvelles découvertes, encourager la fondation de nouvelles manufactures, confronter librement les inventions et les opinions. L'Académie des sciences se décide enfin, à partir de 1761, à publier des *Descriptions des arts et métiers.* Parmi les auteurs de ces descriptions figurent quelques-uns des plus éminents collaborateurs de Diderot, comme Bouchu, Lucotte, Perronet (123), et certains des auteurs dont la *Description des arts* avait analysé les travaux, comme Duhamel.

Au gouvernement même, l'action réformatrice de Trudaine de Montigny, de Gournay, de Bertin d'Antilly, continue à porter ses fruits : le Bureau du commerce est réorganisé en 1762, le nombre des députés du commerce est augmenté en 1761, les règlements sont pratiquement oubliés, les écoles techniques se multiplient, comme l'Ecole des mines et le Génie maritime. L'arrêt du 7 novembre 1762, complétant celui du 25 mars 1754, libère totalement l'industrie dans les campagnes, et permet la multiplication de petits producteurs indépendants.

L'influence de l'*Encyclopédie* s'est ensuite prolongée bien après 1770, au moins jusqu'au moment où parurent de nouvelles publications encyclopédiques, d'un niveau technique supérieur. Les *Descriptions des arts et métiers* de l'Académie des sciences furent de ce nombre, ainsi que les *Suppléments* que Panckoucke ajouta à l'*Encyclopédie* à partir de 1776 avant de publier l'*Encyclopédie méthodique.*

Il faut croire pourtant qu'en 1776 la *Description des arts* de Diderot reste un modèle du genre puisque les éditeurs du *Dictionnaire de l'industrie* qui paraît cette année-là s'en inspirent constamment, sans

---

(121) Germain-Martin, *La grande industrie,* p. 175, n. 4.

(122) L'auteur en était Gautier, de l'Académie des sciences et belles-lettres de Dijon. Toussaint, qui fut encyclopédiste, dirigea la publication à partir de 1756, et le titre fut légèrement modifié à ce moment-là.

(123) A. H. Cole et G. B. Watts, *The handicrafts of France,* p. 18.

l'avouer, bien entendu (124). Une preuve de l'importance qu'a eue pour les contemporains la partie technique de l'*Encyclopédie* nous est encore donnée par les trois éditions successives du *Dictionnaire portatif des arts et métiers*, de Philippe Macquer et l'abbé Jaubert. Si l'on ne peut dire, comme l'a fait Grimm, que le *Dictionnaire portatif* a été pillé dans l'*Encyclopédie* (125), il est évident que le dessein et la méthode de Diderot ont été des modèles pour ses deux auteurs successifs, et surtout pour l'abbé Jaubert (126). Le Savary lui-même, qui fut souvent le modèle de Diderot, devait partiellement être refondu après la publication de l'*Encyclopédie* (127).

On ne se ferait pas une idée exacte de l'importance historique qu'a eue la *Description des arts*, si l'on ne cherchait dans la presse du temps, et dans les ouvrages spécialisés, les critiques ou les approbations qu'elle a pu rencontrer.

On est d'abord étonné, en parcourant la presse, de la part très minime que les journaux consacrent à la *Description des arts*, dans les comptes rendus qu'ils donnent des volumes de l'*Encyclopédie*, au fur et à mesure de leur publication. Du moins cette part paraît-elle minime, si on la compare à la place qu'occupent dans les mêmes journaux les polémiques souvent passionnées que firent naître les articles de philosophie ou de politique.

Cette discrétion relative s'explique évidemment par l'incompétence des journalistes, et plus encore peut-être par l'incompétence du public des journaux. Tout honnête homme pouvait s'intéresser aux discussions suscitées par l'article *Autorité politique*, mais bien peu eussent pu lire un extrait de l'article *Bas au métier*. Il faut bien reconnaître que mis à part le *Journal des savants*, les journaux qui ont rendu compte des articles de l'*Encyclopédie* l'ont fait sans prêter attention à leur contenu réel, et uniquement en fonction de leur position vis-à-vis du dictionnaire. Ainsi Elie Luzac, dans la *Bibliothèque impartiale*, profite de la polémique entre Diderot et le Père Berthier au sujet de l'article *Art* pour saluer le projet d'un *Traité général des arts mécaniques*. Ce projet, dit-il, « ne peut avoir été conçu que dans un génie riche et puissant » (128). Et il ajoute à propos de l'article *Art* : « Il y a beaucoup de neuf dans tout cela, et rien qui ne soit d'une très grande force ». Pourtant on chercherait en vain dans les numéros suivants de la *Bibliothèque impartiale* une allusion quelconque à la *Description des arts*. Les *Cinq années littéraires*, de Clément, ne contiennent rien sur cette *Description* avant la sortie du troisième tome de l'*Encyclopédie*. L'article *Art* y avait bien éveillé un écho, en 1751, mais Clément s'était contenté d'en juger la

---

(124) Voir J. DAUTRY, *Une œuvre inspirée de l' « Encyclopédie »*.
(125) CORR LIT, t. VII, p. 60 (15 juin 1766). Le *Dictionnaire portatif* est aussi l'objet d'un compte rendu dans l'*Année littéraire*, 1766, III, p. 20.
(126) Voir notre article *Deux encyclopédistes*.
(127) Voir le *Journal encyclopédique*, 1757, VI, 2e partie (1er septembre), p. 139.
(128) *Bibliothèque impartiale*, janvier-juin 1751, p. 306.

forme : « un ton un peu trop haut, un style tendu qui nous laisse trop voir le travail des muscles » (129). L'écho de 1753 est plus décevant encore : « J'entends louer universellement (les articles) de la grammaire, de l'histoire naturelle, des arts et métiers, qui sont immenses, de l'astronomie, de la partie scientifique » (130). On ne sait en vérité si cet adjectif « immense » doit être pris en bonne ou en mauvaise part. Clément ne s'en explique pas.

On s'attendait à trouver moins de réserve dans le *Journal encyclopédique*, si favorable à l'*Encyclopédie*. En effet Pierre Rousseau parle plus de la *Description des arts* que Clément ou Elie Luzac, mais par comparaison avec le nombre et la longueur des extraits qu'il donne d'articles philosophiques ou politiques, ce qu'il dit des arts paraît peu de chose. C'est du reste à propos de l'*Interprétation de la nature* et des passages dans lesquels Diderot demande aux grands de faire bon usage de leurs richesses que Pierre Rousseau évoque pour la première fois le projet de *Description des arts*.

> « De qui pourrait-on attendre cette invitation, écrit-il, si ce n'est d'un philosophe zélé, qui a suivi tous les ateliers, et après une attention réfléchie a saisi dans les opérations, jusque dans l'âme des artistes, des secrets qu'ils ignoraient eux-mêmes, et dont il enrichit le dictionnaire encyclopédique, ou pour mieux dire, l'univers ? » (131)

Mais il faut la dénonciation de Patte dans l'*Année littéraire* et le lancement des *Descriptions des arts et métiers* de l'Académie des sciences pour qu'on trouve sous la plume de Pierre Rousseau d'autres allusions à la partie technique de l'*Encyclopédie*. Il en parle d'abord pour disculper les encyclopédistes de l'accusation de plagiat et de vol. Comme on ne peut passer sous silence le fait qu'un préjudice a été causé à l'Académie, Rousseau cite l'avertissement du premier volume des *Descriptions*, qui parle de planches et de mémoires « égarés » (132), et lorsque le premier volume des *Planches* de l'*Encyclopédie* paraît, il traite de calomnies les dires de ceux qui ont prétendu qu'elles étaient copiées. Mais visiblement Rousseau ne connaît pas le dossier, et c'est de parti pris qu'il défend Diderot contre Fréron.

Un fait étonne, cependant, c'est que le *Journal encyclopédique* contient des extraits des *Descriptions* de l'Académie des sciences, alors qu'il n'en contient aucun des articles techniques de Diderot. On y trouve par exemple une analyse de l'*Art du charbonnier*, de Duhamel (133), et une analyse du traité de la *Fabrique des ancres* de Réaumur et Duhamel (134). Ce n'est donc pas par incompétence que Rousseau ne cite jamais la *Description des arts*, et il faut penser que

---

(129) *Cinq années littéraires*, III, 1er février 1751, p. 45.
(130) *Ibid.*, IV, 31 décembre 1753, p. 282.
(131) *Journal encyclopédique*, année 1756, I, 2e partie, pp. 12-13.
(132) *Ibid.*, année 1761, I, 3e partie, p. 59.
(133) *Ibid.*, II, 1re partie, pp. 55-61.
(134) *Ibid.*, I, 3e partie, pp. 60-75.

son silence cache quelque embarras. L'attitude de Pierre Rousseau ne serait pas différente s'il faisait de sérieuses réserves sur la valeur propre des articles techniques de l'*Encyclopédie*, et ne voulait pas en faire part au public pour ne pas desservir une cause par ailleurs digne d'être défendue. Il faut en tout cas attendre octobre 1764 pour trouver un éloge circonstancié des *Planches* de l'*Encyclopédie :* Rousseau les énumère, loue l'exactitude avec laquelle elles sont exécutées, et trouve très instructives et remarquablement détaillées les explications qui les accompagnent (135). Mais précisément nous avons vu ailleurs qu'il y a une très grande différence entre la *Description des arts* telle que Diderot l'avait conçue et commencée autour de 1750, et telle qu'elle fut achevée après 1759.

Du côté des adversaires de l'*Encyclopédie*, le silence des journaux doit évidemment être interprété d'une tout autre façon. Chez le janséniste Chaumeix, en particulier, ce silence est délibéré. Il n'est pas seulement l'expression du parti qu'il a pris contre l'*Encyclopédie* en général. Il est aussi l'expression d'une condamnation portée contre le caractère mondain de la civilisation moderne; il implique le refus des arts et des sciences. Chaumeix dit ce refus sans ambiguïté dans la préface du premier tome des *Préjugés légitimes*.

« Je ne me suis pas mis en peine, écrit-il, de m'informer si M. Diderot avait fait une description exacte du *métier à faire des bas*, et des différentes manières de *tailler une chemise* : mais je me suis arrêté à considérer quelle idée l'*Encyclopédie* me donnait de l'homme, de sa nature, de sa fin, de ses devoirs et de son bonheur.

« Je me suis proposé d'examiner, avec attention, quel respect les encyclopédistes avaient pour Jésus-Christ, pour l'Ecriture sainte, pour la Religion; et j'ai négligé de les suivre dans le détail qu'ils nous font des différentes espèces de *cheveux*, et de la manière de les friser, etc., etc., etc. » (136).

On pouvait, il est vrai, aller plus loin encore, faire apparaître avec Linguet la vanité de tout ce qui traite « des ressources de la mécanique », demander avec lui ce « qu'a gagné l'humanité à la suppression des moulins à bras », et conclure qu' « il n'est jamais utile d'éclairer les hommes » (137). L'abbé Saas, auteur des *Lettres sur l'Encyclopédie* traduit le même mépris en latin : « *Quis leget haec ?* » (138). Chaumeix ne va pas, n'ose pas aller jusque-là. Les vues élevées de l'esprit janséniste s'accommodent cependant de quelques concessions à la « mondanité », et dans son *Censeur hebdomadaire* Chaumeix ne dédaigne pas d'user de la médisance et même de la calomnie, comme ses confrères du parti jésuite. Ainsi, dès sa première livraison, le *Censeur hebdoma-*

---

(135) *Ibid.*, année 1764, t. VII, 2e partie, pp. 134-137.
(136) A.-J. CHAUMEIX, *Préjugés légitimes*, t. I, p. XXVII.
(137) *Le fanatisme des Philosophes*, pp. 38-39.
(138) *Lettres sur l' « Encyclopédie »*, p. 75.

daire insinue que la valeur technique de la *Description des arts* est nulle :

« Nous pourrions mettre en fait qu'il n'y a peut-être pas dans toute l'*Encyclopédie* un seul article sur lequel nous ne pussions égayer nos lecteurs aux dépens des auteurs de ce dictionnaire.

« Ceux d'entre les artisans qui savent lire, prétendent que *nos Philosophes* se sont grossièrement trompés sur plusieurs articles » (139).

Un peu plus tard la question du plagiat des planches fournit au *Censeur hebdomadaire* un bon prétexte pour appeler à la délation contre les encyclopédistes. En effet, après avoir présenté les *Descriptions* de l'Académie des sciences et rappelé les détournements de planches et de mémoires, Chaumeix avise ses lecteurs que les épreuves des planches soustraites à l'Académie sont exposées chez Desaint et Saillant et les prie d'informer ces deux libraires, ou directement l'Académie, s'ils ont retrouvé ces planches, « quelque part qu'elles puissent être » (140).

Ce sont là piqûres d'épingle, à côté de la campagne de presse menée par l'*Année littéraire* après la lettre de dénonciation de Patte (141). Mais les articles de Patte et de Fréron se distinguent radicalement de tous ceux que nous venons de voir, puiqu'ils se fondent sur une authentique documentation technique. C'est d'ailleurs pour cela qu'ils ont paru si redoutables aux encyclopédistes. Si Fréron n'avait pas été aveuglé par la passion, il avait à sa disposition les moyens de faire une critique sérieuse de la partie technique de l'*Encyclopédie*. Malheureusement cette critique ne se trouve pas dans l'*Année littéraire*.

Seuls peut-être de toute la presse d'opinion les *Mémoires de Trévoux* pouvaient analyser et juger à sa vraie valeur la *Description des arts*. Le Père Berthier lut d'abord avec sympathie les articles techniques de Diderot, et l'on trouve sous sa plume des éloges motivés de l'article *Acier* et de l'article *Agriculture*, par exemple (142). Mais il s'aperçut assez vite du principal défaut de cette *Description des arts*, au moins dans son premier état. L'enquête directe y avait une part minime, et beaucoup d'articles étaient de seconde main. La jalousie aidant, le Père Berthier en vient à ne plus parler de la *Description des arts* que pour montrer les emprunts dont elle est faite, surtout quand le « prêteur » est le *Dictionnaire de Trévoux* (143). Il doit pourtant reconnaître que juger

---

(139) *Censeur hebdomadaire*, année 1760, I, pp. 5-6.

(140) *Ibid.*, IV, p. 259.

(141) Cette dénonciation et la série d'articles qu'elle a entraînés ont été étudiées dans notre article sur *La documentation technique*, pp. 341-346.

(142) *Mémoires de Trévoux*, 1751, octobre, pp. 2287-2288.

(143) *Ibid.*, 1752, janvier, pp. 169-170 : *Aes ustum*, — marqué de l'astérisque, — est tiré de la *Chimie médicinale* de Malouin, t. II, pp. 29-30; le début de l'article *Affinage des métaux* et l'article *Alun*, — ils sont tous les deux marqués de l'astérisque, — sont tirés du même ouvrage; *Ibid.*, 1752, février, pp. 315-316; l'article *Ancres* est aussi fait de seconde main.

la *Description des arts* sur les emprunts qu'elle fait serait de mauvaise foi :

« On trouve dans ce dictionnaire beaucoup de choses neuves et recherchées, concernant les arts et métiers; c'est peut-être la partie où il nous paraît se distinguer le plus et le mieux des autres dictionnaires, quoique celui du commerce, par Savary, ne laisse pas de présenter aussi quelques articles dans le même genre (...) qui sont répétés presque mot pour mot dans l'*Encyclopédie*. Mais il faut avouer que c'est peu de chose en comparaison des notices nombreuses que celle-ci donne sur les arts mécaniques » (144).

Un tel éloge avait bien son prix, sous la plume d'un des adversaires les plus déterminés de la philosophie encyclopédique.

Le *Journal des savants* est, à notre connaissance, le seul périodique scientifique à avoir rendu compte d'articles techniques de l'*Encyclopédie*. On sent percer pourtant, dès le premier article, quelque mépris du journaliste pour une description qui n'est, comme nous dirions aujourd'hui, qu'un ouvrage de vulgarisation :

« Le but des deux éditeurs, celui des savants et des artistes qui ont travaillé à ce dictionnaire, a été de traiter des sciences et des arts, comme s'ils n'avaient supposé dans leurs lecteurs aucune connaissance préliminaire » (145).

Et l'on pourrait voir quelque affectation dans le choix de l'article *Corderie*, fait dans l'ordinaire de la deuxième livraison de juin 1755, car c'est une « analyse très bien faite du traité de la corderie de M. Duhamel » (146).

Dans l'ensemble pourtant les articles du *Journal* sont élogieux. La même livraison de juin 1755 recommande en particulier la lecture des articles *Dentelle, Damas, Corroyeur,* tous trois de Diderot (147). La livraison d'août 1754 signalait déjà *Chamoiseur* et *Chapeau* (148), le premier parce qu'il contient « les plus exactes descriptions », le second parce que « la méthode qu'on (y) a suivie est fort belle ». Mais le compte rendu le plus favorable est sans aucun doute celui qui concerne l'article sur le métier à bas, dont Diderot était si fier. Le journaliste remarque à son sujet que la machine n'a jamais été décrite auparavant, et que, d'autre part, la méthode suivie dans l'exposition la rend tout à fait claire. Il ajoute même : « Nous pouvons assurer que (la description) est telle qu'un ouvrier intelligent retrouverait, avec son seul secours, la machine et la manière de s'en servir, s'il arrivait qu'elles se perdissent ».

---

(144) *Ibid.*, p. 321.

(145) *Journal des savants*, 1751, septembre, p. 625 b.

(146) *Ibid.*, 1755, juin, n° 2, p. 391 a.

(147) Pour *Dentelle*, voir plus haut, note 57. *Damas* est marqué de l'astérisque. L'article *Corroyeur* lui-même est anonyme, mais *Corroyer* est marqué de l'astérisque. Les trois articles sont loués dans le *Journal*, 1755, juin, n° 2, p. 398 b.

(148) *Journal des savants*, 1754, août, p. 556 a et p. 558 a. Les deux articles sont marqués de l'astérisque.

L'article se termine par un jugement d'ensemble sur la *Description des arts :* « Le recueil est d'autant plus estimable qu'il ne s'en trouve presque aucun vestige dans quelque autre ouvrage que ce soit » (149).

Il faut bien constater pourtant qu'après 1755 le *Journal des savants* ne parle plus guère de la partie technique de l'*Encyclopédie.* Ce n'est pas le résultat d'une désaffection subite pour les arts, puisque, à partir de juillet 1761, les *Descriptions* de l'Académie des sciences font l'objet d'analyses détaillées, au fur et à mesure de leur publication. Peut-être le *Journal des savants* a-t-il, comme le *Journal encyclopédique,* préféré le silence à une critique de détail qui risquait de faire tort à la cause du dictionnaire dans son ensemble. Peut-être aussi, et cette deuxième interprétation est la plus vraisemblable, ne convenait-il pas à un journal important et « officiel », comme le *Journal des savants,* de faire trop de bruit autour d'un ouvrage aussi controversé que l'*Encyclopédie.* Le journaliste n'avait pas manqué dans son premier compte rendu de remarquer le « laconisme affecté » du *Discours préliminaire* sur ce « qui (regardait) la Religion » et avait même trouvé que l'ouvrage contenait « des choses dangereuses » (150).

Dans l'ensemble le jugement de la presse du XVIIIe siècle sur la *Description des arts* a donc été assez réservé. Même dans les journaux les plus favorables à la cause encyclopédique, on loue toujours le dessein général de l'ouvrage, la méthode suivie pour la composition de chacun des articles, la clarté de l'exposition. Mais rares sont les articles qui sont cités pour leur valeur proprement technique, et plus rares encore sont ceux qui justifient un extrait analytique.

Diderot connaissait du reste fort bien les mérites et les limites de son ouvrage, et nous avons lu dans les papiers du dossier Luneau de Boisjermain la critique qu'il faisait, en particulier, de la *Description des arts.* Cette critique fut exprimée, nous dit Luneau, à l'intention des libraires qui voulaient rééditer l'*Encyclopédie.* Panckoucke en fit en effet son profit, et c'est dans l'*Encyclopédie méthodique* que nous trouvons finalement la meilleure critique de la *Description des arts.*

Dans la préface qu'il a placée en tête du premier des trois volumes des *Manufactures, arts et métiers,* paru en 1785, Roland de la Platière compare d'abord la *Description des arts* de l'*Encyclopédie* et celle de l'Académie des sciences.

> « Il y a (...), dit-il, cette différence essentielle de la collection générale des arts à l'*Encyclopédie,* que la première est une suite de traités complets dont chacun doit non seulement conduire l'ouvrier par la main, mais faire un ouvrier de chaque homme; tandis que l'*Encyclopédie* n'est qu'un tableau à grandes masses et à larges touches des objets, des liaisons particulières et des rapports communs qu'ils ont entre eux » (151).

---

(149) *Ibid.,* 1754, février, p. 89 a.
(150) *Ibid.,* 1751, septembre, p. 626 b et p. 625 b.
(151) Roland, *Manufactures,* t. I, p. III.

Plus loin, dans la même préface, il dit clairement ce que maint journaliste avait pensé sans le dire :

« L'*Encyclopédie*, colosse sans proportion, compilation indigeste, où les arts mécaniques sont traités avec une inexpérience dont aucun ouvrage ne donne l'idée; l'*Encyclopédie* m'a occasionné un travail prodigieux, toujours sec, aride, dégoûtant, et toujours sans fruit » (152).

Dans les descriptions que contient la suite des trois volumes, on se demande si le silence que les auteurs observent le plus souvent, sur l'article de l'*Encyclopédie* correspondant au leur, n'est pas plus cruel que les réflexions qu'ils font de temps à autre. Ainsi l'art du *Chamoiseur* est jugé maigre, sec, peu exact, parfois obscur, et il confond la chamoiserie et la mégisserie (153). L'art du chapelier, décrit par l'abbé Nollet pour l'Académie des sciences, est bien supérieur à l'article *Chapeau* de l'*Encyclopédie* (154). Mais le jugement le plus dur est sans aucun doute celui qui vise l'article *Bas :*

« Nous n'avons que des exclamations d'enthousiaste, sur le merveilleux de son invention, et des dissertations obscures sur son usage.

« Quiconque examinera sans y rien comprendre, comme il arrive à tous les curieux et aux ouvriers même qui s'en occupent, ce qui est dit dans l'*Encyclopédie* de la construction et de l'usage du métier à *bas*, sentira que son défaut d'intelligence ne provient que de l'ignorance de l'usage des aiguilles ordinaires » (155).

Est-ce à dire qu'aux yeux de Roland et de ses collaborateurs la valeur de la *Description des arts* est nulle, absolument ? S'ils l'avaient pensé, en eussent-ils repris le dessein et la méthode ? La *Description* de Diderot n'aurait-elle eu pour rôle que de hâter la publication des *Descriptions* de l'Académie des sciences, et de susciter l'entreprise de Roland, que son importance historique serait encore considérable. Au demeurant, même sur le plan strictement technique, la dette de Roland à l'égard de Diderot est plus grande qu'il ne l'a dit, et il arrive qu'un article de l'*Encyclopédie méthodique* reproduise en partie un article de la *Description des arts* de l'*Encyclopédie* (156).

---

(152) *Ibid.*, p. XXIV.
(153) *Ibid.*, t. III, p. 17, n. 1.
(154) *Ibid.*, t. I, p. 150.
(155) *Ibid.*, p. 21.
(156) Par exemple une bonne partie de l'article *Soie* reproduit des morceaux entiers de l'article correspondant de DIDEROT, entre guillemets, et avec l'indication de la source (ROLAND, *Manufactures*, t. II, pp. 2 et suivantes).

CHAPITRE VII

L'HISTOIRE DE LA PHILOSOPHIE DE PIERRE BAYLE A JACOB BRUCKER.

DIDEROT, HISTORIEN DE LA PHILOSOPHIE, AVANT L'*ENCYCLOPEDIE*

On ne sait quand a pris corps l'idée de donner à l'*Encyclopédie* l'équivalent de l'*Historia critica philosophiae* de Jacob Brucker. Nous avons vu que Diderot avait été amené en somme par accident à suppléer dans leur tâche d'historiens de la philosophie les abbés qui s'en étaient d'abord chargés. Il était pourtant dans la logique de son œuvre antérieure qu'il en vînt là. L'*Histoire de la philosophie* n'est en effet à bien des égards que la suite de la *Promenade du sceptique*, dont la rédaction est contemporaine des premiers travaux encyclopédiques de Diderot. Les deux ouvrages sont bien différents dans la forme, mais ils se ressemblent au fond. L'*Histoire de la philosophie* est une promenade dans le monde vrai de la philosophie, alors que *les Allées* conduisent le lecteur au musée imaginaire des Idées philosophiques. Mais l'histoire, comme le roman, est surtout un support commode pour les idées personnelles du Philosophe.

L'affabulation de la *Promenade du sceptique* est maladroite et pesante. Et surtout la connaissance des systèmes philosophiques y est pauvre, schématique. La revue qui en est faite ne constitue d'ailleurs pas une histoire à proprement parler. *Les Allées* nous font circuler dans un monde clos où le temps est figé :

« L'intérêt a engendré les prêtres, les prêtres ont engendré les préjugés, les préjugés ont engendré les guerres, et les guerres dureront tant qu'il y aura des préjugés, les préjugés tant qu'il y aura des prêtres, et les prêtres tant qu'il y aura de l'intérêt à l'être » (1).

Le retour de la phrase sur elle-même correspond exactement à celui que le temps opère sur soi, lorsque l'*essence* du prêtre a manifesté toutes les possibilités qu'elle recelait. De même le pyrrhonien que Diderot

---

(1) AT, t. I, p. 183.

nous fait rencontrer sous les marronniers n'est d'aucun temps, d'aucun pays. La compagnie dont il est membre a une origine qui « remonte bien avant dans l'Antiquité » (2), et il importe peu que son « étendard » ait été imaginé il y a deux cents ans ou plus : le « Que sais-je ? » de Montaigne manifeste l'*essence* du pyrrhonisme éternel !

La *Promenade du sceptique* est un faux triptyque : les têtes folles de l'allée des fleurs n'intéressent guère l'auteur, ni le lecteur. Seule compte la lutte engagée de toute éternité entre la Religion et la Philosophie. L'histoire, s'il y en a une, n'est que la succession des escarmouches exemplaires où s'affrontent les combattants des deux camps.

Cette vision de l'histoire de la philosophie est évidemment très simpliste. Rien par exemple n'y distingue essentiellement le Judaïsme du Christianisme. Juifs et chrétiens sont également aveugles et fanatiques, et toutes leurs querelles se ramènent à une rivalité de boutique, bouchers et porteurs d'eau contre foulons et dégraisseurs (3). Le Christianisme lui-même est exclusivement représenté par le catholicisme romain. Les schismes et les hérésies sont évoqués, mais c'est pour illustrer les excès de l'intolérance où mène le fanatisme religieux (4). Quant aux Hus, Socin, Zwingli, Luther, Calvin, ils sont seulement nommés, et aussitôt rejetés avec un tranquille mépris, comme les auteurs ennuyeux de dissertations dogmatiques incapables de nuire à la superstition (5).

De son côté le camp des philosophes est tout aussi homogène. Il l'est d'abord parce que Diderot donne un sens restrictif au mot philosophe, selon l'usage du temps. Il est entendu que les auteurs de systèmes destinés à étayer la pensée religieuse ne sont pas des philosophes. A prendre la *Promenade du sceptique* à la lettre, Descartes lui-même n'est pas un philosophe : le cartésien que l'on y rencontre est aveuglé par un épais bandeau; il ne retient du *Cogito* que ce qui lui permet d'affirmer l'existence de Dieu (6). Le camp des philosophes groupe donc seulement ceux qui s'en tiennent aux lumières de leur raison. Et leur corps est fort restreint, puisqu'il se divise en six compagnies, dont quatre ont vraiment quelque importance, celle des pyrrhoniens, celle des athées, celle des déistes, et celle des spinozistes. Diderot insiste beaucoup du reste sur la bonne entente qui règne entre les compagnies : « La diversité des opinions n'altère point ici le commerce de l'amitié, et ne ralentit point l'exercice des vertus » (7). On voit bien que ce qui les unit est une solidarité de combat : tous les philosophes ont le même objectif, éclairer et confondre par les seules armes de la raison les chefs menteurs du camp adverse (8).

---

(2) AT, t. I, p. 216.
(3) AT, t. I, p. 205.
(4) Voir AT, t. I, p. 204, à propos de l'eucharistie et de la communion sous les deux espèces.
(5) AT, t. I, p. 185.
(6) AT, t. I, p. 225.
(7) AT, t. I, p. 215.
(8) AT, t. I, p. 220.

Le caractère simpliste et schématique de la *Promenade* n'est que la rançon de cette volonté de lutte. Les systèmes qu'on y parcourt ne sont pas vus d'un œil désintéressé, mais comme un arsenal où trouver des armes qui permettent de vaincre. En ce sens la *Promenade du sceptique* est dès 1747 l'exposition du programme encyclopédique. L'éventail des opinions représentées dans l'allée des marronniers est à peu près aussi ouvert que celui des collaborateurs de l'*Encyclopédie*, et la volonté de lutte qui les unit est plus forte que les divergences qui peuvent les séparer.

Il n'est cependant pas impossible de trouver dans la *Promenade du sceptique* l'indication des grands thèmes de réflexion que reprendra Diderot dans l'*Histoire de la philosophie*. La réduction de l'histoire de la philosophie à la lutte éternelle de la raison contre la superstition a l'incontestable avantage de la clarté et de la simplicité, mais Diderot voit confusément le risque qu'elle implique : à quoi sert de lutter, s'il n'y a chance de vaincre, donc *progrès* et *histoire ?* La *Promenade du sceptique* est donc, en un certain sens, une histoire, mais dont le mouvement est plus apparent que réel. Les promeneurs qui s'avancent dans les allées sont toujours en marche, mais ils n'arriveront jamais nulle part. Pour parler clair, la superstition et la philosophie n'ont d'histoire que celle des erreurs et des progrès relatifs de l'esprit humain. Et tel est bien le sens des propos que Cléobule tient à l'auteur dans le *Discours préliminaire* (9). Comme il faut s'y attendre, dans une telle perspective, c'est surtout l'histoire des erreurs qui intéresse le philosophe; elle lui permet de mieux les connaître, et partant de mieux les combattre.

Toute une partie de la *Promenade du sceptique* est, sinon l'histoire du Judaïsme et du Christianisme, au moins l'esquisse de ce que cette histoire pourrait être, une fois levé le masque de l'affabulation.

Quelques-unes des meilleures pages de la *Promenade* contiennent ainsi l'ébauche d'un programme de critique biblique que nous verrons développé ailleurs. Les thèmes essentiels de cette critique sont, dans l'ordre même où ils se présentent au lecteur, l'incohérence des textes sacrés, où le raisonnable et le merveilleux se mêlent, l'inégalité de leur style, la contradiction qui apparaît entre ceux du Nouveau et de l'Ancien Testament, et notamment l'opposition entre les deux Alliances (10). Puis Diderot examine plus en détail chacun des deux Testaments. Il ressort de cet examen que le Pentateuque fut composé très tard, relativement à la chronologie des Chinois, par exemple; que ce fut l'œuvre d'un berger inculte, sujet à des visions et croyant aux prodiges; que certains des prodiges rapportés dans ses livres ont sans doute une explication rationnelle, comme le passage à gué d'une extrémité de la mer Rouge par le peuple juif; que l'on peut difficilement ajouter foi à des récits transmis oralement de père en fils; que Jéhovah est dans l'Ancien Testament un dieu méchant et inconséquent; que l'élection du

---

(9) AT, t. I, p. 179.
(10) AT, t. I, pp. 190-191.

peuple juif est injuste; que la vie d'Abraham, d'Isaac, de Jacob, est un tissu de contes absurdes et immoraux; que la loi mosaïque est un corps de règlements arbitraires et futiles; que le peuple élu est un peuple avare et cruel, dont les chefs furent souvent des imposteurs (11). Rien, à dire vrai, n'est précisément historique dans cette critique, si l'on excepte la comparaison implicite entre la chronologie de l'Ancien Testament et celle des Chinois, et le rejet par principe d'une tradition trop longtemps orale. C'est surtout une critique interne qui éprouve la cohérence et la vraisemblance des récits à la pierre de touche de la raison. C'est la bonne vieille méthode de Fontenelle et de Bayle, appliquée avec audace à l'Ecriture Sainte (12).

La critique du Nouveau Testament est plus intéressante. On y retrouve certes les thèmes précédents : Jésus a été un homme ordinaire, son enseignement sur la Trinité est absurde, la théorie paulinienne de la Grâce et de la Prédestination est incompréhensible et contradictoire (13). Mais Diderot y ajoute un long développement sur l'existence même de Jésus, qu'il met en doute à l'aide d'arguments proprement historiques. Il se trouve d'abord que l'enseignement proprement moral de Jésus n'est pas nouveau; ses maximes sont « conformes à celles qu'ont enseignées tous les hommes sensés qui ont paru sur la terre plus de quatre cents ans avant lui » (14). Le doute naît surtout du contraste qui apparaît entre la grandeur des prodiges accomplis par l'homme-Dieu et le petit nombre de ceux qui ont cru (15). Comment se fait-il que les Romains, nombreux en Judée, et qui n'avaient intérêt ni à nier, ni à approuver ces prodiges, n'ont pas témoigné de ce qu'ils ont dû voir ? (16) Et la question ainsi posée introduit l'argument décisif : le témoignage des Evangiles est contredit par le silence total des historiens profanes, de Philon, de Josèphe, de Juste de Tibériade. Le seul passage de Josèphe où il soit question de Jésus est manifestement interpolé : il est invraisemblable en lui-même et déplacé à l'endroit où on l'a inséré (16 *bis*).

La partie de la *Promenade* qui met en cause l'Eglise chrétienne est moins intéressante. La critique du dogme de la Transsubstantiation, des sacrements du baptême ou de l'eucharistie, les plaisanteries sur les martyrs des premiers siècles, tout cela est sans finesse et sans grâce. Et nous avons vu que l'histoire des schismes et des hérésies n'est même pas esquissée. Les seuls jansénistes ont droit à un déve-

(11) AT, t. I, pp. 200-203.

(12) Pour la rigueur et la finesse de la pensée rationnelle, les pages de la *Promenade* consacrées à l'Ancien Testament sont bien au-dessous du remarquable petit traité de FONTENELLE, *De l'origine des fables*. Mais Fontenelle exclut le peuple élu du champ de son investigation, alors que DIDEROT le prend pour cible exclusive.

(13) AT, t. I, pp. 203-204.

(14) AT, t. I, p. 208.

(15) AT, t. I, p. 207.

(16) AT, t. I, p. 209.

(16 *bis*) AT, t. I, p. 211.

loppement particulier, mais il relève de la satire, et non de l'histoire religieuse (17).

L'autre volet du diptyque est d'un caractère sensiblement différent. L'auteur ne tente même pas d'esquisser l'histoire des systèmes philosophiques qu'il fait exposer par les personnages de l'allée des marronniers, et le patronage de Socrate, de Platon, d'Atticus et de Cicéron, invoqué dans le *Discours préliminaire,* a une valeur plus symbolique qu'historique. L'intérêt de cette revue des grands systèmes rationalistes n'est pas là. Ce qui compte dans le dialogue du déiste avec le pyrrhonien, du spinoziste avec l'athée, c'est la volonté ostensible de l'auteur, non pas d'en dégager une doctrine commune, encore moins de faire triompher l'une des tendances sur l'autre, mais de retenir de chaque système les arguments qui paraissent les plus aptes à s'opposer efficacement à ceux de l'adversaire. On le voit bien dès le moment où sont choisis les éclaireurs :

« Un de nous proposa de former un détachement de deux hommes par compagnie, de l'envoyer en avant dans l'allée, et de statuer, sur des découvertes ultérieures, quelle serait désormais la colonelle, et quels étendards il faudrait suivre » (18).

On le voit encore mieux à leur marche. Du pyrrhonisme, apparemment, Diderot n'attend pas grand-chose : l'apport des pyrrhoniens à la discussion est tout négatif; mais parce qu'ils remettent sans cesse en cause les vérités acquises, ils aident leurs compagnons à ne jamais se satisfaire à bon compte. Les déistes en revanche ont toutes ses sympathies. Ils sont rationalistes et pensent que leur raison est un don de Dieu. Le monde est connaissable parce qu'il est rationnel, et il est rationnel parce que son organisation est le fait d'une raison suprême. Face au déiste, l'athée n'est pas aussi désavantagé qu'il le paraît. Comme lui, il rejette la Révélation, et comme lui il affirme que le monde est connaissable. Mais il pense pouvoir se passer de Dieu en affirmant que la matière est éternelle, que le mouvement lui imprime toutes les formes qu'elle prend, que l' « âme n'est qu'un effet de l'organisation » (19). Il y a donc moins loin qu'on ne croit de l'athée au déiste. D'autant que le hasard de l'un et les causes finales de l'autre ne sont pas des notions contradictoires, si l'on pose la question de l'ordre du monde comme le fait le spinoziste :

« Si Philoxène (le déiste) a l'avantage, c'est la faute d'Athéos (...); il n'avait qu'à faire un pas de plus pour balancer au moins la victoire. Il ne s'ensuit autre chose du discours de Philoxène, a-t-il dit, sinon que la matière est organisée; mais si l'on peut démontrer que la matière, et peut-être même son arrangement sont éternels, que devient la déclaration de Philoxène ? pouvait-il ajouter » (20).

---

(17) AT, t. I, p. 199.
(18) AT, t. I, p. 227.
(19) AT, t. I, p. 223.
(20) AT, t. I, p. 234.

L'hypothèse que fait ensuite Oribaze, d'une consubstantialité éternelle de l'être intelligent et de l'être corporel a tant de force que M. Venturi, par exemple, a pu y voir une prise de position résolument spinoziste de la part de Diderot (21). C'est sans doute aller trop loin, et oublier que pour Diderot l'univers n'est pas Dieu, comme il le dira avec netteté dans la dédicace aux jeunes gens qui ouvre les *Pensées sur l'interprétation de la nature* (22).

En fait, en cette année 1747, le spinozisme ne satisfait pas Diderot, non plus que le déisme ou l'athéisme. Oribaze est ridicule si on le suit jusqu'au bout et si l'on divinise avec lui les papillons et les mouches; Athéos se heurte aux conséquences immorales de son système; Philoxène le déiste rabaisse Dieu quand il lui fait exercer son art sur « les pieds d'une chenille » (23). De chacun des grands systèmes rationalistes qu'il confronte, Diderot veut retenir la meilleure part et rejeter les erreurs. Il cherche comme Cléobule à se faire « une sorte de philosophie locale ». C'est très précisément l'objet du philosophe *éclectique*, tel qu'il le définira après Brucker dans l'*Encyclopédie* :

> « L'éclectique est un philosophe qui, foulant aux pieds le préjugé, la tradition, l'ancienneté, le consentement universel, l'autorité, en un mot tout ce qui subjugue la foule des esprits, ose penser de lui-même, remonter aux principes généraux les plus clairs, les examiner, les discuter, n'admettre rien que sur le témoignage de son expérience et de sa raison; et de toutes les philosophies qu'il a analysées sans égard et sans partialité, s'en faire une particulière et domestique qui lui appartienne (...). Ce n'est point un homme qui plante ou qui sème; c'est un homme qui recueille et qui crible » (23 *bis*).

QUELQUES PRECURSEURS : COURANT CRITIQUE ET COURANT HISTORIQUE

Il ne faut pas surestimer l'originalité de la pensée qui s'exprime dans la *Promenade du sceptique*, non plus que celle des articles de l'*Encyclopédie*. Dans le domaine de l'histoire des idées comme dans le domaine de la technologie l'*Encyclopédie* est d'abord un inventaire des connaissances acquises. Les deux volets du diptyque que Diderot présentait à son lecteur dans *les Allées* correspondent à deux courants de pensée que l'on pourrait appeler le courant historique et le courant critique. On peut en remonter le cours plus d'un demi-siècle au-delà de la rédaction de la *Promenade* et des articles philosophiques de l'*Encyclopédie*.

Les deux courants s'étaient même déjà confondus dans le *Dictionnaire historique et critique de Bayle*, auquel Diderot doit infiniment plus que les quelques emprunts textuels aisément décelables dans son

---

(21) F. Venturi, *La jeunesse de Diderot*, p. 117.
(22) D. Diderot, *Pensées sur l'interprétation de la nature*, éd. par J. Varloot, p. 35.
(23) AT, t. I, p. 233.
(23 *bis*) AT, t. XIV, p. 304.

œuvre (24). Il lui doit plus, en tout cas, que ne pourrait le laisser croire tel passage de l'article *Encyclopédie* (25). Comme la plupart de ses contemporains, Diderot a appris de Bayle à douter de ce qu'il croyait le plus sûr, à « saisir (...) subtilement le faible d'un système » comme à en faire valoir la force (26), à faire la critique historique des témoignages et à passer les fables au crible de la raison. Mais de ce pyrrhonisme Diderot a voulu seulement retenir ce qu'il a de positif. Il y a, comme il dit, « une sorte de sobriété dans l'usage de la raison, à laquelle il faut s'assujettir, ou se résoudre à flotter dans l'incertitude » (27). C'est au moment où le pyrrhonien, à force de douter, renverse même les propositions évidentes, que Diderot cesse de suivre Bayle, comme Athéos et Philoxène refusent de suivre Zénoclès dans ses escapades bouffonnes.

Fontenelle a eu, comme Bayle, une grande influence sur Diderot, directement, comme le prouvent les emprunts textuels de l'*Encyclopédie* à son œuvre, et d'une manière plus diffuse, par son esprit, présent dans son œuvre, mais répandu, avec celui de Bayle, un peu partout dans les écrits philosophiques du début du XVIIIe siècle, par exemple dans l'*Historia critica philosophiae* de Jacob Brucker.

Le courant historique et le courant critique traversent ensemble l'œuvre de Fontenelle mais ils animent chez lui deux sortes d'ouvrages, au lieu de se confondre comme dans le *Dictionnaire* de Bayle. La pensée critique de Fontenelle, nous l'avons vu incidemment à propos de la *Promenade du sceptique*, respecte la Révélation et s'en tient au domaine païen. Mais l'*Histoire des oracles* ou le petit traité *De l'origine des fables* proposaient à qui savait les lire une méthode incomparable pour critiquer aussi les récits bibliques. Ainsi, dans l'article *Antédiluvienne*, les arguments de Fontenelle contre Platon servent à Diderot pour nier comme contraire à la raison l'existence de créatures angéliques, intermédiaires entre l'homme et Dieu (28).

La grande originalité du traité *De l'origine des fables* est d'introduire la méthode comparative dans l'étude des mythes et des religions. Ce comparatisme n'est pas historique, et les ressemblances que voit Fontenelle entre les fables américaines, grecques, chinoises, sont, en un certain sens, formelles (29). Ces rapprochements ont pourtant le mérite d'ôter à certains mythes, en l'occurrence les mythes grecs, leur caractère privilégié, de les réduire en somme au même dénominateur que les autres : sous toutes les latitudes et dans tous les temps, l'homme, qui ignore infiniment plus qu'il ne sait, est tenté d'expliquer « les choses inconnues de la nature » par celles qu'il a « devant les yeux »; l'invention des

---

(24) Voir *Annexe IV*.

(25) « Le temps, qui a émoussé notre goût sur les questions de critique et de controverse, a rendu insipide une partie du dictionnaire de BAYLE. Il n'y a point d'auteur qui ait tant perdu dans quelques endroits, et qui ait plus gagné dans d'autres » (AT, t. XIV, p. 425).

(26) AT, t. XVI, p. 490.

(27) AT, t. XVI, p. 491.

(28) Voir *Annexe* IV.

(29) FONTENELLE, *De l'origine des fables*, éd. par J.-R. CARRÉ, p. 31.

mythes est la première démarche de la pensée scientifique (30). C'est une leçon que Diderot, et d'autres, sauront retenir et appliquer à des « fables » qui ne seront pas seulement grecques, chinoises, ou américaines.

Les historiens de la philosophie de la première moitié du XVIIIe siècle ont d'autre part beaucoup pris à l'auteur des *Eloges*. Ces petites monographies parues le plus souvent dans *Histoire et Mémoires de l'Académie des sciences* sont des modèles de précision et de mesure dont Brucker notamment s'est inspiré toutes les fois qu'il a pu. Dans ces cas-là, tout en gardant Brucker à portée de la main, Diderot, lorsqu'il rédigeait ses articles de l'*Encyclopédie*, n'a pas manqué de remonter jusqu'au texte même de Fontenelle (31).

En dehors de Bayle et de Fontenelle, les auteurs d'ouvrages historiques ou critiques consacrés à la philosophie ou à la religion sont nombreux. Seuls nous intéressent ici ceux qui à quelque titre ont pu orienter Diderot dans son travail d'historien de la philosophie (31 *bis*). Les auteurs le plus souvent cités dans les avertissements et dans les articles de l'*Encyclopédie*, — si nous exceptons pour l'instant Brucker, — sont Stanley et Boureau-Deslandes.

Les trois volumes de l'*Historia philosophiae* de Thomas Stanley datent déjà de 1711 (32). Hormis peut-être quelques lignes de l'article *Chaldéens* sur l'astrologie judiciaire (33), il ne semble pas que Diderot ait retiré grand profit de ce pesant ouvrage d'érudition. Il n'a pas non plus fait beaucoup d'emprunts textuels à l'*Histoire critique de la philosophie* de Boureau-Deslandes. Mais l'ouvrage, assez sommaire, est plus intéressant par son orientation que par son contenu lui-même. Dans son *Epître* liminaire Boureau-Deslandes se présente comme un philosophe chrétien, dont l'objet est d'inspirer la tolérance (34). Le propos est remarquable, quand on songe à l'esprit de certains historiens de la philosophie à cette époque (35). Pour l'abbé de Pontbriand par exemple, un an encore après la publication du premier tome de l'*Encyclopédie*, l'objet du philosophe chrétien est de confondre l'incrédule; l'histoire des philosophies profanes ne peut être que celle des erreurs funestes où entraîne le libre exercice des passions; face au triste catalogue de ces

---

(30) *Ibid.*, pp. 16-33.

(31) Voir *Annexe IV*, articles *Leibnizianisme* et *Malebranchisme*.

(31 *bis*) C'est pourquoi nous ne disons rien d'auteurs comme Mme DU CHÂTELET, ou même VOLTAIRE, à l'égard de qui DIDEROT ne semble pas avoir de dette particulière. Cela n'exclut pas, bien entendu, qu'en lisant VOLTAIRE, DIDEROT se soit imprégné de son esprit, comme tous ses contemporains.

(32) L'ouvrage est entré dans la bibliothèque de DIDEROT en 1748 (voir notre article sur *La bibliothèque de Diderot*, p. 260).

(33) Voir *Annexe* IV.

(34) BOUREAU-DESLANDES, *Histoire critique*, *Epître*, pp. 2-3 (non numérotées). Il s'agit ici de la première édition du livre de BOUREAU-DESLANDES, qui date de 1737. Une seconde édition, augmentée, fut faite en 1756.

(35) *La bibliothèque impartiale* d'Elie LUZAC fils, d'inspiration protestante, reprochera à BOUREAU-DESLANDES son indifférentisme religieux et son « épicuréisme moral » (juillet-décembre 1757, p. 200).

erreurs chez l'athée, l'épicurien, ou le naturaliste, la vérité s'impose dans les livres saints des Juifs et des chrétiens, avec toute l'autorité que confèrent des miracles et des prophéties dont les oracles et les prodiges du paganisme ne sont que la copie dérisoire (36). Certains iront plus loin encore et l'abbé Joannet rendant compte en 1758 du livre de Pontbriand lui reprochera d'avoir fait trop de concessions à l'adversaire en lui proposant l'explication de certains mystères de la foi :

> « L'esprit du Christianisme est essentiellement un esprit de soumission, et même d'une sorte d'aveuglement (...). Mais souvent en voulant répandre de la lumière, on n'inspire que des doutes; et pour expliquer ce qu'on croit, on anéantit ce qu'on devrait croire » (37).

Pour Boureau-Deslandes, au contraire, l'histoire de la philosophie est « l'histoire même de l'esprit humain et de ses progrès » (38). C'est celle d'une ascension continue vers la vérité, ou du moins vers des vérités relatives. Si dans certains domaines l'esprit humain ne parvient à rien « d'exact et de régulier (...), on saura déterminément qu'on n'y peut point parvenir sur certaines matières » (39). La forme de pyrrhonisme raisonnable que défendra Diderot, à la fin de l'article *Pyrrhonienne,* ne sera pas fort différente. Puis Boureau-Deslandes dit comment il a conçu son ouvrage. Il a voulu

> « remonter à la source des principales pensées des hommes, (...) examiner leur variété infinie, et en même temps le rapport imperceptible, les liaisons délicates qu'elles ont entre elles; (...) faire valoir comment ces pensées ont pris naissance les unes après les autres, et souvent les unes des autres; (...) montrer que les anciens ne pouvaient rien dire que ce qu'ils ont dit effectivement » (40).

On ne saurait mieux définir une méthode objective, à la fois comparative et historique (41). Cette conception vraiment scientifique de l'histoire de la philosophie n'exclut d'ailleurs pas les intentions didactiques et morales. L'exemple des philosophes doit apprendre aux hommes

---

(36) Abbé DE PONTBRIAND, *L'incrédule détrompé,* 1752.

(37) *Journal chrétien,* 1758, t. I, février, p. 32. JOANNET songe en particulier à certaines pages de *l'Incrédule détrompé,* où PONTBRIAND concède à l'incrédule que les prophéties sont obscures et lui explique qu'elles devaient être voilées pour que le Christ ne fût pas d'emblée reconnu par tous les hommes. PONTBRIAND admet même qu'ESDRAS a glissé dans ses prophéties la prédiction d'événements arrivés de son temps. L'ouvrage de PONTBRIAND n'est qu'un exemple entre bien d'autres de ce qu'un auteur soucieux avant tout d'apologétique pouvait faire de l'histoire de la philosophie. Le propre de ces ouvrages est de se ressembler tous. Le *Journal ecclésiastique* (1761, t. II, janvier, pp. 3 et suivantes, et février, pp. 3 et suivantes) donne un compte rendu d'une *Dissertation sur l'inspiration des livres sacrés* dont l'argumentation est identique, pour la partie qu'elle traite, avec celle de l'abbé DE PONTBRIAND.

(38) BOUREAU-DESLANDES, *Histoire critique,* p. III.

(39) *Ibid.,* Préface, pp. IV-V.

(40) *Ibid.,* p. VI.

(41) Plus loin BOUREAU-DESLANDES dira qu'il ne faut pas juger les philosophies anciennes d'après les connaissances de notre siècle, mais d'après « les connaissances qu'on pouvait acquérir dans celui où le système a été proposé ».

à mieux diriger leur pensée. Devenus plus raisonnables, ils seront plus vertueux, donc plus heureux (42).

Il faut pourtant distinguer entre les desseins de Boureau-Deslandes et leur réalisation. Par exemple le plan chronologique de son ouvrage s'ordonne par rapport à la Révélation, qui garde ainsi la place privilégiée que lui a toujours donnée la tradition apologétique chrétienne.

Mais c'est le *Discours préliminaire* écrit par d'Alembert pour l'*Encyclopédie* qui se rapproche le plus de la conception diderotienne de l'histoire de la philosophie. On peut même penser que Diderot n'a pas été étranger à son élaboration.

Ce n'est, bien sûr, qu'une esquisse. D'Alembert ne remonte pas au-delà de la Renaissance et ne s'arrête qu'aux grands noms, Bacon, Descartes, Newton, Locke, Leibniz. La théologie et les systèmes philosophiques fondés sur la Révélation n'ont pas de place dans ce panorama, sinon à titre de « repoussoirs » : des théologiens se sont opposés tant qu'ils ont pu au progrès des lumières; Galilée a été persécuté par l'Inquisition. Des systèmes qu'il passe brièvement en revue, d'Alembert retient seulement les parties qui lui paraissent positives. Ainsi Descartes est surtout celui qui « a osé (...) montrer aux bons esprits à secouer le joug de la scolastique, de l'opinion, de l'autorité, en un mot des préjugés et de la barbarie ». C'est même avec les armes qu'il leur fournit que les rationalistes critiquent certaines de ses idées en physique, et sa métaphysique (43). D'Alembert, comme le Cléobule de la *Promenade du sceptique*, tient pour vaines les « spéculations sublimes de la métaphysique » (44), et pour frivoles les « systèmes de la physique » (45). Mais il montre les progrès accomplis dans la recherche de la vérité par ceux des philosophes qui de Bacon à Locke ont su considérer la philosophie comme une science exacte et la fonder fermement sur les données de la science expérimentale.

A côté des sommes de Stanley et de Boureau-Deslandes, la pensée critique du début du XVIIIe siècle offrait à l'historien de la philosophie une documentation de première main.

Dans l'article *Juifs* de l'*Encyclopédie*, par exemple, Diderot a utilisé directement l'*Histoire des Juifs* de Basnage, à laquelle le renvoyait son Brucker (46). Nous reparlerons de cet ouvrage qui, dans une intention apologétique, pour montrer la supériorité du Christianisme sur le Judaïsme, soumet la littérature hébraïque de l'ère chrétienne au feu destructeur d'une critique purement rationnelle. Basnage raille les

---

(42) *Ibid.*, p. X.

(43) ENC, t. I, *Discours préliminaire*, p. XXVI.

(44) Par exemple pour DESCARTES, MALEBRANCHE, LEIBNIZ, auxquels il oppose LOCKE.

(45) Pour DESCARTES.

(46) Voir *Annexe IV*. Jacques BASNAGE DE BEAUVAL, élève de JURIEU, était entré dans le ministère pastoral en 1676. Il se réfugia en Hollande après la Révocation de l'Edit de Nantes (*Biographie Michaud*).

prétendues vertus des grands hommes du Judaïsme (47), doute des miracles qu'ils ont accomplis ou les présente sous un jour bouffon (48), s'appesantit sans pitié sur les obscurités et les extravagances du Talmud (49), et en particulier sur les contradictions qui y paraissent, entre les lois qu'on fait venir du ciel et les préceptes de la morale naturelle (50). Un passage caractéristique, parmi les plus honnêtes, concerne la barbe de l'Eternel, telle que la décrit Simon Jochaïdes dans la première partie du Zohar :

« Cette barbe est au-dessus de toute louange; jamais ni prophète ni saint n'approcha d'elle; elle est blanche comme la neige; elle descend jusqu'au nombril; c'est l'ornement des ornements, et la vérité des vérités : malheur à celui qui la touche! Il y a treize parties dans cette barbe, qui renferment toutes de grands mystères : mais il n'y a que les initiés qui les comprennent » (51).

Emporté par sa verve, Basnage frôle souvent de près le Christianisme lui-même et il lui faut à chaque instant préciser que sa critique des textes hébraïques ne saurait atteindre des textes chrétiens qui pourtant leur ressemblent. Ainsi, il ne peut nier que les paraboles et les leçons des talmudistes ressemblent à celles de Jésus, et esquiver l'hypothèse selon laquelle ces paraboles et ces leçons « avaient cours chez les Juifs avant que Jésus-Christ enseignât ». L'explication de Basnage est sincère, mais elle ne convainc pas. Elle consiste à opposer à une hypothèse gênante une hypothèse voisine mais manifestement fausse, — Jésus a copié les écrits des Grecs, — puis à « prouver » l'originalité de Jésus par la valeur morale et religieuse de son enseignement. C'est une piteuse dérobade, eu égard aux exigences de la pensée critique auxquelles Basnage tente honnêtement de satisfaire partout ailleurs (52).

Mais quelquefois la tâche est au-dessus des forces de l'auteur. Il lui faut alors garder le silence ou faire la part du feu. Ainsi, à propos des spéculations qu'ont faites les Juifs au sujet des anges et des démons, peut-on éviter l'allusion aux spéculations analogues des chrétiens ? Basnage ne peut qu'en appeler à la pureté de la religion contre les extravagances de ses « docteurs », mais il garde une pudique réserve au sujet de ces extravagances elles-mêmes : « Quelques chrétiens donnent aussi à chaque particulier leurs anges tutélaires. Ce ministère est assez connu pour ne rapporter pas ici tous les offices qu'on leur donne » (53).

---

(47) Basnage, *Histoire des Juifs*, t. V, livre III, p. 67 (pureté de Juda le Saint); cf. AT, t. XV, p. 358.

(48) *Ibid.*, p. 71 (mort des disciples de Juda qui l'ont abandonné) et p. 75 (la « fille de la voix »); cf. AT, t. XV, p. 358 et p. 360.

(49) *Ibid.*, pp. 165 et suivantes (par exemple l'histoire de la côte d'Adam, que Basnage conclut par l'exclamation : « Que de bagatelles ! » p. 177); cf. AT, t. XV, pp. 365-366.

(50) *Ibid.*, pp. 174-175; cf. AT, t. XV, p. 365.

(51) *Ibid.*, p. 278. Le texte est exactement reproduit dans AT, t. XV, p. 370.

(52) *Ibid.*, p. 180, et AT, t. XV, p. 367.

(53) *Ibid.*, p. 211. Voir aussi pp. 188-190.

Des ouvrages comme cette *Histoire des Juifs*, ou comme *la Bibliothèque orientale* de Barthélemy d'Herbelot, un peu plus ancien (54), sont peut-être plus importants encore par les prolongements qu'ils ont eus que par leur contenu propre. Les lecteurs qui les pratiquaient voyaient se rétrécir peu à peu le domaine interdit aux investigations de la pensée rationnelle. Même si Basnage ne les y invitait pas explicitement, ils devaient par la force des choses s'interroger un jour ou l'autre sur les fondements scripturaires de la Révélation. Pour résoudre les problèmes ainsi posés il fallait des textes sûrs, des traductions. De nouvelles recherches historiques devaient être entreprises, si l'on voulait vérifier l'exactitude de tant de comparaisons troublantes, mais hasardeuses.

La relation du voyage d'Anquetil Du Perron dans l'Inde, et l'étude des documents rapportés par lui de son voyage, représentent le type même des travaux qui répondent à ces nouvelles exigences de la pensée critique. Lorsque Anquetil traduit Zoroastre il ne fait certes aucun rapprochement entre le texte du Vendidad-sadé et celui de l'Ecriture, mais le lecteur de sa traduction anglaise est bien obligé d'en faire quelquefois (55).

L'*HISTORIA CRITICA PHILOSOPHIAE* DE JACOB BRUCKER

Johann-Jacob Brucker est né à Augsbourg le 22 janvier 1696. Après avoir fait ses études à Iéna, il fut pasteur à Kaufbeuern, puis à Augsbourg. Dès 1719 il publiait à Iéna un *Testamen introductionis in historiam doctrinae de ideis*, et en 1723 à Augsbourg une *Historia philosophica doctrinae de ideis*. Ces deux ouvrages indiquaient déjà dans quel sens il allait poursuivre ses recherches. Il avait quarante-six ans quand parut à Leipzig le premier tome de son grand livre, *Historia critica philosophiae a mundi incunabulis ad nostram usque aetatem deducta*. La première édition en était achevée en 1744 (56).

L'ouvrage de Brucker est considéré à juste titre comme la première histoire de la philosophie qui soit digne de ce nom. Brucker était, certes, mieux préparé que quiconque pour faire un tel travail. Il avait comme pasteur luthérien une relative indépendance d'esprit et une solide formation critique. Ses maîtres de l'université d'Iéna lui avaient d'autre part appris à observer avec une exactitude toute germanique les règles de l'érudition.

---

(54) Diderot s'est aussi servi de cet ouvrage pour son *Histoire de la philosophie*, voir *Annexe IV*.

(55) "*When five pious and holy persons are in one place, I am there, says Hom, in the midst of them*" (*The Annual Register*, 1762, p. 117 a. Cf. AT, t. XVII, p. 324). On songe évidemment en lisant ce texte au verset de saint Matthieu : « Là où deux ou trois sont assemblés en mon nom, je suis au milieu d'eux » (Matth., XVIII, 20, trad. Segond).

(56) *Biographie Michaud*.

Dans sa dissertation préliminaire Brucker définit clairement son dessein et sa méthode. Il veut d'abord faire œuvre d'historien, et non d'apologiste, juger les systèmes philosophiques pour eux-mêmes, et non en fonction de ses propres idées ou des idées de son temps (57). Cette histoire est pourtant orientée, car elle est l'histoire même de l'esprit humain; arraché aux ténèbres, il s'est peu à peu élevé vers la lumière et vers la vérité; la connaissance de ses progrès, de ses reculs, voire de ses erreurs doit lui permettre d'aller plus loin encore, aussi loin qu'il peut aller (58). Brucker n'est donc pas de ces « historiens » chrétiens de la philosophie pour qui il n'y a pas d'autre histoire que celle du salut. S'il admet que l'esprit progresse, c'est qu'il ne considère pas la foi comme le seul mode de connaissance. La vérité est une, mais on peut y accéder de deux manières, par la voie surnaturelle de la foi, qui n'est pas ouverte à tous, et la voie tout humaine de la raison, qui est longue et hasardeuse. Le christianisme de Brucker est donc fort libéral, et proche du déisme.

Plus qu'aux erreurs de l'esprit humain, Brucker s'attache à la recherche de leurs causes. Il dit bien que cette recherche a pour but d'épargner à l'Etat et à la religion chrétienne les erreurs nouvelles ou anciennes qui pourraient leur nuire, et il est certainement de bonne foi en le disant. Mais il ajoute que la religion chrétienne elle-même n'est pas pure de toute erreur. Par exemple, les chrétiens ont longtemps cru que la terre était immobile et que le soleil tournait autour d'elle. Ils en faisaient un article de foi, malgré l'évidence contraire, reconnue par de nombreux philosophes anciens et modernes, depuis les pythagoriciens. Il a pourtant fallu admettre que la terre tournait autour du soleil, et qu'à bien prendre les textes de l'Ecriture, la vérité scientifique ne contredisait pas la vérité révélée (59). On voit par cet exemple que pour Brucker il ne peut exister de contradiction durable entre la foi et la raison. Si une telle contradiction apparaît, c'est que les raisons de la foi sont mauvaises. Brucker affirme donc ici, implicitement, ce que Diderot dira plus tard dans son supplément aux *Pensées philosophiques :*

> « Lorsque Dieu de qui nous tenons la raison en exige le sacrifice, c'est un faiseur de tours de gibecière qui escamote ce qu'il a donné. (...) Si ma raison vient d'en haut, c'est la voix du ciel qui me parle par elle; il faut que je l'écoute » (60).

---

(57) J. Brucker, *Historia*, t. I, p. 19, § XIII, « *Suae opiniones philosophis non supponendae* », et § XV, « *Veteris philosophiae ad nostram non exigenda* ».

(58) *Ibid.*, p. 21 : « *Est enim haec fatorum sapientiae humanae enarratio re vera historia intellectus humani, quae, quid ille valeat, qua ratione tenebris ereptus, et veritatis luce collustratus per varios casus, per tot discrimina rerum ad cognoscendam veritatem et felicitatem pervenerit, per quos anfractus aberraverit, qua ratione revocatus in regiam viam ad metam contenderit, quibusque mediis ita felicitati animi ministraverit, luculenter edisserit, et ita expositis ingenii humani fatis, quae via supersit, quae syrtes vitandae, quis portus anhelandus, verbo, quid ab intellectu humano adhuc expectandum sit, exponit* ».

(59) *Ibid.*, p. 23.

(60) AT, t. I, p. 159. Brucker affirme explicitement qu'il est des domaines où la foi ne peut être d'aucun secours : « *(Historia philosophiae) limites revelationis et rationis accurate ponere docet* » (*Ibid.*, p. 26).

Le rationalisme de Brucker n'est pas le masque mondain d'un apologiste habile, mais bien une option fondamentale de sa pensée. La preuve en est qu'à la différence de plusieurs de ses prédécesseurs il n'exclut pas la religion du domaine de ses investigations. Il veut au contraire en rechercher les origines naturelles (61), c'est-à-dire la traiter en objet de science, au même titre que toutes les inventions humaines faites ou à faire, dont son ouvrage doit être le « syllabus » (62).

Comme on voit, Brucker va plus loin que tous ceux qui l'ont précédé. Il est cependant un point au-delà duquel il ne saurait s'aventurer, c'est celui où le rationalisme poussé jusqu'à ses extrêmes conséquences substitue à la croyance en une religion révélée qui s'accorde en tout point avec la religion naturelle, l'absence de toute croyance, c'est-à-dire l'athéisme.

Les desseins de Brucker deviennent tout à fait clairs lorsqu'on en voit la réalisation dans son œuvre. Les contemporains ne s'y sont d'ailleurs pas trompés. Les *Mémoires de Trévoux* firent à l'accoutumée un compte rendu intelligent et mesuré du livre :

> « Il y a dans (cet) ouvrage de l'érudition, de la critique, de la modération, de l'attention surtout; en voici un exemple : quand il s'agit de prononcer sur la religion des philosophes, l'auteur ne décide point, comme quelques modernes trop inconsidérés, ou trop intéressés peut-être, que tous ces gens-là furent athées (...) et il trouve que, dans ce grand nombre de philosophes qui ont formé des sectes, il en est très peu qu'on puisse regarder comme athées » (63).

Cette dernière remarque peut sembler curieuse mais nous la verrons s'éclairer en examinant de plus près le contenu de l'ouvrage.

Le journaliste de Trévoux a fort bien vu que Brucker se situait dans la tradition de la critique protestante et de la critique de Bayle (64). Il trouve même que Brucker a tort de faire de la Réforme une des causes du renouveau de la philosophie au XVIe siècle (65). Il insinue aussi, mais en chat-fourré, que l'esprit scientifique dont Brucker a lié l'histoire à celle de la philosophie, peut être fort dangereux pour le Christianisme, car le

> « zèle des sciences vient souvent d'un grand fonds de vanité, d'une curiosité démesurée, d'un dessein formé d'attaquer ce qu'il y a de plus saint, et de se faire soi-même l'arbitre de sa croyance » (66).

On ne peut nier que ce fût là, en effet, un des risques, sans doute non calculés, auxquels son rationalisme exposait Brucker.

Le philosophe qui a le mieux compris les intentions de Brucker, et qui les a le plus fidèlement traduites est sans aucun doute Samuel Formey (67). On ne saurait s'en étonner puisque Formey était comme

---

(61) *Ibid.*.
(62) *Ibid.*, p. 23.
(63) *Mémoires de Trévoux*, 1754, février, p. 473.
(64) *Ibid.*, mars, p. 617, note, et p. 611.
(65) *Ibid.*, juillet, p. 1783.
(66) *Ibid.*, mars, pp. 620-621.
(67) DIDEROT les a fort bien comprises, mais on ne peut dire qu'il les a respectées dans son adaptation française, comme nous allons le voir.

Brucker protestant, rationaliste, érudit (68). N'appréciant pas sans doute la façon dont Diderot avait commencé à présenter l'ouvrage de Brucker aux souscripteurs de l'*Encyclopédie*, Formey fit paraître en 1760 une *Histoire abrégée de la philosophie* qui, sous une forme condensée, devait permettre la diffusion hors d'Allemagne de l'*Historia critica.* Dans son introduction Formey souligne à juste titre l'originalité du livre : au travers de la biographie de chaque philosophe, Brucker propose une véritable histoire des idées, parce que « la doctrine même des philosophes dépend en grande partie des temps, des lieux, et des circonstances où ils ont vécu » (69). Comme le dit un journal protestant de La Haye, Formey, fidèle à Brucker, sait mettre en lumière l'*éclectisme* moderne. C'est-à-dire qu'il n'a pour guide que la raison, mais ne se laisse pas aller pour autant aux « hypothèses hasardées », aux doctrines « téméraires, extravagantes, impies »; chez lui l'amour de la vérité s'accorde avec « le respect dû à la religion » (70). Même approbation enthousiaste dans le *Journal encyclopédique*, qui ne peut mieux faire que de citer textuellement une partie du texte d'introduction de Formey (71).

Diderot a connu l'existence du livre de Brucker très tôt, puisqu'il l'a emprunté le 7 novembre 1750 à la Bibliothèque du roi (72). Il se peut qu'il ne l'ait pas d'abord utilisé lui-même. Mais ses collaborateurs en ont extrait plusieurs articles d'histoire de la philosophie pour les premiers volumes de l'*Encyclopédie*, et on peut supposer qu'ils l'ont fait sur ses indications expresses (73).

Qu'avait-il donc trouvé d'extraordinaire dans ce livre ? Pourquoi a-t-il jugé bon d'en faire donner, puis d'en donner lui-même, au prix de plusieurs années de travail, une adaptation française dont l'ampleur dépasse de beaucoup l'abrégé de Formey ? On peut croire au moins qu'il n'y cherchait pas tout à fait la même chose que le pieux académicien de Berlin.

L'originalité du livre de Brucker apparaît déjà dans sa composition. Brucker suit évidemment l'ordre chronologique et, comme ses prédéces-

---

(68) Brucker et Formey étaient l'un et l'autre membres de l'Académie royale de Prusse.

(69) Formey, *Histoire abrégée*, p. 27.

(70) *Bibliothèque des sciences*, t. XV, 1761, premier trimestre, pp. 174-175, 177, 160. En traduisant Brucker, Formey a eu surtout le dessein de donner aux lecteurs de langue française un antidote contre l'*Histoire critique de la philosophie* de Boureau-Deslandes. Il considère que l'ouvrage est « plus singulier que solide » et que son auteur est un esprit fort. Le journaliste de la *Bibliothèque des sciences* qui rapporte cette opinion, — t. XV, 1761, premier trimestre, pp. 162-163, — ajoute pour son compte que l'*Histoire critique* est « plus propre à gâter l'esprit qu'à l'éclairer ».

(71) *Journal encyclopédique*, 1760, t. XVIII, pp. 3-17.

(72) Registre des prêts de la Bibliothèque du roi.

(73) Yvon a exploité Brucker pour l'article *Aristotélisme*, mais si maladroitement que Diderot a dû reprendre son travail dans *Péripatéticienne* (voir *Annexe IV*). L'article *Celtes* porte la marque de l'abbé Yvon. C'est une adaptation du chapitre IX du premier livre de Brucker (*Historia*, t. I, pp. 313-339 jusqu'à " *erudite collegit* " et p. 342). D'une façon générale l'abbé Yvon adapte beaucoup plus librement que ne fera Diderot. Mais cette liberté ne concerne que la forme. Yvon reflète en revanche la pensée de Brucker avec exactitude, contrairement à Diderot.

seurs, il voit dans la vie historique de Jésus un moment décisif de l'histoire de la philosophie. Pour lui, comme pour eux, les doctrines se classent, au moins en apparence, selon les rapports qu'elles ont avec la Révélation chrétienne. Mais ce n'est qu'une apparence. Pour Brucker la vraie crise de l'histoire de la philosophie n'est pas la naissance de Jésus, mais le XVIe siècle. La Renaissance italienne et la Réforme occupent dans son œuvre une place qu'aucune autre histoire des idées ne leur avait donnée (74). Mais cela n'apparaît pas dans l'adaptation française de Diderot. D'abord parce que l'ordre alphabétique imposé par l'*Encyclopédie* est incompatible avec l'ordre chronologique. Et surtout Diderot n'a pas compris le rôle positif joué dans l'histoire des idées par les humanistes de la Renaissance, par les réformateurs, par les libertins. Nous avons déjà vu cette incompréhension se manifester vis-à-vis de la Réforme dans la *Promenade du sceptique*. Dans l'*Encyclopédie* elle se traduit par l'omission des chapitres pourtant essentiels consacrés par Brucker à la Renaissance italienne (75), aux causes de la Réforme en Europe (76). Gassendi a droit à seize lignes dans Diderot et à vingt pages dans Brucker (77). L'article sur *Jordanus Brunus* est bien court à côté du chapitre que lui consacre Brucker (78). Mais est-il admissible que Diderot n'ait rien retenu sur Cardan, sur Campanella ? Ces deux articles existent dans l'*Encyclopédie*, mais ils sont de l'abbé Pestré, et ils ne brillent pas par l'intelligence (79). Rien enfin sur Galilée, sur Vanini (80), sur Grotius, sur Pufendorf (81). Or tous ces philosophes ont d'autant plus de relief dans Brucker que leur histoire est tridimensionnelle : leur biographie propre se détache en effet sur le fond de l'histoire générale de la pensée européenne à l'époque moderne, en même temps que chacun d'eux se rattache par-delà le Moyen Age à un des courants majeurs de la pensée antique. Diderot a manifestement pris pour de simples pièces de transition ces chapitres de Brucker qui s'intitulent « *De restauratoribus philosophiae platonicae* », « *De philosophiae aristotelicae genuinae restauratoribus* », « *De philosophis aristotelico-scholasticis recentioribus* ». Il y a puisé tout au plus la matière de courts appendices aux grands articles consacrés à la philosophie ancienne (81 *bis*). Il était difficile de faire plus grave contresens historique.

Certes il ne faut pas surestimer la valeur proprement historique du livre de Brucker. Il a bien compris l'intérêt d'une étude si l'on peut dire

---

(74) J. Brucker, *Historia*, t. IV, « *Historia critica philosophiae a tempore resuscitatarum in occidenti litterarum ad nostra tempora* ».

(75) *Ibid.*, pp. 3-40.

(76) *Ibid.*, pp. 77-176.

(77) AT, t. XIV, pp. 525-526, et J. Brucker, *Historia*, t. IV, livre II, chap. VIII.

(78) J. Brucker, *Historia*, t. V, pp. 12-62, et AT, t. XIV, pp. 302-310.

(79) A propos de Campanella, Pestré parle d'ouvrages « remplis de galimatias », qui « fourmillent d'erreurs et d'absurdités ». Voilà le ton (ENC, t. II, p. 576 b).

(80) Brucker, *Historia*, t. V, pp. 612-664 et pp. 664-721.

(81) *Ibid.*, pp. 722-776.

(81 *bis*) Voir *Annexe IV, passim*.

génétique des doctrines philosophiques, mais il n'a pas su, ou n'a pas pu, la mener toujours à bien. Les premiers volumes de l'ouvrage, notamment, juxtaposent les doctrines plus souvent qu'ils ne montrent les rapports organiques qui peuvent exister entre elles. Les liens qui existent entre l'histoire des sciences et des techniques d'une part, et l'histoire de la philosophie d'autre part, sont indiqués pour l'époque moderne, à partir du moment où les philosophes découvrent qu'il y a de tels liens (82). Dans les époques antérieures ces liens sont supposés, mais Brucker ne peut les faire apparaître.

Mais l'ambition de Brucker était plus haute, puisqu'il voulait montrer dans quelle dépendance était la doctrine des philosophes par rapport aux temps, aux lieux, aux circonstances de leur vie. On peut bien admettre qu'il y a réussi, si l'on considère que la biographie du philosophe étant juxtaposée à l'exposé de son système, la doctrine se trouve « expliquée » par la vie. En fait la tentative de Brucker se solde par un échec toutes les fois que la juxtaposition est purement mécanique. Et il en est presque toujours ainsi, sauf peut-être dans le cas de Hobbes, dont l'exemple a d'ailleurs été soigneusement retenu par Diderot (83).

Si le contenu historique de l'ouvrage de Brucker n'est pas à la hauteur de ses desseins, cela tient pour une grande part à l'état rudimentaire de la science historique de son temps. Mais sa bonne volonté est entière.

Du point de vue strictement méthodologique, l'*Historia critica* est en effet un modèle du genre. Brucker énumère ses sources principales en tête de chaque chapitre, et un imposant appareil de notes soutient constamment son exposé. Toutes les fois qu'une de ses sources lui paraît douteuse, Brucker la critique, même s'il s'agit d'une autorité traditionnellement incontestée. Ainsi il n'utilise Josèphe qu'avec prudence, parce que l'historien juif déforme les faits pour illustrer sa nation (84), mais il n'épargne pas davantage les Pères de l'Eglise, qui ont falsifié les légendes orphiques (85). Il les accuse même d'avoir diffamé Epicure, pour pouvoir condamner sa doctrine à travers ses mœurs (86). Lorsque plusieurs sources d'information ont à ses yeux égale autorité, il les cite toutes

---

(82) C'est-à-dire à partir de la Renaissance.

(83) AT, t. XV, p. 122. Brucker « explique » ainsi le système politique de Hobbes : « *Tanta* (...) *ista aetas corruptione laborabat inter Britannos, et ad extrema progressa erat Presbyterianorum, quos vocant, factio cujus furor tandem in regicidium desiit, ut mirum non sit, Hobbesium, hominem acrem, et episcopalium partibus, quas meliori jure uti statuebat, mirum quantum addictum infenso in illam animo fuisse accensum, et ad opprimendam rationibus ejus insaniam in ejusmodi principia conspirasse, quae paulo liberior animus vix potest admittere* » (*Historia*, t. V, p. 163).

(84) *Ibid.*, t. I, p. 59.

(85) *Ibid.*, p. 383 : « *Quaedam* (...), *quae pro Orphicis ab antiquis ecclesiae doctoribus adducuntur, ita comparata sunt, ut fraudem atque suppositionem, saltem interpolationem, manifeste prodant* (...). *Is* (...) *Judaeorum* (...) *mos fuit, ut ejusmodi fraude rebus gentis suae apud gentiles auctoritatem conciliarent* ».

(86) *Ibid.*, p. 1228. Diderot n'osera pas retenir cette accusation contre les Pères et en chargera les seuls stoïciens (AT, t. XIV, p. 508).

et laisse objectivement au lecteur le soin de trancher s'il le peut (87). Ce souci d'être complet et objectif a malheureusement une contrepartie. L'ouvrage est lent et lourd, encombré de citations et de références. Brucker croirait certainement manquer aux règles de l'honnêteté s'il ne faisait leur part égale à tous les systèmes, fussent-ils extravagants. On comprend que Diderot, qui n'avait point la tête allemande, ait souvent taillé dans le vif de l'*Historia critica* et sauté des trente ou quarante pages consacrées à des sujets aussi oiseux que la philosophie contemplative de Platon, ou l'éclectisme théologique.

Beaucoup plus que la valeur *historique* du livre de Brucker, c'est sa valeur *critique* qui comptait aux yeux de Diderot, comme à ceux de presque tous ses contemporains. Sur ce plan le contenu de l'*Historia critica* tient même plus que le discours préliminaire ne promettait.

Le rationalisme de Brucker, en effet, a plus d'un point commun avec celui de Bayle. Brucker avait du reste une très grande admiration pour l'auteur du *Dictionnaire historique et critique*. Cela se voit aux multiples emprunts qu'il lui fait, et surtout au long développement qu'il lui consacre dans son chapitre « *De scepticis recentioribus* » (88). Fait curieux, et significatif, une partie du texte censuré de l'article *Pyrrhonienne* de l'*Encyclopédie* n'est que l'adaptation ou même la traduction du texte de Brucker. C'est donc le « baylisme » de Brucker qui a été condamné par Le Breton, à travers l'article de Diderot (89). Brucker cite dans son chapitre une phrase de Bayle qui donne la clef de son admiration pour lui : « *Nemo est, qui dum ratione utitur, peculiari Dei auxilio et contactu non opus habeat* » (90). C'est l'idée que nous avons déjà rencontrée, sous une forme moins explicite, dans la dissertation préliminaire : il est bon, et conforme au dessein de Dieu que l'homme se serve de la raison qui lui a été donnée.

Mais la méthode de Brucker est essentiellement cartésienne. Elle diffère donc sensiblement de la méthode de Diderot, qui devra plus à

---

(87) Par exemple au sujet des causes possibles de l'emprisonnement d'ANAXAGORE (*Ibid.*, t. I, p. 492). DIDEROT dans ce cas retient seulement l'explication qui lui semble la plus « philosophique » : ANAXAGORE fut emprisonné pour impiété (AT, t. XV, p. 248). Le cas de JULIEN l'Apostat est aussi typique. JULIEN a été tant de fois et si injustement diffamé par les auteurs ecclésiastiques que BRUCKER invite son lecteur à leur opposer le témoignage des auteurs profanes, avant de se faire une opinion objective (*Ibid.*, t. II, p. 293).

(88) *Ibid.*, t. IV, pp. 536 et suivantes.

(89) Voir *Annexe IV*. La phrase de DIDEROT sur la honte et la douleur causées aux parents de BAYLE par son abjuration (GORDON et TORREY, *The censoring*, p. 75) est dans BRUCKER, *Historia*, t. IV, p. 578 (« *magno suorum dolore et consternatione* ») ; le « prolixe menteur » MAIMBOURG (*The censoring*, p. 75) correspond à BRUCKER, *Historia*, t. IV, p. 583 (« *qui cum dolosis artibus satis callide res Reformatae ecclesiae evertere* (...) *velle videretur* ») ; le passage sur la Révocation de l'Edit de Nantes et la brochure qu'elle suggéra à BAYLE (*The censoring*, p. 75) est aussi dans BRUCKER, *Historia*, t. IV, p. 590. A propos du jugement à porter sur BAYLE (*The censoring*, p. 76), voir BRUCKER, *Historia*, t. IV, p. 598. Les réflexions censurées de DIDEROT sur le caractère de BAYLE, sur son scepticisme, sur l'usage louable de la raison lui sont aussi suggérées par le texte de BRUCKER (pp. 598-603).

(90) *Ibid.*, t. IV, p. 602.

Locke. S'interrogeant, dans son chapitre des syncrétistes (91), sur les critères que doit observer le philosophe en quête de la vérité, Brucker est amené à reprendre les principales idées de Descartes : le philosophe doit se laisser guider par sa faculté naturelle de jugement (92), et toujours remonter des conséquences aux principes, pour vérifier la cohérence interne du raisonnement. Diderot, reprenant ce passage dans son article *Syncrétistes* de l'*Encyclopédie* (93), et se demandant lui aussi quel peut être en philosophie le critère de la vérité, arrive à une conclusion différente : il faut, certes, utiliser la faculté de jugement qui nous est donnée par la nature et, par exemple, ne pas juger d'un système philosophique d'après sa conformité à l'enseignement des Ecritures; mais ce n'est pas sa cohérence interne qui garantit la justesse d'un raisonnement, c'est sa conformité à l'expérience.

Quoi qu'il en soit, le doute méthodique de Brucker est déjà très fécond. S'il ne manque jamais, comme historien, de faire la critique des témoignages, sans épargner les Pères de l'Eglise, le philosophe qu'il est refuse par principe de se soumettre à l'autorité. Son chapitre sur la scolastique est presque aussi violent dans ses termes et en tout cas aussi critique dans son contenu que l'article correspondant de Diderot (94). Les spéculations qu'on a pu faire sur le commerce entre les premiers hommes et les esprits réprouvés sont de pures rêveries, même si elles ont pour auteurs les Pères de l'Eglise (95). Et bien que Brucker soit plus réservé quand il s'agit des Ecritures, il laisse, ici et là, paraître un certain scepticisme, au moins sur la valeur d'une partie de ce qu'elles contiennent. Il est évident, par exemple, que les réflexions qu'il fait sur l'ignorance des Juifs dans le domaine des sciences exactes, et en particulier de la physique, constituent une critique indirecte de plus d'une page de l'Ancien Testament (96). D'une manière générale Brucker considère la crédulité comme indigne d'un homme qui pense. et ce n'est certainement pas un hasard s'il le dit au début de son chapitre sur les philosophies mosaïque et chrétienne (97).

Nous avons vu que les historiens de la philosophie distinguaient habituellement entre les doctrines philosophiques celles qui étaient propres à étayer la Révélation, et celles qui lui étaient indifférentes ou hostiles. Le clivage opéré par Brucker est tout différent. Il distingue lui aussi deux groupes de doctrines. Le plus souvent il fait même

---

(91) *Ibid.*, pp. 773-775.

(92) « *Naturali judicandi facultate* ».

(93) ENC, t. XV, pp. 748 a - 750 a.

(94) Brucker, *Historia*, t. III, p. 708, parle du droit canonique, de la théologie et de la philosophie scolastiques comme d'un triple monstre (« *triplex monstrum* ») né d'un accouplement étrange (« *miro* (...) *connubio* »).

(95) *Ibid.*, t. I, pp. 50-52.

(96) *Ibid.*, t. II, p. 655. Diderot reprend ces réflexions dans son article *Juifs*, AT, t. XV, p. 319.

(97) *Ibid.*, t. IV, pp. 610-611. Pour être juste, il faut constater que Brucker considère aussi le scepticisme comme indigne de l'homme qui pense. Mais son livre montre que ces deux refus n'ont pas pour lui même valeur. La crédulité est pour lui un mal absolu, alors que le scepticisme peut être un bien s'il est le premier pas vers une certitude rationnelle.

apparaître au sein de chaque doctrine deux tendances divergentes, l'une qui fait accéder l'esprit humain à un plus haut niveau de rationalité, l'autre qui le fait régresser vers l'irrationnel. Et cela est vrai des religions comme des philosophies, sans en excepter la religion chrétienne et les doctrines qu'elle a inspirées au cours de l'histoire.

Même si, dans l'esprit de Brucker, la religion chrétienne se trouve créditée des plus grands progrès faits par l'esprit humain dans son ascension vers la vérité, il n'empêche que la perspective qu'il adopte est neuve, et même révolutionnaire. La religion chrétienne y occupe le tout premier plan, mais elle ne se trouve plus « à part »; d'autres religions, des doctrines profanes, et même des philosophies païennes ont pu, elles aussi, contribuer au progrès de l'esprit. Inversement des doctrines d'inspiration chrétienne ont pu le faire régresser vers l'obscurantisme. C'est ainsi que l' « impie » Anaxagore est réhabilité, parce qu'il a opposé aux préjugés de son temps la force de la démonstration et de l'expérience (98). En revanche le mysticisme de Jacob Bœhme ne trouve pas grâce à ses yeux. Cette force mystérieuse qui trahit la présence de l'Esprit saint et qui, jaillissant en l'homme, lui permet de dominer son être physique en même temps que de connaître ce qui existe en dehors de lui-même, l'enthousiasme, aux yeux de Brucker, n'est qu'une des formes de l'irrationnel, et les théosophes qui en ont fait l'apologie ont, sous le couvert de la « raison », fait en réalité tous leurs efforts pour rejeter la « raison humaine » (99).

L'exemple d'Anaxagore, et l'exemple inverse de Bœhme, illustrent assez bien l'idée reprise de Bayle que nous avons déjà rencontrée chez Brucker : « *Nemo est, qui dum ratione utitur, peculiari Dei auxilio et contactu non opus habeat* ». Cependant le souci qu'il a de mettre en évidence la part de rationalité qui est dans chaque doctrine entraîne une conséquence étrange. Dans une telle perspective en effet il n'y a guère de philosophe dont on puisse affirmer qu'il a été impie, comme le remarquait le journaliste des *Mémoires de Trévoux*. Cela explique que dans bien des cas Brucker discute pied à pied l'accusation d'impiété portée contre des philosophes qui par ailleurs ont honoré la raison humaine, Anaximène (100), Anaxagore (101), Démocrite, l'un des plus grands génies de l'Antiquité selon lui (102). Parmi les modernes, un

---

(98) « (*Dicunt eum*) *ostendisse aliquando caput arietis, unico tantum cornu insigne, quod futurorum malorum praesagium vates jactaverint, dissectum nihil habere, quod naturale non esset. Hanc vero philosophiae libertatem aegerrime genus irritabile vatum tulisse, et philosophos ideo impietatis accusavisse, tot exempla, quae historia philosophica suppetit, et in his maxime notabile Socratis, testantur* » (*Historia*, t. I, p. 492). DIDEROT n'a pas retenu cette anecdote, qui vient de PLUTARQUE, dans son article *Ionique*.

(99) « *Quae* (ce sont les rêveries de BŒHME) *satis manifestum faciunt, alia prorsus significatione vocem rationis adhibere hos homines, quorum maximus labor in eo vertitur, ut rationem humanam abjiciant* » (*Ibid.*, t. IV, p. 646).

(100) *Ibid.*, t. I, pp. 488-492.

(101) *Ibid.*, pp. 492-514.

(102) « *Inter maxima antiquitatis ingenia numerandum* » (*Ibid.*, t. I, p. 1177). Un long développement sur l'accusation d'athéisme portée contre DÉMOCRITE se trouve pp. 1204 et suivantes.

Bérigard, qui a combattu la philosophie d'Aristote et soigneusement séparé les domaines du savant et du théologien, ne saurait non plus être accusé d'irréligion. Il est pourtant des cas où l'évidence est telle qu'un historien aussi scrupuleux que Brucker doit l'admettre. Il en appelle alors des intentions des philosophes qu'il étudie à leurs mœurs, ce qui est encore un moyen de montrer l'empire que la raison a eu sur eux. Ainsi de Diogène (103), ou d'Epicure (104). Ce faisant Brucker renverse le raisonnement habituel aux apologistes de la religion chrétienne, qui concluaient des mœurs impures des philosophes païens à la fausseté de leur doctrine.

Le plaidoyer pour Bayle rassemble tous les arguments utilisés ailleurs en faveur des philosophes rationalistes (105) : Brucker commence par discréditer les ennemis de Bayle, dont il montre l'entêtement, l'intolérance, la fausseté. Puis il fait l'éloge de ses mœurs; Bayle était droit, il était vertueux, donc il craignait et respectait la divinité. Vient enfin l'argument décisif : en usant de la raison comme il l'a fait dans ses polémiques et dans son œuvre critique, Bayle a donné l'exemple d'une piété authentique. C'est à ce propos du reste qu'est citée la maxime de Bayle sur l'usage de la raison et le « contact » avec Dieu.

Comment Brucker use-t-il lui-même de la raison dans son enquête historique sur les « erreurs » de l'esprit humain, et plus particulièrement à propos du fait religieux ? Sur l'origine des religions, l'*Historia critica* est aussi décevante que les ouvrages qui l'ont précédée. On y trouve des postulats plus que des démonstrations. L'un de ces postulats, c'est qu'avant de faire des systèmes philosophiques ou religieux, les hommes ont dû satisfaire leurs besoins physiques (106). Qu'un lien existe entre la satisfaction de ces besoins physiques et l'élaboration des premiers mythes, Brucker l'a confusément senti et quelquefois suggéré, par exemple à propos du mythe de Prométhée. Mais on ne peut dire qu'il ait eu pleinement conscience de la fécondité de cette idée (107). En fait le mythe de Prométhée illustre pour lui, comme il le fera encore pour Diderot, un postulat beaucoup plus banal, celui de la divinisation des grands hommes et plus particulièrement des bienfaiteurs de l'humanité. C'est dans ce postulat que Brucker voit finalement la clef de toutes les religions anciennes (108).

Si la valeur proprement *historique* de l'ouvrage de Brucker est faible, sa valeur *critique* a été considérable en son temps.

L'*Historia critica* est en effet un véritable arsenal de faits et d'arguments pour l'esprit formé à la méthode comparative de Fontenelle. Ce

---

(103) *Ibid.*, p. 882.
(104) *Ibid.*, pp. 1237-1248.
(105) *Ibid.*, t. IV, pp. 598-603.
(106) *Ibid.*, t. I, p. 57; cf. AT, t. XIII, p. 302, art. *Antédiluvienne*.
(107) *Ibid.*, p. 371. Diderot sera à peine plus hardi dans l'article *Grecs* (AT, t. XV, pp. 48-49).
(108) *Ibid.*, t. V, p. 908 (dans le chapitre sur la religion des Japonais); cf. AT, t. XV, p. 265.

n'est pas que Brucker ait eu le moins du monde l'intention de discréditer le Judaïsme et le Christianisme au travers du paganisme. Lorsqu'il rapproche des textes de l'Ecriture les textes sacrés de diverses religions orientales ou des récits profanes, son but est toujours de montrer l'excellence de la tradition judaïque et chrétienne. La comparaison entre les oracles de Zoroastre et la Bible doit montrer la supériorité sur les premiers de ce que Brucker appelle « les oracles sacrés » des chrétiens (109) ; et s'il traite les miracles de Jésus sur le même pied que ceux de Pythagore (110) ou d'Apollonios (111), c'est pour mieux reprocher aux seconds leur imposture.

Mais les lecteurs de Brucker, et Diderot tout le premier, ont négligé l'intention pour ne retenir que la méthode. Cette méthode est celle du traité *De l'origine des fables,* mais Brucker va quelquefois plus loin que Fontenelle et les rapprochements qu'il fait ne sont pas tous formels. Ainsi Brucker demande que l'on isole dans le chaos des mythes grecs l'apport des superstitions barbares (112). Il souhaite aussi que l'étude approfondie des sectes orientales contemporaines de la naissance du Christianisme permette d'éclairer l'histoire des premiers siècles de l'Eglise (113). L'histoire des mythes et des religions antiques, l'histoire des origines du Christianisme, ont montré depuis le XVIIIe siècle que les directions de recherche indiquées par Brucker étaient justes.

On ne saurait trop répéter qu'en dépit de son libéralisme Brucker n'est pas un ennemi de la religion. Il est pasteur autant que philosophe, et son ouvrage a pour but d'incliner vers la religion chrétienne les bons esprits, soucieux d'accorder la foi qu'on leur propose avec les exigences de leur raison. Les pointes anticléricales qui parsèment l'*Historia critica* sont dans la meilleure tradition protestante (114) et elles sont peu de chose au prix des professions de foi qu'inspire à Brucker son horreur de l'athéisme et du matérialisme. C'est cette horreur qui le conduit, au mépris de toute vraisemblance historique, à ranger dans le camp des déistes tant de philosophes impies. Si Epicure lui-même n'y figure pas, c'est vraiment que sa philosophie « ne demande aucun dieu » (115). On croirait par instants que Brucker est d'autant plus préoccupé d'affirmer ici sa foi que l'usage qu'il fait de la raison en menace davantage les fondements. Diderot n'aura pas tant de scrupules.

---

(109) *Ibid.*, t. I. pp. 152-154.
(110) *Ibid.*, p. 993.
(111) *Ibid.*, t. II, pp. 98-99.
(112) *Ibid.*, t. I, pp. 365-368 (cf. AT, t. XV, p. 47).
(113) *Ibid.*, t. II, pp. 639-652 (cf. AT, t. XVI, p. 172).
(114) Les prêtres de tous les temps ont été habiles à mettre la religion au service de la politique (*Historia*, t. I, pp. 106-107) ; les moines du temps de la Renaissance étaient barbares, ignorants et dissolus (*Ibid.*, t. IV, p. 364) ; l'esprit d'inquisition anime presque naturellement les prêtres (« *genus irritabile vatum* », *ibid.*, t. IV, p. 535), etc..
(115) *Ibid.*, t. I, p. 1293.

Chapitre VIII

DIDEROT TRADUCTEUR DE BRUCKER. DU DÉISME AU MATÉRIALISME.

L'*HISTOIRE DE LA PHILOSOPHIE* JUGEE PAR LES CONTEMPORAINS

Aucun des contemporains de Diderot ne s'est mépris sur la signification de l'*Histoire de la philosophie* ou, en général, des articles philosophiques de l'*Encyclopédie*. Aucun d'eux n'a tenté de juger de la valeur proprement historique de ces articles. Tout au plus trouve-t-on ici ou là dans les périodiques du temps, l'éloge poli mais froid de l'érudition qu'ils supposent.

Certains journalistes ne furent d'ailleurs pas dupes, et ils n'ont pas manqué de rendre à Brucker ce qui lui appartenait. Par exemple Fréron. Après avoir montré dans l'*Année littéraire* que les pièces de Diderot n'étaient qu'un plagiat de Goldoni, et que les planches de l'*Encyclopédie* avaient été volées à l'Académie des sciences, Fréron se devait de faire paraître aussi le peu d'originalité des articles de philosophie contenus dans le dictionnaire. Il le fit en 1760, au cours de la polémique qui accompagna la représentation des *Philosophes* (1). Au reste il n'accuse pas tant Diderot d'utiliser beaucoup Brucker, que de répugner à citer ses sources. Ce qui n'est pas de bonne foi, car Diderot cite au contraire très souvent l'*Historia critica philosophiae*. D'ailleurs l'avertissement du tome III de l'*Encyclopédie* donnait, dès 1753, à propos d'*Aristotélisme*, toutes indications utiles à ce sujet :

« L'auteur a cru pouvoir semer ici quelques morceaux de l'ouvrage de M. Deslandes, qui font environ la dixième partie de ce long article; le reste est un extrait substantiel et raisonné de l'histoire latine de la philosophie de Brucker; ouvrage moderne, estimé des étrangers, peu connu en France, et dont on a fait beaucoup d'usage pour la partie philosophique de l'*Encyclopédie*, comme dans l'article *Arabes*, et dans un très grand nombre d'autres » (2).

---

(1) *L'année littéraire*, 1760, t. III, p. 265.
(2) ENC, t. III, p. IX.

Nul ne pouvait donc s'y tromper, et ceux des contemporains de Diderot qui louèrent l'érudition de ses articles de philosophie faisaient donc sciemment, sinon explicitement, l'éloge de Brucker. Le *Journal encyclopédique* loue ainsi les articles *Eclectisme* et *Epicuréisme*, qui sont « travaillés avec tant de soin » et qui ont demandé des « recherches si profondes » (3). Le commentaire qui accompagne le résumé de l'article *Juifs*, dans le même journal, est tout à fait typique :

« Cet article savant est rempli de recherches profondes et d'utiles réflexions sur la philosophie des Juifs, sur la très étonnante histoire des Samaritains; il est cependant très intéressant encore par les observations de l'auteur sur l'origine des différentes sectes de ce peuple célèbre » (4).

Mais il en est de l'*Histoire de la philosophie* comme de la *Description des arts :* y avait-il un journaliste capable de porter sur elle un jugement fondé ? Il y en avait au moins un, le journaliste des *Mémoires de Trévoux*. Ses premiers articles de critique sur la partie philosophique de l'*Encyclopédie* montrent qu'il était très averti. Ce n'est pas à lui qu'on pouvait faire prendre pour du neuf ce qu'il avait déjà lu dans le Père Buffier, dans Boureau-Deslandes, et plus souvent encore dans le dictionnaire confectionné par les savants de la Compagnie de Jésus. Aussi l'éloge du P. Berthier a bien son prix lorsqu'il écrit : « Sur la philosophie des Arabes, on montre de l'érudition et de la critique : ce détail mérite d'être lu » (5). Mais il faut croire que Berthier n'avait pas encore dépouillé l'*Historia critica*. Il n'eût pas manqué, autrement, de rendre à Brucker ce qui lui revient. En fait ce n'est pas non plus la valeur historique des articles de philosophie de l'*Encyclopédie* qui intéresse le P. Berthier, c'est leur valeur critique :

« En plusieurs endroits la religion n'a point été respectée : sur quoi nous prions sincèrement tous ceux qui mettent la main à cet ouvrage, d'être infiniment circonspects sur un point de si grande importance » (6).

Le P. Berthier a très bien compris, dès l'article *Aius Locutius*, que la liberté d'expression revendiquée par les encyclopédistes avait pour but de saper les fondements de la religion (7). Mais il a compris surtout, et cela fait honneur à sa perspicacité, que les emprunts faits aux érudits avaient en eux-mêmes peu d'importance, et que tout était dans la manière de les utiliser. Il a remarqué par exemple que l'auteur d'*Aristotélisme* avait tiré sa documentation historique, en partie, de Boureau-Deslandes, mais qu'il avait subtilement modifié l'ordonnance

---

(3) *Journal encyclopédique*, 1756, t. II, deuxième partie, p. 4.
(4) *Ibid.*, 1767, t. V, deuxième partie, pp. 4-5.
(5) *Mémoires de Trévoux*, 1752, mars, p. 430.
(6) *Ibid.*, p. 468.
(7) *Ibid.*, 1751, novembre, pp. 2447-2448.

des morceaux empruntés, de manière à faire dire à Deslandes autre chose que ce qu'il avait voulu dire :

« Le premier (Deslandes) est bien plus raisonnable que le second (l'encyclopédiste). Nous pourrions nous servir de termes plus forts, et montrer, par un détail raisonné, combien l'énoncé de l'*Encyclopédie* est capable d'alarmer les gens de bien » (8).

Ce qui est vrai d'*Aristotélisme* l'est de tous les articles tirés par Diderot du livre de Brucker : l'histoire de la philosophie n'est rien par elle-même, mais elle est le prétexte et le support d'une critique fondamentale de la religion.

Ce que le P. Berthier, seul, a compris et expliqué, tous les lecteurs de l'*Encyclopédie* l'ont senti, et c'est la raison du caractère, étonnant pour le philosophe moderne, des commentaires suscités par la partie philosophique de l'*Encyclopédie.* Tous semblent passer à côté de l'essentiel, la valeur *philosophique* et *historique* de cette « histoire de la philosophie ». C'est qu'au milieu du XVIIIe siècle, l'essentiel n'était pas là. Pour Diderot comme pour ses adversaires, l'histoire de la philosophie est un moyen, et non une fin, une arme, dans le combat qui met aux prises l'incrédulité et la religion.

Aussi les journalistes et les critiques qui ont rendu compte de la partie « métaphysique » de l'*Encyclopédie* se répartissent en deux camps, l'un favorable, l'autre hostile, comme on pouvait s'y attendre. Mais cette faveur et cette hostilité se déclarent au nom des mêmes principes : les uns approuvent la métaphysique des encyclopédistes parce qu'elle est de nature à amener le philosophe au pied des autels, les autres la réprouvent parce qu'elle oppose la philosophie et la religion.

Ainsi, pour le *Journal encyclopédique,* le dessein de « porter des coups dangereux à la religion » prêté aux encyclopédistes par l'auteur du *Nouveau mémoire pour servir à l'histoire des Cacouacs* est purement « imaginaire » :

« Dans ce siècle malheureux, où les intérêts de la religion ont besoin d'être ménagés, n'est-ce point lui nuire auprès des simples, que de répandre mal à propos sur des génies du premier ordre le soupçon d'incrédulité ? » (9).

Lorsqu'il commente l'article *Eclectisme* le journaliste de Bouillon fait d'ailleurs voir en quel sens l'*Encyclopédie* est pour lui l'auxiliaire de la vraie religion : « Un vrai éclectique, un éclectique qui ferait un usage légitime de sa raison, deviendrait bientôt un parfait chrétien » (10). Dans cette perspective le pyrrhonisme est une étape nécessaire de la pensée en quête de la vérité, et l'on peut admettre le sensualisme de

(8) *Ibid.*, 1752, mars, p. 440.
(9) *Journal encyclopédique*, 1758, 1er février, t. I, troisième partie, pp. 103-104.
(10) *Ibid.*, 1759, 1er octobre, t. VII, première partie, p. 104.

Locke sans partager ses doutes en matière de religion (11). C'est donc précisément l'esprit de Brucker et de Bayle qui est reconnu et approuvé dans les articles de l'*Encyclopédie*. Et il ne faut pas voir là une habileté. Car le *Journal encyclopédique* ne louerait pas des articles où l'on verrait prêcher le matérialisme et l'athéisme. Il reproche même indirectement à Diderot d'avoir donné trop de prise à l'accusation d'irréligion, et il lui propose en exemple l'éditeur italien de l'*Encyclopédie* qui a su, par des notes judicieuses, « concilier les intérêts de la religion avec ceux des sciences et des arts » (12). L'auteur anonyme de la *Justification de plusieurs articles du dictionnaire encyclopédique ou Préjugés légitimes contre Abraham Joseph de Chaumeix* affirmera comme Pierre Rousseau et ses amis que les encyclopédistes ne sont nullement irréligieux.

Il faut bien reconnaître pourtant que ce point de vue était paradoxal, même s'il était sincère. Pour les esprits religieux, de quelque parti qu'ils fussent, les articles philosophiques de l'*Encyclopédie* sentaient le fagot, indiscutablement. Voici ce qu'en dit la *Bibliothèque des sciences et des beaux-arts*, périodique protestant publié à La Haye :

« Il y (a des articles) dont le ton n'a paru ni assorti à la majesté de la Révélation, ni convenable pour en faire admirer l'excellence divine. On aurait voulu des traits lancés d'une main plus ferme contre le déisme, le libertinage et l'indifférence » (13).

Le journaliste protestant n'approuve pas en tous ses termes l'analyse du janséniste Chaumeix, mais il lui accorde que le sensualisme de Locke a entraîné les encyclopédistes sur une pente bien dangereuse en soutenant « qu'on ne saurait prouver que Dieu n'ait pas attaché à la matière la faculté de penser » (14). A ses yeux les encyclopédistes sont évidemment des matérialistes, comme le prouve en particulier l'article *Animal* de Diderot (15).

Pour les *Nouvelles ecclésiastiques*, périodique janséniste, comme pour M. de Fumel, la partie philosophique de l'*Encyclopédie* est tout aussi condamnable que le *Dictionnaire* de Bayle (16) et, bien entendu, écrite de la même encre que la thèse de l'abbé de Prades (17). Le Père Bonhomme, capucin, n'est pas plus indulgent dans son *Eloge de l' « Encyclopédie »*. Il rapproche lui aussi la partie philosophique du dictionnaire des thèses de l'abbé de Prades. Par exemple l'article *Chronologie sacrée*, qui est de Diderot, lui paraît refléter les thèses de

---

(11) *Ibid.*, p. 113.
(12) *Ibid.*, 1er août, t. V, troisième partie, p. 138.
(13) *Bibliothèque des sciences*, 1758, premier trimestre, p. 223.
(14) *Ibid.*, 1759, premier trimestre, p. 12.
(15) *Ibid.*, p. 14.
(16) *Nouvelles ecclésiastiques*, 1760, p. 203. JOLY DE FLEURY avait déjà comparé l'*Encyclopédie* au *Dictionnaire* de BAYLE (*Nouvelles ecclésiastiques*, 1759, p. 58).
(17) *Ibid.*, 1754, p. 106.

l'abbé sur l'âge du monde et les idées développées dans une brochure impie sur *l'Ame et son immortalité* (18).

Deux ouvrages cependant vont plus loin dans la critique de la métaphysique des encyclopédistes; on n'y trouve pas seulement des généralités, mais des commentaires détaillés sur un certain nombre d'articles précis. Ce sont les *Préjugés légitimes* du janséniste Chaumeix. et *la Religion vengée,* du récollet Hayer et de l'avocat Soret (19). Ni Chaumeix ni Hayer n'ont critiqué la partie philosophique de l'*Encyclopédie* au-delà du tome VII, mais leurs remarques sur les sept premiers volumes sont assez typiques pour qu'on leur accorde une valeur générale.

Chaumeix ne croit pas à la sincérité des encyclopédistes, et il pense que même lorsqu'ils affirment respecter la religion ils travaillent en fait à la détruire (20). Ce n'est pas le mécanisme grossier des renvois qui pourrait démentir son impression : « Les encyclopédistes ont trouvé, par l'usage des renvois, un moyen de paraître respecter la religion, en la renversant en effet » (21). Mais Chaumeix ne songe pas un instant à juger en historien les articles d'histoire de la philosophie; s'il en critique les sources c'est, par exemple, pour rappeler que le Père Le Comte, pris par Diderot comme garant dans son article *Chinois*, a été censuré par la Sorbonne (22). Chaumeix traite très exactement l'*Histoire de la philosophie* comme un roman philosophique dont il aurait à déchiffrer les intentions, et les autres articles de philosophie rédigés par Diderot lui servent en quelque sorte de clefs. D'une façon générale, Diderot fait selon lui une apologie outrée du sensualisme de Locke (23), et surtout il le tire vers le matérialisme :

> « Si toutes nos connaissances ne sont que des sensations, il s'ensuit que l'homme n'aurait aucune connaissance, s'il n'avait point de sens, ni de corps. Donc le corps ou la matière est la cause physique et nécessaire des pensées » (24).

Si bien que le progrès de la connaissance scientifique a comme contrepartie un recul sensible de la foi religieuse, puisque la vérité révélée par l'Ecriture et la vérité conquise par les sens et la raison sont considérées comme contradictoires. Pour Chaumeix, au contraire, il n'y a de « bonne physique (que) celle qui s'accorde avec les Ecritures, puisqu'elles ne peuvent être fausses » (25).

Quant aux articles d'histoire de la philosophie qui intéressent Chaumeix, ils sont de deux sortes. Les uns constituent une présentation

---

(18) P. Bonhomme, *Eloge de l' « Encyclopédie »*, p. 130.
(19) Sur *la Religion vengée,* voir A. Monod, *De Pascal à Chateaubriand,* p. 378, n. 3.
(20) A. Chaumeix, *Préjugés,* t. VIII, p. XVII.
(21) *Ibid.,* t. I, p. 53.
(22) *Ibid.,* p. 86.
(23) *Ibid.,* p. 98.
(24) *Ibid.,* p. 221.
(25) *Ibid.,* t. II, p. 221.

habile de la doctrine matérialiste, les autres visent directement ou indirectement à ruiner le Christianisme. Parmi les premiers, Chaumeix retient *Ethiopiens* et *Epicuréisme*. Il lui semble bien qu'en exposant les idées des anciens Ethiopiens sur la production des animaux par la terre en fermentation l'auteur, — c'est Diderot, — a surtout exposé les siennes : « Il s'ensuivrait que cet ancien peuple était athée par système, et ce n'est pas pour (les encyclopédistes) un petit avantage » (26). Pourquoi, dans *Epicuréisme*, l'auteur, — c'est toujours Diderot, — a-t-il pris tant de peine pour purger Epicure du reproche d'athéisme ? Pourquoi surtout a-t-il tenu à tirer toutes les conséquences du système d'Epicure ? Lesquelles appartiennent vraiment à Epicure ? Lesquelles sont de Diderot lui-même ? Et Chaumeix de conclure : « Epicure n'est ici qu'un prête-nom » (27). Bien mieux,

« il ne faut pas craindre que les encyclopédistes disent un mot pour prévenir contre Epicure et sa doctrine, au contraire ils s'efforcent d'en faire l'éloge après même qu'ils l'ont exposée d'une manière bien plus outrée que ce philosophe ne la soutenait; c'est qu'ils sont plus épicuriens qu'Epicure lui-même » (28).

Le rapprochement que fait Chaumeix (29), entre tel passage de l'exposé du système d'Epicure (30) et les *Pensées sur l'interprétation de la nature* (31) donne beaucoup de vraisemblance à son hypothèse. Mais il n'a pas de peine à trouver dans l'*Encyclopédie* elle-même des articles où Diderot expose des idées très voisines de celles d'Epicure, par exemple l'article *Animal*. Chaumeix n'est pas dupe de la présentation typographique de l'article, qui en fait un simple commentaire de Buffon : « Il n'est pas difficile de s'apercevoir que (Diderot) contredit formellement M. de Buffon, et qu'en raisonnant par analogie il prétend qu'il faut décider tout différemment » (32). Diderot dépasse en effet Buffon, s'il ne le contredit pas. lorsqu'il enseigne « que la faculté de penser est une propriété de la matière, et que la matière en est la cause physique » (33).

A côté des articles sur les systèmes de philosophie qui permettent à Diderot d'exposer ses propres idées matérialistes, il en est d'autres dans lesquels le lecteur perspicace peut trouver une critique du Christianisme. C'est le cas d'*Aschariens* :

« M. Diderot ignore apparemment que ce qu'il attaque ici sous le nom de l'Alcoran et des Aschariens, sont des dogmes catholiques; et ainsi ce que je lui reproche, n'est peut-être qu'un défaut de lumière. Je serais tenté de le

---

(26) *Ibid.*, t. I, p. 57.
(27) *Ibid.*, t. II, p. 213.
(28) *Ibid.*, pp. 221-223.
(29) *Ibid.*, p. 219.
(30) « Les yeux n'ont point été faits pour voir ni les pieds pour marcher » (AT, t. XIV, p. 516).
(31) Chaumeix songe sans doute à la *Pensée* LVI, 2, « Des causes finales ».
(32) A. Chaumeix, *Préjugés*, t. I, p. 214.
(33) *Ibid.*, p. 216.

croire, s'il n'était trop visible que cet article *Aschariens* n'est mis là que pour blasphémer ce qu'il ignore » (34).

Or l'article *Aschariens* contient une comparaison explicite entre les croyances des disciples d'Aschari et les dogmes chrétiens de la Providence et de la Prédestination (35). Autre tactique dans l'article *Androgyne*, qui porte l'astérisque de Diderot. L'idée des androgynes, suggère Diderot, « pourrait bien avoir été empruntée du passage de Moïse, où cet historien de la naissance du monde dit qu'Eve était l'os des os et la chair de la chair d'Adam » (36). La comparaison entre le texte de l'Ancien Testament et la fable des androgynes dans Platon par exemple n'a aucun fondement historique, mais il suffit que l'*Encyclopédie* la fasse pour que Chaumeix y discerne un dessein malveillant : c'est une « application » qu'aucun incrédule n'avait encore faite; et en tout cas, si le texte de la Bible n'est pas clair, c'est aux « ministres » de la religion et non aux philosophes de l'éclairer (37).

La religion vengée est en partie postérieure aux *Préjugés légitimes* d'Abraham Chaumeix (38); il n'est pas étonnant qu'on y trouve discutés les mêmes exemples, dans le même esprit. Mais Hayer est plus incisif que Chaumeix, son argumentation est plus nette, plus grossière aussi. Elle a une valeur exemplaire que n'a pas celle de Chaumeix. Il faut dire que l'ouvrage est didactique, et conçu pour l'édification du Dauphin. Son but lointain est essentiellement politique, comme le montre cette phrase qui est répétée sous vingt formes différentes dans l'ouvrage : « Quand on en veut à Dieu, on en veut aux princes qui sont ses images » (39).

Dans l'esprit des auteurs de *la Religion vengée*, l'*Encyclopédie* a pris la relève du *Dictionnaire historique et critique* de Bayle. Son objectif est de répandre le doute destructeur, sous des apparences d'autant plus séduisantes parfois qu'elles ont couleur de vérité, car cet

> « écrivain si célèbre, l'idole de la nation incrédule, est presque toujours, surtout en matière de religion, un métaphysicien sans principes, un logicien sans justesse, un critique sans jugement, un compilateur sans probité. (...) Ses ouvrages ne sont qu'un composé monstrueux de Christianisme et d'irréligion, de pudeur et de lubricité, de sagesse et de folie » (40).

Les encyclopédistes, comme Bayle, sont des hypocrites. Ils affichent le dessein de conduire le lecteur vers Dieu par les voies de la raison, et ils feignent de lui conter en historiens les progrès de l'esprit humain.

---

(34) *Ibid.*, p. 79.
(35) AT, t. XIII, p. 374.
(36) *Ibid.*, p. 296.
(37) A. Chaumeix, *Préjugés*, t. II, pp. 129-130.
(38) Le premier volume de *la Religion vengée* a paru en 1757 et les huit volumes des *Préjugés* ont paru en 1758-1759. Mais il n'est directement question de l'*Encyclopédie* dans *la Religion vengée* qu'à partir de 1760 (du tome X au tome XII).
(39) *La religion vengée*, t. I, p. 211.
(40) *Ibid.*, p. 8.

Mais leurs renvois puérils trahissent leur plan, et « il n'est que trop sensible que ce plan est de détruire la religion » (41). Si quelquefois le texte de l'*Encyclopédie* est obscur, c'est d'une obscurité affectée, comme l'avoue cyniquement l'article *Encyclopédie :*

« Le chef des encyclopédistes promet d'être impie, mais de manière qu'en se montrant tel qu'il est aux adeptes de l'impiété, il tâchera de dérober sa marche à ceux qu'il regarde comme ses ennemis » (42).

D'après *la Religion vengée* il y a dans ce plan trois moments successifs. Dans un premier temps les encyclopédistes veulent répandre le doute, en opposant la raison et l'expérience à la Révélation. De ce point de vue l'article *Eclectisme* paraît typique à Hayer et à ses amis : « *N'admettre rien que sur le témoignage de sa propre expérience,* n'est-ce pas nier les faits les plus incontestables ? » (43) Il est évident, ajoutent-ils, que sous couleur d'exposer simplement le système des éclectiques Diderot en fait l'apologie; il « applaudit à la conduite de ces spectateurs indifférents, qui écoutent, qui pèsent, qui n'appartiennent à aucun parti, et qui finissent par se faire un système conciliateur » (44). Diderot explique-t-il que les martyrs chrétiens étaient plus convaincus, parce que plus enthousiastes que les éclectiques ? Cela revient à dire qu'ils étaient plus fous, et que plus raisonnables ils eussent été moins religieux. La religion serait-elle donc perdue si elle était soumise à l'examen attentif de la raison ? Diderot a grand tort de le croire, car il est entendu, et hors de discussion, que la « saine » raison ne peut que s'accorder avec la foi (45). Ce qui ne signifie d'ailleurs en aucun cas que le philosophe doive se taire sur la nature de la divinité, car il est encore d'un impie de laisser croire par son silence que cette nature est incompréhensible, comme le fait Diderot sous le masque de Méline dans l'article *Eléatique* (46). Mais Diderot fait pis, puisque dans l'article *Crédulité,* il loue le pyrrhonisme à visage découvert : « Un écrivain qui assure que l'incrédule a l'esprit exercé à discerner la vérité, que l'incrédule a trouvé la vérité, prouve qu'il est lui-même un incrédule » (47).

Il n'est guère possible en effet de séparer le domaine de la foi et celui de la raison sans qu'on en vienne tôt ou tard à détruire la première par la seconde. C'est ce que tente Diderot dans une seconde démarche de sa pensée critique, facile à suivre dans des articles comme *Anubis, Bramines, Egyptiens.* Ces articles, et bien d'autres semblables, sont une présentation des croyances et des idées philosophiques des anciens. Ou Diderot les approuve, ou il les blâme. S'il les blâme, argu-

---

(41) *Ibid.*, t. X, pp. 77-78 et p. 93.
(42) *Ibid.*, t. X, p. 96.
(43) *Ibid.*, t. XI, p. 269.
(44) *Ibid.*, pp. 278-279.
(45) *Ibid.*, pp. 286-292.
(46) *Ibid.*, t. XII, p. 4.
(47) *Ibid.*, p. 86.

mente Hayer, c'est qu'à travers elles il vise le Christianisme; s'il les loue, c'est qu'évidemment il les trouve supérieures au Christianisme. Ainsi, louer dans *Anubis* les Romains d'avoir admis les dieux des vaincus et toléré leurs prêtres, c'est reprocher au catholicisme romain son intolérance, et prêcher l'indifférence en matière religieuse (48). Dire au contraire à propos des *Bramines* que des absurdités comme celles de la religion des Indiens sont condamnées par le progrès des lumières, c'est « dire en termes couverts que l'irréligion s'établit sur les ruines du Christianisme » (49). Et il n'est pas besoin de commentaire pour voir où veut en venir l'auteur de l'article *Egyptiens*, lorsqu'il dénonce la fourberie intéressée des prêtres de l'ancienne Egypte (50).

La religion discréditée, il ne reste au philosophe qu'à exposer à mots couverts ou directement son système matérialiste. *La religion vengée* donne donc à l'article *Epicuréisme* le sens que lui donnait déjà Chaumeix :

> « L'auteur de l'article *Epicuréisme*, après avoir fait parler Epicure comme il lui a plu, adopte assez ouvertement toute sa doctrine, sans restriction ni réserve. Les éloges qu'il fait de sa personne sont autant d'approbations de sa philosophie » (51).

La religion vengée et les *Préjugés légitimes* s'accordent également sur ce qu'il faut penser de l'article *Ethiopiens :*

> « Ne voudrait-on pas ici renouveler l'absurde chimère de je ne sais quels anciens qui assuraient que l'homme était né et avait crû comme un champignon dans une terre rougeâtre de l'Egypte ou de l'Ethiopie échauffée par le soleil ? » (52).

De cette partie de l'*Histoire de la philosophie*, Hayer, comme Chaumeix, trouve la clef dans l'article *Animal* (53). Mais il va plus loin que Chaumeix en donnant aux idées de Diderot sur l'origine matérielle de la vie la place qui leur revient dans un vaste système métaphysique matérialiste et mécaniste, dont il voit l'esquisse dans des articles aussi divers que *Chagrin* et *Encyclopédie*. Si les récits éthiopiens font naître la vie du mouvement de la matière, c'est que « tout ce qui est, est comme il doit être » (54). Si tout est nécessaire, il n'y a plus de liberté humaine, conclut logiquement Hayer (55). L'article *Chagrin*, qui porte l'astérisque de Diderot, expose les maximes des stoïciens d'une telle manière qu'on peut y voir une apologie du fatalisme, puisque « la tristesse qui naît d'un événement triste, est aussi nécessaire, aussi inévitable que l'événement même » (56), ce qui ne laisse pas, on le

---

(48) *Ibid.*, t. XI, pp. 359-360.
(49) *Ibid.*, p. 352.
(50) *Ibid.*, p. 321.
(51) *Ibid.*, t. X. p. 295.
(52) *Ibid.*, p. 332.
(53) *Ibid.*, p. 347.
(54) AT, t. XIV, p. 531.
(55) *La religion vengée*, t. XII, p. 93.
(56) *Ibid.*, p. 92.

devine, d'avoir de redoutables conséquences morales. La lecture de l'article *Encyclopédie* ne peut que confirmer l'impression produite par ces articles prétendus historiques. N'y voit-on pas en effet l'univers comme une sorte de machine infinie en tout sens, dont chaque partie tient à toutes les autres ? Cet univers, « n'est-ce pas nécessairement une *machine-Dieu ?* » (57) Et Hayer poursuit :

« Lorsqu'on nous dit qu'entre les êtres que nous offre l'univers, il n'y a *presque aucune division fixe et déterminée, que tout s'y enchaîne et s'y succède par des nuances insensibles*, etc., on prétend apparemment qu'il n'y a qu'une nuance imperceptible, entre la matière, substance composée d'une infinité de parties, et l'esprit, substance absolument destituée de toute partie » (58).

Pour les auteurs de *la Religion vengée* ce système abominable n'est autre que celui de Spinoza, dans lequel « tout ce qui existe se réduit au pur mécanisme » (59).

Plusieurs constatations s'imposent à la lecture de ces critiques. Nous avons déjà vu, et il faut y insister, qu'aucune d'elles ne tient compte de la valeur historique ou de la valeur philosophique réelles de l'*Histoire de la philosophie*. Aucune même ne distingue fondamentalement cette *Histoire* du reste des articles philosophiques écrits par Diderot dans l'*Encyclopédie*. La différence qui les sépare est formelle. L'exposé des systèmes philosophiques ou religieux des anciens n'est qu'un moyen habile de répandre le pyrrhonisme, l'athéisme, et le matérialisme. Les articles non historiques ont pour rôle d'exprimer en termes clairs les idées à peine dissimulées ailleurs sous le voile de ce qu'on pourrait appeler l'allégorie historique.

Mais on constate surtout qu'il y a loin de l'*Historia critica philosophiae* de Jacob Brucker, à l'image de l'*Histoire de la philosophie* de l'*Encyclopédie* qui apparaît dans la presse et dans les ouvrages critiques. Est-ce la critique qui a déformé la partie philosophique de l'*Encyclopédie* au point d'en donner un reflet caricatural ? Ou est-ce au contraire Diderot qui, délibérément, a métamorphosé le texte de l'auteur allemand au point de lui faire servir la cause qu'il devait combattre ?

DIDEROT DEVANT BRUCKER

L'éblouissante conversation que reproduit la lettre à Sophie Volland du 30 octobre 1759 donne l'idée la plus exacte de ce qu'est l'adaptation par Diderot de l'*Historia critica philosophiae* : un conte à bâtons

(57) *Ibid.*, t. X, pp. 345-346.
(58) *Ibid.*; le texte cité par HAYER en italique se trouve dans AT, t. XIV, p. 451.
(59) *Ibid.*, p. 91.

rompus, coupé d'interruptions plaisantes ou profondes, prétexte à improvisations et à digressions (60).

Les causeurs, dans l'*Encyclopédie*, ne sont que deux. Brucker, l'historien érudit et pieux, fournit la trame du récit. Diderot l'écoute, l'entend de travers à l'occasion, lui coupe la parole quand il l'ennuie, rehausse son propos de spirituelles saillies, ou greffe sur telle de ses réflexions ses propres rêveries. En somme, comme l'avoue bonnement Naigeon, Diderot a prêté aux anciens comme aux modernes, « ses idées, ses réflexions, ses conjectures, ses doutes mêmes » (61), et il ne faut pas chercher l'exactitude rigoureuse dans son *Histoire de la philosophie*.

Nous avons déjà constaté, en étudiant Brucker lui-même, qu'en effet Diderot avait comme à plaisir méconnu les intentions profondes de son modèle, et en particulier son dessein de faire véritablement œuvre d'historien. Nous l'avons vu aussi omettre de longs développements sur tel système extravagant. Mais ces omissions ne s'expliquent pas par le seul souci de ne pas importuner le lecteur. Ce sont toujours les systèmes idéalistes qui font les frais de cette discrétion. Les philosophes qui inclinent au matérialisme ne sont pas traités avec tant d'indignité, il s'en faut, et ce choix est déjà partisan (62). Diderot a travaillé vite, bien que son souci de se reporter quelquefois aux sources mêmes de Brucker, à Basnage, au Père Le Comte, à Fontenelle, à Bayle, puisse quelquefois faire illusion (63). En réalité, quand Diderot remonte aux sources, c'est pour trouver des arguments mieux aiguisés, et non point par scrupule d'historien. On comprendrait mal autrement les négligences menues mais significatives qui parsèment ses articles. Madame d'Aine entendait « encyclopédie », prononçait « socoplie » et demandait de l'hégire, « quel animal est-ce là ? » (64) Pareille mésaventure est arrivée plus d'une fois à Diderot dans son dialogue avec Brucker ou avec Basnage. C'est ainsi qu'il appelle Attibas un certain

---

(60) CORR, t. II, pp. 294 et suivantes.

(61) J.-A. NAIGEON, *Mémoires*, p. 57.

(62) Outre les chapitres ou les parties de chapitres dont nous avons déjà remarqué la suppression, DIDEROT a encore omis d'exposer ou considérablement abrégé la philosophie des Hébreux jusqu'à JOB (*Historia*, t. I, pp. 63-102), la philosophie des Indiens (*Historia*, t. I, pp. 190-292; cf. AT, t. XV, pp. 200-203), la « théologie » d'HÉRACLITE (*Historia*, t. I, pp. 1215-1221; cf. AT, t. XV, p. 82), la philosophie des Romains (*Historia*, t. II, pp. 7-70; cf. AT, t. XVII, pp. 29-33, de NUMA à LUCRÈCE; *Historia*, t. II, pp. 162-188; cf. AT, t. XVI, p. 355 jusqu'à GALIEN), la philosophie de saint AUGUSTIN (*Historia*, t. III, pp. 485-507; cf. AT, t. XV, p. 295), etc.. Les légendes éthiopiennes et la philosophie d'EPICURE ont au contraire mérité tous ses soins. L'article *Jésus-Christ* offre un exemple caractéristique de cette rupture volontaire d'équilibre. Alors que la philosophie de saint AUGUSTIN y est exécutée en six mots (« Augustin, qui fut d'abord manichéen ») la lettre « naïve » de SYNESIUS à son frère est reproduite tout au long en latin et traduite paragraphe par paragraphe, avec élégance et précision (AT, t. XV, pp. 295-298; cf. *Historia*, t. III, pp. 513-514). Il est vrai que SYNESIUS refuse d'être évêque parce qu'il veut rester fidèle à sa femme, continuer à penser conformément à la raison, et ne pas proférer en public des fables qu'il désapprouverait au fond de son cœur.

(63) Voir *Annexe* IV.

(64) CORR, t. II, p. 295.

Akibas, Juif, mort sous Adrien (65), et Atriba le rabbin Akibba, philosophe cabaliste (66). Ailleurs il lit « sacrifié » pour « scarifié » (67); ailleurs encore il fait une erreur de date, remarquée par Naigeon, parce qu'il a lu trop vite son Brucker (68).

Mais il ne faut pas attacher à ces vétilles plus d'importance que les contemporains. Ce n'est pas l'exactitude historique qu'ils voulaient trouver dans l'*Encyclopédie*, mais un certain esprit. Cet esprit est absent du livre de Brucker, comme il l'est de l'adaptation française que Formey en a faite; mais il anime les articles les plus rebutants de l'*Histoire de la philosophie*, et Diderot, seul, pouvait le leur insuffler. Il l'a fait avec une économie de moyens dont on reste confondu : un mot par-ci, une phrase par-là, de temps en temps une ou deux pages de digression. Plus simplement encore il arrive que le tour donné à la traduction suffise à donner au texte de Brucker une allure et des prolongements dont il était bien dépourvu. On rêve de l'édition critique du texte des articles philosophiques de l'*Encyclopédie* qui distinguerait par un artifice simple de la présentation typographique les textes adaptés ou condensés, et les commentaires personnels de Diderot.

Ces commentaires touchent à peu près à tout, et nous aurons à en reparler en même temps que de l'ensemble des textes de Diderot qui traitent par exemple de la morale ou de la politique. Le plus grand nombre d'entre eux, cependant, tourne autour de quelques grands sujets, la raison, la religion, le matérialisme. Mais, de même que les commentaires d'ordre moral et politique ne prennent tout leur sens que reliés aux autres articles de Diderot sur les mœurs et sur le gouvernement, voire aux écrits moraux et politiques qu'il a composés en marge de l'*Encyclopédie*, de même ces commentaires plus proprement philosophiques, sur l'*Historia critica philosophiae*, doivent être éclairés par des articles comme *Animal*, *Bible*, *Canon*, *Encyclopédie*, et d'autres, qui ne doivent rien à Brucker, autant que par les *Pensées sur l'interprétation de la nature*, ou les réflexions sur le livre *De l'Esprit*. C'est ce qu'ont fort bien vu les adversaires de l'*Encyclopédie*. Ils ont considéré que sous des déguisements différents c'était toujours la même doctrine qui leur était présentée. Ils ont considéré que cette doctrine était cohérente, et méritait d'être réfutée en règle. Ce sont eux qui ont raison, et non les critiques postérieurs qui, ne sachant plus distinguer dans l'*Encyclopédie* ce qui revenait au juste à Diderot, lui ont prêté

---

(65) AT, t. XV, p. 358 : cf. Basnage, *Histoire des Juifs*, t. V, livre III, p. 67.

(66) AT, t. XV, p. 367; cf. Basnage, *Histoire des Juifs*, t. V, pp. 346 et suivantes. L'orthographe de l'édition Assézat est bien celle de l'*Encyclopédie*.

(67) AT, t. XV, p. 394 : « Ce pauvre corps fut tellement sacrifié qu'il devint percé comme un crible »; cf. Basnage, *Histoire des Juifs*, t. VII, p. 285.

(68) AT, t. XVI, p. 489 et n. 1 (le premier volume du *Dictionnaire* de Bayle fut publié en 1697); cf. *Historia*, t. IV, p. 591 : « *Volumen primum et secundum anno MDCXCVII* (...) *edidit* ».

indistinctement toutes les opinions, et ont pu l'accuser ensuite de légèreté ou même d'hypocrisie. Naigeon lui-même a donné dans le panneau et a reproché à Diderot de ne pas toujours dire clairement sa pensée (69). Il n'aurait pas fait une telle erreur s'il avait su exactement quand Diderot traduisait Brucker et quand il le commentait.

Prenons donc cette *Histoire de la philosophie* comme il faut la prendre, sans y chercher vraiment une histoire, sans nous préoccuper de son exactitude, sans attribuer à Diderot ce qui revient à Brucker, sans tenir compte, pour l'instant, de la part de réflexion morale ou politique qui s'y trouve, mais sans oublier de replacer les commentaires philosophiques qu'elle contient dans l'ensemble des textes philosophiques composés par Diderot pour l'*Encyclopédie* ou à côté d'elle (70), telle enfin que l'édition critique que nous souhaitons devrait la présenter.

Nous avons discerné en marge de notre étude de Brucker, et plus nettement encore à travers les critiques des adversaires de l'*Encyclopédie* que l'*Histoire de la philosophie* dépasse, — et trahit, — l'*Historia critica philosophiae* de trois manières différentes : en substituant au rationalisme de Brucker, fondé sur celui de Descartes, un rationalisme fortement marqué par l'enseignement de Locke; en détournant contre le Christianisme lui-même tous les coups que Brucker, après Bayle et Fontenelle, avait portés contre les fables et les superstitions du seul paganisme; en délaissant enfin le déisme idéaliste pour le matérialisme athée.

DU RATIONALISME CARTESIEN A LOCKE

Longtemps avant de rédiger la partie philosophique de l'*Encyclopédie*, Diderot était persuadé que toute connaissance se fonde sur une expérience sensible. L'*Apologie de l'abbé de Prades*, qui est contemporaine du deuxième tome du dictionnaire, résume ses idées sur ce point important et il n'est pas nécessaire de rechercher dans l'*Histoire de la philosophie* les nombreuses variations qu'il a faites sur le thème :

---

(69) Note sur l'article *Jésus-Christ*, reproduite dans AT, t. XV, pp. 286-287.

(70) Ne doivent, rappelons-le, être considérés comme composés par Diderot que les seuls articles signés de Diderot ou dont nous avons par ailleurs la certitude qu'ils sont de lui (cf. *supra*, chap. IV). La plupart des critiques qui ont étudié la pensée philosophique de Diderot dans l'*Encyclopédie* ont, comme Naigeon, mêlé la pensée de Brucker et celle de Diderot, mais ils ont en outre attribué à Diderot maints articles anonymes. Le produit de ces croisements successifs est un monstre qu'on ne peut en aucun cas considérer comme étant la pensée de Diderot. C'est ce monstre qu'étudie par exemple J.E. Barker dans *Diderot's treatment of the christian religion in the « Encyclopédie »*.

« *Nihil est in intellectu quod non prius fuerit in sensu* » (71). C'est d'ailleurs un thème couramment repris par les philosophes du XVIIIe siècle; ils ne trouvent dans le sensualisme rien qui conduise nécessairement au matérialisme. Les abbés collaborateurs de l'*Encyclopédie* sont dans ce cas.

Si, après 1750, Diderot ne se pose guère de questions sur la façon dont s'acquièrent les connaissances, il trouve en revanche que le problème de leur élaboration par l'esprit humain mérite un examen attentif. Déjà dans les *Pensées philosophiques*, et dans la *Lettre sur les aveugles*, il avait opposé le jugement spontané des sens et le jugement réfléchi de la raison, pour conclure à la supériorité du second sur le premier. La réflexion assure le contrôle de chacun des sens par les autres, et de la comparaison entre la sensation immédiate et la trace d'une autre sensation dans la mémoire naît l'idée de rapport, qui est à l'origine de toutes les opérations complexes de l'esprit. La justesse de ces opérations n'a plus ensuite qu'à être vérifiée par l'expérience et ainsi de suite. « L'observation recueille les faits, la réflexion les combine, l'expérience vérifie le résultat de la combinaison »; tels sont les trois moments de la connaissance que Diderot distingue dans les *Pensées sur l'interprétation de la nature* (72).

Les articles de philosophie de l'*Encyclopédie* ne font que prolonger, et approfondir, les idées antérieures de Diderot sur la connaissance. Ils traitent principalement du doute, de la certitude, de l'association des idées. L'homme qui réfléchit doit d'abord douter, et un bon esprit doit commencer par être pyrrhonien, c'est ce que montraient déjà les *Pensées philosophiques* XXIV, XXVIII, XXIX, et plusieurs pages importantes de la *Promenade du sceptique*. Mais jusqu'où faut-il douter ? Les sceptiques mis en scène dans la *Promenade* sombrent dans le ridicule lorsqu'ils refusent de tenir compte de l'expérience et s'obstinent à douter devant l'évidence. Au début de l'article *Héraclitisme* nous voyons que le premier pas du philosophe grec est de « revenir sur les notions qu'on lui avait inspirées ou qu'il avait fortuitement acquises » (73). Une courte digression permet à Diderot de donner une valeur générale à l'exemple du philosophe grec. Même leçon dans l'article *Crédulité*, — « l'incrédule nie, sur une première vue de son esprit, la vérité de ce qu'il n'a point examiné » (74), — et dans

---

(71) *Apologie*, AT, t. I, p. 451. Dans l'*Encyclopédie* l'article *Inné*, qui est marqué de l'astérisque, est un bon résumé de la théorie sensualiste : « Il n'y a d'*inné* que la faculté de sentir et de penser; tout le reste est acquis. Supprimez l'œil et vous supprimez en même temps toutes les idées qui appartiennent à la vue. Supprimez le nez, et vous supprimez en même temps toutes les idées qui appartiennent à l'odorat; et ainsi du goût, de l'ouïe et du toucher. Or toutes ces idées et tous ces sens supprimés, il ne reste aucune notion abstraite; car c'est par le sensible que nous sommes conduits à l'abstrait » (AT, t. XV, p. 220). La fin de l'article reproduit l'hypothèse de la statue animée que la *Lettre sur les sourds et muets* avait popularisée avant le *Traité des sensations*.

(72) D. DIDEROT, *Pensées sur l'interprétation de la nature*, éd. par J. VARLOOT, p. 49.

(73) AT, t. XV, p. 78.

(74) *Ibid.*, t. XIV, p. 241. L'article est marqué de l'astérisque.

l'article *Incroyable* — « celui qui ne trouve rien d'*incroyable* est un homme sans expérience et sans jugement » (75).

Diderot pourtant est plus que jamais persuadé qu'il y a un point au-delà duquel le doute n'est plus fécond. Si, avec Jacob Brucker, il loue Bayle d'avoir fait du doute le premier pas vers la connaissance (76), il le loue plus encore de n'avoir pas douté de tout (77). En effet le doute systématique est destructeur, nuisible en fin de compte au progrès de la connaissance (78). Toute la fin de l'article *Pyrrhonienne,* qui est une addition à Brucker, insiste sur la nécessité d'être sobre dans l'usage de la raison, et de savoir s'arrêter devant l'évidence, fût-elle provisoire (79).

C'est sur le choix des critères de l'évidence que Diderot se sépare de Brucker, comme nous l'avons déjà vu dans le chapitre précédent. Dans l'introduction qu'il a écrite pour l'article *Certitude,* de l'abbé de Prades, Diderot oppose à la certitude mathématique, ou métaphysique, qui naît de la liaison immédiatement aperçue par l'esprit entre deux idées, une autre certitude, relative aux objets physiques et aux faits humains, et qu'il appelle selon le cas certitude physique ou certitude morale. Il est clair que par certitude mathématique ou métaphysique il entend l'évidence cartésienne, sur quoi se fonde justement le rationalisme de Brucker. Mais contrairement à ce que pensait Descartes, il s'en faut bien que les choses que nous concevons fort clairement et fort distinctement soient toutes vraies (80). Disons seulement qu'elles sont possibles; mais comment être sûr qu'elles existent ?

Dans son article *Anapauoméné* (81), Diderot décrit une fontaine merveilleuse qui croît et diminue régulièrement, et dont l'eau allume ou éteint les flambeaux qu'on en approche. Ce sont deux faits que le raisonnement de type cartésien ne peut permettre d'affirmer comme certains, et à propos desquels il faut faire appel à l'expérience. Le premier fait est assez commun pour qu'on puisse dire qu'il est infiniment probable. Le second est sans exemple; il y a donc beaucoup de chances pour qu'il soit faux.

Dans l'introduction de l'article *Certitude,* dans les articles *Crédulité, Croire, Incroyable,* Diderot revient à loisir sur le calcul de cette proba-

---

(75) *Ibid.*, t. XV, p. 195. L'article est marqué de l'astérisque.
(76) D.H. Gordon et N.L. Torrey, *The censoring,* p. 77; cf. *Historia,* t. IV, pp. 598-603.
(77) *Ibid.*, p. 78.
(78) Voir une digression de l'article *Pyrrhonienne,* AT, t. XVI, p. 483, depuis « Il n'était pas possible », jusqu'à « traiter le scepticisme avec indifférence ».
(79) AT, t. XVI, p. 491, surtout à partir de « Pour nous, nous conclurons que, tout étant lié ». A la fin de l'article *Acatalepsie* (marqué de l'astérisque) Diderot avait dit la même chose sous une autre forme : « Mais si ni les sens ni la raison ne sont pas des garants assez sûrs pour être écoutés dans les écoles de philosophie (...), ils suffisent au moins dans la conduite de la vie » (AT, t. XIII, p. 185).
(80) Descartes, *Discours de la méthode,* Paris, Garnier, 1876, p. 25.
(81) AT, t. XIII, pp. 294-295.

bilité qui est pour lui l'unique critère de l'évidence dans les sciences physiques et humaines :

« On est d'autant moins porté à croire le passage du possible à l'existant, que les preuves de ce passage sont plus faibles, que les circonstances en sont plus extraordinaires, et que l'on a un plus grand nombre d'expériences que ce passage s'est trouvé faux, ou dans des cas semblables, ou même dans des cas moins extraordinaires; en sorte que si les cas où une pareille chose s'est trouvée fausse sont au cas où elle s'est trouvée vraie comme cent mille est à un, et que ce rapport soit seulement doublé par la combinaison des circonstances de la chose considérée en elle-même, sans aucun égard à l'expérience, il faudra que les preuves du passage du possible à l'existant soient équivalentes à 1.999 au moins » (82).

Encore y a-t-il bien de la différence entre ce que Diderot appellera plus tard l'analyse des probabilités comme « science abstraite » et l'analyse des probabilités comme science « *physico-mathématique* » (83). Seule l'intéresse vraiment la seconde, qui concerne des êtres concrets, particuliers, limités à leur durée réelle.

Dans le cas de l'*Anapauoméné* le calcul des probabilités se fonde sur la constatation d'un rapport entre des faits semblables. D'une manière générale le problème auquel Diderot revient le plus volontiers dans ses articles de l'*Encyclopédie* est celui de la perception des rapports. Il l'avait déjà abordé dans sa *Lettre sur les aveugles* et dans sa *Lettre sur les sourds et muets*, à propos de la coordination des données des sens. « La perception des rapports est un des premiers pas de notre raison », écrivait-il à Mlle de La Chaux en 1751 (84), à peu près dans le temps où, dans l'article *Beau*, il fondait sa première esthétique sur l'idée de rapport (85). Mlle de La Chaux venait d'achever la traduction française de plusieurs des *Philosophical essays concerning human understanding*, de David Hume, avec la collaboration de Diderot (86), et il est très vraisemblable que Diderot a retenu quelques-unes des idées du philosophe anglais.

Pour Hume comme pour Diderot, en effet, le pouvoir de l'esprit n'est que la « faculté de combiner, transposer, accroître ou diminuer les matériaux que nous fournissent les sens et l'expérience » (87). Hume distingue trois principes de liaison, la ressemblance, la contiguïté spatiale ou temporelle, la causalité (88). Aucune relation de cause à effet ne peut, pense-t-il, être découverte par un raisonnement *a priori*. Seule l'expérience peut faire apparaître une telle relation (89), étant bien entendu que l'inférence qui est tirée d'une telle expérience est un effet « de l'habi-

---

(82) *Ibid.*, t. XIV, pp. 241-242.
(83) *Ibid.*, t. IX, p. 202, dans ses observations sur un mémoire de D'ALEMBERT concernant le calcul des probabilités (1761).
(84) *Ibid.*, t. I, p. 399.
(85) *Ibid.*, t. X, p. 26.
(86) R.-L. CRU, *Diderot as a disciple*, p. 105.
(87) D. HUME, *Œuvres philosophiques choisies*, tr. par M. DAVID, p. 17.
(88) *Ibid.*, p. 23.
(89) *Ibid.*, p. 32.

tude » (90). Plusieurs articles philosophiques de Diderot, et déjà les *Pensées sur l'interprétation de la nature,* mettent justement en lumière le rôle de l'habitude dans la réflexion expérimentale, chez les techniciens comme chez les savants. Nous l'avons vu à propos de la *Description des arts,* l'instinct des « manouvriers » n'est pour Diderot que le fruit d'une longue habitude. Et ce qui est vrai des arts mécaniques l'est aussi des beaux-arts : l' « instinct » de Michel-Ange donnant au dôme de Saint-Pierre la courbe de la plus grande résistance en même temps que de la plus grande élégance est lui aussi le fruit d'une longue habitude (91).

Mais c'est dans l'article *Théosophes* que l'on trouve le développement le plus complet et le plus précis sur ce sujet. Dans la longue digression que Diderot a insérée au début de cet article, au sujet du démon de Socrate, il s'agit d'ailleurs bien plus de la connaissance intuitive que de l'instinct des ouvriers et des artistes. On ne saurait nier en effet qu'il existe une connaissance intuitive, qui par sa finesse, sa sûreté, une espèce de soudaineté, a tout l'air d'une illumination surnaturelle. Devant les théories de Jacob Bœhme, pour qui l'illumination était le fait du Saint-Esprit lui-même, le rationalisme de Brucker se révoltait, sans pouvoir nier pourtant l'existence et même la valeur de ce que Diderot appelle volontiers l' « enthousiasme ». Diderot ne pense pas que l'enthousiaste soit un fou, — il se jugerait lui-même, — mais il ne peut admettre que la connaissance intuitive ait un caractère surnaturel, irrationnel. L'intuition au contraire est la forme suprême de la connaissance rationnelle; elle est la perception de rapports qui échappent au commun des esprits, parce que trop subtils, trop rares, trop fugitifs, mais qui ne laissent pas pourtant d'être nécessaires, comme l'effet le prouve (92).

Le terrain sur lequel Diderot s'avance là est fort mouvant et il en a pleinement conscience. Où s'arrête le génie, et où commence la folie ? Des rapports aperçus par intuition, comment distinguer ceux qui sont nécessaires, et ceux qui sont fantaisistes ? Hume s'était déjà posé ces questions et Diderot a dû méditer maintes fois sur l'une des meilleures pages des *Philosophical essays,* où il pouvait lire :

> « Même dans nos rêveries les plus désordonnées et les plus extravagantes, et jusque dans nos songes, nous nous apercevons à la réflexion que notre imagination ne s'est pas exercée tout à fait au hasard, et qu'il y avait toujours un lien entre les différentes idées qui se sont succédées. Si l'on devait reproduire une conversation, fût-ce la plus décousue et la plus libre, on s'apercevrait immédiatement que toutes les transitions révèlent un principe de liaison. Et quand celui-ci fait défaut, la personne qui a rompu le fil de la conversation nous dirait peut-être même alors qu'une suite de pensées inaperçues s'est déroulée dans son esprit et l'a éloignée peu à peu du sujet de la conversation » (93).

---

(90) *Ibid.*, p. 49; cf. p. 38.
(91) CORR, t. IV, p. 127.
(92) AT, t. XVII, pp. 242-244, depuis « Me sera-t-il permis de dire », jusqu'à « j'avais négligées ».
(93) D. HUME, *Œuvres philosophiques choisies,* tr. par M. DAVID, p. 23.

Dans une digression sur Montaigne qu'il a insérée dans l'article *Pyrrhonienne* Diderot constate de même qu'il y a dans les *Essais*

> « une liaison nécessaire entre les deux pensées les plus disparates; cette liaison est, ou dans la sensation, ou dans les mots, ou dans la mémoire, ou au-dedans, ou au-dehors de l'homme. C'est une règle à laquelle les fous mêmes sont assujettis dans leur plus grand désordre de raison » (94).

On reconnaît le thème de la fameuse page sur la couleur jaune, qui est dans la lettre à Sophie du 20 octobre 1760 :

> « Il n'y a rien de décousu ni dans la tête d'un homme qui rêve, ni dans celle d'un fou, tout se tient aussi dans la conversation; mais il serait quelquefois bien difficile de retrouver les chaînons imperceptibles qui ont attiré tant d'idées disparates » (95).

Mais si les idées des fous s'enchaînent nécessairement, s'ensuit-il que les objets qu'ils assemblent dans leur délire ont entre eux un rapport *nécessaire* ? Voilà qui conduit de nouveau à s'interroger sur la valeur de la connaissance intuitive, car l'enthousiaste comme le fou, — ou l'imposteur, — peut prendre ou faire prendre pour nécessaires des rapports qui ne sont que fortuits.

Dans une digression de l'article *Eclectisme* (96), Diderot fait une apologie de l'enthousiasme, aussitôt tempérée par un appel au bon sens : « Il faut un très grand sens pour balancer l'enthousiasme. L'enthousiasme n'entraîne que quand les esprits ont été préparés et soumis par la force de la raison ». En d'autres termes il considère que l'intuition du génie n'a de valeur que si elle est le prolongement, l'effort ultime de la raison, et non la négation de la raison. Si apparemment les rêveries de l'homme de génie et celles du fou sont semblables en effet comme le montre une digression de l'article *Théosophes* (97), d'où connaît-on que les unes sont fécondes et les autres vaines ? L'article *Théosophes* ne le dit pas, mais l'article *Fantôme* contient les éléments de la réponse : l'*expérience,* qui dissipe les vaines rêveries, doit permettre d'éprouver la validité de l'intuition de génie.

Le cas de l'enthousiaste n'est donc qu'un cas extrême, et la distinction fondamentale que retient Diderot n'est pas entre la connaissance rationnelle et la connaissance intuitive, mais entre la connaissance rationnelle, dont l'intuition n'est qu'une forme particulière, et les formes irra-

---

(94) AT, t. XVI, p. 485. La digression va de « Mais parmi les sectateurs des pyrrhoniens », jusqu'à « il intéresse et instruit ».

(95) CORR, t. III, pp. 172-173.

(96) AT, t. XIV, pp. 322-323 depuis « J'observerai ici », jusqu'à « effrayé devant elles ».

(97) AT, t. XVII, pp. 265-267, depuis « Je conjecture que ces hommes », jusqu'à « l'exécration ».

tionnelles de la pseudo-connaissance (98). C'est par là que les réflexions de Diderot sur le texte de Brucker prennent un tour critique redoutable pour la pensée magique et partant pour la pensée religieuse.

Dans une digression insérée au début de l'article *Romains* (99), Diderot s'intérroge par exemple sur la valeur du raisonnement de l'augure : l'augure constate qu'il y a un rapport de concomitance entre le présage et l'événement; l'expérience lui ayant fait constater plusieurs fois l'existence d'un tel rapport, il en conclut qu'il y a un lien causal entre les deux faits; que peut lui opposer le philosophe ? La réponse n'est pas dans l'article *Romains*, mais dans divers articles comme *Divination*, ou *Face*. Dans *Divination* Diderot laisse la parole à Condillac, dont il cite le *Traité des systèmes* (100). C'est l'ignorance générale des lois de la causalité qui explique qu'on ait pu considérer comme nécessaires des rapports fortuits : « Un moment de réflexion sur l'enchaînement universel des êtres aurait renversé toutes ces idées » (101). Même constatation dans l'article *Face*, à propos de l'astrologie : l'enchaînement nécessaire entre tous les êtres de l'univers interdit d'avoir égard à des rapports fortuits entre objets éloignés avant d'avoir envisagé des liaisons plus proches; mais à cette idée s'en ajoute une autre, c'est que la durée de l'observation humaine est courte « relativement à la durée du monde » et qu'il est impossible d'intervenir expérimentalement dans les phénomènes sidéraux; même s'il a été observé souvent, un rapport du type de ceux qui intéressent l'astrologue n'a donc pratiquement aucune chance de pouvoir être érigé « en loi uniforme et invariable » (102).

---

(98) Le pressentiment n'est pour Diderot qu'une sorte d'intuition. Malgré leur caractère extraordinaire certains phénomènes de prescience lui semblent devoir s'expliquer rationnellement. Dans l'article *Eclectisme* il montre comment un homme menacé de mort subite ressent obscurément les premières atteintes de son mal. Que cet homme ait commis un crime, et le remords, s'associant au malaise sourd qu'il ressent, lui fait imaginer des fantômes menaçants; il sombre dans la superstition. Qu'il meure là-dessus, et « le peuple imbécile crie au prodige » (AT, t. XIV, p. 332). Ce passage est une addition à la traduction de Brucker, depuis « On n'est pas communément » jusqu'à « la sécurité qui en est l'effet ».

(99) AT, t. XVII, pp. 27-28, depuis « O combien nos lumières », jusqu'à « l'expérience ».

(100) J.E. Barker, *Diderot's treatment*, ne cite pas le *Traité des systèmes* parmi les sources de l'article *Divination*. Diderot suit Condillac dans toute la dernière partie de son article (AT, t. XIV, pp. 291 et suivantes; cf. Condillac, *Traité des systèmes*, in *Corpus général des philosophes français*, t. XXXIII, pp. 133 b et suivantes). Diderot résume très librement son modèle.

(101) AT, t. XIV, p. 292. Condillac dit plus explicitement : « Si les hommes avaient pu considérer que tout est lié dans l'univers, et que ce que nous prenons pour l'action d'une seule de ses parties, est le résultat des actions combinées de toutes ensemble, depuis les corps les plus grands jusqu'aux moindres atomes, ils n'auraient jamais songé à regarder une planète ou une constellation comme le principe de ce qui leur arrivait; ils auraient senti combien il était peu raisonnable de n'avoir égard, dans l'explication d'un événement, qu'à la moindre partie des causes qui y ont contribué » (*Œuvre citée*, pp. 134 b-135 a).

(102) AT, t. XV, pp. 1-2.

CRITIQUE DU CHRISTIANISME

En développant à partir du sensualisme sa propre théorie de la connaissance, et en substituant au cartésianisme de Brucker un rationalisme fondé sur l'observation des faits et sur l'expérience, Diderot s'est forgé une arme critique dont ne disposaient pas ses prédécesseurs.

Cette arme, il la tourne d'abord, à leur exemple, contre les superstitions et les fables du paganisme. Dans une digression de l'article *Chaldéens* (103), par exemple, Diderot glisse aisément de la critique des mystères absurdes des Chaldéens à la critique du respect des traditions qui perpétuent semblables mystères, puis il s'en prend à la tradition elle-même :

> « Il faut être bien peu philosophe soi-même pour ne pas sentir que le plus beau privilège de notre raison consiste à ne rien croire par l'impulsion d'un instinct aveugle et mécanique, et que c'est déshonorer la raison que de la mettre dans des entraves ainsi que le faisaient les *Chaldéens* ».

Les oracles des Grecs ne sont pas non plus épargnés, dans l'article *Cyniques* (104). D'une façon générale, Diderot appelle « métaphysique », et rejette sous ce nom, toute spéculation qui n'a pas pour point de départ le témoignage des sens et ne se fonde pas sur la science des faits. Aussi lorsqu'il lit dans Brucker que l'école éléatique s'est divisée en deux sectes, l'une « métaphysique » et l'autre « physique », il a plaisir à souligner la vanité des occupations de la première et le bon sens de la seconde (105). Il ne se soucie pas, bien entendu, de distinguer la métaphysique proprement dite de la pensée mythique ou de la théologie, et lorsqu'il porte des coups à l'une il pense atteindre les deux autres. C'est pour cela qu'un article comme *Agnus scythicus* est si important. En principe Diderot y décrit la genèse du merveilleux dans le cas particulier d'une plante rare. Il est ainsi amené à s'interroger, comme en plusieurs autres endroits, sur la légitimité de la croyance, divisant les faits en plusieurs classes, suivant le degré de probabilité que leur confèrent leur proximité dans l'espace ou le temps, la durée de l'observation, la quantité et la qualité des témoignages. Mais qui pouvait croire, en 1751, qu'au-delà de la « superstition » et du « préjugé » Diderot ne visait pas toutes les « rêveries » considérées par lui comme contraires à la vérité, c'est-à-dire aussi la métaphysique idéaliste et la théologie chrétienne ? En ce sens l'article

---

(103) AT, t. XIV, pp. 79-80.

(104) *Ibid.*, p. 252 : « *La superstition des anciens transformait tout en prodiges, et leurs oracles ordonnaient toujours ou des autels, ou des sacrifices* ». Cette réflexion générale n'est pas dans BRUCKER.

(105) AT, t. XIV, pp. 394-395; cf. *Historia critica*, t. I, p. 1142. BRUCKER se contente d'indiquer le fait : « *Ipsa eleatica secta inter se distinguenda est, inque duas classes separanda, quarum illa metaphysice magis, haec physice de rerum natura disseruit* ». Mais il ne prend pas parti : « *Utraque sibi in multis e diametro adversa* ».

Fait paru cinq ans plus tard est plus explicite, puisque Diderot y envisage « les actes de la divinité » au même titre que « les phénomènes de la nature, et les actions des hommes », et considère qu'ils sont tous « également sujets à la critique » (106). Mais il insiste surtout sur la critique des témoignages et de la tradition, et il est clair que l'application de ses principes ne doit pas permettre d'ajouter foi au témoignage des Ecritures par exemple. C'est là qu'il se sépare résolument de Brucker, de Bayle, de Fontenelle, même si les formules prudentes qu'il emploie quelquefois laissent supposer qu'il fait sienne la pensée de Bayle : « *Nemo est, qui dum ratione utitur, peculiari Dei auxilio et contactu non opus habeat* » (107).

Diderot du reste ne rejette pas complètement Bayle, et lorsqu'il reprend sa pensée ce n'est pas pure hypocrisie de sa part. L'idée d'un Christianisme raisonnable est de celles qu'admettent couramment ses collaborateurs et en particulier les ecclésiastiques qui lui ont fourni de nombreuses contributions en métaphysique, en logique, en morale. D'une façon générale on peut dire que les encyclopédistes, qu'ils fussent philosophes ou non, étaient de ces chrétiens raisonnables, c'est-à-dire libres de préjugés, qui inclinaient plus ou moins vers le déisme. Ils étaient donc tous, *au minimum*, d'accord sur une formule comme celle de Bayle, ne voyant au fond nulle contradiction entre la foi et la raison, puisque dans la pratique ils ne retenaient de la religion que ce qui était conforme à la raison.

Diderot part bien aussi de Bayle et de Brucker, mais il tire toutes les conséquences de leurs principes et, se demandant ce qui reste du domaine de la foi lorsqu'on étend le domaine de la raison aussi loin qu'il se peut étendre, il aboutit à une conclusion théorique que Brucker en tout cas ne prévoyait pas, et qu'expriment avec toute la rigueur souhaitable la cinquième et la sixième additions aux *Pensées philosophiques :*

> « Si la raison est un don du ciel, et que l'on en puisse dire autant de la foi, le ciel nous a fait deux présents incompatibles et contradictoires. Pour lever cette difficulté, il faut dire que la foi est un principe chimérique, et qui n'existe point dans la nature » (108).

Dans plusieurs articles de l'*Encyclopédie* on trouve des formules qui pour n'être pas aussi rigoureuses expriment en fait la même idée. Il est

(106) AT, t. XV, p. 3.

(107) Par exemple dans l'article *Aigle* : « Telle est (notre religion) où le philosophe n'a qu'à suivre sa raison pour arriver au pied de nos autels » (AT, t. XIII, p. 266).

(108) AT, t. I, p. 159. Cette conclusion est l'aboutissement nécessaire de l'exigence critique formulée plus de dix années auparavant dans l'*Apologie de l'abbé de Prades :* « La religion chrétienne est fondée sur un grand nombre de preuves; et ces preuves sont si solides, que, s'il y a quelque chose à redouter pour elles, ce n'est pas qu'elles soient discutées, c'est qu'on les ignore (...). Les démonstrations évangéliques ne peuvent être examinées avec trop de rigueur; et ce serait un blasphème que de les supposer incapables de soutenir la critique des hommes » (AT, t. I, p. 448).

vrai que le plus souvent ces formules ont été censurées par Le Breton, comme celle-ci, qui conclut une digression de l'article *Pyrrhonienne* :

« Quelle folie, que de prétendre élever l'autorité de la tradition contre celle de la raison, comme s'il ne fallait pas soumettre l'authenticité de l'une à l'examen de l'autre ? Et qu'est-ce qui m'assurera que je ne me suis point trompé dans cet examen, si l'on m'ôte la confiance dans la lumière naturelle ? » (109).

Une digression de l'article *Sarrasins,* censurée aussi par Le Breton, est plus hardie encore, puisqu'il y est dit « que la religion s'avilit à mesure que la philosophie s'accroît » et que la diminution du nombre des communions pascales à Paris de 1700 à 1759 est certainement le signe des progrès que l'incrédulité a faits en France au cours de la même période (110).

Mais lorsqu'il affirme, ou lorsqu'il laisse entendre, que la raison et la foi sont incompatibles, lorsqu'il entreprend de soumettre la religion chrétienne à un examen critique que Brucker n'avait pas tenté, Diderot ne fait nullement œuvre originale. Il se situe dans le courant de ce spinozisme, — ou plutôt de ce pseudo-spinozisme, — que tant de manuscrits clandestins de la première moitié du siècle avaient contribué à répandre (111). Ce qui est original, en somme, c'est d'avoir insufflé à la masse pesante de l'*Historia critica* l'esprit du curé Meslier et de *La religion chrétienne analysée* (112) ; c'est aussi d'avoir donné l'incomparable support de l'érudition de Brucker à ce qui dans les manuscrits clandestins n'était bien souvent que hardi paradoxe.

Diderot ne parle nulle part de Jean Meslier, et rien ne prouve qu'il ait lu le fameux *Testament.* Il est seulement improbable qu'un manuscrit de cette importance, et dont la diffusion a été si large, ne se soit jamais trouvé entre ses mains. Il y a au demeurant trop de points communs entre la pensée de Meslier et celle de Diderot pour qu'on puisse négliger de les comparer (113). De toute façon l'hypothèse d'une influence de Meslier sur Diderot est plus vraisemblable que celle d'une filiation entre le *Tractatus* de Spinoza et les textes de l'*Encyclopédie*

---

(109) D.H. Gordon et N.L. Torrey, *The censoring,* p. 74; la partie de l'article qui a été censurée est une digression de Diderot. Brucker ne dit rien de tel évidemment.

(110) D.H. Gordon et N.L. Torrey, *The censoring,* p. 79.

(111) Voir P. Vernière, *Spinoza,* t. II. L'ouvrage est à compléter par deux articles du même auteur, *La critique biblique,* et *Le spinozisme et l'« Encyclopédie ».*

(112) Voir Ira O. Wade, *The clandestine organization,* p. 27 : une copie manuscrite de *La religion chrétienne analysée* que Diderot a faite de sa main, se trouve à la bibliothèque de Fécamp.

(113) H. Dieckmann demandait dès 1953 que fût entreprise l'étude des rapports entre la pensée de Meslier et celle de Diderot (*The abbé Jean Meslier*). Cette question, à notre connaissance, n'a jamais été examinée de près. Il y a pourtant des indications suggestives dans le livre d'Ira O. Wade, *The clandestine organization,* pp. 69-92 notamment.

critiquant la Bible ou la doctrine chrétienne (114). M. Vernière lui-même estime qu' « une conclusion sur l'influence du *Tractatus* dans l'*Encyclopédie* exige (...) beaucoup de nuances » (115). Spinoza en effet ne cherchait pas à saper les fondements du monde chrétien en critiquant le Judaïsme, alors que Diderot a bien cette intention, comme Meslier l'avait eue avant lui.

Meslier part du postulat que la foi et la raison sont rigoureusement contradictoires (116). A l'inverse d'un Fontenelle, ou d'un Brucker, il ne pense pas que la religion chrétienne échappe aux reproches mérités par les autres religions : toutes les religions se valent, et se fondent sur des « preuves » comparables (117). Mieux même, les « prétendus miracles (du Christianisme) n'ont été inventés qu'à l'imitation des fables et des fictions des poètes païens » (118). Les textes sur lesquels s'appuie la religion chrétienne contiennent de nombreuses contradictions, et il est évident qu'ils ont été corrompus et falsifiés : comment croire que leurs auteurs aient été instruits par un dieu ? (119) Ces textes contiennent en outre des récits de faits légendaires ou merveilleux auxquels les sciences positives interdisent d'ajouter foi (120). La Révélation s'appuie sur de nombreux miracles, mais comment discerner les vrais miracles de ceux des imposteurs (121) ? Peut-on davantage croire aux prophètes? L'Ancien Testament reconnaît qu'il y a eu des faux prophètes; en réalité tout prophète qui n'est pas un imposteur est un fanatique; d'ailleurs aucun des événements annoncés par les prophètes ne s'est jamais produit, et si l'on dit que les prophéties doivent être entendues allégoriquement, on commet encore une imposture (122). Enfin il n'est pas un dogme chrétien qui ne soit absurde, contradictoire en lui-même. Ainsi du dogme de la Trinité, de la double nature de Jésus-Christ, de la Transsubstantiation, de la Chute et de la Rédemption (123).

Il se trouve que pour l'essentiel les points sur lesquels Diderot attaque la religion dans l'*Encyclopédie* et dans ses écrits philosophiques contemporains sont ceux-là mêmes que visait Meslier. Mais le puissant appareil que lui fournit l'*Historia critica* rend l'attaque plus formidable.

S'il ne la rend pas plus efficace, c'est que Diderot n'a eu ni le temps ni les moyens de repenser vraiment le livre de Brucker. Il n'a pas su mettre en œuvre les matériaux qui s'y trouvaient épars, et n'a pas

---

(114) Il est vraisemblable que SPINOZA n'a eu d'influence sur DIDEROT qu'indirectement. DIDEROT a très bien pu assimiler les rudiments de la doctrine spinoziste que contenait le *Testament* de MESLIER, sans lire le *Tractatus*. M. VERNIÈRE a prouvé en effet que MESLIER avait lu SPINOZA (*Spinoza*, t. I, p. 367).

(115) P. VERNIÈRE, *La critique biblique*, p. 76.

(116) J. MESLIER, *Testament*, t. I, p. 68.

(117) *Ibid.*, p. 77.

(118) *Ibid.*, p. 167.

(119) *Ibid.*, p. 102 et p. 117.

(120) *Ibid.*, p. 113.

(121) *Ibid.*, pp. 82 et suivantes.

(122) *Ibid.*, pp. 231 et suivantes, pp. 329 et suivantes.

(123) *Ibid.*, t. II, p. 26, p. 39, pp. 74-76, pp. 110 et suivantes.

fait les recherches nouvelles qui y étaient indiquées ou suggérées. Plusieurs des documents rassemblés par Brucker, et les comparaisons qu'il fait ingénument dans son livre entre certains aspects des religions orientales et le Judaïsme ou le Christianisme pouvaient pourtant faire concevoir une véritable méthode comparative. Dans son chapitre sur la philosophie des Perses, par exemple, certain fragment des oracles de Zoroastre lui suggère un rapprochement avec le dogme chrétien de la Trinité. Mais, après Thomasius il nie qu'un rapprochement soit possible : « *Rectissime eorum sententiam rejicit (Jacobus Thomasius) qui trinitatem Persarum cum trinitate Christiana misere confundunt* » (124). Diderot au contraire trouve l'idée féconde. Il cite en latin le fragment sur la Trinité et commente : « Voilà bien Mithras, Orosmade et Arimane; mais sous la forme du Christianisme. On croirait, en lisant ce passage, entendre le commencement de l'Evangile selon saint Jean » (125). Mais Diderot ne pose pas explicitement les questions que sa réflexion pourrait susciter : le texte de saint Jean doit-il quelque chose à un texte perse antérieur ? Le texte évangélique et le texte de Zoroastre sont-ils issus d'une commune tradition orientale ? La comparaison reste en réalité formelle; elle signifie seulement : le dogme paraît absurde dans Zoroastre, le serait-il moins dans saint Jean ?

Les commentaires que Diderot fait sur la psychologie religieuse ont le même caractère superficiel. Il a constaté que les manifestations psychologiques de la croyance au surnaturel se ressemblaient chez tous les hommes et dans tous les temps. Mais il ne s'interroge pas sur les fondements de cette croyance, qui peuvent être bien différents selon les cas. Comme il s'en tient au seul comportement, il a beau jeu d'ironiser avec une apparente impartialité sur celui de tous les croyants : ainsi les manifestations de mysticisme des anciens éclectiques et celles des modernes quiétistes lui paraissent également extravagantes; c'est donc « que l'entendement humain est un instrument plus simple qu'on ne l'imagine, et que la succession des temps ramène sur la surface de la terre jusqu'aux mêmes folies et à leurs idiomes » (126). Enfin si Diderot souhaite une histoire comparative des hérésies, ce n'est pas tant pour éclairer l'histoire du Christianisme primitif, que pour illustrer les conséquences fâcheuses du fanatisme et de l'intolérance, et inspirer « aux hommes l'esprit de la paix » (127).

Nous avons vu apparaître, en revanche, dans la *Promenade du sceptique*, les éléments d'une critique biblique assez complète. Diderot avait conçu très tôt la nécessité de cette critique. Déjà dans les *Pensées philosophiques* il avait mis en cause « la forme » de la Bible, le caractère misérable de la « version latine », le manque de composition des livres de l'Ancien et du Nouveau Testament (128). La *Pensée* LX, en particu-

---

(124) J. Brucker, *Historia*, t. I, p. 186.
(125) AT, t. XVI, p. 267.
(126) AT, t. XIV, p. 340; cf. aussi p. 363 : « *Le quiétisme est bien ancien, comme on voit* ».
(127) AT, t. XV, p. 77.
(128) *Pensée* XLV, AT, t. I, p. 145.

lier, pose des questions pertinentes sur la constitution du canon : est-il ancien, immuable, sur quel fondement en a-t-on éliminé tel manuscrit plutôt que tel autre, quel est l'état « naturel » des manuscrits mutilés ou corrompus (129) ?

Diderot a repris toutes ces questions dans l'*Encyclopédie*, principalement dans les articles *Bible* et *Canon*. Mais il est remarquable qu'il les pose en dehors de son adaptation de Brucker (130). Brucker en effet ne semble pas avoir soupçonné un instant que le texte des Ecritures pût être soumis à un examen critique.

Il est possible, comme le dit M. Vernière, que *Canon* et *Bible* trahissent un contact inavoué avec le *Traité théologico-politique* de Spinoza (131). Mais ce n'est pas certain. M. Barker a indiqué par ailleurs, à propos de l'article *Bible*, que Diderot s' « était sans aucun doute familiarisé » avec les ouvrages exégétiques de Simon, de Le Clerc (132). Peut-être faut-il plus simplement songer à une influence directe de l'abbé Mallet, auteur du corps de l'article *Bible*, dont le texte de Diderot n'est qu'un commentaire éditorial : Diderot n'avait pas l'habitude d'aller chercher très loin une documentation dont il pouvait trouver les éléments essentiels dans la conversation d'un ami instruit ou dans un ouvrage immédiatement assimilable. Il faut donc songer aussi au *Dictionnaire de la Bible* d'Augustin Calmet dont M. Barker a trouvé trace dans l'article *Canon* (133). Nous savons que Diderot a fait personnellement l'acquisition de ce dictionnaire en 1752 (134). Il est donc très possible qu'il ait eu jusqu'en 1751 ou 1752 des idées assez générales sur la critique biblique, venues du *Testament* de Meslier ou d'un autre manuscrit clandestin, et qu'il ait pu ensuite en mesurer l'exacte portée à l'aide des informations que lui proposait un dictionnaire spécialisé comme celui de Dom Calmet. Quoi qu'il en soit l'esprit dans lequel ces deux articles ont été écrits est hardiment novateur. Ils classent Diderot parmi les précurseurs de la science biblique moderne, même s'il n'a pu donner autre chose que des directions de recherche (135).

---

(129) AT, t. I, p. 154.

(130) Dans les articles *Juifs* et *Jésus-Christ* il n'est question du texte des Ecritures qu'en général. Les commentaires de DIDEROT sont du type de celui-ci, qui est une digression de l'article *Grecs* : « Nous ne connaissons que les Hébreux chez qui la tradition se soit conservée pure et sans altération, et n'auraient-ils eu que ce privilège il suffirait pour les faire regarder comme une race très particulière et vraiment chérie de Dieu » (ENC, t. VII, p. 906 a-b). On se demande par quelle aberration DIDEROT a pu dire ainsi le contraire de sa pensée, dans une formule qui d'ailleurs n'est pas liée au contexte de l'article et que rien dans BRUCKER ne lui suggérait à cet endroit. Il a par la suite remanié sa phrase pour lui faire exprimer vraiment sa pensée (voir *Annexe* III).

(131) P. VERNIÈRE, *La critique biblique*, p. 75.

(132) J.E. BARKER, *Diderot's treatment*, p. 43.

(133) *Ibid.*, p. 19, n. 41.

(134) Voir notre article sur *La bibliothèque de Diderot*, p. 262.

(135) Il ne faut pas attribuer à DIDEROT, comme le fait M. BARKER, la moitié des articles particuliers de l'*Encyclopédie* sur les livres canoniques et la Bible (J.E. BARKER, *Diderot's treatment*, pp. 46-47). La plupart de ces articles sont anonymes.

La confrontation entre les Ecritures et les données de fait des sciences naturelles ou de l'histoire est un autre moyen utilisé par Diderot pour saper l'autorité des textes bibliques. Il trouve plaisant par exemple de rappeler à propos de la pêche à la baleine la description du Léviathan qui se lit dans le livre de Job :

« En vain les incrédules voudraient-ils mettre en contradiction le discours de Job avec l'expérience d'aujourd'hui : il est évident que l'Ecriture parle ici d'après les notions populaires de ces temps-là, comme Josué quand il dit, arrête-toi soleil » (136).

Mais il n'abuse pas du procédé. Appliquant aux textes sacrés les principes de la critique des témoignages qu'il a dégagés dans les articles *Certitude, Crédulité, Croire, Incroyable,* il veut surtout montrer qu'une collection de textes contenant une forte proportion de récits évidemment faux n'a que bien peu de chances d'être crue dans son ensemble (137).

Les questions de chronologie ont joué un grand rôle dans les débats d'idées entre croyants et incrédules au milieu du XVIIIe siècle. La disproportion entre le temps couvert par les récits bibliques depuis la création du monde, et celui que recouvre l'histoire de plusieurs grands peuples est évidemment très frappante (138). Diderot, ici encore, jette sur la question un regard neuf.

Et d'abord toute chronologie lui paraît mériter un sérieux examen critique. Dans une digression de l'article *Chaldéens,* par exemple, il montre qu'une chronologie ne saurait être un cadre vide, et que pour être vraisemblable elle doit comporter une succession de faits, sans solution de continuité : « Toute chronologie qui ne tient point à des faits n'est point historique, et par conséquent ne prouve rien en faveur de l'antiquité d'une nation » (139). Mais l'article essentiel est évidemment *Chronologie sacrée* (140). Les différents systèmes qu'il confronte, d'après Gibert ou d'après l'abbé de Prades, et dont il s'amuse à faire apparaître les lacunes et les contradictions, ont tous le même défaut, majeur à ses yeux : ils ne reposent sur aucun fondement assuré, et seule la science historique pourrait leur en donner si elle était suffisamment avancée. Les difficultés que Diderot énumère en conclusion de son article montrent d'ailleurs qu'il a pleinement conscience du chemin qui reste à parcourir (141). Mais la direction qu'il indique est juste : l'histoire du peuple juif, comme celle des civilisations anciennes, est une partie de l'histoire

---

(136) Supplément éditorial à l'article *Baleine,* ENC, t. II, p. 35 b.

(137) Voir l'article *Arabes* à propos des textes sacrés des Zabiens : « Ce serait abuser de la patience du lecteur que de lui présenter ici les fables dont fourmillent ces livres. Je ne veux que cette seule raison pour les décrier comme des livres apocryphes et indignes de toute créance » (AT, t. I, p. 321). La conclusion vaut naturellement pour tous les textes présentant les mêmes caractéristiques. BRUCKER ne fait pas de remarque semblable.

(138) Sans parler des différentes manières de calculer l'âge du monde suivant l'interprétation qu'on donne des seuls récits bibliques; voir l'article *Age,* AT, t. I, p. 236.

(139) AT, t. XIV, p. 83.

(140) Voir sur cet article J.E. BARKER, *Diderot's treatment,* pp. 55-56.

(141) AT, t. XIV, pp. 186-187.

universelle, elle ne saurait en aucune façon échapper aux investigations de la science des faits historiques. L'histoire des origines du Christianisme n'y échappe pas davantage, comme Diderot l'avait montré dès la *Promenade du sceptique*, et comme il le répète dans sa *Réponse à l'examen du prosélyte répondant par lui-même :*

« La religion chrétienne a pour elle, dites-vous, l'universalité des témoignages; cela est bientôt dit; cependant, combien d'historiens opposés aux historiens sacrés; combien peut-être qui ont été falsifiés; combien qui ont été supprimés, pendant que le peu qu'il y avait de livres était entre les mains des moines ? Dans le fond, cette unanimité des suffrages, dont se vante le Christianisme, se réduit à ceux de son parti » (142).

S'il est un domaine où la science permet de saper l'autorité de la Révélation, c'est bien celui du miracle. Brucker, suivant en cela la tradition, ne manquait jamais dans son livre d'opposer aux miracles vrais de Jésus-Christ les faux miracles des imposteurs, ceux d'Apollonios par exemple (143). Dans ces cas-là Diderot, fidèle à la lettre de l'*Historia critica,* compare aussi les miracles de Jésus et ceux des imposteurs, mais d'une telle manière que les uns et les autres ne paraissent pas différents par nature. Là où Brucker s'indigne de voir les éclectiques mettre Apollonios au-dessus de Jésus, — « *anteferre ausa sit impia Alexandrinorum philosophorum* (...) *schola* », — Diderot constate qu'ils « n'ont rien omis pour l'opposer avec avantage à Jésus-Christ ». Il y a là plus qu'une nuance, d'autant que Diderot ne retient de la biographie d'Apollonios que les traits qui se retrouvent dans celle de Jésus, et n'a garde de reprendre les formules indignées dont le pasteur allemand coupe à chaque instant son exposé (144). L'invraisemblance étant la même dans les deux cas, au moins dans la perspective volontairement adoptée par Diderot, « pourquoi les miracles de Jésus-Christ sont-ils vrais, et ceux d'Esculape, d'Apollonios de Thyane et de Mahomet sont-ils faux ? » La question n'est ainsi posée que dans l'*Addition aux Pensées philosophiques* (145), mais chacune des pages de l'*Encyclopédie* où sont racontés des prodiges semblables à ceux d'Apollonios la pose implicitement (146).

On peut penser que cette façon de voir justifie le doute systématique, mais n'autorise pas le refus systématique des miracles. Diderot semble

(142) AT, t. II, p. 95.

(143) J. BRUCKER, *Historia critica*, t. II, pp. 98-99.

(144) *Ibid.*, pp. 141-142 : « *Nihil* (...) *horum de miraculis Jesus-Christi dici potest, quae Apollonio objiciuntur* (...). *Tantum vero abest, ut, quod intendit hominum pessimorum perversitas, ex hac Apollonii fabula, detrimentum capiat christiana religio, ut potius eam fortius et validius roborare dicenda sit* ».

(145) AT, t. I, p. 161 (*Pensée* XXIV).

(146) Plusieurs des *Pensées philosophiques* traitaient déjà des miracles, notamment les *Pensées* XLI, L, LII. L'argumentation y était différente de ce qu'elle est dans l'*Encyclopédie* et dans l'*Addition :* en 1746 DIDEROT opposait au témoignage des sens le raisonnement réfléchi (« Une seule démonstration me frappe plus que cinquante faits »); dans l'*Encyclopédie* et dans l'*Addition* il fait un calcul de probabilité : la quasi-totalité des miracles étant faux, combien y a-t-il de chances pour que les miracles rapportés dans l'Ecriture soient authentiques ?

en avoir eu conscience, et il s'est plusieurs fois interrogé sur les fondements psychologiques de la croyance, aussi bien chez l'agent que chez le témoin du miracle, à partir des exemples contemporains que lui fournissaient les jansénistes. Dès les *Pensées philosophiques* Diderot pensait que les miracles jansénistes étaient simulés de bonne ou de mauvaise foi par des dévots fanatisés (147). Deux importantes digressions, à la fin de l'article *Pythagorisme*, reviennent sur la question. Dans l'intervalle qui sépare les deux textes, Diderot a eu en main des documents nouveaux. Ce sont les communications de La Condamine et Doyer de Gastel, publiées dans la *Correspondance littéraire* entre le 1er juin 1759 et le 15 avril 1761 (148). Sur la base de ces informations, Diderot distingue maintenant entre les miraculés authentiques et les agents ou les témoins intéressés du miracle. Les premiers sont des enthousiastes dont l'âme a suffisamment d'énergie pour accomplir des actions naturelles, mais qui paraissent prodigieuses à l'homme ordinaire (149), les autres ne sont que des « prestigiateurs » rusés qui se jouent de l'ignorance du vulgaire (150). Mais dans tous les cas le miracle perd aux yeux du philosophe son caractère surnaturel (151).

Reste le dogme. La Révélation n'ayant plus de base scripturaire assurée et se trouvant contredite dans tous les domaines par la science impitoyable des faits, Diderot ne s'attarde pas trop sur un point qui lui semble secondaire.

Par sa nature en effet le dogme ne s'expose pas à être réfuté par les faits; son obscurité n'apparaît qu'au terme d'un raisonnement *a priori* et c'est une forme de raisonnement que Diderot n'aime guère. Il en use à l'occasion, mais de préférence hors de l'*Encyclopédie*. Ainsi dans plusieurs lettres à Sophie Volland, il montre les contradictions internes de la doctrine du péché originel (152) ou l' « incompatibilité du mal physique et moral avec la nature de l'être éternel » (153). Dans l'*Addition aux Pensées philosophiques* sont démantelés de la même manière le dogme de la Rédemption (154), celui de la Transsubstantiation (155), celui de la Trinité (156).

---

(147) *Pensées* LI, LIII, LIV, AT, t. I, pp. 149-151.

(148) CORR LIT, t. IV, pp. 114-115, pp. 208-217; pp. 379-387; pp. 388-393.

(149) AT, t. XVI, p. 544, depuis « Quant à l'énergie de l'âme », jusqu'à « ce qu'elles ont coutume d'en recevoir ».

(150) *Ibid.*, pp. 541-542, depuis « Qui croirait » jusqu'à « fort à craindre pour elles ».

(151) Voir J. MESLIER, *Testament*, t. III, p. 99; MESLIER ne nie pas qu'il y ait des prodiges, mais il affirme qu'ils ont toujours des causes naturelles.

(152) CORR, t. II, pp. 192-193; cf. t. III, pp. 95-96.

(153) *Ibid.*, p. 171.

(154) AT, t. I, p. 160 (*Addition*, XIV à XVII), p. 165 (*Addition*, XLVIII à LIV).

(155) *Ibid.*, p. 162 (*Addition*, XXVIII à XXX); la *Pensée* XXX (« Ce Dieu est dévoré par les mites sur son autel ») est à rapprocher d'un passage du *Testament* du curé MESLIER (t. II, p. 76). Le curé y évoque le cas où l'hostie pourrait être mangée par les rats et par les souris.

(156) *Ibid.*, p. 165 (*Addition*, XLVI, XLVII).

L'article *Résurrection*, que le témoignage de Naigeon permet d'attribuer à Diderot (157) est un bon exemple de la manière dont le Philosophe traite les dogmes. Si Diderot, dans l'*Encyclopédie*, s'est hasardé à traiter du dogme de la Résurrection, alors qu'il n'y parle guère des autres, c'est d'abord parce que le dogme de la Résurrection est en un sens le plus important de tous. Il écrit en effet : « L'argument qu'on tire de (la résurrection de Jésus-Christ) en faveur de la vérité de la religion chrétienne est un de ceux qui pressent avec plus de force et de conviction ». Compte tenu de l'ironie de la forme, cette phrase dont le fond est par ailleurs tout à fait paulinien, signifie bien que la croyance au dogme de la Résurrection commande toutes les autres. Après avoir indiqué les divers textes de l'Ancien et du Nouveau Testament où il est question de résurrection, Diderot montre, dans un premier temps, qu'ils sont contradictoires. Pour ce faire, il n'hésite pas à mettre sur le même plan les textes de l'Ecriture et les commentaires des docteurs juifs ou des Pères de l'Eglise. Faut-il croire que la résurrection n'est que pour un temps ou qu'elle est pour l'éternité ? Ne concernera-t-elle que les âmes ? Est-elle réductible à la métempsycose ? Non seulement toutes ces opinions ont été professées mais encore chacune d'elles se heurte à des difficultés qui paraissent insurmontables pour la raison. Si la métempsycose est vraie, la résurrection ne peut concerner que l'un des corps habités par l'âme. Les enfants, les infirmes, ressusciteront-ils tels qu'ils étaient dans leur vie terrestre ? Si oui, à quoi bon ressusciter ? Si non, le ressuscité sera-t-il le même être que le mort ?

Diderot garde pour la seconde partie de son article les arguments qui manifestement sont pour lui décisifs. Ce ne sont pas ceux de la raison critique, mais ceux de l'expérience. Il est prouvé, par l'expérience, que la matière dont est fait le corps d'un individu peut, après sa mort, s'incorporer à un autre être vivant, et même devenir une partie de la chair d'un autre homme.

« Or, poursuit Diderot, quand la substance de l'un est ainsi convertie en celle de l'autre, chacun ne peut pas ressusciter avec son corps entier; à qui donc, demande-t-on, échoira la partie qui est commune à ces deux hommes ? » (158).

Les deux réponses que Diderot reproduit, dont celle de Leibniz, ne sont pas de nature à résoudre le problème d'une manière satisfaisante. L'autre objection est aussi tirée de l'expérience des faits. Le corps humain, comme tout ce qui vit, change perpétuellement. Tous les sept ans environ les éléments qui le composent se trouvent renouvelés. Quel est donc, demande Diderot,

« celui de tous ces corps qu'un homme a eus pendant le cours de sa vie qui ressuscitera ? Toute la matière qui lui a appartenu ressuscitera-t-elle, ou si ce n'en sera qu'un système particulier, c'est-à-dire la portion qui aura composé son corps pendant tel ou tel espace de temps; sera-ce le corps qu'il

---

(157) J.-A. Naigeon, *Philosophie ancienne et moderne*, t. III, p. 513 a et AT, t. XVII, pp. 24 et suivantes.
(158) AT, t. XVII, p. 25.

aura eu à vingt ans, ou à trente ou à soixante ans ? S'il n'y a que tel ou tel de ces corps qui ressuscite, comment est-ce qu'il pourra être récompensé ou puni pour ce qui aura été fait par un autre corps ? » (159).

Ici encore la réponse de Locke, affirmant que l'identité de l'être est dans le sentiment intérieur, apparaît comme une dérobade assez faible, une argutie qui n'écarte nullement l'objection de fait.

DU DEISME AU MATERIALISME

Tant d'attaques concertées contre le Christianisme n'auraient pas suffi à faire considérer leur auteur comme un penseur nécessairement irréligieux, et nous avons vu que le *Journal encyclopédique* avait pu sans invraisemblance défendre la religion de Diderot et de ses amis. On pourrait concevoir en effet que de l'*Historia critica philosophiae* à l'*Histoire de la philosophie* de l'*Encyclopédie* il n'y a que la distance qui sépare le christianisme libéral d'une forme radicale du déisme. Mais la distance est bien plus grande et les auteurs de *la Religion vengée* en ont eu la claire conscience : l'*Histoire de la philosophie* et les écrits qui s'y rattachent sont bien l'œuvre d'un philosophe matérialiste.

Jusqu'à l'*Encyclopédie*, le matérialisme a surtout été pour Diderot une hypothèse de travail séduisante. Sans doute peut-on dire avec M. Etiemble que Diderot est déjà athée lorsqu'il écrit les *Pensées philosophiques* (160). Pourtant le matérialisme, à ce moment-là, pose à Diderot plus de questions qu'il ne lui permet d'en résoudre. S'il était prêt à admettre dès le temps de l'*Essai* que « dans l'univers tout est uni » (161), que chaque partie a sa place nécessaire dans le tout, que le « mal apparent contribue au bien général » et que « la corruption d'un être en fait éclore un nouveau » (162), il reconnaît dans la *Pensée* XIX « que la putréfaction seule ne produit rien d'organisé » (163). Faut-il donc supposer que seule une intelligence créatrice a pu organiser la matière (164) ? Diderot l'affirme dans la *Pensée* XX mais aussitôt le nie : si la matière est sans bornes et se meut de toute éternité, la somme des combinaisons possibles est infinie, et bien que « la possibilité d'engendrer fortuitement l'univers (soit) très petite, (...) la difficulté de l'événement est plus que suffisamment compensée par la multitude des jets » (165) ; il est donc nécessaire que cet univers soit, et qu'il soit organisé. Dans la *Promenade du sceptique* Athéos ne raisonne pas différemment : la matière est éternelle, « le mouvement l'a disposée et lui a primitivement imprimé toutes

---

(159) *Ibid.*, p. 26.
(160) R. Etiemble, *Diderotesques*, pp. 42 et suivantes.
(161) AT, t. I, p. 26, n. 1.
(162) *Ibid.*, p. 27.
(163) *Ibid.*, p. 133.
(164) *Ibid.*, p. 135.
(165) *Ibid.*, p. 136, *Pensée* XXI.

les formes que nous voyons qu'il lui conserve » (166) ; l'âme même « n'est qu'un effet de l'organisation » (167) ; le monde peut devoir sa naissance au hasard aussi bien qu'à une intelligence créatrice (168). On sent que la démonstration d'Athéos a aux yeux de Diderot le mérite de la clarté et de la simplicité, mais on voit bien aussi qu'il ne renonce pas sans peine à l'hypothèse séduisante « du grand ouvrier » (169). Cette hésitation tient sans doute au caractère tout théorique des deux hypothèses en présence. Ni l'une ni l'autre ne s'appuie sur les faits et sur l'expérience; le matérialisme d'Athéos est une construction de l'esprit au même titre que le déisme de Philoxène.

Jusqu'à l'*Encyclopédie* en effet, et en tout cas jusqu'à la *Lettre sur les aveugles*, le matérialisme de Diderot ne se distingue pas de celui de maint écrivain clandestin de la première moitié du siècle, c'est un matérialisme essentiellement spéculatif. Comme les mêmes idées sont reprises inlassablement d'un manuscrit à l'autre, on a pu trouver de nombreuses sources à la pensée de Diderot et toujours avec vraisemblance (170).

De toutes les filiations possibles, celle qui existe entre Meslier et Diderot mérite pourtant d'être examinée de plus près qu'elle ne l'a été jusqu'ici. En effet toutes les idées que nous avons rencontrées dans les *Pensées* et dans la *Promenade du sceptique* sont déjà dans le *Testament* de Meslier. Meslier est résolument anticréationniste et pense que « le monde est par lui-même ce qu'il est » (171) ; le monde est éternel (172), il a en lui-même sa raison d'être, il se meut sans l'intervention d'aucun agent extérieur, car « la matière est capable de mouvement » (173) ; il est vrai que « le mouvement n'est pas de l'essence des corps » puisqu'un corps peut être sans mouvement. Mais si tous les corps ne se meuvent pas actuellement, tous ont en eux la force de se mouvoir; seule une portion de la matière qui se meut en effet peut entraîner dans son mouvement une portion de la matière qui se tenait jusque-là en repos : aucun être non matériel ne le peut faire (174). C'est le mouvement qui donne à l'être matériel toutes les formes qu'il prend (175), et c'est lui qui est le principe naturel de la génération et de la corruption (176). Les êtres organisés n'ont pas une autre origine que les êtres inorganisés, et on ne saurait conclure du mécanisme admirable de certains d'entre eux à l'intervention d'une intelligence créatrice : les

---

(166) *Ibid.*, p. 223.
(167) *Ibid.*.
(168) *Ibid.*, p. 231.
(169) *Ibid.*, p. 233.
(170) Voir *Rêve de d'Alembert*, éd. par P. Vernière, *passim*, et L.G. Crocker, *John Toland*, p. 294; cf. Ira O. Wade, *The clandestine organization*, *passim*.
(171) J. Meslier, *Testament*, t. II, p. 309.
(172) *Ibid.*, p. 326.
(173) *Ibid.*, p. 317.
(174) *Ibid.*, pp. 375-382.
(175) *Ibid.*, p. 344.
(176) *Ibid.*, p. 387.

êtres se font et se défont suivant les combinaisons qui se rencontrent au sein de la matière en mouvement, et

> « tous les ouvrages de la nature, même les plus beaux, les plus parfaits et les plus admirables, ne dépendent dans leur formation et dans leur dissolution que du mouvement de la matière, et de l'union ou de la désunion de ses parties » (177).

Mais tout se fait naturellement et au hasard (178). Si certains êtres sont admirablement organisés, il y a aussi des monstres, dont les défauts et les difformités sont des accidents non moins nécessaires que les perfections des autres (179).

C'est justement à propos de l'existence des monstres que Diderot a eu pour la première fois l'occasion de sortir du domaine de la spéculation pure. Dans la *Lettre sur les aveugles* en effet, l'observation des faits vient donner à la théorie matérialiste un poids qu'elle n'avait pas dans les *Pensées philosophiques* ou dans la *Promenade du sceptique*, et qu'elle n'avait pas non plus dans le *Testament* de Meslier. L'aveugle de naissance est à sa manière un monstre, et l'on peut supposer que dans la multitude des êtres qui se sont formés au cours des âges, le nombre des monstres a été bien supérieur à celui des êtres bien constitués. Mais « les monstres se sont anéantis successivement; (...) toutes les combinaisons vicieuses de la matière ont disparu, et (...) il n'est resté que celles où le mécanisme n'impliquait aucune contradiction importante, et qui pouvaient subsister par elles-mêmes et se perpétuer » (180). On saisit au vif dans cet exemple le caractère original du matérialisme de Diderot. Il est plus marqué encore dans la suite du texte, lorsque Saunderson appelle à son aide les données d'une science astronomique encore dans l'enfance, pour imaginer à l'échelle cosmique les mouvements de la matière et ses transformations successives (181).

Mais c'est surtout son travail d'éditeur de l'*Encyclopédie* qui a permis à Diderot d'accumuler les observations et les données expérimentales grâce auxquelles il a pu approfondir son matérialisme, et le fonder sur les faits.

Un matérialiste devait par exemple s'interroger sur les rapports de l'âme et du corps. Mais en 1750 il ne pouvait manquer d'être influencé dans sa recherche par les termes dans lesquels Descartes avait posé le problème. Diderot avait lu Descartes. Il avait sans doute lu aussi Meslier. Or Meslier, avant La Mettrie, avait appliqué à l'homme la théorie de l'animal-machine; cette application allait pour ainsi dire de soi dès que l'on ne faisait plus la distinction des deux substances, et il semble bien qu'elle n'ait pas été absolument exclue par Descartes lui-même (182).

---

(177) *Ibid.*, t. III, pp. 187-188.
(178) *Ibid.*, p. 193.
(179) *Ibid.*, p. 196.
(180) AT, t. I, p. 309.
(181) *Ibid.*, p. 310.
(182) Voir A. Vartanian, *Diderot and Descartes*, pp. 210-214.

L'âme est, pour Meslier, « quelque chose de réel et de substantiel » (183), elle est matière et non esprit (184), mais matière « capable de penser et de sentir, de désirer et de vouloir » (185). La pensée, la sensation, le désir, la volonté ne sont pas des « choses étendues en longueur, en largeur et en profondeur » mais des modifications de la matière (186). Enfin

> « nous connaissons et nous sentons certainement par nous-mêmes que c'est par notre tête et spécialement par notre cerveau que nous pensons, que nous voulons, que nous connaissons et que nous raisonnons ».

Le cerveau est donc l'organe de la pensée comme l'œil est l'organe de la vision (187).

L'article *Affection* de l'*Encyclopédie* prouve que Diderot, comme Meslier, a d'abord exercé sa réflexion sur les théories de Descartes, et en particulier sur les descriptions du *Traité des passions de l'âme*. Dans le supplément éditorial qu'il a écrit pour l'article *Ame* de l'abbé Yvon, Diderot fait le point des connaissances acquises au sujet du siège de l'âme (188). Il lui paraît évident que la localisation dans la glande pinéale est une « pure imagination ». Une localisation aussi précise est-elle même possible ? Diderot en doute. Un point cependant lui semble définitivement acquis, c'est que l'âme et le corps sont liés. Des expériences précises comme celles de Vieussens sur la transformation du sang artériel en esprits animaux dans le centre ovale, ou de La Peyronie sur la perte de la raison consécutive à une lésion du corps calleux, n'ont peut-être pas grande valeur en elles-mêmes, mais le principe qui dirige de telles recherches est bon (189).

Diderot indique d'ailleurs une autre direction de recherche, moins exclusivement physiologique. C'est à propos de certains états morbides qui révèlent l'interdépendance des désordres psychiques et des troubles organiques. Il cite à ce propos trois cas intéressants, celui d'une jeune fille dont les règles se trouvent supprimées à la suite d'un accès de

---

(183) J. Meslier, *Testament*, t. III, p. 273.
(184) *Ibid.*, p. 298.
(185) *Ibid.*, p. 287.
(186) *Ibid.*.
(187) *Ibid.*, p. 302.
(188) ENC. t. I, pp. 340 b-343 b.
(189) Diderot, dans cet article comme dans bien d'autres, utilise surtout la documentation scientifique que contiennent les *Mémoires* de l'Académie des sciences. Il cite plusieurs mémoires, *ibid.*, p. 342 b. Il est très probable qu'en plus des mémoires de l'Académie Diderot a lu l'*Essai sur la nature de l'âme*, paru en 1747. Son auteur, le chirurgien Louis, n'est pas matérialiste (p. VII). Contrairement à Meslier il pense donc que l'âme ne saurait être matérielle. C'est une substance invisible, qui n'est ni solide, ni pesante, ni dure (p. 32). Elle n'est pourtant pas infinie, et elle est étendue (p. 24). En attribuant à l'âme l'étendue, Louis pensait accorder son spiritualisme et les faits qu'il avait observés comme savant. Or les faits lui prouvent que l'âme est unie au corps comme le pilote est uni au vaisseau (p. 32). L'âme étant étendue, rien ne s'oppose à ce qu'on la localise, dans le corps calleux par exemple (pp. 23-24). Par là l'*Essai*, conçu pour faire pièce aux esprits forts, leur donnait au contraire l'avantage.

« dévotion outrée » (190), celui d'un ecclésiastique dont la santé se trouve gravement ébranlée chaque fois que son esprit est envahi de « frayeurs superstitieuses », celui d'un musicien atteint de délire et d'insomnie et que la musique guérit. Cette conception pour ainsi dire totale de l'individu humain était évidemment très neuve pour l'époque, et l'on ne peut pas dire après deux siècles que la voie ouverte ait été entièrement parcourue; il s'en faut de beaucoup.

Sur un point encore l'*Encyclopédie* a donné à Diderot une occasion d'approfondir son matérialisme. C'est à propos de la fixité des espèces. Meslier par exemple n'avait même pas mis en cause cette fixité. Il avait seulement senti que l'idée de la fixité des espèces était en contradiction avec l'idée que tout se fait au hasard dans un monde sans cesse en mouvement. Il croyait avoir résolu la contradiction en disant que la matière avait une pente habituelle à s'assembler de telle ou telle manière. Il en donnait curieusement pour exemple l'assimilation du même aliment par deux animaux d'espèces différentes : l'herbe que mange le cheval devient substance de cheval, puis semence de cheval, et ainsi de suite, mais l'herbe que mange le taureau suit un cours différent. De même les sucs de la terre se diversifient entre toutes les plantes qui les assimilent (191).

C'est en lisant Buffon que Diderot a clairement conçu l'idée d'une évolution des êtres vivants et les critiques contemporains n'ont pas eu tort de voir dans l'article *Animal* une pièce maîtresse de la machine de guerre encyclopédique. Buffon lui-même n'était pas évolutionniste et pensait qu'un individu, comme une espèce, est un être à part, n'ayant rien de commun avec les autres individus et les autres espèces (192). Mais il constatait aussi que d'un individu à l'autre, d'une espèce à l'autre, les différences sont souvent minimes, à peine perceptibles quelquefois, si bien que de la matière brute à l'être vivant organisé, il y a comme une chaîne continue d'êtres entretenant des rapports de plus en plus nombreux et de plus en plus complexes avec le milieu qui les environne. Or ce qui était continuité statique aux yeux de Buffon devient pour Diderot continuité dynamique, et toutes les observations du savant historien de la nature deviennent pour le philosophe matérialiste autant de preuves de l'origine matérielle de la vie, et d'une évolution naturelle des êtres vivants, du moins organisé au plus organisé (193).

Deux points de cette chaîne préoccupent particulièrement Diderot : à quel moment se fait le passage de l'inanimé à l'animé, qu'est-ce qui distingue essentiellement l'homme de l'animal ? Déjà l'article *Animal* donne des éléments de réponse à ces questions. Si les animaux se distinguent des minéraux par le plus grand nombre de rapports qu'ils

---

(190) ENC, t. I, p. 343 a.
(191) J. MESLIER, *Testament*, t. III, pp. 194-199.
(192) Voir E. GUYÉNOT, *Les sciences de la vie*, p. 363.
(193) ENC, t. I, pp. 468 a-474 a. DIDEROT suit successivement, en les commentant, des textes qui se trouvent dans l'*Histoire naturelle*, t. II, pp. 260, 263, 1-2, 440-442, 2-17.

entretiennent avec leur milieu, il s'en faut que les minéraux aient tous les mêmes rapports avec les objets qui les entourent, « *en sorte qu'on peut dire qu'il y a des minéraux moins morts que d'autres* » (194). On voit apparaître ici une idée qui sera développée plus tard dans le *Rêve de d'Alembert*, celle d'une vie sourde et d'une sensibilité potentielle de la matière. Mais bien avant le *Rêve*, dans l'article *Spinoziste*, Diderot donne pour illustrer la thèse de la sensibilité de la matière, l'exemple de l'œuf, corps inerte, qui devient peu à peu corps sensible et vivant sous l'effet de la chaleur et par l'assimilation de la nourriture (195).

Le deuxième point au contraire est un point de rupture. L'âme de l'homme est indissolublement unie à son corps; nous avons donc, avec les objets extérieurs, des rapports semblables à ceux que les animaux ont avec les mêmes objets (196). Pourtant l'homme se distingue de l'animal au moins par le langage et par la faculté d'associer des idées (197). Nous retrouvons là une idée que nous avons rencontrée à propos des développements donnés par Diderot à la théorie sensualiste de la connaissance. Il l'exprimera à nouveau, avec plus de netteté encore, dans son commentaire sur *l'Esprit* d'Helvétius. Matérialiste, comme Diderot, Helvétius a le tort de ne pas discerner dans la chaîne des êtres le point où se fait la rupture entre l'animal et l'homme (198). L'homme et l'animal sentent, mais l'homme seul peut juger et raisonner (199).

En dehors de ces deux problèmes importants, les rapports de l'âme et du corps, et l'évolution des êtres vivants, les articles philosophiques de l'*Encyclopédie* ne constituent pas une contribution décisive à l'approfondissement du matérialisme. Ils permettent seulement à Diderot de vulgariser prudemment, et comme par petites doses, les éléments de la doctrine (200). Il le fait sous le couvert d'Epicure dans l'article *Epicuréisme*, des légendes éthiopiennes dans l'article *Ethiopiens*.

---

(194) ENC, t. I, p. 469 b. DIDEROT revient sur cette idée au cours du même article. Alors que BUFFON refuse à la matière toute sensation et la conscience d'exister, DIDEROT se demande si en descendant l'échelle des êtres on peut déterminer le moment où la faculté de sentir, remarquable chez les plus organisés, disparaît tout à fait. La façon dont il pose la question montre qu'il en doute fortement.

(195) L'article est anonyme dans l'*Encyclopédie*, mais il est expressément attribué à DIDEROT par NAIGEON.

(196) ENC, t. I, p. 471 b.

(197) *Ibid.*, p. 469 b.

(198) AT, t. II, pp. 267, 268, 272.

(199) *Ibid.*, p. 272. La critique du sensualisme « élémentaire » d'HELVÉTIUS sera poussée beaucoup plus loin dans les réflexions sur *l'Homme*; voir D.G. CREIGHTON, *Man and mind*, pp. 706-707.

(200) Par exemple dans l'article *Naturaliste*, d'une manière très objective : « On donne (...) le nom de *naturalistes* à ceux qui croient qu'il n'y a qu'une substance matérielle, revêtue de diverses qualités qui lui sont aussi essentielles que la longueur, la largeur, la profondeur, et en conséquence desquelles tout s'exécute nécessairement dans la nature comme nous le voyons; *naturaliste* en ce sens est synonyme à *athée, spinoziste, matérialiste*, etc. ». L'article est anonyme, mais cette partie de l'article est attribuée à DIDEROT par NAIGEON (*Philosophie ancienne et moderne*, t. III, p. 250 a).

L'article *Leibnizianisme* est un exemple caractéristique de la manière dont il procède. L'exposé de la métaphysique de Leibniz est fait d'après l'*Historia critica philosophiae*, mais de discrets commentaires en italique soulignent au passage les idées du philosophe allemand que l'on peut tirer vers le matérialisme : il n'y a pas en nature deux individus rigoureusement semblables; la monade, être corporel, est « dans une vicissitude continuelle »; la perception est cet « état passager qui marque multitude et pluralité dans l'être simple » qu'est la monade (201); la monade n'est pas autre chose que la molécule sensible de Hobbes; même lorsque notre conscience est assoupie ou évanouie, notre corps ne laisse pas d'avoir des perceptions (202); chaque monade simple entretient des rapports avec toutes les autres, tout est lié, et tout se correspond dans l'univers (203). En revanche toutes les propositions qui impliquent l'affirmation de l'existence de Dieu et la distinction des deux substances sont soumises à une critique expéditive (204).

Le plus souvent la doctrine matérialiste est insinuée plus discrètement encore, par fragments qui ne prennent leur sens que si on les rapproche les uns des autres. On apprend dans l'article *Encyclopédie* que tout se tient dans l'univers (205), dans *Fortuit* que l'idée de hasard n'a d'autre fondement que l'ignorance où nous sommes de la totalité des liaisons causales (206), dans *Imparfait*, que le monstre est aussi nécessaire en nature que l'animal parfait (207), dans *Imperceptible*, qu'on ne peut discerner où cesse la nature vivante et où commence la nature brute (208), dans *Impérissable*, que la matière est éternelle, et perpétuellement en mouvement, que la destruction d'une chose « a été, est et sera à jamais la génération d'une autre » (209), dans *Invariable*, que tout dans la nature

---

(201) AT, t. XV, p. 456.
(202) *Ibid.*, p. 457.
(203) *Ibid.*, p. 461.
(204) Par exemple l'idée de l'harmonie préétablie, que Diderot met au nombre des « spéculations physico-mathématiques et abstraites » (AT, t. XV, p. 464). Sur les rapports entre la philosophie de Leibniz et la pensée de Diderot, voir I.W. Alexander, *Philosophy of organism*, et W.H. Barber, *Leibniz in France*, p. 165 et p. 174 notamment. Parmi les écrits de Leibniz qui ont pu avoir une influence directe sur la pensée de Diderot, on n'a pas suffisamment remarqué le *Protogée*. Nous avons signalé ailleurs (*La bibliothèque de Diderot*, p. 262) que Diderot avait fait l'acquisition de cet ouvrage en 1752. Les idées de Leibniz sur la formation et les révolutions du globe ne sont pas originales, mais le *Protogée* a le mérite de rassembler des idées éparses et d'en faire un corps de doctrine. Leibniz pense que les corps solides se sont formés de deux façons au cours de l'histoire de la terre, « d'abord par leur refroidissement après la fusion ignée, et puis par de nouvelles agrégations après leur solution dans les eaux » (p. 9 de la trad. française de 1859). D'autre part l'existence des fossiles lui fait supposer que des espèces sont perdues et que les êtres vivants ont évolué depuis les origines : « N'est-il pas présumable que, dans les grands changements que le globe a subis, un grand nombre de formes animales ont été transformées ? » (p. 66 de la trad. française).
(205) AT, t. XIV, p. 451.
(206) *Ibid.*, t. XV, p. 24.
(207) *Ibid.*, p. 185.
(208) *Ibid.*, p. 187.
(209) *Ibid.*.

est sujet au changement (210), dans *Néant*, qu'il est plus aisé « de se représenter une matière éternelle » que le néant qui aurait précédé une création *ex nihilo* (211).

Tous ces fragments, et même des articles comme *Animal* et *Leibnizianisme* représentent en eux-mêmes assez peu de chose. Ils sont pourtant la clef de voûte de l'œuvre encyclopédique de Diderot, et de plusieurs manières différentes. Ce sont eux en effet qui, rapprochés les uns des autres, et mis en balance avec l'adaptation fort libre que Diderot a faite de l'*Historia critica philosophiae*, donnent son sens véritable à la partie philosophique du dictionnaire dont il est l'auteur. Les critiques du temps l'ont bien vu, et il n'avait nul besoin de faire à son texte les additions violemment antichrétiennes que Naigeon nous a transmises (212), pour que ses intentions devinssent claires.

Au demeurant Diderot, dès 1753, avait donné au public la clef de l'*Histoire de la philosophie* et des articles qui s'y rattachent : ce sont les *Pensées sur l'interprétation de la nature*. Les *Pensées* étaient en effet la synthèse provisoire des résultats auxquels il était parvenu dans les premières années de son travail d'encyclopédiste (213), et comme le programme de ses recherches ultérieures (214). Le dernier éditeur français des *Pensées*, M. Varloot, remarque que Diderot ne s'y est pas attardé « à la polémique antireligieuse banale », n'ayant pas comme d'Holbach « la manie de discuter continuellement sur Dieu » (215). Mais l'explication qu'il donne de cette discrétion est insuffisante. En effet si Diderot, dans les *Pensées*, s'abstient de toute polémique antireligieuse grave, c'est qu'il se réserve pour un autre champ de bataille. Il lutte, dans les *Pensées*, contre toutes les formes purement spéculatives du raisonnement, — dont son premier matérialisme était lui-même un produit, — pour la constitution d'une science véritablement expérimentale, et d'une philosophie fondée sur cette science. Il tente d'autre part, dans l'*Histoire de la philosophie*, d'appliquer les principes de la science expérimentale à l'histoire des idées, et particulièrement à

---

(210) *Ibid.*, p. 241.
(211) *Ibid.*, t. XVI. p. 143.
(212) Voir *Annexe* III.
(213) Le raisonnement expérimental doit remplacer désormais le raisonnement déductif (*Pensées* I à VIII), la chaîne des êtres doit être conçue d'une manière dynamique et non statique (*Pensée* XII).
(214) Ce programme lui est suggéré par la lecture de MAUPERTUIS. Cette lecture confirme d'ailleurs dans son esprit les idées qui lui étaient venues en lisant BUFFON ou LUCRÈCE : la plus petite particule de matière a une « âme sensitive » et il se crée dans un agrégat de molécules sensibles un système de perception qui forme la conscience du tout (*Pensée* L); il n'y a point de causes finales (*Pensée* LVI); il n'existe pas deux individus rigoureusement semblables en nature (*Pensée* LVII); tous les êtres s'altèrent et par des changements imperceptibles le temps met une différence prodigieuse entre ce qui a été, ce qui est et ce qui sera (*ibid.*); des espèces entières ont pu s'accroître, dépérir et passer comme le font les individus; d'éparse qu'elle était dans la masse de la matière, la vie a pu au cours d'une évolution qui a duré des millions d'années, animer des êtres de mieux en mieux organisés, jusqu'aux êtres pensants (*Pensée* LVIII, question 2).
(215) *Pensées sur l'interprétation de la nature*, éd. par J. VARLOOT, p. 26.

l'histoire de la pensée religieuse. Il est clair que les *Pensées* et l'*Histoire* sont deux mouvements complémentaires dans une même stratégie d'ensemble.

L'importance des fragments matérialistes insérés par Diderot dans l'*Encyclopédie* est encore attestée par la correspondance du Philosophe. Deux lettres au moins donnent le point des progrès que Diderot a faits en 1759, puis en 1765, dans une voie qu'il considère toujours comme ouverte.

Une lettre à Sophie d'octobre 1759 fait écho aux discussions philosophiques qui ont lieu à ce moment-là chez d'Holbach au sujet de la sensibilité sourde de la matière (216). C'est là une des questions les plus délicates que le matérialisme posait à Diderot depuis longtemps. L'idée essentielle de cette lettre c'est que l'organisation ne suffit pas à rendre vivant ce qui ne l'est pas. Quelle que soit la disposition qu'on donne à un système composé de particules mortes, il est inconcevable que ce système devienne vivant :

> « Que fait ici la droite ou la gauche ? Y a-t-il un côté et un autre côté dans l'espace ? Cela serait que le sentiment et la vie n'en dépendraient pas. Ce qui a ces qualités les a toujours eues et les aura toujours. Le sentiment et la vie sont éternels » (217).

Une autre lettre, écrite à Duclos en octobre 1765, traite de la même question, mais alors que la lettre de 1759 ne présentait pas l'hypothèse de la sensibilité sourde de la matière en termes très différents de ceux dont usait Diderot dans les années 1751-1753, la lettre de 1765 annonce déjà un des développements les plus importants du *Rêve de d'Alembert :* le passage de la sensibilité inerte à la sensibilité active se fait pour ainsi dire sous les yeux mêmes de l'observateur dans le processus de l'assimilation :

> « La sensibilité (...) est une propriété universelle de la matière; propriété inerte dans les corps bruts, comme le mouvement dans les corps pesants arrêtés par un obstacle; propriété rendue active dans les mêmes corps par leur assimilation avec une substance animale vivante (...). L'animal est le laboratoire où la sensibilité, d'inerte qu'elle était, devient active » (218).

M. Crocker attribue la paternité de l'idée à Toland, dont les *Lettres à Serena* furent traduites par d'Holbach et Naigeon en 1768 (219). Cette filiation est possible, si l'on suppose que Diderot a lu les *Lettres à Serena* en anglais avant 1765. Il se peut aussi, comme le pense M. Vernière, que Diderot soit parvenu à la même idée en interprétant à sa manière un

---

(216) Cette lettre précède de peu celle qui reproduit une partie de l'article *Sarrasins.* Cette coïncidence marque bien la simultanéité des deux mouvements de pensée dont nous parlions plus haut : l'*Histoire de la philosophie* a pour contrepoint le développement de la philosophie matérialiste.

(217) CORR, t. II, pp. 282-283.

(218) CI, t. I, p. 300.

(219) L.C. Crocker, *John Toland*, p. 293.

texte de Meslier (220). Quelle que soit l'origine de l'hypothèse, la lettre qui la contient prouve que Diderot n'a pas cessé depuis la *Lettre sur les aveugles* d'accumuler les observations et les faits d'expérience susceptibles de donner un fondement scientifique à un matérialisme qui lui paraissait encore trop hypothétique pour être opposé avec la force et la sérénité d'une certitude définitive aux spéculations métaphysiques ou religieuses dont il tentait par ailleurs de montrer la vanité (221).

---

(220) P. Vernière, *Spinoza*, t. II, p. 367. Le texte auquel pense M. Vernière est celui-là même que nous citions plus haut, où Meslier parle de l'herbe qui se fait cheval ou taureau. Nous avons vu cependant que Meslier utilisait cette observation d'une manière assez différente, puisqu'elle prouvait à ses yeux la pente naturelle de la matière à s'organiser de telle ou telle façon.

(221) Pour l'histoire et la synthèse des idées de Diderot sur l'évolution, voir, outre l'introduction de P. Vernière au *Rêve de d'Alembert*, l'excellente étude de L.G. Crocker, *Diderot and eighteenth century French transformism*.

CHAPITRE IX

MATÉRIALISME ET MORALE

LA CRITIQUE DE LA MORALE CHRETIENNE

Comme le soulignait naguère encore M. Vernière, l'unité de la pensée morale de Diderot est d'abord dans son antichristianisme (1).

Disons tout de suite que ce n'est pas par là qu'elle risque d'être originale. A mesure que le XVIIIe siècle s'avance, « l'incrédulité se confond avec l'idée du bourgeois, elle est en quelque sorte devenue la marque distinctive d'une classe » (2). Pourtant Diderot, on l'a souvent remarqué, serait plutôt moins agressif que d'autres, beaucoup moins que Voltaire, par exemple. Il ne rend pas la religion responsable de tous les maux qui accablent l'humanité et d'autre part il ne croit pas à la disparition prochaine de la croyance. Au demeurant, la religion tenue dans de certaines limites n'est pas faite pour le gêner. Plutôt qu'antichrétienne, sa morale est foncièrement étrangère au Christianisme. Elle est laïque, profane, mais nullement profanatrice.

Nous avons vu précédemment que Diderot, dans son *Histoire de la philosophie,* traitait de la religion avec le sang-froid du savant, avec sérieux. Si, finalement, il rejette les données de la Révélation, et leur substitue les éléments d'une doctrine matérialiste, c'est parce que le matérialisme lui semble un fondement plus sûr que le spiritualisme pour ce qu'il appelle la science des faits. De même pour la morale. Diderot ne rejette pas la morale chrétienne de parti pris, légèrement. Il la rejette par principe, il nie même qu'elle soit une morale, et il le montre. C'est ce que ses détracteurs n'ont pas compris, ou n'ont pas voulu comprendre. Ils l'ont accusé de prêcher l'immoralité, de ruiner la religion chrétienne pour donner libre carrière au vice. C'est la rengaine des apologistes :

---

(1) P. VERNIÈRE, c.r. de L.G. CROCKER, *Two Diderot studies*, p. 76. Cette idée était déjà au centre du livre de P. HERMAND. C'est aussi le seul point sur lequel tous les critiques peuvent être d'accord, quel que soit le choix personnel d'articles sur lequel ils se fondent : l'antichristianisme était le dénominateur commun des principaux collaborateurs de l'*Encyclopédie*.

(2) B. GROETHUYSEN, *Origines de l'esprit bourgeois*, t. I, p. 32.

le cœur de l'homme est vicieux, et il cherche à « justifier ses désordres par son incrédulité » (3).

Diderot n'affirme pas d'abord que l'homme est, ou n'est pas vicieux, mais il pense qu'une morale est nécessaire. Sur quoi peut-on valablement la fonder ? Sur le Christianisme, lui a-t-on enseigné et répète-t-on autour de lui. Or, que lui a appris son expérience d'homme cultivé, et d'homme tout court ? Il a constaté en premier lieu qu'il y avait une contradiction flagrante entre les principes de la morale évangélique et la pratique morale des chrétiens. Il ne manquait pas d'ouvrages de critique ou d'histoire pour la lui révéler, et dès l'*Essai sur le mérite et la vertu* il recueille les exemples historiques qui la font apparaître. Dans la lettre d'introduction Diderot indique, en citant Montaigne, le thème majeur de l'ouvrage. L'histoire du Christianisme a été marquée par de nombreux actes d'intolérance; de l'intolérance dans le domaine des idées à la volonté délibérée de supprimer physiquement ceux qui ne pensent pas bien, il n'y a qu'un pas que les chrétiens ont maintes fois franchi :

« Rappelez-vous l'histoire de nos troubles civils, et vous verrez la moitié de la nation se baigner, par piété, dans le sang de l'autre moitié, et violer, pour soutenir la cause de Dieu, les premiers sentiments de l'humanité; comme s'il fallait cesser d'être homme pour se montrer *religieux !* » (4).

Les exemples qu'il cite sont classiques : guerres de religion, inquisition (5), persécutions contre les savants et les philosophes qui ont eu le courage de penser librement (6).

L'histoire de l'*Encyclopédie* explique assez que Diderot, surtout après l'affaire de Prades, soit devenu encore plus mordant, et plus précis. Deux articles au moins, dans le tome III du dictionnaire, donnent des exemples historiques d'intolérance meurtrière. Dans *Cotereaux* (7) Diderot flétrit le pape Alexandre III qui a ordonné et encouragé le massacre de ces hérétiques, contrairement à « l'esprit de l'Evangile »

---

(3) *La religion vengée*, t. I, pp. 11-12. *La religion vengée* contient de nombreux passages dans le même esprit. Dans le tome I par exemple, il est démontré que le pyrrhonisme de BAYLE l'a amené à détruire les notions mêmes de vice et de vertu (lettre IX). Dans le tome VI, les mœurs abominables de VANINI sont présentées comme étant en rapport direct avec sa philosophie. Le caractère dominant de VANINI, y est-il dit, « était un fanatisme d'orgueil (...). C'était un parasite, un vagabond qui (...) prêchait le libertinage » (p. 143). Bien entendu VANINI eut une mort terrifiante : son aspect « horrible et tout à fait farouche » prouvait assez son anxiété (p. 147). Il mourut comme une bête, un « enragé », ce qu'il avait toujours été, « livré en esclave à ses voluptés » et menant une vie déréglée (p. 148). BAYLE, apologiste de VANINI, était lui-même un débauché (p. 152). Dans le tome XI EPICURE est traité de la même manière, l'athéisme et le vice étaient indissociables dans sa pensée comme dans sa vie. Et naturellement cette critique vise aussi DIDEROT, apologiste d'EPICURE (t. XI, pp. 266 et suivantes). Plus d'un critique depuis a posé à DIDEROT la question que CARLYLE formulait en ces termes : « Puisqu'il n'est rien de sacré dans l'univers, d'où vient le caractère sacré de ce que vous appelez vertu ? » (*Critical and miscellaneous essays*, t. IV, p. 327).

(4) AT, t. I, p. 10.

(5) *Ibid.*, et p. 76.

(6) *Ibid.*, p. 87.

(7) AT, t. XIV, pp. 234-235. L'article est marqué de l'astérisque.

qui animait par exemple un saint Augustin. Dans *Croisades* il s'indigne de l' « étourdissement » qui a entraîné

« une partie du monde dans une malheureuse petite contrée, afin d'en égorger les habitants et de s'emparer d'une pointe de rocher qui ne valait pas une goutte de sang, qu'ils pouvaient vénérer en esprit de loin comme de près, et dont la possession était si étrangère à l'honneur de la religion » (8).

Il ne manque pas d'ailleurs de retenir les indications que lui fournit l'*Histoire ecclésiastique* sur certaines causes sordides des croisades, comme « l'intérêt des papes et de plusieurs souverains de l'Europe » (9).

Mais à partir de 1755 les persécutions subies par l'*Encyclopédie* entraînent un changement décisif dans la pensée de Diderot. Il ne dénonce plus seulement les crises de la religion en historien moraliste. Il s'identifie en quelque sorte aux persécutés de tous les temps, parce qu'il est devenu l'un d'entre eux. Leur cause est devenue la sienne. C'est ce que symbolise à partir de 1758 la figure de Socrate (10).

L'*Histoire de la philosophie* a été un moyen commode de dénoncer, avec le recul apparent du temps, des pratiques que chacun pouvait reconnaître. Ainsi, dans *Eclectisme*, quand Brucker rapporte l'assassinat d'Hypathie par une bande de chrétiens fanatiques, on sent qu'une passion vengeresse anime soudain la plume du Philosophe. Il ne peut s'empêcher, parlant de Pierre, le meneur de la bande, de souffleter avec lui

« ces vils esclaves (...) tels que les hommes en place n'en ont malheureusement que trop autour d'eux, qui attendent avec impatience et saisissent toujours avec joie l'occasion de commettre quelque grand forfait qui les rende agréables à leur supérieur » (11).

Et pour que nul ne doute de la grandeur du crime, il cherche dans Fleury confirmation des faits relatés par Brucker (12). L'*Histoire de la philosophie*, considérée de ce point de vue, ressemble par instants à un martyrologe. Dans tous les temps, sous tous les régimes, et quelle que fût la religion dominante, ceux qui ont voulu penser librement ont été persécutés, emprisonnés, torturés, massacrés. Ici, c'est Anaxagore, sauvé de la fureur des prêtres par Périclès : il était accusé d'impiété pour avoir avancé une hypothèse sur la structure du soleil (13). Là, c'est

---

(8) AT, t. XIV, pp. 243-252. L'article est marqué de l'astérisque. Diderot l'a écrit en se servant de l'*Histoire ecclésiastique* de Fleury, tomes IV, V, VI (voir Barker, *Diderot's treatment*, p. 100, n. 96). Ce paragraphe est une digression de Diderot, selon Barker, p. 100.

(9) AT, t. XIV, p. 244.

(10) Voir le bel essai de J. Seznec sur *le Socrate imaginaire* (*Essais*, pp. 1-22).

(11) AT, t. XIV, p. 344. Cette phrase n'a pas d'équivalent dans Brucker; cf. *Historia critica*, t. II, pp. 189-462, « *De secta eclectica* ».

(12) Brucker lui-même ne cite pas Fleury. Diderot le cite p. 344.

(13) Article *Ionique*, AT, t. XV, p. 248. Diderot ne retient pour les besoins de sa cause qu'une des explications proposées par Brucker.

Roger Bacon, jeté au fond d'un cachot et accusé de magie pour avoir fait des machines (14).

Comment Diderot n'eût-il pas pris à son compte les persécutions subies de tout temps par les adversaires du Christianisme ? Dans sa propre famille il avait à souffrir des attaques de plus en plus violentes de l'abbé Diderot, et il constatait que le « fanatisme » du prêtre n'en voulait pas seulement aux philosophes. Prié par l'abbé d'intervenir dans un différend avec le chevalier de Piolenc, Diderot tente vainement un accommodement entre les parties. Mais l'abbé est intransigeant, l'abbé veut plaider, et Diderot indigné doit le laisser aller : « Vous m'avez écrit la lettre d'un plaideur et d'un fanatique. Si ce sont là les deux qualités que donne votre religion, je suis très content de la mienne » (15). Cela se passait en juillet 1756. En 1757, le *Fils naturel* cause « beaucoup de chagrin » à l'abbé Diderot. Le moindre mot contre la religion qui se glisse dans les œuvres ou même dans les lettres de son frère lui paraît une injure personnelle (16). La mort du père et les discussions qui s'ensuivent au moment du partage du patrimoine viennent encore élargir le fossé qui sépare le Philosophe et le secrétaire de l'évêque de Langres, le futur propagandiste général du diocèse. Et c'est, le 29 décembre 1760, la fameuse lettre de Diderot à l'abbé, sur l'intolérance. Le fait que cette lettre, à peine retouchée, a été imprimée ensuite dans l'*Encyclopédie*, montre bien que la biographie du directeur de l'*Encyclopédie* et la biographie de l'homme sont inséparables. C'est dans son expérience publique et dans son expérience privée que Diderot trouve les exemples les plus frappants de cette intolérance qu'il dénonçait dans l'*Essai* d'une manière encore très générale. Cette double expérience pratique lui a permis de comprendre vraiment la nature de l'intolérance. Il en tire des conclusions morales théoriques plus rigoureuses et mieux fondées qu'au temps de l'*Essai*.

Dans sa lettre du 29 décembre 1760, Diderot oppose encore l'attitude pratique des chrétiens intolérants et l'enseignement des apôtres et des Pères de l'Eglise, mais il le fait avec une sorte de passion désespérée qui montre qu'il ne se fait guère d'illusions. Car s'il est vrai que le « système atroce » qu'il reproche à l'abbé « ne convient ni à la droiture de (son) esprit, ni à la bonté de (son) cœur » (17), si la nature de l'abbé est bonne, il faut bien qu'elle ait été pervertie par sa religion. Donc la contradiction n'est pas entre les fondements de la morale évangélique et les actes de ceux qui l'appliquent. Elle est au cœur de la morale chrétienne elle-même. C'est pour cela qu'après des périodes

---

(14) AT, t. XVII, p. 101. Diderot dans ce passage suit Brucker mais, à la différence de son modèle, il donne aux faits une valeur d'exemple pour tous les temps.

(15) CI, t. II, p. 147.

(16) Lettre de Diderot du 29 novembre 1757 et lettre de l'abbé du 10 décembre 1757, dans CI, t. II, pp. 149-150 et p. 150, n. 1. Sur les rapports entre les deux frères, voir le chanoine Marcel, *Le frère de Diderot*, et surtout Naughton, *Diderot and his brother*.

(17) AT, t. I, p. 490.

d'accalmie où l'on pourrait croire que l'humanité l'a emporté sur le fanatisme, en plein siècle des lumières, il se trouve subitement un abbé de Caveirac, « un homme de sang » pour faire l'apologie de la Révocation de l'Edit de Nantes et du massacre de la Saint-Barthélemy (18).

Dans les dix derniers volumes de l'*Encyclopédie* Diderot multiplie les exemples de fanatisme religieux, mettant la religion chrétienne sur le même plan que toute autre religion dogmatique. *Futurition* évoque une de ces questions futiles « qui ont allumé entre les chrétiens la fureur de la haine, et toutes les suites sanglantes de cette fureur » (19). *Jésuite* énumère les principaux crimes justifiés par la Compagnie de Jésus ou même commis à son instigation (20). *Pyrrhonienne* traite d'attentat aux « lois les plus sacrées de l'humanité », déshonorant la religion, la persécution infligée aux Réformés à la fin du XVIIe siècle (21). *Pythagorisme* évoque le triste sort d'Agrippa, philosophe du XVe siècle : comme beaucoup de ses pareils, il eut à subir « l'ignorance, l'hypocrisie et la méchanceté des prêtres », et fut partout où il passa persécuté des moines (22).

Mais un texte de Diderot au moins va plus loin que la simple constatation des faits. Il ne se trouve pas du reste dans l'*Encyclopédie*, mais dans l'*Addition aux Pensées philosophiques*. Des *Pensées* LXIX à LXXI, que Diderot reprend des *Objections diverses contre les écrits de différents théologiens* (23), il ressort qu'une religion tout entière fondée sur le souci de sauver les individus, ne peut hésiter à sacrifier les corps si le salut des âmes est à ce prix :

« Le précepte de la religion et la loi de la société, qui défendent le meurtre des innocents, ne sont-ils pas, en effet, bien absurdes et bien cruels,

---

(18) *Ibid.*, p. 489 et article *Journée de la Saint-Barthélemy*, *ibid.*, t. XV, p. 316. L'article est marqué de l'astérisque. Le *Journal encyclopédique* fait un compte rendu chaleureux de l'article *Intolérance* (1767, t. IV, pp. 17 et suivantes). Il ne retient cependant de l'article de Diderot que l'idée d'une contradiction entre l'enseignement évangélique et la pratique de certains chrétiens : « Jésus-Christ a-t-il ordonné de poursuivre le païen et d'égorger le publicain ? A la mauvaise foi de cette interprétation, opposons, avec l'auteur de cet article, les textes mêmes de l'Ecriture sainte dans toute leur intégrité ».

(19) AT, t. XV, p. 32. Article marqué de l'astérisque.

(20) *Ibid.*, pp. 273-286. L'article n'est pas signé mais Naigeon l'a édité.

(21) Le passage a été censuré par Le Breton (Gordon et Torrey, *The censoring*, p. 75). Diderot s'exprime sur cette persécution en termes beaucoup plus violents que Brucker, qui pourtant était protestant. Mais Brucker n'eût pas trouvé convenable que l'historien, en lui, laissât parler trop librement le partisan. Il est vrai que Brucker écrivait en pays protestant et pouvait à bon compte être objectif.

(22) AT, t. XVI, p. 535. Diderot amplifie et généralise, à propos d'Agrippa, une indication de Brucker : « *Cum cleri praejudiciis (Agrippa) esset infensissimus, libertate autem uteretur oris atque calami majori quam ferre poterat genus irritabile vatum, crabrones in se* (...) *concitavit* » (*Historia critica*, t. IV, p. 393).

(23) AT, t. I, pp. 168-169. Cf. F. Venturi, *Addition aux Pensées philosophiques*.

lorsqu'en les tuant on leur assure un bonheur infini, et qu'en les laissant vivre on les dévoue, presque sûrement, à un malheur éternel ? » (24)

En dernière analyse, il n'y a pas à proprement parler de morale chrétienne. Ce qu'on appelle de ce nom est un ensemble de conduites très variables, souvent contradictoires, mais toutes inspirées de dogmes qui par nature sont étrangers à la morale et supérieurs à elle (25). La prétendue morale des casuistes est aux yeux de Diderot l'illustration la plus typique de ce caractère contingent de la morale religieuse, et il le montre, dans les articles *Cas de conscience, Casuiste, Intention* (26). Ici il retourne et renverse contre les apologistes du Christianisme l'argument qui tant de fois leur avait servi contre leurs adversaires. Nous avons vu à propos de maint passage de l'*Historia critica* de Brucker, notamment, que les détracteurs des philosophes avaient coutume d'en appeler des mœurs à la croyance, demandant comment Epicure ou Bayle eussent pu être vertueux, étant impies. Diderot leur pose à son tour la question : comment croire à la vérité d'une religion dont la pratique est si variable et si souvent contraire à la morale courante ? Déjà le curé Meslier avait rapproché les erreurs de la morale chrétienne et les absurdités du dogme, mais sans lier explicitement les premières aux secondes (27). Diderot va plus loin. Il montre non seulement que la morale chrétienne est contingente et dépend de la manière dont on interprète le dogme, mais même que le dogme, pris à la lettre, justifie les actes humainement les moins justifiables. C'est l'idée qu'exprime l'*Essai sur le mérite et la vertu*, à propos de l'idolâtre adorateur des chats, qui serait persuadé que le salut d'un chat est préférable au salut de son père (28). Mais l'*Essai*, malignement ou de bonne foi, oppose sur ce point le Christianisme aux religions païennes :

« Si Jupiter est le dieu qu'on adore, et si son histoire le représente d'un tempérament amoureux, et se livrant sans pudeur à toute l'étendue de ses

---

(24) AT, t. I, p. 169. L'article *Caucase* (AT, t. XIV, p. 39, marqué de l'astérisque) exprimait déjà une idée presque semblable, mais d'une bien moindre portée. Il s'agissait seulement de la joie qu'un père chrétien devrait éprouver en voyant mourir ses enfants, s'il était logique avec sa foi.

(25) Voir *De la suffisance de la religion naturelle* (AT, t. I, p. 270) : « (Les hommes) trouveront tous en eux-mêmes des dispositions à (...) admettre (la religion naturelle), au lieu que les autres religions, fondées sur des principes étrangers à l'homme et, par conséquent, nécessairement obscurs pour la plupart d'entre eux, ne peuvent manquer d'exciter des dissensions ». Voir aussi dans l'*Addition aux Pensées philosophiques*, l'histoire du misanthrope qui pour se venger de l'humanité, invente la notion de Dieu (AT, t. I, pp. 169-170). Diderot tenait beaucoup à cette fable, qu'il raconte encore dans une lettre à Damilaville du 12 septembre 1765 (CI, t. I, p. 278).

(26) AT, t. XIV, pp. 34-36; pp. 36-39; t. XV, pp. 228-229. Dans la lettre qu'il écrit à son frère le 26 juillet 1756 (CI, t. II, p. 148), c'est tout naturellement que Diderot lui reproche une trop grande familiarité avec les casuistes : « Quand la passion s'en mêle et qu'on est un peu versé dans les *distinguo* des casuistes, on peut faire beaucoup de choses en sûreté de conscience ».

(27) J. Meslier, *Testament*, t. II, pp. 24-25 et pp. 26 et suivantes.

(28) AT, t. I, p. 37.

désirs, il est constant qu'en prenant ce récit à la lettre, son adorateur doit regarder l'impudicité comme une vertu » (29).

Il est entendu, en revanche, que le chrétien qui pratique la vérité, la justice, la bonté, se plaît à adorer un Dieu vrai, juste et bon (30). Tout au plus Diderot remarque-t-il, dès ce moment, que celui qui croit aux rémunérations éternelles ne pratique pas la vertu de manière tout à fait désintéressée, et que la contemplation immodérée des choses célestes peut détourner l'attention des devoirs de la terre (31).

L'*Encyclopédie*, sous plusieurs formes différentes, reprend le thème indiqué dans l'*Essai*. Jupiter est remplacé ici par Cotytto, déesse de la débauche (32), là par Hippone, déesse née d'un commerce contre nature (33).

Mais Diderot vise surtout le dogme chrétien. On le constate, non pas dans l'*Encyclopédie*, où la prudence lui conseille de s'en tenir aux fables profanes, mais dans sa correspondance et dans l'*Addition aux Pensées philosophiques*. La lettre à Sophie Volland du 3 août 1759, par exemple, pose, à propos de la signification de la souffrance des innocents, le problème de la justice de Dieu :

« Quelle sottise ! Il fallait immoler un être innocent et sensible pour faire éclater la commisération d'un autre; arracher la plainte et le gémissement de sa bouche, les rendre malheureux tous les deux, pour qu'on vît que l'un était bon; commettre une injustice pour que la vertu s'exerçât (...). Que penserait-on d'un souverain qui gouvernerait d'après ces principes ? Y a-t-il deux justices, l'une pour le ciel, l'autre pour la terre ? » (34)

Plaisante justice, que celle d'un dieu qui damne d'honnêtes Chinois parce qu'ils l'ont connu trop tard (35). Dans l'*Addition*, Diderot s'en prend au dogme même du Péché originel. La *Pensée* XVI, les *Pensées* XLVII à LVIII font sous des formes diverses le procès de ce Dieu qui châtie pour l'éternité le coupable d'un moment (36). Dieu est donc bien injuste. Mais s'il l'est, ses fidèles ne sont-ils pas fondés à l'être aussi ? La réponse est trop évidente.

Toutefois, si Diderot ne peut admettre la religion chrétienne comme le fondement sûr d'une morale conséquente, il est trop réaliste pour

---

(29) *Ibid.*, p. 46. La même idée sera reprise dans l'article *Charidotès* (AT, t. XIV, pp. 99-100, article marqué de l'astérisque). *Charidotès* utilise les exemples tirés de Térence et de Pétrone qui étaient cités en note dans l'*Essai sur le mérite et la vertu* (AT, t. I, p. 46, n. 2).

(30) AT, t. I, p. 48.

(31) *Ibid.*, p. 58 et p. 71.

(32) Article *Cotyttées*, marqué de l'astérisque (AT, t. XIV, p. 236).

(33) Article *Hippone*, marqué de l'astérisque (AT, t. XV, p. 93).

(34) CORR, t. II, p. 192. Le problème de la souffrance des innocents est encore abordé dans une lettre du 20 octobre 1760 (CORR, t. III, p. 171).

(35) CORR, t. III, p. 96, lettre du 27 septembre 1760.

(36) Plusieurs de ces pensées sont des réflexions personnelles de Diderot. Elles ne figuraient pas dans les *Objections diverses*. Ce sont notamment, d'après M. Venturi (*Addition*, p. 25) les pensées XVII, L à LIII. Il y a un décalage entre la numérotation des pensées dans l'édition de M. Venturi et celle de l'édition Assézat : la pensée XVII est la pensée XVI de AT, la pensée L est la pensée XLIX de AT.

rejeter brutalement et en bloc tout ce qu'il a reçu de l'enseignement chrétien. Il sait d'ailleurs que dans leur immense majorité ses contemporains, même et surtout lorsqu'ils sont pratiquement détachés de toute croyance, continuent à se mouvoir dans le cadre que le Christianisme a donné à leur existence, et restent attachés à ceux des préceptes de morale chrétienne qui répondent le mieux à leurs très humaines préoccupations.

Bernard Groethuysen évoque dans son livre sur les *Origines de l'esprit bourgeois en France* ce Dieu nouveau, tendre et bon, favorisant ceux qui lui sont soumis, et indulgent à ceux qui l'offensent, que le bourgeois se plaît à entendre évoquer au prêche (37). En vérité ce Dieu n'est pas nouveau. Il n'est qu'un avatar du Dieu ancien. Il est même très exactement ce Dieu ancien, dépouillé de tout ce que l'Ancien Testament lui avait légué de cruel et d'arbitraire, le Dieu fait homme de la nouvelle Alliance, Jésus, fils et négateur de Jéhovah.

Bien que Diderot ne voie pour sa part nulle raison d'appeler encore Dieu un être qui s'est si bien humanisé, il ne voit pas non plus pourquoi enlever aux chrétiens leurs illusions, s'ils se tiennent dans les limites raisonnables d'une religion non dogmatique, soucieuse surtout d'enseigner à ses fidèles les voies de la bienfaisance. C'est ce qui explique les étonnantes homélies qu'on peut lire ici ou là dans sa correspondance. Celles qu'il adresse à son frère ne sont d'ailleurs pas les plus intéressantes. L'abbé était trop dogmatique pour que ce genre de discours pût l'ébranler et Diderot le reprend, plus qu'il ne l'exhorte.

La lettre que Diderot écrivit à son père, le 6 janvier 1755, est certainement un modèle du genre. Diderot le père était de ces chrétiens de bonne race, honnêtes, droits, point bigots, dont on comptait encore un très grand nombre dans le peuple, et dans une partie de la bourgeoisie. La lettre qu'il avait envoyée à son fils lorsque celui-ci fut emprisonné révèle un homme pieux sans doute, mais pour qui Dieu est surtout le garant du bon ordre universel, le Père qui gère son patrimoine avec une infinie sagesse (38). Les rapports qu'il suppose entre son fils et Dieu sont de la même nature que ceux qu'il a lui-même avec son fils. Ils ont seulement quelque chose de plus grand, de plus noble, de plus solennel. Parfois on ne sait plus s'il parle au nom de Dieu ou en son nom propre. Il écrit :

> « Jusque-là, je vous ai regardé pour mon enfant et si je vous ai donné de justes preuves de ma tendresse en vous faisant donner de l'éducation, c'était dans l'espérance que vous en feriez un bon usage ».

Il écrivait plus haut : « Songez que si le Seigneur vous a donné des talents, ce n'est pas pour travailler à affaiblir les dogmes de notre sainte religion ». L'expression est différente mais l'idée est la même. En réalité la religion est pour le père Diderot la forme supérieure de la morale, la seule du reste qu'il connaisse. Il est prêt à pardonner à son fils le mal

---

(37) B. Groethuysen, *Origines*, t. I, p. 161.
(38) CORR, t. I, pp. 92-93 : « comme rien n'arrive sans la permission de Dieu »; « le Seigneur vous a donné des talents ».

qu'il a pu faire, pourvu que l'ordre soit sauf. Il imagine une sorte de marché dans lequel il suffirait d'une « production chrétienne » du Philosophe, pour balancer les ouvrages antichrétiens sortis de sa plume. Ce qui lui paraît juste doit paraître tel à Dieu : « Cet ouvrage attirera la bénédiction du ciel et je vous conserverai dans mes bonnes grâces ». Il est vraiment de ces hommes dont Diderot parle dans l'*Essai sur le mérite et la vertu :* comme ils croient à la valeur de la droiture, de la vérité, de la bonté, ils jugent naïvement que Dieu est le vrai, le juste et le bon (39).

La lettre du 6 janvier 1755 ne s'explique qu'adressée à un chrétien de cette sorte (40). Les recommandations qu'elle contient n'ont trait qu'à la pratique morale, et leur « couleur » chrétienne tient au seul fait qu'elles sont données à un homme dont la pensée est habituée à se mouvoir dans un cadre chrétien. On concevrait très bien que la même homélie ait été adressée à un incroyant, mais dans un autre style : veillez à prolonger la durée de votre vie si elle est utile, faites l'aumône, soyez bienfaisant d'abord avec vos proches, ne perdez pas de temps en pratiques qui ne sont d'aucune utilité pour personne. Sophie ou Grimm n'ont-ils pas lu cela cent fois dans les lettres du Philosophe ? Cependant les conseils du Philosophe à son père ne prennent tout leur sens que par le contraste qui existe entre la deuxième partie de la lettre et la première. L'histoire des capucins rencontrés par Diderot au cours de son voyage de Paris à Langres l'a amené, par une réaction naturelle, à prêcher une « religion » de douceur et de bienfaisance. Ces capucins étaient de ceux qui pensaient « qu'on doit en conscience détruire les ennemis de Dieu et de l'Eglise, partout où l'on en rencontre », et qui considéraient le massacre des Albigeois comme la marque d'un beau zèle (41). Diderot raconte cette histoire et la commente d'un ton qui laisse bien supposer que le père, à son sens, devait partager normalement son indignation.

Dans le meilleur des cas le Christianisme n'est donc par lui-même d'aucun secours pour fonder la morale (42), et il justifie le plus souvent des actions immorales. Or Diderot, comme la plupart des philosophes, pense que la morale doit et peut se fonder sur une base sûre. M. Belaval a remarqué dans un article récent que Diderot cherchait « le positif, — le naturel, — de la morale (...) du côté de la biologie » et se laissait porter « à en chercher le négatif, — l'artificiel, — du côté de la politique », à l'inverse de Jean-Jacques Rousseau (43). La formule est séduisante, et partiellement vraie. Elle est vraie si l'on entend par là que Diderot a

---

(39) Voir AT, t. I, p. 48.

(40) CI, t. II, pp. 64-65.

(41) *Ibid.*, p. 58. Cette histoire de capucins est à rapprocher de l'anecdote que rapporte Diderot dans une lettre à Sophie du 1er août 1765 (SV, t. II, p. 58). L'anecdote de 1765 est du reste plus atroce encore que celle de 1755. Elle montre que l'inhumanité, qui se justifie encore, en un certain sens, chez le fanatique défenseur de sa religion, peut devenir une seconde nature : la femme à qui le Carme refuse du secours n'est ni une hérétique ni une incroyante.

(42) Voir déjà *De la suffisance de la religion naturelle*, AT, t. I, p. 264 : « La religion révélée ne nous a rien appris sur la morale ».

(43) Y. Belaval, *Nouvelles recherches*, p. 34.

abordé les problèmes de la morale à partir des sciences de la nature, de la biologie, de la physiologie, de la psychophysiologie, alors que Rousseau les a abordés à partir de l'économie politique, de la science du droit, de la politique. Elle est fausse, si elle signifie que Diderot s'en est tenu au point de vue du naturaliste et du savant, et qu'il a dissous la morale dans la science des mœurs, pour la réintroduire ensuite artificiellement sous le couvert de la politique. On peut dire, tout au contraire, qu'ayant trouvé à partir des sciences de la nature les éléments d'une science des mœurs, mais rien qui puisse fonder une morale positive, Diderot, comme Rousseau, a cherché ce fondement du côté de la politique et du droit. Mais, alors que Rousseau considère les rapports sociaux envisagés par le juriste et le politique, comme de simples effets de l'*art*, résultant de conventions non nécessaires, Diderot garde le souci d'accorder la politique et le droit avec les sciences de la nature, et considère que l'institution sociale est comme inscrite dès l'origine dans la *nature* même de l'homme.

LE SENSUALISME ET LA SCIENCE DES MŒURS

C'est essentiellement sur le sensualisme de Locke que Diderot a fondé la science des mœurs.

Déjà dans l'*Essai sur le mérite et la vertu* l'influence de Locke était très remarquable (44). Diderot a retenu surtout de l'*Essai philosophique concernant l'entendement humain* la substance du second chapitre du livre I : « Qu'il n'y a point de principes de pratique qui soient innés ». C'est d'ailleurs à ce chapitre que ses adversaires se référeront le plus souvent pour dénoncer l'influence pernicieuse du philosophe anglais sur la pensée morale de l'encyclopédiste (45). Mais ce chapitre de Locke n'a qu'une portée négative. Il montre seulement qu'il n'y a « aucun principe de morale, ni (...) aucune règle de vertu qui dans quelque endroit du monde ne soit méprisée, ou contredite par la pratique générale de quelques sociétés entières » (46). Il ne dit pas quelle est la « vérité antérieure » d'où l'on pourra déduire « par voie de raisonnement » les règles de morale (47). C'est dans le chapitre XX de son livre que Locke donne les éléments de cette « vérité ». Il ne s'agit pas d'une vérité morale, mais d'une constatation psychologique somme toute banale : « Nous appelons bien ce qui nous donne du plaisir ou diminue notre douleur, et mal ce qui nous donne de la douleur ou diminue notre plaisir » (48). Le caractère

---

(44) Voir P. Hermand, *Les idées morales*, pp. 259-263.

(45) Par exemple A. Chaumeix verra encore le reflet de ce chapitre de Locke dans l'article *Droit naturel* de l'*Encyclopédie* (*Préjugés légitimes*, t. V, p. 27).

(46) AT. t. I, p. 76, n. 2. Diderot résume dans cette note plusieurs pages de Locke.

(47) Locke, *Essai philosophique*, t. I, p. 63.

(48) *Ibid.*, t. II, p. 104.

extrêmement général de la formule explique sans doute la fortune qu'elle a eue au XVIIIe siècle, chacun pouvant y mettre à peu près ce qu'il voulait.

Les passions n'étant, d'après Locke, que des « modes du plaisir et de la douleur », il n'était que trop tentant de faire un pas que le philosophe anglais n'a jamais fait, et de tirer explicitement de sa psychologie sensualiste une réhabilitation des passions. Diderot le fait d'autant plus volontiers que par une réaction naturelle contre le moralisme chrétien il ne voit aucune raison de juger mauvaises ou vicieuses de parti pris les impulsions de la triple concupiscence maudite par dix-sept siècles de Christianisme, depuis saint Jean jusqu'à Pascal et Bossuet (49).

Du sensualisme de Locke, en effet, on ne pouvait conclure à la rigueur qu'une chose : l'homme a des passions, il lui est agréable de les satisfaire. *L'Essai sur le mérite* et surtout les *Pensées philosophiques* reprennent la conclusion de Locke et la durcissent : si l'homme éprouve du plaisir à satisfaire ses passions, c'est qu'elles ne sont pas intrinsèquement mauvaises (50). Mais cela ne signifie point qu'elles soient intrinsèquement bonnes. Diderot utilise le sensualisme de Locke dans un but bien défini, qui est de ruiner définitivement et si l'on peut dire scientifiquement la morale du Christianisme. S'il abolit les contraintes et les règles, ce sont les règles et les contraintes du Christianisme, les macérations de l'ascète, tous les efforts qui visent à mater la chair. Ces efforts sont non seulement vains mais criminels, parce qu'ils sont contre nature, parce qu'ils blessent ou amoindrissent l'homme physique. Diderot les condamne comme les condamnerait un médecin de bon sens et de bonne foi :

> « C'est le comble de la folie que de se proposer la ruine des passions. Le beau projet que celui d'un dévot qui se tourmente comme un forcené, pour ne rien désirer, ne rien aimer, ne rien sentir, et qui finirait par devenir un vrai monstre s'il réussissait » (51).

Le mot monstre, ici, a la même signification qu'en tératologie, il a un sens physique, et non moral. S'il arrive à Diderot de dire ou de laisser entendre que les passions sont bonnes il ne faut pas se méprendre sur sa

---

(49) PASCAL, *Pensées*, éd. BRUNSCHVICG, p. 543 et n. 3.

(50) AT, t. I, p. 25, n. 1 : « J'ai des passions, et je serais bien fâché d'en manquer », et AT, t. I, p. 127 : « On déclame sans fin contre les passions; on leur impute toutes les peines de l'homme, et l'on oublie qu'elles sont aussi la source de tous ses plaisirs (...). Mais ce qui me donne de l'humeur, c'est qu'on ne les regarde jamais que du mauvais côté (...). Il n'y a que les passions, et les grandes passions, qui puissent élever l'âme aux grandes choses ».

(51) AT, t. I, p. 128 (*Pensée* V); cf. la *Pensée* VII. Même réquisitoire dans la *Promenade du sceptique*, AT, t. I, pp. 224-225, et dans l'*Essai*, AT, t. I, p. 38, n. 1. DIDEROT se situe dans une tradition déjà ancienne et en elle-même sa critique de la morale ascétique n'est évidemment pas originale. Pour le curé MESLIER, par exemple, la morale chrétienne est absurde parce qu'elle fait consister la perfection de la vertu dans l'amour de la douleur. A l'inverse, elle condamne des affections aussi naturelles que le désir de l'homme pour la femme, ou la haine pour un ennemi qui vous veut du mal : « C'est toujours une erreur et même une folie d'aimer et de rechercher des douleurs et des souffrances, sous prétexte d'acquérir par ce moyen des biens et des récompenses éternelles, qui ne sont qu'imaginaires » (*Testament*, t. II, pp. 155-159).

pensée profonde. Comme nous le verrons, les passions ne sont bonnes ou mauvaises que relativement à la société, mais si une société bien faite peut donner à toutes les passions l'occasion de s'exercer dans le sens du bien, d'aucune d'elles, considérée par rapport à l'individu, on ne peut dire qu'elle est bonne ou mauvaise; relativement à l'individu, on peut seulement dire que les passions sont nécessaires (52).

Les articles de l'*Encyclopédie* n'ajoutent que peu de chose à cette défense et illustration des passions. Il est vrai que bien d'autres plumes se sont exercées dans le dictionnaire à battre en brèche la vieille morale ascétique. Diderot n'avait qu'à les laisser courir (53).

L'article *Jouissance* mérite pourtant un sort particulier. Il est anonyme dans l'*Encyclopédie*, mais il est d'un style qui ne pouvait guère tromper les lecteurs avertis. Naigeon le cite comme étant de Diderot dans ses *Mémoires historiques*. C'est d'ailleurs un des rares textes de l'*Encyclopédie* dont nous puissions lire un état antérieur à l'impression. Il n'était pas d'abord destiné au dictionnaire, puisqu'il faisait partie de l'épître dédicatoire du *Père de famille*. A la demande de la destinataire, la princesse de Nassau-Sarrebruck, Diderot supprima ce passage avec quelques autres. Il ne figura donc pas dans le texte imprimé de l'épître, tel qu'il parut en 1758 et tel qu'il fut constamment reproduit par la suite (54).

---

(52) On peut croire que DIDEROT, traduisant le chapitre de BRUCKER sur la philosophie et la morale des cyrénaïques, retrouvait avec satisfaction chez ARISTIPPE, des formules comme celles-ci :

« Qu'il n'y a rien en soi de juste et d'injuste, d'honnête et de déshonnête.

« Que de même que la sensation ne s'appelait *peine* ou *plaisir* qu'autant qu'elle nous attachait à l'existence ou nous en détachait, une action n'était juste ou injuste, honnête ou déshonnête, qu'autant qu'elle était permise ou défendue par la coutume ou par la loi » (AT, t. XIV, p. 271).

(53) DIDEROT se contente ici et là de brèves allusions. Dans *Abstinence des Pythagoriciens*, par exemple, — l'article est signé de l'astérisque, — il est évident que pour DIDEROT ces sages qui se piquent de perfection et le marquent en ne mangeant ni chair ni poisson ressemblent aux chrétiens qui jeûnent par esprit de mortification (AT, t. XIII, p. 182). Dans l'article *Haire*, marqué de l'astérisque, il raille les pénitents qui ont besoin d'éprouver en permanence des sensations importunes pour s'obliger à la vertu (AT, t. XV, p. 73).

(54) Il y a deux copies manuscrites de l'épître dans les papiers de MALESHERBES conservés à la Bibliothèque nationale (n.a. fr. 1 182, f° 1 à f° 9 et f°s 39 et suivants). La seconde de ces copies porte des corrections autographes sans intérêt véritable. Le texte manuscrit a été comparé au texte imprimé par Eugène ASSE, *Diderot et Voltaire*, pp. 11 et 12. ASSE ne semble pas avoir vu qu'une partie du développement sur les « plaisirs des sens », supprimé à la demande de la princesse, avait été reprise et amplifiée dans l'article *Jouissance* de l'*Encyclopédie*. ASSÉZAT ne s'en est pas avisé non plus. Le morceau se situait dans le texte primitif après une phrase sur l'habitude de la vertu, la seule qui puisse être contractée sans crainte (AT, t. VII, p. 184). Il se lisait ainsi :

« On n'arreste pas le mouvement d'une ame accoutumee a tressaillir à la presence d'un objet, et c'est ainsi qu'il arrive qu'on Soupire dans la décrépitude aprés le bonheur de l'adolescence.

« Celui qui meprise les plaisirs des Sens, est ou un hypocrite qui ment. ou un être mal organisé; mais celui qui prefere une sensation voluptueuse à la conscience d'une bonne action, est un estre avili

« L'homme Se meut, l'animal aussi; l'homme s'occupe de la vie, l'animal aussi. mais l'homme porte dans toutes Ses actions, une vue qui le distingue.

« Je me garderai bien de médire de la volupté et de vous decrier Son attrait. Son but est trop auguste et trop général.

Le plaidoyer pour la volupté que Diderot avait inséré dans la lettre à la princesse était pourtant modéré dans sa forme et dans son contenu, si on le compare au texte de l'article *Jouissance*. Venant au milieu de considérations très moralisantes, il ne pouvait être que l'apologie de l'union conjugale, considérée comme une union des âmes aussi bien que des corps, destinée essentiellement à assurer la perpétuation de la famille. Ce que les termes de cette apologie pouvaient avoir d'un peu vif était aussitôt corrigé par des réflexions très sages sur la nécessité de régler ses passions, et sur les dangers pour la santé d'un « usage immodéré des plaisirs » (55). La princesse pourtant avait trouvé ces propos déplacés dans une lettre adressée à une mère de famille de trente-trois ans, et en avait demandé la suppression à Malesherbes : de petits esprits n'allaient-ils pas croire qu'on lui faisait couvrir une justification de la débauche ? (56).

L'article *Jouissance* n'est pas une apologie du mariage, malgré les termes ambigus du paragraphe où Diderot décrit la naissance de l'enfant et montre comment elle fortifie les « liens » qui unissaient déjà le couple. Toute la suite du texte montre que ces liens sont purement physiques. L'article est en réalité un véritable dithyrambe érotique (57).

« Je vous en parlerai comme Si la nature m'entendoit. Ne Seroit-elle pas en droit de repondre à celui qui mediroit de la volupté, Taisez-vous, insensé. croyez vous que votre pere eut exposé Sa vie pour vous la donner, Sans ce charme inexprimable que j'avois attaché à leurs embrassements (*sic*). c'est le plaisir qui vous a tiré du neant.

« Mais pour laquelle (le second manuscrit porte « Mais cette volupté pour laquelle ») on a vu dans tous les tems et chez tous les peuples, des ames de la trempe la plus noble S'exposer à des travaux inouis, que ne devient-elle pas, lorsqu'il S'y joint un Sentiment plus éclairé, la tendresse, la Sympathie, la gayeté, l'innocence, la pureté et cette bienveillance reciproque et delicieuse dont la nuance delicate Se repand Sur toutes les actions de l'homme et de la femme qui S'aiment.

« La femme est pour l'homme l'objet le plus touchant de la nature. Sans cette compagne de Sa destinée, l'homme possesseur de la nature entiere, Seroit pauvre, Solitaire et triste.

« aprés la connoissance de la vérité et l'amour de la vertu, les deux plus grands biens de l'homme sont la paix et la Santé; mais la paix avant la Santé. on ne jouit pas de la Santé Sans la paix, et l'on voit quelque fois celui qui a la paix, Sourire dans la douleur.

« Les passions dereglées otent la paix de l'ame. l'usage immodere des plaisirs ote la Santé. Le calcul du voluptueux est celui du moment, et c'est en cela Seul qu'il est faux. Le voluptueux ne prevoit point les infirmités et l'ennui qui l'attendent » (n.a. fr. 1 182, f° 7 r° à 8 v°). Le quatrième alinéa du manuscrit est reproduit avec de menues corrections, et des additions, dans le cinquième alinéa de l'article *Jouissance* (AT, t. XV, p. 312).

(55) Il ne faut voir dans ces réflexions de Diderot nulle volonté délibérée d'adoucir pour sa correspondante une pensée jugée trop forte pour elle. Il avait déjà écrit dans l'*Essai sur le mérite et la vertu* que « la violence des affections privées rend la créature malheureuse » (AT, t. I, p. 101).

(56) Lettre du 13 juin 1758 (MS : BN, n.a. fr. 1 182, f° 10 r° et suivants).

(57) Le *Journal encyclopédique* assortit le compte rendu de l'article *Jouissance* d'un commentaire particulièrement favorable : « L'enthousiasme et le génie ont dicté cet article, écrit en style de feu, s'il est permis de s'exprimer ainsi » (1767, t. V, p. 11). L'article a pu être étudié comme un poème érotique en prose par L. Spitzer, *Linguistics and literary history*, pp. 137-143. L'article *Jouissance* rappelle évidemment la fin du livre IV du *De natura rerum*. Son inspiration épicurienne est encore soulignée par sa parenté avec un passage de l'article *Epicuréisme* de l'*Encyclopédie* :

Il n'est pas moral, il n'est pas non plus immoral. Il se situe sur un autre plan que celui de la moralité. Le « sauvage adulte » dont Diderot décrit l'activité sexuelle ne se distingue pas essentiellement de l'homme civilisé dont mille raffinements reculent et avivent le plaisir, et c'est avec ironie que le philosophe évoque les « serments indiscrets » dont le second croit bon d'assortir un acte si simple aux yeux du premier.

Le curieux cas de conscience soumis par Diderot à sa maîtresse dans plusieurs lettres de 1762, et la solution qu'il lui donne, confirment que pour lui la morale individuelle se réduit à cette seule règle : « Fais ce que voudras » (58).

Il y a cependant bien loin de l'amoralisme de Diderot, dans le domaine sexuel, à l'immoralisme d'un Sade. La femme dont il conte l'histoire à Sophie Volland n'est pas une femme qui se donne à n'importe qui pour le seul plaisir. Elle est mue par une force que l'on peut appeler une passion, puisqu'elle est un désir, mais c'est le désir d'être mère et non le simple désir sexuel. Ce désir d'être mère ne paraît immoral, dans son cas particulier, que parce qu'il se heurte à des règles conventionnelles, aux préjugés, aux lois; par lui-même il est sain, il est normal. En lui obéissant et en prenant toutes dispositions utiles pour le satisfaire, la femme obéit à une loi de sa nature. Son acte est physiologiquement légitime et comme tel il n'est pas condamnable. Il peut même paraître bon dans la mesure où, pour ce cas précis, le désir d'être mère doit être approuvé par une société bien réglée.

On a cependant quelquefois l'impression qu'entraîné par la logique de son système, — et de son tempérament, — Diderot est bien près de glisser vers une sorte d'immoralisme. Dans le dialogue du *Prosélyte répondant par lui-même,* il risque des formules d'un caractère très général, comme celle-ci : « A l'égard de l'homme, toutes ses passions, comme l'a démontré un philosophe de nos jours, ne sont que le développement de la sensibilité physique » (59), que complète celle-là : « Les passions nous inspirent toujours bien, puisqu'elles ne nous inspirent que le désir du bonheur » (60). Si la première formule ne fait que répéter

« Cependant, ô volupté ! c'est pour toi seule que nous faisons tout ce que nous faisons (...). Tu échauffes notre froide raison; c'est de ton énergie que naissent la fermeté de l'âme et la force de la volonté; c'est toi qui nous meus, qui nous transportes, et lorsque nous ramassons des roses pour en former un lit à la jeune beauté qui nous a charmés, et lorsque, bravant la fureur des tyrans, nous entrons, tête baissée et les yeux fermés, dans les taureaux ardents qu'elle a préparés » (AT, t. XIV, p. 521). Mais dans *Epicuréisme* cet hymne au plaisir fait partie de l'exposé objectif de la morale d'Epicure, d'après le texte de Brucker.

(58) Lettres à Sophie du 18 juillet et du 29 août 1762 (CORR, t. IV, pp. 57-59 et pp. 121-124). Il s'agit d'une fille qui ne veut pas se marier, qui veut un enfant, et qui demande à un honnête homme d'avoir la complaisance de le lui faire. Un autre cas de conscience, ayant trait aussi à la morale sexuelle, est débattu dans les lettres de Diderot vers la même époque (voir lettres du 31 juillet et du 29 août 1762, CORR, t. IV, p. 84 et pp. 120-121).

(59) AT, t. II, p. 85, n. 2.

(60) AT, t. II, p. 88, n. 1.

Locke, Hobbes, Condillac (61), et n'est que la constatation d'un fait psychologique banal, la deuxième, qui se fonde sur elle, justifie incontestablement toute action ayant pour but de satisfaire les désirs physiques de l'individu, pourvu que cet acte soit spontané, irraisonné. Diderot précise d'ailleurs aussitôt ce point : « C'est l'esprit qui nous conduit mal, (...) c'est la raison, et non la nature qui nous trompe » (62). Voilà bel et bien la porte ouverte à l'immoralisme. Car Diderot rêve parfois d'un homme sans foi ni loi, d'une sorte d'animal supérieur, sain et vigoureux, qui n'aurait d'autre dessein que de satisfaire tous ses désirs. C'est, par exemple, le Scythe couvert de peaux de bêtes, réduit « aux seuls besoins de la nature » et qui ne désire rien au-delà. Il est sans lois, sans prêtres, sans roi, sans morale, puisqu'il ne connaît ni le vice ni la vertu. Il est vrai que de temps à autre il tue, mais Diderot aime mieux « un crime atroce et momentané qu'une corruption policée et permanente; un violent accès de fièvre, que des taches de gangrène » (63). Mais la comparaison qu'il fait avec la fièvre est remarquable : à ce niveau le meurtre est un acte réflexe, une réaction de défense de l'organisme, il ne suppose aucune intention bonne ou mauvaise. C'est en soi un acte amoral. Mais s'il ne donne pas de prise à l'accusation d'immoralité, c'est que l'état social qu'il suppose est primitif. On ne peut pas dire que le Scythe fasse même partie d'une société. Il est une tête dans un troupeau, et il n'y a pas de morale du troupeau, pas de loi relativement à laquelle le meurtre pourrait être considéré comme juste ou injuste.

On aura cependant noté deux faits importants. Cette tentation de l'immoralisme semble être beaucoup plus forte dans les écrits des années 1760-1765 que dans ceux de la période antérieure à 1758 (64). D'autre part Diderot n'y cède en termes clairs que dans les écrits qu'il garde en portefeuille ou qu'il adresse à des intimes. Lorsqu'il y cède dans un texte imprimé, il le fait anonymement et sans descendre jusqu'aux consé-

---

(61) Le « philosophe de nos jours » cité dans la première note est CONDILLAC, comme l'indique DIDEROT, en bas de page. DIDEROT pense évidemment à son *Traité des sensations*. Il n'est pas sûr qu'en 1763 DIDEROT ait lu, de HOBBES, autre chose que le *De cive*. Mais il connaît l'essentiel de ses idées au moins par BRUCKER. Il sait ainsi que, pour HOBBES, « il ne faut pas rechercher l'origine des passions ailleurs que dans l'organisation, le sang, les fibres, les esprits, les humeurs, etc. » (AT, t. XV, p. 108).

(62) *Ibid.*.

(63) AT, t. XVII, p. 110. Ce développement sur l'innocence des Scythes primitifs a sa source dans un commentaire de BRUCKER : « (*Defuit*) *nationibus his* (...) *occasio vitiorum, quae luxuriam et avaritiam gignere plerumque solent. Nihil tamen omne illud ad faciendum Scythis locum in historia philosophica affert. Nam non philosophiae beneficio, sed naturae quadam bonitate et occasionis ad scelera defectu haec morum apud eos integritas invaluit* » (*Historia critica*, t. I, p. 351). BRUCKER n'en tire pourtant pas de conclusion comparable à celle de DIDEROT. Il signale seulement l'habitude qu'avaient les Scythes de sacrifier des êtres humains : « *immanis mos, sacrificia hostiis humanis peragendi* » (p. 352).

(64) Elle le sera bien plus encore dans la période postérieure à 1765. Voir à ce sujet le chapitre de P. HERMAND sur DIDEROT « immoraliste ».

quences pratiques de son système (65). Il préfère tout au contraire remonter vers les principes, comme pour mieux l'assurer aux yeux de son lecteur et peut-être aux siens. L'immoralisme en effet paraît logiquement impliqué par le matérialisme naturaliste qu'il professe. Il l'affirme lui-même, semble-t-il, avec toute la netteté désirable, bien que sous une forme impersonnelle, dans la première proposition de l'article *Droit naturel* :

« Il est évident que si l'homme n'est pas libre, ou que si ses déterminations instantanées ou même ses oscillations, naissant de quelque chose de matériel qui soit extérieur à son âme, son choix n'est point l'acte pur d'une substance incorporelle et d'une faculté simple de cette substance, il n'y aura ni bonté ni méchanceté raisonnées, quoiqu'il puisse y avoir bonté et méchanceté animales; il n'y aura ni bien ni mal moral, ni juste ni injuste, ni obligation ni droit » (66).

Mais nous reviendrons sur ce texte, qui n'a pas tout à fait le même sens quand on le considère en lui-même, et quand on le replace dans l'ensemble dont il fait partie.

DETERMINISME ET LIBRE ARBITRE

Il était inévitable, dans les années 1750-1760, que toute tentative pour fonder objectivement la science des mœurs vînt se heurter au problème classique du libre arbitre.

On a beaucoup reproché à Diderot d'avoir nié la liberté en même temps que le libre arbitre, résolvant ainsi par un paradoxe indéfendable un problème de surcroît mal posé (67). Mais il faut dire d'abord que ce n'est pas Diderot qui l'a mal posé. Il n'est même pas responsable de la

---

(65) *Jouissance* et *Scythes* ne sont pas signés. L'amoralisme est pourtant enseigné une fois au moins dans un article marqué de l'astérisque, *Cyrénaïque*. Mais c'est un exposé objectif du système moral d'Aristippe, qui suit docilement le texte de Brucker. Il est seulement curieux de constater à quel point les idées d'Aristippe sur les mœurs, telles que les résume Brucker, sont proches de celles de l'encyclopédiste : « Dans le calcul du bonheur et du malheur, il faut tout rapporter à la douleur et au plaisir, parce qu'il n'y a que cela de réel; et sans avoir aucun égard à leurs causes morales, compter pour du mal les fâcheuses, pour du bien les agréables, et pour rien les intermédiaires » (AT, t. XIV, p. 270).

(66) AT, t. XIV, p. 297. L'article est marqué de l'astérisque.

(67) Voir D. Mornet, *Diderot*, p. 54 (« il est impossible de concilier la morale avec le matérialisme »), J. Fabre, *Introduction* au *Neveu de Rameau*, pp. LXXIV et suivantes, L. G. Crocker, *Two Diderot studies*, pp. 21-42, P. Vernière, *Spinoza*, p. 604 et pages suivantes. Des critiques marxistes, d'un point de vue différent, ont fait à Diderot un reproche identique, voir H. Lefebvre, *Diderot*, p. 284 : « Sa notion du bien et de la vertu exige la liberté. Son naturalisme mécaniste nie toute liberté individuelle ou collective de l'homme. Il reconnaît la contradiction et souffre de la savoir sans solution ».

Tous ces jugements étaient déjà en germe dans la critique du XVIIIe siècle, par exemple dans Chaumeix, *Préjugés légitimes*, t. I, pp. 230-237 (la théorie exposée dans l'article *Animal* nie la liberté) ou *la Religion vengée*, t. X, p. 175 (la première proposition de l'article *Droit naturel*, en niant la liberté, détruit la morale).

fâcheuse confusion faite constamment dans ses écrits entre la notion de libre arbitre et la notion de liberté. S'il avait eu la tête plus philosophique, et surtout plus de temps pour élaborer une doctrine complète, il aurait pu sans doute échapper au dilemme dans lequel l'enfermait la tradition, en distinguant d'abord au moins entre le problème métaphysique de la liberté, et le problème psychologique du libre arbitre.

Locke en tout cas lui en offrait la possibilité. En effet la distinction qui est faite dans l'*Essai philosophique* entre le volontaire et le libre permettait d'imaginer une solution au dilemme nécessité-liberté (68). Un homme peut vouloir sans pour autant être libre d'agir : celui qui tombe à l'eau par accident n'est pas libre de ne pas choir, bien qu'il ait sans nul doute la volonté contraire. De même nous ne pouvons faire que notre cœur ne batte et que notre sang ne circule, et le malade atteint de chorée ne peut s'empêcher de danser. La pensée même ne peut pas toujours être maîtrisée, dans le sommeil par exemple (69). Il faut donc considérer l'opposition entre le volontaire et l'involontaire, qui est de nature purement psychologique, indépendamment de l'opposition plus générale entre la liberté et la nécessité. Dès lors la question n'est plus de savoir si la volonté est libre, — Locke démontrera qu'elle ne l'est pas (70), mais de savoir si l'homme est libre. Le grand mérite de Locke est d'avoir démontré qu'à cette question il n'est pas possible de répondre par oui ou par non : l'homme est plus ou moins libre, selon la possibilité qu'il a d'agir ou de ne pas agir conformément à sa préférence. La liberté n'existe donc pas en soi, elle est toujours relative, elle est d'une certaine manière une conquête sur la nécessité (71).

De ces suggestions Diderot n'a rien retenu. Il s'en tient aux données classiques du problème (72), et de surcroît il ne cherche nullement à le traiter en philosophe. C'est parce que la doctrine catholique suppose une « *liberté* libre de la nécessité morale, et par conséquent une *liberté* d'indifférence ou d'équilibre » (73), que Diderot au rebours affirme un

---

(68) On lit dans l'article *Droit naturel* de l'*Encyclopédie* : « Il importe d'établir solidement la réalité, je ne dis pas du *volontaire*, mais de la *liberté*, qu'on ne confond que trop ordinairement avec le *volontaire* » (AT, t. XIV, p. 297). Diderot fait donc ici la même distinction que Locke entre le volontaire et le libre. Mais il semble bien que cette distinction reste pour lui formelle. En effet il ne dit nulle part pourquoi la confusion ne doit pas être faite, et en quoi consiste la différence.

(69) Locke, *Essai philosophique*, t. II, pp. 121-126.

(70) *Ibid.*, p. 138 : « Un homme est dans une nécessité inévitable de choisir de faire ou de ne pas faire une action qui est en sa puissance lorsqu'elle a été ainsi proposée à son esprit. Il doit nécessairement *vouloir* l'un ou l'autre; et sur cette préférence ou *volition*, l'action ou l'*abstinence* de cette action suit nécessairement, et ne laisse pas d'être absolument volontaire ».

(71) Pratiquement, la liberté se mesure pour lui au pouvoir qu'a l'esprit, ou l'âme, de « suspendre l'accomplissement de quelqu'un de ses désirs », et d'examiner à loisir les avantages et les inconvénients de l'action à accomplir (*Essai philosophique*, pp. 171-172).

(72) Elles sont très complètement exposées dans l'article *Liberté* de l'*Encyclopédie* (AT, t. XV, pp. 478-508). L'article est anonyme et il n'y a aucune raison de l'attribuer à Diderot. Nous ne le citons ici que comme un modèle d'exposition classique du problème de la liberté.

(73) AT, t. XV, p. 508 (article *Liberté*).

déterminisme moral intransigeant. Une fois encore la logique de son antichristianisme l'entraîne sur une position de combat dont la fragilité intrinsèque n'est pas telle qu'elle amoindrisse sérieusement son intérêt tactique. Au dogmatisme de l'Eglise Diderot en oppose un autre, qui a pour lui d'être fondé sur la science des faits, même si cette science est encore embryonnaire. Du moins la psychophysiologie est-elle susceptible d'accroissement et de progrès, ce que n'est pas une doctrine révélée.

Lorsqu'il nie la liberté et le libre arbitre, l'encyclopédiste se situe d'ailleurs dans une tradition déjà ancienne. Par-delà les manuscrits clandestins de la première moitié du siècle, c'est celle des déistes et des matérialistes anglais. Celle de Hobbes, par exemple, pour qui la « délibération » naît « de l'agrégat des diverses passions élevées dans l'âme, et s'y succédant continuellement jusqu'à ce que l'effet soit produit » (74), et qui disait :

« Il ne faut pas rechercher l'origine des passions ailleurs que dans l'organisation, le sang, les fibres, les esprits, les humeurs, etc..

« Le caractère naît du tempérament, de l'expérience, de l'habitude, de la prospérité, de l'adversité, des réflexions, des discours, de l'exemple, des circonstances. Changez ces choses, et le caractère changera » (75).

C'est la tradition de Collins surtout, dont la dissertation sur la liberté eut un succès considérable, soit directement, soit par l'intermédiaire d'ouvrages comme le *Traité de la liberté,* attribué à Fontenelle. Pour Collins, l'homme est soumis à la nécessité. Cette nécessité n'est pas mécanique, elle est propre à l'animal et à l'homme. Entre les facultés et les pouvoirs de l'animal et ceux de l'homme, il n'y a qu'une différence de degré (76). La théorie traditionnelle de la liberté résulte d'une confusion entre le volontaire et le libre (77). Le sentiment que nous avons de notre libre arbitre s'explique par notre ignorance des causes qui nous font agir (78). En réalité l'homme n'a pas la faculté de choisir arbitrairement, il n'est même pas libre de rester dans l'indifférence (79). Chaque acte volontaire est déterminé par deux séries de causes. Les unes sont externes : notre inclination naturelle à rechercher le plaisir et le bonheur nous fait pencher vers l'objet qui semble nous donner la plus grande satisfaction (80). Les autres sont internes : sur notre choix influent « les différentes dispositions de notre esprit, nos opinions, nos préjugés, notre tempérament, nos passions, nos habitudes et notre situation actuelle ». Si bien que « la moindre circonstance ajoutée à la chaîne des causes qui précèdent chaque effet, suffit pour la modifier ou pour en produire un nouveau » (81).

---

(74) AT, t. XV, pp. 113-114. Diderot identifiait à peu près le « fatalisme » de Hobbes et celui de Spinoza (*art. cité*, p. 123).

(75) AT, t. XV, p. 108.

(76) Collins, *Paradoxes*, pp. III-IV, pp. 93-98.

(77) *Ibid.*, pp. 19-20.

(78) *Ibid.*, p. 17.

(79) *Ibid.*, p. 122, p. 133, p. 89.

(80) *Ibid.*, pp. 66-78.

(81) *Ibid.*, pp. 78-84.

Le *Traité de la liberté*, que l'on attribue à Fontenelle, fut publié en 1743 dans le recueil des *Nouvelles libertés de penser*. Les arguments qui y sont donnés contre la théorie classique de la liberté sont très semblables à ceux de Collins. L'auteur du *Traité* insiste cependant plus que ne l'avait fait Collins sur la convenance du déterminisme moral avec ce qu'il appelle la prescience divine : c'est parce que tout dans l'univers physique obéit à des lois que les actions humaines ne peuvent être arbitraires (82). Le *Traité* souligne aussi, plus que ne l'avait fait Collins, la nature psychophysiologique du déterminisme moral. Les différentes dispositions du cerveau, elles-mêmes déterminées par les impressions des objets matériels, inclinent l'âme « à vouloir ce qu'elle veut » (83). L'apport du mécanisme cartésien au matérialisme anglais est évidemment très sensible ici (84). Enfin le *Traité* tire des principes ainsi établis des conséquences morales rigoureuses. Collins avait montré que les châtiments et les récompenses institués par la société agissaient comme causes et intervenaient à ce titre dans la détermination des actions individuelles (85). L'auteur du *Traité de la liberté* est encore plus radical, mais dans le même esprit : l'homme n'est pas responsable moralement de ses vices ou de ses vertus. Il faut avoir de la pitié pour le méchant, non de la haine. L'éducation, les lois, les peines et les récompenses peuvent corriger les hommes les moins corrompus. Quant aux criminels ce « sont des monstres qu'il faut étouffer en les plaignant » (86).

La double influence du matérialisme anglais et du mécanisme cartésien se conjugue avec le néo-spinozisme dans les manuscrits clandestins de la première moitié du XVIIIe siècle. On ne sait si Diderot a lu *l'Ame mortelle*, mais il est évident que les idées qui sont exprimées dans ce manuscrit n'étaient pas des idées rares. Ce sont celles que nous avons rencontrées dans Collins : l'homme est soumis comme l'animal à la nécessité, et « s'il y a de la différence, ce n'est que du plus au moins » (87). L'homme incline à la vertu ou au vice « selon qu'il plaît au Sang », la nature morale est conditionnée par la disposition des « parties intérieures du Corps » (88). Chaque acte est déterminé par deux séries de causes, internes et externes (89). La vie morale n'étant ainsi que la forme supérieure de la vie physique, il n'y a d'autre bien, ni d'autre mal, que le plaisir et la douleur; les passions en elles-mêmes sont bonnes, pour la seule raison qu'elles sont nécessaires (90).

---

(82) *Nouvelles libertés de penser*, pp. 111-116 et p. 151; cf. COLLINS, *Paradoxes*, pp. 154-165.

(83) *Ibid.*, pp. 118-139.

(84) Voir A. VARTANIAN, *Diderot and Descartes*, p. 238.

(85) COLLINS, *Paradoxes*, pp. 168-184.

(86) *Nouvelles libertés de penser*, p. 149. Le texte du *Traité de la liberté* a couru sous le manteau en manuscrit bien avant d'être imprimé. Il en existe une copie à la Bibliothèque de l'Arsenal (2557, paginé de 1 à 53); cf. aussi I. O. WADE, *The clandestine organization*, p. 18 et p. 21.

(87) MS : Mazarine, 1189, p. 18. La ressemblance entre l'*Ame mortelle* et les idées de DIDEROT a été indiquée par WADE, *The clandestine organization*, p. 275 (voir aussi p. 14 et pp. 222-225).

(88) MS : Mazarine, 1189, pp. 73-74.

(89) *Ibid.*, p. 73.

(90) *Ibid.*, pp. 79-80.

Le curé Meslier, dont Diderot a sans doute lu le *Testament*, affirmait, de la même façon, que le vice et la vertu ne sont que des modifications de la matière (91). Meslier ne disait d'ailleurs pas, comme l'auteur de l'*Ame mortelle*, que toutes les passions sont bonnes parce que nécessaires. Car il reconnaissait l'existence intrinsèque du bien et du mal, aussi nécessaires dans l'ordre naturel que la vie et la mort, et comme elles inséparables l'un de l'autre :

« L'ordre naturel des productions et des générations successives qui se font dans la nature ne saurait subsister ni continuer sans ce mélange fâcheux de bien et de mal et sans qu'un grand nombre de productions prennent tous les jours fin pour faire place à de nouvelles, ce qui ne se peut faire, suivant la constitution de la nature, sans le bien des uns et sans le mal des autres; c'est-à-dire sans la naissance des uns et sans la destruction des autres » (92).

Diderot n'a pas tenté de reprendre systématiquement toutes ces idées dans l'*Encyclopédie*, et l'on peut même trouver qu'il est d'une trop grande discrétion à ce sujet. C'est par bribes, et par allusions prudentes, qu'il donne à ses lecteurs les éléments d'une doctrine morale déterministe. Le plus souvent, même, il se contente d'affirmer des principes d'où le lecteur intelligent peut ensuite déduire aisément des conséquences morales. Par exemple l'article *Affection* est surtout une description des rapports que le savant peut constater entre les sentiments de l'âme et les mouvements du corps, mais s'il est évident à la lecture de l'article que nos affections sont étroitement déterminées par les impressions que font sur nous les objets extérieurs, et conditionnées par notre constitution, notre éducation, nos préjugés, les conclusions morales que l'on peut en tirer sont seulement suggérées :

« Soyons donc bien réservés à juger les actions occasionnées par les passions trop violentes. Il vaut mieux être trop indulgent que trop sévère, supposer de la faiblesse dans les hommes que de la méchanceté » (93).

De même, dans *Imparfait*, ce qui est dit du monstre doit s'entendre à la lettre de l'individu physiquement anormal. Mais comment ne pas étendre au domaine moral les formules volontairement générales qu'utilise l'encyclopédiste : « Il n'y a rien d'*imparfait* dans la nature, pas même les monstres. Tout y est enchaîné, et le monstre y est un effet aussi nécessaire que l'animal parfait » (94).

Pourtant ce n'est pas dans l'*Encyclopédie* que Diderot pouvait ouvertement exposer le déterminisme moral. Il l'a tenté, mais tardivement et anonymement, par exemple dans l'addition qu'il a faite à l'article *Vice* (95). Il est dit dans cette addition que l'on n'est pas plus responsable

(91) J. Meslier, *Testament*, t. III, p. 293.
(92) *Ibid.*, p. 367.
(93) AT, t. XIII, p. 229.
(94) AT, t. XV, p. 185.
(95) L'article *Vice* est signé de Jaucourt; il ne figure donc pas dans AT; mais il a un appendice anonyme que Naigeon attribue explicitement à Diderot et reproduit dans ses *Mémoires*, p. 69.

d'une nature vicieuse que d'une difformité physique, que l'homme est influencé dans sa vie morale par son « organisation », son éducation, les mœurs environnantes, que le méchant est un homme malheureusement né, dont la vue est trop courte. On lit aussi dans l'article *Succès*, reproduit par Naigeon, dans sa *Philosophie ancienne et moderne* (96) :

> « Il n'arrive jamais que ce qui doit arriver. Si le *succès* était autre, il faudrait que l'ordre universel changeât (...). Il faut la même puissance pour changer l'enchaînement universel des causes que pour l'instituer ».

Mais ce que Diderot ne pouvait écrire ouvertement dans l'*Encyclopédie,* il l'a dit de diverses manières dans ses lettres familières et dans deux textes dont l'un était destiné à un nombre limité de lecteurs et dont l'autre ne fut connu que de peu de personnes. Ces deux textes sont la fameuse *Lettre à Landois,* qui parvint aux abonnés de la *Correspondance littéraire* avec la livraison du 1er juillet 1756, et *le Prosélyte répondant par lui-même,* qu'on peut dater sans invraisemblance de 1764 (97).

Que la *Lettre à Landois* ait réellement été écrite à un correspondant ou qu'elle soit une mise en scène habile (98), il faut dans tous les cas

---

(96) J.-A. NAIGEON, *Philosophie ancienne et moderne,* t. III, p. 595 ab.

(97) ASSÉZAT date l'échange de lettres entre DIDEROT et M. DE MONT... de 1763 environ (AT, t. II, p. 71 et p. 99, n. 1), mais le *Dictionnaire philosophique* est cité à la fin de l'*Introduction,* ce qui retarde d'une année la date probable de l'ouvrage. D'autre part le vœu émis par DIDEROT à la fin de sa dernière réponse, — que CHOISEUL réforme le corps des réguliers, — ne peut être qu'antérieur à la constitution de la Commission des réguliers (1766).

(98) Le dernier éditeur de la *Lettre,* M. Georges ROTH, semble douter qu'elle ait été réellement destinée à LANDOIS. Les indications qu'il donne en note suggèrent même qu'elle a pu être écrite à l'intention de Jean-Jacques ROUSSEAU (CORR, t. I, p. 209 et n. 1). C'est l'hypothèse de Frederika MACDONALD et de quelques auteurs que cite A. M. WILSON dans son *Diderot,* pp. 384-385, n. 4 à la p. 249. M. WILSON est de ceux qui pensent que la lettre a effectivement été adressée à LANDOIS. M. WILSON rapproche cette dispute avec LANDOIS du refroidissement des relations entre DIDEROT et CONDILLAC, mais il n'a pas vu qu'il y avait là plus qu'une coïncidence : il s'agit bien dans le fond de la même dispute, comme il apparaît dans l'historique du débat sur la liberté que nous avons reconstitué à partir de la *Correspondance littéraire.* D'autre part M. DIECKMANN a corrigé l'erreur commise par BABELON dans sa *Correspondance inédite* de DIDEROT : le destinataire de la lettre ne saurait être NAIGEON; bien entendu ce n'est pas non plus NAIGEON qui en est l'auteur (H. DIECKMANN, *Inventaire,* pp. 148-149).

Plusieurs raisons selon nous s'inscrivent en faux contre l'opinion de Frederika MACDONALD, qui voit dans LANDOIS un prête-nom de ROUSSEAU. Le personnage à qui s'adresse DIDEROT est un « errant », un « vagabond » (CORR, t. I, p. 211, p. 215), ce qui ne peut s'appliquer à ROUSSEAU, installé à l'Ermitage depuis trois mois bientôt. Il faut par ailleurs compter « sept à huit jours de poste » pour le toucher, ce qui suppose un éloignement considérable de Paris. C'est un homme pauvre qui a cinq cents livres de revenus (*Ibid.,* p. 216); ROUSSEAU, à la même époque, en a au moins le double (J.-J. ROUSSEAU, *Correspondance,* t. II, p. 261, lettre à Mme D'EPINAY de la mi-mars 1756). Ajoutons qu'au début de l'été 1756 DIDEROT ne pourrait pas faire remonter à quatre années le « torrent d'invectives et de fiel » dont son correspondant abreuve ses amis (CORR, t. I, p. 216), si ce correspondant était ROUSSEAU. Enfin peut-on croire que ROUSSEAU lui-même ne se serait jamais plaint, si une telle lettre lui avait été adressée ? A plus forte raison s'il avait su que GRIMM en envoyait la copie aux quatre coins de l'Europe ?

la considérer comme une contribution au débat général auquel participèrent de la fin de 1754 à la fin de 1759 les représentants les plus marquants du mouvement philosophique, Condillac, Diderot, Rousseau, Voltaire.

Ce débat s'ouvre par la publication de la *Dissertation sur la liberté*, de Condillac, en décembre 1754. Il se clôt par la publication de *Candide*, en 1759. On peut en suivre presque toutes les phases dans la *Correspondance littéraire* de Grimm. L'ami de Diderot soumit d'abord à ses lecteurs un compte rendu de la *Dissertation sur la liberté* de Condillac, qu'il comparait au *Traité de la liberté* de Fontenelle (99), et un compte rendu des *Recherches sur la liberté de l'homme*, de Collins, récemment traduites en français (100). En 1755 et au début de 1756 sont versés au dossier le *Discours sur l'origine et les fondements de l'inégalité* de Rousseau (101), le *Traité des animaux* de Condillac (102), la *Dissertation sur l'immortalité, l'immatérialité et la liberté de l'âme* du Dr Astruc (103), *l'Homme moral opposé à l'homme physique de M. Rousseau*, du Père Castel (104). Le tremblement de terre de Lisbonne, on le voit, n'a pas déclenché la discussion. Mais il est vrai qu'il lui a donné un nouvel aliment, en le faisant du reste légèrement dévier. C'est le 1er juillet que Grimm commente le poème de Voltaire sur *la Religion naturelle* (105). La *Lettre à Landois* est dans la même livraison et la présentation de Grimm en fait une réponse au poème de Voltaire. Seules les lettres échangées en août et septembre 1756 entre Rousseau et Voltaire au sujet de *la Religion naturelle* et du *Poème sur le désastre de Lisbonne* ne sont pas citées par Grimm, qui ne pouvait pas les connaître. Au début de 1759 Grimm signale encore la traduction des *Essais philosophiques sur l'entendement humain*, et la traduction des *Recherches sur les principes de la morale* de David Hume (106). Enfin paraît *Candide* (107). Mais déjà toute l'attention s'était portée vers le nouveau débat soulevé par le livre d'Helvétius. Au demeurant tout semblait avoir été dit sur le problème de la liberté, envisagé tant du point de vue moral que du point de vue métaphysique. Deux voix dominaient dans le concert, celle de Diderot et celle de Rousseau, celle de la Nécessité et celle de la Liberté.

Car la *Lettre à Landois* est sans ambiguïté. Au-delà de la personne de son correspondant, quel qu'il soit, Diderot s'adresse à tous les défenseurs de la liberté comme à tous les tenants de la théorie du libre arbitre. La liberté est un vain mot, le libre arbitre une illusion. Toute action, même volontaire, est déterminée par une cause extérieure

---

(99) CORR LIT, t. II, p. 443.
(100) *Ibid.*, pp. 480-485. C'est cette traduction que nous avons citée plus haut; Grimm en déforme légèrement le titre.
(101) *Ibid.*, t. III, p. 53.
(102) *Ibid.*, p. 111.
(103) *Ibid.*, p. 180.
(104) *Ibid.*, p. 189.
(105) *Ibid.*, pp. 245-248.
(106) *Ibid.*, t. IV, p. 69.
(107) *Ibid.*, p. 85.

à l'individu, conditionnée par son « organisation » et son « éducation ». Il n'y a donc ni vice ni vertu. L'homme malheureusement né peut être modifié par l'éducation, l'exhortation, l'attrait des récompenses ou la crainte des sanctions. S'il est trop malfaisant, il faut le détruire, mais sur la place publique pour que son sort serve d'exemple aux autres. Diderot pousse même jusqu'au paradoxe les conséquences de sa conception déterministe :

« Il n'y a qu'une sorte de causes, à proprement parler; ce sont les causes physiques. Il n'y a qu'une sorte de nécessité; c'est la même pour tous les êtres, quelque distinction qu'il nous plaise d'établir entre eux, ou qui y soit réellement » (108).

Diderot ne va pas jusqu'à nier absolument l'existence d'une vie morale, mais il nie qu'elle soit autre chose qu'une forme supérieure de la vie physique. La vie physique explique en dernière analyse l'activité morale. On ne saurait être plus rigoureux dans l'application du déterminisme mécaniste. Dans une telle perspective la morale n'a de raison d'être que comme science objective des mœurs, et la fonction normative qu'elle avait traditionnellement ne peut plus être assumée que par la politique, considérée comme un conditionnement scientifique et dirigé des consciences (109).

Il n'y a aucune raison de croire que Diderot ait exposé dans la *Lettre à Landois* des idées qui n'étaient pas tout à fait les siennes, des idées qu'il aurait poussées jusqu'au paradoxe dans une intention polémique par exemple. Nous avons vu que plusieurs articles de l'*Encyclopédie* allaient dans ce sens. La lettre à Voltaire du 11 juin 1749 contenait déjà l'exposé des thèses principales de la *Lettre à Landois*, bien que Diderot fît semblant de ne pas prendre absolument à son compte des idées qui devaient choquer son correspondant. Les athées, écrivait-il alors,

« disent que tout est nécessité. Selon eux, un homme qui les offense ne les offense pas plus librement que ne les blesse une tuile qui se détache et qui leur tombe sur la tête. Mais ils ne confondent point ces causes, et jamais ils ne s'indignent contre la tuile » (110).

---

(108) CORR, t. I, p. 215.

(109) Voir J. Fabre, *Introduction* au *Neveu de Rameau*, p. LXXIV et p. LXXVII. Le dessein de M. Fabre n'étant pas de faire un exposé complet des théories morales de Diderot, il s'en tient à la conception étroite du déterminisme moral dont nous venons de retracer la genèse, parce que c'est à elle que le *Neveu* s'oppose avec le plus d'éclat. Mais on ne saurait trop souligner dès maintenant que la pensée morale et la pensée politique de Diderot forment un tout. Le moralisme « envahissant » de Diderot n'est pas seulement la revanche d'un cœur trop sensible sur une raison cruellement logique, il est bien une « exigence (...) éthique », il fait partie du système : « Primauté de la morale, à quoi doit aboutir tout matérialisme conscient », comme M. Fabre dit justement lui-même (p. LXXIV).

(110) CORR, t. I, p. 78; cf. A. M. Wilson, *Une partie inédite*, p. 259, et R. Niklaus, éd. de la *Lettre sur les aveugles*, pp. 89-93.

Le Prosélyte répondant par lui-même montre que sept ou huit ans après la *Lettre à Landois* Diderot n'avait pas varié d'un pouce sur le chapitre du déterminisme moral. Tout au plus ajoute-t-il quelques compléments à sa théorie de base. Ces compléments semblent d'ailleurs venir tout droit du *Testament* de Jean Meslier : la conception déterministe du monde n'aboutit pas à un optimisme. Tout est nécessaire, mais tout n'est pas bien. Le mal a une existence objective, il y a un mal moral comme il y a un mal physique, mais « le mal tient au bien même; on ne pourrait ôter l'un sans l'autre; et ils ont tous les deux leur source dans les mêmes causes » (111). Ces causes ne sont rien d'autre que les lois universelles du mouvement.

Parce que Diderot croit, comme Meslier, à l'existence objective du mal, il ne peut être considéré comme un disciple de Leibniz, en dépit de certaines apparences. Les commentaires dont il a assorti l'exposé de la théorie de Leibniz, dans son article *Leibnizianisme*, montrent qu'il tirait volontiers la théorie leibnizienne de l'harmonie préétablie vers le fatalisme. Ainsi Leibniz disait en substance :

> « Une perception précédente est la cause d'une perception suivante dans l'âme. Un mouvement analogue à la perception première de l'âme est la cause d'un mouvement second analogue à la seconde perception de l'âme ».

Et Diderot de remarquer :

> « *Il faut convenir qu'il est difficile d'apercevoir comment, au milieu de ce double changement, la liberté de l'homme peut se conserver. Les* leibniziens *prétendent que cela n'y fait rien; le croie qui pourra* » (112).

Mais il n'approuve pas pour autant l'optimisme de Leibniz, comme le montre l'anecdote qu'il a tirée de façon assez libre de Leibniz lui-même, et qu'il rapporte dans une lettre à Sophie d'octobre 1760 : au sommet de la pyramide des mondes échafaudée dans le temple de Memphis, sur le globe symbolisant le plus parfait de tous, le voyageur s'étonne de voir Tarquin violant Lucrèce. Le mal n'est pas un bien, mais il est nécessaire qu'il y ait du mal. Et par exemple, remarque Diderot,

> « quoi que les optimistes nous disent, nous leur répliquerons que, si le monde ne pouvait exister sans les êtres sensibles, ni les êtres sensibles sans la douleur, il n'y avait qu'à demeurer en repos. Il s'était bien passé une éternité sans que cette sottise-là fût » (113).

Ce glissement de Diderot vers une interprétation assez fataliste du déterminisme moral a été souvent remarqué. Il y a loin en effet de l'optimisme naïf que révélait la lettre à Voltaire de 1749, au pessimisme stoïque de la lettre à Sophie d'octobre 1760. Nous avons d'ailleurs d'autres preuves de cette inclination, qu'expliquent assez

(111) AT, t. II, p. 85, n. 1.
(112) AT, t. XV, p. 464.
(113) CORR. t. III, p. 172.

bien, après 1759, les expériences douloureuses faites par Diderot dans sa vie publique et dans sa vie privée. M. Mortier a montré naguère, à propos de deux fables de Friedrich Nicolay et de La Fermière, rapportées dans une lettre à Sophie du 25 octobre 1761, que Diderot avait délibérément transformé, en un sens pessimiste, la morale optimiste de ces deux fables. Par exemple, alors que la fable de Nicolay opposait au malheur des fourmis, victimes de la pluie d'orage, le bonheur des soldats de Marc-Aurèle sauvés de la soif par la même pluie, Diderot se plaît à montrer l'absurdité d'un monde où la pluie noie les fourmilières quand des armées entières meurent de soif dans les déserts (114). Il est sans doute excessif de conclure de là à une conversion de Diderot au pessimisme radical du baron d'Holbach (115). Ce n'est pas parce que Diderot a découvert que tout n'était pas pour le mieux dans le meilleur des mondes, qu'il a dû en inférer que tout était mal. Il y a un moyen terme entre l'optimisme et le pessimisme, et il semble qu'en général il s'y soit tenu, inclinant seulement vers l'un ou l'autre extrême au gré de son humeur. Ce pouvait être, à l'occasion, simple question de digestion. La lettre du 25 octobre 1761, justement, fut écrite alors que Diderot souffrait de « tranchées bien cruelles » et suivait un régime sévère (116). Diderot reconnaît d'ailleurs plus d'une fois dans sa correspondance qu'il y a un lien entre la couleur de ses méditations et l'état de son estomac (117). On ne saurait mieux dire que si le mal a une existence objective, la manière dont chacun juge de ce qui est bien ou mal est essentiellement subjective.

L'optimisme ou le pessimisme ne sont donc au fond ni plus ni moins justifiés l'un que l'autre. En bien comme en mal tout est nécessaire, et les conclusions morales que Diderot en tire dans ses moments de pessimisme sont identiques à celles qu'il en tirait aux temps heureux. Plusieurs lettres familières de l'automne 1761 traitent du bien et du mal moral de la même manière que la lettre à Voltaire ou la lettre à Landois. Nous apprenons dans l'une d'elles que Mme Le Gendre, la sœur de Sophie, voulant bannir le mal de la surface de la terre, serait disposée à sévir avec la dernière rigueur contre ceux qui le commettent. A quoi Diderot réplique :

> « Allons, mes amies, courage, détruisez. Purgez le monde de tous les êtres malfaisants (...). Voilà ce que c'est. Vous trouvez que le monde va mal; vous vous mettez à la place de celui qui l'a fait et qui le gouverne et vous réparez ses sottises.
>
> « Vous jugez les actions des hommes ? Vous ? Vous instituez des châtiments et des récompenses entre des choses qui n'ont aucun rapport ? Vous prononcez sur la bonté et la malice des êtres ! Vous avez lu sans doute au fond des cœurs ? Vous connaissez toute l'impétuosité des passions; vous avez tout pesé dans vos balances éternelles.

---

(114) R. Mortier, *Diderot et ses « deux petits allemands »*, p. 195.
(115) *Ibid.*, p. 198.
(116) CORR, t. III, p. 346; cf. p. 352.
(117) Voir par exemple CORR, t. II, p. 320 : « Je m'aperçois que je digère mal, et que toute cette triste philosophie naît d'un estomac embarrassé ».

« (...) Je vous prie, mes amies, de vous défaire incessamment de votre charge de lieutenant-criminel de l'univers » (118).

Et plus loin il développe ainsi sa pensée :

« La première question n'est pas de savoir si l'homicide est un bien ou (un) mal; c'est ce qui est bien ou mal, ce qui mérite punition ou récompense, grâce ou peine de mort. Si celui que vous détruisez de votre autorité n'eût pas fait plus de bien au monde par une seule action qu'il n'a jamais pu y faire de désordre. C'est que vous décidez de plusieurs choses très incertaines et très obscures (...).

« J'ai bien peur que votre solution ne vous embarrasse que parce que vous avez fait entrer dans le problème des conditions impossibles. Restez dans la nature; ne sortez pas de votre condition; supposez l'ordre nécessaire et vous verrez que tous vos fantômes s'évanouiront » (119).

En dépit de sa forme très embarrassée, le contenu de cette lettre est assez clair. Elle signifie qu'aux yeux de Diderot rien n'arrive dans le monde qui ne soit dans « l'ordre » des choses. Celui qui fait le mal y est conduit par une série complexe de causes que le juge le plus fin ne saurait retrouver et énumérer toutes. Nul n'est personnellement responsable du mal qui se commet. Celui-là même qui fait le mal l'ignore. Il est donc vain d'attendre que le monde soit purifié par la délation et le châtiment des intentions malfaisantes des hommes. La lutte contre le malfaisant est affaire de police et non de morale.

Dans le grand débat sur la liberté de 1754-1759, la voix de Diderot n'est pas la seule qui se fasse entendre en faveur du déterminisme moral. Nous avons vu que Grimm avait ouvert diligemment à son ami les pages de la *Correspondance littéraire*. Les quelques mots d'introduction qu'il donnait à la *Lettre à Landois* étaient une prise de position très nette en faveur du système de Diderot : « Tout ce qui doit être est (...). La liberté est un mot vide de sens (...). L'arbitraire produirait le chaos (...) ». Mais que Grimm ait attiré l'attention au cours des années précédentes sur les ouvrages « classiques » qui exposaient le déterminisme moral, ce n'est certainement pas un hasard. Ce n'est pas un hasard non plus si Collins se trouva réédité, en traduction française, peu de temps après la publication du livre de Condillac. S'il est vain de supposer qu'une telle convergence fut l'effet d'un complot, il est permis de penser plus simplement que ces ouvrages répondaient à l'attente et au goût dominant d'une partie du public.

Il est permis aussi de penser qu'entre les idées de Condillac et celles de Diderot il y a eu, sur le chapitre de la liberté, une sorte d'osmose, tout à fait naturelle si l'on songe qu'ils furent longtemps amis (120). Il est vrai que la ressemblance qu'on remarque entre eux peut aussi s'expliquer par des lectures communes, celle de Locke par

---

(118) *Ibid.*, t. III, p. 317.
(119) *Ibid.*, p. 318.
(120) Il y eut une communication analogue au sujet de la fameuse statue. Voir sur ce point A. M. WILSON, *Diderot*, p. 385, n. 8, et J. MAYER, *Illusions*, pp. 357-361.

exemple. Pourtant si Condillac et Diderot sont d'accord pour l'essentiel, leurs systèmes diffèrent par plus d'un point. Celui de Diderot a notamment une rigueur qui manque chez Condillac. Condillac est plus près de Locke que de Diderot, mais il est moins précis que Locke, et il n'a pas su développer les suggestions fécondes de l'*Essai philosophique*. Condillac, comme Locke, comme Diderot, rejette absolument la théorie traditionnelle de la liberté : « La liberté ne consiste (...) pas dans des déterminations indépendantes de l'action des objets, et de toute influence des connaissances que nous avons acquises » (121). Mais alors que Diderot, par réaction, affirme radicalement le déterminisme, Condillac garde la notion et le mot de liberté, sans faire pour autant la distinction utile que faisait Locke, entre liberté et libre arbitre. Il aboutit ainsi à une conclusion boiteuse, philosophiquement contradictoire, peu claire par surcroît :

> « La liberté consiste (...) dans des déterminations, qui, en supposant que nous dépendons toujours par quelque endroit de l'action des objets, sont une suite des délibérations que nous avons faites, ou que nous avons eu le pouvoir de faire » (122).

A lire certaines pages des *Confessions* de Jean-Jacques Rousseau, on pourrait s'étonner que l'adversaire le plus résolu du déterminisme moral ait été le philosophe genevois. Ne dit-il pas qu'il avait le projet de faire un traité de morale, qu'il pensait intituler *la Morale sensitive* ou *le Matérialisme du sage ?* (123) Ce projet est contemporain de la retraite de Rousseau à l'Ermitage, au printemps de 1756, et par plus d'un aspect il trahit l'influence du sensualisme de Locke. Rousseau l'a subie au même titre que Diderot ou Condillac et son projet de *Morale sensitive* est en apparence fort proche des systèmes de l'un et de l'autre. Rousseau, comme ses deux amis, ne croit pas au libre arbitre et pense que les impressions faites sur « notre machine » par « les climats, les saisons, les sons, les couleurs, l'obscurité, la lumière, les éléments, les aliments, le bruit, le silence, le mouvement, le repos » troublent ou favorisent nécessairement « l'ordre moral ». Que ces impressions agissent immédiatement, ou à plus longue échéance, par les traces qu'elles ont laissées en nous, par les modifications qu'elles ont imposées à nos idées et à nos sentiments, il y a toujours en dernière analyse un rapport entre « l'économie animale » et la vie de l'âme. Et Rousseau en tire logiquement la conclusion qu'un « régime extérieur » adéquat, « varié selon les circonstances », doit pouvoir incliner l'âme à la vertu plutôt qu'au vice, et la maintenir dans de bonnes dispositions morales.

Mais on ne peut se méprendre sur le sens de certaines formules. En dépit des apparences, *la Morale sensitive* de Rousseau, s'il l'eût développée, eût été la négation du déterminisme moral. En effet, là où

---

(121) Condillac, *Œuvres philosophiques*, t. I, p. 317 b.
(122) *Ibid.*.
(123) J.-J. Rousseau, *Confessions*, t. II, p. 184.

Diderot voit des *causes*, Rousseau ne voit que des *conditions* : nos diverses manières d'être dépendent « de l'impression antérieure des objets extérieurs », mais en partie seulement. L'âme n'est dirigée par la machine que si elle se laisse dominer par elle, et les influences qu'elle subit ne sont déterminantes que si elle n'en est pas consciente. Au fond, *la Morale sensitive* de Rousseau est dans le droit fil du système de Locke. Le libre arbitre est une illusion, mais la liberté se conquiert. Une fois connues les lois de la machine, il est possible de les utiliser pour échapper à l'emprise de la nécessité. Dès le *Discours sur l'origine et les fondements de l'inégalité* Rousseau avait insisté sur ce point fondamental à ses yeux : l'homme se distingue de l'animal parce qu'il est un agent libre (124). Sans doute constate-t-on que l'entendement humain « doit beaucoup aux passions », qui elles-mêmes portent à la satisfaction des besoins naturels et en dépendent donc nécessairement (125). Il n'en est pas moins vrai que l'homme est plus qu'une machine; il a une âme spirituelle, et cette spiritualité se montre dans la conscience qu'il a de sa liberté (126).

En affirmant la spiritualité de l'âme, Rousseau semble évidemment rendre d'un côté aux défenseurs de la théorie du libre arbitre ce qu'il leur enlève de l'autre. En ce sens il va plus loin que Locke. Conclure du sentiment intérieur de la liberté à la spiritualité de l'âme, c'est réintroduire un principe indépendant de toute cause extérieure, une faculté innée d'autodétermination. Dans la perspective rousseauiste, la liberté n'est plus exactement une conquête, elle est une reconquête.

Il ressort en effet du *Discours sur l'origine et les fondements de l'inégalité*, et plus explicitement encore du texte de la première version du *Contrat social*, — dans lequel Rousseau reprend l'article *Droit naturel* de l'*Encyclopédie* pour critiquer le système de Diderot, — que les hommes sont naturellement libres. Cette liberté naturelle « n'a pour bornes que la force de l'individu » (127), c'est-à-dire qu'elle s'exerce dans le champ que laissent au principe spirituel d'autodétermination les nécessités de la vie purement animale. Tous les hommes ne sont certes pas également libres, mais tous ont également vocation à la liberté. Dès lors, ce qui s'oppose à la liberté n'est pas la nécessité, mais la servitude, et l'homme est asservi lorsqu'il est « dans le cas de ne pouvoir se passer d'un autre », c'est-à-dire dans la société telle qu'elle s'est historiquement constituée (128). Le rôle du contrat sera justement de restituer à l'homme aliéné sa dignité d'homme libre, non pas en lui rendant la liberté naturelle, mais en lui donnant la liberté civile (129).

---

(124) J.-J. ROUSSEAU, *Discours sur l'origine et les fondements de l'inégalité*, p. 79.
(125) *Ibid.*, pp. 81-82.
(126) *Ibid.*, p. 80.
(127) VAUGHAN, *The political writings*, t. I, p. 458.
(128) J.-J. ROUSSEAU, *Discours sur l'inégalité*, p. 105.
(129) VAUGHAN, *The political writings*, t. I, p. 458.

Arrivé à ce point, nous devons constater que la théorie morale de Rousseau ne peut même plus être considérée comme la négation de la théorie de Diderot. Rousseau et Diderot font plus que s'opposer : ils ne parlent pas le même langage. C'est sans doute pour cela qu'à l'exception du texte de Rousseau reprenant l'article *Droit naturel*, — qui ne fut pas publié, — nous n'avons aucun écrit de l'un ou de l'autre qu'on puisse considérer comme un élément d'un dialogue sur les principes de la morale (130). Lorsqu'ils parlent de liberté Rousseau et Diderot ne parlent pas de la même chose. Rousseau la considère *a priori* et uniquement à cause du témoignage de sa conscience, comme une donnée naturelle. Dès lors le problème de la liberté est pour lui d'ordre essentiellement politique. Diderot au contraire met en question ce que Rousseau admet comme un postulat, et dès le moment où la science des faits lui a prouvé le déterminisme psychophysiologique, il n'a même pas à se demander s'il existe une liberté politique.

Diderot ne semble pas avoir eu conscience de la nature exacte des divergences qui existaient sur ce point entre lui et Rousseau. Mais Rousseau pour sa part les a fort bien comprises. Qu'on relise en effet sa *Lettre à M. Philopolis*, qui est de peu antérieure à la *Lettre à Landois*. Sans doute Rousseau n'y nomme pas Diderot, mais Leibniz et Bonnet; il n'y traite pas en principe du problème de la liberté, mais de l'optimisme. On voit pourtant très bien l'application qu'on peut en faire à la théorie du déterminisme moral. Dans ce texte, qui est une réponse à une lettre du naturaliste Charles Bonnet publiée en octobre 1755 dans le *Mercure*, Rousseau vise en effet le matérialisme mécaniste en même temps que l'optimisme de type leibnizien. Diderot n'a certes jamais dit que tout était bien et il reconnaîtra explicitement dans *le Prosélyte répondant par lui-même* l'existence objective du mal. Mais si le fait de « nier que le mal existe est un moyen fort commode d'excuser l'auteur du mal » (131), la théorie selon laquelle le méchant n'est pas responsable du mal qu'il fait n'est-elle pas aussi un moyen commode de l'excuser ?

Le principal reproche que Rousseau fait à l'optimisme leibnizien et, du même coup, au matérialisme mécaniste, c'est d'être en dernière analyse une doctrine conservatrice. Si l'on admet que tout est bien, toute volonté de changement ne peut être qu'un mal, toute action ayant pour but de changer l'ordre des choses est une action blâmable (132).

---

(130) M. Roth cite, à propos de la *Lettre à Landois* un passage de *la Nouvelle Héloïse* sur les raisonneurs, pour qui le mot de liberté n'aurait aucun sens. Il lui semble que la *Lettre à Landois* est sur ce point une réponse de Diderot à Jean-Jacques (CORR, t. I, p. 213, n. 7). Cette hypothèse est difficile à soutenir. Il faut supposer pour l'admettre que Diderot a pu lire le texte de Rousseau avant juin 1756. La tournure de la phrase de Rousseau permet de croire au contraire que c'est lui qui a lu le texte de Diderot (« Vous verrez que le mot *Liberté* est un mot vide de sens ») et qui y répond (« A entendre ces gens-là, (...) ce mot de liberté n'aurait aucun sens »).

(131) J.-J. Rousseau, *Œuvres*, t. I, p. 401.

(132) *Ibid.*, p. 403.

Mais même si, renonçant au langage de l'optimisme, on dit seulement avec Grimm : « Tout ce qui est doit être, par cela même que cela est » (133), n'est-il pas encore évident que toute volonté de changer ce qui est, se trouve en contradiction avec la nécessité de maintenir l'ordre des choses ? Le déterminisme moral de Diderot et des philosophes matérialistes qui l'ont précédé ou suivi ne serait donc au fond que la justification de leur conservatisme politique. Si Rousseau au contraire défend la liberté morale, c'est qu'il est animé d'une volonté de changement révolutionnaire (134).

Cette volonté apparaît encore en filigrane dans sa lettre à Voltaire sur le désastre de Lisbonne du 18 août 1756 (135). Il y distingue mieux qu'il ne l'avait fait dans la *Lettre à M. Philopolis,* entre l'ordre de la nature et l'ordre moral. L'ordre de la nature est un ordre providentiel, le mal particulier des individus est nécessaire et contribue au bien général (136) ; si certains accidents nous sont incompréhensibles, c'est que nous ne connaissons pas toutes les lois qui régissent la marche du Tout (137). Sur ce plan-là, qui ne concerne que l'univers matériel, et l'homme dans la mesure où il est un être matériel parmi les autres, Rousseau admet donc que tout est nécessaire. Encore faut-il remarquer que cette nécessité est pour lui une conséquence de la perfection divine, et non la conséquence d'un déterminisme aveugle. Mais du point de vue qui nous intéresse, l'essentiel n'est pas là. Il est dans l'affirmation répétée que l'homme, considéré comme un être moral, est libre, donc responsable du mal qu'il fait : « Je ne vois pas qu'on puisse chercher la source du mal ailleurs que dans l'homme libre, perfectionné, partant corrompu » (138). Une bonne partie des maux physiques dont souffre l'humanité est d'ailleurs la conséquence directe de l'institution sociale : le tremblement de terre de Lisbonne n'eût pas été si meurtrier si les hommes n'avaient pris l'habitude de vivre rassemblés dans de grandes agglomérations urbaines (139). Voltaire tirait du spectacle affligeant de l'univers la conclusion que l'homme ignore la cause de ses maux, dans l'ordre moral aussi bien que dans l'ordre physique (140). Que faire au milieu d'un monde aussi absurde, sinon garder l'espoir qu' « un jour tout sera bien » ? (141) Rousseau

---

(133) C'est la formule par laquelle il résume la *Lettre à Landois,* en la présentant aux lecteurs de la *Correspondance littéraire* (CORR, t. I, p. 209).

(134) C'est à une conclusion analogue qu'arrive M. Adam, dans sa remarquable petite étude sur *Rousseau et Diderot.* Il est regrettable qu'avant d'y arriver il minimise à l'excès les divergences de détail qui ont séparé les deux philosophes. Sur tous les plans, et dès le *Discours sur l'inégalité,* la pensée de Diderot et celle de Rousseau s'opposent fondamentalement malgré les apparences souvent contraires.

(135) J.-J. Rousseau, *Correspondance,* t. II, pp. 303-324.

(136) *Ibid.*, p. 315.

(137) *Ibid.*, p. 311.

(138) *Ibid.*, p. 306.

(139) *Ibid.*.

(140) « Aucune philosophie n'a pu jamais expliquer l'origine du mal moral et du mal physique » (Voltaire, *Œuvres,* t. IX, p. 468).

(141) *Ibid.*, p. 478.

ne partage pas du tout ce point de vue (142). Lui aussi conclut du spectacle du monde qu'il faut garder espoir, mais un espoir *actif* et non *passif*. Dès lors que l'homme est libre, et que l'usage qu'il fait de sa liberté est la cause de ses maux, il est évident qu'un usage renouvelé de sa liberté doit lui permettre de réparer le mal déjà commis. Cette conclusion implicite de la lettre à Voltaire rejoint l'idée qui est au centre de la critique de l'article *Droit naturel* : du mal même il faut tirer le remède, « l'art perfectionné » réparera les maux faits par « l'art commencé » (143).

Nous sommes là au cœur même du débat, au point où Rousseau se sépare radicalement des encyclopédistes et en particulier de Diderot. L'amoralisme naturaliste de Diderot et le matérialisme mécaniste qui le fonde, le moralisme de Rousseau et son antidéterminisme résolu sont bien autre chose que des options morales et philosophiques divergentes, ce sont déjà deux choix politiques opposés (144).

DIDEROT ET LA VERTU

Rejetant la morale chrétienne et avec elle toute morale dogmatique, réhabilitant les passions, toutes les passions, niant avec la liberté la responsabilité morale de l'individu, Diderot ferait figure d'immoraliste si, par un étrange paradoxe, son œuvre n'était en grande partie une apologie de la vertu. Il faut même reconnaître qu'à lire superficiellement cette œuvre, l' « encombrant moralisme » de Diderot et la

---

(142) Rousseau ne reproche à Voltaire que l'inconséquence de sa pensée. Sur le fond même du problème Voltaire et Rousseau sont d'accord : l'homme est un être libre, et cette liberté le distingue de l'animal. Voltaire était au même titre que Rousseau hostile au déterminisme des encyclopédistes. Dans une longue note de sa préface au *Poème sur le Désastre de Lisbonne* (*Œuvres*, t. IX, p. 472, n. 1) il s'en prend à la fois à l'optimisme leibnizien et au matérialisme, comme Rousseau l'avait fait dans sa *Lettre à M. Philopolis*. Il est faux, pense Voltaire, que tous les corps soient nécessaires à l'ordre et à la conservation de l'univers. D'autre part « la chaîne universelle n'est point, comme on l'a dit, une gradation suivie qui lie tous les êtres. Il y a probablement une distance immense entre l'homme et la brute, entre l'homme et les substances supérieures ». La première proposition nie le déterminisme universel, et affirme qu'il y a dans l'univers de la contingence. La seconde n'est pas séparable de la première; il faut en conclure que la distance immense séparant l'homme de la brute a précisément pour mesure la capacité qu'a l'être humain d'agir de manière non nécessaire. Cette proposition vise évidemment Buffon, et surtout l'interprétation que Diderot en a donnée dans l'article *Animal*. Cet article passait en effet pour une des affirmations les plus nettes du déterminisme matérialiste, comme on le voit par exemple dans les *Préjugés légitimes* de Chaumeix (t. I, pp. 230-237).

(143) Vaughan, *The political writings*, t. I, p. 454.

(144) M. René Hubert a fait définitivement justice de tous les ragots réduisant la querelle Rousseau-Diderot à des intrigues sordides ou à l'opposition de deux tempéraments. Son excellent petit livre sur *Rousseau et l' « Encyclopédie »* montre que plusieurs années avant la « querelle » les voies de Rousseau et de Diderot avaient déjà divergé sensiblement.

philosophie matérialiste qu'il a faite sienne paraissent absolument contradictoires (145).

Mais à voir si souvent mêlées, dans l'*Encyclopédie* et ailleurs, l'affirmation péremptoire du déterminisme moral et l'apologie de la vertu, ne pourrait-on admettre, avec M. Fabre, que dans la perspective de tout matérialisme conscient la morale, bien loin de disparaître, reparaît « sous une forme beaucoup plus exigeante et tyrannique » ? (146) Cela n'est sans doute pas vrai de tout matérialisme, — on peut concevoir un matérialisme immoraliste, — mais dans le cas de Diderot c'est une vérité d'évidence. Reste à savoir pourquoi il en est ainsi et comment cela se peut faire.

Il y a bien sûr, dans tant de pages enthousiastes consacrées à la vertu, comme une protestation sentimentale, comme une revanche du cœur sur la raison. On connaît la formule : « J'enrage d'être empêtré d'une diable de philosophie que mon esprit ne peut s'empêcher d'approuver et mon cœur de démentir ». Mais il est permis de croire que ce n'est là qu'une boutade, isolée dans l'œuvre du Philosophe, justifiée par le contexte d'une lettre familière, où il s'agit d'amour plus que de philosophie (147).

C'est pourtant une opinion couramment reçue que le Diderot moralisateur n'est pas tout à fait lui-même, et que le vrai Diderot est un cynique. M. Lefebvre, par exemple, de qui l'on devait attendre plus de rigueur dialectique, a donné à fond dans le panneau. On croirait volontiers, à le lire, que la partie « sublime » de l'œuvre de Diderot est en quelque sorte rapportée, surajoutée, si les textes où est prêchée la vertu ne tenaient pas de si près, et d'une manière si évidente, à ceux qui dissolvent les notions de bien et de mal dans la notion de nécessité. L'image que M. Lefebvre donne de Diderot est tantôt celle d'un tartufe, pour qui la vertu n'est qu'un mot (148), tantôt celle d'un innocent, ou d'un maniaque, dont les crises de vertu s'expliqueraient par des échauffements de tête (149), et à qui l'âge aurait apporté la paix, avec le refroidissement des humeurs (150). Tout compte fait, la figure de l'artiste sensible qu'évoque la brève étude de M. Fabre est plus séduisante, et plus convaincante, que celle de cet inquiétant Janus.

Pourtant il va de soi que si la sensibilité de l'artiste a joué un rôle incomparable dans la conception du *Neveu de Rameau*, on ne saurait en faire état dans une étude des idées morales de l'encyclopédiste. Ces

---

(145) J. Fabre, *Introduction* au *Neveu de Rameau*, p. LXXII.

(146) *Ibid.*, p. LXXV.

(147) SV, t. II, p. 274. Cité par J. Fabre, *Introduction* au *Neveu*, p. LXXV, n. 2. M. Fabre pense aussi que « prises en elles-mêmes, les protestations de ce genre sont dénuées de signification philosophique et de portée ».

(148) H. Lefebvre, *Diderot*, p. 280. M. Lefebvre, il est vrai, regrette quelques pages plus loin d'avoir donné l'impression que le moralisme de Diderot était « pure comédie » (p. 284).

(149) *Ibid.*, p. 277.

(150) *Ibid.*, p. 285. L'idée rejoint curieusement celle qui est développée de façon si plaisante dans l'essai de P. Mesnard, *Le cas Diderot*.

idées, il faut les prendre telles qu'elles sont, et non telles qu'on voudrait qu'elles fussent. Il faut notamment renoncer à les isoler de l'ensemble des idées de Diderot, et en particulier de ses idées politiques, disons plus exactement de sa philosophie politique. Il faut aussi bien voir comment elles s'insèrent dans sa philosophie générale.

Le déterminisme moral de Diderot se distingue en effet de celui de tous les philosophes qui l'ont précédé par un trait essentiel. Ce trait n'a pas été suffisamment remarqué, et c'est pourquoi nous devons le souligner ici. Le meilleur moyen de le faire est sans doute de comparer le système moral de Diderot avec celui de La Mettrie, qui lui ressemble tant.

La Mettrie, bien avant Diderot, avait entrepris de dissoudre la notion de responsabilité morale dans celle de la nécessité universelle, comme le montre de façon frappante ce texte que citait Paul Hazard : « Nous ne sommes pas plus criminels, en suivant l'impulsion des mouvements primitifs qui nous gouvernent, que le Nil ne l'est dans ses inondations » (151). L'idée, l'image même, sont très proches de ce que Diderot écrira à Voltaire ou à Landois. La Mettrie ne niait certes pas que l'homme pût être vertueux et, dans *l'Homme-machine*, il a trouvé pour parler de la vertu des accents sincèrement émus (152). Mais on naît vertueux comme on naît méchant, et chacun va dans la voie où la nature le pousse.

« D'où nous vient, je vous prie, écrivait La Mettrie, l'habileté, la science et la vertu, si ce n'est d'une disposition qui nous rend propres à devenir habiles, savants et vertueux ? Et d'où nous vient encore cette disposition, si ce n'est de la nature ? Nous n'avons de qualités estimables que par elle : nous lui devons tout ce que nous sommes » (153).

Diderot devait, dans l'*Essai sur les règnes de Claude et de Néron*, porter un jugement sévère sur la morale de La Mettrie, et bien que très postérieure à l'époque qui nous intéresse, cette appréciation mérite d'être citée, car il n'y a pas apparence que Diderot ait jamais changé d'avis sur son prédécesseur. Or, en condamnant La Mettrie, Diderot semblera se condamner lui-même. Il condamnera du moins cette image de lui-même que ses adversaires de tous les temps ont critiquée à l'envi.

« La Mettrie est un auteur sans jugement, écrira-t-il (...). On reconnaît la frivolité de l'esprit dans ce qu'il dit, et la corruption du cœur dans ce qu'il n'ose dire; (il) prononce ici que l'homme est pervers par sa nature, et (il) fait, ailleurs, de la nature des êtres, la règle de leurs devoirs, et la source de leur fidélité; (il) semble s'occuper à tranquilliser le scélérat dans le crime, le corrompu dans ses vices; (ses) sophismes grossiers, mais dangereux par la gaîté dont il les assaisonne, décèlent un écrivain qui n'a pas les premières idées des vrais fondements de la morale, de cet arbre immense dont la tête touche aux

---

(151) P. Hazard, *La pensée européenne*, t. I, p. 167.

(152) La Mettrie, *L'homme-machine*, p. 89 : « Il y a tant de plaisir à faire du bien, à sentir, à reconnaître celui qu'on reçoit, tant de contentement à pratiquer la vertu, à être doux, humain, tendre, charitable, compatissant et généreux, — ce mot seul renferme toutes les vertus, — que je tiens pour assez puni quiconque a le malheur de n'être pas né vertueux ».

(153) *Ibid.*, p. 66.

cieux et les racines pénètrent jusqu'aux enfers, où tout est lié, où la pudeur, la décence, la politesse, les vertus les plus légères, s'il en est de telles, sont attachées comme la feuille au rameau, qu'on déshonore en l'en dépouillant; (ses) principes poussés jusqu'à leurs dernières conséquences, renverseraient la législation, dispenseraient les parents de l'éducation de leurs enfants, renfermeraient aux Petites-Maisons l'homme courageux qui lutte sottement contre ses penchants déréglés, assureraient l'immortalité au méchant qui s'abandonnerait sans remords aux siens » (154).

Les termes de cette dernière phrase méritent d'être pesés, car ils révèlent le point de désaccord entre les deux moralistes. L'homme de La Mettrie est un organisme considéré isolément, une entité individuelle, alors que l'homme de Diderot s'intègre dans un corps social, où il entre en relation avec des êtres semblables à lui, le père avec ses enfants, le citoyen avec ses concitoyens, le philosophe avec ceux qu'il enseigne. L'homme de La Mettrie est vraiment un être qui n'a ni foi ni loi ou qui, mieux encore, est à lui-même sa propre loi. Diderot, comme d'ailleurs d'Holbach, n'accepterait de voir en l'homme une machine semblable à celle de La Mettrie que si l'individu pouvait s'abstraire du milieu social où il vit (155). Mais l'homme vivant en société ne peut être à lui-même sa loi sans nuire au corps dont il fait partie. Il lui faut choisir entre ses aspirations propres, volontiers anarchiques, et la discipline que lui impose naturellement son appartenance à un ensemble organisé.

Il convient donc d'examiner de près en quoi consiste cette « vertu », dont Diderot parle si souvent, et comment son « moralisme » et son « amoralisme », loin de se contredire, s'intègrent l'un et l'autre dans un système moral complexe et simpliste à la fois, mais finalement cohérent.

Pour tout ce qui concerne la conduite individuelle, dans toutes les occasions où l'individu se trouve n'avoir de comptes à rendre qu'à lui-même, Diderot nie résolument toute morale, et sur ce point sa position est identique à celle de La Mettrie. L'homme seul, le Scythe qui fait partie d'une horde inorganisée, sont donc bien à eux-mêmes leur propre loi. Ils n'ont qu'à suivre la voie où leur instinct et leurs désirs les poussent. En cela ils ne font ni bien ni mal. Les seules sanctions qu'ils aient à redouter sont celles que la nature donne aux actes qui lui sont contraires. Ils ne diffèrent donc des animaux que dans la mesure où leur intelligence supérieure leur permet de se garder de telles sanctions dès qu'ils en ont une fois connu l'effet.

L'exemple le plus typique de cet amoralisme individuel nous est souvent donné par Diderot lui-même dans un domaine précis, celui du manger et du boire. Manger, boire, sont deux actions éminemment naturelles; elles correspondent à deux besoins dont l'homme, comme tout animal, ne saurait éluder la satisfaction sans se condamner à mourir. Le désir de manger et de boire, et même la manifestation la

---

(154) AT, t. III, pp. 217-218.
(155) P. Naville l'a bien montré pour d'Holbach (*Paul Thiry d'Holbach*, p. 174).

plus vive de ce désir, qui est la gourmandise, ne sont donc pas un mal; ils sont seulement l'expression d'une nécessité vitale. On sait du reste quelle place ont tenue les bons repas et les bons vins dans la vie de Diderot, au moins dès qu'il a pu se les procurer, et avec quelle verve il parle des plaisirs de la table.

Même joie, même impudeur, même absence de tout sens moral dans le domaine sexuel. Ici encore le désir ne fait qu'exprimer une nécessité vitale, et la seule règle que Diderot connaisse consiste à lui obéir tout naturellement, au moins dans le cas où la structure et la survie du corps social ne se trouvent pas mises en cause. Ainsi il admet parfaitement le libertinage du célibataire qui n'a de comptes à rendre à personne de la manière dont il satisfait ses désirs. C'est le cas de ce Georges Le Roy, dont il trace un portrait si savoureux dans une lettre à Sophie d'octobre 1760. Le Roy est jeune; il est vigoureux; il vit dans la forêt des Loges, près de Saint-Germain-en-Laye; il ne se fait pas scrupule d'attirer chez lui les jeunes paysannes des environs, et elles n'ont point de honte à y revenir, jusqu'à ce que l'un ou l'autre des deux partenaires se lasse de ces jeux (156). La seule considération de sa santé peut amener un homme comme Le Roy à mettre un frein à ses désirs. C'est ce que Diderot montre à Sophie en lui contant l'un de ses souvenirs. Il avait une trentaine d'années, et logeait à Paris dans « une petite chambrette au coin de la rue de la Parcheminerie ». Une belle fille habitait la chambrette au-dessous de lui; le jeune Diderot la savait facile; rien ne s'opposait à ce qu'ils fussent contents l'un de l'autre. Mais la fille n'était pas saine, et ce fait seul suffit à garder le jeune homme de succomber à la tentation. Ce que nulle exhortation morale n'aurait pu faire, bien entendu (157).

Il n'est pas si étonnant que Diderot parle de ces choses-là avec une entière liberté de langage. Le XVIIIe siècle après tout n'a jamais passé pour pudibond. Ce qu'il faut plutôt remarquer, c'est le naturel parfait avec lequel il parle des questions sexuelles, sans pour autant se plaire outre mesure aux propos gaillards, ni jamais trahir une quelconque obsession. Il en parle librement, mais simplement, et il ne leur donne pas plus de place qu'il ne convient, avec on ne sait quel détachement, qui révèle le clinicien plus que le moraliste. Cela se voit très bien, par exemple, dans telle confidence intime qu'il fait un jour à Sophie, sur ses rêves érotiques (158). C'est aussi en clinicien plus qu'en moraliste qu'il compare Taupin, le chien du meunier, amoureux de Thisbé, la chienne de Mme d'Aine, à un galant espagnol soupirant pour sa belle. Il écrit à ce sujet :

> « S'il faut vous en dire ce que j'en pense, je ne crois pas que tout cela se fît par un sentiment bien délicat et bien pur. Je crois qu'il y avait un peu

---

(156) *Ibid.*, p. 147.
(157) CORR, t. IV, p. 77. Voir aussi l'aventure qui lui est arrivée en compagnie du fils de Julien LE ROY, *ibid.*, pp. 76-77.
(158) CORR, t. IV, p. 93.

de luxure dans le fait de Taupin (...). Mais si on nous épluchait de bien près, nous autres descendants de Céladon, peut-être découvrirait-on aussi un peu d'intérêt impur et de taupinerie dans nos démarches les plus désintéressées et dans notre conduite la plus tendre. Il y a un peu de testicule au fond de nos sentiments les plus sublimes et de notre tendresse la plus épurée » (159).

Il est peut-être aventureux de voir dans ce passage l' « annonce » de la théorie freudienne de la *libido* (160), mais l'anecdote et son commentaire prouvent au moins que Diderot se refuse à juger en moraliste les manifestations du désir sexuel en tant que tel. Comme le désir de manger et de boire, il n'est ni bon ni mauvais, et d'une manière ou d'une autre la nature pousse nécessairement l'homme à le satisfaire.

« En vérité, écrit Diderot, je crois que la nature ne se soucie ni du bien ni du mal. Elle est toute à deux fins; la conservation de l'individu, la propagation de l'espèce » (161).

Le domaine de la morale ne commence donc pour Diderot qu'au-delà du biologique. L'animal humain n'a pas d'autre loi que son désir tant qu'il est seul avec lui-même. Mais l'homme vit en société, et la morale a précisément pour rôle de régler les relations des hommes entre eux. L'amoralisme de Diderot ne concerne que l'homme naturel, l'homme considéré individuellement, hors de tout corps social. Il concerne encore l'homme dans la société, dans tous les cas où ses actions sont indifférentes à la survie du corps social et à son développement harmonieux. La « vertu » dont Diderot parle si souvent n'a donc rien à voir avec une morale individuelle qu'il ignore délibérément, sereinement. La tempérance, la chasteté, par exemple, ne sont pas pour lui des vertus; ce sont à ses yeux les exigences incongrues d'une morale hypocrite, fondée sur l'ignorance ou la méconnaissance des tendances les plus profondes de la nature humaine. Ce que Diderot appelle la vertu n'est en réalité que l'expression la plus haute de la sociabilité, et Diderot ne connaît en définitive pas d'autre morale que sociale. La vertu n'est pas pour lui un vain mot, bien qu'il s'en fasse souvent une idée parfaitement utopique, et il peut sans paradoxe ni tartuferie exalter la vertu au moment même où il vient de faire paraître son indifférence pour des vertus que d'autres considèrent comme cardinales.

On n'a pas assez remarqué, semble-t-il, que les vertus dont Diderot fait l'apologie sont toujours des vertus sociales. Toutes, sans exception, mettent en jeu un certain mode de relation entre les hommes, et exaltent une certaine manière de vivre cette relation.

Il n'est que de feuilleter ses lettres à Sophie Volland pour en cueillir assez vite un gros bouquet. Voici par exemple l'amour maternel,

---

(159) *Ibid.*, t. III, à Damilaville, p. 216. Le même thème est développé dans une lettre à Sophie, *ibid.*, p. 236.
(160) C'est ce que fait M. Roth, *ibid.*, p. 216, n. 6.
(161) *Ibid.*, t. IV, p. 85.

qu'évoque l'image de Mme Le Gendre au chevet de sa fille Emilie. Diderot écrit à ce sujet :

« L'image de cette mère tendre tenant entre ses bras son enfant malade et la reposant sur son sein, et cela pendant des heures entières et par des chaleurs insupportables, me revient quelquefois avec l'émotion la plus douce » (162).

Voici l'amour paternel, incarné par Diderot lui-même :

« O Angélique, ma chère enfant, écrit-il dans une lettre à Sophie, je te parle ici et tu ne m'entends pas; mais si tu lis jamais ces mots quand je ne serai plus, car tu me survivras, tu verras que je m'occupais de toi et que je disais, dans un temps où j'ignorais quel sort tu me préparais, qu'il dépendrait de toi de me faire mourir de plaisir ou de peine. Les parents ne sont pas assez affligés quand leurs enfants font le mal; ils ne sont pas assez heureux quand leurs enfants font le bien; jamais ils ne voient le plaisir et la peine faire couler leurs pleurs » (163).

Voici l'amour fraternel, symbolisé par le groupe que forment les enfants du coutelier de Langres après la mort de leur père. La paix a bien failli être rompue plusieurs fois au cours du partage, mais le Philosophe a fait preuve d'un beau zèle, à son accoutumée, et il a réussi à rapprocher son frère de sa sœur (164). N'est-il pas bien émouvant ce tableau de la signature de l'acte de partage ?

« Les choses se sont passées comme je l'avais prévu, écrit Diderot, bien doucement, bien honnêtement. J'ai signé le premier; j'ai donné la plume à mon frère, de qui Sœurette l'a reçue. Nous n'étions que nous trois. Cela fait, je leur témoignai combien j'étais touché de leur procédé; je les exhortai à se chérir; j'avais peine à parler; je sanglotais. Ensuite je les priai, si j'avais manqué à quelque chose qu'ils attendissent de moi, de me le dire. Ils ne me répondirent rien; ils m'embrassèrent; nous avions le cœur bien serré tous les trois » (165).

Voici encore l'amitié, dont Diderot parle si souvent avec ravissement, surtout quand il s'agit de Grimm. Il écrivait dans une lettre de mai 1759, pendant une absence de son ami :

« O combien il fut regretté, cet ami ! que ce fut un intervalle dans notre repas bien doux que celui où nos âmes s'ouvrirent et où nous nous mîmes à peindre et à louer nos amis absents! quelle chaleur d'expressions, de sentiments et d'idées ! quel enthousiasme ! que nous étions heureux d'en parler ! qu'ils l'auraient été de nous entendre ! O mon Grimm ! qui est-ce qui vous rendra mes discours ? » (166).

Les innombrables leçons de morale que Diderot donne à ses amis et à ses correspondants ont toujours pour but de les rappeler à leurs devoirs sociaux. Diderot voit d'ailleurs d'autant moins de contradiction entre cette forme de moralisme et l'amoralisme dont il se réclame dans le domaine de la conduite individuelle, que la sociabilité est à ses yeux

---

(162) CORR, t. II, p. 184.
(163) *Ibid.*, t. III, p. 157.
(164) *Ibid.*, t. II, p. 210.
(165) *Ibid.*, p. 214.
(166) *Ibid.*, p. 137.

une tendance naturelle à l'homme, comme l'instinct de conservation ou le désir sexuel. Nous verrons quelle place joue cette sociabilité dans sa philosophie politique. Disons seulement ici qu'avant d'être pour lui un postulat de la raison, la sociabilité est d'abord une exigence profonde de la sensibilité.

C'est donc au nom de la sociabilité, ou de la « vertu », comme on voudra, qu'il reprend Rousseau, lorsque celui-ci n'accomplit pas comme il faudrait ses devoirs envers la mère Le Vasseur ou envers les pauvres (167), ou lorsqu'il ne rend pas à Mme d'Epinay les bienfaits dont elle l'a comblé (168). La vertu qui est encore au centre de la lettre au pasteur Vernes, du 9 janvier 1759, a pour repoussoir la perversion de Jean-Jacques Rousseau, mais comme la passion de se rendre utile à la société humaine s'oppose à la misanthropie, et non point comme la chasteté ou la tempérance à la luxure ou à la gourmandise (169).

On pourrait donc dire que la vertu s'identifie pour Diderot à la bienfaisance, comme le montre en effet une lettre à Sophie du 7 octobre 1761 sur l'ingratitude (170), et mieux encore cette maxime qu'il glisse dans une autre lettre d'octobre 1761 :

> « Le comble de la perfection est de préférer l'intérêt public à tout autre; et le comble du désordre, de préférer l'intérêt étranger, quel qu'il soit, ou l'intérêt personnel, à l'intérêt public » (171).

Mais comment marquer le départ entre les actions qui se trouvent indifférentes à la société, et sont comme telles étrangères à la morale, et celles qui, important au corps social, doivent se conformer à la règle de la bienfaisance ou de la vertu ? Il faut pourtant le faire, si l'on veut comprendre où finit pour Diderot le domaine de la nécessité biologique, et où commence celui de l'obligation sociale. Le cas de l'amour, dans le mariage ou hors du mariage, est à cet égard privilégié, puisqu'il met en jeu à la fois le désir sexuel, qui est d'ordre biologique, et le mode de relation le plus simple qui puisse exister entre deux membres du corps social.

Nous avons constaté que le désir sexuel, en tant que tel, paraissait à Diderot aussi naturel, aussi simple à satisfaire, aussi indifférent que le désir de manger et de boire. Mais du point de vue de la société, l'union des sexes est bien loin d'être indifférente, puisqu'elle a pour conséquence possible la naissance de l'enfant, qui vient augmenter le corps social, et fait apparaître un nouveau mode de relation entre les hommes. On a beaucoup daubé sur l'inconséquence de cet étrange moraliste qui ne parle jamais si bien de la vertu que lorsqu'il écrit à sa maîtresse, et qui oublie, en s'attendrissant sur sa fille, qu'il trompe

---

(167) Lettre du 14 mars 1757, CORR, t. I, p. 235.
(168) *Ibid.*, pp. 248-249.
(169) *Ibid.*, pp. 106-109.
(170) *Ibid.*, t. III, pp. 329-330.
(171) *Ibid.*, p. 350.

impudemment sa femme. Le lecteur peut selon son humeur en sourire ou s'en indigner. Le plus souvent il en est agacé. Mais ces réactions fort légitimes ne nous interdisent pas d'essayer au moins de comprendre.

Pour comprendre l'attitude de Diderot à l'égard du mariage, il faut tenir compte des usages de la société qu'il fréquentait, et de sa propre expérience du mariage. Il était entendu dans le monde où vivait Diderot, que le mariage était une institution ayant essentiellement pour objet d'assurer la pérennité de la famille et la transmission du patrimoine. Si l'on y montrait unanimement du respect pour le caractère immuable du mariage, c'est qu'on y avait le souci d'assurer la bonne exécution des clauses d'un contrat passé devant son notaire, bien plus que la volonté d'être fidèle aux promesses faites à l'église. C'était une institution juridique, doublée pour la forme d'un sacrement religieux, mais bien peu s'avisaient d'y mêler le sentiment.

Diderot est peut-être un des rares hommes de son siècle, et de son milieu, qui aient cru, au moins quelque temps, que le mariage pouvait être le couronnement de l'amour. C'est qu'en se mariant Diderot ne possédait rien. Il pensait en homme du bas peuple — ce qu'il était alors, — que deux êtres qui s'aiment doivent naturellement s'unir pour la vie, ou pour le temps de leur amour, sans se soucier des contingences. « Ce qui fait le bonheur des époux, écrivait-il à sa fiancée peu avant leur union, c'est leur tendresse mutuelle » (172). La formule nous paraît belle, aujourd'hui, mais à sa date elle sentait le boutiquier, ou le petit-bourgeois. Diderot eut plus d'une fois l'occasion par la suite de déplorer sa naïveté, et la sottise avec laquelle il s'était marié, par amour, dans un monde et en un temps où le mariage et l'amour étaient à peu près incompatibles (173).

> « Un des grands inconvénients de l'état de mariage, écrira-t-il en mai 1765, — à cinquante-deux ans, et après vingt-deux ans de mariage, — c'est la multitude des occupations, et surtout la légèreté avec laquelle on prend des engagements qui disposent de tout le bonheur. On se marie; on prend un emploi; on a une femme, des enfants, avant que d'avoir le sens commun. Ah! si c'était à recommencer » (174).

Nous avons vu dans un précédent chapitre que pour bien des raisons le mariage de Diderot avait été un échec. Sentimentalement les couples dont il parle dans sa correspondance ne sont pas mieux accordés que celui qu'il forme avec sa femme. Mais ils ont une assise sociale et

---

(172) CORR, t. I, p. 46.

(173) L'histoire de Soulpse, que Diderot raconte dans une lettre de septembre 1760, est à cet égard exemplaire. Soulpse voulait se marier par amour, contre toutes les convenances, puisque sa fiancée était « sans bien et d'une famille déshonorée ». Ses parents s'y opposèrent et il en mourut. Diderot ne commente pas cette histoire, mais il rapporte les sentiments des deux personnes qui l'ont entendue. Le curé, à la place du père, eût donné à Soulpse sa « légitime » et lui aurait permis de se marier, mais il l'aurait banni de sa vue à jamais. Quant à Mme d'Esclavelles, une vieille dame charmante, et comblée par l'amour dans ses jeunes années, elle condamne Soulpse sans rémission (CORR, t. III, pp. 109-110).

(174) SV, t. II, p. 42.

économique incomparablement plus solide. Le baron d'Holbach et sa seconde femme ne s'aimaient point sans doute. Tout le monde eût gagé avec Diderot que pour soixante mille francs qu'il lui en avait coûté, le baron « n'achetait que la première nuit » (175). Aussi n'est-on pas trop étonné de voir la baronne s'amuser des avances que lui font les hôtes de son mari, « l'ami Suard », Le Roy, le « satyre des Loges », dont elle a l'imprudence de faire son écuyer (176), et Grimm lui-même vraisemblablement (177). Lorsque Diderot s'en mêle, et entreprend de moraliser Mme d'Holbach, il est significatif qu'il ne fait appel à aucun des arguments qu'on attendrait. Il ne lui prêche pas la fidélité conjugale. Il lui rappelle seulement la reconnaissance que tout homme doit à son bienfaiteur (178). Car il y a toute apparence que Mme d'Holbach aurait pu dire, comme Mme d'Houdetot : « Je me mariai pour aller dans le monde et voir le bal, la promenade, l'opéra et la comédie » (179). Et d'ailleurs une fille bien née, qu'on mariait au sortir du couvent, pouvait-elle décemment dire autre chose ? La plupart du temps mari et femme vivaient chacun de son côté dès que la descendance de la famille était assurée, et pourvu que l'honneur fût sauf, chacun arrangeait sa vie sentimentale comme il l'entendait sans que nul y trouvât à redire.

Les vrais couples, au XVIIIe siècle, ceux qui intéressent le moraliste, ne sont pas ceux qu'unit le mariage, mais ceux qu'unit le sentiment. Ceux-là se constituent librement, se défont de même quand les conjoints ont cessé de se plaire, et il est rare qu'aucun intérêt sordide vienne se mêler à leur vie. Ils sont la revanche naturelle de l'amour et du cœur sur les obligations formelles de la société.

La correspondance de Diderot fait défiler devant nos yeux un grand nombre de ces couples, souvent charmants, Grimm et Mme d'Epinay, Damilaville et Mme Duclos, Saint-Lambert et Mme d'Houdetot, Diderot et sa Sophie. Certains vivent en vieux ménages, comme Grimm et Mme d'Epinay à La Chevrette. D'autres, comme Diderot et Sophie Volland, connaissent au contraire les affres des séparations prolongées, les surprises de la jalousie maternelle ou conjugale.

Les théories de Diderot sur le mariage et sur l'amour tiennent compte des mœurs de son siècle et non des règles d'une quelconque morale dogmatique. Pourquoi attacherait-il une signification morale au mariage, puisque personne autour de lui ne songe à le faire ? Au demeurant, il lui paraît contre nature d'obliger deux êtres qui biologiquement changent sans cesse, à se promettre une fidélité éternelle.

« Le mariage est un engagement *indissoluble*, écrit-il dans l'*Encyclopédie*. L'homme sage frémit à l'idée seule d'un engagement *indissoluble*. Les législateurs qui ont préparé aux hommes des liens *indissolubles* n'ont guère connu

---

(175) CORR, t. II, p. 271.
(176) *Ibid.*, t. IV, pp. 51-52.
(177) *Ibid.*, p. 52 et pp. 60-61.
(178) *Ibid.*, pp. 62-63.
(179) *Ibid.*, t. III, p. 101.

son inconstance naturelle. Combien ils ont fait de criminels et de malheureux ! » (180).

Pourtant le mariage existe, et bien qu'il soit un « sot et fâcheux état », le moraliste doit s'accommoder de l'institution, s'il ne veut pas saper les fondements de la société. Diderot admet donc que le mari et la femme ont des devoirs. Mais non pas l'un envers l'autre. Du moins n'en ont-ils pas plus que n'en ont deux individus vivant côte à côte dans une même communauté : ils ne doivent seulement pas se nuire. C'est ce qui explique par exemple que Diderot ait cru bon de faire quelquefois chapitrer sa femme par son confesseur. Cela nous paraît aujourd'hui bien étrange. Ce n'est pourtant pas incompréhensible : Diderot n'exige au fond qu'une chose de son épouse, qu'elle le laisse en paix comme il la laisse lui-même en paix (181). Mais si l'homme et la femme unis par le mariage n'ont vis-à-vis l'un de l'autre que les obligations de l'association civile, ils ont chacun de leur côté des obligations authentiquement morales vis-à-vis de leurs enfants. C'est la leçon de l'anecdote rapportée par Diderot dans une lettre de septembre 1760. Le curé apostat qui fonde une famille puis songe à se séparer de sa femme pour revenir à sa religion sera-t-il encouragé à le faire, comme le pensent les casuistes et les jurisconsultes ? Diderot ne le pense pas et loue beaucoup la sagesse du confesseur qui empêche l'apostat de faire cette mauvaise action avant de mourir. La religion n'est pour rien dans ce jugement, ni le respect de la foi jurée. L'argument décisif est celui-ci :

« Et ces enfants, dit le confesseur, quelle part ont-ils à votre faute ? Vous êtes le seul coupable, et ce sont eux qui vont être punis. Votre femme sera déshonorée. Vos enfants seront déclarés naturels. Et où est le bien dans tout cela ? La raison est pour eux certainement » (182).

L'enfant, voilà quel est pour Diderot le sacrement du mariage. L'existence de l'enfant, et elle seule, rend l'association civile du père et de la mère indissoluble. De Mlle Arnould, abandonnant M. de Lauraguais, Diderot écrit :

« Cela me déplaît plus que je ne saurais vous le dire. Cette fille a deux enfants de lui. Cet homme est de son choix. Il n'y a point eu là de contrainte, de convenance, aucun de ces motifs qui forment les engagements ordinaires. S'il y eut jamais un sacrement, c'en fut un (...). Elle oublie qu'elle est mariée. Elle oublie qu'elle est mère. Ce n'est plus un amant, c'est le père de ses enfants qu'elle quitte. Mademoiselle Arnould n'est à mes yeux qu'une petite gueuse (183).

Diderot, assurément, n'eût point traité cette fille de gueuse, si elle s'était contentée de disposer de son cœur à sa guise tout en restant attachée à M. de Lauraguais pour le bien de leurs enfants. On peut même gager qu'il eût trouvé cette conduite deux fois naturelle, donc doublement louable.

---

(180) Art. *Indissoluble*, AT, t. XV, p. 205.
(181) Voir CORR, t. II, pp. 124-125.
(182) *Ibid.*, t. III, p. 111.
(183) *Ibid.*, p. 332.

Diderot admet donc que dans les mœurs de son temps le mariage est comme un pis-aller nécessaire. Il est la garantie juridique de l'avenir des enfants nés de l'union des sexes. Mais l'histoire de la fille qui voulait être mère sans se marier prouve que dans certaines conditions l'avenir de l'enfant peut être assuré sans que le père et la mère forment pour autant une association durable. Pour cela il faut, et il suffit, que l'un des deux parents, en l'occurrence la mère, ait les moyens matériels et moraux d'assurer seule l'entretien et l'éducation de l'enfant. La femme dont Diderot parle à Sophie a « trente-trois ans (...), de l'esprit, du courage, de l'expérience, de la santé (...), une fortune honnête (...) ». Mais surtout « elle est maîtresse d'elle-même » (184).

La grande affaire est là, en effet. Le type d'union libre dont rêve Diderot n'est possible que dans une société où la femme serait « maîtresse d'elle-même », juridiquement, moralement, et financièrement. Au XVIIIe siècle la femme en question ne pouvait être qu'un exemple, remarquable certes, mais exceptionnel, de la femme libre des temps modernes.

Si la vertu du mari, ou de la femme, se réduit finalement à la vertu du père et de la mère, on conçoit que Diderot ait pu sans inconséquence tromper sa femme, et trouver moralement indifférentes des actions qui paraissent immorales dès qu'on associe l'idée de mariage et celle de fidélité. Une femme qui a six enfants et peu de fortune doit-elle se donner à un homme en place qui peut assurer « un emploi très considérable pour son mari ? »

> « On ne lui demande qu'une nuit. Refusera-t-elle un quart d'heure de plaisir à celui qui lui offre en échange l'aisance pour son mari, l'éducation pour ses enfants, un état convenable pour elle ? » (185).

Le cas est vraisemblable et Diderot assure qu'une femme de ses amies s'y est trouvée. Il le résout bien entendu dans le sens qu'on devine : le mariage n'interdit pas à l'épouse de se donner à qui elle veut. L'avenir de ses enfants l'oblige même, comme mère, à se sacrifier au besoin pour eux. Elle fera donc ce qu'on lui demande. Son action, en elle-même indifférente, sera « juste » et « généreuse » par les effets qu'elle entraînera (186).

---

(184) CORR, t. IV, pp. 57-58.

(185) *Ibid.*, p. 84.

(186) *Ibid.*; cf. p. 103 : DIDEROT s'indignera que Sophie soit moins prompte que lui à résoudre favorablement le cas de conscience qu'il lui soumet. « On a tout fait pour sa passion, écrit-il, et vous voulez qu'on ne fasse rien pour le bonheur d'un mari, pour la fortune d'une pépinière d'enfants, parmi lesquels peut-être il y en a qui n'appartiennent point au mari ! Il ne s'agit pas d'accroître son aisance; il faut encore s'exposer à perdre celle qu'on a; et pour répondre à tous vos scrupules, on n'exige la récompense qu'après le service rendu. *Piano, di grazia* ». Cf. aussi p. 120, quand Uranie aura répondu à DIDEROT par la négative : « La décision d'Uranie me paraît bien sévère (...). Il ne s'agit que d'une petite tache de plus ou de moins; d'une infraction à la loi civile, la moins importante et la plus bizarre de toutes; d'une action si commune, si fort dans les mœurs générales de la nature, que l'attrait seul du plaisir, sans aucune considération plus importante, suffit pour la justifier; d'une action dont on loue notre sexe et dont en vérité on ne s'avise plus guère de blâmer le vôtre; du frottement passager de deux intestins, mis en comparaison avec l'aisance de la vie ».

Si la « morale » du mariage se réduit pour Diderot à fort peu de chose, il n'en va pas de même de la « morale » du cœur. Le mariage n'oblige pas les conjoints l'un envers l'autre, mais envers l'enfant. L'union des cœurs et des corps oblige au contraire les amants l'un envers l'autre, tout le temps que leur amour est réciproque. Cette obligation est du même ordre que celle qui existe entre le bienfaiteur et son protégé, et cette sorte de contrat, qui engage des personnes, paraît à Diderot autrement plus importante que le contrat civil du mariage.

Si les lettres de Diderot sont discrètes sur le code des époux, elles ne le sont pas pour le code des amants, qu'il expose au fil des jours d'une manière extrêmement détaillée, soit à propos de sa liaison avec Sophie, soit à propos des couples auprès de qui il fait quelquefois office de directeur de conscience. Le véritable cas de conscience de la mère de six enfants dont nous parlions plus haut n'est pas celui que lui pose l'existence de son époux. Cette femme a un amant, et il s'agit surtout de savoir si elle acceptera une fois de le tromper avec un autre homme. De la même façon, l'homme à qui la fille de trente-trois ans, « maîtresse d'elle-même, demande de lui faire un enfant, hésite à la satisfaire, non point parce qu'il est marié, mais parce qu'il a une maîtresse (187). Dans les deux cas Diderot admet d'ailleurs l'infidélité passagère, pourvu que l'amant, ou la maîtresse, soit au courant et donne son accord (188). Il semble qu'aux yeux de Diderot la « vertu » des amants ne consiste pas tant dans le respect religieux d'une promesse formelle que dans la confiance totale qu'ils ont l'un envers l'autre. Elle est pour lui un don mutuel des cœurs, plus encore que des corps, bien qu'il considère l'union de chair comme le vrai sacrement de la tendresse. C'est au nom de cette « vertu »-là qu'il se permet de moraliser, et cela explique assez le ton de maint passage qui paraîtrait bouffon ou scandaleux si on l'isolait arbitrairement de son contexte moral et sociologique.

Les amants sont en effet l'un pour l'autre l'image de la société idéale, et l'amour qu'ils éprouvent l'un pour l'autre est comme la somme de toutes les vertus sociales. Pour cette raison même Diderot n'est pas loin de considérer son amour pour Sophie comme le saint des saints du temple qu'il élève à la société humaine.

« Faisons en sorte, mon amie, lui écrivait-il un jour, que notre vie soit sans mensonge. Plus je vous estimerai, plus vous me serez chère; plus je vous montrerai de vertus, plus vous m'aimerez. Combien je redouterais le vice, quand je n'aurais pour juge que ma Sophie.

« J'ai élevé dans mon cœur une statue que je ne voudrais jamais briser. Quelle douleur pour elle si je me rendais coupable d'une action qui m'avilît à ses yeux ! N'est-il pas vrai que vous m'aimeriez mieux mort que méchant ? Aimez-moi donc toujours, afin que je craigne toujours le vice. Continuez de me soutenir dans le chemin de la bonté. Qu'il est doux d'ouvrir ses bras, quand c'est pour y recevoir et pour y serrer un homme de bien. C'est cette idée qui consacre les caresses; qu'est-ce que les caresses de deux amants, lorsqu'elles ne peuvent être l'expression du cas infini qu'ils font d'eux-mêmes » (189).

---

(187) CORR, t. IV, p. 59.
(188) *Ibid.*, et p. 123, p. 150.
(189) CORR, t. II, p. 145. Cf. p. 276 : « O mon amie ne faisons point le mal. Aimons-nous pour nous rendre meilleurs. Soyons-nous, comme nous l'avons été, censeurs fidèles l'un à l'autre ». Cf. aussi t. III, p. 52.

Ce texte serait scandaleux, si les mots de vertu et de vice y avaient leur sens ordinaire, si l'on pensait par exemple à la chasteté, ou à l'adultère. Sa portée est tout autre quand on admet que la vertu cardinale est la bienfaisance, que le vice majeur est la misanthropie, et que tout le reste est préjugé.

Les leçons que Diderot donne volontiers à ses amis des deux sexes vont dans le même sens. Ainsi, il moralise souvent Mme Le Gendre, que plusieurs hommes courtisent, dont Vialet et Perronet. Mais ce n'est jamais pour la rappeler à de quelconques devoirs envers son mari, qui n'est qu'un sot. Il suffit que Mme Le Gendre soit une bonne mère de famille (190), pour qu'elle soit quitte de toute obligation en tant que femme mariée. Mais Mme Le Gendre agit mal, quand elle entretient une correspondance avec un homme qu'elle n'aime pas réellement (191). Elle agit plus mal encore en « attisant son feu », et en refusant de se donner à lui. « Tout ou rien », lui fait dire brutalement Diderot, car il trouve foncièrement immoral qu'une femme ne se donne qu'à demi, de cœur, mais non de corps. Cette réserve ne suppose-t-elle pas quelque défiance ? Et y a-t-il ennemi plus dangereux pour l'amour, que le manque de confiance ? (192).

MORALE ET POLITIQUE

L'exemple de l'amour et du mariage prouve surabondamment que la conduite individuelle est pour Diderot un perpétuel compromis entre les tendances profondes de la nature humaine et les obligations variables que lui imposent les conditions de la vie en société.

La science des mœurs doit donc tenir compte à la fois des données de la biologie et des données de la sociologie. Mais les premières montrent seulement au moraliste les limites qu'il ne doit pas franchir. Une partie non négligeable de la conduite humaine échappe ainsi à la morale, et ne ressortit qu'à l'hygiène. Le domaine de la morale s'identifie en fait avec celui des relations entre les hommes, et même plus précisément avec celles de ces relations qui importent à la survie et à la cohésion du corps social. Par là la morale arrive à peu près entièrement à se fondre dans la politique, entendue dans son sens le plus large.

Diderot en avait parfaitement conscience, comme le montre le thème du beau vice, sur lequel il est revenu à plusieurs reprises et de diverses manières. Il n'a jamais caché en effet qu'il admirait la nature humaine « même quelquefois quand elle est atroce », et il disait volontiers que

---

(190) Sur ce point, du reste, DIDEROT ne la trouve pas tout à fait à la hauteur de ses devoirs (CORR, t. III, pp. 250-251).
(191) CORR, t. II, pp. 290-291.
(192) *Ibid.*, t. III, pp. 197-198. Cf. SV, t. II, p. 71, le long et subtil marivaudage de DIDEROT sur le cas de Mme LE GENDRE.

« si les méchants n'avaient pas (d)'énergie dans le crime, les bons n'auraient pas la même énergie dans la vertu » (193). L'un des exemples qu'il donne de cette énergie est celui de Damiens, dont il parle en termes véritablement épiques :

« Qu'il y ait eu parmi nous un homme qui ait osé attenter à la vie de son souverain; qu'il ait été pris; qu'on l'ait condamné à être déchiré avec des ongles de fer, arrosé d'un métal bouillant, trempé dans le bitume enflammé, étendu sur un chevalet, démembré par des chevaux; qu'on lui ait lu cette sentence terrible, et qu'après l'avoir entendue, il ait dit froidement : « La journée sera rude »; à l'instant j'imagine aussi qu'il respire à côté de moi une âme de la trempe de celle de Régulus, un homme qui, si quelque grand intérêt, général ou particulier, l'exigeait, entrerait sans pâlir dans le tonneau hérissé de pointes » (194).

Est-ce à dire que Diderot approuve le crime de Damiens ? Va-t-il justifier l'anarchie parce qu'il admire les passions fortes ? Il n'en est rien, naturellement. Le méchant énergique est beau en lui-même, mais il n'en est pas moins un méchant dans la société. Il n'est point responsable de son crime, puisque nul n'agit librement. Le vrai responsable du crime est le corps social, qui n'était pas assez bien organisé pour que l'énergie de cet homme pût s'employer dans l'intérêt de tous et non à leur détriment.

« Quoi donc ! s'écriait Diderot, après avoir comparé Damiens à Régulus, le crime serait-il capable d'un enthousiasme que la vertu ne pourrait concevoir ! Ou plutôt y a-t-il sous le ciel quelque autre chose que la vertu qui puisse inspirer un enthousiasme durable et vrai ? Sous le nom de vertu, je comprends, comme vous imaginez bien, la gloire, l'amour, le patriotisme, en un mot tous les motifs des âmes grandes et généreuses. Au reste, les hommes destinés par la nature aux tentatives hardies ne sont peut-être jetés les uns du côté de l'honneur, les autres du côté de l'ignominie, que par des causes bien indépendantes d'eux » (195).

On ne saurait mieux dire que l'homme obéit nécessairement à ses passions, qu'il ne saurait être rendu comptable de ses actions bonnes ou mauvaises, mais qu'il dépend de la bonne ou mauvaise organisation du corps social que les individus soient portés à agir au mieux de l'intérêt général, ou dans leur seul intérêt particulier. « La politique et les mœurs se tiennent par la main », écrivait Diderot (196). A ses yeux en effet une société bien faite ne pouvait être composée que d'hommes vertueux. Ne suffisait-il pas que tout fût mis en œuvre pour encourager les hommes au bien et pour les détourner du mal ?

« Nous ne savons que punir, écrit à ce sujet Diderot, nous arrêtons tant que nous pouvons les méchants, mais nous ne nous mêlons point de faire germer les bons. Et peut-être ne faudrait-il guère de châtiment pour le crime, s'il y avait des prix pour la vertu. On commet le crime par intérêt; on aimerait

---

(193) CORR, t. III, p. 98.
(194) *Ibid.*, p. 142.
(195) *Ibid.*.
(196) *Ibid.*, p. 130.

autant pratiquer la vertu pour le même motif, et il y aurait l'honneur et de la sécurité de plus à gagner. Où l'on donne une bourse d'or à l'homme bienfaisant, on n'en doit guère voler » (197).

La morale est donc en définitive une simple question de législation, le commun des hommes faisant par peur du châtiment et par goût de la récompense ce que le sage fait comme de lui-même, éclairé par la seule lumière de la raison.

---

(197) *Ibid.*, t. IV, p. 110.

CHAPITRE X

FORMATION DE LA PENSÉE POLITIQUE DE DIDEROT

Diderot a esquissé dans ses articles de l'*Encyclopédie,* et dans les textes qui en sont inséparables, une philosophie politique. Elle n'a certes pas l'ampleur, la complexité, la rigueur de celle de Rousseau. Elle est sommaire, schématique. Elle n'est même pas, dans l'ensemble, bien originale. La pensée politique de Diderot ne se diversifiera, et ne deviendra tout à fait intéressante qu'après 1765, lorsqu'il aura l'occasion, et le loisir, d'étudier une série de problèmes très concrets : les questions coloniales avec Raynal, le commerce des blés avec Galiani, et surtout, pendant son voyage à Pétersbourg, la riche et mouvante réalité russe.

Telles quelles, cependant, les idées politiques exprimées par Diderot jusqu'en 1765 méritent d'être étudiées de près. Elles sont tout de même la base de son évolution ultérieure; elles tiennent, étant donné l'importance de la tribune où elles étaient exposées, l'*Encyclopédie,* une place non négligeable dans les grands débats du milieu du siècle; enfin, si la pensée morale et la pensée politique du Philosophe ont fait déjà l'objet de nombreuses études, on ne peut dire d'aucune qu'elle soit satisfaisante pour la période dont nous occupons (1).

LES LECTURES POLITIQUES DE DIDEROT

L'information juridique et politique de Diderot n'est rien sans doute à côté de celle d'un Jean-Jacques Rousseau, qui avait beaucoup lu, avec lenteur, avec application (2). Selon M. Derathé, c'est surtout entre 1750

---

(1) Nous devons beaucoup, cependant, aux études fragmentaires mais suggestives de : CREIGHTON, *Man and mind in Diderot and Helvétius,* qui est néanmoins très insuffisant en ce qui concerne les idées morales et politiques des deux philosophes; THIELEMANN, *Diderot and Hobbes* et *Thomas Hobbes dans l'« Encyclopédie »,* qui sont de bonnes études des rapports entre la pensée de DIDEROT et celle de HOBBES; A. SCHINZ, *La question du « Contrat social »*; et surtout R. HUBERT, *Rousseau et l'« Encyclopédie »,* et A. ADAM, *Rousseau et Diderot,* qui, se fondant sur les articles des deux philosophes dans la période 1752-1755, tracent une ligne de partage indiscutable entre deux pensées souvent semblables en apparence, mais profondément antagonistes.

(2) Voir DERATHÉ, *Jean-Jacques Rousseau et la science politique de son temps,* chap. II.

et 1756 que Rousseau a fait les lectures les plus étendues dans le domaine de la science du droit et de la philosophie politique (3). Ce détail n'est pas sans importance, car on peut supposer que Diderot, qui dans cette période était encore très lié avec Rousseau, a plus appris dans la conversation de son ami que dans les livres.

D'ailleurs il est entendu que Diderot ne lisait pas comme tout le monde; comme Naigeon l'a plaisamment fait remarquer, il prêtait aux anciens comme aux modernes « ses idées, ses réflexions, ses conjectures, ses doutes mêmes », et bien souvent « ce qu'il dit vaut mieux que ce qu'ils ont pensé » (4). La boutade est en partie vraie. Diderot en effet était incapable de descendre jusqu'aux minuties, de se plier aux inflexions parfois délicates d'une pensée qui n'était pas la sienne. Mais s'il ne « savait » pas lire, s'il se jetait tout au travers des livres qui lui tombaient sous la main, il savait en revanche saisir au vol l'idée capitale, la formule frappante. Ses fonctions d' « éditeur » de l'*Encyclopédie*, astreint à dépecer toutes sortes d'ouvrages imprimés et de mémoires manuscrits pour en extraire l'essentiel, n'ont pu évidemment que développer cet aspect très particulier de son génie.

Mais il n'en va pas de la science du droit et de la philosophie politique comme de ces grandes hypothèses scientifiques ou philosophiques qui, du moins au XVIIIe siècle, peuvent se saisir d'un coup d'œil. Seul, de tous ceux qui se proposaient à Diderot, le système de Hobbes avait à la fois cette grandeur et cette simplicité qui caractérisent les intuitions géniales. Aussi n'est-ce pas un hasard, sans doute, si le système de Hobbes est le seul dont on puisse dire qu'il l'a pleinement compris et assimilé (5).

Ce qui ne veut pas dire que Diderot a lu tout Hobbes, ni surtout qu'il l'a lu de près. La façon dont il traduit le latin de Jacob Brucker dans son article *Hobbisme* a incité par exemple M. Thielemann à se demander ce qu'il « savait de la philosophie de Hobbes à cette date (entre 1757 et 1765) indépendamment de Brucker » (6). Pourtant les erreurs que contient cet article sont assez menues, si l'on excepte la traduction d'un passage de Brucker. Mais l'infidélité y est le fait de l'érudit allemand, non de son adaptateur français (7).

---

(3) *Ibid.*, p. 65.
(4) J.-A. NAIGEON, *Mémoires historiques et philosophiques*, p. 57.
(5) Dans l'article *Hobbisme*, DIDEROT classe HOBBES parmi les hommes de génie (AT, t. XV, p. 102). Il admire son esprit « juste et vaste, pénétrant et profond », sa philosophie « peu commune », sa démarche ferme et conséquente (AT, t. XV, p. 122). Ces formules situent HOBBES dans l'estime de DIDEROT au niveau d'HÉRACLITE ou de BACON. Ce qui n'implique pas, bien entendu, une adhésion totale de DIDEROT aux principes du philosophe de Malmesbury.
(6) L.J. THIELEMANN, *Thomas Hobbes dans l'« Encyclopédie »*, p. 345.
(7) BRUCKER transcrit *Lex naturalis est regula generalis ratione excogitata, qua unusquisque, id quod ad damnum suum sibi tendere videbitur, facere poterit*, un passage de HOBBES dont la fin se lit en réalité *facere prohibetur*. DIDEROT reproduit l'erreur de BRUCKER dans sa traduction : « La loi naturelle est une règle générale dictée par la raison, en conséquence de laquelle on a la liberté de faire ce que l'on reconnaît contraire à son propre intérêt » (AT, t. XV, p. 345).

En réalité nous avons peu d'indications directes sur les lectures que Diderot a pu faire dans le domaine de la science du droit et de la philosophie politique, avant et pendant la rédaction de l'*Encyclopédie*. Nous connaissons tout au plus quelques titres d'ouvrages qu'il a eus entre les mains pour les avoir empruntés à la Bibliothèque du roi, ou pour les avoir reçus en hommage des libraires associés. Nous savons de cette manière qu'il a pu lire, de Hobbes, les *Eléments philosophiques du citoyen* dès le mois d'août 1747 (8). C'est dans la préface de ce livre, plus connu sous son titre latin *De cive*, que Diderot a pu lire la fameuse phrase : « *Malus est puer robustus* » (9).

Au nombre des livres donnés à Diderot par les libraires, on trouve aussi, en 1748, de Johann Gottlieb Heinecke, *Elementa juris naturae et gentium*, dont la troisième édition avait été faite par Cramer, à Genève, en 1744 (10). C'est un ouvrage sans génie qui expose honnêtement la théorie classique du droit naturel. Il pouvait être une bonne introduction à la lecture de Grotius, de Pufendorf, de Barbeyrac, mais on a quelque peine à imaginer que Diderot a puisé son information sur la théorie du droit naturel dans le seul manuel de Heinecke. Il possédait au moins le traité *Du gouvernement civil*, en anglais, dans l'édition en trois volumes des *Œuvres* de Locke que lui procura Sterne en 1762 (11), mais il avait certainement lu l'ouvrage avant cette date. Tant que la bibliothèque de Diderot n'aura pas été retrouvée, ou son catalogue reconstitué, nous devrons nous contenter de ces trois titres, ce qui est une maigre moisson.

Les ouvrages de Diderot lui-même ne contiennent que de rares indications supplémentaires. M. Thielemann, après Hermand (12) et après Cru (13), y a relevé seulement un petit nombre d'allusions explicites à Hobbes, en dehors de l'article *Hobbisme*, et des déclarations postérieures à 1772 au sujet du traité *De la nature humaine* (14). Lorsque Diderot évoque Hobbes dans l'*Essai sur le mérite et la vertu*, ce n'est pas comme écrivain politique (15). L'apologue de Cartouche et du philosophe, dans la dix-septième *Pensée philosophique*, est le seul texte antérieur à l'*Encyclopédie* qui évoque clairement la théorie de Hobbes. L'apologue implique évidemment une critique de cette théorie, considérée comme la négation de la loi naturelle : s'il n'y a pas d' « équité » naturelle, il est clair que de deux hommes que les circonstances affrontent hors du

---

(8) Voir notre article sur l'*Initiation artistique de Diderot*. Le livre de Hobbes a été emprunté par Diderot à la Bibliothèque du roi le 26 août 1747.

(9) Hobbes, *Éléments philosophiques*, p. 29 (non numérotée) : « Un méchant homme est le même qu'un enfant robuste, ou qu'un homme qui a l'âme d'un enfant ».

(10) Voir notre article sur *La bibliothèque de Diderot*, p. 260.

(11) *Ibid.*, p. 264.

(12) P. Hermand, *La morale de Diderot*, pp. 249-251.

(13) R.-L. Cru, *Diderot as a disciple*, p. 277.

(14) AT, t. XV, p. 124, n. 1.

(15) Voir L.J. Thielemann, *Diderot and Hobbes*, p. 221 : Hobbes est cité par Diderot comme un exemple de moralité chez les athées (AT, t. I, p. 58, n. 2).

champ d'investigation et d'action de la loi positive, le plus fort fait la loi au plus faible (16).

Antérieurement à l'article *Hobbisme*, l'article *Citoyen* admet avec Hobbes qu'il n'y a pas de différence entre le sujet et le citoyen, à condition toutefois que l'on prenne « le terme de sujet dans son acception stricte, et celui de *citoyen* dans son acception la plus étendue; et en considérant que celui-ci est par rapport aux lois seules ce que l'autre est par rapport à un souverain » (17). Ce qui est indirectement une critique de Hobbes, pour qui le souverain ne saurait être distingué de la loi, dont il est à la fois l'auteur et l'exécutant, et pour ainsi dire l'incarnation même.

En dehors de Hobbes, quels sont les auteurs auxquels Diderot se réfère, et dont on peut supposer par conséquent qu'il a lu quelque chose ? L'*Essai sur le mérite et la vertu* fait une place notable à Locke, comme l'a remarqué Pierre Hermand (18). Mais les deux références faites à l'auteur anglais, l'une explicitement, l'autre implicitement, concernent le seul *Essai sur l'entendement humain* (19). Aucune référence explicite n'est faite au non moins important traité *Du gouvernement civil;* c'est sans doute pour cela que ni Hermand ni Cru n'ont cherché dans cet ouvrage ce qui pouvait avoir alimenté certaines réflexions de Diderot (20).

Le petit essai *De la suffisance de la religion naturelle*, qui tourne pourtant autour de la conception classique du droit naturel, ne cite aucun texte, aucun auteur. Rien non plus dans l'*Apologie de l'abbé de Prades*, où les questions posées au sujet de l'état de nature supposent un fonds de connaissances acquises, directement ou indirectement, dans des livres que Diderot ne cite pas. Est-ce à dire que les informations qu'a pu lui fournir l'abbé de Prades dans sa thèse, et surtout celles qu'il a pu lui donner oralement, étaient de nature à le dispenser de lire lui-même les classiques en la matière ? Rien ne permet de répondre à cette question. Dès ce moment il faut aussi compter avec Rousseau, qui a certainement fait part à son ami du fruit de ses lectures personnelles. Il se peut après tout que les bribes de conversation glanées auprès de l'un et de l'autre, jointes à la lecture du *De cive* et des *Elementa juris naturae et gentium*

---

(16) « Cartouche, le pistolet à la main, aurait pu faire à Hobbes une pareille leçon : « La bourse ou la vie; nous sommes seuls, je suis le plus fort, et il n'est pas question entre nous d'équité » (AT, t. I, p. 132).

(17) AT, t. XIV, p. 191.

(18) P. Hermand, *Les idées morales*, pp. 259-263. Bien entendu, il faut aujourd'hui distinguer, entre les articles de l'*Encyclopédie* rapprochés par Hermand des textes de Locke, ceux qui sont sûrement de Diderot et ceux dont nous ignorons l'auteur. Pour les rapports d'ensemble entre la pensée de Locke et celle de Diderot, voir aussi R.-L. Cru, *Diderot as a disciple*, pp. 278-279.

(19) AT, t. I, p. 45, n. 1 et p. 76, n. 2.

(20) Même si Diderot n'a eu l'ouvrage dans sa bibliothèque qu'assez tardivement, il a pu en connaître la substance bien avant 1762. Par exemple l'article *Etat de nature* du chevalier de Jaucourt, qu'il a certainement lu en manuscrit avant de l'insérer dans le tome VI de l'*Encyclopédie* (1756) est une copie quasi textuelle du chapitre II du *Gouvernement civil* (voir R. Derathé, *Rousseau*, p. 32, n. 2).

aient suffi à Diderot pour se faire une sorte de doctrine provisoire, un fonds d'idées générales que ses lectures, ses réflexions, et ses entretiens ultérieurs ont ensuite enrichi par additions et corrections successives. C'est là un de ces cas typiques où la recherche érudite des sources d'une pensée paraît devoir être non pas vaine, mais nécessairement décevante.

Cette recherche réserve en contrepartie des surprises étonnantes. A lire l'article *Autorité politique* de l'*Encyclopédie*, on serait tenté d'attribuer à Barbeyrac, Pufendorf ou Grotius, la paternité d'une pensée qui visiblement est dans le droit fil de la théorie classique du droit naturel. Une seule indication est donnée dans l'article lui-même. Elle ne renvoie ni à un juriste ni à ce qu'il est convenu d'appeler un écrivain politique, mais aux *Mémoires* de Sully (21). Quant à la partie principale de l'article, qui contient une théorie du contrat, il était tentant de lui trouver, comme l'a fait le journaliste des *Mémoires de Trévoux*, une origine britannique (22). Or, si l'on en croit un *erratum* du troisième volume de l'*Encyclopédie* (23), l'essentiel de cette théorie a été emprunté par l'auteur de l'article *Autorité politique* non pas au *Traité du pouvoir des rois de la Grande-Bretagne*, qui avait été traduit en français en 1714, mais à un ouvrage juridique non suspect, imprimé par les soins de l'Imprimerie royale, à Paris, avec privilège du roi, le *Traité des droits de la reine très chrétienne, sur divers états de la monarchie d'Espagne* (24).

Est-ce à dire que les idées contenues dans *Autorité politique* ne doivent pas être confrontées avec celles des classiques du droit naturel (25) ? Nullement, car l'esprit du *Traité des droits de la reine* est celui-là même des Grotius et des Pufendorf. Pourtant, à ne considérer que la lettre, l'article *Autorité politique* n'a pas d'autre source apparente que les *Mémoires* de Sully et ce *Traité* anonyme.

La première référence explicite importante à un classique du droit naturel apparaît dans l'article *Citoyen*, publié en 1753. A côté des noms

---

(21) SULLY, *Mémoires*, notamment t. I, p. 594.

(22) *Mémoires de Trévoux*, 1752, mars, p. 458, note.

(23) ENC, t. III, p. XVI.

(24) R. HUBERT est, à notre connaissance, le seul à avoir relevé l'indication précieuse du tome III de l'*Encyclopédie* (*Les sciences sociales*, p. 145). R. HUBERT considère à juste titre que cet *erratum* n'est nullement un subterfuge et que le *Traité des droits de la reine* est effectivement la source directe de la partie centrale d'*Autorité politique*. L'*erratum* cite du reste avec précision le passage essentiel du *Traité* qui a été repris dans l'*Encyclopédie*. C'est à la page 169 de l'édition in-12 de 1667, depuis « Que la loi fondamentale » jusqu'à « s'entraider mutuellement ». Nous avons lu nous-même le texte à la page 111 de l'édition in-4°, qui est de la même année que l'édition in-12 (1667).

(25) Nous empruntons cette expression à J. MOREL, *Recherches sur les sources*, p. 160 : « GROTIUS et PUFENDORF sont à l'époque de ROUSSEAU les classiques du droit naturel. On les corrige par les politiques anglais ou français, mais on y revient toujours ». Ce texte est repris par M. DERATHÉ (*Rousseau*, p. 66 et n. 1) qui donne plusieurs preuves de l'audience qu'avaient au milieu du XVIIIe siècle, dans les universités où l'on enseignait le droit naturel, mais aussi dans le public cultivé, les traités de GROTIUS, de PUFENDORF, dans leur latin originel, et plus encore dans la traduction de BARBEYRAC. Entre autres exemples M. DERATHÉ cite un texte de DIDEROT, tiré du *Neveu de Rameau* (AT, t. V, p. 470) qui montre que pour le public cultivé du temps GROTIUS et PUFENDORF « personnifiaient la science du droit ».

de Plutarque, de Hobbes, et d'Aristote, on y lit en effet le nom de Pufendorf, à propos de la restriction du « nom de *citoyen* à ceux qui, par une réunion première de familles, ont fondé l'Etat, et à leurs successeurs de père en fils ». Diderot indique lui-même la source de cette distinction, qu'il trouve d'ailleurs frivole, entre citoyens originaires et citoyens naturalisés. Elle vient de la deuxième partie du *De officio hominis et civis juxta legem naturalem*, traduit plusieurs fois en français, et notamment par Barbeyrac, sous le titre *Les devoirs de l'homme et du citoyen, tels qu'ils lui sont prescrits par la loi naturelle* (26).

Rien ne prouve au demeurant que Diderot a effectivement lu le traité *Des devoirs*. Loin de penser avec M. Jean Morel que c'est Diderot qui le premier a lu Pufendorf et l'a fait lire à Jean-Jacques Rousseau (27), on peut se demander au contraire si Rousseau n'a pas lui-même fait lire Pufendorf à Diderot. Peut-être aussi l'a-t-il simplement entretenu de l'ouvrage et lui en a-t-il résumé la substance, au cours de leurs entretiens des années 1749-1752. M. Derathé remarque en tout cas que dès 1740 Rousseau « recommandait la lecture de cet auteur pour l'étude de la politique » (28). Rousseau avait au moins pu lire le traité *Des devoirs* à Chambéry, dans la bibliothèque de Mme de Warens (29). On peut supposer aussi que Diderot a pris connaissance des idées de Pufendorf dans un quelconque ouvrage de seconde main. Le fait ne serait pas sans exemple (30).

Si Diderot n'a pas lu lui-même Pufendorf, a-t-il lu Burlamaqui ? Ici encore il semble bien qu'il a pu connaître la substance des *Principes du droit naturel* et des *Principes du droit politique* par le canal d'un tiers. Le tiers, en l'occurrence, serait Boucher d'Argis, chargé de confectionner les articles de « jurisprudence » de l'*Encyclopédie*, à partir du troisième volume (31). En effet, son article *Droit de la nature*, inséré dans le tome V du dictionnaire, est à peu près entièrement démarqué de l'édition de 1747 de l'ouvrage de Burlamaqui. Or Diderot a lu l'article de Boucher avant d'écrire son propre article *Droit naturel*, qui est une réponse du Philosophe à Boucher, et à Burlamaqui lui-même au-delà de Boucher (32). Que Diderot ait lu personnellement les *Principes du droit naturel* et les *Principes du droit politique* importe donc assez peu, puisqu'aussi bien les thèses essentielles de Burlamaqui étaient sûrement connues de lui, au moins en 1755. Or, au niveau où se meut la pensée politique de Diderot, qui se soucie surtout des grands principes, et assez

---

(26) La première édition de l'ouvrage en latin date de 1673. La première édition française donnée par BARBEYRAC date de 1707 (R. DERATHÉ, *Rousseau*, p. 427).

(27) J. MOREL, *Recherches sur les sources*.

(28) R. DERATHÉ, *Rousseau*, p. 81.

(29) *Ibid.*, p. 65.

(30) P. HERMAND, *Les idées morales*, p. 248, se contente d'indiquer le rapprochement à faire entre l'article *Citoyen* et le traité *Des devoirs*. Les autres exemples qu'il donne concernent soit des articles de l'*Encyclopédie* qu'on ne peut attribuer à DIDEROT (*Ignorance, Juste*) soit des écrits postérieurs à 1765.

(31) ENC, t. III, p. III.

(32) Voir R. HUBERT, *Rousseau et l'« Encyclopédie »*, pp. 28-29.

peu des détails de doctrine, on peut considérer qu'une initiation comme celle-là, aussi élémentaire qu'elle paraisse au spécialiste, devait suffire à satisfaire sa curiosité.

D'autre part, il ne faut pas négliger la source incomparable d'information qu'a été pour Diderot l'*Historia critica* de Brucker. Diderot y a trouvé un bon sommaire des idées de Hobbes, mais il y a retrouvé aussi, épars dans les chapitres consacrés aux sages de l'Antiquité, les éléments pour ainsi dire originels de la doctrine du droit naturel. Car Grotius et Pufendorf ne sont pas les inventeurs de cette doctrine. Aristote et Platon, les épicuriens et les stoïciens, Cicéron, avaient déjà réfléchi sur la nature et les fondements du droit et des lois (33). Il est permis de supposer que Diderot avait déjà lu quelques-uns de leurs textes avant de lire Brucker, mais il est peu probable qu'il ait été en état d'en comprendre alors la portée. Il est vraisemblable, en revanche, que sa formation classique lui a été d'un grand secours pour comprendre les résumés de Brucker, même si leur lecture ne l'a pas incité à rouvrir le *De legibus* ou la *Rhétorique* pour rafraîchir ou compléter son information.

Enfin l'on s'étonnerait à bon droit qu'une étude sur la formation des idées politiques de Diderot ne fasse aucune place à l'*Esprit des lois.* L'ouvrage, paru en 1748, alors que Diderot avait déjà réfléchi de façon sérieuse aux problèmes de la morale et du droit, mais bien avant que le premier volume de l'*Encyclopédie* ne fût prêt, a dû nécessairement exercer une certaine influence sur sa pensée politique. Diderot, en tout cas, a affirmé en plusieurs circonstances sa vénération pour Montesquieu, et l'on sait par Grimm que « de tous les gens de lettres » il fut le seul à suivre son convoi funèbre (34). C'est au retour de la cérémonie des funérailles qu'il écrivit, tout en travers de son article *Eclectisme,* l'éloge vibrant que l'on sait (35). Pierre Hermand, dans son livre sur *les Idées morales de Diderot,* rappelle le fait avant de montrer par des exemples que Diderot, dans l'*Encyclopédie,* a littéralement pillé l'*Esprit des lois* (36).

Récemment M. Volguine a pu écrire en termes plus généraux :

> « Les encyclopédistes appréciaient beaucoup Montesquieu et le citaient souvent (...). Par beaucoup de ses aspects, la théorie politique de l'*Encyclopédie* est proche de la théorie de Montesquieu » (37).

---

(33) Voir un panorama des théories anciennes sur le droit naturel dans H. ROMMEU, *Le droit naturel,* pp. 19-44 notamment. Des indications précieuses mais trop fragmentaires à notre gré sont aussi contenues dans le livre de M. DERATHÉ sur ROUSSEAU et la science politique (p. 142 sur la théorie de la sociabilité chez ARISTOTE et les stoïciens; pp. 153-154 sur la loi naturelle « ou de la droite raison » chez CICÉRON et les stoïciens, et *passim*).

(34) CORR LIT, t. II, p. 491.

(35) AT, t. XIV, p. 349 : « J'écrivais ces réflexions (sur le dédain de la nation pour ses grands hommes), le 11 février 1755, au retour des funérailles d'un de nos plus grands hommes, désolé de la perte que la nation et les lettres faisaient en sa personne, et profondément indigné des persécutions qu'il avait essuyées ».

(36) P. HERMAND, *Les idées morales,* pp. 244-247.

(37) V.P. VOLGUINE, *Les idées politiques et sociales de Diderot,* p. 32.

Mais les apparences sont trompeuses : la formule de M. Volguine est juste parce qu'elle est générale, mais appliquée à Diderot en particulier elle serait fausse. Si l'on examine en effet de près les articles que Pierre Hermand rapproche du texte de l'*Esprit des lois* on constate d'une part que certains des articles qu'il cite ne peuvent être attribués à Diderot (38), d'autre part que dans les articles qui sont bien de Diderot et qui traitent de philosophie politique, les emprunts faits à Montesquieu sont d'une importance assez négligeable. Les seuls emprunts significatifs concernent la théorie de Hobbes sur la guerre de tous contre tous, que Diderot n'admet pas plus que Montesquieu, au moins dans l'état de nature (39), et le mal irrémédiable que cause à la morale publique l'existence de lois mauvaises (40).

Il y a, semble-t-il, trois raisons à cette étonnante discrétion. La première, c'est que dans l'*Esprit des lois* Montesquieu n'a pas fait vraiment œuvre d'écrivain politique ou de philosophe du droit. A ce propos Diderot eût sans doute approuvé la déclaration que fait Rousseau dans l'*Emile :*

« Le droit politique est encore à naître et il est à présumer qu'il ne naîtra jamais (...). Le seul moderne en état de créer cette grande et inutile science eût été l'illustre Montesquieu. Mais il n'eut garde de traiter des principes du droit politique » (41).

D'autre part l'idéal politique de Montesquieu n'est pas celui de Diderot. Il n'y a en effet aucun point commun entre la conception absolutiste à peine tempérée que Diderot a de la souveraineté, et les théories bien connues de Montesquieu sur la séparation des pouvoirs et les corps intermédiaires.

La troisième raison, la plus importante, c'est que dans la mesure où Montesquieu fonde son examen des lois sur une théorie du droit politique qui reste en partie implicite, il ne fait que reprendre les idées des théoriciens classiques du droit naturel. En dehors même des exemples cités par Hermand, on peut faire plus d'un rapprochement entre les articles politiques théoriques de Diderot et l'*Esprit des lois,* mais l'on s'aperçoit dans tous les cas que par-delà Montesquieu c'est toujours à

---

(38) *Liberté civile, Législateur, Manières, Christianisme.*

(39) Article *Besoin :* « La crainte, dit l'auteur de l'*Esprit des lois,* porte les hommes à se fuir; mais les marques d'une crainte réciproque doivent les engager à se réunir. Ils se réunissent donc; ils perdent dans la société le sentiment de leur faiblesse, et l'état de guerre commence »; cf. *Esprit des lois,* liv. I, chap. II et chap. III (éd. p. G. Truc, t. I, pp. 8-9) : « Un homme (dans l'état de nature) ne sentirait d'abord que sa faiblesse; sa timidité serait extrême (...). J'ai dit que la crainte porterait les hommes à se fuir; mais les marques d'une crainte réciproque les engagerait bientôt à s'approcher (...). Sitôt que les hommes sont en société, ils perdent le sentiment de leur faiblesse; l'égalité, qui était entre eux, cesse, et l'état de guerre commence ».

(40) Art. *Corruption publique,* AT, t. XIV, p. 233; cf. *Esprit des lois,* éd. par G. Truc, t. I, p. 92.

(41) Cité par R. Derathé, *Rousseau,* p. 23. Rousseau entend par « droit politique » le droit public général, et par « droit positif des gouvernements établis », le droit constitutionnel comparé, c'est-à-dire la description des institutions positives.

Grotius et à Pufendorf que se rattache la pensée de l'encyclopédiste (42). Tel est le cas pour le texte que Diderot reproduit à peu près littéralement dans l'article *Besoin*. Mais d'autres textes pourraient aussi être rapprochés de certaines formules ou de certains développements de l'*Esprit des lois*. Par exemple le texte de la *Réponse à l'examen du prosélyte*, et celui de la critique du livre *De l'Esprit* qui posent en termes apparemment contradictoires la question de l'origine de la justice (43), font écho à Montesquieu aussi bien qu'à Grotius (44).

En bon rationaliste, Montesquieu, comme après lui Diderot, fait sienne l'idée socratique et stoïcienne selon laquelle le mal moral n'est que la conséquence de l'ignorance :

> « Il s'en faut bien que le monde intelligent soit aussi bien gouverné que le monde physique. Car, quoique celui-là ait aussi des lois qui, par leur nature, sont invariables, il ne les suit pas constamment comme le monde physique suit les siennes. La raison en est que les êtres particuliers intelligents sont bornés par leur nature, et, par conséquent sujets à l'erreur » (45).

Montesquieu, avant Diderot, a aussi appris des théoriciens du droit naturel que les lois de la nature se déduisent de la constitution même de notre être (46). Mais on peut considérer que ce sont là des lieux communs, autour de 1750, et il n'est pas étonnant que le directeur de l'*Encyclopédie* les ait rencontrés aussi naturellement que l'avait fait l'auteur de l'*Esprit des lois*. Retenons encore, — ce sont des idées à peine moins communes, — l'idée que le pouvoir monarchique ne saurait être comparé au pouvoir paternel (47), la condamnation de l'esclavage considéré comme une aliénation sans réserve (48), l'idée que les préceptes de la religion ne peuvent prévaloir contre la loi naturelle (49).

On ne peut donc dire que Montesquieu a été pour Diderot un véritable initiateur, en ce qui concerne les principes de la philosophie politique. Diderot l'a admiré, très sincèrement sans doute, mais de loin. A vrai dire, et bien qu'il ait vécu assez longtemps pour voir paraître quatre volumes de l'*Encyclopédie*, Montesquieu a été un peu considéré

---

(42) Nous disons intentionnellement « les articles politiques théoriques ». En effet, les emprunts faits par Diderot à Montesquieu sont plus nombreux et surtout deviennent vraiment significatifs lorsqu'il s'agit de politique appliquée.

(43) AT, t. II, p. 98 et p. 270.

(44) *Esprit des lois*, p. p. Truc, t. I, p. 6 : « Avant qu'il y eût des lois faites, il y avait des rapports de justice possibles. Dire qu'il n'y a rien de juste ni d'injuste que ce qu'ordonnent ou défendent les lois positives, c'est dire qu'avant qu'on eût tracé des cercles, tous les rayons n'étaient pas égaux ». Cf. Grotius, *Le droit de la guerre*, t. I, p. 8 et p. 50.

(45) *Ibid.*.

(46) *Ibid.*, pp. 7-8.

(47) *Ibid.*, p. 10. Cf. l'article *Autorité politique*, AT, t. XIII, p. 392.

(48) *Esprit des lois*, t. I, p. 254 : « L'esclavage proprement dit, est l'établissement d'un droit qui rend un homme tellement propre à un autre homme, qu'il est le maître absolu de sa vie et de ses biens. Il n'est pas bon par sa nature ». Cf. AT, t. XIII, p. 393 et t. XIV, p. 193 (art. *Citoyen*).

(49) *Esprit des lois*, liv. XXVI, chap. VII, « Qu'il ne faut point décider par les préceptes de la religion lorsqu'il s'agit de ceux de la loi naturelle ».

par les éditeurs du dictionnaire comme un homme d'un autre âge. Diderot et surtout ses collaborateurs ont pillé son œuvre, mais pour y trouver des faits, non des principes : Montesquieu n'avait rien à leur apprendre pour l'action, alors que l'action leur importait d'abord (49 *bis*).

AUTOUR DE L'ARTICLE *AUTORITE POLITIQUE* (1751-1752)

La philosophie politique que Diderot propose dans l'*Encyclopédie* et dans ses écrits annexes a un caractère évident d'improvisation, par quoi elle se distingue d'emblée de celle de Jean-Jacques Rousseau. Cela ne tient pas seulement aux conditions dans lesquelles devait travailler le principal rédacteur de l'*Encyclopédie :* ses idées politiques, Diderot les a acquises dans le feu de l'action, en fonction de cette action, et pour elle. Les réflexions de Diderot sur ses lectures n'ont donc qu'une importance mineure, relativement à celles que lui a inspirées son expérience, au cours d'un double combat.

Car la pensée de Diderot s'est affirmée par une double réaction. La lutte principale, celle qui a le plus souvent jusqu'ici retenu l'attention des historiens, et à juste titre, est celle qu'il a menée avec tous ses collaborateurs contre une certaine conception politique traditionnelle, la théorie de la monarchie de droit divin, qui était encore en 1750 la théorie politique dominante, officiellement dominante, même si elle était de moins en moins partagée. Mais ce n'est pas dans ce combat que sa pensée s'est le plus enrichie. Diderot et les encyclopédistes y avaient affaire au dernier carré des journalistes qui soutenaient le pouvoir. C'était un combat fort dangereux sans doute, car les cris de Chaumeix et de ses pareils étaient parfois entendus en haut lieu, et Diderot a su ce qu'il en coûtait d'affronter de tels adversaires. Mais la pensée politique qui s'affirmait dans *la Religion vengée* ou dans les *Préjugés légitimes* était à ce point figée, et si mesquine, qu'elle ne pouvait guère vivifier l'esprit de ceux qui la niaient.

René Hubert et M. Adam ont décrit quelques phases d'un débat qui tout compte fait nous intéresse aujourd'hui beaucoup plus que l'autre (50). C'est le débat secondaire sans doute, pacifique, et le plus

---

(49 *bis*) Il ne paraît pas que Diderot ait lu aucun des écrivains politiques de la Renaissance, bien qu'il fût difficile, au XVIIIe siècle, de réfléchir sur les « lois fondamentales » sans tenir compte peu ou prou, du traité *De la République*, par exemple. Mais les idées de Bodin et des « politiques » du XVIe siècle étaient depuis longtemps dans le domaine public et Diderot pouvait en trouver le reflet dans l'*Esprit des lois* lui-même. Et surtout Diderot se souciait assez peu des controverses sur l'histoire des institutions. Il se préoccupait essentiellement des principes et négligeait volontiers les faits, comme Rousseau. Notons en tout cas que l'article *Politique* de l'*Encyclopédie*, qui parle de Bodin, de Gracian, de Boccalin, de Machiavel et des antimachiavélistes, a un contenu fort pauvre. Il est au demeurant anonyme et ne semble rien devoir à Diderot.

(50) R. Hubert, *Rousseau et l' « Encyclopédie »*; A. Adam, *Rousseau et Diderot*.

souvent courtois, qui parallèlement au premier n'a cessé de se poursuivre entre les encyclopédistes eux-mêmes, pour définir les contours d'une pensée politique nouvelle. Ce débat-là ne pouvait qu'être fécond, car il était avant tout recherche, et recherche en commun pour le plus grand profit de chacun.

René Hubert et M. Adam se sont intéressés à la phase initiale de la discussion, qui opposa d'abord Boucher d'Argis, Diderot et Rousseau. Mais la discussion s'est poursuivie, directement ou indirectement, pendant toute la durée de la publication de l'*Encyclopédie*, et même au-delà, entre Diderot et Rousseau, bien sûr, mais à un moindre degré entre Diderot et plusieurs de ses collaborateurs, Jaucourt, Saint-Lambert, d'autres encore. L'exemple des réflexions faites par Diderot sur le livre *De l'Esprit* montre même que la discussion ne s'est pas cantonnée au cercle des collaborateurs directs du dictionnaire (51).

On peut considérer l'article *Autorité politique* comme le premier écrit politique important de Diderot. En effet l'*Essai sur le mérite et la vertu* et la *Suffisance de la religion naturelle* sont d'abord des écrits philosophiques et moraux, et s'ils contiennent tous les éléments d'une théorie du droit naturel, c'est accessoirement et sans dessein préformé : rien n'y préfigure une philosophie politique.

La société dont il est question dans l'*Essai*, par exemple, n'est pas la société civile, mais la société générale du genre humain, et Diderot n'a cure de préciser si la sociabilité, qui est, selon son cœur, une inclination fondamentale de l'homme, change de caractère quand cet homme passe de l'état de nature à celui de troupeau puis à l'état de société. Si un paragraphe incident de l'*Essai* ne mentionnait la nécessité d'une administration vertueuse pour distribuer équitablement les peines et les récompenses (52), on pourrait même dire que dans les écrits de la période préencyclopédique Diderot ignore sereinement l'état civil. Est-ce donc l'expérience de Vincennes qui a conduit Diderot à faire réflexion sur l'Etat et à s'interroger sur l'origine et les limites du pouvoir souverain ? Est-ce la fréquentation assidue de Jean-Jacques Rousseau qui lui a permis d'acquérir sur ce sujet nouveau pour lui des notions précises, avec le désir de se faire une doctrine cohérente ? L'emprunt du *De cive* à la Bibliothèque du roi, au cours de l'été de 1747, prouve que Diderot avait cherché à s'informer bien avant de sentir passer au-dessus de sa tête le vent de « l'épée de justice ».

Quoi qu'il en soit, il est très probable que Diderot n'est pas venu de lui-même à la politique, comme Jean-Jacques Rousseau. Mais la

---

(51) Sur Diderot et Helvétius une étude analogue à celles de René Hubert et de M. Adam, mais débordant le cadre des problèmes moraux et politiques a été faite par Creighton, *Man and mind in Diderot and Helvétius*. Le travail de Topazio, *Diderot's supposed contribution* est aussi utile pour une étude comparative.

(52) AT, t. I, p. 55. A cette époque l'exemple que donne le magistrat, ou la pression de l'opinion publique paraissent à Diderot beaucoup plus efficaces que la loi elle-même pour encourager la vertu et décourager le vice (*Ibid.*, n. 1 et p. 56).

pression des circonstances, les persécutions de plus en plus violentes qu'il eut à subir, lui ont fait découvrir un problème qui ne le préoccupait pas d'abord. Il est en tout cas très significatif que ses écrits politiques ont souvent été une réponse à la suggestion de l'événement, sa pensée s'enrichissant ou s'approfondissant à chaque expérience, de la crise de 1752, qui lui fit écrire l'*Apologie de l'abbé de Prades*, à celle de 1757-1765, qui suscita ses réflexions sur le livre *De l'Esprit*, aussi bien que la *Lettre sur le commerce de la librairie*. Le frottement de ses idées avec celles de ses amis a fait le reste.

En 1751 Diderot se sentait sans doute encore peu assuré, ou bien il redoutait par avance les réactions qui ne manquèrent pas de se produire en effet. L'article *Autorité politique*, en tout cas, ne porte aucune marque distinctive. Pourtant l'article est de lui. Son contenu, d'abord, s'accorde parfaitement avec ce que nous savons par ailleurs de sa pensée politique. Nous avons en outre deux témoignages qui lui en attribuent expressément la paternité. Celui de *la Religion vengée* (53) serait par lui-même sans valeur, car les adversaires de Diderot ne manquaient jamais de lui faire porter la responsabilité des écrits anonymes qui leur paraissaient scandaleux. Mais il se trouve corroboré par un autre témoignage que nous n'avons pas le droit de récuser, celui d'un collaborateur direct de Diderot, Deleyre, écrivant à Jean-Jacques Rousseau, le 3 juillet 1756 (54). Rousseau et Diderot étaient depuis longtemps assez intimes pour qu'on puisse affirmer à coup sûr que le premier connaissait bien tous les articles du second. Deleyre ne lui aurait donc pas parlé de l'article en l'attribuant à Diderot s'il n'eût été sûr de son fait.

L'article *Autorité politique* fut critiqué dès sa publication. Fidèle à sa méthode, le journaliste de Trévoux insinua d'abord ses reproches de fond sous des scrupules d'érudit. Pourquoi l'auteur de l'article ne disait-il pas qu'il s'était inspiré du *Traité du pouvoir des rois de la Grande-Bretagne*, traduit en français en 1714 ? (55) Le bon Père calomniait, et il le savait bien; mais l'évocation d'un ouvrage anglais évidemment hostile à la monarchie de droit divin lui permettait de mettre *Autorité politique* au nombre des écrits subversifs. La suite du compte rendu va d'ailleurs au fond des choses. Le Père Berthier ne méconnaît pas qu'il y a de bons passages dans l'article, « pour la fidélité, pour la subordination constante et inaliénable ». Et l'on voit qu'il pense à cette partie de l'article où Diderot recommande l'obéissance aux souverains injustes. Mais ce sont les principes posés au départ qui lui paraissent dangereux, « très contraires à l'autorité suprême, à la constitution de l'empire français, à la tranquillité publique » (56). Or ces principes sont ceux que Diderot a repris des théoriciens du droit naturel : celui qui postule que « toute autorité essentielle (est) entre les mains du peuple », et son corollaire,

(53) *La religion vengée*, t. X (1760), p. 220.
(54) ROUSSEAU, *Correspondance générale*, t. II, p. 287.
(55) *Mémoires de Trévoux*, 1752, mars, p. 458, note.
(56) *Ibid.*, p. 463, note.

que l'autorité des rois est « un pur *dépôt* ». Sous les expressions du Père Berthier on reconnaît la théorie de la souveraineté nationale, et celle de la souveraineté par droit d'usufruit. A cette pernicieuse doctrine il oppose bien entendu la théorie traditionnelle de l'origine divine du pouvoir civil. Et il en rappelle les points essentiels après l'évêque du Puy :

> « La religion chrétienne (...) établit sur des fondements inébranlables l'autorité des souverains (...). Les rois sont (les) lieutenants (de Dieu) et ses ministres. Leur couronne ne relève que de lui » (57).

La critique de *la Religion vengée* est beaucoup plus tardive. Elle est plus complète et, s'adressant au Dauphin, au moment où des coups très sévères venaient d'être portés par le pouvoir à l'*Encyclopédie*, elle est aussi beaucoup plus menaçante que ne l'était celle du journaliste de Trévoux. Comme le Père Berthier, le rédacteur du compte rendu oppose à la théorie de Diderot ce qui lui paraît être la saine doctrine chrétienne (58). Mais il est moins satisfait que le jésuite par la partie de l'article qui enlève au peuple le droit de résistance. Il trouve bon d'affirmer en effet avec force : « Le bon sens, comme la religion, dit (...) à tous les peuples soumis à des tyrans, de leur obéir et de porter le joug dans la crainte d'un plus grand mal » (59). L'auteur, apparemment, a vu de la malice dans la comparaison que fait Diderot entre la monarchie française et le despotisme turc (60). Il en conclut : « Pour détruire une autorité légitime (Diderot) déclame éloquemment contre le despotisme le plus absurde et le plus extravagant qui se puisse imaginer » (61). Evidemment la théorie de l'origine divine de la souveraineté n'exclut pas le droit de résistance, mais il s'agit seulement du droit qu'a le chrétien de résister « à des ordres émanés d'une puissance que Dieu ne fait que tolérer ». Or qui peut dire si Dieu tolère

---

(57) *Ibid.*, p. 465. M. Derathé (*Rousseau*, p. 34) fait au sujet de cette théorie une mise au point qu'il est opportun de reproduire ici : « Cette formule *(non est potestas nisi a Deo)*, souvent mal comprise, ne signifie nullement que Dieu désigne lui-même les gouvernants, mais qu'une fois désignés par des accords ou des arrangements purement humains, ceux-ci reçoivent de Dieu même leur autorité. C'est aux hommes qu'il appartient de fixer la forme du gouvernement et de nommer ceux qui seront investis du droit de les gouverner, mais ce droit lui-même est d'origine divine. La souveraineté n'a pas son origine dans l'acte par lequel les hommes choisissent ceux qui l'exerceront, mais elle provient toujours de Dieu « comme de sa source naturelle et de son nécessaire principe ». Il en est des gouvernants comme des évêques. Le choix qui les désigne est purement humain, mais l'autorité politique qu'ils détiennent leur vient de Dieu, comme les évêques reçoivent de Jésus-Christ leur autorité pastorale ».

(58) *La religion vengée*, t. X (1760), p. 223.

(59) *Ibid.*, p. 225.

(60) AT, t. XIII, p. 396 : « Si je rassemble sous un même point de vue la France et la Turquie, j'aperçois d'un côté une société d'hommes que la raison unit, que la vertu fait agir, et qu'un chef également sage et glorieux gouverne selon les lois de la justice; de l'autre, un troupeau d'animaux que l'habitude assemble, que la loi de la verge fait marcher, et qu'un maître absolu mène selon son caprice ».

(61) *La religion vengée*, t. X (1760), p. 227.

ou non telle puissance, sinon l'Eglise ? L'auteur du compte rendu ne pose pas la question, mais elle va de soi, comme la réponse. La théorie de la souveraineté par droit d'usufruit lui paraît une grave erreur. Il ne voit pas pourquoi l'on ne dirait pas que « le gouvernement héréditaire est autant un bien particulier qu'un bien public ». Et pour bien souligner le caractère féodal qu'a encore à ses yeux la monarchie, il ajoute : « La condition d'un souverain, à cet égard, serait-elle donc pire que celle du seigneur d'une terre ? » (62)

L'auteur remarque d'autre part avec indignation que Diderot n'a pas accordé au roi d'autre autorité que celle qu'a tout homme ayant l'équité pour lui. Ce qui est faux, Diderot ayant seulement dit que le roi est plus facilement obéi quand il a la justice de son côté (63). Le journaliste n'en conclut pas moins que « restreindre toute autorité à celle de l'équité et de la justice, c'est n'attribuer aucune autorité ni aux personnes, ni à la condition des personnes » (64). Le système de Diderot n'est donc « pas seulement antimonarchique », il est aussi « anarchique » (65). Il est en outre parfaitement hypocrite. Diderot invite en effet les sujets d'un roi injuste à « l'apaiser par leur soumission, et (à) fléchir Dieu par leurs prières » (66), ce qui aux yeux de ses censeurs n'est qu'un moyen détourné de dire « qu'il ne faut plier sous l'autorité, que lorsqu'on n'est pas en état de lui résister » (67).

Mais il y a pis. L'article *Autorité politique* ne revendique-t-il pas pour les sujets le droit de juger de « la nécessité des *impôts* », et de pouvoir « les abolir à leur gré » ? (68) Il est vrai que dans le discours du roi Henri reproduit par Diderot d'après les *Mémoires* de Sully, il est demandé aux notables de « décharger le trésor royal de quantité de dettes », de « modérer (...) les pensions excessives », de proposer pour rétablir les finances publiques des moyens que le souverain n'avait pas imaginés (69). Mais il faut préciser que ces avis sont sollicités à la condition expresse de ne pas abaisser l'autorité royale « qui est le principal nerf de l'Etat »; or les auteurs de *la Religion vengée* n'ont pas voulu retenir cette condition, pourtant essentielle.

Tel est le ton de la querelle. Querelle de mots, procès d'intentions, tous les moyens sont bons pour discréditer l'adversaire. Un seul reproche

---

(62) *Ibid.*, p. 235.

(63) AT, t. XIII, p. 399; Diderot vient de citer le discours très ferme d'Henri IV au Parlement venu lui faire des remontrances au sujet de l'Edit de Nantes, et il conclut : « Voilà comment il convient à un monarque de parler à ses sujets, quand il a évidemment la justice de son côté : et pourquoi ne pourrait-il pas ce que peut tout homme qui a l'équité de son côté ? »

(64) *La religion vengée*, t. X (1760), p. 243.

(65) *Ibid.*, p. 244.

(66) AT, t. XIII, p. 399.

(67) *La religion vengée*, t. X (1760), pp. 244-245.

(68) *Ibid.*, pp. 245-246.

(69) AT, t. XIII, p. 397.

est fondé : Diderot a effectivement repris à son compte la théorie de la souveraineté nationale et celle de la souveraineté par droit d'usufruit (70).

Parmi les critiques postérieures à la grande crise de 1757-1758, comme celle de *la Religion vengée,* il vaut la peine de retenir celle du *Moniteur français,* publié en 1760. Le *Moniteur* ne vise pas nommément l'article *Autorité politique,* et la doctrine politique qu'il attribue généralement aux encyclopédistes paraît un peu plus libérale que ne l'était celle de Diderot lui-même. Il la résume en ces termes :

« Si les peuples sont châtiés pour manquer à l'obéissance qu'ils ont promise, les rois perdent le droit de commander, lorsque leurs peuples aperçoivent évidemment que l'autorité n'est employée qu'à les vexer » (71).

Le fait est que Diderot ne reconnaît pas au peuple, tant vexé soit-il, le droit de résister au souverain. Mais l'essentiel est ailleurs. En effet, après avoir rappelé l'origine divine de l'autorité politique, et rattaché historiquement le pouvoir monarchique au pouvoir paternel (72), l'auteur du *Moniteur* s'arrête un instant sur le délicat problème des limites de la souveraineté. Or sa proposition sur ce point est toute proche de celle de Diderot : l'autorité du monarque doit être absolue, mais son pouvoir n'est pas indéfini, il est « circonscrit par la justice, et modifié par les lois naturelles » (73).

Nous avons tenu à citer *le Moniteur* pour montrer que dans la pratique la conception traditionnelle du pouvoir et celle de Diderot ne différaient guère. C'est la théorie de la souveraineté, ce sont les principes qui la fondent, qui sont remis en cause, et eux seuls. Dès lors nous comprenons mieux la réaction des amis de Diderot déçus par ce qui leur paraît un manque de hardiesse ou de cohérence. Ici Deleyre rejoint Berthier, mais ce que le second loue paraît détestable au premier, et *vice versa.* Deleyre écrit en effet à Rousseau : « La fin de cet article ne répond pas au commencement : il ne faut pas toucher à ce qu'on ne peut manier à son gré. Pour peu qu'une âme forte montre de faiblesse,

---

(70) Entre le compte rendu du Père Berthier et celui de *la Religion vengée,* il y en a eu bien d'autres, mais dont le contenu est au fond identique à ces deux-là. Par exemple, en 1754, le Père Bonhomme écrivait dans les *Réflexions d'un Franciscain* (p. 38) : « Si les sujets donnent l'autorité, ils peuvent la reprendre à chaque instant. Quelle source de guerres continuelles ». Et il ajoutait, plus extrême dans sa formulation que les théoriciens classiques du droit divin, que l'autorité, qui vient de Dieu, est indépendante du consentement des peuples.

(71) *Le moniteur français,* t. I, p. 83.

(72) *Ibid.,* pp. 84-118. Notons à propos de ce texte du *Moniteur* ce que M. Derathé rappelle fort opportunément, — après Lacour-Gayet, — : « Il ne faut pas confondre la théorie du droit divin qui est la doctrine traditionnelle de l'Eglise catholique, avec la théorie de la monarchie de droit divin, soutenue au XVIIe siècle par les publicistes gallicans, et dirigée principalement contre le pouvoir temporel de la Papauté » (*Rousseau,* p. 35, n. 2). La première de ces deux théories, qui sont distinctes en droit, peut s'accommoder de n'importe quelle forme de gouvernement. La seconde rattache volontiers la monarchie au pouvoir paternel, dont elle découlerait historiquement. L'une justifie l'absolutisme, l'autre la forme monarchique du gouvernement. Les deux sont unies dans le texte du *Moniteur* comme elles l'étaient en fait très couramment depuis le XVIIe siècle.

(73) *Ibid.,* p. 176.

elle détruit son propre ouvrage » (74). Pour Deleyre il va de soi que la théorie de la souveraineté nationale ne s'accorde pas avec la négation du droit de résistance au pouvoir injuste (75).

On comprend mieux la surprise, sinon l'indignation de Deleyre, quand on lit l'*erratum* publié par les éditeurs de l'*Encyclopédie* en tête du troisième volume du dictionnaire (76). Cet *erratum* n'a pas seulement pour but de corriger l'erreur du journaliste de Trévoux, attribuant les thèses de Diderot à un auteur anglais. Il est aussi une réponse au fond. Or le texte du *Traité des droits de la reine* qui est cité à l'appui de l'article de Diderot est bien de nature à inquiéter une pensée libérale. Le voici :

« La loi fondamentale de l'Etat, ayant formé une liaison réciproque et éternelle entre le prince et ses descendants d'une part, et les sujets et leurs descendants de l'autre, par une espèce de contrat qui destine le souverain à régner, et les peuples à obéir, nulle des parties ne peut seule, et quand il lui plaît, se délivrer d'un engagement si solennel, dans lequel ils se sont donnés les uns aux autres pour s'entraider mutuellement : l'autorité de régner n'étant pas moins une servitude en sa manière que la nécessité d'obéir en est une; puisqu'il est constant que ceux qui naissent d'une condition privée ne sont pas plus obligés par leur naissance à servir l'Etat et à obéir, que les princes du sang royal le sont par la leur à commander et à régner chacun à leur rang. De sorte que comme ils ne sont entrés dans cette union et dans cette alliance de prince et de sujet, que par la voie d'un consentement mutuel, il est certain qu'ils n'en peuvent sortir que par la même voie d'un commun consentement » (77).

La théorie du *Traité* est incontestablement fondée sur l'idée d'un contrat entre le peuple et le souverain, elle est bien une théorie de la souveraineté nationale. Mais il apparaît aussi que le concept de loi fondamentale y est vidé de tout contenu politique. Elle n'offre nulle échappatoire qui permette au peuple de désobéir. Le contrat est tel que l'autorité, conférée à l'origine par le peuple, lui revient dans un seul cas : lorsque l'ordre de la succession au trône est troublé par la force des choses ou par la violence d'un usurpateur. C'est du reste ce que souligne le texte de présentation qui dans l'*erratum* précède la citation : l'article *Autorité politique* est fondé sur la distinction classique entre l'autorité de l'usurpateur et celle des princes légitimes. Voilà qui restreint considérablement, et presque brutalement, la portée politique de la théorie du contrat telle que l'entend Diderot à ce moment-là. D'autant que dans un souci d'apaisement qui confine à un abandon pur et simple des principes, Diderot, — ou du moins celui qui a rédigé l'*erratum* pour lui, — va jusqu'à écrire :

« Le signe que l'autorité vient de Dieu est le consentement des peuples, c'est le consentement irrévocable qui a assuré la couronne à Hugues Capet et à sa postérité » (78).

---

(74) J.-J. ROUSSEAU, *Correspondance générale*, t. II, p. 287.

(75) DELEYRE, député de la Gironde à la Convention, vota la mort de Louis XVI en déclarant : « Pour l'intérêt du genre humain, je vote la mort ». (ROUSSEAU, *Correspondance*, p. 288, note).

(76) ENC, t. III, p. XVI.

(77) *Traité des droits de la reine*, pp. 111-112.

(78) ENC, t. III, p. XVI.

L'APOLOGIE DE L'ABBE DE PRADES (1752)

En ce qui concerne l'état de nature et l'origine de la société civile, la critique de la thèse de l'abbé de Prades par l'évêque d'Auxerre a permis à Diderot de préciser quelques idées qui jusqu'alors étaient assez floues dans son esprit. Par exemple l'*Essai sur le mérite et la vertu* ne distinguait pas entre l'état de nature et l'état de société, et l'article *Agriculture* est à notre connaissance le premier écrit de Diderot où soit esquissée une histoire de la société. Il s'agit naturellement d'une histoire « philosophique », c'est-à-dire idéale, et non d'une histoire réelle (79).

En 1751 Diderot affirme donc que l'agriculture est apparue en même temps que les sociétés civiles, et la division des terres. Et il poursuit :

> « Les fruits de la terre furent la première richesse : les hommes n'en connurent point d'autres, tant qu'ils furent plus jaloux d'augmenter leur félicité dans le coin de terre qu'ils occupaient, que de se transplanter en différents endroits pour s'instruire du bonheur ou du malheur des autres; mais aussitôt que l'esprit de conquête eut agrandi les sociétés et enfanté le luxe, le commerce et toutes les autres marques éclatantes de la grandeur et de la méchanceté des peuples, les métaux devinrent les représentations de la richesse; l'agriculture perdit de ses premiers honneurs, et les travaux de la campagne, abandonnés à des hommes subalternes, ne conservèrent leur ancienne dignité que dans les chants des poètes » (80).

Notons que dans cette histoire philosophique Diderot postule au départ plus de choses qu'il n'en prouve : pourquoi la société civile, la division des terres et l'agriculture apparurent-elles ensemble ? D'où put souffler l'esprit de conquête qui mit fin à l'âge heureux de la société primitive ? Comme l'a remarqué M. Antoine Adam, l'idée directrice du texte est très proche de celle que Rousseau avait exprimée de son

---

(79) Diderot distingue souvent entre l'histoire réelle et l'histoire « philosophique ». Par exemple dans l'article *Art* il fait des « suppositions philosophiques » sur l'invention du papier et sur celle du verre. Pour le papier il suppose « qu'un morceau de linge est tombé par hasard dans un vaisseau plein d'eau; qu'il y a séjourné assez longtemps pour s'y dissoudre, et qu'au lieu de trouver dans le fond du vaisseau, quand il a été vide, un morceau de linge, on n'a plus aperçu qu'une espèce de sédiment, dont on aurait eu bien de la peine à reconnaître la nature, sans quelques filaments qui restaient ». Diderot pense que cette reconstitution hypothétique de la démarche de l'invention est plus instructive que son « histoire véritable, quand on la saurait » (AT, t. XIII, p. 363).

Dans le domaine des sciences sociales, un exemple typique d'une semblable distinction nous est fourni par l'article *Cité :* « Toute *cité* a deux origines; l'une philosophique, l'autre historique » (AT, t. XIV, p. 187). L'origine historique réelle des cités n'intéresse guère Diderot, qui s'en tient à peu près aux récits bibliques sur Caïn et Nemrod (p. 188). En revanche il consacre toute son attention à l'« histoire philosophique » de la cité, ce qui paraît aujourd'hui aussi étrange que de faire de la philosophie de l'histoire sans tenir compte de l'histoire.

(80) AT, t. XIII, pp. 245-246.

côté dans son premier *Discours* (81) : la corruption des mœurs suit les progrès de la civilisation.

Pourtant l'article *Besoin,* qui est dans le volume de discours paru au début de 1752, éclaircit un peu l'histoire de l'origine de la société. Il reproduit le schéma de Montesquieu : la crainte qu'ils ont les uns des autres réunit les hommes, la société leur fait oublier leur faiblesse, et la guerre commence; aux besoins naturels que la société primitive a satisfaits s'ajoutent des besoins artificiels, nés de la vie sociale, et qui font le malheur des hommes.

L'*Apologie de l'abbé de Prades* reprend ces différents points, comble les lacunes, et propose une doctrine cohérente et complète. Pour la première fois aussi Diderot se préoccupe d'accorder autant qu'il le peut l'histoire philosophique et l'histoire véritable.

Car l'évêque d'Auxerre a posé à l'abbé, et à ses amis encyclopédistes, une question fort embarrassante : où donc l'auteur de la thèse controversée a-t-il pris « l'idée fantastique » de l'homme dont il parle ? (82) S'il n'a point décrit Adam, ni l'homme actuel, quelle chimère s'est-il forgée ? Diderot s'efforce donc d'éclairer son adversaire, et ce faisant rend sans doute les choses plus claires pour lui-même : l'homme à l'état de nature n'est pas l'homme parfait que l'on suppose sorti des mains du Créateur, il est l'homme « errant sur la surface de la terre », sortant « avec peine des ténèbres de l'ignorance », apparemment inférieur à « plusieurs animaux », vivant encore « *en troupeau* et non *en société* ». Et pour bien montrer qu'il ne s'agit plus là d'une « supposition philosophique » Diderot précise : « (C'est une) condition non seulement possible, mais subsistante, sous laquelle vivent presque tous les sauvages » (83).

Ce sont de même les questions pressantes de l'évêque d'Auxerre sur la sociabilité naturelle qui ont amené Diderot à résoudre une contradiction dont jusqu'alors il ne s'était pas trop inquiété : comment se peut-il que la société, née du besoin qu'ont les hommes les uns des autres soit finalement le lieu de leurs haines et de leurs divisions ? (84) C'est qu'une fois de plus il faut distinguer les époques.

Dans un premier temps il est vrai que la sociabilité naturelle incite les hommes à se former en troupeau. Mais leurs passions que ne brime aucune loi et que leur ignorance ne leur permet pas de contrôler créent progressivement l'anarchie : les forts ont tendance à opprimer les

---

(81) A. ADAM, *Rousseau et Diderot*, p. 22. A la question de la paternité de la thèse défendue par ROUSSEAU dans son premier *Discours*, il nous semble que M. CROCKER et M. HAVENS ont donné la seule réponse sensée et vraisemblable : ROUSSEAU a bien eu le premier l'idée de son paradoxe, et DIDEROT n'a fait que le révéler à lui-même en lui lançant la boutade que l'on sait (L.G. CROCKER, *Diderot's influence*, et G.R. HAVENS, *Diderot and the composition of Rousseau's first discourse*). Pour la bibliographie complète de la question, voir A.M. WILSON, *Diderot*, p. 365, n. 52.

(82) AT, t. I, p. 451.

(83) *Ibid.*, p. 454.

(84) *Ibid.*, p. 463.

faibles, les faibles cherchent à se venger des forts. Il faut donc exactement distinguer, dans la longue période qui a précédé la société policée, l'âge du troupeau paisible et celui de la horde de loups. La société policée elle-même n'apparaît dans le temps qu'en troisième lieu, comme la conséquence inévitable de l'anarchie de l'âge précédent. Pour éviter l'extermination générale, rétablir la paix, et réparer l'inégalité naturelle, les hommes conviennent de se soumettre à une autorité commune (85).

Combien de temps ont duré ces différents âges ? L'*Apologie de l'abbé de Prades* ne le dit pas, mais Diderot indiquera l'année suivante, dans les *Pensées sur l'interprétation de la nature,* qu'il s'agit de très longues périodes. Il comptera en effet des millions d'années pour chacun des développements de l'homme, qui a dû acquérir successivement « du mouvement, de la sensation, des idées, de la pensée, de la réflexion, de la conscience, des sentiments, des passions, des signes, des gestes, des sons, des sons articulés, une langue, des lois, des sciences, et des arts » (86).

LA « REPONSE » DE JEAN-JACQUES ROUSSEAU (1753-1755)

Que l'article *Economie politique* de Jean-Jacques Rousseau ait été écrit peu avant son deuxième *Discours,* comme le pensait René Hubert (87), ou peu après, comme on l'admet en général (88), nous pouvons considérer que les deux textes s'insèrent entre deux périodes distinctes de l'évolution de Diderot, celle qui va de l'*Essai sur le mérite et la vertu* au tome III de l'*Encyclopédie,* et celle qui commence avec la publication du tome V du dictionnaire, qui contient, avec l'article *Economie politique,* l'article *Droit naturel.* Il semble bien d'ailleurs que le deuxième *Discours* de Rousseau et son *Economie politique* aient joué un rôle décisif dans cette évolution de Diderot, en lui permettant d'approfondir sa propre pensée et d'en marquer l'originalité par rapport à celle de son ami. Car bien qu'à certains égards les théories de Rousseau et celles de Diderot soient encore très proches, au moins formellement, il n'est pas malaisé de voir, dès 1754, la faille qui les sépare et qui ira désormais s'élargissant.

En 1747, dans l'*Essai sur le mérite et la vertu,* Diderot avait rejeté la conception de l'état de nature que Rousseau devait au contraire faire sienne : celle de l'homme « abandonné à lui-même en naissant et destitué de tout secours de ses semblables » (89). Aussi lorsque Rousseau, dans

---

(85) *Ibid.*, pp. 466-467. Dans l'analyse que M. ADAM a faite de ces pages capitales n'apparaissent que deux formes de société : le troupeau, la société policée. Il est pourtant évident que DIDEROT ne décrit pas deux formes de société mais trois.

(86) DIDEROT, *De l'interprétation de la nature,* éd. par J. VARLOOT, p. 103.

(87) R. HUBERT, *Rousseau et l'« Encyclopédie »*, pp. 62-63.

(88) R. DERATHÉ, *Rousseau,* p. 57, n. 3. M. ADAM, *Rousseau et Diderot,* p. 29, pense que l'*Economie politique* est postérieure au deuxième *Discours.*

(89) PUFENDORF, *Devoirs de l'homme,* liv. II, ch. I, par. 4. Cf. AT, t. I, p. 24.

son deuxième *Discours*, oppose sa conception de l'homme naturel isolé à celle des « philosophes », nous avons tout lieu de penser qu'il compte Diderot au nombre de ces derniers.

Pourtant, dans l'*Inégalité*, certaines formules semblent faire écho à celles que nous avons rencontrées ici ou là sous la plume de Diderot (90). Et il ne s'agit pas seulement d'un mimétisme dans l'expression. Il y a aussi un mimétisme de la pensée, qui a pu quelquefois faire illusion. Peut-être à Diderot lui-même, s'il est vrai que le deuxième *Discours* fut plus de son goût que tous les autres écrits de Rousseau (91).

Qu'y lisait-il en effet ? Par exemple, que les hommes à l'état de nature « ne pouvaient être ni bons, ni méchants, et n'avaient ni vices ni vertus, à moins que, prenant ces mots dans un sens physique, on n'appelle vices dans l'individu les qualités qui peuvent nuire à sa propre conservation, et vertus celles qui peuvent y contribuer » (92). Voilà qui ressemble fort à ce qu'il avait lui-même dit et répété dans l'*Essai sur le mérite et la vertu* et dans les *Pensées philosophiques* (93). Il y lisait aussi « que la pitié est un sentiment naturel, qui, modérant dans chaque individu l'activité de l'amour de soi-même, concourt à la conservation mutuelle de toute l'espèce » (94), c'est-à-dire qu'il n'y a pas de contradiction essentielle entre « l'intérêt particulier de la créature », et « l'intérêt général de son espèce », comme il l'avait encore dit dans l'*Essai* (95).

Quelle différence y avait-il entre la thèse de Rousseau sur l'avilissement moral inséparable des progrès de la civilisation (96), et celle de Diderot qui écrivait dans l'article *Cité :* « Nous voyons naître et s'accroître la corruption et les vices avec la naissance et l'accroissement des *cités* » (97) ? Certes, cette thèse s'appuie chez Rousseau sur une distinction entre passions naturelles et passions artificielles qui, malgré son origine stoïcienne, ne laisse pas de jouer dans le deuxième *Discours* un rôle très original. Mais, dans son article *Besoin*, Diderot n'avait-il pas indiqué lui aussi le rapport entre l'apparition du mal moral et celle des besoins, et par conséquent des désirs créés artificiellement par la vie sociale ?

> « La société, écrivait-il, (...) facilite et (assure aux hommes) la possession des choses dont ils ont un *besoin* naturel; mais elle leur donne en même temps la notion d'une infinité de *besoins* chimériques, qui les pressent mille fois plus vivement que des *besoins* réels, et qui les rendent peut-être plus malheureux étant rassemblés qu'ils ne l'auraient été dispersés » (98).

---

(90) Nous ne parlons pas ici, bien entendu, de la fameuse page que Rousseau a accusé Diderot de lui avoir imposée; voir l'*Inégalité*, pp. 95-96, n. 2 de la p. 95.
(91) Rousseau, *Confessions*, t. II, p. 164.
(92) Rousseau, *De l'inégalité*, p. 93.
(93) Cf. plus haut chap. IX.
(94) Rousseau, *De l'inégalité*, p. 99.
(95) AT, t. I, p. 66.
(96) Elle est reprise du premier *Discours* dans le second, par exemple p. 59 (*Préface*).
(97) AT, t. XIV, p. 188.
(98) AT, t. XIII, p. 428.

Notons dans ce dernier texte le « peut-être », qui trahit au moins une hésitation. De toute façon il signifie que pour Diderot la distinction n'est pas essentielle. En effet, alors qu'aux yeux de Rousseau l'homme en société est, comme la statue de Glaucus, défiguré au point que rien ne permet plus de reconnaître sous l'apparence l'être naturel qui est caché dessous (99), il n'y a pas pour Diderot de différence qualitative entre l'homme à l'état de nature et l'homme social; de l'un à l'autre il n'y a pas de mutation, ni de métamorphose, il y a seulement évolution continue; les besoins et les désirs de l'homme social sont plus nombreux, plus vifs, que ceux de l'homme naturel, mais ils ne sont pas radicalement autres; la plupart sont « chimériques », en un sens, mais l'habitude les rend aussi naturels que les premiers. Lorsqu'il décrit dans l'*Essai* les affections de l'homme, et en particulier les affections sociales, sources des satisfactions de l'esprit, Diderot met systématiquement sur le même plan les passions de l'homme naturel et celles de l'homme social parce que ces deux hommes n'en forment qu'un (100).

Rousseau, dans son deuxième *Discours*, a au contraire montré qu'il n'y a pas de commune mesure entre les passions proprement physiques et les passions sociales. Les apparences font de l'amour moral la continuation et comme l'épanouissement de l'amour physique, mais il y a en réalité une différence de nature entre eux. Cette distinction est capitale, et fait éclater le cadre factice dans lequel s'enfermait la pensée morale de Diderot.

Car ce qui est vrai de l'amour l'est de toutes les affections dont parle l'*Essai*. De l'amour-propre, entre autres, que Diderot ne distingue pas fondamentalement de l'amour de soi-même. S'il dit, dans le texte même de l'*Essai*, « amour de son intérêt propre » (101) pour désigner l'inclination qui porte la créature vers « son bien particulier », il tombe en note dans le défaut de ceux qu'il accuse de ne pas partir de définitions exactes, et emploie indifféremment les mots d' « amour-propre » et d' « intérêt » (102). La suite de l'*Essai* montre par ailleurs que pour Diderot les satisfactions de l'estime « fournissent au moins neuf dixièmes de tout ce que nous (...) goûtons (de plaisirs) dans la vie » (103). Elles sont pour lui un des ressorts essentiels de la vie morale, et à aucun moment il ne les distingue des satisfactions de l'intérêt personnel. Rousseau, tout au contraire, pense que l'amour-propre n'est pas une forme supérieure de l'amour de soi. Il s'en est expliqué dans une note de l'*Inégalité* qui est dirigée contre Hobbes mais qui du même coup touche Diderot :

« Il ne faut pas confondre l'amour-propre et l'amour de soi-même, deux passions très différentes par leur nature et par leurs effets. L'amour de soi-même est un sentiment tout naturel qui porte tout animal à veiller à sa propre

---

(99) ROUSSEAU, *De l'inégalité*, p. 59.
(100) AT, t. I, p. 64.
(101) AT, t. I, p. 29.
(102) *Ibid.*, p. 29 et n. 1.
(103) *Ibid.*, p. 84.

conservation, et qui, dirigé dans l'homme par la raison et modifié par la pitié, produit l'humanité et la vertu. L'amour-propre n'est qu'un sentiment relatif, factice, et né dans la société, qui porte chaque individu à faire plus de cas de soi que de tout autre, qui inspire aux hommes tous les maux qu'ils se font mutuellement, et qui est la véritable source de l'honneur » (104).

Si l'on adopte le point de vue de Rousseau, l'erreur de Diderot est donc d'avoir considéré comme *naturel* un être *artificiel*. Mais pourquoi cette erreur ? Et quelles conséquences entraîne-t-elle ? Il semble que Rousseau en ait vu les effets avant d'en deviner la raison, parce que ces effets étaient faciles à constater peut-être, mais surtout parce que Rousseau devait y être particulièrement sensible, étant donné son caractère et sa condition.

Quelques-unes des pages les plus brillantes du discours sur l'*Inégalité* décrivent l'état moral de l'homme placé dans le « nouvel ordre de choses » qui suit l'apparition conjointe du droit de propriété et de l'inégalité. Dans une société où ce qu'on a compte plus que ce qu'on est, il était inévitable que l'être s'effaçât au profit de l'apparence : « Etre et paraître devinrent deux choses tout à fait différentes, écrit Rousseau, et de cette distinction sortirent le faste imposant, la ruse trompeuse, et tous les vices qui en sont le cortège » (105). Lorsque cet ordre a donné naissance aux institutions qui doivent en assurer la pérennité, l'homme moral est définitivement aliéné, « l'homme sociable, toujours hors de lui, ne sait vivre que dans l'opinion des autres; et c'est, pour ainsi dire, de leur seul jugement qu'il tire le sentiment de sa propre existence » (106). Et Rousseau ajoute :

« Il n'est pas de mon sujet de montrer comment d'une telle disposition naît tant d'indifférence pour le bien et le mal, avec de si beaux discours de morale; comment, tout en se réduisant aux apparences, tout devient factice et joué : honneur, amitié, vertu, et souvent jusqu'aux vices mêmes, dont on trouve enfin le secret de se glorifier; comment, en un mot, demandant toujours aux autres ce que nous sommes, et n'osant jamais nous interroger là-dessus nous-mêmes, au milieu de tant de philosophie, d'humanité, de politesse et de maximes sublimes, nous n'avons qu'un extérieur trompeur et frivole : de l'honneur sans vertu, de la raison sans sagesse, et du plaisir sans bonheur » (107).

Rousseau ne montre pas le spectacle dans tout son jour, parce qu'il n'en a ni le temps ni le goût. Peut-être aussi parce qu'il lui faudrait mettre des noms sur les masques. Ces noms, il les révèlera plus tard, mais il en est un que nous connaissons déjà, même si à la date où il écrivait son second *Discours* Rousseau n'osait pas encore se l'avouer à lui-même. Diderot n'avait-il pas donné dans l'*Essai*, et ne répétait-il pas tous les jours dans sa vie publique et privée, la comédie de l'honneur, de l'amitié, de la vertu, du vice même à l'occasion ? La section I de

---

(104) ROUSSEAU, *De l'inégalité*, p. 182 (note pour la p. 95). Sur ROUSSEAU critique de la conception hobbiste de l'orgueil, voir R. DERATHÉ, *Rousseau*, p. 139.
(105) ROUSSEAU, *De l'inégalité*, p. 122.
(106) *Ibid.*, p. 144.
(107) *Ibid.*, pp. 144-145.

la deuxième partie de l'*Essai sur le mérite et la vertu* contient un véritable recueil de sketches moraux qui semblent n'avoir été composés que pour illustrer la formule de Rousseau : « L'homme sociable ne sait vivre que dans l'opinion des autres ». Tous les actes vertueux que Diderot y met en scène semblent conçus en vérité pour offrir de beaux sujets de réflexion à l'univers, et donner matière à la contemplation esthétique (108).

Diderot a d'ailleurs souligné lui-même, inconsciemment, le caractère factice de la vie morale qu'il décrit. Que serait cette vie, en effet, si elle ne se manifestait au-dehors par des signes sensibles, qui révèlent immédiatement aux autres les qualités réelles ou supposées de l'âme vertueuse ?

« Sans en croire le sentiment intérieur, écrit Diderot, la supériorité des plaisirs qui naissent des affections sociales sur ceux qui viennent des sensations, se reconnaît encore à des signes *extérieurs*, et *se manifeste au-dehors* par des symptômes merveilleux : *on la lit* sur les visages; elle s'y peint en des caractères *indicatifs* d'une joie plus vive, plus complète, plus abondante que celle qui accompagne le soulagement de la faim, de la soif et des plus pressants appétits » (109).

Le monde moral devient ainsi une gigantesque parade, où les méchants comme les bons peuvent jouer leur rôle pourvu qu'ils en sachent bien la pantomime. Et il arrive ainsi que la distinction ne se fait plus entre bons et méchants, mais entre bons et mauvais acteurs.

Car spontanément Diderot se sert d'images et de mots de théâtre pour exprimer sa pensée. Il explique par exemple que les grandes afflictions permettent seules aux passions sociales de montrer toute leur force, mais c'est le spectacle d'une tragédie qu'il évoque naturellement :

« Si ce genre de passions est adroitement remué, comme il arrive à la représentation d'une bonne tragédie, il n'y a aucun plaisir, à égalité de durée, qu'on puisse comparer à ce plaisir d'illusion » (110).

Comme l'acteur, l'homme mû par ses affections sociales attache peu de prix à sa satisfaction personnelle, si grande soit-elle, en comparaison de la joie qu'il procure à ceux qui le regardent jouer (111). Mais comment éviter que les hommes « qui se piquent le moins de bien mériter de leur espèce (ne fassent) parade, dans l'occasion, d'un caractère droit et moral ? » (112) L'idée qu'ils ont de valoir quelque chose est chimérique sans doute, mais qui dira qu'ils ne sont pas ce qu'ils paraissent, si leur pantomime fait illusion et s'ils sont les premiers séduits par l'image qu'ils proposent aux autres ? Diderot ne va pas jusqu'à les justifier, mais il approuve au moins les méchants qui, dans

---

(108) AT, t. I, p. 81.
(109) AT, t. I, p. 80. C'est nous qui soulignons.
(110) *Ibid.*, p. 82.
(111) *Ibid.*.
(112) *Ibid.*, p. 83.

la salle, se donnent eux aussi bonne conscience en applaudissant au spectacle de la vertu (113). L'action vertueuse n'aurait-elle pas eu de témoin, que l'homme social saurait en trouver au moins un, son double, qui le contemple et le juge. Car, écrit Diderot, « l'amour-propre est grand contemplateur de lui-même » (114). Mais ce double n'est pas lui-même, il est, en lui, comme la représentation de tous ceux qui ne sont pas là.

A l'intérieur comme à l'extérieur de lui-même l'homme social que décrit Diderot ne cesse donc jamais de se donner en spectacle au genre humain. Car perpétuellement en quête des regards et des applaudissements des autres hommes, comment pourrait-il même un seul instant se plaire en soi ? (115) Le désir de la communication est si fort que, même conscient du caractère factice de ses rapports avec l'autre, l'homme préfère ce mensonge à la réalité de sa solitude. Et Diderot donne comme exemple de cette duperie reconnue et acceptée, sinon souhaitée, l'illusion entretenue par les prostituées chez les libertins (116). Il n'est pas jusqu'au choix de l'exemple qui ne semble justifier par avance le diagnostic sévère que formulera Rousseau au sujet des mœurs de la société de son temps.

Mais quelle est pour Rousseau la raison de l'erreur ? Pourquoi Diderot n'a-t-il pas vu, dans ses écrits politiques antérieurs à 1754, que l'homme moral de la société policée ne peut être considéré comme un simple avatar évolué de l'homme naturel ?

Certes Diderot s'est rallié sans réserve à la théorie aristotélicienne de la sociabilité naturelle (117). De l'homme sociable à l'homme social, il ne saurait y avoir de différence de nature; le second a plus de besoins et de passions que le premier, mais chimériques ou réelles, ses affections sociales les plus délicates, les plus épurées, les plus neuves même, étaient en germe dans les inclinations grossières de son ancêtre primitif. Mais Rousseau rejette pour sa part la théorie de la sociabilité naturelle, bien qu'il admette le sentiment naturel de pitié qui pousse le sauvage le plus brutal à se mettre « à la place de celui qui souffre », et fait qu'il répugne à blesser un être de son espèce (118). René Hubert a bien montré que cette pitié, cette bienveillance naturelle, dont parle le deuxième *Discours*, n'est pas seulement différente de la sociabilité

---

(113) *Ibid.*, p. 85 : « La bienveillance et les applaudissements des bons (...) sont tout acquis (à l'affection entière); et dans les cas désintéressés elle obtiendra le même tribut des méchants ».

(114) *Ibid.*, p. 89.

(115) AT, t. I, p. 94.

(116) *Ibid.*.

(117) La théorie aristotélicienne de la sociabilité a été résumée par DIDEROT dans l'article *Péripatéticienne*, d'après BRUCKER. Il y a deux degrés dans cette inclination de l'homme vers son semblable : celui de la bienveillance, qui n'est qu'une tendance instinctive, le « commencement » de l'amitié, et celui de l'amitié proprement dite, ou « bienveillance » parfaite, qui implique un commerce, un échange entre les individus.

(118) ROUSSEAU, *De l'inégalité*, p. 98.

naturelle (119). Elle n'en est pas, par exemple, une forme inférieure, élémentaire, comme dans la théorie d'Aristote, le « commencement » de l'amitié par rapport à la « bienveillance parfaite » (120). Dans l'*Essai sur le mérite et la vertu*, Diderot justement faisait une telle distinction, entre deux formes, l'une inférieure et l'autre supérieure, d'un même sentiment (121). Mais pour Rousseau cette comparaison n'est possible que si l'on s'en tient aux apparences. Ce sont deux sentiments qui paraissent être le commencement et la perfection d'une même inclination, mais qui en fait sont différents de nature, car le premier tient de l'amour de soi, il n'en est que la projection vers le semblable, alors que le second implique un commerce véritable entre des personnes.

Si l'on ne va pas au-delà de ce qui peut paraître un simple postulat, une sorte de pari arbitraire, on se condamne à ne pas comprendre l'opposition fondamentale qui existe dès 1754 entre la pensée de Rousseau et celle de Diderot. Ce sont en fait deux conceptions de l'homme, et en définitive deux philosophies qui se trouvent confrontées, et non pas seulement deux sensibilités. Nous retrouvons là, tout naturellement, l'opposition dont nous avons déjà parlé, à propos du problème de la liberté et de la nécessité. Car il s'agit de savoir, en dernière analyse, ce qui fait que l'homme est homme, et non un animal supérieur.

Rousseau, le premier, a vu clairement où était la question et il a sans doute aidé Diderot à la voir. Il l'a formulée avec la netteté qui lui est coutumière dans une page du deuxième *Discours*, en même temps qu'il formulait sa réponse personnelle :

> « Tout animal a des idées, puisqu'il a des sens; il combine même ses idées jusqu'à un certain point : et l'homme ne diffère à cet égard de la bête que du plus au moins. Quelques philosophes ont même avancé qu'il y a plus de différence de tel homme à tel homme, que de tel homme à telle bête. Ce n'est donc pas tant l'entendement qui fait parmi les animaux la distinction spécifique de l'homme, que sa qualité d'agent libre » (122).

Cette dernière phrase contient les deux maîtres mots de la pensée philosophique et de la pensée politique de Rousseau et de Diderot. Lorsqu'ils parlent de l'homme, cela s'entend pour le premier d'un être *libre*, pour le second d'un être essentiellement *raisonnable*.

Le problème de la liberté, nous l'avons vu, ne s'est posé clairement à Diderot qu'après 1754 (123), bien que son inclination au déterminisme mécaniste ait été perceptible plusieurs années auparavant. On trouve certes, dans des textes antérieurs à l'*Encyclopédie* des formules assez ambiguës encore, comme celle-ci, qui se lit dans l'*Essai* : « Il est évident que, le défaut ne résidant point *dans la partie supérieure et libre*, cette infortunée créature ne peut passer pour vicieuse » (124). Mais il est

(119) R. Hubert, *Rousseau et l'« Encyclopédie »*, p. 92.
(120) AT, t. XVI, pp. 244-245.
(121) Cf. plus haut, n. 117.
(122) Rousseau, *De l'inégalité*, p. 80.
(123) Cf. plus haut chap. IX.
(124) AT, t. I, p. 36. C'est nous qui soulignons.

significatif, et Rousseau l'avait bien noté, que la philosophie politique de Diderot ne fait réellement aucune place à la liberté morale. La seule « liberté » que connaisse l'encyclopédiste est la liberté toute relative de l'ignorant qui n'agit pas comme il doit parce qu'il ne sait pas ce qu'il doit faire.

Mais s'il n'y a pas de liberté morale, ne serait-ce pas un non-sens de parler de liberté politique ? Si dans ses écrits politiques Diderot parle quelquefois de liberté, ce n'est ni de liberté morale, ni de liberté politique qu'il s'agit généralement, sauf si ce sont des écrits d'une période où son matérialisme mécaniste n'était pas encore affirmé clairement. Du reste en aucun cas cette liberté n'est la « puissance de vouloir ou plutôt de choisir, et (...) le sentiment de cette puissance », dont parle Jean-Jacques Rousseau. Si liberté il y a, ce ne peut être qu'une liberté vidée de son efficace, une liberté tout intérieure d'adhésion ou de refus, face à la nécessité contraignante, une liberté de l'esprit seul.

L'article *Autorité politique*, par exemple, fait bien dépendre la liberté de l'individu de ses capacités d'être raisonnable. Diderot écrit en effet : « La liberté est un présent du ciel, et chaque individu de la même espèce a le droit d'en jouir aussitôt qu'il jouit de la raison » (125). Le mot de liberté est d'ailleurs ambigu ici. Il a vraisemblablement deux sens différents. C'est peut-être la liberté morale de l'être raisonnable, mais c'est surtout la liberté naturelle de l'homme sociable qu'aucun autre homme n'a le droit d'assujettir sans son consentement. En ce cas le mot d'indépendance serait plus propre que celui de liberté. De toute façon la liberté naturelle de l'individu tient elle-même à sa qualité d'être raisonnable : c'est parce que tous les hommes sont également raisonnables, — aux yeux de Diderot comme à ceux de Descartes, — qu' « aucun n'a reçu de la nature le droit de commander aux autres », comme il est dit dès le début de l'article (126).

D'autre part le discours sur l'*Inégalité* insiste beaucoup sur le fait que la théorie de la sociabilité naturelle suppose l'homme raisonnable, pour ainsi dire de toute éternité. Et parce que Rousseau conteste le caractère immuable, éternel et universel de la raison, il ne peut admettre la sociabilité naturelle. Il y voit une chimère parce que la raison qui la fonde n'est pas elle-même une donnée naturelle, mais une conquête de l'homme en société. Plus précisément, Rousseau considère que la raison n'était dans l'homme naturel qu'une possibilité, que la naissance et le développement historique des sociétés ont transformée en réalité (127). Ce n'est

---

(125) AT, t. XIII, p. 392.

(126) *Ibid.*.

(127) Voir sur ce sujet R. Derathé, *Rousseau*, p. 163 : « L'homme est bien une créature raisonnable et la raison une faculté innée. Mais si l'homme est raisonnable par nature, il ne possède naturellement la raison qu'« en puissance », et ne peut en acquérir effectivement l'usage, avant d'être devenu sociable. S'il en est ainsi, c'est que par une sage disposition de notre nature, nos facultés ne peuvent se développer qu'avec les occasions de les exercer, c'est-à-dire au moment où elles nous deviennent nécessaires pour vivre ».

donc pas l'être raisonnable de l'homme qui explique son être sociable, c'est, à l'inverse, son évolution sociale qui lui a permis de conquérir son être raisonnable.

Que font donc les « philosophes » en supposant que l'homme naturel a déjà acquis la stature de l'homme raisonnable ? Ils transfigurent en être abstrait, immuable, éternel, l'être concret, transitoire et changeant qu'est nécessairement l'homme dans une société historique déterminée, et plus précisément, au XVIIIe siècle, dans une société fondée sur l'inégalité et sur le droit de propriété. Le concept de raison immuable et éternelle est donc une fiction, une de ces duperies qui permettent aux oppresseurs de transformer « un droit précaire et abusif » en « droit irrévocable » (128), et d'assurer la pérennité de l'inégalité.

Mais à la fiction de l'homme naturellement raisonnable Rousseau en a substitué une autre, celle de l'homme naturellement sensible. Quelle que soit sa valeur intrinsèque, cette fiction avait l'incontestable avantage de faire ressortir les faiblesses de la théorie classique du droit naturel et par conséquent celles de la philosophie politique de Diderot. Selon Rousseau, c'est la pitié, simple réaction de l'être sensible, et non bienveillance raisonnée, qui porte naturellement l'homme vers son semblable souffrant, c'est la pitié qui

«au lieu de cette maxime sublime de justice raisonnée : *Fais à autrui comme tu veux qu'on te fasse,* inspire à tous les hommes cette autre maxime de bonté naturelle, bien moins parfaite, mais plus utile peut-être que la précédente : *Fais ton bien avec le moindre mal d'autrui qu'il est possible.* C'est, en un mot, dans ce sentiment naturel, plutôt que dans des arguments subtils, qu'il faut rechercher la cause de la répugnance que tout homme éprouverait à mal faire, même indépendamment des maximes de l'éducation. Quoiqu'il puisse appartenir à Socrate et aux esprits de sa trempe d'acquérir de la vertu par raison, il y a longtemps que le genre humain ne serait plus, si sa conservation n'eût dépendu que des raisonnements qui le composent » (129).

Il se trouve que ce développement sur la pitié termine le passage du deuxième *Discours* qu'Assézat, sur la foi des *Confessions* a revendiqué pour Diderot et reproduit dans son édition (130). Notons en passant que rien, dans le texte des *Confessions,* ne permet d'attribuer à Diderot un morceau aussi étendu que celui-là. Rousseau n'a peut-être voulu parler que de l'*image* déplaisante du philosophe qui se bouche les oreilles pour ne pas laisser troubler son sommeil ? En tout cas, si Diderot a dicté le morceau tout entier, il faut convenir qu'il a su à merveille attraper le tour de Rousseau. Ce Diderot-là fait si pertinemment la critique des idées de Diderot, et il a si bien épousé la cause de Rousseau, qu'on pourrait à bon droit s'inquiéter de tant de machiavélisme et se demander de quoi Rousseau avait lieu de se plaindre. Il est plus simple sans doute de rendre le passage à celui qui seul pouvait l'écrire.

---

(128) ROUSSEAU, *De l'inégalité,* pp. 124-126.
(129) ROUSSEAU, *De l'inégalité,* p. 99.
(130) AT, t. IV, pp. 101-104.

Seul Rousseau, en effet, connaissait assez intimement la pensée de Diderot pour en sentir, mieux que Diderot lui-même, la force et la faiblesse. Et ce n'était pas si aisé. Car en apparence Diderot disait déjà dans l'*Essai* ce que dit Rousseau dans l'*Inégalité*. On lit en effet dans l'*Essai :*

« Une créature raisonnable qui en offense une autre mal à propos, *sent* que l'appréhension d'un traitement égal doit soulever contre elle le ressentiment et l'animosité de celles qui l'observent » (131).

On n'y lit point : « Fais à autrui comme tu veux qu'on te fasse ». Mais Rousseau ne s'en tient pas aux apparences, il va à l'essentiel. Or l'essentiel n'est pas que Diderot ait employé le verbe « sentir », qui est simplement une impropriété; c'est qu'il ait dit « une créature raisonnable », et qu'il ait ajouté : « Celui qui fait tort à un seul, se reconnaît intérieurement pour aussi odieux à chacun, que s'il les avait tous offensés ». Car ce n'est plus là une réaction de la sensibilité naturelle, mais un acte de l'entendement, qui suppose la société formée, et un esprit assez « raisonnable » pour s'élever jusqu'à l'idée d'universel.

Mais Rousseau n'a pas lu cela seulement dans l'*Essai*. Il l'a lu encore dans le petit traité *De la suffisance de la religion naturelle*. Il l'avait relu peu avant d'écrire son second *Discours*, dans l'article *Chinois* de l'*Encyclopédie*. Diderot ne faisait, il est vrai, qu'y rapporter d'après Brucker la « philosophie pratique des Chinois ». Mais il était évident pour qui le connaissait que cette philosophie était faite pour lui plaire. Confucius disait en effet :

« Il n'y a qu'un seul principe de conduite : c'est de porter en tout de la sincérité, et de se conformer de toute son âme et de toutes ses forces à la mesure universelle; ne fais point à autrui ce que tu ne veux pas qu'on te fasse » (132).

Ce qui est le type même de la « maxime sublime de justice raisonnée », pour reprendre l'expression ironique de Jean-Jacques Rousseau.

Est-ce à dire que Rousseau nie le droit naturel que Diderot, au contraire, affirme ? Les choses ne sont pas si simples. Ce que Rousseau reproche à Grotius, à Pufendorf, et à leurs disciples, ce n'est pas la notion même de droit naturel, qu'il admet volontiers, mais la manière dont ils la définissent.

« Connaissant si peu la nature, écrit-il, et s'accordant si mal sur le sens du mot *loi*, il serait bien difficile de convenir d'une bonne définition de la loi naturelle. Aussi toutes celles qu'on trouve dans les livres, outre le défaut de n'être point uniformes, ont-elles encore celui d'être tirées de plusieurs connaissances que les hommes n'ont point naturellement, et des avantages dont ils ne peuvent concevoir l'idée qu'après être sortis de l'état de nature » (133).

---

(131) AT, t. I, p. 42. C'est nous qui soulignons.
(132) AT, t. XIV, p. 137.
(133) ROUSSEAU, *De l'inégalité*, p. 63.

Il précise plus loin :

« Les uns n'ont point balancé à supposer à l'homme, dans (l'état de nature), la notion du juste et de l'injuste, sans se soucier de montrer qu'il dût avoir cette notion, ni même qu'elle lui fût utile. D'autres ont parlé du droit naturel que chacun a de conserver ce qui lui appartient, sans expliquer ce qu'ils entendaient par appartenir (...). Enfin tous, parlant sans cesse de besoin, d'avidité, d'oppression, de désirs et d'orgueil, ont transporté à l'état de nature des idées qu'ils avaient prises dans la société : ils parlaient de l'homme sauvage, et ils peignaient l'homme civil » (134).

Il serait sans doute inique de voir dans ces deux textes une critique du seul Diderot. La critique de Rousseau est évidemment plus générale. Pourtant Diderot n'a pas pu ne pas se sentir touché. On trouve en effet dans ses écrits politiques antérieurs à 1754 tout ce que Rousseau reproche aux théoriciens du droit naturel, aggravé encore par une incertitude sensible de la pensée. Cette incertitude a été durable, puisque, dans des écrits postérieurs de plusieurs années au deuxième *Discours* de Rousseau, Diderot sera encore aux prises avec la difficile question de l'antériorité du juste et de l'injuste par rapport à la loi positive. Mais retenons seulement les textes que Rousseau pouvait connaître lorsqu'il rédigeait son second *Discours*. On lisait par exemple dans l'*Essai sur le mérite et la vertu :* « Le sentiment d'injustice et d'équité nous (est) aussi naturel que nos affections », c'est « un des premiers éléments de notre constitution » (135); « la distinction d'injustice et d'équité nous est originelle ». Soucieux pourtant de ne pas donner prise au reproche d'innéisme, Diderot comptait « la distinction de la droiture et de l'injustice » au nombre des « idées anticipées » (136). Or c'est justement cette notion d'anticipation que Rousseau critique dans l'*Inégalité :* le philosophe projette, *a posteriori*, dans l'esprit de ses ancêtres lointains, des idées qui n'ont pu naître que dans le sien.

Il est probable que Rousseau et Diderot ont eu à ce sujet de longs débats, bien avant le deuxième *Discours*. Si tel est le cas, il faut sans doute porter au crédit de l'influence de Rousseau l'effort que fit Diderot dans l'*Apologie de l'abbé de Prades* pour expliquer ce qu'il entendait par idées anticipées. D'ailleurs le sensualisme sur lequel il fondait sa philosophie l'eût obligé tôt ou tard à cet effort. N'est-ce pas un « homme factice et imaginaire », que « celui à qui l'on accorde des notions *antérieures* à l'usage de ses sens » (137) ? L'*Apologie* admet donc que ces « idées anticipées » ne sont pas antérieures à l'expérience, mais apparaissent au contraire en l'homme à l'occasion de son expérience sensible :

« L'homme ne peut être susceptible de sensations agréables et fâcheuses, et converser longtemps avec des êtres semblables à lui, pensants, et libres de lui procurer les unes ou les autres, sans les avoir éprouvées, sans avoir réfléchi sur les *circonstances* de ses expériences, et sans passer assez rapidement de

---

(134) *Ibid.*, p. 68.
(135) AT, t. I, p. 43.
(136) *Ibid.*, p. 44.
(137) *Ibid.*, p. 450. C'est nous qui soulignons.

l'examen de ces *circonstances* à la notion abstraite d'*injure* et de *bienfait*; notion qu'on peut regarder comme les éléments de la loi naturelle, dont les premières traces s'impriment dans l'âme de très bonne heure, deviennent de jour en jour plus profondes, se rendent ineffaçables, tourmentent le méchant au-dedans de lui-même, consolent l'homme vertueux, et servent d'exemple aux législateurs » (138).

Voilà certes une théorie qui rejette l'innéisme de façon cohérente : la loi naturelle anticipe bien sur les lois positives, mais elle n'est pas inscrite au cœur de l'homme naturel, qui l'*induit* de son expérience sensible par la réflexion et le raisonnement. Ce n'est pourtant que reculer la difficulté : la loi naturelle n'est pas innée, mais l'effort de raisonnement qui permet d'en acquérir la notion suppose chez l'homme une expérience des rapports humains et un pouvoir de généralisation et d'abstraction qu'il n'a pu acquérir que dans une société déjà formée. Diderot décrit en effet un homme qui converse « avec des êtres semblables à lui », et « pensants ». Il suppose donc résolu au départ le problème qu'il doit résoudre, parlant de l'homme naturel quand il peint en réalité l'homme civil.

Nous retrouvons donc à propos de la naissance des sociétés civiles la même opposition fondamentale qu'au sujet de l'état de nature. Mais ici encore les apparences sont trompeuses. La description que Rousseau fait dans son deuxième *Discours* de l'état de troupeau ressemble beaucoup par exemple à celle que propose Diderot dans l'*Apologie de l'abbé de Prades*. Diderot écrit en effet :

« J'entends par l'*état de troupeau*, celui sous lequel les hommes rapprochés par l'instigation simple de la nature, comme les singes, les cerfs, les corneilles, etc., n'ont formé aucunes conventions qui les assujettissent à des devoirs, ni constitué d'autorité qui contraigne à l'accomplissement des conventions » (139).

Rousseau entend aussi par troupeau l'association libre de l'homme primitif avec ses semblables dans les circonstances où leur assistance lui est nécessaire (140). Et la comparaison avec les troupes de corneilles ou de singes s'impose également à lui (141). Plus nettement d'ailleurs, et plus longuement que Diderot ne l'avait fait dans l'*Apologie*, Rousseau distingue entre l'époque du troupeau paisible et celle de la horde. Bien que la première ait duré sans doute fort longtemps, Diderot ne s'attarde guère à la décrire. L'*Apologie* passe tout de suite à la description de la horde, et l'article *Agriculture* ne contient qu'une phrase sur la « félicité » des temps heureux où l'homme se contentait pour vivre de collecter « les fruits de la terre » (142). Rousseau au contraire se plaît à évoquer les plaisirs simples de l'homme au sein de la société naissante, dans cet état qu'il appelle « la véritable jeunesse du monde » (143).

---

(138) *Ibid.*, pp. 470-471.
(139) AT, t. I, p. 455.
(140) ROUSSEAU, *De l'inégalité*, p. 111.
(141) *Ibid.*, p. 112.
(142) AT, t. XIII, p. 246.
(143) ROUSSEAU, *De l'inégalité*, p. 117.

En réalité un profond fossé sépare la pensée de Rousseau de celle de Diderot. Ils esquissent l'histoire de l'humanité de la même façon, mais ils ne l'interprètent pas identiquement. Le moment exact où leurs deux théories divergent est celui où il faut expliquer le passage de l'état de troupeau paisible à l'état de horde. Diderot est très discret, sur ce moment. Dans l'article *Agriculture* il fait souffler un fatal « esprit de conquête », qui par miracle agrandit les sociétés, fait naître le commerce et le luxe, et avec eux tous les maux dont souffre l'homme. Les fruits de la terre qui faisaient « la première richesse » de l'humanité étaient-ils communs à tous ? Il ne le semble pas. Mais Diderot ne précise pas à quel moment furent divisées les terres, ni pourquoi elles le furent. Il semble seulement que cette division soit antérieure à l'apparition de l'esprit de conquête. En ce cas les hommes auraient longtemps vécu paisibles, dans des sociétés restreintes de petits propriétaires, régies déjà par des lois positives.

L'article *Autorité politique* ne donne aucun éclaircissement au sujet de la naissance des sociétés. En revanche l'*Apologie de l'abbé de Prades* contient des détails neufs. L'état de troupeau n'a pu se maintenir parce que les hommes sont naturellement inégaux, par « les talents, la force, la sagacité ». Il y a des forts, il y a des faibles. En un temps d'ignorance, où les passions étaient vives et où il n'existait pas de conventions entre les hommes, les forts devaient opprimer les faibles, et les faibles devaient chercher à se venger d'eux. Ce fut alors le temps de la barbarie, de l'anarchie, du droit d'inégalité, de la guerre de tous contre tous que Hobbes a décrite (144).

Deux points sont à remarquer dans cette « histoire philosophique ». Et d'abord que l'âge du troupeau paisible ne pouvait guère durer puisque l'homme primitif avait déjà les passions vives. Toute l'évolution de l'humanité est donc inscrite dans la structure même de l'animal humain. L'histoire de l'homme en société n'est qu'un moment dans la longue aventure de la matière organisée, puis pensante, que Diderot évoque par ailleurs dans l'*Interprétation de la nature* (145). La barbarie est une étape nécessaire de l'évolution humaine, comme la lutte pour la vie sert les espèces animales en éliminant les monstres et les êtres débiles à l'avantage des êtres normalement constitués. Le passage d'un stade de l'évolution à l'autre se fait donc naturellement, par un progrès continu.

Il faut remarquer d'autre part qu'aux yeux de Diderot l'inégalité entre les hommes est naturelle. Il ne saurait par conséquent être question de la supprimer. Le but de la société civile est de la « réparer », c'est-à-dire d'en prévenir « les suites fâcheuses » (146), notamment l'extermination de l'espèce, puisqu'à la différence de ce qui se passe chez les animaux, les hommes faibles peuvent surprendre et immoler les forts (147). Le rôle exprès de la convention est en principe d'empêcher

---

(144) AT, t. I, pp. 466-467.
(145) Diderot, *De l'interprétation de la nature*, éd. par J. Varloot, p. 103.
(146) AT, t. I, p. 467.
(147) *Ibid.*, p. 466.

de part et d'autre le recours à la force, et en tout état de cause d'interdire ce recours à celui qui d'abord en a été la victime. C'est ce que Diderot explique dans l'article *Autorité politique.* Il parle en fait de l'usurpation de l'autorité, mais les termes qu'il emploie sont assez généraux pour s'appliquer aussi aux rapports sociaux fondamentaux entre les forts et les faibles.

> « La puissance qui s'acquiert par la violence, écrit-il, (...) ne dure qu'autant que la force de celui qui commande l'emporte sur celle de ceux qui obéissent; en sorte que si ces derniers deviennent à leur tour les plus forts et qu'ils secouent le joug, ils le font avec autant de droit et de justice que l'autre qui le leur avait imposé. La même loi qui a fait *l'autorité,* la défait alors : c'est la loi du plus fort » (148).

Ce qui ne signifie point, ajoute Diderot, que le premier à avoir utilisé la force soit un usurpateur. Car il arrive que sa suprématie change de nature, si sa victime accepte de bon gré les rapports qui se sont établis entre eux.

C'est sur ce point précis que le second *Discours* de Rousseau fait directement ou indirectement la critique la plus acérée de la philosophie politique de Diderot. Car Rousseau a su lever le voile qui cache le fondement commun de cette philosophie politique et de la théorie classique du droit naturel. Le discours sur l'*Inégalité* cerne littéralement l'adversaire, il le pousse dans ses derniers retranchements, il le presse de questions.

> « Mais, dit Rousseau, quand la nature affectera dans la distribution de ses dons autant de préférences qu'on le prétend, quel avantage les plus favorisés en tireraient-ils au préjudice des autres, dans un état de choses qui n'admettrait presque aucune sorte de relation entre eux ? (...) J'entends toujours répéter que les plus forts opprimeront les faibles. Mais qu'on m'explique ce qu'on veut dire par ce mot d'oppression » (149).

L'erreur de Diderot et des théoriciens du droit naturel est d'avoir considéré l'usage de la violence entre les hommes comme un phénomène normal, de l'avoir assimilé à l'usage de la force brutale entre les animaux. Mais la lutte entre les « forts » et les « faibles » ne saurait être assimilée à la lutte pour la vie. Or Diderot, dans l'*Apologie de l'abbé de Prades,* fait incontestablement cette assimilation. Il parle des forts « immolés » par les faibles (150), il se demande si les hommes doivent « se dévorer comme des bêtes féroces » (151). Rousseau considère que cette assimilation est une erreur. L'animal dévore, mais il n'opprime pas :

> « Un homme pourra bien s'emparer des fruits qu'un autre a cueillis, du gibier qu'il a tué, de l'antre qui lui servait d'asile; mais comment viendra-t-il jamais à bout de s'en faire obéir ? » (152).

---

(148) AT, t. XIII, p. 392.
(149) ROUSSEAU, *De l'inégalité*, p. 104.
(150) AT, t. I, p. 466.
(151) *Ibid.*, p. 467.
(152) ROUSSEAU, *De l'inégalité*, p. 104.

Diderot ne répond nulle part à cette question parce qu'il ne se la pose pas. Et il ne peut se la poser, parce qu'il lui faudrait remettre en cause ce que toute sa philosophie politique doit justifier : le droit de propriété. En effet, semble lui demander Rousseau, « quelles pourront être les chaînes de la dépendance parmi des hommes qui ne possèdent rien ? » (153) Alors que les écrits de Diderot antérieurs à 1754 escamotent la question de la propriété, le discours de Rousseau lui donne au contraire la première place. Dès que l'évolution économique a entraîné la division du travail et le partage des terres, les hommes deviennent nécessairement inégaux. Mais leur inégalité ne tient pas à leurs qualités physiques ou morales (154). Ce n'est pas une inégalité naturelle, et il est par conséquent impropre de parler de forts et de faibles, comme le fait par exemple Diderot.

> « Le sens de ces termes, écrit Rousseau, est mieux rendu par ceux de *pauvre* et de *riche*, parce qu'en effet un homme n'avait point, avant les lois, d'autre moyen d'assujettir ses égaux qu'en attaquant leur bien, ou leur faisant quelque part du sien » (155).

Nous devions insister sur la critique fondamentale à laquelle Rousseau a soumis la théorie classique du droit naturel, car c'est elle qui explique tous ses désaccords avec Diderot, et notamment les différences parfois subtiles qui existent entre sa première théorie du contrat et celle qui est présentée dans les articles *Citoyen* ou *Autorité politique*. C'est elle aussi, n'en doutons pas, qui a aidé Diderot à corriger certaines de ses vues. Elle l'a contraint, peut-être, — les circonstances aidant, — à réfléchir sur certains problèmes qu'il n'avait pas d'abord aperçus, comme celui de l'inégalité sociale ou celui de la propriété privée.

---

(153) *Ibid.*.

(154) ROUSSEAU ne nie pas l'inégalité naturelle. Il nie seulement qu'elle puisse expliquer, comme chez DIDEROT, l'inégalité sociale, et l'évolution historique de la société. C'est au contraire l'inégalité sociale qui aggrave les inégalités naturelles. Il écrit à ce sujet : « Si l'on compare la diversité prodigieuse d'éducations et de genres de vie qui règne dans les différents ordres de l'état civil avec la simplicité et l'uniformité de la vie animale et sauvage, où tous se nourrissent des mêmes aliments, vivent de la même manière, et font exactement les mêmes choses, on comprendra combien la différence d'homme à homme doit être moindre dans l'état de nature que dans celui de société, et combien l'inégalité naturelle doit augmenter dans l'espèce humaine par l'inégalité d'institution » (*De l'inégalité*, p. 194).

(155) *Ibid.*, p. 127. Il ne faut pas attribuer à ROUSSEAU tout le mérite d'avoir découvert le « fondement mystique » de la théorie du droit naturel. Si DIDEROT avait eu une connaissance plus vaste, ou plus approfondie, des bons auteurs, il aurait pu remarquer un aveu d'importance, dans les toutes premières pages du *Droit de la guerre et de la paix*, de GROTIUS. On y lit en effet que le droit qui découle du principe de la sociabilité naturelle consiste « *d'abord* », à « *s'abstenir religieusement du bien d'autrui* » (t. I, p. 8). ROUSSEAU n'a eu qu'à tirer toutes les conséquences de ce principe si essentiel à la théorie du droit naturel. D'ailleurs dans le *Droit de la nature et des gens*, de PUFENDORF, onze chapitres du livre IV sont consacrés au droit de propriété, et dans son traité *Du gouvernement civil*, LOCKE explique que l'institution sociale n'a pas d'autre fin que la conservation mutuelle des vies, des libertés, des biens, « choses, dit-il, que j'appelle par un nom général, propriétés » (p. 179).

Selon Diderot en effet, le but du pacte social est de substituer à des rapports sociaux anarchiques fondés sur la violence spontanée, des rapports ordonnés par des conventions. C'est donc à son sens une institution raisonnable, parce que nécessaire à la survie même de l'espèce. Rousseau ne conteste pas la réalité du pacte social, au moins dans cette histoire « philosophique » ou hypothétique qu'il préfère comme Diderot à l'histoire réelle (156). Il ne conteste pas non plus que la raison ostensible de ce pacte ait été de faire régner l'ordre et la paix où sévissaient les pires désordres. Mais il n'admet ni la signification que les théoriciens du droit naturel lui ont supposée, ni sa nécessité. Pour Diderot l'utilité du pacte social est double, puisqu'il doit mettre fin à l'oppression violente du faible par le fort, et puisqu'il doit protéger le fort contre une conspiration vengeresse des plus faibles (157). Ainsi apparaît clairement le caractère raisonnable du pacte. Il rétablit une parfaite égalité de principe entre des hommes inégaux dans les faits. Certes il y aura toujours des forts et des faibles et le pacte social ne doit rien changer à cette inégalité puisque son origine est naturelle. Du moins, devant l'être moral souverain à qui l'autorité est confiée par le pacte de soumission, le fort et le faible ont-ils mêmes droits et mêmes devoirs. Cette égalité politique résulte simplement du fait que tous ont également résigné leurs forces et leurs volontés au souverain (158).

Mais Rousseau montre dans une des pages les plus importantes de son second *Discours* que cette théorie est en réalité un masque juridique. Le pacte social n'est nullement un pacte raisonnable parce que son utilité n'est pas double. Il n'a pas été imaginé pour le bien de tous, mais pour le bien de ceux que Diderot appelle « les forts » et que Rousseau appelle « les riches ». Pour éviter la prolongation de cette guerre de tous contre tous qui risquait de lui coûter ses propriétés le jour où ses victimes seraient assez unies et assez fortes pour les lui ôter en vertu du droit du plus fort, le riche a conçu « le projet le plus réfléchi qui soit jamais entré dans l'esprit humain : ce fut d'employer en sa faveur les forces mêmes de ceux qui l'attaquaient » (159). En d'autres termes, pour Rousseau, l'institution sociale ne se justifie pas en raison, par une nécessité d'ordre général, comme les théoriciens du droit naturel le croient. Au nom de l'intérêt de tous elle sert au contraire les intérêts particuliers d'une classe. Sous les apparences fallacieuses de règlements qui ne font acception de personne elle pérennise en réalité « la loi de la propriété et de l'inégalité » (160).

---

(156) Il écrit dans l'*Inégalité :* « Il ne faut pas prendre les recherches, dans lesquelles on peut entrer (au sujet de l'état de nature) pour les vérités historiques, mais seulement pour des raisonnements hypothétiques et conditionnels, plus propres à éclaircir la nature des choses qu'à en montrer la véritable origine » (p. 69). Nous avons vu que Diderot opposait identiquement l'histoire philosophique et l'histoire réelle.

(157) AT, t. I, p. 467.

(158) Voir article *Cité*, AT, t. XIV, p. 187.

(159) Rousseau, *De l'inégalité*, p. 124.

(160) *Ibid.*, pp. 125-126.

Rousseau est donc beaucoup plus hardi que Diderot dans l'analyse qu'il fait des origines de la société civile. Mais cette analyse a pour lui une valeur toute théorique, et il n'en tire personnellement aucune conclusion révolutionnaire (161). Aussi, paradoxalement, sa théorie du contrat, — au moins en 1754, — n'est pas très éloignée de celle de Diderot. Le pacte qui pour Diderot est une nécessité rationnelle est pour Rousseau une nécessité de fait : il aurait pu ne pas être, et en ce sens il est purement conventionnel, mais dès qu'il existe il faut s'y résoudre comme à un moindre mal (162).

Rousseau est fondamentalement d'accord avec Diderot pour opposer la théorie du contrat aux théories absolutistes traditionnelles. Pourtant ils n'utilisent pas à l'égard de ces théories la même tactique. Par exemple le second *Discours* et l'article *Economie politique* ne font aucune place à la théorie chrétienne de l'origine divine de l'autorité, alors que Diderot a cru habile, dans l'article *Autorité politique*, en particulier, de donner une interprétation rationaliste du texte de l'Ecriture qui servait généralement à justifier l'origine divine de l'autorité, « *omnis potestas a Deo ordinata est* » (163). Rousseau et Diderot sont également d'accord pour rejeter la théorie selon laquelle l'autorité des monarques absolus dériverait de l'autorité paternelle. Diderot le fait brièvement dans l'article *Autorité politique* en disant que la puissance paternelle est limitée dans le temps, puisqu'elle cesse naturellement de s'exercer quand les enfants sont en état de se conduire (164). Rousseau reprend l'argument dans l'*Inégalité* (165) au milieu de quelques autres considérations qui vont dans le même sens. Il montre aussi dans son article *Economie politique* que le gouvernement civil ne saurait être identifié en aucune façon au « gouvernement domestique » (166).

---

(161) Dans l'article *Economie politique*, Rousseau, comme tous les théoriciens du droit naturel, défend avec une grande énergie le droit sacré de la propriété : « Il est certain que le droit de propriété est le plus sacré de tous les droits des citoyens, et plus important, à certains égards, que la liberté même » (C.E. Vaughan, *The political writings*, t. I, p. 259). Cette défense de la propriété n'est pas en contradiction avec l'analyse que Rousseau fait par ailleurs de l'origine de l'inégalité. Le partage des terres et l'inégalité dans la possession des biens ont été rendus inéluctables par le développement économique. On peut donc chercher à en atténuer les effets, mais il ne saurait être question de toucher au droit de propriété lui-même. L'article *Economie politique*, qui défend si nettement la propriété privée, contient justement diverses propositions législatives tendant à diminuer l'inégalité.

(162) « Les sages mêmes virent qu'il fallait se résoudre à sacrifier une partie de leur liberté à la conservation de l'autre, comme un blessé se fait couper le bras pour sauver le reste du corps » (Rousseau, *De l'inégalité*, p. 125).

(163) AT, t. XIII, p. 393. Diderot en a usé de la même manière, dans l'*Apologie de l'abbé de Prades*, en essayant de concilier la théorie de la sociabilité naturelle et le texte de la Genèse, « faisons lui une aide semblable à lui ».

(164) AT, t. XIII, p. 392.

(165) Rousseau, *De l'inégalité*, p. 131 : « Par la loi de nature, le père n'est le maître de l'enfant qu'aussi longtemps que son secours lui est nécessaire ».

(166) C.E. Vaughan, *The political writings*, t. I, p. 237.

Mais cet accord est uniquement négatif. Des différences souvent légères et pourtant significatives apparaissent entre les deux théories en présence dès qu'il s'agit de préciser l'origine et la nature du pacte social. Par exemple Diderot admettait que l'autorité établie par la violence changeât de nature en se maintenant « du consentement exprès de ceux qu'on a soumis » (167) ; il admettait du même coup que le contrat entre le peuple et le souverain fût indifféremment un « contrat fait ou supposé » (168). Soucieux au contraire de préserver le caractère conventionnel du contrat, Rousseau rejette toute hypothèse tendant à lui donner une origine naturelle. Il lui semble donc que les sociétés politiques n'ont pu en aucun cas être fondées sur le droit de conquête. S'en serait-il fondé de telles, qu'elles ne se seraient pas maintenues, quoi qu'en pense Diderot.

« Le droit de conquête, écrit Rousseau, n'étant point un droit, n'en a pu fonder aucun autre, le conquérant et les peuples soumis restant toujours entre eux dans l'état de guerre, à moins que la nation, remise en pleine *liberté*, ne choisisse *volontairement* son vainqueur pour son chef. Jusque-là, quelque capitulations qu'on ait faites, comme elles n'ont été fondées que sur la violence, et que par conséquent elles sont nulles par le fait même, il ne peut y avoir, dans cette hypothèse, ni véritable société, ni corps politique, ni d'autre loi que celle du plus fort » (169).

Sur la nature même du pacte fondamental, le discours sur l'*Inégalité* s'en tient, en principe, à « l'opinion commune ». Rousseau considère en effet, au moins provisoirement, que « l'établissement du corps politique » est « un vrai contrat entre le peuple et les chefs qu'il se choisit, contrat par lequel les deux parties s'obligent à l'observation des lois qui y sont stipulées et qui forment les liens de leur union » (170). C'est la théorie du pacte de soumission, telle que Diderot l'a admise. Au reste Rousseau et Diderot s'appuient sur une autorité commune, le *Traité des droits de la reine*, de 1667, que Rousseau cite dans l'*Inégalité* comme Diderot, ou l'un de ses amis, l'avait fait dans le tome III de l'*Encyclopédie*. Le texte que reproduit Rousseau n'est pas dans l'*Encyclopédie*, mais on en retrouve la substance dans l'article *Autorité politique*, où l'on peut lire : « Le prince tient de ses sujets mêmes l'*autorité* qu'il a sur eux; et cette *autorité* est bornée par les lois de la nature et de l'Etat ». L'auteur du *Traité des droits de la reine* concluait de même : « La parfaite liberté d'un royaume est qu'un prince soit obéi de ses sujets, que le prince obéisse à la loi, et que la loi soit droite et toujours dirigée au bien public » (171).

Pourtant la manière dont Rousseau interprète « l'opinion commune » n'est pas tout à fait celle de Diderot. Sans doute l'un et l'autre s'accordent à considérer que le souverain n'a pas la pleine propriété de l'autorité

---

(167) AT, t. XIII, p. 392.
(168) *Ibid.*. Dans l'*Apologie de l'abbé de Prades*, DIDEROT parle également du « *contrat* réel ou supposé, par lequel les peuples sont soumis ou sont censés s'être soumis au gouvernement de leur prince » (AT, t. I, p. 469).
(169) ROUSSEAU, *De l'inégalité*, p. 127. C'est nous qui soulignons.
(170) *Ibid.*, p. 135.
(171) *Ibid.*, p. 132. Le texte est dans le *Traité des droits de la reine*, p. 273.

publique. Diderot avait dit dans l'article *Autorité politique* que le corps de la nation en reste le propriétaire, et que le prince en est seulement l'usufruitier, le dépositaire (172). Rousseau montre dans l'*Inégalité* par quelle sorte d'abus les « principaux » dans l'Etat ont pu « perpétuer leurs charges dans leurs familles » (173), devenir héréditaires, et déposséder le peuple de la souveraineté qui originellement lui appartenait. Rousseau écrit :

« (Ils) s'accoutumèrent à regarder leur magistrature comme un *bien* de famille, à se regarder eux-mêmes comme les *propriétaires* de l'Etat, dont ils n'étaient d'abord que les *officiers* : à appeler leurs concitoyens leurs esclaves; à les compter, comme du bétail, au nombre des choses qui leur *appartenaient* » (174).

A côté de la critique du droit de souveraineté en pleine propriété, ce texte de Rousseau contient aussi une critique du pacte de soumission considéré comme une aliénation totale des sujets. Cette critique est d'ailleurs faite plusieurs fois dans l'*Inégalité*, et elle vise essentiellement la théorie de Hobbes. Rousseau conteste vivement qu'aucun homme ait jamais de bon gré renoncé à sa liberté. Il écrit par exemple :

« L'homme barbare ne plie point sa tête au joug que l'homme civilisé porte sans murmurer, et il préfère la plus orageuse liberté à un assujettissement tranquille. Ce n'est donc pas par l'avilissement des peuples asservis qu'il faut juger des dispositions naturelles de l'homme pour ou contre la servitude, mais par les prodiges qu'ont faits tous les peuples libres pour se garantir de l'oppression » (175).

Plus loin il écrit plus nettement encore :

« Je ne m'arrêterai point à rechercher si, la liberté étant la plus noble des facultés de l'homme, ce n'est pas dégrader sa nature, se mettre au niveau des bêtes esclaves de l'instinct, offenser même l'auteur de son être, que de renoncer sans réserve au plus précieux de tous ses dons, que de se soumettre à commettre tous les crimes qu'il nous défend, pour complaire à un maître féroce ou insensé » (176).

Rousseau admet encore que l'on dépouille l'homme de ses biens, mais non de ces « dons essentiels de la nature » que sont la vie et la liberté (177).

On peut certes trouver dans les écrits de Diderot antérieurs à l'*Inégalité* des déclarations qui vont dans le même sens, mais elles sont loin d'être aussi fermes et surtout elles semblent quelquefois contredites par des formules de type hobbiste. L'article *Autorité politique* contient des formules nettement rousseauistes, — ou prérousseauistes, — comme

(172) AT, t. XIII, p. 395.
(173) ROUSSEAU, *De l'inégalité*, p. 138.
(174) *Ibid.*. C'est nous qui soulignons.
(175) *Ibid.*, p. 130.
(176) *Ibid.*, p. 132.
(177) *Ibid.*, p. 133.

« aucun homme n'a reçu de la nature le droit de commander aux autres » (178), ou, « l'homme ne doit ni ne peut se donner entièrement et sans réserve à un autre homme » (179). Mais dans l'article *Cité* Diderot, non moins nettement, oppose à la personne physique ou à l' « être moral public qui *veut seul* », les « êtres physiques privés qui *n'ont plus de volonté* » (180).

Finalement, c'est au sujet de la loi fondamentale que se mesure le mieux la distance qui sépare la philosophie politique de Rousseau et celle de Diderot. Le fait qu'ils en aient parlé l'un et l'autre, souvent dans les mêmes termes, et en s'inspirant du même *Traité des droits de la reine*, a pu faire croire à une identité de points de vue, au moins à l'époque de l'*Inégalité*. René Hubert, par exemple, pensait que même si elle ne satisfaisait pas tout à fait Rousseau, la théorie du contrat fondé sur la loi fondamentale était exposée dans l'*Inégalité* à peu près comme dans les premiers écrits politiques de Diderot. Il pensait du reste que l'auteur du *Contrat social* ne s'était vraiment séparé des encyclopédistes que le jour où il avait renoncé à l'idée de la loi fondamentale (181). C'est, à notre avis, une erreur, qui s'explique sans aucun doute par une surestimation du rôle de la loi fondamentale dans la philosophie politique de Diderot. Or Rousseau avait bien vu au contraire que Diderot sous-estimait ce rôle. A cet égard les pages de l'*Inégalité* qui traitent de la loi fondamentale ont une valeur critique par rapport à Diderot et aux légistes qui l'ont inspiré, notamment l'auteur du *Traité des droits de la reine*.

Certes l'article *Autorité politique* contient quelques formules séduisantes où les « lois de la nature et de l'Etat » sont mises particulièrement en valeur. Il est entendu que le peuple ne saurait conclure un pacte de soumission que si le souverain auquel il se soumet promet de respecter « les lois » (182). Il est entendu que « l'observation des lois, la conservation de la liberté » sont avec le patriotisme les sources des grandes actions des princes et des sujets. Il est entendu que dans le royaume de France, le prince, qui n'est pas un tyran, gouverne, ou doit gouverner « selon les lois de la justice » (183). L'article *Autorité politique* est donc un véritable hymne aux lois fondamentales. D'où certains ont conclu, — un peu vite, — que Diderot y soutenait, « face à l'absolutisme, des thèses démocratiques » (184). En ce cas le second *Discours* de Rousseau ne serait, dans sa partie qui traite du contrat, qu'une paraphrase de Diderot. N'écrit-il pas, lui aussi, dans sa dédicace au Conseil général de Genève :

> « J'aurais (...) voulu que personne dans l'Etat n'ait pu se dire au-dessus de la Loi, et que personne au-dehors n'en pût imposer que l'Etat fût obligé

---

(178) AT, t. XIII, p. 392.
(179) *Ibid.*, p. 393.
(180) AT, t. XIV, p. 187.
(181) R. Hubert, *Rousseau et l'« Encyclopédie »*, pp. 98-100.
(182) AT, t. XIII, p. 394.
(183) *Ibid.*, p. 396.
(184) J.-L. Lecercle, introduction à Rousseau, *De l'inégalité*, p. 8.

de reconnaître; car quelle que puisse être la constitution d'un gouvernement, s'il s'y trouve un seul homme qui ne soit pas soumis à la Loi, tous les autres sont nécessairement à la discrétion de celui-là » ? (185)

Ce texte est évidemment une critique de la monarchie de droit divin, aussi bien que de la monarchie absolue telle que la concevait Hobbes (186), puisque dans l'un et l'autre cas les sujets sont soumis à une personne souveraine qui n'est comptable de ses actes, quels qu'ils soient, que devant Dieu ou devant elle-même. Mais ce n'est pas à ce niveau qu'il convient de comparer l'*Autorité politique* et l'*Inégalité*. Diderot et Rousseau s'y rejoignent, sans doute, dans la mesure où l'apologie de la loi est la meilleure arme contre la monarchie de droit divin et l'absolutisme de type hobbiste, deux formes pratiquement et tragiquement semblables de l'arbitraire.

Mais une tout autre question, plus intéressante pour nous, est de savoir ce que Rousseau et Diderot mettaient sous ce mot de *loi*. De quoi parlaient-ils, lorsqu'ils parlaient de loi fondamentale ? L'erreur a longtemps consisté à croire qu'ils entendaient la même chose. Mais il n'en est rien, et dès l'*Inégalité* la doctrine de Rousseau sur ce point est très différente de celle de Diderot.

Car Diderot ne définit nulle part la loi fondamentale. L'article *Autorité politique* ne contient aucune définition explicite de ces « lois de l'Etat » auxquelles est soumis le prince. Ou plutôt Diderot n'y parle que de la loi de succession dans la monarchie et, plus généralement, des lois qui règlent la transmission du pouvoir dans les sociétés politiques. Si l'on prend son article à la lettre, et rien ne nous autorise à le prendre autrement qu'à la lettre, la seule loi fondamentale du royaume de France serait donc celle qui veut que « le sceptre de Louis XV passe nécessairement à son fils aîné » (187). Il y aurait en ce cas rupture de contrat si, à la mort du roi, la nation ou un corps particulier décidaient arbitrairement de confier le pouvoir à un prince d'une autre famille, ou même à un fils cadet du défunt, l'aîné étant vivant. Il y aurait également rupture de contrat si le prince, de son vivant, confiait le pouvoir à une autre personne ou désignait par testament un autre successeur que son fils aîné. Les autres exemples donnés par Diderot concernent aussi les règles de transmission du pouvoir ou, comme il dit, du « dépôt de l'*autorité* ». Dans le cas particulier de la France Diderot considère bien que le dépôt confié jadis à Hugues Capet ne reviendra pas à la nation avant que « la famille régnante » ne soit éteinte « jusque dans ses moindres rejetons ». Mais rien dans l'article ne permet de penser que l'autorité confiée à la

---

(185) *Ibid.*, p. 49.

(186) M. Derathé a montré que l'attitude de Rousseau vis-à-vis du système de Hobbes avait évolué. Dans l'*Inégalité* Rousseau est hostile à Hobbes parce-qu'il représente pour lui l'absolutisme monarchique et la théorie de la guerre de tous contre tous dans l'état de nature (*Rousseau*, p. 338).

(187) AT, t. XIII, p. 395.

personne souveraine soit limitée en quoi que ce soit pendant la durée du dépôt. Dans le cadre très général des dispositions qui règlent la transmission des pouvoirs le souverain dispose d'un pouvoir absolu.

Mais Rousseau parle de la loi fondamentale d'une tout autre manière. S'il suit « l'opinion commune », dans l'*Inégalité*, c'est celle de Pufendorf, de Burlamaqui, de Locke, lorsqu'ils parlent de la souveraineté limitée. Le contrat social est pour lui un « *vrai* contrat (...) par lequel les deux parties s'obligent à l'*observation des lois qui y sont stipulées* et qui forment les liens de leur union » (188).

La suite du texte montre ce qu'il entend par un vrai contrat :

« Le peuple ayant (...) réuni toutes ses volontés en une seule, tous les articles sur lesquels cette volonté s'explique deviennent autant de lois fondamentales qui obligent tous les membres de l'Etat sans exception, et l'une desquelles règle le choix et le pouvoir des magistrats chargés de veiller à l'exécution des autres. Ce pouvoir s'étend à tout ce qui peut maintenir la constitution, sans aller jusqu'à la changer » (189).

Rousseau définit ainsi un régime de souveraineté limitée, ou constitutionnelle. La constitution est l'expression codifiée de la volonté générale et le souverain est tenu par elle.

Il y a donc peu de points communs entre la loi fondamentale selon Rousseau et celle de Diderot. La loi fondamentale, telle que Diderot semble la concevoir dans l'*Autorité politique* est un cadre purement *juridique*, dans lequel l'autorité *politique* est confiée, pleine et entière, et jusqu'au pouvoir de légiférer inclusivement, à la personne souveraine. La loi fondamentale que définit l'*Inégalité* est au contraire l'expression politique de la souveraineté nationale, la règle générale que le magistrat doit appliquer et faire respecter dans ses décrets.

Il faut toutefois noter que Rousseau, comme effrayé de la hardiesse de sa définition, revient vite en arrière. Il parle des « abus inévitables d'une telle constitution » (190), et recule devant les conséquences terrifiantes d'une conception du contrat qui est, somme toute, démocratique. En effet si l'un et l'autre des contractants se trouvent disposer d'une part de la souveraineté, quel pouvoir peut les « forcer à remplir leurs engagements réciproques », qui peut garantir leur « fidélité » ? Chacune des parties demeure en fait juge « dans (sa) propre cause » (191). Si le magistrat est le dépositaire de l'autorité souveraine, mais dans un cadre imposé par la volonté générale, n'est-il pas légitime qu'il abdique s'il ne veut plus, ou ne peut plus assumer ses responsabilités ? Et inversement le peuple souverain ne peut-il déposer le magistrat qui ne s'acquitte pas bien de sa tâche ? Rousseau frémit devant « les

---

(188) Rousseau, *De l'inégalité*, pp. 134-135.
(189) *Ibid.*, p. 135.
(190) *Ibid.*.
(191) *Ibid.*.

dissensions affreuses et les désordres infinis » qu'entraînerait un tel régime, et devant les périls de l'anarchie, il est tenté de préférer à tout autre régime celui de la monarchie absolue de droit divin (192).

Car Rousseau, finalement, ne s'accommode pas plus que Diderot d'une souveraineté partagée (193). Ici Rousseau et Diderot se rejoignent, paradoxalement, car ils sont des hommes d'ordre, et ils rejettent tout système politique qui risque de provoquer le désordre. Or la souveraineté limitée, comme à l'autre extrémité de l'éventail politique, le pouvoir arbitraire ou despotisme, contient en germe l'anarchie, puisqu'à l'instar du despotisme elle est fondée sur un rapport de forces et non sur une convention raisonnable. Mais il ne semble pas à Rousseau que la solution de Diderot soit la bonne. Certes, théoriquement, Diderot ne partage pas la souveraineté, puisque le peuple la délègue. La personne morale à qui la souveraineté est déléguée n'en a sans doute que l'usufruit, mais tant que dure cet usufruit, elle exerce l'autorité de façon pleine et entière. Or cette personne morale n'est pas seulement un être de raison, elle s'incarne aussi pratiquement dans une personne physique. Quoique celle-ci devienne représentative de la volonté générale, elle n'en est pas moins, aussi, une personne privée, comme le montre clairement l'article *Citoyen.* Et Rousseau a bien vu ce qu'il y avait d'utopique dans une théorie qui, du souverain, ne veut connaître que l'être moral public. Il montre dans l'*Inégalité* que la société n'a dû consister d'abord « qu'en quelques conventions générales que tous les particuliers s'engageaient à observer, et dont la communauté se rendait garante envers chacun d'eux » (194). Ce qui définit en quelque sorte le contrat à l'état pur, ce pacte de chacun avec tous et de tous avec chacun qui sera le modèle du *Contrat social.* Il lui semble que la délégation de l'autorité à des magistrats était inévitable, mais il le regrette, car il considère implicitement que toute personne privée, tout corps de particuliers à qui peut être déléguée l'autorité, tend à l'accaparer et à régner despotiquement. Il le dit de façon très nette, en tout cas, dans sa dédicace au Conseil général de Genève (195).

L'article *Economie politique* ne fait plus aucune place à la théorie de la souveraineté limitée et Rousseau n'y retient pas l'idée de loi fonda-

---

(192) *Ibid.*, p. 136.

(193) L'anarchie et le despotisme sont pour DIDEROT les deux limites entre lesquelles s'inscrit l'évolution des gouvernements. Il écrit dans l'article *Anarchie :* « On peut assurer que tout gouvernement en général tend au despotisme ou à l'*anarchie* » (AT, t. XIII, p. 295). ROUSSEAU, dans l'*Inégalité*, p. 142, met l'anarchie et le despotisme sur le même plan. Le régime despotique est celui où le maître, disposant d'un pouvoir arbitraire, n'a en face de lui que des esclaves. Or, les rapports entre le maître et l'esclave sont des rapports de force. Le despotisme est donc, explique ROUSSEAU, « le dernier terme de l'inégalité, et le point extrême qui ferme le cercle et touche au point d'où nous sommes partis », c'est-à-dire à l'anarchie, à la guerre de tous contre tous où le seul droit est celui du plus fort.

(194) ROUSSEAU, *De l'inégalité*, p. 128.

(195) *Ibid.*, p. 48.

mentale. Par là, Rousseau se rapproche de Hobbes, et, du même coup, de Diderot (196).

Non qu'il se rallie en tout point à la théorie de Diderot. Il semble même s'en défendre, dès le début de l'article, en rejetant plus vivement encore que dans l'*Inégalité,* et définitivement, l'idée que des personnes physiques privées pourraient incarner, ou représenter, l'être moral souverain (197). Il le fait d'une manière très concrète, en disant que dans la société politique le chef n'a pas naturellement intérêt à faire le bonheur des particuliers, mais tend à chercher d'abord son intérêt propre (198). Il considère donc comme parfaitement utopique le vœu exprimé par Diderot dans son article *Citoyen :*

> « Il est certain que les sujets ou *citoyens* seront d'autant moins exposés aux injustices que l'être souverain, physique ou moral, sera plus rarement juge et partie dans les occasions où il sera attaqué comme particulier » (199).

Mais, pourrait lui rétorquer Rousseau, comment un être physique, ou même moral, qui a « des domaines, des engagements, des fermes, des fermiers », comment une personne privée qui a des intérêts particuliers, peut-elle en même temps être considérée comme un être moral *public,* et représenter l'intérêt général ? Rousseau résout élégamment la contra-

---

(196) René HUBERT, qui a eu le tort d'identifier la théorie de la loi fondamentale selon DIDEROT et celle que propose ROUSSEAU dans l'*Inégalité,* semble penser au contraire que ROUSSEAU se sépare davantage de DIDEROT dans l'article *Economie politique* (*Rousseau et l'« Encyclopédie »*, p. 59, p. 108).

(197) René HUBERT, dans son étude sur *Rousseau et l'« Encyclopédie »* (pp. 25-26) a montré que le texte primitif de l'article de ROUSSEAU avait été remanié, soit par ses soins, soit par une main étrangère, mais très certainement à l'instigation du principal éditeur de l'*Encyclopédie,* avant d'être livré au public. Il y a en effet des variantes entre le texte du manuscrit et le texte de l'*Encyclopédie.* Voici ce qu'en dit HUBERT : « Si certaines ne font que nuancer ou préciser le texte primitif, il en est d'autres qui ne s'expliquent que par le souci de prudence de l'éditeur. Ainsi ROUSSEAU avait écrit d'abord : « Le magistrat ne peut commander au citoyen qu'en vertu des lois ». L'article porte « aux autres ». — ROUSSEAU avait écrit un peu plus bas : « La richesse du prince, loin de rien ajouter au bien-être des particuliers leur coûte presque toujours la paix et l'abondance ». L'article porte : « Le fisc n'est qu'un moyen, souvent fort malentendu, pour maintenir les particuliers dans la paix et l'abondance ». — ROUSSEAU avait écrit : « La couronne est-elle héréditaire, c'est souvent un enfant qui commande à des hommes ». L'article substitue à la couronne la magistrature, terme plus vague. — Un peu plus loin ROUSSEAU distinguait les fonctions du père de famille et du prince (l'article porte « magistrat »), qu'on ne peut « confondre sans se former les plus fausses idées des principes de la société ». L'article substitue aux principes « les lois fondamentales », expression chère aux juristes du XVIIIe siècle et à laquelle les philosophes donnaient eux-mêmes un sens très précis. — Enfin ROUSSEAU avait écrit : « Aussi la nature a-t-elle fait une multitude de bons pères de famille, mais j'ignore si la sagesse humaine a jamais fait un bon roi ». Dans l'*Encyclopédie* le texte inquiète et est atténué : « Mais depuis l'existence du monde, la sagesse humaine a fait bien peu de bons magistrats ».

La correction concernant les lois fondamentales est sans doute moins significative que ne le pense René HUBERT, si du moins DIDEROT en est l'inspirateur. Les autres cependant sont très claires. Elles visent toutes à émousser la pointe trop démocratique de l'article de ROUSSEAU, et à défendre le principe monarchique.

(198) VAUGHAN, *The political writings,* t. I, p. 238.

(199) AT, t. XIV, p. 193.

diction en opposant à l'idéal monarchique et absolutiste de Diderot celui du gouvernement « légitime » ou « populaire », où la volonté générale s'incarne dans un être moral public qui ne peut que rester pur de tout particularisme, puisqu'il est le « corps politique » lui-même.

A ce détail près, — mais l'on sent bien qu'il est d'une importance décisive, par les conséquences politiques qu'il entraîne dans la pratique, — la théorie de la souveraineté qui est exposée dans l'article de Rousseau est très proche de celle de Diderot. Dans l'article *Economie politique* la souveraineté n'est plus partagée, elle est absolue. C'est le corps politique, dont Rousseau dit qu'il « tend toujours à la conservation et au bien-être du tout et de chaque partie », qui « est la source des lois » (200). Il n'est donc plus besoin d'une loi fondamentale ou de constitution pour régler les rapports entre le peuple et la personne souveraine représentative : le peuple est lui-même souverain. La loi n'a d'autre origine que sa volonté, et étant l'expression de la volonté générale elle devient pour chacun des membres du corps « la règle du juste et de l'injuste » (201). Diderot pense exactement de même au sujet de la volonté générale, si l'on fait abstraction encore une fois de cette idée utopique que la personne privée du souverain est douée par on ne sait quel miracle du pouvoir exorbitant d'interpréter la volonté générale et d'énoncer la loi. C'est ainsi qu'il parlera dans l'article *Droit naturel* de ces mortels augustes « dont la volonté particulière réunit l'autorité et l'infaillibilité de la volonté générale » (202).

Il faut du reste remarquer que l'article *Economie politique* n'exclut pas tout à fait l'utopie de Diderot. Car Rousseau ne conçoit pas encore nettement en un même lieu, — le peuple, — l'origine et l'exercice de la souveraineté. Le corps politique est l'auteur de la loi, mais ce n'est pas toujours lui qui la fait exécuter, et ce n'est pas toujours lui qui l'exprime. L'administration de l'Etat doit se conformer aux lois, mais la loi ne prévoit pas tous les cas possibles. Devant une situation imprévue le magistrat peut se référer à « l'esprit de la Loi, qui doit servir à la décision des cas qu'elle n'a pu prévoir », c'est-à-dire qu'il se substitue provisoirement au corps politique pour exprimer sa volonté générale implicite (203). Ou bien le magistrat consulte le corps politique, pour qu'il exprime lui-même sa volonté. Et c'est ici que Rousseau rejoint pratiquement Diderot. Car il n'est pas nécessaire dans les cas douteux d'assembler effectivement le peuple : « Il ne faut qu'être juste pour s'assurer de suivre la volonté générale » (204). Diderot suppose seulement réalisé par toute la lignée mâle d'une famille déterminée, jusqu'à extinction de cette famille, ce que Rousseau suppose réalisé dans des cas exceptionnels et pendant un intervalle de temps

(200) C.E. Vaughan, *The political writings*, t. I, p. 241.
(201) *Ibid.*, p. 242.
(202) AT, t. XIV, p. 301.
(203) C.E. Vaughan, *The political writings*, t. I, p. 247.
(204) *Ibid.*.

limité par des législateurs dont il ne dit ni par qui ni comment ils sont désignés (205).

L'ARTICLE *DROIT NATUREL* (1755)

On pourrait à juste titre s'étonner que Diderot n'ait pas été satisfait de l'article écrit par Boucher d'Argis sur le *Droit de la nature ou Droit naturel*. Et d'abord parce que Boucher était un spécialiste du droit à qui Diderot ne pouvait prétendre et ne prétendait pas, donner des leçons dans son domaine. Mais surtout parce que l'article de Boucher était puisé à bonne source. Il reprenait en effet pour l'essentiel les théories de Burlamaqui, dont les *Principes du droit naturel* étaient élogieusement cités, dans le texte de l'édition in-4° qui en avait été faite à Genève en 1747. Et sur plus d'un point Diderot pensait de la même façon que Burlamaqui. Mais René Hubert a montré que si Diderot avait tenu à reprendre Boucher, c'est parce qu'il était en désaccord avec une des idées les plus importantes de Burlamaqui, pour qui les lois naturelles étaient fondées sur Dieu et non sur la sociabilité naturelle de l'homme (206).

Pourtant cette raison n'est peut-être pas aussi déterminante qu'elle le paraît. Car enfin Diderot n'hésitait pas, à l'occasion, pourvu que le caractère rationnel de l'univers ne fût pas mis en cause, à donner la garantie transcendante d'un Dieu à un ordre qu'il considérait comme immanent. Que fait-il d'autre dans l'article *Autorité politique* ? N'y lit-on pas explicitement que si l'homme a des droits naturels, inaliénables et immuables, c'est parce qu'il est au-dessus de lui un « Dieu, dont le pouvoir est toujours immédiat sur la créature, (un) maître aussi jaloux qu'absolu, qui ne perd jamais de ses droits, et ne les communique point » ? (207)

Or Boucher d'Argis écrit :

> « On entend plus souvent par *droit naturel*, certaines règles de justice et d'équité, que la seule raison naturelle a établies entre tous les hommes, ou pour mieux dire, que Dieu a gravées dans nos cœurs » (208).

Il dit aussi que pour distinguer le juste de l'injuste, l'homme peut se fier à son instinct moral, c'est-à-dire « un certain sentiment intérieur qui porte à de certaines actions ou qui en détourne » (209). Bien entendu ce sentiment intérieur n'a rien de subjectif. Ce n'est pas l'homme qui arbitrairement définit le juste et l'injuste. La loi naturelle ne s'impose à sa conscience que parce qu'elle est la règle imposée par

---

(205) René Hubert a bien dégagé de l'article *Economie politique* cette idée importante : Rousseau conçoit qu'un sage législateur fixe les lois de l'Etat, au nom de la volonté générale. Mais il ne semble pas avoir vu que le monarque, dans l'esprit de Diderot, était ou devait être ce sage législateur.

(206) *Ibid.*, p. 28.

(207) AT, t. XIII, p. 393.

(208) ENC, t. V, p. 131 b.

(209) *Ibid.*, p. 134 a.

Dieu à ses actions : « L'autorité des lois naturelles vient de ce qu'elles ont Dieu pour auteur » (210). Pourtant il apparaît que la vertu n'est pas toujours récompensée en ce monde. Il faut donc, si l'on veut que le caractère immuable et universel de la loi naturelle ne soit pas suspecté, admettre l'immortalité de l'âme et les récompenses de la vie à venir (211).

Toutes ces propositions sont bien dans les *Principes du droit naturel*. Burlamaqui considère en effet que la loi naturelle est imposée par Dieu aux hommes (212). Il admet que l'homme peut la connaître par l'instinct. Cet instinct, que Hutchinson appelait le sens moral, est « une faculté de notre âme, qui discerne tout d'un coup, en certains cas, le bien et le mal moral, par une sorte de sensation et par goût, indépendamment du raisonnement et de la réflexion » (213). Un tel sentiment vient naturellement de Dieu, comme la loi naturelle elle-même (214).

Il n'y a rien, somme toute, dans ces textes, qui répugne à la pensée de Diderot. Burlamaqui, plus nettement même que l'article de Boucher d'Argis ne pourrait le laisser croire, refuse sans ambiguïté l'innéisme moral (215). Le sens moral dont il parle n'est pas une intuition irrationnelle. Il est distinct du raisonnement sans doute, puisqu'il appréhende immédiatement son objet. Mais cet objet peut aussi bien être appréhendé par le raisonnement discursif. Fidèle en cela à une tradition qu'ont illustrée de leur côté Bayle et Brucker, Burlamaqui pense que la vérité donnée d'un coup dans la Révélation peut aussi se découvrir, de manière progressive et lente, à la seule raison (216). Il suffit donc de remplacer le mot « Dieu » par le mot « raison » et l'expression « sentiment intérieur » par celle d' « acte pur de l'entendement », pour que les textes de Boucher et de Burlamaqui soient acceptables en tout point par Diderot. Pour eux comme pour lui c'est bien en définitive de la nature même de l'homme que se déduit le droit naturel (217).

Les vraies raisons de l'insatisfaction de Diderot lisant l'article de Boucher, et éventuellement Burlamaqui lui-même, nous paraissent être ailleurs. Toute la théorie de Burlamaqui repose en effet sur l'affirmation traditionnelle de la liberté de l'homme et sur l'affirmation corrélative que l'homme est responsable moralement de ses actes (218). La nécessité de croire l'immortalité de l'âme et les récompenses de la vie à venir, sur laquelle insiste Boucher d'Argis, ne s'impose que si l'on croit l'homme libre et responsable. Or l'idée même de libre arbitre paraît à Diderot beaucoup plus menaçante pour le rationalisme que le fait

---

(210) *Ibid.*.
(211) *Ibid.*, p. 134 b.
(212) BURLAMAQUI, *Principes du droit naturel*, p. 77.
(213) *Ibid.*, p. 90.
(214) *Ibid.*, p. 91.
(215) *Ibid.*, p. 112.
(216) *Ibid.*, pp. 93-94.
(217) Voir *ibid.*, p. 97.
(218) *Ibid.*, p. 22.

de croire nécessaire au bon ordre du monde la caution d'un Dieu transcendant. L'acte libre est par excellence irrationnel, car il crée le désordre en faisant surgir de l'imprévisible dans le monde.

C'est donc surtout comme philosophe, et non comme politique ou comme juriste, que Diderot trouve à redire à l'article de Boucher d'Argis et, au-delà de cet article, aux *Principes du droit naturel* de Burlamaqui. Car il est évident, contrairement à ce qu'a cru René Hubert, que l'article *Droit naturel* de Diderot est fondé sur la négation de la liberté humaine, ou plus exactement sur la négation du libre arbitre (219). Tel est le sens de la première proposition, d'où Diderot déduit ensuite tout le reste de son raisonnement. Les « déterminations instantanées », voire les « oscillations » de l'individu sont l'effet simple d'une série de causes matérielles extérieures, ou la résultante de plusieurs séries causales. Il n'y a donc pour l'individu « ni bien ni mal moral, ni juste ni injuste, ni obligation ni droit » (220).

En affirmant cela Diderot a conscience de supprimer ce qui dans la théorie de Burlamaqui lui paraissait une inconséquence, et « de ne rien avancer qui ne soit évident ». Mais du même coup il contredit Rousseau. Ce n'est pas le libre arbitre qui distingue l'homme de l'animal, c'est la faculté de raisonner, c'est-à-dire, au sens propre du mot, de calculer, de balancer, là où l'animal se laisse entraîner par la sollicitation immédiate : « Il faut raisonner en tout, parce que l'homme n'est pas *seulement un animal*, mais un animal qui *raisonne* » (221). Par là Diderot s'interdit tout recours à la notion de hasard, ou à celle d'acte volontaire, dans la reconstitution hypothétique de l'évolution de l'humanité. Il n'est jamais rien arrivé qui ne fût nécessaire, et par conséquent naturel. L'histoire est un progrès continu, et non une succession de bonds imprévisibles. D'autre part la raison a été donnée tout entière à l'homme dès qu'il s'est dégagé de l'animalité :

> « Les animaux, écrit Diderot, sont séparés de nous par des barrières invariables et éternelles; et il s'agit ici d'un ordre de connaissances et d'idées particulières à l'espèce humaine, qui émanent de sa dignité et qui la constituent » (222).

Dans la longue évolution de la matière en mouvement il n'y a eu que deux mutations brusques, la première quand la matière inerte est devenue vivante, l'autre quand la matière vivante et organisée est devenue pensante. Cela ne signifie pas que l'homme n'ait pas évolué depuis son apparition sur la terre, cela signifie seulement que sa nature est immuable, au moins dans les limites de temps que l'espèce a à vivre.

L'histoire sociale de l'homme est donc, en un sens, accessoire aux yeux de Diderot, qui parle le plus souvent en naturaliste, alors qu'elle

---

(219) AT, t. XIV, p. 297.
(220) *Ibid.*.
(221) *Ibid.*, p. 298. C'est nous qui soulignons.
(222) *Ibid.*, p. 299.

est essentielle aux yeux de Rousseau. C'est donc un non-sens aux yeux de Diderot de dire comme le fait Rousseau que « tous les progrès (de l'humanité au-delà de l'état primitif) ont été, en apparence, autant de pas vers la perfection de l'individu, et, en effet, vers la décrépitude de l'espèce » (223). Pour lui au contraire le perfectionnement de l'individu et celui de l'espèce sont inséparables. Il prévoit bien, dans l'*Interprétation de la nature*, qu'il y aura un « état stationnaire » suivi d'un long « dépérissement » de l'espèce (224), mais il songe à un dépérissement d'ordre physiologique, non à une décrépitude morale.

D'autre part Diderot réaffirme implicitement, contre Rousseau, la continuité entre l'homme naturel et l'homme social. A vrai dire l'article *Droit naturel* ne contient même pas cette distinction. L'homme que décrit Diderot est *naturellement* en relation avec ses semblables; il y a une société générale du genre humain au-dessus des sociétés civiles. L'intérêt propre de l'article *Droit naturel* est même d'identifier cette société générale et l'être collectif de l'espèce. Par là Diderot renonce à faire de la société générale du genre humain un être de raison. Il l'imagine vraiment comme un être collectif, ayant une volonté propre. L'individu humain est à ce corps ce que la molécule est à l'organisme. La raison devient ainsi le moyen par lequel la volonté générale de l'espèce s'impose à l'ensemble des êtres particuliers qui constituent celle-ci. Elle assure la cohésion et la permanence du corps. Tout entière présente dans les éléments qui composent le corps, elle est dans chaque conscience individuelle la voix même de l'espèce. Mais cette voix n'est pas celle de l'instinct, ou plutôt elle n'est pas seulement celle de l'instinct, ce qui distingue radicalement l'homme de l'animal. La volonté générale de l'espèce humaine ne s'exprime pas seulement de façon diffuse dans chaque organisme individuel, elle s'exprime aussi, et principalement, par ce qu'on pourrait appeler l'organe spécifique de la raison, c'est-à-dire le cerveau humain.

L'espèce joue ainsi très exactement chez Diderot le rôle que jouait Dieu chez Burlamaqui. De Dieu elle a, par rapport à l'individu, le caractère à la fois transcendant et immanent (225). Elle est comme lui immuable, et elle ne saurait plus que lui faire acception de personne. N'est-on pas tenté de croire que Diderot écrit de la Providence, quand on lit dans l'article *Droit naturel* : « La volonté générale est toujours bonne; elle n'a jamais trompé, elle ne trompera jamais »; ou encore, « c'est à la volonté générale que l'individu doit s'adresser pour savoir jusqu'où il doit être homme, citoyen, sujet, père, enfant, et quand il lui convient de vivre ou de mourir » (226) ?

---

(223) ROUSSEAU, *De l'inégalité*, p. 117.

(224) DIDEROT, *De l'interprétation de la nature*, éd. par J. VARLOOT, p. 103.

(225) Voir A. ADAM, *Rousseau et Diderot*, p. 33. M. ADAM montre bien que DIDEROT a cru à une règle universelle qui serait Dieu, s'il existait. Mais il n'a pas suffisamment insisté sur le fait que ce Dieu n'est pas un être de pure raison. Pour DIDEROT la raison est un Dieu incarné. Elle s'incarne dans l'espèce humaine.

(226) AT, t. XIV, p. 299.

Alors que Rousseau montrait dans l'*Inégalité* que le concept de raison immuable et éternelle était une fiction, et l'homme raisonnable une abstraction, Diderot, loin de revenir en arrière, fait au contraire un pas de plus dans le sens où il s'était engagé. Il croit sans doute rendre sans objet la critique de Rousseau en donnant une réalité pour ainsi dire charnelle à ce qui pouvait être en effet considéré comme une fiction. L'homme raisonnable n'est pas une vue de l'esprit, il existe concrètement, il est le genre humain. Le paragraphe huit de l'article *Droit naturel* ne s'explique que par cette assimilation implicite. Si l'Homme est un être collectif formé de l'agrégation de tous les hommes qui existent ou qui ont existé, il est normal que le juriste cherche le dépôt de la volonté générale de l'espèce

« dans les principes du droit écrit de toutes les nations policées; dans les actions sociales des peuples sauvages et barbares; dans les conventions tacites des ennemis du genre humain entre eux » (227).

Diderot ne voit donc pas dans cette méthode de recherche seulement un pis-aller, comme le faisait Grotius (228). Comme Grotius, et plus systématiquement que lui, il veut prouver le droit par l'histoire. Ce faisant il s'expose plus encore que Grotius aux critiques de Rousseau, pour qui l'histoire des faits est le type même de la fiction, car elle est en définitive la projection dans le passé des intérêts et des préjugés de l'historien (229).

L'article *Droit naturel* traduit donc un durcissement très net de la pensée de Diderot, après le second *Discours* de Rousseau et après l'article de Boucher d'Argis. Son matérialisme mécaniste, son monisme surtout, s'affirment plus nettement que dans ses textes précédents, et sa philosophie politique s'y intègre de manière plus complète et plus cohérente.

Enfin il apparaît bien que ce que Diderot entend par volonté générale n'a plus rien de commun avec ce que Rousseau met sous ces deux mots dans l'article *Economie politique*. La volonté générale dont parle Diderot est la volonté de fait d'un être collectif concret, le genre humain. Or, comme l'a noté Vaughan dans sa présentation de l'article *Economie politique*, Rousseau n'assimile pas le corps social à un organisme animal (230). La comparaison que Rousseau fait dans son article entre le corps politique et « un corps organisé, vivant »; n'est qu'une comparaison (231). Certes Rousseau écrit :

« La vie de l'un et de l'autre est le *moi* commun au tout, la sensibilité réciproque et la correspondance interne de toutes les parties » (232).

---

(227) *Ibid.*, p. 300.
(228) AT, t. XIV, p. 300. Cf. Grotius, *Le droit de la guerre*, t. I, pp. 53-54. Barbeyrac (*ibid.*, p. 54, n.) et Rousseau (Derathé, *Rousseau*, pp. 72-74) ont vivement protesté contre cette manière de prouver le droit par le fait.
(229) Voir R. Derathé, *Rousseau*, p. 73.
(230) C.E. Vaughan, *The political writings*, t. I, p. 230.
(231) *Ibid.*, p. 241.
(232) *Ibid.*.

Et il dit de la volonté générale qu'elle « tend toujours à la conservation et au bien-être du tout et de chaque partie » (233). Mais il y a une différence essentielle entre le corps dont parle Rousseau et celui auquel pense Diderot dans le *Droit naturel.* Rousseau parle du corps politique, c'est-à-dire d'une communauté artificielle, au sein de laquelle les hommes se sont librement rassemblés, et non d'un organisme naturel. On ne peut en parler comme d'un organisme naturel que par figure, car c'est essentiellement un être moral, un être de raison (234). Diderot pense de même au sujet des corps politiques; dans ces corps, les volontés individuelles forment par convention un faisceau qu'on nomme volonté générale. Mais il en va tout autrement de la volonté générale dont il est question dans le *Droit naturel.* L'espèce humaine y est décrite comme un organisme véritable, et sa volonté n'est pas la résultante de volontés multiples associées librement et fortuitement. La volonté générale est antérieure et supérieure aux volontés particulières comme l'espèce l'est aux individus. En ce cas la volonté générale de chacune des sociétés civiles que Rousseau appelle corps politiques n'est qu'une volonté particulière au regard de la volonté générale de l'espèce.

Bien que fondé sur une base philosophique qui n'est pas celle de l'article *Droit naturel,* l'article de Rousseau, il faut le noter, contenait pourtant des propositions que Diderot ne pouvait pas ignorer, et qui semblaient laisser encore la porte ouverte à la discussion. Rousseau avait en effet proposé dans son article une image assez leibnizienne de la société, comportant, comme M. Adam l'a remarqué, des espèces de monades sociales emboîtées les unes dans les autres (235). Il y a selon Rousseau de petites communautés sociales et de grandes communautés, et les premières sont par rapport aux secondes comme l'étaient dans l'article *Cité* de Diderot les familles par rapport aux cités, les cités par rapport à l'empire (236). La similitude entre les deux systèmes est d'ailleurs très compréhensible si, comme il est probable, Diderot et Rousseau en ont emprunté le schéma au même Althusius (237). Chaque corps ayant sa volonté propre, le plus vaste représente par rapport aux individus qui le composent une volonté plus générale que ne l'est celle des corps subordonnés. Rousseau pense même qu'il peut y avoir contradiction entre la volonté d'un corps subordonné et la volonté de la communauté plus vaste où il s'intègre : « Telle délibération peut être avantageuse à la petite communauté et très pernicieuse à la grande » (238). Il conclut dans ce cas que la volonté la plus générale est évidemment la

---

(233) *Ibid.*, pp. 241-242.
(234) Il y a une excellente mise au point sur le pseudo-organicisme de Rousseau dans R. Derathé, *Rousseau,* pp. 410-413.
(235) A. Adam, *Rousseau et Diderot,* p. 30.
(236) AT, t. XIV, p. 188.
(237) Voir Vaughan, *The political writings,* t. II, p. 8, n. 1.
(238) Vaughan, *The political writings,* t. I, pp. 242-243.

plus juste (239). Diderot ne fait donc en apparence que prolonger la réflexion de Rousseau, lorsqu'il déclare dans l'article *Droit naturel* que la volonté générale du genre humain est en définitive le seul critère du juste et de l'injuste.

En fait, même en ce point, une faille infranchissable sépare les deux philosophes. Car pour Diderot l'espèce préexiste aux individus, alors que pour Rousseau l'individu préexiste en quelque sorte à l'espèce. Diderot voit les corps politiques s'intégrer dans des ensembles de plus en plus grands, dans un mouvement apparemment ascendant dont le terme serait l'extension de la société civile aux limites de la société humaine. Mais il est entendu que cette société existe en raison dès qu'apparaît l'homme sociable. Le sens apparent du mouvement et son terme sont les mêmes chez Rousseau, mais l'ascension qu'il décrit est *réelle*, et non *fictive*. Chaque corps politique supérieur est bien pour lui une création nouvelle, et le terme à atteindre est un objectif idéal et lointain : l'humanité sera ce que les hommes la créeront.

L'article *Droit naturel* ne pouvait manquer de susciter de vives réactions chez les adversaires de Diderot. Nous n'en citerons que deux, qui ont le mérite de bien mettre en lumière ce qui était en effet l'essentiel.

Abraham Chaumeix, par exemple, a clairement discerné la signification philosophique de l'article. Il a vu que Diderot voulait donner à la philosophie politique du droit naturel une base solide, et pour ainsi dire scientifique, la rendant par là beaucoup plus dangereuse qu'elle n'avait été. De tous les écrivains politiques modernes ayant traité du droit naturel et du pacte social, Hobbes était le seul en effet à avoir explicitement rattaché son système politique à une philosophie matérialiste. C'est même pour cela qu'on le haïssait, plus que pour ses théories absolutistes. Grotius, Pufendorf, tous les théoriciens du droit naturel au contraire, qu'ils fussent absolutistes ou libéraux, avaient au moins le bon esprit de s'en tenir au point de vue limité du juriste, laissant le plus souvent à leurs lecteurs le soin d'accorder la théorie politique qui leur était proposée avec leur conception du monde. Mais Burlamaqui n'était pas le seul à donner explicitement à la loi naturelle la garantie divine, quitte à dire d'autre part qu'on pouvait toutefois la connaître sans le secours de la Révélation. Et voilà que Diderot, aussi hardiment que Hobbes, éliminait Dieu de son système politique, comme il l'éliminait d'autre part de sa philosophie !

Le compte rendu de l'article *Droit naturel* que Chaumeix rédigea pour ses *Préjugés légitimes* commence donc par réaffirmer les principes de la saine doctrine :

> « Ce n'est ni à l'individu, ni à l'espèce que je donne le pouvoir législatif sur cette matière. Je reconnais un supérieur au-dessus de l'humanité, et c'est à son tribunal que je porte ma cause » (240).

---

(239) *Ibid.*, p. 243.
(240) A. Chaumeix, *Préjugés légitimes*, t. II, p. 73.

Car Chaumeix a pressenti que même fondé en raison, le droit naturel risquait, faute de la garantie divine, de perdre son caractère de généralité et d'immutabilité. N'y voir que l'expression de la volonté générale de l'humanité, c'était à plus ou moins long terme ne lui reconnaître qu'une valeur conventionnelle, même si Diderot, sincèrement, s'en défendait. Or, lui objecte Chaumeix, le droit naturel « est éternel et immuable; (...) il a précédé non seulement toute société et toute convention, mais encore l'existence du premier homme » (241). A la question que Diderot se posait, se demandant si la notion de justice précédait ou non la la convention, Chaumeix répond évidemment par l'affirmative :

> « Celui qui le premier a proposé les lois du droit naturel l'a fait, parce qu'il les trouvait justes. Elles n'ont été approuvées par tous, que parce que chacun les a trouvées justes. Donc et le premier qui les a proposées, et chacun de ceux qui les ont approuvées, connaissaient le juste avant cette approbation. Donc ils n'ont point eu besoin de la connaissance de la volonté générale; puisqu'elle n'a existé qu'en conséquence de leur approbation » (242).

La critique de Chaumeix est, comme on voit, parfaitement orthodoxe. Toutefois ce n'est pas seulement une critique de principe. Son compte rendu contient en effet une insinuation dont la portée pratique est grande. S'adressant directement à Diderot, Chaumeix semble le louer des beaux sentiments d'humanité qu'il manifeste dans son article, et il lui dit comme en passant : « Vous êtes un individu de l'espèce humaine : vous êtes citoyen du monde, et patriote de nulle part » (243). Louange perfide, qui n'est rien de moins qu'une dénonciation en bonne et due forme. A sa date, 1758, cette petite phrase n'avait pour but que d'attirer l'attention des autorités sur le danger pratique immédiat que représentait la philosophie politique de Diderot. Il était d'autant plus opportun de le faire que l'*Encyclopédie* était attaquée de toutes parts et sur le point de succomber. L'accusation de cosmopolitisme venait à point pour justifier un coup décisif contre une entreprise qui mettait en cause non seulement les fondements traditionnels de l'Etat, — ce qui était devenu assez fréquent, — mais encore, semblait-il, le principe même de la souveraineté nationale. La haine parfois tient lieu d'intelligence : en s'attaquant au cosmopolitisme de Diderot, Chaumeix mettait par hasard le doigt sur un point dont Rousseau avait effectivement vu le faible tout de suite.

Le compte rendu de l'article *Droit naturel* qui parut en 1760 dans *la Religion vengée* est aussi orthodoxe que celui de Chaumeix, mais ce ne sont pas tout à fait les mêmes points de l'article qui y sont critiqués. Après avoir rappelé, comme l'avait fait Chaumeix, la concep-

---

(241) *Ibid.*.
(242) *Ibid.*, p. 82.
(243) *Ibid.*, p. 79.

tion catholique du droit naturel (244), l'auteur de *la Religion vengée* s'indigne qu'on puisse supposer l'homme privé de la connaissance innée de la loi naturelle : « L'ignorance qu'on suppose ici dans tous les hommes par rapport à cet objet, est une calomnie contre l'humanité » (245).

Mais l'erreur impardonnable est celle que Diderot a commise en affirmant que l'homme n'était pas libre : s'il n'y a ni bien ni mal moral, il n'y a plus de droit naturel. Nous avons vu qu'en effet le pivot de l'article *Droit naturel* était l'affirmation du déterminisme moral. Toutefois les conséquences qu'en tire Diderot ne sont pas celles que suppose l'auteur de *la Religion vengée*, puisque c'est précisément sur le roc du déterminisme moral qu'il prétend fonder la théorie du droit naturel.

La critique qui suit est plus pertinente. Elle vise le paragraphe huit de l'article de Diderot, concernant le « dépôt » de la volonté générale. L'auteur de *la Religion vengée* admet à la rigueur qu'on le trouve dans « les principes du droit écrit » des peuples civilisés et dans les coutumes des peuples qui ne le sont pas, mais il se demande à bon droit si cet appel au genre humain ne risque pas de rester une utopie, au moins tant qu'une enquête systématique sur les lois de tous les peuples existants n'aura pas été faite. Et qui fera une telle enquête ? (246) Enfin après une allusion attendue au scandale que constitue le passage de l'article *Droit naturel* concernant l'animalité, le compte rendu pose une question embarrassante. L'auteur de *la Religion vengée*, qui nie l'existence réelle d'un être qu'on appellerait le genre humain (247), se demande en effet à quoi peut bien correspondre dans ce cas la notion de volonté générale. Fait curieux, il raisonne exactement comme le faisait Diderot, lorsqu'il expliquait dans une lettre à Sophie Volland que si « la particule *a* placée à gauche de la particule *b* n'avait point la conscience de son existence, ne sentait point, était inerte et morte », il ne pouvait se faire que « celle qui était à gauche mise à droite », et inversement, le tout se mît à vivre, à se connaître, à se sentir (248). Le critique considère en effet que le genre humain n'est qu'une collection d'individus ayant des volontés particulières divergentes, et il demande avec pertinence : « De cet assemblage de volontés particulières toutes *suspectes*, comment peut-il en résulter une volonté générale qui nous conduise à la sagesse et à la vérité ? » (249) C'est bien en effet l'impossibilité de répondre à une telle question qui montre le caractère artificiel de la théorie de Diderot.

---

(244) « La conséquence évidente de ce que nous venons de dire, c'est que malgré les ténèbres et l'intérêt des passions, tous les hommes ont reconnu et reconnaîtront encore une loi antérieure à toutes les lois positives : c'est que cette loi est gravée dans leurs cœurs en caractères ineffaçables : et cette loi, Monsieur, n'est autre chose que le *Droit naturel* » (*La religion vengée*, t. X (1760), p. 144).

(245) *Ibid.*, p. 172.

(246) *Ibid.*, p. 180. Cf. AT, t. XIV, p. 300.

(247) *La religion vengée*, t. X (1760), pp. 182-183.

(248) SV, t. I, p. 69.

(249) *La religion vengée*, t. X (1760), p. 191.

Ce qu'il n'expliquera lui-même qu'à grand peine dans le *Rêve de d'Alembert*, à propos de l'organisme vivant dont nul ne peut contester au moins la réalité, devient inexplicable à propos de l'espèce, dont la réalité comme être collectif est encore purement hypothétique. N'avait-il pas montré lui-même, dans l'article *Animal*, que les divisions faites dans la chaîne des êtres par l' « historien » de la nature étaient arbitraires, et que pour l'« observateur » de la nature il n'y avait que des individus ? (250)

DE L'ARTICLE *DROIT NATUREL* AUX *REFLEXIONS* DE 1764

Depuis l'étude de René Hubert sur *Rousseau et l' « Encyclopédie »*, nul ne doute plus que l'article *Droit naturel* de Diderot ait précédé ce qu'on appelle le *Manuscrit de Genève*, c'est-à-dire la première version de ce que Rousseau appelait en 1756 les *Institutions politiques*, qui devaient devenir le *Contrat social*. Le chapitre II du livre I de ce *Manuscrit*, intitulé « De la société générale du genre humain », est une réfutation en bonne et due forme de l'article de Diderot, ce qui explique certaines similitudes entre les deux textes (251). Cette réfutation est extrêmement importante, à la fois pour la compréhension de Rousseau et pour celle de Diderot.

En ce début de 1756, en effet, les deux amis sont arrivés à une conclusion qu'on pouvait pressentir depuis le deuxième *Discours* de Rousseau : leurs systèmes politiques sont décidément très différents. Ils ne se rapprochaient jusqu'ici qu'en apparence, ou sur des points secondaires. L'article *Droit naturel* et les *Institutions politiques* marquent au contraire avec toute la netteté désirable ce que chacun d'eux a d'original. Les voies de Diderot et de Rousseau, maintenant, se séparent. Elles ne se recouperont plus. Les motifs d'animosité personnelle, la brouille de La Chevrette, ne feront qu'aggraver un conflit latent, dont la cause profonde n'est pas d'ordre caractériel, mais d'ordre politique et social.

Dans sa réfutation de l'article *Droit naturel*, Rousseau souligne dès le début le caractère « mystificateur » de la philosophie politique de Diderot. Il ne fait pour cela que reprendre en termes particuliers ce qu'il avait montré en termes généraux dans l'*Inégalité*. La société générale du genre humain, qui selon Diderot est née spontanément du besoin d'aide mutuelle ressenti par les premiers hommes, n'est pas un être naturel, mais une fiction imaginée par les puissants pour sauvegarder leurs avantages. Son objet n'est nullement la « félicité commune »,

---

(250) ENC, t. I, p. 471 b.
(251) R. Hubert, *Rousseau et l'« Encyclopédie »*, p. 27. Cf. antérieurement la réponse de Beauvalon à Schinz (*La question du contrat social*); cf. aussi plus récemment R. Derathé, *Rousseau*, p. 55, et n. 4, p. 58 et n. 3.

l'intérêt général, comme il le paraît; elle n'est en réalité qu'un moyen pour les uns de faire leur bonheur au prix du malheur des autres (252).

Rousseau fait apparaître de deux manières le caractère mensonger de cette notion de genre humain. Il montre d'abord, comme le fera l'auteur de *la Religion vengée*, que ce n'est pas un être réel, ayant une unité organique. Il écrit :

> « Il est certain que le mot de *genre humain* n'offre à l'esprit qu'une idée purement collective, qui ne suppose aucune union réelle entre les individus qui le constituent » (253).

Mais le genre humain n'est pas non plus un être de raison, une « personne morale », comme l'est un corps politique (254). Et comme la vie en société étouffe les sentiments d'humanité qui pouvaient être au cœur des individus, il est utopique de croire à la création progressive d'une telle « personne morale ». Voilà donc rompu le dernier pont qui permettait encore, dans l'*Economie politique*, de relier tant bien que mal le système de Diderot et celui de Rousseau. « Loin que l'intérêt particulier s'allie au bien général, écrit Rousseau, ils s'excluent l'un l'autre dans l'ordre naturel des choses » (255). Ce qui prend exactement le contrepied de la formule répétée si souvent par Diderot :

> « (Il est absurde de dire) que, dans chaque système de créatures, l'intérêt de l'individu est contradictoire à l'intérêt général, et que le bien de la nature dans le particulier est incompatible avec celui de la commune nature » (256).

Puis Rousseau fait un sort au raisonnement par lequel Diderot a prétendu justifier sa théorie, dans sa réponse à l'homme passionné, qui se dit prêt à mettre sa vie en balance pour avoir le droit de disposer de celle des autres (257). Rousseau avait d'ailleurs prévenu un tel raisonnement en montrant dans l'*Inégalité* que l'homme naturel n'avait que peu de passions et que la pitié naturelle suffisait à l'empêcher de tuer ses pareils sans nécessité. Mais enfin que répondre, en supposant qu'un tel homme existe ? Rousseau, comme Diderot, écarte l'argument d'autorité, et trouve inutile de faire « intervenir immédiatement la volonté de Dieu pour lier la société des hommes » (258). Comment l'homme concevra-t-il par lui-même que son intérêt personnel est de se soumettre à la volonté générale ? Affirmer comme le fait Diderot que cette volonté « est dans chaque individu un acte pur de l'entendement », c'est interdire l'accès de la vie morale au commun des hommes, peu aptes au maniement des idées générales et abstraites. Dira-t-on qu'il s'agit d'une « voix intérieure » ? Si elle existe, répond

---

(252) C.E. Vaughan, *The political writings*, t. I, p. 448.
(253) *Ibid.*, p. 449.
(254) *Ibid.*.
(255) *Ibid.*, p. 450.
(256) AT, t. I, p. 66.
(257) AT, t. XIV, pp. 298-299.
(258) Vaughan, *The political writings*, t. I, p. 451.

Rousseau, elle n'est formée « que par l'habitude de juger et de sentir dans le sens de la société et selon ses lois; elle ne peut donc servir à les établir » (259). Enfin, à supposer même que nous induisions la volonté générale des principes du droit écrit ou coutumier des différents peuples, c'est toujours de *notre* ordre social que nous tirons « les idées de celui que nous imaginons » (260).

L'argumentation n'a donc pas changé depuis l'*Inégalité :* les philosophes du droit naturel, et singulièrement Diderot, érigent en raison des principes qui découlent en fait d'une pratique sociale historiquement déterminée. La conclusion s'impose alors d'elle-même : au lieu de s'aveugler sur la réalité, il faut dévoiler le mystère social, au lieu de raisonner, il faut agir. Telle qu'elle est actuellement constituée la société n'est pas un bien mais un mal, et c'est du mal lui-même qu'il faut paradoxalement tirer le remède (261).

Ici apparaît pour la première fois le nouveau contrat. Car malgré tous les accommodements qu'il lui avait trouvés, la conception du pacte social héritée des théoriciens du droit naturel ne pouvait plus satisfaire Rousseau.

Le chapitre III du *Manuscrit de Genève,* qui présente ce nouveau contrat, n'est plus une réponse directe à Diderot. Il convient cependant d'en souligner quelques particularités. Elles font ressortir par contraste les aspects les plus caractéristiques de la philosophie politique de Diderot.

Des deux pactes successifs d'association et de soumission, Diderot néglige volontiers le premier, puisque les hommes par nature inclinent à se grouper en communauté. Il insiste en revanche sur le second, qui tient une place de choix dans son article *Autorité politique* par exemple. Le *Manuscrit de Genève* au contraire, ne fait plus aucune place au pacte de soumission. Le pacte d'association devient désormais pour Rousseau l'acte décisif par lequel les individus constituent de propos délibéré un être moral collectif, qui est le corps politique. Mais au lieu que chez Diderot, — et quelquefois encore chez Rousseau, au temps où il écrivait l'*Economie politique,* — cet être moral peut s'incarner dans la personne privée des magistrats ou du prince, qui la représentent dans certaines conditions, et à qui est transférée l'autorité souveraine, le *Manuscrit de Genève* résout de façon démocratique la contradiction apparue entre le principe de la souveraineté nationale, et la nécessité d'un pouvoir exécutif fort et stable : nul ne *représente* le corps politique, qui est la source de la souveraineté et qui l'exerce tout entière. Comme personne publique celui-ci contracte avec chacune des personnes privées qui le constituent (262). Si les volontés individuelles semblent ainsi s'aliéner au profit de la volonté générale, chaque citoyen gagne en fait par le

(259) *Ibid.*, p. 452.
(260) *Ibid.*, p. 453.
(261) *Ibid.*, p. 454.
(262) *Ibid.*, pp. 455-457.

contrat la liberté civile « et la propriété de tout ce qu'il possède », car il ne contracte en définitive qu'avec lui-même (263). D'autre part tout risque de voir le souverain poursuivre des fins propres au détriment de l'intérêt général est exclu désormais, puisqu'il est par définition un être moral public, au regard de qui tous les intérêts privés s'annulent.

Les écrits politiques de Diderot postérieurs à 1756 et antérieurs à 1765 ne contiennent à peu près rien qui permette de les comparer encore utilement aux écrits de Rousseau (264). Diderot sera désormais d'une fermeté inébranlable sur les principes qu'il a découverts dans la période précédente, en partie grâce à Rousseau, et aussi contre lui.

---

(263) *Ibid.*, pp. 457-459.

(264) Une lettre de DELEYRE à ROUSSEAU, datée du 23 septembre 1756, et une note de ROUSSEAU portée sur cette lettre quelques années plus tard, montrent bien les points de désaccord définitifs entre les encyclopédistes et ROUSSEAU.

« Vous avez raison, mon cher Citoyen, écrit DELEYRE, le nom de sujet est bien vil; mais ce n'est guère qu'un nom, tout comme le titre de Citoyen ».

Ce début fait voir que pour les encyclopédistes, qui étaient monarchistes pour la plupart, l'idéal démocratique de ROUSSEAU était sinon un scandale, du moins matière à plaisanterie. DELEYRE poursuit :

« Comment voulez-vous établir entre les hommes une égalité que la nature n'y a pas mise ? Car ils n'étaient pas tous de la même force dans les bois, et à quoi eût servi cette disproportion physique, qu'à en établir une morale ? Direz-vous qu'ils ne s'employaient qu'à dompter plus aisément les monstres, ou à surmonter les périls de leur état ? Mais il y avait si peu d'occasions à exercer ses forces contre ces obstacles, que c'eût été un présent inutile, s'ils n'avaient pas dû s'en prévaloir entre eux ».

DELEYRE touche ici le point essentiel. Alors que pour ROUSSEAU l'inégalité sociale et politique est la conséquence d'une évolution de l'humanité qui n'était pas moralement nécessaire, les encyclopédistes pensent qu'elle est en dernière analyse un fait de nature. Et il ne s'agit pas là d'une dispute byzantine : la démocratie ne peut en effet s'admettre que si les hommes sont supposés égaux. De l'affirmation que les hommes sont inégaux DELEYRE conclut, au contraire, qu'ils doivent être soumis à une hiérarchie politique :

« Mais si l'homme était une espèce de bétail ou de troupeau, non pas comme les brebis, parce que vous me diriez que l'homme les a rassemblées, mais comme les grues !... C'est bien alors que la condition de sujet deviendrait nécessaire, le plus grand nombre devant toujours se laisser mener par le petit nombre, et quelques-uns par un seul ».

Remarquons cependant qu'ici DELEYRE est plus « royaliste » que DIDEROT, au moins dans sa formulation. DIDEROT au moins justifie l'institution monarchique, alors que DELEYRE en donne une explication grossièrement naturaliste. La fin du passage est de nouveau très orthodoxe, par rapport à la doctrine professée par DIDEROT :

« Dites l'homme sauvage, mais non jamais l'homme isolé; car il est certain qu'après nous et ce qui entretient notre égoïté, nous aimons le mieux ce qui nous ressemble davantage. Ce ne serait, au contraire, qu'après avoir éprouvé combien ils sont funestes les uns aux autres que les hommes devraient se fuir. Mais dans les premiers jours d'inexpérience la nature qui les rassemblait pour peupler devait leur inspirer le désir d'habiter ensemble ».

Voilà donc réaffirmé le principe de la sociabilité naturelle, qui est la base de la théorie du droit naturel, et la cause première du ressentiment de ROUSSEAU contre les encyclopédistes. Nous avons tenu à citer ce texte, bien qu'il soit de DELEYRE, parce que ROUSSEAU, au-delà de son correspondant, a perçu l'influence de DIDEROT. Il se demande en effet dans sa note la raison du ton « très extraordinaire » de la lettre de DELEYRE.

« Il me survivra, je l'espère, dit-il en terminant; qu'on sache de lui ce qui le portait à m'écrire de cette sorte, je suis aussi sûr d'avance qu'on trouvera DIDEROT et d'HOLBACH pour premiers mobiles que s'il me l'eût déjà dit » (ROUSSEAU, *Correspondance*, t. II, pp. 337-340).

Il se plaira par exemple, dans l'article *Grecs*, à reproduire la description idyllique que Brucker avait faite de l'âge d'or de la Grèce :

« La religion, l'éloquence, la musique et la poésie avaient préparé les peuples de la Grèce à recevoir le joug de la législation; mais ce joug ne leur était pas encore imposé. Ils avaient quitté le fond des forêts; ils étaient rassemblés, ils avaient construit des habitations et élevé des autels; ils cultivaient la terre, et sacrifiaient aux dieux : du reste, sans conventions qui les liassent entre eux, sans chefs auxquels ils se fussent soumis d'un consentement unanime, quelques notions vagues du juste et de l'injuste étaient toute la règle de leur conduite : et s'ils étaient retenus, c'était moins par une autorité publique que par la crainte du ressentiment particulier » (265).

Diderot voit naturellement dans ce tableau l'illustration de la thèse qu'il avait soutenue dans l'*Apologie de l'abbé de Prades*. Il y a eu effectivement dans l'histoire des sociétés un temps où les hommes ont pu vivre en bonne intelligence les uns avec les autres, sans chefs et sans conventions.

Il ne faut pourtant pas confondre cet âge d'or avec celui que Rousseau appelait dans son deuxième *Discours* « la véritable jeunesse du monde ». En effet l'âge d'or décrit par Rousseau dans l'*Inégalité* est antérieur à la division du travail et au partage des terres, et correspond au stade le plus primitif de la vie en société. L'âge d'or des Grecs se situe au contraire après la naissance des premières industries et celle de l'agriculture, c'est-à-dire au point qui pour Rousseau marque le commencement de la décrépitude (266).

D'autre part l'article *Grecs* contient une précision sur la fin du contrat. Diderot n'avait pas donné cette précision dans ses textes antérieurs, où il se contentait d'indiquer le caractère équitable du pacte conclu pour protéger tous les membres de la société civile des méfaits de l'anarchie. Répondant, peut-être, aux critiques de Rousseau, et prenant de toute manière le contrepied de la thèse rousseauiste, Diderot affirme dans l'article *Grecs* que le pacte social a pour but de protéger les faibles contre les forts : « Sans un glaive qui se meuve également sur la surface d'un peuple (...) le *faible* demeure exposé à l'injure du *plus fort* » (267).

Diderot aimera aussi collectionner les anecdotes prouvant la sociabilité naturelle de l'homme. Il en fera une jolie moisson, à la Toussaint de 1760, pour l'offrir à Sophie. Il y aura celle du général anglais blessé qui fait panser son ennemi d'abord, celle du Prince héréditaire qui

---

(265) AT, t. XV, p. 57.

(266) Rousseau, *De l'inégalité*, p. 118 : « Ce sont le fer et le blé qui ont civilisé les hommes et perdu le genre humain ».

(267) AT, t. XV, p. 57. C'est nous qui soulignons. Notons que les termes de *faible* et de *fort* sont précisément ceux que Rousseau jugeait impropres et auxquels il voulait voir substituer ceux de *pauvre* et de *riche*.

sauve Ségur, celle des montagnards écossais qui donnent asile au prétendant dont la tête est mise à prix (268).

Les *Réflexions sur un ouvrage publié à l'occasion de la renonciation volontaire de Rousseau au droit de citoyen de Genève*, que Diderot donnera à Grimm, pour la *Correspondance littéraire*, en 1764, ne seront pas, malgré leur titre, une reprise du dialogue interrompu depuis 1755. Et il serait vain d'y chercher d'autre part un nouveau développement de la philosophie politique de Diderot. Ces *Réflexions* ne sont nullement le signe d'un glissement de Diderot vers l'idée démocratique. C'est d'une manière désintéressée, en technicien si l'on peut dire, et dans le cadre particulier de la démocratie genevoise, que Diderot étudiera dans ce texte le problème du « pouvoir négatif » (269).

Par pouvoir négatif on entendait celui qu'avaient les chefs du peuple, de s'opposer aux « représentations extravagantes » de leurs concitoyens. Cette question du « pouvoir négatif » était vivement débattue à Genève depuis les mesures prises en 1762 contre Jean-Jacques Rousseau. Un conflit opposait le Petit Conseil et le Conseil Général, le premier prétendant ne soumettre au second que les « représentations » par lui agréées, le second voulant débattre indistinctement de toutes les représentations faites par les citoyens (270).

Il est tout de même intéressant de noter que dans la manière même dont il pose et examine ce problème spécifiquement genevois, Diderot trahit l'une de ses préoccupations constantes. Il voit dans la démagogie populaire un ferment d'anarchie, et dans un « pouvoir négatif » trop fort le ferment du despotisme. Et pourtant il est trop soucieux de sauvegarder l'autorité du souverain pour admettre une sorte de balance des pouvoirs, un partage effectif de la souveraineté. Le « tempérament » qu'il imagine est en apparence libéral, puisqu'il suggère qu'on mesure l'importance de la « représentation » au nombre des pétitionnaires, et que les chefs ne soumettent au conseil que les représentations proposées par un nombre suffisant de citoyens. Pour ne léser personne il pense qu'on pourrait aussi, à l'occasion, soumettre au conseil des représentations faites par une minorité de citoyens. En réalité, si l'on examine de près le mécanisme institutionnel imaginé, on s'aperçoit qu'il laisse intacte la souveraineté du Conseil Général, qui reste le maître de ses décisions. Le « tempérament » a seulement pour but de ne le

---

(268) SV, t. I, pp. 180-182. La même lettre contient une allusion directe à Jean-Jacques ROUSSEAU qui prouve qu'en 1760 DIDEROT a toujours présentes à l'esprit les théories de son ancien ami, et que leurs débats d'autrefois éveillent encore des échos suggestifs. L'histoire de l'empereur SHY-WANG-TI, qui fit un jour brûler tous les livres de la Chine, à l'exclusion des livres d'agriculture, d'architecture et de médecine suggère à DIDEROT cette réflexion : « Si ROUSSEAU avait connu ce trait historique, le beau parti qu'il en eût tiré ! Comme il eût fait valoir les raisons de l'empereur chinois » (*Ibid.*, p. 185).

(269) AT, t. IV, pp. 70-72.

(270) Voir *Tableau de la constitution de Genève* in J.-J. ROUSSEAU, *Les rêveries d'un promeneur solitaire*, p.p. GAIFFE, éd. GARNIER, p. 110. Voir aussi la neuvième des *Lettres écrites de la montagne*, *ibid.*, pp. 281 et suivantes.

faire légiférer que rarement, dans des occasions en quelque sorte solennelles, — « une fois tous les dix ans » (271), — de manière à ôter aux démagogues toute possibilité de diviser et d'agiter le peuple pour des futilités.

On voit bien dans cette affaire que ce n'est pas tant la forme démocratique de l'Etat qui intéresse Diderot, que le maintien de l'intégrité du pouvoir souverain. On peut penser qu'en dépit de la conclusion de l'article, sur la « toute puissance qui appartient de droit » au peuple d'une démocratie, Diderot prend bien des précautions pour empêcher ce droit de s'exercer en effet. Il n'a pas vu, semble-t-il, que ces précautions aboutissaient pratiquement à un véritable transfert de la souveraineté au profit des chefs du peuple, maîtres du pouvoir dans l'intervalle des sessions du Conseil, et de surcroît libres d'intriguer pour susciter ou étouffer les représentations de leurs concitoyens. Et en fait, à Genève, le véritable souverain n'était point le Conseil Général, mais le Petit Conseil, bien qu'en droit la souveraineté appartînt au premier. Mais Diderot se soucie peu de la réalité. Les précautions auxquelles il pense, loin de limiter en droit la souveraineté du peuple, doivent au contraire en préserver l'intégrité. En défendant pour ainsi dire le peuple contre lui-même, en empêchant le corps politique de se défaire au profit des factions, Diderot prétend assurer en tout état de cause la cohésion et la permanence de la volonté générale, en maintenir le principe au-dessus de la mêlée des intérêts privés des individus ou des coalitions.

DIDEROT CRITIQUE DE *L'ESPRIT* (1759)

L'état des recherches sur l'*Encyclopédie* n'est pas assez avancé pour qu'on puisse reconstituer l'entretien à plusieurs voix que constitue la collection des articles politiques des Jaucourt, d'Holbach, Saint-Lambert. Et Diderot, bien sûr, est toujours présent dans cet entretien. Mais tant que nous n'aurons pas la liste exacte et, si possible la chronologie des articles des uns et des autres, le risque sera grand de refaire, en si petit nombre que ce soit, des erreurs d'attribution comme celles que nous avons dû déplorer plusieurs fois dans le cas de Diderot. Nous n'essaierons donc pas d'anticiper sur les résultats des recherches en cours ou à venir.

On ne saurait cependant faire l'histoire de la formation politique de Diderot entre 1745 et 1765 sans s'arrêter un instant aux *Réflexions sur le livre « De l'Esprit »*. Ces réflexions occupent peu de place dans le recueil des œuvres de Diderot et par surcroît nous ne connaissons rien des discussions directes que Diderot et Helvétius ont pu avoir antérieurement ou postérieurement à l'ouvrage. M. Topazio a montré naguère que les deux philosophes avaient eu peu de relations avant 1759 et qu'aucune collabora-

---

(271) *Ibid.*, p. 71, par. 4.

tion n'avait existé entre eux (272). Il n'y a donc pas eu entre Diderot et Helvétius cette intimité de pensée que nous avons constatée entre Diderot et Jean-Jacques Rousseau. *L'Esprit* n'a pas été pour Diderot une source d'enrichissement, un moyen de faire progresser sa pensée par assimilation d'apports extérieurs ou par décantation au contact d'une pensée adverse. Le livre a été tout au plus pour lui une occasion de préciser certains points originaux de sa doctrine, au cas où des esprits superficiels ou légers eussent été tentés de la confondre avec celle d'Helvétius.

Car il ne paraît pas douteux que ces *Réflexions* aient été destinées à être publiées dans la *Correspondance littéraire* de Grimm. Elles ont été classées en tout cas, dans les volumes reliés du fonds Vandeul, parmi des morceaux destinés pour la plupart à cette *Correspondance* (273). Il est probable que seules des raisons d'opportunité ont empêché la publication d'un texte qui dans le concert d'injures et d'accusations provoqué par *l'Esprit* eût fait figure non de simple mise au point, mais d'un acte de reniement.

Si l'on comprend aisément les raisons profondes des divergences apparues dès 1754 entre Rousseau et Diderot, — elles sont à la fois philosophiques et politiques, — on imagine volontiers qu'entre Diderot et Helvétius les points débattus sont de simples détails. Quelles raisons y aurait-il pour que deux philosophes matérialistes, nourris l'un et l'autre du sensualisme de Locke, fussent en désaccord sur les conséquences morales et politiques de leurs doctrines ? M. Topazio pense que Diderot reproche surtout à Helvétius d'avoir tiré des conséquences extrêmes de théories abstraites, schématiques, retardant de dix ans sur la connaissance de l'homme qu'on avait en 1758 (274). M. Creighton pense aussi qu'à une conception très abstraite de l'esprit Diderot a voulu opposer une théorie psychologique aussi complète que possible, fondée sur ce que les sciences de la nature lui avaient appris de la psychologie humaine (275).

L'un et l'autre ont raison, pour l'essentiel, mais il y a encore autre chose, et l'on ne saurait souscrire à la conclusion de M. Creighton, disant que Diderot s'intéressait surtout à la psychologie individuelle, et ne songeait guère à l'homme social et politique (276).

Car Diderot a lu *l'Esprit* au moins autant en écrivain politique qu'en naturaliste. Il a prêté notamment une grande attention à toute la partie de l'ouvrage qui traite de l'esprit « par rapport à la société » (277). S'il n'entre pas dans tous les détails, c'est que sa philosophie générale est à peu près celle d'Helvétius, et que les conséquences morales qu'on peut en tirer sont évidentes pour l'un comme pour l'autre. Diderot, sur ce

---

(272) Topazio, *Diderot's supposed contribution.*
(273) Voir H. Dieckmann, *Inventaire*, p. 64, n° 1 et p. 29.
(274) Topazio, *Diderot's supposed contribution*, p. 321.
(275) Creighton, *Man and mind.*
(276) *Ibid.*, p. 724.
(277) AT, t. II, p. 269.

plan-là, est naturellement plus proche d'Helvétius qu'il ne le fut jamais de Rousseau. Il souscrit donc sans réserve à une déclaration comme celle qui ouvre le traité *De l'Esprit :* « J'ai cru qu'on devait traiter la morale comme toutes les autres sciences, et faire une morale comme une physique expérimentale » (278). Nous avons vu dans un précédent chapitre que Diderot aussi faisait de la morale une science des mœurs. Et il en est ainsi parce que sa morale est déterministe, comme celle d'Helvétius.

Il y avait bien quelque apparence de raison dans les médisances de ceux qui autour de 1759 allaient répétant que *l'Esprit* était une machine de guerre encyclopédique et que son auteur avait partie liée avec Diderot et ses amis. On lisait dans *l'Esprit* toutes sortes de formules que les écrits de Diderot avaient popularisées depuis longtemps. Sur un point seulement — mais il est capital, — la doctrine d'Helvétius et celle de Diderot divergent : au moment où se pose le problème des rapports entre l'intérêt particulier et l'intérêt général. Helvétius songeait sans doute à Diderot en rédigeant son ouvrage, car il a des formules qui semblent répondre à certains articles de l'*Encyclopédie*, en particulier à l'article *Droit naturel.*

Helvétius ne nie pas, bien entendu, qu'il y ait un intérêt général. Il affirme, comme Diderot, que l'intérêt général est la règle du juste et de l'injuste, et décide des actions qu'elles sont vertueuses, vicieuses ou permises selon qu'elles sont utiles, nuisibles, ou indifférentes à la collectivité (279). Il conçoit même comme un dépôt de la volonté générale qui serait le recueil de toutes les lois et de toutes les coutumes connues, comme dans l'article *Droit naturel.* « S'il existait une probité par rapport à l'univers, écrit-il, cette probité ne serait que l'habitude des actions utiles à toutes les nations » (280). Mais le conditionnel est important. Helvétius nie qu'il y ait en fait une « probité par rapport à l'univers » : le projet de rassembler les lois et les coutumes des nations est une utopie. Et il en conclut nécessairement qu' « il n'est (...) point de probité *pratique* par rapport à l'univers » (281). Ce matérialiste intransigeant pense comme Rousseau à l'égard de la doctrine exposée par Diderot dans l'*Encyclopédie;* la notion de genre humain est pour lui vide de sens. Non seulement, en effet, on ne saurait trouver trace de la prétendue volonté de l'espèce dans la collection complète des lois et des coutumes humaines, mais encore il est inconcevable que tous les hommes puissent par un acte pur de leur entendement la découvrir en eux (282).

Il n'y a donc pour Helvétius ni justice ni injustice absolues; il n'y a de juste et d'injuste que ce que la société civile déclare tel, si bien que les règles de la morale sont dans une perpétuelle vicissitude. Elles changent avec le temps dans une société donnée, et sont souvent très dissemblables d'une société à l'autre. D'où il conclut : « Il est évident

(278) Helvétius, *De l'Esprit,* t. I, p. 7.
(279) *Ibid.,* t. I, p. 15.
(280) *Ibid.,* t. II, p. 55.
(281) *Ibid.*. C'est nous qui soulignons.
(282) *Ibid.,* t. I, p. 49.

que la morale n'est qu'une science frivole, si on la confond avec la politique et la législation » (283).

Helvétius nie, mais Diderot affirme au contraire qu'il y a une loi naturelle, ce qu'il appelle dans ses *Réflexions* « une base éternelle du juste et de l'injuste ». Il ne revient pas par là à l'innéisme moral, puisque l'idée du juste et de l'injuste se déduit par le raisonnement de la nature même de l'homme. Les lois et les coutumes sont donc les formes infiniment variables que prend l'idée immuable de la loi. L'erreur d'Helvétius est de s'en tenir aux faits qui ne sont que l'ombre de la réalité, et de fermer les yeux sur la nature de l'homme, invariable sous tous les climats et dans tous les temps.

Comme l'a très bien expliqué le philosophe russe Plekhanov, Helvétius, bien que matérialiste très conséquent, avait aux yeux de Diderot le tort de ne pas proposer une doctrine capable de balancer la théorie adverse.

« (La théorie d'Helvétius), écrit-il, fut très logique, trop logique même pour les « philosophes » français du XVIIIe siècle. En effet, le parti des philosophes était un parti militant. Dans sa lutte contre le régime alors existant, il éprouvait le besoin de s'appuyer sur une autorité moins contestable que les intérêts toujours variables des hommes. Cette autorité (les philosophes) la virent dans la *Nature*. La morale et la politique fondées sur cette base n'en étaient pas moins *utilitaires : salus populi* n'en était pas moins *suprema lex*. Mais ce salut fut censé s'attacher indissolublement à certaines lois invariables, également bonnes pour tous les « *êtres sensibles et raisonnables* ». Ces lois, désirées et invoquées, une expression idéale des tendances sociales et politiques de la bourgeoisie, on les nommait *lois naturelles,* et ne sachant rien de *l'origine* psychologique des idées qui en faisait concevoir le projet, oubliant jusqu'à l'origine logique de ces mêmes idées, on assurait, comme l'a fait Diderot (...) que leur *essence est indépendante de l'intérêt*. Cela ramenait les philosophes à peu près aux *idées innées* si décriées depuis Locke » (284).

Ce texte reprend en fait, et développe une critique fondamentale que nous avons déjà rencontrée sous la plume de Rousseau, dans l'*Inégalité*. Il montre, comme l'avait fait Rousseau, le caractère factice de la théorie de Diderot; il explique en outre, ce que ne faisait pas Rousseau, pourquoi la théorie de Diderot ne pouvait pas se présenter autrement. A une époque où les sciences sociales étaient encore dans l'enfance Diderot devait en quelque sorte détruire l'idéalisme par l'idéalisme, saper l'innéisme traditionnel par le rationalisme pur, substituer la volonté immuable de la Nature à celle de Dieu (285). Nous avons vu cependant, d'autre part, par quelle dialectique Diderot avait réussi à intégrer ce nouvel, — et cependant très ancien, — idéalisme moral à sa philosophie matérialiste. Lisant le livre d'Helvétius, il le pouvait d'autant plus aisément que sa conception de l'homme était plus riche, plus neuve que celle d'Helvétius, et qu'il en avait pleinement conscience.

---

(283) *Ibid.*, p. 140.
(284) G. Plekhanov, *Essais*, pp. 103-104.
(285) Formellement la critique d'Helvétius par Diderot rejoint en certains points le réquisitoire de Joly de Fleury. Joly de Fleury et Diderot, pour des raisons évidemment opposées, devaient défendre la vertu contre une théorie réduisant tous les ressorts de la vie morale à « l'espoir ou la crainte des peines ou des plaisirs temporels » (MS : BN, fr. 22 177, f° 260 r°).

L'homme d'Helvétius est en effet proche parent de celui de La Mettrie. C'est un animal supérieur, que meuvent ses instincts. L'unique différence entre cet animal et les autres, c'est que ceux-ci obéissent à leurs seules impulsions physiques, alors que l'homme est capable de rechercher le plaisir physique par des voies détournées, sous le couvert de satisfactions idéales (286). Diderot ne voit là qu'un paradoxe, auquel il oppose obstinément la thèse qu'il avait déjà soutenue contre Rousseau : l'homme se distingue de l'animal, non point parce qu'il est libre, comme le prétendait Rousseau, ou parce qu'il a une organisation supérieure, comme Helvétius se contente de le dire, mais essentiellement parce qu'il est *raisonnable* et *sociable*.

(286) La vie en société a donné à l'homme des passions qu'il n'avait pas dans l'état de nature; mais si leur objet « paraît le moins appartenir aux plaisirs des sens, c'est cependant toujours la douleur et le plaisir physiques que nous fuyons ou que nous recherchons » (*De l'Esprit*, t. II, pp. 125-126).

CHAPITRE XI

PRINCIPES D'UNE PHILOSOPHIE POLITIQUE

LA LOI UNIVERSELLE

La source première de la philosophie politique impliquée dans les articles de Diderot est incontestablement la pensée antique, et plus particulièrement le courant qui, par les stoïciens et le platonisme, est issu du système d'Héraclite.

La morale et la politique d'Héraclite, telles que Diderot les trouvait exposées dans Brucker, par exemple, sont commandées par la notion de « loi universelle ». Cette loi régit le monde physique comme le monde moral. Quoi qu'il fasse et « sous quelque état qu'il existe » l'homme lui est donc soumis (1). Il n'y a objectivement ni bien ni mal dans un monde où tout est également nécessaire.

Ce qui devait d'emblée séduire Diderot chez le philosophe d'Ephèse, c'était ce monisme, cette idée « grande » et « générale » (2) que le monde est un, et que les lois qui en régissent les mouvements découlent d'un principe commun. Diderot a fort bien discerné, sous les visions « assez singulières » (3) dont s'encombre le système d'Héraclite, ce qui en fait la force durable : Héraclite parle de l'âme du monde, « mais sans y attacher l'idée de spiritualité » (4) ; son système est commandé par la « raison universelle, commune et divine » (5), mais cette raison n'est pas, malgré l'épithète « divine », celle d'un Dieu transcendant. Elle est immanente à l'être universel, elle est la commune mesure de tout ce qui est. Elle est, dans l'univers, « *mensura generalis accendens et extinguens* » (6), et, dans l'homme, l'instrument par lequel il connaît le monde (7).

Les mêmes idées avaient été exprimées par Zénon et son école, et il n'y a de différences entre la « physiologie » des stoïciens, — qui soutient leur anthropologie, — et la « physiologie » de Diderot, que celles qui

(1) AT, t. XV, p. 83.
(2) *Ibid.*.
(3) *Ibid.*, p. 81.
(4) *Ibid.*.
(5) *Ibid.*, p. 80.
(6) *Ibid.*, p. 81.
(7) *Ibid.*, pp. 80-81.

peuvent séparer une doctrine toute théorique d'une doctrine qui a assimilé tout l'acquis des sciences objectives modernes. Le « principe actif » des stoïciens, la « cause rationnelle, incorruptible, sempiternelle, première, originelle » (8), n'est pas fondamentalement autre que le principe dynamique qui entraîne le système philosophique de Diderot.

L'encyclopédiste avait encore appris chez les stoïciens qu'on ne peut s'interroger sur la fin de l'homme sans considérer la place qu'il a dans l'univers. Parce que l'homme n'est qu'une partie du « grand tout », sa fin « doit être de conformer sa conduite aux lois de la nature » (9). « Suivre l'ordre général », « vivre conformément à la nature », ce sont là deux expressions d'une même réalité.

Dans une telle perspective, il est évident qu'il n'y a pas de place pour la liberté morale. La seule liberté qu'ait l'homme est une liberté purement négative, celle de se leurrer sur sa fin. Il n'y a à proprement parler ni bien ni mal, et tout est nécessaire; pourtant l'individu raisonnable a le pouvoir redoutable d'oublier la place qu'il occupe nécessairement dans le tout et de se tromper ainsi sur sa fin. Pour les stoïciens, — comme d'ailleurs pour Socrate, — il n'y a donc pas d'autre mal que l'ignorance : « Les désirs suivent la connaissance ou l'opinion des choses. C'est de la connaissance de l'ordre universel que dépend celle du vrai bien » (10). En un certain sens on peut même dire que la liberté est la conséquence du mal, puisqu'elle implique une rupture entre l'individu qui s'égare et le tout dont il était partie. Et en effet « le mal est un écart de la raison générale du tout » (11). L'homme ne saurait donc trouver son accomplissement dans la quête d'une liberté morale qui est une véritable mutilation de l'individu. Il n'atteint au contraire sa fin que par la soumission de sa volonté, éclairée par sa raison, à la loi de nature qui régit la marche immuable du tout où il a sa place marquée.

Mais la relation de l'individu au tout n'est pas immédiate. L'*Essai sur le mérite et la vertu* proposait déjà la vision très leibnizienne d'un monde où les individus s'intègrent dans des systèmes particuliers, eux-mêmes intégrés dans des systèmes plus vastes, et ainsi de suite, jusqu'au système unique qui embrasse le tout :

« Une multitude de systèmes différents se réunissent et se fondent, pour ainsi dire, les uns dans les autres, pour ne former qu'un seul ordre de choses.

« (...) Or, si le système des animaux se réunit au système des végétaux, et celui-ci au système des autres êtres qui couvrent la surface de notre globe, pour constituer ensemble le système terrestre; si la terre elle-même a des relations connues avec le soleil et les planètes, il faudra dire que tous ces systèmes ne sont que des parties d'un système plus étendu. Enfin si la nature entière n'est qu'un seul et vaste système que tous les autres êtres composent, il n'y aura aucun de ces êtres qui ne soit mauvais ou bon par rapport à ce

(8) AT, t. XVII, p. 213.
(9) AT, t. XVII, p. 219.
(10) *Ibid.*, p. 222.
(11) *Ibid.*, p. 221.

grand tout, dont il est une partie; car, si cet être est superflu ou déplacé, c'est une imperfection, et conséquemment un mal absolu dans le système général » (12).

Ces quelques lignes nous donnent la clef de toute la pensée politique de Diderot, parce qu'elles contiennent l'essentiel de sa philosophie générale. Il en va en effet des êtres moraux comme des êtres physiques : chaque individu fait partie d'un système intégré lui-même dans un système qui l'enveloppe. Chaque homme fait ainsi partie d'une société restreinte, d'un corps qui, joint à d'autres corps, forme à son tour une société plus vaste, une nation. Toutes les nations ensemble forment la société générale du genre humain, l'humanité, qui, dans l'ordre moral, peut être considérée comme le « tout » où les individus et les sociétés particulières viennent se fondre.

Dans une telle conception du monde, le monisme peut se colorer d'un théisme qui n'est guère plus en fait qu'une exigence de la sensibilité. Car la raison qui, dans l'*Essai*, ordonne le tout et coordonne les mouvements des parties n'implique pas plus l'idée de « spiritualité » que l'âme du monde d'Héraclite ou des stoïciens. Si l'on dépouille le texte de l'*Essai* des termes anthropomorphiques qui l'encombrent encore, il apparaît que dès 1745 le monde, pour Diderot, est un, et soumis à une loi universelle. La matière universelle ne se meut pas au hasard, comme l'ont cru les épicuriens, qui réduisent tout « au mouvement fortuit » des atomes (13) ; elle se déploie et change selon un ordre qui ne lui est pas imposé de l'extérieur mais qui lui est immanent. La nature, dont l'homme n'est qu'une partie, n'est pas un chaos, mais un système.

Le matérialisme rationnel de Diderot est donc d'une certaine manière tout proche du déisme, et c'est un fait qu'il faut constamment garder à l'esprit pour comprendre comment Diderot a pu, sans aucune peine, faire une place à la théorie classique du droit naturel, dans sa philosophie d'ensemble : car il a vraiment cru à une règle universelle qui serait Dieu, s'il existait (14). Ce qui explique que sa pensée politique, — comme d'ailleurs toute sa philosophie, — peut à la rigueur se concevoir couronnée de l'idée de Dieu, même si pratiquement elle s'en passe très bien. La plupart des juristes et des écrivains politiques dont Diderot s'est inspiré, ou a pu s'inspirer, étaient déistes. Mais tous, comme Grotius, ont à cœur de raisonner sur le droit de la nature et des gens comme si Dieu

---

(12) AT, t. I, pp. 25-27. Une note de DIDEROT renvoie à CICÉRON cité comme un des précurseurs anciens de la conception moniste de l'univers. Mais il y a un rapport évident entre cet univers où les systèmes s'emboîtent les uns dans les autres à l'infini et celui de LEIBNIZ, surtout si l'on identifie, comme l'a fait DIDEROT, la monade et la molécule sensible (AT, t. XV, p. 437).

(13) AT, t. I, p. 61.

(14) A. ADAM, *Rousseau et Diderot*, p. 33. Cf. HUBERT, *Les sciences sociales*, pp. 170-171. HUBERT montre bien comment le rationalisme et l'empirisme se conjuguent naturellement chez DIDEROT : « La raison se réalise dans l'homme et elle pénètre en lui par l'expérience, parce qu'elle est d'abord dans les choses ». Ce qui l'amène à constater que dans l'équipe encyclopédique les partisans de la religion naturelle, les déistes comme JAUCOURT, et les athées comme DIDEROT, avaient au fond des conceptions du monde fort semblables.

n'existait pas (15). Autrement dit leur pensée se meut dans le cadre de la religion naturelle et non d'une religion révélée; leur Dieu est celui des stoïciens, qu'on peut aussi bien appeler raison ou nature, mais non le Dieu de Jésus-Christ. De toute façon ce n'est pas, ce ne saurait être le Dieu de l'Eglise romaine. Et c'est dans cette négation, il faut bien le dire, que Diderot le matérialiste et les théoriciens protestants du droit naturel se rejoignent d'abord.

LA SOCIABILITE NATURELLE

Dans la perspective qu'impose au philosophe la conception d'un monde régi dans toutes ses parties par une loi commune, la notion de sociabilité naturelle a une importance décisive.

Cette notion, Diderot a pu l'emprunter à Aristote aussi bien qu'à Grotius, Pufendorf, Locke, Burlamaqui, Montesquieu (16). Ce serait pourtant une erreur de croire qu'elle a chez lui la même signification que chez ses prédécesseurs. Si l'on excepte en effet Aristote, chez qui la théorie de la sociabilité naturelle s'accorde avec une conception moniste de l'univers, aucun de ceux dont Diderot a pu s'inspirer n'a considéré l'idée de sociabilité comme la clef d'un système. D'abord parce qu'ils sont tous, ou presque tous, des juristes, peu préoccupés des grands principes. Mais surtout parce que leur déisme explicite ou implicite les incite à voir dans la sociabilité l'effet de la volonté divine. Il nous reste même dans l'*Apologie de l'abbé de Prades,* — sous une forme qui est imposée à Diderot par la polémique avec l'évêque d'Auxerre, — un vestige de cette manière de voir : l'homme est sociable parce que Dieu, selon les Ecritures, a décidé qu'Adam devait avoir une aide semblable à lui (17). Mais il importait beaucoup à Diderot de fonder la sociabilité sur une base vraiment naturelle. C'est ce qui explique l'acharnement avec lequel il a défendu le principe de la sociabilité naturelle, et la passion avec laquelle Rousseau l'a combattu. C'est ce qui explique aussi certaines variations de Diderot, définissant la sociabilité de différentes manières, jusqu'à ce qu'il trouve en quelque sorte son assiette définitive.

A ce propos René Hubert a distingué trois étapes dans la pensée de Diderot, l'une, antérieure à l'*Encyclopédie,* où il identifie sociabilité et

---

(15) Par exemple, après avoir expliqué l'origine des sociétés par le principe de la sociabilité naturelle, GROTIUS précisait : « Tout ce que nous venons de dire aurait lieu en quelque manière, quand même on accorderait, ce qui ne se peut faire sans un crime horrible, qu'il n'y a point de Dieu, ou s'il y en a un, qu'il ne s'intéresse point aux choses humaines » (*Le droit de la guerre,* t. I, p. 4).

(16) Voir, sur la sociabilité selon ARISTOTE, l'article *Péripatéticienne* de l'*Encyclopédie* (AT, t. XVI, pp. 244-245); cf. GROTIUS, *Le droit de la guerre,* t. I, p. 4, PUFENDORF, *Droit de la nature,* t. I, p. 222, LOCKE, *Du gouvernement civil,* p. 107, BURLAMAQUI, *Principes du droit naturel,* pp. 103-105 de l'édition de 1762, etc..

(17) AT, t. I, p. 464.

bienveillance naturelle, l'autre, contemporaine de l'*Apologie de l'abbé de Prades*, où il ramène la sociabilité au sentiment de l'utilité réciproque. Plus tard enfin, il serait revenu à la sociabilité-bienveillance, mais seulement au moment de ses recherches physiologiques (18). En fait les choses ne sont pas si simples, et de toute manière il y a lieu de se demander pourquoi sa pensée a pu osciller.

A la manière d'Aristote, mais surtout de Shaftesbury, l'*Essai sur le mérite et la vertu* discerne dans la structure même de l'homme, comme de tout animal, les ressorts qui le poussent vers d'autres individus. L'appétit sexuel est un de ces ressorts, l'affection maternelle en est un autre (19). Sur un autre plan, la conformité de structure entre deux individus de même espèce implique sinon de la bienveillance, du moins une absence de malveillance. En effet, celui qui serait tenté de nuire à son semblable doit craindre, étant organisé comme lui, de subir en retour un mal identique à celui qu'il a causé (20). La sociabilité n'est que l'épanouissement de ces inclinations naturelles dans le cadre de la société constituée.

Mais, dans l'*Essai*, l'idée d'utilité réciproque n'est pas absolument exclue, elle est seulement estompée au profit de l'idée que la société permet l'épanouissement total des inclinations primitives de l'individu humain à l'égard de ses semblables. Il s'agit alors pour Diderot de démarquer sa pensée par rapport à Hobbes, avec l'objectif plus lointain d'esquiver les reproches faits à la politique « naturelle » de Hobbes par les tenants de la tradition. En niant la sociabilité naturelle, Hobbes donnait trop d'armes à l'adversaire. En l'affirmant au contraire, et en la reliant à sa conception moniste de l'univers, Diderot pensait battre l'adversaire sur son propre terrain; qu'est-il besoin en effet, de faire intervenir la volonté divine dans la création de la société, s'il est clair que la société est pour ainsi dire inscrite dans la structure même de l'individu ? Il semble ainsi répondre par avance à *la Religion vengée* et à Jean-Jacques Rousseau, qui lui demanderont comment une collection d'individus peut constituer un corps. La comparaison qui déjà s'impose à son esprit est celle qu'il reprendra plus tard, dans un texte non politique il est vrai, mais pour une démonstration semblable. C'est la comparaison du corps social avec l'essaim, ou avec la fourmilière (21), qui suggère naturellement une conception organiciste de la société. Or, dans le *Rêve de d'Alembert*, l'image de l'essaim aura aussi pour rôle de montrer comment une collection d'individus peut devenir un être collectif (22). Ce qui est vrai des molécules constituant le corps organisé l'est donc aussi, *mutatis mutandis*,

(18) Hubert, *Les sciences sociales*, p. 205.

(19) AT, t. I, p. 25 : « Si, dans la structure de cet animal ou de tout autre, j'entrevois des liens qui l'attachent à des êtres connus et différents de lui; si sa conformation m'indique des rapports, même à d'autres espèces que la sienne, j'assurerai qu'il fait partie de quelque système. Par exemple, s'il est mâle, il a rapport, en cette qualité, avec la femelle; et la conformation relative du mâle et de la femelle annonce une nouvelle chaîne d'êtres et un nouvel ordre de choses ».

(20) Voir AT, t. I, p. 42.

(21) AT, t. I, p. 76.

(22) AT, t. II, pp. 126-127.

des individus constituant l'espèce. Or, contrairement à ce que pensait René Hubert, Diderot n'a jamais renoncé à cette interprétation du thème de la sociabilité naturelle. Dans l'article *Chinois*, par exemple, il a certainement quelque plaisir à traduire de Brucker une sentence de Confucius où la sociabilité naturelle s'appelle charité, et se comprend comme une véritable fusion de l'individu dans le collectif :

> « La charité est cette affection constante et raisonnée qui nous immole au genre humain, *comme s'il ne faisait avec nous qu'un individu*, et qui nous associe à ses malheurs et à ses prospérités » (23).

Que dans l'*Apologie de l'abbé de Prades* Diderot ait mis plutôt l'accent sur l'utilité réciproque, cela s'explique d'abord par une raison assez simple : l'abbé de Prades avait lui-même parlé de la sociabilité en termes d'utilité (24). D'autre part il ne déplaisait pas à Diderot, après avoir opposé à ses adversaires traditionnels la thèse de la sociabilité-bienveillance, de battre à son tour Hobbes sur son propre terrain, et de se faire plus matérialiste que lui, si l'on peut dire. Cela lui permettait en outre de couper court à toute interprétation tendancieuse de la théorie de la sociabilité défendue dans l'*Essai*. Ne pouvait-on pas en effet considérer la bienveillance instinctive comme un sentiment inné ? Or l'idée que l'homme devient sociable lorsqu'il découvre le besoin qu'il a du secours de ses semblables interdit toute conception innéiste de la sociabilité.

En réalité la sociabilité utilitaire de l'*Apologie* et la sociabilité désintéressée de l'*Essai* ne sont pas exclusives l'une de l'autre. Les deux thèses représentent deux points de vue sur la même réalité : l'*Essai* juge la sociabilité du point de vue de l'espèce, l'*Apologie* la définit par rapport à l'individu. L'oscillation remarquée par René Hubert ne trahit donc pas une hésitation, ou une évolution. La preuve en est donnée dans l'article *Irréligieux*, qui fait sur la question de la sociabilité la synthèse de l'*Essai* et de l'*Apologie*. Diderot y parle de la morale, par quoi il désigne dans ce cas précis les principes réglant les relations entre les hommes. Il la définit comme « la loi universelle » gravée par Dieu dans les cœurs, puis ajoute : « C'est le précepte éternel de la *sensibilité* et des *besoins* communs » (25). Il est évident que la référence à Dieu est ici une concession purement verbale à l'innéisme. Il suffit à Diderot que la sociabilité soit l'effet naturel de la sensibilité et des besoins pour que sa théorie se rattache de façon cohérente non pas au spiritualisme, mais au matérialisme moniste.

Diderot avait peut-être encore une raison de mettre en balance la thèse de la sociabilité-bienveillance et celle de l'utilité réciproque. Il y avait en effet un équilibre très fragile à maintenir entre les exigences de l'intérêt général et celles de l'intérêt particulier. Diderot n'a jamais cru, au contraire de Hobbes et d'Helvétius d'une part, et de Rousseau d'autre

---

(23) AT, t. XIV, p. 138. C'est nous qui soulignons.
(24) AT, t. I, pp. 462-463.
(25) AT, t. XV, p. 254. C'est nous qui soulignons.

part, qu'une politique pût être fondée sur la seule considération de l'intérêt particulier bien compris. C'est pourquoi il insiste tant dans ses *Réflexions sur le livre « De l'Esprit »*, sur le fait que la notion d'intérêt général n'est pas une notion seconde, et qu'il existe réellement une société générale du genre humain.

Mais sa conception organiciste de la société, l'idée que le genre humain est réellement un être collectif, enferme Diderot dans une contradiction. Car la théorie des *êtres moraux* (26) qui lui permet dans le cas de la société civile d'accorder son individualisme et le souci hobbiste de l'unité et de l'efficacité du pouvoir souverain, ne vaut pas dans le cas de la société générale du genre humain. Dès lors que l'espèce est à l'individu comme l'essaim par rapport à l'abeille, ne court-on pas grand risque de sacrifier la partie au tout ? Rousseau, quoi qu'on en ait pensé, n'a jamais eu la tentation de sacrifier l'individu à la collectivité parce que même dans le *Contrat*, il n'a jamais proposé de théorie proprement collectiviste. Rousseau nie la société générale du genre humain, et si la société civile forme à ses yeux un corps, c'est un corps moral, un être de raison. En outre l'aliénation par les individus de leur indépendance naturelle au profit du corps se trouve immédiatement compensée par le don que l'Etat leur fait de la liberté civile (27). Mais la société générale du genre humain, telle que l'a conçue Diderot, n'est pas, comme le sont les sociétés civiles, une création factice, une fiction raisonnable. Ce n'est pas non plus l'entité vague que l'on trouve évoquée chez les théoriciens classiques du droit naturel. Aussi rencontre-t-on dans l'*Essai sur le mérite et la vertu* des formules redoutables, comme celles qui concernent l'insociable, considéré logiquement par Diderot comme un monstre. Il est un monstre au sens propre du terme, comme « ces créatures originellement imparfaites, estropiées entre les mains de la nature, et défigurées par quelque accident qu'elles ont essuyé dans la matrice qui les a produites » (28). Et que peut-il advenir d'un monstre, sinon qu'il soit éliminé par les lois impitoyables de la sélection naturelle ? Diderot va jusqu'à demander qu'on l'étouffe au nom du genre humain, comme il ressort clairement du cinquième paragraphe de l'article *Droit naturel*, où il parle du méchant qui refuse de raisonner avant d'agir. Ce méchant est un monstre, non parce qu'il est moralement dépravé, mais parce qu'il refuse de raisonner. Il se ravale ainsi lui-même au rang de la bête. Or le bien de l'espèce humaine exige que la bête malfaisante soit anéantie. Comme cette mise à mort sera nécessairement décidée dans le cadre d'une société civile, et en vertu des lois d'un Etat déterminé, on voit à quelle tyrannie peut conduire la théorie.

Diderot a eu lui-même conscience du danger, dans une certaine mesure. Plusieurs pages de l'*Essai* sont consacrées à la contradiction possible entre intérêt général et intérêt particulier. Ne devrait-on pas

---

(26) Voir ci-dessous, pp. 427-428.
(27) Voir DERATHÉ, *Rousseau*, pp. 344 et suivantes.
(28) AT, t. I, p. 99.

croire, demande en substance Diderot, que les affections qui inclinent l'individu à servir le bien commun et celles qui l'inclinent à se satisfaire le premier sont en « opposition absolue » ? S'il tenait compte des faits, Diderot ne pourrait pas répondre d'une façon absolument négative. Mais il ne raisonne pas en politique comme il le fait couramment dans le domaine scientifique. Il ne raisonne pas sur ce qui est, mais sur ce qui devrait être. Il nie donc que l'intérêt particulier puisse croiser l'intérêt général parce qu'*en raison* il ne saurait en être ainsi. L'analogie, disons plutôt l'assimilation raisonnée, entre la notion de corps social et la notion d'organisme vivant est plus forte que l'évidence des faits :

> « En conséquence de ces idées singulières, il faudrait avouer que, dans chaque système de créatures, l'intérêt de l'individu est contradictoire à l'intérêt général, et que le bien de la nature dans le particulier est incompatible avec celui de la commune nature. Etrange constitution, dans laquelle il y aurait certainement un désordre et des bizarreries que nous n'apercevons point dans le reste de l'univers. J'aimerais autant dire de quelque corps organisé, animal ou végétatif, que, pour assurer que chaque partie jouit d'une bonne santé, il faut absolument supposer que le tout est malade » (29).

Nous avons suffisamment insisté dans notre chapitre précédent sur le rôle de la raison dans l'appréhension de la volonté générale pour qu'il soit inopportun d'y revenir longuement. Chez Diderot comme dans la philosophie socratique, ce rôle s'explique aisément par la place que tient l'homme dans l'économie de l'univers. L'*Introduction aux grands principes,* que Diderot a écrite justement dans l'intervalle qui sépare la rédaction et la publication de l'article *Socratique* (30), relie avec force la notion socratique du mal considéré comme ignorance à celle du déterminisme universel. L'homme, mû par ses passions, n'est pas moralement responsable du mal ou du bien qu'il peut faire. Dans tous les cas il obéit à la tendance profonde de son être, qui est de chercher le plus grand bonheur. Il agit donc nécessairement en ce sens. Dès lors le problème du bien et du mal n'est pas un problème moral, mais un problème de connaissance :

> « C'est l'esprit qui nous conduit mal, (...) nous ne sommes criminels que parce que nous jugeons mal; et c'est la raison, et non la nature qui nous trompe ».

En d'autres termes, l'homme qui fait mal est un homme qui veut le bien mais ne sait pas où ni comment l'atteindre (31).

Mais il ressort des textes de Diderot et de ceux dont il s'inspire qu'il y a raison et raison. La notion en effet n'est pas si claire qu'elle paraît. Si le mal moral naît de l'ignorance des lois naturelles, d'une erreur que fait l'individu sur son intérêt véritable, ne pourrait-on considérer que la raison humaine est en elle-même un mal, et que la supériorité de l'homme

---

(29) *Ibid.*, p. 66.
(30) L'article *Socratique* a été écrit entre 1759 et 1765. L'*Introduction* est datée par Assézat de 1763.
(31) AT, t. II, p. 88, n. 1.

est illusoire ? Les abeilles dans la ruche et les fourmis dans la fourmilière ne raisonnent pas. Aussi travaillent-elles toujours au bien de l'espèce, leurs affections « ne se dépravent, ne s'affaiblissent, ne s'anéantissent jamais en elles » (32). De l'homme raisonnable on peut donc dire qu'il « vit d'une façon moins conforme à sa nature que ne font ces insectes » (33). Faut-il en conclure que la seule attitude « raisonnable » serait de renoncer à l'usage de la raison ? (34) Il est effectivement des textes de Diderot où le rationalisme semble laisser la place à un étrange fidéisme : la voix de l'espèce parle à la conscience de l'individu comme lui parlerait Dieu, et l'individu n'a qu'à se laisser guider par elle. Ce sont des textes comme ceux-là qui ont autorisé certains critiques de Diderot à parler d'un retour inavoué à l'innéisme moral (35). Et la notion d'idée anticipée substituée quelquefois par lui à la notion d'idée innée ne fait qu'ajouter à l'ambiguïté. Tous ces reproches sont fondés en effet, si l'on considère que la raison, chez Diderot, permet une appréhension *immédiate* de la volonté générale, et si l'on admet d'autre part qu'elle a un caractère *immuable*. Mais en est-il bien ainsi ?

Critiquant justement la raison immuable des philosophes, Jean-Jacques Rousseau leur opposait sa propre conception de la raison perfectible, et voyait dans l'institution sociale une condition nécessaire pour que la raison qui existait dans l'homme naturel à l'état virtuel pût devenir actuelle. Or, il y a aussi chez Diderot une raison virtuelle et une raison actuelle, ou mieux, une raison primitive et une raison éclairée. Mais le passage ne se fait pas d'un bond, comme chez Rousseau, lorsqu'apparaît l'institution sociale. Il y a plutôt progrès continu, évolution, enrichissement de la raison, par l'expérience et par l'éducation. Seulement, comme toute évolution, celle de la raison connaît des aléas, et des accidents peuvent faire qu'elle régresse quelquefois, au lieu de progresser. D'où l'importance de la notion de *lumière* chez Diderot. Dans la réponse qu'il semble faire à Rousseau au cours de l'*Apologie de l'abbé de Prades*, au sujet des idées anticipées (36), le rôle des circonstances et de l'expérience est de faire découvrir à l'homme des notions abstraites qu'il n'avait pas antérieurement dans l'esprit, mais qui n'en existaient pas moins avant qu'il pût les concevoir. Sa raison était donc capable de concevoir de telles notions, mais elle ne les a acquises qu'au prix d'un effort de réflexion sur le réel. Après un tel effort seulement la raison peut être dite éclairée (37).

---

(32) AT, t. I, p. 76.

(33) *Ibid.*.

(34) DIDEROT ira bien jusqu'à écrire, dans une note au *Prosélyte répondant par lui-même* : « C'est la raison, et non la nature qui nous trompe » (AT, t. II, p. 88, n. 1).

(35) Voir par exemple PLEKHANOV, *Essais*, p. 104.

(36) AT, t. I, pp. 470-471.

(37) Dans l'*Essai sur le mérite et la vertu* DIDEROT parle d'une « connaissance réfléchie de ce qui est moralement bien ou mal » (AT, t. I, p. 36). DIDEROT n'est pas le premier à avoir distingué entre la connaissance réfléchie et le sentiment immédiat, entre la raison qui n'est encore qu'une virtualité et la raison formée par l'éducation et l'expérience. PUFENDORF disait déjà que les règles du droit naturel « découlent des maximes d'une raison *éclairée* » (*Droit de la nature*, t. I, p. 215. C'est nous qui soulignons).

D'autre part l'appréhension de la volonté générale n'est pas, pour Diderot, un acte immédiat. Sur ce point du reste, sa pensée ne s'est précisée que peu à peu. Nous avons au moins trois versions du fameux raisonnement qui est au centre de l'article *Droit naturel* et qui choquait tant Jean-Jacques Rousseau. Dans l'*Essai sur le mérite et la vertu* Diderot n'en donne qu'une représentation élémentaire. Il écrit :

« Une créature raisonnable, qui en offense une autre mal à propos, sent que l'appréhension d'un traitement égal doit soulever contre elle le ressentiment et l'animosité de celles qui l'observent. Celui qui a fait tort à un seul, se reconnaît intérieurement pour aussi odieux à chacun, que s'il les avait tous offensés » (38).

Ce que Diderot décrit là est à peine un raisonnement. Le méchant qu'il met en scène « sent » plus qu'il ne raisonne. Pourtant il réfléchit. Son crime est pour lui une occasion de faire un retour sur soi, lorsqu'il a pu par la pensée mesurer les effets de son acte sur tous les autres hommes. L'expérience, puis la généralisation de l'expérience, viennent donc éclairer sa raison, timidement encore, mais sûrement.

La dix-septième *Pensée philosophique*, qui représente Hobbes et Cartouche face à face, ne contient pas de raisonnement à proprement parler. Le méchant qui veut ôter la vie à son prochain pour assouvir ses passions excessives n'a pas en face de lui un raisonneur mais un apologiste de la méchanceté qui se trouve pris pour ainsi dire à son propre piège. Lui-même ne raisonne pas, il raille. Son argument *ad hominem* suppose cependant une réflexion et une généralisation, c'est-à-dire les éléments d'un raisonnement en forme.

Dans l'article *Droit naturel*, enfin, Diderot reconstitue un raisonnement discursif complet. Il lui a paru sans doute que les exemples de raisonnement qu'il avait donnés jusqu'alors étaient trop faibles pour justifier l'origine naturelle et rationnelle du droit. Dans le paragraphe trois de l'article, le monologue du méchant intrépide semble répondre au sentiment de l'offenseur des *Pensées philosophiques*. Celui-là est un méchant calculateur. Qu'importe si les autres hommes appréhendent le sort de celui dont je fais le malheur, puisque j'abandonne ma propre vie à qui veut la prendre ? Un tel raisonnement suppose déjà une grande habitude de la généralisation et du calcul. Mais que dire de la réponse que lui fait le philosophe ? C'est en réalité celle que le méchant doit se faire à lui-même, puisqu'il est raisonnable. Or, dans cette réponse, il y a plus qu'une suite de généralisations. Diderot y fait un véritable calcul de probabilités, assez spécieux à vrai dire, pour démontrer que dans cet échange vie pour vie les chances ne sont pas équitables puisque le méchant calculateur n'a qu'une vie « et qu'en l'abandonnant il se rend maître d'une infinité de vies » (39).

---

(38) AT, t. I, p. 42; cf. p. 90.
(39) AT, t. XIV, p. 299.

On conçoit que les adversaires de Diderot, et Jean-Jacques Rousseau, aient accusé le Philosophe de fonder la vie morale sur une conception utopique de l'homme, ou d'en limiter l'accès à une élite cultivée. De fait, Diderot s'enferme ici dans une nouvelle contradiction : ou bien les décrets de la volonté générale sont immédiatement accessibles à tout homme raisonnable, et Diderot propose alors, malgré qu'il en ait, une conception innéiste de la morale, sans expliquer du reste comment il se peut faire que l'homme se trompe quelquefois; ou bien la « volonté générale (...) est un acte pur de l'entendement qui raisonne dans le silence des passions sur ce que l'homme peut exiger de son semblable, et sur ce que son semblable est en droit d'exiger de lui » (40), avec ce que ce raisonnement suppose de réflexions, de déductions, et de généralisations successives; l'erreur alors s'explique, mais il faut admettre que seule une élite cultivée peut accéder à la vie morale, tant que l'ensemble des hommes, naturellement raisonnables, mais ignorants, n'aura pas été arraché par l'éducation aux ténèbres et à l'erreur.

Une dernière question se pose, sur le caractère prétendument immuable de la loi naturelle. Disons tout de suite que ce caractère ne faisait aucun doute pour Diderot. Pourtant Chaumeix, — nous l'avons vu à propos de sa critique de *Droit naturel*, — pressentait quelque péril, dans la substitution, à la volonté providentielle, d'une règle purement raisonnable.

En fait le « péril » était déjà chez Grotius, et dans les deux méthodes qu'il recommandait pour prouver qu'une chose est de droit naturel. La première, expliquait Grotius, se déduit de la définition même du droit naturel : une chose est ou n'est pas de droit naturel selon qu'elle convient ou ne convient pas à la nature raisonnable de l'homme. L'autre démonstration est de son propre aveu plus « populaire » :

> « On conclut sinon très certainement, du moins avec beaucoup de probabilité, qu'une chose est de droit naturel, parce qu'elle est regardée comme telle parmi toutes les nations, ou du moins parmi les nations civilisées. Car un effet universel supposant une cause universelle, une opinion si générale ne peut guère venir que de ce que l'on appelle le sens commun » (41).

Or Diderot ne fait que paraphraser Grotius lorsqu'il écrit que la volonté générale, ou loi naturelle, « est dans chaque individu un acte pur de l'entendement » (42), et lorsqu'à la question : où est le dépôt de la volonté générale, il répond qu'elle se trouve

> « dans les principes du droit écrit de toutes les nations policées; dans les actions sociales des peuples sauvages et barbares, dans les conventions tacites des ennemis du genre humain entre eux, et même dans l'indignation et le ressentiment, ces deux passions que la nature semble avoir placées jusque dans les animaux pour suppléer au défaut des lois sociales et de la vengeance publique » (43).

---

(40) *Ibid.*, p. 300.
(41) GROTIUS, *Le droit de la guerre*, t. I, pp. 53-54.
(42) AT, t. XIV, p. 300.
(43) *Ibid.*.

Si l'on rapproche cette conception du « dépôt » de la volonté générale, de la notion précédemment rencontrée de raison perfectible, on discerne aisément le péril entrevu par Chaumeix. Certes, pour Diderot, ce double appel à l'expérience ne saurait mettre en cause le caractère universel et immuable de la loi naturelle. Puisque tout est rationnel, puisque le réel se déploie selon un ordre déterminé de toute éternité, Diderot ne conçoit pas que l'expérience puisse jamais contredire la raison. Ce que l'homme appréhende dans l'acte pur de l'entendement doit donc coïncider avec ce que le sociologue ou l'historien du droit trouve au terme de son enquête sur les lois et les coutumes positives. Mais Chaumeix n'avait pas tort de pressentir dans une telle doctrine la promesse de sa négation même. Car si l'on suppose un instant que les résultats de l'expérience démentent les déductions de la raison, si les faits viennent contredire les principes, il va de soi que le philosophe athée conclura plus volontiers à une erreur sur les principes qu'à une erreur sur les faits. Tôt ou tard, l'argumentation abstraite devra donc céder la place à une *argumentation historique.*

L'ETAT DE NATURE

L'état de nature est-il un état idéal ? Est-ce au contraire une étape historique du développement de l'humanité, se situant dans des temps très anciens, pour les peuples les plus avancés, mais subsistant actuellement dans le cas des peuples dits primitifs ? Nous avons rencontré des textes de Diderot permettant l'une et l'autre interprétation. Mais deux remarques s'imposent à ce sujet. La première, c'est que l'interprétation idéale et l'interprétation historique ne sont nullement contradictoires, aux yeux de Diderot. La société grecque primitive, les tribus indiennes d'Amérique du nord, ont réalisé ou réalisent effectivement un modèle idéal qui est inscrit virtuellement dans toute société humaine, du seul fait qu'elle est société. L'existence historique de tels groupes particuliers n'est que la manifestation de l'essence immuable de la société humaine (44). Mais il faut remarquer aussi que sans jamais nier l'interprétation idéale Diderot a une tendance certaine à accorder de plus en plus d'attention à l'interprétation historique. L'*Apologie de l'abbé de Prades* est plus précise sur ce point que l'*Essai*, et l'article *Grecs* est plus précis que l'*Apologie*. Si l'on se représente cette évolution par une courbe ascendante, on peut dire que son point le plus élevé sera atteint en 1772 avec le *Supplément au voyage de Bougainville.*

---

(44) Cette position n'est pas originale, au milieu du XVIIIe siècle. C'est celle de tous les rationalistes. MORELLY, par exemple, a aussi considéré l'état de nature à la fois comme un état idéal et comme un état historiquement réalisé dans des sociétés particulières. M. VOLGUINE écrit dans son introduction au *Code de la nature*, p. 11 : « L'état de société, conforme à la nature et à la raison, se présente à lui non seulement comme quelque chose qu'il faut rechercher, mais comme une phase absolument réelle dans l'histoire de l'humanité : son point initial ».

L'état de nature, considéré non plus dans son principe, mais dans la pratique, se définit essentiellement par deux mots : égalité et liberté. Mais il convient de voir de près ce que recouvrent ces formules.

Que tous les hommes soient égaux en nature, c'est une condition indispensable pour que les raisonnements de l'homme moral soient généralisés. Ce qui vaut pour l'un ne vaut pour l'autre que s'ils sont moralement identiques. Diderot fait du reste découler cette identité morale de l'identité de structure. C'est ce qui le conduit dans l'article *Humaine (espèce)* par exemple, à nier que les différences raciales permettent d'établir une hiérarchie entre plusieurs espèces d'hommes, et justifient l'asservissement des unes aux autres. Il écrit : « Il n'y a (...) eu originairement qu'une seule race d'hommes » (45). Les différenciations raciales qui se sont faites dans la suite des temps ont pour causes et pour conditions les différences dans la façon de se nourrir, les mœurs, les usages, les climats. Diderot ne nie pas que le développement intellectuel de certaines races, moins favorisées par l'histoire, soit inférieur à celui des races plus favorisées, mais pour l'homme raisonnable, cette inégalité intellectuelle, qui n'est pas la conséquence d'une inégalité d'ordre physique, ne permet pas de conclure à une inégalité morale. Il écrit par exemple :

> « Quoique en général les nègres aient peu d'esprit, ils ne manquent pas de sentiments. Ils sont sensibles aux bons et aux mauvais traitements. Nous les avons réduits, je ne dis pas à la condition d'esclaves, mais à celle de bêtes de somme; et nous sommes raisonnables ! et nous sommes chrétiens ! » (46)

Pourtant, et par un paradoxe qui se rencontre ailleurs que chez Diderot, l'égalité morale entre les hommes et leur égalité physique n'ont point pour corollaire l'égalité totale. Il faut d'abord retenir cette inégalité intellectuelle, qui existe entre les races, du fait des accidents de leur évolution historique, et qui existe aussi entre les individus. Diderot reprochait justement à Helvétius d'avoir négligé ce qu'il appelle les « dérangements » dans « l'organisation » (47).

En somme, l'égalité morale, comme la raison, est *virtuelle,* mais dans les faits il y a une hiérarchie entre les hommes, si bien que la plupart n'atteindront jamais ce niveau idéal où tous les hommes sont égaux, alors que d'autres, — les philosophes par exemple, — s'y trouvent placés presque d'emblée. D'autre part le droit de propriété, qui est un droit

(45) ENC, t. VIII, p. 348 a.

(46) *Ibid.*, p. 347 a. Ce texte est évidemment à rapprocher du célèbre chapitre de l'*Esprit des lois* sur l'esclavage des nègres. On lit aussi, sous la plume d'un des collaborateurs anonymes de Diderot, dans l'article *Liberté naturelle :* « Toutes les puissances chrétiennes ont jugé qu'une servitude qui donnerait au maître un droit de vie et de mort sur ses esclaves était incompatible avec la perfection à laquelle la religion chrétienne appelle les hommes. Mais comment les puissances chrétiennes n'ont-elles pas jugé que cette même religion, indépendamment du droit naturel, réclamait contre l'esclavage des nègres ? C'est qu'elles en ont besoin pour leurs colonies, leurs plantations et leurs mines. *Auri sacra fames !* » (AT, t. XV, p. 509).

(47) AT, t. II, p. 271.

naturel, fait que les hommes raisonnant sur ce qu'ils peuvent se rendre les uns aux autres, doivent avoir égard au moins autant à ce qu'ils *ont* qu'à ce qu'ils *sont*. Si l'équité consiste bien à respecter strictement la propriété d'autrui (48), l'égalité morale a pour corollaire nécessaire en ce domaine le maintien de l'inégalité sociale. En somme, l'égalité naturelle est une égalité idéale entre des hommes abstraits. Mais au nombre des hommes réels, seuls ceux qui *savent*, et ceux qui *possèdent*, peuvent en jouir pleinement.

Et, bien entendu, il en va de la liberté comme de l'égalité. La liberté de l'homme naturel, — qui n'est pas la conséquence de la liberté morale, puisque Diderot la nie, — est simplement le droit qu'a tout individu de ne pas être contraint d'agir contre son gré. Mais la formule, « aucun homme n'a reçu de la nature le droit de commander aux autres » (49), qui ouvre solennellement l'article *Autorité politique*, n'est vraie encore que sur un plan idéal, abstrait. La précision que Diderot ajoute, « chaque individu de la même espèce a le droit de (...) jouir (de la liberté) aussitôt qu'il jouit de la raison », contient à la fois la justification de la formule initiale et son correctif. Elle la justifie, s'il est vrai que *tous* les hommes sont libres parce qu'ils sont *tous* raisonnables mais comme ils ne sont raisonnables qu'en puissance, et comme peu le sont effectivement devenus, il est évident que tous les hommes promis à la liberté ne sont pas actuellement libres au même degré : ils sont inégalement libres, comme ils sont inégaux en savoir et en avoir, et dans la même mesure. Si bien que l'égalité naturelle, dont on est tenté de dire quelquefois qu'elle est à la base de la théorie diderotienne de l'état de nature, pourrait aussi bien être nommée « inégalité naturelle » (50). C'est ce qu'ont vu par exemple Deleyre et Quesnay, et par là ils n'ont nullement trahi leur maître et ami (51).

LA GUERRE DE TOUS CONTRE TOUS

Jusqu'en 1765 au moins, Diderot ne s'est jamais expliqué de façon claire sur les raisons qui ont pu faire basculer la société naturelle dans l'anarchie, et faire succéder au commerce paisible de l'âge d'or la guerre de tous contre tous.

---

(48) Cf. *supra* les divers raisonnements, — sur ce que les hommes se doivent les uns aux autres, — par quoi se fonde le droit naturel.

(49) AT, t. XIII, p. 392.

(50) L'expression est effectivement employée par Diderot dans l'*Apologie de l'abbé de Prades* (AT, t. I, p. 467).

(51) Pour Deleyre, voir la lettre du 23 septembre 1756 à Jean-Jacques Rousseau, déjà citée. Quesnay, de son côté, intitule le chapitre III de son traité du *Droit naturel*, « De l'inégalité du droit naturel des hommes » et il écrit par exemple : « En considérant les facultés corporelles et intellectuelles, et les autres moyens de chaque homme en particulier, nous y trouverons encore une grande inégalité relativement à la jouissance du droit naturel des hommes. Cette inégalité n'admet ni juste ni injuste dans son principe; elle résulte de la combinaison de la nature » (*Quesnay*, t. II, p. 733).

Une seule chose est sûre : Diderot n'admet en aucune manière le pessimisme de Hobbes. La thèse de la sociabilité naturelle, qu'il a si souvent et si fortement reprise à son compte, exclut absolument la guerre de tous contre tous que décrit le chapitre I de la première section des *Eléments philosophiques du citoyen*. Non que Diderot conteste des faits comme ceux de l'histoire d'Angleterre, qui ont justement impressionné Hobbes (52). Mais s'il admet, sinon la guerre de tous contre tous, du moins l'anarchie, c'est seulement comme une étape intermédiaire entre l'état de nature, essentiellement paisible, et l'état policé, dans lequel la paix est rétablie par l'autorité du souverain. Il y a donc un décalage dans le temps entre la description de Hobbes et celle de Diderot : alors que l'état de guerre vient chronologiquement le premier chez Hobbes, il prend place chez Diderot entre l'état de nature et l'état policé, à l'aube de la vie des sociétés. C'est l'âge de ce que Diderot appelle « le troupeau » dans son *Apologie de l'abbé de Prades* (53).

Mais comment, et pourquoi, cet âge du troupeau ? Il semble quelquefois, à lire Diderot, qu'une sorte de fatalité ait voulu que les hommes d'abord rassemblés par leurs besoins, et leur incapacité de les satisfaire seuls, fussent ensuite obligés de s'entredéchirer pour accaparer les biens dont leur union devait leur assurer la possession tranquille. En fait Diderot suggère une explication plus rationnelle, — même si elle ne satisfait guère, — lorsqu'il parle d'ignorance, et de passions incontrôlées.

L'homme primitif est sociable, mais ses passions individuelles qu'éclaire encore trop faiblement la raison, prennent le pas sur la considération de l'intérêt général. D'où l' « esprit de conquête » dont il est question dans l'article *Agriculture*. Cet esprit, dont l'existence même suppose que les hommes ont déjà des propriétés, c'est le désir qu'ont les plus forts d'accaparer autant de biens qu'ils le peuvent, fût-ce au détriment des plus faibles, et sans se rendre compte que, ce faisant, ils compromettent l'intérêt général, partant leur intérêt personnel, puisque l'équilibre rompu entraîne l'anarchie.

Mais ici une difficulté apparaît. Quoi qu'en dise Diderot dans l'*Apologie de l'abbé de Prades* (54) l'inégalité naturelle ne peut seule expliquer le désordre qui précède l'institution de la société civile. Elle en est une condition nécessaire, mais non suffisante, puisque Diderot admet que les hommes se sont pendant un temps contentés de leur lot, sans empiéter sur celui du voisin. Dans l'article *Agriculture*, par exemple,

---

(52) AT, t. XV, p. 122 : « (HOBBES) voyait le trône ébranlé, les citoyens armés les uns contre les autres, et sa patrie inondée de sang par les fureurs du fanatisme presbytérien ».

(53) AT, t. I, p. 455 : « J'entends par l'*état de troupeau*, celui sous lequel les hommes rapprochés par l'instigation simple de la nature, comme les singes, les cerfs, les corneilles, etc., n'ont formé aucunes conventions qui les assujettissent à des devoirs, ni constitué d'autorité qui contraigne à l'accomplissement des conventions; et où le ressentiment, cette passion que la nature, qui veille à la conservation des êtres, a placée dans chaque individu pour le rendre redoutable à ses semblables, est l'unique frein de l'injustice ».

(54) AT, t. I, pp. 466-467.

la société primitive et heureuse qu'évoque Diderot semble bien être une société composée de propriétaires indépendants, sans doute inégaux en importance, mais au moins maîtres de leur lot, chacun sur son « coin de terre ». Mais si la cause déterminante de l'apparition de l'esprit de conquête est l'ignorance de l'homme primitif sur ses véritables intérêts, l'anarchie ne devait-elle pas apparaître quand la raison humaine était moins éclairée, c'est-à-dire dès l'instant du partage des terres, et non plus tard, quand les lumières eurent fait quelques progrès ?

A côté de la première explication, — par la seule histoire de la raison humaine, — nous en voyons donc apparaître une seconde, proprement économique, mais qu'on a quelque peine à formuler, tant elle est imprécise, dans les textes de la période qui nous intéresse. Disons que Diderot a discerné un rapport entre le développement économique de la société et son développement politique, mais qu'il n'a pas su l'exprimer (55). Il s'est contenté de l'indiquer.

Des articles *Agriculture, Besoin, Grecs,* on peut seulement conclure, en effet, qu'il y a *coïncidence,* dans la pensée de Diderot, entre l'apparition de l'esprit de conquête et le passage d'une économie agricole et artisanale satisfaisant les premiers besoins de l'homme, à une économie orientée vers la production des biens secondaires. Il est vrai que dans l'article *Agriculture* la conquête, qui agrandit les sociétés, précède l'apparition du luxe, du commerce et de la monnaie. Mais *Besoin* suggère une relation inverse, s'il est prouvé que la satisfaction des besoins naturels, obtenue par la réunion des hommes en société, entraîne naturellement l'apparition de nouveaux besoins « chimériques », c'est-à-dire artificiels, et par conséquent le désir pour les plus favorisés de sortir de l'ordre de la nature. Et l'article *Grecs* semble bien aller dans le même sens que *Besoin.* Quoique la notion de luxe n'y apparaisse pas, et que la multiplication des crimes, comme « meurtres », « rapts », « adultères », « incestes », « parricides » (56), ne soit pas nécessairement conditionnée par la multiplication des besoins artificiels, on voit mal quelle autre raison qu'économique a pu faire que l'harmonie primitive fût rompue. La

---

(55) M. Volguine, dans l'étude que nous avons citée plusieurs fois (*Les idées politiques et sociales de Diderot,* p. 35) donne une explication cohérente de l'article *Agriculture,* qui est le plus important, sur la question qui nous intéresse ici. Il écrit : « Pour arriver à l'organisation politique de la société, les hommes doivent parcourir un très long chemin allant de la simple récolte des fruits de la terre à la chasse et à la pêche, de la chasse et de la pêche à l'élevage et, enfin, de l'élevage à la culture des céréales. Jusqu'à ce qu'ils se mettent à cultiver les céréales, les hommes ont mené une existence nomade. Seule l'agriculture les a rendus sédentaires. Elle aboutit au partage de la terre, à l'établissement de la propriété, à la division du travail. Enfin elle rend inévitable la conclusion d'un contrat social (...). Pour l'agriculture, il fallait partager la terre; pour consolider la possession du terrain, il fallait la propriété. C'est ainsi que naît le besoin d'une organisation politique ». Ce schéma est séduisant, mais il fait un sort trop beau à la formule de Diderot : « L'agriculture naquit avec les lois de la société ». Cette formule s'expliquerait dans le sens de Volguine si Diderot était l'auteur du *Discours sur l'inégalité.* Mais le contexte de l'article *Agriculture,* et les autres articles qui s'y rattachent, rendent très hasardeuse l'explication proposée, au niveau où se trouve la pensée de Diderot quand il écrit pour l'*Encyclopédie.*

(56) AT, t. XV, p. 67.

religion, pour une fois, paraît hors de cause, puisque les Grecs étaient religieux pour ainsi dire depuis toujours et vivaient cependant en paix. Et parmi les raisons économiques possibles, le partage des terres et l'apparition de la propriété privée ne sont pas non plus en cause, puisque les premiers Grecs cultivaient la terre, et se passaient pourtant de conventions. De toute manière il faut bien constater que malgré les critiques de Rousseau, Diderot n'a pu se résoudre à lier explicitement l'histoire de la société et l'histoire économique. Faute de connaissances suffisantes ? Sans doute, mais probablement aussi parce qu'il ne lui convenait pas de mettre en question, sous quelque prétexte que ce fût, le droit de propriété.

Si l'apparition de l'anarchie dans les sociétés naturelles primitives s'explique en définitive assez mal, la réaction par laquelle se sont fondées les sociétés civiles ne s'explique pas mieux. Ou plutôt, ici encore, deux explications coexistent dans l'esprit de Diderot.

L'une de ces explications est proprement psychologique, et contredit d'ailleurs l'explication psychologique de l'apparition de la guerre. Certains textes de Diderot suggèrent en effet que les hommes ont décidé de s'unir en sociétés politiques pour échapper à l'extermination générale qui tôt ou tard devait, au détriment majeur de l'espèce, suivre la guerre des individus et des groupes entre eux. Dans l'article *Besoin*, Diderot parle de la crainte « réciproque » qui devait engager les hommes divisés entre eux à se « réunir » (57). Dans l'*Apologie*, d'autre part, nous l'avons vu se demander si les faibles et les forts acharnés à se nuire ne devaient pas finir par « se dévorer comme des bêtes féroces, et par s'exterminer » (58).

Il faut donc supposer que les hommes, d'abord raisonnables, puis aveuglés par leurs passions, sont de nouveau devenus raisonnables et ont dû considérer, par de nouvelles lumières, qu'ils allaient infailliblement à leur propre ruine en même temps qu'à l'extermination de l'espèce. Mais d'où leur vinrent ces lumières nouvelles ? Comment n'ont-il pas raisonné dès le début de la période d'anarchie comme ils le firent à la fin de cette période ? Il faudrait admettre que le progrès des lumières ait été parallèle au progrès de la barbarie, ce qui est contradictoire.

Diderot s'en rendait bien compte. Aussi, dans l'histoire qu'il fait de cette période de barbarie, pour telle ou telle société particulière, oppose-t-il souvent à la masse ignorante et criminelle la haute stature des sages dont les lumières individuelles suffirent à dissiper l'ombre environnante. Ce sont eux qui firent prendre conscience à leurs contemporains des périls qui les menaçaient individuellement et collectivement, et ce sont eux qui, en leur donnant des lois, fondèrent les sociétés civiles. On voit d'où vient l'idée : Diderot l'a tirée notamment de ce qu'il savait de l'histoire grecque. L'article *Grecs* contient une liste de ces législateurs ou de ces sages qui au temps de la barbarie surent

(57) AT, t. XIII, p. 428.
(58) AT, t. I, p. 467.

non seulement s'élever par leur raison à la compréhension du mal dont souffrait le troupeau, — devenu horde, — mais aussi lui imposer des lois. Ce qui ne fait que reculer la difficulté : comment a-t-il pu se faire que dans une période d'ignorance et de crimes, un pâtre, un esclave, comme Zaleucus, devînt assez éclairé non seulement pour donner des lois aux autres, mais encore pour se tuer, en ayant transgressé une ? (59) Comment a-t-il pu d'autre part se faire reconnaître comme sage par des ignorants et leur imposer la force de la loi sans que leur raison fût consentante, au moins à l'origine du pacte par lequel ils se soumettaient à lui ?

A côté de l'explication psychologique, Diderot en donne une autre, d'ordre purement économique, qui ne la contredit pas, mais au contraire l'appuie. En se réunissant en sociétés politiques les hommes n'ont pas songé qu'à garantir par un pacte leur survie et celle de l'espèce, ils ont voulu aussi s'assurer « la possession des choses dont ils ont un *besoin* naturel » (60). Il est permis de penser que parmi les « avantages de la vie » dont Diderot écrit, dans l'article *Cité*, que le pacte politique doit les assurer aux hommes, figure justement cette « possession » des choses qui leur sont utiles, en d'autres termes le droit de propriété. Diderot est relativement discret sur ce point, mais sa doctrine est claire : le pacte constitutif de la société politique a pour but d'assurer le maintien de l'inégalité sociale. Le plus fort, qui s'est approprié le plus de biens, a droit comme le faible, qui s'en est approprié moins, à la sûreté, à la tranquillité. Il ne faut pas qu'aucun des deux puisse redouter la violence de l'autre, que celui-là achève la ruine de celui-ci, ou que celui-ci se retourne contre celui-là et le pille. C'est ce que Diderot entend par réparation de l'inégalité naturelle (61).

LE CONTRAT SOCIAL

De toutes les doctrines dont la connaissance permet d'éclairer la théorie du contrat chez Diderot, celle de Pufendorf est la plus intéressante, bien que Grotius, ou Hobbes, aient pu alimenter les réflexions du Philosophe sur tel point particulier.

Chez Pufendorf, en effet, l'état civil se fonde sur deux pactes différents, l'un par lequel les individus s'engagent les uns vis-à-vis des autres à ne former qu'un seul corps, l'autre par lequel les citoyens se lient par contrat avec le souverain individuel ou collectif qu'ils ont choisi pour le revêtir de l'autorité suprême (62). Le premier de ces deux pactes est du reste assez secondaire (63). Quant au pacte de soumission, s'il « impose au souverain l'obligation de n'user de son pouvoir que

(59) AT, t. XV, pp. 57-58.
(60) AT, t. XIII, p. 428.
(61) AT, t. I, p. 467.
(62) Nous résumons sommairement la théorie du double contrat chez Pufendorf d'après Derathé, *Rousseau*, pp. 209 et suivantes.
(63) *Ibid.*, p. 211.

pour le bien public et dans l'intérêt de l'Etat » (64), s'il implique selon certains textes de Pufendorf que le peuple soit seul juge de la manière dont le prince interprète la volonté générale, il est tel que dans la pratique le peuple ne peut en aucun cas se dégager de l'obéissance qu'il a promise. C'est pour cela que le contrat initial d'association apparaît comme un acte de pure forme.

Diderot, pour sa part, ne fait jamais explicitement la distinction des deux pactes. Le pacte de soumission est, apparemment, le seul qui l'intéresse, de l'article *Autorité politique* à l'article *Cité,* en passant par l'*Apologie de l'abbé de Prades.* Pourtant l'idée d'un pacte antérieur d'association ne lui est pas étranger; elle est même constamment sous-entendue dans ce qu'il écrit au sujet de la souveraineté. Par exemple, il n'écrirait pas, dans l'article *Autorité politique,* que le « corps de la nation » est propriétaire de biens dont le souverain a l'usufruit, s'il ne concevait la nation comme une association de ceux qui la constituent. Et cette association subsiste alors même que le contrat passé entre la nation et le souverain est rompu : « Quand il n'a plus lieu, elle rentre dans le droit et dans la pleine liberté d'en passer un nouveau avec qui et comme il lui plaît » (65). Telle est, justement, la raison du pacte d'association chez Pufendorf. L'article *Citoyen* suppose aussi comme un pacte d'association entre les membres d'une même cité. Il ne suffit pas en effet de résider dans une société, ni même d'y séjourner habituellement pour avoir part à « ses droits et franchises » (66). Quant aux naturalisés, il semble que ce soit la société qui leur accorde ces droits et ces franchises, et non le souverain. La cité forme donc bien à leur égard un corps auquel ils viennent s'associer.

De son côté, le contrat par lequel le peuple et le souverain s'engagent l'un envers l'autre n'est pas nécessairement un contrat en forme. L'autorité conférée au souverain peut d'ailleurs avoir deux origines différentes.

> « Qu'on examine bien, écrit Diderot, et on la fera toujours remonter à l'une de ces deux sources : ou la force et la violence de celui qui s'en est emparé, ou le consentement de ceux qui s'y sont soumis par un contrat fait ou supposé entre eux et celui à qui ils ont déféré l'*autorité* » (67).

Dans le premier cas, ajoute Diderot, l'autorité ne s'impose que pour le temps pendant lequel le conquérant est le plus fort, à moins qu'elle ne change de nature, ce qui arrive « lorsqu'elle continue et se maintient du consentement exprès de ceux qu'on a soumis ». Elle devient alors une autorité de la seconde sorte (68).

Ce sont là des idées que l'on rencontre chez Pufendorf :

> « Tout pouvoir légitime des rois, écrivait-il, suppose à la vérité un consentement du peuple, sur qui ils règnent : mais ce consentement est ou forcé, ou entièrement libre » (69).

---

(64) *Ibid.*, p. 213.
(65) AT, t. XIII, p. 395.
(66) AT, t. XIV, p. 190.
(67) AT, t. XIII, p. 392.
(68) *Ibid.*.
(69) PUFENDORF, *Droit de la nature*, liv. VII, chap. VII, par. 2.

Il précisait ailleurs :

« Tout gouvernement légitime est fondé sur un *consentement des sujets* : mais ce consentement se donne de différentes manières. Quelquefois un peuple est contraint *par la force des armes*, de se soumettre à la domination du vainqueur : quelquefois aussi le peuple, *de son pur mouvement*, offre à quelqu'un l'autorité souveraine, et la lui confère avec une pleine et entière liberté » (70).

Enfin, disait-il encore,

« il suffit (qu'un usurpateur) ait régné paisiblement pendant quelque peu de temps, pour donner lieu de présumer que le peuple s'accommode de sa domination, et pour effacer ce qu'il y avait de vicieux dans la manière dont elle avait été acquise » (71).

Pour Diderot, comme pour Pufendorf, la souveraineté est donc un bien transférable, et même si le souverain n'en a que l'usufruit, les conditions dans lesquelles le peuple consent ou est censé consentir à ce transfert d'autorité sont si larges qu'on se demande à bon droit s'il y a un pouvoir si tyrannique qu'il ne puisse légitimement se flatter d'être fondé sur un tel « consentement ».

L'un des textes de Pufendorf que nous venons de citer parle du consentement du peuple, l'autre du consentement des sujets; il y a là une légère incertitude dans l'expression, qui amène à se poser la question de la source de l'autorité. Il est hors de doute qu'aux yeux de Pufendorf l'autorité conférée au souverain vient en dernière analyse de chacun des individus qui composent le corps social, et non de ce corps lui-même. On lit en effet dans le *Droit de la nature et des gens :*

« La souveraineté résultant d'une convention par laquelle les sujets s'engagent à ne pas résister au souverain et à le laisser disposer de leurs forces et de leurs facultés comme il le jugera à propos, il est clair qu'il y a dans chaque particulier des semences pour ainsi dire, du pouvoir souverain. Les pactes, en réunissant ces semences et en les faisant germer, donnent naissance à ce pouvoir souverain » (72).

Or Diderot pense, lui aussi, que l'autorité que le pacte de soumission confère au souverain émane de chacun des individus qui sont associés au sein de la nation. C'est même par l'affirmation de ce principe que s'ouvre l'article *Autorité politique :* « Aucun homme n'a reçu de la nature le droit de commander aux autres. La liberté est un présent du ciel, et chaque individu de la même espèce a le droit d'en jouir aussitôt qu'il jouit de la raison » (73). La liberté dont il s'agit ici est bien entendu cette indépendance des hommes à l'état de nature qu'évoquent les *Devoirs de l'homme et du citoyen* (74). Le pacte de soumission est donc un contrat par lequel chaque citoyen remet, ou est censé remettre librement l'autorité qu'il a sur sa propre personne au souverain qu'il s'est donné ou qu'il a accepté d'un commun accord avec ses concitoyens.

---

(70) PUFENDORF, *Devoirs de l'homme*, liv. II, chap. X, par. 1.
(71) PUFENDORF, *Droit de la nature*, liv. VII, chap. VII, par. 3.
(72) *Ibid.*, chap. III, par. 4.
(73) AT, t. XIII, p. 392.
(74) PUFENDORF, *Devoirs de l'homme*, liv. II, chap. I, par. 5 : « Ceux que l'on dit vivre respectivement dans l'état de nature, ce sont ceux qui ne sont ni soumis à l'empire l'un de l'autre, ni dépendants d'un maître commun ».

Cette proposition est très importante dans la théorie classique du droit naturel. On peut en déduire en effet que l'homme ne peut aliéner aux mains d'autrui plus de pouvoir qu'il n'en a sur lui-même, ce que Diderot exprime clairement, bien que sous une forme prudente à dessein :

« L'homme ne doit ni ne peut se donner entièrement et sans réserve à un autre homme, parce qu'il a un maître suprême au-dessus de tout, à qui seul il appartient tout entier » (75).

Ainsi la doctrine de Diderot repose indiscutablement sur le principe de la *souveraineté nationale*; elle s'oppose à la fois à la théorie du droit divin et à l'assimilation du pouvoir monarchique au pouvoir paternel. En dernière analyse, la source du pouvoir est dans chacun des membres du corps, même si le contrat semble le déposséder entièrement de ce pouvoir. En ce sens, et seulement en ce sens, on peut dire que la doctrine de Diderot est démocratique : le pouvoir vient du peuple, et s'exerce au profit du peuple. Mais ce n'est pas une doctrine démocratique au sens plein du terme, puisque le peuple n'a pas actuellement le pouvoir, et ne doit pas espérer le reprendre tant que la succession dynastique sera assurée.

La conception qu'a Diderot de ce qu'on pourrait appeler la *monarchie démocratique* (76) ne se comprend que dans le contexte des grands débats politiques du XVIIIᵉ siècle sur la tyrannie et sur le despotisme. Ce sont là des notions qui avec le temps sont devenues à peu près synonymes. La phraséologie révolutionnaire ayant de surcroît assimilé le tyran, le despote, et le monarque, le lecteur moderne de l'*Encyclopédie* a quelque peine à reconstituer le sens véritable des textes politiques théoriques de Diderot et de ses amis. On retrouve jusque dans l'*Histoire*

---

(75) AT, t. XIII, p. 393. DIDEROT avait pu aussi trouver chez BURLAMAQUI, outre l'idée des deux pactes (*Principes du droit politique*, p. 16), et le principe de la souveraineté nationale, confiée au prince comme à un usufruitier (*ibid.*, p. 22 et p. 26), l'affirmation corrélative que les citoyens ne peuvent confier au souverain une autorité sans bornes (*ibid.*, p. 17).

(76) TOCQUEVILLE a analysé avec finesse et précision les rapports qui existent effectivement entre l'idéal démocratique moderne et la doctrine monarchique moyenne des encyclopédistes. Dans son étude sur l'état social et politique de la France avant 1789, TOCQUEVILLE a développé une thèse qui se présente comme un paradoxe, mais qui rend compte de la réalité historique la plus profonde. Il se trouve qu'à la fin de l'Ancien Régime, en France, le roi, pouvoir centralisateur, a porté dans une certaine mesure les aspirations démocratiques des plébéiens par-dessus la noblesse et les corps intermédiaires traditionnels. C'est en quelque sorte dans la personne du roi que se forma la résultante des forces vives que les structures féodales traditionnelles écartelaient et annihilaient. Ce mouvement centralisateur achevé, il ne restera plus au peuple qu'à briser l'instrument de son unité et à exercer directement le pouvoir jusque-là laissé au roi, considéré comme son représentant (*Œuvres complètes*, t. II, p. 55, thèse reprise par MATHIEZ, dans son étude sur *les Philosophes et le pouvoir*, notamment au sujet de l'impôt). TOCQUEVILLE ne nomme pas DIDEROT, parmi les « citoyens » plébéiens ou non qui ont pensé ce mouvement et qui l'ont accéléré, mais il nomme MALESHERBES qui, s'adressant au roi, lui disait en 1770 : « Vous ne tenez votre couronne que de Dieu, sire; mais vous ne vous refuserez pas la satisfaction de croire que vous êtes aussi redevable de votre pouvoir à la soumission volontaire de vos sujets » (TOCQUEVILLE, *Œuvres complètes*, t. II, p. 63). Ce que MALESHERBES écrivait en 1770 était tout proche de ce que DIDEROT n'avait cessé de répéter dans la période antérieure.

de la langue française, sous la plume d'Alexis François, la confusion prétendue qu'auraient faite les encyclopédistes entre la tyrannie et la monarchie, entre le gouvernement arbitraire et l'absolutisme (77). Or tout l'effort de Diderot a consisté au contraire à distinguer entre ces différentes notions pour arriver à élaborer une doctrine monarchique épurée.

Dans le contrat politique, tel que Diderot le conçoit, les individus composant le corps ne remettent pas l'autorité à un homme mais d'abord au corps, qui par leur volonté constitue dès lors une entité morale, dont le monarque est seulement le *représentant*. Toute personne s'arrogeant le pouvoir sans avoir été désignée pour l'exercer par la nation entière, — et l'ordre de la succession dynastique équivaut ici à une élection, — est donc un souverain illégitime, un *tyran*. Et Diderot montre dans l'article *Autorité politique* que le tyran, qu'il appelle aussi l'usurpateur (78), s'expose à être renversé par la loi même qui l'a établi sur le trône, c'est-à-dire par le droit du plus fort. En se soumettant au souverain légitime, le sujet d'une monarchie ne se donne pas à un homme, il ne devient pas l'esclave d'un maître, car le droit naturel ne saurait l'admettre. C'est à la seule volonté générale, incarnée dans la personne du monarque, mais transcendant cette personne-là comme elle transcende toutes les autres, que le sujet d'une monarchie accepte de plier sa volonté propre. D'un tel sujet, et de lui seul, on peut dire qu'il est pleinement un citoyen (79). Il participe en effet, idéalement, au gouvernement de la chose publique, puisque la volonté générale n'est autre que la sienne propre, à son plus haut degré de généralité et de rationalité.

Diderot insiste beaucoup dans ses textes politiques sur la fonction d'interprète légitime de la volonté générale qui est à ses yeux l'apanage du monarque. La volonté particulière du roi, son bon plaisir (80), doivent s'effacer devant la seule considération du bien public, c'est-à-dire du bien de tout le corps, sans aucune acception de personne. A cette condition seulement le monarque n'est pas un *despote*, le despotisme se définissant un régime d'arbitraire, où le caprice d'un seul tient lieu de loi (81).

---

(77) A. François, dans Brunot, *Histoire de la langue française*, t. VI, première partie, p. 431.

(78) Même définition dans le *Contrat social*, liv. III, chap. X, que cite A. François dans Brunot, *Histoire de la langue française*, t. VI, première partie, p. 431 : « J'appelle *tyran* l'usurpateur de l'autorité royale ». Tel est, pour Rousseau, conformément à l'usage antique, le sens précis du terme. Il l'oppose au sens « vulgaire » : « Un tyran est un roi qui gouverne avec violence et sans égard à la justice et aux lois » (*Ibid.*).

(79) Voir l'article *Citoyen*, notamment AT, t. XIV, pp. 192-193.

(80) Voir le discours du roi Henri IV dans l'article *Autorité politique*, AT, t. XIII, p. 397.

(81) *Ibid.*, p. 396. Montesquieu définit également le régime despotique celui où « un seul, sans loi et sans règle, entraîne tout par sa volonté et par ses caprices » (*Esprit des lois*, t. I, p. 12). Et Rousseau écrira dans le *Contrat social*, liv. III, chap. X : « J'appelle (...) *despote* l'usurpateur du pouvoir souverain (...) ; le despote est celui qui se met au-dessus des lois mêmes. Aussi le tyran peut n'être pas despote, mais le despote est toujours tyran » (cité par A. François, dans Brunot, *Histoire de la langue française*, t. VI, première partie, p. 431).

Les articles *Autorité politique, Cité, Droit naturel,* opposent tous implicitement ou explicitement le monarque légitime, représentant la volonté générale de son peuple, au tyran et au despote. La *Lettre sur le commerce de la librairie,* bien qu'elle pose surtout des problèmes pratiques, mérite d'être citée aussi à la suite des articles de l'*Encyclopédie,* car elle est dans certaines de ses parties un bon commentaire de la doctrine de Diderot sur la volonté générale. L' « intention du prince », à laquelle se réfère mainte fois Diderot dans sa lettre, est pour ainsi dire indépendante de la personne du souverain régnant, elle est manifestement à ses yeux l' « acte pur de l'entendement » d'un législateur raisonnant « dans le calme des passions » et faisant abstraction des intérêts privés pour ne considérer que l'intérêt général de la nation. « L'intention du prince, écrit par exemple Diderot, n'a pas besoin et (...) ne se propose jamais d'opprimer un de ses sujets pour en favoriser un autre » (82). Parlant plus loin du privilège il écrit encore :

> « S'il était question de réserver à *un seul* le droit inaliénable d'imprimer des livres en général, ou des livres sur une matière particulière (...), si ce droit était un acte de la *volonté arbitraire* du prince, sans aucun fondement *légitime* que son *bon plaisir,* sa puissance, sa force, ou la *prédilection* d'un mauvais père qui détournerait les yeux de dessus ses autres enfants pour les arrêter sur un seul, de tels privilèges seraient *évidemment* opposés au bien *général* » (82 *bis*).

Un tel texte fait clairement apparaître la distinction qui existe dans l'esprit du Philosophe entre un pouvoir arbitraire et un pouvoir légitime. L'arbitraire est le fait d'un individu détenteur de la puissance souveraine, qui prend parti pour tel ou tel intérêt privé, à sa fantaisie, et qui agit ainsi en despote. Le souverain digne de ce nom n'agit en revanche que pour le bien général et cela rend son pouvoir légitime.

Mais même dans le cadre de la monarchie légitime et « démocratique », que reste-t-il de sa liberté naturelle au citoyen que le pacte politique soumet avec tout le corps au souverain, symbole et interprète de la volonté générale ? On pourrait dire, en schématisant à peine, que Diderot est hobbiste quand il considère les rapports des citoyens avec la personne morale publique du souverain, et qu'il est rousseauiste quand il envisage les rapports particuliers des sujets avec la personne privée du monarque.

Cette position n'est paradoxale qu'en apparence, car elle est tout à fait conforme à la théorie des *êtres moraux* que Diderot a renouvelée semble-t-il de Hobbes. Cette théorie repose, chez Hobbes, sur une distinction initiale entre *multitude* et *société*. Dans la multitude, chaque individu, chaque personne physique a sa volonté propre, et on ne saurait concevoir que de la juxtaposition de ces volontés multiples naisse autre chose que le désordre. En revanche l'acte par lequel tous s'accordent à confier l'auto-

---

(82) AT, t. XVIII, p. 28.
(82 *bis*) *Ibid.*, p. 32. C'est nous qui soulignons.

rité à un souverain commun fait de la multitude un corps, une personne civile, dont la volonté est une.

« En effet, écrit Hobbes, lorsque tous n'ont plus qu'*une seule* volonté, cette union doit être considérée comme une *seule personne*, qu'on désignera par un *seul* nom pour la distinguer de tous les particuliers qui la composent, car elle a ses droits et ses intérêts propres. Il en résulte qu'aucun citoyen, ni même l'ensemble des citoyens, à l'exception de celui dont la volonté devient celle de tous, ne doit être pris pour l'*Etat* lui-même. Pour définir l'*Etat*, nous dirons donc qu'il est *une personne unique*, dont la *volonté*, résultant des conventions mutuelles d'une pluralité d'hommes, doit être tenue pour la volonté d'eux tous, laquelle a le droit de se servir des forces et facultés de chacun d'eux pour assurer la paix et la défense communes » (83).

Dans ces conditions, la personne civile n'existe que dans la mesure où le souverain, — prince ou assemblée, — la représente. Le souverain est une personne représentative, il est la véritable incarnation de l'Etat. Il devient proprement le peuple au sens politique du terme, cependant que la multitude des personnes physiques qui lui sont soumises reste multitude (84).

Diderot a bien retenu cette distinction entre personnes physiques et personne morale, et l'article *Cité*, en particulier, reprend fidèlement les deux parties essentielles de la théorie de Hobbes : les personnes physiques qui « ont résigné leurs volontés et leurs forces » n'ont plus de volonté; la volonté générale est celle de l' « être moral public » que constitue la société ainsi formée, et que représente la « personne physique » du souverain (85). Pourtant il y a une grande différence entre la théorie des êtres moraux telle que l'avait conçue Hobbes et

---

(83) HOBBES, *De cive*, ch. V, par. 9, cité par DERATHÉ, *Rousseau*, p. 400.

(84) HOBBES n'est pas l' « inventeur » de la théorie des êtres moraux. Dans l'excellent exposé qu'il fait de cette théorie dans son *Rousseau*, pp. 397-410, M. DERATHÉ remarque que ses origines remontent « au droit romain » et qu'elle « a joué un rôle important dans les institutions juridiques du Moyen Age » (*Ibid.*, p. 398). HOBBES n'est pas non plus le seul écrivain politique du XVIIe et du XVIIIe siècles qui l'ait prise à son compte. On la trouve aussi bien exposée chez PUFENDORF (*Droit de la nature*, liv. I, chap. I, « De l'origine des êtres moraux et de leurs différentes sortes »). Mais PUFENDORF, en cette matière, doit beaucoup à HOBBES; il paraît donc juste de rattacher à la pensée de HOBBES, plutôt qu'à celle de PUFENDORF, ce que DIDEROT a écrit sur ce sujet.

(85) AT, t. XIV, p. 187. L'article *Cité* semble introduire dans le système de HOBBES une complication superflue. DIDEROT suppose en effet une sorte d'emboîtement de corps de plus en plus vastes. La première société civile est celle que forment des familles, considérées par lui comme des personnes physiques. Cette première société civile, ou cité, est une personne morale, soumise à une autorité unique. Puis les cités, personnes morales publiques, s'associent entre elles comme l'avaient fait les personnes physiques privées pour constituer un ensemble plus vaste. Cet ensemble, l'empire, est soumis lui aussi à une autorité unique, qui peut être celle d'une personne physique, et qui lui confère la personnalité morale. Là s'arrête cependant la hiérarchie des êtres moraux, les souverains qui gouvernent les empires continuant à vivre les uns à l'égard des autres dans l'état de nature, c'est-à-dire indépendants et égaux (AT, t. XIV, p. 188). En fait, cette théorie n'est pas sans analogie avec celle d'ALTHUSIUS, telle que la résume VAUGHAN (*The political writings*, t. II, p. 8, n. 1). Il semble bien pourtant que DIDEROT, dans ce cadre corporatif, ait maintenu le caractère individuel du contrat social : ce sont bien les « êtres physiques privés » qui, en dernière analyse, résignent leur volonté aux mains du souverain. Qu'il y ait des êtres moraux intermédiaires ne change rien à l'affaire.

l' « interprétation » qu'en a donnée Diderot. Pour Diderot en effet l'identification de la personne morale souveraine et de la personne physique qui la représente est une identification de fait, mais non de droit, et cette restriction entraîne des conséquences très importantes. On le voit bien dans l'article *Citoyen*.

Que signifie, en effet, le passage où Diderot examine, après Hobbes, les concepts de sujet et de citoyen ?

> « Hobbes, écrit-il, ne met aucune différence entre le sujet et le *citoyen*; ce qui est vrai, en prenant le terme de *sujet* dans son acception stricte, et celui de *citoyen* dans son acception la plus étendue; et en considérant que celui-ci est par rapport aux lois seules ce que l'autre est par rapport à un souverain. Ils sont également commandés, mais l'un par un être moral, et l'autre par une personne physique » (86).

M. Thielemann a bien vu que ce texte était essentiel pour comprendre les rapports entre la pensée politique de Diderot et celle de Hobbes. Mais il ne dit pas pourquoi (87). Or le texte de Diderot devient lumineux, dès qu'on le situe dans le cadre de la théorie des êtres moraux. En effet, alors que Hobbes ne reconnaît pas de personnalité morale souveraine qui ne soit incarnée dans un souverain, individuel ou collectif, Diderot dissocie la personne morale souveraine de la personne du souverain, individuel ou collectif; il les sépare en droit, même si elles sont réunies en fait. Dans la monarchie, par exemple, ce sont les lois et non le prince, qui incarnent l'être moral de la société civile, et représentent la volonté générale. C'est donc d'abord à l'autorité des lois que chaque individu se soumet par le contrat social, et l'acte par lequel il résigne sa volonté et ses forces au profit de la personne morale publique fait de lui un citoyen. En fait le souverain est un, mais en droit il est double; il est un être moral représentatif et en même temps une personne privée. Chacun des membres de la société civile est donc double, lui aussi, sujet par rapport au prince, citoyen par rapport à la volonté générale.

Aussi tant de textes, qui manifestent le souci de Diderot de soumettre parfaitement à l'autorité suprême les volontés et les forces des particuliers, ne se comprennent-ils que traitant des rapports des citoyens et de la personne morale souveraine. Dans l'article *Citoyen*, notamment, Diderot donne un exemple simple, et clair, des conséquences qu'entraîne sa conception de la souveraineté :

> « Il y a, écrit-il, des occasions où (le citoyen) se trouve sur la même ligne, je ne dis pas avec ses concitoyens, mais avec l'être moral qui leur commande à tous. Cet être a deux caractères, l'un particulier et l'autre public : celui-ci ne doit point trouver de résistance; l'autre peut en éprouver de la part des particuliers, et succomber même dans la contestation. Puisque cet être moral a des domaines, des engagements, des fermes, etc., il faut, pour ainsi dire, distinguer en lui le souverain et le sujet de la souveraineté. Il est dans ces occasions juge et partie » (88).

---

(86) AT, t. XIV, p. 191.
(87) THIELEMANN, *Thomas Hobbes dans l' « Encyclopédie »*, p. 338.
(88) AT, t. XIV, p. 193.

Dans une telle perspective, la *liberté politique* paraît une notion aussi vide de sens que l'est d'autre part, pour Diderot, celle de *liberté morale*. La seule forme de liberté qui ait place dans son système est la *liberté civile*, donnée aux citoyens en compensation de la *liberté naturelle* que le pacte leur a fait perdre. Comment le citoyen dont les actions individuelles sont entièrement déterminées aurait-il en effet une liberté politique ? Il est, comme citoyen, soumis aux lois du système politique dont il fait partie, aussi nécessairement qu'il l'est, comme animal raisonnable, aux lois universelles du mouvement. C'est même, paradoxalement, dans cette absence de liberté morale et politique que se fondent tour à tour sa liberté naturelle et sa liberté civile. Nul atome ne tient un autre atome dans sa dépendance exclusive, mais chaque atome est dépendant du tout dont il fait partie. De même, dans l'état de nature, aucun individu ne saurait en asservir un autre parce que chacun n'a d'obligation que vis-à-vis de l'espèce. De même encore, dans l'état civil, nul ne peut assujettir l'un de ses concitoyens parce que tous sont également assujettis à la volonté générale du corps politique (89).

Diderot ne semble admettre la liberté politique que dans un cas, lorsqu'il faut déposer par la violence un tyran, c'est-à-dire un usurpateur (90). En fait il ne s'agit pas là de liberté politique, mais d'un retour à la liberté naturelle. Le tyran, substituant sa volonté propre à celle du corps, supprime par là même ce corps, et rend à chaque individu l'indépendance qu'il avait, antérieurement au pacte politique. Cette reconnaissance de la légitimité du tyrannicide ne contredit point pourtant telle note de l'*Essai sur le mérite et la vertu*, dans laquelle Diderot reprenait Shaftesbury, pour avoir loué les meurtriers des tyrans :

> « J'ai cru devoir rectifier ici la pensée de M... S..., écrivait-il alors, (parce qu'il) nomme hardiment et conséquemment aux préjugés de sa nation, vertu, courage, héroïsme, le meurtre d'un tyran en général. Car si ce tyran est roi par sa naissance, ou par le choix libre des peuples, il est de principe parmi nous, que, se portât-il aux plus étranges excès, c'est toujours un crime horrible que d'attenter à sa vie » (91).

Car cette note, justement, fait une nette distinction entre deux sortes de tyrans, le tyran au sens propre, l'usurpateur, et le « tyran en

---

(89) La confusion a souvent été faite par les commentateurs de DIDEROT entre la liberté civile et la liberté politique, comme si l'affirmation de la première allait nécessairement de pair avec celle de la seconde. Pourtant TOCQUEVILLE avait bien remarqué que dans le mouvement qui entraîna l'Ancien Régime vers sa fin, la revendication de la liberté politique était apparue la dernière (*Œuvres complètes*, t. II, p. 211).

(90) AT, t. XIII, p. 392 (art. *Autorité politique*) : « La puissance qui s'acquiert par la violence n'est qu'une usurpation, et ne dure qu'autant que la force de celui qui commande l'emporte sur celle de ceux qui obéissent; en sorte que si ces derniers deviennent à leur tour les plus forts et qu'ils secouent le joug, ils le font avec autant de droit et de justice que l'autre qui le leur avait imposé. La même loi qui a fait l'*autorité*, la défait alors : c'est la loi du plus fort ».

(91) AT, t. I, p. 74. Cf. HOBBES, *Eléments philosophiques du citoyen*, chap. XII, par. 4.

général », c'est-à-dire le despote. Tuer le tyran n'est pas un crime, puisqu'il n'est qu'un individu comme un autre, et qu'il rend chaque membre du corps politique détruit à la liberté naturelle. Mais le despote « se portât-il aux plus étranges excès », s'il a été mis sur le trône par la loi de succession dynastique, ou par le consentement de ses peuples, il incarne toujours la volonté générale et qui le tuerait porterait atteinte à l'intégrité de la nation même.

C'est donc faire un étrange contresens sur la pensée profonde de Diderot que de supposer comme on l'a fait quelquefois qu'il revendique la liberté politique au point de légitimer même l'insurrection (92). La déposition d'un tyran n'est pas à ses yeux une insurrection, mais l'application de la loi naturelle du talion. Alors que résister au monarque légitime, même injuste, revient à s'insurger contre la communauté nationale dont il est le représentant, indigne peut-être, mais sacré.

Une fois admis ce principe, des formules comme celle que l'on rencontre dans l'article *Citoyen*, et qui ont quelquefois surpris, s'expliquent aisément. Non seulement le citoyen ne saurait se révolter contre le pouvoir injuste, si ce pouvoir est légitime, mais il doit même le défendre contre les factieux : « Dans les temps de troubles, écrit Diderot, le citoyen s'attachera au parti qui est pour le système établi » (93). M. Volguine, par exemple, juge le conseil « très équivoque » (94); il y voit une sorte de palinodie. En fait la pensée de Diderot est très cohérente, et ne se dément pas quand il poursuit : « Dans les dissolutions de systèmes, (le citoyen) suivra le parti de sa cité, s'il est unanime » (95). L'adjectif *unanime* est le pivot de la phrase entière, comme la notion de volonté générale du corps politique est le pivot de la doctrine de Diderot. Le régicide, acte terroriste individuel, l'insurrection violente menée par une minorité agissante lui paraissent à juste titre profondément étrangers à l' « esprit de communauté », — nous dirions à l'esprit démocratique, — qui anime sa conception très particulière de la monarchie.

---

(92) Voir par exemple VOLGUINE (*Les idées politiques et sociales de Diderot*, p. 39) : « En réduisant ses sujets à l'esclavage, le despote courbe des arbres qui finissent par lui briser la cervelle en se relevant. Le mécontentement ne se borne pas toujours à un murmure; de l'idée à la volonté d'agir, il n'y a pas loin. Sous un régime despotique, la nature et la raison reprennent leur droit de protester contre la violence. Et DIDEROT justifie cette résistance de toute son énergie. Le droit de résister, dit-il, est parfois légitime : sans lui, les sujets sont un troupeau (...). Il ne fait aucun doute que, dans certaines conditions, DIDEROT considérait l'insurrection contre le despotisme comme nécessaire ».

Ce propos de VOLGUINE est un exemple caractéristique de confusion entre *despotisme* et *tyrannie*. Il n'a de valeur que pour la dernière période de DIDEROT. Dans l'*Encyclopédie*, DIDEROT justifie bien l'insurrection contre les tyrans, mais au despotisme il ne voit de remède que la soumission et les prières! Il considère en effet que « tous ces motifs qu'on croit avoir de résister ne sont, à les bien examiner, qu'autant de prétextes d'infidélités subtilement colorés » (AT, t. XIII, pp. 399-400).

(93) AT, t. XIV, p. 193.

(94) VOLGUINE, *Les idées politiques et sociales de Diderot*, p. 40.

(95) AT, t. XIV, p. 193.

La question de la liberté politique est inséparable de celle des lois fondamentales, et il nous faut ici encore faire justice de quelques idées fausses accréditées par plus d'une étude sur l'*Encyclopédie*. L'étude de René Hubert sur *les Sciences sociales dans l' « Encyclopédie »* contient quelques-unes de ces idées types, qui sont peut-être justes concernant tel des collaborateurs de Diderot, mais qui ne s'appliquent pas à sa doctrine politique propre.

Hubert affirme par exemple que les encyclopédistes ont cherché à remonter aux origines de la monarchie française pour y retrouver la loi fondamentale du royaume (96). Il écrit encore que le contrat politique. tel que Diderot l'a conçu, laisse place à « toutes les formes d'organisation politique, hormis le despotisme », et conduit en fait à une théorie de la monarchie limitée (97). Il précise même après Henri Sée, que Diderot était partisan d'un système de monarchie censitaire et constitutionnelle (98). Plus près de nous M. Volguine, qui s'inspire de René Hubert en le systématisant, parle du contrat de Diderot comme s'il impliquait des conditions politiques précises, c'est-à-dire en somme une constitution que le souverain s'engagerait à respecter (99).

Or Diderot est, sans contestation possible, un absolutiste, au moins dans toute la période de rédaction de l'*Encyclopédie*. Il n'admet aucune condition politique au contrat qui lie le souverain au peuple, comme il est naturel pour un partisan convaincu de la souveraineté nationale : le roi peut tout, parce qu'il est l'interprète de la volonté de tous. Admettre que le roi soit lié par une constitution, par des lois fondamentales codifiées dans des textes ou dans les coutumes, serait admettre que le peuple retient une partie des pouvoirs qu'il délègue à son représentant, comme un propriétaire qui se réserverait un droit de jouissance sur les biens dont il aurait confié la gestion à un usufruitier (100). Mais donner et retenir ne vaut, et il semble à Diderot que le respect de l'intégrité du pouvoir monarchique soit une seule chose avec le respect de l'intégrité du corps politique. Daniel Mornet avait donc raison contre René Hubert, — au moins en ce qui concerne Diderot, — de dire que les lois fondamentales dont il est question dans l'*Encyclopédie* sont vagues, et fondées sur la raison et l'équité plutôt que sur des précédents historiques (101).

Par exemple, dans l'article *Autorité politique*, Diderot ne reconnaît pas au peuple le droit de résistance, parce qu'il a, comme Hobbes, le

---

(96) Hubert, *Les sciences sociales*, p. 126.

(97) *Ibid.*, p. 213.

(98) *Ibid.*, p. 296. Cf. H. Sée, *Les idées politiques de Diderot*, pp. 49-51. Sée prétendait que Diderot était partisan, dans la pratique, d'une royauté constitutionnelle à la Montesquieu. Mais il s'appuyait, pour sa démonstration, sur des articles comme *Liberté civile*, ou *Représentants*, le premier anonyme, le second écrit par d'Holbach.

(99) Volguine, *Les idées politiques et sociales de Diderot*, p. 36.

(100) Sur la souveraineté par droit d'usufruit, voir l'article *Autorité politique*, AT, t. XIII, p. 395. Cf. notamment le *Traité des droits de la reine*, cité dans notre chapitre précédent, et Grotius, cité dans Derathé, *Rousseau*, p. 258.

(101) D. Mornet, *Les origines intellectuelles*, p. 80.

désir d'assurer avant tout la stabilité du pouvoir (102). Ce qu'il dit entre autres des « motifs qu'on croit avoir de résister, (et qui sont) autant de prétextes d'infidélités » est tout à fait dans l'esprit d'un passage des *Eléments philosophiques du citoyen,* dans lequel Hobbes évoque ces séditieux qui ne cherchent pas tant à abolir la puissance absolue qu'à la transférer, et qui risquent de détruire, avec l'autorité, les fondements de la société même (103). Enfin, pas plus que Hobbes, Diderot n'admet que la souveraineté soit limitée par une constitution, ou partagée entre plusieurs personnes ou corps politiques (104).

Quelques lignes de l'article *Citoyen* montrent jusqu'à quel point Diderot est soucieux de préserver l'intégrité du pouvoir souverain. Evoquant la cérémonie de l' « adoption » des citoyens à Athènes, il transcrit, d'après Plutarque, le serment que prononçaient en la circonstance les jeunes Athéniens. Or l'une des clauses de ce serment l'inquiète; c'est celle par laquelle le jeune homme s'engageait à obéir aux lois, pourvu qu'elles fussent sages : « *Receptis consuetudinibus parebo, et quascumque adhuc populus* prudenter *statuerit, amplectar* ». Le commentaire dont il fait suivre la citation est typiquement hobbiste : « Voilà, dit-il, un *prudenter* qui, abandonnant à chaque particulier le jugement des lois nouvelles, était capable de causer bien des troubles » (105).

En fait, Diderot ne reconnaît de loi fondamentale, au sens *politique* du terme, que la loi de succession dynastique (106). On ne saurait donc moins limiter qu'il ne le fait le pouvoir du souverain. Sa doctrine politique est du reste sur ce point très proche de celle des physiocrates. Les physiocrates en effet seront partisans d'un pouvoir fort, non partagé, rassemblant dans les mêmes mains le législatif et l'exécutif, et ils critiqueront le régime parlementaire anglais (107). Ils seront donc eux aussi des absolutistes, partisans d'un despotisme non arbitraire, ou « légal » (108), et de la monarchie héréditaire (109).

Cette notion de *despotisme légal,* très importante dans la doctrine physiocratique, a aussi une place de choix dans la pensée politique de

---

(102) Il y a un bon résumé de la théorie de la souveraineté chez Hobbes dans Derathé, *Rousseau,* pp. 308-320.

(103) Hobbes, *Eléments,* première partie, p. 97.

(104) Sur la théorie des parties de la souveraineté, et sur la position de Hobbes à cet égard, voir Derathé, *Rousseau,* pp. 280 et suivantes.

(105) AT, t. XIV, p. 190.

(106) Art. *Autorité politique,* AT, t. XIII, p. 395; cf. *Traité des droits de la reine,* pp. 112 et 120.

(107) Voir L. Cheinisse, *Les idées politiques des physiocrates,* pp. 92-97.

(108) *Ibid.,* pp. 99-102.

(109) *Ibid.,* p. 106. Les physiocrates justifieront la monarchie héréditaire avec des arguments différents de ceux de Diderot. Diderot est partisan de la monarchie héréditaire simplement parce qu'elle est en France un état de fait, et parce qu'il est pour l'« ordre établi ». Les physiocrates considéreront que le prince n'est pas usufruitier mais propriétaire de la souveraineté, copropriétaire de toutes les terres (Cheinisse, *Les idées politiques des physiocrates,* p. 106, et Weulersse, *Le mouvement physiocratique,* t. II, p. 44 et pp. 48 et suivantes). Le pouvoir absolu du souverain découle donc naturellement de son droit de copropriété, et la monarchie se transmet de père en fils comme une terre ou comme une maison.

Diderot, car elle tient à la fois à sa conception générale du monde et à sa morale. On pourrait dire en effet que la théorie du despotisme légal n'est que l'aspect politique du monisme matérialiste de Diderot : en se soumettant au monarque absolu, le sujet ne se fait pas l'esclave d'un homme mais de la loi; et si cette loi est vraiment l'expression de la volonté générale du corps politique, elle ne peut être qu'une application particulière de la loi universelle qui régit le monde moral comme le monde matériel. C'est même la raison pour laquelle un souverain légitime peut gouverner à la rigueur sans consulter son peuple : il suffit que ses actes soient conformes à la loi universelle pour qu'il soit sûr d'interpréter la volonté générale. Quand Henri IV avait « évidemment la justice de son côté », quand la raison seule lui montrait le parti à prendre, il pouvait dire à son Parlement : « Je veux être obéi ». La raison étant une faculté universelle, Henri IV était sûr que ce qui lui était apparu comme évident devait l'être aussi pour le plus grand nombre (110). Si donc la monarchie absolue telle que Diderot la conçoit est limitée par des lois fondamentales, ces lois ne sont nullement des lois constitutionnelles, ce sont tout simplement les lois de la raison. Le despotisme légal n'est pas celui d'un homme, mais celui de l'évidence. Or quel citoyen éclairé ne se soumettrait de bon gré à la loi de l'évidence ?

Ce n'est pas un hasard, sans doute, si Diderot n'a développé totalement sa doctrine qu'à propos du droit de propriété.

Non que le droit même de propriété fût en cause, au milieu du XVIIIe siècle, sauf pour quelques utopistes. Mais la propriété de type féodal laissait progressivement la place à la propriété de type bourgeois, et il importait que les structures politiques fussent adaptées aux nouvelles structures économiques du pays. Or, s'il est une « loi fondamentale » importante, dans la philosophie politique de Diderot, c'est la nécessité de respecter et de protéger la propriété (111). Elle se déduit à la fois de la nature de cette propriété, et du principe même du contrat politique.

La seule propriété que Diderot et ses amis, encyclopédistes ou physiocrates, ont en vue, est évidemment bourgeoise par sa nature, et non féodale. Leur postulat initial est justement que la seule propriété *naturelle* est la propriété bourgeoise (112), fondée sur le travail et non sur la violence.

Il y a cependant quelque incertitude dans la pensée de Diderot sur ce point. Car il semble bien que dans son esprit le mode féodal et le mode bourgeois d'appropriation des biens, — et particulièrement de la

---

(110) AT, t. XIII, p. 399 (art. *Autorité politique*).

(111) Les physiocrates feront également du droit de propriété le pivot de leur doctrine politique (voir MATHIEZ, *La doctrine politique des physiocrates*, p. 194).

(112) JAURÈS a bien montré dans l'*Histoire socialiste de la Révolution* que la théorie du droit naturel avait été une arme de la bourgeoisie contre les tenants de la conception féodale de la propriété. Le mode féodal d'appropriation était considéré comme antinaturel, ou fondé sur des raisons historiques depuis longtemps dépassées (*Les causes économiques*, pp. 76-80).

terre, — aient été sinon confondus, du moins mis sur un pied d'égalité juridique.

Cette confusion persistante a sans doute plusieurs causes. Personnellement Diderot n'a guère eu l'occasion de réfléchir au problème de la propriété des biens avant 1759 (113). D'autre part, l'équipe des collaborateurs de Diderot, à l'image même de la société du temps, était constituée de propriétaires de type féodal et de propriétaires bourgeois, le même personnage possédant souvent des biens seigneuriaux et des biens roturiers, de telle sorte que le partage entre les deux modes de propriété devait être à peu près impossible à opérer dans la pratique. Il n'est donc pas étonnant que Diderot ait longtemps parlé dans les mêmes termes de la propriété acquise par le travail et de la propriété du droit du premier occupant. La confusion existe encore dans l'*Introduction aux grands principes* (114). Pourtant il semble que le second type de propriété, originellement distinct du premier, s'y soit rattaché peu à peu (115). Le droit né de l'occupation ne se transforme en droit naturel que par le travail qui fait fructifier la terre, et le dialogue imaginé par Diderot entre les deux premiers propriétaires n'a pas tant pour objet la possession de la terre que celle de ses produits (116).

Quoi qu'il en soit, la *Lettre sur le commerce de la librairie*, qui est de beaucoup l'exposé le plus important de Diderot sur les matières touchant à la propriété, s'appuie tout entière sur la théorie venue de Locke (117), et par là se présente comme un texte de conception strictement physiocratique.

Que trouve-t-on en effet dans cette lettre, si l'on s'en tient aux grands principes qui y sont affirmés, et en faisant abstraction de son objet particulier ? Le droit du premier occupant, auquel Diderot fait encore quelques allusions, y est nettement subordonné au droit de l'ouvrier sur le produit de son travail. Par exemple le libraire qui le premier entreprend l'édition d'un manuscrit de droit commun n'a de droit sur son édition que dans la mesure où il a assumé pour elle « des risques, des soins et des avances » (118). De même, le propriétaire foncier qui, au moment du premier partage, s'est attribué un lot de terre « ne (se l'est) approprié que par la culture, le premier moyen légitime de

(113) Cf. *supra*, chap. III.
(114) AT, t. II, p. 98.
(115) C'est sans doute la raison pour laquelle Hermand, — qui de surcroît a surtout utilisé sur ce sujet des textes postérieurs à 1765, — a pu affirmer qu'aux yeux de Diderot la propriété n'était justifiée que par le travail (*Les idées morales*, p. 218).
(116) « Ne touche pas à mes grains ou à mes fruits, et je ne toucherai pas aux tiens » (AT, t. II, p. 98).
(117) Locke considère que la propriété s'acquiert par le travail, et que la défense de ce droit est le principal objet de la législation (*Du gouvernement civil*, p. 35, pp. 41-42). C'est à cette théorie que Diderot songe très probablement, en même temps qu'à la théorie féodale traditionnelle, lorsqu'il écrit dans la *Réponse à l'examen du prosélyte*, vers 1763-1764 : « C'est la propriété acquise par le travail, ou par droit du premier occupant, qui fit sentir le premier besoin des lois ».
(118) AT, t. XVIII, p. 15.

possession » (119). Quant à l'écrivain, l'ouvrage de son esprit lui appartient de façon éminente, comme aucun ouvrage n'appartient à l'ouvrier qui l'a fait, puisqu'il est « la » substance même de l'homme, « le fruit unique de son éducation, de ses études, de ses veilles, de son temps, de ses recherches, de ses observations » (120).

Le contrat politique ayant pour but de garantir par une intervention autoritaire le droit naturel menacé par l'anarchie, le principal problème de législation qui se pose après la conclusion du pacte est donc celui du traitement de la propriété privée.

Dans l'article *Autorité politique,* Diderot ne précise guère encore quelles sont les « bornes de la raison » qui sont prescrites à toute puissance humaine (121). Quelles sont ces « lois de la nature » qui doivent limiter l'autorité du prince dans l'Etat (122) ? Que signifie pratiquement l'expression « gouverner selon les lois de la justice » (123) ? La *Lettre sur le commerce de la librairie* semble répondre après douze ans à quelques-unes de ces questions, puisqu'elle montre dans tous les détails d'un cas concret comment l'autorité politique du prince, absolue dans son principe, se trouve limitée par les lois de la nature et de la justice, c'est-à-dire en fait par le droit « sacré » de la propriété (124).

La loi fondamentale dont il s'agit ici n'est pas politique; elle ne s'inscrit dans aucune constitution. Elle se déduit logiquement des deux postulats qui sont les principes mêmes de la doctrine : la propriété privée est de droit naturel; la société civile a été instituée pour permettre l'usage libre et paisible du droit naturel. Un souverain, fût-il légitime, qui légifère en contradiction avec les lois de la nature et la fin même de la société qu'il gouverne, n'agit pas selon la raison et faillit à sa tâche.

On retrouve dans la *Lettre sur le commerce de la librairie* toutes les formules théoriques que nous avons rencontrées ailleurs sur l'intérêt général et sur la nécessité de déduire les lois positives de la nature des choses. Il faut toutefois noter en passant que Diderot a parfois quelque peine à concilier ses maximes avec les exigences pratiques de la situation particulière où se trouvent les libraires pour qui il plaide. Il semble par instants prendre conscience que la notion d'intérêt général est des plus

---

(119) *Ibid.,* p. 30.
(120) *Ibid..*
(121) AT, t. XIII, p. 394.
(122) *Ibid..*
(123) *Ibid.,* p. 396.
(124) Le caractère *sacré* de la propriété est affirmé par Diderot lui-même. Parlant des enfants de l'écrivain, qui seraient tentés après sa mort de dépouiller son libraire, il écrit : « Il faut que les sentiments (qu'il leur a) inspirés soient tout à fait éteints dans leurs cœurs, puisqu'ils foulent aux pieds, pour de l'argent, tout ce qu'il y a de sacré dans les lois civiles et la possession » (AT, t. XVIII, p. 27). L'article *Autorité politique,* dans sa partie reproduite des *Mémoires de Sully,* contenait déjà une allusion fort précise à cette loi fondamentale : « Dans les Etats monarchiques héréditaires, il y a une erreur qu'on peut appeler aussi *héréditaire,* c'est que le souverain est maître de la vie et des *biens* de tous ses sujets » (AT, t. XIII, p. 397. C'est nous qui soulignons).

difficiles à cerner, et sert facilement de couverture aux intérêts les plus particuliers. Il écrit par exemple à son correspondant :

« On vous criera aux oreilles : « Les intérêts des particuliers ne sont rien en concurrence avec l'intérêt du tout ». Combien il est facile d'avancer une maxime générale que personne ne conteste, mais qu'il est difficile et rare d'avoir toutes les connaissances de détail nécessaires pour en prévenir une fausse application ! » (125)

Diderot reconnaît donc que la difficulté n'est pas tant de s'élever au niveau de généralité suffisant pour déduire de la loi universelle les lois raisonnables qui s'appliqueront à la société civile. Elle est surtout de redescendre du général au particulier, d'appliquer les grands principes découverts par l'entendement aux conditions mouvantes du réel (126).

De la nature du droit de propriété et du principe du contrat politique découlent, en tout état de cause, deux lois générales complémentaires : le souverain ne doit pas porter atteinte à la propriété privée; il doit la défendre contre toute usurpation. Ces deux lois sont incontestablement une limite, pour l'autorité souveraine, et nous rejoignons ici les remarques que nous avons déjà faites à propos de la liberté politique et de la liberté civile. Le souverain peut tout dans le domaine politique, conformément au contrat de soumission. Mais le même contrat lui impose de garantir autant qu'il est en lui, et si possible d'étendre la liberté civile. Il doit en l'occurrence laisser à chacun la libre disposition de ses biens, et respecter religieusement les droits de ses sujets. Mais la mission du souverain étant de défendre les membres du corps politique les uns contre les autres, il doit aussi comme personne publique les défendre contre lui-même. Comme Diderot le montre d'une manière plaisante, à supposer qu'il soit de bonne police d'interdire à un particulier d'élire domicile sur un « terrain empesté » dont il a fait l'acquisition, la propriété même du terrain reste de droit à celui qui en a fait l'achat, « et ce serait un acte de tyrannie et d'injustice qui ébranlerait toutes les conventions des citoyens que d'en transférer l'usage et la propriété à un autre » (127). Les lois peuvent changer selon les circonstances, et la raison exige que le prince puisse les changer librement, mais rien ne peut faire qu'il soit seulement autorisé à toucher les droits fondamentaux de ses sujets. Parlant par exemple du privilège, considéré comme une garantie du droit de propriété, Diderot écrit :

« Il n'est pas douteux que le souverain qui peut abroger les lois, lorsque les circonstances les ont rendues nuisibles, ne puisse aussi, par des raisons d'Etat, refuser la continuation d'un privilège; mais je ne pense pas qu'il y ait aucun cas imaginable de la transférer ou de la partager » (128).

---

(125) AT, t. XVIII, p. 32.

(126) *Ibid.*, p. 38 : « Une bévue que je vois commettre sans cesse à ceux qui se laissent mener par des maximes générales, c'est d'appliquer les principes d'une manufacture d'étoffes à l'édition d'un livre ».

(127) *Ibid.*, p. 20.

(128) *Ibid.*, p. 31.

En effet, si la propriété ne peut en droit être transférée ou partagée que par la volonté expresse du propriétaire, ce serait un abus du législateur que de transférer ou partager cette propriété malgré son propriétaire, sous le couvert du privilège.

Finalement, dans la doctrine politique de Diderot, — comme d'ailleurs dans celle des physiocrates, — le domaine du législateur est extrêmement réduit. En théorie il peut tout, et son autorité n'a pas de limites politiques; plus précisément elle n'est entravée par aucune constitution. Mais, hors du domaine des grands principes politiques, cette autorité se heurte à un nombre considérable d'interdits, qui ne sont plus de l'ordre de la *loi* mais de l'ordre du *droit*.

Tout compte fait, l'absolutisme politique semble bien être chez Diderot, comme chez les physiocrates, le corollaire obligé du libéralisme économique. « La justice, les lois et le bien public », que Diderot invoque constamment contre l'arbitraire (129), ne sont que les lois naturelles du développement économique des sociétés. Si la société humaine était restée dans son état naturel, si l'ordre naturel n'avait pas été menacé par l'anarchie et la guerre, ce développement économique n'aurait cessé de se faire harmonieusement, par le libre jeu de la mécanique économique. L'institution politique n'ayant pas d'autre but que de mettre fin au désordre par la répression autoritaire, le souverain sortirait de son ordre s'il intervenait dans le domaine économique autrement que pour surveiller la bonne marche du mécanisme et pour en garantir au besoin par la force le libre fonctionnement.

La distinction que fait Diderot entre le *monarque*, le *despote* et le *tyran*, entre l'*absolutisme* et l'*arbitraire*, nous paraît donc maintenant fort claire. Le prince qui accède au trône sans y être porté par l'ordre normal de la succession ou par la volonté unanime de la nation est un *tyran*. Le prince légitime qui ne fait pas la différence convenable entre sa qualité de personne souveraine privée et sa qualité de personne morale publique, représentative du corps entier de la nation, est proprement un *despote*, et vulgairement un *tyran*. L'*absolutisme*, mode normal de gouvernement dans l'ordre *politique*, se transforme en *arbitraire* quand le souverain sort de son ordre et prétend légiférer dans des domaines où son seul devoir est d'assurer le libre jeu des lois naturelles.

LE POUVOIR ET LES PHILOSOPHES

La doctrine politique de Diderot est rigoureuse et cohérente mais elle est comme en équilibre instable sur une pointe très fine, puisqu'elle postule nécessairement l'exercice du pouvoir par un prince sage, désintéressé, omniscient et omnipotent, une sorte de roi-philosophe comme

---

(129) AT, t. XVIII, p. 59, par exemple.

l'histoire n'en a sans doute jamais connu d'exemple. C'est donc une théorie purement idéale, une vue de l'esprit, une utopie.

Deux raisons essentielles concourent en effet à éloigner les souverains du modèle qui leur est proposé par les philosophes depuis Socrate. Elles sont du reste inséparables : l'une est la fausse idée que les princes se font de leur rôle, l'autre est leur ignorance des lois naturelles. Les princes sont donc victimes des mêmes erreurs que les autres hommes, mais ces erreurs sont incomparablement plus graves, dans leur cas, puisque des peuples entiers en subissent les conséquences. Or ces conséquences sont durables. En effet la loi de l'Etat doit être pour chacun de ses membres la règle du juste et de l'injuste. Indépendamment donc des maux physiques qu'elle crée, une mauvaise législation pervertit les mœurs. Elle habitue les hommes à prendre pour un bien ce qui est mal, et pour un mal ce qui est bien, de telle sorte qu'une seconde nature se crée en eux, se superpose à leur vraie nature et l'étouffe. Telle est, notamment, la thèse renouvelée de Montesquieu qui est soutenue par Diderot dans l'article *Corruption publique* (130), et qui est sous-entendue dans la lettre à Sophie Volland du 6 novembre 1760, sur les Iroquois (131).

Il est évident que pour Diderot la source principale de la corruption des rois, et de la corruption des sujets, se trouve dans les principes d'une religion mal entendue, sinon dans la religion elle-même. La religion est responsable en effet de la perversion du sens moral des princes, dans la mesure où, sans doute, à eux comme aux autres hommes, elle fait prendre pour des lois naturelles des règles arbitraires, mais surtout parce qu'elle leur fait un devoir d'imposer ces règles aux autres hommes par le moyen de la législation civile. Le cas des Iroquois, véritablement pervertis par la religion est un cas limite (132), mais Diderot pense surtout à la monarchie française qui, malgré une certaine tradition gallicane, a toujours été assujettie, au moins en ce qui concerne les mœurs publiques, aux directives de l'Eglise.

Or Diderot n'a jamais cessé de montrer la contradiction qui existait selon lui entre la loi naturelle et la loi religieuse, mais il n'a jamais cessé non plus de dénoncer les méfaits politiques de la confusion faite trop souvent de son temps entre la loi civile et la loi religieuse.

Cette dénonciation est généralement assez habile pour ne pas heurter de front le gouvernement. Diderot cherche même au contraire à faire voir aux pouvoirs publics que l'obéissance aveugle au magistère ecclésiastique aboutit nécessairement à la dissolution du corps politique et à la ruine de l'autorité civile. Il écrivait déjà dans l'*Essai sur le mérite et la vertu*, en termes très généraux il est vrai :

« Quoi que ce soit (...) qui, sous prétexte d'un bien présent ou futur, prescrive aux hommes, de la part de Dieu, la trahison, l'ingratitude et les

(130) AT, t. XIV, p. 233.
(131) CORR, t. III, p. 227.
(132) Comme celui de ces Egyptiens dont il est question déjà dans une note de l'*Essai sur le mérite et la vertu*, AT, t. I, p. 39, n. 1.

cruautés; quoi que ce soit qui leur apprenne à persécuter leurs semblables par bonne amitié, à tourmenter par passe-temps leurs prisonniers de guerre, à souiller les autels de sang humain, à se tourmenter eux-mêmes, à se macérer cruellement, à se déchirer dans des accès de zèle en présence de leurs divinités; et à commettre, pour les honorer ou pour leur complaire, quelque action inhumaine et brutale; qu'ils refusent d'obéir, s'ils sont vertueux, et qu'ils ne permettent point aux vains applaudissements de la coutume, ou aux oracles imposteurs de la superstition, d'étouffer les cris de la nature et les conseils de la vertu. Toutes ces actions, que l'humanité proscrit, seront toujours des horreurs, en dépit des coutumes barbares, des lois capricieuses, et des faux cultes qui les auront ordonnées » (133).

L'article *Chasteté*, dans l'*Encyclopédie*, est plus net. La loi naturelle, la loi religieuse et la loi civile y sont envisagées tour à tour. La première se déduit normalement de la constitution physique de l'homme et de la femme. L'homme et la femme sont faits pour s'unir et pour procréer; la nature veut donc simplement qu'ils s'unissent, dans le mariage, sans « jamais séparer la fin des moyens », c'est-à-dire sans sacrifier à leur plaisir égoïste le devoir de propager l'espèce (134). « Mais, remarque Diderot, les lois de la religion chrétienne sont beaucoup plus étroites; un mot, un regard, une parole, un geste, mal intentionnés, flétrissent la *chasteté* chrétienne » (135). D'autre part, — et la litote vise le célibat des prêtres, — Diderot constate qu' « il s'en manque beaucoup que le célibat soit un état d'obligation » (136). Diderot n'évoque qu'incidemment « les lois de l'Etat » (137), mais il est clair pour qui sait lire que la meilleure législation sera celle qui appliquera la loi naturelle et non pas celle qui se contentera de codifier les règles religieuses.

C'est sans doute l'article *Illicite* qui restitue sous sa forme la plus complète la pensée de Diderot, sur les dangers de la confusion entre les règles arbitraires de la religion et les lois civiles. On y lit en effet :

« Le défaut de presque toutes les législations c'est d'avoir multiplié le nombre des actions *illicites* par la bizarrerie des défenses. On rend les hommes méchants en les exposant à devenir infracteurs; et comment ne deviendraient-ils pas infracteurs, quand la loi leur défendra une chose vers laquelle l'impulsion constante et invincible de la nature les emporte sans cesse ? Mais quand ils auront foulé aux pieds les lois de la société, comment respecteront-ils celles de la nature, surtout s'il arrive que l'ordre des devoirs moraux soit renversé, et que le préjugé leur fasse regarder comme des crimes atroces des actions presque indifférentes ? Par quel motif celui qui se regardera comme un sacrilège balancera-t-il à se rendre menteur, voleur, calomniateur ? » (138)

A la fin de l'article *Illicite* Diderot pose une question grave : « Est-il ou n'est-il pas *illicite* de parler contre une superstition consacrée par les lois » ? (139) Et à cette question il suggère une première réponse.

---

(133) AT, t. I, p. 39.
(134) AT, t. XIV, p. 111.
(135) *Ibid.*, p. 112.
(136) *Ibid.*.
(137) *Ibid.*, p. 111.
(138) AT, t. XV, p. 160.
(139) *Ibid.*.

celle de Hobbes, affirmant par exemple dans le *De cive* que l'état civil était le seul bon juge des titres honorables à Dieu et des doctrines à admettre et à professer publiquement sur la nature de Dieu (140). Hobbes écrivait d'autre part, au sujet de la morale publique :

« (Les commandements de Dieu) sont dans une République chrétienne les lois et les ordonnances de l'Etat, prononcées par ceux auxquels elle a donné l'autorité de faire les lois et de décider les controverses » (141).

Diderot ne reprend pas cette théorie extrême à son compte, mais l'allusion qu'il y fait lui permet de mieux faire comprendre à son lecteur comment il entend la distinction entre « la puissance temporelle » et la « puissance spirituelle » (142). Il ne convient pas seulement que le législateur soit libre de toute sujétion politique par rapport à la « puissance spirituelle ». Il faut encore, et c'est de beaucoup le plus difficile, qu'il fasse abstraction des préjugés particuliers que sa religion lui a inculqués et que ses confesseurs lui rappellent journellement, pour s'élever à la seule considération du bien commun et des grandes lois naturelles dont ce bien dépend. Mais comment un prince pieux se libérera-t-il de tant de liens alors que ses conseillers lui inculquent, outre ces préjugés sur la morale publique, tant de fausses idées sur sa vocation même ? Nous songeons en particulier à des formules comme celle que le Dauphin pouvait lire, en 1760, dans le dixième volume de *la Religion vengée*, ouvrage écrit spécialement à son intention. Diderot n'avait-il pas osé parler d'équité, dans son article *Autorité politique* ? « Or, Monsieur, écrivait-on au Dauphin, restreindre toute autorité à celle de l'équité et de la justice, c'est n'attribuer aucune autorité ni aux personnes, ni à la condition des personnes » (143).

Mais les préjugés religieux ne sont pas seuls en cause. L'incompétence est un mal aussi grave, et la *Lettre sur le commerce de la librairie* le montre bien. Comment, dans un grand Etat moderne, le prince pourrait-il se tenir informé de tout, et définir à coup sûr ce qui est de l'intérêt général, dans des matières, et dans des circonstances où cet intérêt se dégage mal d'un complexe d'intérêts particuliers ? L'obligation où est le prince de se tenir en toute circonstance au niveau de la plus grande généralité ne va-t-elle pas l'amener à légiférer dans l'abstrait, sans tenir compte des différences naturelles qui existent entre les objets, à appliquer par exemple « les principes d'une manufacture d'étoffes à l'édition d'un livre » ? (144)

Sans doute n'est-ce pas le prince qui administre, et dans chaque domaine particulier des ministres et des magistrats à qui il délègue son autorité ont à connaître des questions qui relèvent de leur compétence. Il appartient pourtant au prince de veiller à ce que des règlements

---

(140) Hobbes, *Eléments philosophiques*, 3e section, p. 23.
(141) Hobbes, *Eléments philosophiques*, p. 139.
(142) AT, t. XV, p. 160.
(143) *La religion vengée*, t. X, p. 243.
(144) AT, t. XVIII, p. 38.

d'administration, qui peuvent être bons en eux-mêmes, ne contreviennent point aux principes généraux de la législation. Or il est facile à des hommes intéressés et rusés de circonvenir les magistrats, les ministres et au-dessus d'eux le prince, jusqu'à les persuader de la conformité des dispositions purement techniques qu'il leur est demandé de prendre, avec l'intérêt général que ces décisions contredisent pourtant. La *Lettre sur le commerce de la librairie* se justifie précisément par le désir qu'a son auteur de faire apparaître aux yeux d'un magistrat incomplètement ou mal informé les dangers que font courir au bien commun l'ignorance où il est de la nature des choses. Diderot insiste d'ailleurs beaucoup sur cette ignorance et sur le manque de réflexion qui peut-être l'explique. Ici il s'exclame :

> « Combien la perversité des méchants met d'embarras aux choses les plus simples, et qu'il faut d'opiniâtreté et de réflexions pour parer à ses subterfuges ! » (145)

Ailleurs il affirme lourdement :

> « Il n'y a guère de magistrats, sans vous en excepter, Monsieur, pour qui la matière ne soit toute neuve; mais vous savez, vous, que plus on a d'autorité, plus on a besoin de lumières » (146).

Dans le domaine administratif comme dans celui de la moralité publique, l'ignorance du prince fait donc de lui une victime toute désignée du *préjugé* (147). Et tous les maux de la cité viennent de ce que le souverain obéit au préjugé plutôt qu'à la raison. La vieille maxime stoïcienne est donc vraie pour les princes aussi bien et même plus que pour les autres hommes : « Les désirs fondés sur *l'opinion* sont des sources de troubles » (148).

Le remède aux maux de l'état civil apparaît clairement dès qu'on en a décelé la cause, et il est étonnant que tant d'études consacrées à la pensée politique de Diderot n'en aient pas montré la nature exacte. Comment ce remède serait-il cherché dans un partage ou une balance des pouvoirs qui aboutiraient à multiplier et à aggraver les unes par les autres les causes de l'erreur ? Si le prince est enclin à servir ses intérêts personnels aux dépens de l'intérêt général, et s'il écoute la voix du préjugé de préférence à celle de la raison, il est évident que les membres des corps intermédiaires qui pourront s'interposer entre lui et la nation seront enclins à user des pouvoirs qui leur seront délégués par la nation au mieux de leurs intérêts de corps et selon leur opinion

---

(145) *Ibid.*, p. 24. Le texte de AT porte « ces subterfuges » mais on lit « ses » dans le manuscrit autographe (MS : BN, n.a.fr., 24 932, f° 18 v°).

(146) *Ibid.*, p. 28.

(147) Il y a des préjugés dans l'ordre économique et administratif comme il y en a dans l'ordre moral et spirituel (voir AT, t. XVIII, p. 29 : « Le préjugé vient de ce que l'on confond l'état de libraire, la communauté des libraires, la corporation avec le privilège et le privilège avec le titre de possession, toutes choses qui n'ont rien de commun »).

(148) Article *Stoïcisme*, AT, t. XVII, p. 222. C'est nous qui soulignons.

propre. Aux vices nombreux qui entravaient déjà le bon fonctionnement de la machine de l'Etat s'ajoutera celui de l'anarchie.

Pour Diderot la solution du problème politique n'est donc pas à chercher dans une réforme des institutions, mais dans une révolution de *l'opinion*.

Et d'abord que le prince soit *éclairé*. Ce qui ne veut pas dire que Diderot soit partisan du système politique appelé « despotisme éclairé ». Que le despote soit bon ou mauvais, qu'il fasse ou non le bonheur de son peuple, il n'est toujours qu'un despote, s'il substitue l'arbitraire à la raison, sa volonté propre à la volonté générale du corps politique (149). Diderot ne veut pas plus du despotisme éclairé qu'il ne veut d'une monarchie libérale, constitutionnelle et limitée. Il est pour un système monarchique à la fois absolutiste et démocratique, dans lequel l'opinion populaire n'ait pas seulement la liberté de s'exprimer, mais puisse surtout se faire à tout moment valoir auprès du souverain. Diderot est trop réaliste pour rêver d'un prince-philosophe, à la fois très sage et très vertueux, capable en toute circonstance de dire la loi avec la souveraine compétence et la parfaite sérénité d'un dieu. Mais il est assez utopiste pour rêver d'un nouvel Henri IV, d'un brave homme de roi (150), ni plus ni moins éclairé qu'un autre, qui serait seulement assez sage pour ne légiférer qu'en connaissance de cause, après avoir consulté la nation, ou du moins ses « représentants ».

C'est sur ce point précis de la « représentation » nationale qu'il convient de s'arrêter. Car la doctrine de Diderot n'est pas celle de Saint-Lambert ou du baron d'Holbach. Il n'a en tête aucun projet de type constitutionnel officialisant d'une manière ou d'une autre la « représentation » nationale. Il ne pense pas plus aux Etats généraux qu'au

---

(149) Dans sa *Réfutation de « l'Homme »*, DIDEROT écrira sans ambiguïté : « Le gouvernement arbitraire d'un prince injuste et éclairé est toujours mauvais. Ses vertus sont la plus dangereuse et la plus sûre des séductions : elles accoutument insensiblement un peuple à aimer, à respecter, à servir son successeur quel qu'il soit, méchant et stupide. Il enlève au peuple le droit de délibérer, de vouloir ou de ne vouloir pas, de s'opposer même à sa volonté, lorsqu'il ordonne le bien; cependant ce droit d'opposition, tout insensé qu'il est, est sacré : sans quoi les sujets ressemblent à un troupeau dont on méprise la réclamation, sous prétexte qu'on le conduit dans de gras pâturages » (AT, t. II, p. 381).

Sauf, évidemment, en ce qui concerne le droit de résistance, ce texte tardif de DIDEROT exprime une pensée qui a toujours été la sienne : la volonté populaire doit pouvoir se faire entendre, et le souverain doit lui prêter attention en toute circonstance.

(150) Sur les qualités bourgeoises que DIDEROT aime trouver dans un monarque, on peut lire le très édifiant récit qu'il fait d'après SUARD d'une fête publique à Copenhague (CORR, t. IV, p. 66, 25 juillet 1762). Ce récit prouve « l'amour des peuples pour leur souverain et (...) l'amour du souverain pour les peuples ». Il met en scène deux ou trois cent mille Danois criant « Vive notre roi ! vive notre bon roi ! vive notre maître, notre ami, notre père ! » et un roi du Danemark joyeux et débonnaire au milieu de la foule, embrassant ses sujets, jetant en l'air son chapeau, criant lui aussi : « Vive mon peuple ! vivent mes sujets ! vivent mes amis ! vivent mes enfants ! » DIDEROT pleurait des larmes de joie en racontant cette histoire à Sophie et il eût donné tout au monde pour être l'homme qui avait ramassé le chapeau.

Parlement, ni à aucun « corps » politique. Il convient de relire à ce sujet le discours du roi Henri à l'assemblée des notables de 1596, que Diderot cite tout au long dans *Autorité politique*. Il y est dit que le roi

« n'avait pas voulu que l'assemblée se fît par des députés nommés par le souverain (...) mais que son intention était qu'on y admît librement toutes sortes de personnes, de quelque état et condition qu'elles pussent être, afin que *les gens de savoir et de mérite* eussent le moyen d'y *proposer* sans crainte ce qu'ils croiraient nécessaire pour le bien public » (151).

A y bien réfléchir l'idéal de Diderot quant à la souveraineté et à la représentation nationales est tout entier dans ce texte. Où avons-nous déjà vu en effet cette libre assemblée de notables, ces « gens de savoir et de mérite » réunis pour débattre de toutes les questions d'intérêt national et pour proposer aux pouvoirs publics « ce qu'ils croiraient nécessaire pour le bien public » ? N'est-ce pas la définition même de l'*Encyclopédie* ? La « représentation » dont rêve Diderot n'est rien d'autre que cette promotion spontanée, et sans cesse renouvelée, des élites de la nation, librement réunies pour donner au souverain et aux magistrats leurs avis éclairés sur toute question ressortissant à l'intérêt commun. Le fait que ces « représentants » n'aient aucun pouvoir, ni même aucune existence proprement politique, fût-ce pour faire de simples propositions de loi, garantit en principe leur désintéressement aux yeux de la nation comme du souverain, et renforce l'autorité morale de leurs conseils.

Diderot n'a nul besoin d'exposer ce système en détail, et d'une façon dogmatique. L'existence même de l'*Encyclopédie*, la quantité et la qualité de ses collaborateurs, la nature des problèmes traités, les rapports de l'entreprise avec les pouvoirs publics, ont suffisamment illustré, pendant plus de vingt années, comment il se justifiait, en quel sens il pouvait se développer, quelles révolutions silencieuses il pouvait produire. La révolution pour laquelle travaillait Diderot devait être d'abord et essentiellement une révolution de l'opinion, dans les cercles gouvernementaux comme dans le public. C'est sans aucun doute la raison pour laquelle il a imaginé la représentation nationale sous la forme d'une manifestation de plus en plus large, de plus en plus consciente, de plus en plus éclatante de l'opinion publique, plutôt que sous la forme d'une assemblée politique.

En dehors de la conception même de l'*Encyclopédie*, plusieurs textes de Diderot montrent assez comment il entendait cette nécessaire et permanente représentation de la nation auprès du souverain. Dans l'article *Eclectisme*, écrit au lendemain des obsèques de Montesquieu, il est question de la « protection mal placée » du souverain, « qui abandonne *les hommes de la nation*, ceux qui la *représentent* avec dignité parmi les nations subsistantes (...), ceux qu'elle révère dans son sein », à la méchanceté de malheureux courtisans dépravés, pusillanimes et

---

(151) AT, t. XIII, p. 397. Souligné par nous.

intéressés (152). L'histoire de Sopatre et des philosophes éclectiques persécutés par un empereur, parce que les courtisans et « les intolérants » se plaignaient du crédit grandissant qu'ils rencontraient à la cour, prouve comme l'histoire de Montesquieu que de tout temps les seuls contrepoids efficaces aux intrigues des trompeurs ont été la propagation de la vérité et l'affermissement de la raison. Mais, s'écrie Diderot, « pourquoi faut-il que tant de rois commandent toujours et ne lisent jamais ! » (153)

Si l'Antiquité grecque ou romaine, l'histoire anglaise ou celle de la France, à l'exception de quelques grands moments du règne d'Henri IV, n'ont fourni à Diderot aucun exemple d'une monarchie telle qu'il la rêvait, il a pu croire au moins sur le témoignage du père Hoop, mais sans se faire trop d'illusions, que les Chinois approchaient de son idéal, ou du moins donnaient l'occasion d'y songer.

Une lettre à Sophie Volland du 25 septembre 1760 nous dit de fort belles choses sur ces Chinois :

> « Le père Hoop et le baron en sont enthousiastes, et il y a de quoi l'être, si ce que l'on raconte de la sagesse de ces peuples est vrai. Mais, ajoute Diderot, j'ai peu de foi aux nations sages » (154).

Aussi présente-t-il son récit comme une utopie plutôt que comme une histoire :

> « Entre autres choses, écrit-il, imaginez un peuple où les lois auraient assigné des récompenses aux actions vertueuses, et où le monarque serait subordonné à un conseil de censeurs qui le gourmanderaient quand il ferait mal, et qui écriraient son histoire de son vivant » (155).

Ces censeurs ne forment pas un corps politique, il faut le remarquer. Leur rôle n'est pas de légiférer, ni même de représenter une opposition active au prince. Ils sont là seulement pour l'éclairer et le reprendre par la parole ou par l'écrit, dans ces mémoires qui font l'histoire du règne et qu'ils enferment tous les jours dans une sorte de grande tirelire. Ils sont en quelque sorte la conscience du prince, mais non sa tête ni ses mains. Ils sont l'opinion publique, la voix de la nation, mais si le prince était sage, sa propre conscience lui tiendrait exactement le langage que lui tiennent ses philosophes (156).

Bien entendu Diderot n'a pas l'outrecuidance de penser que les seuls philosophes doivent représenter l'opinion publique auprès du souverain. Il faut aussi que dans tous les domaines la voix des hommes

---

(152) AT, t. XIV, p. 349. C'est nous qui soulignons.
(153) *Ibid.*, p. 327.
(154) CORR, t. III, pp. 86-87.
(155) *Ibid.*.
(156) L'empereur ulcéré des critiques subies décide la mort du président du conseil des censeurs, mais celui-ci lui dit : « C'est en vain que tu espères imposer silence à la vérité : il restera toujours une voix qui parlera malgré toi » (CORR, t. III, p. 87). Sur les Chinois, voir encore CORR, t. III, pp. 231-234.

compétents se fasse entendre et soit effectivement entendue. Aussi pourrait-on dire de l'idéal politique de Diderot qu'il est au fond *technocratique*, si ces techniciens qu'il invite à exprimer leur point de vue pour éclairer le prince formaient véritablement un corps et n'avaient pas seulement voix consultative. Il est vrai que dans la pratique. comme nous l'avons vu en étudiant la base sociale de l'entreprise encyclopédique, les personnes compétentes auxquelles Diderot a donné l'occasion de s'exprimer étaient précisément celles qui aux échelons intermédiaires de l'appareil d'Etat pouvaient le plus utilement infléchir la politique gouvernementale. Mais elles ne l'ont pu qu'indirectement, en gagnant d'abord à leur point de vue certains ministres et les magistrats d'autorité. La représentativité de ces hommes ne tenait d'ailleurs pas tant à leurs compétences qu'à leur notabilité.

Mais qu'est-ce qu'un notable ? ou pour reprendre un mot cher à Diderot, qu'est-ce qu'un « citoyen » ? Définir le « citoyen » c'est, du même coup, définir dans son extension et dans sa nature la représentation nationale que Diderot voudrait voir reconnue et authentifiée par les pouvoirs publics. Or il s'en faut de beaucoup que le groupe des citoyens soit coextensif à la nation, bien que les citoyens puissent valablement parler en son nom, et la représenter dans sa totalité.

C'est sans doute dans son article *Bourgeois* et dans la *Lettre sur le commerce de la librairie* que Diderot a le plus clairement expliqué ce qu'était pour lui un citoyen. Il écrit dans l'article *Bourgeois* :

> « La qualité de *citoyen* (suppose) une société dont chaque particulier connaît les affaires et aime le bien, et peut se promettre de parvenir aux premières dignités » (157).

On peut lire d'autre part dans la *Lettre sur le commerce de la librairie* :

> « Il est constant pour tout homme qui pense que celui qui n'a nulle propriété dans l'Etat, ou qui n'y a qu'une propriété précaire n'en peut jamais être un bon citoyen. En effet, qu'est-ce qui l'attacherait à une glèbe plutôt qu'à une autre ? » (158)

Diderot eût-il écrit un tel texte quand il n'était que philosophe et pas encore propriétaire ? On peut en douter, bien que son texte de 1763 ne refuse pas absolument la qualité de citoyen à un non-possédant. Il reste que pour être citoyen et par conséquent pour parler valablement au nom de la cité, il ne suffit pas d'être membre du corps politique. Il faut encore être « quelque chose » dans l'Etat, être assez éclairé pour s'élever à la compréhension des grands problèmes d'intérêt général, ou posséder assez de bien pour être intéressé plus que quiconque au maintien du bon ordre garanti par le pacte politique, ou encore être à la fois riche et éclairé. La définition coïncide de façon remarquable

(157) AT, t. XIII, pp. 506-507.
(158) AT, t. XVIII, p. 29.

avec celle de l'encyclopédiste type, qu'il soit collaborateur direct de Diderot, ou souscripteur du dictionnaire.

Est-ce à dire qu'une seule classe puisse normalement prétendre représenter la nation ? La définition que Diderot donne du citoyen ne risque-t-elle pas de se retourner contre lui ? Ce qu'il a dit lui-même des corps et de leur égoïsme de classe ne peut-il se dire aussi de ces citoyens notables ? Tel serait bien le cas si la conception que Diderot se fait du citoyen était une conception fermée, analogue à celle que les ordres privilégiés avaient traditionnellement d'eux-mêmes. Mais bien au contraire il a du citoyen une conception ouverte. Tout membre du corps politique est pour lui un citoyen en puissance, dans la mesure même où tout homme peut être instruit et éclairé, parce qu'il est naturellement raisonnable.

Le rôle des philosophes et des notables n'est donc pas seulement d'éclairer les pouvoirs publics en leur faisant valoir l'opinion générale. Il est aussi de former cette opinion, et jusqu'à un certain point de la créer. Ici nous voyons se déplacer sensiblement le pivot de la théorie politique de Diderot. Un instant il s'était identifié pour nous avec le type du prince-philosophe, ce qui était justifié du point de vue strictement politique. Mais pour Diderot la politique dépend en définitive de la philosophie, et si paradoxal que cela paraisse, le pivot de sa théorie n'est pas le roi-philosophe, mais le philosophe-roi. Non point le philosophe sur le trône, mais le philosophe éclairant à la fois le roi et le peuple, guidant l'un et l'autre par ses écrits, faisant sans cesse reculer le règne de l'opinion devant celui de la raison.

Il reste qu'en plaçant ainsi la solution du problème politique sur le seul plan de l'opinion, Diderot s'est enfermé dans un cercle vicieux. Il y est du reste en bonne compagnie, avec d'Holbach, Helvétius, et quelques autres. Comment peut-il être vrai à la fois que l'homme soit le « produit du milieu social » où il vit, et que ce milieu soit « forgé par l'opinion publique, c'est-à-dire par l'homme » ? (159) Si le prince et les membres du corps politique sont aveuglés par les préjugés de l'opinion au point de prendre le mal pour le bien et d'oublier la loi de leur propre nature, comment cette même opinion pourra-t-elle se changer en son contraire pour éclairer le prince et progressivement tout son peuple ? Il y a là une véritable antinomie, dont Diderot ne semble pas avoir eu une claire conscience. C'est elle en tout cas qui a pu lui faire affirmer puis nier alternativement l'idée de progrès. Il écrit par exemple dans l'article *Cité :* « Nous voyons naître et s'accroître la corruption et les vices avec la naissance et l'accroissement des *cités* » (160), et dans l'article *Citoyen* : « Il en est d'un gouvernement en général ainsi que de la vie animale : chaque pas de la vie est un

---

(159) Ces expressions sont de PLEKHANOV, qui a fait une remarquable analyse de ce qu'il appelle la « contradiction fondamentale » de la pensée des philosophes, dans son étude sur D'HOLBACH (*Essais*, pp. 55-59).

(160) AT, t. XIV, p. 188.

pas vers la mort » (161). Mais l'article *Encyclopédie* est un hymne au progrès de la civilisation matérielle et morale qui doit suivre le progrès des lumières : l'*Encyclopédie* n'a-t-elle pas été conçue à seule fin que

> « les travaux des siècles passés n'aient pas été des travaux inutiles pour les siècles qui succéderont (et pour) que nos neveux, devenant plus instruits, deviennent en même temps plus vertueux et plus heureux » ? (162)

Il semble bien, en dernière analyse, que Diderot ne se soit pas fait trop d'illusions sur la possibilité de faire passer dans la réalité son idéal politique. Il ne faut pas sous-estimer la part d'utopie qu'il y a dans ses théories, comme dans celles de la plupart de ses contemporains, sans en excepter Rousseau. Morellet a écrit dans ses *Mémoires* que la philosophie si hardie qui était professée dans le salon du baron d'Holbach n'était pas fort dangereuse puisqu'elle restait contenue « dans l'enceinte des spéculations » (163). Morellet, sans aucun doute, édulcore à dessein ses souvenirs. Diderot et ses amis n'auraient pas jeté tant d'idées au vent de l'opinion s'ils n'avaient eu l'espoir qu'elles germeraient un jour. Et même si Diderot n'était pas révolutionnaire en politique, il comptait bien que la révolution qu'il souhaitait voir s'opérer dans les esprits, grâce à l'*Encyclopédie* notamment, entraînerait quelques réformes substantielles dans les mœurs et dans le gouvernement. L'illusion était de croire que ces réformes se feraient doucement, sans rien changer à l'ordre même de la société politique. Il écrivait à Sophie, le 12 novembre 1765, alors que les dix derniers volumes de discours de l'*Encyclopédie* allaient être distribués au public :

> « Nos ministres ne sont peut-être pas trop bons; mais tâchons de nous en contenter, puisqu'ils ne sont pas meilleurs ailleurs. Notre société est peut-être assez mal administrée; mais c'est la condition commune de toutes les sociétés. Il est certain que toute puissance qui n'est pas dirigée au bonheur général est illégitime. Il faut en convenir; mais qu'on me nomme sur la terre une seule puissance légitime en ce sens. Serions-nous assez déraisonnables pour exiger qu'il y eût une administration unique, faite tout exprès pour nous ? Ma coutume est de me consoler de tous les maux que je supporte avec tous mes concitoyens » (164).

---

(161) *Ibid.*, p. 193.

(162) *Ibid.*, p. 415. Cette contradiction a souvent étonné. M. Volguine écrit par exemple (*Les idées politiques et sociales de Diderot*, p. 39) : « Aussi étrange que cela puisse paraître, Diderot ne semble pas avoir remarqué la contradiction entre (sa) foi dans le progrès, d'une part, et la théorie de la supériorité de l'état de nature et du dépérissement des sociétés humaines civilisées, d'autre part ».

(163) Morellet, *Mémoires*, p. 134.

(164) SV, t. II, p. 85.

Chapitre XII

DIDEROT RÉFORMATEUR

DIDEROT ET L' « ENGAGEMENT » POLITIQUE

C'est devenu un lieu commun de dire que la pensée de Diderot est une pensée « engagée », politiquement engagée. Encore convient-il de ne pas assimiler cet engagement avec ce que nous entendons aujourd'hui par là. Diderot n'est pas l'homme d'un parti, ni même d'une doctrine. Nous avons vu qu'il n'avait pas la tête politique d'un Rousseau. Et ce qui est vrai sur le plan des principes l'est aussi dans l'ordre des réalités politiques. Ce philosophe « engagé » n'a pas ce que l'on pourrait appeler de nos jours une activité politique. Il ne s'intéresse aux choses de la vie politique qu'épisodiquement et de loin. Il ne se presse pas de « prendre position » toutes les fois que les circonstances, à nos yeux, l'exigeraient. Il ne s'en soucie même pas, le plus souvent. Dans l'affaire Calas, par exemple, Diderot est d'une discrétion qui semble presque une démission, si l'on compare son rôle à celui d'un Voltaire. Somme toute, mis à part les ennuis que lui attirèrent en 1749 quelques ouvrages un peu trop libres, et le long combat de l'*Encyclopédie*, qui ne le concernait pas seul, Diderot n'a jamais eu personnellement, et sur le plan strictement politique, à souffrir de ses opinions. Toute sa vie il a fait figure d'honnête citoyen, respectueux des lois de son pays. Et il le fut en effet, au point qu'il faut beaucoup d'aveuglement pour le considérer comme un révolutionnaire, ou même simplement comme un oppositionnel de principe.

Le rôle que Diderot a tenté d'assumer dans la vie publique est celui que lui dictait naturellement sa philosophie politique. C'est le rôle d'un observateur et d'un moniteur à la fois, c'est-à-dire d'un grand journaliste politique (1), plus attentif à l'orientation générale d'un

---

(1) Les titres des premiers grands journaux anglais, hollandais et français du XVIIIe siècle correspondent tout à fait à l'idée que Diderot se fait du rôle de l'opinion publique et de ses porte-parole naturels. Il avait dans sa bibliothèque ces journaux de Steele et d'Addison qui s'appelaient *The Tatler, The Spectator, The Guardian* (voir notre article sur *la Bibliothèque de Diderot*, p. 260). Le journal de Chaumeix s'appelait *le Censeur hebdomadaire*, celui de Bastide *le Nouveau spectateur*, celui de Moreau *l'Observateur hollandais*, celui de l'abbé de La Porte *l'Observateur littéraire*.

régime qu'aux actes quotidiens des gouvernants, plus soucieux de rappeler aux hommes en place les principes à suivre que les solutions pratiques à appliquer dans l'immédiat.

Toutefois une évolution très nette s'est produite chez Diderot, et il convient d'en dessiner les grands traits avant d'étudier plus particulièrement la période 1750-1765.

On peut dire qu'avant 1749, peut-être même jusqu'à l'affaire de Prades, les préoccupations politiques de Diderot sont nulles. Cela est vrai sur le plan théorique comme sur le plan pratique. Diderot n'est venu à la politique qu'à son corps défendant, par le biais de préoccupations qui à l'origine n'étaient pas consciemment politiques, et qui furent de deux sortes. Au reste cette double origine marquera longtemps sa vision des réalités politiques : l'une est technologique, l'autre idéologique.

En travaillant à la *Description des arts* Diderot a pu se rendre compte en effet que les considérations purement techniques sur les manufactures, l'agriculture, le commerce, étaient inséparables des considérations économiques, et qu'il était impossible de décrire l'état des techniques entre 1745 et 1760 en France sans porter un jugement sur la politique économique suivie par le gouvernement dans le même laps de temps. Par ailleurs sa détention à Vincennes pour avoir écrit la *Lettre sur les aveugles*, et la première condamnation de l'*Encyclopédie* au moment de l'affaire de Prades, lui ont fait concevoir de façon concrète le problème politique des rapports entre le pouvoir d'Etat et l'autorité religieuse. Les questions économiques d'une part, et la question de la laïcité de l'Etat d'autre part sont bien en effet, jusqu'en 1765 au moins, celles qui le préoccupent au premier chef, et d'une façon de plus en plus aiguë, si l'on considère que les deux textes capitaux que nous aurons à étudier dans cette période, la *Lettre sur le commerce de la librairie* et l'article *Jésuite*, sont contemporains des derniers volumes de l'*Encyclopédie*. Parallèlement à une prise de conscience des problèmes politiques théoriques dont Rousseau fut sans doute l'artisan principal, il y a eu ainsi chez Diderot une découverte progressive des réalités politiques elles-mêmes, sous la pression de la nécessité et de l'expérience.

La période 1750-1760 est donc capitale pour l'étude générale de la pensée politique de Diderot. Il est toutefois permis de considérer qu'elle n'est pas la plus intéressante. Les vingt dernières années de la vie du Philosophe sont en effet du point de vue de sa pensée politique incomparablement plus riches. C'est après 1765 que Diderot aborde vraiment l'économie politique, à propos de la question des blés par exemple (2), à propos des questions coloniales, en collaborant au livre de Raynal (3), ou bien encore en rédigeant son *Voyage de Hollande* (4).

---

(2) Voir l'*Apologie de l'abbé Galiani* publiée pour la première fois en 1954 dans *la Pensée*, et qui fut sans doute conçue en 1770.

(3) Voir A. Feugère, *Raynal, Diderot*, H. Dieckmann, *Inventaire*, pp. 92-95 et pp. 136-139 et H. Wolpe, *Raynal*. Sur Diderot et les questions coloniales, voir notre note *A propos d'un fragment*.

(4) AT, t. XVII, pp. 363-471.

Quant aux problèmes proprement politiques, à la fois théoriques et pratiques, ils sont abordés avec bien plus d'ampleur que dans l'*Encyclopédie* dans les grands textes de la dernière période concernant la Russie (5).

Pendant la période de rédaction de l'*Encyclopédie* Diderot ne remet jamais en question la structure proprement politique du pays. Il a cru, de bonne foi, comme un grand nombre de ses contemporains, que les fondements mêmes de l'Etat pouvaient être changés sans que l'édifice eût à en souffrir. Il a cru que la monarchie héritée des temps féodaux pouvait encore être la forme d'un Etat dont l'économie deviendrait de plus en plus libérale, et dont le cléricalisme cesserait d'être la plus sûre garantie (6). C'est ce qui explique son indifférence pour des problèmes de politique pure qui parfois passionnaient ses contemporains, comme celui de la représentation nationale ou celui du changement du personnel gouvernemental. Il faudra par exemple attendre 1770 et l'occasion que lui donnera l'*Histoire du Parlement de Paris* pour que Diderot exprime avec quelque liberté son sentiment sur les prétentions politiques des parlementaires français. Et ce sentiment n'est rien moins que tendre (7).

Sur le personnel gouvernemental lui-même, et bien qu'il ait naturellement des préférences raisonnées, Diderot s'en tient le plus souvent à des banalités, à ce qu'on pourrait appeler les plaisanteries d'usage, comme celle qu'il prête au baron d'Holbach après l'une des opérations financières décidées par Silhouette :

« Ecoutez, ma femme, si cela continue, je mets bas l'équipage, je vous achète une belle capote avec un beau parasol, et nous bénirons toute notre vie M. de Silhouette qui nous aura délivrés des chevaux, des laquais, des cochers, des femmes de chambre, des cuisiniers, des grands dîners, des faux amis, des ennuyeux, et de tous les autres privilèges de l'opulence » (8).

Diderot préfère sans doute que tel ou tel dirige la police et la librairie, ou devienne Contrôleur général, mais il attend tout de l'évé-

---

(5) Voir Diderot, *Textes politiques*, éd. par Y. Benot.

(6) On peut dans une certaine mesure appliquer à Diderot ce que Marx disait à propos des théories physiocratiques : « La féodalité s'embourgeoise et le bourgeois prend des allures féodales (...) et le système physiocratique se présente comme la nouvelle société capitaliste s'installant dans le cadre de la société féodale » (K. Marx, *Histoire des doctrines économiques*, t. I, p. 51).

(7) AT, t. VI, pp. 402-404. On lira dans ce compte rendu des phrases aussi dures que celle-ci : « Souverains de la terre, ne confiez jamais vos privilèges à des corps particuliers; vous ne serez plus maîtres de les revendiquer » (p. 403). Diderot reprochera même à Voltaire d'avoir manqué de hardiesse dans son ouvrage : sous la plume d'un autre on aurait pu voir « ce corps se faire exiler, refuser la justice au peuple, et amener à l'anarchie, lorsqu'il s'agissait de ses droits chimériques; jamais, quand il était question de la défense du peuple » (p. 404). En bref, le Parlement est « le corps le plus pauvre, le plus ignorant, le plus petit, le plus gourmé, le plus entêté, le plus méchant, le plus vil, le plus vindicatif qu'il soit possible d'imaginer » (*Ibid.*). C'est qu'aussi bien il est l'« irréconciliable ennemi de la philosophie et de la raison » (*Ibid.*).

(8) CORR, t. II, p. 318.

nement, sans rien faire, au moins que nous sachions, pour le hâter ou le retarder. Il écrit par exemple en 1762 : « J'ai vu aujourd'hui M. de Sartine qui m'a fait mille amitiés. S'il devenait quelque chose, je crois que j'en tirerais parti » (9). Et en effet dès que Sartine remplacera Malesherbes, Diderot lui adressera sa *Lettre sur le commerce de la librairie*. Mais la promotion de Sartine ne doit rien sans doute à Diderot et à ses amis. Plus tard, en 1765, il écrira encore :

« On parle du déplacement de M. de Saint-Florentin. On lui donne pour successeur M. de Sartine, à qui M. Le Noir succédera; et qui sait comment ce M. Le Noir en userait avec nous ? Il n'y a peut-être pas un mot de réel à ces prétendus changements. A tout hasard, nous nous hâtons d'esquiver aux embarras qu'ils pourraient nous causer » (10).

Cette dernière phrase vaut d'être retenue. Elle est d'un homme qui sait tirer parti des changements de gouvernement, mais qui ne peut et sans doute ne veut rien faire dans un domaine qu'il considère une fois pour toutes comme n'étant pas le sien. Aussi bien est-ce pure calomnie que de faire de Diderot le chef d'une « conjuration », anticléricale puis antimonarchique (11), qui patiemment aurait gagné à la cause de la subversion du régime « les plus hautes classes de la société » (12), le corps enseignant (13), les personnes les plus influentes dans l'Etat (14). Barruel donne comme une illustration de cette thèse le projet de candidature de Diderot à l'Académie française, et le soutien que lui auraient donné Choiseul et Mme de Pompadour (15). Mais il précise lui-même que ce projet est venu de Voltaire. En effet, si la correspondance de Voltaire contient sur cette affaire plusieurs lettres pressantes à d'Argental, à d'Alembert, à Mme d'Epinay, à Duclos (16), la correspondance de Diderot ne lui fait pas écho. Diderot semble même avoir éprouvé quelque impatience à se sentir ainsi harceler de tous les côtés. Il écrit à Sophie, en novembre 1760 : « A propos de Voltaire, il se plaint à Grimm très amèrement de mon silence. Il dit qu'il est au moins de la politesse de remercier son avocat. Et qui diable l'a prié de plaider ma cause ? » (17) Finalement Diderot se déroba (18), peu désireux de se compromettre ainsi dans un combat douteux (19) et sans intérêt pratique, alors que les dix

---

(9) *Ibid.*, t. IV, p. 203.
(10) SV, t. II, p. 53.
(11) Voir, de l'abbé BARRUEL, l'*Abrégé des mémoires.*
(12) BARRUEL, *Abrégé*, p. 62.
(13) *Ibid.*, p. 104.
(14) Comme MALESHERBES, *ibid.*, p. 70.
(15) *Ibid.*, pp. 38-40.
(16) La première est du 19 juin 1760. La « campagne » de VOLTAIRE se poursuivit jusqu'à la fin de l'hiver 1761.
(17) CORR, t. III, p. 247.
(18) Voir R. NAVES, *Voltaire et l'« Encyclopédie »*, pp. 79-80.
(19) Ne fallait-il pas, à en croire VOLTAIRE, que DIDEROT entreprît de désavouer « les petits ouvrages qui pourraient lui fermer les portes de l'Académie », (*Œuvres*, éd. MOLAND, t. XL, p. 425). VOLTAIRE imaginait même DIDEROT faisant visite aux dévots pour les persuader de sa religion, et les convainquant (*ibid.*, p. 475).

derniers volumes de l'*Encyclopédie* s'imprimaient dans les conditions périlleuses que l'on sait.

Est-ce à dire, à l'inverse, que tous les propos tenus, par exemple, chez d'Holbach, se tenaient « dans l'enceinte des spéculations », comme le dira l'abbé Morellet, fort intéressé, comme l'on pense, à se justifier après coup du commerce qu'il avait eu avec les philosophes ? (20) Cette interprétation, aussi tendancieuse que celle de Barruel, est aussi fausse que la sienne. Ni conjuration, ni spéculation pure, mais le souci constant de déceler les défauts les plus criants de la machine politique, d'en trouver les raisons, d'en indiquer les remèdes, voilà, semble-t-il, la vérité moyenne. Le plus souvent d'ailleurs Diderot préfère à la critique négative le soutien positif que mérite à ses yeux telle mesure législative ou réglementaire, telle équipe au pouvoir, tel homme même. Son attitude est plus souvent coopérative qu'oppositionnelle, ce qui ne veut pas dire qu'elle soit conservatrice. C'est l'attitude réaliste d'un homme sans illusions qui n'aime pas le désordre et pourtant souhaite le mouvement, celle aussi d'un homme de bons sens, plus que d'un homme à système, avec ce que cela implique souvent d'empirisme, voire d'incohérence. Car si la philosophie politique de Diderot, simple, parfois simpliste, très abstraite en tout cas, est d'une assez belle venue, et ne comporte pas trop de contradictions internes, il n'en va pas toujours ainsi de ses options pratiques.

L'INITIATION A L'ECONOMIE POLITIQUE

A l'époque où il préparait la *Description des arts*, Diderot se souciait assez peu des principes économiques. Il se contentait de quelques principes simples, lui permettant de justifier les vœux qu'il formait inlassablement pour le libre développement des forces productives et des techniques : plus de secrets, plus de corps, plus de privilèges exclusifs, plus de règlements, plus d'entraves en un mot, mais que l'Etat au contraire favorise, aide, encourage les producteurs, tous les producteurs. Et nous avons vu que ces vœux avaient été immédiatement entendus, car ils correspondaient à la fois à une nécessité et au désir général. Il convient maintenant d'examiner d'une façon un peu plus approfondie les sources diverses de la pensée économique de Diderot, pour apprécier avec plus de justesse son originalité relative, et surtout pour mesurer le chemin parcouru de 1750 à 1765 (21).

---

(20) MORELLET, *Mémoires*, t. I, p. 134.

(21) DIDEROT n'a jamais été un grand économiste, mais il est profondément injuste de dire comme le fait M. NAVILLE dans son livre sur D'HOLBACH (p. 392) : « L'aspect économique des problèmes semble l'avoir quelque peu rebuté ». Sans parler de ses écrits économiques postérieurs à 1765, la variété et la richesse des sources d'information auxquelles il a puisé dès la période encyclopédique garantissent au moins son *intérêt* pour les réalités et les doctrines de l'économie politique.

A la fin de 1751, au plus tard, Diderot a lu l'*Essai politique sur le commerce* de Jean-François Melon, et les *Réflexions politiques sur les finances et le commerce* de Dutot (22). Ce ne sont point là des auteurs négligeables, mais les porte-parole les plus autorisés de la doctrine mercantiliste dans la première moitié du XVIIIe siècle (23). L'ouvrage de Dutot sera encore réimprimé en 1754, et Grimm n'omettra pas de le signaler aux abonnés de la *Correspondance littéraire* (24).

Melon est un fervent apologiste de la production industrielle et l'on imagine que Diderot a lu avec passion ce chapitre « De l'industrie », le huitième, où Melon oppose au boutiquier, au simple marchand, qui ne produit rien et peut aisément se remplacer, le manufacturier qui « mérite toute l'attention du législateur » et qui devrait comme tel être encouragé par des lettres de noblesse, des pensions et des privilèges (25). Dès 1734 Melon demandait hardiment l'extension du machinisme, sans retenir l'objection de ceux qui y voyaient une cause de chômage, puisqu'aussi bien l'apparition de besoins nouveaux liée nécessairement au développement de la production permettrait selon lui la création de nouveaux emplois (26).

Dutot pour sa part ne veut pas qu'on oppose le commerçant et le manufacturier. Il veut au contraire qu'on les traite sur le même pied. Selon la saine doctrine dont Colbert est en quelque sorte l'éponyme (27), les artisans et les manufacturiers sont les plus sûrs fondements de la puissance du roi et de la richesse du royaume, puisqu'ils permettent d'attirer l'or et l'argent des acheteurs étrangers avec le superflu de la production nationale (28). Mais le commerçant, qui fait précisément trafic de ce superflu, et qui l'échange contre espèces sonnantes, ne mérite pas moins d'honneurs (29).

En confiant à Véron de Forbonnais le soin de traiter dans l'*Encyclopédie* des matières de commerce (30) Diderot montrait clairement de quelle école il se réclamait. Forbonnais, qui rassembla ses articles

---

(22) Voir notre article sur *la Bibliothèque de Diderot*, p. 262.

(23) Voir par exemple E. Préclin, *Le XVIIIe siècle*, deuxième partie, p. 619.

(24) Livraison du 15 décembre, t. II, p. 449.

(25) Melon, *Essai politique*, pp. 118-119. Dans son compte rendu des *Ephémérides du citoyen*, rédigé vraisemblablement en 1769, Diderot écrira au sujet de Melon : « Je ne fais pas un cas infini de Melon; je le crois très superficiel, je suis bien loin d'assurer la justesse de ses idées; mais un mérite qu'on ne saurait lui contester, et ce n'est pas un petit mérite, c'est d'avoir été le premier, dans ces derniers temps, qui ait remué les matières économiques. Sans lui peut-être toute l'école économique serait encore à naître » (AT, t. IV, pp. 81-82).

(26) Melon, *Essai politique*, pp. 109 et suivantes.

(27) Dutot loue Colbert, t. II, pp. 333 et suivantes de ses *Réflexions politiques*.

(28) *Ibid.*, pp. 336-377.

(29) *Ibid.*, pp. 313-314.

(30) Forbonnais est évoqué pour la première fois dans l'avertissement du tome III (p. XIV) où l'on donne simplement sa marque « V.D.F. » sans le nommer. Son nom n'est pas cité sauf erreur avant l'avertissement du tome V.

de l'*Encyclopédie*, en 1754, dans les *Eléments du commerce* (31), et qui publia encore, en 1758, des *Recherches et considérations sur les finances*, est en effet l'un des derniers tenants du mercantilisme colbertien (32). Mais c'est aussi, au moins au début, un élève de Gournay, partisan de la liberté de la production et du commerce (33). Il ne retient pas du colbertisme l'idée que l'Etat doit intervenir à chaque instant dans la production pour la réglementer jusque dans ses moindres détails. Il est donc, comme Dutot et Melon l'étaient déjà en principe, partisan d'un mercantilisme rénové, libéral et non plus étatique.

Mais en économie politique comme en philosophie, Diderot fut un éclectique et s'il n'a jamais cessé de soutenir certaines thèses colbertistes, il avait l'esprit assez ouvert pour accueillir, — sinon toujours pour comprendre en profondeur, — des doctrines neuves. C'est ainsi qu'à côté des mercantilistes français, il a lu très tôt d'autres économistes, et en particulier Hume. Il avait, semble-t-il, les *Philosophical essays concerning human understanding* dans sa bibliothèque dès 1748. De toute manière il a au moins revu la traduction que donna Mlle de La Chaux des *Essais sur le commerce, le luxe, l'argent*, en 1752 ou 1753 (34). Or Hume est ce que M. Préclin appelle un « mercantiliste dynamique » (35), c'est-à-dire, comme Forbonnais, un partisan du libéralisme économique. Il est favorable à un développement harmonieux de l'agriculture, des manufactures, et du commerce, l'avantage à donner à l'une ou à l'autre de ces branches de l'activité économique dépendant surtout des circonstances :

> « Dans l'état présent des choses, l'industrie, les arts et le commerce augmentent le pouvoir du souverain en même temps que le bonheur des sujets; et ce serait une violence tyrannique de la part du gouvernement que de chercher à accroître la puissance publique en diminuant l'aisance et les richesses des sujets » (36).

Remarquons toutefois que Hume parle plus des manufactures et du commerce que de l'agriculture. Certes il considère l'agriculture comme une activité productrice fondamentale, puisqu'elle fournit la subsistance. Mais il s'intéresse plus aux arts mécaniques, dont le développement est lié à celui du commerce étranger (37), et qui sont à ses yeux les instruments essentiels du bonheur et de la liberté des

---

(31) Grimm signale la sortie de l'ouvrage dans la livraison de la *Correspondance littéraire* du 1er avril 1754 (t. II, p. 338). Grimm parle souvent de Forbonnais et manque rarement de faire remarquer sa collaboration à l'*Encyclopédie* (voir t. II, p. 506, 15 mars 1755; t. III, p. 72, 1er août 1755; p. 104, 15 octobre 1755).

(32) Voir E. Préclin, *Le XVIIIe siècle*, deuxième partie, p. 619.

(33) Weulersse, *Le mouvement physiocratique*, t. I, p. 122.

(34) Voir notre article sur *la Bibliothèque de Diderot* (II), p. 180.

(35) E. Préclin, *Le XVIIIe siècle*, deuxième partie, p. 620.

(36) Hume, *Essai sur le commerce*, in *Collection des principaux économistes*, t. XIV, p. 14.

(37) *Ibid.*, p. 17.

peuples (38). Par rapport à la thèse principale des mercantilistes sur la balance du commerce, il se montre d'autre part assez iconoclaste, dans son *Essai sur la balance du commerce*. Ne dit-il pas en substance que tout ce qu'on peut faire dans un pays pour augmenter la masse des espèces monnayées ou pour empêcher qu'elle ne s'amenuise est voué à l'échec ? (39) L'essentiel à ses yeux n'est pas d'accumuler des espèces, mais de produire des biens,- et notamment des biens manufacturés (40).

Diderot a-t-il lu aussi Cantillon ? Rien ne permet de l'affirmer. Il faut toutefois remarquer que la *Correspondance littéraire* de Grimm signalait la publication posthume de l'*Essai sur la nature du commerce en général* dès le 1er juillet 1755 et en donnait un compte rendu assez détaillé à suivre dans la livraison du 15 (41). Or Cantillon, comme Hume, est un « mercantiliste dynamique » (42). Hume du reste l'a abondamment pillé et beaucoup d'économistes du XVIIIe siècle en ont fait autant, sans en excepter Quesnay et Morellet (43).

Comme le feront après lui les physiocrates, Cantillon (44) donne à la terre la primauté économique, mais il ne pense pas que la terre produise seule la subsistance : le travail y a aussi sa part (45). En bon mercantiliste il affirme qu'il doit y avoir dans l'Etat abondance d'espèces (46). Pourtant s'il faut encourager les manufactures nationales c'est à la fois pour éviter l'hémorragie des biens de subsistance, qui est la contrepartie obligée de toute importation de produits manufacturés étrangers, et pour faire au contraire affluer dans le royaume des denrées étrangères (47).

Mais si Diderot n'a pas lu Cantillon, nous savons qu'il a lu, et apprécié jusqu'à un certain point, un économiste de moindre envergure qui, comme Cantillon et Hume, fait la transition entre le mercantilisme et les physiocrates. Il s'agit d'Ange Goudar, dont les *Intérêts de la France mal entendus* furent signalés par Grimm, dès leur publication, dans les livraisons de la *Correspondance littéraire* des 15 avril, 1er octobre et 15 octobre 1756 (48).

Goudar a une position très critique vis-à-vis du mercantilisme. Grimm remarque qu'il reproche à Colbert d'avoir favorisé les industries de luxe au détriment de l'agriculture (49). Il retient aussi que

---

(38) HUME, *Essai sur le luxe, ibid.*, pp. 23 et suivantes.
(39) *Ibid.*, p. 97.
(40) *Ibid.*, p. 87, p. 98.
(41) CORR LIT, t. III, p. 43 et p. 52.
(42) E. PRÉCLIN, *Le XVIIIe siècle*, deuxième partie, p. 620.
(43) Voir à ce sujet l'introduction à la très belle édition de l'*Essai sur la nature du commerce* qui nous a été procurée en 1952 par l'Institut national d'études démographiques, pp. XIII-XIV.
(44) Son ouvrage était écrit pour l'essentiel dès 1720-1721 et il est mort en 1733.
(45) Voir l'*Essai sur la nature du commerce*, pp. 1, 16, 19, 24 n. 2, 26.
(46) *Ibid.*, p. 104.
(47) *Ibid.*, p. 41 et p. 129.
(48) CORR LIT, t. III, pp. 207, 288-291, 294-296.
(49) *Ibid.*, p. 291.

la richesse d'un Etat n'est pas tant dans la masse des espèces qu'il détient que dans le nombre de ses producteurs (50). La correspondance de Diderot ne porte pas trace de cette lecture avant septembre 1760, mais il est probable que le Philosophe a connu l'ouvrage et son auteur bien avant cette date. Voici en tout cas ce qu'il en dit à Sophie qui lui avait demandé son avis sur le livre :

« Oui, je connais vos *Intérêts de la France mal entendus*. C'est un livre qui a eu du succès. Gaschon m'a fait dîner une fois avec l'auteur. Cet homme connaît assez bien le mal; mais il n'entend rien aux remèdes. Il a des observations assez justes, qui marquent un homme instruit, mais sans génie. Il a un monde de choses dont il ne sait rien faire; et le génie sait faire un monde de rien » (51).

Compte tenu du fait qu'entre 1756 et 1760 l'opinion de Diderot sur Goudar a pu être modifiée, — par exemple sous l'influence de Quesnay et de ses amis, — retenons au moins de ce jugement fort nuancé l'approbation donnée par Diderot à la partie critique de l'ouvrage. C'est en effet la plus intéressante, les « remèdes » imaginés par Goudar étant le plus souvent de petits remèdes, sans liaison entre eux, sans portée lointaine, sans rapport quelquefois avec la réalité même du mal. Ayant remarqué par exemple que sur dix mille petits laboureurs il n'y en a pas cent pour comprendre le *Traité de la culture des terres* de Tull-Duhamel (52), Goudar propose de faire condenser et traduire les ouvrages de ce genre dans les différents patois parlés dans les campagnes, en faisant appel par exemple aux curés (53). Puis l'on distribuerait gratis les opuscules ainsi confectionnés. Mais Goudar s'est rendu compte qu'un tel remède était utopique, s'il n'était assorti de mesures proprement économiques. Aussi propose-t-il que l'on fournisse gratuitement des outils et des machines neuves aux « pauvres ménagers » (54). C'est là précisément le type de l'observation dépourvue de « génie ». Goudar n'a pas compris en effet que la racine du mal n'était pas l'ignorance de neuf mille neuf cents petits laboureurs, mais leur pauvreté et le nombre même d'exploitations qu'ils représentent. Car il s'en faut bien que la traduction en patois du *Traité* de Duhamel permette au plus intelligent des « pauvres ménagers » de faire les expériences qu'on lui propose. Il y faut des capitaux et une étendue de terres qu'il ne possède pas.

A Dutot et à Melon, à Forbonnais, Hume, Goudar, il faut pour compléter le tableau des lectures mercantilistes ou néo-mercantilistes de Diderot ajouter Montesquieu.

Evidemment, Montesquieu n'est pas un économiste au sens propre du terme. Comme l'a dit Charles Jaubert, « il ne sépare pas l'économie

(50) *Ibid.*, p. 291.
(51) CORR, t. III, pp. 113-114.
(52) A. Goudar, *Les intérêts de la France*, t. I, p. 119.
(53) *Ibid.*, p. 121.
(54) *Ibid.*.

politique de la politique proprement dite » (55). Mais c'est justement par là qu'il pouvait intéresser Diderot. Car Diderot non plus ne fut jamais un économiste au sens propre du terme. Comme Montesquieu, et à son niveau qui est évidemment très modeste, Diderot, à la différence d'un Goudar, n'a jamais voulu séparer les questions proprement économiques de la politique générale. D'autre part Montesquieu est un éclectique. Il est mercantiliste, certes, et il a lu tout comme un autre les livres de Dutot et de Melon (56). Mais il n'est pas un systématique et en toutes choses il a le bon sens de se plier aux faits (57). Aussi, sur plus d'un point, fait-il preuve d'une très grande liberté par rapport aux thèses traditionnelles de l'école (58). Diderot lui doit beaucoup, tant du point de vue de la méthode que du point de vue de l'information.

Mais Diderot ne s'en est pas tenu, comme il aurait pu le faire, aux ouvrages et aux hommes par lesquels il avait d'abord découvert les réalités de l'économie politique. A côté de la marque de Forbonnais figurent dans l'*Encyclopédie* les noms de Quesnay, de Turgot, de Georges Le Roy. Le mercantilisme dynamique y côtoie la physiocratie naissante. L'éclectisme poussé jusqu'à ce point n'est pas d'un esprit indécis et timoré qui picore à droite et à gauche faute de savoir se décider. Il est bien au contraire d'un esprit hardi et ouvert, attentif à la science qui se fait, plus soucieux de ne rien négliger des possibilités de l'avenir, fussent-elles encore hasardeuses, que de s'en tenir aux idées acquises (59).

On s'intéresse généralement aux rapports de Diderot et des physiocrates pour la période postérieure à l'*Encyclopédie*, à propos de la querelle des blés par exemple, ou de l'envoi en Russie de Le Mercier de La Rivière, en 1767 (60). Ces rapports méritent d'autant plus d'être étudiés qu'ils concernent en 1767 une école bien constituée, avec une doctrine forte et cohérente, et un homme plus averti des réalités économiques qu'il ne l'était en 1748 ou même en 1754. Il est pourtant très remarquable aussi que l'*Encyclopédie* ait abrité les premiers écrits de Quesnay et de ses amis, et il n'est pas douteux qu'en les accueillant, en leur permettant d'être largement diffusés, Diderot a joué dans les débuts même de l'école un rôle de tout premier plan.

---

(55) Ch. Jaubert, *Montesquieu économiste*, p. 2.

(56) Voir Ch. Jaubert, *Montesquieu économiste*, *passim*.

(57) *Ibid.*, pp. 6-7.

(58) Weulersse date le début du « mouvement préphysiocratique » de l'année où parut l'*Esprit des lois*, 1748 (*Le mouvement physiocratique*, p. 23).

(59) Il écrira plus tard à Grimm, qui n'aimait guère les économistes : « Ce qui me plaît le plus de cette nouvelle école (...) c'est qu'(...) elle dit tout ce qu'il lui plaît (...). Les objets les plus importants au bonheur de la société, à force d'être agités pour et contre, s'éclairciront (...). Ces hommes sont bons, têtus, enthousiastes et vains; et quand ils se tromperaient en tout, ils ne peuvent être blâmés que par ceux qui ignorent que nous sommes presque toujours condamnés à passer par l'erreur pour arriver à la vérité » (AT, t. IV, pp. 82-83).

(60) Voir par exemple J. Oestreicher, *La pensée politique et économique de Diderot*, pp. 22-25.

Nous ignorons comment, et quand, Diderot a fait la connaissance de Quesnay, de Turgot, de Le Roy. Turgot n'a pas participé à l'*Encyclopédie* avant 1755. Le Roy, Lieutenant des chasses de Versailles, est nommé dans l'avertissement du tome V et il l'est de nouveau dans l'avertissement du tome VI, juste avant Quesnay, dont il n'avait pas été question avant 1756. Faut-il en conclure que Diderot a fait la connaissance des trois hommes dans cet ordre ? Ce serait évidemment téméraire. Disons seulement que dès 1756 ses liens avec les pionniers de la physiocratie sont assurés. Ce sont des liens intellectuels, mais ce sont aussi des liens d'amitié, surtout avec Georges Le Roy, qui après 1759 se trouve nommé bien des fois dans la correspondance de Diderot (61). Le Roy venait souvent chez d'Holbach, au Grandval et à Paris, et il paraît, à lire les lettres qui parlent de lui, qu'il avait le cœur très tendre (62). On ne sait si Diderot aimait en Le Roy le libertin ou le physiocrate. Sans doute l'un et l'autre, le libertinage et la physiocratie n'étant somme toute que deux formes différentes d'une même dévotion à la nature. Il l'aimait beaucoup en tout cas :

« Si vous savez combien je l'aime, écrivait-il à Sophie, en octobre 1760, vous saurez aussi combien il m'a été doux de le voir. Il y avait près de trois mois que j'en avais le besoin » (63).

Au nombre des contributions données par Le Roy à l'*Encyclopédie* figurent non seulement des articles de vénerie et d'histoire naturelle, mais aussi *Engrais, Fermiers (économie rustique)*, qui précède *Fermiers (économie politique)* de son maître Quesnay, *Forêt, Garenne* (64).

Il est vraisemblable que Quesnay est entré en relation avec les encyclopédistes après son installation chez Mme de Pompadour. Il vint à Versailles au printemps de 1749. D'Alembert, Buffon, La Condamine, Deparcieux, tous encyclopédistes, assistaient à la séance de l'Académie des sciences où il fut procédé à son élection, le 5 mai 1751 (65). La plus récente biographe de Quesnay, Mme Hecht, suppose avec quelque vraisemblance que ce sont les philosophes qui ont poussé Quesnay « à participer au grand renouveau intellectuel et philosophique du siècle » (66). La collaboration de Quesnay au dictionnaire lui-même, à partir de 1756 (67), est double. Certains de ses articles sont philosophiques, comme *Evidence* (68). Les autres sont économiques, comme *Fermiers*

---

(61) Sauf erreur, son nom apparaît pour la première fois dans une lettre de septembre 1759 (CORR, t. II, p. 257).

(62) DIDEROT donne en 1762 tous les éléments d'une touchante idylle entre LE ROY et Mme D'HOLBACH. En 1760 le ton était plutôt celui de l'églogue, et DIDEROT traitait crûment LE ROY de « satyre » (CORR, t. III, p. 147). Certaine scène nocturne entre LE ROY et Mme D'AINE est en effet fort édifiante (*Ibid.*, pp. 174-175).

(63) *Ibid.*, p. 146.

(64) *Quesnay*, t. II, p. 427, n. 1.

(65) J. HECHT, *La vie de Quesnay*, p. 249.

(66) *Ibid.*, p. 252.

(67) Le tome VI de l'*Encyclopédie* parut au début de 1756.

(68) Il avait aussi préparé *Fonction de l'âme*, qui ne fut pas publié (J. HECHT, *La vie de Quesnay*, p. 259).

qui parut dans le tome VI et *Grains* qui parut dans le tome VII. Après l'attentat de Damiens et l'arrêt du Conseil révoquant le privilège de l'*Encyclopédie*, Quesnay retira les articles qui étaient aux mains de d'Alembert et qui n'étaient pas encore publiés, *Intérêt de l'argent*, *Hommes*, *Impôts* (69). C'est ce qui explique que Diderot ait dû rédiger par exemple l'article *Homme (politique)*, dont le contenu est du reste conforme pour l'essentiel aux théories physiocratiques.

Mais l'école physiocratique ne peut être considérée comme constituée avant 1757-1758, en tout cas avant que Quesnay ne rencontrât Mirabeau. Cette rencontre a précédé ou suivi de peu celle de Gournay, de Turgot, de Le Mercier de La Rivière. D'autre part la conception du fameux *Tableau économique* n'est pas non plus antérieure à 1757. L'école physiocratique en tant que telle n'a donc plus de rapports directs avec l'*Encyclopédie* puisque Turgot, comme Quesnay, a cessé sa collaboration au dictionnaire après 1757 (70).

Nous avons bien une lettre pressante que Diderot écrivit à Turgot le 21 janvier 1759. Elle montre qu'à cette date Turgot, Maître des requêtes, pouvait encore rendre de grands services aux éditeurs de l'*Encyclopédie*, tant pour appuyer leur cause auprès de Malesherbes que pour leur fournir des articles. Diderot lui demandait par exemple *Intérêt de l'argent*, et *Impôts*, que lui avait refusés Quesnay (71). Mais apparemment Turgot fit la sourde oreille, bien qu'à titre personnel il ait volontiers répondu aux demandes d'aide que Diderot lui fit à la fin de 1758 ou au début de 1759 (72). Diderot lui sut mauvais gré de se joindre à Malesherbes, Morellet et d'Alembert pour le presser de fuir après la malencontreuse publication du *Mémoire pour Abraham Chaumeix*. Dans une lettre du début de mai 1759 Diderot parle dédaigneusement « du Turgot » (73) et il va jusqu'à le traiter de « morveux » (74). Une lettre de la fin de 1768 montre que neuf ans après Diderot n'avait pas changé de ton (75). Mais il ne paraît pas que cette rancœur ait eu d'autre raison que la faiblesse de caractère dont Turgot avait fait preuve aux yeux du Philosophe au cours de l'année terrible de 1759. La sympathie de l'encyclopédiste pour le théoricien et l'homme d'Etat n'en fut pas entachée, et quand Diderot écrivit la *Réfutation de « l'Homme »* il le classait plus que jamais dans les « excellents esprits » (76).

Quelles qu'aient été les vicissitudes des relations personnelles de Diderot avec les physiocrates, et même si l'école une fois constituée s'est

(69) *Ibid.*, p. 255.
(70) Il avait donné entre autres les articles *Existence, Fondation, Foires et marchés* (Voir CORR, t. II, p. 109).
(71) CORR, t. II, p. 110.
(72) La lettre de Diderot commence par des remerciements : « Je vous suis infiniment obligé de l'intérêt que vous avez bien voulu prendre à l'affaire de mon parent » (*Ibid.*).
(73) *Ibid.*, p. 123 et p. 130.
(74) *Ibid.*, p. 130.
(75) SV, t. II, p. 198.
(76) AT, t. II, p. 352.

détachée des encyclopédistes, il n'en reste pas moins que la physiocratie a d'abord été nourrie dans le sein de l'*Encyclopédie*.

Il y a loin sans doute du Quesnay des articles *Fermiers* et *Grains* à celui des *Maximes générales du gouvernement économique d'un royaume agricole*. Pourtant sur les trente maximes que contiendra le premier volume de la *Physiocratie* publiée en 1767 par Dupont de Nemours, quatorze étaient déjà contenues en substance dans l'article *Grains* (77). Certes, comme l'écrit M. Salleron,

> « de l'œuvre économique de Quesnay, les articles qu'il a rédigés pour l'*Encyclopédie* constituent la partie intrinsèquement la moins intéressante. Très mal composés, très mal écrits, surchargés de redites, ils lassent le lecteur ».

Mais M. Salleron ajoute, et c'est ici ce qui nous intéresse :

> « Leur véritable intérêt est d'éclairer les écrits postérieurs du docteur. Dans ces articles, on voit, en effet, sa pensée qui se cherche et, peu à peu, se trouve. Il n'a pas encore l'esprit « sectaire » que ses ennemis lui reprocheront et qui a fait sa fortune. Il admet jusqu'à un certain point la variété des activités industrieuses, la diversité des impôts, un certain empirisme dans le gouvernement des hommes et l'administration des choses (...). Quesnay, en peu d'années, fixera son vocabulaire et son intransigeance : productivité exclusive de l'agriculture, stérilité du commerce et de l'industrie, impôt unique sur les propriétaires, etc.. Tout cela est, d'ailleurs, plus qu'aux trois quarts dans les articles (de Quesnay), mais la purification spirituelle n'est pas encore achevée » (78).

Il est permis justement de penser que c'est cette absence de sectarisme, cette relative ouverture de la pensée naissante du maître des physiocrates qui l'a fait accueillir avec faveur, à côté d'un Forbonnais, par Diderot et d'Alembert.

Le problème général de la production des biens s'ordonne pour Diderot comme pour ses contemporains autour de trois questions qui sont liées entre elles, celle de l'*agriculture*, celle des *manufactures*, celle du *luxe*. Bien entendu Diderot ne traite aucune d'elles à fond. Il se contente de faire à leur sujet quelques réflexions. Ces réflexions sont cependant suffisantes pour permettre de discerner dans quel sens vont ses préoccupations, quels courants économiques il cherche à favoriser, à quels économistes il s'apparente.

L'article *Agriculture*, comme il est normal à la date où il fut écrit, est plus technique qu'économique. Il contient pourtant une défense et illustration de l'agriculture qui annonce de loin les physiocrates. Tout le début de l'article, notamment, vise à prouver qu'en tout temps les législateurs avisés ont protégé et aidé les paysans (79). Un passage de l'article montre même que, pour Diderot, les « fruits de la terre » sont naturellement la véritable « richesse » d'un pays; la monnaie ne peut en être que la « représentation » (80). Enfin la conclusion de l'article est un appel

---

(77) *Quesnay*, t. II, pp. 496-504.
(78) *Ibid.*, p. 427, n. 1
(79) AT, t. XIII, pp. 243-248.
(80) *Ibid.*, p. 245.

à ceux qui ont de « grands biens » pour qu'ils courent le risque des expériences qu'on leur propose. Ces expériences sont coûteuses, mais de leur succès dépend le bonheur accru des hommes (81).

Pour être juste, il faut dire qu'à un certain niveau de généralité les idées avancées dans l'introduction de l'article s'étaient déjà exprimées en France avant 1751. Melon demandait qu'on n'écrasât pas les paysans d'impôts (82) et Dutot voulait que le laboureur fût protégé comme l'homme d'industrie (83).

Plus précis et plus intéressant est l'article *Homme (politique)*. Comme nous l'avons vu, il fut écrit beaucoup plus tard, après que Quesnay eût renoncé à la publication de son propre travail. Le caractère très sommaire et manifestement improvisé de l'article de Diderot fait naturellement regretter l'autre. Pourtant quelques-unes des idées essentielles de Quesnay ont été retenues par l'encyclopédiste, et en particulier celle que les agriculteurs doivent être assurés d'une certaine aisance, si l'on veut que la nation soit riche. En effet, explique Diderot,

> « la richesse d'une nation est le produit de la somme de ses travaux au-delà des frais du salaire.
>
> « Plus le produit net est grand et également partagé, plus l'administration est bonne » (84).

Laissons de côté pour l'instant la question de l'égalité du partage, pour ne retenir que ce qui concerne la richesse et le produit net. On constate que la notion de *produit net*, distinguée du *produit total*, avait été précisée par Quesnay dans l'article *Grains*. D'autre part, dès l'article *Fermiers*, Quesnay écrivait que la politique regardant « l'indigence des habitants de la campagne, comme un aiguillon nécessaire pour les exciter au travail » était erronée (85). Tout le monde sait, ajoutait-il, « que les richesses sont le grand ressort de l'agriculture, et qu'il en faut beaucoup pour bien cultiver ». Mais ces richesses ne sont pas celles d'une seule classe, elles sont aussi celles de la nation entière : « Plus les laboureurs sont riches, plus ils augmentent par leurs facultés le produit des terres

---

(81) *Ibid.*, p. 264. Dans l'article *Fermiers* Quesnay opposera les fermiers riches faisant la grande culture avec des chevaux, et les métayers, qui font de la petite culture avec des bœufs (*Quesnay*, p. 428 du t. II). Les premiers lui paraissent préférables aux seconds car leur profit est plus grand (p. 434). Quesnay, comme Diderot, fait donc appel à ceux qui sont capables d'investir des capitaux importants dans la culture : « Il n'y a que les hommes intelligents et instruits qui peuvent se préserver des erreurs communes préjudiciables à leurs intérêts : mais encore faut-il pour réussir qu'ils soient en état d'avancer les fonds nécessaires pour l'achat des troupeaux et des autres bestiaux, et pour subvenir aux autres dépenses, car l'établissement de la culture est toujours fort cher » (*Ibid.*, p. 435).

(82) Melon, *Essai politique*, p. 126.

(83) Dutot, *Réflexions politiques*, t. II, p. 155. Dès le début du XVIIe siècle Antoine de Montchrétien écrivait : « Par ces trois sortes d'hommes, laboureurs, artisans, marchands, tout état est nourri, soutenu, entretenu » (*Traité de l'économie politique*, p. 32). Mais il précisait que l'agriculture est l'art « excellent sur tous » (p. 41).

(84) AT, t. XV, p. 139.

(85) *Quesnay*, art. *Fermiers*, p. 437.

et la puissance de la nation » (86). En effet, comme Quesnay le précise dans l'article *Grains*, il n'y a qu'une sorte de travaux qui rende des revenus, et c'est

« le point essentiel et le plus ignoré ou du moins le plus négligé en France : on n'y a pas même reconnu dans l'emploi des hommes, la différence du produit des travaux qui ne rendent que le prix de la main-d'œuvre, avec celui des travaux qui payent la main-d'œuvre et qui procurent des revenus » (87).

Cette défense de l'agriculture, qui est donc d'esprit très physiocratique, ne fait pourtant pas négliger à Diderot celle de l'industrie, et à cet égard il est résolument colbertien. Il y a d'ailleurs quelque contradiction, au moins formelle, entre l'article *Agriculture*, où les fruits de la terre sont considérés comme la véritable richesse du pays (88), et l'article *Art*, où Diderot écrit : « Colbert regardait l'industrie des peuples et l'établissement des manufactures comme la richesse d'un royaume » (89). Car évidemment il partage ici le point de vue de Colbert. La raison économique de la nécessité de développer l'industrie lui paraît même très simple, comme à tous les mercantilistes. C'est celle qu'il donne dans l'article *Acier* : il faut produire des objets manufacturés si l'on veut éviter d'appauvrir le royaume en les achetant contre espèces aux pays étrangers (90). C'est là un point de vue constant chez lui, et que ne changera même pas l'influence physiocratique. Il est en effet exprimé de nouveau dans la *Lettre sur le commerce de la librairie*, et nous avons vu en étudiant l'histoire commerciale de l'*Encyclopédie* quel excellent moyen de pression sur le gouvernement avait été la menace d'une expatriation de l'entreprise (91).

Sans remonter sans doute jusqu'à Montchrétien (92) ni même jusqu'à Colbert (93) Diderot a trouvé ce point de vue exprimé bien des fois chez les économistes qu'il a lus, chez Dutot par exemple (94). Celui de Quesnay est naturellement tout autre et l'article *Grains* contient des paroles assez dures sur Colbert et son engouement des manufactures (95). Pourtant, à ce moment de son évolution, Quesnay ne critique que l'excès. Ce qu'il dit de Colbert signifie seulement qu'il ne faut pas favoriser les manufactures au détriment de l'agriculture. Mais il n'affirme pas encore que l'industrie est stérile. Dans *Fermiers* il admet « que les exporta-

---

(86) *Ibid.*, p. 441.
(87) *Ibid.*, art. *Grains*, p. 472.
(88) Cf. *supra.*
(89) AT, t. XIII, p. 361.
(90) AT, t. XIII, p. 210.
(91) D'une manière plus générale la *Lettre* invite le gouvernement à tolérer en France l'édition d'ouvrages imprimés de toutes sortes, pour éviter que l'or et l'argent du royaume n'aillent enrichir les étrangers (AT, t. XVIII, p. 56).
(92) MONTCHRÉTIEN, *Traité de l'économie politique*, p. 29.
(93) Voir en particulier dans ses *Lettres, instructions et mémoires*, le tome II, première partie, p. CXXIV.
(94) DUTOT, *Réflexions politiques*, t. II, pp. 336-377. Même point de vue chez MELON, chez MONTESQUIEU (voir Ch. JAUBERT, *Montesquieu économiste*, pp. 63-65).
(95) *Quesnay*, art. *Grains*, p. 473.

tions de produits industriels fabriqués avec des matières premières nationales sont de même nature que les exportations agricoles » (96), et dans *Grains* il semble considérer que l'industrie participe dans une certaine mesure à la création des revenus (97).

En mettant sur le même pied la production agricole et la production industrielle, Diderot ne se contredit donc pas au fond. La plupart de ses contemporains étaient d'ailleurs aussi éloignés de certaines vues extrêmes du mercantilisme que du futur dogmatisme physiocratique. Montesquieu par exemple pensait que les manufactures participaient comme l'agriculture à la création du produit net (98). Cantillon également (99). Quant à Goudar, il critique comme Quesnay la « manie » de la manufacture, si elle nuit à l'agriculture (100), mais il est favorable à un développement simultané de l'une et de l'autre, si la première se fonde sur la seconde et la complète (101).

La question de l'équilibre entre l'agriculture et la manufacture se présente le plus souvent, au XVIIIe siècle, à propos de celle du luxe.

Faut-il favoriser le luxe ? Faut-il le combattre ? Le dilemne est souvent exprimé en termes moraux, chez Voltaire, chez Rousseau, chez Diderot lui-même, mais il est au fond économique. Le programme politique de Silhouette, que Diderot expose à Sophie Volland dans une lettre de l'été 1759 et qu'il fait sien sans aucune réserve, comporte en tout premier lieu « le projet d'affaiblir le luxe », puis de « ranimer le goût des choses utiles, de tourner les esprits vers le commerce, l'agriculture, la population » (102). Déjà dans l'article *Agriculture* Diderot voyait dans le luxe une marque éclatante « de la grandeur et de la méchanceté des peuples » et la première cause de la dégradation de l'agriculture (103). Dans l'article *Homme* (*politique*) il écrit :

> « Il faut diminuer les ouvriers du luxe et les domestiques. Il y a des circonstances où le luxe n'emploie pas les *hommes* avec assez de profit; il n'y en a aucune où la domesticité ne les emploie avec perte » (104).

Dans la *Lettre sur le commerce de la librairie* le luxe est pareillement décrié, puisque Diderot caractérise son temps comme celui « d'une somptuosité qui s'épuise sur les choses d'apparat aux dépens des choses utiles » (105).

---

(96) *Ibid.*, art. *Fermiers*, p. 452, n. 18.

(97) *Ibid.*, p. 484 et n. 13.

(98) Voir Ch. Jaubert, *Montesquieu économiste*, p. 52.

(99) Nous avons vu que Cantillon faisait naître la richesse du travail de l'homme aussi bien que de la terre.

(100) A. Goudar, *Les intérêts de la France*, t. I, p. 28-30; cf. t. II, p. 267.

(101) *Ibid.*, p. 224 : « Les manufactures ne rendent un peuple véritablement riche, que lorsqu'elles sont fondées sur ses productions naturelles ».

(102) CORR, t. II, p. 233.

(103) AT, t. XIII, p. 245.

(104) AT, t. XV, p. 139.

(105) AT, t. XVIII, p. 10. L'illustration de la formule est donnée plus loin, dans le passage satirique sur « l'institution » de la jeunesse : « Des valets tout chamarrés de dorures et des enfants sans souliers et sans livres, nous voilà » (*Ibid.*, p. 44).

Ces trois textes contredisent-ils donc l'article *Art*, qui semble tout entier l'apologie des manufactures et du luxe ?

Bien que Diderot ne s'étende guère sur cette question du luxe (106), sa pensée est relativement claire. La *Lettre sur le commerce de la librairie* oppose en effet deux sortes de somptuosité, ou de luxe, un luxe de pur apparat, qui est mauvais, et un luxe utile, qui est bon. Dans ces conditions la volonté d' « affaiblir le luxe » n'a d'autre objet que de contenir le luxe dans les limites de l'utilité, et ce projet s'explique très bien dans le contexte des doctrines économiques répandues au milieu du siècle.

Car tous les théoriciens, au fond, se trouvent d'accord à ce moment-là pour critiquer le luxe d'apparat sans pour autant critiquer le luxe lui-même. Melon disait que la notion de luxe est toute relative, que le luxe est normal dans une société policée, et qu'il est utile pour donner au surplus des forces productives une possibilité d'emploi (107). Même position modérée chez Montesquieu, qui considérait que le luxe était nécessaire au moins dans les monarchies. Il ne fallait selon lui restreindre le luxe que si la culture des terres ne pouvait pas assurer la subsistance d'un nombre d'hommes plus grand qu'il n'était nécessaire pour la culture (108). Hume pense aussi que les manufactures sont utiles si la terre produit au-delà de la subsistance de ceux qui la cultivent (109). Il distingue même entre deux sortes de manufactures et pense que s'il y a plus d'hommes dans l'Etat que n'en demandent à la fois l'agriculture et les industries de première nécessité, leur emploi dans les « arts qu'on appelle de luxe » est un bien pour la collectivité (110). Son *Essai sur le luxe* est une belle apologie des arts mécaniques, des arts libéraux, de la civilisation, et il est même permis de penser que quelque chose de cet enthousiasme a passé dans l'article *Art* de Diderot, qui a été écrit à peu près au moment où le Philosophe revoyait la traduction de Mlle de La Chaux.

Toutefois Diderot est loin de dire, comme Hume, que le luxe excessif est encore préférable à la paresse, même s'il est la source de beaucoup de maux (111). Il ne tombe pas non plus, comme Ange Goudar, dans l'extrémité opposée. Goudar voit en effet dans l'excès du luxe une menace de dépeuplement des campagnes, et par conséquent d'appauvrissement pour le royaume (112). Il demande qu'on réduise la production du vin, du chanvre, du lin, des olives et des mûriers sous prétexte que ce ne sont pas des biens de subsistance (113). Il va même jusqu'à

(106) Il s'y attardera plus longtemps après 1765, dans sa *Satire contre le luxe*, AT, t. XI, pp. 89 et suivantes, et dans sa *Réfutation de « l'Homme »*, AT, t. II, pp. 414-416.
(107) Melon, *Essai politique*, p. 130.
(108) Ch. Jaubert, *Montesquieu économiste*, pp. 37-49.
(109) *Collection des principaux économistes*, t. XIV, *Essai sur le commerce*, p. 15.
(110) *Ibid.*, p. 11.
(111) *Ibid.*, *Essai sur le luxe*, p. 32.
(112) A. Goudar, *Les intérêts de la France*, t. I, p. 94.
(113) *Ibid.*, p. 76.

réclamer que les manufactures soient bannies de Paris, à peu près du même ton qu'il proteste contre l'exode des campagnards vers les villes où ils se font laquais (114). Mais l'idée que Diderot se fait du luxe est plus proche de celle de Quesnay. Il y a un luxe qui est excessif et qui est un mal :

« Les manufactures et le commerce entretenus par les désordres du luxe, disait Quesnay, accumulent les hommes et les richesses dans les grandes villes, s'opposent à l'amélioration des biens, dévastent les campagnes, inspirent du mépris pour l'agriculture, augmentent excessivement les dépenses des particuliers, nuisent au soutien des familles, s'opposent à la propagation des hommes, et affaiblissent l'Etat » (115).

Comme Hume, Quesnay distingue des manufactures de première nécessité et des manufactures de luxe, mais il pense qu'on a eu grand tort en France de sacrifier les premières aux secondes (116). Car il y a un luxe qui est bon, et qui est l'abondance des choses utiles :

« Le ministère plus éclairé sait que la consommation qui peut procurer de grands revenus au souverain et qui fait le bonheur de ses sujets, est cette consommation générale qui satisfait aux besoins de la vie. Il n'y a que l'indigence qui puisse nous réduire à boire de l'eau, à manger du mauvais pain, à nous couvrir de haillons; tous les hommes tendent par leurs travaux à se procurer de bons aliments et de bons vêtements : on ne peut trop favoriser leurs efforts » (117).

La deuxième des maximes contenues dans l'article *Grains* résume parfaitement ce double point de vue et correspond assez bien à l'opinion personnelle de Diderot sur ce sujet (118).

Si Diderot s'est intéressé d'une manière très générale aux problèmes posés par la production des biens, il s'est relativement peu intéressé, en revanche, aux problèmes posés par leur échange, si l'on excepte le cas très particulier de la librairie. Nous avons déjà eu l'occasion de constater qu'il avait été d'emblée un partisan chaleureux de la liberté du commerce (119). Réclamer une telle liberté allait de soi quand on pensait comme lui qu'il ne devait pas y avoir d'entraves à la production elle-même. Il n'eût servi à rien de demander par exemple la suppression de règlements périmés et du système corporatif, si la production libérée n'avait pu s'écouler librement sur le marché.

Compte tenu du caractère un peu spécial du commerce des livres, — qui expliquerait par exemple qu'on ne puisse y admettre une concurrence sans frein (120), — la *Lettre* de Diderot à Sartine est dans son ensemble un manifeste libéral. C'est la loi de l'offre et de

---

(114) *Ibid.*, p. 182 et p. 241.
(115) *Quesnay*, t. II, art. *Fermiers*, p. 454.
(116) *Ibid.*, art. *Grains*, pp. 459-460.
(117) *Ibid.*, p. 460.
(118) *Ibid.*, p. 497.
(119) Voir *supra*, chap. VI.
(120) AT, t. XVIII, p. 35. Les libraires de province avaient beau jeu de dire que ces raisons très particulières ne tenaient pas tant au commerce des livres en lui-même qu'aux intérêts des grands libraires parisiens.

la demande qui détermine le niveau où doit s'établir une production donnée (121) et toute mesure qui fausse le jeu est mauvaise. Par exemple on ne saurait admettre que l'Etat fît une pression quelconque sur les prix. La fixation des prix, « pour être équitable, suppose des connaissances de détail que (le magistrat) ne peut ni avoir, ni acquérir; il est presque aussi sûr et plus court de s'en rapporter à l'esprit du commerce » (122).

Mais ce n'est pas le seul jeu de l'offre et de la demande qui doit déterminer le niveau des prix. En effet le bas prix n'est pas souhaitable, car il y a un rapport direct entre l'importance des capitaux engagés et celle des revenus qu'on peut en attendre :

« C'est une fausse vue, Monsieur, écrit Diderot, que de croire que le bon marché puisse jamais, en quelque genre que ce soit, mais surtout en celui-ci, soutenir de la mauvaise besogne » (123).

Au contraire le bon prix d'une marchandise soutient celui de toutes les autres et avec lui la prospérité de tout le pays (124). La limite supérieure des prix se trouve naturellement fixée par la concurrence étrangère, comme le montre l'exemple que propose Diderot :

« Je défie un libraire de Paris de hausser le prix d'un in-douze au-delà des frais particuliers et des hasards de celui qui contrefait clandestinement, ou de celui qui envoie de loin, sans qu'avant un mois nous n'en ayons une édition d'Amsterdam ou de province mieux faite que la sienne, à meilleur marché, et sans que vous puissiez jamais l'empêcher d'entrer » (125).

Le libéralisme de Diderot n'est d'ailleurs pas intégral. Dans le cas particulier de la librairie, il demande au magistrat des mesures précises contre l'extension abusive de la concurrence intérieure. En outre, dans la guerre permanente qui selon lui oppose les commerçants des différents pays (126), il faut que les régnicoles trouvent auprès de leur gouvernement un appui sans réserve.

« Soutenez votre légitime commerçant de toute votre autorité, écrit Diderot, et abandonnez le reste à sa vigilance et à son industrie » (127).

Il est aisé de retrouver dans les écrits de Quesnay que Diderot pouvait avoir lus en 1763 l'origine physiocratique de la plupart de ces idées. La liberté du commerce, par exemple, fait l'objet de la quatorzième des *Maximes de gouvernement économique* insérées dans l'article *Grains* (128). Evidemment Quesnay pense avant tout au commerce des biens de subsistance, comme le blé, mais il pense aussi

(121) *Ibid.*, p. 66.
(122) *Ibid.*, p. 50.
(123) *Ibid.*, p. 36.
(124) *Ibid.*, pp. 35-36 et p. 55.
(125) *Ibid.*, p. 37.
(126) *Ibid.*, p. 56.
(127) *Ibid.*, p. 57.
(128) *Quesnay*, t. II, pp. 502-504.

d'une manière plus générale aux marchandises « les plus nécessaires ou les plus utiles », et Diderot ne le trahit pas lorsqu'il traite des ouvrages d'imprimerie comme des marchandises utiles, et non de luxe. Le plus curieux sans doute, dans cette *Lettre sur le commerce de la librairie* c'est que Diderot ait poussé si loin l'assimilation entre les ouvrages de l'esprit humain et les productions naturelles de la terre. Ce n'est pas lui qui le premier a comparé un fonds de librairie, ou l'œuvre d'un écrivain, avec un fonds de terre (129). Mais ce qui chez ses prédécesseurs n'était qu'un argument juridique devient chez lui la base d'un raisonnement économique. La *Lettre* est par endroits une véritable transposition, sur le plan du commerce des imprimés, de la théorie de Quesnay sur le commerce des grains, notamment en ce qui concerne le *bon prix*. Certains des textes que nous citions plus haut semblent faire écho aux « observations sur le prix des grains » qui terminent l'article *Grains* de l'*Encyclopédie* (130). A celle-ci, par exemple :

> « Le bon prix favorise les progrès de l'agriculture, mais c'est dans le bon prix même que consistent les richesses qu'elle procure » (131).

Ou à celle-là :

> « Les nations sont pauvres partout où les productions du pays les plus nécessaires à la vie, sont à bas prix; ces productions sont les biens les plus précieux et les plus commerçables » (132).

A celle-là encore :

> « Quand le commerce est libre, la cherté des denrées a nécessairement ses bornes fixées par les prix mêmes des denrées des autres nations qui étendent leur commerce partout » (133).

Le génie de Diderot a consisté en somme à étendre en fait à tous les domaines où se crée, circule et se reproduit le capital ce que Quesnay ne concevait que dans le domaine agricole.

Au reste, le libéralisme de Diderot a les mêmes limites que celui des physiocrates. Quesnay réclame en toute occasion la libéralisation des échanges, et notamment des échanges internationaux (137). Mais la liberté dont il s'agit n'est qu'une liberté surveillée. Il est entendu une fois pour toutes que le rôle de l'Etat est de suivre attentivement le cours de l'activité économique et commerciale, de manière à pouvoir le rétablir ou le corriger toutes les fois qu'il se trouve anor-

(129) Voir *Annexe* II.
(130) *Quesnay*, t. II, art. *Grains*, pp. 507 et suivantes.
(131) *Ibid.*, p. 507.
(132) *Ibid.*, p. 508.
(133) *Ibid.*, p. 509.
(137) Voir par exemple l'article *Hommes* qui ne fut pas publié dans l'*Encyclopédie* (*Quesnay*, t. II, pp. 534-537).

malement suspendu ou dévié (138). Dans la quatorzième maxime insérée dans l'article *Grains*, par exemple, immédiatement après avoir écrit que « tout commerce doit être libre », Quesnay énumère les soins que doit prendre le gouvernement pour assurer cette liberté. Il serait fastidieux d'en reproduire la liste, mais le seul choix des verbes utilisés donne la mesure exacte du libéralisme de Quesnay. Il n'est question en effet que de « ranimer », de « supprimer », d' « abolir », de « modérer », d' « éteindre », de « faciliter » (139). Deux historiens aussi différents que Tocqueville et Marx ont bien remarqué cette contradiction, et ils l'ont expliquée à peu près de la même manière : la bourgeoisie, désireuse de conquérir sa liberté, devait constamment faire appel à la protection et à l'intervention de l'Etat pour l'assurer contre ceux qui la contestaient ou l'entravaient; c'est pour cette raison, notamment, que la revendication de la liberté politique fut la dernière à apparaître, au XVIIIe siècle (140).

Un peu comme le problème du *luxe* a fini par résumer, dans les polémiques du temps, l'ensemble des questions posées par les rapports entre agriculture et manufacture, le problème de la *population* a souvent été, pour les économistes du XVIIIe siècle, un moyen commode et en quelque sorte populaire d'aborder l'étude de la production, de la consommation, et de la répartition des biens. En tout cas les questions démographiques sont de celles qui ont passionné l'opinion au milieu du XVIIIe siècle, et il est naturel que Diderot s'y soit plus d'une fois arrêté.

Une véritable révolution démographique s'est en effet produite en France vers 1750. Comme l'a montré par exemple M. Labrousse, cette révolution ne fut pas due à une augmentation de la natalité, mais à une diminution de la mortalité qui fut elle-même la conséquence d'une raréfaction des famines (142). Evidemment personne n'était en mesure à l'époque de faire une étude chiffrée de l'évolution démographique,

---

(138) Voir *Quesnay*, t. II, art. *Fermiers*, p. 446, n. 12 (de M. SALLERON) : « Tantôt (QUESNAY) incline à considérer que le « laisser-faire » déterminera le meilleur emploi des terres, et tantôt il envisagerait avec faveur, — sans le dire, — une économie agricole intelligemment dirigée. Philosophiquement et politiquement, le libéralisme déclaré de QUESNAY est tout proche d'un planisme assez totalitaire ». On en dirait autant de DIDEROT.

(139) *Ibid.*, art. *Grains*, pp. 503-504.

(140) TOCQUEVILLE, *Œuvres*, t. II, *l'Ancien Régime et la Révolution*, p. 137 et pp. 211-213; cf. K. MARX, *Le Capital*, livre I, t. III, p. 196. S'il s'intéressait au problème des échanges, pourquoi DIDEROT n'a-t-il pas parlé de la monnaie ? L'article *Argent*, où ce problème est abordé, n'est que la reproduction de la théorie de Montesquieu (P. HERMAND, *Sur le texte de Diderot*, p. 366, n. 4), et DIDEROT n'a fait, semble-t-il, aucun effort pour l'assimiler vraiment, encore moins pour la repenser. Il est probable que la technicité même, et l'aridité du problème de la monnaie, l'ont fait reculer. C'est une raison supplémentaire de penser qu'au moins dans la période de rédaction de l'*Encyclopédie* DIDEROT s'est intéressé à l'économie politique dans la mesure seulement où elle lui permettait d'éclairer les grands problèmes de politique générale.

(141) P. HERMAND, *Sur le texte de Diderot*, p. 366, n. 4.

(142) C.-E. LABROUSSE, *La crise de l'économie française*, p. XXVIII. La population française aurait augmenté d'un tiers de 1715 à 1789 (de vingt à vingt-six millions) selon E. PRÉCLIN, *Le XVIIIe siècle*, première partie, p. 382.

et de fonder sur elle une analyse scientifique des faits. Les chiffres que l'on pouvait avoir étaient souvent fantaisistes, et quand ils étaient précis, ils ne correspondaient qu'à une partie très limitée du territoire (143). C'est ce qui explique le caractère en grande partie abstrait du débat qui s'est instauré entre partisans et adversaires de ce qu'on a appelé le *populationnisme.*

Depuis longtemps tout le monde s'accordait à penser qu' « une nation qui ne s'accroît pas aussi vite que les autres en population est exposée à perdre son indépendance » (144). C'est le point de vue qu'exprime Diderot au début de son article *Homme (politique)* :

> « L'*homme* vaut par le nombre; plus une société est nombreuse, plus elle est puissante pendant la paix, plus elle est redoutable dans les temps de guerre. Un souverain s'occupera donc sérieusement de la multiplication de ses sujets. Plus il aura de sujets, plus il aura de commerçants, d'ouvriers, de soldats » (145).

Le point où les populationnistes et leurs adversaires se séparent est ailleurs. Il s'agit de savoir si c'est l'accroissement de la population qui détermine l'accroissement des richesses, ou si, à l'inverse, la population croît avec la prospérité du pays. Quesnay et les physiocrates furent antipopulationnistes, mais dans la période qui nous intéresse et où la doctrine physiocratique s'est constituée, certains textes de Quesnay par exemple sont contradictoires sur ce point, au moins dans la forme (146).

Diderot pour sa part ne semble pas avoir pris parti pour l'une ou pour l'autre thèse. Il faut d'ailleurs remarquer qu'il n'appuie pas seulement sa théorie démographique sur des bases économiques. Pour lui l'accroissement du nombre des habitants d'un pays donné dépend à la fois des conditions économiques et des conditions politiques de leur existence. Par exemple, il écrit dans l'article *Dranses :*

> « Ce n'est pas la nature, c'est la tyrannie qui impose sur la tête des hommes un poids qui les fait gémir et détester leur condition. S'il y avait sur la surface de la terre un lieu où les hommes redoutassent le mariage, et où les hommes mariés se refusassent à cette impulsion si puissante et si douce qui nous convie à la propagation de l'espèce et à la production de notre semblable, pour se porter à des actions illicites et peu naturelles, de peur d'augmenter le nombre des malheureux, c'est là que le gouvernement serait aussi mauvais qu'il est possible qu'il le soit » (147).

---

(143) Par exemple le *Journal encyclopédique* (1761, t. I, p. 163) donne les chiffres suivants pour l'année 1760 : il y a eu à Paris 18 531 morts, 17 991 baptêmes, 3 787 mariages, 5 031 enfants trouvés. On trouve aussi des chiffres partiels dans les *Annonces, affiches, avis divers.*

(144) Ch. Jaubert, *Montesquieu économiste*, pp. 147-148.

(145) AT, t. XV, p. 138.

(146) Voir A. Landry, *Les idées de Quesnay sur la population*, pp. 12-16.

(147) AT, t. XIV, p. 296. Naigeon louait fort cet article. Voir sous le titre *Naissance*, in *Philosophie ancienne et moderne*, t. II, p. 350 a. En réalité Diderot ne fait dans cet article que paraphraser Montesquieu. Celui-ci écrivait en effet dans les *Lettres persanes* : « Si un homme est mal à son aise et qu'il sente qu'il fera des enfants plus pauvres que lui, il ne se mariera pas, ou, s'il se marie, il craindra d'avoir un trop grand nombre d'enfants, qui pourraient achever de déranger sa fortune et qui descendraient de la condition de leur père » (cité par Jaubert, *Montesquieu économiste*, p. 159; cf. aussi *Esprit des lois*, p.p. Truc, t. II, pp. 109-110).

Dans une addition à l'article *Population* de Damilaville, il englobe même les mœurs et la religion dans les conditions possibles de l'accroissement démographique :

« Voici une idée que j'insérerai en quelque endroit de votre article *Population*, écrit-il à son ami; les livres sacrés des anciens Perses disaient : si vous voulez être saints, mariez-vous de bonne heure, parce que vos enfants seront un pont pour vous au grand jour du Jugement, et que ceux qui n'auront point d'enfants ne pourront passer » (148).

L'article *Homme (politique)* énumère sur le même plan les conditions politiques, morales et économiques de l'accroissement démographique :

« (Les Etats d'un souverain) sont dans une situation déplorable, s'il arrive jamais que, parmi les *hommes* qu'il gouverne, il y en ait un qui craigne de faire des enfants, et qui quitte la vie sans regret.

« Mais ce n'est pas assez d'avoir des *hommes*; il faut les avoir industrieux et robustes.

« On aura des *hommes* robustes, s'ils ont de bonnes mœurs, et si l'aisance leur est facile à acquérir et à conserver.

« On aura des *hommes* industrieux, s'ils sont libres » (149).

Peu importe, en somme, à Diderot, que l'accroissement de la population précède ou suive celui des subsistances. Il lui paraît suffisant d'affirmer qu'ils ne se conçoivent pas l'un sans l'autre (150).

C'est, assez curieusement, par le biais de la démographie que les questions religieuses se trouvent le plus souvent liées aux questions économiques, au XVIIIe siècle. Les attaques contre les couvents et les moines sont fréquentes en effet chez les économistes, qui les justifient généralement de deux manières : les réguliers sont des citoyens improductifs, qui accaparent des biens sans participer à leur création, et d'autre part leurs vœux de célibat et de chasteté les empêchent de contribuer à l'accroissement de la population (151). Le premier article de l'*Encyclopédie* dans lequel Diderot aborde la question est l'article *Bonze*, ou plus précisément l'addition qu'il jugea bon d'y faire (152). Or cette addition, comme Diderot n'omet pas de le signaler, est un emprunt à l'*Esprit des lois*. Elle a trait à la suppression d'un très grand nombre de monastères en Chine, par un empereur de la famille des Tang, aux yeux de qui l'oisiveté des religieux devait nécessairement entraîner la disette et le dénuement dans une partie de l'Empire.

Mais c'est naturellement dans l'article *Célibat* que Diderot a rassem-

---

(148) CI, t. I, p. 282. La lettre est vraisemblablement de 1765.

(149) AT, t. XV, pp. 138-139. La dernière phrase est à rapprocher de MONTESQUIEU : « Les pays ne sont pas cultivés en raison de leur fertilité, mais en raison de leur liberté » (*Esprit des lois*, cité par Ch. JAUBERT, *Montesquieu économiste*, p. 159, n. 1).

(150) C'est à peu près la position de MONTESQUIEU (Ch. JAUBERT, *Montesquieu économiste*, chap. IV, *La population*, notamment p. 149 et p. 153).

(151) Les deux reproches se trouvent associés, par exemple, dans *les Intérêts de la France mal entendus*, t. I, pp. 46, 51, 343; t. II, p. 36.

(152) ENC, t. II, pp. 329 b-330 a.

blé les arguments les plus nombreux contre le célibat religieux. L'article n'est du reste qu'une rhapsodie de différents auteurs, que Diderot a exactement cités, non point pour faire parade de son érudition, mais pour montrer à ses lecteurs, et surtout à ses adversaires, que tous les esprits de qualité, — et dans le nombre il en était qu'on ne pouvait pas suspecter de parti pris « philosophique » — s'accordaient à critiquer l'institution du célibat ecclésiastique (153). Car le lecteur ne saurait être la dupe de l'artifice repris de l'*Esprit des lois* et qui consiste à dire :

> « Il ne s'agit nullement ici du *célibat consacré par la religion;* mais de celui que l'imprudence, la misanthropie, la légèreté, le libertinage, forment tous les jours » (154).

Les adversaires de l'*Encyclopédie* ne s'y sont pas trompés, et en particulier le Père Bonhomme, qui n'a pas consacré moins de trente-six pages de son *Eloge de l'« Encyclopédie » et des encyclopédistes* à une lourde réfutation de l'article de Diderot (155).

L' « histoire abrégée du célibat » qui sert d'introduction à cet article (156) y joue à peu près le même rôle que, dans le livre XXIII de l'*Esprit des lois*, le chapitre XXI, intitulé « Des lois des Romains sur la propagation de l'espèce » (157). Dans les deux cas il s'agit de montrer que l'institution du célibat est une sorte d'accident historique, contraire aux lois de la nature, et qui ne se fixa qu'à grand peine. Après la démonstration historique vient le raisonnement philosophique. Diderot se cite alors lui-même en reprenant son argumentation de l'*Essai sur le mérite et la vertu* au sujet de la sociabilité naturelle (158). Les principaux arguments démographiques contre le

---

(153) Diderot utilise successivement un mémoire de l'Académie des Inscriptions sur l'histoire du célibat, de Morin, son propre *Essai sur le mérite et la vertu*, *l'Institution du droit ecclésiastique de France*, de l'abbé Fleury, l'*Ancienne et nouvelle discipline de l'Eglise*, du Père Thomassin, le tome II des *Ouvrages de politique* de l'abbé de Saint-Pierre, etc.

(154) AT, t. XIV, p. 50; cf. *Esprit des lois*, p.p. Truc, t. II, p. 126. Le rapprochement est indiqué par Hermand, *Sur le texte de Diderot*, p. 366 et n. 4.

(155) P. Bonhomme, *Eloge de l' « Encyclopédie »*, pp. 40-76.

(156) AT, t. XIV, pp. 43-49.

(157) *Esprit des lois*, p. p. Truc, t. II, pp. 116-126.

(158) AT, t. XIV, pp. 49-50. Cf. AT, t. I, pp. 24-25. Il y a de légères variantes rédactionnelles entre les deux textes, et deux additions importantes. L'une concerne « l'automate » intégré dans un système naturel. Dans l'article *Célibat* Diderot insiste sur les caractéristiques individuelles, — en l'occurrence la sexualité, — qui permettent d'affirmer que cet être est lié nécessairement à d'autres êtres et doit par conséquent avoir commerce avec eux : « Si l'on entrevoyait dans sa structure des liens qui l'attachassent à des êtres semblables à lui; si sa conformation indiquait une chaîne de créatures utiles qui ne pût s'accroître et s'éterniser que par l'emploi des facultés qu'il aurait reçues de la nature, il perdrait (etc.) » (AT, t. XIV, p. 50). La conclusion du développement est aussi une addition au texte de l'*Essai*. Elle est la conclusion pratique explicite d'un texte d'abord théorique qui ne la contenait qu'implicitement : « La conservation de l'espèce n'est-elle pas un des devoirs essentiels de l'individu, et tout individu qui raisonne et qui est bien conformé ne se rend-il pas coupable en manquant à ce devoir, à moins qu'il n'en ait été dispensé par quelque autorité supérieure à celle de la nature ? » (*Ibid.*)

célibat sont réunis au centre même de l'article. Ils sont empruntés à Montesquieu parfois textuellement. Le premier, c'est que le célibat appauvrit la société en diminuant le nombre des citoyens utiles. Le second, c'est que le célibat corrompt la société en dépréciant l'institution du mariage (159). Puis Diderot revient à l'histoire, avec Fleury et Thomassin, pour montrer que l'institution du célibat des prêtres est contingente, aussi bien que celle du célibat en général (160). L'abbé de Saint-Pierre lui fournit alors une argumentation serrée, qui montre, avec des chiffres, tous les avantages démographiques de la suppression du célibat ecclésiastique. Diderot, après l'abbé, voit cent mille prêtres former autant de familles et « produisant » en deux siècles un million de Français supplémentaires, dont le royaume serait considérablement enrichi (161). L'article se termine par des considérations sur le célibat monastique. Diderot pense avec l'économiste Melon qu'il conviendrait au moins de reculer l'âge des vœux jusqu'à vingt-cinq ans, et il conclut avec Montesquieu qu'il y a telles circonstances dans lesquelles le législateur peut avantageusement interdire le célibat monastique (162).

Il convient toutefois de remarquer que l'argumentation de Diderot contre le célibat religieux et contre l'institution monastique est moins complète que chez Montesquieu. Elle n'est que démographique, alors que l'argumentation de Montesquieu est à la fois démographique et économique. Or les raisons économiques de critiquer par exemple l'institution monastique étaient beaucoup plus sérieuses que les raisons démographiques. Diderot n'a pas vu, semble-t-il, que l'accumulation incessante des biens de main-morte par le clergé, famille non périssable, risquait à la longue de lui faire envahir toutes les propriétés (163). Lorsqu'en 1765 les Bénédictins demanderont au roi leur sécularisation, il sera plus proche de Montesquieu et ne parlera plus seulement du célibat des moines comme d'un « mal politique ». Dans la conversation qu'il rapporte à Sophie Volland dans sa lettre du 1er août 1765, la démographie et l'économie sont tour à tour invoquées pour regretter qu'un accueil favorable n'ait pas été fait à la requête des moines.

« En faisant un sort honnête à chacun de ces moines, précise en effet Diderot, il serait resté des biens immenses qui auraient acquitté une portion

---

(159) DIDEROT emprunte à MONTESQUIEU deux passages du chapitre XXI du livre XXIII de l'*Esprit des lois*, depuis « une règle tirée de la nature » jusqu'à « il y a plus de vols » et depuis « la faculté naturelle de se marier » jusqu'à « la condition et le serment » (AT, t. XIV, p. 51. Cf. *Esprit des lois*, p. p. TRUC, t. II, p. 126, et pp. 125-126. HERMAND semble n'avoir vu que le premier emprunt).

(160) AT, t. XIV, pp. 52-54.

(161) *Ibid.*, pp. 55-56.

(162) *Ibid.*, pp. 58-59. Pour les emprunts à l'*Esprit des lois*, voir HERMAND, *Sur le texte de Diderot*, p. 366 et n. 4. Mais il faut corriger ce qui concerne le point trois de la conclusion de DIDEROT. Il reproduit le chapitre VII du livre XXIV de l'*Esprit des lois*, et non le chapitre IV.

(163) *Esprit des lois*, livre XXV, chap. V, p. p. TRUC, t. II, pp. 158-159.

des dettes de l'Etat. Cet exemple aurait encouragé les Carmes, les Augustins à solliciter le défroc; et sans aucune violence, la France, en moins de vingt ans, aurait été délivrée d'une vermine qui la ronge et qui la rongera jusqu'à son extinction » (164).

Naturellement Diderot n'a pas trouvé que chez Montesquieu les éléments de son réquisitoire contre les moines. Ce sont là des lieux communs, qu'il a dû rencontrer maintes fois dans ses lectures et dans ses conversations. Outre les auteurs qu'il cite dans *Célibat*, il a lu par exemple Ange Goudar. Or les *Intérêts de la France mal entendus* montrent que « le célibataire, qui ne laisse aucune postérité, ne voit rien dans le monde après lui » (165), et que l'immensité des biens-fonds possédés par l'Eglise, et qu'elle ne fait pas valoir, est une cause d'appauvrissement pour l'Etat (166). Que n'a-t-il entendu aussi chez le baron d'Holbach ! Le père Hoop, un soir de verve, se voyait déclamant une adresse au prince :

« Vous réduirez à la simple condition de citoyens ces hommes de droit divin qui opposent sans cesse leurs chimériques prérogatives à votre autorité; vous reprendrez ce qu'ils ont extorqué de l'imbécillité de vos prédécesseurs; vous restituerez à vos malheureux sujets la richesse dont ces dangereux fainéants regorgent; vous doublerez vos revenus sans multiplier les impôts; vous réduirez leur chef orgueilleux à sa ligne et à son filet; vous empêcherez des sommes immenses d'aller se perdre dans un gouffre étranger d'où elles ne reviennent plus; vous aurez l'abondance et la paix » (167).

DE L' « EGALITE » DES CONDITIONS

Si la question monastique a occupé une place de tout premier plan chez les bons esprits du XVIIIe siècle, c'est qu'elle était sous diverses formes commune à plusieurs grands problèmes du temps, que l'état des sciences sociales et politiques ne permettait pas alors de poser dans toute leur ampleur, ni surtout dans leur spécificité.

Ainsi du problème social, qui n'est à peu près jamais étudié pour lui-même au XVIIIe siècle. Or la question monastique est sociale au moins autant qu'économique et démographique. Nous verrons qu'elle est aussi politique, au sens précis du terme.

Il faut manquer du bon sens historique le plus élémentaire pour étudier les idées sociales de Diderot comme s'il s'agissait d'un écrivain postérieur à la Révolution, et surtout à l'apparition de la conception marxiste de la lutte des classes. S'il est légitime de consacrer comme l'a fait Jaurès un tome d'une *Histoire socialiste de la Révolution* à l'étude objective des causes économiques et sociales de cette Révolution, il ne l'est pas d'écrire comme l'a fait Lichtenberger un recueil d' « études sur les idées socialistes dans les écrivains français

(164) SV, t. II, p. 59.
(165) A. GOUDAR, *Les intérêts de la France mal entendus*, t. I, p. 51.
(166) *Ibid.*, p. 46 et p. 343; cf. t. II, p. 36 (le clergé détourne de la circulation une grande quantité de numéraire).
(167) SV, t. I, p. 80.

du XVIIIe siècle avant la Révolution » (168). Car Diderot, à qui l'une de ces études est consacrée, n'a nulle part exprimé d'idées « socialistes », qui eussent supposé une certaine manière d'envisager le problème social dont il était bien loin. Lichtenberger n'est d'ailleurs pas le seul à tirer Diderot vers une « gauche » à laquelle il est bien étranger. Dans un discours prononcé à la salle Wagram en 1900 Anatole France n'hésitait pas à proclamer Diderot « un grand serviteur du peuple, un défenseur du prolétariat », et même, « en prenant le mot dans une large acception, un socialiste » (169). A quoi le journal *le Socialiste,* organe du Parti ouvrier français rétorquait avec beaucoup de justesse que l'éminent académicien manquait de sens historique : « Confondre avec le mouvement « socialiste » la préparation de la victoire de la bourgeoisie révolutionnaire, qui seule a fait naître les conditions où pourrait plus tard se produire le socialisme, c'est ce qui vraiment n'est pas permis même aux membres de l'Académie française » (170).

Une lecture attentive de la correspondance de Diderot est sans doute le meilleur moyen de retrouver la vision qu'il pouvait avoir personnellement des réalités sociales de son temps. Cette vision est plus souvent celle d'un moraliste que d'un sociologue, ce qui n'est pas pour nous étonner, eu égard à la nature de Diderot et au caractère de sa correspondance. Le sociologue y trouve pourtant son compte, à condition qu'il s'interdise d'interpréter trop systématiquement des données qui sont souvent fragmentaires et semblent parfois assez mouvantes. Si l'on discerne par exemple assez bien trois catégories sociales dans le tableau que fait Diderot de la société de son temps, il faut bien sûr se garder de les identifier avec les ordres traditionnels de l'Ancien Régime, et plus encore d'y voir des classes sociales, au sens moderne de l'expression. C'est sans doute chez Quesnay que l'on trouve, en France, la première analyse des structures sociales faite uniquement en fonction de la place occupée par chacun des groupes sociaux dans le double circuit de la production et de la répartition des biens (171). Rien de tel chez Diderot, dont les conceptions sociales sont encore marquées d'un certain caractère féodal. Cela se voit notamment dans ses sentiments vis-à-vis du peuple. Pourtant ce n'est plus la naissance qui distingue chez lui les groupes sociaux, mais l'utilité relative, notion qui tout compte fait n'est pas si éloignée de la conception physiocratique, bien qu'elle soit très confuse, et fortement entachée de moralisme.

Le tableau de la société française que contient la correspondance de Diderot recouvre trait pour trait celui que laissent apparaître les avertissements des volumes de l'*Encyclopédie* (172).

---

(168) Sous-titre de son livre *Le socialisme au XVIIIe siècle.*
(169) *Cahiers de la quinzaine*, 2 mars 1901, p. 68.
(170) *Ibid.*.
(171) Voir Léon CAHEN, *L'idée de lutte de classes au XVIIIe siècle*, pp. 48-50.
(172) Voir *supra* chap. I.

Ceux qui, traditionnellement, occupent les premiers rangs dans le monde, les privilégiés du régime, sont dans leur ensemble des parasites, qui vivent aux dépens du corps social, consommant beaucoup, gaspillant plus encore, et ne produisant rien. De ce nombre sont aussi bien les aristocrates de vieille souche que les nobles parlementaires, les financiers et les moines. Dans ses lettres, Diderot s'attache surtout à montrer le dérèglement moral de ce groupe, mais il ne néglige pas à l'occasion de montrer la racine sociale du mal, puisqu'aussi bien sa théorie morale préférée veut que l'individu en tant que tel ne soit pas tenu pour responsable de ses méfaits et de ses vices (173).

Les lettres à Sophie Volland forment une pittoresque galerie de ces inutiles, dont le spectacle indigne quelquefois, et quelquefois amuse. Ici la sotte vanité d'un Ormesson lui fait gaspiller cent mille écus pour « augmenter son château de douze pieds » (174). Plus loin ce sont des moines, un Jésuite, un Bernardin, un Bénédictin, tous trois paillards à leur manière, et de surcroît hypocrites ou brutaux (175). Les femmes du monde ne valent pas mieux que les courtisanes. Leur commun appétit de gain, comme leur prodigalité, est signe d'un dérèglement profond de la machine sociale. On a vu la Deschamps dissiper deux millions avant d'avoir ses trente ans (175 *bis*) et une Mme Portail, honnête femme d'un Président de parlement se mettre dans le cas de recevoir une leçon de probité par une fille entretenue (176).

Tant de corruption, sous tant de formes et chez des individus si divers, ne peut avoir qu'une origine, l'oisiveté, l'inutilité sociale, la facilité d'acquérir sans la peine de produire. Lorsque Diderot fut sollicité par la famille Volland pour trouver quelque emploi au jeune Vallet de Fayolle, ruiné par la banqueroute de son père, il songea un moment à lui faire avoir une sinécure dans la recette des sels. Mais la famille Volland se refusant à cautionner l'acquisition de la recette, Diderot réfléchit et arriva à la conclusion que le plus grand mal qui pouvait arriver à ce jeune homme serait précisément de gagner de l'argent sans rien faire.

> « Parmi les inconvénients de sa situation nouvelle, écrit-il à Sophie, ne comptez-vous pour rien la vie inutile et oisive à laquelle il se ferait dans une campagne ? Un enfant de son âge, qui est assez bien de figure et qui n'est pas sot, est-il fait pour boire, manger, dormir, chasser et prendre du ventre ? A la place de sa mère, j'aimerais mieux le savoir mousse dans un vaisseau, ou le mousquet sur l'épaule en Westphalie. Il apprendrait au moins à connaître le travail et la misère » (177).

---

(173) Voir *supra* chap. IX.

(174) SV, t. I, p. 76. Le château a finalement dans son cadre d'eaux et de collines « l'air d'un flacon dans un seau de glace ».

(175) SV, t. I, pp. 199-200.

(175 *bis*) SV, t. I, p. 164.

(176) *Ibid.*, p. 214.

(177) CORR, t. IV, pp. 208-209 (lettre du 31 octobre 1762).

Ailleurs encore, parlant du *spleen* qui pousse certains Anglais au suicide, il écrit, dans le même esprit :

« Ce n'est pas dans les conditions subalternes, ce n'est pas l'homme qui travaille du matin au soir, celui, qui, réduit à la misère, est contraint de lutter de toute sa force pour ses besoins, par le travail; c'est celui qui est né dans l'opulence, qui a émoussé tous ses goûts, c'est lui qui s'ennuie dans la vie, et qui va se noyer dans la Tamise » (178).

A l'autre extrémité de l'échelle sociale il y a le peuple, c'est-à-dire pour un philosophe, nourri d'antiquité, la plèbe et non le *populus*. En ce sens Diderot ne se sent d'aucune manière un homme du peuple. Lorsqu'il lui arrive d'être traité comme tel, par un Collin de Saint-Marc, par exemple, en cet été 1765 où Diderot était si glorieux de la faveur récente de Catherine II, il enrage, il roule dans sa tête de spirituels projets de vengeance. Le prend-on pour un « faquin », pour un « valet » ? (179) C'est que Diderot lui-même, lorsque sa personne ou sa famille se trouvent directement en cause, tient beaucoup à se distinguer du peuple, qu'il méprise au fond. Il a même des mots malheureux, qui sentent le parvenu. Lorsque son frère l'abbé se retire à la fin de 1762 dans les faubourgs de Langres, il parle de cette retraite comme d'une véritable trahison. Est-il admissible que le fils du maître coutelier de la place Champeau aille vivre « au milieu de la plus vile canaille de la ville » ? (180) Et ce n'est point là une intempérance de plume due à l'inimitié entre les deux frères. On lit déjà dans une lettre d'octobre 1759 que les « faubourgs » sont fermés aux « lumières », car « le peuple y est trop bête, trop misérable et trop occupé » (181). Dans les deux cas le peuple, ou canaille, désigne les ouvriers, puisqu'au XVIIIe siècle cette catégorie sociale était rejetée généralement dans les faubourgs des villes. Diderot entend même plus précisément ceux des ouvriers qui comme seule ressource ont la force de leurs bras, mais non pas ceux qui, comme son père, ou comme ces ouvriers dont exceptionnellement l'*Encyclopédie* donne les noms, ont ce qu'on appelle « un état », possèdent des outils, un métier, une boutique.

On est très étonné de constater que Diderot a pendant plusieurs années côtoyé dans leurs ateliers les ouvriers des faubourgs de Paris, et notamment ceux du faubourg Saint-Marceau, sans vraiment s'intéresser à leur condition. La *Description des arts* de l'*Encyclopédie* ne nous apprend presque rien sur la condition ouvrière au XVIIIe siècle. Dans l'article *Alun*, rédigé il est vrai d'après le compte rendu d'une enquête que Diderot, matériellement, n'a pas pu faire (182), il explique que ceux qui travaillent le minerai sont occupés huit heures par jour, y compris les fêtes et les dimanches pour un salaire de trente sous. Les

---

(178) SV, t. II, p. 83 (lettre du 12 novembre 1765).
(179) SV, t. II, p. 48.
(180) SV, t. I, p. 260.
(181) SV, t. I, p. 79.
(182) Voir notre article sur *la Documentation technique*, p. 351, n. 5.

enfants font ce travail pour cinq sous. Et Diderot a ce trait d'une surprenante naïveté :

« On remarque que les arbres qui sont aux environs des tas du minéral en feu meurent, et que la fumée qui les tue ne fait point de mal aux hommes » (183).

Lorsqu'il arrive à Diderot de parler des petites gens avec sympathie on discerne dans sa sollicitude une sorte d'affectation. Elle évoque irrésistiblement une remarque de Tocqueville sur la bienveillance affichée pour les misérables dans les derniers temps de l'Ancien Régime : il y a en elle « un grand fond de mépris » (184).

Car il est une forme d'idéalisation, tantôt joviale, tantôt larmoyante, de la vie des petites gens qui est aussi insultante que le mépris. Un des passages les plus atroces de la correspondance de Diderot nous le montre en visite dans le trou, grenier ou cave, où gîte un de ses copistes, « un pauvre diable » qui vit dans le dénuement le plus complet. Diderot décrit ce trou comme il ferait d'un décor de théâtre, et ne manque aucun des effets qu'on pourrait attendre d'un mauvais mélo. L'homme est à demi-nu ,« maigre, noir, sec », mais il est « serein », il n'a qu'un morceau de pain, mais il le mange avec appétit, et que pourrait-il encore désirer au monde, puisqu'il peut caresser une femme sur le grabat qui occupe « les deux-tiers de sa chambre ». Et le bon Diderot en est tout édifié : « Si j'avais ignoré que le bonheur est dans l'âme, mon Epictète de la rue Hyacinthe me l'aurait bien appris » (185).

Deux de ces scènes morales que Diderot a toujours plaisir à croquer pour Sophie ont pour cadre la maison de Mme d'Epinay. La première est celle du bon petit garçon qui avec les dix-huit sous qu'il a gagnés paye au cabaretier ce que son ivrogne de père a dépensé chez lui (186) ; l'autre, celle de la femme de chambre de Mme d'Esclavelles, qui renonce à une pension méritée par quarante années de service, et ne demande rien d'autre que d'être nourrie chez Mme d'Epinay jusqu'à la fin de ses jours (187). Mais il faut avoir lu les *Rêveries d'un promeneur solitaire*, et la description que fait Rousseau de la manière dont les hôtes de La Chevrette traitaient les gens du peuple, pour goûter le sel de ces deux histoires (188).

Il est pourtant dans le peuple des gens pour qui la bienveillance de Diderot ne manque jamais une occasion de s'exprimer, ce sont les paysans. Mais elle s'exprime comme il sied à un ami de Quesnay, lui-

---

(183) ENC, t. I, p. 310 b.
(184) A. de Tocqueville, *Œuvres*, t. II, p. 228.
(185) SV, t. I, p. 262. La même lettre s'attendrit sur la délicatesse de cet « honnête homme » qui, voulant faire l'aumône à une pauvresse, glisse deux louis dans sa tabatière en la remplissant de tabac (p. 263).
(186) *Ibid.*, p. 274.
(187) *Ibid.*, t. II, p. 29.
(188) J.-J. Rousseau, *Les rêveries d'un promeneur solitaire*, neuvième promenade.

même propriétaire terrien, au moins après 1759; c'est une bienveillance à la fois supérieure et intéressée, de type ouvertement paternaliste. Le ton est différent, du reste, selon qu'il s'agit de paysans pauvres ou de riches fermiers. Le copiste de la rue Hyacinthe a des semblables au Grandval, ce sont les ouvriers agricoles que Diderot entend travailler sous sa fenêtre quand il est chez le baron d'Holbach. Ils peinent dès le point du jour, mangent du pain noir, boivent l'eau du ruisseau, dorment à même la terre, mais ils sont gais, mais ils chantent.

« Sur le soir, conclut Diderot, ils vont retrouver des enfants nus autour d'un âtre enfumé, une paysanne hideuse et malpropre, et un lit de feuilles séchées, et leur sort n'est ni plus mauvais ni meilleur que le mien » (189).

Les enfants du baron d'Holbach sont en nourrice dans une de ces familles du côté de Chennevières. Mais quand Diderot, le père Hoop, et l'un des hôtes du château vont les voir, c'est surtout pour cajoler la nourrice. Ils font sur sa beauté de « mauvaises plaisanteries » dont ils pensent la dédommager en lui donnant la pièce (190). Au fait, nous sommes encore au théâtre, mais la comédie larmoyante a fait place à l'opéra bouffe, sinon à la parade de société.

Ici ou là pourtant les réflexions de Diderot prennent un tour plus sérieux, et nous retrouvons l'adepte des physiocrates dans tel dialogue entre Henri IV et Louis XIV imaginé par Diderot devant le château de Marly. A Louis XIV qui lui faisait l'éloge de l'édifice Henri IV disait : « Vous avez raison, mon fils, voilà qui est fort bien; mais je voudrais bien voir les maisons de mes paysans de Gonesse ». Et Diderot d'ajouter : « Qu'aurait-il pensé de trouver tout autour de ces immenses et magnifiques palais, de trouver, dis-je, les paysans sans toit, sans pain, et sur la paille » (191).

Nous retrouvons encore la gaîté rustique des opéras-comiques de Favart dans un passage savoureux d'une lettre à Sophie d'octobre 1762. Mais ici la gaîté ne sonne pas faux. Nous sommes cette fois chez un riche fermier de Maisons. Malgré sa nombreuse famille, il se trouve assez à l'aise pour improviser chez lui un repas digne de Diderot et de la nombreuse compagnie qu'il a amenée en excursion. L'hôte et l'hôtesse se mettent à table avec les voyageurs, on mange « chair et poisson », le vin coule à flots, l'entretien est de plus en plus libre, et le fermier y tient sa partie comme un autre. Le tout se termine comme il est d'usage sur une belle moralité : le fermier est heureux dans sa chaumière, parce qu'il a l'âme bonne, et son seigneur se cache au fond de son château, où quelque faute déshonorante le fait sécher de « honte et d'ennui » (192). Mais il est permis de penser pour une fois que ce brave homme est vraiment heureux, tout simplement parce qu'il est

(189) SV, t. I, p. 90.
(190) *Ibid.*, p. 179.
(191) *Ibid.*, p. 303.
(192) *Ibid.*, t. II, pp. 20-21.

riche. La scène de genre dont Diderot l'a fait le héros ferait en somme une très jolie vignette pour illustrer l'article *Fermiers* de Georges Le Roy ou celui de Quesnay.

En réalité le fermier de Maisons est à peine un homme du peuple. Il appartiendrait plutôt à la couche inférieure de cette classe intermédiaire entre la plèbe et les privilégiés, dans laquelle Diderot rassemble des individus venus de la noblesse aussi bien que du clergé et du Tiers, et qui est celle des *citoyens utiles*. Nulle part Diderot n'a jugé bon de nous en donner la définition, mais il a fait plus, dans les avertissements de l'*Encyclopédie*, en nous donnant la liste nominative des personnes qui la représentaient le mieux à ses yeux (193). La liste des personnes avec qui Diderot a correspondu, et celle des personnes qu'il a fréquentées habituellement recouvrent à peu de chose près la même réalité sociale, aussi n'est-il pas nécessaire de revenir longuement sur ce point. Nous remarquerons seulement l'extrême laxité des frontières de cette catégorie de gens utiles, qui va des fermiers riches et des ouvriers d'art aux grands propriétaires fonciers et aux grands commis de l'Etat, en passant par les écrivains de toute origine.

Cette laxité apparaît mieux dans la correspondance que dans l'*Encyclopédie*, car chez l'homme privé les considérations morales prennent souvent le pas sur les considérations purement objectives qui guident l'encyclopédiste. On admet fort bien que d'Holbach, propriétaire terrien, minéralogiste et philosophe, mérite, non par son titre de baron, mais par ses compétences et sa qualité de propriétaire, d'être compté parmi les citoyens utiles. Mais on dirait qu'il suffit à Madame Volland de s'intéresser seulement à sa grange, à ses basses-cours, à son pressoir, à ses bergeries, à ses écuries, et de ne craindre « ni les ronces, ni les épines, ni le fumier », pour qu'on la donne en exemple aux femmes d'un certain monde, qui préfèrent aux épines leurs coussins et leur canapé (194). C'est qu'ici encore la littérature, au plus mauvais sens du terme, a pris le pas sur l'analyse sociologique.

Diderot a-t-il été partisan de l'égalité sociale ? La question est d'importance et mérite qu'on s'y arrête, bien que pour la période qui nous intéresse les textes significatifs soient fort rares. Nous en avons essentiellement trois. Le premier est antérieur à 1753, le second est de 1759 et le troisième est à peu près contemporain du second.

On lit dans l'article *Citoyen* que dans les « temps de trouble », et « s'il y a division dans la cité », le citoyen « embrassera (le parti) qui sera pour l'égalité des membres et la liberté de tous ». Et Diderot ajoute :

> « Plus les *citoyens* approcheront de l'égalité de prétentions et de fortunes, plus l'Etat sera tranquille : cet avantage paraît être de la démocratie pure, exclusivement à tout autre gouvernement » (195).

---

(193) Voir *supra*, chap. I, et plus loin *Annexe* I.
(194) SV, t. I, p. 53.
(195) AT, t. XIV, p. 193.

Le deuxième texte se trouve dans une lettre familière du 3 novembre 1759. C'est un commentaire sur les mesures prises par le Contrôleur général et leur incidence possible sur la fortune du baron d'Holbach.

« Je pensais, écrit Diderot, que pour un homme qui n'aurait ni femme, ni enfant, ni aucun de ces attachements qui font désirer la richesse, et qui ne laissent jamais de superflu, il serait presque indifférent d'être pauvre ou riche. Pauvre, on s'expatrierait, on subirait la condamnation ancienne portée par la nature contre l'espèce humaine, et l'on gagnerait son pain à la sueur de son front. Ce paradoxe tient à l'égalité que j'établis entre les conditions et au peu de différence que je mets, quant au bonheur, entre le maître de la maison et son portier » (196).

L'article *Homme (politique)*, enfin, contient cette formule :

« Un produit net également partagé peut être préférable à un plus grand produit net, dont le partage serait très inégal, et qui diviserait le peuple en deux classes, dont l'une regorgerait de richesses et l'autre expirerait dans la misère » (197).

Ces trois textes ne doivent naturellement pas être utilisés sans précaution. Et d'abord il faut les dépouiller de tout ce qui n'a pas trait à l'égalité proprement sociale. Dans *Citoyen* par exemple il est question d'égalité civile autant que d'égalité sociale. Par égalité de « prétentions » en effet, Diderot entend la possibilité égale pour tous d'accéder aux plus hauts emplois dans l'Etat sans autre distinction que celle du mérite : tous peuvent être citoyens, même s'ils ne le sont pas en effet, et tous les citoyens sont d'une certaine manière égaux dans l'Etat. En ce sens l'article *Citoyen* se trouve complété par l'article *Bourgeois*, où l'on peut lire entre autres formules :

« Le *citoyen* est un *bourgeois* (198) considéré relativement à la société dont il est membre (...). Le *bourgeois* de Paris, qui prend à cœur les intérêts de sa ville (...) en devient *citoyen* (...). Les villes sont pleines de *bourgeois*; il y a peu de *citoyens* parmi ces *bourgeois* (...). La qualité de *citoyen* (suppose) une société dont chaque particulier connaît les affaires et aussi le bien, et peut se promettre de parvenir aux premières dignités » (199).

De même, le texte de la lettre de 1759 doit être considéré comme traitant surtout de l'égalité morale. Les « conditions » sont égales, le « maître de la maison » vaut son « portier », mais seulement par rapport au bonheur intérieur que chacun d'eux peut acquérir. Diderot poursuit en effet :

« Si je suis sain d'esprit et de corps, si j'ai l'âme honnête et la conscience pure, si je sais distinguer le vrai du faux, si j'évite le mal et fais le bien,

---

(196) SV, t. I, p. 89. Le texte que nous citions plus haut, sur les ouvriers agricoles du Grandval, vient en quelque sorte illustrer ce commentaire, auquel il fait suite.

(197) AT, t. XV, p. 139.

(198) Bourgeois n'a pas ici de sens social. Le mot est pris simplement dans son sens étymologique de citadin.

(199) AT, t. XIII, pp. 506-507.

si je sens la dignité de mon être, si rien ne me dégrade à mes propres yeux (...), on peut m'appeler comme on voudra (...). Faire le bien, connaître le vrai, voilà ce qui distingue un homme d'un autre » (200).

C'est le style, c'est la pensée même de Sénèque, et non pas ceux des auteurs du *Manifeste communiste.*

Il reste que Diderot parle ici de l'égalité des fortunes, et là du partage égal du produit net. Mais deux remarques s'imposent, à la lecture attentive des deux textes. L'article *Citoyen* considère bien l'égalité des fortunes comme un idéal, mais avec deux réserves; et ce sont des réserves fort importantes. Il est entendu d'abord que cette égalité n'est que « de la démocratie pure, exclusivement à tout autre gouvernement » (201). Diderot ne fait donc en somme que reproduire la théorie de Montesquieu. Il précise ailleurs que « dans la démocratie, même la plus parfaite, l'entière égalité entre les membres est une chose chimérique » (202). Cet idéal égalitaire est donc un idéal utopique, purement moral encore, et il paraît douteux que Diderot tienne essentiellement à le faire passer dans la réalité sociale, surtout dans le cadre politique de la monarchie.

Au reste, peut-on être considéré comme socialiste, quand on tient aussi fermement que le faisait Diderot au droit sacré de la propriété ? Si l'on considère le droit de propriété comme une barrière que l'autorité politique ne saurait franchir en aucune circonstance, il est évident qu'on ne saurait accepter aucun changement révolutionnaire des structures sociales qui pourrait l'abolir ou même en restreindre l'exercice. Et telle est bien la pensée de Diderot. L'article *Homme* est très clair, à cet égard. Il n'y est point question d'abolir le droit de propriété, ou de répartir de nouveau les biens-fonds entre les membres de la communauté, mais seulement de partager le *produit net* aussi également qu'il se peut faire, ce qui est tout autre chose.

Le prétendu socialisme de Diderot se réduit en effet au désir d'atténuer au maximum la différence de niveau de vie qui existe entre ceux qui possèdent beaucoup et ceux qui possèdent peu ou ne possèdent rien. Il ne s'agit pas même d'assurer d'une manière ou d'une autre le reversement du superflu de quelques-uns sur la masse de ceux qui ont à peine le nécessaire, ce qui serait au moins une mesure « socialisante ». Demander le partage égal du produit net, c'est considérer l'ensemble du revenu national comme une masse de richesses dont tous les membres de la communauté doivent jouir également. Il faut par exemple interdire à une minorité de parasites de gaspiller la part de ces richesses qui, légitimement ou non, lui revient. Il faut d'autre part permettre aux producteurs d'avoir assez d'aisance pour faire les avances nécessaires à la reproduction des richesses consommées.

---

(200) SV, t. I, p. 89.
(201) AT, t. XIV, p. 193.
(202) *Ibid.*.

Au fond, le problème de l'égalité sociale, tel que l'a conçu Diderot, ne fait qu'un avec le problème du luxe. En réduisant la part du produit net qui revient aux catégories sociales inutiles on réduit aussi le luxe d'apparat, mais en augmentant la part des producteurs, on augmente le luxe de subsistance, et par là le bien-être de tous. Par la rationalisation de la répartition globale du produit net Diderot prétend donc tout simplement rationaliser et améliorer la production nationale, comme le montre d'ailleurs le contexte de l'article *Homme (politique)*. Tout cela est bien proche encore des théories physiocratiques. Quesnay ne demandait-il pas aussi de diverses manières la diminution des dépenses stériles, l'affaiblissement du luxe de décoration, la suppression des fortunes pécuniaires, et à l'inverse l'augmentation de « l'aisance des dernières classes de citoyens » ? (203).

Sur un point seulement Diderot met en cause la propriété elle-même. Il le fait il est vrai au nom même du droit de propriété, et la confiscation qu'il réclame n'est que la restitution à leurs légitimes propriétaires de biens usurpés. Les biens dont il s'agit sont ceux du clergé. Nous avons déjà eu l'occasion de citer un texte de 1765, écrit à propos de la demande de sécularisation des Bénédictins et dans lequel Diderot envisage très nettement le retour à la nation des biens accaparés par les moines (204). Diderot n'entre d'ailleurs pas dans le détail des mesures à prendre pour réaliser cette espèce de nationalisation. Il ne précise pas, par exemple, si l'Etat se substituerait définitivement aux communautés comme propriétaire, ou si les biens seraient redistribués. Si l'on comprend bien la formule utilisée, les deux mesures seraient prises successivement, mais pour que la dette publique se trouve en partie éteinte, il faudrait que l'Etat devenu d'abord propriétaire des biens confisqués les échange ensuite contre les effets détenus par le public. Il ne paraît donc pas que Diderot ait songé le moins du monde à une redistribution gratuite. Si la nationalisation des biens du clergé, telle qu'il l'a conçue, devait avoir des incidences sociales, c'est seulement dans la mesure où elle permettait de faire entrer dans le circuit général de la production, de la consommation et de la reproduction des richesses, des revenus qui jusque-là se gaspillaient en pure perte.

Il faut donc se garder de donner aux idées de Diderot sur l'égalité sociale plus de portée qu'elles n'en ont. Elles n'ont rien à voir par exemple avec les idées radicales qu'un Morelly exprimait en 1755 dans le *Code de la nature*.

Si limitées qu'elles soient, les connaissances économiques acquises par Diderot lui interdisent, eu égard à la réalité de son temps, de donner dans l'utopie communautaire. On le voit bien quand on compare ses idées sociales avec celles du curé Meslier, par exemple. Meslier est avant tout un moraliste, et s'il a eu une influence sur Diderot dès

---

(203) J.-J. Spengler, *Quesnay philosophe*, p. 73.
(204) SV, t. II, p. 59.

le temps de l'*Encyclopédie* (205), c'est surtout une influence morale. Diderot peut lui devoir un certain style de pensée et même d'expression, qui serait par exemple celui de la lettre à Sophie du 3 novembre 1759 que nous avons citée plus haut. Cette façon qu'a Diderot de mêler parfois les questions si différentes de l'égalité morale, de l'égalité sociale, de l'égalité civile, est en effet typique du curé Meslier, dont les accents sont souvent prophétiques, mais dont la pensée est bien confuse. Il écrit par exemple :

« Tous les hommes sont égaux par la nature, ils ont tous également droit de vivre et de marcher sur la terre, également d'y jouir de leur liberté naturelle et d'avoir part aux biens de la terre, en travaillant utilement les uns et les autres » (206).

Voilà une formule à laquelle le moraliste Diderot souscrivait sans aucun doute. Pourtant l'encyclopédiste, l'ami des physiocrates, ne pouvait pas compter au nombre des abus sociaux « l'appropriation particulière que les hommes se font des biens et des richesses de la terre » (207).

Il semble que Diderot ait surtout retenu du *Testament* de Meslier sa partie critique. Par exemple sa vision générale de la société, dont nous avons constaté qu'elle était d'un moraliste au moins autant que d'un sociologue, est à certains égards très proche de celle de Meslier. Mais elle est si l'on peut dire d'un Meslier frotté de physiocratie. En effet, bien avant Diderot, Meslier classe les groupes sociaux en fonction de leur utilité. Mais sa conception de l'utilité est plus confuse que celle de Diderot. Elle est aussi plus simpliste. Il n'y a pour Meslier que deux classes : d'un côté la masse du peuple, qui travaille (208) et de qui « vient l'abondance de tous les biens et de toutes les richesses de la terre » (209), de l'autre une minorité de gens qui ne produisent rien et vivent en parasites sur le peuple, rois, princes (210), nobles et riches oisifs (211), prêtres et moines (212), gens de justice et de finance (213), gens de guerre (214). Et Meslier rêve du jour où les peuples unis se révolteront contre les exploiteurs, les détruiront, et sur les ruines de l'ancien monde, feront régner à nouveau l'âge d'or (215). Nous voilà bien loin de Diderot, qui n'a jamais pensé en termes de lutte des classes, et qui rêvait au contraire d'un rapprochement des classes, par la conversion des catégories sociales parasitaires

(205) Pour la période postérieure et notamment pour les *Eleuthéromanes*, 1772, voir H. Dieckmann, *The abbé Jean Meslier and Diderot's « Eleuthéromanes »*.

(206) J. Meslier, *Testament*, t. II, p. 170. Meslier ajoutait d'ailleurs aussitôt qu'il était bon dans la société d'avoir une subordination, pourvu qu'elle fût modérée, juste et proportionnée (*ibid.*).

(207) *Ibid.*, p. 210.

(208) *Ibid.*, p. 205.

(209) *Ibid.*, t. III, p. 384.

(210) *Ibid.*, t. II, p. 223, p. 238, p. 241.

(211) *Ibid.*, p. 180, pp. 182-183, pp. 216-218.

(212) *Ibid.*, p. 183, pp. 192 et suivantes, pp. 204-205, etc..

(213) *Ibid.*, pp. 208-209.

(214) *Ibid.*, p. 223, p. 246.

(215) *Ibid.*, t. III, pp. 380-382.

à une activité productive et par l'accession progressive des masses populaires à l'aisance (216).

Mais par quels moyens réaliser ce rapprochement, et en particulier cette répartition plus égalitaire du revenu national ? La nationalisation des biens du clergé régulier est une des mesures que l'autorité politique devra prendre, un jour ou l'autre, mais elle est évidemment insuffisante pour « affaiblir le luxe » de façon durable. De même qu'il ne suffit pas de donner aux pauvres un travail productif (217), pour garantir à tous les travailleurs un minimum d'aisance.

Bien que pour la période encyclopédique Diderot ne nous ait laissé aucun texte contenant une véritable théorie de l'impôt, il semble que l'impôt ait été à ses yeux le moyen le plus sûr de remédier au caractère inique de la répartition traditionnelle du revenu national. Il est tout à fait significatif, par exemple, que la méditation du 3 novembre 1759 sur l'égalité des conditions ait été déclenchée par l'arrêt du Conseil du 26 octobre exhortant les Français à porter leur vaisselle à la Monnaie pour la faire fondre (218).

Il était d'ailleurs tout à fait banal, aux alentours de 1760, d'attendre d'une réforme profonde de la fiscalité qu'elle remédiât aux abus de l'inégalité sociale, et assurât une base saine aux progrès ultérieurs de l'économie nationale. Pour nous en tenir à des auteurs que Diderot a lus ou fréquentés, nous voyons par exemple que Melon ne croyait guère à l'efficacité des lois somptuaires, et les trouvait même dangereuses (219), qu'il préférait les impôts indirects aux impôts directs (220), et demandait que le laboureur ne fût plus écrasé par la taille (221). Meslier de son côté critique tous les impôts en général et en particulier les impôts indirects. Il les considère comme un moyen de choix pour

(216) Voir article *Homme (politique)*. Cette idée du rapprochement des classes est illustrée parfois chez DIDEROT par des scènes symboliques, comme celle de la fête à la Chevrette, en septembre 1760 : « C'était une foule mêlée de jeunes paysannes proprement atournées, et de grandes dames de la ville avec du rouge et des mouches, la canne de roseau à la main, le chapeau de paille sur la tête et l'écuyer sous le bras » (SV, t. I, p. 107). Dans un fragment sans date où il parle du Salon du Vaux-Hall DIDEROT écrit encore : « J'aime un endroit, un autre endroit que l'église, où, sous un gouvernement monarchique, toutes les conditions soient confondues; où le prince du sang coudoie et soit coudoyé par le petit bourgeois. A la longue, les mœurs doivent s'en ressentir un peu; le grand en devenir un peu plus petit, ou le petit un peu plus grand » (SV, t. II, p. 269). TOCQUEVILLE a parlé en termes excellents de cet égalitarisme de façade qui était de plus en plus répandu en France dans les dernières années de l'Ancien Régime. Il parle par exemple de cette contrée idéale où « l'homme de lettres et le grand seigneur (se) rencontraient sans se rechercher ni se craindre, et (où) l'on (...) voyait régner *en dehors du monde réel* (souligné par nous J.P.) une sorte de démocratie imaginaire où chacun en était réduit à ses avantages naturels » (*Etat social et politique de la France*, in *Œuvres*, t. II, p. 48). Cf. aussi *l'Ancien Régime et la Révolution, ibid.*, p. 144. Mais le mouvement profond de l'évolution sociale, — que DIDEROT ne semble pas avoir perçu, — allait dans le sens d'une différenciation et d'une hostilité croissantes entre les classes (*Ibid.*, p. 150, p. 155, p. 157).

(217) Voir *supra* chap. V.

(218) CORR, t. II, p. 318, n. 5.

(219) MELON, *Essai politique*, pp. 130-151.

(220) *Ibid.*.

(221) *Ibid.*, p. 126.

amputer les revenus des travailleurs et augmenter ceux des parasites qui ont le rôle dominant dans l'Etat, mais il ne dit pas ce qu'il faudrait leur substituer (222). Montesquieu demande que l'impôt sur les revenus des personnes soit proportionné à l'importance des besoins, le superflu étant plus frappé que l'utile, et le nécessaire n'étant pas taxé (223). Les terres elles-mêmes seront classées selon leur productivité de manière à ce que les excédents soient taxés équitablement (224). Mais sa préférence, comme celle de Melon, va nettement aux impôts indirects, aux « droits sur les marchandises », à condition qu'ils soient modérés (225). Hume enfin s'élève contre les impôts exorbitants qui entravent le développement de l'industrie. Il veut des impôts modérés « répartis avec égalité » (226). Le mieux, lui semble-t-il, est de taxer la consommation des denrées et des marchandises, et de frapper surtout les produits de luxe (227). Au contraire de Montesquieu et de Hume, pour qui les impôts retombent en définitive sur les consommateurs, Ange Goudar, très proche ici des physiocrates, pense que les impôts retombent finalement sur la terre. C'est donc par une réforme équitable de l'impôt foncier qu'il pense régulariser rationnellement la circulation des richesses.

> « Il faut, dit-il, que les terres payent les charges de l'Etat; mais il faut aussi que l'Etat s'accommode aux productions de la terre (...). Il faut que ce soient toutes les terres, et non quelques terres qui payent » (228).

Diderot n'a pas prêté personnellement une très grande attention aux multiples remous suscités par la politique financière du gouvernement, mais il vivait dans un milieu préoccupé de ces questions et il était assez soucieux du bien public pour essayer de se faire au moins une doctrine d'ensemble à leur sujet. Nous avons vu que d'Holbach, par exemple, s'inquiétait fort en 1759 des mesures prises par Silhouette. D'Holbach avait d'ailleurs sa théorie de l'impôt : il le concevait comme une contribution volontaire, à la fois proportionnelle et progressive (229). Quant à Grimm, il n'omet jamais de tenir les abonnés de la *Correspondance littéraire* au courant de ce qui se dit et de ce qui se fait dans ce domaine. Il leur en parle le 15 octobre 1759, à propos de la politique de Silhouette; le 1er janvier 1761, quand Mirabeau publie sa *Théorie de l'impôt,* et le 15 mai suivant quand Pesselier répond à Mirabeau; les

---

(222) J. Meslier, *Testament*, t. II, p. 241, p. 242, p. 245.
(223) Ch. Jaubert, *Montesquieu économiste*, pp. 172-173.
(224) *Ibid.*, p. 175.
(225) *Ibid.*, pp. 176-177.
(226) *Essai sur les impôts,* in *Collection des principaux économistes,* t. XIV, p. 64.
(227) *Ibid.*, pp. 64-65.
(228) A. Goudar, *Les intérêts de la France,* p. 198. Goudar considère naturellement comme un mal le système de régie des finances (t. II, pp. 42-43), ou la multiplication des pensions (*ibid.*, p. 103). Pour rétablir les finances du royaume il demande l'institution d'« un conseil de finances » composé des représentants de la nation, pris dans les différents ordres de l'Etat (*Ibid.*, p. 139).
(229) P. Naville, *D'Holbach*, p. 379.

1er juillet, 15 juillet, 1er août, 1er septembre et 15 décembre 1763, alors que la France entière est en effervescence, et semble se révolter avec les parlements contre les arrêts du Conseil qui rétablissaient le centième denier et créaient un sixième sol pour livre (230).

La correspondance de Diderot témoigne au moins deux fois de son accord avec les principes qui guidaient Silhouette dans sa politique de réforme. Dans une lettre à Grimm du 1er mai 1759, il approuve sans réserve les opérations envisagées par le ministre contre les Fermiers généraux. Ces opérations, écrit Diderot, consistent

« à dire aux Fermiers généraux : le roi juge à propos de vous ôter la moitié de votre revenu et de la vendre. L'abolition de ces privilèges qui exemptaient les riches des impôts et qui en rejetaient le fardeau sur le pauvre sera approuvée de vous et de tous les gens de bien » (231).

La lettre à Sophie Volland du 18 août 1759, que nous avons déjà citée, montre clairement que dans l'esprit de Diderot la politique fiscale de Silhouette est l'instrument possible d'un progrès économique et d'un progrès social à la fois. On s'étonne, dans ces conditions, que les lettres de Diderot ne contiennent rien sur la politique du successeur de Silhouette, Bertin d'Antilly, qui de 1759 à 1763 tenta de faire passer dans les faits quelques-uns des principes des physiocrates (232). Mais nous n'avons pas toutes les lettres de Diderot, et de plus, nous l'avons déjà constaté, le Philosophe n'était pas très attentif aux fluctuations passagères de la vie politique. Un texte de 1763 confirme cependant ceux de 1759 et prouve comme eux l'adhésion raisonnée de Diderot à une politique fiscale inspirée des principes des physiocrates. Il écrit en effet dans la *Lettre sur le commerce de la librairie* que les « impositions particulières » assises sur l'industrie sont un mal, et il souhaite la venue des « temps plus heureux » qui permettront au gouvernement de l' « affranchir absolument (...) de ces entraves pernicieuses » (233).

Mais c'est sans doute l'article *Vingtième* de l'*Encyclopédie* qui contient la synthèse la plus complète des idées de Diderot sur l'impôt (234).

---

(230) E. Préclin, *Le XVIIIe siècle*, première partie, p. 353.

(231) CORR, t. II, p. 128.

(232) E. Préclin, *Le XVIIIe siècle*, t. I, p. 17. Bertin créa en particulier un troisième Vingtième, doubla la capitation pour les individus qui n'étaient pas assujettis à la taille, et la tripla pour ceux qui maniaient des fonds publics. Sur les rapports entre la politique de Bertin et la pensée des physiocrates, voir L.-Ph. May, *L'Ancien Régime devant le mur d'argent*, p. 9, et pp. 69-85.

(233) AT, t. XVIII, p. 68. A la date de 1763 Quesnay n'avait pas encore formulé sa théorie de l'impôt unique sur la terre. Il ne la formulera avec netteté qu'en 1766, dans l'*Analyse de la formule arithmétique du Tableau économique* (*Quesnay*, t. II, pp. 793 et suivantes). Mais déjà les articles *Fermiers, Grains, Impôts,* que Diderot avait pu lire comme éditeur de l'*Encyclopédie,* marquaient une tendance certaine à considérer la terre comme le support essentiel de l'impôt.

(234) ENC, t. XVII, pp. 855 a-890 b. Sur la question du Vingtième, et l'aide que les philosophes ont apporté à l'autorité politique dans sa lutte contre les privilégiés de l'impôt, voir A. Mathiez, *Les philosophes et le pouvoir*. Voltaire avait dès le mois de mai 1749 écrit une *Lettre à l'occasion du Vingtième* (*Œuvres*, éd. Moland, t. XXIII, pp. 305-311).

L'article est présenté dans le dictionnaire comme tiré des papiers de Boulanger après sa mort. Il a été rédigé en réalité par Damilaville, qui était premier commis au bureau du Vingtième à Paris, et qui avait par conséquent toute la compétence nécessaire (235). Mais Grimm, qui mieux que personne était au courant de la petite histoire de l'*Encyclopédie*, fait dans la *Correspondance littéraire* une révélation intéressante : l'article a bien été écrit par Damilaville, mais ce qu'il contient de bon est de Diderot. Les lettres échangées entre Diderot et Damilaville ne contiennent aucun indice confirmant la révélation de Grimm. Il n'est même pas sûr que la « boulangerie » dont il est question dans une lettre d'octobre 1760 désigne l'article *Vingtième* (236). C'est d'autant moins sûr que l'article *Vingtième* n'a pas été achevé avant 1764. Il contient une allusion à un mémoire publié cette année-là à propos d'un procès concernant une maison religieuse (237).

Il convient pourtant de faire crédit à Grimm, pour plusieurs raisons. Nous avons vu maint exemple d'articles rédigés par un encyclopédiste, Diderot le plus souvent, sur les idées d'un autre, plus qualifié techniquement. Nous avons même vu, dans le cas de *Population*, qui est aussi de Damilaville, que Diderot ne se faisait pas scrupule d'insérer dans l'ouvrage d'un autre des passages de son cru. D'autre part l'examen du texte de l'article *Vingtième* révèle une véritable osmose entre la pensée de son auteur et celle de Diderot. Ainsi un long passage de l'*Essai sur le mérite et la vertu* se trouve cité au milieu d'un développement sur l'opposition qui existe entre la morale chrétienne et les vertus civiques (237 *bis*). Le morceau enflammé contre l' « homme de sang » qui a osé faire l'apologie de la Saint-Barthélemy est écrit dans le même ton que l'article *Journée de la Saint-Barthélemy* (238). L'article *Hobbisme*, de Diderot, est cité avec éloge à propos des idées du philosophe anglais sur la nature du pouvoir politique (239). Mais d'une manière plus générale, toute la partie non technique de l'article correspond rigoureusement à ce que nous savons par ailleurs des grandes idées politiques de Diderot. Il n'est pas difficile, dans ces conditions, de faire la part de ce qui est de Diderot et de ce qui est de Damilaville dans l'article *Vingtième*, même si Damilaville a tenu la plume d'un bout à l'autre : les grands principes sont ceux du Philosophe, et les développements techniques, — historique de l'impôt ou projet de réforme du Vingtième, — sont du premier commis au bureau du Vingtième.

---

(235) CORR LIT, t. VIII, p. 222.
(236) CORR, t. III, p. 161 et n. 10.
(237) ENC, t. XVII, p. 865 b.
(237 *bis*) *Ibid.*, p. 858 a. Cf. AT, t. I, p. 58, depuis « cette merveilleuse attente des biens ineffables », jusqu'à « des récompenses et des châtiments à venir ».
(238) ENC, t. XVII, p. 859 a; cf. AT, t. XV, p. 316. L'expression « homme de sang » s'y trouve textuellement. On la retrouve encore dans la lettre à l'abbé Diderot du 29 décembre 1760 (CORR, t. III, p. 287) et dans l'article *Intolérance* (AT, t. XV, p. 239).
(239) ENC, t. XVII, p. 863 a; cf. AT, t. XV, p. 99.

Après de brèves considérations sur l'assiette de l'impôt dans l'Antiquité, et sur l'évolution récente du Vingtième en France, Damilaville donne les raisons sociales de l'impôt. L'homme, naturellement sociable, entre en société avec ses semblables pour assurer son propre bonheur avec celui de tous :

« Tel est le but des sociétés; chacun mettant sa force en commun l'augmente de celle des autres, et assure sa propre existence de l'existence entière du corps politique dont il se rend partie » (240).

La propriété individuelle est sacrée, et l' « esprit du pacte social » interdit de considérer les biens des particuliers comme la propriété du public, puisque sa fin est au contraire de les « conserver » (241). De la nature du pacte découle aussi le principe de l'égalité rigoureuse de tous les citoyens devant l'impôt dû à la société pour qu'elle remplisse sa mission : « Toutes immunités, toutes exemptions (...) sont nulles par le droit primordial et inaltérable de chaque citoyen contre tous, et de tous contre chacun ». L'injustice est d'ailleurs plus grande, quand les citoyens exemptés de l'impôt sont ceux qui possèdent la plus grande partie des biens, et qui par conséquent jouissent plus que quiconque des bienfaits du pacte social (242).

Dans une longue digression l'auteur montre ensuite que les lois civiles doivent avoir le pas sur toute autre. On ne saurait tolérer en particulier qu'il y ait dans l'Etat des citoyens soumis à une loi qu'ils mettraient au-dessus de la sienne, comme la loi religieuse (243). Par le biais de considérations morales sur le rôle de la vertu dans un Etat, fût-il monarchique, l'auteur en vient alors à traiter du luxe. Le luxe excessif est mauvais, il ruine l'esprit civique, d'une part parce qu'il déprave les mœurs (244), et d'autre part parce qu'il nuit à l'équilibre social et au développement économique du pays. Il y a en effet un rapport nécessaire entre le luxe, le déséquilibre social, et l'inégalité fiscale. Ecraser le peuple d'impôts et en décharger les « fastueux » revient à arracher à l'un sa subsistance pour permettre aux autres de gaspiller leur superflu (245). C'est là une absurdité économique dont les conséquences démographiques, par exemple, apparaissent immédiatement (246). Au nombre des causes du développement excessif du luxe, l'auteur de l'article *Vingtième* met au tout premier plan les richesses acquises aux dépens des revenus publics, c'est-à-dire les grandes fortunes pécuniaires accumulées par

---

(240) *Ibid.*, p. 856 a.
(241) *Ibid.*, p. 856 b.
(242) *Ibid.*, p. 857 a.
(243) *Ibid.*, pp. 857 b-859 a. Les incidences fiscales de cette apparente digression sont évidentes, dans un pays où le clergé se considérait traditionnellement comme dispensé d'obéir à la loi commune en matière d'impôt.
(244) *Ibid.*, p. 859 b.
(245) *Ibid.*, p. 860 a.
(246) *Ibid.*. C'est la thèse antipopulationniste de QUESNAY : la population décroît quand les producteurs ne sont pas assurés de leur subsistance.

exemple par les Fermiers généraux. Le commerce de luxe ne lui paraît qu'une cause seconde, car il suppose lui-même un luxe antérieur :

« Ainsi les gains du commerce qui (...) entretiennent et (...) accroissent (le luxe), ne sont que des moyens secondaires et accessoires; la mauvaise économie des revenus publics en est la première cause, comme elle est aussi celle qui fournit à sa subsistance » (247).

La première réforme qui s'impose est donc celle de « l'économie des revenus publics ». Qu'elle se fasse, et l'on verra en une génération s'écrouler les immenses fortunes édifiées par quelques particuliers aux dépens des revenus de la nation (248).

Arrivé à ce point de son exposé l'auteur juge nécessaire de rappeler quelle est dans l'Etat la fonction du gouvernement. La nation ne saurait se tenir sans cesse assemblée pour se gouverner elle-même. La « puissance législative » a bien sa source dans le peuple, mais ce n'est pas lui qui l'exerce. Le gouvernement, qui n'est pas lui-même l'Etat, en est le représentant; il est le dépositaire de la puissance générale. L'origine et la nature de son pouvoir lui interdisent donc d'exprimer une volonté qui ne soit pas la volonté générale (249). Nous connaissons bien cette conception particulière de l'autorité politique. Elle est d'autant plus reconnaissable qu'elle s'oppose, dans l'article *Vingtième,* comme dans les textes politiques de Diderot que nous avons étudiés, d'une part au despotisme et d'autre part à la monarchie de droit divin (250). Elle s'oppose aussi au hobbisme, mais seulement dans la mesure où le hobbisme semble confondre l'absolutisme et l'arbitraire (251). Un roi digne de ce nom peut en effet tout ce qu'il veut, mais il ne doit vouloir que ce qui est juste pour le bien de ses sujets (252).

Ces grands principes étant rappelés, l'auteur peut passer en revue quelques abus financiers qui leur sont contraires. Ainsi la distinction nécessaire entre la personne privée et la personne publique du souverain fait qu'on ne saurait confondre les revenus et les dettes du prince avec ceux de l'Etat. L'octroi des pensions aux courtisans par exemple, est donc un abus de pouvoir caractérisé (253). La multiplication des corps intermédiaires est aussi un abus, du point de vue financier, car

---

(247) *Ibid.*. QUESNAY ne cesse également de critiquer les grandes fortunes purement pécuniaires.

(248) L'auteur de l'article considère aussi comme un véritable détournement des revenus publics les dépenses d'apparat faites à la cour, et bien entendu, l'accumulation entre les mains du clergé de richesses immenses désormais perdues pour la société.

(249) *Ibid.*, p. 861 a.

(250) *Ibid.*, pp. 861 b-862 a.

(251) *Ibid.*, p. 863 a. Elle s'oppose aussi à la tyrannie. Mais ici la tyrannie ne se distingue pas bien du despotisme. Le tyran est défini en effet comme celui qui enfreint la loi qui lui confie l'autorité; par là même il renverse le fondement de son pouvoir et rompt le pacte social.

(252) *Ibid.*, p. 864 a.

(253) *Ibid.*.

elle aboutit par le jeu des avantages particuliers à épuiser la puissance générale. Il faut donc supprimer les corps, et en particulier les parlements. Quiconque sert l'Etat doit être payé, mais seulement à concurrence de ce qui est nécessaire à son entretien et à sa subsistance (254). Le clergé enfin est le rat de la fable : il s'engraisse aux dépens de la substance du corps politique qui l'enferme. Le tiers des propriétés lui appartient, et il touche la dîme des deux autres tiers, sans parler de la rente qui lui revient de ces deux tiers-là. Il accapare ainsi la moitié du revenu national et ne rend en contrepartie aucun service à la société (255).

Dans ces conditions il faut faire une réforme de la fiscalité, telle que les impôts ne soient plus arbitraires, qu'ils soient universellement et également répartis, qu'ils ne soient pas contraires à la liberté naturelle et civile des personnes et des biens, qu'ils puissent être levés sans intermédiaires superflus, qu'ils fassent promptement retour à l'ensemble de la collectivité, qu'ils ne gênent point le commerce des produits de l'agriculture et de l'industrie, dont la libre circulation crée la richesse nationale. En d'autres termes, il faut trouver

« une forme d'imposition qui, sans altérer la liberté des citoyens et celle du commerce, sans vexations et sans troubles, assure à l'Etat des fonds suffisants pour tous les temps et tous les besoins, dans laquelle chacun contribue dans la juste proportion de ses facultés particulières, et des avantages dont il bénéficie dans la société » (256).

La deuxième partie de l'article *Vingtième,* qui est très technique, ne doit pas grand-chose à Diderot, mais elle est conforme à ses principes. Retenons-en seulement cette idée, très physiocratique : dans un Etat où le sol est fertile, la terre est la seule source de la richesse et la taxe sur la terre doit y être l'imposition principale (257). Cependant, comme dans les textes de Quesnay antérieurs à 1766, l'auteur de l'article *Vingtième* admet à côté de cette taxe une taxe personnelle et une taxe sur les marchandises et les denrées. La seconde, il est vrai, ne lui paraît indiquée que pour les états dont le sol est pauvre et dont les richesses sont le produit du commerce. Il rejette carrément la troisième, convenable aux seuls Etats despotiques.

---

(254) *Ibid.*, p. 864 b. Nous voyons là une remarquable application sur le plan de la politique financière du principe centralisateur que nous avons déjà vu au centre de la théorie politique générale de DIDEROT.

(255) *Ibid.*, p. 865 b.

(256) *Ibid.*, p. 866 b. Est-il permis de penser que ce remarquable énoncé doit à DIDEROT plus que sa conception générale, mais aussi son style ? La façon dont le problème est posé rappelle évidemment le texte de la *Lettre à l'occasion du Vingtième*. VOLTAIRE écrivait en effet : « Un Etat est aussi bien gouverné que la faiblesse humaine peut le permettre, quand les tributs sont levés avec proportion, quand un ordre de l'Etat n'est pas favorisé aux dépens d'un autre, quand on contribue aux charges publiques, non selon sa qualité, mais selon son revenu; et c'est ce qu'un tribut tel que le vingtième de tous les biens opère » (*Œuvres*, t. XXIII, p. 310).

(257) *Ibid.*, p. 863 b.

UN LAIC « LIBERAL »

A côté des questions économiques et sociales deux questions proprement politiques ont préoccupé Diderot : celle des rapports entre l'Eglise et l'Etat, celle des libertés civiles.

La question des rapports entre l'Eglise et l'Etat s'insérait évidemment pour lui dans tout un ensemble de préoccupations philosophiques d'une part, économiques et sociales d'autre part. La solution qu'il lui donne est commandée de façon parfaitement cohérente par sa philosophie politique, et non par une quelconque passion antireligieuse ou anticléricale. Rien n'est plus injuste, par exemple, que cette réflexion de Chaumeix sur la prétendue intolérance de Diderot et des encyclopédistes : « Ils voudraient bannir (la religion) de dessus la terre » (258). Diderot n'est pas un fanatique de l'anticléricalisme, comme d'Holbach (259), ni même comme Voltaire, à qui il lui est arrivé de faire discrètement la leçon à ce sujet :

> « Ce qui me plaît des frères, lui écrivait-il, c'est de les voir presque tous moins unis encore par la haine et le mépris de celle que vous avez appelée *l'infâme* que par amour de la vertu, par le sentiment de la bienfaisance et par le goût du vrai, du bon et du beau, espèce de trinité qui vaut un peu mieux que la leur » (260).

L'idée que Diderot se fait de l'origine de la société civile, du contrat, de la loi, ne peut s'accommoder d'une quelconque ingérence de l'autorité religieuse dans le domaine politique. Mais elle n'autorise pas, comme chez Hobbes, la soumission du spirituel au temporel. Le *De cive*, qu'il avait lu très tôt, vise en effet à interdire tout empiètement du spirituel sur le temporel (261), mais décide que l'Etat seul doit juger des noms ou des titres qui sont honorables à Dieu, et des doctrines qui peuvent être publiquement professées touchant la nature de la divinité (262). Naturellement, pour tout ce qui concerne le temporel, les commandements de Dieu « sont dans une république chrétienne les lois et les ordonnances de l'Etat, prononcées par ceux auxquels elle a donné l'autorité de faire des lois et de décider les controverses » (263).

Diderot retient bien le premier de ces principes, mais non les deux autres. Il n'admet même pas, semble-t-il, le type de rapports entre l'Eglise et l'Etat que supposent les traditions anglicane et gallicane (264).

---

(258) A. Chaumeix, *Préjugés légitimes*, t. VIII, p. XV.
(259) Voir P. Naville, *D'Holbach*, p. 60.
(260) CORR, t. IV, pp. 176-177.
(261) Hobbes, *Eléments philosophiques*, section trois, p. 141.
(262) *Ibid.*, p. 23.
(263) *Ibid.*, p. 139.
(264) Il avait dans sa bibliothèque un ouvrage anglais qui exprimait assez bien l'hostilité à la première de ces traditions. C'est la série des articles publiés par Thomas Gordon sous le titre *The independant Whig* (voir notre article sur *la Bibliothèque de Diderot*, p. 261). L'ouvrage fut traduit en français en 1767 sous le titre *L'esprit de l'Eglise ou l'esprit du clergé*, et Grimm en rendit compte dans la livraison du 1er août 1767 de la *Correspondance littéraire*.

L'idéal de Diderot est une séparation totale de l'Eglise et de l'Etat et cette séparation implique aussi bien la laïcité de l'Etat que la liberté de l'Eglise, dans les limites des lois civiles. Il souscrit par exemple sans réserve à cette tirade du père Hoop, qui a l'avantage de fonder le principe de la séparation du spirituel et du temporel sur celui d'un contrat politique entre le peuple et le souverain :

« Il faudrait avant tout, disait l'Ecossais, qu'un souverain fût bien persuadé que l'amour de ses peuples est le seul véritable appui de sa puissance. Si, dans la crainte que les murs de son palais ne tombent en dehors, il leur cherche des étais, il y en a certains qui tôt ou tard les renverseront en dedans. Un souverain prudent isolera sa demeure de celle des dieux. Si ces deux édifices sont trop voisins, le trône sera gêné par l'autel, l'autel par le trône; et il arrivera quelque jour que portés l'un contre l'autre avec violence, ils s'ébranleront tous les deux » (265).

Il y a dans les lettres de Diderot à Sophie Volland plusieurs passages rédigés dans cet esprit. Il s'agit toujours, notons-le en passant, de conversations réunissant au Grandval les intimes du baron d'Holbach, et ce n'est jamais Diderot qui en prend l'initiative, même s'il y tient quelquefois sa partie. Ce qui confirme nos remarques initiales sur l'absence de tout fanatisme chez le Philosophe. La lettre à Sophie des 14 et 15 octobre 1760 contient par exemple une véritable dissertation sur le gouvernement sacerdotal, faite encore par le père Hoop, bientôt soutenu par le baron d'Holbach. Diderot a suivi l'entretien avec intérêt, puisqu'il le rapporte fidèlement. Mais il n'y a pas lui-même participé. Il attendait depuis quinze jours les lettres de son amie et le sort de Sophie l'inquiétait plus que celui du royaume hypothétique du père Hoop, où le prince eût réuni « en sa personne la puissance ecclésiastique à la puissance civile » (266).

Les articles de l'*Encyclopédie* sont évidemment fort discrets sur les rapports entre l'Eglise et l'Etat. Mais des raisons de prudence politique expliquent cette discrétion plus encore que le tempérament de Diderot. S'il a retiré l'article *Constitution Unigenitus*, de l'abbé Mallet, qui devait paraître dans le tome IV de l'*Encyclopédie*, c'est que Malesherbes, appliquant en somme à la lettre le principe de la séparation du temporel et du spirituel, lui avait demandé ce retrait (267). Le Breton ayant éliminé de son côté quelques déclarations trop franches, comme celle de l'article *Sarrasins*, il ne reste plus, ici ou là, que des suggestions. L'article *Cas de conscience* pose seulement la question de « savoir si ceux qui attaquent les dogmes d'une religion sont aussi mauvais citoyens que ceux qui en corrompent la morale » (268), et l'article *Casuiste* invite les « sages magistrats, chargés du dépôt des lois » à se demander s'il faut ou non

---

(265) SV, t. I, p. 80 (lettre du 30 octobre 1759). Diderot avait reproduit à peu près textuellement toute la tirade du père Hoop dans la version primitive de l'article *Sarrasins* de l'*Encyclopédie*. Mais Le Breton a fait supprimer ce passage (voir Gordon et Torrey, *The censoring*, pp. 79-80).

(266) CORR, t. III, pp. 136-137.

(267) Voir CORR, t. I, pp. 166 et suivantes, et t. II, pp. 331-333. Cf. J. Le Gras, *Diderot et l'« Encyclopédie »*, p. 93.

(268) AT, t. XIV, p. 35.

punir les casuistes. Mais en clair ces articles signifient bien que la liberté de l'Eglise doit être sévèrement tenue dans les bornes imposées à tous les citoyens par les lois de l'Etat.

Une fois seulement Diderot a pu sortir de la réserve que lui imposait sa conception même du civisme. Les mesures sévères prises en 1762 contre les Jésuites l'autorisaient en effet à prendre ouvertement position sur une affaire dans laquelle l'Etat avait tranché conformément à la volonté générale. Car la suppression des Jésuites est pour lui une affaire exclusivement politique. La Société de Jésus est à ses yeux le type même de ces corps étrangers dans l'Etat, qui tendent à en accaparer les pouvoirs au profit d'une minorité et aux dépens de tous. On le voit bien dans ces lettres de la fin de 1759 au mois d'août 1762, où il suit parfois d'une semaine à l'autre les développements de la lutte entre les pouvoirs et la Société, au Portugal d'abord, puis en France (269). Le mot de « régicide » y revient plusieurs fois, et les méfaits des Jésuites dans le domaine commercial ou dans le domaine moral y paraissent secondaires au prix de leurs méfaits politiques.

« Depuis environ deux cents ans qu'ils existent, écrit Diderot, il n'y en a presque pas un qui n'ait été marqué par quelque forfait éclatant. Ils brouillaient l'Eglise et l'Etat : soumis au despotisme le plus outré dans leurs maisons, ils en étaient les prôneurs les plus abjects dans la société; ils prêchaient au peuple la soumission aveugle aux rois, l'infaillibilité du pape, afin que, maîtres d'un seul, ils fussent maîtres de tous. Ils ne reconnaissaient d'autre autorité que celle de leur général; il était pour eux le Vieux de la Montagne. Leur régime n'est que le machiavélisme réduit en préceptes » (270).

L'article *Jésuite*, écrit dans l'euphorie de la victoire d'août 1762, est composé en grande partie des comptes rendus faits « par les procureurs généraux des cours de judicature, des mémoires imprimés par ordre des parlements (et) des différents arrêts » publiés dans les années 1759-1762. Mais ce n'est pas seulement pour des raisons de prudence. En recourant à ces sources-là Diderot a tenu surtout à rassembler des documents prouvant que la suppression de la Compagnie était une mesure politique juste, même si par ailleurs les bons Pères avaient su se rendre estimables (271). Car Diderot, leur ancien élève, les estime à leur

(269) Lettres des 15 octobre 1759 (SV, t. I, p. 71), 12 octobre 1761 (*ibid.*, p. 227), 19 octobre 1761 (*ibid.*, p. 230), 8 août 1762 (*ibid.*, p. 266), 12 août 1762 (*ibid.*, pp. 267-268).

(270) *Ibid.*, p. 268. Ce texte se retrouve à quelques mots près au milieu de l'article *Jésuite :* « Soumis au despotisme le plus excessif dans leurs maisons, les *Jésuites* en sont les fauteurs les plus abjects dans l'Etat. Ils prêchent aux sujets une obéissance sans réserve pour leurs souverains; aux rois, l'indépendance des lois et l'obéissance aveugle au pape; ils accordent au pape l'infaillibilité et la domination universelle, afin que, maîtres d'un seul, ils soient maîtres de tous » (AT, t. XV, p. 276).

(271) Au nombre des documents utilisés et cités par DIDEROT (AT, t. XV, p. 282) se trouve l'un des *Comptes rendus* publiés en 1762 par LA CHALOTAIS, procureur général du roi au parlement de Bretagne. A aucun moment LA CHALOTAIS n'attaque l'ordre en tant qu'ordre monastique. Il s'en prend seulement aux « constitutions » de l'ordre, dans la mesure où elles sont en contradiction avec les lois naturelles et avec les lois positives (voir par exemple *Compte rendu des constitutions des Jésuites*, p. 5 et pp. 74-75).

juste valeur. Il sait que la raison, la vertu, le rigorisme, la science, l'esprit de retraite se sont souvent rencontrés chez eux (272). Il sait « qu'ils ont eu des poètes, des historiens, des orateurs, des philosophes, des géomètres et des érudits » (273). Il s'en est même fallu de peu que les philosophes ne s'allient à eux dans leur lutte contre le fanatisme janséniste (274). Mais les statuts de la Compagnie sont tels qu'aucune société civile ne peut tenir contre leurs intrigues et Diderot, sans « haine » ni « ressentiment », justifie sans réserve « le gouvernement qui les a abandonnés (et) les magistrats qui en ont fait justice » (275).

La question de la tolérance civile touche de près à celle des rapports entre l'Eglise et l'Etat, et Diderot l'a résolue dans le même esprit.

Non qu'il soit intervenu de façon directe dans les débats publics concernant par exemple les protestants. Cela n'est pas dans sa manière, et l'on cherche en vain dans son œuvre l'écho de ces polémiques des années 1756, 1758, 1764, dont la *Correspondance littéraire* de son ami Grimm reproduit fidèlement les phases (276). Une fois seulement nous voyons Diderot prêter son concours à une action en faveur de la tolérance. Encore est-ce de façon bien modeste, puisqu'il se propose seulement de diffuser dans son entourage immédiat vingt-cinq exemplaires du *Traité sur la tolérance* de Voltaire (277).

Sur ce point comme sur beaucoup d'autres le Philosophe préfère aux prises de position particulières, aux actions de circonstance, la recherche raisonnée des principes généraux permettant de fonder de telles actions.

Nous avons de Diderot deux textes essentiels sur la tolérance, la dédicace à son frère de l'*Essai sur le mérite et la vertu*, qui est de

---

(272) AT, t. XV, p. 282.
(273) *Ibid.*, p. 283.
(274) *Ibid.*, p. 284.
(275) *Ibid.*, p. 286. Le ton de Diderot est d'une grande dignité si on le compare à celui des innombrables brochures publiées sur les Jésuites dans ces années-là (voir CORR LIT, livraisons des 1er mai, 15 octobre 1759, 1er septembre, 15 décembre 1761, etc.). Dans la campagne antijésuitique les plus fanatiques furent les jansénistes. La lecture des *Nouvelles ecclésiastiques* pour l'année 1761 notamment est très édifiante à cet égard. La brochure de d'Alembert *Sur la destruction des Jésuites en France* est du même ton que l'article *Jésuite* de l'*Encyclopédie*. Du reste Diderot l'accueillit avec la plus grande faveur quand elle fut publiée (AT, t. XIX, pp. 472-473, lettre à d'Alembert de 1765). Toute l'argumentation de d'Alembert repose sur le principe du civisme. C'est comme « citoyen » qu'il a rédigé son ouvrage et son réquisitoire contre les Jésuites doit être lu comme un avertissement pour quiconque reconnaîtrait « au sein de la France une autre patrie et un autre souverain » (*Œuvres*, t. II, première partie, p. 13). D'Alembert se présente en effet d'un bout à l'autre de son livre comme un homme soucieux du « bien public » et non comme un homme de parti (voir *ibid.*, pp. 104-106).
(276) Voir CORR LIT, t. III, p. 192, à propos d'une *Lettre* (...) *sur la tolérance civile des protestants de France* et des atrocités commises envers les fidèles de la R.P.R. (15 mars 1756); *ibid.*, p. 211 et p. 215 à propos des mariages clandestins des protestants (15 avril et 1er mai 1756); *ibid.*, t. IV, p. 40, à propos de l'*Apologie de Louis XIV et de son conseil sur la Révocation de l'Edit de Nantes*, par l'abbé de Caveirac (1er octobre 1758); *ibid.*, t. VI, p. 18, à propos d'un mémoire sur les mariages des protestants, etc..
(277) CORR, t. IV, p. 287 (lettre à Damilaville du 1er mars 1764).

1745 (278), et la lettre à son frère du 29 décembre 1760, qu'il a reprise en partie dans l'article *Intolérance* de l'*Encyclopédie* (279). Nous avons déjà examiné les arguments que Diderot y utilise, et qui sont surtout moraux et religieux (280). Mais l'article *Intolérance* contient aussi une raison politique en faveur de la tolérance civile. Diderot la donne comme en passant; elle est pourtant d'un grand poids, car elle tient à l'un des principes les plus fermes de sa philosophie politique. Diderot écrit en effet :

« Si un prince incrédule a un droit incontestable à l'obéissance de son sujet, un sujet mécréant a un droit incontestable à la protection de son prince. C'est une obligation réciproque.

« Si le prince dit que le sujet mécréant est indigne de vivre, n'est-il pas à craindre que le sujet ne dise que le prince infidèle est indigne de régner ? » (281)

La tolérance civile est donc une obligation qui découle de la nature du contrat politique passé entre la personne souveraine et le peuple. La religion du prince concerne en effet sa seule personne privée. Il ne saurait en être tenu compte dans les rapports entre la personne morale publique du prince et les membres du corps politique qu'il représente. C'est là, remarquons-le, un argument dont la force est dans la généralité même. Car il vaut quelle que soit la religion du prince et de ses sujets, et même si les uns ou les autres sont athées. Il est donc bien supérieur aux arguments de pure opportunité qui étaient couramment avancés dans les polémiques de ces années-là, comme celui-ci, que rapporte d'Argenson dans son *Journal*, à la date du 26 décembre 1755 :

« Notre ministère des finances (...) cherche à favoriser la tolérance; il sent combien les finances et le commerce ont besoin des protestants; ce sont eux qui font tout aujourd'hui en ce genre dans nos provinces méridionales » (282).

L'argument politique qui fonde la tolérance civile fonde aussi tout naturellement la liberté civile, c'est-à-dire essentiellement la liberté de penser et d'écrire comme il convient dans un système où l'opinion est reine. Diderot a dû cependant adopter une démarche prudente, et il y a

---

(278) AT, t. I, pp. 9-10.

(279) CORR, t. III, pp. 283-288. Cf. AT, t. XV, pp. 235-240.

(280) Voir *supra*, chap. IX.

(281) AT, t. XV, p. 239. Ce raisonnement est déjà en germe dans l'article *Eclectisme*, écrit cinq ans plus tôt. DIDEROT y faisait en effet une assez longue digression sur la tolérance de JULIEN (AT, t. XIV, pp. 335-336). Il plaçait dans la bouche des sujets chrétiens de l'empereur apostat, qui tentait de les détourner de leur foi, la requête suivante : « Abandonnez à elle-même l'œuvre de Dieu : les lois de notre église ne sont point les lois de l'Empire, ni les lois de l'Empire les lois de notre église. Punissez-nous, s'il nous arrive jamais d'enfreindre celles-là; mais n'imposez à nos consciences aucun joug. Mettez-vous à la place d'un de vos sujets païens, et supposez à votre place un prince chrétien : que penseriez-vous de lui, s'il employait toutes les ressources de la politique pour vous attirer dans nos temples ? Vous en faites trop, si l'équité ne vous autorise pas; vous n'en faites pas assez, si vous avez pour vous cette autorité » (*Ibid.*, p. 336).

(282) D'ARGENSON, *Journal*, t. IX, p. 156.

une certaine distance entre ses déclarations publiques et son action privée.

Il s'attendait sans doute, en écrivant l'article *Aius locutius*, à une vive réaction dans le camp des adversaires de la liberté. L'article était pourtant prudent, voire quelque peu hypocrite, puisque Diderot y demandait la liberté d'écrire « contre le gouvernement et la religion », mais « dans une langue savante » seulement, c'est-à-dire en latin (283). Les adversaires de l'*Encyclopédie* ne s'y trompèrent point, surtout quand ils lurent, à la fin de l'avertissement du tome III, qu'*Aius locutius* devait être éclairé par l'article *Casuiste* (284). Le Père Bonhomme gronda : « On ne sera satisfait que lorsque vous avouerez simplement qu'il n'est point permis d'écrire dans aucune langue contre la religion et l'Etat » (285), et l'auteur de *la Religion vengée* nia qu'aucune « *société bien policée* » pût tolérer la liberté de la pensée, comme en Angleterre ou en Hollande (286). Dans le tome III du dictionnaire l'article *Carton* est encore une attaque fourrée contre la censure, qui déprécie les ouvrages qu'elle touche (287). L'article *Encyclopédie* en traite à son tour, mais plus prudemment. Diderot se contente d'y demander des censeurs intelligents, qui ne soient ni intéressés ni pusillanimes, qui ne respectent que ce qui est respectable, et qui aiment « assez la vérité, la vertu, le progrès des connaissances humaines et l'honneur de la nation, pour n'avoir en vue que ces grands objets » (288). Dans l'article *Pyrrhonienne* enfin, Diderot, traitant de Bayle, devait encore glisser une pointe contre la censure. Il y disait en substance que si toute vérité n'est pas bonne à dire quelque chose doit pécher dans la législation (289). Mais Le Breton lui épargna les critiques de l'adversaire en censurant lui-même ce passage.

Le sentiment profond de Diderot, sur la liberté de penser et d'écrire, apparaît pour la première fois en 1763 dans la *Lettre sur le commerce de la librairie*, ce beau texte qu'il lui arriva d'intituler plus justement *Sur la liberté de la presse* (290). La lettre étant adressée à un magistrat dans un but précis, Diderot pour une fois y distingue soigneusement les principes et l'application. Et il est aussi ferme sur ceux-là que souple et compréhensif à l'égard de celle-ci. Etant donné la nature de la société civile d'une part, et les rapports qu'elle implique entre l'Etat et la religion d'autre part, tout citoyen doit être libre de penser et de dire ce qu'il veut dans le domaine religieux comme dans le domaine politique. Ce n'est même pas là une tolérance. C'est vraiment un devoir, étant donné le rôle décisif de l'opinion dans le système politique souhaité par Diderot. « Parce que les taureaux ont des cornes et qu'ils entrent quelquefois en fureur, écrit-il à Sartine, serez-vous assez vils et assez bêtes pour ne vouloir commander

(283) AT, t. XIII, pp. 268-269.
(284) ENC, t. III, p. XV.
(285) P. Bonhomme, *Eloge de l'« Encyclopédie »*, p. 22.
(286) *La religion vengée*, t. XI, p. 335.
(287) AT, t. XIV, p. 34.
(288) AT, t. XIV, p. 501 et p. 502.
(289) Gordon et Torrey, *The censoring*, p. 76.
(290) Voir SV, t. II, p. 268.

qu'à des bœufs » ? (291) Et plus loin, au sujet des permissions tacites, il imagine ce dialogue entre le Magistrat et le Philosophe :

« Quoi ! je permettrai l'impression, la distribution d'un ouvrage évidemment contraire à un culte national que je crois et que je respecte (...). — Oui, vous y consentirez (...). Moi qui regarde les mœurs comme le fondement le plus sûr, peut-être le seul, du bonheur d'un peuple (...), je souffrirai qu'on répande des principes qui les attaquent (...). — Vous le souffrirez. — J'abandonnerai à la discussion téméraire d'un fanatique, d'un enthousiaste, nos usages, nos lois, notre gouvernement, les objets de la terre les plus sacrés, la sécurité de mon souverain, le repos de mes concitoyens. — Cela est dur, j'en conviens, mais vous en viendrez là » (292).

Diderot rend donc à la liberté civile tout ce qu'il refuse à la liberté politique. Autant dire qu'il la souhaite totale. Mais il ne la conçoit pas non plus autrement que générale, car la loi ne souffre pas d'exceptions. Aussi bien n'exclut-il pas du bénéfice de la liberté de penser et d'écrire ceux-là mêmes qui s'en sont toujours déclarés les adversaires.

« Ecoutez-les, écrit-il, interrogez-les, et vous verrez qu'il ne tiendrait pas à eux qu'ils ne vous missent un couteau à la main pour égorger la plupart des hommes qui ont eu le bonheur ou le malheur de n'être pas de leur avis. Ce qu'il y a de singulier, c'est que depuis qu'ils existent ils s'arrogent, au mépris de toute autorité, la liberté de parler et d'écrire qu'ils veulent nous ôter, quoique leurs discours séditieux et leurs ouvrages extravagants et fanatiques soient les seuls qui jusqu'à présent aient troublé la tranquillité des Etats et mis en danger les têtes couronnées.

« Cependant je n'exclus pas même leurs livres du nombre de ceux qu'il faut permettre tacitement » (293).

Mais il est évident que de tels principes ne peuvent être appliqués du jour au lendemain. Il faut donc ménager des transitions entre ce qui est et ce qui doit être, utiliser même les institutions existantes pour préparer un nouvel ordre de choses où elles ne seront plus nécessaires (294). Ainsi de la censure et de la permission tacite. La *Lettre sur le commerce de la librairie*, pas plus que l'article *Encyclopédie*, ne demande la suppression immédiate de la censure. Mais elle propose trois réformes : que les censeurs aient au moins les titres suffisants pour être bons juges des productions des sciences et des arts (295), qu'ils soient rémunérés aux frais de l'auteur ou du libraire (296), qu'aucune mutilation ne soit tolérée dans un livre une fois imprimé (297). Quant à la permission tacite, il faut purement et simplement l'accorder à tous les livres, quels qu'ils soient (298).

---

(291) AT, t. XVIII, p. 50.
(292) *Ibid.*, pp. 60-61.
(293) *Ibid.*, p. 65.
(294) Nous avons vu en étudiant l'histoire commerciale de l'*Encyclopédie* comment cette opération avait été réalisée par Diderot et les libraires, avec la complicité de Malesherbes, sur le plan strictement économique.
(295) AT, t. XVIII, pp. 67-68.
(296) *Ibid.*, p. 68.
(297) *Ibid.*, p. 63.
(298) *Ibid.*, pp. 59-67.

On ne saurait trop insister sur ces idées de Diderot, au sujet de la liberté de la presse. Non seulement parce qu'elles tiennent à l'essentiel de sa philosophie politique et même de sa philosophie tout court, mais aussi parce qu'elles eurent une portée pratique considérable et immédiate, grâce à l'interprétation qu'en donnèrent des hommes de gouvernement intelligents, comme Malesherbes et Sartine. L'*Encyclopédie* même en fut la première bénéficiaire. Mais, au moins par Malesherbes, l'idéal de liberté civile proposé par Diderot dans sa *Lettre sur le commerce de la librairie* est parvenu jusqu'aux hommes de la Révolution et de l'Empire (299). Les quatre mémoires sur la librairie écrits par Malesherbes en 1759, au moment de la crise décisive de l'*Encyclopédie*, et celui qu'il écrivit en 1788 à la veille de la convocation des Etats généraux, sont en effet animés du même esprit que la *Lettre*, reposent sur les mêmes principes, proposent les mêmes réformes transitoires.

Mais lequel, de Diderot ou de Malesherbes, a l'antériorité sur l'autre ? Pour l'historien des textes, c'est Malesherbes, sans aucun doute. Du point de vue de l'historien des idées, les choses ne sont pas si simples. Il en est probablement de la théorie de la liberté de la presse comme de la théorie de l'impôt : il y a eu une véritable osmose entre la pensée de Diderot, le philosophe, et celle du technicien.

La pratique a sans doute conduit Malesherbes, plus tôt que Diderot, à concevoir des expédients pour aménager les institutions au mieux de l'intérêt général; sa théorie s'est élaborée plus tard. Et en effet on remarque une différence entre ses premiers mémoires et le dernier. Dans ses deux premiers mémoires, Malesherbes parle surtout de règlements d'administration, de rapports entre gouvernement et Parlement, de commerce de livres. Dès le troisième il tente pourtant de définir une théorie libérale : « Chaque philosophe, chaque dissertation, chaque homme de lettres doit être considéré comme l'avocat qu'on doit toujours entendre, lors même qu'il avance des principes qu'on croit faux » (300). Mais aussitôt viennent des réserves : est-il possible de transiger quand l'autorité royale est en cause ? (301) Peut-on laisser toucher à la religion ? (302) Il faut attendre le mémoire de 1788 pour trouver enfin le principe de la liberté de penser et d'écrire dans toute sa force et sous sa forme la plus générale : « La discussion publique des opinions est un moyen sûr de faire éclore la vérité, et c'est peut-être le seul » (303). A l'inverse nous avons vu Diderot partir de principes théoriques, exprimés même tout au début sous une forme utopique, pour arriver progressivement à une expression équilibrée des principes, et des modalités possibles de leur application. Sa rencontre avec Malesherbes, comme sa rencontre

(299) La *Lettre* elle-même ne fut connue qu'en 1838, quand Renouard en fit état dans son *Traité des droits d'auteur*.
(300) Malesherbes, *Mémoires*, p. 72.
(301) *Ibid.*, pp. 76-77.
(302) *Ibid.*, pp. 92-93.
(303) *Ibid.*, p. 265.

avec Damilaville ou avec Vaucanson est à certains égards celle de la Raison et de l'Expérience.

Il semble paradoxal qu'un aussi bon défenseur de la liberté de la pensée et de la presse ait été indifférent à la question de la liberté individuelle. Certainement, on ne peut accuser Diderot d'être resté tout à fait passif, dans l'affaire Calas, par exemple. Ses lettres à Sophie Volland en parlent assez souvent (304). Celle du 30 septembre 1762 contient même un beau plaidoyer pour Calas dont une partie fut diffusée par Grimm, en janvier 1763, par le moyen de la *Correspondance littéraire* (305). Diderot pouvait-il se compromettre davantage ? Les derniers volumes de l'*Encyclopédie* s'imprimaient clandestinement à Paris, il était lui-même à la merci de la moindre indiscrétion (306), et surtout la lutte en faveur de Calas était menée avec l'autorité et la liberté que l'on sait par Voltaire.

Mais la relative indifférence de Diderot a peut-être une raison plus profonde : la liberté de l'individu peut-elle avoir quelque prix aux yeux d'un philosophe qui nie la liberté morale de l'Homme ? Si l'individu n'est pas moralement libre, il paraît évident que le corps social peut user de tous les moyens qui sont à sa disposition pour l'inciter à agir dans l'intérêt général et pour l'empêcher de chercher son bonheur personnel aux dépens de la collectivité. Pour l'homme non éclairé, la société joue le rôle contraignant qui est celui de la raison chez l'homme éclairé (307). Remarquons en tout cas que dans son plaidoyer imaginaire pour Calas, Diderot ne met pas réellement en cause le fonctionnement de la justice; il n'invoque pas non plus de prétendus droits de l'individu. Aussi ce plaidoyer, qui en appelle uniquement à la vraisemblance morale, est-il d'une insigne faiblesse, et il est heureux que Calas ait eu d'autres défenseurs que Diderot.

Parmi les « Miscellanea philosophiques » publiés dans le tome IV de l'édition Assézat, se trouvent groupés plusieurs textes de Diderot concernant Beccaria. Le premier est simplement la traduction française d'une lettre de Ramsay écrite à Diderot au sujet du traité *Dei delitti e delle pene* (308). Il n'est pas daté. Le second est un compte

---

(304) SV, t. I, p. 291 (5 septembre 1762); *Ibid.*, t. II, p. 8 (26 septembre 1762); *Ibid.*, pp. 9-10 (30 septembre 1762).

(305) CORR LIT, t. V, pp. 206-207. Cf. CORR, t. IV, p. 181 et n. 11.

(306) Celle d'un copiste comme ce GLÉNAT, indicateur de police, dont il parle précisément dans une lettre du 19 septembre 1762, et qui depuis quatre ans travaillait pour lui (CORR, t. IV, pp. 157-159).

(307) La liberté civile est dans le cadre de la société ce qu'était la liberté naturelle antérieurement au contrat : le droit imprescriptible qu'a tout homme de ne pas être sous la tutelle d'un individu, ou d'un groupe. Mais cette liberté-là n'est pas exclusive de la nécessité absolue pour tout individu de se conformer comme tel à la loi de l'ensemble dont il fait partie. La question de la liberté individuelle est *théoriquement* tout à fait distincte de celle de la liberté de penser et d'écrire, mais il est évident qu'*en pratique* la liberté de penser et d'écrire est indissociable de la liberté individuelle. Il y a là une contradiction de la pensée de DIDEROT. Mais ce n'est qu'un aspect de la contradiction dont nous avons parlé à la fin de notre chapitre XI, à propos de l'opinion.

(308) AT, t. IV, pp. 51-60.

rendu des *Recherches sur le style* qui est en réalité, pour moitié, un compte rendu du *Traité des délits et des peines* (309). Il date de 1771. Le troisième est constitué par une série de notes marginales relevées dans un exemplaire des *Délits et des peines* (310); elles ne sont pas datées, mais ont été publiées pour la première fois dans l'édition Rœderer du livre de Beccaria (311). Or ces notes concernent la traduction de Morellet, et ne semblent pas difficiles à situer dans le temps.

La *Correspondance littéraire* de Grimm signale pour la première fois *Dei delitti* dans sa livraison du 1er août 1765, et annonce que Morellet envisage sa traduction en français (312). Avait-on déjà à cette date discuté dans l'entourage de Grimm du livre de Beccaria ? Son compte rendu reproche en tout cas au philosophe italien de n'avoir pas retenu la jurisprudence britannique. La remarque est-elle le fruit d'un entretien avec Ramsay ? La lettre de Ramsay à Diderot fait bien suite aux conversations qu'ils ont eues avec Suard chez d'Holbach (313), mais une lettre de Diderot à Sophie du 8 septembre 1765 ne fait pas remonter sa première rencontre avec Ramsay, chez Vanloo, à plus de « cinq ou six jours » (314).

Quel que soit le rapport chronologique entre le compte rendu de Grimm et les entretiens qui ont eu lieu chez d'Holbach, il est clair que Diderot et ses amis ont discuté au fond du livre de Beccaria entre la publication de l'édition italienne et celle de sa traduction française. La sortie de la traduction de Morellet est signalée par la *Correspondance littéraire* du 1er décembre 1765 (315). Il n'y a donc aucune raison de reporter la rédaction des notes marginales de Diderot sur son exemplaire au-delà de la fin de 1765.

Diderot n'a bien entendu que sympathie pour Beccaria et il semble à tout moment s'excuser de ne pas montrer la même générosité, la même délicatesse, la même humanité que lui. C'est que la sensibilité, la pitié, n'ont rien à faire dans un domaine où seule la raison et les lois doivent parler : « La délicatesse de l'auteur est d'une âme noble et généreuse; mais la morale humaine, dont les lois sont la base, a pour objet l'ordre public » (316).

Cette notion de l'ordre public est au centre même de la critique de Diderot, et il y reviendra plus nettement encore dans son compte rendu de 1771 (317). La peine ne doit donc pas être fixée selon l'indi-

(309) *Ibid.*, pp. 60-63.
(310) *Ibid.*, pp. 63-69.
(311) *Ibid.*, p. 51.
(312) CORR LIT, t. VI, p. 329.
(313) AT, t. IV, p. 52.
(314) SV, t. II, p. 68.
(315) CORR LIT, t. VI, p. 422.
(316) AT, t. IV, p. 66.
(317) En 1771 DIDEROT reconnaîtra que la loi suprême n'est pas tant le salut des peuples que « le salut de ceux qui gouvernent les peuples » (*Ibid.*, p. 61). Mais si affligeante que soit pour lui cette constatation, il en tirera logiquement la conclusion que « les peines ne peuvent jamais être en raison des délits, mais en raison de la sécurité des maîtres » (*Ibid.*).

vidu qui a commis la faute, mais selon l'infraction qui a été faite à l'ordre. Aussi Diderot justifie-t-il très froidement la question, « moyen cruel » sans doute, mais nécessaire pour arracher au criminel « outre l'aveu de ses complices et le moyen de les saisir, l'indication des preuves nécessaires pour les convaincre » (318). Bien sûr, la question est mauvaise « avant la conviction du crime » mais ce n'est pas pour des raisons d'humanité, puisqu'elle est bonne, après la conviction, si « les *témoins* et les *preuves* ne suffisent pas pour démêler le fil de la complicité » (319). Car les peines ne sont atroces que si elles sont inutiles (320).

C'est donc l'utilité, — entendons l'utilité sociale, — qui est finalement la plus juste mesure de la peine. L'intérêt supérieur de la société exige qu'aucun coupable n'échappe comme il exige que les coupables de fait soient punis pour l'instruction de ceux qui pourraient l'être. Il est utile, donc, que le coupable convaincu souffre la torture, si « quelques minutes de tourments (...) peuvent sauver la vie à cent innocents que vont égorger ses complices » (321). Il est utile aussi que le criminel ne soit pas mis à mort, mais condamné à l'esclavage perpétuel. La mort en effet abrégerait ses souffrances, alors que les chaînes, les coups, le cachot présentent un supplice « plus cruel que la plus cruelle mort ». Aussi, conclut Diderot, parce que ce supplice « *donne des exemples fréquents et durables,* son efficacité le rend préférable au dernier supplice, qui ne dure qu'un instant, et sur lequel les criminels déterminés prennent trop souvent leur parti » (322).

On conçoit qu'à la fin de son compte rendu de 1771, plus dur encore dans sa forme, mais nullement dans son fond, Diderot ait jugé bon de « demander grâce » à son lecteur pour la rigueur inhumaine de ses réflexions :

> « Je ne rougis point de les avoir faites; mais peut-être craindrais-je de les publier, quoique l'abbé Morellet prétende, et que je pense comme lui, que la vérité est toujours utile et le mensonge toujours nuisible » (323).

---

(318) *Ibid.*, p. 65.

(319) *Ibid.*.

(320) *Ibid.*, p. 67.

(321) *Ibid.*, p. 66. La question devient ainsi « un acte d'humanité ». DIDEROT ira jusqu'à écrire, dans son compte rendu de 1771 que la peine de mort frappe moins les citoyens que les accidents avec « cette différence que l'homme exterminé par une des causes précédentes peut être un fripon ou un homme de bien, au lieu que celui qui tombe sous le glaive de la justice *est au moins un homme suspect* (souligné par nous J.P.), presque toujours un homme convaincu, et dont le retour à la probité est désespéré » (*Ibid.*, p. 62).

(322) *Ibid.*, pp. 67-68.

(323) *Ibid.*, p. 62. L'article *Châtiment*, écrit par DIDEROT douze ans plus tôt, et surtout publié dans l'*Encyclopédie*, est beaucoup plus modéré dans l'expression que les notes sur le *Traité* de BECCARIA. DIDEROT y prêche encore la cause de l'humanité contre l'équité. Mais le principe de l'utilité sociale est déjà au centre du morceau : il n'y a pas de commune mesure entre « la douleur du *châtiment* et de la peine, et la malice de l'action », et en ce sens la peine est arbitraire, mais la grandeur de la peine est fonction de la faute, et des règles de la société. Quiconque accepte d'être membre d'une société en accepte par avance les rigueurs (AT, t. XIV, p. 113).

CONCLUSION

Pour être complet, le bilan de l'œuvre encyclopédique de Diderot devrait encore faire état de la multitude d'articles qu'il a dû confectionner à grand renfort de répertoires et de dictionnaires pour suppléer au dernier moment des collaborateurs défaillants. Cela va de la mythologie à l'histoire naturelle, en passant par les synonymes et la cuisine, et l'on veut bien croire que le Philosophe ne s'est pas nécessairement ennuyé à reproduire telle recette gourmande, à noter le jeu des fuseaux de la dentellière, à rêver sur le nom d'une fleur des Iles. Brèves éclaircies, dira-t-on, dans la grisaille des jours passés au fond de la boutique de la rue Saint-Jacques, à copier et à collationner, interminablement.

Ferons-nous écho aux plaintes de Diderot, qui regretta mainte fois les années perdues pour les mathématiques, ou le théâtre ? Dirons-nous comme les malveillants que tous ces articles de technologie, de philosophie, de politique, ne sont plus qu'un fatras pédantesque d'emprunts mal digérés, mal joints, et de commentaires saugrenus ? Dirons-nous que le *vrai* Diderot est ailleurs, par exemple dans ces contes qu'il lui arrivait de rédiger, du soir au matin, au courant de la plume, dans son grenier de la rue Taranne ? Plaindrons-nous encore l'homme de lettres d'avoir usé ses forces et son talent pour un maigre salaire, pendant que Le Breton et ses associés s'enrichissaient à ses dépens ?

Ne soyons pas si injustes. Si l'engagement de Diderot au service de l'*Encyclopédie* avait eu comme seule conséquence d'assurer sa subsistance et celle des siens pour plus de vingt-cinq années, le bilan serait encore positif. Imagine-t-on Diderot assurant son indépendance matérielle par les moyens qui réussirent à Arouet ? Il lui manquait l'entregent, et ce mépris pour les contingences, — associé à un sens très sûr des valeurs positives, — qui ne pouvait s'acquérir qu'à Paris, sous la Régence. On ne voit pas non plus qu'il ait pu copier de la musique, comme Rousseau, ou enseigner sempiternellement les mathématiques, comme il fit quelque temps dans sa jeunesse. Il était trop fantasque, pour s'imposer les fortes disciplines qui permettent aux jeunes gens de petite condition de se faire une place au soleil. Trop bon aussi, ou trop curieux d'autrui, pour résister aux innombrables sollicitations des médiocres. Et ce n'est pas Nanette qui pouvait dresser autour de son mari la « clôture » dont parle Claudel dans *la Maison fermée*.

L'*Encyclopédie* a vraiment été, pendant toute la maturité de Diderot, sa « gardienne », l'exercice quotidien de sa volonté et de son esprit, sa règle. Le temps passé à traduire Brucker, à remettre en forme des mémoires techniques, à collationner des planches, Diderot, libre de sa personne et de ses loisirs, l'eût probablement gaspillé dans des tâches serviles, des spéculations anarchiques, des recherches utopiques; nous n'y aurions gagné ni un drame ni un roman, tout au plus quelques traductions, — car il fallait vivre, — peut-être une version renouvelée de l'orgue d'Allemagne, la solution « définitive » de la quadrature du cercle.

Il n'est pas sûr, en revanche, qu'à papillonner plus longtemps dans le milieu où il s'était plu dans sa jeunesse, à user sa vie dans l'incessante recherche des expédients, Diderot eût acquis une expérience humaine et une culture authentiques.

Or l'*Encyclopédie* a d'abord été pour Diderot le lieu privilégié des rencontres. Le petit monde de quelque deux cents personnages au milieu duquel il a vécu pendant un quart de siècle n'était certes pas aussi brillant que celui qui se pressait à la Régence à l'heure du café. Le commerce de ces fabricants, de ces médecins, de ces ingénieurs, de ces commis, était moins agréable sans doute, moins émoustillant que celui de Rameau le Neveu, et l'on comprend que Diderot ait eu grand besoin, un besoin quasi physiologique, de ces vacances de l'esprit qu'étaient pour lui les soirées du Grandval ou les entretiens à bâtons rompus autour de l'échiquier de Philidor. Mais enfin, ni au Grandval, ni à la Régence, le Philosophe ne se trouvait au fort du courant qui entraînait le monde réel autour de lui. Tout au plus y recevait-il la poussière des embruns.

La boutique de Le Breton, au contraire, se trouvait au cœur de tout ce qui se faisait, se disait et se pensait d'utile. Car il faut certainement compter à l'actif de l'entreprise le prodigieux réseau de relations et de correspondance qui a permis aux éditeurs de l'*Encyclopédie*, et singulièrement à Diderot, de se tenir informés de toutes les formes prises par l'activité humaine pendant un quart de siècle, dans le royaume et hors du royaume, jusqu'aux lointaines Amériques et à la Chine. L'historien des idées ne voit plus aujourd'hui que la poudre des articles d'un dictionnaire, et le triste catalogue des livres qui ont permis de les documenter. Rien ne reste, malheureusement, ou presque rien, de l'immense correspondance que Diderot a dû entretenir avec ses collaborateurs, des liasses de mémoires et de dessins que chaque courrier, et une armée de domestiques faisaient affluer en permanence vers la rue Saint-Jacques. Et nous ne saurons jamais ce que furent les conférences des libraires avec les éditeurs, des éditeurs avec leurs collaborateurs, les visites, les enquêtes dans les ateliers des faubourgs parisiens, dans les forges bourguignonnes, dans les mines des Flandres, les magnaneries du Languedoc, les chais de l'Aunis. Mais Diderot n'avait guère besoin de se déplacer lui-même. De temps à autre il hélait un fiacre, pour aller rappeler lui-même un négligent à ses devoirs, ou jeter les yeux sur une machine, un procédé de fabrication, un établissement, dont ses enquêteurs ne lui avaient pas donné de suffisante description. Mais c'est dans la boutique de Le Breton, ou dans sa bibliothèque, seul avec son courrier, ses dessins et ses livres, qu'il apprenait le plus. Il était là comme l'épeire au centre de sa toile, attentif à toutes les vibrations des fils immatériels tendus à travers le pays, sensible à chaque souffle de vent, pressentant la moindre capture. Nul écrivain français, sauf peut-être Balzac, n'a eu comme Diderot la chance de rester si longtemps au contact intime des éléments les plus actifs de la société de son temps.

On ne peut dire de la société encyclopédique qu'elle fut à l'image même de la nation. Ni les grands, ni le peuple des boutiquiers, des manouvriers, des paysans, n'y sont représentés. L'Eglise non plus, ni les parlements, en tant que corps. Quels que fussent leurs titres, et la nature de leurs ressources, les encyclopédistes furent surtout des hommes d'action et de pensée, des gens « utiles », décidés à faire fructifier leur capital, foncier, mobilier, ou intellectuel. Esprits positifs, pour la plupart, concevant la gestion du royaume comme celle de leurs affaires, en propriétaires intelligents; peu portés somme toute aux débats idéologiques, mais curieux de tout progrès technique ou spéculatif. Epris d'ordre autant que de réformes, ils préparèrent la Révolution à leur corps défendant. Non pas tant la Révolution politique, dont aucun d'eux, ou presque, n'accepta les principes quand ils cessèrent d'être ceux d'une élite possédante et cultivée pour devenir ceux de tout un peuple. Mais la grande révolution industrielle du siècle suivant, dont leur œuvre administrative et leurs efforts privés jetèrent les bases.

Bourgeois, certes, les encyclopédistes le sont tous, sinon toujours par l'origine de leurs revenus, du moins par leur mode de vie, et leur conception de la propriété et du travail. Mais non de grands bourgeois, — peu de représentants du négoce et de la finance parmi eux. Ils n'appartiennent pas non plus à cette petite et moyenne bourgeoisie que représentera si bien la sans-culotterie parisienne, et d'où sortiront les pionniers de la Révolution industrielle. Juristes, médecins, professeurs, ingénieurs, hauts fonctionnaires civils et militaires, savants, techniciens spécialisés, ils se situent exactement à mi-chemin de la grande et de la moyenne bourgeoisie, assez proches des couches sociales les plus élevées, — et assez bons juges de leur incapacité, — pour aspirer à les suppléer dans leur rôle dirigeant traditionnel, mais non pas si loin du peuple travailleur qu'ils ne pussent avoir une vue précise des problèmes réels qui se posaient à la nation. Ils étaient enfin bien placés pour concevoir la solution technique de ces problèmes, et pour la mettre quelquefois en œuvre sans attendre une révolution générale.

Diderot a vécu les quarante dernières années de sa vie, mais surtout celles de sa maturité, au milieu de ces hommes-là. Il les a souvent écoutés, et mainte fois guidés. Il était leur « directeur », mais il devint vite beaucoup plus, l'ami, le confident des meilleurs d'entre eux, l'un des leurs en somme. Il fut *leur* philosophe et, grâce à eux, par eux, le philosophe de la partie la plus active et la plus éclairée de la nation.

Par l'*Encyclopédie,* certes, Diderot a éprouvé bien des amertumes, des craintes, des souffrances même. Il lui est arrivé d'être vexé, bafoué, par ceux qui auraient dû le comprendre et l'aider. Il a mainte fois risqué sa liberté, et celle de son esprit plus dangereusement encore que celle de sa personne. Mais retiendrons-nous seulement de l'histoire de l'*Encyclopédie* la misérable affaire des articles censurés, les projets de fuite et d'expatriation, les menaces d'arrestation ?

Dans la perspective que nous donne aujourd'hui le recul du temps, ces incidents dramatiques ou mélodramatiques comptent peu. Pour ceux qui l'ont vécue, pour Diderot plus que pour tout autre, l'histoire de l'*Encyclopédie* a été une véritable épopée. Une grande épopée des temps modernes. On le sent bien au ton du *Discours préliminaire*, des *Avertissements*, des articles *Art* ou *Encyclopédie*, qui paraissent si emphatiques au lecteur prévenu, ou oublieux. Le premier se range plus ou moins consciemment dans le camp des Fréron et des Chaumeix. L'autre suppute le poids des *in-folio* rangés au fond des bibliothèques, la longueur des colonnes pressées les unes contre les autres. Il n'imagine plus ce que ces trente-deux volumes représentent d'énergies, d'espoirs, de combats. Il oublie cette mobilisation spectaculaire d'hommes et de capitaux au service d'une seule œuvre, cette marche irrésistible, les obstacles vaincus un à un, lucidement, et somme toute sereinement. Et Diderot mérite bien d'être considéré comme le héros de cette épopée.

Ni Achille ni Don Quichotte, certes. Un héros sans panache, un « bonhomme tout rond », assidu à son bureau, et préférant comme tout le monde éviter les coups et le bruit. Mais qu'on relise cette correspondance des années 1757-1765, et surtout les lettres échangées avec Voltaire. Le bouillant vieillard n'était pas éloigné de penser qu'il fallait être un lâche pour rester à Paris dans les conditions matérielles et morales qui étaient alors faites au directeur de l'*Encyclopédie*. Dans le même temps il est arrivé que plus d'un collaborateur de Diderot, et d'Alembert lui-même, se sont retirés de la lutte. L'on vit même, par un étrange paradoxe, le parti des ardents et celui des prudents joindre leurs efforts pour décourager l'obstiné. Vexé par les uns, abandonné par les autres, Diderot tint bon. Trahi par celui de qui il attendait le moins d'ingratitude, il ne lâcha pas prise. La partie la plus utile de la nation, les guides de l'opinion de l'Europe éclairée avaient mis leurs plus chères espérances dans une œuvre collective; ils durent bientôt les mettre dans le courage intellectuel et moral d'un homme seul. Et cet homme ne les déçut pas.

Que dire de la collaboration de Diderot à l'œuvre elle-même ? Que le travail fut trop considérable pour être personnel ? Que ce fut improvisé, bâclé ? Qu'ôtés les emprunts faits de droite et de gauche, et défaufilée la rhapsodie, il ne reste pas une page qui vaille d'être lue, de tous les textes encyclopédiques recueillis dans les *Œuvres complètes ?* Cette opinion est sans doute la plus répandue, la plus pernicieuse aussi. Car bien des critiques malveillantes n'ont pas d'autre prétexte que l'idée qu'on s'est faite de la collaboration de Diderot au dictionnaire, d'après le seul reflet que nous en donne l'édition Assézat. Or ce reflet est faux.

La participation de Diderot à l'*Encyclopédie* n'a pas eu, il s'en faut, l'ampleur qu'on lui donne, contre toute vraisemblance, quand on attribue indistinctement au Philosophe les articles marqués de l'astérisque, et tous les articles anonymes. Le maître Jacques de l'*Encyclopédie*, ce fut Jaucourt, et non Diderot. Jusqu'à preuve du contraire, les seuls articles que nous sommes en droit d'attribuer à Diderot sont ceux que les éditeurs de l'*Encyclopédie* ont signalés par un astérisque, et les articles anonymes qui se trouvent contenus dans les divers choix de textes de Diderot présentés par Naigeon. Une statistique bien faite montrerait sans doute que le nombre n'en est pas considérable, comme on pouvait s'y attendre, à considérer le temps que Diderot a dû normalement consacrer à ses seules fonctions de directeur de l'entreprise.

Une fois levée l'hypothèque que faisait peser sur l'œuvre encyclopédique de Diderot l'erreur méthodologique d'Assézat, bien des perspectives se trouvent modifiées.

Des trois grandes masses que l'on peut distinguer dans cette œuvre, celle des articles de technologie a été constituée la première. Elle représente seulement une partie, relativement mince, de la description générale des arts contenue dans l'*Encyclopédie* et ses volumes de planches. Cette description, commencée par Diderot avec une équipe restreinte de collaborateurs, et faite d'après des ouvrages spécialisés ou des mémoires à la demande, plus souvent que par enquêtes directes, ne doit pas être jugée pour sa valeur technique intrinsèque, comme il est arrivé trop souvent qu'elle le fût, dès le XVIIIe siècle. C'est l'œuvre d'un philosophe, d'un écrivain, et non d'un technologue. D'un philosophe, qui a su discerner, dans le vaste panorama des forces productives de son temps, celles qui allaient dans le sens du progrès; concevoir les rapports existant entre leur développement et celui de la technique d'une part, entre le développement de la technique et celui de la pensée spéculative d'autre part; éclairer enfin pour les producteurs aussi bien que pour les dirigeants de l'économie, les voies d'une évolution plus rapide encore. Mais c'est aussi l'œuvre d'un écrivain soucieux de faire accéder à la dignité de l'expression littéraire, claire, précise, ordonnée, l'exposé des techniques les plus diverses. Les recherches faites en ce domaine par Diderot ont été jusqu'ici totalement méconnues, alors qu'il reste le pionnier de la vulgarisation scientifique et technique moderne. On l'a chicané sur son information, — très sûre au demeurant, et puisée aux bonnes sources, — on a douté de sa capacité de comprendre et de faire comprendre les techniques dont il parle, — comme si l'*Encyclopédie* avait jamais été un manuel à l'usage des gens de métier. Or on pourrait presque dire que la description entreprise par Diderot ne traite que d'un art, le seul dans lequel il pouvait espérer passer maître, et où il le fut en effet. C'est l'art de mener une enquête rigoureuse et complète sur les matières, les objets et les procédés d'une technique, d'en ordonner les résultats de la manière la plus adéquate, d'en restituer le détail dans une langue à la fois propre et compréhensible, dans un style vif et coloré qui ne cesse pourtant d'être simple.

L'entreprise lancée, Diderot pouvait peu à peu s'effacer devant des collaborateurs techniquement plus sûrs que lui. Dans les derniers volumes de discours, dans les planches surtout, et les exposés qui les complètent, la part prise personnellement par Diderot à la *Description des arts* est minime. Il en reste pourtant jusqu'au bout l'animateur principal, non seulement parce qu'il en assumera jusqu'à 1772 la direction et le contrôle, mais plus encore parce qu'il a su lui imposer un *style*.

L'histoire des progrès de l'esprit humain depuis ses origines devait donner le recul nécessaire à une œuvre orientée vers l'avenir comme l'était l'*Encyclopédie*, et il est naturel que Diderot se soit consacré à l'*Histoire de la philosophie* dès qu'il eut assuré solidement les bases de la *Description des arts*. Un Bayle, un Fontenelle, avaient montré à quelles exigences critiques et scientifiques une telle histoire devait obéir, et Diderot trouva par chance, dans l'*Historia critica philosophiae* de Jacob Brucker, non seulement la somme de faits et de notions dont il avait besoin pour son propre dessein, mais encore un modèle d'esprit critique et de rigueur historique. Devait-il négliger cet ouvrage et, pour éviter le reproche de plagiat, refaire à soi seul tout le travail ? Devait-il au contraire se contenter de le traduire, comme il eût fait de James ou de Stanyan, ou même simplement le résumer, comme fit Samuel Formey ? Diderot a choisi une autre voie, plus conforme à son génie, et à l'esprit de son entreprise. Il a choisi, non de traduire, mais d'adapter; de concentrer, et non de résumer. Il a reproduit ce qu'il y avait de meilleur chez son prédécesseur, sans se priver de le juger, de le solliciter, de le contredire, même, dans un étonnant dialogue que la présentation des articles dans l'*Encyclopédie*, ou l'édition Assézat des *Œuvres* de Diderot, ne permet guère d'imaginer. Ainsi conçus, les articles de Diderot ne composent pas tant une *Histoire de la philosophie* qu'une « Philosophie de l'histoire de l'esprit humain », où le récit des faits compte moins que les recherches et les interprétations dont ils sont l'occasion ou l'aliment. En rédigeant cette histoire, Diderot n'a écrit rien de moins qu'un chapitre nouveau, et capital, de son œuvre philosophique propre. C'est le chaînon jusqu'ici méconnu qui relie fortement les *Pensées sur l'interprétation de la nature* au *Rêve de d'Alembert*.

L'*Encyclopédie*, en effet, loin de représenter une parenthèse, dans l'évolution de la pensée de Diderot, a été le lieu décisif de son enrichissement et de son affermissement. Pour elle, puis par elle, cet esprit d'abord systématique a appris à se plier aux exigences de la pratique, cette pensée passablement abstraite à épouser fidèlement les multiples inflexions du réel.

Pour être complète, et embrasser tous les domaines de l'activité et de la pensée humaines, l'œuvre encyclopédique de Diderot devait comprendre encore une morale et une politique. Et c'est ici que la confusion entretenue par l'édition Assézat, et trois quarts de siècle de gloses subséquentes, ont eu le plus fâcheux effet. Ecartelée entre les postulations contraires de plusieurs de ses collaborateurs, la pensée de Diderot devenait un curieux monstre d'incohérence et de duplicité, selon l'humeur de ses commentateurs. Elle paraît au contraire très cohérente, claire, simpliste même par quelques côtés, toujours élevée pourtant, lorsqu'on l'étudie comme il convient, dans les articles dont la paternité est sûre, et les lettres familières écrites dans le même temps, qui en donnent toujours le commentaire le plus pertinent.

De la morale de Diderot, si dure parfois, dans cette période où il s'agit pourtant pour le Philosophe de s'affirmer, *contre* une tradition ancienne et indiscrète, il faut retenir les grands principes, plus que les modalités, souvent peu précises, ou contradictoires, et qui de toute façon peuvent se discuter. Le premier de ces principes est justement que la tradition chrétienne ne suffit pas à fonder une morale, si même la tradition et le dogme ne sont pas naturellement immoraux, étant inhumains. L'ambition de Diderot était de tracer les linéaments d'une morale naturelle qui ne fût pas un simple code de bon sens, comme on en trouve chez tant de déistes de son temps. Il conçoit donc le projet d'une morale scientifique, qui puisse découler de la connaissance positive de l'homme. Dans la mesure où l'homme est un être animal, cette morale s'identifie purement et simplement avec une sorte d'hygiène des passions, et devient une annexe de la médecine et de la psychophysiologie. Par là Diderot est proche des matérialistes mécanistes comme La Mettrie ou Helvétius. Mais il voyait bien par où cette morale pouvait prêter le flanc aux critiques de l'adversaire. Comme, au demeurant, l'aristotélisme et le stoïcisme, vérifiés par l'expérience, et conformément à sa nature propre, l'avaient persuadé que l'homme est un animal *sociable*, Diderot fut amené à concevoir un second ordre de morale qui se superpose au premier, et ressortit à la science politique, entendue au sens le plus large. Dans un univers où tout est déterminé, l'acte moral ne traduit pas le choix libre d'une volonté individuelle et souveraine, mais l'obéissance d'un animal sociable et raisonnable aux lois de la biologie et aux impératifs du corps social. Le mal, l'erreur, ne sont alors qu'une sorte de monstruosité, une excroissance anarchique, qui ne regardent ni le prêtre ni même le moraliste au sens traditionnel, mais, selon leur ordre, le médecin, qui soigne, ou le magistrat, qui récompense ou punit.

Même si ces technocrates en tout genre qu'étaient les encyclopédistes n'étaient point en général prêts à admettre pour la conduite humaine les principes qu'ils appliquaient tous les jours aux sciences, à la technique, à l'administration, même si, le plus souvent, ils s'accommodaient volontiers d'une morale inspirée du Christianisme, mais laïcisée, et plus libre, on ne peut nier que la morale de Diderot représente la pointe extrême de la pensée encyclopédique en ce domaine.

Ce caractère exemplaire, et paradoxal à la fois, au regard de l'opinion moyenne des encyclopédistes, marque aussi la philosophie politique de Diderot. Timide en somme, et typiquement éclectique sur le plan des réformes concrètes, fort hardie au contraire, et d'une grande simplicité de lignes, si on la considère dans ses principes, la philosophie politique élaborée par Diderot dans les années 1750-1765 n'est banale que si l'on se borne à y voir un amalgame de théories anciennes, et singulièrement des théories du droit naturel. Cet amalgame paraît même pauvre si l'on considère que Diderot a utilisé, pour son information, peu d'ouvrages de première main, et sans doute plus retenu des conversations de ses amis que de ses propres lectures.

L'originalité de la philosophie politique proposée par Diderot aux lecteurs de l'*Encyclopédie* est d'un autre ordre. Elle tient d'abord aux conditions dans lesquelles elle fut formée, au cours d'une lutte idéologique menée sur deux fronts principaux, face aux tenants de la monarchie de droit divin, mais aussi face à Rousseau le révolutionnaire, dont Diderot n'a jamais cessé de s'inspirer, même quand la logique de ses propres principes l'eut amené à le renier. Car la philosophie politique de Diderot est très logique. Elle l'est même d'autant plus que le Philosophe s'est moins soucié de ses implications pratiques. Logique par rapport à sa philosophie générale, puisqu'elle est l'application stricte à l'ordre politique d'une conception du monde matérialiste, moniste, déterministe et rationaliste. Logique encore par rapport aux intérêts au service desquels Diderot avait mis sa plume, puisque son système de monarchie démocratique, politiquement absolutiste, et libérale dans les domaines de la pensée et de l'économie, convenait à l'élite de possédants éclairés, épris d'ordre et de mouvement, dont l'*Encyclopédie* fut le moyen naturel d'expression.

Passé le cap de la publication des dix derniers volumes de discours, au début de l'année 1766, Diderot put se croire délivré d'un poids oppressant. Mais il eût été bien ingrat de regretter le jour où Le Breton avait engagé, pour un salaire de quelques dizaines de francs, le petit écrivain pauvre qu'il était alors. Car si Diderot s'est donné tout entier à l'*Encyclopédie*, on peut dire aussi bien que l'*Encyclopédie* lui a tout donné, ou presque tout : l'assurance du pain quotidien, un idéal exaltant, la pratique des hommes et des choses, un banc d'essai pour ses idées philosophiques, morales et politiques. Il y a acquis l'expérience profondément humaine qui donne mouvement et modernité à ses contes; la culture humaniste qui donne grandeur et sérénité aux méditations de sa vieillesse, cette intelligence universelle qui ne se développe que par la pratique raisonnée des réalités et des hommes, et qui lui permit, après 1765, d'aborder avec un égal bonheur la physiologie et l'économie, la politique et la morale; enfin ce sens de la solidarité de l'univers et de l'homme, de l'unité de l'homme économique, social, moral et politique, de la liaison étroite entre la pensée, l'écriture et l'action, sans quoi le reste de son œuvre ne pourrait être ce qu'il est.

ANNEXE I

Les collaborateurs de l'*Encyclopédie*.

Brunetière, puis Lanson, ont demandé il y a longtemps que fût établie la liste des collaborateurs de l'*Encyclopédie*. Ils souhaitaient connaître ceux d'entre eux qui avaient pu appartenir à la Franc-Maçonnerie. La nécessité d'une telle liste est apparue plus d'une fois depuis Lanson, et pas seulement à ceux qui voulaient éclaircir le mystère des origines maçonniques de l'*Encyclopédie*. Elle a été dressée à trois reprises, en 1932 dans le catalogue de l'exposition organisée à la Bibliothèque nationale par le Centre international de synthèse (1), en 1939 par L.-Ph. May (2), en 1951 par trois chercheurs de l'université de Kyoto (3).

La liste du Centre de synthèse est une liste alphabétique. Elle distingue entre collaborateurs des volumes de discours et collaborateurs des volumes de planches, et donne les dates de naissance et de mort d'une partie d'entre eux. Elle est complétée par deux listes méthodiques. L'une groupe les collaborateurs suivant les matières traitées, l'autre groupe ceux qui ont laissé une œuvre personnelle.

La liste de L.-Ph. May est une liste alphabétique. Elle comporte toutes les fois que cela est possible l'indication de la profession « pour faire apparaître la diversité des classes sociales auxquelles appartinrent les quelque deux cents collaborateurs du dictionnaire ». La liste de Kyoto est faite dans le même esprit que celle de M. May. Elle est en outre complétée par plusieurs listes méthodiques. L'une classe les encyclopédistes par générations. Une autre les répartit entre le clergé, la noblesse et deux fractions du Tiers, — bourgeois et artisans, — une troisième distingue les praticiens, ayant une expérience directe de la profession, et les intellectuels, n'ayant qu'une expérience livresque. La quatrième différencie les encyclopédistes d'après le mode de leur collaboration, — permanente, occasionnelle, etc.

En dehors de ces trois études générales il existe des recensements particuliers, par exemple celui des collaborateurs médicaux de l'*Encyclopédie* (4).

Pour qui s'intéresse à l'édition originale de l'*Encyclopédie* ces recensements ont un défaut commun : ils ne distinguent pas entre l'*Encyclopédie* de Diderot et d'Alembert et les volumes du *Supplément* publiés

---

(1) *L'« Encyclopédie » et les encyclopédistes*, pp. 25-28.

(2) L.-Ph. MAY, *Note sur les origines maçonniques*.

(3) KUBAWARA Takeo, TURUMI Syunsuke, HIGUTI Kiniti, *Les collaborateurs de l'« Encyclopédie »*.

(4) LAIGNEL-LAVASTINE, *Les médecins collaborateurs de l'« Encyclopédie »*.

à partir de 1776 par Panckoucke. Il arrive même qu'on ne distingue pas entre l'édition parisienne de l'*Encyclopédie* et ses rééditions étrangères (5). La distinction est en effet de peu d'importance aux yeux de l'historien des idées qui étudie l'esprit encyclopédique. Elle est capitale pour l'historien de Diderot.

Les trois principales études considérées ont en outre des défauts particuliers. Celle du Centre de synthèse est la plus modeste et la plus sûre. Elle est visiblement fondée sur les avertissements donnés par les éditeurs de l'*Encyclopédie* en tête de plusieurs volumes de discours ou de planches, y compris l'avertissement du premier tome du *Supplément*. Un certain nombre de noms signalés dans ces avertissements y sont pourtant oubliés : Bouillet fils, Cochin fils, Daubenton, subdélégué de Montbard, Deparcieux, Durival jeune, Le Canu, Le Monnier, Charles Le Roy, Paillasson. D'autres collaborateurs, dont les signatures se trouvent au bas de certains articles ou planches, ou dont on peut percer l'anonymat, y ont aussi été oubliés : le libraire David, Degerantins, Dumont, Foucou, La Guepierre, Laurent, Montamy, Naigeon, Oginski, Polier de Bottens, Saint-Lambert, Schenau. On y trouve en revanche des noms comme celui de Vaucanson (6). La liste de L.-Ph. May comporte également des oublis : l'un des Daubenton, Deparcieux, Robert de Vaugondy (7), et aussi Bourgeois, Degerantins, Dumont, Foucou, La Guepierre, Laurent, Montamy, Naigeon, Oginski, Polier de Bottens, Saint-Lambert, Schenau. Elle compte en revanche de nombreux noms qui ne sont pas signalés dans les avertissements et dont M. May n'indique pas l'origine. Cette liste est cependant plus intéressante que celle du Centre de synthèse, parce qu'elle n'est pas un simple répertoire de noms. Malheureusement les professions ont été indiquées au petit bonheur, et il est impossible de se fonder sur cette étude pour classer socialement les collaborateurs de l'*Encyclopédie*. Le plus souvent L.-Ph. May tire la profession de la nature des articles fournis, et c'est sans doute le plus mauvais principe de choix que l'on pouvait adopter. Ainsi d'Abbes est « polygraphe » parce qu'il a écrit sur des sujets variés, Allut le fils « ouvrier verrier » parce qu'il a donné des articles de verrerie, Delacroix « ardoisier » parce qu'il a donné des articles sur les ardoises, Montdorge « graveur » parce qu'il a écrit de la gravure, Soubeyran « ouvrier en chaînes de montres » parce qu'il a expliqué les planches décrivant cette fabrication, Vialet « ouvrier ardoisier » parce qu'il a décrit des ardoisières. Or nous savons que d'Abbes était officier de cour souveraine, Allut le fils un avocat, Delacroix un ingénieur des ponts et chaussées, Montdorge un riche fonctionnaire des finances, Soubeyran un dessinateur et un graveur, Vialet un inspecteur des ponts et chaussées. On voit aisément les raisons du choix de L.-Ph. May : il s'agissait de faire apparaître la part éminente de la fraction artisanale du Tiers dans l'*Encyclopédie*.

---

(5) L'article du Dr Astruc, *Les médecins collaborateurs de l'« Encyclopédie »* se fonde sur l'édition de Genève-Neuchâtel, 1777-1781.

(6) Vaucanson n'a pas collaboré à l'*Encyclopédie*. Fut-il sollicité ? La *Description des arts* eût certes gagné beaucoup à une telle collaboration, si l'on en juge par la lettre qu'il écrivit aux éditeurs pour corriger certaines erreurs grossières de l'article *Asple*. Diderot donna satisfaction à son correspondant dans l'avertissement du tome II de l'*Encyclopédie*, avec un empressement et une déférence dont on peut supposer qu'ils étaient intéressés.

(7) P. 186 de son article, L.-Ph. May orthographie Boucher pour Bouchu.

Les faits montrent que cette part fut en effet assez grande, mais ils le montrent autrement que ne l'a préjugé M. May.

La liste établie à Kyoto en 1951 a les mêmes défauts que celle de L.-Ph. May, considérablement aggravés. Il est difficile de deviner sur quelles bases le répertoire des noms a été établi. Ce répertoire comporte en tout cas des omissions étonnantes, notamment Bouchu, Bouillet fils, Buffon, Cochin fils, Delacroix, Delusse, Deparcieux, Deshauterayes. Desmarets, Dubuisson, Durand, Lucotte, Montamy, Naigeon, Paillasson, Prévost, Roux, Soubeyran, Vialet. Il comporte des noms qui ne sont ni dans la liste du Centre de synthèse, ni dans celle de L.-Ph. May. Quelques-uns, il est vrai, figurent dans les articles de M. Laignel-Lavastine et du Dr Astruc, mais ils n'indiquent pas eux-mêmes leurs sources. Les professions y sont encore plus fantaisistes que dans le répertoire de M. May. D'Aumont, professeur de médecine y est curieusement « idéologue », Boucher d'Argis, conseiller au Châtelet, y devient « fonctionnaire », Cahusac, noble provincial, est déclassé dans le Tiers, Liébaut, chargé du dépôt de la guerre et spécialiste des questions militaires, y est métamorphosé en « fabricant », Puisieux, avocat, s'y dégrade en « artisan ». De telles erreurs faussent les résultats des regroupements méthodiques opérés à partir du répertoire, et d'ailleurs ces regroupements ne sont pas faits selon des principes satisfaisants. Le classement par générations est sans signification, le classement par ordres, même si l'on scinde le Tiers en deux fractions, ne donne pas une idée claire de l'assise sociale de l'*Encyclopédie*. Enfin la distinction entre praticiens et idéologues est arbitraire.

Pour être exhaustive, une liste des collaborateurs de l'*Encyclopédie* devrait se fonder non seulement sur les avertissements des volumes de discours et de planches, mais aussi sur un dépouillement systématique de tous les articles du dictionnaire. Le travail est tout à fait réalisable, mais ses résultats seront incomplets aussi longtemps que l'anonymat d'un grand nombre de collaborateurs ne sera pas percé. Il ne peut l'être que dans des cas particuliers, à l'occasion de recherches séparées sur un auteur ou un sujet déterminés. C'est ainsi que M. Dieckmann a naguère rendu à Saint-Lambert un certain nombre d'articles anonymes de l'*Encyclopédie*, et notamment *Fantaisie, Familiarité, Fragilité, Frivolité, Génie, Honnête, Honneur, Intérêt, Législateur, Louange, Luxe, Manières, Transfuge* (8). M. Dieckmann a également retrouvé dans le fonds Vandeul une liste d'articles du baron d'Holbach. Les uns étaient jusqu'ici restés anonymes, alors que d'autres portaient, dans le dictionnaire, la marque de leur auteur (9).

Parmi les auteurs qui n'ont pas été nommés par Diderot et qui n'ont pas signé leurs articles, il en est, semble-t-il, de deux sortes : ceux qui répugnaient à être connus, étant donné leurs fonctions et la nature de l'entreprise, et ceux qui étaient trop obscurs à leurs propres yeux ou aux yeux des éditeurs pour justifier une mention expresse. De cette catégorie sont notamment bon nombre de collaborateurs techniques, sur qui nous aimerions tant avoir aujourd'hui des renseignements précis. Le silence qui les entoure nous interdit de jamais apprécier avec exactitude la participation de l'artisanat à l'entreprise encyclopédique. Ce silence,

---

(8) H. Dieckmann, *The sixth volume*, p. 112, n. 7.
(9) H. Dieckmann, *L'« Encyclopédie » et le fonds Vandeul*, p. 332.

d'autre part, n'est pas absolument sans signification, quant à la considération que pouvaient avoir les éditeurs du dictionnaire pour les artisans. C'est un fait dont il doit être tenu compte.

Nous devons donc nous résigner à ignorer qui a écrit les mémoires utilisés par Diderot pour les articles *Alun*, *Carton*, *Fer-blanc*, *Laiton*, *Lin*, *Marbreur de papier* (10). L'avertissement du premier volume de discours nous dit simplement que la description des arts a bénéficié de nombreuses collaborations anonymes (11). De même nous ignorerons longtemps encore quel est l'anonyme qui au tome III a donné des articles sur la pêche (12), quelle est la femme qui, au tome VI, a donné *Falbala* et *Fontange* (13), l'anonyme qui a écrit *Guitare* pour le tome VII, celui qui au tome VII encore a fourni le mémoire utilisé pour *Générosité* (15).

Alors même que nous connaissons le signataire de tel ou tel article, il reste souvent pour nous anonyme, si nous ne pouvons pas le situer dans le temps et dans la société. Et il faut bien avouer que le cas est fréquent. Qui sont donc Allard (16), Arnauld, Charpentier, Dubuisson (17), Dufour, Favre, Genson (18), Harguinier, Hill, La Bassée (19), La Fosse, Lefebvre, Mabile (20), Monnoye (21), Paillasson (22), Thomas (23), de Vienne (24) ?

La liste que nous prenons ici comme base de travail (liste I) n'est pas exhaustive. Elle n'est que la mise en ordre alphabétique des noms cités *dans les avertissements des volumes de discours et des volumes de planches*. Elle exclut naturellement les noms des collaborateurs choisis par Panckoucke pour le *Supplément*. Sous réserve de rares confusions orthographiques possibles, que nous signalons, cette liste a au moins le mérite d'être sûre. Elle compte cent quarante-deux noms.

Les dix-huit noms que nous y ajoutons (liste II) sont ceux de collaborateurs dont les noms sont indiqués seulement à l'occasion des articles qu'ils ont fournis, ou dont l'anonymat a pu être percé. Cette liste partielle ne pourra être complétée que par un dépouillement systématique des articles et des planches du dictionnaire.

---

(10) Voir notre article sur *La documentation technique de Diderot*, p. 351 et notes 5 à 11.

(11) ENC, t. I, p. XLV.

(12) ENC, t. III, p. XIV.

(13) ENC, t. VI, p. VI.

(14) ENC, t. VII, p. XIII.

(15) ENC, t. VII, p. 574 b, note.

(16) M. May le dit « physicien », sans doute parce qu'il a donné des articles de mécanique. La liste de Kyoto le donne comme « ingénieur ».

(17) M. May le dit « graveur » mais sans preuves.

(18) Il a traité de la maréchalerie, et M. May le dit maréchal-ferrant.

(19) M. May le dit ouvrier en passementerie, parce qu'il a fourni des renseignements à Diderot sur ce sujet.

(20) La liste de Kyoto le présente comme « artisan ». Dans l'*Encyclopédie* il est seulement dit que Mabile a aidé Diderot pour les arts.

(21) Il est l'auteur de l'article *Encaustique*, préféré par Diderot au sien.

(22) M. May le dit « écrivain du cabinet du roi ». Paillasson a expliqué les planches d'écriture.

(23) Il a fourni des mémoires sur la facture de l'orgue. M. May en conclut qu'il était « ouvrier en manufacture d'orgue » et la liste de Kyoto le classe dans les artisans.

(24) Il a aidé Diderot pour les arts. M. May infère de là qu'il était « théoricien des beaux-arts ». Il est classé comme « artisan » dans la liste de Kyoto.

Les renseignements que nous donnons après chaque nom sont, sauf mention expresse, tirés de la Biographie Michaud (25) ou, plus rarement, de celle de Hœfer (26). Ils complètent les renseignements souvent très elliptiques que l'on peut tirer de l'*Encyclopédie* elle-même. Toutes les fois que cela est possible, nous donnons d'abord le tome du dictionnaire où le nom est cité, l'indication des *matières* traitées par l'auteur considéré (26 *bis*) et ce que Diderot retient de sa qualité ou de ses titres (27). Nous donnons ensuite les renseignements complémentaires qu'il est possible de rassembler sur le personnage : quelles furent ses activités professionnelles, quelle fut sa fortune, quels furent ses titres, quels honneurs lui furent accordés et, s'il a vécu après 1789, quel fut son comportement pendant la Révolution. Il est évident que pour être pleinement utilisable, cette liste devrait comporter sur chaque auteur une véritable monographie historique établie selon des méthodes scientifiques. Michaud accorde par exemple beaucoup plus de place aux honneurs qu'aux activités professionnelles et plus de place à ces activités professionnelles qu'à la fortune, si bien que nous pouvons tout savoir de la carrière d'un encyclopédiste et ignorer sa place exacte dans le tableau des forces productives du XVIIIe siècle.

LISTE I

1. D'ABBES, ENC, t. VI. Figure (physionomie). *Correcteur à la Chambre des comptes du Languedoc.*

2. D'ALEMBERT (Jean Le Rond), ENC, t. I; signature O. Editeur du dictionnaire pour la partie mathématique et physique. *De l'Académie royale des sciences de Paris et de l'Académie royale de Berlin.* Membre de l'Académie française et des académies de Saint-Pétersbourg, de Londres, de Bologne, de Turin, etc. (28).

3. ALLARD, ENC, t. III. Mécanique; a fourni plusieurs modèles réduits de machines.

4. ALLUT fils (Antoine), ENC PL, t. IV. Verrerie, manufacture des glaces. Avocat à Uzès et savant. Il fut procureur de sa commune en 1790 et député du Gard à la Législative. Il ne fut pas conventionnel. Fédéra-

---

(25) Pour les encyclopédistes et plus généralement pour les écrivains de la deuxième moitié du XVIIIe siècle, MICHAUD est une source irremplaçable.

(26) HŒFER, *Nouvelle biographie générale.*

(26 *bis*) Ces *matières* sont indiquées ici comme dans les avertissements des volumes de l'*Encyclopédie*. Quand il s'agit d'*articles* précis, ils sont cités en italique. Le recensement de tous les articles écrits par les collaborateurs de DIDEROT, — avec leur attribution exacte, quand elle est possible, — est en cours à l'Université de San Francisco, Californie, sous la direction du Professeur SCHWAB.

(27) Cette indication est donnée en italique, pour la distinguer des renseignements du même ordre tirés d'une autre source.

(28) Sur D'ALEMBERT, voir notamment J.-A.-N. DE CARITAT, marquis DE CONDORCET, *Eloge de M. d'Alembert*, Paris, 1784, in-douze, 104 pages; Joseph DUMAS, *Eloge de d'Alembert*, Londres et Paris, 1789, in-8°, 54 pages; J.-P. DAMIRON, *Mémoire sur d'Alembert*, Paris, 1854, in-8°, 151 pages; J.-L.-F. BERTRAND, *D'Alembert*, Paris, 1889, in-12, 206 pages; Mme BONFANTE, *Savants et artisans de la révolution industrielle*, Poitiers, 1929, in-8°, 219 pages.

liste, il fut condamné par un tribunal révolutionnaire et exécuté le 25 juin 1794.

5. D'ANVILLE (Jean-Baptiste Bourguignon), ENC, t. VI. Etésiens. *De l'Académie royale des belles-lettres, Secrétaire du duc d'Orléans.* Il fut premier géographe du roi, adjoint-géographe à l'Académie des sciences, membre de la Société des antiquaires de Londres et de l'Académie de Saint-Pétersbourg (29).

6. D'ARGENVILLE (Antoine-Joseph Dezallier), ENC, t. I; signature K. Jardinage et hydraulique. *Conseiller du roi en ses conseils, Maître de la Chambre des comptes de Paris, membre de plusieurs académies (Londres, Montpellier, Arcades de Rome).*

7. ARNAULD, ENC, t. I. Pêche et chasse.

8. D'AUMONT (Arnulphe), ENC, t. III; signature d (30). Médecine. *Professeur de médecine à l'Université de Valence.*

9. D'AUTHVILLE (Charles-Louis des Amourettes), ENC, t. V. Equitation, escadron. *Commandant de bataillon.*

10. BARBEU DU BOURG (Jacques), ENC, t. III. Machine chronologique. *Docteur en médecine de la Faculté de Paris.* Il était médecin praticien et botaniste.

11. BARRAT, ENC, t. I. *Ouvrier en bas.*

12. BARTHEZ (Paul-Joseph), ENC, t. VI; signature g (31). Anatomie, médecine. *Docteur en médecine de la Faculté de Montpellier.* Après 1759, Barthez professa à la Faculté de médecine de Montpellier. En 1774, il obtint la coadjutorerie et la survivance du chancelier de l'Université et en 1780 la charge de médecin consultant du roi. Il était docteur en droit et conseiller à la Cour souveraine des aides de Montpellier. Il obtint le brevet et la pension de Conseiller d'Etat et remplaça Tronchin comme premier médecin du duc d'Orléans. Il se cacha en province pendant la Révolution. Il fut médecin titulaire du gouvernement sous le Consulat, puis médecin consultant de l'Empereur. Il fut membre de l'ordre de la Légion d'honneur (32).

13. BEAUZÉE, ENC, t. VII; signature E.R.M. (33). *Professeur à l'Ecole royale militaire.* Membre de l'Académie française à la mort de Duclos.

14. BELLIN (Jacques-Nicolas), ENC, t. I; signature Z. Marine. *Censeur royal, Ingénieur de la marine.* Il fut de l'Académie royale de marine et de la Société royale de Londres.

---

(29) Sur D'ANVILLE, voir la notice biographique de M. DUGAST-MATIFEUX, dans ANVILLE, *Le pays de Rais*, Nantes, 1868, in-8°.

(30) Sa marque n'est donnée qu'au volume V. Une lettre de DIDEROT du 8 janvier 1755 est adressée à « Monsieur DAUMON, docteur en médecine de la Faculté de médecine et professeur dans l'Université de Valence, en Dauphiné. A Valence, en Dauphiné » (CORR, t. I, p. 191, n. 1).

(31) Sa marque n'est donnée qu'en tête du volume VII.

(32) Sur P.-J. BARTHEZ, voir Dr G. DUPRÉ, *Inauguration des statues de La Peyronie et Barthez*, Montpellier, 1864, in-8°, 18 pages; Dr J. VIRES, *La société littéraire de Narbonne et P.-J. Barthez*, in *Bulletin de la commission archéologique de Narbonne*, t. VIII, 1904-1905, pp. 470-488; Dr R. SEMELAIGNE, *Aliénistes et philanthropes* (BARTHEZ, pp. 407-409), Paris, 1912, in-8°, 548 pages.

(33) On trouve aussi B.E.R.M., par exemple au bas du deuxième article *Parfait*, de l'article *Synonyme*, etc..

15. Berthoud (Ferdinand), ENC, t. V. Equation en horlogerie. *Horloger.* Il était horloger mécanicien de la marine, membre de la Société royale de Londres. Il fut plus tard membre de l'Institut et de l'ordre de la Légion d'honneur (34).

16. Besnard, ENC PL, t. IV. Gravure de planches et direction de l'exécution des planches du tome IV au tome XI. *Graveur.*

17. Blondel (Jacques-François), ENC, t. I; signature P. Architecture. *Architecte, fondateur d'une école d'architecture.* Il fut professeur au Louvre. Le marquis de Marigny obtint du roi des récompenses pour ses élèves (35).

18. Bonnet, ENC, t. I. Velours. *Ouvrier en soie.*

19. de Bordeu (Théophile), ENC, t. III. Crise. *Docteur en médecine de la Faculté de Montpellier, médecin à Paris.*

Bordeu avait été en 1749 intendant des eaux minérales d'Aquitaine. Il donna aussi des cours d'accouchement. Fixé à Paris en 1752 il fut reçu docteur de la Faculté de médecine de Paris en 1754 (36).

20. Bouchaud (Marie-Antoine), ENC, t. III. Concile. *Docteur agrégé de la Faculté de droit.* Bouchaud était noble. A cause de sa participation à l'*Encyclopédie* il ne put être professeur à la Faculté de droit avant 1766, date où il fut admis à l'Académie des Inscriptions. En 1774 on créa pour lui une chaire du droit de la nature et des gens au Collège de France. Membre de l'Institut en 1796.

21. Boucher d'Argis (Antoine-Gaspard), ENC, t. III. Jurisprudence. *Avocat au Parlement de Paris, Conseiller au Conseil souverain de Dombes.* Il fut plus tard conseiller au Châtelet de Paris (37).

22. Bouchu (Etienne-Jean), ENC, t. VII. Forges. *Maître de forges.* Il était fils d'avocat; il dirigea les forges appartenant au duc de Penthièvre. Il fut membre de l'Académie des sciences de Dijon.

23. Bouillet (Jean), ENC, t. III. Médecine. *Docteur en médecine de la Faculté de Montpellier, secrétaire de l'Académie de médecine de Béziers, professeur de mathématiques.* Il exerça comme praticien à Béziers pendant soixante ans (38).

24. Bouillet fils (Jean-Henri-Nicolas), ENC, t. III. Médecine. Docteur en médecine, collaborateur de son père.

---

(34) Sur Berthoud, voir A. Bachelin, *L'horlogerie neuchâteloise,* Neuchâtel, 1888, in-8°, 224 pages.

(35) Nous trouvons dans Ch. du Peloux, *Répertoire biographique et bibliographique des artistes du XVIIIe siècle français,* t. I, pp. 217-218, les précisions suivantes : Blondel ouvrit son école des arts en 1743 et la dirigea jusqu'en 1755. On y enseignait les mathématiques, l'optique, la perspective et en général les sciences auxiliaires de l'architecture. En 1753 le roi entretenait à ses frais six élèves de Blondel. Blondel donna des cours publics d'architecture de 1743 à 1748 et les reprit en 1754. Il fut nommé professeur royal à l'Académie en 1762 et le resta jusqu'à sa mort.

(36) Sur Bordeu, voir Dr L. Cornet, *Théophile de Bordeu,* Paris, 1922, in-8°, 34 pages.

(37) Sur Boucher, voir Frémont, *Jurisconsultes orléanais,* in *Mémoires de la Société d'agriculture, sciences, belles-lettres et arts d'Orléans,* 1855, t. II, pp. 228-233.

(38) Sur Jean Bouillet, voir Camp, *Lettres inédites de Mairan* (à Bouillet), in *Bulletin de la Société archéologique de Béziers,* deuxième série, t. I, 1858-1860, p. 56 et t. II, 1860-1863, p. 1 et p. 237.

25. Boulanger (Nicolas-Antoine), ENC, t. IV. Corvée, déluge. *Sous-ingénieur des ponts et chaussées de la généralité de Tours* (39).

26. Boureau-Deslandes (André-François), ENC, t. I. Marine. *Ex-commissaire général de la marine.* Il fut membre de l'Académie de Berlin.

27. Bourgelat (Claude), ENC, t. IV; signature e (40). Maréchalerie et manège. *Ecuyer du roi, chef de son Académie à Lyon, correspondant de l'Académie des sciences de Paris.* Bourgelat fut avocat au parlement de Grenoble avant de servir dans les mousquetaires. En 1761 il fonda à Lyon une école vétérinaire, qui devint école royale en 1764. Cette école fut fondée par lui avec des capitaux personnels et des capitaux de l'Etat. Il devint commissaire général des haras. Il était membre des académies des sciences de Paris et de Berlin (41).

28. de Brosses (Charles), ENC, t. VI. Etymologie. *Correspondant honoraire de l'Académie royale des belles-lettres, Président à mortier.* D'abord conseiller au parlement de Bourgogne, Charles de Brosses fut président à mortier en 1741. Il ne devint premier président qu'après le rétablissement des parlements en 1771 (42).

29. de Buffon (Georges-Louis Leclerc), ENC, t. II. Nature. Fils de parlementaire, membre adjoint de l'Académie des sciences dès 1733, Intendant du Jardin du roi en 1739, maître de forges. Il entra à l'Académie en 1753. Sa terre fut érigée en comté par Louis XV. Il était membre de nombreuses académies étrangères (43).

30. Buisson, ENC, t. I. Teinture, draperie, tirage, moulinage, ovalage de la soie, art du batteur d'or. *Ex-inspecteur des manufactures, fabricant à Lyon.*

31. de Cahusac (Louis), ENC, t. I. Ballet, danse, opéra. *De l'Académie des belles-lettres de Montauban.* Il était noble, et parlementaire. Il fut surtout homme de lettres. Il fut membre de l'Académie des sciences et des belles-lettres de Prusse.

32. Charpentier, ENC, t. I. Arts.

33. Cochin fils (Charles-Nicolas), ENC PL. t. III. Dessin. Fils du graveur Cochin, il était garde des dessins du cabinet du roi depuis 1752

---

(39) Dans la biographie que Diderot a écrite sur Boulanger (AT, t. VI, pp. 339 et suivantes) on relève les détails suivants : Boulanger avait fait ses études au collège de Beauvais. Il s'intéressa spécialement aux mathématiques et à l'architecture. Il suivit le baron de Thiers aux armées comme ingénieur particulier. Entré dans les ponts et chaussées en 1745 il travailla à des ouvrages publics en Champagne, en Lorraine et en Bourgogne, puis en Touraine. Nommé sous-ingénieur en 1749 il fut affecté à la généralité de Paris en 1751. Il prit sa retraite anticipée, avec le titre d'ingénieur, en 1758.

(40) Sa marque est donnée en tête du volume V.

(41) Sur Bourgelat, voir Louis-Furcy Grognier, *Notice historique et raisonnée sur C. Bourgelat, fondateur des écoles vétérinaires*, Paris, 1805, in-8°, VI-252 pages.

(42) Sur de Brosses, voir A. Wattine, *Magistrats célèbres du XVIIIe siècle*, Paris, 1941, in-8°, 313 pages.

(43) Sur Buffon, voir J. Aude, *Vie privée du comte de Buffon*, Lausanne, 1788, in-8°; G. Cuvier, *Notice sur la vie de Buffon*, in Buffon, *Œuvres complètes*, Paris, 1830; marquis A. de Chesnel, *Vie de Buffon*, Paris, 1843, in-12; L. Dimier, *Buffon*, Paris, 1919, in-16, 309 pages; Ed. Estaunié, *Buffon*, Dijon, 1924, in-8°, 28 pages, etc..

et secrétaire historiographe de l'Académie depuis 1755. Il fut anobli par Louis XV et nommé membre de l'ordre de Saint-Michel, avec pension (44).

34. DE COMPT, ENC, t. VI. Eau de vie. *Curé de Laleu, près de La Rochelle.*

35. DAUBENTON (Louis-Jean-Marie), ENC, t. I; signature I. Histoire naturelle. *Docteur en médecine, membre de l'Académie des sciences.* Garde et démonstrateur du cabinet d'histoire naturelle depuis 1745. Après 1778 il enseignera au Collège de France. Professeur à l'Ecole normale supérieure en 1795, sénateur en 1799 (45).

36. DAUBENTON, ENC, t. III; signature c. Culture des arbres. *Subdélégué de Montbard.*

37. DEFERTH, ENC PL, t. I. Gravure des planches de l'*Encyclopédie. Graveur.*

38. DELACROIX, ENC PL, t. VI. Ardoisières d'Anjou. *Ingénieur des ponts et chaussées dans la province du Maine et de l'Anjou.*

39. DELEYRE (Alexandre), ENC, t. V. Epingles. Ancien Jésuite, Deleyre, protégé par le duc de Nivernois fut successivement secrétaire des carabiniers, attaché à l'ambassadeur de Venise, bibliothécaire du prince de Parme, mais surtout homme de lettres. Il était ami de Jean-Jacques Rousseau. Député de la Gironde à la Convention, il vota la mort du roi. En 1795 il fut chargé de surveiller les écoles normales. Il fit partie du Conseil des anciens et fut membre de l'Institut, classe des sciences morales et politiques.

40. DELUSSE, ENC PL, t. V. Lutherie. Professeur de flûte, musicien de l'Opéra-comique, facteur d'instruments.

41. DEPARCIEUX (Antoine), ENC PL, t. V. Observations sur les planches des arts. *Mécanicien, membre de l'Académie des sciences, Censeur royal.* Il faisait partie de nombreuses académies étrangères (Berlin, Stockholm) et françaises (Metz, Lyon, Montpellier).

42. DESHAUTERAYES (Michel-Ange-André Le Roux), ENC PL, t. II. Caractères des langues mortes et vivantes. Professeur d'arabe au Collège de France depuis 1752.

43. DESMAHIS (Joseph-François-Edouard de Corsambleu), ENC, t. VI. Fat, femme. *Auteur comique.* Il était fils de magistrat et d'abord destiné à la robe (46).

---

(44) Sur COCHIN le fils, voir M. DUMOULIN, *Etudes et portraits d'autrefois*, in *L'art et l'Etat au XVIII*e *siècle*, pp. 191-254, Paris, 1911, in-8°.

(45) Sur DAUBENTON, voir A. ALBRIER, *La famille Daubenton, notice historique et généalogique*, Paris, 1874, in-8°; G. CUVIER, *Notice historique sur Daubenton*, Paris, an IX, in-4°, 32 pages; E. CHAPUISAT, *Figures et choses d'autrefois*, Paris, 1920, in-16, pp. 217-219; Dr L. ROULE, *Daubenton et l'exploitation de la nature*, Paris, 1925, in-18, 247 pages, et *Les grands naturalistes français. Le médecin Louis Daubenton, anatomiste et zootechnicien*, Paris, 1926, in-8°, 23 pages.

(46) Sur DESMAHIS, voir BASSEVILLE, *Un poète orléanais. De Corsambleu de Desmahis*, in *Mémoires de la Société d'agriculture, sciences, belles-lettres et arts d'Orléans*, 1906, 5e série, t. VI, pp. 29-40; A. DE ROCHEFONTAINE, *Desmahis*, in Ch.BRAINNE, J. DEBARBOUILLER et Ch.-F. LAPIERRE, *Les hommes illustres de l'Orléanais*, Orléans, 1852, in-8°, t. I, pp. 152-156.

44. DESMARETS (Nicolas). ENC, t. VII. Géographie (47). D'abord répétiteur de mathématiques, Desmarets fut de 1757 à 1759 chargé par Trudaine de visiter les fabriques de drap pour recueillir les procédés et préparer des règlements. En 1761 il inspecte les fromageries de Lorraine et de Franche-Comté; en 1762 Turgot le nomme inspecteur des manufactures du Limousin. En 1771 il est inspecteur des manufactures de Champagne; en 1781 il est inspecteur à la manufacture de Sèvres; en 1788 il est inspecteur général, directeur des manufactures de France. Il fut adjoint à l'Académie des sciences en 1771. Sous la Révolution Desmarets fit partie du Bureau consultatif des arts et métiers créé par Louis XVI. Plus tard, il fut professeur d'histoire naturelle à l'Ecole centrale de la Seine. Il avait été emprisonné en 1792 (48).

45. DIDEROT (Denis), ENC, t. I; signature *. Editeur général du dictionnaire, spécialement chargé des arts et de l'histoire de la philosophie. Il fut membre des académies de Berlin, de Saint-Pétersbourg, de Stockholm.

46. DODART, ENC, t. VI. Articles divers. *Maître des requêtes, intendant de Bourges.*

47. DOUCHET, ENC, t. VII; signature E.R.M.. Grammaire. *Professeur à l'Ecole royale militaire.*

48. DOUET, ENC, t. I. Gaze. *Gazier.*

49. DUBUISSON, ENC PL, t. II. Blason.

50. DUFOUR, ENC, t. V. Droits du roi, emprunts, finances.

51. DUMARSAIS (César Chesneau), ENC, t. I; signature F. Grammaire. Il se fit plusieurs fois précepteur, il tint une pension rue Saint-Victor. Il fut pensionné par Lauraguais, quelque temps avant sa mort (49).

52. DUPIN (Claude), ENC, t. I. Salines. *Fermier général.*

53. DURAND, ENC, t. V. Email. *Peintre en émail.*

54. DURIVAL aîné (Nicolas Luton), ENC, t. VI. Articles divers. Secrétaire de l'intendance de Lorraine, greffier du conseil d'Etat de Stanislas, puis lieutenant de police à Nancy. Membre de l'Académie de Nancy en 1760. En 1795 la Convention dut lui verser des secours à cause de sa pauvreté.

55. DURIVAL jeune (50), ENC, t. VI. Divers. Secrétaire des conseils d'Etat et des finances de Stanislas.

---

(47) Il est possible, mais nullement certain, que ce DESMARETS (DIDEROT orthographie DESMAREST) soit une seule et même personne avec DESMARAIS, signalé au tome VI des *Planches* comme auteur de mémoires sur les prismes articulés.

(48) Sur DESMARETS, voir A. LACROIX, *Institut de France. Académie des sciences (...). Notice historique sur le troisième fauteuil de la section de minéralogie*, Paris, 1928, in-4°, pp. 4-14; A. GUENIN, *Troyes et le département de l'Aube (...) de 1789 à 1848* (2e section, Biographie départementale) in *Mémoires de la Société d'agriculture (...) du département de l'Aube*, t. XX, 1856, p. 496.

(49) Son décès est signalé au tome VI de l'*Encyclopédie*. Sur DUMARSAIS, voir F. TAMISIER, *Les marseillais illustres : Dumarsais*, in *Tribune artistique et littéraire du Midi*, t. VI, 1862, pp. 101, 130, 183, 225, 254.

(50) Nicolas eut deux frères, Claude et Jean-Baptiste, l'un mort en 1805, l'autre en 1810. Les deux eurent une carrière identique.

56. EIDOUS (Antoine), ENC, t. I; signature V. Blason, maréchalerie, manège. *Ingénieur militaire.* Il fut ingénieur militaire en Espagne puis traducteur et homme de lettres.

57. FAIGUET, ENC, t. III. Citation. *Maître de pension à Paris.*

58. FALCONET (Camille), ENC, t. I. Conseils divers. *Médecin consultant du roi, membre de l'Académie des inscriptions et belles-lettres.*

59. FAVRE, ENC, t. I. Serrurerie, taillanderie, canons.

60. FORMEY (Jean-Henri-Samuel), ENC, t. I, p. XXXVIII. Articles divers (51). Pasteur à Brandebourg, professeur d'éloquence, puis de philosophie au Collège français de Berlin. Il était de l'Académie des sciences et des belles-lettres de Berlin, et il en fut le secrétaire perpétuel après 1748.

61. FOURNIER, ENC, t. I. Fonderie de caractères. *Fondeur de caractères d'imprimerie.*

62. GENSON, ENC, t. IV. Maréchalerie.

63. GOUSSIER (Louis-Jacques), ENC, t. I; signature D. Coupe des pierres, instruments de mécanique (52). Il fut un certain temps professeur de mathématiques. Dans l'*Encyclopédie* il a été le principal collaborateur de Diderot pour la description des arts, tant pour recueillir les renseignements que pour lever les dessins des machines. En 1792 Roland, ministre de l'Intérieur, l'appela auprès de lui pour revoir les articles techniques de l'*Encyclopédie méthodique.* Il était membre de plusieurs académies.

64. GUÉNEAU DE MONTBEILLARD (Philibert), ENC, t. VI. Etendue. *Editeur de la collection académique.* Il fut chargé de certaines descriptions d'oiseaux dans l'*Histoire naturelle* de Buffon (52 *bis*).

65. HARGUINIER, ENC PL, t. VII. Explication des planches du manège et de l'équitation.

66. D'HÉROUVILLE DE CLAYE (Antoine de Ricouart), ENC, t. I. Minéralogie, colza, garance. *Lieutenant général des armées du roi, Inspecteur général de l'infanterie.* Il était noble et avait le titre de comte.

67. HILL, ENC, t. I. Verrerie anglaise.

68. D'HOLBACH (Paul Thiry), ENC, t. II (53); signature —. Métallurgie, minéralogie, histoire des religions. Baron, propriétaire foncier, amateur d'art et de minéralogie. Ecrivain et traducteur (54).

69. DE JAUCOURT (Louis), ENC, t. II; signature D.J.. Principal collaborateur de Diderot pour l'édition du dictionnaire. Le chevalier de Jaucourt était docteur en médecine de l'Université de Leyde. Il fut polygraphe. Il

---

(51) La liste en a été établie par Mme E. MARCU.

(52) C'est GOUSSIER qui a revu toutes les figures et les a presque toutes dessinées. Il s'est aussi occupé de lutherie et de la facture de l'orgue (ENC, t. I, p. XLIV).

(52 *bis*) Sur GUÉNEAU, voir G. ROTH, *Un ami de Diderot.*

(53) D'HOLBACH n'est pas désigné par son nom dès le volume II. Il est nommé dans l'avertissement du tome III, p. XIV.

(54) Voir P. NAVILLE, *D'Holbach.*

était membre associé de plusieurs académies (Londres, Berlin, Stockholm, Bordeaux) (55).

70. La Bassée, ENC, t. I. Passementerie.

71. de La Chapelle, ENC, t. I; signature E. Arithmétique et géométrie élémentaires. *Abbé, censeur royal, membre de la Société royale de Londres.* Il était également des académies de Lyon et de Rouen.

72. La Condamine (Charles-Marie), ENC, t. III. Histoire naturelle et géographie de l'Amérique. *De l'Académie des sciences et des académies de Londres et de Berlin.* La Condamine fit d'abord une carrière militaire, puis une carrière scientifique comme adjoint chimiste de l'Académie des sciences, et comme explorateur. Il fut de l'Académie française et de plusieurs académies étrangères (Saint-Pétersbourg, Cortone) (56).

73. La Fosse, ENC PL, t. VII. Explication des planches du maréchal-ferrant.

74. de La Motte-Conflant, ENC, t. IV. Denier à César. *Avocat au Parlement.*

75. Landois (Paul), ENC, t. I; signature R. Peinture, sculpture, gravure. Auteur dramatique.

76. Laurent, ENC, t. I. Velours. *Ouvrier en soie.*

77. Lavirotte (Louis-Anne), ENC, t. IV. Médecine. *Docteur en médecine de la Faculté de Paris, censeur royal.* Il était attaché à la rédaction du *Journal des savants* dès 1750, et il a travaillé à la *Collection académique.*

78. Le Blond (Guillaume), ENC, t. I; signature Q. Art militaire. *Professeur de mathématiques des pages de la grande écurie du roi.* Il avait acheté sa charge très cher en 1736. De 1751 à 1778 il enseigna les mathématiques aux Enfants de France.

79. Le Canu, ENC PL, t. I. Gravure des planches de l'*Encyclopédie. Graveur* (57).

80. Lefebvre, ENC, t. VII. Faiblesse (morale), folie (morale), gouverneur, gouvernante.

81. Le Monnier (Louis-Guillaume), ENC, t. I. Aimant, électricité. *De l'Académie des sciences de Paris, des académies de Berlin et de Londres, médecin ordinaire du roi à Saint-Germain.* Il eut la chaire de botanique du Jardin du roi à la mort de Jussieu l'aîné, fut médecin en chef des armées, médecin des Enfants de France, premier médecin du roi. Il fut associé à l'Institut dès sa fondation.

---

(55) Voir la notice concernant le chevalier de Jaucourt dans Haag, *La France protestante.* Sur la famille de Jaucourt, voir marquise de Jaucourt, *La famille de Jaucourt*, in *Bulletin de la Société de l'histoire du protestantisme français*, t. I, 1853, pp. 399-404.

(56) Sur La Condamine, voir F. Bulan, *Personnages énigmatiques*, Paris, 1861, in-8°, 430 pages; J. Jacquart, *La correspondance de l'abbé Trublet, documents inédits sur La Condamine*, Paris, 1926, in-8°, XIX-164 pages; A. Lacroix, *Institut de France (...). Notice historique sur les membres et correspondants de l'Académie des sciences*, Paris, 1932, in-4°, 100 pages.

(57) Du Peloux, *Répertoire biographique*, t. I, p. 81, indique que Le Canu, élève de Launay, fut « auteur d'une suite de dessins de fontaines et d'ornements d'architecture ».

82. LENGLET DU FRESNOY (Nicolas), ENC, t. III; signature a. Histoire. *Abbé* (58).

83. LE ROMAIN, ENC, t. I. Sucres, divers. *Ingénieur en chef de l'île de la Grenade.*

84. LE ROY (Charles), ENC, t. VI. Médecine. *Docteur en médecine de la Faculté de Montpellier, membre de la Société royale de Montpellier.* Le Roy professa à la Faculté de médecine de Montpellier après 1759. Il fut médecin à Paris après 1777.

85. LE ROY (Georges), ENC, t. V. Vénerie, histoire naturelle. *Lieutenant des chasses de Versailles.*

86. LE ROY (Jean-Baptiste), ENC, t. I; signature T. Horlogerie, instruments d'astronomie. *Fils de Julien Le Roy.* Julien Le Roy, mort en 1759, était horloger du roi depuis 1739. Jean-Baptiste, physicien, fut membre de l'Académie des sciences. Il fut membre de l'Institut, première classe, section de mécanique, dès sa fondation.

87. LIÉBAUT, ENC, t. VI. Art militaire. *Chargé du dépôt de la guerre.*

88. LONGCHAMP, ENC, t. I. Brasserie. *Richissime brasseur.*

89. LOUIS (Antoine)), ENC, t. I; signature Y. Chirurgie. *Chirurgien, démonstrateur royal au Collège de Saint-Côme.* Membre associé, puis conseiller, de l'Académie de chirurgie. Professeur de physiologie aux écoles de chirurgie et commissaire pour les extraits. Attaché à l'hôpital de la Charité. Chirurgien-major à l'armée du Haut-Rhin jusqu'en 1763. Louis était avocat et docteur en droit.

90. LUCOTTE, ENC PL, t. II. Charpenterie. Il a dessiné de très nombreuses planches.

91. MABILE, ENC, t. I. Arts.

92. MAGIMEL, ENC, t. IV (59). Orfèvrerie. *Orfèvre.*

93. MALLET, ENC, t. I. Poterie. *Potier d'étain à Melun.*

94. MALLET (Edmé), ENC, t. I; signature G. Théologie, histoire ancienne et moderne, poésie, éloquence. *Docteur en théologie, professeur royal de théologie à Paris.* Edmé Mallet fut précepteur chez M. de La Live avant de prendre les ordres. En 1744 il a une cure près de Melun; en 1751 il est professeur de théologie au Collège de Navarre. Il est fait chanoine malgré une dénonciation parue dans la *Gazette ecclésiastique* au sujet de sa collaboration à l'*Encyclopédie* (60).

95. MALOUIN (Paul-Jacques), ENC, t. I; signature M. Chimie. *Docteur régent de la Faculté de médecine de Paris, censeur royal, membre de l'Académie des sciences.* Il fut professeur de chimie au Jardin du roi en 1745. En 1753 le gouvernement le chargea de lutter contre une épizootie dans la région parisienne. Il enseigna la médecine au Collège de France (61).

---

(58) Son décès est signalé au début du tome VI. Sur LENGLET DU FRESNOY, voir J. DELORT, *Histoire de la détention des philosophes et des gens de lettres à la Bastille et à Vincennes*, Paris, 1829, 3 vol. in-8°, t. II, pp. 41-112.

(59) Son nom n'est cité que dans le volume V.

(60) Son décès est signalé au tome VI de l'*Encyclopédie*.

(61) Précision donnée dans LAIGNEL-LAVASTINE, *Les médecins collaborateurs de l' « Encyclopédie »*, p. 357.

96. DE MARGENCI, ENC, t. VI. Articles divers. *Gentilhomme ordinaire du roi.*

97. MARMONTEL (Jean-François), ENC, t. III. Comédie, critique. Dans sa jeunesse Marmontel enseigna la philosophie. Il fut secrétaire des bâtiments sous Marigny de 1753 à 1758. Il eut une pension sur le *Mercure de France* avant d'en obtenir la direction. Il la perdit après son embastillement en 1760. En 1771 il remplaça Duclos comme historiographe de France. Sous la Révolution, en 1792, Marmontel dut fuir Paris et se cacher. En 1797 il fut élu au Conseil des anciens. Le coup d'Etat du 18 fructidor mit un terme à sa carrière et il se retira dans l'Eure (62).

98. DE MEYSIEULX, ENC, t. IV. Ecole royale militaire. *Ex-conseiller au Parlement, Intendant en survivance, Directeur général des études à l'Ecole royale militaire.*

99. DE MONNOYE, ENC, t. VI. *Encaustique.*

100. DE MONTDORGE (Antoine Gauthier), ENC, t. II. Gravure en couleurs. Maître de la Chambre aux deniers du roi à Lyon. Homme de lettres, membre de l'Académie de Lyon.

101. DE MONTESQUIEU (Charles-Louis de Secondat), ENC, t. V. *Goût.* Né d'une famille de parlementaires, Montesquieu est président à mortier au parlement de Guyenne dès 1716. Il se démet de sa charge en 1726 pour se consacrer à ses travaux et pour voyager. Il est baron et propriétaire foncier. Il est membre de l'Académie de Bordeaux, de l'Académie française, et de plusieurs académies étrangères (Londres, Berlin) (62 *bis*).

102. MORAND (Sauveur), ENC, t. I. Artériotomie. *Chirurgien à Paris, membre de plusieurs académies.* Censeur royal en 1730, Morand fut chirurgien en chef de la Charité puis chirurgien en chef des Invalides. Il enseigna la chirurgie.

103. MORELLET (André), ENC, t. VI; signature h (63). Théologie. *Abbé, licencié en théologie de la Faculté de Paris.* L'abbé Morellet fut reçu à l'Académie française en 1785. Sous la Révolution il réussit à cacher les archives et les registres de l'Académie aux agents de la Convention. Il perdit sa fortune. Il plaida pour les familles de condition dont les biens avaient été confisqués. Il fut de l'Académie française reconstituée, en 1803, et du Corps législatif en 1807 (64).

---

(62) Sur MARMONTEL, voir SAINT-SURIN, *Notice sur Marmontel*, Paris, 1824, in-8°; M. BLOCH, *Les mères des grands hommes*, Paris, 1885, in-8°, 236 pages; J. BOUCHE, *Conférence faite sur Marmontel*, Châlons-sur-Marne, 1888, in-16, 32 pages; G. BOISSIER, *Institut de France (...). Inauguration du monument de Marmontel*, Paris, 1899, in-4°, 8 pages; Alphonse AULARD, *Etudes (...) sur la Révolution française (...). Marmontel*, Paris, 1913, in-18, 282 pages; F. DELZANGLES, *Biographie et morceaux choisis d'écrivains d'Auvergne*, Aurillac, 1933, in-8°, pp. 90-93; J. NOUAILLAC, *Le mariage de Marmontel et son heureux ménage*, Brive, 1936, in-8°, 53 pages.

(62 *bis*) Son éloge funèbre est au début du tome V.

(63) L'abbé MORELLET n'est désigné nommément que dans l'avertissement du volume VII.

(64) Sur MORELLET, voir J. DELORT, *Histoire de la détention des philosophes et des gens de lettres à la Bastille et à Vincennes*, Paris, 1829, t. II, pp. 311-354; G. STENGER, *La société française pendant le consulat*, 4e série, *Les écrivains et les comédiens*, Paris, 1905, in-8°, III-535 pages (pp. 223-228).

104. NECKER, ENC, t. VI. Frottement. *Professeur de mathématiques à Genève, correspondant de l'Académie des sciences de Paris.*

105. PAILLASSON, ENC PL, t. II. Ecriture.

106. PAPILLON (Jean-Baptiste-Michel), ENC, t. I. Gravure. *Graveur sur bois* (65).

107. PENCHENIER, ENC, t. VII. Goutte. *Docteur en médecine à Montélimar.*

108. PERRINET D'ORVAL, ENC, t. VI. Feu d'artifice. Fermier général (66).

109. PERRONET (Jean-Rodolphe), ENC, t. VI. Pompe à feu. *Inspecteur général des ponts et chaussées* (67).

110. PESSELIER (Charles-Etienne), ENC, t. VI. Finances. Pesselier a travaillé dans les Fermes. Il était dramaturge et homme de lettres.

111. PESTRÉ, ENC, t. I; signature C. Morale, histoire de la philosophie. *Abbé.*

112. PICHARD, ENC, t. I. Bonneterie. *Marchand-fabricant bonnetier.*

113. PINOT DUCLOS (Charles), ENC, t. IV. Déclamation des anciens. *De l'Académie française, de l'Académie des inscriptions et belles-lettres, historiographe de France.* Duclos fut anobli par le roi.

114. DE PRADES, ENC, t. I. Histoire de la philosophie et religion. *Abbé.* Il fut lecteur du roi de Prusse et archidiacre du chapitre de Glogau (67 *bis*).

115. PRÉVOST, ENC, t. I. Verreries. *Inspecteur des verreries.*

116. PRÉVOST (Benoît-Louis), ENC PL, t. II. Gravure. *Graveur* (68).

117. DE PUISIEUX (Philippe-Florent), ENC PL, t. II. Arts. Avocat au Parlement de Paris puis littérateur et traducteur.

118. QUESNAY (François), ENC, t. VI. Fermiers, grains. Son père était laboureur et marchand. D'abord chirurgien à Nantes puis médecin de Mme de Pompadour il obtint en 1752 la survivance de la charge de premier médecin ordinaire du roi et fut anobli par Louis XV la même année. En 1751 il devint membre de l'Académie des sciences. Il avait été secrétaire de l'Académie de chirurgie de 1740 à 1748 (69).

---

(65) DU PELOUX, *Répertoire biographique*, t. I, p. 107, indique que J.-B.-M. PAPILLON fut le fils et l'élève de Jean-Nicolas. Il travailla sur bois pour la librairie dès 1713, à l'âge de 15 ans. Il est l'auteur d'un *Traité historique et pratique de la gravure en bois*, paru en 1766.

(66) Indiqué dans CORR, t. I, p. 149, n. 5.

(67) Sur PERRONET voir A. JARRY DE MANCY, *Perronet, premier ingénieur des ponts et chaussées de France*, Paris, 1838, in-8°, 8 pages; A. DEBAUVE, *Les travaux publics et les ingénieurs des ponts et chaussées depuis le XVII*e *siècle*, Paris, 1893, in-8°, 443 pages; GUILLOU, *Un ingénieur orléanais : Le Creulx* (Perronet, pp. 455-461), in *Mémoires de la société archéologique*, 1905, t. XIX.

(67 *bis*) AT, t. I, pp. 432-433.

(68) Voir la notice le concernant dans *Bryan's dictionary of painters and engravers*, vol. IV. PRÉVOST interpréta surtout COCHIN. C'est lui qui grava en 1772 le *Frontispice* de l'*Encyclopédie*, dessiné en 1765 par COCHIN (AT, t. X, p. 448).

(69) Voir J. SUTTER, *Quesnay et la médecine*, et J. HECHT, *La vie de François Quesnay*.

119. Rallier des Ourmes (Jean-Joseph), ENC, t. V. Escompte. *Conseiller d'honneur au présidial de Rennes.* Membre de la société d'agriculture, de commerce et des arts de Bretagne, fondée en 1757.

120. de Ratte (Etienne-Hyacinthe), ENC, t. VI. Froid. *Secrétaire perpétuel de la Société royale des sciences de Montpellier, membre des académies de Londres, Cortone, Bologne.* De Ratte était noble. Il fut conseiller à la Cour des aides de Montpellier après 1770. Il fut suspect et emprisonné sous la Terreur. Il mourut membre associé de l'Institut et membre de l'ordre de la Légion d'honneur (70).

121. Robert de Vaugondy (71), ENC, t. VII. Géographie. *Géographe ordinaire du roi.*

122. Rogeau, ENC, t. I. Monnayage. *Professeur de mathématiques.*

123. Romilly (Jean), ENC, t. VII. Frottement. *Horloger.*

124. Rouelle (Guillaume-François), ENC, t. VI. Conseils divers. *De l'Académie des sciences.* Il y fut reçu dès 1744 comme chimiste adjoint. Il fut démonstrateur de chimie au Jardin du roi, et inspecteur de la pharmacie à l'Hôtel-Dieu (72).

125. Rousseau (Jean-Jacques), ENC, t. I; signature S. Musique. Homme de lettres.

126. Roux (Augustin), ENC PL, t. II. Chimie. Docteur en médecine en 1750, il fut médecin à Paris après 1760. Il collabora à la traduction des *Philosophical transactions* et dirigea le *Journal de médecine* (73). Il travailla aux manufactures de Saint-Gobain pour y introduire des perfectionnements et corriger les procédés défectueux. En 1771 on créa pour lui une chaire de chimie à la Faculté de médecine. Membre de plusieurs académies.

127. de Sauvages (Pierre-Augustin Boissier de La Croix), ENC, t. II. Toiles peintes, sel de marais. *Abbé, membre de la Société royale des sciences de Montpellier.* Sa vie fut consacrée à l'étude mais il enseigna un temps la physique au collège d'Alès. Il n'entra dans les ordres qu'à soixante ans, en 1770.

---

(70) Sur de Ratte voir capitaine R. de Rotou, *Quelques bibliophiles montpelliérains,* Paris, 1922, in-4°, 91 pages; A. de Sinéty, *Eloge de M. de Ratte,* in *Mémoires publiés par l'Académie de Marseille,* t. V, 1807, p. 80.

(71) On ne sait s'il s'agit de Gilles, mort en 1766, ou de son fils Didier, mort en 1786. Le père et le fils eurent le même titre et la même activité.

(72) Sur Rouelle, voir P. Dorveaux, *Apothicaires membres de l'Académie royale des sciences. IX. Guillaume-François Rouelle,* Paris, s.d., in-8°, 18 pages; P.-A. Cap, *Biographie chimique : Rouelle (Guillaume-François),* Paris, 1842, in-8°, 31 pages. Diderot a écrit lui-même une notice biographique sur Rouelle (AT, t. VI, pp. 405-410). Rouelle avait eu des débuts très modestes. Il fut sept ans apprenti chez le pharmacien allemand Spizelai, avant d'ouvrir boutique place Maubert, où il donnait des cours de chimie et de pharmacie. Il fut nommé démonstrateur au Jardin du roi en 1742 et entra à l'Académie des sciences en 1744. Il refusa la charge d'apothicaire du roi, mais accepta « l'inspection générale de la pharmacie des pauvres » à l'Hôtel-Dieu. Il se fit remarquer par son intégrité dans ses fonctions. Il fut plusieurs fois chargé de mission par le gouvernement, pour des enquêtes sur les mines, les monnaies, les salpêtres.

(73) Sur Roux, voir A. Deleyre, *Eloge de M. Roux,* Amsterdam, 1777, in-12, 72 pages.

128. SOUBEYRAN (Pierre), ENC PL, t. II. Chaînes de montres. *Dessinateur et graveur.* Soubeyran était genevois. Il fit les plans et dirigea la construction des bâtiments les plus importants construits à Genève dans les années 1750. Il fut directeur d'une école de dessin à Genève.

129. TARIN (Pierre), ENC, t. I; signature L. Anatomie, physiologie. *Docteur en médecine.* Tarin fut théoricien plus que praticien. Il fut démonstrateur en amphithéâtre à la Faculté de médecine de Paris.

130. THOMAS, ENC, t. I. Facture de l'orgue.

131. TOUSSAINT (François-Vincent), ENC, t. I; signature H. Jurisprudence. *Avocat au Parlement, membre de l'Académie de Berlin.* Toussaint fut surtout homme de lettres. Il se réfugia à Bruxelles après la condamnation des *Mœurs* et fut professeur de logique et de rhétorique à Berlin.

132. DE TRESSAN (Louis-Elisabeth de La Vergne), ENC, t. VI. Articles divers. *Lieutenant général des armées du roi, commandant pour le roi à Toul, membre des académies des sciences de Paris, Londres, Berlin.* Tressan était comte. Il fut aide de camp du roi à Fontenoy en 1745 (74).

133. TURGOT (le chevalier Etienne-François), ENC, t. IV. Coton. Il commanda une galère de Malte et fut administrateur de l'île. Brigadier des armées du roi en 1764. Il proposa à Choiseul de rénover la colonie de Cayenne et fut nommé gouverneur général de la Guyane. L'échec de l'entreprise lui valut d'être privé de liberté par lettre de cachet. Il fonda la Société d'agriculture en 1760 et devint associé libre de l'Académie des sciences en 1762. Il était le frère du grand Turgot.

134. DE VANDENESSE, ENC, t. I; signature N. Médecine et pharmacie. *Docteur régent de la Faculté de médecine de Paris* (75).

135. VENEL, ENC, t. I; signature b (76). Chimie, pharmacie, physiologie, médecine. *Amateur, Docteur en médecine de la Faculté de Montpellier* (77). Venel dirigea le laboratoire du duc d'Orléans. Il fut chargé par le gouvernement d'analyser les eaux minérales du royaume, en 1753. Il fut membre de la Société royale des sciences de Montpellier en 1758 et il professa la médecine à Montpellier.

136. VÉRON DUVERGER DE FORBONNAIS (François), ENC, t. III (78). Commerce. D'une famille de marchands-fabricants, neveu d'un armateur nantais, Forbonnais obtint le brevet d'inspecteur général des monnaies en 1756. En 1759 il fut, sur la demande du roi, attaché au département de Silhouette, Contrôleur général des finances. Il devint noble, par l'achat d'un office de conseiller au parlement de Metz. Le Comité des

---

(74) Sur TRESSAN, voir Victor HOUDBERT, *Esquisse sur l'histoire scientifique, littéraire et artistique du Maine*, in *Congrès scientifique de France*, 7e session, 1839, p. 198; marquis DE TRESSAN, *Souvenirs*, Versailles, 1897, in-16.

(75) Son décès est signalé au début du tome III.

(76) Sa marque n'est donnée qu'au tome III.

(77) Cette qualité n'est indiquée qu'au tome V.

(78) Il est désigné au volume III par les lettres V.D.F. Il est signalé au tome IV comme auteur des deux volumes des *Eléments du commerce.* Il n'est nommé qu'au tome V.

finances le fit venir à Paris en 1790 pour travailler sur les monnaies. Il mourut membre associé de l'Institut (79).

137. Vialet, ENC PL, t. VI. Ardoises de la Meuse. *Inspecteur des ponts et chaussées de la généralité de Caen.*

138. de Vienne, ENC, t. I. Arts.

139. de Villiers (Jacques-François), ENC, t. V; signature f. Métallurgie. Docteur en médecine de la Faculté de Paris, médecin de l'école vétérinaire. Il servit dans les hôpitaux de l'armée d'Allemagne pendant la guerre de Sept ans.

140. Voltaire (François-Marie Arouet), ENC, t. IV. Articles divers (80). Homme de lettres.

141. Watelet (Claude-Henri), ENC, t. IV. Dessin, draperie. *Receveur général des finances, ex-membre de l'Académie royale de peinture.* Watelet avait hérité sa charge de son père. Il était amateur d'art.

142. Yvon, ENC, t. I; signature X. Métaphysique, logique, morale, histoire de la philosophie. *Abbé.* Ayant donné des gages de soumission après son exil, il finit ses jours chanoine de la cathédrale de Coutances et historiographe du comte d'Artois.

LISTE II

143. Bourgeois. Dessin et explication des planches de miroiterie, peinture, sculpture, au tome VIII des *Planches* et des planches de vitrerie au tome X.

144. Damilaville (Etienne-Noël). Article *Vingtième* (81). Premier commis au bureau du Vingtième avec cachet du Contrôleur général des finances.

145. David l'aîné. Article *Droit de copie* (82). Libraire, associé de Le Breton, Briasson et Durand pour l'édition de l'*Encyclopédie.*

146. Degerantins. Dessin et explication des planches du tome VIII pour le plumassier.

147. Dumont. Dessin et explication des planches du théâtre au tome X des *Planches.*

148. Foucou. Article *Acier* (83). Coutelier à Paris.

---

(79) Sur Forbonnais, voir G. Fleury, *François Véron de Forbonnais, sa famille, sa vie, ses actes, ses œuvres,* Le Mans, 1915, in-8°; Véron Duverger, *Etude sur Forbonnais, par son petit-neveu,* Paris, 1900, in-8°.

(80) Voir ENC, t. VI, avert., p. VI, et ENC, t. VII, avert., p. XIII. Sur la collaboration de Voltaire à l'*Encyclopédie,* voir Naves, *Voltaire et l'« Encyclopédie ».*

(81) Attribué par prudence à feu Boulanger.

(82) ENC, t. V, pp. 146 a - 147 b. Les libraires associés sont désignés collectivement comme collaborateurs de l'*Encyclopédie* dans l'avertissement du tome I.

(83) Voir notre article sur *la Documentation technique,* p. 338, et AT, t. XIII, p. 197.

149. DE LA GUEPIERRE. Dessin et explication des planches du théâtre au tome X des *Planches*.

150. LA SALETTE (Pierre). Mémoires sur la ganterie et peut-être la pelleterie. Mégissier, ancien contrôleur des Fermes, entreposeur du tabac (84).

151. LAURENT (Pierre). Gravure de planches au tome VII des *Planches*. *Graveur*.

152. DE MONTAMY (Didier-François d'Arclais). Article *Porcelaine*. Premier maître d'hôtel du duc d'Orléans, chimiste (85).

153. NAIGEON (Jacques-André). Article *Unitaire*. Homme de lettres. Il fut membre de la seconde classe de l'Institut.

154. OGINSKI (Michel-Casimir). Article *Harpe* (86). Le comte Oginski était grand général de Lithuanie.

155. POLIER DE BOTTENS (Antoine-Noé). Articles *Liturgie*, *Magie*, etc. (87). Pasteur suisse.

156. RADEL. Dessin et explication de planches à partir du tome VIII des *Planches*.

157. ROMILLY (Jean-Edmé). Articles *Vertu*, *Tolérance* (88). Fils de Jean Romilly, l'horloger. Pasteur de l'église wallonne de Londres.

158. DE SAINT-LAMBERT (Charles-François). Articles divers (89). Le marquis de Saint-Lambert était sans fortune. Militaire, il fut attaché à la cour de Stanislas puis colonel au service de France. Il fit la campagne de Hanovre de 1756-1757. Saint-Lambert était aussi homme de lettres et il fut élu à l'Académie française en 1770. En 1793, après la dissolution de l'Académie, il se retira à Eaubonne. A sa mort il était membre de la classe de littérature française de l'Institut.

159. SCHENAU. Dessin et explication de planches au tome VIII des *Planches* (miroiterie) (90).

160. TURGOT (Anne-Robert-Jacques). *Etymologie*, *Existence*, *Expansibilité* (91). Après avoir été prieur en Sorbonne, Turgot renonça à l'Eglise en 1751. Il fut substitut du Procureur général en 1752, conseiller au Parlement la même année, Maître des requêtes en 1753, Intendant du Limousin en 1761 (92).

---

(84) Voir CORR, t. I, p. 145 (4 novembre 1752) : DIDEROT le remercie pour son mémoire de ganterie et lui demande instamment un mémoire de pelleterie. Dans l'*Encyclopédie* l'article *Gant* est marqué de l'astérisque de Diderot.

(85) Voir CORR, t. I, p. 184 et n. 26.

(86) DIDEROT le nomme à la fin de l'article. Voir le récit d'une soirée chez le comte dans SV, t. I, p. 95 (2 août 1760).

(87) R. NAVES, *Voltaire et l' « Encyclopédie »*, pp. 23-32.

(88) Voir lettre de LE NIEPS à J.-J. ROUSSEAU du 30 novembre 1764 (ROUSSEAU, *Correspondance*, t. X, p. 104).

(89) H. DIECKMANN, *The sixth volume*, p. 112, n. 7.

(90) DU PELOUX (*Répertoire biographique*, t. I, p. 131) l'appelle J.-E. ZEITIG, dit SCHÖNAU ou SCHENAU. C'était un saxon; il vint à Paris vers 1756, à l'âge de 19 ans. A ses débuts il fut conseillé par WILLE.

(91) Tous ces articles sont sans signature.

(92) Sur TURGOT, voir L. DUPUY, *Eloge historique de M. Turgot*, s.l.n.d., in-4°, 31 pages; P.-S. DUPONT DE NEMOURS, *Mémoires sur la vie et les ouvrages de M. Turgot*, Philadelphie, 1782, in-8°.

Annexe II

Liste des articles de l'*Encyclopédie* reproduits dans l'édition Assézat-Tourneux des *Œuvres* de Diderot, avec l'indication des auteurs identifiés.

Les articles imprimés en capitales sont de Diderot. S'ils sont précédés d'une étoile, c'est qu'ils portent l'astérisque dans l'*Encyclopédie*. S'ils sont suivis de (ENC), c'est qu'ils ne portent pas l'astérisque, mais sont signalés dans une partie quelconque du dictionnaire comme étant de Diderot. Suivis en outre, ou seulement, de la lettre N et d'une date, 1791, 1798, 1821, ils sont contenus ou au moins signalés dans l'un des trois recueils d'articles de Diderot proposés par Naigeon : la *Philosophie ancienne et moderne*, l'édition des *Œuvres* de Diderot, les *Mémoires historiques*.

Les articles imprimés en caractères ordinaires sont anonymes. Les articles imprimés en italique sont anonymes dans l'*Encyclopédie*, mais peuvent être restitués à leur véritable auteur. Le nom de cet auteur est indiqué en note.

AT, t. XIII.

* A COGNITIONIBUS.
* A CURA AMICORUM.
* ABIENS.
* ABOMINABLE (syn.).
* ABSOLUTION (syn.).
* ABSORBANT.
* ABSORBER (syn.).
* ABSTINENCE des Pythagoriciens.
* ABSTRAITS (log.).
* ACADEMICIEN, ACADEMISTE.
* ACALIPSE.
* ACAPULCO.
* ACARA.
* ACARICABA.
* ACARNAN.
* ACATALEPSIE.
* ACCES (syn.).
* ACCOUCHEUSE.
* ACHOR.
* ACIER.
* ACMELLA.
* AÇORES.
* ACORUS.
* ACOUSMATIQUES. N 1798.

Acridophages.

* ACRIMONIE (syn.).
* ACRIMONIE (chim.).
* ADAEQUAT.
* ADEPTES.
* ADHERENT (syn.).
* ADMETTRE.
* ADMIRATION.
* ADOR.

Adoration.

* ADORER (syn.).
* ADOUCIR (syn.).
* ADRACHNE.
* ADRAGANT.
* ADRAMELECH.
* ADRAMUS.
* ADRASTE.
* ADRASTEE.
* ADRESSE (syn.).

Aedes.

* AES.
* AES USTUM.
* AFFAISSEMENT (méd.).
* AFFECTATION (syn.).
* AFFECTION (physio.).

Affinité (jurisp.) (92 *bis*).

* AFFLICTION (syn.).
* AFRIQUE.

Agaric (hist. nat.).

* AGATHYRSES.
* AGATY.
* AGE.
* AGLIBOLUS.

(92 *bis*) L'article pourrait être de Toussaint, car il a signé *Affins* qui en est la suite.

* AGNEAU.
* AGNEL.
* AGNELINS.
* AGNUS SCYTHICUS (93).
* AGREABLE (syn.).
AGRICULTURE (ENC).
* AGROTERE.
* AGUAXIMA.
* AGUIATE.
* AIGLE (myth.).
* AIR (myth.).
* AIR (syn.).
* AIUS LOCUTIUS.
* AL.
* ALBADARA.
* ALECTO.
* ALEXANDRIN.
* ALICA.
* ALIMENTS.
* ALARME (syn.).
* ALLEES DE JARDIN (94).
* ALLEMANDS.
* ALLUSION (95).
Almageste.
* ALPHEE.
* ALRUNES.
* AMANT (syn.).
* AMENTHES.
* AMENUISER.
* AMITIE (myth.).
* AMOUR (myth.).
* AMPHITHEATRE.
* AMPOULE.
* ANACHIS.
* ANADYOMENE.
* ANAETIS.
* ANAGRAMME.
* ANAPAUOMENE.
* ANAPHONESE.
* ANARCHIE.
* ANCIEN (syn.).
* ANDROGYNES.
* ANSICO.
ANTEDILUVIENNE. N 1798.
* ANTIPATHIE (syn.).
* ANTRUSTIONS.
* ANUBIS.
* AORASIE.
* APEX.
* APHACE.
* APHACITE.
* APHRACTES.
* APIS.
* APPARENCE (syn.).
* APPARITION (syn.).
* APPAS.
* APPELER (syn.).
* APPRENDRE (syn.).
* AQUEDUC (96).
ARABES. N 1798 (97).
* ARBORIBONZES.
* ARBRE (myth.).
* ARC DE TRIOMPHE.
* ARCADIENS.
Archontes.
* ARCY.
* AREOPAGE.
* ARGATA.
* ARGENT.
ART (98).
Artisan.
Artiste.
* ASCHARIENS. N 1798.
ASIATIQUES. N 1798.
Assaisonnement.
Assez (syn.).
* ASSOUPISSEMENT.
Assurer (syn.).
Assuré (syn.).
* ATTACHEMENT (syn.).
Attacher.
* ATTENTION (syn.).
Atténuer (syn.).
* AUDACE (syn.).
* AUGMENTER (syn.).
* AURORE.
* AURUM MUSICUM.
* AUSTERE (syn.).
* AUTORITE (syn.).
Autorité politique.
Autorité dans les discours.
* AVALER.
* AVANIE (syn.).
* AVANTAGE (syn.).
* AVENTURE (syn.).
* AVIS (syn.).
* AZABE-KABERI.
* AZARECAH. N 1798.
* BAARAS.
* BABEL.
* BACCHIONITES.
* BACHOTEURS.
* BALANCIER.
* BALLADE.
* BAPTES.
* BARBELIOTS.
* BARDOCUCULLUS.
* BARQUES.
* BARTHELEMITES.
* BAS (adj.).
* BASSESSE (syn.). N 1791 (99).
* BATAILLE (syn.).
* BATON.
Batte.
* BATTRE (syn.).
* BAUCIS.
* BEATITUDE (syn.).
* BEAU.
* BEAU (syn.).
* BEAUX.
* BEAUCOUP (syn.).
* BEAUTE.
* BEDOUINS.

---

(93) L'astérisque est omis en tête de l'article mais l'erratum qui est à la fin du tome I de l'*Encyclopédie* demande de le rétablir.

(94) Seule la partie sur la perspective reproduite par AT, est de DIDEROT. L'article lui-même est signé K (D'ARGENVILLE).

(95) Le texte reproduit par AT est une addition à l'article de l'abbé MALLET, qui signe G.

(96) Le texte reproduit par AT est une addition à l'article de D'ARGENVILLE.

(97) L'article est dans N (1791) mais rien alors n'en attribue la paternité à DIDEROT.

(98) Publié à part avec une lettre au R.P. BERTHIER, en 1751.

(99) NAIGEON cite l'article sous le titre *Abjection* (*Philosophie ancienne et moderne*, t. II, p. 220 b, n. 1).

* BELBUCH. N 1798.
* BENEFICE (syn.).
* BENIN.
* BESANÇON.
* BESOIN.
* BESOIN (syn).
* BETE (syn.).
* BEURRE.
* BIBLE (100).

Bibliomane.
Bibliothèque.

* BICHE.
* BIEN (HOMME DE).
* BIEN (syn.).
* BIENSEANCE.
* BIERE.
* BIGARRURE (syn.).
* BIZARRE (syn.).
* BOHEMIENS.
* BOHITIS.
* BOIS, BOIS DE CHAUFFAGE (101).
* BOIS DE VIE. N 1821.
* BOISSON.
* BONHEUR (syn.).
* BONNE DEESSE.
* BONOSIENS.
* BON SENS.
* BORNES (syn.).
* BOUCHER.
* BOULANGER.
* BOURG.
* BOURGEOIS (syn.).

Bourreau.

* BOUT (syn.).
* BRACELET.
* BRACHMANES. N 1798.
* BRAMINES. N 1798.
* BRAVOURE (syn.).
* BRELAN.
* BRILLANT (syn.).

Brochure.

* BRULER.
* BRUT.
* BUCHERS.
* BUSTE.

But (syn.).

AT, t. XIV.

* CABINET D'HISTOIRE NATURELLE (102).
* CACHER (syn.).
* CADAVRE.
* CAGOTS.

Calicut.

* CALOMNIE (103).
* CANAL ARTIFICIEL.
* CANICULE.
* CANON (théol.).
* CANOPE.
* CAPROTINE.
* CAPUCHON.
* CAPURIONS.
* CARACTERES D'IMPRIMERIE.

Caraïbes.

* CARPEE.
* CARROSSE.
* CARTES.
* CARTON (libr.).
* CAS DE CONSCIENCE.
* CASTALIE.
* CASUISTE.

Cathédrale.

* CAUCASE.

Ceylan.

* CEINTURE.
* CELEUSME.
* CELIBAT.
* CENDRES.
* CENTAURES.

Centon.

* CEPENDANT (syn.).
* CERAMES.
* CERBERE.
* CEREMONIES.
* CERTITUDE (104).
* CESSER (syn.).
* CESTE (myth.).
* C'EST POURQUOI (syn.).
* CHAGRIN (mor.).
* CHAIR (syn. et hist. anc.).
* CHAISE DE SANCTORIUS.

CHALDEENS. N 1791, 1798.

* CHALEUR.
* CHANCE (syn.).
* CHANGE.
* CHANGEMENT.
* CHANT (lit.).
* CHANT (belles-lettres).
* CHAOS.
* CHAR.
* CHARGE (syn.).
* CHARGE (peint. et lit.).
* CHARIDOTES.
* CHARITE.
* CHARLATANERIE.
* CHARME (syn).
* CHARON.
* CHASSE.
* CHASTETE.
* CHAT (myth.).
* CHATIMENT.
* CHAVARIGTES. N 1798.
* CHAUDERONS DE DODONE.
* CHEMIN (syn. et tech.).
* CHERCHEURS.
* CHERSYDRE.
* CHINOIS. N 1791, 1798.
* CHOISIR (syn.).
* CHOSE.

Christianisme.

* CHRONIQUE.
* CHRONOLOGIE SACREE.
* CIRCONSTANCE (syn).
* CITE.
* CITOYEN.
* CLARTE.

---

(100) Assézat ne reproduit que la partie de l'article marquée de l'astérisque.

(101) La coupure faite par Assézat au milieu de la page 484 correspond à une page entière de l'*Encyclopédie*.

(102) Addition à un article signé I (Daubenton).

(103) Addition à un article signé C (Pestré) auquel a aussi collaboré d'Alembert, qui signe O.

(104) La partie de l'article qui est de Diderot est imprimée en italique dans l'*Encyclopédie*. Le texte de l'abbé de Prades est en caractères ordinaires.

* CLOCHE.
* COMEDIEN.
* COMMENTATEURS.
* COMMETTRE.
* COMMILITON.
* COMPENDIUM.
* COMPLIQUE.
* COMPOSITION (en peinture).
* CONCLAMATION.
* CONDUITE.
* CONFIANCE.
* CONFIDENCE.
* CONFORMITE.
* CONFUS.
* CONJECTURE.
* CONJONCTURE.
* CONNEXION.
* CONSENTEMENT (syn.).
* CONSENTEMENT (log. et mor.).
* CONSEQUENCE.
* CONSEQUENT.
* CONSERVATION.
* CONSEVIUS.

Consolation (mor. et rhét.).
* CONSOLATION (hist. eccl.).
* CONSTANCE.
* CONSTERNATION.
* CONSUL.
* CONSUMER.
* CONTE.
* CONTEMPORAIN.
* CONTENANCE.
* CONTENTION.
* CONTEXTURE.
* CONTINENCE.
* CONTINUEL.
* CONTINUER.
* CONTRADICTION.
* CONTRE.
* CONTROVERSE.
* CONVENABLE.
* CONVENANCE.
* CONVERSION.
* CONVICTION.
* CONVOI.
* COOPERATEUR.
* COOPTATION.
* COPHTE.
* COPIE (gram.).
* COPIE (peint.).
* COPIEUSEMENT (syn.).
* COPULE.
* COQ (myth.).
* COQUETTERIE.

Cordeliers.
* CORNARISTES.
* CORRECT.
* CORRECTIF.
* CORRELATIF.
* CORRELATION.
* CORROMPRE.
* CORRUPTION PUBLIQUE.
* COTBET.
* COTEREAUX.
* COTERIE. N 1821.
* COTTABE.
* COTYTTEES.
* COULER.
* COUPON.
* COUR.
* COURSE DU CIRQUE.
* COURT.
* COURT AMOUREUSE.
* COUTUME (syn.).
* COUVER.
* COUVERT (syn.).
* CRAPULE.
* CRATERE.
* CREDIT.
* CREDULITE.
* CROIRE (méta.).
* CROISADES.
* CUBA.
* CURA.
* CYNIQUES. N 1791, 1798.
* CYNOCEPHALE.
* CYPHONISME.
* CYRENAIQUE. N 1791, 1798.
* DAMNATION.
* DECASYLLABIQUE.
* DECENCE.
* DELATEURS.
* DELICAT.
* DELICIEUX.
* DELIE.
* DELIVRER (syn.).
* DEMOGORGON.
* DENONCIATEUR (syn.).
* DEPUTE (syn.).
* DEXICREONTIQUE.
* DIANE.

Dieux.
* DISCRETION.
* DISERT.
* DISPARATE.
* DISPARITE (syn.).
* DISSERTATION.

Distinction.
* DISTRACTION.
* DIVINATION.
* DRANSES. N 1791 (105)
* DROIT NATUREL.
* DRUSES.
* DUPLICITE.
* ECART.
* ECARTER (syn.).
* ECCLESIARQUE.
* ECLAIRE (syn.). N 1821.
* ECLECTISME. N 1791, 1798.
* ECONOMIE RUSTIQUE.
* EDITEUR.
* EFFEMINE.
* EGYPTIENS. N 1791, 1798.
* ELEATIQUE. N 1791, 1798.
* EMAIL (106).
* EMBRASE.
* EMPORTER.
* EMPREINTE.
* ENCOURIR.
* ENCYCLOPEDIE. N 1821.
* ENFANCE DE J.-C.
* ENFANTS (hist. anc.).
* ENFONCER.
* EPHEMERIES.
* EPICUREISME. N 1791, 1798.

Epreuve (syn.).
* ETHIOPIENS. N 1791, 1798.
* ETONNEMENT.
* ETOUFFER.
* ETOURDI.
* ETROIT.

AT, t. XV.

* FACE.
* FACHEUX.
* FAGOT.

---

(105) Reproduit sous le titre *Naissance* dans *Philosophie ancienne et moderne*, t. III, p. 350 a.

(106) N'est reproduit que partiellement par AT.

Faible.
* FAIM (syn.).
* FAIT.
Fantaisie (mor.) (106 *bis*).
* FANTOME.
Faste (106 *ter*).
Fermeté (106 *ter*).
* FEROCE.
* FIGUIER DE NAVIUS.
* FIN (gram.).
* FIN (mor.).
* FLECHIR.
* FLORE.
* FOIRIAO.
Fondation (107).
* FORDICIDIES. N 1821.
* FORFAIT.
* FORMALISTES.
* FORMEL.
* FORTUIT.
Fortune (107 bis).
* FOSSOYEURS.
* FOURNIR.
Fragilité (mor.) (107 ter).
* FRAICHEUR.
* FRELE.
* FREYA.
Frivolité (108).
* FUGITIF.
* FUGITIVES (PIECES).
* FUNESTE.
* FUREUR.
* FUTILE (gram).
* FUTILE (ant.).
* FUTURITION.
* GAILLARD.
Galanterie.
* GEHENNE.
Génie (109).
Glorieux (110).
Grave (111).
Gravité (111).
* GRECS. N 1791, 1798.
Grondeur (112).
* HABITATION.
Habitude.
* HAINE.
* HAIRE.
* HAMBELIENS. N 1791.
Hammon.
* HANBALITE.
* HAR.
* HARDI.
* HARMONIE.
* HEBDOMADAIRE.
* HEBRAISANT.
* HEBRAISME.
Hélas.
* HEMATITES.
* HENNIR.
* HENRIADE.
* HERACLITISME. N 1791, 1798.
Héroïsme.
* HESITATION.
* HIBRIDES.

(106 *bis*) SAINT-LAMBERT. L'avertissement du tome VII de l'*Encyclopédie* attribue l'article à un « anonyme ». L'article est reproduit dans les *Œuvres* de SAINT-LAMBERT (H. DIECKMANN, *The sixth volume*, p. 112, n. 7).

(106 *ter*) L'article dont il s'agit est d'un anonyme (ENC, t. VI, p. VI). L'article *Faste* de VOLTAIRE est signé. Il en va de même pour *Fermeté.*

(107) TURGOT. L'avertissement du tome VII de l'*Encyclopédie* attribue l'article à un « anonyme » (p. XIII). La liste des articles de TURGOT est donnée dans CORR, t. II, p. 109.

(107 *bis*) L'article reproduit par AT n'est pas dans le tome VII de l'*Encyclopédie*, où *Fortune (mor.)* est signé O (D'ALEMBERT) et *Fortune (myth.)* est signé D.J. (DE JAUCOURT). C'est un des articles omis groupés dans le tome XVII du dictionnaire.

(107 *ter*) SAINT-LAMBERT. L'avertissement du tome VII de l'*Encyclopédie* attribue l'article à un « anonyme ». Il est reproduit dans les *Œuvres* de SAINT-LAMBERT (H. DIECKMANN, *The sixth volume*, p. 112, n. 7).

(108) SAINT-LAMBERT. L'avertissement du tome VI de l'*Encyclopédie* (p. VI) attribue l'article à un « anonyme » (voir t. VII, p. XIII). Il est reproduit dans les *Œuvres* de SAINT-LAMBERT (H. DIECKMANN, *The sixth volume*, p. 112, n. 7).

(109) SAINT-LAMBERT. L'avertissement du tome VII de l'*Encyclopédie*, p. XIII, attribue l'article à un « anonyme » (auteur également de *Fantaisie*, *Fragilité (mor.)*, et *Frivolité*). L'article a été reproduit dans les *Œuvres* de Saint-Lambert (H. DIECKMANN, *The sixth volume*, p. 112, n. 7). M. VENTURI l'avait restitué à son véritable auteur depuis longtemps déjà (*Jeunesse de Diderot*, p. 344 et n. 345).

(110) Cet article n'est pas dans le tome VII de l'*Encyclopédie* où figurent seulement *Gloire, glorieux*, de VOLTAIRE et *Gloire (Philos. mor.)* de MARMONTEL. Il est dans le tome XVII (p. 796 a-b) au nombre des « articles omis ».

(111) *Grave* et *Gravité* ne sont pas dans le tome VII de l'*Encyclopédie.* On y trouve six articles *Grave* qui sont des articles de grammaire de DOUCHET et BEAUZÉE, de physique (anonyme), de grammaire, littérature et morale (VOLTAIRE), de musique (ROUSSEAU), de marine (BELLIN), de géographie (DE JAUCOURT). Les deux textes reproduits par AT sont dans le tome XVII (pp. 798 b-799 a) au nombre des articles omis.

(112) L'article n'est pas dans le tome VII de l'*Encyclopédie*, mais dans le tome XVII, avec les articles omis.

* HIDEUX.
* HIERACITES.
* HIERARCHIE.
* HIPPONE.
* HISTORIOGRAPHE.
* HISTORIQUE.
* HOBBISME. N 1791, 1798.
* HOFMANISTES.
* HOMME.
* HOMME (hist. nat.).
* HOMME (pol.).
* HONORAIRE (syn.).
* HOPITAL.
* HOSTILITE.

Hôtel-Dieu.
* HOUAME.
* HOURIS.
* HUEE.

Humanité.
Humble.
* HUMEUR.

Humilité.
Humour.
Hylopathianisme.
Hypocrite.
Identité.
* IDIOT.
* IGNOMINIE.

Ignorance.
Ignorance (mor.).
Iliade.
* ILLAPS.
* ILLICITE.

Illimité.
Illusion.
* IMAGINAIRE.

Imagination (des femmes enceintes).
* IMITATION.

Immatérialisme (113).
Immobile.
Immonde.
Immortalité.
* IMPARDONNABLE.
* IMPARFAIT.
* IMPARTIAL.
* IMPASSIBLE.
* IMPERCEPTIBLE.
* IMPERIEUX.
* IMPERISSABLE.

Importance (114).
* IMPOSANT.
* IMPOSTURE.

Impression (gram.).
* IMPROBATION.
* IMPUNI.

Impureté.
* INADVERTANCE.

Incogniti.
Incommode.
* INCOMPREHENSIBLE.
* INCONNU.
* INCONSEQUENCE.
* INCONSIDERE.
* INCONSTANCE.
* INCROYABLE.
* INDECENT.
* INDECIS.

Indépendance.
INDIENS. N 1791.
* INDIFFERENCE.
* INDIGENT.
* INDIGNATION.
* INDISCRET.
* INDISPENSABLE.
* INDISSOLUBLE.
* INDISTINCT.
* INDOCILE.

Indolence.
Induction.
Indulgence (mor.).
Infidélité.
* INFORTUNE.
* INGENIEUX.

Ingénuité.
* INHUMANITE.

Injure (syn.).
* INNE.
* INNOCENCE.

Inquiétude.
Insensé.
Insensibilité.
* INSEPARABLE.

Insertion de la petite vérole.
* INSIGNE.
* INSINUANT.
* INSOLENT.
* INSTABILITE.
* INSUPPORTABLE.
* INTEGRE.
* INTELLECT.
* INTELLECTUEL.
* INTELLIGENCE.
* INTENTION.

Intérêt (mor.) (115).
* INTERET (lit.).
* INTERIEUR.

Intermède.
* INTERNE.
* INTERRUPTION.
* INTIMIDER.

INTOLERANCE. N 1821.
Intolérant (116).
Intrépidité.
Intrigue (mor.).
* INVARIABLE.

Invincible.
Inviolable.
Invisible.
Involontaire.
* IONIQUE. N 1791, 1798.
* IRASCIBLE.
* IRRECONCILIABLE.
* IRRELIGIEUX.

Irrésolution.
* IRREVERENCE.
* ISOLE.

---

(113) Une lettre de DIDEROT à TURGOT du 21 janvier 1759 lui demande l'article *Immatérialisme* ainsi que quelques autres (CORR, t. II, p. 110). Il ne semble pas que TURGOT ait répondu favorablement.

(114) Une partie seulement de l'article est reproduite par N (1821) sous le titre *Important* (c'est la fin de l'article).

(115) SAINT-LAMBERT. L'article est reproduit dans les *Œuvres* de SAINT-LAMBERT (H. DIECKMANN, *The sixth volume*, p. 112, n. 7).

(116) Addition anonyme à un article de JAUCOURT.

Jakutes.
• JALOUSIE (117).
• JANSENISME.
Janséniste.
• JAPONAIS. N 1791, 1798.
• JARGON.
• JEHOVA.
JESUITE. N 1791, 1798.
JESUS-CHRIST. N 1791, 1798.
Jeu (118).
• JOANNITES.
• JOQUES. N 1791, 1798.
JORDANUS BRUNUS. N 1791, 1798.
• JOUER.
JOUISSANCE. N 1821.
• JOURNALIER.
• JOURNALISTE.
• JOURNEE DE LA SAINT-BARTHELEMY.
Judaïsme.
• JUDICIEUX.
• JUIFS. N 1791, 1798.
Juste.
King.
Labeur.
Laborieux.
Labourage.
Laboureur.
Laideur.
Langres.
Langueur.
Lao-Kiun.
Laquais.
Leçon.
Légèreté (mor.).
Législateur (119).
Législation.
LEIBNIZIANISME. N 1791, 1798.
Leste.
Liaison.
Liberté.
Liberté naturelle.
Liberté civile.
Libertinage.
Librairie.
Licence.
Ligature.
LOCKE. N 1791, 1793 (120).
Logique.

AT, t. XVI.

Loi naturelle.
LOISIR. N 1821.
Louange (121).
Louer.
Lubrique.
Luxe (122).
MACARIENS. N 1791, 1798.
Macération.
Mâcher.
MACHIAVELISME. N 1791, 1798.
Machiavéliste.
Machinal.
Magistrat (pol.).
Magistrature.
Magnanime.
Magnifique.
Maintien.
MALABARES. N 1791, 1798.
Maladroit
Mâle.
MALEBRANCHISME. N 1791, 1798.
Malédiction.
Malédiction (jurisp.).
Maléfice.
Malfaisant.
Malice.
Malignité.
Malintentionné.
Malveillance.
Mânes.
Manichéisme.
Manières (123).
Manières (syn.).
Manstupration.
Marabous.
Massacre.
Méconnaissable.
Mécontent.
Médisance.
Méditation.
Méfiance.
MEGARIQUE. N 1791, 1798.
Mélancolie.
Menace.
Menée.
Mensonge officieux.
Mention.
Mépris.
Mercenaire.
Métempsycose.
Misérable.
Misère.
Modicité.
Modification.
Mœurs.
Momerie.
Mont-Faucon.
MOSAIQUE. N 1791, 1798.
Motif.
Multitude.
Munificence.

(117) Addition à un article de JAUCOURT.

(118) Addition anonyme à un article de JAUCOURT.

(119) SAINT-LAMBERT. L'article est reproduit dans ses *Œuvres* (H. DIECKMAN, *The sixth volume*, p. 112, n. 7).

(120) La fin de l'article, sur l'éducation, est aussi dans N (1821).

(121) SAINT-LAMBERT. L'article est reproduit dans ses *Œuvres* (H. DIECKMANN, *The sixth volume*, p. 112, n. 7).

(122) SAINT-LAMBERT. L'article est reproduit dans ses *Œuvres* (H. DIECKMANN, *The sixth volume*, p. 112, n. 7). GRIMM avait nommément désigné l'auteur de l'article *Luxe* dans la *Correspondance littéraire* du 15 mars 1764 (t. V, p. 465), à propos de la publication de l'*Essai sur le luxe*. L'*Essai*, comme l'article, parut sans nom d'auteur, mais cet anonymat ne pouvait tromper personne, et surtout pas GRIMM.

(123) SAINT-LAMBERT. L'article est reproduit dans ses *Œuvres* (H. DIECKMANN, *The sixth volume*, p. 112, n. 7).

Naître.
NATAL. N 1821.
Natif (124).
NATURALISTE. N 1791, 1798 (124 *bis*).
Naturel.
NEANT. N 1791.
Nécessaire.
Nécessitant.
Nécessité.
Ngombos (125).
Niais.
Nigro-mantie.
Noctambule.
Nommer.
Nonchalance.
Nourrice.
Nu.
Nuire.

Obéissance.
Objecter.
Obscène.
Obscur.
Obscurité.
Obstination.
Obtenir.
Obvier.
Occasion.
Occurrence.
Odieux.
Odin.
Odyssée.
Ofavai.
Offense.
Officieux.
Oh.
Oindre.
Oligarchie.
Omphalomancie.
Onomancie.
Ontologie.
Ophiomancie.
Opposer.
Oppresseur (gram.).
Oppression.
Opprobre.
Opulence.
Ordonner.
ORIENTALE. N 1791, 1798.
Origénistes.
Originaire.
Originaux.
Original.
Originalité.
Origine.
Ornement.
Osée.
Oubli.
Oublier.
Pacification.
Pacifique.
Pain béni.
Pain conjuré.
Paix (126).
Pâle.
Palinodie.
Pammilies.
Pan.
Papegai.
Paraître.
Parcourir.
Pardonner.
Paréas.
Parler.
PARMENIDEENNE. N 1791, 1798.
Parole.
Parole enfantine.
Particulier.
Partir.
Partisan.
Parvenir.
Pasquin.
Pasquinades.
Passager.
Passant.
Passe-droit.
Passions.
Passionner.
Patience.
Pécune.
Pédaliens.
Peine (gram.).
Pénétration.
Pénible.
Perdre.
Perfection.
Perfectionner.
Perfide.
PERIPATETICIENNE. N 1791, 1798.
Périr.
Perpétuer.
Perplexe.
Persécuter.
PERSES. N 1791, 1798.
Persister.
Personnage.
Persuasion.
Pervers.
Peser les malades.
Petit.
Petit-maître.
Petitesse.
PHENICIENS. N 1791, 1798.
Philosophe (127).

---

(124) Il y a quelque raison d'attribuer cet article anonyme à DIDEROT, puisque l'auteur écrit : « Je suis natif de Langres ». Toutefois les lettres de DIDEROT qui nous sont restées pour 1760 ne portent pas trace de cette épidémie qui lui aurait emporté trente parents (AT, t. XVI, p. 139).

(124 *bis*) NAIGEON ne reproduit pas la totalité de l'article, mais seulement la fin, à partir de « On donne encore le nom de *naturalistes* ». Le début, que reproduit AT, ne doit donc pas être considéré comme étant de DIDEROT.

(125) D'HOLBACH. Voir H. DIECKMANN, *L' « Encyclopédie » et le fonds Vandeul*, p. 332.

(126) Une lettre de DIDEROT, de la fin de 1761, semble indiquer que *Paix* est entre les mains de DAMILAVILLE, soit qu'il l'ait rédigé lui-même, soit qu'il ait confié ce soin à un ami (CORR, t. III, p. 358).

(127) NAIGEON restitue expressément le contenu de l'article *Philosophe* à DUMARSAIS. Il précise que le texte original a été modifié par un auteur anonyme pour l'insérer dans l'*Encyclopédie* (*Philosophie ancienne et moderne*, t. III, pp. 202 b - 203 a). Voir à ce sujet H. DIECKMANN, « *Le Philosophe* », *texts and interpretation*.

Philosophie.
Physionomie.
Piaches.
Pindarique.
Piquant.
Pire.
Pitoyable.
Plaisir.
Plastique.
PLATONISME. N 1791, 1798.
Poli.
Politesse.
Politique.
Politique (grâce).
Polyandrie.
Polythéisme.
Pompe.
POPLICAIN. N 1791, 1798.
Populaire.
Possible.
Postérité.
Pouvoir.
Prassat.
Pratiquer.
Préadamite.
Précaution.
Précieux.
Prédestinatiens.
Prédilection.
Prémotion physique.
Préoccupation.
Prescience.
Présomption.
Présomptueux.
Pressentir.
Prêtres (128).
Prévaloir.
Principes (premiers).
Privilège.
Probité.
PRODUCTION. N 1791.
Produire.
Proie.
Promesse.
Promettre.
Promission.
Propagation de l'Evangile.
Prophète.
Proposition (poésie).
Propriété (méta.).
Propriété (droit nat.).
Prostituer.
Protatique.
Protection.
Provenir.
Providence.
Prude.
Prudence.
Psychologie.
Publicains.
PUERILITE. N 1821.
Puissance.
Puritains.
PYRRHONIENNE. N 1791, 1798.
PYTHAGORISME. N 1791, 1798.
Quotidien.

AT, t. XVII.

Raison (log.).
Raisonnement (log. et méta.).
Regarder.
Représentants (129).
RESURRECTION (théol.). N 1791.
ROMAINS. N 1791, 1798.
Romance (lit.).
SARRASINS. N 1791, 1798, 1821.
Scandaleux.
SCEPTICISME. N 1791, 1798.
SCOLASTIQUES. N 1791, 1798.
SCYTHES. N 1791, 1798.
Semi-Pélagiens.
Sensations (méta.).
Sentiment intime.
Société (mor.).
SOCRATIQUE. N 1791, 1798.
Souverains (droit nat.).
Spinoza.
STOICISME. N 1791, 1798.
Subvenir.
Suicide.
Tenir.
Théocratie (129).
THEOSOPHES. N 1791, 1798.
THOMASIUS. N 1791, 1798.
Torture.
Tyran.
Uléma.
Vérité (log.).
Volage.
Vraisemblance (méta.).
ZEND-AVESTA. N 1791, 1798.

(128) D'Holbach. Voir H. Dieckmann, *L' « Encyclopédie » et le fonds Vandeul*, p. 332.

(129) D'Holbach. Voir H. Dieckmann, *L' « Encyclopédie » et le fonds Vandeul*, p. 332.

ANNEXE III

Le texte corrigé des articles de l'*Histoire de la philosophie.*

Les articles sont cités dans l'ordre alphabétique. On lira dans la colonne de gauche le texte de la première édition de l'*Encyclopédie,* et dans la colonne de droite les corrections et les additions de l'édition Naigeon de 1798, telles qu'elles sont reproduites dans l'édition Assézat et Tourneux. Les variantes des autres éditions, des manuscrits, et, éventuellement, celles qui peuvent se présenter entre Assézat-Tourneux et Naigeon, seront indiquées à la suite de chaque article. Nous n'avons tenu compte que des corrections qui modifient le sens des articles. Nous avons négligé les variantes purement formelles : les coquilles, les fautes de copiste, les corrections appelées par une erreur ou une omission manifestes de l'*Encyclopédie,* où il arrive qu'un nom soit mal orthographié, ou qu'un mot, un membre de phrase ait été sauté au cours de l'impression; dans ce dernier cas il est fréquent que l'édition de 1769 rétablisse déjà le texte correct (130).

Les abréviations suivantes désigneront les éditions et les manuscrits :

ENC : la première édition de l'*Encyclopédie.*

AT : l'édition Assézat-Tourneux, reproduisant, sauf mention expresse, l'édition Naigeon de 1798.

X (1769) : l'*Histoire générale des dogmes et opinions philosophiques depuis les plus anciens temps jusqu'à nos jours,* Londres (Bouillon), 1769, 3 vol. in-8°.

N (1791) : la *Philosophie ancienne et moderne* dans l'*Encyclopédie méthodique.*

N (1798) : l'édition Naigeon des *Œuvres* de Diderot.

---

(130) Une remarque s'impose à ce propos. On s'explique assez bien que l'éditeur de 1769 ait spontanément corrigé les fautes manifestes de l'*Encyclopédie*; on s'explique moins bien qu'il ait introduit dans son édition une correction qui n'est pas de pure forme comme celle qui est à la fin de *Leibnizianisme.* Or cette correction est conçue dans le même esprit que celle qui figure dans l'édition NAIGEON, bien qu'elle en diffère dans le détail, et elle est très proche de celle qui figure dans la copie de Leningrad. Le fait en lui-même est mince. Il est pourtant assez significatif pour qu'on se demande, au moins, si DIDEROT n'a pas eu quelque part dans l'édition de Bouillon. NAIGEON, il est vrai, la critique sans aménité, en termes qui font penser que l'édition de Bouillon s'est faite sans l'aveu de DIDEROT. L'*Histoire générale des dogmes et opinions philosophiques* fut une des premières réalisations de la Société typographique constituée le 24 novembre 1768. C'est aussi la Société typographique qui publia en 1773 la *Collection complète des œuvres de Diderot.*

MV : la copie manuscrite qui a été retrouvée dans le fonds Vandeul (MS : BN, n.a.fr. 24.933-24.935) et qui est décrite dans H. Dieckmann, *Inventaire*, pp. 100-101.

ML : la copie manuscrite du fonds Diderot de Leningrad. Ces deux copies manuscrites, MV et ML reproduisent à peu de chose près le texte imprimé de la première édition de l'*Encyclopédie*.

ECLECTISME

a. ENC, t. V, p. 272 b : « quelques éclectiques, au contraire, qui avaient le jugement sain (...) renoncèrent à cette philosophie, et se firent baptiser ».	AT, t. XIV. p. 311 : « au contraire, moins fougueux, mais en effet aussi crédules » « jugement plus sain »
b. ENC, t. V, p. 272 b : « les assemblées de chrétiens et les écoles du paganisme se remplissent de transfuges ».	AT, t. XIV, p. 311 : « transfuges également enthousiastes et superstitieux ».
c. ENC, t. V, p. 272 b : « la théologie des chrétiens (...), déjà si absurde, se mêla encore d'idées sophistiques, que proscrivit inutilement l'autorité qui veille dans l'Eglise à ce que la pureté de la doctrine s'y conserve inaltérable ».	AT, t. XIV, p. 311 : « ce qu'elle appelle la doctrine orthodoxe »
d. ENC, t. V, pp. 277 b-278 a : « les Eclectiques parodièrent les effets du Saint-Esprit avec leur enthousiasme ».	AT, t. XIV, p. 328 : « parodièrent fort heureusement les effets »
e. ENC, t. V, p. 279 a : « Le méchant peut avoir tout, excepté la faveur du ciel ».	AT, t. XIV, p. 332 : « excepté cette paix de l'âme, ce doux repos d'une bonne conscience, et la sécurité qui en est l'effet ».
f. ENC, t. V, p. 279 b : « Nous serions étonnés qu'avec ces qualités de cœur et d'esprit, Chrysanthius ait été un des plus grands défenseurs du paganisme, si nous ne savions combien le mystère de la croix est une étrange folie pour des hommes instruits, mais surtout pour des esprits orgueilleux ».	AT, t. XIV, p. 334 : « pour des philosophes ».

Remarque. — *a*) AT combine le texte de l'*Encyclopédie* et celui de N (1791) qui a seulement « moins fougueux mais en effet aussi crédules ». AT a ajouté « qui avaient le jugement plus sain » d'après l'*Encyclopédie*, en essayant d'harmoniser les deux textes.

GRECS (PHILOSOPHIE DES)

a. ENC, t. VII, p. 904 b : « Les Hébreux connaissaient le vrai Dieu ».	AT, t. XV, p. 45 : « connaissaient ce que les chrétiens appellent *le vrai Dieu;* comme s'il y en avait de faux ».
b. ENC, t. VII, p. 906 a-b : « Nous ne connaissons que les Hébreux chez qui la tradition se soit conservée pure et sans altération, et n'auraient-ils eu que ce privilège, il suffirait pour les faire regarder comme une race très particulière et vraiment chérie de Dieu ».	AT, t. XV, p. 50 : « Les chrétiens prétendent que les Hébreux sont le seul peuple chez qui » « mais ce privilège qu'on attribue exclusivement à cette nation ignorante et féroce, n'est pas mieux prouvé que l'inspiration de ses prophètes et la divinité de sa religion ».
c. ENC, t. VII, p. 907 b : « les ouvrages qui nous restent sous le nom d'Orphée, ceux qui parurent au commencement de l'ère chrétienne (...) ont été répandus ou par des Juifs (...) ou par des chrétiens qui ne dédaignaient pas de recourir à cette petite ruse, pour donner du poids à leurs dogmes aux yeux des philosophes ».	AT, t. XV, p. 54 : « pour donner à leurs dogmes absurdes du poids »

JAPONAIS (PHILOSOPHIE DES)

a. ENC, t. VIII, p. 456 b : « il n'y a que la vraie religion qui ait de vrais miracles ».	AT, t. XV, p. 267 : « de vrais miracles, cela nous est démontré ».
b. ENC, t. VIII, p. 457 a : « Du reste, rien dans les livres sur la nature des dieux ni sur leurs attributs, qui ait l'ombre du sens commun ».	AT, t. XV, p. 268 : « commun; il en est de même des nôtres ».

Remarque. — *a*) La correction se trouve déjà dans N (1791).

JESUITE

a. ENC, t. VIII, p. 512 a : « (*Hist. ecclés.*) ».	AT, t. XV, p. 273 : « (*Hist. des superst. mod.*) ».

JESUS-CHRIST

a. ENC, t. VIII, p. 516 b : « (*Hist. et Philosoph.*) ».	AT, t. XV, p. 286 : « (*Histoire des superstitions anciennes et modernes*) ».

Remarque. — La correction est déjà dans N (1791), mais elle semble être de Naigeon.

JUIFS (PHILOSOPHIE DES)

a. ENC, t. IX, p. 38 a : « ce miracle est fabuleux ».	AT, t. XV, p. 358 : « fabuleux, comme tous les miracles ».
b. ENC, t. IX, p. 38 b : « La fille de la voix se fit entendre, et prononça que tous ceux qui avaient suivi la pompe funèbre seraient sauvés, à l'exception d'un seul qui tomba dans le désespoir, et se précipita ».	AT, t. XV, p. 360 : « se précipita. *Credat Judaeus Apella, non ego* ».
c. ENC, t. IX, p. 41 a : « Jésus-Christ suivait ses idées, et débitait ses propres pensées; mais il faut avouer qu'il y en a de communes à toutes les nations, et que plusieurs hommes disent la même chose sans s'être jamais connus...	AT, t. XV, p. 367 : « propres rêveries; il y a des folies, des erreurs, et des vérités communes à toutes les nations, et »
... les Talmudistes ont fait des comparaisons semblables à celles de Jésus-Christ, mais (...) l'application que le fils de Dieu en faisait, et les leçons qu'il en a tirées, sont toujours belles et sanctifiantes, au lieu que l'application des autres est presque toujours puérile et badine ».	« que ce *Juif* obscur et fanatique » « les leçons qu'il en a tirées ont en général un caractère plus grave que celles que ces similitudes et ces paraboles ont fournies aux auteurs du Talmud ».
d. ENC, t. IX, p. 41 a : « Je rapporte ces choses, sans prétendre qu'on les croie toutes ».	AT, t. XV, p. 368 : « Il est, je pense, inutile d'avertir que je ne suis ici que simple historien ».
e. ENC, t. IX, p. 42 b : « souvent, au lieu de chercher le sens littéral des Ecritures, ils courent après des sens mystiques qui font perdre de vue le but de l'écrivain, et l'intention du Saint-Esprit ».	AT, t. XV, p. 372 : « de l'écrivain, déjà assez obscur par lui-même ».
f. ENC, t. IX, p. 42 b : « dans la terre sainte ».	AT, t. XV, p. 373 : « dans la terre que les chrétiens appellent *Sainte* »
g. ENC, t. IX, p. 44 b : « Il soutient que le royaume de Juda fut rendu à la postérité de Jéchonias, dans la personne de Salatiel, quoique saint Luc assure positivement que Salatiel n'était pas fils de Jéchonias, mais de Néri ».	AT, t. XV, p. 378 : « Néri : vrai ou faux, tout cela est peu important ».

h. ENC, t. IX, p. 45 a : « tous les Romains qui vivaient alors, perdirent leurs dents molaires ».	AT, t. XV, p. 380 : « molaires. Que de plates rêveries ».
i. ENC, t. IX, p. 45 a : « Explique-t-on mieux la nature ineffable d'un Dieu en ajoutant de nouvelles ombres à celles que sa grandeur répand déjà sur nos esprits ».	AT, t. XV, p. 380 : « nature incompréhensible » « que cette idée abstraite et peu distincte ».
j. ENC, t. IX, p. 46 a : « Un Saint-Esprit, dont les opérations sont si nécessaires pour la conversion ».	AT, t. XV, p. 383 : « dont, selon les chrétiens, les opérations »
k. ENC, t. IX, p. 47 a : « On ne pense pas qu'on s'égare volontairement puisqu'on veut donner aux anges des attributs et des perfections sans les connaître, et sans consulter Dieu qui les a formés ».	AT, t. XV, p. 387 : « et sans en avoir même aucune idée ».

Remarques. — *b*) L'addition est en italique dans AT.

c) AT imprime Juifs en italique dans l'expression « ce *Juif* obscur et fanatique ».

f) *Sainte* est en italique dans AT.

LEIBNIZIANISME

a. ENC, t. IX, p. 369 b : « après le Créateur universel, c'est l'homme qui se présente ; »	AT, t. XV, p. 437 : « après le Créateur universel, qu'on ne peut même admettre en bonne philosophie, c'est l'homme »
b. ENC, t. IX, p. 372 a : « Il mit au jour sa *Théodicée* en 1711 : c'est une réponse aux difficultés de Bayle sur l'origine du mal physique et du mal moral ».	AT, t. XV, p. 448 : « une réponse ou plutôt une confirmation des difficultés »
c. ENC, t. IX, p. 379 b : « On s'est plaint et avec quelque raison peut-être que nous n'avions pas rendu à ce philosophe toute la justice qu'il méritait. C'était ici le lieu de réparer cette faute si nous l'avons commise; et nous le faisons avec joie ».	AT, t. XV, p. 473 : « plaint avec raison que » « commise, de parler avec éloge, avec admiration, de cet homme célèbre, et »

Remarque. — *c*) La première variante résulte d'une omission de AT : elle n'est pas dans N (1798). La deuxième est déjà dans N (1791). A cet endroit X (1769) a aussi une correction, mais les termes en sont légèrement différents : « On se plaindrait, et avec quelque raison sans doute, si nous ne rendions pas à ce philosophe toute la justice qu'il mérite. C'était ici le lieu de parler avec éloge, avec admiration de cet homme célèbre; et nous le faisons avec joie ». ML présente le même texte que X (1769), à deux mots près, « peut-être » au lieu de « sans doute ». MV est conforme à ENC. On voit mal la raison de ces corrections; on ne voit surtout pas quelle en est l'origine, et comment elles se sont transmises.

MACHIAVELISME

ENC	AT
a. ENC, t. IX, p. 793 b : « Ses derniers discours, s'il est permis d'y ajouter foi, furent de la dernière impiété ».	AT, t. XVI, p. 32 : « furent ceux d'un philosophe ».

Remarque. — AT est conforme à N (1798) et à N (1791). Le texte original rétabli par MM. Gordon et Torrey se lisait : « Ses derniers discours, s'il est permis d'y ajouter foi ne furent pas trop édifiants » (130 *bis*).

MALABARES (PHILOSOPHIE DES)

ENC	AT
a. ENC, t. IX, p. 922 b : « il y en a qui (...) se moquent du dogme fondamental, le retour périodique des êtres. Ces impies professent leurs sentiments en secret ».	AT, t. XVI, p. 42 : « des êtres. Ces derniers ne sont pas les moins sages. Ces philosophes »
b. ENC, t. IX, p. 923 a : « L'athéisme a aussi ses partisans dans le Malabare ».	AT, t. XVI, p. 42 : « Malabare : et où n'en a-t-il pas ? »
c. ENC, t. IX, p. 923 a : « Il n'est pas étonnant qu'il y ait des athées partout où il y a des superstitieux; c'est un sophisme qu'on fera partout où l'on racontera de la Divinité des choses absurdes. Au lieu de dire : Dieu n'est pas tel qu'on me le peint, on dira : Il n'y a point de Dieu ».	AT, t. XVI, p. 42 : « c'est un raisonnement » ... « point de Dieu, et l'on dira la vérité ».

Remarque. — *a*) AT est conforme à N (1798). N (1791) a « sages », au lieu de « philosophes », mais n'a pas la phrase précédente : « Ces derniers ne sont pas les moins sages ».

MEGARIQUE (SECTE)

ENC	AT
a. ENC, t. X, p. 305 b : « Mais de ce que Stilpon faisait assez peu de cas des dieux de son pays, s'ensuit-il qu'il fût athée ? Je ne le crois pas ».	AT, t. XVI, p. 114 : « crois pas; et quand il l'eût été ? »

(130 *bis*) Gordon et Torrey, *The censoring*, p. 69.

MOSAIQUE ET CHRETIENNE (PHILOSOPHIE)

a. ENC, t. X, p. 742 a : « quelle satire plus directe et plus cruelle pourrait-on faire des livres de cet auteur sublime, que d'établir une concorde exacte entre ses idées et celles de plusieurs physiciens que je pourrais citer ».

AT, t. XVI, p. 124 :

« des livres attribués à cet auteur, que »

b. ENC, t. X, p. 743 b : « Jean Amos Comenius (...) se mit à faire le prophète, et l'on sait bien que ce métier ne s'accorde guère avec le repos ».

AT, t. XVI, p. 129 :

« le prophète. L'on sait bien que ce métier, qui n'exige qu'une imagination forte et beaucoup d'effronterie, ne s'accorde »

c. ENC, t. X, p. 743 b : « la physique de Moïse »

AT, t. XVI, p. 130 : « la mauvaise physique de Moïse »

Remarque. — Les trois corrections sont déjà dans N (1791).

PERIPATETICIENNE (PHILOSOPHIE)

a. ENC, t. XII, p. 365 a : « Nous avons traité fort au long du Péripatéticisme, ou de la philosophie d'Aristote à *l'article* ARISTOTELISME; il nous en reste cependant des choses intéressantes à dire, que nous avons réservées pour cet article, qui servira de complément à celui du premier volume de cet ouvrage ».

AT, t. XVI, p. 227 : « On a »

« celui que nous venons de citer, et dont nous n'avons été que l'éditeur ».

b. ENC, t. XII, p. 371 b : (Un paragraphe énumère sans commentaire les principales idées de Critolaüs de Phasélide).

AT, t. XVI, p. 248 : (Le paragraphe se termine par la phrase suivante en italique : « *Il y a beaucoup de vrai dans ces différentes assertions* »).

c. ENC, t. XII, p. 372 a : « Dicéarque (...) disait : I. L'âme n'est rien; c'est un mot vide de sens. La force par laquelle nous agissons, nous sentons, nous pensons, est diffuse dans toute la matière, dont elle est aussi inséparable que l'étendue, et où elle s'exerce diversement, selon que l'être un et simple est diversement figuré ».

AT, t. XVI, p. 248 :

« configuré. *Ce principe est bien près de la vérité* ».

d. ENC, t. XII, p. 373 a : « Il nous resterait à terminer cet article par quelques considérations sur (...) les arguments que le péripatétisme a fournis aux athées, sur la corruption des mœurs qui s'en est suivie ; »	AT, t. XVI, p. 253 : « sur l'influence qu'il a eue sur les mœurs ; »

Remarque. — *a*) La correction était nécessaire, après ce qu'on avait pu lire dans l'avertissement du volume II de la première édition de l'*Encyclopédie*, qui donne quelques rectificatifs concernant le premier volume. L'avertissement déclare en effet à propos d'*Aristotélisme* : « L'auteur a cru pouvoir semer ici quelques morceaux de l'ouvrage de M. Deslandes, qui font environ la dixième partie de ce long article; le reste est un extrait substantiel et raisonné de l'histoire latine de la philosophie de Brucker ».

c) L'addition est en italique dans AT.

PERSES (PHILOSOPHIE DES)

a. ENC, t. XII, p. 421 b : « c'est sûrement un de ces mensonges pieux auxquels le zèle, qui ne croit jamais pouvoir trop accorder aux fondateurs de religions, se détermine si généralement ».	AT, t. XVI, p. 258 : « si généralement. Tout ce qu'on a dit de Jésus-Christ en est une preuve ».
b. ENC, t. XII, p. 421 b : « Les saintes Ecritures »	AT, t. XVI, p. 259 : « ce vieux recueil de contes absurdes, qu'on appelle *la Bible* »

PYRRHONIENNE OU SCEPTIQUE (PHILOSOPHIE)

a. ENC, t. XIII, p. 612 a : « Bayle ne tarda pas à connaître la vanité de la plupart des systèmes religieux ».	AT, t. XVI, p. 486 : « la fausseté de tous les »

PYTHAGORISME

a. ENC, t. XIII, p. 615 a : « En un mot l'histoire véritable de Jésus-Christ n'offrait pas un événement prodigieux qu'ils n'eussent parodié dans l'histoire mensongère de Pythagore ».	AT, t. XVI, p. 494 : « l'histoire mensongère » « l'histoire également fausse »
b. ENC, t. XIII, p. 615 a : « quelques-uns des premiers Pères (...) se retranchèrent à montrer la supériorité de la puissance de Jésus-Christ sur toute autre ».	AT, t. XVI, p. 494 : « à prouver, à leur manière »

c. ENC, t. XIII, p. 619 a : « La piété envers les dieux et la religion sont dans le cœur ».

AT, t. XVI, p. 506 :

« le cœur; oui, dans le cœur de l'homme ignorant, crédule et superstitieux ».

SCOLASTIQUES (PHILOSOPHIE DES)

Remarque. — On lit dans AT, t. XVII, p. 104 : « Les moins intéressés à perpétuer l'ignorance accréditaient surtout ces soupçons odieux ». N (1798), t. VII, p. 283, dit : « Les moines, intéressés à perpétuer l'ignorance », ce qui est conforme à la leçon de l'*Encyclopédie.* La leçon AT est due de toute évidence à une erreur de lecture. Elle mérite cependant d'être signalée car elle affaiblit fâcheusement le sens de la phrase.

SOCRATIQUE (PHILOSOPHIE)

a. ENC, t. XIV, p. 263 a et AT, t. XVII, p. 157 : « (Socrate) s'était élevé par la seule force de son génie à la connaissance de l'unité de la Divinité, et il eut le courage de révéler cette dangereuse vérité à ses disciples ».

AT, t. XVII, p. 157, n.1 :

« On prétend même qu'il connut l'unité de Dieu au sens des chrétiens, et cette opinion, qu'il révéla à ses disciples, et dont ses ennemis lui firent un crime, fut un des motifs de sa condamnation ».

ANNEXE IV

Table de concordance entre un certain nombre d'articles de Diderot et leurs sources connues (131).

I. *Histoire de la philosophie*

Abstinence des Pythagoriciens (132). AT, t. XIII, pp. 182-183, cf. BRUCKER, *Historia*, t. I, pp. 1035 et suivantes (« *Victus et amictus ratio* »). A rattacher à l'article *Pythagorisme*.

Acousmatiques. AT, t. XIII, pp. 215-216, cf. BRUCKER, *Historia*, t. I, pp. 1030-1031. Ce court fragment doit être rattaché à l'article *Pythagorisme*.

Adeptes (132). AT, t. XIII, p. 218. A rattacher à l'article *Théosophes*.

Antédiluvienne. AT, t. XIII, pp. 298-304, cf. BRUCKER, *Historia*, t. I, pp. 50-62. Mais AT, t. XIII, pp. 298-299 depuis « Ces deux philosophes » jusqu'à « en approcher » est inspiré de FONTENELLE, *Histoire des oracles* (éd. Maigron, pp. 58-60) (133); AT, t. XIII, p. 302, depuis « Les miracles de la nature » jusqu'à « ses opinions », reproduit DIDEROT, *Essai sur le mérite et la vertu*, 3ᵉ partie, section III, note (AT, t. I, p. 50, note).

Arabes. AT, t. XIII, pp. 314-324, cf. BRUCKER, *Historia*, t. I, pp. 213-226 (« *consecuti sunt* »).

Aschariouns ou Aschariens. AT, t. XIII, pp. 373-374, cf. HERBELOT, *Bibliothèque orientale*, pp. 133 b-134 b (134).

Asiatiques. AT, t. XIII, pp. 374-383, cf. BRUCKER, *Historia*, t. V, pp. 804-826.

Brachmanes. AT, t. XIII, pp. 508-510, cf. BAYLE, *Dictionnaire*, t. II, pp. 123 et suivantes. Cet article doit être rapproché de l'article *Indiens*.

Bramines. AT, t. XIII, pp. 510-511, est aussi à rapprocher de l'article *Indiens*. Le début de l'article semble inspiré de BAYLE, *Dictionnaire*, t. II, pp. 126 et suivantes. La fin de l'article est inspirée de VOLTAIRE, *Bababec et les fakirs* (135).

---

(131) Nous prenons comme base, pour l'*Histoire de la philosophie*, la liste des articles attribués à DIDEROT par NAIGEON, dans l'*Encyclopédie méthodique* et dans son édition des *Œuvres*. Dans son *Diderot as a disciple*, R.-L. CRU a cherché pour un nombre limité d'articles la concordance entre le texte de DIDEROT et celui de BRUCKER; voir notamment pp. 271-276 et p. 282, n. 26.

(132) N'est pas dans NAIGEON, mais l'article est marqué de l'astérisque dans l'*Encyclopédie*.

(133) Rapprochement indiqué par P. HERMAND, *Sur le texte de Diderot*, p. 365, et *Les idées morales*, p. 240.

(134) DIDEROT indique sa source, AT, t. XIII, p. 374.

(135) DIDEROT cite lui-même VOLTAIRE (AT, t. XIII, p. 511).

Chaldéens. AT, t. XIV, pp. 75-84, cf. Brucker, *Historia*, t. I, pp. 102-136. Mais l'article de Diderot a une composition différente de celle de son modèle. AT, p. 75, depuis « Les Chaldéens » jusqu'à « savants » = Brucker, de p. 102, « *Post Hebraeos* », jusqu'à p. 104, « *distinguenda sit* »; AT, p. 76, depuis « Il n'est pas facile » jusqu'à p. 77, « ceux qui gouvernaient » = Brucker, de p. 104, « *Quemadmodum* », jusqu'à p. 107, « *nominaveris* »; AT, p. 77, depuis « Voici quelle était la doctrine », jusqu'à p. 79, « se confier à eux » = Brucker, pp. 132-134 (« *De Deo ejusque cultu* », « *De daemonibus* », « *De daemonibus malis* »), mais Diderot intercale ici dans le développement un morceau pris un peu plus loin : AT, p. 78, depuis « Ils supposaient que les animaux » jusqu'à « pour former ce monde » = Brucker, p. 142 (histoire d'Omerca et de Belus, et réflexions de Berose transmises par Syncelle) ; AT, p. 80, depuis « Pour revenir » jusqu'à « divers mouvements » = Brucker, p. 135, depuis « *Haec ad interiorem* » jusqu'à « *constat* »; AT, p. 82, depuis « L'envie de passer » jusqu'à « espace de 480 ans » = Brucker, p. 103, depuis « *Antiquissimam* » jusqu'à « *nequit* ».

Chavarigtes. AT, t. XIV, pp. 114-115. A rattacher à l'article *Sarrasins*.

Chinois. AT, t. XIV, pp. 122-139, cf. Brucker, *Historia*, t. V, pp. 846-906. Mais depuis AT, p. 139, « La morale de Confucius », jusqu'à la fin de l'article, Diderot puise à d'autres sources que Brucker. Diderot cite ses sources globalement à la fin de l'article, p. 141. Les morceaux empruntés viennent surtout du livre du R.P. Le Comte, *Nouveaux mémoires*. Ce qui concerne l'antiquité de la Chine (p. 139) est dans Le Comte, t. I, lettre V, pp. 252 et suivantes; ce qui concerne la langue et l'écriture (p. 139) est dans Le Comte, t. I, lettre VII, pp. 367 et suivantes; l'anecdote sur le Nankinois et l'idole (pp. 139-140) est dans Le Comte, t. II, pp. 158 et suivantes; ce qui concerne la porcelaine (p. 141) est dans Le Comte, *ibid.*, pp. 318 et suivantes.

Cyniques. AT, t. XIV, pp. 252-265 (« Ainsi finit le cynisme ancien »), cf. Brucker, *Historia*, t. I, pp. 860-893; AT, t. XIV, 265-267, cf. Brucker, *Historia*, t. II, pp. 496-530.

Cyrénaïque. AT, t. XIV, pp. 268-274, cf. Brucker, *Historia*, t. I, pp. 584-609.

Eclectisme. AT, t. XIV, pp. 304-378, cf. Brucker, *Historia*, t. II, pp. 189-462. Dans le détail Diderot remanie constamment le plan de Brucker. AT, p. 304, depuis « Le sectaire » jusqu'à « contradictoires », reproduit Brucker, p. 189, depuis « *Platonica* » jusqu'à « *nequeant* »; AT, p. 304, depuis « à moins qu'on ne veuille » jusqu'à « une chose fausse », reproduit Brucker, p. 190, depuis « *factum tamen* » jusqu'à « *aedificium* »; AT, p. 305, depuis « Il s'ensuit », jusqu'à « l'héraclitisme, le cynisme », reproduit Brucker, p. 189, depuis « *nec si proprie* » jusqu'à « *fere nullum* ». La distinction entre l'éclectisme et le syncrétisme (AT, p. 306) est faite dans Brucker à partir de la page 190 (« *Negandum tamen* »). Le tableau général de la philosophie éclectique, depuis AT, p. 308, « La philosophie éclectique », jusqu'à AT, p. 309, « qui déchirèrent l'Eglise », reproduit Brucker, p. 190, de « *Sed ut proprius* » à « *dignoverunt* », mais la suite de ce tableau correspond aux généralités sur l'éclectisme que l'on trouve dans Brucker à partir de la page 358. Diderot suit très librement son modèle, puisque le vers grec cité dans AT, p. 309, est dans Brucker, p. 430, la citation grecque de AT, p. 310, est dans Brucker, p. 280, la citation latine de AT, p. 311 (« *Christum nescio* ») est dans Brucker, p. 375, la citation de Porphyre de AT, pp. 311-312 (« *Sunt spiritus* ») est dans Brucker, p. 376, l'oracle d'Apollon cité en grec dans AT, p. 312, est dans Brucker, p. 375, la citation de saint Augustin, « *Si hanc vitam* », de AT, p. 312, est dans Brucker, p. 388, la citation grecque de AT, p. 313, est dans Brucker, p. 386. Dans AT, pp. 314-315, la traduction française en italique qui précède le texte grec de Porphyre amalgame à ce texte, cité dans Brucker, p. 194, une sorte de scolie de Brucker que l'on trouve à la page 195. La longue citation latine de AT, p. 320, est dans Brucker, p. 224. Diderot en remanie sensiblement le texte, mais sans changer la signification de l'ensemble.

Le texte de AT, pp. 322-323, depuis « J'observerai ici en passant » jusqu'à « il fuit effrayé devant elles », est une variation sur un thème fourni par Brucker, pp. 244-245. Dans AT, p. 324, la première injure adressée à Porphyre, « *ami intime du diable* », est d'Eusèbe, et elle est citée dans Brucker, p. 255; l'autre série d'injures est de Hiéronyme et elle est citée dans Brucker, p. 255. Du reste, tout le développement sur la lutte de Porphyre contre le Christianisme correspond au texte de Brucker, pp. 251-257. Les extases de Jamblique raillées dans AT, p. 325, le sont aussi dans Brucker, p. 265. L'histoire de Sopatre, dans AT, p. 326, est la reproduction d'une note de Brucker (p. 262, n.*r*). L'anecdote d'Hermeas prouvant à un moribond que l'âme est mortelle (AT, p. 339) est dans Brucker, p. 316. La seconde citation latine de AT, p. 340 (« *Quae omnia* ») est dans Brucker, p. 331. Les développements sur la dialectique des éclectiques, sur la psychologie des éclectiques, etc., de AT, p. 351 à p. 378, reproduisent ceux de Brucker, de la page 393 à la page 462.

Egyptiens. AT, t. XIV, pp. 380-394, cf. Brucker, *Historia*, t. I, pp. 244-302. Diderot s'inspire partiellement de Brucker, du début de l'article jusqu'à la digression sur les pyramides (AT, p. 384), puis de AT, p. 386, « Si l'on fait remonter », à AT, p. 387, « sont très fécondes », c'est-à-dire jusqu'à Brucker, p. 266, « *teste DIODORO* ». Ce qui ne vient pas de Brucker dans ce développement sur les prêtres égyptiens (AT, pp. 386-388) est repris de Shaftesbury, *Characteristicks*, t. III, pp. 42-46 (136).

Diderot suit de nouveau Brucker depuis AT, p. 389, « Voici l'ordre et la marche » (= Brucker, p. 266, « *Aegyptii peculiarem* ») jusqu'à AT, p. 390, « des yeux et des femmes » (= Brucker, p. 267, « *de mulieribus* ») et à partir de AT, p. 390, « Si l'on considère » (= Brucker, p. 273, « *Geometria* »). Mais il le suit librement et remanie sans cesse le plan de son modèle : AT, pp. 391-392, depuis « Ils disaient » jusqu'à « terre planétaire », correspond à Brucker, pp. 301-302, depuis « *Cum primum res universae* » jusqu'à « *aethereum terram* », mais la citation latine de AT, p. 392, est dans Brucker, p. 296, les quatre vers de Juvénal de AT, p. 393, sont dans Brucker, p. 281, la citation d'Eusèbe de AT, p. 393, est dans Brucker, p. 251.

Eléatique. AT, t. XIV, pp. 394-407, cf. Brucker, *Historia*, t. I, pp. 1142-1208.

---

(136) P. Hermand, *Sur le texte de Diderot*, p. 367.

Epicuréisme. AT, t. XIV, pp. 508-525 (« à perdre la vie »), cf. BRUCKER, *Historia*, t. I, pp. 1228-1315 (« *noverit* »); AT, t. XIV, p. 525, de « La philosophie épicurienne » jusqu'à « Epicuriens », cf. BRUCKER, *Historia*, t. II, pp. 599-626; AT, t. XIV, pp. 525-526 (« la raison de son côté »), cf. BRUCKER, *Historia*, t. IV, pp. 503-536.

Dans la première partie de l'article, le plan de Brucker se trouve modifié par Diderot. Le récit de la vie d'Epicure, qui est au début du chapitre de Brucker (pp. 1230-1237) est rapporté après l'exposé de sa philosophie (AT, pp. 508-522, cf. BRUCKER, pp. 1252-1315).

Ethiopiens. AT, t. XIV, pp. 530-533, cf. BRUCKER, *Historia*, t. I, pp. 305-312. La citation d'Homère que Diderot fait à la fin de son article n'est pas à cette place dans son modèle (BRUCKER, p. 309).

Grecs. AT, t. XV, pp. 44-63, cf. BRUCKER, *Historia*, t. I, pp. 364-457. Le plan de BRUCKER est quelquefois remanié : Diderot parle du système d'Orphée avant de rapporter sa légende (AT, t. XV, pp. 52-53), alors que BRUCKER fait l'inverse (système d'Orphée, pp. 390-399, et vie d'Orphée, à partir de la p. 376). La citation d'Ovide, *Métamorphoses*, XI, 50-53, que Diderot fait p. 53, n'a pas son équivalent dans BRUCKER. A partir de AT, t. XV, p. 63, la revue que fait Diderot de la philosophie sectaire des Grecs n'est que le « catalogue » des différents articles qu'il a tirés par ailleurs du livre de BRUCKER, t. I, pp. 457 et suivantes, *De philosophia Graecorum sectaria*. La fin de l'article, AT, pp. 67-68, depuis « La police » jusqu'à « communion d'enfants », est fournie par un texte de Plutarque dont Diderot donne lui-même la référence (*Œuvres morales*, t. I, *De la fortune d'Alexandre*).

Héraclitisme. AT, t. XV, pp. 78-85, cf. BRUCKER, *Historia*, t. I, pp. 1208-1227.

Hobbisme. AT, t. XV, pp. 94-124, cf. BRUCKER, *Historia*, t. V, pp. 145-199 (137).

Indiens. AT, t. XV, pp. 200-203, cf. BRUCKER, *Historia*, t. I, pp. 190-212.

Ionique. AT, t. XV, pp. 242-251 (« qui fait cette distinction »), cf. BRUCKER, *Historia*, t. I, pp. 458 (« *Primus philosophiae* »)-521; AT, t. XV, pp. 251-252, cf. BRUCKER, *Historia*, t. IV, pp. 460-486.

Japonais. AT, t. XV, pp. 264-272, cf. BRUCKER, *Historia*, t. V, pp. 907-918.

Jésus-Christ. AT, t. XV, pp. 286-302, cf. BRUCKER, *Historia*, t. III, pp. 241-708.

Jordanus Brunus. AT, t. XV, pp. 302-310, cf. BRUCKER, *Historia*, t. IV, pp. 12-62.

Juifs (138). AT, t. XV, pp. 318-356 (« la transporter au Christianisme »), cf. BRUCKER, *Historia*, t. II, pp. 653-788; AT, t. XV, pp. 356-397 (« sous des termes figurés »), cf. BASNAGE, *Histoire des Juifs, passim*; AT, t. XV, pp. 397-400, cf. BRUCKER, *Historia*, t. II, pp. 910 (« *Deus est*

---

(137) La comparaison de détail entre les deux textes a été faite par THIELEMANN, *Thomas Hobbes dans l'* « *Encyclopédie* », pp. 340-345, et *Diderot and Hobbes*, pp. 228-229.

(138) Sur les sources de l'article *Juifs*, voir H. SAENGER, *Juden und Altes Testament*, pp. 115-116.

supremus »)-916. Dans la deuxième partie, inspirée de Basnage, AT, pp. 356-367 (« aux auteurs du Talmud »), suit l'*Histoire des Juifs*, livre III, t. V, du début à la page 180, mais avec des changements dans la composition, puisque ce qui concerne les chefs des académies juives dans AT, p. 357, est dans l'*Histoire des Juifs*, p. 110, alors que les développements qui suivent sur Gamaliel, Siméon III, Juda le saint, sont respectivement dans l'*Histoire des Juifs*, p. 63, p. 66, pp. 67 et suivantes; AT, pp. 367-368, rapporte l'histoire d'Akibba, — Diderot écrit obstinément Atriba, — d'après l'*Histoire des Juifs*, livre VII, t. XI, pp. 346 et suivantes; pour l'histoire de Siméon Jochaïdes, — AT, pp. 368-371, — Diderot revient au tome V de l'*Histoire des Juifs*, pp. 275-284; AT, pp. 371-378, « Des grands hommes qui ont fleuri chez les Juifs dans le douzième siècle », reproduit le chapitre correspondant du livre IX, tome XIII, de l'*Histoire des Juifs*, pp. 254-280; AT, pp. 378-381, « Idée que les Juifs ont de la Divinité », reproduit l'*Histoire des Juifs*, livre IV, t. VII, pp. 6-12; le « Sentiment des Juifs sur la Providence et sur la liberté » (AT, pp. 381-384) est tiré du même volume, pp. 304-384, ainsi que le « Sentiment des Juifs sur la création du monde » et les « Sentiments des Juifs sur les anges et sur les démons » (AT, pp. 384-397, et *Histoire des Juifs*, t. VII, pp. 117-302). Il semble que pour toute cette partie Diderot ait suivi dans l'ensemble le plan de Brucker, en se référant à Basnage toutes les fois que Brucker y renvoie.

Leibnizianisme (139). AT, t. XV, pp. 436-451 (« l'élévation du discours »), cf. Fontenelle, *Eloge de Leibniz*, in *Histoire et Mémoires*, 1716, première partie, pp. 94-128 (140) ; AT, pp. 451-473, cf. Brucker, *Historia*, t. V, pp. 398-446. Toutefois, dans la première partie de l'article, Diderot complète quelquefois Fontenelle à l'aide de Brucker. Par exemple, le rapport entre l'*Encyclopédie* d'Alstedius et le projet d'*Encyclopédie* de Leibniz est indiqué dans Brucker, t. V, p. 345. La citation latine de AT, p. 442, vient de Brucker, t. V, p. 348. Les détails sur la mort de Leibniz sont reproduits de Brucker, t. V, p. 367.

Locke. AT, t. XV, p. 519-522 (« moins calviniste que socinien »). cf. Jean Le Clerc, *Eloge historique de feu M. Locke*, en tête de son édition des *Œuvres diverses* de Locke, pp. I-XCIX. Il semble que dans la suite de l'article (AT, pp. 522-524) Diderot résume ses lectures personnelles, *Essai philosophique sur l'entendement humain*, et *De l'éducation des enfants*. Rien ne correspond en tout cas au résumé qu'il fait de ces deux ouvrages, ni dans Brucker, ni dans Le Clerc.

Machiavélisme. AT, t. XVI, pp. 32-33, cf. Brucker, *Historia*, t. V, pp. 784-791. Il est possible que Diderot se soit inspiré de Bayle en même temps que de Brucker (Bayle, *Dictionnaire*, t. IV, pp. 9-16, art. *Machiavel*). Par exemple, les réflexions de Diderot sur le *Traité du prince*, et la citation du chancelier Bacon (AT, p. 33) reprennent les notes E et 27 de l'article de Bayle (p. 11), mais la citation latine qui suit, « *Est quod gratias agamus* » vient de Brucker, p. 788. Les derniers discours de Machiavel sont rapportés dans Brucker aussi bien que dans

---

(139) Pour les emprunts à Fontenelle, voir P. Hermand, *Sur le texte de Diderot*, p. 365, et *Les idées morales*, p. 241 et n. 2.

(140) P. Hermand donne les références dans les *Œuvres* de Fontenelle, éd. de 1757.

Bayle (note L, p. 14), mais le premier état du texte de Diderot (141) prouve que c'est le texte de Brucker qui a servi de modèle. Diderot avait en effet écrit d'abord : « Il disait qu'il aimait mieux être dans l'enfer avec Socrate, Alcibiade, César, Pompée, et les autres grands hommes de l'Antiquité que dans le ciel avec Pierre, Paul, et les autres plats fondateurs du Christianisme », ce qui traduit Brucker, p. 786 : « *(Dicebat) malle se cum viris magnis in inferno considere, quam cum hominibus simplicibus, Petro, Paulo, et mendicis aliis in coelo triumphare* » (142).

Malabares. AT, t. XVI, pp. 38-49, cf. Brucker, *Historia*, t. V, pp. 826-845.

Malebranchisme (143). AT, t. XVI, pp. 49-53, cf. Fontenelle, *Eloge de Malebranche*, in *Œuvres*, éd. de 1757, t. V, pp. 427 et suivantes.

Mégarique. AT, t. XVI, pp. 110-114, cf. Brucker, *Historia*, t. I, pp. 610-621.

Mosaïque et chrétienne. AT, t. XVI, pp. 122-134, cf. Brucker, *Historia*, t. IV, pp. 610-643.

Orientale. AT, t. XVI, pp. 172-177, cf. Brucker, *Historia*, t. II, pp. 639-652.

Parménidéenne. Cet article est en réalité la suite de la partie de l'article *Eléatique* qui concerne Parménide (AT, t. XIV, p. 398). AT, t. XVI, pp. 196-199 (« des images, des ombres »), correspond à Brucker, *Historia*, t. I, pp. 1157-1166 et AT, t. XVI, pp. 199-202, à Brucker, t. IV, pp. 448-460.

Péripatéticienne. AT, t. XVI, pp. 227-250 (« Hyéronimus de Rhodes »), cf. Brucker, *Historia*, t. I, pp. 805-859; AT, t. XVI, pp. 250 (« Après Bannez »)-253, cf. Brucker, *Historia*, t. IV, pp. 117-352.

L'article de Diderot est destiné à compléter l'article *Aristotélisme*, qui n'utilisait que partiellement Brucker. Par exemple, la liste des successeurs d'Aristote, AT, pp. 245-250, ne fait pas double emploi avec celle qui est donnée dans ENC, t. I, p. 661 a-b, mais les deux listes n'en font qu'une dans Brucker, t. I, pp. 840-859.

Perses. AT, t. XVI, pp. 256-269, cf. Brucker, *Historia*, t. I, pp. 143 (« *Post Chaldaeos* »)-189 (« *placere potuit* »).

Phéniciens. AT, t. XVI, pp. 271-273, cf. Brucker, *Historia*, t. I, pp. 229-243 (« atque gustu »).

Platonisme. AT, t. XVI, pp. 312-335 (« l'Ascalonite »), cf. Brucker, *Historia*, t. I, pp. 627-775; AT, t. XVI, p. 335 (depuis « Le *platonisme* »

---

(141) Gordon et Torrey, *The censoring*, p. 69.

(142) Il y a dans l'*Encyclopédie* un autre morceau sur Machiavel, dans l'article *Politique (philosophie)*, AT, t. XVI, pp. 340-346. Cet article est puisé dans Brucker, *Historia*, t. V, pp. 777-803, et aussi dans Bayle, *Dictionnaire*, t. II, p. 28 (note C à l'article *Boccalin*), t. II, pp. 33-42, article *Bodin*, et t. IV, pp. 9-16, article *Machiavel*. Il s'inspire en outre de Bayle, *République des Lettres*, 1684, juillet, art. 7, pour AT, p. 342, et d'Amelot de la Houssaie, dans sa traduction de *l'Homme de cour* (*ibid.*). Mais rien ne permet d'attribuer l'article *Politique* à Diderot. Il ne figure dans aucun des recueils de Naigeon.

(143) Pour la source de *Malebranchisme*, voir P. Hermand, *Sur le texte*, p. 365, et *Les idées morales*, p. 241.

jusqu'à « Plutarque et Galien »), cf. BRUCKER, *Historia*, t. II, pp. 162-188; AT, t. XVI, p. 336, cf. BRUCKER, *Historia*, t. IV, pp. 41-61.

Pyrrhonienne (144). AT, t. XVI, pp. 471-483 (« point impunément »), cf. BRUCKER, *Historia*, t. I, pp. 1317-1349; AT, t. XVI, p. 483 (depuis « Cette philosophie » jusqu'à « Justinien »), cf. BRUCKER, *Historia*, t. II, pp. 627-638; AT, t. XVI, pp. 483-491 (« par ce trait »), cf. BRUCKER, *Historia*, t. IV, pp. 536-603.

Pythagorisme (145). AT, t. XVI, pp. 492-524 (« finit avec lui »), cf. BRUCKER, *Historia*, t. I., pp. 982-1142; AT, t. XVI, pp. 524-530 (« philosophie *pythagorique* »), cf. BRUCKER, *Historia*, t. II, pp. 85-161; AT, t. XVI, pp. 530-544, cf. BRUCKER, *Historia*, t. IV, pp. 353-448. Pour les « assemblées théurgiques » évoquées dans AT, p. 542, voir CORR LIT, t. IV, pp. 114-115, 208-217, 379-387, 388-393, 393-394, communications de Doyer de Gastel et La Condamine sur les « secours » administrés aux dévotes jansénistes.

Romains. AT, t. XVII, pp. 27-29 (« et on les brûla »), cf. BRUCKER, *Historia*, t. I, pp. 342-351; AT, t. XVII, pp. 29-33 (« le même manteau »), cf. BRUCKER, *Historia*, t. II, pp. 7-85.

Sarrasins (146). AT, t. XVII, pp. 35-84, cf BRUCKER, *Historia*, t. III, pp. 3-216.

Scepticisme. AT, t. XVII, pp. 84-87, cf. au moins partiellement, P.-D. HUET, *Traité philosophique de la faiblesse de l'esprit humain* (147). Par exemple, pour l'origine du nom de sceptique (AT, p. 84), voir HUET, *Traité*, p. 130. La distinction entre sceptiques et néo-académiciens (AT, p. 85) est faite d'après HUET, *Traité*, pp. 138 et suivantes, à partir de « C'est une ancienne question ». Il y a de nombreuses ressemblances textuelles entre l'article de Diderot et son modèle, mais Diderot ne cite que cinq points de différence, alors qu'il y en a sept dans HUET. La conclusion de Diderot (AT, p. 87) est reprise de HUET, *Traité*, pp. 150-151.

Scolastiques. AT, t. XVI, pp. 87-110, cf. BRUCKER, *Historia*, t. III, pp. 709-912.

Scythes. AT, t. XVII, pp. 110-113, cf. BRUCKER, *Historia*, t. I, pp. 351-363.

Socratique (148). AT, t. XVII, pp. 151-166, cf. BRUCKER, *Historia*, t. I, pp. 522-583.

Stoïcisme. AT, t. XVII, pp. 205-228 (« de la secte de Socrate »), cf. BRUCKER, *Historia*, t. I, pp. 893-981; AT, t. XVII, pp. 228-231, cf. BRUCKER, *Historia*, t. IV, pp. 486-502.

---

(144) L'article *Pyrrhonienne*, tel qu'il est reproduit dans AT doit être complété par le texte des épreuves censurées par LE BRETON (GORDON et TORREY, *The censoring*, pp. 74-78).

(145) Voir le texte primitif de l'article, rétabli dans GORDON et TORREY, *The censoring*, p. 78.

(146) Pour le texte primitif de l'article voir GORDON et TORREY, *The censoring*, pp. 78-81, et les lettres à Sophie VOLLAND, AT, t. XVIII, pp. 418-425, 428-429.

(147) DIDEROT avait lu cet ouvrage très tôt; voir AT, t. I, p. 153.

(148) Texte complet rétabli dans GORDON et TORREY, *The censoring*, p. 83.

Syncrétistes. ENC, t. XV, pp. 748 a-750 a (149), cf. BRUCKER, *Historia*, t. IV, pp. 750-775.

Théosophes. AT, t. XVII, pp. 242-268, cf. BRUCKER, *Historia*, t. IV, pp. 644-750.

Thomasius. AT, t. XVII, pp. 268-301, cf. BRUCKER, *Historia*, t. V, pp. 447-520.

Zend-Avesta. AT, t. XVII, pp. 316-319 (« du zend et du pehlevy »), cf. ANQUETIL, relation de voyage lue à l'Académie des Inscriptions le 4 mai 1762 (150); AT, t. XVII, pp. 319-326, cf. ANQUETIL, in *The Annual Register*, année 1762, pp. 110 a-126 a (« *be purified and happy* ») (151).

II. Les synonymes

En attendant qu'on puisse établir la liste complète des synonymes dont Diderot a donné la définition dans l'*Encyclopédie* et qu'il soit possible en particulier de résoudre les problèmes posés par les manuscrits du fonds Vandeul, il vaut la peine d'étudier, à propos d'un nombre limité d'articles dont l'attribution à Diderot ne fait pas de doute, comment il a utilisé le recueil des *Synonymes français* de l'abbé Girard (152).

Nous avons vu que Diderot s'était déchargé assez tôt de la rédaction des synonymes sur Douchet et Beauzée, grammairiens de profession. Mais dès les premiers volumes certaines définitions de synonymes portent d'autres marques que l'astérisque. Nous en examinerons quelques-unes, puisées comme celles de Diderot dans le recueil de l'abbé Girard.

D'autre part, même après la prise en main des synonymes par de Jaucourt puis par les deux grammairiens de l'Ecole militaire, la collaboration de Diderot dans ce domaine n'a pas été totalement interrompue. On rencontre encore son astérisque au-delà du tome VII (153).

Cependant les articles dont nous sommes sûrs qu'ils sont de Diderot, parce qu'ils portent son astérisque, se groupent essentiellement dans les premiers volumes de l'*Encyclopédie*.

Une dernière précision : tous les synonymes de Diderot ne sortent pas du recueil de l'abbé Girard. Certains ont un contenu original, ou sont puisés à des sources non encore identifiées. Nous en verrons quelques-uns, lorsqu'ils auront leur correspondant dans le recueil de l'abbé Girard.

Pour des raisons de commodité, nous avons surtout examiné des définitions de synonymes reproduites dans Assézat. Mais nous avons vérifié dans chaque cas que l'article porte bien l'astérisque dans l'*Ency-*

---

(149) L'article n'est pas signé et n'a pas été reproduit dans AT, mais NAIGEON l'attribue expressément à DIDEROT. Du reste DIDEROT avoue lui-même implicitement sa paternité dans le cours de l'article (p. 749 b) : il a fait aussi *Eclectisme*, qui est bien marqué de l'astérisque.

(150) Extrait du *Journal des savants* de juin 1762, vol. II, 16 pages sur deux colonnes, in-4°.

(151) Voir R.-L. CRU, *Diderot as a disciple*, pp. 281-282.

(152) Sur les manuscrits du fonds VANDEUL, voir H. DIECKMANN, *Inventaire*, pp. 43-45. En l'état actuel de nos connaissances les problèmes posés par M. DIECKMANN dans son étude sont insolubles.

(153) Par exemple à *Honoraire, appointements, gages*, qui est dans le tome VIII (et AT, t. XV, p. 140).

clopédie. Toutefois certains articles figurant dans notre liste sont dans l'*Encyclopédie*, y portent l'astérisque, mais n'ont pas été reproduits dans Assézat (154).

L'édition des *Synonymes français* que nous avons eue entre les mains est la troisième, celle de 1741 (155).

Abominable, détestable, exécrable (AT, t. XIII, pp. 180-181). Sans équivalent dans les *Synonymes*.

Absolution, pardon, rémission (AT, t. XIII, p. 181). Sans équivalent dans les *Synonymes*.

Absorber, engloutir (AT, t. XIII, pp. 181-182). Sans équivalent dans les *Synonymes*.

Accès, avoir accès, aborder, approcher (AT, t. XIII, p. 185; cite *Synonymes*, pp. 1-3) (156). Diderot ne reproduit que la moitié de l'article. Il omet en particulier une phrase de l'abbé dont le contenu est pourtant « philosophique » : « Il est souvent plus difficile d'*avoir-accès* dans les maisons bourgeoises que dans les palais des rois ».

Action, acte (ENC, t. I, p. 118 b; cite *Synonymes*, pp. 3-5). Diderot omet une réflexion de l'abbé : « Tout le mérite de nos *actions* vient du motif qui les produit et de leur conformité à la loi éternelle ». Il omet aussi l'exemple des empereurs qui ont cru être pieux en persécutant les religions autres que la leur, et qui n'ont été que cruels. Il ajoute en revanche des exemples de son cru : « C'est une bonne *action* que de soulager les malheureux; c'est un *acte* généreux que de se retrancher du nécessaire pour eux. Le sage se propose dans toutes ses *actions* une fin honnête. Le prince doit marquer tous les jours de sa vie par des *actes* de grandeur ».

Adhérent, attaché, annexé (AT, t. XIII, pp. 218-219). Sans équivalent dans les *Synonymes*.

Admettre, recevoir (AT, t. XIII, p. 219). L'article n'a aucun rapport avec l'article *Recevoir* des *Synonymes*.

Adorer, honorer, révérer (AT, t. XIII, pp. 223-224). L'article n'a pas d'équivalent dans les *Synonymes*.

Adoucir, mitiger (AT, t. XIII, p. 224). Sans équivalent dans les *Synonymes*.

Adresse, souplesse, finesse, ruse, artifice (AT, t. XIII, p. 226. Ne cite pas *Synonymes*, pp. 5-7). Les changements sont purement formels. Diderot condense son modèle et le rend plus nerveux.

Affectation, afféterie (AT, t. XIII, p. 228). Sans équivalent dans les *Synonymes*.

---

(154) P. HERMAND, *Sur le texte de Diderot*, p. 363, avait déjà donné une liste des articles de l'édition ASSÉZAT dont la source se trouve dans les *Synonymes français*.

(155) Les éditions postérieures à celle de 1741 sont rigoureusement identiques à celle-ci, comme nous l'avons vérifié dans le cas des éditions de 1749 et de 1753. DIDEROT n'a pas pu travailler, bien entendu, sur la réédition augmentée par BEAUZÉE, qui date de 1769. Sur la confusion faite par NAIGEON entre le recueil de GIRARD et celui de BEAUZÉE, voir notre article sur *la Bibliothèque de Diderot*, p. 257, n. 5.

(156) Nous indiquerons dans chaque cas si DIDEROT cite sa source lui-même.

Agréable, gracieux (AT, t. XIII, p. 243. Cite *Synonymes*, pp. 8-10). Les changements sont insignifiants.

Ajouter, augmenter (ENC, t. I, p. 224 a-b. Cite *Synonymes*, pp. 10-12). Les changements sont insignifiants. Les exemples moraux donnés par Diderot sont déjà dans Girard.

Air, manières (AT, t. XIII, p. 267. Cite *Synonymes*, pp. 12-13). Les changements sont insignifiants.

Alarme, terreur, effroi (AT, t. XIII, p. 286). Sans équivalent dans les *Synonymes*.

Amant, amoureux (AT, t. XIII, p. 285. Cite *Synonymes*, pp. 14-16). Diderot condense beaucoup son modèle.

Amenuiser, alléger, aiguiser (AT, t. XIII, p. 286). Sans équivalent dans les *Synonymes*.

Ancien, vieux, antique (AT, t. XIII, pp. 295-296. Ne cite pas *Synonymes*, p. 345). Les deux articles sont à peu près identiques.

Antipathie, haine, aversion, répugnance (AT, t. XIII, p. 304. Ne cite pas *Synonymes*, pp. 213-217). L'article de Diderot est beaucoup plus court.

Apparence, extérieur, dehors (AT, t. XIII, p. 309. Cite *Synonymes*, pp. 183-184). L'abbé Girard avait dit avant Diderot : « Les pratiques de dévotion sont des apparences qui ne décident rien sur la vertu ».

Apparition, vision (AT, t. XIII, pp. 309-310. Cite *Synonymes*, p. 349). L'abbé Girard avait dit avant Diderot : « Les cerveaux échauffés et vides de nourriture croient souvent avoir des *visions* ». Mais Diderot fait de cette phrase la conclusion du développement qui précède (« Ce fut une *apparition* qui instruisit la Madeleine de la résurrection de Jésus-Christ ») alors que l'abbé dissocie les deux phrases par un alinéa.

Appas, attraits, charmes (AT, t. XIII, p. 310. Ne cite pas *Synonymes*, pp. 35-39). Diderot condense beaucoup son modèle.

Appeler, nommer (AT, t. XIII, p. 310. Cite *Synonymes*, p. 254). Les deux articles sont à peu près identiques.

Apprendre, étudier, s'instruire (AT, t. XIII, pp. 310-311). Cite *Synonymes*, pp. 17-20). Diderot amalgame deux articles qui se suivent.

Appui, soutien, support (ENC, t. I, p. 559 b. Ne cite pas *Synonymes*, pp. 20-22). Diderot supprime un passage de l'article de l'abbé Girard : « (Le chrétien) regarde la parfaite soumission aux ordres de la providence comme le plus inébranlable *support* de sa félicité. » Il ajoute en revanche cette réflexion morale : « Il faut *appuyer* nos amis dans leurs prétentions, les *soutenir* dans l'adversité, et les *supporter* dans leurs moments d'humeur ».

Arme, armure (ENC, t. I, p. 686 a. Cite *Synonymes*, pp. 22-23). Diderot abrège un peu son modèle.

Attachement, attache, dévouement (AT, t. XIII, p. 387. Ne cite pas *Synonymes*, pp. 29-31). Diderot abrège beaucoup son modèle.

Audace, hardiesse, effronterie (AT, t. XIII, pp. 388-389). Il n'y a aucun rapport entre l'article de Diderot et celui des *Synonymes* (pp. 408-411).

Augmenter, agrandir (AT, t. XIII, p. 389. Ne cite pas *Synonymes*, pp. 403-408 et pp. 415-418). Diderot abrège beaucoup les deux articles qu'il amalgame. Il supprime en particulier des réflexions politiques de l'abbé Girard sur les agrandissements territoriaux, premières causes de la décadence des monarchies.

Austère, sévère, rude (AT, t. XIII, p. 391. Ne cite pas *Synonymes*, pp. 49-51). Diderot condense beaucoup son modèle. Il est plus hardi que l'abbé Girard lorsqu'il dit ironiquement de l'austérité qu' « elle était autrefois le partage des cloîtres ».

Autorité, pouvoir, puissance, empire (AT, t. XIII, pp. 391-392. Cite *Synonymes*, pp. 451-460). Toutes les réflexions politiques sur les princes qui aiment la justice et les ministres qui n'abusent pas de leurs pouvoirs sont déjà dans le recueil de Girard. Diderot est même plus timide que l'abbé. Il dit en effet : « Il n'y a point de *puissance* qui ne doive être soumise à celle de Dieu » (p. 392), alors que l'abbé Girard écrivait (p. 455) : « Le Créateur et la nature (ont) toujours un droit imprescriptible, qui rend nul tout ce qui se fait à leur préjudice : il n'y a donc pas d'*autorité* plus authentique ni mieux fondée que celle qui a des bornes connues et prescrites par les lois qui l'ont établie ». L'abbé ajoutait que toute autorité qui ne veut pas se borner « se met au-dessus des lois, par conséquent cesse d'être *autorité* » (p. 456) (157).

Avanie, outrage, affront, insulte (AT, t. XIII, pp. 402-403. Ne cite pas *Synonymes*, pp. 317-318). Le contenu des deux articles est semblable, la forme en est différente. La dernière phrase de l'article, qui évoque les avanies que peut faire subir la populace, était déjà dans Girard. Mais l'abbé disait « peuple » quand Diderot dit « populace ».

Avantage, profit, utilité (AT, t. XIII, p. 403). L'article n'a aucun rapport avec celui des *Synonymes* (pp. 363-364).

Aventure, événement, accident (AT, t. XIII, p. 403. Cite *Synonymes*, pp. 179-180). Les deux articles se ressemblent beaucoup.

Avis, sentiment, opinion (AT, t. XIII, p. 403. Cite *Synonymes*, pp. 305-306). Les articles sont presque identiques.

Bassesse, abjection (AT, t. XIII, pp. 413-415. Cite *Synonymes*, pp. 437-438). C'est l'article que Naigeon admirait tant (158). Diderot suit d'abord son modèle pendant deux paragraphes (jusqu'à « dignité »). Puis vient la fameuse digression : « Observons ici combien la langue

(157) Dans la suite de son article l'abbé Girard cite le verset de saint Paul dont l'interprétation, dans l'article *Autorité politique* de l'*Encyclopédie*, a fait l'objet de vives controverses dans la presse du temps. Il est possible que Diderot ait pris comme point de départ le texte de l'abbé. Girard précise en effet qu'il n'y a de puissance légitime que soumise à Dieu, et il comprend ainsi saint Paul : toute puissance qui vient de Dieu est une puissance réglée; mais il donne aussi l'autre interprétation : « Toute *puissance* est réglée par celle de Dieu ». L'abbé conclut de son interprétation que saint Paul n'a pas voulu justifier toute sorte de puissance. Cela ne « pouvait pas tomber dans la pensée d'un homme raisonnable et d'un homme chrétien » (p. 457). L'auteur d'*Autorité politique* comprend le verset de saint Paul comme l'abbé Girard : « Toute puissance qui vient de Dieu est une puissance réglée », et il rejette avec vigueur l'interprétation selon laquelle « toute puissance, quelle qu'elle soit, vient de Dieu » (AT, t. XIII, pp. 393-394).

(158) *Philosophie ancienne et moderne*, t. II, p. 220 a et b, et p. 220 b, n. 1.

seule nous donne de préjugés ». Il reprend ensuite sa copie, mais en présentant comme un préjugé ce que l'abbé donne comme un fait : « (L'enfant) imaginera que la nature a placé des êtres dans l'élévation »; alors que l'abbé Girard dit : « La nature a placé des êtres dans l'élévation ». Diderot envisage en outre les conséquences de tels préjugés sur le cœur et l'esprit de ceux à l'égard de qui on les a (AT, t. XIII, p. 414). Les deux articles sont de nouveau semblables à partir de « la piété diminue les amertumes de l'état d'*abjection* ». Mais Diderot ne peut supporter plus longtemps la pieuse résignation de l'abbé et le dernier paragraphe de son article est emporté par un vif mouvement d'indignation contre « ces hommes injustes dans le sein du bonheur », qui ont « inventé » les préjugés de l'abjection et de la bassesse. Par comparaison la fin de l'article des *Synonymes* est d'une sagesse toute bourgeoise, mais à l'ancienne mode : « Il faut tâcher de se retirer de la *bassesse;* l'on n'en vient pas à bout sans travail et sans bonheur. Il faut prendre garde de ne pas tomber dans l'*abjection;* le sage usage de sa fortune et de son crédit en est le plus sûr moyen ».

Bataille, combat, action (AT, t. XIII, p. 415. Ne cite pas *Synonymes* pp. 51-53). Diderot condense beaucoup son modèle.

Battre, frapper (AT, t. XIII, p. 420. Ne cite pas *Synonymes*, pp. 53-56). Diderot condense beaucoup son modèle. On est surpris de le voir supprimer deux exemples « moraux » donnés par l'abbé : c'est une mauvaise habitude que de battre les enfants; la flagellation des moines est indécente.

Béatitude, bonheur, félicité (AT, T. XIII, p. 421; cite *Synonymes*, pp. 72-74). Les deux articles ont un contenu identique.

Beau, joli (AT, t. XIII, pp. 421-422; ne cite pas *Synonymes*, pp. 56-61). L'article de Diderot est en partie original. Il donne des exemples littéraires que ne donne pas Girard (la comédie peut être belle ou jolie, la tragédie ne peut être que belle). La citation finale de Boileau n'est pas non plus dans les *Synonymes*.

Beaucoup, plusieurs (AT, t. XIII, pp. 422-423; ne cite pas *Synonymes*, pp. 61-62). Diderot condense beaucoup l'article de Girard, mais en conserve le sens général. L'exemple politique final est déjà dans Girard : « Pour qu'un Etat soit bien gouverné, nous disons qu'il ne faut qu'un seul chef, *plusieurs ministres* ». Mais c'est Diderot qui ajoute, « *beaucoup* de lumières et d'équité ».

Bénéfice, gain, profit, lucre, émolument (AT, t. XIII, p. 425; ne cite pas *Synonymes*, pp. 205-206). Le contenu des deux articles est identique.

Besoin, nécessité, indigence, pauvreté, disette (AT, t. XIII, p. 428; ne cite pas *Synonymes*, pp. 66-69). Diderot allège son modèle. Il omet de répéter, après l'abbé, qu'un travail « assidu est le remède contre l'*indigence;* si l'on manque d'y avoir recours elle devient une juste punition de la fainéantise ». Il fait aussi l'économie de plusieurs réflexions sur la condition des hommes de lettres, — une fortune honnête leur est nécessaire, — sur l'aumône, — plaisir des grands, — sur les disettes, — conséquences d'une mauvaise administration.

Bien, très, fort (AT, t. XIII, p. 477; cite *Synonymes*, pp. 327-328). Les deux articles ont un contenu identique.

Bizarre, fantasque, capricieux, quinteux, bourru (AT, t. XIII, p. 479; ne cite pas *Synonymes*, pp. 194-196). Les deux articles se ressemblent souvent à la lettre.

Bonheur, prospérité (AT, t. XIII, pp. 486-487; cite *Synonymes*, pp. 71-72). Les deux articles ont un contenu identique.

Bornes, limites, termes (AT, t. XIII, p. 489; ne cite pas *Synonymes*, pp. 74-75). Diderot condense son modèle.

Bourgeois, citoyen, habitant (AT, t. XIII, pp. 506-507; ne cite pas *Synonymes*, pp. 75-78). Diderot ne retient que le sens géographique du mot bourgeois, alors que l'abbé Girard lui donne aussi un sens social et situe la bourgeoisie « entre la noblesse et le paysan ». Diderot distingue, comme son modèle, entre le « bourgeois » et le « citoyen » mais la définition que l'abbé Girard donne du « citoyen » est plus restrictive : c'est un « membre de l'Etat, dont la condition n'a rien qui doive l'exclure des charges et des emplois qui peuvent lui convenir selon le rang qu'il occupe dans la république ». Pour Diderot au contraire la qualité de citoyen suppose l'existence d'une société « dont chaque membre connaît les affaires et aime le bien, et peut se promettre de parvenir aux premières dignités ». Lorsqu'il constate qu'il y a peu de citoyens parmi les bourgeois dont les villes sont pleines, il faut donc comprendre qu'il déplore le fait. Il n'y a aucune remarque de cet ordre chez Girard. Diderot, en revanche, ne retient pas la distinction que fait l'abbé entre les citoyens des Etats monarchiques et ceux des Etats républicains.

Bout, extrémité, fin (AT, t. XIII, p. 507). L'article n'a aucun rapport avec celui des *Synonymes*, pp. 78-79.

Bravoure, valeur, courage, intrépidité (AT, t. XIII, pp. 511-512). L'article n'a aucun rapport avec celui des *Synonymes*, pp. 95-97.

Brillant, lustre, éclat (AT, t. XIII, p. 512; ne cite pas *Synonymes*, pp. 148-150). L'article de Diderot est plus court que celui de l'abbé, dont il s'inspire.

Cacher, dissimuler, déguiser (AT, t. XIV, pp. 4-5; ne cite pas *Synonymes*, pp. 81-83). Diderot condense beaucoup l'article des *Synonymes*.

Cependant, pourtant, néanmoins, toutefois (AT, t. XIV, pp. 62-63; cite *Synonymes*, pp. 277-278). Diderot supprime une pointe de l'abbé, pourtant dirigée contre les théologiens: « Quelques docteurs se piquent d'une morale sévère, ils recherchent *cependant* tout ce qui peut flatter la sensualité ». Il supprime aussi la réflexion « philosophique » : « Que toute la terre s'arme contre la vérité; on n'empêchera *pourtant* pas qu'elle ne triomphe ». Il remplace l'une et l'autre par des attaques plus actuelles contre les « critiques ». Il songe sans doute aux *Mémoires de Trévoux*.

Cesser, discontinuer, finir (AT, t. XIV, p. 71; ne cite pas *Synonymes*, pp. 429-431). L'article de Diderot est beaucoup plus court que celui de Girard.

C'est pourquoi, ainsi (AT, t. XIV, pp. 71-72; cite *Synonymes*, pp. 402-403). Diderot fait disparaître un passage de son modèle qui pouvait donner lieu à réflexion politique : « Rome est non seulement un siège ecclésiastique revêtu d'une autorité spirituelle, mais encore un Etat temporel, qui a, comme tous les autres Etats, des vues de politique et des intérêts à ménager; *c'est pourquoi* l'on y peut très aisément confondre les deux autorités ». Faut-il en conclure que ce qui était permis à un abbé gallican ne l'était pas à un philosophe ? On est encore surpris que ce soit l'abbé qui ait écrit, et Diderot qui ait omis : « Tout homme est sujet à se tromper; *ainsi* il faut tout examiner avant que de croire ».

Chance, bonheur (AT, t. XIV, pp. 84-85). Sans équivalent dans les *Synonymes.*

Change (AT, t. XIV, p. 85; cite *Synonymes*, pp. 330-331). Diderot manifeste son désaccord avec l'abbé au sujet d'une partie de la définition du *change*. Quant au reste les deux articles se ressemblent.

Changement, variation, variété (AT, t. XIV, pp. 85-86; ne cite pas *Synonymes*, pp. 340-342). Diderot amalgame deux articles qui se suivent dans les *Synonymes*. Mais alors que la pensée de l'abbé Girard se meut dans le cadre de la logique scolastique Diderot insère ses définitions dans sa conception de relativisme universel. Alors que l'abbé constate d'une façon banale, p. 342 : « Il n'y a point d'espèces dans la nature où l'on ne remarque beaucoup de variétés », Diderot reprend l'idée qu'il avait développée dans l'article *Animal* en partant de Buffon : « Il n'y a point d'espèce dans la nature qui n'ait une infinité de *variétés* qui l'approchent ou l'éloignent par des degrés insensibles d'une autre espèce. Entre ces êtres, si l'on considère les animaux, quelle que soit l'espèce d'animal qu'on prenne, quel que soit l'individu de cette espèce qu'on examine, on y remarquera une *variété* prodigieuse dans leurs parties, leurs fonctions, leur organisation, etc. » (AT, t. XIV, p. 86).

Charge, fardeau, poids, faix (AT, t. XIV, p. 98). Il n'y a aucun rapport entre l'article de Diderot et celui des *Synonymes*, pp. 85-86.

Charme, enchantement, sort (AT, t. XIV, p. 107; ne cite pas *Synonymes* pp. 86-88). L'article de Diderot est beaucoup plus court que celui de Girard; mais les deux sont identiques pour le fond.

Chemin, route, voie (AT, t. XIV, pp. 115-116; ne cite pas *Synonymes*, pp. 299-301). Diderot reproduit l'article de Girard, souvent même à la lettre.

Choisir, faire choix, élire, opter, préférer (AT, t. XIV, pp. 141-142; cite *Synonymes*, pp. 364-371). Diderot amalgame, et résume beaucoup, quatre articles de l'abbé Girard. Il le cite quelquefois textuellement, mais il lui arrive aussi de le critiquer. Diderot ne pense pas, par exemple, que l'abbé ait saisi la véritable nuance qui sépare « préférer » de « choisir ».

Circonstance, conjoncture (AT, t. XIV, p. 187; ne cite pas *Synonymes*, pp. 256-257). Diderot résume considérablement son modèle. Il le complète un peu plus loin par un article

Conjoncture (AT, t. XIV, p. 207). Cet article ne doit rien à l'abbé Girard.

Consentement, agrément, permission (AT, t. XIV, p. 208). Il n'y a aucun rapport entre cet article et celui des *Synonymes*, pp. 110-111.

Contre (AT, t. XIV, p. 221). Il n'y a aucun rapport entre cet article et celui des *Synonymes*, pp. 115-116.

Copie (ENC, t. IV, p. 176 a). L'article ne doit rien aux *Synonymes*, pp. 116-118.

Copieusement, abondamment, beaucoup, bien (AT, t. XIV, pp. 228-229). Sans équivalent dans les *Synonymes*.

Couleur (ENC, t. IV, p. 333 a). L'article ne doit rien aux *Synonymes*, pp. 119-120.

Coutume, habitude (AT, t. XIV, p. 239). Il n'y a aucun rapport entre cet article et celui des *Synonymes* (pp. 361-362). Il y a pourtant une réflexion très « philosophique » dans l'article de l'abbé : « Bien des gens suivent la *coutume* dans la façon de penser comme dans le cérémonial; ils s'en tiennent à ce que leurs mères et leurs nourrices ont pensé avant eux ».

Couvert, à couvert, à l'abri (AT, t. XIV, p. 240). Sans équivalent dans les *Synonymes*.

Délivrer, affranchir (AT, t. XIV, p. 278). Sans équivalent dans les *Synonymes*.

Dénonciateur, accusateur, délateur (AT, t. XIV, p. 279). Sans équivalent dans les *Synonymes*.

Disparité, inégalité, différence (AT, t. XIV, pp. 283-284). Sans équivalent dans les *Synonymes*.

Ecarter, éloigner, séparer (AT, t. XIV, p. 303). Sans équivalent dans les *Synonymes*.

Eclairé, clairvoyant (AT, t. XIV, p. 303). L'article ne doit rien aux *Synonymes*, p. 148.

Faim, appétit (AT, t. XV, p. 3). Sans équivalent dans les *Synonymes*.

Forfait (AT, t. XV, pp. 22-23; ne cite pas *Synonymes*, pp. 199-200). Diderot s'écarte beaucoup de son modèle. Il prend bien soin par exemple de distinguer dans toute « mauvaise action » son côté profane et son côté religieux, alors que l'abbé Girard les confond, — pour lui le forfait « blesse les sentiments d'humanité, viole la foi, et attaque la sûreté publique ». Diderot tire de cette distinction un motif sanglant de railler les confesseurs : « Le prêtre donne l'absolution au pécheur, et le juge fait pendre le coupable ». Sa condamnation du régicide n'est pas dans l'abbé Girard : « Si le méchant qui attenterait à la vie de son père commettrait un horrible *forfait*, quel nom donnerons-nous à celui qui assassinerait le père du peuple ». L'article *Forfait* figurant dans le tome VII de l'*Encyclopédie*, paru en novembre 1757, il faut voir dans cette phrase une condamnation précise de Damiens, qui avait tenté de tuer Louis XV le 5 janvier précédent.

Honoraire, appointements, gages (AT, t. XV, p. 140). Sans équivalent dans les *Synonymes*.

Les *Synonymes* de l'abbé Girard ont été utilisés aussi par des collaborateurs de Diderot, connus ou anonymes. Par exemple, et dès les premiers volumes de l'*Encyclopédie*, les articles

Assez, suffisamment (*Synonymes*, pp. 23-25; cité sans grand changement dans un article anonyme, AT, t. XIII, p. 384) (159),

Avant, devant (*Synonymes*, pp. 39-40; cité en partie dans un article de Dumarsais, ENC, t. I, p. 859 b),

Avertissement, avis, conseil (*Synonymes*, pp. 43-47; cité et condensé dans l'article *Avis, avertissement*, anonyme, AT, t. XIII p. 404),

Avoir, posséder (*Synonymes*, pp. 47-49; non cité mais utilisé par Jaucourt, dans l'article *Posséder*, ENC, t. XIII, p. 162 a-b),

Bref, court, succinct (*Synonymes*, pp. 79-80; utilisé et condensé dans un article anonyme, ENC, t. II, p. 410 a),

But, vues, desseins (*Synonymes*, pp. 80-81; utilisé et condensé dans un article anonyme, AT, t. XIII, p. 516),

Certain, sûr, assuré (*Synonymes*, pp. 83-85; cité et utilisé dans l'article *Assuré*, anonyme, AT, t. XIII, p. 387).

Châtier, punir (*Synonymes*, pp. 88-90; cité et utilisé dans l'article *Punir*, anonyme, ENC, t. XIII, p. 573 a-b),

Circonspection, considération, égards, ménagements (*Synonymes*, pp. 90-93; cité et utilisé par Jaucourt, ENC, t. III, p. 463 a),

Commandement, ordre, précepte, injonction, jussion (*Synonymes*, pp. 99-100; cité et utilisé par Jaucourt dans l'article *Précepte*, ENC, t. XIII, p. 268 a-b),

Honnête, poli, civil, gracieux, affable (*Synonymes*, pp. 221-222; à peu près littéralement reproduit dans l'article *Poli*, anonyme, AT, t. XVI, pp. 336-337).

(159) Sauf mention expresse, l'article de l'*Encyclopédie* a le même titre que celui des *Synonymes français*. Pour les articles anonymes nous donnons la référence dans AT, étant bien entendu que cela n'implique nullement leur attribution à Diderot.

Annexe V

Les sources de la pensée politique de Diderot

Ce chapitre avait normalement sa place entre le chapitre IX et le chapitre X de Diderot et l'Encyclopédie. *Pour des raisons bonnes ou mauvaises, en tout cas indépendantes de ma volonté, il fut supprimé avant l'impression du livre. J'ai tenté d'en sauver l'essentiel dans la première partie du chapitre X, intitulée « Les lectures politiques de Diderot ». Par la suite, son contenu intéressa deux éditeurs, Albert Soboul en France, Peter Gay aux Etats-Unis. La seconde partie du chapitre parut sous le titre « La contribution de Diderot à l'*Encyclopédie *et les théories du droit naturel », dans les* Annales historiques de la Révolution française, *en juillet-septembre 1963, pp. 257-286. La première partie est inédite en français. Elle a paru en traduction anglaise dans un volume de mélanges offerts au biographe américain de Diderot, Arthur M. Wilson, sous le titre « Diderot and Legal Theories of Antiquity » (*Eighteenth Century Studies presented to Arthur M. Wilson, *ed. by Peter Gay, The University Press of New England, Hanover, N.J., 1972, pp. 117-130).*

On ne retrouvera pas ici les introductions et les conclusions données en 1963 et en 1972 aux articles cités, parce qu'elles tenaient aux circonstances du moment. Mais il convient de dire pourquoi il a semblé nécessaire, en 1995, de réintroduire ce chapitre dans l'économie générale du livre.

*C'est en préparant les articles d'histoire de la philosophie de l'*Encyclopédie, *en effet, que Diderot, qui avait une bonne formation théologique et humaniste, mais aucune formation juridique, s'est initié à la philosophie politique. Il a puisé son information principalement dans l'*Historia critica philosophiae *de Brucker, mais aussi certainement dans ses conversations avec Rousseau, avec qui il était alors très lié. C'est pourquoi j'ai fait si souvent référence au grand livre de Robert Derathé sur Jean-Jacques Rousseau et la science politique de son temps. Diderot a pu lire personnellement certains des auteurs dont il parle (j'évoque cette question au début du chapitre X), mais c'est de toute façon Brucker qui lui a fourni le cadre de sa réflexion, et procuré les références des textes à lire. Or Brucker était allemand, et luthérien, comme Rousseau était calviniste, et genevois. Ce ne sont pas des détails insignifiants, en un temps où les pays protestants du Nord, de l'Angleterre et de l'Ecosse à l'Allemagne et à Genève, en passant par les Pays-Bas, donnaient généralement le ton aux autres pays européens dans le domaine de la philosophie politique, comme dans quelques autres.*

*D'aucuns diront que la « philosophie » que Diderot s'est faite à partir de ses lectures et de ses conversations était bien courte et passablement scolaire. Il est vrai que les grands textes qu'il écrivit pendant et après le voyage de Russie et de Hollande, et surtout les contributions qu'il donna à l'*Histoire des Deux Indes *de l'abbé Raynal, sont d'une tout autre ampleur et d'une bien plus* *grande originalité. Cette partie de l'œuvre de Diderot était encore mal connue, lorsque j'achevai* Diderot et l'Encyclopédie. *Et l'on commençait tout juste à entrevoir quelle était son importance réelle. Grâce à Georges Dulac et à Gianluigi Goggi, notamment, on la mesure beaucoup mieux aujourd'hui, et j'espère que les volumes qui leur seront consacrés dans l'édition des* Œuvres complètes *en cours chez Hermann* (DPV), *seront très bientôt livrés au public.*

*Mais les grandes œuvres de la maturité et de la vieillesse ne démentent pas les intentions encore balbutiantes des débuts. Et même si elles semblent les contredire sur tel ou tel point, elles s'inscrivent dans le même cadre, leur organisation est commandée par les mêmes principes. La grande différence entre le Diderot des années quatre-vingt et celui des années cinquante est bien évidemment que l'un entrait bon gré mal gré dans le combat politique (il lui fut imposé, plus qu'il ne le chercha), alors que l'autre avait une longue et riche expérience, acquise en France, en Russie, en Hollande. Il n'avait pas à rougir des théories dont s'était bercée sa jeunesse, mais il avait appris, souvent à ses dépens, que la pratique politique est toujours faite de compromis entre le rêve et la réalité. Il n'en était pas devenu pour autant un cynique ou un résigné, comme certains l'ont cru à la lecture superficielle de l'*Essai sur les règnes de Claude et de Néron, *son testament politique. Qu'on relise les pages fulgurantes, dédiées aux Insurgents d'Amérique, qu'il y a insérées, ou certaine* Apologie de l'abbé Raynal, *qu'il ne publia pas parce qu'elle était adressée surtout à Grimm.*

DIDEROT ET LES THÉORIES ANTIQUES DU DROIT

1. *Héraclite.* La morale et la politique d'Héraclite, telles que Diderot les trouvait exposées dans Brucker, sont commandées par la notion de « loi universelle ». Cette loi régit le monde physique comme le monde moral. Quoi qu'il fasse et « sous quelque état qu'il existe », l'homme lui est donc soumis. Il n'y a objectivement ni bien ni mal, dans un monde où tout est également nécessaire.

Mais d'autre part « l'homme veut être heureux ; le plaisir est son but ». D'où peut donc venir le mal moral ? Le résumé de Brucker ne le dit pas, mais il le suggère : le mal résulte d'une appréciation erronée, d'une confusion du faux bien avec le vrai. L'homme agit pour son bien « toutes les fois qu'en agissant il peut se considérer lui-même comme l'instrument des dieux », c'est-à-dire lorsqu'il agit de la seule façon qui soit vraiment nécessaire, conforme à la loi universelle. De même, dans l'ordre politique, le gouvernement le meilleur est celui qui régit les hommes « comme les dieux gouvernent le monde, où tout est nécessaire et bien (1) ».

Dans une telle perspective, la morale et la politique sont donc simplement l'application aux mœurs et au gouvernement de la connaissance de l'ordre universel.

On conçoit que l'auteur de la *Lettre à Landois* ait été séduit par la rigueur et par la simplicité de cette doctrine. Diderot a pour ainsi dire répondu à Héraclite dans l'article *Irréligieux,* qui figure dans le même volume que l'*Héraclitisme.* Diderot, comme Héraclite, fait dépendre la vie morale de la connaissance de la « loi universelle (2) ». Cette loi régit l'univers physique et

(1) Tous les textes cités dans ce paragraphe sont dans AT, t. XV, p. 83.
(2) AT, t. XV, p. 253. Quand Diderot dit de cette loi que le doigt de Dieu [l']« a gravée dans tous les cœurs », ce n'est évidemment qu'une clause de style.

moral de telle manière qu'une sorte de justice immanente fait découler le malheur du vice et le bonheur de la vertu. Enfin pour l'encyclopédiste comme pour le philosophe grec, le mal moral ne peut naître que des illusions que se fait l'homme sur « l'intérêt et l'attrait du moment (3) ».

2. *Socrate.* La doctrine résumée dans l'article *Socratique* développe l'idée qui n'est que suggérée par l'héraclitisme : « Il n'y a qu'un bien, c'est la science ; qu'un mal, c'est l'ignorance. » Autrement dit l'homme pratique le vice ou la vertu selon qu'il ignore ou qu'il connaît sa nature et la nature des choses. L'activité morale n'est pas autonome, puisqu'elle est subordonnée à une activité intellectuelle qui n'est en elle-même ni morale ni immorale ; si « la justice et le bonheur sont une même chose », et si l'homme cherche naturellement à être heureux, celui qui fait le mal se méprend grossièrement sur sa fin naturelle, c'est un ignorant ou un fou, mais non pas à proprement parler un méchant. Cette théorie de la loi naturelle (4) se complète dans l'article *Socratique* d'une théorie de la souveraineté. Les « principes de la prudence politique de Socrate (5) » distinguent en effet, fondamentalement, entre deux sortes de pouvoirs, quelle que soit la forme qu'ils revêtent : le pouvoir est tyrannique toutes les fois qu'il exprime la volonté du seul souverain (ici, le Prince) ; il est légitime lorsque le souverain est l'exécutant de la loi ; un peuple libre est celui qui en obéissant à son souverain s'assujettit non à un homme ou à un groupe d'hommes, mais aux lois seules.

La notion socratique du bien considéré comme science et du mal considéré comme ignorance se retrouve par exemple dans l'*Introduction aux grands principes* qui a, semble-t-il, été rédigée par Diderot à une date assez proche de celle de l'article *Socratique.* L'*Introduction* relie fortement cette notion au principe du déterminisme universel : l'homme, mû par ses passions, n'est pas moralement responsable du bien ou du mal qu'il peut faire. Dans tous les cas, il obéit à la tendance profonde de son être, qui est de chercher le plus grand bonheur, c'est-à-dire la plus grande satisfaction de ses désirs. Il agit donc nécessairement en ce sens. Dès lors le problème du bien et du mal n'est plus un problème *moral* mais un problème de *connaissance* : « C'est l'esprit qui nous conduit mal, [...] nous ne sommes criminels que parce que nous jugeons mal ; et c'est la raison, et non la nature qui nous trompe (6). »

La distinction socratique entre le pouvoir tyrannique et le pouvoir légitime rejoint de son côté la distinction marquée dans l'article *Autorité politique,* rédigé une dizaine d'années avant *Socratique* : le peuple soumis à un tyran n'est qu'un « troupeau d'animaux que l'habitude assemble, que la loi de la verge fait marcher, et qu'un maître absolu mène selon son caprice », alors qu'une nation qui obéit à un pouvoir légitime est « une société d'hommes que la raison meut, que la vertu fait agir, et qu'un chef également sage et glorieux gouverne selon les lois de la justice (7) ». Le pouvoir politique idéal est celui qui admet pour lui-même la suzeraineté de la loi.

---

(3) AT, t. XV, p. 254.

(4) AT, t. XVII, pp. 159-160. Socrate, comme Héraclite, admet en outre une sorte de justice immanente, qui n'est qu'une manifestation de l'universalité de la loi : « Le châtiment est nécessairement attaché à [l'] infraction [des lois] ; cette liaison nécessaire de la loi avec la peine de l'infraction ne peut être de l'homme. »

(5) AT, t. XVII, p. 162.

(6) AT, t. II, p. 88, n. 1.

(7) AT, t. XIII, p. 397.

3. *Les Cyniques.* Il ne semble pas que Diderot ait tiré de son extrait du *Platonisme* des idées sensiblement différentes de celles qu'il rencontrait par ailleurs dans le système socratique. L'article *Cyniques* contient en revanche des précisions sur l'état de nature qui n'ont pas été sans influence sur ses propres conceptions. Les Cyniques, disciples de Socrate, considèrent en effet, comme leur maître, que les hommes ne peuvent atteindre le vrai bonheur que par des « exercices conformes à leur nature ». La morale consiste à obéir à la loi de la nature. Ici intervient une distinction capitale entre la loi de nature et les lois positives, qui souvent ne lui sont pas conformes, ou même la nient. Or, « si les lois sont mauvaises, l'homme est plus malheureux et plus méchant dans la société que dans la nature (8) ». De même que la raison éclairée peut seule empêcher les passions de s'égarer, de même la connaissance et le respect de la loi naturelle peuvent seuls permettre de résister aux lois positives et de les corriger. Tel est bien le sens de la formule prêtée à Diogène : « On doit plus à la nature qu'à la loi (9) » et « il faut résister [...] à la loi par la nature, aux passions par la raison ». Cela ne signifie point que l'effort de la raison sera, paradoxalement, de ramener l'homme à l'« imbécillité » qui le caractérise « dans son état naturel ». La raison qui l'arrache à cette imbécillité et qui lui donne des lois est un bien, mais ce bien peut se transformer en son contraire si la raison n'est pas droite, et se méprend sur la nature du bonheur à quoi l'homme aspire nécessairement.

L'article *Droit naturel,* qui est de peu postérieur à *Cyniques,* fait écho à cette idée très importante que l'homme est raisonnable et que le problème moral est pour lui un problème de connaissance. « L'homme n'est pas seulement un animal, affirme Diderot, mais un animal qui raisonne (10). » Et il répète à la fin de son article que « celui qui ne veut pas raisonner, renonçant à la qualité d'homme, doit être traité comme un être dénaturé (11) ». L'acte par lequel l'homme adhère à la volonté générale, au besoin contre la sienne propre, est essentiellement « un acte pur de l'entendement qui raisonne (12) ». D'autre part, cette « volonté générale » n'est qu'une chose avec la loi naturelle. Mais comme, pour être vraiment générale, cette volonté doit être celle de l'espèce entière, il est évident que les lois positives, qui sont l'expression de la volonté de sociétés restreintes, ne coïncident pas nécessairement avec elle.

Plusieurs textes postérieurs à l'article *Droit naturel* s'inscrivent plus explicitement encore dans la tradition des Cyniques, par exemple la lettre à Sophie Volland du 6 novembre 1760, où les Iroquois sont donnés comme exemples de ce qu'une « mauvaise éducation » et une « mauvaise législation » peuvent faire d'hommes qui par nature n'aspiraient qu'à leur bonheur (13). Dans le cas particulier des Iroquois, la perversion de l'usage naturel de la raison par la religion explique les actes de « vengeance », de « trahison » et de cruauté.

4. *Aristote.* De l'aristotélisme, Diderot semble avoir retenu surtout la notion de *sociabilité naturelle* (14). Parmi les « principes de la morale ou de

(8) AT, t. XIV, p. 261.
(9) *Ibid.*
(10) *Ibid.*, p. 298.
(11) *Ibid.*, p. 301.
(12) *Ibid.*, p. 300.
(13) CORR, t. III, p. 227.
(14) Elle est en effet essentielle chez Aristote, et les théoriciens du droit naturel l'ont retrouvée dans ses écrits. Barbeyrac, que cite R. Derathé (*Rousseau,* p. 143), écrit par exemple : « L'inclination naturelle de l'homme à vivre en société avec ses semblables est un prin-

la philosophie pratique d'Aristote » qu'il a extraits de Brucker pour son article *Péripatéticienne,* on lit en tout cas cette définition de la sociabilité, ou *amitié* : « L'amitié est compagne de la vertu ; c'est une bienveillance parfaite entre des hommes qui se payent de retour. Elle se forme, ou pour le plaisir, ou pour l'utilité ; elle a pour base, ou les agréments de la vie, ou la pratique du bien, et elle se divise en imparfaite et en parfaite (15). » Il y a d'ailleurs deux moments distincts dans cette inclination de l'homme vers son semblable. Celui de la bienveillance, qui n'est qu'une tendance instinctive, le « commencement » de l'amitié, et celui de l'amitié proprement dite, qui est la « bienveillance parfaite » et qui implique un échange, un commerce entre les individus. Dans le texte cité, ce commerce peut être aussi bien désintéressé – « pour le plaisir » – qu'intéressé – « pour l'utilité ». Mais ce sont là des thèmes dont Diderot avait trouvé l'indication dès 1745 dans Shaftesbury, et il s'était plu à les développer dans l'*Essai sur le mérite et la vertu.*

L'*Essai* discerne en effet dans la structure même de l'homme, comme de tout animal, les ressorts qui le poussent vers d'autres individus. L'appétit sexuel est un de ces ressorts, l'affection maternelle en est un autre (16). Sur un autre plan, la conformité de structure entre deux individus de même espèce implique sinon de la bienveillance, du moins une absence de malveillance ; celui qui serait tenté de nuire à son semblable doit craindre, étant organisé comme lui, de subir en retour un mal identique à celui qu'il a causé (17). La sociabilité n'est que l'épanouissement de ces inclinations naturelles, dans le cadre de la société constituée. Ici encore un monisme, dont la tendance est déjà matérialiste, permet à Diderot de redonner force à une vieille idée : l'individu est à l'espèce ce que l'organe est au corps entier, ce que la partie est au Tout. Les « inclinations sociales », sous leur forme la plus pure, telles que la « reconnaissance » et la « compassion », viennent prolonger les inclinations sociales élémentaires de l'animal humain, mais ces inclinations elles-mêmes entrent dans le cadre général des lois qui commandent le mouvement universel de la matière (18).

5. *Les Stoïciens.* L'article *Stoïcisme* est comme la synthèse des théories anciennes fondées sur l'idée de loi naturelle. Mais celui qui ne saurait pas qu'il s'agit d'une traduction de Brucker pourrait croire que cet article est, sous une forme indirecte, une mise au point des idées que Diderot avait lui-même sur ce sujet à l'époque où il le rédigeait. Mieux que tout autre texte en effet l'article *Stoïcisme* montre comment sa philosophie morale et politique s'articule avec sa philosophie d'ensemble. Car le stoïcisme ne sépare pas l'étude de la fin de l'homme et celle de la place qu'il a dans l'univers. Parce que l'homme n'est qu'« une partie du grand tout », sa fin « doit être de conformer sa conduite aux lois de la nature (19) ». « Vivre conformément à la nature », « suivre l'ordre général », ce sont deux expressions d'une même réalité. Dans une telle perspective, il est évident qu'il n'y a pas de place pour la

---

cipe qui a été reconnu de tout temps par les personnes sages et éclairées. Aristote l'établit partout, dans ses livres de morale et de politique. *L'Homme,* dit-il, *est un animal sociable, par rapport à ceux avec qui il a une parenté naturelle : il y a donc une société et quelque chose de juste, hors de toute société civile.* »

(15) AT, t. XVI, pp. 244-245.
(16) AT, t. I, p. 25.
(17) Voir AT, t. I, p. 42.
(18) Voir AT, t. I, pp. 64-65.
(19) AT, t. XVII, p. 219.

liberté morale. La seule liberté qu'ait l'homme est une liberté purement négative, celle de se leurrer sur sa fin. C'est ce que signifient ces formules d'apparence contradictoire : d'une part « [l'âme] est libre », « elle fait ce qu'elle veut », et d'autre part « si on la considère relativement au tout, [l'âme] est sujette au destin ; elle ne peut agir autrement qu'elle agit ; elle suit le lien universel et sacré qui unit l'univers et ses parties (20) ». Il n'y a à proprement parler ni bien ni mal, et tout est nécessaire ; pourtant l'individu raisonnable a le pouvoir terrible d'oublier la place qu'il occupe nécessairement dans le tout, en se trompant sur sa fin. Pour les Stoïciens comme pour Socrate il n'y a pas d'autre mal que l'ignorance : « Les désirs suivent la connaissance ou l'opinion des choses. C'est de la connaissance de l'ordre universel que dépend celle du vrai bien (21). » En un sens on peut même dire que *la liberté est la conséquence du mal,* puisqu'elle implique une rupture entre l'individu qui s'égare et le tout dont il était partie. En effet, « le mal est un écart de la raison générale du tout (22) ». L'homme ne saurait donc trouver son accomplissement dans la quête d'une liberté morale qui est une véritable mutilation de l'individu. Il n'atteint au contraire sa fin que par la soumission de sa volonté, éclairée par la raison, à la loi de nature qui régit la marche immuable du Tout où il a sa place marquée.

A côté des théories fondées sur la loi naturelle, la philosophie ancienne proposait à Diderot plusieurs variantes d'un positivisme et d'un relativisme de la morale et du droit qui, à y bien réfléchir, n'excluaient pas forcément l'idée d'une loi naturelle. On voit simultanément, ou successivement, ce positivisme s'affirmer : dans la philosophie ionique, chez Archélaüs ; dans la philosophie éléatique, chez Démocrite et Protagoras ; dans la philosophie cyrénaïque chez Aristippe ; enfin dans l'épicurisme.

6. *Archélaüs, Démocrite, les Cyrénaïques.* Diderot a lu par exemple, dans son Brucker, que selon Archélaüs, « il n'y a rien de juste ni d'injuste, de décent ni d'indécent en soi : c'est la loi qui fait cette distinction (23) ». Il a lu de même que pour Démocrite « c'est la loi qui fait le bien et le mal, le juste et l'injuste, le décent et le déshonnête (24) ». Plus hardiment encore, les Cyrénaïques affirmaient qu'« une action n'était juste ou injuste, honnête ou déshonnête, qu'autant qu'elle était permise ou défendue par la coutume ou par la loi (25) ». Toutes ces théories nient apparemment ce qu'affirme l'école du droit naturel : à savoir qu'il existe un critère universel du juste et de l'injuste. Mais on voit bien comment elles peuvent s'intégrer à un système fondé sur l'affirmation du droit naturel, *au moins dans l'esprit d'un Diderot.* Cette intégration n'est possible que par la confusion involontaire ou volontaire qu'il fait entre deux sens différents du mot loi.

Pour Archélaüs, Démocrite et les Cyrénaïques, la loi qui fait le juste et l'injuste est la loi civile. Les Cyrénaïques distinguent même, apparemment, entre un droit coutumier et un droit écrit. C'est dire qu'ils ne songent pas le

(20) AT, t. XVII, p. 222.
(21) *Ibid.*
(22) *Ibid.*, p. 221.
(23) AT, t. XV, p. 251.
(24) AT, t. XIV, p. 406.
(25) *Ibid.*, p. 271.

moins du monde à la loi naturelle. Mais le mot loi, pris absolument, est ambigu, et peut désigner aussi bien la loi naturelle que la loi civile. Le lecteur de Brucker pouvait penser que les formules que nous avons citées plus haut reprenaient sous une autre forme celles des théoriciens anciens du droit naturel. On a pourtant peine à croire que Diderot ait pu faire un contresens aussi grave. Faut-il supposer qu'il a bien compris la pensée des adversaires du droit naturel et qu'il a simplement reproduit leurs formules, avec le seul souci d'être, comme Brucker, un historien objectif ? Le texte même des articles *Ionique, Eléatique, Cyrénaïques* pourrait autoriser cette hypothèse ; aucun commentaire n'y accompagne en effet les formules en cause. Mais du rapprochement avec d'autres textes antérieurs ou contemporains on peut conclure qu'il a fort bien compris ce qu'il lisait, et surtout qu'il a admis pour son compte, d'une certaine manière, les théories anciennes du droit positif. On lisait déjà dans l'*Essai sur le mérite et la vertu* des formules comme celle-ci : « On ne nous soupçonnera pas sans doute d'entendre par "priver la créature du sentiment naturel d'injustice et d'équité", effacer en elle toute notion du bien et du mal relatifs à la société (26). » On y lisait aussi, plus nettement encore : « Rien n'est plus avantageux, dans un Etat, qu'une administration vertueuse et qu'une équitable distribution des punitions et des récompenses. C'est un mur d'airain contre lequel se brisent presque toujours les complots des méchants ; c'est une digue qui tourne leurs efforts au bien de la société (27). » Si le mot de société, dans le premier cas, reste ambigu et désigne plutôt, d'après le contexte, la société générale du genre humain, le terme d'Etat, dans le second, est parfaitement clair, et désigne bien une société particulière. Il est vrai que l'*Essai* distingue aussitôt entre deux sortes d'Etats, ceux dont l'administration est équitable, « vertueuse », et ceux qui sont soumis à un « gouvernement arbitraire », ceux où la tyrannie procède à une « injuste distribution des récompenses et des châtiments (28) ». La loi qui fait le juste et l'injuste peut donc être elle-même juste ou injuste ? Voilà un cercle vicieux d'où il semble malaisé de sortir.

7. *Une synthèse de l'épicurisme et du stoïcisme.* Pour comprendre comment la synthèse est possible, il nous faut revenir à l'*Essai sur le mérite et la vertu.* Dans les deux textes que nous citions plus haut, nous avons rencontré le mot de société, signifiant la société générale du genre humain, et celui d'Etat, désignant une société particulière. Mais dans l'esprit de Diderot ces deux concepts ne s'opposent pas. Il n'est pas juste non plus de dire qu'ils se complètent : ils s'articulent l'un sur l'autre ; le premier, plus extensif, enveloppant pour ainsi dire le second. L'*Essai* propose en effet – on l'a souvent remarqué – la vision très *leibnizienne* d'un monde où les individus s'intègrent dans des systèmes particuliers, eux-mêmes inclus dans des systèmes plus vastes, et ainsi de suite jusqu'au système unique, où tout vient se fondre : « Une multitude de systèmes différents se réunissent et se fondent, pour ainsi dire, les uns dans les autres, pour ne former qu'un seul ordre de choses. « [...] Or, si le système des animaux se réunit au système des végétaux, et celui-ci au système des autres êtres qui couvrent la surface de notre globe, pour constituer ensemble le système terrestre ; si la terre elle-même a des relations connues avec le soleil et les planètes, il faudra dire que tous ces systèmes ne

(26) AT, t. I, p. 42.
(27) *Ibid.*, p. 55.
(28) *Ibid.*

sont que des parties d'un système plus étendu. Enfin si la nature entière n'est qu'un seul et vaste système que tous les autres êtres composent, il n'y aura aucun de ces êtres qui ne soit mauvais ou bon par rapport à ce grand tout, dont il est une partie ; car, si cet être est superflu ou déplacé, c'est une imperfection, et conséquemment un mal absolu dans le système général (29). » Ces quelques lignes nous donnent la clef de toute la pensée politique de Diderot parce qu'elles contiennent l'essentiel de sa philosophie. Il en va en effet des êtres moraux comme des êtres physiques : chaque individu fait partie d'un système intégré lui-même dans un système plus étendu. Chaque homme fait partie d'une société restreinte, d'un corps qui, joint à d'autres corps, forme à son tour une société plus vaste, une nation. Toutes les nations ensemble forment la société générale du genre humain, l'humanité, qui dans l'ordre moral peut être considérée comme le « tout » où les individus et les sociétés particulières viennent se fondre. Dans l'article *Droit naturel* Diderot a d'ailleurs montré que ce Tout est lui-même relatif, puisqu'on peut concevoir à la rigueur un ensemble plus grand, un concept plus général encore que celui d'humanité, le concept d'*animalité* (30).

C'est cette conception partiellement organiciste de la société que Diderot a présente à l'esprit quand il lit les théoriciens anciens ou modernes du droit naturel (31). Mais il ne l'oublie pas quand il lit leurs adversaires, et c'est elle qui lui permet de réconcilier sereinement – et j'oserai dire : naïvement – les Stoïciens et les Epicuriens. Le passage de l'*Essai* que nous avons cité plus haut montre en effet qu'à chaque niveau de l'édifice le mal et le bien sont, pour l'individu ou pour le système particulier considéré, relatifs au système plus général dans lequel il s'intègre. Dans l'économie de l'univers, il n'y a à proprement parler ni bien ni mal, mais tout est nécessaire. Il n'y a pas du moins de « mal absolu » puisque cela supposerait un être superflu, ou déplacé, et qu'il ne pourrait y en avoir aux yeux de celui qui embrasserait la totalité de ce qui est. Si l'on considère la vie sociale, il ne peut y avoir de bien et de mal absolus que par rapport au système le plus vaste dont l'homme fait partie en tant qu'homme – et non en tant qu'être vivant par exemple –, c'est-à-dire par rapport à la société générale du genre humain. Mais à un niveau moins élevé il y a un bien et un mal relatifs à chaque société particulière, la loi générale de cette société étant la « règle du juste et de l'injuste » pour ceux qui la composent. *C'est ainsi qu'une même action peut être juste par rapport aux lois de l'Etat, et injuste par rapport aux lois de l'espèce.*

(29) AT, t. I, pp. 26-27. Une note de Diderot renvoie à Cicéron, cité comme un des précurseurs anciens de la conception moniste de l'univers. Mais il y a un rapport évident entre cet univers où les systèmes s'emboîtent les uns dans les autres à l'infini et celui de Leibniz, surtout si l'on identifie, comme l'a fait Diderot, la monade et la molécule sensible (AT, t. XV, p. 457).

(30) AT, t. XIV, p. 299.

(31) Sur la théorie organiciste de la société au XVIIIe siècle et chez les théoriciens modernes du droit naturel, voir la mise au point de R. Derathé (*Rousseau*, pp. 410-413). Il montre que chez Rousseau, comme chez Grotius et Hobbes, la comparaison faite souvent entre la société, corps artificiel, et un organisme vivant ne doit pas être prise au pied de la lettre : « Pour Rousseau, comme pour Hobbes et Pufendorf [et nous pouvons ajouter : pour Diderot], l'Etat est essentiellement un "corps artificiel", c'est-à-dire un "être moral" un "être de raison" ou une "personne morale", dont la vie consiste uniquement dans l'"union de ses membres" et qui doit son existence au pacte social. Mais comme la notion de personne morale est difficile à saisir en raison de son abstraction, on peut s'en faire une idée approximative en comparant le corps politique à un organisme vivant. Si commode que soit cette comparaison, elle n'en est pas moins "peu exacte" et les métaphores organicistes ne sont jamais qu'un pis-aller, un langage imagé qu'il faut se garder de prendre à la lettre. »

Il y a donc une hiérarchie des valeurs et des lois, la loi naturelle ayant le pas sur les lois positives, et les lois positives ayant le pas sur toutes les autres, en particulier sur celles des corps particuliers, au nombre desquelles les lois religieuses. Car il est trop évident qu'en redisant avec Archélaüs qu'« il n'y a rien de juste ni d'injuste, de décent ni d'indécent en soi », ou avec Démocrite que « la loi [...] fait le bien et le mal », Diderot a surtout une intention *polémique.* Il vise la théorie de la morale innée. Comme on le voit dans l'article *Droit naturel,* beaucoup plus nettement que dans l'*Essai,* où la notion d'« idée anticipée » était encore passablement équivoque, il n'admet pas d'être renvoyé au « tribunal de la conscience » lorsqu'il pose la question : « Qu'est-ce que le droit (32) ? » Or, pour les défenseurs de la morale chrétienne, il y avait une loi naturelle immuable, imposée par Dieu à sa créature, et gravée par lui dans le cœur de chaque homme. Chaumeix et les auteurs de *La Religion vengée* le rediront à propos de l'article *Droit naturel* (33). Ils diront aussi qu'en rejetant les idées morales innées Diderot nie la loi naturelle. Car, à leurs yeux, toute loi qui n'a pas sa source en Dieu et qui n'est pas innée au cœur des créatures est une pure convention. Mais pour Diderot c'est l'inverse qui est vrai : les prétendues lois innées de la morale religieuse sont arbitraires et sans fondement naturel (34), les lois de la société civile et celles qui expriment la volonté générale de l'espèce sont les seules règles naturelles du juste et de l'injuste à leur niveau respectif.

Car, en un certain sens, les lois positives sont pour lui des lois naturelles, ou plutôt des applications particulières de la loi naturelle. Du moins *il faudrait* qu'il en fût ainsi ; il ne devrait y avoir aucune contradiction entre les principes qui régissent la législation de chaque société et ceux qui découlent de la volonté générale de l'espèce. Alors la loi positive et la loi naturelle seraient une seule chose, et l'on pourrait dire indifféremment avec le Cyrénaïque qu'« une action [n'est] juste ou injuste, honnête ou déshonnête, qu'autant qu'elle est permise ou défendue par la coutume ou par la loi », et avec le Stoïcien que « la fin de l'homme doit être de conformer sa conduite aux lois de la nature (35) ». En d'autres termes, la morale des souverains et celle des sujets doivent coïncider : le souverain prend pour règle du juste et de l'injuste la volonté générale du genre humain, qui est la loi naturelle, et la loi positive qu'il édicte est à son tour la règle du juste et de l'injuste dans son Etat. Le devoir du sujet est d'obéir en toutes circonstances à la loi de la collectivité dont il fait partie, comme le devoir du souverain est d'obéir à la

(32) AT, t. XIV, p. 296.

(33) Voir les *Préjugés légitimes contre l'« Encyclopédie »,* 1758-1759, t. II, p. 73 : « Ce n'est ni à l'individu, ni à l'espèce que je donne le pouvoir législatif sur cette matière. Je reconnais un supérieur au-dessus de l'humanité, et c'est à son tribunal que je porte ma cause. » Chaumeix dit encore *(ibid.)* : « [Le droit naturel] est éternel et immuable ; [...] il a précédé non seulement toute société et toute convention, mais encore l'existence du premier homme. » Mais il dira surtout (*ibid.*, p. 82) : « Celui qui le premier a proposé les lois du droit naturel l'a fait, parce qu'il les trouvait justes. Elles n'ont été approuvées par tous, que parce que chacun les a trouvées justes. Donc et le premier qui les a proposées, et chacun de ceux qui les ont approuvées, connaissaient le juste avant cette approbation. » On peut lire également dans *La Religion vengée,* Paris, 1757 et années suivantes, t. X, p. 144, à propos du même article *Droit naturel* : « Malgré les ténèbres et l'intérêt des passions, tous les hommes ont reconnu et reconnaissent encore une loi antérieure à toutes les lois positives : c'est que cette loi est gravée dans leurs cœurs en caractères ineffaçables : et cette loi [...] n'est autre chose que le *Droit naturel.* »

(34) Voir l'*Essai sur le mérite et la vertu,* AT, t. I, p. 39 : « les lois éternelles de la justice » y sont opposées « aux vains applaudissements de la coutume » et aux « lois capricieuses » de la religion.

(35) AT, t. XVII, p. 219.

volonté générale de l'espèce. Tel est bien le sens de l'article *Corruption publique* que nous avons examiné plus haut. Tel est aussi le sens profond de l'apologie des Lois que Diderot a insérée dans l'article *Grecs,* et qui lui a été inspirée par quatre vers de l'épicurien Horace, cités par Jacob Brucker : la loi naturelle ne peut s'imposer d'elle-même aux hommes, et les hommes ne peuvent s'en instruire ni auprès des dieux ni en écoutant la voix de leur conscience. Si imparfaites soient-elles, eu égard à la volonté générale de l'espèce, les lois positives sont la seule forme d'expression de la loi naturelle, et ce sont elles aussi qui lui donnent la force de s'imposer : « Les lois ! les lois ! voilà la seule barrière qu'on puisse élever contre les passions des hommes ; c'est la volonté générale qu'il faut opposer aux volontés particulières ; et sans un glaive qui se meuve également sur la surface d'un peuple, et qui tranche ou fasse baisser les têtes audacieuses qui s'élèvent, le faible demeure exposé à l'injure du plus fort (36). »

DIDEROT ET LA SCIENCE POLITIQUE DE SON TEMPS

Le nombre des jurisconsultes et des écrivains politiques partisans du droit naturel qui ont eu une influence directe ou indirecte sur la pensée politique de Diderot est relativement grand. En face d'eux un seul représentant de la tradition de Démocrite et d'Epicure, Hobbes, mais son prestige aux yeux de Diderot est tel que l'influence qu'il a exercée sur l'esprit de l'encyclopédiste balance souvent celle de tous les autres.

1. *Grotius.* Le père de la théorie moderne du droit naturel est Grotius. L'importance de son *De jure belli ac pacis* a encore été soulignée naguère par M. Derathé dans son livre sur la pensée politique de Rousseau (37), et même si Diderot n'a pas lu personnellement cet ouvrage, il n'a pas pu ne pas avoir connaissance de quelques-unes des grandes idées qu'il contenait.

La première notion importante que l'on rencontre en lisant *Le Droit de la guerre et de la paix* (38) est la notion de sociabilité, reprise par Grotius de la philosophie politique d'Aristote : « Une des choses propres à l'homme, est le désir de la société, c'est-à-dire une certaine inclination à vivre avec ses semblables, non pas de quelque manière que ce soit, mais paisiblement (39). » Cette inclination étant naturelle, elle suffit à expliquer l'origine des sociétés, sans qu'il soit nécessaire de faire intervenir la volonté divine : « Tout ce que nous venons de dire, précise Grotius, aurait lieu en quelque manière, quand même on accorderait, ce qui ne se peut faire sans un crime horrible, qu'il n'y a point de Dieu, ou s'il y en a un, qu'il ne s'intéresse point aux choses humaines. » Cette notion de sociabilité naturelle avait rencontré un écho dans la pensée de Diderot dès l'*Essai sur le mérite et la vertu.*

---

(36) AT, t. XV, p. 57 ; les vers d'Horace cités par Brucker sont tirés de l'*Art poétique.* Ils sont un éloge de la sagesse des premiers législateurs :

« ... *Fuit haec sapientia quondam,*
Publica privatis secernere, sacra profanis,
Concubitu prohibere vago, dare jura maritis,
Oppida moliri, leges incidere ligno »

(*Historia critica,* t. I, p. 43).

(37) R. Derathé, *Rousseau,* p. 72.

(38) Traduction par Jean Barbeyrac du *De jure belli ac pacis.* Nous suivons l'édition de 1746.

(39) Grotius, *Le Droit de la guerre,* t. I, p. 4.

En ce qui concerne le droit naturel, Grotius le définit comme « certains principes de la droite raison, qui nous font connaître qu'une action est moralement honnête ou déshonnête, selon la convenance ou la disconvenance nécessaire qu'elle a avec une nature raisonnable et sociable (40) ». Il y a selon lui deux manières de prouver qu'une chose est de droit naturel. La première se déduit de sa définition même : une chose est ou n'est pas de droit naturel selon qu'elle convient ou ne convient pas à la nature raisonnable de l'homme. L'autre démonstration est de son propre aveu plus « populaire » : « On conclut sinon très certainement, du moins avec beaucoup de probabilité, qu'une chose est de droit naturel, parce qu'elle est regardée comme telle parmi toutes les nations, ou du moins parmi les nations civilisées. Car un effet universel supposant une cause universelle, une opinion si générale ne peut guère venir que de ce que l'on appelle le sens commun. » On reconnaît bien à cette proposition le jurisconsulte accoutumé à établir le droit par les faits, et dont la méthode irritait Rousseau (41). Elle irritait même le traducteur de Grotius, Barbeyrac, qui proteste vigoureusement dans une note contre cette manière de prouver le droit par l'histoire (42). Diderot, au contraire, a retenu dans son intégrité la leçon de Grotius, et cela se voit dans l'article *Droit naturel.* C'est la définition de Grotius qu'il reprend et qu'il développe lorsqu'il écrit que la volonté générale, ou loi naturelle, « est dans chaque individu un acte pur de l'entendement qui raisonne dans le silence des passions sur ce que l'homme peut exiger de son semblable, et sur ce que son semblable est en droit d'exiger de lui (43) ». A la question : où est le dépôt de la volonté générale, il répond en exposant la méthode « populaire » de Grotius. Cette volonté, dit-il, se trouve « dans les principes du droit écrit de toutes les nations policées ; dans les actions sociales des peuples sauvages et barbares, dans les conventions tacites des ennemis du genre humain entre eux, et même dans l'indignation et le ressentiment, ces deux passions que la nature semble avoir placées jusque dans les animaux pour suppléer au défaut des lois sociales et de la vengeance publique ». Diderot élargit d'ailleurs très sensiblement le champ d'investigation du juriste, que Grotius avait tenté de limiter aux « nations civilisées », sans préciser comment distinguer les nations civilisées des autres. Mais l'esprit plus hardi et plus rigoureux du philosophe ne saurait admettre qu'on pût fonder le droit naturel sur une histoire qui ne fût pas vraiment universelle.

Mais dans sa *Réponse à l'examen du prosélyte,* Diderot pose à propos de la loi naturelle une question délicate, et qu'il ne pouvait éluder : si l'on entend par justice « la fidélité à tenir les conventions établies », c'est-à-dire à observer les lois, faut-il supposer que la notion de justice est antérieure à la loi, ou bien la notion de justice naît-elle de l'observation et de l'inobservation des lois ? C'est la question qui s'était déjà présentée à lui lorsqu'il résumait d'après Brucker les théories politiques des Anciens : qui est premier, de la loi de nature ou de la loi positive ? Il était malaisé d'adopter le point de vue des Stoïciens sans revenir à un certain innéisme, mais suivre jusqu'au bout les Epicuriens conduisait au hobbisme. La *Réponse à l'examen du prosélyte* invite le lecteur à remonter en esprit jusqu'à l'origine des lois : « C'est la propriété acquise par le travail, ou par le droit du premier occupant, qui fit sentir le premier besoin des lois. Deux hommes qui semèrent chacun un champ, ou qui entourèrent un terrain d'un fossé, et qui se dirent réciproquement : Ne touche

(40) *Ibid.,* t. I, p. 48.
(41) Voir R. Derathé, *Rousseau,* pp. 72-74.
(42) Grotius, *Le Droit de la guerre,* t. I, p. 54, note.
(43) AT, t. XIV, p. 300.

pas à mes grains ou à mes fruits, et je ne toucherai pas aux tiens, furent les premiers législateurs. Ces conventions supposent-elles en eux aucune notion de justice ? et avaient-ils besoin, pour les faire, d'autre connaissance que celle de leur intérêt commun ? Il ne paraît pas. Comment donc acquirent-ils les idées du juste et de l'injuste ? Elles se formèrent, dans leur esprit, de l'observation et de l'inobservation des conventions. L'une fut désignée par le nom de justice, l'autre par celui d'injustice ; et les actes de ces deux relations opposées s'appelèrent justes et injustes (44). » Voilà un texte étonnant sous la plume de celui qui reprochait naguère à Helvétius de n'« admettre point de justice ni d'injustice absolue », et qui lui rétorquait : « L'intérêt général et particulier [...] métamorphose l'idée de juste et d'injuste ; mais son essence en est indépendante (45). » En réalité, il n'y a pas de contradiction entre le texte de 1763 et celui de 1758. On peut déjà constater à propos des théories politiques anciennes examinées par Diderot dans son *Histoire de la philosophie,* avec quelle aisance il réconciliait les deux grandes traditions adverses. Les raisons de cette aisance apparaissent plus clairement lorsqu'on rapproche le texte de la *Réponse* et celui des *Réflexions* de deux pages de Grotius, dans *Le Droit de la guerre.* L'exemple à propos duquel Grotius pose la question de la priorité du droit ou de la convention est celui-là même que choisira Diderot, celui de la propriété des biens. Pour Grotius en effet, le premier droit qui découle de l'inclination qu'ont les hommes à vivre paisiblement avec leurs semblables consiste à « s'abstenir religieusement du bien d'autrui (46) ». Mais la propriété n'est pas un *fait de nature.* De quelque manière que l'on conçoive l'origine de la propriété, le partage de la terre entre les hommes est le résultat d'une convention, un acte de la volonté humaine. Est-ce à dire que le droit de propriété n'est pas un droit naturel ? Nullement, répond Grotius : dès le moment que la volonté humaine a introduit la propriété, c'est devenu « une règle du droit même de nature » qu'on ne puisse voler sans crime (47). C'est précisément ce que Diderot exprime en d'autres termes : « La justice ne peut être autre chose que l'observation des lois (48) », mais l'essence du juste est indépendante des lois positives, le fondement du juste et de l'injuste est dans la nature même de l'homme raisonnable et sociable. Aussi la loi naturelle est-elle immuable, contrairement aux lois positives. Diderot l'affirmait déjà dans la *Suffisance de la religion naturelle* (49), et il le répète dans ses *Réflexions sur le livre « De l'Esprit* (50) ». Mais Grotius l'avait dit plus fortement encore : le droit naturel est immuable « au point » que Dieu même n'y peut rien changer (51).

Le dernier emprunt important que Diderot semble avoir fait à Grotius concerne la théorie de la souveraineté. L'une des questions qui se posaient aux juristes, et notamment à Grotius, au sujet de la souveraineté, était celle-ci : peut-on assimiler la souveraineté à la propriété des choses (52) ? Grotius

(44) AT, t. II, p. 98.
(45) *Ibid.,* p. 270, *Réflexions sur le livre « De l'Esprit ».*
(46) GROTIUS, *Le Droit de la guerre,* t. I, p. 8.
(47) *Ibid.,* p. 50. Que la propriété ne soit pas un fait de nature n'implique nullement que le droit de propriété ait son fondement dans l'ordre social. Aux yeux de tous les théoriciens du droit naturel, contrairement à ce que montrera Rousseau, le droit de posséder est antérieur à l'établissement des sociétés civiles (R. DERATHÉ, *Rousseau,* p. 136).
(48) *Réponse à l'examen du prosélyte,* A.T., t. II, p. 98.
(49) AT, t. I, p. 266 (pensée XI).
(50) AT, t. II, p. 270 (« base éternelle du juste et de l'injuste »).
(51) GROTIUS, *Le Droit de la guerre,* t. I, p. 50.
(52) Un bon exposé de la théorie de Grotius a été fait par R. DERATHÉ, *Rousseau,* p. 258. C'est lui que nous suivons ici.

répondait par l'affirmative, mais distinguait une souveraineté en pleine propriété et une souveraineté par droit d'usufruit. Dans le premier cas, la souveraineté est aliénable comme tout autre bien, dans le second le Prince exerce la souveraineté, mais ne peut la transmettre. Elle revient au peuple si le souverain meurt ou s'il abdique, « à moins que pour s'épargner une nouvelle élection à la fin de chaque règne, il n'ait réglé d'avance l'ordre de la succession (53) ». Diderot n'a pas retenu l'idée de la souveraineté en pleine propriété, jugée déjà inacceptable par Barbeyrac, mais il a retenu celle de la souveraineté par droit d'usufruit. C'est celle-là même qu'il développe dans l'article *Autorité politique* : « Le gouvernement, quoique héréditaire dans une famille, et mis entre les mains d'un seul, n'est pas un bien particulier, mais un bien public, qui par conséquent ne peut jamais être enlevé au peuple, à qui seul il appartient essentiellement et en pleine propriété. Aussi est-ce toujours lui qui en fait le bail : il intervient toujours dans le contrat qui en adjuge l'exercice. Ce n'est pas l'Etat qui appartient au Prince, c'est le Prince qui appartient à l'Etat ; mais il appartient au Prince de gouverner dans l'Etat, parce que l'Etat l'a choisi pour cela, qu'il s'est engagé vers les peuples à l'administration des affaires, et que ceux-ci de leur côté se sont engagés à lui obéir conformément aux lois. Celui qui porte la couronne peut bien s'en décharger absolument s'il le veut ; mais il ne peut la remettre sur la tête d'un autre sans le consentement de la nation qui l'a mise sur la sienne. En un mot, la couronne, le gouvernement, et l'*autorité* publique, sont des biens dont le corps de la nation est propriétaire, et dont les Princes sont les usufruitiers, les ministres et les dépositaires (54). » M. Derathé, qui cite ce passage et le rapproche de la théorie de Grotius, pense que Barbeyrac a servi d'intermédiaire entre l'auteur du *Droit de la guerre* et l'encyclopédiste.

En réalité, la source avouée de l'article de Diderot était le *Traité des droits de la reine,* œuvre d'un juriste anonyme du XVIIe siècle (55). Ce fait n'ôte nullement sa valeur au rapprochement, qui va de soi, entre la théorie de Diderot et celle de Grotius. Il prouve simplement que l'auteur du *Traité* connaissait lui-même très bien ses classiques du droit naturel. C'est donc dans le *Traité des droits de la reine* que Diderot a lu : « Les souverainetés sont tellement inaliénables qu'on n'y peut renoncer, sinon dans une assemblée solennelle d'Etats, et du consentement de tous les peuples (56). » La conséquence de ce contrat entre le Prince et ses descendants d'une part, ses sujets et leurs descendants d'autre part, c'est que le roi ne saurait aliéner la moindre partie de son domaine, le patrimoine royal étant « comme une dot invisible que la République a apportée au Prince, pour lui aider à en soutenir les dépenses et les charges ». Le roi ne peut rien non plus contre l'ordre des successions, il ne peut même renoncer à sa couronne « puisque le droit du sceptre et de la couronne n'est pas comme ces possessions vénales qui tombent dans le commerce, et qui sont sujettes à toutes les vicissitudes que produit l'intérêt ou l'inconstance des particuliers ».

Outre cette question, qui concerne l'origine de la souveraineté, l'article *Autorité politique* en pose au moins une autre, qui a trait à la nature et aux limites de cette souveraineté. En effet, le Prince, même considéré comme usu-

(53) R. DERATHÉ, *Rousseau,* p. 258.
(54) AT, t. XIII, pp. 394-395.
(55) Cette source est indiquée dans les *errata* en tête du tome III de l'*Encyclopédie,* p. XVI. Le *Traité* fut imprimé en 1667 par l'Imprimerie royale à Paris. Nous citerons l'édition in-4°. Il y eut aussi une édition in-12.
(56) *Traité des droits de la reine,* p. 111.

fruitier de la souveraineté, comme dépositaire de l'autorité, peut très bien, tant qu'il règne, commander en despote. Le *Traité des droits de la reine,* par exemple, ne se préoccupe guère de marquer des limites à l'exercice de la souveraineté. Il y est simplement dit que le pouvoir des souverains est limité par la justice et par la raison, et qu'il faut que le Prince obéisse à la loi, laquelle doit être « droite et toujours dirigée au bien public ». Mais comme ce sont les rois et non leurs peuples qui ont la puissance de faire et d'abroger les lois, qui obligera les rois à être raisonnables et justes ? Or Diderot n'admet point qu'un homme se donne « entièrement et sans réserve à un autre homme ». La soumission du sujet au Prince ne doit pas être aveugle et sans réserve, « la vraie et légitime puissance a donc nécessairement des bornes (57) ». Ces limites, ce sont essentiellement celles de la raison, et elles se matérialisent en quelque sorte sous deux formes, dans les lois de la nature et dans celles de l'Etat. Le respect religieux de ces lois par le Prince est même la condition expresse de la soumission des sujets à ses commandements. Cependant les peuples sur qui règne un souverain « injuste, ambitieux et violent » n'en ont pas pour autant le droit de se soulever (58).

Cette façon très particulière de poser la question des limites de la souveraineté n'est pas sans analogie avec celle de Grotius. M. Derathé rappelle dans son étude sur Rousseau qu'au-delà de Grotius la théorie dite du pacte de soumission remonte en fait jusqu'au Moyen Age. Il cite des textes qui montrent qu'à partir du XVIe siècle, c'est devenu « une notion populaire qui se trouve mêlée à la plupart des controverses ou polémiques relatives aux pouvoirs et devoirs du monarque vis-à-vis de ses sujets (59) ». Quoi qu'il en soit, le souverain, selon Grotius, doit obtenir des sujets qui lui sont soumis une obéissance totale ; le monarque à ses yeux est vraiment un maître absolu. C'est même ce que Rousseau ne peut admettre chez lui : « Grotius, réfugié en France, mécontent de sa patrie, et voulant faire sa cour à Louis XIII, à qui son livre est dédié, n'épargne rien pour dépouiller les peuples de tous leurs droits et pour en revêtir les rois avec tout l'art possible (60). » Pourtant, même le pouvoir absolu n'est pas un pouvoir sans frein. Il est absolu par sa nature, mais borné dans son étendue, par les obligations de la loi naturelle, et par la fin de la société civile (61). En outre, dans le cas d'une monarchie limitée, où le contrat de soumission implique le respect d'une loi fondamentale, la souveraineté est aussi limitée, constitutionnellement, par cette loi (62). Dans ce dernier cas, Grotius admet même qu'en certaines circonstances bien déterminées le peuple résiste à la volonté du souverain, alors que les sujets d'un monarque absolu n'ont le droit de résistance que s'ils sont en danger de mort. C'est donc bien la théorie de Grotius que l'article de Diderot reflète pour l'essentiel. Il faut pourtant noter que ce reflet est assez flou, ce qui s'explique peut-être par le fait que Diderot n'a pas lu personnellement *Le Droit de la guerre et de la paix.* Par exemple, il ne distingue pas rigoureusement entre monarchie absolue et monarchie limitée. Les lois de l'Etat, qu'il évoque au même titre que les lois naturelles, comme des bornes à l'étendue du pouvoir

(57) AT, t. XIII, p. 393.

(58) AT, t. XIV, pp. 399-400 (art. *Autorité politique*). [Pour une étude très approfondie de l'article *Autorité politique* et de ses différentes sources, dont le *Traité des droits de la reine,* voir LOUGH 68, pp. 424-462.]

(59) R. DERATHÉ, *Rousseau,* p. 208.

(60) ROUSSEAU, *Contrat social,* liv. II, chap. II, cité par R. DERATHÉ, *Rousseau,* p. 76.

(61) GROTIUS, *Le Droit de la guerre,* liv. I, chap. III, par. 16 à 19 inclus : cf. R. DERATHÉ, *Rousseau,* p. 320.

(62) R. DERATHÉ, *Rousseau,* p. 321.

souverain, sont-elles vraiment des lois fondamentales, et la monarchie dont il parle est-elle une monarchie limitée ? Rien n'est moins sûr, s'il s'agit uniquement des règles de la succession au trône, comme le contexte semblerait le prouver. En tout cas, l'absence de toute allusion au droit de résistance des peuples situerait plutôt les préoccupations de Diderot, à ce moment de son évolution, dans le cadre de la monarchie absolue selon Grotius.

2. *Pufendorf.* Il est quelquefois difficile de discerner ce que Diderot doit à Pufendorf de ce qu'il doit à Grotius. C'est évidemment le cas lorsque Pufendorf reproduit à peu près telles quelles les idées de son maître. Ainsi, quand Diderot affirme dans l'article *Droit naturel* que « la volonté générale est dans chaque individu un acte pur de l'entendement (63) », on peut rapprocher de son texte une page du *Droit de la guerre et de la paix,* mais on peut tout aussi bien citer le *Droit de la nature et des gens* si souvent réédité et contrefait au cours du XVIIIe siècle (64). Pufendorf y montre en effet, peut-être plus clairement que Grotius, que les règles du droit naturel ne sont pas innées (65), mais qu'elles « découlent des maximes d'une raison éclairée ». Et il explique : « L'entendement humain a la faculté de découvrir clairement et distinctement, en réfléchissant sur la nature et la constitution des hommes, la nécessité qu'il y a de conformer sa conduite aux lois naturelles ; et qu'il peut en même temps trouver un principe fondamental d'où ces lois se déduisent par des démonstrations solides et convaincantes. » De même, en ce qui concerne les limites de la souveraineté, Pufendorf admet comme Grotius que les lois naturelles sont au-dessus des lois civiles. Il écrit par exemple : « Quoique par abus on puisse actuellement faire quelque loi civile opposée au droit naturel, il n'y a que des Princes insensés, ou assez méchants, pour souhaiter de détruire leur propre Etat, qui soient capables d'établir de propos délibéré des lois reconnues telles (66). » Mais bien qu'il semble admettre l'objection de conscience, Pufendorf en limite considérablement la portée, en décidant qu'il faut obéir sans réserve au souverain, au moins dans les cas douteux : « Le plus sûr, dit-il, est alors d'obéir, sans s'informer d'autre chose, et de laisser au souverain le soin de rendre compte à Dieu de sa conduite... En effet, on peut sans contredit exécuter en qualité de simple instrument une action ordonnée par le souverain, qui en est regardé comme l'unique auteur, sur qui toute la faute retombe (67). » C'est exactement, nous l'avons vu, la position théorique que prend Diderot dans l'article *Autorité politique.* C'est celle qui est reprise, et adaptée à la pratique, dans son article *Citoyen* : « L'être moral souverain étant par rapport au *citoyen* ce que la personne physique despotique est par rapport au sujet, et l'esclave le plus parfait ne transférant pas tout son être à son souverain, à plus forte raison le *citoyen* a-t-il des droits qu'il se réserve, et dont il ne se départ jamais (68). » Mais Diderot ajoute quelques lignes plus bas : « Dans les temps de troubles, le *citoyen* s'attachera

(63) AT, t. XIV, p. 300.

(64) Voir R. DERATHÉ, *Rousseau,* pp. 425-429, pour une bibliographie sommaire de Pufendorf; sur l'importance des écrits de Pufendorf et leur rayonnement, voir pp. 78-81. Nous citerons la traduction française du *Droit de la nature,* faite par Barbeyrac, dans l'édition de 1733 publiée à Amsterdam, et à Paris chez Briasson.

(65) PUFENDORF, *Droit de la nature,* t. I, p. 216.

(66) PUFENDORF, *Droit de la nature,* liv. VIII, chap. I, par. 2, cité par R. DERATHÉ, *Rousseau,* p. 322.

(67) PUFENDORF, *Droit de la nature,* liv. VIII, chap. I, par. 8 et 6, cités par R. DERATHÉ, *Rousseau,* p. 324.

(68) AT, t. XIV, p. 193.

au parti qui est pour le système établi ; dans les dissolutions de systèmes, il suivra le parti de sa cité, s'il est unanime ; et s'il y a division de la cité, il embrassera celui qui sera pour l'égalité des membres et la liberté de tous. »

Pufendorf, cependant, ne s'est pas contenté de vulgariser les théories de Grotius. Certaines de ses idées sont originales, et Diderot ne les a pas ignorées, même si sa connaissance des ouvrages de Pufendorf n'est pas de première main.

Pufendorf a, en particulier, traité de façon intéressante la notion d'état de nature. On peut, dit-il, le concevoir de deux manières. Dans un premier sens, « l'état de nature est la triste condition où l'on conçoit que serait réduit l'homme fait comme il est, s'il était abandonné à lui-même en naissant et destitué de tout secours de ses semblables. En ce sens, l'état de nature est ainsi appelé par opposition à une vie civilisée et rendue commode par l'industrie et le commerce des hommes (69) ». Dans un autre sens, l'état de nature « est celui où l'on conçoit les hommes, en tant qu'ils n'ont ensemble d'autre relation morale que celle qui est fondée sur cette liaison simple et universelle qui résulte de la ressemblance de leur nature, indépendamment de toute convention et tout acte humain qui en ait assujetti quelques-uns à d'autres. Sur ce pied-là, ceux que l'on dit vivre respectivement dans l'état de nature, ce sont ceux qui ne sont ni soumis à l'empire l'un de l'autre, ni dépendants d'un maître commun, et qui n'ont reçu les uns des autres ni bien ni mal. Ainsi l'état de nature est opposé en ce sens à l'état civil (70) ». La première de ces deux définitions est justement celle que Diderot a reprise tant de fois – en l'appliquant au besoin à Rousseau – pour faire la peinture de la « triste condition » de l'homme privé du commerce de ses semblables. On la trouve déjà dans l'*Essai sur le mérite et la vertu* : « Si un historien ou quelque voyageur nous faisait la description d'une créature parfaitement isolée, sans supérieure, sans égale, sans inférieure, à l'abri de tout ce qui pourrait émouvoir ses passions, seule en un mot de son espèce ; nous dirions sans hésiter, *que cette créature singulière doit être plongée dans une affreuse mélancolie ; car quelle consolation pourrait-elle avoir en un monde qui n'est pour elle qu'une vaste solitude* (71) ? » Diderot, non plus que Pufendorf, ne retient donc cette définition de l'état de nature, que Rousseau au contraire fera sienne, par exemple dans le *Discours sur l'inégalité* : « On voit [...] au peu de soin qu'a pris la nature de rapprocher les hommes par des besoins mutuels et de leur faciliter l'usage de la parole, combien elle a peu préparé leur sociabilité, et combien elle a peu mis du sien dans tout ce qu'ils ont fait pour en établir les liens. En effet, il est impossible d'imaginer pourquoi, dans cet état primitif, un homme aurait plutôt besoin d'un autre homme, qu'un singe ou un loup de son semblable [...]. Je sais qu'on nous répète sans cesse que rien n'eût été si misérable que l'homme dans cet état [...]. Mais si j'entends bien ce terme de *misérable,* c'est un mot qui n'a aucun sens, ou qui ne signifie qu'une privation douloureuse [...] ; or, je voudrais bien qu'on m'expliquât quel peut être le genre de misère d'un être libre dont le cœur est en paix et le corps en santé (72). »

Une phrase de Diderot, dans l'article *Droit naturel,* ne devait pas manquer de choquer ses adversaires. C'est celle où il dit : « Si les animaux étaient

(69) PUFENDORF, *Devoirs de l'homme,* liv. II, chap. I, par. 4. Cité par R. DERATHÉ, *Rousseau,* p. 125.
(70) PUFENDORF, *Devoirs de l'homme,* liv. II, chap. I, par. 5. Cité par R. DERATHÉ, *Rousseau,* p. 126.
(71) AT, t. I, p. 24.
(72) ROUSSEAU, *De l'inégalité,* p. 92.

d'un ordre à peu près égal au nôtre, s'il y avait des moyens sûrs de communication entre eux et nous ; s'ils pouvaient nous transmettre évidemment leurs sentiments et leurs pensées, et connaître les nôtres avec la même évidence ; en un mot s'ils pouvaient voter dans une assemblée générale, il faudrait les y appeler : et la cause du *droit naturel* ne se plaiderait plus par devant l'*humanité,* mais par devant l'*animalité* (73). » Cette proposition parut proprement scandaleuse aux auteurs de *La Religion vengée,* par exemple (74). Et aujourd'hui encore elle paraîtrait surprenante, si nous ne savions qu'elle est un emprunt fait aux juristes latins, presque certainement par l'intermédiaire du *Droit de la nature et des gens.*

On lit en effet sous la plume de Pufendorf : « Les jurisconsultes romains entendaient par droit naturel, *ce que la nature enseigne à tous les animaux,* et dont, par conséquent, la connaissance n'est point particulière à l'homme, mais *est censée convenir aussi au reste des animaux.* Suivant cette définition, il faudrait rapporter au droit naturel toutes les choses pour lesquelles on voit que les bêtes, aussi bien que les hommes, ont généralement du penchant ou de l'aversion ; de sorte qu'il y aurait un droit commun aux hommes et aux bêtes (75). » Au reste Pufendorf n'admettait pas pour son compte une telle extension du droit naturel, et si les auteurs de *La Religion vengée* n'avaient pas été aveuglés par leur parti pris, ils auraient vu que Diderot ne l'admettait pas plus que Pufendorf. Il conclut en effet son paragraphe sur le tribunal du juste et de l'injuste, par une déclaration sans ambiguïté : « Mais les animaux sont séparés de nous par des barrières invariables et éternelles ; et il s'agit ici d'un ordre de connaissances et d'idées particulières à l'espèce humaine, qui émanent de sa dignité et qui la constituent (76). »

La théorie de la souveraineté élaborée par Pufendorf semble avoir inspiré pour l'essentiel celle de Diderot, bien que dans le détail telle partie de la théorie puisse venir aussi bien de Grotius, voire de Hobbes. Chez Pufendorf l'Etat civil est en réalité fondé sur deux pactes différents, l'un par lequel les individus s'engagent les uns envers les autres à ne former qu'un seul corps, l'autre par lequel les citoyens se lient par contrat avec le souverain individuel ou collectif qu'ils ont choisi pour le revêtir de l'autorité suprême (77). Le premier de ces deux pactes est du reste assez secondaire : « Il lui permet seulement d'affirmer, comme le fera plus tard Locke, que la dissolution du gouvernement n'entraîne pas celle de la société et que l'union des citoyens en un seul corps ne vient pas uniquement, comme le soutient Hobbes, de leur soumission à un seul chef. » Quant au pacte de soumission proprement dit, s'il « impose au souverain l'obligation de n'user de son pouvoir que pour le bien public et dans l'intérêt de l'Etat », s'il implique, selon certains textes de Pufendorf, que le peuple soit seul juge de la manière dont le Prince interprète la volonté générale, il est tel que dans la pratique le peuple ne peut en aucun cas se dégager de l'obéissance qu'il a promise. Si bien que le contrat initial d'association apparaît comme un acte de pure forme.

---

(73) AT, t. XIV, p. 299.

(74) *La Religion vengée* (Paris, 1757-1763, 21 vol. in-12), t. X, p. 186.

(75) PUFENDORF, *Droit de la nature,* liv. II, chap. III, par. 2. Cité par R. DERATHÉ, *Rousseau,* p. 388.

(76) AT, t. XIV, p. 299. Cet exemple précis ne permet pas de dire que l'article *Droit naturel* dans son ensemble est emprunté à Pufendorf, plus qu'à tout autre théoricien du droit naturel.

(77) Nous résumons très sommairement la théorie du double contrat chez Pufendorf, d'après R. DERATHÉ, *Rousseau,* pp. 209 et suivantes.

Diderot, pour sa part, ne fait jamais explicitement la distinction des deux pactes. Le pacte de soumission est, semble-t-il, le seul qui l'intéresse, de l'article *Autorité politique* à l'article *Cité,* en passant par l'*Apologie de l'abbé de Prades.* Pourtant l'idée d'un pacte antérieur d'association ne lui est pas étrangère ; elle est même constamment sous-entendue dans ce qu'il écrit au sujet de la souveraineté. Par exemple, il n'écrirait pas, dans l'article *Autorité politique,* que le « corps de la nation » est propriétaire de biens dont le souverain a l'usufruit, s'il ne concevait la nation comme une association de ceux qui la constituent. Et cette association subsiste alors même que le contrat passé entre la nation et le souverain est rompu : « Quand il n'a plus lieu, elle rentre dans le droit et dans la pleine liberté d'en passer un nouveau avec qui et comme il lui plaît (78). » Telle est bien, justement, la raison du pacte d'association chez Pufendorf. L'article *Citoyen* suppose aussi comme un pacte d'association entre les membres d'une même cité. Il ne suffit pas en effet de résider dans une société, ni même d'y séjourner habituellement pour avoir part à « ses droits et franchises (79) ».

Le contrat par lequel le peuple et le souverain s'engagent l'un envers l'autre n'est pas nécessairement un contrat en forme. L'autorité conférée au souverain peut d'ailleurs avoir deux origines différentes. « Qu'on examine bien, écrit Diderot, et on le fera toujours remonter à l'une de ces deux sources : ou la force et la violence de celui qui s'en est emparé, ou le consentement de ceux qui s'y sont soumis par un contrat fait ou supposé entre eux et celui à qui ils ont déféré l'*autorité* (80). » Dans le premier cas, ajoute-t-il, l'autorité ne s'impose que pour le temps pendant lequel le conquérant est le plus fort ; à moins qu'elle ne change de nature, ce qui arrive « lorsqu'elle continue et se maintient du consentement exprès de ceux qu'on a soumis », ce qui en fait alors une autorité de la seconde sorte. Ce sont là des idées que l'on rencontre, encore, chez Pufendorf. « Tout pouvoir légitime des rois, écrivait-il, suppose à la vérité un consentement du peuple, sur qui ils règnent : mais ce consentement est forcé, ou entièrement libre (81). » Il précisait ailleurs : « Tout gouvernement légitime est fondé sur un *consentement des sujets ;* mais ce consentement se donne de différentes manières. Quelquefois un peuple est contraint *par la force des armes,* de se soumettre à la domination du vainqueur ; quelquefois aussi le peuple, *de son pur mouvement,* offre à quelqu'un l'autorité souveraine, et la lui confère avec une pleine et entière liberté (82). » Enfin, disait-il encore, « il suffit [qu'un usurpateur] ait régné paisiblement pendant quelque peu de temps, pour donner lieu de présumer que le peuple s'accommode de sa domination, et pour effacer ce qu'il y avait de vicieux dans la manière dont elle avait été acquise (83) ».

Pour Diderot, comme pour Pufendorf, la souveraineté est donc un bien transférable, et même si le souverain n'en a que l'usufruit, les conditions dans lesquelles le peuple consent ou est censé consentir à ce transfert d'autorité sont si larges qu'on se demande à bon droit s'il y a un pouvoir si tyrannique

(78) AT, t. XIII, p. 395.
(79) AT, t. XIV, p. 190.
(80) AT, t. XIII, p. 392.
(81) PUFENDORF, *Droit de la nature,* liv. VII, chap. VII, par. 2. Cité par R. DERATHÉ, *Rousseau,* p. 182.
(82) PUFENDORF, *Devoirs de l'homme,* liv. II, chap. X, par. 1. Cité par R. DERATHÉ, *Rousseau,* p. 254.
(83) PUFENDORF, *Droit de la nature,* liv. VII, chap. VII, par. 3. Cité par R. DERATHÉ, *Rousseau,* p. 255.

qu'il ne puisse légitimement se targuer d'être fondé sur un tel « consentement ».

Mais si l'un des textes de Pufendorf que nous venons de citer parle du consentement du peuple, l'autre traite du consentement des sujets. Il y a là une légère incertitude dans l'expression, qui amène à se poser la question de la source de l'autorité. Or, il n'est pas douteux qu'aux yeux de Pufendorf, l'autorité conférée au souverain vient en dernière analyse de chacun des individus qui composent le corps social, et non de ce corps lui-même. On lit en effet dans le *Droit de la nature et des gens* : « La souveraineté résultant d'une convention, par laquelle les sujets s'engagent à ne pas résister au souverain et à le laisser disposer de leurs forces et de leurs facultés comme il le jugera à propos, il est clair qu'il y a dans chaque particulier des semences pour ainsi dire, du pouvoir souverain. Les pactes, en réunissant ces semences et en les faisant germer, donnent naissance à ce pouvoir souverain (84). » Mais Diderot pense, lui aussi, que l'autorité conférée au souverain par le pacte de soumission émane de chacun des individus qui sont associés au sein de la nation. C'est même par l'affirmation de ce principe que s'ouvre l'article *Autorité politique* : « Aucun homme n'a reçu de la nature le droit de commander aux autres. La liberté est un présent du ciel, et chaque individu de la même espèce a le droit d'en jouir aussitôt qu'il jouit de la raison (85). » La liberté dont il s'agit ici est, bien entendu, cette indépendance des hommes à l'état de nature qu'évoquait un texte des *Devoirs de l'homme et du citoyen* que nous citions plus haut (86). Le pacte de soumission est donc un contrat par lequel chaque citoyen remet ou est censé remettre librement l'autorité qu'il a sur sa propre personne au souverain qu'il s'est donné ou qu'il a accepté d'un commun accord avec ses concitoyens. Cette proposition est très importante dans la théorie classique du droit naturel. On peut en déduire en effet que l'homme ne peut aliéner aux mains d'autrui plus de pouvoir qu'il n'en a sur lui-même, ce que Diderot exprime clairement, bien que sous une forme prudente à dessein : « L'homme ne doit ni ne peut se donner entièrement et sans réserve à un autre homme, parce qu'il a un maître suprême au-dessus de tout, à qui seul il appartient tout entier (87). » Mais nous reviendrons sur cette réserve, dont l'esprit n'est plus celui de Pufendorf (88).

Nous avons vu que l'article *Autorité politique*, confronté avec les théories de Grotius sur la souveraineté, ne semblait pas prendre parti pour la monarchie limitée contre la monarchie absolue. La confrontation du même article avec les textes de Pufendorf permet de préciser cette impression. Diderot, nous l'avons dit, n'admet pas que le peuple ait le droit de résister à l'autorité souveraine. Pourtant dans l'exemple qu'il se plaît à citer, celui d'Henri IV, le souverain s'entoure de « gens de savoir et de mérite », non désignés par lui, et dont le rôle est de proposer librement ce qui leur paraît « nécessaire pour le bien public ». Il ne s'agit pas à proprement parler d'un corps politique, mais

---

(84) *Ibid.*, chap. III, par. 4. Cité par R. DERATHÉ, *Rousseau*, p. 251.

(85) AT, t. XIII, p. 392.

(86) PUFENDORF, *Devoirs de l'homme*, liv. II, chap. I, par. 5 : « ceux que l'on dit vivre respectivement dans l'état de nature, ce sont ceux qui ne sont ni soumis à l'empire l'un de l'autre, ni dépendants d'un maître commun ».

(87) AT, t. XIII, p. 393.

(88) Pour la théorie de l'esclavage volontaire chez Pufendorf, voir R. DERATHÉ, *Rousseau*, pp. 195-202. Pufendorf, comme Grotius, admet très bien qu'un homme s'asservisse de son plein gré à un autre homme, et renonce en sa faveur à la disposition de sa liberté et de ses forces. Locke, Rousseau et, pour une fois, Diderot s'élèveront contre cette théorie de l'aliénation totale.

d'une sorte de conseil consultatif, dont le roi n'a aucune raison de ne pas suivre les directives si elles sont équitables et vont dans le sens de l'intérêt général. Toutefois le conseil ne saurait empiéter d'aucune manière sur les prérogatives absolues du souverain, qui seul gouverne. Or l'idée que se fait Pufendorf du pacte de soumission exclut en principe que le souverain à qui le pouvoir a été confié puisse le partager avec qui que ce soit. Pourtant il conçoit un Etat dans lequel des lois fondamentales imposent des limites à la souveraineté du Prince. Dans ce type de monarchie limitée, le souverain se lie dès son avènement par une promesse particulière, en s'engageant à gouverner selon les lois fondamentales. Au besoin, des assemblées exceptionnelles du peuple ou de ses représentants, ou des corps politiques permanents, veillent à l'exécution de la promesse faite par le souverain (89). Mais il est bien clair que Diderot ne souhaite rien de tel. La monarchie limitée selon Grotius, et surtout selon Pufendorf, n'est donc pas un idéal politique à ses yeux. Il ne l'évoque même pas. Il n'a vraiment retenu de Pufendorf et de Grotius que la théorie de la monarchie absolue (90).

3. *Thomasius.* Il n'est pas nécessaire d'insister très longuement sur les autres jurisconsultes que Diderot a lus ou a pu lire. La plupart des idées qu'on rencontre dans leurs écrits sont en effet dans Grotius et dans Pufendorf, et ils n'ont fait souvent que les vulgariser. Il est donc juste de comparer les textes politiques de Diderot avec ceux de Grotius et de Pufendorf plus attentivement qu'avec ceux de Thomasius ou de Burlamaqui, même s'il est vraisemblable que l'encyclopédiste a découvert les idées des premiers à travers les textes des seconds (91).

Diderot a-t-il directement lu Thomasius ? Il est probable que non. Il est même probable qu'il a lu tardivement le chapitre que Brucker lui consacre dans son *Historia critica philosophiae* (92). Mais on voit bien ce qui a pu attirer l'attention de l'encyclopédiste dans le résumé qu'il a fait de la vie et de la doctrine du juriste philosophe de Halle : sa résolution de « ramener tout à

(89) Voir R. DERATHÉ, *Rousseau,* pp. 329-330.

(90) Un texte cependant pourrait faire croire que Diderot voit dans le Parlement un corps politique chargé de veiller au respect par le souverain des lois fondamentales du royaume. On lit en effet dans l'*Apologie de l'abbé de Prades* : « Qu'est-ce qu'un *parlement,* sinon un corps chargé du dépôt sacré du *contrat* réel ou supposé, par lequel les peuples se sont soumis ou sont censés d'être soumis au gouvernement de leur prince ? Si M. d'Auxerre regarde ce *contrat* comme une chimère, je le défie de l'écrire publiquement. Je ne crois pas que le Parlement de Paris se vît dépouiller tranquillement de sa prérogative la plus auguste, de cette prérogative sans laquelle il perdrait le nom de *parlement,* pour être réduit au nom ordinaire de *corps de judicature* » (AT, t. I, p. 469). Il faut noter d'abord que l'intention de Diderot est ici polémique. Il cherche malignement à dresser contre M. d'Auxerre le Parlement de Paris, toujours jaloux de ses prérogatives. Mais d'autre part le Parlement peut être plus qu'un corps de judicature sans être nécessairement un corps politique. Pour Diderot, comme pour l'abbé de Prades, dont il défend la thèse, le Parlement n'est que le gardien du contrat passé entre le peuple et le souverain. Son rôle strict est de veiller à ce que les conditions générales du pacte de soumission soient remplies, à ce que, par exemple, le Prince ne modifie pas à sa guise les règles de la succession au trône. Il n'est pas question ici, comme chez Pufendorf, de lois fondamentales que le Prince se serait engagé à respecter par une promesse particulière, et dont le Parlement surveillerait l'application. Cette distinction est essentielle.

(91) Nous ne citons pas ici Barbeyrac, qui est surtout l'éditeur et le traducteur de Grotius et de Pufendorf. Dans les notes et les commentaires où Barbeyrac critique ses maîtres, il le fait en s'inspirant de Locke, dont nous parlerons plus loin. Sur les opinions relativement libérales de Barbeyrac, voir R. DERATHÉ, *Rousseau,* pp. 89-92.

(92) J. BRUCKER, *Historia,* t. V, pp. 447-520. L'article *Thomasius* est dans un des derniers volumes de l'*Encyclopédie* et Diderot n'avait pas l'habitude de rédiger ses articles longtemps avant leur impression.

l'examen de la raison » et de raisonner seulement sur des faits (93), l'idée reprise de Pufendorf « que la sociabilité de l'homme était le fondement de ses actions », l'idée que « le droit [...] naturel se reconnaît par l'attention d'une âme tranquille sur elle-même », et qu'il est « une puissance morale et relative à une règle commune et constante à un grand nombre d'hommes ».

4. *Burlamaqui.* Tout, dans Burlamaqui, ne plaisait pas à Diderot ; mais dans la mesure où Burlamaqui a été un bon vulgarisateur de Grotius et de Pufendorf, il est aisé de trouver, dans les *Principes du droit naturel* et dans les *Principes du droit politique,* par exemple, maints passages dont il serait tentant de rapprocher les thèses favorites de Diderot (94). Selon Burlamaqui, en effet, les principes du droit naturel ne sont pas innés (95), et les hommes peuvent les découvrir et les connaître par les seules lumières de la raison ; le droit naturel se déduit de la nature même de l'homme, et ses maximes sont si claires et si manifestes que nous les approuvons dès qu'elles nous sont proposées ; dans l'état de nature les hommes sont indépendants et égaux, ils inclinent à vivre paisiblement en société avec leurs semblables ; la sociabilité est inscrite dans le cœur de l'homme et l'individu solitaire qui se complairait dans l'isolement serait un être anormal ; cette sociabilité naît en particulier des besoins naturels des hommes, qui les font dépendre les uns des autres. D'autre part, dans ses *Principes du droit politique,* Burlamaqui définit la société civile comme l'« union d'une multitude d'hommes qui se mettent ensemble sous la dépendance d'un souverain pour trouver sous sa protection et par ses soins le bonheur auquel ils aspirent naturellement (96) » ; cette institution est consécutive à deux pactes principaux, l'un d'association entre les membres de la multitude, l'autre de soumission des sujets aux personnes souveraines qui « s'engagent à veiller avec soin à la sûreté et à l'utilité commune » ; « une fidèle obéissance » leur est promise en retour (97) ; dans le pacte de soumission, l'obligation du Prince et des sujets est réciproque, et l'autorité qui est confiée au premier par les seconds ne saurait être sans bornes ; la souveraineté « réside originairement dans le peuple » et si le Prince ne respecte pas le contrat qui le lie, la souveraineté retourne à la nation ; le contrat social est considéré comme brisé quand la souveraineté n'a plus pour fin la félicité des peuples dont elle émane ; à défaut des lois fondamentales qui tiennent le souverain en lisière dans la monarchie limitée, l'amour du bien public doit être la loi fondamentale qui s'impose aux monarques absolus (98).

5. *Locke.* Bien que Locke ne soit pas un jurisconsulte, il entre, comme écrivain politique, dans la catégorie des théoriciens du droit naturel, et il y a quelque chance pour que Diderot ait lu, au moins en 1762, son traité *Du gouvernement civil.* Mais bien que la pensée de Locke l'ait fortement marqué

---

(93) AT, t. XVII, p. 269.

(94) Dans son *Plan d'une université pour le gouvernement de Russie,* Diderot considérera Burlamaqui comme un classique, au même titre que Pufendorf et Hobbes (AT, t. III, p. 492).

(95) BURLAMAQUI, *Principes du droit naturel,* p. 112. Nous citons l'édition de Genève et Copenhague de 1762. La première édition de l'ouvrage est de 1747.

(96) BURLAMAQUI, *Principes du droit politique,* p. 5. Nous citons l'édition de Genève et Copenhague de 1763. La première édition des *Principes du droit politique* parut en 1751.

(97) *Ibid.*, p. 16. Entre ces deux pactes, que nous avons déjà rencontrés chez Pufendorf, Burlamaqui en intercale un troisième, par lequel les citoyens qui se sont liés par le pacte d'association déterminent d'un commun accord la forme du futur gouvernement.

(98) *Ibid.*, pp. 31-32. Burlamaqui est personnellement partisan de la monarchie limitée.

par ailleurs, il n'a tiré de ses écrits politique que peu de chose, en somme. C'est que sur plus d'un point les idées de Locke sont semblables à celles des principaux théoriciens du droit naturel, et s'il a lu *Du gouvernement civil,* Diderot a pu y redécouvrir ce qu'il tenait déjà de Grotius et de Pufendorf : que par nature les hommes sont libres et égaux (99) ; que l'état de nature et l'état de guerre sont deux états contraires ; que le désir de société est naturel à l'homme ; que la liberté civile consiste « à n'être soumis à aucun pouvoir législatif qu'à celui qui a été établi par le consentement de la communauté » ; que le pouvoir politique est institutionnel, à la différence du pouvoir paternel ; que dans la société politique « chacun des membres s'est dépouillé de son pouvoir naturel, et l'a remis entre les mains de la société » ; que « personne ne peut conférer à un autre plus de pouvoir qu'il n'en a lui-même » ; que les « obligations des lois de la nature ne cessent point dans la société [et] y deviennent mêmes plus fortes en plusieurs cas ». Mais quand Locke a une pensée politique originale, c'est-à-dire quand il s'élève contre l'absolutisme et propose une théorie libérale de la souveraineté, Diderot cesse délibérément de le suivre (100). A l'époque où il travaille à l'*Encyclopédie,* il est attiré par la pensée « totalitaire » de Hobbes beaucoup plus que par l'individualisme de Locke.

Sur un point seulement, Diderot semble avoir une dette particulière à l'égard de Locke. C'est au sujet du droit de propriété. A côté de la théorie traditionnelle, qui fait découler le droit de propriété de celui du premier occupant, Diderot fait en effet une place à la théorie de Locke, pour qui la propriété s'acquiert par le travail, et, comme Locke, il considère que la défense de ce droit est le principal objet de la législation. Il écrit par exemple dans sa *Réponse à l'examen du prosélyte,* vers 1763-1764 : « C'est la propriété acquise par le travail, ou par droit du premier occupant, qui fit sentir le premier besoin des lois. » Locke ne dit pas autre chose dans son traité *Du gouvernement civil* (101). Il insiste en particulier sur la fin de la société, qui est de protéger la propriété individuelle : « La plus grande et la principale fin que se proposent les hommes, lorsqu'ils s'unissent à une communauté, et se soumettent à un gouvernement, c'est de conserver leurs propriétés, pour la conservation desquelles bien des choses manquent dans l'état de nature (102). » Mais Diderot a eu précisément à la fin de 1763 l'occasion de méditer plus longuement sur cette question, lorsqu'il rédigeait sa *Lettre sur le commerce de la librairie.* Or cette lettre tourne tout entière autour de la défense de la propriété privée contre les empiètements du pouvoir, et Diderot y retrouve tout naturellement l'argumentation de Locke : la spoliation est « l'acte le plus violent de la tyrannie », un « abus du pouvoir », qui peut réduire « un peuple à la condition de serf », « car il est constant pour tout homme qui pense que celui qui n'a nulle propriété dans l'Etat, ou qui n'y a qu'une propriété précaire, n'en peut jamais être un bon citoyen (103) ».

---

(99) LOCKE, *Du gouvernement civil,* p. 1.

(100) Locke déclare par exemple que la monarchie absolue est incompatible avec la société civile, car le monarque absolu reste dans l'état de nature par rapport à ceux qui sont sous sa domination, comme à l'égard du reste du genre humain (*Du gouvernement civil,* pp. 124-125). Il est évident que ce texte est surtout une critique du système de Hobbes.

(101) LOCKE, *Du gouvernement civil,* p. 35, pp. 41-42.

(102) *Ibid.,* p. 179. Cf. aussi p. 199 : la fin du gouvernement est la « conservation de ce qui appartient en propre à chacun ».

(103) AT, t. XVIII, p. 29.

6. *Hobbes.* Dans deux études sur *Thomas Hobbes dans l'« Encyclopédie »* et sur *Diderot and Hobbes,* M. Thielemann a posé comme il convenait quelques-uns des problèmes soulevés par les rapports entre la pensée politique de Hobbes et celle de Diderot. Son enquête est cependant insuffisante. Diderot avait certainement lu Hobbes plus tôt que M. Thielemann ne le suppose. D'autre part, tous les articles qu'il étudie ne sont pas nécessairement de Diderot (104). Enfin des textes écrits par Diderot à des époques différentes sont mis sur le même plan. Or la pensée politique de Diderot a évolué de l'article *Autorité politique* aux écrits de la « période russe », qui sont postérieurs de plus de vingt années. Toutefois, si l'on s'en tient à l'essentiel, M. Thielemann a bien vu cet attrait, parfois cette séduction, et en même temps cette répulsion, qu'a curieusement exercés sur l'esprit de Diderot le système de Hobbes. Et ce n'est pas parce qu'il était de bon ton – voire d'une élémentaire prudence – de discréditer Hobbes, que Diderot a pris tant de précautions pour parler de lui. Diderot est bien sincèrement attiré et irrité à la fois par le philosophe anglais. Il est tentant de voir là une contradiction de plus dans sa pensée, et M. Thielemann a quelquefois cédé à la tentation. Nous croyons plus volontiers que si contradiction il y a, elle est dans les sentiments et nullement dans la pensée.

Car Diderot sait fort bien ce qu'il accepte et ce qu'il refuse dans le système de Hobbes. Par exemple il n'admet en aucune façon son pessimisme. La thèse de la sociabilité naturelle, qu'il a si souvent et si fortement reprise à son compte, exclut absolument la guerre de tous contre tous que décrit le chapitre I de la première section des *Eléments philosophiques du citoyen.* Mais l'homme peut être naturellement sociable sans être nécessairement et exclusivement porté à agir pour le bien de la collectivité. La notion de sociabilité est une notion potentielle. Il arrive, et l'origine du mal moral est là, que l'individu se méprenne sur son intérêt et sur celui de la collectivité : « Toute créature [..], écrivait-il dans l'*Essai sur le mérite et la vertu,* a naturellement quelques degrés de malice, qui lui viennent d'une aversion ou d'un penchant qui ne sera pas au ton de son intérêt privé ou du bien général de son espèce (105). » D'autre part, Diderot est trop réaliste pour ne pas voir que la description de Hobbes correspond en partie aux faits, ne serait-ce qu'à ceux de l'histoire de l'Angleterre au XVIIe siècle (106). Aussi bien ne conteste-t-il pas tant ces faits que leur interprétation. Il admet que l'anarchie, sinon la guerre de tous contre tous, est un état intermédiaire entre l'état de nature, essentiellement paisible, et l'état policé, dans lequel la paix est rétablie par l'autorité du souverain. Il y a donc un décalage entre la description de Hobbes et celle de Diderot : alors que l'état de guerre vient chronologiquement le premier chez Hobbes, il prend place chez Diderot entre l'état de nature et l'état policé, à l'aube de la vie des sociétés. C'est l'âge de ce que Diderot appelle « le troupeau » dans son *Apologie de l'abbé de Prades* : « J'entends par l'état de troupeau, écrit-il, celui sous lequel les hommes rapprochés par l'instigation simple de la nature, comme les singes, les cerfs, les corneilles, etc., n'ont formé aucunes conventions qui les assujettissent à des devoirs, ni constitué d'autorité qui contraigne à l'accomplissement des conventions ; et où le ressentiment, cette passion que la nature, qui veille à la conservation des êtres, a placée dans chaque individu pour le rendre redoutable à ses semblables, est

(104) C'est le cas de l'article *Paix,* fort important sans doute, mais anonyme.
(105) AT, t. I, p. 61.
(106) AT, t. XV, p. 122 : « (Hobbes) voyait le trône ébranlé, les citoyens armés les uns contre les autres, et sa patrie inondée de sang par les fureurs du fanatisme presbytérien. »

l'unique frein de l'injustice (107). » Mais les hommes dans l'état de troupeau sont condamnés à sombrer dans l'anarchie : « N'étant encore enchaînés par aucune loi, animés tous par des passions violentes, cherchant tous à s'approprier les avantages communs de la réunion, selon les talents, la force, la sagacité, etc., que la nature leur a distribués en mesure inégale, les faibles seront les victimes des plus forts ; les plus forts pourront à leur tour être surpris et immolés par les faibles ; et [...] bientôt cette inégalité de talents, de forces, etc., détruira entre les hommes le commencement de lien que leur utilité propre et leur ressemblance extérieure leur avaient suggéré pour leur conservation réciproque. » L'article *Besoin* de l'*Encyclopédie* évoque de même l'état de guerre, qui commence dès que les hommes, réunis, ont perdu « le sentiment de leur faiblesse (108) ». Peut-on dire, avec M. Thielemann, que cet article prend le parti de Montesquieu contre Hobbes ? Oui, si l'on considère que cet état de guerre n'est pas pour Diderot un état naturel, comme chez Hobbes. Non, si l'on considère que, chez l'un comme chez l'autre, l'anarchie précède l'institution sociale et la rend nécessaire. Il n'est pas étonnant que Diderot se retrouve finalement d'accord avec Hobbes sur l'origine de la société civile. Car tous les théoriciens du droit naturel avaient dû suivre Hobbes sur ce point. Comme l'écrit M. Derathé, « même ceux qui, comme Locke et Pufendorf, rejettent l'hypothèse initiale de Hobbes et font de l'état de nature un état de paix, sont obligés de reconnaître que, faute d'un juge commun pour arbitrer les conflits, et d'une autorité capable d'imposer à tous le respect de la loi naturelle, la paix de l'état de nature est mal assurée et que l'indépendance naturelle des hommes engendre inévitablement entre eux un état de guerre. C'est pour mettre fin à cet état de guerre que les sociétés civiles ont été créées (109) ».

Diderot explique, dans l'*Apologie de l'abbé de Prades,* que pour éviter les inconvénients de l'inégalité, l'oppression du faible et, finalement, la ruine du fort, les hommes ont dû confier d'un commun accord à une « autorité » le soin de veiller à « l'accomplissement des conventions » passées entre eux. L'article *Cité* est plus précis, quant à la nature de ce pacte de soumission. Diderot définit en effet la cité, « la première des grandes sociétés de plusieurs familles, où les actes de la volonté et l'usage des forces sont résignées à une personne physique ou à un être moral, pour la sûreté, la tranquillité intérieure et extérieure, et tous les autres avantages de la vie. La personne physique, ou l'être moral dépositaire des volontés et des forces, est dite *commander* ; les personnes qui ont résigné leurs volontés et leurs forces sont dites *obéir* (110) ». Diderot utilise, d'autre part, dans une digression de l'article *Grecs* (111), l'image du glaive, instrument de la volonté générale qui doit protéger le faible contre l'injure du fort. M. Thielemann a été frappé par le ton et l'esprit très « hobbistes » de ces deux derniers textes (112). Ajoutons que la lettre même de l'article *Cité* et de l'article *Grecs* semble faire écho à des textes de Hobbes. On lit par exemple dans le *De cive* : « Celui qui soumet sa volonté à la volonté d'un autre, transfère à cet autre le droit qu'il a sur ses forces et ses facultés propres ; de sorte que, tous les autres faisant la même chose, celui auquel on se soumet possède de si grandes forces que, par la terreur qu'elles inspirent,

(107) AT, t. I, p. 455.
(108) AT, t. XIII, p. 428.
(109) R. DERATHÉ, *Rousseau,* p. 175.
(110) AT, t. XIV, p. 187.
(111) AT, t. XV, p. 57.
(112) L.-J. THIELEMANN, *Diderot and Hobbes,* p. 236 et p. 238.

il pourra façonner la volonté des particuliers en vue de l'unité et de la concorde (113). » N'est-ce pas là précisément cette résignation de la volonté et de l'usage des forces entre les mains d'un seul, dont parle l'article *Cité* ? Quant au glaive, c'est une image chère à Hobbes, qui en fait le symbole du pouvoir de répression sous le nom d'« Epée de Justice », et du pouvoir militaire sous le nom d'« Epée de guerre » (114). Le glaive qui, dans l'article *Grecs,* se meut « sur la surface du peuple », et qui tranche ou abaisse « les têtes audacieuses qui s'élèvent », rappelle même irrésistiblement une autre image de Hobbes, celle de l'« hydre à cent têtes », à quoi il compare la « multitude » sous le joug de l'obéissance.

Si Diderot insiste tant sur le rôle répressif de l'institution sociale, c'est que pour lui, comme pour Hobbes, le premier but du pacte de société est de mettre fin à l'anarchie du troupeau ou de la multitude, de rétablir l'ordre et la paix. L'article *Cité* parle de « concorde », l'article *Grecs* parle de « sûreté ». Hobbes avait écrit de son côté : « La *conspiration* de plusieurs volontés tendantes à une même fin ne suffit pas pour l'entretènement de la paix, et pour jouir d'une défense assurée, il faut qu'il y ait une seule volonté de tous qui donne ordre aux choses nécessaires pour la manutention de cette paix et de cette commune défense. » Mais Diderot ne considère pas, comme Hobbes, que le rôle de l'institution sociale soit seulement de maintenir l'ordre et la paix. Dans l'article *Autorité politique,* en particulier, se fait jour une autre exigence, celle de la « conservation de la liberté (115) ». Par liberté, Diderot entend, comme le montre le début de l'article, le droit imprescriptible qu'a tout individu de n'obéir à un autre qu'autant qu'il y a consenti. Cette restriction est importante et, semble-t-il, constante dans la pensée politique de Diderot, bien qu'un article aussi essentiel que l'article *Cité* l'omette. « L'idée de *cité,* écrit en effet Diderot, suppose [...] le rapport d'une personne physique ou d'un être moral public qui *veut seul,* à des êtres physiques privés qui *n'ont plus de volonté.* » Il semblerait, d'après ce texte, que l'aliénation des sujets dans l'Etat soit totale, ce qui est très exactement la pensée de Hobbes : l'acte juridique par lequel les citoyens confèrent le pouvoir au souverain les dépossède eux-mêmes de tout droit et de toute volonté (116). Mais tout aussitôt l'article *Citoyen* corrige ce que *Cité* a d'excessivement hobbiste : pas plus que l'esclave ne transfère « tout son être » à celui qui le possède, le citoyen ne se départit de tous ses droits au profit du souverain. Mais Diderot est fort discret sur ces droits en réserve, et ne définit nulle part le contenu de la « liberté » que le contrat social doit conserver ou rétablir en même temps que la paix. C'est qu'il y a sinon une contradiction, du moins une certaine tension entre l'attrait visible qu'exerce sur lui une conception totalitaire du pouvoir, comme celle de Hobbes, et son souci de ne pas voir aliéner sans restriction les volontés individuelles.

Diderot trouve en effet chez Hobbes, plus clairement et plus fortement traitée que chez Pufendorf, une théorie du pouvoir à laquelle il adhère de tout cœur. Nous avons déjà constaté, en confrontant sa pensée avec celle des grands théoriciens du droit naturel, qu'il ne retenait rien de ce qui, dans la pratique, pouvait compromettre ou entraver l'exercice de la souveraineté. A cet égard son intransigeance est au moins aussi grande que celle de Hobbes.

---

(113) HOBBES, *De cive,* chap. V, par. 8, traduit par R. DERATHÉ, *Rousseau,* p. 221.

(114) HOBBES, *Eléments philosophiques du citoyen* (Amsterdam, 1649), première partie, p. 90.

(115) AT, t. XIII, p. 396.

(116) Un bon résumé de la théorie du contrat chez Hobbes est fait par R. DERATHÉ, *Rousseau,* pp. 217-222.

Dès 1745, dans l'*Essai sur le mérite et la vertu,* il jugeait bon de reprendre vivement Shaftesbury, qui avait osé louer les meurtriers des tyrans : « J'ai cru devoir rectifier ici la pensée de M. S., qui nomme hardiment et conséquemment aux préjugés de sa nation, vertu, courage, héroïsme, le meurtre d'un tyran en général. Car si ce tyran est roi par sa naissance, ou par le choix libre des peuples, il est de principe parmi nous, que, se portât-il aux plus étranges excès, c'est toujours un crime horrible que d'attenter à sa vie (117). » Or la même thèse est développée par Hobbes dans le paragraphe 4 du chapitre XII des *Eléments philosophiques du citoyen.* Si, d'autre part, dans l'article *Autorité politique,* Diderot ne reconnaît pas au peuple le droit de résistance, c'est qu'il a, comme Hobbes, le souci d'assurer avant tout la stabilité du pouvoir (118). Ce qu'il dit, par exemple, des « motifs qu'on croit avoir de résister [et qui sont] autant de prétextes d'infidélités » est tout à fait dans l'esprit d'un passage des *Eléments philosophiques du citoyen,* dans lequel Hobbes évoque ces séditieux qui ne cherchent pas tant à abolir la puissance absolue qu'à la transférer, et qui risquent de détruire, avec l'autorité, les fondements de la société même (119). Enfin, pas plus que Hobbes, Diderot n'admet que la souveraineté soit limitée par une constitution, ou partagée entre plusieurs personnes ou corps politiques (120).

Diderot est donc à certains égards un disciple de Hobbes, plus encore que de Pufendorf ; et un disciple très conséquent. Mais alors comment accorder sa théorie de la souveraineté, qui est hobbiste, sans aucun doute, et son attachement à la théorie classique du droit naturel ?

Il ne suffit pas pour résoudre ce problème difficile de dire que la pensée de Diderot est contradictoire ; il ne suffit même pas de dire que sa théorie complète est un compromis. Diderot n'a pu se contenter de juxtaposer deux théories différentes et même opposées. Il était trop épris de l'idée que l'univers physique et moral est un, pour ne pas chercher à justifier idéologiquement le compromis et à unir dialectiquement les contraires. Tout compte fait, l'épicurisme et le stoïcisme avaient été intégrés par Diderot dans l'économie générale de son matérialisme moniste. La lecture de Hobbes nous donne une autre clef. En effet Hobbes lui-même offrait à Diderot un moyen juridique de satisfaire à la fois les exigences du partisan du pouvoir absolu, et celles du défenseur des droits naturels, et ce moyen n'est autre que la *théorie des êtres moraux,* que Diderot a assimilée à sa manière (121). Hobbes n'est pas l'inventeur de cette théorie, « dont les origines remontent au droit romain », et qui « a joué un rôle important dans les institutions juridiques du Moyen Age ». Hobbes n'est pas non plus le seul écrivain politique du XVIIe et du XVIIIe siècle qui l'ait prise à son compte. On la trouve aussi bien exposée chez Pufendorf, par exemple (122). Mais Pufendorf, en cette matière, doit beaucoup à Hobbes ; il paraît donc juste de rattacher à la pensée de Hobbes, plutôt qu'à celle de Pufendorf, ce que Diderot a écrit sur ce sujet.

(117) AT, t. I, p. 74, note.

(118) Voir le résumé de la théorie de la souveraineté chez Hobbes dans R. DERATHÉ, *Rousseau,* pp. 308-320.

(119) HOBBES, *Eléments philosophiques,* première partie, p. 97.

(120) Sur la théorie des parties de la souveraineté, et sur la position de Hobbes à cet égard, voir R. DERATHÉ, *Rousseau,* pp. 280 et suivantes.

(121) Un très bon exposé sur « la notion de personnalité morale et la théorie des êtres moraux » a été fait par R. DERATHÉ, *Rousseau,* pp. 397-410.

(122) PUFENDORF, *Droit de la nature,* liv. I, chap. I, « De l'origine des êtres moraux et de leurs différentes sortes ».

Ce n'est pas ici le lieu d'exposer dans son intégralité la *théorie des êtres moraux,* et nous n'en retiendrons que les éléments susceptibles d'éclairer la pensée de Diderot. Hobbes distingue entre la multitude et la société. Dans la multitude, chaque individu, chaque personne physique a sa volonté propre, et on ne saurait concevoir que de la juxtaposition de ces volontés multiples naisse autre chose que le désordre et l'anarchie. De là, l'image de l'hydre à cent têtes que nous évoquions plus haut. En revanche, l'acte par lequel tous s'accordent à confier l'autorité à un souverain commun fait de la multitude un corps, une personne civile, dont la volonté est une. « En effet, écrit Hobbes, lorsque tous n'ont plus qu'*une seule volonté,* cette union doit être considérée comme une *seule personne,* qu'on désignera par un *seul nom* pour la distinguer de tous les particuliers qui la composent, car elle a ses droits et ses intérêts propres. Il en résulte qu'aucun citoyen, ni même l'ensemble des citoyens, à l'exception de celui dont la volonté devient celle de tous, ne doit être pris pour l'*Etat* lui-même. Pour définir l'*Etat,* nous dirons donc qu'il est *une personne unique,* dont la *volonté,* résultant des conventions mutuelles d'une pluralité d'hommes, doit être tenue pour la volonté d'eux tous, laquelle a le droit de se servir des forces et facultés de chacun d'eux pour assurer la paix et la défense communes (123). » Dans ces conditions, la personne civile n'existe que dans la mesure où le souverain – prince ou assemblée – la représente. Le souverain est une personne représentative, il est la véritable incarnation de l'Etat. Il devient proprement le peuple au sens politique du terme, cependant que la multitude des personnes physiques qui lui sont soumises reste multitude.

Diderot a bien retenu cette distinction entre personnes physiques et personne morale, et l'article *Cité,* en particulier, reprend fidèlement les deux parties essentielles de la théorie de Hobbes : les personnes physiques qui « ont résigné leurs volontés et leurs forces » n'ont plus de volonté ; la volonté générale est celle de l'« être moral public » que constitue la société ainsi formée, et que représente la « personne physique » du souverain (124).

Pourtant, il y a une grande différence entre la théorie des êtres moraux telle que l'avait conçue Hobbes, et l'interprétation qu'en a donnée Diderot. Pour Diderot en effet, l'identification de la personne morale souveraine et de la personne physique qui la représente est une identification de *fait,* mais non de *droit,* et cette restriction entraîne des conséquences très importantes. On le voit bien dans l'article *Citoyen.* Que signifie, en effet, le passage où Diderot examine, après Hobbes, les concepts de sujet et de citoyen ? « Hobbes, écrit-il, ne met aucune différence entre le *sujet* et le *citoyen* ; ce qui est vrai, en prenant le terme de *sujet* dans son acception stricte, et celui de *citoyen* dans son acception la plus étendue ; et en considérant que celui-ci est par rapport aux lois seules ce que l'autre est par rapport au souverain. Ils sont également commandés, mais l'un par un être moral, et l'autre par une personne physique (125). » M. Thielemann a bien vu que ce texte était essentiel pour comprendre les rapports qui existent entre la pensée politique de Hobbes et celle de Diderot. Mais il ne dit pas pourquoi (126). Or le texte de Diderot devient lumineux dès qu'on le situe dans le cadre de la théorie des êtres

(123) HOBBES, *De cive,* chap. V, par. 9, cité par R. DERATHÉ, *Rousseau,* p. 400.
(124) AT, t. XIV, p. 187.
(125) AT, t. XIV, p. 191.
(126) L.-J. THIELEMANN, *Thomas Hobbes dans l'« Encyclopédie »,* p. 338 : « Pour la politique de Hobbes, Diderot a les réserves de toute la pensée avancée de son siècle, qu'il a résumée en constatant sa prédilection pour le mot *citoyen* de préférence au mot *sujet.* Hobbes a eu tort de n'établir aucune distinction entre les deux. »

moraux. Alors que Hobbes ne reconnaît pas de personnalité morale souveraine qui ne soit incarnée dans un souverain individuel ou collectif, Diderot dissocie la personne morale souveraine de la personne du souverain individuel ou collectif ; il les sépare en droit, même si elles sont réunies en fait. Dans la monarchie, par exemple, ce sont les lois, et non le Prince, qui incarnent l'être moral de la société civile, et représentent la volonté générale. C'est donc d'abord à l'autorité des lois que chaque individu se soumet par le contrat social, et l'acte par lequel il résigne sa volonté et ses forces au profit de la personne morale publique fait de lui un citoyen. En *fait* le souverain est un, mais en *droit* il est double : il est un être moral public représentatif et en même temps une personne privée. Mais chacun des membres de la société civile est double lui aussi, sujet par rapport au Prince, citoyen par rapport à la volonté générale. Tous les textes que nous avons vus, et qui manifestent le souci de Diderot de sauvegarder le caractère absolu de la souveraineté, de soumettre parfaitement à l'autorité suprême les volontés et les forces des particuliers, ne se comprennent que traitant des rapports des citoyens et de la personne morale souveraine. Diderot donne, dans l'article *Citoyen,* un exemple simple, et clair, des conséquences qu'entraîne sa conception de la souveraineté. « Il y a, écrit-il, des occasions où [le citoyen] se trouve sur la même ligne, je ne dis pas avec ses concitoyens, mais avec l'être moral qui leur commande à tous. Cet être a deux caractères, l'un particulier et l'autre public : celui-ci ne doit point trouver de résistance ; l'autre peut en éprouver de la part des particuliers, et succomber même dans la contestation. Puisque cet être moral a des domaines, des engagements, des fermes, etc., il faut, pour ainsi dire, distinguer en lui le souverain et le sujet de la souveraineté. Il est dans ces occasions juge et partie (127). »

Diderot n'a garde d'indiquer comment, dans la pratique, le citoyen victime de la partialité du Prince fera valoir contre lui son droit. Là n'est pas, pour l'instant, la question ; il ne s'agit que de théorie et la théorie est cohérente. Elle fait, élégamment, la synthèse du hobbisme et de la théorie classique du droit naturel. Si l'on admet en effet que les citoyens résignent leur volonté et leurs forces au seul profit de cet *être de raison* qu'est la personne morale souveraine, il est exclu par la nature même de cet être, et par le caractère du pacte qui lui confère l'autorité, que le souverain puisse léser en quoi que ce soit les intérêts des individus, porter atteinte à leurs libertés, en un mot contrevenir au droit naturel. Mieux même, c'est son « glaive » qui permet aux hommes de jouir pleinement des droits naturels que l'anarchie de l'état de troupeau tendait à leur enlever : il leur rend paix, sécurité et liberté.

Cette idée, simple et grande à la fois – et parfaitement utopique –, que la personne morale souveraine est d'abord un être de raison et secondairement une « personne physique *despotique* », nous donne semble-t-il la clef de plusieurs textes dont nous n'avions qu'imparfaitement résolu les difficultés. Elle explique que Diderot a pu, sans se contredire, affirmer simultanément que la loi positive est la règle du juste et de l'injuste, et que la loi naturelle est l'autorité suprême en matière de morale. C'est que la loi positive n'est pas, dans sa pensée, l'expression de la volonté du Prince, mais *celle de la volonté générale de la société civile, représentée par la personne morale souveraine.* Elle est donc par sa définition même, au niveau du corps que constitue l'Etat, une loi juste et bonne. Et il ne peut en être autrement. Car, Diderot le postule dans l'article *Droit naturel,* la volonté générale est toujours bonne,

(127) AT, t. XIV, p. 193.

« elle n'a jamais trompé, elle ne trompera jamais (128) ». La conscience individuelle des citoyens n'a donc pas plus chez Diderot que chez Hobbes à juger si la loi est conforme ou non au droit naturel, et les Athéniens avaient tort d'engager les jeunes citoyens à examiner si les lois de la cité étaient sages (129).

Il est sans doute difficile d'être plus totalement hobbiste et en même temps plus éloigné de la pensée de Hobbes. On conçoit qu'aucun des contemporains de Diderot ne l'ait compris, à l'exception peut-être de Jean-Jacques Rousseau.

---

(128) AT, t. XIV, p. 299.

(129) Hobbes déclare dans les *Eléments philosophiques* (p. 94) que le souverain ne saurait tolérer aucune opinion, aucune doctrine, qui permette de désobéir « en conscience » aux lois de l'Etat.

ANNEXE VI

Corrections et additions

p. 17, n. 37, *ajouter* :
En fait il semble bien qu'une partie de *Coton* ait été rédigée par un certain Jore, habitant de Rouen (SCHWAB, t. II, p. 286).

p. 48, n. 10, *ajouter* :
Sur les origines de l'*Encyclopédie,* outre le livre de Franco Venturi sur *Le Origini dell' Encyclopedia in Inghilterra* (1954), voir le chapitre I de LOUGH 71, intitulé « Origins » (pp. 1-16). Sur l'histoire de la publication du dictionnaire, voir également le chapitre II du même livre, « The Struggle for Publication » (pp. 17-38).

p. 48, n. 13, *ajouter* :
Sur la question controversée du soutien accordé par Mme Geoffrin à l'*Encyclopédie,* voir LOUGH 70, pp. 90-95.

p. 49, n. 17, ligne 3 (« ne cite cependant par G.L. ROOSBROEK »), *lire* : ne cite cependant pas G.L. VAN ROOSBROEK.

p. 53, ligne 6 (« s'arrête au mot *Gythinnne* »), *lire* :
s'arrête au mot *Gythium.*

p. 56, n. 59, *ajouter* :
L'article *Ardoise* lui-même ne porte pas l'astérisque, mais il est clairement attribué à Diderot dans le *Discours préliminaire* de l'*Encyclopédie.*

p. 57, n. 65, *ajouter* :
Sur l'ensemble des rapports entre Luneau de Boisjermain et les libraires éditeurs de l'*Encyclopédie,* voir LOUGH 70, pp. 96-158.

p. 59, n. 74, *ajouter* :
Sur la question des souscripteurs, voir aussi LOUGH 70, pp. 57-60.

p. 62, n. 80, *ajouter* :
Sur les ouvrages, pamphlets et journaux français contemporains de l'*Encyclopédie* qui la critiquent ou la louent, voir LOUGH 68, pp. 252-423 et LOUGH 71, pp. 98-136. Un grand nombre d'extraits significatifs sont cités dans LOUGH 68.

p. 62, n. 81, *ajouter* :
Sur les différences textuelles entre la *Lettre* [...] *au R.P. Berthier,* de 1751, et l'article *Art* tel qu'on peut le lire dans l'*Encyclopédie* même, voir SCHWAB, t. I, pp. 204-206.

p. 92, ligne 22, « 6 octobre 1747 », *lire* :
16 octobre 1747.

p. 120, n. 17, *ajouter* :
Le dernier état de la question posée par les articles de Saint-Lambert est dans SCHWAB, t. I, pp. 206-213. L'auteur montre en particulier qu'il y a des variantes nombreuses et substantielles entre le texte de l'*Encyclopédie* et celui du sixième volume des *Œuvres* de Saint-Lambert.

p. 121, n. 25, dernière ligne : « l'article *Unitaire* », *lire* :
l'article *Unitaires*

p. 130, n. 68, *ajouter* :
Cf. R.N. Schwab, « The Diderot Problem, the Starred Articles and the Question of Attribution in the *Encyclopédie* », *Eighteenth Century Studies,* 1969, p. 399, n. 52, où ce cas est aussi discuté.

p. 131, n. 71, ligne 1 : « *Athée* (YVON), *Athéisme* (YVON) », *lire* :
Athées (YVON), *Athéisme* (YVON et FORMEY)

p. 135, ligne 14, *après* « pouvait avoir », *appeler une note* 82 bis :
(82 bis) L'article pourrait être de Boulanger (SCHWAB, t. III, p. 502).

p. 138, ligne 20, « chez Panckoucke en 1791 », *lire* :
chez Panckoucke de 1791 à 1797.

p. 138, n. 92, ligne 2, *supprimer* :
Fétichisme

p. 148, ligne 18, *après* « Diderot », *appeler une note* 128 bis :
(128 bis) Sur l'ensemble des informations fournies par Naigeon au sujet de la contribution de Diderot à l'*Encyclopédie,* voir la mise au point définitive de LOUGH 70, pp. 159-232 (« The Problem of the Unsigned Articles », déjà publié en 1965 dans le volume XXXII des *Studies on Voltaire and Eighteenth Century,* pp. 327-390).

p. 167, quatre lignes avant la fin, *après* « l'*Encyclopédie* », *appeler une note* 22 bis :
(22 bis) Cet article est anonyme.

p. 200, ligne 18 : « l'article *Batteur d'or* », *lire* :
l'article *Battre l'or*

p. 203, *contenu de la note 56 à remplacer par le texte suivant* :
L'article *Asple* n'est pas signé dans le tome I, mais l'article destiné à le remplacer, et inséré à la fin du tome II, porte bien l'astérisque de Diderot (voir SCHWAB, t. II, p. 87).

p. 217, n. 102, *ajouter* :
Pour des renseignements complémentaires sur les sources et la genèse de l'article *Acier*, voir R.N. Schwab, « The Diderot Problem », déjà cité, p. 269, n. 23.

p. 261, ligne 6, « *Androgyne* », *lire* :
Androgynes

p. 269, ligne 13, *après* « de Prades », *ajouter* :
et qui est marquée de l'astérisque,

p. 269, n. 79, ligne 2 « (marqué de l'astérisque) », *lire* :
(marquée de l'astérisque).

p. 280, n. 136, *ajouter* :
Sur les modifications apportées à ce supplément éditorial en cours d'impression, voir SCHWAB, t. I, pp. 132-133.

p. 283 et p. 284, *supprimer tout le développement, depuis* « L'article *Résurrection* » jusqu'à « l'objection de fait » [l'article *Résurrection* est en réalité anonyme ; l'article reproduit par Naigeon est *Ressusciter*].

p. 345, n. 24, *ajouter* :
John Lough a cependant émis l'hypothèse – vraisemblable – que l'idée de s'abriter derrière le *Traité des droits de la reine* a été suggérée après coup aux encyclopédistes par les remontrances du Parlement de Paris du 9 avril 1753, où se trouve en effet cité le passage du *Traité* reproduit dans l'*erratum* du t. III du dictionnaire (LOUGH 68, pp. 436-437).

p. 356, n. 78, *ajouter* :
Pour une étude exhaustive de l'article *Autorité politique* et de ses rapports avec *Autorité, pouvoir, puissance, empire,* voir LOUGH 68, pp. 424-462 et LOUGH 71, p. 285.

p. 432, n. 100, ligne 3, « CROTIUS », *lire* :
GROTIUS.

p. 462, n. 85, *ajouter* :
Sur les divergences, parfois sensibles, entre les différents états connus du texte de l'article de Quesnay, voir SCHWAB, t. I, pp. 139-144. La part prise éventuellement par Diderot ou d'Alembert dans ces modifications pose un problème qui ne peut être résolu ici.

p. 471, ligne 32, « l'article *Bonze* », *lire* :
l'article *Bonzes*

p. 481, ligne 32, « et aussi le bien », *lire* :
et aime le bien

p. 493, n. 267, *ajouter* :
Voir surtout SCHWAB, t. I, pp. 149-183.

p. 511, n. 3, *lire* :
KUWABARA

p. 514, dernière ligne, *après* « du dictionnaire », *appeler une note* 24 bis :
(24 bis) Sur les collaborateurs de l'*Encyclopédie* (première édition), le travail le plus complet et le plus sûr est maintenant celui de John Lough, *The Contributors to the Encyclopédie,* Londres, Grant & Cutler Ltd, 1973 (voir déjà LOUGH 71, pp. 39-57).

p. 515, n. 26 bis, *supprimer la dernière phrase et la remplacer par* :
La liste des collaborateurs de l'*Encyclopédie,* avec l'inventaire exhaustif de leurs contributions *identifiables,* se trouve dans SCHWAB, t. VI, pp. 7-252.

p. 515, n. 28, *ajouter* :
Sur la contribution de d'Alembert à l'*Encyclopédie,* voir LOUGH 68, pp. 230-251 ; John Pappas, *Voltaire et d'Alembert, Indiana University Humanities Series,* n° 50, 1962 ; Ronald Grimsley, *Jean d'Alembert (1717-1783),* Clarendon Press, Oxford, 1963, notamment les chapitres I à III.

p. 517, ligne 23, *après* « ENC, t. III », *ajouter* :
; signature A.

p. 518, ligne 26, *après* « ENC, t. I », *ajouter* :
; signature B.

p. 518, n. 43, *ajouter* :
Nous avons traité Buffon en collaborateur de l'*Encyclopédie* parce qu'il est désigné comme tel dans l'avertissement du tome II et parce qu'il n'a jamais, que nous sachions, décliné l'honneur qui lui était ainsi fait d'un patronage compromettant à certains égards. En réalité, aucun article de l'*Encyclopédie* ne porte sa signature. Il est pourtant « présent » dans le dictionnaire, par les nombreux emprunts faits à ses œuvres, notamment par Diderot. La question des rapports entre Buffon et l'*Encyclopédie* serait à reprendre.

p. 519, ligne 10, *après* « DAUBENTON », *lire* :
(Pierre)

p. 521, n. 54, *ajouter* :
Sur la contribution du baron d'Holbach à l'*Encyclopédie,* voir LOUGH 68, pp. 111-229.

p. 522, n. 55, *ajouter* :
Voir également R.N. Schwab, « The Extent of the Chevalier de Jaucourt's Contribution to Diderot's *Encyclopédie* », *Modern Language Notes,* 1957, pp. 507-508 ; LOUGH 70, pp. 25-70 ; Alan Freer, *Ricerche su l'Encyclopédie. Jaucourt e Thomson,* Pise, Editrice Libreria Goliardica, 1972 ; Madeleine F. Morris, *Le Chevalier de Jaucourt, un ami de la terre,* Genève, Droz, 1979.

p. 523, ligne 25, *ajouter* :
Il a signé également *Formier* dans ENC, t. XVII (articles « omis »).

p. 530, *après* *ACATALEPSIE, *ajouter* :
(supp. édit.)

p. 530, *après* *ACCOUCHEUSE, *ajouter* :
(supp. édit.)

p. 530, *après* *AFFECTION (physio.), *ajouter* :
. N 1791.

p. 530, *au lieu de* Agaric (hist. nat.), *lire* :
*AGARIC (hist. nat.) *et ajouter une note* 92 ter :
(92 ter) Le supplément éditorial est seul de Diderot. C'est la partie reproduite dans AT.

p. 530, *après* *AGE, *ajouter* :
(myth.)

p. 531, *après* *AIGLE (myth.), *AIR (myth.), *ALECTO, *AMENTHES, *lire* :
. N 1791.

p. 531, *après* *ALIMENTS, *ajouter* :
(supp. édit.)

p. 531, *au lieu de* *ARC DE TRIOMPHE, *lire* :
*ARCS DE TRIOMPHE

p. 531, *au lieu de* *AREOPAGE, *lire* :
Aréopage

p. 531, *après* *AURORE, *ajouter* :
(myth.)

p. 531, *après* *AVALER, *ajouter* :
(physio.)

p. 532, *au lieu de* *BENIN, *lire* :
Bénin

p. 532, *à la suite de* *BOIS DE VIE, *supprimer* N 1821 *et ajouter* :
*BOIS SACRES. N 1821.

p. 532, *après* *BUSTE, *CADAVRE, *CANICULE, *ajouter* :
(supp. édit.)

p. 532, *au lieu de* *CARTON (libr.), *lire* :
Carton (libr.)

p. 532, *à la suite de* *CEINTURE, *ajouter* :
*CEINTURE DE VIRGINITE DES MODERNES *et appeler note* 103 bis :
(103 bis) D'après SCHWAB, t. II, p. 196, seul le premier paragraphe de cet article est de Diderot. Le dernier est de Mallet, qui signe G.

p. 532, *après* *CENDRES, *ajouter* :
(hist. anc.)

p. 532, *après* *CERTITUDE, *ajouter* :
(log., mét., mor.)

p. 532, *après* *CHANGEMENT et *CHARIDOTES, *ajouter* :
. N 1791.

p. 533, *après* *COMEDIEN, *ajouter* :
(supp. édit.)

p. 533, *après* *CONJECTURE, *CONSERVATION, *CONTINENCE, *COQ (myth.), *FACE, *ajouter* :
. N 1791.

p. 533, *après* *CUBA, *appeler une note* 104 bis :
(104 bis) A la fin de *Cuba,* un passage cartonné qui ne figure naturellement pas dans AT a été retrouvé par R.N. Schwab (*The Diderot Problem...,* déjà cité, p. 432) : « Il y a un moyen fort simple de rendre les hommes très méchants ; c'est de multiplier la fréquence des infractions à force d'augmenter le nombre et l'étendue des devoirs. »

p. 533, *après* *DROIT NATUREL, *ajouter* :
(mor.)

p. 533, *après* *EMPREINTE, *ajouter* :
(gram.)

p. 533, *au lieu de* Epreuve (syn.), *lire* :
*EPREUVE (syn.)

p. 534, *après* *FANTOME, *HARMONIE, *HESITATION, *lire* :
. N 1791.

p. 534, *après* *FORDICIDIES, *lire* :
. N 1791, 1821.

p. 534, *contenu de la note 106 ter à remplacer par le texte suivant* : L'article dont il s'agit est de Saint-Lambert (LOUGH 70, p. 180 et SCHWAB, t. III, p. 426).

p. 535, *après* *HIERACITES, *IMAGINAIRE, *IMPARFAIT, *IMPARTIAL, *IMPERCEPTIBLE, *IMPERISSABLE, *INCOMPREHENSIBLE, *INCONSEQUENCE, *INCROYABLE, *INDECENT, *INDECIS, *INDISTINCT, *INSEPARABLE, *IRASCIBLE, *IRRELIGIEUX, *ISOLE, *lire* :
. N 1791.

p. 535, *au lieu de* Immobile, Immortalité, Invisible, Involontaire, *lire* :
IMMOBILE. N 1791., IMMORTALITE. N 1791., INVISIBLE. N 1791., INVOLONTAIRE. N 1791.

p. 536, *après* JOURNEE DE LA SAINT-BARTHELEMY, *lire* :
. N 1791.

p. 536, *au lieu de* Laideur, Législation, Malfaisant, Menace, Modification, Multitude, *lire* :
LAIDEUR. N 1791., LEGISLATION. N 1791., MALFAISANT. N 1791., MENACE. N 1791., MODIFICATION. N. 1791., MULTITUDE. N 1791.

p. 536, « LOCKE. N 1791, 1793 », *lire* :
LOCKE. N 1791, 1798.

p. 536, *après* Manstupration, *appeler note* 123 bis :
(123 bis) L'article est de Ménuret de Chambaud (LOUGH 68, p. 482).

p. 537, *au lieu de* Naître, *lire* :
NAITRE. N 1791.

p. 537, *au lieu de* Oindre, Perfectionner, *lire* :
OINDRE, N. 1791., PERFECTIONNER. N 1791.

p. 537, *après* Pacification, *appeler une note* 125 bis :
(125 bis) Sur le travail que Diderot, en sa qualité d'éditeur, a fait sur cet article écrit originellement par l'abbé Mallet, voir R.N. Schwab, « The Diderot Problem », déjà cité, p. 436 ; cf. *ibid.,* p. 437, pour un changement concomitant dans l'article *Pacifique.*

p. 538, *au lieu de* Produire, *lire* :
PRODUIRE. N 1791.

p. 538, *au lieu de* RESURRECTION (théol.). N 1791, *lire* :
Résurrection (théol.)

p. 551, ligne 35, *après* « 918 », *appeler une note* 137 bis :
(137 bis) Sur l'article *Japonais,* voir la savante étude de Shin-ichi Ichikawa, « Le Japon vu par Diderot. Autour de l'article *Philosophie des Japonais,* de Diderot », *Annales de littérature comparée de l'Université Waseda,* 1972, n° 8 (en japonais : toutes les sources proches et lointaines de l'article y sont détaillées et discutées et toutes les difficultés du texte, noms propres, faits de civilisation, etc., y sont élucidés ; la substance de ce travail est passée dans les notes du tome VII des *Œuvres complètes* de Diderot, édition Hermann, pp. 451-462).

p. 552, ligne 22, *après* « y renvoie » *appeler une note* 138 bis :
(138 bis) Arnold Ages a démontré dans un article intitulé « French Enlightenment and Rabbinic Tradition (*Analecta Romanica,* Heft 26, Frankfurt am Main, 1970), qu'à propos d'*Atriba* (sic) Diderot avait purement et simplement copié Bayle.

p. 553, ligne 34, *après* « potuit », *appeler une note* 143 bis :
(143 bis) Sur la Perse et l'*Encyclopédie,* voir Jeanne Chaybani, *Les Voyages en Perse et la pensée française au XVIIIe siècle,* Imprimerie du ministère de l'Information, Téhéran, 1971, pp. 277-295.

p. 558, ligne 7, *au lieu de* « condense beaucoup », *lire* :
ajoute beaucoup à

p. 586, n° 515, ligne 2, « l'industrie *de 1716* », *lire* :
l'industrie *de 1776.*

p. 589, n° 580, « GILLIPSIE », *lire* :
GILLISPIE

p. 591, n° 632, « KUBAWARA », *lire* :
KUWABARA

p. 591, n° 632, « TURUMI », *lire* :
TSURUMI

* * *

BIBLIOGRAPHIE (1)

SOURCES MANUSCRITES

Archives nationales

1. F 12, 554, et 649-651. Rapports des Inspecteurs des manufactures, 1715-1791.
2. F 17, 1198. Catalogue de la bibliothèque de Grimm.
3. T 319, 5. Séquestre de Grimm.

Bibliothèque de l'Arsenal

4. 2557. *Réflexions sur l'existence de l'âme et de Dieu*, et *Traité de la liberté*, 26 et 53 pages (cf. *Nouvelles libertés de penser*, Amsterdam, 1743).

Bibliothèque de l'Institut

5. 1064-1065. Recueil de planches gravées (accompagnées d'indications manuscrites) et de dessins à la main, se rapportant aux *Descriptions des arts et métiers*, faites ou approuvées par MM. de l'Académie royale des sciences, 1761-1777 (*sic*).
6. 2741. *Descriptions et perfection des arts et métiers, tome I. Des arts de construire les caractères, de graver les poinçons de lettres, de fondre les lettres, d'imprimer les lettres et de relier les livres*, 1704, in-fol., 424 ff.

Bibliothèque Mazarine

7. 1189, n° 3. *L'âme mortelle* (trad. du *Theophrastus redivivus*). 138 p.
8. 1191. *Dialogues sur l'âme*. 295 et 210 p.
9. 41774. Recueil factice de documents sur l'*Encyclopédie*.

Bibliothèque nationale

1) *Estampes*

10. Lh 32, in-fol.. Métier à faire des bas. Pièce provenant de la collection de l'abbé de Marolles.

2) *Imprimés*

11. Prêt 5. Registre des Livres prestés depuis et Compris l'année 1727 Jusqu'a present. Année 1747. 1 vol. in-4°.
12. Prêt 6. Registre des Livres prestés (...). Année 1748. 1 vol. in-4°.
13. Prêt 7. Registre des Livres prestés (...). Année 1750. 1 vol. in-4°.
14. Prêt 8. Registre des Livres prestés (...). Année 1752. 1 vol. in-4°.

(1) La présente bibliographie n'est ni critique, ni complète. Considérant le nombre d'articles et de livres qui ont été consacrés, ou qui ont touché à Diderot d'une part, à l'*Encyclopédie* d'autre part, nous l'avons volontairement bornée aux seuls documents, et aux seuls ouvrages, qui ont pu nous servir directement ou indirectement à écrire ce livre.

15. Prêt 9. Registre des Livres prestés. Renouvellé Le Premier Janvier 1770. 1 vol. in-4°.

3) *Manuscrits. Fonds français.*

16. 9157-9158. *Description et perfection des arts et métiers, tome I. Des arts de construire les caractères, de graver les poinçons de lettres, de fondre les lettres, d'imprimer les lettres et de relier les livres,* 1704. In-fol., 2 vol.

17. 9190-9194. Dictionnaire des synonymes de la langue française, par Condillac. 5 vol.

18. 14307. Mémoire concernant le commerce de la librairie en général et la police littéraire, par M. Denis Diderot. Juin 1767 (*sic*). 72 ff.

19. 16979-16984. Matériaux pour un dictionnaire des arts et des sciences, par Dom Antoine-Joseph Pernetty. In-fol., 6 vol. (table dans le t. VI).

20. 19093. Album de dessins et croquis, de Villard de Honnecourt, architecte du XIIIe siècle. 33 ff.

21. 22069, fol. 85 et suivants. Tome IX (1769-1777. Libraires et imprimeurs) de la collection Anisson-Duperron sur la librairie et l'imprimerie. Mémoires de Luneau de Boisjermain. 36 pièces, 433 ff.

22. 22072. Tome XII (1707-1750. Privilèges et permissions) de la collection Anisson-Duperron. A Mgr le Garde des Sceaux. Contre les prétentions des libraires de province. 12 pp. in-4°.

23. 22083. Tome XXIII (1609-1781. Inventaires et prisées) de la collection Anisson-Duperron. Placard du 20 avril 1741 sur les prisées (et autres documents sur les ventes de bibliothèques).

24. 22086. Tome XXVI (*Encyclopédie*) de la collection Anisson-Duperron. 21 pièces, 373 ff.

25. 22177. Ff. 255 et suivants, extrait des registres du Parlement, du 23 janvier 1759, avec le réquisitoire de l'Avocat du roi; ff. 273 et suivants, arrêt du Conseil du 8 mars 1759; ff. 324 et suivants, arrêt du Conseil du 21 juillet 1759 (*in* tome CXVII (1750-1760. Règlements de la librairie) de la collection Anisson-Duperron).

26. 22183. Tome CXXIII de la collection Anisson-Duperron. Ff. 1-82, copie des *Représentations et Observations en forme de Mémoire sur l'Etat ancien et actuel de la Librairie et particulièrement sur la propriété des Privilèges* (etc.), par Le Breton, 8 mars 1764, 149 p.

27. 22191. Tome CXXXI de la collection Anisson-Duperron (Correspondance de Malesherbes concernant les ouvrages parus durant son administration, 1759-1763). Mémoire des libraires sur la suspension de l'*Encyclopédie,* 1758. 8 p. in-4°.

4) *Manuscrits. Fonds français, nouvelles acquisitions.*

28. 1182. Documents sur *le Père de famille,* tirés des papiers de Malesherbes. In-4°, 42 ff.

29. 3345, ff. 115 et suivants. Documents sur l'*Encyclopédie* (suspension des deux premiers volumes, article *Constitution*, comptes des libraires, etc.), *in* tome II des papiers relatifs à l'administration de la librairie, provenant du cabinet de Lamoignon de Malesherbes.

30. 3348, ff. 120 et suivants. Lettre de David à Malesherbes du 9 août 1759, et autres documents sur les pourparlers de l'été 1759 entre les libraires associés et Malesherbes, in tome V des papiers relatifs à l'administration de la librairie.

31. 9216. Copie des mémoires de Mme de Vandeul. Tome XXV des papiers de Ginguené. 169 ff.

32. 13726. Ms. autographe de *la Religieuse,* 15 cahiers de 6 ff. (Cf. H. Dieckmann, *Inventaire,* pp. 12-13).

33. 13737. Œuvres dramatiques de Diderot. Tome VIII des volumes reliés du fonds Vandeul (Cf. H. Dieckmann, *Inventaire*, pp. 33-36).

34. 13739. *La Religieuse.* Tome X des volumes reliés du fonds Vandeul, 264 pages (Cf. H. Dieckmann, *Inventaire*, pp. 37-38).

35. 13740. *La Religieuse.* Tome X *bis* du fonds Vandeul, 472 pages (Cf. H. Dieckmann, *Inventaire,* pp. 38-41).

36. 13742. Synonymes français. Tome XII des volumes reliés du fonds Vandeul (Cf. H. Dieckmann, *Inventaire,* p. 43).

37. 13743. Synonymes français. Tome XIII des volumes reliés du fonds Vandeul (Cf. H. Dieckmann, *Inventaire*, pp. 43-45).

38. 13752. Diderot, mathématiques. Tome XXII des volumes reliés du fonds Vandeul (Cf. H. Dieckmann, *Inventaire*, pp. 54-55).

39. 13753. Diderot, polémiques et critiques. Tome XXIII des volumes reliés du fonds Vandeul (Cf. H. Dieckmann, *Inventaire*, pp. 55-59).

40. 13757. Diderot, mythologie. Tome XXVII des volumes reliés du fonds Vandeul (Cf. H. Dieckmann, *Inventaire*, p. 68).

41. 13765. Diderot, mélanges. Tome XXXV des volumes reliés du fonds Vandeul (Cf. H. Dieckmann, *Inventaire*, pp. 84-86).

42. 13771-13774. Diderot, *Encyclopédie*. Tomes XLI à XLIV des volumes reliés du fonds Vandeul (Cf. H. Dieckmann, *Inventaire*, pp. 98-100).

43. 13782. Diderot, mélanges. Premier volume, 298 pages (pp. 3-12, caractère du philosophe; pp. 23-71, prospectus de l'*Encyclopédie;* pp. 73-227, *De l'Encyclopédie;* pp. 269-289, *Des Jésuites;* pp. 291-298, article *Ame*, depuis « Ceux d'entre les physiciens », jusqu'à « ou qu'elle y était entièrement » (Cf. H. Dieckmann, *Inventaire*, pp. 111-112).

44. 24932, ff. 13 à 35. Ms. autographe de la *Lettre sur le commerce de la librairie* (Cf. H. Dieckmann, *Inventaire*, pp. 6-8).

45. 24932, fol. 76. Compte rendu du *Mémoire pour Abraham Chaumeix*, ms. autographe, 2 ff. (Cf. H. Dieckmann, *Inventaire*, p. 16).

46. 24932, fol. 78. Nomenclature des planches du *Recueil de figures et pièces du métier à bas*, ms. autographe, 14 ff. (Cf. H. Dieckmann, *Inventaire*, pp. 16-17).

47. 24932, fol. 121. Réflexions philosophiques et scientifiques, ms. autographe, 18 ff. simples et 2 doubles (Cf. H. Dieckmann, *Inventaire*, pp. 19-20).

48. 24932, fol. 145. Notes sur la physiologie, ms. autographe, 41 ff. (Cf. H. Dieckmann, *Inventaire*, p. 20).

49. 24933-24935. Articles d'histoire de la philosophie, tirés de l'*Encyclopédie*. Un vol. non numéroté et tomes XLV et XLVI du fonds Vandeul (Cf. H. Dieckmann, *Inventaire*, pp. 100-101).

50. 24937. Morceaux détachés (manuscrits) appartenant au fonds Vandeul; n° 18, Discours sur l'animal, tiré de l'*Encyclopédie*, 10 p. in-fol. (Cf. H. Dieckmann, *Inventaire*, p. 120).

51. 24937, n° 26, *Encyclopédie*, définitions diverses (Cf. H. Dieckmann, *Inventaire*, p. 121).

52. 24938. Morceaux détachés (manuscrits) appartenant au fonds Vandeul; n° 49, Lettres de M. Gerbier à M. Diderot, 5 ff. (H. Dieckmann, *Inventaire*, p. 130).

53. 24938, n° 50. Lettre historique et politique adressée à un magistrat, sur la librairie, 126 pages (Cf. H. Dieckmann, *Inventaire*, p. 131).

54. 24939. Morceaux détachés (manuscrits) appartenant au fonds Vandeul; n° 66 et n° 67, philosophies de Platon et de Socrate (Cf. H. Dieckmann, *Inventaire*, pp. 141-142).

55. 24939, n° 70. Du poète Sadi, 9 pages (Cf. H. Dieckmann, *Inventaire*, p. 142).

56. 24939, n° 72. Préface-Annexe de *la Religieuse*, 16 ff. (Cf. H. Dieckmann, *Inventaire*, pp. 142-143).

Bibliothèque Saltykov-Chtchédrine (Leningrad).

57. Tome XII des mss. de Diderot. Articles d'histoire de la philosophie, de *Mosaïque* à *Zend-Avesta*. In-4°, 450 ff. (2).

Cercle de la librairie.

58. 4 *bis*. Quinze pièces du procès Luneau de Boisjermain, dont des lettres de souscripteurs mécontents.

---

(2) Nous avons consulté ces manuscrits sur microfilms au Département des Manuscrits de la Bibliothèque Nationale à Paris.

SOURCES IMPRIMEES

I. — *Livres et articles.*

59. Alembert (Jean Le Rond d'). *Mélanges de littérature, d'histoire et de philosophie,* Amsterdam, Z. Châtelain, 1763, in-12, 4 vol.

60. — . *Sur la destruction des Jésuites en France,* in *Œuvres,* Paris, Belin, 1821, t. II, première partie, pp. 11-118.

61. Alsted (Johann Heinrich, dit Alstedius). *Encyclopedia,* Herbornae Nassoviorum, 1630, in-fol., 2 vol.

62. Anquetil du Perron (Abraham-Hyacinthe). *Relation abrégée du voyage que M. Anquetil Du Perron a fait dans l'Inde pour la recherche et la traduction des ouvrages attribués à Zoroastre. Suite du voyage de M. Anquetil Du Perron. Liste des manuscrits (...) déposés à la Bibliothèque du roi le 15 mars 1762,* Paris, M. Lambert, 1762, in-4°, 2 vol. (Extraits du *Journal des savants,* juin et juillet 1762. L'extrait de juillet, 27 pages, est traduit et légèrement abrégé dans *The Annual Register,* vol. V, 1762, part II, pp. 110 a - 127 b).

63. Argenson (René-Louis de Voyer, marquis d'). *Mémoires et journal,* Paris, Renouard, 1859-1867, in-8°, 9 vol.

64. Astruc (Dr Jean). *Dissertation sur l'immatérialité et l'immortalité de l'âme. Dissertation sur la liberté,* Paris, Vve Cavelier et fils, 1755, in-12.

65. Babeuf (Gracchus). *Textes choisis,* p.p. G. et C. Willard, Paris, Editions sociales, 1950, in-8°, 97 pages.

66. Bachaumont (Louis Petit de). *Mémoires secrets pour servir à l'histoire de la république des lettres en France, depuis 1762 jusqu'à nos jours,* Londres, J. Adamson, 1777-1789, 36 tomes en 31 vol. in-12 (*Table,* Bruxelles, 1866).

67. Bacon (Francis). *The Works,* Londres, A. Millar, 1740, 4 vol. in-fol.

68. Banier (abbé Antoine). *Explication historique des fables, où l'on découvre leur origine et leur conformité avec l'histoire ancienne,* 2e édition, Paris, Le Breton, 1715, in-12, 3 vol.

69. Barba (Alvaro Alonso). *Traité de l'art métallique, extrait des œuvres d'Alvare-Alphonse Barba, auquel on a joint un mémoire concernant les mines de France, ouvrage enrichi de figures en tailles-douces,* Paris, Sangrain père, 1730, in-12, XX-264 pages (réédité en 1751 par Lenglet-Dufresnoy en deux vol. in-12).

70. Barbier (Edmond-Jean-François). *Chronique de la Régence et du règne de Louis XV, 1718-1763,* Paris, Charpentier, 1857, in-18, 8 vol.

71. Barnave (Antoine-Pierre-Joseph-Marie). *Œuvres,* p.p. Bérenger de la Drôme, Paris, J. Chapelle et Guiller, 1843, in-8°, 2 vol.

72. Barruel (abbé Augustin). *Abrégé des mémoires pour servir à l'histoire du jacobinisme,* Londres, P. Le Boussonnier, 1798, in-8°, 456-XV pages.

73. Basnage (Jacques). *Histoire des Juifs depuis Jésus-Christ jusqu'à présent,* La Haye, H. Scheurleer, 1716, 15 vol. in-12.

74. Baumgarten (Alexandre Théophile). *Metaphysica,* Halae Magdeburgicae, Hemmerde, 1757, in-12.

75. Bayle (Pierre). *Dictionnaire historique et critique.* Rotterdam, R. Leers, 1697, 2 tomes en 4 vol. in-fol.

76. — . *Nouvelles de la République des lettres, mars 1684 - février 1687,* Amsterdam, 1684-1687, 7 vol. in-12.

77. Bilfinger (Georg Bernhard). *Dilucidationes philosophicae de Deo, anima humana, mundo et generalibus rerum affectionibus,* 2e éd., Tubingae, sumptibus J.-G. Cottae, 1740, in-4°, IV-771 pages.

78. Blondel (Pierre-Jacques). *Mémoire sur les vexations qu'exercent les libraires et imprimeurs de Paris,* S.l.n.d. (1725), in-fol., 16 pages.

79. Boffrand. *Description de ce qui a été pratiqué pour fondre en bronze d'un seul jet la figure équestre de Louis XIV,* Paris, G. Cavelier, 1743, in-fol., VIII-64 pages et 19 pl.

80. Boileau (Etienne). *Règlements sur les arts et métiers de Paris, rédigés au XIIIe siècle et connus sous le nom de Livre des métiers,* p.p. G.B. Depping, Paris, Imp. de Crapelet, 1837, in-4°, LXXXVI-474 pages.

81. Bonafons (L.-Abel de, abbé de Fontenay). *Antilogie et fragments philosophiques, ou Collection des morceaux les plus curieux et les plus intéressants sur la religion, la philosophie, les sciences et les arts, extraits des écrits de la philosophie moderne*, Amsterdam, et Paris, Vincent, 1774-1775, in-12, 4 vol.

82. Bonhomme (Père). *L'éloge de l'*Encyclopédie *et des encyclopédistes*, La Haye, 1759, in-8°, 177 pages.

83. — . *Réflexions d'un Franciscain sur les trois volumes de l'*Encyclopédie *avec une lettre préliminaire aux éditeurs*, Berlin, 1754, in-8°, XIV-192 pages.

84. Bonneval (René de). *Les éléments de l'éducation*, Paris, Prault père, 1743, in-8°, 104 pages.

85. Boulainvilliers (Henri de). *Etat de la France (...) extrait des mémoires dressés par les intendants du royaume*, Londres, Wood et Palmer, 2e éd. 1737, in-12, 6 vol.

86. Boureau-Deslandes (André-François). *Histoire critique de la philosophie, où l'on traite de son origine, de ses progrès et des diverses révolutions qui lui sont arrivées jusqu'à notre temps*, Amsterdam, F. Changuion, 1737, in-12, 3 vol.

87. — . *Recueil de différents traités de physique*, Paris, E. Ganeau, 1736, in-12, II-272 pages.

88. Brucker (Jacob). *Historia critica philosophiae a mundi incunabulis ad nostram usque aetatem deducta*, Lipsiae, Breitkopf, 1742-1744, 4 tomes en 5 vol. in-4°.

89. — . *Historia philosophica doctrinae de ideis*, Augustae Vindelicorum, ap. D.-R. Mertz et J.-J. Meyer, 1723, in-8°, 302 pages.

90. — . *Institutiones historiae philosophicae*, Lipsiae, Breitkopf, 1747, in-8°, 730 pages.

91. Buffier (Père Claude, S.J.). *Cours de sciences sur des principes nouveaux et simples; pour former le langage, l'esprit et le cœur, dans l'usage ordinaire de la vie*, Paris, G. Cavelier et P.-F. Giffart, 1732, in-fol., XXIII-1560 col.

92. — . *Les principes du raisonnement exposés en deux Logiques nouvelles avec des remarques sur les Logiques qui ont eu le plus de réputation de notre temps*, Paris, Witte, 1714, 30 pages non numérotées et 526 p., plus un index, in-12.

93. — . *Traité de la société civile, et du moyen de se rendre heureux*, Paris, P.-F. Giffart, 1726, in-12, 272 et 201 pages.

94. Buffon (Georges-Louis Leclerc, comte de). *Histoire naturelle, générale et particulière*, Paris, Imprimerie royale, 1749-1788, in-4°, 36 vol.

95. Burlamaqui (Jean-Jacques). *Principes du droit naturel*, Genève, et Copenhague, Cl. et Ant. Philibert, 1762, in-4°, XV-192 pages.

96. — . *Principes du droit politique*, Genève, et Copenhague, Cl. et Ant. Philibert, 1763, in-4°, IV-216 pages.

97. Burnet (Thomas). *Telluris theoria sacra, originem et mutationes generales orbis nostri, quas aut jam subiit, aut olim subiturus est, complectus*, Amsterdam, J. Wolters, 1694, in-4°, 474 pages.

98. Calmet (Dom Augustin). *Dictionnaire historique, critique, chronologique, géographique et littéral de la Bible*, Paris, Emery, 1720-1721, in-fol., 4 vol.

99. Cantillon (Richard). *Essai sur la nature du commerce en général*, Paris, I.N.E.D., 1952, in-8°, LXXIII-192 pages.

100. Caron (Claude). *Traité des bois servant à tous usages, contenant les ordonnances du roi, touchant les règlements des bois* (etc.), Paris, chez l'auteur, 1676, in-8°, 2 vol., pl.

101. Castel (Père Louis-Bertrand). *Esprit, saillies et singularités du P. Castel*, Amsterdam, et Paris, Vincent, 1763, in-12, XXXVI-393 pages.

102. — . *L'homme moral opposé à l'homme physique de M. Rousseau*, Toulouse, 1756, in-12, 257 pages.

103. Caveirac (abbé Jean Novi de). *Apologie de Louis XIV et de son conseil sur la Révocation de l'Edit de Nantes*, S.l., 1758, in-8°, VI-565-LXIII pages.

104. Chabrit (Pierre). *De la monarchie française ou de ses lois*, Bouillon, Société typographique, 1783-1785, 2 tomes en 1 vol. in-8°.

105. Chambers (Ephraïm). *Cyclopaedia: or an universal dictionary of arts and sciences*, 5° éd., Dublin, 1742, in-fol., 2 vol.

106. *Chansonnier historique du XVIII° siècle*, p.p. Emile Raunié, Paris, Quantin, 1879-1884, 10 vol. in-12 (chansons sur Diderot et l'*Encyclopédie* dans les tomes VII à X).

107. Chaudon (Dom Louis Mayeul). *Dictionnaire antiphilosophique*, Avignon, Vve Girard et F. Seguin, 1767, in-8°, XX-451 pages.

108. Chaumeix (Abraham-Joseph de). *La petite Encyclopédie*, Anvers, J. Gasbeck, s.d., in-8°, VIII-136 pages.

109. — . *Les philosophes aux abois*, Bruxelles, et Paris, Vve Lamesle, 1760, in-8°, 16 pages.

110. — . *Préjugés légitimes contre l'*Encyclopédie *et essai de réfutation de ce dictionnaire*, Bruxelles, et Paris, Hérissant, 1758-1759, 8 vol., in-12.

111. Chomel (Noël). *Dictionnaire économique contenant divers moyens d'augmenter son bien et de conserver sa santé*, 4° éd., Commercy, Henri Thomas, 1741, in-fol., 4 vol. dont 2 de suppl.

112. Clarke (Samuel). *A Discourse concerning the Being and attributes of God, the obligations of natural religion, and the truth and certainty of the christian revelation*, 7° éd., Londres, J. et J. Knapton, 1728, in-8°, 2 pages non numérotées et 502 pages.

113. Colbert (Jean-Baptiste). *Lettres, instructions et mémoires*, p.p. Pierre Clément, Paris, Imprimerie impériale, 1863, 8 tomes en 10 vol. in-4°.

114. Collet (abbé Pierre). *Abrégé du Dictionnaire des cas de conscience de M. Pontas*, Paris, Libraires associés, 1764, 2 vol. in-4°.

115. Collins. *Paradoxes métaphysiques sur le principe des actions humaines ou Dissertation philosophique sur la liberté de l'homme*, Eleutheropolis, 1754, in-12, 16-IX-233 pages (trad. de *A philosophical Inquiry concerning human liberty*, paru en 1717).

116. Condillac (Etienne Bonnot de). *Œuvres philosophiques*, in *Corpus général des philosophes français*, Paris, P.U.F., 1947-1951, 3 vol. in-4°, tome I.

117. *Conseil de commerce et Bureau du commerce (1700-1791). Inventaire analytique des procès-verbaux*, par P. Bonnassieux, Paris, Imprimerie nationale, 1900, in-4°, LXXII-699 pages.

118. *Le contre-poison des feuilles, ou Lettre à M. de ***, retiré à ***, sur le sieur Fréron*, par Dujardin, Sellius et La Morlière, 1754, in-12.

119. Corneille (Thomas). *Le Dictionnaire des arts et des sciences*, nouvelle édition revue, corrigée et augmentée par Fontenelle, Paris, Rollin père, 1732, in-fol., 2 vol.

120. Coyer (abbé Gabriel-François). *La noblesse commerçante*, Londres, et Paris, Duchesne, 1756, in-12, 215 pages.

121. Crillon (abbé Louis-Athanase Des Balbes de Berton de). *Mémoires philosophiques du baron de ****, Vienne, et Paris, Berton, 1777-1778, in-8°, 2 vol.

122. Cudworth (Ralph). *The true intellectual system of the universe wherein all the reason and philosophy of atheism is confuted*, Andover, Gould and Newman, 1838, in-8°, 2 vol.

123. Daschkoff (Princesse Ekaterina Romanovna). *Mémoires*, p.p. Mrs. W. Bradfort, trad. p. A. des Essarts, Paris, Franck, 1859, 4 tomes en 2 vol. in-18.

124. *De l'éducation publique*, Amsterdam, 1763, in-12, XX-152 pages.

125. Deleyre (Alexandre). *Analyse de la philosophie du chancelier François Bacon*, Leyde, 1756, 2 vol. in-12.

126. Descartes (René). *Œuvres choisies*, Paris, Garnier, 1876, in-8°, XII-438 pages.

127. Deschamps (Dom). *Le vrai système ou le mot de l'énigme métaphysique et morale*, p.p. J. Thomas et F. Venturi, Paris, Droz, 1939, in-8°, 217 pages.

128. *Descriptions des arts et métiers, faites et approuvées par Messieurs de l'Académie royale des sciences avec figures*, Paris, 1761-1789, 76 volumes in-fol.

129. *Dictionnaire universel français et latin, vulgairement appelé Dictionnaire de Trévoux*, nouvelle édition, Paris, Libraires associés, 1771, in-fol., 8 vol.

130. DIDEROT (Denis). *Apologie de l'abbé Galiani*, La Pensée, mai-juin 1954, pp. 12-35.

131. — . *Collection complète des œuvres philosophiques, littéraires et dramatiques de M. Diderot*, Londres (Amsterdam), 1773, in-8°, 5 vol.

132. — . *Correspondance*, p.p. Georges Roth, Paris, « Les éditions de minuit », in-8°, 6 vol. parus en 1961.

133. — . *Correspondance inédite*, p.p. A. Babelon, Paris, Gallimard, 1931, in-8°, 2 vol.

134. — . *De l'interprétation de la nature. Articles de l'*Encyclopédie *(sept premiers tomes)*, p.p. Jean Varloot, Paris, Editions sociales, 1953, in-16, 168 pages (nous nous référons à l'*Interprétation* sous le titre plus connu de *Pensées sur l'interprétation de la nature*).

135. — . *L'histoire et le secret de la peinture en cire*, S.l.n.d. (1755), in-12, 103 pages.

136. — . *Histoire générale des dogmes et opinions philosophiques depuis les plus anciens temps jusqu'à nos jours. Tirée du Dictionnaire encyclopédique des arts et des sciences*, Londres (Bouillon), 1769, in-8°, 3 vol.

137. — . *Lettre sur le commerce de la librairie*, p.p. M.-G. Guiffrey, Paris, Hachette, 1861, in-8°, IV-82 pages.

138. — . *Lettre sur le commerce de la librairie*, commentée par Bernard Grasset, Paris, Grasset, 1937, in-8°, 171 pages.

139. — . *Lettre sur les aveugles*, p.p. R. Niklaus, Genève, Droz, et Lille, Giard, 1951, in-8°, LXVIII-124 pages.

140. — . *Lettres à Sophie Volland*, p.p. A. Babelon, Paris, Gallimard, 8e éd., 1938, in-8°, 2 vol.

141. — . *Mémoires, correspondance et ouvrages inédits de Diderot*, Paris, Paulin, 1830-1831, in-8°, 4 vol.

142. — . *Le Neveu de Rameau*, p.p. Jean Fabre, Genève, Droz, et Lille, Giard, 1950, in-8°, XCV-329 pages.

143. — . *Le Neveu de Rameau*, p.p. H. Dieckmann, Paris, « Club du meilleur livre », 1957, in-8°, XLVIII-272 pages.

144. — . *Œuvres*, p.p. J.-A. Naigeon, Paris, Desroy, Déterville, 1798, in-8°, 15 vol.

145. — . *Œuvres*, Paris, J.-L.-J. Brière, 1821-1823, in-8°, 20 vol. et un supplément.

146. — . *Œuvres*, tr. russe, Moscou, 1935-1947, in-8°, 10 vol.

147. — . *Œuvres*, p.p. André Billy, Paris, Gallimard, « Bibliothèque de la Pléiade », 1951, in-8°, 1470 pages.

148. — . *Œuvres complètes*, Paris, Belin, 1818-1819, in-8°, 8 vol.

149. — . *Œuvres complètes*, p.p. J. Assézat et M. Tourneux, Paris, Garnier, 1875-1877, in-8°, 20 vol.

150. — . *Œuvres esthétiques*, p.p. P. Vernière, Paris, Garnier, 1959, in-12, XXVIII-845 pages, pl.

151. — . *Œuvres philosophiques de M. D...*, Amsterdam, M.-M. Rey, 1772, in-8°, 6 vol.

152. — . *Œuvres philosophiques*, p.p. P. Vernière, Paris, Garnier, 1956, in-8°, XXVIII-647 pages.

153. — . *Œuvres philosophiques et dramatiques de M. Diderot*, Amsterdam, 1772, 6 vol. in-12.

154. — . *Pensées philosophiques*, éd. critique avec introduction, notes et bibliographie par R. Niklaus, Genève, Droz, et Lille, Giard, 1950, in-8°, XXVI-68 pages.

155. — . *Pensées philosophiques. Lettre sur les aveugles. Suite de l'Apologie de l'abbé de Prades*, p.p. Jean Varloot, Paris, Editions sociales, 1952, in-16, 126 pages.

156. — . *Le Père de famille, avec une épître dédicatoire à la princesse de Nassau-Sarrebruck*, Amsterdam, 1758, 2 parties en 1 vol. in-8°.

157. — . *Plan d'un opéra-comique*, p.p. Yves Benot, Europe, n° 111, mars 1955, pp. 9-29.

158. — . *Le Rêve de d'Alembert, Entretien entre d'Alembert et Diderot et Suite de l'Entretien*, p.p. Paul Vernière, Paris, Didier, 1951, LXIX-166 pages.

159. — . *Les Salons*, textes choisis, p.p. Roland Desné, Paris, Editions sociales, 1955, in-16, 141 pages.

160. — . *Supplément au voyage de Bougainville*, p.p. H. Dieckmann, Genève, Droz, et Lille, Giard, 1955, in-12, CLV-86 pages.

161. — . *Textes politiques*, p.p. Yves Benot, Paris, Editions sociales, 1960, in-16, 214 pages.

162. Diderot (Denis), d'Alembert, de Jaucourt. *Synonymes français*, Paris, Favre, 1801, in-12, XII-432 pages.

163. Diderot (Denis) et Falconet (Etienne-Maurice). *Le Pour et le Contre. Correspondance polémique sur le respect de la postérité, Pline et les anciens auteurs qui ont parlé de peinture et de sculpture*, p.p. Yves Benot, Paris, « Les éditeurs français réunis », 1958, in-8°, 385 pages.

164. Dufour (abbé). *L'âme ou le système des matérialistes, soumis aux seules lumières de la raison*, Avignon, J. Jouve et J. Challiol, 1759, in-12, VII-296 pages.

165. Duhamel du Monceau (Henri-Louis). *Art du charbonnier*, Paris, Desaint et Saillant, 1761, 2 parties en 1 vol. in-fol., pl. gravée.

166. — . *Traité de la fabrique des manœuvres pour les vaisseaux, ou l'Art de la corderie perfectionnée*, Paris, Imprimerie royale, 1747-1769, 2 vol. in-4°.

167. Dutot. *Réflexions politiques sur les finances et le commerce*, La Haye, frères Vaillant et N. Prevost, 1738, in-12, 2 vol.

168. Dyche (Thomas). *Nouveau dictionnaire universel des arts et des sciences*, Avignon, Vve F. Girard, 1756, 2 vol. in-4° (trad. du P. Pézenas).

169. *Encyclopédie, ou dictionnaire raisonné des sciences, des arts et des métiers, par une société de gens de lettres*, Paris, Libraires associés, 1751-1765, pet. in-fol., 17 volumes.

170. *Encyclopédie*, 2e éd., p.p. O. Diodati, Lucques, 1758-1768, 16 vol. in-fol. (Tomes I à XII : A-Pol; tomes I à IV, Planches).

171. *Encyclopédie*, Genève, Pellet, 1777-1779, in-4°, 45 volumes.

172. Epinay (L.-F.-P. Tardieu d'Esclavelles, marquise d'). *Mémoires*, p.p. Paul Boiteau, Paris, Charpentier, 1865, 2 vol. in-8°.

173. — . *Les pseudo-mémoires de Mme d'Epinay. Histoire de Mme de Montbrillant*, p.p. Georges Roth, Paris, Gallimard, 1951, 3 vol. in-8°.

174. Estève (Pierre). *L'origine de l'univers expliqué par un principe de la matière*, Berlin, 1748, in-12, X-246 pages.

175. *Extraits des assertions dangereuses et pernicieuses en tout genre, que les soi-disant* Jésuites *ont, dans tous les temps et persévéramment, soutenues, enseignées et publiées dans leurs livres, avec leurs supérieurs et généraux*, Paris, Simon, 1762, in-4°, VIII-542 pages.

176. Falconet (Etienne-Maurice) et Catherine II. *Correspondance*, Paris, Champion, 1921, XLIV-274 pages.

177. Fénelon (François de Salignac de La Mothe). *Démonstration de l'existence de Dieu, tirée de la connaissance de la nature*, Paris, Hachette, 1872, in-8°, XLI-202 pages.

178. Fenouillot de Falbaire (Charles-Georges de Quingey). *Avis aux gens de lettres*, Liège, 1770, in-8°, 46 pages.

179. Fleury (abbé Claude). *Histoire ecclésiastique*, Paris, P.-J. Mariette, 1691-1738, 36 vol. in-4°.

180. — . *Institution du droit ecclésiastique de France, composée par feu Me Charles Bonel*, Paris, G. Clouzier, 1677, in-12, XXIV-453 pages.

181. Fontenelle (Bernard Le Bouyer de). *De l'origine des fables*, p.p. J.-R. Carré, Paris, Alcan, 1932, in-8°, 103 pages.

182. — . *Eloge de Leibniz*, Histoire et mémoires de l'Académie, 1716, première partie, pp. 94-128.

183. — . *Eloge de Malebranche*, in *Œuvres*, Amsterdam, 1754, t. V, pp. 427 et suivantes.

184. — . *Histoire des oracles*, Paris, M. Brunet, 1713, in-12, 324 pages.

185. — . *Histoire des oracles*, p.p. Louis Maigron, Paris, E. Cornély, 1908, in-16, X-220 pages.

186. — . *Traité de la liberté*, in *Nouvelles libertés de penser*, Amsterdam, 1743, in-12, 204 pages, pp. 111-151.

187. Forbonnais (François Véron Duverger de). *Eléments du commerce*, Leyde, et Paris, Libraires associés, 1754, in-12, 2 vol.

188. — . *Recherches et considérations sur les finances de France depuis 1595 jusqu'en 1721*, Bâle, 1758, in-4°, 2 vol.

189. Formey (Samuel). *Considérations sur l'*Encyclopédie *en tant que faisable, faite ou encore à faire*, Nouveaux mémoires de l'Académie royale des sciences et des belles-lettres, Berlin, 1770, I, pp. 51-56.

190. — . *Histoire abrégée de la philosophie*, Amsterdam, J.-H. Schneider, 1760, in-12, VIII-320 pages.

191. Fougeret de Monbron (Louis-Charles). *Le cosmopolite ou le citoyen du monde*, Londres, 1753, in-8°, 165 pages.

192. Fougeroux de Bondaroy (Auguste-Denis). *Art de tirer des carrières la pierre d'ardoise*, Paris, Saillant et Nyon, 1761, in-fol., 166 pages, pl.

193. Fruchet et Geoffroy. *Réflexions d'un Franciscain, avec une lettre préliminaire adressée à M... auteur en partie du Dictionnaire encyclopédique*, s.l., 1752, in-12, X-60 pages.

194. Furetière (Antoine). *Dictionnaire universel*, augm. p. Basnage de Beauval et revu p. Brutel de La Rivière, La Haye, 1727, in-fol., 4 vol.

195. Gauchat (abbé Gabriel). *Lettres critiques, ou analyse et réfutation de divers écrits modernes contre la religion*, Paris, Cl. Hérissant, 1755-1763, in-12, 19 vol.

196. Geoffroy (Etienne-François). *Traité de la matière médicale, ou de l'histoire, des vertus, du choix et de l'usage des remèdes simples*, Paris, J. Desaint et C. Saillant, 1743, in-12, 7 vol.

197. Geoffroy (Julien-Louis). *Cours de littérature dramatique, ou Recueil par ordre de matières des feuilletons de Geoffroy*, Paris, P. Blanchard, 1819-1820, in-8°, 5 vol.

198. Girard (abbé Gabriel). *Synonymes français*, 3e éd., Paris, Vve d'Houry, 1741, in-12, XXIV-495 pages.

199. — . *Synonymes français*, éd. augmentée par Beauzée, Paris, Le Breton, 1769, 2 vol. in-12.

200. Gordon (Thomas). *The independant Whig: or, a defence of primitive Christianity and of our ecclesiastical establishment, against the exorbitant claims and encroachments of fanatical and disaffected clergymen*, Londres, 1735, in-12, 3 vol.

201. Goudar (Ange). *Les intérêts de la France mal entendus, dans les branches de l'agriculture, de la population, des finances, du commerce, de la marine, et de l'industrie*, Amsterdam, Jacques Cœur, 1756, in-12, 3 vol.

202. Grimm (Friedrich Melchior). *Lettres à Catherine II*, p.p. J. Groot, Sbornik Imperial. Rouss. Istoritch. Obcht., t. XXXIII, 1881, t. XLIV, 1885.

203. — . *Nouveaux mémoires secrets et inédits du baron de Grimm*, Paris, Lerouge-Wolf, 1834, in-8°, 2 vol.

204. Grotius (Hugues). *Le droit de la guerre et de la paix*, p.p. Jean Barbeyrac, Bâle, E. Thourneisen, 1746, in-4°, 2 vol.

205. Grouber de Groubentall de Linière (Marc-Ferdinand). *L'Anti-Moine ou Considérations politiques sur les moyens et la nécessité d'abolir les ordres monastiques en France*, Paris, « Les marchands de nouveauté », 1790, in-8°, 76 pages.

206. Guyon (abbé Claude-Marie). *L'oracle des nouveaux philosophes*, Berne, 1759, in-8°, XVI-326 pages.

207. Harris (John). *Lexicum technicum, or an universal English dictionary of arts and sciences, explaining not only the terms of art, but the arts themselves*, Londres, 1704-1710, in-fol., 2 vol. (un supplément fut publié en 1744).

208. Heinecke (Johann Gottlieb). *Elementa juris naturae et gentium, commoda auditoribus methodo adornata*, 3e éd., Genève, Cramer, 1744, in-4°, XX-331 pages.

209. Helvétius (Claude-Adrien). *De l'Esprit*, Paris, Librairie de la Bibliothèque nationale, 1880, in-12, 4 vol.

210. — . *De l'Esprit*, p.p. Guy Besse, Paris, Editions sociales, 1959, in-16, 190 pages (choix de textes d'après l'édition Didot, Paris, 1795).

211. Herbelot (Barthélemy d'H. de Molainville). *Bibliothèque orientale*, Paris, Compagnie des libraires, 1697, in-fol., pièces liminaires et 1 060 pages.

212. Héricourt (Louis d'). *Œuvres posthumes*, Paris, Desaint et Saillant, 1759, in-4°, 4 vol.

213. *Histoire et mémoires de l'Académie des sciences*, 2 vol. de 1666 à 1699, 9 vol. intitulés *Mémoires de l'Académie royale des sciences*, tomes III à XI, *Histoire de l'Académie*, 1 vol. par an de 1699 à 1790, pub. à partir de 1702 (tables, cf. Rozier).

214. Hobbes (Thomas). *Eléments philosophiques du citoyen. Traité politique, où les fondements de la société civile sont découverts*, Amsterdam, Jean Blaeu, 1649, in-12, 51 pages non numérotées, 246 et 144 pages, plus 16 pages non numérotées.

215. Huebner (Martin). *Essai sur l'histoire du droit naturel*, Londres, 1757-1758, 2 vol. in-8°.

216. Huel (abbé). *Moyen de rendre nos religieuses utiles et de nous exempter des dots qu'elles exigent*, s.l., 1750, in-8°, pièces lim. et 170 pages.

217. Huet (Pierre-Daniel). *Traité philosophique de la faiblesse de l'esprit humain*, Londres, J. Nourse, 1741, in-12, XL-296 pages.

218. Hume (David). *Essai sur l'entendement humain*, in *Œuvres philosophiques choisies*, tr. p. Maxime David, Paris, Alcan, 1912, t. I, pp. 1-180 (trad. de l'éd. de 1777 des *Philosophical essays concerning human understanding*, pub. pour la première fois en 1748).

219. — . *Essais sur le commerce, le luxe, l'argent*, (etc.), in *Collection des principaux économistes*, t. XIV, 1847, Paris, Guillaumin et Cie, pp. 1-162 (rééd. augm. de la trad. de Mlle de La Chaux, Paris, Saillant, et Lyon, Delaroche, 1767, in-12, 289 pages, pub. pour la première fois à Amsterdam en 1752 ou 1753).

220. Isambert, Decrusy, Taillandier. *Recueil général des anciennes lois françaises, depuis l'an 420 jusqu'à la Révolution de 1789*, Paris, Belin-Leprieur, 1821-1833, in-8°, 29 vol., dont 1 de table.

221. Jaquelot (Isaac). *Dissertations sur l'existence de Dieu*, La Haye, E. Foulque, 1697, in-4°, pièces lim., 705 pages.

222. Jousse (Mathurin). *La fidèle ouverture de l'art de serrurier*, La Flèche, imp. de G. Griveau, 1627, in-fol., pièces lim. et 152 pages.

223. — . *Le théâtre de l'art de charpentier*, La Flèche, G. Griveau, 1627, in-fol., IV-15-176 pages.

224. *Justification de plusieurs articles du dictionnaire encyclopédique ou préjugés légitimes contre Abraham-Joseph Chaumeix*, Bruxelles, et Paris, Desaint et Saillant, 1760, in-12, III-188 pages.

225. La Chalotais (Louis-René Caradeuc de). *Comptes rendus des constitutions des Jésuites*, Rennes, 1762, in-12, 2 vol.

226. — . *Essai d'éducation nationale*, s.l., 1763, in-12, IV-145 pages.

227. Lacombe de Prezel (Honoré). *Dictionnaire du citoyen*, Paris, Grangé, et Bauche, 1761, in-8°, 2 vol.

228. La Harpe (Jean-François de). *Lycée ou Cours de littérature ancienne et moderne*, Paris, H. Agasse, an VII-an XIII, 16 tomes en 19 volumes, in-8°,

229. Lalande (Joseph-Jérôme Le François de). *Art de l'hongroyeur*, Paris, Saillant et Nyon, 1761, in-fol., 32 pages, pl.

230. — . *Art de faire le maroquin*, Paris, Saillant et Nyon, 1761, in-fol., 26 pages, pl.

231. — . *Art du cartonnier*, Paris, 1761, in-fol., 30 pages, pl.

232. La Mare (Nicolas de). *Traité de la police*, Paris, J. et P. Cot (J.-F. Hérissant), 1705-1738, in-fol., 4 vol.

233. La Mettrie (Julien Offroy de). *L'homme-machine*, Leyde, Elie Luzac fils, 1748, in-12, 148 pages.

234. — . *Traité de l'âme*, in *Œuvres philosophiques de La Mettrie*, Berlin, 1796, in-8°, 3 vol., t. I.

235. Le Chapelain (Le P. Charles-Jean-Baptiste, S.J.). *Sermons*, Paris, 1823, in-12, 4 vol.

236. Le Clerc (Jean). *Eloge historique de feu M. Locke*, in J. Locke, *Œuvres diverses*, Rotterdam, Fritsch et Böhm, 1710, in-12, XCIX-468 pages, pp. I-XCIX.

237. Le Comte (R.P. Louis, S.J.). *Nouveaux mémoires sur l'état présent de la Chine*, Paris, Anisson, 1696, in-12, 3 vol.

238. Lehmann (Jean-G.). *Essai d'une histoire naturelle des couches de la terre*, tr. p. d'Holbach, Paris, Hérissant, 1759, in-12, XXVII, 498 pages.

239. Leibniz (Gottfried W. von). *Protogée ou de la formation et des révolutions du globe*, Paris, Langlois, 1859, in-8°, LXIV-137 pages.

240. Le Masson des Granges (abbé Daniel). *Le philosophe moderne, ou l'incrédule condamné au tribunal de sa raison*, Paris, Despilly, 1759, in-12, XXIV-300 pages.

241. Lévesque de Pouilly (Louis-Jean). *Théorie des sentiments agréables*, Genève, Barillot et fils, 1747, in-12, XX-239 pages.

242. Linguet (Simon-Nicolas-Henri). *Le fanatisme des philosophes*, Londres, et Abbeville, de Vérité, 1764, in-8°, 43 pages.

243. Locke (John). *De l'éducation des enfants*, tr. p. P. Coste, 5e éd., Amsterdam, Herman Uytwerf, 1737, in-12, XX-396 pages (avec le *Traité du bonheur dans tous les états de la vie*, pp. 397-467).

244. — . *Du gouvernement civil, où l'on traite de l'origine, des fondements, de la nature, du pouvoir, et des fins des sociétés politiques*, Bruxelles, 1749, in-12, XII-358 pages.

245. — . *Essai philosophique concernant l'entendement humain*, tr. p. P. Coste, Amsterdam, 1724, in-12, 4 vol.

246. — . *The Works*, 6e éd., Londres, D. Brown, C. Gitch and L. Hawes, in-fol., 3 vol.

247. Louis (Antoine). *Essai sur la nature de l'âme, où l'on tâche d'expliquer son union avec le corps, et les lois de cette union*, Paris, Osmont, 1747, in-12, X-38 pages.

248. Lucrèce. *De natura rerum*, p.p. A. Ernout, Paris, « Les Belles Lettres », 1924, in-8°, 2 vol.

249. Luneau de Boisjermain (Pierre-Joseph-François). *Recueil des mémoires composés par Luneau de Boisjermain, sur le procès criminel que les sieurs Briasson et Le Breton lui ont intenté, au sujet de l'impression de l'*Encyclopédie; Paris, années 1770, 1771, 1772, un vol. in-4° de 37 pièces.

250. *Machines et inventions approuvées par l'Académie des sciences depuis son établissement jusqu'à présent; avec leur description*, période 1666-1734, p.p. Gallon, Paris, Coignard fils, 1735, in-4°, 6 vol.; période 1734-1754, t. VII, *ibid.*, 1777.

251. Macquer (Philippe). *Dictionnaire portatif des arts et métiers*, Paris, Lacombe, 1766, in-8°, 2 vol.

252. Macquer (Philippe) et Jaubert (abbé). *Dictionnaire portatif des arts et métiers* (rééd. du dictionnaire de 1766), Paris, Didot, 1773, in-8°, 4 vol.

253. Malesherbes (Chrétien-Guillaume de Lamoignon de). *Mémoires sur la librairie et la liberté de la presse*, Paris, Agasse, 1809, in-8°, XIV-432 pages.

254. MALOUIN (Paul-Jacques). *Chimie médicinale,* Paris, d'Houry père, 1755, in-12, 2 volumes.

255. MANDEVILLE (Bernard). *The Fable of the bees : or, private voices, public benefits, with commentary critical, historical, and explanatory by F.B. Kaye,* Oxford, at the Clarendon press, 1924, in-8°, 2 vol.

256. MARÉCHAL (Sylvain). *Dictionnaire des athées anciens et modernes,* Paris, Grabit, an VIII, in-8°, LXXII-524 pages.

257. MAROLLES (abbé Michel de). *Catalogue des livres d'estampes et de figures en taille-douce,* Paris, Frédéric Léonard, 1666, in-12, 167-XIV pages et une table, in-12.

258. — . *Catalogue des livres d'estampes et de figures en taille-douce. Avec un dénombrement des pièces qui y sont contenues,* Paris, Jacques Langlois, 1672, in-12, 72 pages.

259. — . *Mémoires,* Amsterdam, 1755, in-12, 3 vol.

260. MATY (Paul-Henry). *A general index to the* Philosophical transactions, London, Davis and Peter Elmsly, 1787, in-4°, 802 pages.

261. MAUPERTUIS (Pierre-Louis Moreau de). *Essai de philosophie morale,* Berlin, 1749, in-12, 107 pages.

262. MELON (Jean-François). *Essai politique sur le commerce,* s.l.n.d. (1734), in-12, 264 pages.

263. *Mémoire des libraires associés à l'*Encyclopédie *sur les motifs de la suspension actuelle de cet ouvrage,* Paris, Le Breton, 1758, in-4°, 8 pages.

264. *Mémoire pour Abraham Chaumeix; contre les prétendus philosophes Diderot et d'Alembert,* Amsterdam, 1759, in-12, 46 pages.

265. *Memoirs (...) being a new abridgement of the Philosophical transactions, 1695-1735, by Mr. Baddam,* 2e éd., Londres, 1745, 10 vol.

266. MÉNAGE (Gilles) et JAULT (A.-F.). *Dictionnaire étymologique de la langue française,* Paris, Briasson, 1750, in-fol., 2 vol.

267. MERCIER (Louis-Sébastien). *L'an 2440. Rêve s'il en fut jamais,* Londres, 1771, in-8°, VII-416 pages.

268. MESLIER (Jean). *Testament,* Amsterdam, Meijer, 1864, in-8°, 3 vol.

269. MÉTRA (François). *Correspondance secrète,* Londres, J. Adamson, 1787-1790, in-8°, 18 vol.

270. *Le Moniteur français,* Avignon, et Paris, Desaint et Saillant, 1760, 2 tomes en 1 vol. in-12, 358 et 70 pages.

271. MONTAMY (Didier d'Arclais de). *Traité des couleurs pour la peinture en émail,* éd. p. Diderot, Paris, G. Cavelier, 1765, in-18.

272. MONTCHRÉTIEN (Antoine de). *Traité de l'économie politique,* p.p. Th. Funck-Brentano, Paris, Plon, 1889, in-8°, CXVII-395 pages.

273. MONTESQUIEU (Charles-Louis de Secondat, baron de). *De l'esprit des lois,* p.p. G. TRUC, Paris, Garnier, 1949, in-8°, 2 vol.

274. — . *Lettres persanes,* in *Œuvres,* Amsterdam et Leipzig, Arkstée et Merkus, 1777, t. V, in-12, 527 pages.

275. MOREAU (Jacob-Nicolas). *Nouveau mémoire pour servir à l'histoire des cacouacs,* Amsterdam, 1757, in-8°, II-108 pages.

276. MORELLET (André). *Mémoires inédits sur le XVIIIe siècle et la Révolution,* Paris, Librairie française, 1821, in-8°, 2 vol.

277. — . *Vision de Charles Palissot pour servir de préface à la comédie des* Philosophes, Paris, 1760, in-12, 20 pages.

278. MORELLY (abbé). *Code de la nature, ou le véritable esprit de ses lois, de tout temps négligé ou méconnu,* avec une introduction de V.P. Volguine, Paris, Editions sociales, 1953, in-16, 155 pages.

279. — . *Essai sur l'esprit humain, ou principes naturels de l'éducation,* Paris, Delespierre, 1743, in-12, XXVI pages non numérotées et 369 pages.

280. MORÉRI (Louis). *Le grand dictionnaire historique, ou le mélange curieux de l'histoire sacrée et profane,* Paris, J. Vincent, 1732, in-fol., 6 vol. (Supplément, Paris, Vve Lemercier, 1735, in-fol., 2 vol.).

281. Mounier (Jean-Joseph). *De l'influence attribuée aux philosophes, aux francs-maçons et aux illuminés sur la Révolution de France*, Tübingen, Cotta, 1801, in-12, 254 pages.

282. Naigeon (Jacques-André). *Mémoires historiques et philosophiques sur la vie et les ouvrages de Diderot*, Paris, Brière, 1821, in-8°, VIII-432 pages.

283. — . *Philosophie ancienne et moderne* (Encyclopédie méthodique), Paris, Panckoucke, 1791, in-4°, 3 vol.

284. — . *Recueil philosophique ou mélange de pièces sur la religion et la morale. Par différents auteurs*, Londres, 1770, 2 tomes en 1 vol. in-12, 190 et 254 pages.

285. *Nouvelles libertés de penser*, Amsterdam, 1743, in-12, 204 pages.

286. Palissot de Montenoy (Charles). *Les Philosophes*, comédie en trois actes, en vers, Paris, Duchesne, 1760, in-12, 91 pages.

287. Pascal (Blaise). *Pensées et opuscules*, p.p. Léon Brunschvicg, Paris, Hachette, 1946, X-786 pages, in-12.

288. *Philosophical transactions of the Royal Society, 1665-1775*, trad. partielle en français sous le titre : *Transactions philosophiques de la Société royale de Londres, 1731-1744*, Paris, 1739-1760, in-4°, 8 volumes.

289. Poinsinet le jeune (Antoine-Alexandre-Henri). *Le petit philosophe*, comédie en 1 acte et en vers libres, Paris, Prault petit-fils, 1760, in-12, 65 pages.

290. Polignac (Melchior de). *Antilucretius*, trad. p. Bougainville, Paris, Desaint et Saillant, 1749, in-8°, 2 vol.

291. Pontbriand (abbé René-François Du Breil de). *L'incrédule détrompé et le chrétien affermi dans la foi, par les preuves de la religion, exposées d'une manière sensible*, Paris, J.-B. Coignard, 1752, in-8°, 662-XXVI pages.

292. *Préface de la comédie des* Philosophes, chez l'auteur de la comédie, 1760, in-12, 20 pages.

293. Poncelet (Le Père Polycarpe). *Principes généraux pour servir à l'éducation des enfants, particulièrement de la noblesse française*, Paris, P.-G. Le Mercier, 1763, in-8°, 3 vol.

294. Pufendorf (Samuel). *Le droit de la nature et des gens, ou système général des principes les plus importants de la morale, de la jurisprudence, et de la politique*, trad. p. J. Barbeyrac, Amsterdam, et Paris, Briasson, 1733, in-4°, 2 vol.

295. — . *Les devoirs de l'homme et du citoyen tels qu'ils lui sont prescrits par la loi naturelle*, p.p. J. Barbeyrac, H. Schelte, 1707, in-8°, XL, table, et 376 pages.

296. Quérard (J.-M.). *Les supercheries littéraires dévoilées*, 2e éd., Paris, Daffis, 1869-1870, in-8°, 7 vol.

297. Quesnay (François). *Le Droit naturel*, tome II (Physiocrates), de la *Collection des principaux économistes*, Paris, Guillaumin, 1846, pp. 41-55 (paru dans le *Journal de l'agriculture, du commerce et des finances*, septembre 1765).

298. — . *Maximes générales du gouvernement économique d'un royaume agricole*, *ibid.*, pp. 79-104.

299. — . *Textes annotés* (par Louis Salleron), in *François Quesnay et la Physiocratie*, Paris, I.N.E.D., 1958, in-8°, t. II.

300. Raleigh (Sir Walter). *The history of the world*, Londres, R. Bert, J. Place and S. Cartwright, 1652, in-fol., pièces lim., 669 pages, tables, cartes.

301. Ramelli (Agostino). *Le diverse e artificiose machine del capitano A.R. dal ponte della Tresia*, Parigi, in casa del' autore, 1588, in-fol., pièces lim., 338 ff., pl.

302. Réaumur (René-Antoine Ferchault de). *L'art de convertir le fer forgé en acier*, Paris, Brunet, 1722, in-4°, 566 pages et 17 pl.

303. — . *Fabrique des ancres*, Paris, Saillant et Nyon, 1761, in fol., 54 pages, pl.

304. *Recueil de planches sur les sciences, les arts libéraux et les arts mécaniques*, avec leur explication, Paris, 1762-1772, pet. in-fol., 11 vol.

305. *Recueil des règlements généraux et particuliers pour les manufactures et fabriques du royaume*, Paris, 1730-1750, in-4°, 4 vol., et 3 de suppl.

306. *La Religion vengée ou réfutation des auteurs impies, dédiée à Monseigneur le Dauphin, par une société de gens de lettres*, Paris, Chaubert, 1757-1763, in-12, 21 volumes.

307. Richard (Pierre). *La vie privée de Beaumarchais*, Paris, Hachette, 1951, 285 pages, in-16.

308. Roland de la Platière (Jean-Marie). *Manufactures, arts et métiers* (Encyclopédie méthodique), Paris, Panckoucke, 1785-1790, in-4°, 3 volumes.

309. Rousseau (Jean-Jacques). *Les Confessions*, p.p. Ad. Van Bever, Paris, Garnier, 1926, in-16, 3 vol. (nous nous sommes référé habituellement à l'édition de Paris, « La Renaissance du livre », s.d., in-12, 3 vol.).

310. — . *Du contrat social*, p.p. G. Beaulavon, 5e éd., Paris, Colin, 1938, in-16, 317 pages (nous nous sommes référé habituellement au texte publié par J.-L. Lecercle, Paris, Editions sociales, 1956, in-16, 215 pages).

311. — . *Correspondance générale*, p.p. Th. Dufour, Paris, Colin, 1924-1934, in-8°, 20 vol. plus 1 vol. de table, p.p. P.-P. Plan, Genève, Droz, 1953, XL-266 pages.

312. — . *Discours sur l'origine et les fondements de l'inégalité parmi les hommes*, p.p. Jean-Louis Lecercle, Paris, Editions sociales, 1954, in-16, 187 pages.

313. — . *Emile ou de l'Education*, p.p. Jean-Louis Lecercle, avec une introduction de Henri Wallon, Paris, Editions sociales, 1958, in-16, 256 pages.

314. — . *Lettre à M. Philopolis*, in *Œuvres*, Paris, Pourrat, 1833, t. I, pp. 397-408.

315. — . *Les Rêveries d'un promeneur solitaire, suivies de Lettres écrites de la montagne et le Devin de village*, p.p. F. Gaiffe, Paris, Garnier, 1944, in-8°, 325 pages.

316. Rozier (abbé). *Nouvelle table des articles contenus dans les volumes de l'Académie royale des sciences de Paris depuis 1666 jusqu'en 1770*, Paris Ruault, 1775-1776, 4 vol., in-4°.

317. Saas (abbé Jean). *Lettres sur l'*Encyclopédie *pour servir de supplément aux sept volumes de ce dictionnaire*, Amsterdam, Isaac Tirion, 1764, in-8°. II-192 pages.

318. Sadi (Mosarrif). *Musladini Sadi Rosarium politicum, sive Amoenum sortis humanae theatrum, de persico in latinum versum necessariisque notis illustratum, a Georgio Gentio*, Amsterdam, J. Blaeu, 1651, in-fol., pièces lim. et 630 pages.

319. Saint-Lambert (Jean-François de). *Essai sur le luxe*, s.l., 1764, in-12, 77 pages.

320. — . *Œuvres philosophiques*, Paris, H. Agasse, s.d., in-8°, 6 vol.

321. Saint-Pierre (abbé Charles-Irénée Castel de). *Mémoires pour rendre la paix perpétuelle en Europe*, Cologne, Jacques le Pacifique, 1712, in-12, 448 pages.

322. — . *Ouvrages de politique*, Rotterdam, J.-D. Beman, et Paris, Briasson, 1738-1740, in-12, 14 vol.

323. Savary-Desbruslons (Jacques). *Dictionnaire universel de commerce*, Paris, J. Estienne, 1723-1730, in-fol., 3 vol.

324. Savérien (Alexandre). *Histoire des philosophes modernes avec leur portrait gravé dans le goût du crayon*, Paris, Brunet, 1760-1769, in-12, 7 vol.

325. *Secrets concernant les arts et métiers*, Paris, Cl. Jombert, 1723, in-8°, 611 pages.

326. Shaftesbury (Anthony Earl of). *Characteristicks*, Londres, 1733, in-12, 3 vol.

327. Stanley (Thomas). *Historia philosophiae vitas, opiniones, resque gestas, et dicta philosophorum sectae cujus vis complexa auctore Thoma Stanleio*, Venetiis, 1731, apud Sebastiani Coleti, in-4°, 3 vol. (première édition, Leipzig, T. Fritsch, 1711, in-4°, 1 222 pages).

328. Strube de Piermont (Frédéric-Henri). *Recherches nouvelles de l'origine et des fondements du droit de la nature*, Saint-Pétersbourg, Imprimerie de l'Académie des sciences, 1740, XXXVI-236 pages, in-8°.

329. SULLY (Maximilien de Béthune, duc de). *Mémoires*, Londres, 1745, in-4°, 3 vol.

330. *Supplément au dictionnaire des sciences, des arts et des métiers*, Paris, Panckoucke, 1776-1777, in-fol., 4 vol.

331. *Textes choisis de l'*Encyclopédie, p.p. Albert Soboul, Paris, Editions sociales, 1952, in-16, 190 pages.

332. THOMASSIN (Père Louis). *Ancienne et nouvelle discipline de l'Eglise, touchant les bénéfices et les bénéficiers*, Paris, Muguet, 1678-1681, 3 vol., in-fol.

333. TOLAND (John). *Lettres philosophiques*, p.p. d'Holbach et Naigeon, Londres, 1768, in-8°.

334. TOURNEFORT. *Institutiones rei herbariae*, Paris, Imprimerie royale, 1700, 2 tomes en 3 vol., in-4°.

335. *Traité des droits de la reine très-chrétienne, sur divers états de la monarchie d'Espagne*, Paris, Imprimerie royale, 1667, in-4°, 4 pages non numérotées, 280 et 7 pages.

336. *Traité sur l'acier d'Alsace, ou l'art de convertir le fer de fonte en acier*, Strasbourg, René Dulsseker, 1737, in-12, 115 pages.

337. TULL (Jethro) et DUHAMEL. *Traité de la culture des terres*, Paris, Guérin et Delatour, 1750, avec des planches gravées (suivi de *Expériences et réflexions relatives au traité de la culture des terres; suite des expériences et réflexions*, ibid., 1750, 2 parties en 1 volume).

338. VAREILLES (comte de). *Lettres sur l'éducation des princes, dédiées à Mgr le Dauphin*, Paris, Duchesne, 1757, in-12, 2 et 81 pages.

339. VÉRON DUVERGER DE FORBONNAIS (voir FORBONNAIS).

340. VOLTAIRE. *Bababec et les fakirs*, in *Œuvres complètes*, éd. Moland, Paris, Garnier, 1883-1885, t. XXI, pp. 101 et suivantes.

341. — . *Correspondence*, ed. by Th. Besterman, Genève, les Délices, Institut et Musée Voltaire, 67 vol. parus en 1961.

342. — . *Candide*, p.p. André Morize, Paris, Hachette, 1913, in-16, CI-237 pages.

343. — . *Lettre à l'occasion du Vingtième*, in *Œuvres complètes*, t. XXIII, pp. 305-311.

344. — . *Lettres de M. de Voltaire à M. Palissot, avec les réponses, à l'occasion de la comédie des* Philosophes, Genève, 1760, 68 et 8 pages.

345. — . *Préface du poème sur le Désastre de Lisbonne*, in *Œuvres complètes*, t. IX, pp. 465 et suivantes.

346. — . *Questions sur l'*Encyclopédie, in *Œuvres complètes*, t. XVII à t. XX.

347. WEIDLERUS (Johannes-Fredericus). *Tractatus de machinis hydraulicis toto terrarum orbe*, Vitembergae, sumptibus viduae Gerdesiae, 1728, in-4°.

348. YVON (abbé). *Abrégé de l'histoire de l'Eglise, depuis son origine jusqu'à nos jours*, Paris, Panckoucke, 1766, in-12, 3 vol.

349. — . *Accord de la philosophie avec la religion, ou Histoire de la religion divisée en XII époques*, Paris, Valade, 1782, in-8°, 161 pages.

350. — . *Liberté de conscience resserrée dans des bornes légitimes*, Londres (Paris), 1754, in-12, 10 pages non numérotées et trois parties de 126, 182, 66 pages.

351. WOLFF (Johann Christian). *Principes du droit de la nature et des gens*, extrait par Formey, Amsterdam, M.-M. Rey, 1758, in-12, 2 vol.

II. — *Périodiques*

352. *L'Abeille du Parnasse*, par Formey, 1750-1757, in-12.

353. *L'Année littéraire*, suite, à partir du n° 62 (3 février 1754), et jusqu'en 1790, des *Lettres sur quelques écrits de ce temps*, par Elie Fréron (jusqu'en 1776).

354. *L'Année politique*, 1758.

355. *Annonces, affiches et avis divers*, par Aubert, du 13 mai 1751 à 1782, in-8° (autres titres notoires *Affiches de Paris, Petites affiches*).

356. *L'Avant-coureur*, par Villemert, 1760 à 1774, Paris, Lambert, in-12, feuille hebdomadaire (titre antérieur, *La Feuille nécessaire*, Paris, in-8°, 1759, nos 1 à 47).

357. *Bibliothèque des sciences et des beaux-arts*, Paris (La Haye), janvier 1754-décembre 1778, 50 volumes pet. in-8° (table des tomes I à XXIV dans le tome XXV, table des tomes XXVI à XLIX dans le tome L).

358. *Bibliothèque impartiale*, par Elie Luzac fils, Leyde, puis Göttingen et Leyde, 1750-1758, in-8°, 18 volumes.

359. *Bibliothèque raisonnée des ouvrages des savants de l'Europe*, par A. de La Chapelle, Barbeyrac, Desmaizeaux, Amsterdam, 1728-1753, 51 vol. in-12 (tables pour 1728-1740 dans le tome XXV, pour 1740-1753 dans le tome LI).

360. *La Bigarrure, ou Gazette galante, historique, littéraire, critique, morale, satirique, sérieuse et badine*, La Haye, septembre 1749-mars 1753, 20 vol., suivie de *La Nouvelle Bigarrure, contenant ce qu'il y a de plus intéressant dans le* Mercure de France, *et de plus curieux dans les autres journaux et feuilles périodiques*, ibid., mars 1753-juin 1754, in-12, 16 vol.

361. *Le Censeur hebdomadaire*, par Chaumeix et d'Aquin, Utrecht, et Paris, Cuissart, 1760-1762, in-8°, 8 vol.

362. *Les cinq années littéraires*, par Pierre Clément, 1748-1752, La Haye, P. Gosse junior, 1754, 4 volumes in-16.

363. *Le Conservateur, ou collection de morceaux rares et d'ouvrages anciens et modernes*, 1756-1758, 1760-1761, Paris, in-12.

364. *Correspondance littéraire, philosophique et critique*, par Grimm, Diderot, Raynal, p.p. M. Tourneux, Paris, Garnier, 1877-1882, in-8°, 16 vol.

365. *La Gazette*, devenue *Gazette de France* le 1er janvier 1762, jusqu'au 15 août 1792, in-4° (*Répertoire historique et biographique de la « Gazette de France » depuis l'origine jusqu'à la Révolution, 1631-1790*, par le marquis de Granges de Surgères, Paris, Leclerc, 1902-1906, in-4°, 4 vol.).

366. *Gazette d'Utrecht*, par H.-Ph. de Linners, Etienne-Elie Peuch, Claude-Isaac Peuch, des Essarts, 1710-1787, in-4°.

367. *Gazette de Leyde, ou Nouvelles extraordinaires de divers endroits*, 1680-4 mai 1798, in-4° (propriété d'Elie Luzac de 1738 à 1798).

368. *Gazette des gazettes*, 1764-1793, in-12, devenue en 1768 *Journal politique* ou *Journal de Bouillon*.

369. *Gazette littéraire de l'Europe*, par Arnaud et Suard, mars 1764-février 1766, Paris, in-8° (table au tome VIII).

370. *Gazettes et papiers anglais*, par Palissot et Suard, 1759, in-8°; in-4° à partir du 2 décembre 1760.

371. *The Guardian*, p.p. Addison et Steele, 175 numéros du 12 mars au 1er octobre 1713, Londres, 1734, in-12, 2 vol.

372. *Journal britannique*, par Maty, La Haye, 1750-1757, in-8°, 24 vol.

373. *Journal chrétien*, par l'abbé Joannet, de janvier 1758 à décembre 1764, Paris, in-12 (Cf. *Lettres sur les ouvrages et œuvres de piété*).

374. *Journal de commerce*, par Le Camus et l'abbé Roubaud, Bruxelles, J. van den Berghen, 1759-1762, in-12, 20 vol.

375. *Journal des savants*, 1665-1792 (table générale, 1665-1770, par l'abbé de Claustre, Paris, Briasson, 1753-1764, in-4°, 10 vol.).

376. *Journal du citoyen*, La Haye, 1754, in-8°.

377. *Journal ecclésiastique ou Bibliothèque raisonnée des sciences ecclésiastiques*, par l'abbé Dinouart, d'octobre 1760 à juillet 1786, Paris, in-8°, tomes I à CV.

378. *Journal économique ou mémoires, notes et avis sur les arts, l'agriculture, le commerce, et tout ce qui peut y avoir rapport*, par Baudeau, Boudet, Goulin, Querlon, Dreux du Radier, Paris, Antoine Boudet, janvier 1751-1772, in-12.

379. *Journal encyclopédique*, Liège, 1756-1759, et Bouillon, 1760-1793, in-12.

380. *Journal étranger*, par l'abbé Prévost, Grimm, Toussaint, Fréron, Deleyre, Arnaud et Suard, 1754-1762, Paris, in-8° (repris en mars 1764 et jusqu'en février 1766 sous le titre *Gazette littéraire de l'Europe*, par Arnaud et Suard).

381. *Lettres sur les ouvrages et œuvres de piété, dédiées à la reine*, 1754-1757 (suite sous le titre de *Journal chrétien*, 1758-1764), Paris, H.-D. Chaubert et Cl. Hérissant.

382. *Le Littérateur impartial*, La Haye, et Paris, Vallat-la-Chapelle, 1760, in-8°, XII-394 pages.

383. *Mémoires de Trévoux* (*Mémoires pour servir à l'histoire des sciences et des beaux-arts*, recueillis par l'ordre de S.A.S. Mgr le prince souverain de Dombes), Trévoux et Paris, 1701-1767 (table 1701-1775 par le Père Carlos Sommervogel, Paris, Durand, 1864-1865, in-12, 3 vol.).

384. *Mercure de France*, 1723-1791, Paris, Cailleau, Vve Pissot, etc., in-12, 1 vol. par mois.

385. *Mercure historique et politique*, Parme, puis La Haye, 1686-1782, tomes I-CLXXXII.

386. *Nouveau journal universel*, puis *Gazette d'Amsterdam*, puis *Recueil des nouvelles*, Amsterdam, 18 novembre 1688-1792, in-4°.

387. *Le Nouveau spectateur*, p.p. Bastide, 1758, suivi, à partir du 29 mars 1760, du *Monde comme il est*, Amsterdam, Paris, Rollin, Bauche, in-12, 8 vol.

388. *Nouvelle bibliothèque germanique*, Amsterdam, suite, à partir de 1746 jusqu'en 1759, par Formey et Peyrard, du *Journal littéraire d'Allemagne, de Suisse et du Nord*, suite de la *Bibliothèque germanique*, fondée en 1720 (tables 1746-1760, tomes I à XXVI, dans le tome XXVI).

389. *Nouvelles ecclésiastiques, ou mémoires pour servir à l'histoire de la Constitution Unigenitus*, 1728-1803, in-4° (avec une table raisonnée et alphabétique pour les années 1728-1760 en 2 vol. in-4°).

390. *Les Nouvelles littéraires*, par Raynal (cf. *Correspondance littéraire*).

391. *L'Observateur hollandais*, par Moreau, La Haye (Paris), septembre 1755-février 1759, in-8°, 5 vol.

392. *L'Observateur littéraire*, par l'abbé de La Porte, Amsterdam, et Paris, Vve Bordelet, 1758-1761, in-12, 17 vol. (table 1758-1760, année 1760, V, pour les volumes I à XII).

393. *Observations sur l'histoire naturelle, sur la physique et sur la peinture, avec des planches imprimées en couleurs*, par Gautier, Paris, Delaguette, à partir de 1752 (suite des *Observations sur la physique, sur l'histoire naturelle*; à partir de 1756, le journal s'intitula *Observations périodiques sur la physique, l'histoire naturelle*, etc.).

394. *Observations sur la littérature moderne*, par l'abbé de La Porte, La Haye, puis Amsterdam, Londres et Paris, Londres, 1749-1752, in-12, 9 vol.

395. *The Spectator*, p.p. Steele, etc., 555 numéros du 1er mars 1711 au 6 décembre 1712, numéros 556 à 635 du 18 juin au 29 septembre 1714, 12e éd., Londres, J. et R. Tonson, 1738, in-12, 8 vol. (trad. française, Paris, Méquignon, 1755, en 3 vol. in-4°).

396. *The Tatler*, p.p. Steele, Addison, etc., 271 numéros du 12 avril 1709 au 2 janvier 1711, Londres, H. Lintot, 1749, in-12, 4 vol.

OUVRAGES CONSULTES (3)

397. ADAM (Antoine). *Rousseau et Diderot,* R. S. H., janvier-mars 1949, pp. 21-34.

398. AIZENSTOK (I). *Les écrivains français devant la censure tsariste* (en russe), Literatournoié Nasledstvo, 33/34, 1939, pp. 769-858 (Voltaire, Rousseau, Diderot, pp. 770-786).

399. AKITERU KUBOTA. *Quesnay disciple de Malebranche,* dans François Quesnay et la Physiocratie, Paris, I.N.E.D., 1958, t. I, pp. 169-196.

400. ALEXANDER (Jan W.). *Philosophy of organism and philosophy of consciousness in Diderot's speculative thought,* Studies in romance philology and French literature presented to John Orr, Manchester, Manchester University press, 1953, IX-315 pages (pp. 1-21).

401. ALEXEÏEV (M. P.). *Denis Diderot et les écrivains russes de son temps* (en russe), XVIII vek, Sbornik, 3, Editions de l'Académie des sciences de l'U.R.S.S., Moscou-Leningrad, 1958, pp. 416-431.

402. ALLISON (John Maadgridge Snowden). *Concerning the education of a prince. Correspondence of the princess of Nassau-Saarbruck, 13 June-15 November 1758,* New Haven, Yale University press, 1941, in-16, 50 pages.

403. — . *Lamoignon de Malesherbes defender and reformer of the French monarchy, 1721-1794,* New Haven, Yale University press, et Londres, Humphrey Milford, Oxford, University press, 1938, in-8°, VI-177 pages.

404. *L'Art du livre à l'Imprimerie nationale des origines à nos jours,* Paris, 1951, in-8°, IV-157 pages, et 32 planches.

405. ASSE (Eugène). *Diderot et Voltaire d'après les papiers inédits de la censure,* Le Cabinet historique, 1882, pp. 3-38.

406. ASTRUC (Dr Pierre). *Les sciences médicales et leurs représentants dans l'*Encyclopédie, R.H.S., juillet-décembre 1951, pp. 359-368.

407. ATHAYDE GRUBENMANN (Yvonne de). *Un cosmopolite suisse : Jacques-Henri Meister (1744-1826),* Genève, Droz, 1954, in-8°, 117 pages.

408. BACQUIÉ (Franc). *Les inspecteurs des manufactures sous l'Ancien Régime, 1669-1791,* Toulouse, 1927, in-8°, XXII-397 pages.

409. BALACHOV (I.). *Prestige de Diderot,* Etudes soviétiques, novembre 1953, pp. 71-73.

410. BALLOT (Charles). *L'introduction du machinisme dans l'industrie française,* Lille, O. Marquant, Paris, Rieder, 1923, in-8°, 576 pages.

411. BARANTE (Guillaume, baron de). *De la littérature française pendant le XVIIIe siècle,* Paris, Ladvocat, 1809, in-8°, 349 pages (Diderot, pp. 195-198).

412. BARBER (W. H.). *Leibniz in France from Arnauld to Voltaire, a study in French reactions to Leibnizianism, 1670-1760,* Oxford, Clarendon press, 1955, in-8°, XII-276 pages.

413. BARJONET (Marcelle). *Une œuvre révolutionnaire : l'*Encyclopédie, Cahiers du communisme, août 1951, pp. 936-947.

414. BARKER (John Edmund). *Diderot's treatment of the christian religion in the* Encyclopédie, New York, King's Crown press, 1941, in-8°, 143 pages.

415. BARRÈRE (J.-B.). C.r. de P. Mesnard, *Le cas Diderot,* R.H.L., avril-juin 1954, pp. 228-230.

416. BARRÈS (Maurice). *L'échec de Diderot,* 15 novembre 1913, dans *Les Maîtres,* Paris, Plon, 1927, in-8°, 326 pages (pp. 173-182).

---

(3) Sigles utilisés :
A.U.P. : Annales de l'Université de Paris.
M.L.N. : Modern Language Notes.
P.M.L.A. : Publications of the Modern Language Association.
R.H.L. : Revue d'Histoire littéraire de la France.
R.H.S. : Revue d'Histoire des Sciences.
R.R. : The Romanic Review.
R.S.H. : Revue des Sciences humaines.

417. Bartenevii (P.). C. r. de Rambaud, *Catherine II et ses correspondants français* (en russe), Rousskii Archiv, 1877, liv. II, pp. 269-293.

418. Barth (Karl). *Images du XVIIIe siècle,* Neuchâtel-Paris, Delachaux et Niestlé, 1949, in-8°, 158 pages.

419. Basanoff (Anne). *La bibliothèque russe de Diderot,* Bulletin d'informations de l'Association des bibliothécaires français, juin 1959, pp. 71-86.

420. Bayet (Albert) et Albert (François). *Les écrivains politiques du XVIIIe siècle,* Paris, Colin, 1904, in-8°, LII-446 pages.

421. Bedel (Charles). *L'avènement de la chimie moderne,* R.H.S., juillet-décembre 1951, pp. 324-333.

422. Belaval (Yvon). *L'esthétique sans paradoxe de Diderot,* Paris, N.R.F., 1950, in-8°, 310 pages.

423. — . *Nouvelles recherches sur Diderot,* extrait de Critique, juin 1956, 74 pages non numérotées.

424. — . *Le « Philosophe » Diderot,* Critique, n° 58, mars 1952, pp. 230-253.

425. — . *Pour connaître Leibniz,* Paris, Bordas, 1951, in-8°, 287 pages.

426. Belin (J.-P.). *Le commerce des livres prohibés à Paris de 1750 à 1789,* Paris, Belin frères, 1913, in-8°, 127 pages.

427. — . *Le mouvement philosophique de 1748 à 1789,* Paris, Belin frères, 1913, in-8°, 381 pages.

428. Bénard (Jean). *Marx et Quesnay,* dans François Quesnay et la Physiocratie, Paris, I.N.E.D., 1958, t. I, pp. 105-130.

429. Benot (Yves). *Le rire de Diderot,* Europe, n° 111, mars 1955, pp. 3-8.

430. — . *Un inédit de Diderot* (l'Apologie de l'abbé Galiani), La Pensée, mai-juin 1954, pp. 3-11.

431. Berg (L.S.). *Vues de Diderot au sujet de l'évolution* (en russe), Priroda, 1922, n°s 1-2, pp. 5-11.

432. Bernard-Maître (Père Henri, S.J.). C. r. de *Diderot et l'*Encyclopédie, et de Grosclaude, *Un audacieux message,* extrait s.l.n.d., in-8°, paginé 176-180.

433. Bersot (Ernest). *Etudes sur la philosophie du XVIIIe siècle. Diderot,* Paris, Librairie philosophique de Ladrange, 1851, in-12, 108 pages.

434. Bilbassov (V. A.). *Monographies historiques* (en russe), Saint-Pétersbourg, impr. de I.-N. Skorokhodov, 1901, 4 vol. in-8°, t. IV, pp. 237-378 (Denis Diderot).

435. Billy (André). *Diderot,* Paris, « Les éditions de France », Paris, 1932, in-8°, 613 pages.

436. Binet (Léon). *Biologie et médecine dans l'*Encyclopédie, A.U.P., numéro spécial, 22e année, n° 1, oct. 1952, pp. 185-193.

437. Bitch (Olga). *Le sort de la bibliothèque de Diderot* (en russe), Ejegodnik gosoudarstvennogo Ermitaja, t. I, 2e livraison, 1937, pp. 115-124.

438. Blanc (Louis). *Histoire de la Révolution française,* Paris, Langlois et Leclercq, 1847-1862, in-8°, 12 vol.

439. Bloch (Marc). *Les caractères originaux de l'histoire rurale française,* Paris, Colin, 1952, XVII-261 pages et XVIII planches.

440. Blumenfeld (V.M.). Introduction à Diderot, *La Religieuse* (trad. russe), Leningrad, Ed. d'Etat " Khoudojestvennaia literatoura ", 1938, in-16, 315 pages (pp. 3-22).

441. Bonnassieux. *L'examen des cahiers de 1789 au point de vue commercial et industriel,* Revue générale d'administration, 1884, n° 20, pp. 257-272, 385-405.

442. Bonno (Gabriel). *Un article inédit de Diderot sur Colbert,* P.M.L.A., t. XLIX, 1934, pp. 1101-1106 (authenticité très douteuse).

443. Born (Lester K.). *Unpublished bibliographical tools in certain archives and libraries of Europe,* Washington, 1952, in-4°, 25 pages.

444. Bouchary (Jean). *Les manieurs d'argent à Paris à la fin du XVIIIe siècle*, Paris, Rivière, 1939-1949, in-4°, 3 vol.

445. Bourdier (Franck) et François (Yves). *Buffon et les encyclopédistes*, R.H.S., juillet-décembre 1951, pp. 228-232.

446. Bourgin (M. et G.). *L'industrie sidérurgique en France au début de la Révolution*, Paris, 1920, in-8°, XXV-561 pages.

447. Bourthoumieux (Charles). *Essai sur le fondement philosophique des doctrines économiques. Rousseau contre Quesnay*, Paris, Librairie des sciences politiques et sociales, Marcel Rivière, 1936, VIII-140 pages, in-8°.

448. Boutet de Monvel (A.). *Diderot et la notion de style*, R.H.L., juillet-septembre 1951, pp. 288-305.

449. — . *Etat présent des études « diderotesques »* (sic), L'Information littéraire, 4e année, n° 4, septembre-octobre 1952, pp. 131-136.

450. Bouvier (Jean). *Le système de crédit et l'évolution des affaires de 1815 à 1848*, La Pensée, n° 71, janvier-février 1957, pp. 35-46.

451. Bouvier (Robert). *Rousseau avec et contre les encyclopédistes (d'après quelques ouvrages récents)*, Revue de synthèse, janvier-juin 1952, pp. 113-137.

452. Bremond (Henri). *Histoire littéraire du sentiment religieux en France*, Paris, Blond, 1920, 11 vol. in-8°; tome IX, *La vie chrétienne sous l'Ancien Régime*.

453. Briggs (E. R.). *L'incrédulité et la pensée anglaise en France au début du XVIIIe siècle*, R.H.L., octobre-décembre 1934, pp. 497-538.

454. Brochon (Pierre). *Le livre de colportage en France depuis le XVIe siècle, sa littérature, ses lecteurs*, Paris, Gründ, 1954, gr. in-8°, 153 pages.

455. Broglie (Louis de). *Un mathématicien, homme de lettres : d'Alembert*, R.H.S., t. IV, numéros 3 et 4, juillet-décembre 1951, pp. 204-212.

456. Brulé (André). *Les hommes de lettres au XVIIIe siècle*, La Revue de France, 1928, 15 avril, pp. 684-711, 1er mai, pp. 63-90.

457. Brunel (Lucien). *Observations critiques et littéraires sur un opuscule de Diderot* (Lettre sur le commerce de la librairie), R.H.L., t. X, janvier-mars 1903, pp. 1-24.

458. Brunetière (Ferdinand). *La librairie sous Malesherbes*, Etudes critiques sur l'histoire de la littérature française, 2e série, 5e éd., Paris, Hachette, 1897, pp. 144-223.

459. Brunot (Ferdinand). *Histoire de la langue française des origines à 1900*, tome IV, *Le XVIIIe siècle*, première et deuxième partie, Chartres, impr. Durand; Paris, A. Colin, 1930-1932, in-8°, 2 vol.

460. Bryan. *Bryan's dictionary of painters and engravers*, Londres, George Bell and sons, 1903-1905, in-4°, 5 vol.

461. Buffenoir (H.). *Melchior Grimm et les ennemis de Jean-Jacques Rousseau*, La Révolution française, LXXVIII (1925), pp. 125-132.

462. Busnelli (Manlio D.). *Diderot et l'Italie*, Paris, Champion, 1925, in-8°, XXI-305 pages.

463. Cabeen (D. C.). *A critical bibliography of French literature*, vol. IV, *The eighteenth century*, p. G.R. Havens et D.F. Bond, Syracuse, Syracuse University press, 1951, in-8°, XXX-411 pages.

464. Cahen (Léon). *L'idée de lutte de classes au XVIIIe siècle*, Revue de synthèse (historique), XII, janvier-juin 1906, pp. 44-56.

465. — . *Les querelles religieuses et parlementaires sous Louis XV*, Paris, Hachette, 1913, in-8°, V-112 pages.

466. Carlyle (Thomas). *Critical and miscellaneous essays : collected and republished by Th. Carlyle in five volumes*, t. IV, pp. 251-340, *Diderot*, 2e éd., Londres, James Fraser, 1840 (article paru dans le numéro 22 de la Foreign Quarterly Review en 1833).

467. Caro (Elme-Marie). *Diderot inédit. L'évolution de ses idées philosophiques*, Paris, Hachette, 1880, in-12, 2 vol.

468. Cassirer (Ernst). *The philosophy of the Enlightenment*, Princeton, 1951, in-8°, XIII-366 pages.

469. — . *The question of Jean-Jacques Rousseau*, New York, Columbia University press, 1954, in-8°, VII-129 pages.

470. Caussy (Fernand). *Les reliques de Diderot et de Voltaire à Saint-Pétersbourg*, Le Figaro, 20 déc. 1913 (supplément littéraire).

471. Cazes (Albert). *Un adversaire de Diderot et des philosophes : le Père Berthier*, dans Mélanges offerts par ses amis et ses élèves à (...) Gustave Lanson, Paris, Hachette, 1922, in-8°, 534 pages, pp. 235-249.

472. Cazes (André). *Grimm et les encyclopédistes*, Paris, P.U.F., 1933, in-8°, 408 pages.

473. *Le centenaire de la mort de Diderot* (en russe), Istoritcheskii Vestnik, 1884, n° 9, pp. 707-709.

474. Charavay (Etienne). *Diderot et Fréron*, Revue des documents historiques, III (1876), pp. 156-168.

475. Charles (Mary Lane). *The growth of Diderot's fame in France from 1784 to 1875*, Thèse, Bryn Mawr, Penn., 1942, in-8°, 148 pages.

476. Charlier (Gustave) et Hermann (Léon). *Diderot, annotateur de Perse*, R.H.L., 1928, pp. 39-63.

477. Charlier (Gustave) et Mortier (Roland). *Le* Journal encyclopédique *(1756-1793). Notes, documents et extraits*, Bruxelles, « La Renaissance du livre », et Paris, Nizet, 1952, in-16, 134 pages.

478. Cheinisse (Léon). *Les idées politiques des physiocrates*, Paris, A. Rousseau, 1914, in-8°, IX-192 pages.

479. Chougourov (M.). *Diderot* (en russe), Istoritcheskii Sbornik, 2e éd., Moscou, 1869, livre I, pp. 333-378.

480. Choulguine (A.). *L'esprit national, une étude sur l'histoire du patriotisme moderne et Jean-Jacques Rousseau*, Annales de la Société J.-J. Rousseau, X, 1937, pp. 9-283.

481. Choullier (E.). *Les Trudaine*, extrait de la Revue de Champagne et de Brie, Arcis-sur-Aube, Léon Frémont, 1884, in-8°, 61 pages.

482. Cole (A.H.) et Watts (G.B.). *The handicrafts of France as recorded in the* Descriptions des arts et métiers *(1761-1788)*, Boston, Baker Library, 1952, in-4°, 43 pages.

483. Collignon (Albert). *Diderot, sa vie, ses œuvres, sa correspondance*, Paris, Alcan, 1913, XVII-304 pages.

484. Compayré (Gabriel). *Histoire critique des doctrines de l'éducation en France depuis le XVIe siècle*, Paris, Hachette, 1904 (7e édition), in-16, 2 vol.

485. Conan (Jules). *Une fantaisie démographique du docteur Quesnay*, dans François Quesnay et la Physiocratie, Paris, I.N.E.D., 1958, t. I, pp. 51-54.

486. Cornou (François). *Trente années de luttes contre Voltaire et les Philosophes du XVIIIe siècle, Elie Fréron (1718-1776)*, Paris, Champion, 1922, in-8°, 477 pages.

487. Costabel (Pierre). *La mécanique dans l'*Encyclopédie, R.H.S., juillet-décembre 1951, pp. 267-293.

488. Cotta (Sergio). *Illuminismo e scienza politica : Montesquieu, Diderot e Caterina II*, Quaderni di cultura e storia sociale, maggio 1954, pp. 338-351.

489. Couderc (Paul). *L'*Encyclopédie *et l'astronomie*, dans A.U.P., numéro spécial, 22e année, n° 1, octobre 1952, pp. 195-211.

490. Cousin d'Avallon (Charles-Yves Cousin, dit). *Diderotiana ou recueil d'anecdotes, bons mots, plaisanteries (...) suivi de quelques morceaux inédits*, Paris, Lebel et Guitel, 1811, in-12, 157 pages.

491. Coyecque (E.). *Inventaire de la collection Anisson sur l'histoire de l'imprimerie et de la librairie*, Paris, Leroux, 1899-1900, in-8°, 2 vol.

492. Creighton (Douglas George). *Man and mind in Diderot and Helvétius*, P.M.L.A., 1956, septembre, pp. 705-724.

493. Cresson (André). *Diderot, sa vie, son œuvre*, Paris, P.U.F., 1948, in-16, 132 pages.

494. — . *J.-J. Rousseau. Sa vie, son œuvre*, Paris, Alcan, P.U.F., 1940, in-12, 146 pages.

495. CRISTEA (Livin N.). *Contribution à l'étude du droit d'auteur, sa nature juridique à travers son évolution. Etude de droit français*, Paris, Maurice Lavergne, 1938, in-8°, 304 pages.

496. CROCKER [KRAKEUR] (Lester G.). *An age of crisis. Man and world in eighteenth century French thought*, Baltimore, The Johns Hopkins press, 1959, XX-496 pages.

497. — . C.r. de Hans Wolpe, *Raynal et sa machine de guerre*, M.L.N., vol. LXXIII, avril 1958, pp. 309-310.

498. — . *Diderot and eighteenth century French transformism*, dans Forerunners of Darwin : 1745-1859, éd. par Bentley Glass, Owsei Temkin, and William L. Straus Jr., The Johns Hopkins press, 1959, pp. 114-143.

499. — . *Diderot and the idea of progress*, R.R., 1938, avril, pp. 151-159.

500. — . *Diderot's influence on Rousseau's first discourse*, P.M.L.A., LII (1937), pp. 398-404.

501. — . *John Toland et le matérialisme de Diderot*, R.H.L., juillet-septembre 1953, pp. 289-295.

502. — . *The embattled philosopher, a biography of Denis Diderot*, Michigan State, College press, 1954, in-8°, IV-442 pages.

503. — . *The problem of Malesherbes' intervention*, Modern Language Quarterly, 2, 1941, pp. 551-558.

504. — . *The relation of Rousseau's second* Discours *and the* Contrat social, R.R., vol. LI, n° 1, fév. 1960, pp. 33-44.

505. — . *Two Diderot studies. Ethics and esthetics*, Baltimore, The Johns Hopkins press, 1952, in-8°, VIII-127 pages.

506. CROCKER [KRAKEUR] (Lester G.) et KRUEGER (Raymond Leslie). *The mathematical writings of Diderot*, Isis, 1941, mars, pp. 219-232.

507. CRU (Robert-Loyalty). *Diderot as a disciple of English thought*, New York, Columbia University press, 1913, in-8°, XIII-498 pages.

508. DAMIRON (Jean-Philibert). *Mémoires pour servir à l'histoire de la philosophie au XVIIIe siècle*, Paris, Librairie philosophique de Ladrange, 1858-1864, in-8°, 3 vol.

509. DAOUST (Joseph). *Encyclopédistes et Jésuites de Trévoux (1751-1752)*, Etudes, fév. 1952, pp. 179-191.

510. — . *Les Jésuites contre l'*Encyclopédie *(1751-1752)*, Bulletin de la société historique et archéologique de Langres, 1er septembre 1951, pp. 29-44.

511. DASZINSKA-GOLINSKA (Sophie). *La Chine et le système physiocratique en France*, Varsaviae, cura et sumptibus Universitatis liberae Poloniae, 1922, in-8°, 30 pages.

512. DAUMAS (Maurice). *La chimie dans l'*Encyclopédie, R.H.S., juillet-décembre 1951, pp. 334-343.

513. DAUMAS (Maurice) et TRESSE (R.). *La* Description des arts et métiers *de l'Académie des sciences et le sort de ses planches gravées en taille-douce*, R.H.S., avril-juin 1954, pp. 163-171.

514. DAUTRY (Jean). *La révolution bourgeoise et l'*Encyclopédie *(1789-1814)*, La Pensée, septembre-octobre 1951, n° 38, pp. 73-87, et novembre-décembre 1951, n° 39, pp. 52-59.

515. — . *Une œuvre inspirée de l'*Encyclopédie, *le* Dictionnaire de l'industrie *de 1716*, dans L'*Encyclopédie* et le progrès des sciences et des techniques, Paris, P.U.F., 1952, in-8°, VIII-233 pages, pp. 225-233.

516. DEBAUVE (Alphonse). *Les travaux publics et les ingénieurs des ponts et chaussées depuis le XVIIe siècle*, Paris, Vve C. Dunod, 1893, in-8°, 443 pages.

517. DELAFARGE (Daniel). *La vie et l'œuvre de Palissot (1730-1814)*, Paris, Hachette, 1912, in-8°, XXI-555 pages.

518. — . *Une lettre inédite de Diderot à Grimm*, R.H.L., 1906, pp. 301-306.

519. DELORME (Suzanne). *Le salon de la marquise de Lambert, berceau de l'*Encyclopédie, R.H.S., juillet-décembre 1951, pp. 223-227.

520. Denis (Henri). *Deux collaborateurs économiques de l'*Encyclopédie : *Quesnay et Rousseau,* La Pensée, septembre-octobre 1951, n° 38, pp. 44-54.

521. Derathé (Robert). *Jean-Jacques Rousseau et la science politique de son temps,* Paris, P.U.F., 1950, in-8°, XIV-463 pages.

522. Dervize (P.). *Une miniature en émail ayant appartenu à Diderot* (en russe), Literatournoié Nasledstvo, 33/34, Moscou, 1939, pp. 987-991.

523. Desanti (Jean-Th.). *Introduction à l'histoire de la philosophie,* Paris, Les essais de la *Nouvelle critique,* 1956, in-16, 313 pages.

524. Desautels (Alfred-R.). *Les* Mémoires de Trévoux *et le mouvement des idées au XVIII*e *siècle, 1701-1734,* Bibliotheca Instituti Historici S.J., Roma, Institutum historicum S.J., 1956, gr. in-8°, XXVII-256 pages.

525. *Diderot et l'*Encyclopédie. *Exposition commémorative du deuxième centenaire de l'*Encyclopédie, catalogue par MM. Huard, Pierrot et Adhémar, Paris, Bibliothèque nationale, 1951, in-8°, XIX-148 pages.

526. Dieckmann (Herbert). *The abbé Jean Meslier and Diderot's* Eleuthéromanes, Harvard Library Bulletin, printemps 1953, pp. 231-235.

527. — . *Bibliographical data on Diderot,* Studies in Honor of Fr. W. Shipley, Washington, University Studies, Saint-Louis, 1942, New series, Language and Literature, n° 14, pp. 181-220.

528. — . *Cinq leçons sur Diderot. Préface de Jean Pommier,* Société de publications romanes et françaises, LXIV, Genève, Droz, et Paris, Minard, 1959, gr. in-8°, 151 pages.

529. — . *Les contributions de Diderot à la* Correspondance littéraire *et à l'*Histoire des deux Indes, R.H.L., octobre-décembre 1951, pp. 417-440.

530. — . *Diderot's conception of genius,* Journal of the history of Ideas, vol. II, n° 2, avril 1941, pp. 151-182.

531. — . L'Encyclopédie *et le fonds Vandeul,* R.H.L., juillet-septembre 1951, pp. 318-332.

532. — . *The influence of Francis Bacon on Diderot's* Interprétation de la nature, R.R., XXXIV, n° 4, 1943, pp. 303-330.

533. — . *Inventaire du fonds Vandeul et inédits de Diderot,* Genève, Droz, et Lille, Giard, 1951, XLIX-282 pages (et un appendice d'une page non numérotée).

534. — . Le Philosophe, *texts and interpretation,* Washington, University studies, New Series, Language and Literature, n° 18, Saint-Louis, 1948, in-8°, 108 pages.

535. — . *The sixth volume of Saint-Lambert's works,* R.R., avril 1951, pp. 109-121.

536. — . *Three Diderot's letters, and* Les Eleuthéromanes, Harvard Library Bulletin, hiver 1952, pp. 69-91.

537. Dieckmann (Herbert) et Seznec (Jean). *Diderot et Falconet. Correspondance. Les six premières lettres,* Analecta romanica, Heft 7, 1959, in-8°, 73 pages.

538. Donvez (Jacques). *De quoi vivait Voltaire,* Paris, Editions des Deux-Rives, 1949, in-12, 178 pages.

539. Doolittle (James). *Jaucourt's use of source material in the* Encyclopédie, M.L.N., LXV, juin 1950, pp. 387-392.

540. Doolittle (James), Vartanian (Aram), Crocker (Lester G.). *Diderot's* Pensée XIX, M.L.N., avril 1953, pp. 282-288.

541. Doumic (René). *Etudes sur la littérature française* (première série), Paris, Didier, 1896, t. I, Diderot, pp. 131-154.

542. Dreyfus-Brisac (Edouard). *Problèmes de bibliographie pédagogique,* Revue internationale de l'enseignement, juillet-décembre 1892, pp. 273-300.

543. Drieu La Rochelle (Pierre). *Diderot,* dans *Tableau de la littérature française, XVII*e*-XVIII*e *siècles,* Paris, Gallimard, 1939, in-8°, pp. 329-339.

544. Dubois (Auguste). *L'évolution de la notion de droit naturel antérieurement aux physiocrates,* Revue d'histoire des doctrines économiques et sociales, I, 1908, pp. 245-281.

545. DUCROS (Louis). *Diderot, l'homme et l'écrivain,* Paris, Perrin, 1894, in-8°, 344 pages.

546. — . *Les encyclopédistes,* Paris, Champion, 1900, in-8°, VIII-374 pages.

547. *Du nouveau sur le mouvement encyclopédique,* La Grive, numéro spécial de mai 1955 (articles de Fernand Clément, G. de Froidecourt, Suzette Bodard).

548. DU PASQUIER (Claude). *Introduction à la théorie générale et à la philosophie du droit,* Neuchâtel et Paris, Delachaux et Niestlé, 1942, XIV-402 pages.

549. DU PELOUX (Charles). *Répertoire biographique et bibliographique des artistes du XVIIIe siècle français,* Paris, Champion, 1930, 2 vol. in-8°.

550. DUPRAT (Pascal). *Les encyclopédistes,* Paris, Librairie internationale, 1866, in-8°, 193 pages.

551. DURRY (Marie-Jeanne). *Un extraordinaire inédit* (lettre de Diderot à Le Breton du 4 mars 1769), Le Figaro littéraire, 26 avril 1952, p. 7.

552. DUVERGER (Maurice). *Partis politiques et classes sociales en France,* Cahiers de la fondation nationale des sciences politiques, n° 74, Paris, A. Colin, 1955, in-8°, 332 pages.

553. *Economie et population. Les doctrines françaises avant 1800. Bibliographie générale et commentée,* Cahier n° 28 des Travaux et documents de l'Institut national d'études démographiques, Paris, P.U.F. 1956, in-8°, XXIII-689 pages.

554. EINAUDI (Luigi). *A propos de la date de publication de la* Physiocratie, dans François Quesnay et la Physiocratie, Paris, I.N.E.D., 1958, t. I, pp. 1-9.

555. L'Encyclopédie *et les encyclopédistes. Exposition organisée par le Centre international de synthèse,* Paris, Bibliothèque nationale, 1932, in-8°, 82 pages.

556. ENGELS (Friedrich). *Anti-Dühring,* Paris, Editions sociales, 1950, in-8°, 541 pages.

557. — . *Dialectique de la nature,* Paris, Editions sociales, 1952, in-8°, 364 pages.

558. — . *L'origine de la famille, de la propriété privée et de l'Etat,* Paris, Costes, 1931, XXXV-237 pages.

559. ETIEMBLE (René). *Diderotesques,* Le Disque vert, 1re année, mai-juin 1953, pp. 32-47.

560. FABRE (Jean). C.r. de *Diderot studies,* éd. par Otis E. Fellows et Norman L. Torrey, 1949, Revue de littérature comparée, octobre-décembre 1951, pp. 500-503.

561. — . *Deux définitions du philosophe : Voltaire et Diderot,* La Table ronde, 1958, février, pp. 135-152.

562. FAGE (Anita). *Les doctrines de population,* Population, octobre-décembre 1951, pp. 609-624.

563. FALK (Henri). *Les privilèges de librairie sous l'Ancien Régime,* Paris, Arthur Rousseau, 1906, in-8°, III-186 pages.

564. FELLOWS (Otis E.) et TORREY (Norman L.). *Diderot studies,* Syracuse University press, 1949, in-8°, XIII-191 pages.

565. — . *Diderot studies II,* Syracuse University press, 1952, in-8°, 329 pages.

566. FEUGÈRE (Anatole). *Raynal, Diderot et quelques autres* Historiens des deux Indes, R.H.L., 1913, pp. 343-378.

567. FONTAINE (Léon). *Le théâtre et la philosophie au XVIIIe siècle,* Versailles, Cerf et fils, 1878, in-8°, 262 pages.

568. FOURASTIÉ (Jean). L'Encyclopédie *et la notion de progrès économique,* A.U.P., 1952, octobre, pp. 137-149.

569. FRANCE (Anatole). *Pour et contre Diderot,* Cahiers de la Quinzaine, 7e cahier, 2e série, 2 mars 1901, pp. 65-72.

570. FRIEDMANN (Georges). L'Encyclopédie *et le travail humain,* A.U.P., numéro spécial, 22e année, n° 1, octobre 1952, pp. 123-135.

571. Fusil (C.-A.). *Lucrèce et les littérateurs, poètes et artistes du XVIIIe siècle*, R.H.L., 1930, pp. 161-176.

572. Garaudy (Roger). *Contribution à la théorie matérialiste de la connaissance*, Paris, P.U.F., 1953, 288 pages.

573. Garnier (A.). *Histoire de la maréchaussée de Langres au XVIIIe siècle. La maréchaussée de Langres et les débuts de la Révolution*, Les cahiers haut-marnais, n° 21, juillet 1951, pp. 51-90.

574. Gautier (Hubert). *Le père de Diderot (1685-1759)*, Moulins, Crépin-Leblond, 1933, in-8°, 35 pages.

575. Génin (François). *Œuvres choisies de Diderot précédées de sa vie*, Paris, Didot, 1847, in-12, 2 vol.

576. Germain-Martin (Louis). *La grande industrie en France sous le règne de Louis XV*, Paris, A. Fontemoing, 1900, in-8°, 402 pages.

577. — . *Les grands messieurs qui firent la France*, Paris, J. Gibert, 1945, in-16, 416 pages.

578. Gigot (J.-G.). *Sur une lettre du père de Diderot à son fils*, Les cahiers haut-marnais, 3e trimestre 1954, pp. 129-140.

579. Gille (Bertrand). L'Encyclopédie, *dictionnaire technique*, dans *L'Encyclopédie* et le progrès des sciences et des techniques, Paris, P.U.F., 1952, in-8°, VIII-233 pages, pp. 187-214.

580. Gillipsie (Charles Coulston). *A Diderot pictorial Encyclopedia of trades and industry : manufacturing and the technical arts in plates selected from l'*Encyclopédie, New York, Dover Publications, 1959, in-4°, 2 vol.

581. Gillot (Hubert). *Denis Diderot. L'homme. Ses idées philosophiques, esthétiques et littéraires*, Paris, Librairie G. Courville, 1937, in-4°, XV-336 pages.

582. — . La « réparation d'une injustice » : Diderot « progressiste », Bulletin de la Société historique et archéologique de Langres, septembre 1951, pp. 44-49.

583. Glotz (René). *Remarques et conjectures sur quelques passages de Diderot*, R.H.L., 1935, pp. 551-560.

584. Godard (abbé Léon-Nicolas). *Pétersbourg et Moscou, souvenir du couronnement d'un Tzar*, Paris, E. Dentu, 1858, in-8°, IV-386 pages.

585. Gooch (G.P.). *Catherine the Great and Grimm*, Contemporary Review, décembre 1952, pp. 353-358, janvier 1953, pp. 21-27.

586. Gordon (Douglas E.) et Torrey (Norman L.). *The censoring of Diderot's* Encyclopédie *and the re-established text*, New York, Columbia University press, 1947, in-8°, IX-124 pages.

587. Groethuysen (Bernard). *Origines de l'esprit bourgeois en France. I. L'Eglise et la bourgeoisie*, Paris, Gallimard, 1927, in-8°, 298 pages.

588. — . *La pensée de Diderot*, Grande revue, novembre 1913, pp. 322-341.

589. Grosclaude (Pierre). *Un audacieux message, l'*Encyclopédie, Paris, « Nouvelles éditions latines », 1951, in-16, 220 pages.

590. — . *Deux épisodes de l'histoire de la librairie d'après une lettre inédite de Malesherbes*, R.H.L., oct.-déc. 1959, pp. 491-501.

591. — . *Malesherbes et l'*Encyclopédie, A.U.P., oct. 1952, pp. 57-79.

592. — . *Malesherbes et l'*Encyclopédie, R.S.H., 1958, pp. 351-380.

593. Guillois (Antoine). *Le salon de Mme Helvétius, Cabanis et les Idéologues*, Paris, Calmann-Lévy, 1894, in-18, IV-340 pages.

594. Guyénot (Emile). *Les sciences de la vie aux XVIIe et XVIIIe siècles. L'idée d'évolution*, Paris, Albin Michel, 1941, in-8°, XXI-462 pages.

595. Guyot (Charly). *Diderot par lui-même*, Paris, « Editions du Seuil », 1953, in-12, 192 pages.

596. Haag (Emile). *La France protestante*, Paris, J. Cherbuliez, 1846-1859, 10 vol. in-8°.

597. Halbwachs (Francis). *Matérialisme dialectique et science physico-chimique*, Paris, Editions sociales, 1946, in-8°, 24 pages.

598. HALLS (W.D.). *A letter from Diderot to General Betzky*, French Studies, avril 1957, pp. 135-148.

599. HASBACH (Wilhelm). *Les fondements philosophiques de l'économie politique de Quesnay et de Smith*, Revue d'économie politique, VII, 1893, pp. 748-795.

600. HATIN (Eugène). *Bibliographie historique et critique de la presse française*, Paris, Firmin-Didot frères, fils et Cie, 1866, in-8°, CXVII-660 pages.

601. HAVENS (George R.). *Diderot and the composition of Rousseau's first* Discourse, R.R., XXX (1939), pp. 369-381.

602. HAVENS (George R.) et TORREY (Norman L.). *The private library of Voltaire at Leningrad*, P.M.L.A., n° 43, sept.-déc. 1928, suppl., pp. 990-1009.

603. HAZARD (Paul). *La crise de la conscience européenne, 1680-1715*, Paris, Boivin, 1935, X-474 pages.

604. — . *La pensée européenne au XVIIIe siècle de Montesquieu à Lessing*, Paris, Boivin, 1946, in-8°, 3 vol.

605. HEATON (Herbert). *Histoire économique de l'Europe. Tome II : de 1750 à nos jours*, Paris, Colin, 1952, in-8°, 340 pages.

606. HECHT (Jacqueline). *La vie de François Quesnay*, dans François Quesnay et la Physiocratie, Paris, I.N.E.D., 1958, t. I, pp. 211-294.

607. HENRY (Charles). *Introduction à la chimie. Manuscrit inédit de Diderot*, Revue scientifique, 26 juillet 1884, pp. 97 a-108 b.

608. HERMAND (Pierre). *Les idées morales de Diderot*, Paris, P.U.F., 1923, in-8°, XIX-299 pages.

609. — . *Sur le texte de Diderot et sur les sources de quelques passages de ses œuvres*, R.H.L., 1915, pp. 361-370.

610. *Histoire de la littérature française. Tome I, jusqu'à 1789* (en russe), Académie des sciences de l'U.R.S.S., Institut de littérature (Maison Pouchkine), Moscou-Leningrad, 1946, chap. VI : Diderot et les encyclopédistes, pp. 726-758.

611. HŒFER. *Nouvelle biographie générale*, Paris, Didot, 1862-1866, in-8°, 46 vol.

612. HOOYKAAS (R.). *La cristallographie dans l'*Encyclopédie, R.H.S., juillet-décembre 1951, pp. 344-352.

613. HOROWITZ (Irving Louis). *Claude Helvétius : philosopher of democracy and enlightenment*, New York, Paine-Whitman Publishers, 1954, 196 pages.

614. HOUSSAYE (Arsène). *Diderot*, Paris, Hachette, 1877, in-12, 326 pages.

615. HOYT (Nelly Schargo). *Méthode et interprétation de l'histoire dans l'*Encyclopédie, R.H.L., juillet-septembre 1951, pp. 359-372.

616. HUARD (Georges). *Les planches de l'*Encyclopédie *et celles de la* Description des arts et métiers *de l'Académie des sciences*, R.H.S., juillet-décembre 1951, pp. 238-249 (même texte dans *L'Encyclopédie* et le progrès des sciences et des techniques, Paris, P.U.F., 1952, in-8°, VIII-233 pages, pp. 35-46).

617. HUBERT (René). *La morale de Diderot*, Revue du XVIIIe siècle, première année, n° 4, octobre-décembre 1913, pp. 329-340 et troisième année, n° 1, janvier-avril 1916, pp. 29-42.

618. — . *Rousseau et l'*Encyclopédie. *Essai sur la formation des idées politiques de Rousseau (1742-1756)*, Paris, Gambes, 1928, in-8°, 137 pages.

619. — . *Les sciences sociales dans l'*Encyclopédie, Travaux et mémoires de l'Université de Lille, nouvelle série, section Droit-Lettres, n° 9, 1923, in-8°, 366 pages.

620. HUMBERT (Pierre). *L'astronomie dans l'*Encyclopédie, R.H.S., juillet-décembre 1951, pp. 250-254.

621. HUNT (H.J.). *Logic and linguistics. Diderot as « Grammairien-philosophe »*, Modern Language Review, 1938, XXXIII, pp. 215-233.

622. JANET (Paul). *La philosophie de Diderot, le dernier mot d'un matérialisme*, The nineteenth century, 1881, avril, pp. 695-708.

623. JAUBERT (Charles). *Montesquieu économiste*, Paris, A. Pedone, 1901, in-8°, V-218 pages.

624. Jaurès (Jean). *Les causes économiques de la Révolution française* (pages choisies du t. I de l'*Histoire socialiste*), Paris, « Classiques français du socialisme », 1937, in-8°, 103 pages.

625. Johansson (J. Viktor). *Etudes sur Denis Diderot. Recherches sur un volume manuscrit conservé à la bibliothèque publique de l'Etat à Leningrad,* Göteborg, Wettergren et Kerbers; Paris, Champion, IX-209 pages.

626. *Le* Journal encyclopédique *et la Société typographique. Exposition en hommage à Pierre Rousseau (1716-1786) et Charles-Auguste de Weissenbruck (1744-1826)*, Bouillon, 1955, in-8°, 127 pages.

627. Jurgens (Madeleine). *Documents inédits sur Diderot,* Les cahiers haut-marnais, 1er trimestre 1951, n° 24, pp. 12-22.

628. Koch (Ph.). *Redating a letter to Sophie Volland,* Symposium, automne, 1957, pp. 296-302.

629. Kogan (P.). *Essais sur l'histoire de la littérature d'Europe occidentale* (en russe), tome I, 2e éd., Moscou, 1905 (réédité *ibid.*, 1943), chap. XIII, Le courant éclairé et sentimental, pp. 261-293, chap. XIV, Les philosophes en face de la religion, pp. 294-309.

630. Kouzmine (S.). *Un manuscrit oublié de Diderot (Entretiens de Diderot avec Catherine II)* (en russe), Literatournoié Nasledstvo, 1952, pp. 927-948.

631. Kroutikova (M.V.) et Tchernikov (A.M.). *Diderot à l'Académie des sciences* (en russe), Vestnik Akademii Naouk S.S.S.R., n° 6, 1947, pp. 71-72.

632. Kubawara (Takeo), Turumi (Syunsuke), Higuti (Kiniti). *Les collaborateurs de l'*Encyclopédie, *les conditions de leur organisation,* tiré à part du Zinbun, mémoires de l'Institut de recherche pour les sciences humaines, Université de Kyoto, n° 1, 1951, paginé 1 à 22.

633. Kuebler (L.). *Marianne de Forbach,* Forbach, Imprimerie du Journal de Forbach, 1926, in-8°, 47 pages.

634. Laboulaye (Ed.) et Guiffrey (G.). *La propriété littéraire au XVIIIe siècle,* Paris, Hachette, 1859, XXVIII-629 pages, in-8°.

635. Laboulle (H.-J.). *La mathématique sociale : Condorcet et ses prédécesseurs,* R.H.L., 1939, pp. 33-55.

636. Labrousse (C.-E.). *La crise de l'économie française à la fin de l'Ancien Régime et au début de la Révolution,* Paris, P.U.F., 1944, in-4°, LXXV-664 pages.

637. Labrousse (C. E.), Mousnier (Roland), Bouloiseau (Marc). *Le XVIIIe siècle, révolution intellectuelle, technique et politique (1715-1815)*, Paris, P.U.F., 1953 (Histoire générale des civilisations, t. V), 567 pages.

638. Laignel-Lavastine (Maxime). *Les médecins collaborateurs de l'*Encyclopédie, R.H.S., juillet-décembre 1951, pp. 353-358.

639. Landry (Adolphe). *Les idées de Quesnay sur la population,* François Quesnay et la Physiocratie, Paris, I.N.E.D., 1958, t. I, pp. 10-50 (reproduction d'un article de la Revue d'Histoire des doctrines économiques et sociales, II, 1909, pp. 11-49).

640. Lang (D.-M.). *L'*Encyclopédie *en Russie et au Caucase,* Cahiers de l'A.I.E.F., 1952, pp. 61-65.

641. Lange (Friedrich Albert). *Histoire du matérialisme et critique de son importance à notre époque,* Paris, C. Reinwald, 1877-1879, in-8°, 2 vol.

642. Lanson (Gustave). *La diffusion du spinozisme et la préparation de l'anti-Pascal,* dans Questions diverses sur l'histoire de l'esprit philosophique en France, R.H.L., 1912, pp. 1-29, 293-317.

643. — . *Le problème des œuvres posthumes de Diderot,* Revue universitaire, 1902, I, pp. 460-465.

644. Latour (A.) et Weber (Aimé). *Le bas,* Bâle, Ciba S.A., 1954, Cahiers Ciba, n° 56, nov. 1954, pp. 1941-1980.

645. Lavisse (Ernest) et Rambaud (Alfred). *Histoire générale du IVe siècle à nos jours,* Paris, Colin, 1896, tome VII, Le xviiie siècle, 1715-1788, in-8°, 1051 pages.

646. Ledieu (Paul), *Diderot et Sophie Volland,* Paris, « Aux publications du Centre », 1925, in-8°, 172 pages.

647. Lefebvre (Henri). *Diderot*, Paris, « Les éditeurs réunis », in-8°, 307 pages.

648. Le Gras (Joseph). *Diderot et l'*Encyclopédie, Paris, Malfère, 1928, in-12, 170 pages.

649. Leigh (R.A.). *Les amitiés françaises du Dr Burney, quelques documents inédits*, Revue de Littérature comparée, avril-juin 1951, pp. 161-194.

650. — . *A neglected eighteenth century edition of Diderot's works*, French studies, avril 1952, pp. 148-152.

651. — . *An unpublished note from Diderot to Hume*, Studies in romance philology and French literature presented to John Orr, Manchester, Manchester University press, 1953, in-8°, 316 pages, pp. 168-176.

652. Lemaire (Suzanne). *La commission des réguliers, 1766-1780*, S.A. du Recueil Sirey, 1926, in-8°, XIV-258 pages.

653. Lemaître (Jules). *Diderot*, Paris, H. Lecène et H. Oudin, 1920, in-12, 364 pages.

654. Lemay (Dr P.). *Du nouveau sur le* Rêve de d'Alembert, nos 15-16, Le Progrès médical, 10-24 août 1951, pp. 423 a - 424 b.

655. Léon (Pierre). *La naissance de la grande industrie en Dauphiné* (fin du XVIIe siècle - 1869), Gap, Imprimerie Louis-Jean, 1954, 965 pages en 2 vol. in-8°.

656. Léouzon le Duc (Louis-Antoine). *Voltaire et la police*, Paris, A. Bray, 1867, in-18, 267 pages.

657. Le Roy (Georges). *Introduction à l'œuvre philosophique de Condillac*, Œuvres philosophiques de Condillac, Corpus général des philosophes français, Paris, P.U.F., 1947, t. I, pp. I-XXXV.

658. Leroy (Maxime). *L'*Encyclopédie, Revue de synthèse, janvier-juin 1951, pp. 10-45.

659. Lichtenberger (André). *Le socialisme au XVIIIe siècle. Etudes sur les idées socialistes dans les écrivains français du XVIIIe siècle avant la Révolution*, Paris, Alcan, 1895, VIII-471 pages, in-8°.

660. Lortel (J.). *Une rectification. Un amour inconnu de Diderot*, R.H.L., 1916, pp. 482-503.

661. Lortholary (Albert). *Le mirage russe en France au XVIIIe siècle*, Paris, Boivin, 1951, in-8°, 409 pages.

662. Lough (John). *The* Encyclopédie *in eighteenth century England*, French studies, vol. VI, octobre 1952, n° 4, pp. 289-307.

663. Lovejoy (Arthur O.). *The great chain of Being*, Cambridge, Harvard University press, 1936, in-8°, 382 pages.

664. — . *Some eighteenth century evolutionists*, Popular Science Monthly, LXV (1904), pp. 238-251, 323-340.

665. Luc (Jean). *Diderot, l'artiste et le philosophe*, Paris, Editions sociales internationales, 1938, in-8°, 331 pages.

666. Lunen (Wilhelm). *Appeal for an English edition of Diderot's* Jack the Fatalist, Contemporary Issues, vol. IV, n° 15, juillet-août 1953, pp. 149-201.

667. Luppol (I. K.). *Denis Diderot*, Introduction à Deni Didro, *Sobranie Sotchinenii* (en russe), t. I, Ed. Akademia, Moscou-Leningrad, 1935, pp. 9-88.

668. — . *Diderot*, Paris, Editions sociales internationales, 1936, in-16, 405 pages.

669. Luquet (G.-H.). *L'*Encyclopédie *fut-elle une entreprise maçonnique*, R.H.L., janvier-mars 1954, pp. 23-31.

670. Ly Siou Y. *Les grands courants de la pensée économique chinoise dans l'Antiquité (du VIe au IIIe siècle avant J.C.) et leur influence sur la formation de la doctrine physiocratique*, Paris, Jouve et Cie, 1936, in-8°, 107 pages.

671. Maikov (L.N.). *Les adieux de Diderot et de l'impératrice Catherine II* (en russe), Istoritcheskii Vestnik, 1880, n° 10, pp. 411-415.

672. Malapert (M.-Frédéric). *Histoire abrégée de la législation sur la propriété littéraire avant 1789*, Paris, Guillaumin, 1881, in-8°, 79 pages.

673. Mantoux (Paul). *La révolution industrielle au XVIIIe siècle*, Paris, « Société nouvelle de librairie et d'édition », 1906, in-8°, 543 pages.

674. Marcel (Chanoine Louis). *Diderot écolier. La légende et l'histoire,* R.H.L., 1927, pp. 377-402.

675. — . *Le frère de Diderot,* Paris, Champion, 1913, in-8°, XIII-213 pages.

676. — . *La sœur de Diderot, Denise Diderot (27 janvier 1715-26 mars 1797),* Langres, 1925, in-16, 48 pages.

677. Marcu (Eva). *Un encyclopédiste oublié : Formey,* R.H.L., juillet-septembre 1953, pp. 296-305.

678. Markson (A.F.). *Centenaire de la mort de Diderot* (en russe), Niva, n° 31, 4 août 1884, pp. 743-744.

679. — . *Le premier précepteur du peuple français* (en russe), Niva, n° 47, 23 novembre 1913, pp. 935-937.

680. Martin (Kingsley). *French liberal thought in the eighteenth century. A study of political ideas from Bayle to Condorcet,* Londres, Turnstile Press Ltd., 1954, 2e éd., in-8°, XVIII-316 pages.

681. Martin Saint-Léon (Etienne). *Histoire des corporations de métiers,* Paris, Guillaumin et Cie, 1897, in-8°, X-671 pages.

682. Marx (Karl). *Le Capital, critique de l'économie politique,* trad. par Joseph Roy, Livre premier, Paris, Bureau d'édition, 31, bd de Magenta, 1938-1939, in-8°, 3 vol.

683. — . *Contribution à la critique de l'économie politique,* Paris, Costes, 1954, in-12, 306 pages.

684. — . *Différence de la philosophie de la nature chez Démocrite et chez Epicure. Contribution à la critique de la philosophie du droit de Hegel. Le manifeste philosophique de l'école de droit historique. La question juive,* dans *Œuvres philosophiques,* trad. par J. Molitor, Paris, Costes, 1927, tome I, XV-216 pages.

685. — . *Histoire des doctrines économiques. Depuis les origines de la théorie de la plus-value jusqu'à Adam Smith,* trad. par J. Molitor, Paris, Costes, 1936, in-12, 2 vol.

686. — . *La Sainte-Famille,* dans *Œuvres philosophiques,* trad. par J. Molitor, tomes II et III.

687. Marx (Karl) et Engels (Friedrich). *Etudes philosophiques* (Ludwig Feuerbach, Le matérialisme historique, Lettres philosophiques, etc.), Paris, Editions sociales, 1951, in-8°, 173 pages.

688. — . *Sur la littérature et l'art,* p.p. Jean Fréville, Paris, Editions sociales, 1954, in-8°, 411 pages.

689. Massiet du Biest (Jean). *La fille de Diderot. Extraits de sa correspondance inédite avec son mari et avec Jacques-Henri Meister,* Tours, chez l'auteur, aux archives départementales d'Indre-et-Loire, 1949, in-4°, V-VIII-230 pages.

690. — . *Lettres inédites de Naigeon à M. et Mme de Vandeul (1786-1787) concernant un projet d'édition des œuvres de Diderot,* extrait du Bulletin de la Société historique et archéologique de Langres, janvier 1948, in-8°, 12 pages.

691. Mathiez (Albert). *Les doctrines politiques des physiocrates,* Annales historiques de la Révolution française, mai-juin 1936, pp. 193-203.

692. — . *Les philosophes et le pouvoir au milieu du XVIIIe siècle,* Annales historiques de la Révolution française, 1935, tome XII, pp. 1-12.

693. Maverick (Lewis Adam). *China a model for Europe,* San-Antonio, Texas, Paul Anderson Company, 1946, deux tomes en un volume, in-8°, 334 pages (t. I, China's economy and government admired by seventeenth and eighteenth century Europeans; t. II, traduction du *Despotisme de la Chine* de Quesnay).

694. May (Georges). *Diderot et* la Religieuse, New Haven, Yale University press, et Paris, P.U.F., 1954, in-8°, 246 pages.

695. — . *Le modèle inconnu de la Religieuse de Diderot : Marguerite Delamarre,* R.H.L., juillet-septembre 1951, pp. 273-287.

696. — . *Quatre visages de Denis Diderot,* Paris, Boivin, in-8°, 209 pages.

697. May (Louis-Philippe). *L'Ancien Régime devant le mur d'argent,* Paris, Alcan, 1936, in-12, 218 pages.

698. — . *Histoire et sources de l'*Encyclopédie *d'après le registre de délibérations et de comptes des éditeurs et un mémoire inédit,* Paris, A. Michel, 1938, in-8°, 109 pages (extrait de la Revue de Synthèse, t. XV, Synthèse historique, VIII, février 1938).

699. — . *Note sur les origines maçonniques de l'*Encyclopédie *suivie de la liste des encyclopédistes,* Revue de Synthèse, juin 1939, pp. 181-190.

700. Mayer (Jean). *Diderot, homme de science,* Rennes, Imprimerie bretonne, 1959, in-8°, XII-490 pages.

701. — . *Illusions de la philosophie expérimentale au XVIII*e *siècle,* Revue générale des sciences, LXIII, n° 11-12, 1956, pp. 353-363.

702. Mayoux (Jean-Jacques). *Diderot and the techniques of modern Literature,* The Modern Language Review, XXXI, 1936, pp. 518-531.

703. — . *Les doctrines littéraires de Diderot et l'*Encyclopédie, A.U.P., n° spécial, 22e année, n° 1, oct. 1952, pp. 111-122.

704. Mercier (Roger). C. r. de P. Vernière, *Spinoza et la pensée française avant la Révolution,* R.H.L., avril-juin 1957, pp. 252-254.

705. Mesnard (Pierre). *Le cas Diderot, étude de caractérologie littéraire,* Paris, P.U.F., 1952, in-16, 242 pages.

706. Mesrobian (Avedik). *Les conceptions pédagogiques de Diderot,* Paris, Librairie G. Molouan, 1913, in-8°, 166 pages.

707. Metz (René). *Les racines sociales et politiques d'une idéologie nationale : l'*Encyclopédie, La Pensée, n° 40, janvier-février 1952, pp. 68-80.

708. Meyer (Paul H.). *The French Revolution and the legacy of the Philosophes,* The French Review, mai 1957, pp. 429-434.

709. Michaud. *Biographie universelle ancienne et moderne,* Paris, Thoisnier Desplaces, 1843, 45 vol. in-4°.

710. Molinier (Jean). *Le système de comptabilité nationale de François Quesnay,* dans François Quesnay et la Physiocratie, Paris, I.N.E.D., 1958, t. I, pp. 75-104.

711. Momdjian (Kh. N.). *Diderot,* article de la Bolchaia sovietskaia Enciclopedia, 1952.

712. — . *La philosophie d'Helvétius* (en russe), Académie des sciences de l'U.R.S.S., Institut de philosophie, Moscou, 1955, in-8°, 408 pages.

713. Monod (Albert). *De Pascal à Chateaubriand. Les défenseurs français du Christianisme de 1670 à 1802,* Paris, Alcan, 1916, in-8°, 606 pages.

714. Montbas (Comte H. de). *A propos d'un bicentenaire. Les encyclopédistes n'ont pas voulu la Révolution,* Revue de Paris, nov. 1951, pp. 119-130.

715. — . *Quelques encyclopédistes oubliés (Jean de Gua de Malves, César Chesneau-Dumarsais, Ch. Martin de Prades, Claude Yvon, Raynal, Morellet),* Revue des travaux de l'Académie des sciences morales et politiques, premier semestre 1952, pp. 32-40.

716. Morel (Jean). *Recherche sur les sources du Discours de J.-J. Rousseau sur l'origine et les fondements de l'inégalité parmi les hommes,* Lausanne, 1910, in-8°, 82 pages, extrait des Annales J.-J. Rousseau, t. V, 1909, pp. 119-198.

717. Morley (John). *Diderot and the encyclopaedists,* Londres, Chapman and Hall, 1878, in-8°, 2 vol.

718. Mornet (Daniel). C. r. de Franco Venturi, *La jeunesse de Diderot,* R.H.L., 1939, pp. 129-131.

719. — . *Diderot, l'homme et l'œuvre,* Paris, Boivin, 1941, in-8°, 208 pages.

720. — . *Les enseignements des bibliothèques privées (1750-1780),* R.H.L., 1910, pp. 449-496.

721. — . *Les origines intellectuelles de la Révolution française,* 5e édition, Paris, Colin, 1954, in-8°, 552 pages.

722. — . *La pensée française au XVIII*e *siècle,* Paris, Colin, 1926, 222 pages.

723. — . *Les sciences de la nature en France au XVIII*e *siècle,* Paris, Colin, 1911, in-16, X-291 pages.

724. Mortier (Roland). *Un commentaire du* Neveu de Rameau *sous le second Empire,* R.H.L., janvier-mars 1960, pp. 11-17.

725. — . *Deux témoignages allemands sur Diderot,* Revue de Littérature comparée, janvier-mars 1958, pp. 92-94.

726. — . *Diderot en Allemagne (1750-1850),* Université libre de Bruxelles, travaux de la Faculté de Philosophie et Lettres, t. XV, Paris, P.U.F., 1954, in-8°, 464 pages.

727. — . *Diderot et ses « deux petits Allemands »,* Revue de Littérature comparée, 1959, pp. 192-199.

728. — . *Diderot sous le prisme de la critique marxiste,* Proceedings of the second Congress of the International Comparative Literature Association, Chapel Hill, 1959, vol. II, pp. 679-691.

729. Mousnier (Roland). *Progrès technique et progrès scientifique en Europe au XVIII*e *siècle,* Paris, C.D.U., 1956, in-4°, 307 pages (publié sous le titre *Progrès scientifique et technique au XVIII*e *siècle,* Paris, Plon, 1958, in-16, 451 pages).

730. Naughton (A.E.A.). *Diderot and his brother,* R.R., t. XXVI (1935), pp. 17-26.

731. Naves (Raymond). *Voltaire et l'*Encyclopédie, Paris, Editions des Presses modernes, 1938, gr. in-8°, 206 pages.

732. Naville (Pierre). *Paul Thiry d'Holbach et la philosophie scientifique au XVIII*e *siècle,* Paris, Gallimard, 1943, in-8°, 471 pages.

733. Néret (Jean-Alexis). *Histoire illustrée de la librairie et du livre français des origines à nos jours,* Paris, Lamarre, 1953, in-4°, 396 pages.

734. Nicolini (Fausto). *Lumières nouvelles sur quelques ouvrages de Diderot, d'après la correspondance inédite de l'abbé Galiani,* Etudes italiennes, 1932, pp. 87-103, 161-173, 209-219.

735. — . *La Signora d'Epinay e l'abate Galiani. Lettere inedite (1769-1772),* Bari, Gius. Laterza e figli, 1929, in-8°, 399 pages.

736. Oestreicher (Jean). *La pensée politique et économique de Diderot,* Thèse de la Faculté de Droit, Vincennes, Imprimerie Rosay, 1936, in-8°, 80 pages.

737. Oustinoff (Pierre C.). *Notes on Diderot's fortunes in Russia,* dans Fellows, *Diderot studies,* pp. 121-142.

738. Palmer (R. R.). *Catholics and unbelievers in eighteenth century France,* Princeton, Princeton University press, 1939, in-8°, 236 pages.

739. Pappas (John N.). *Berthier's* Journal de Trévoux *and the Philosophes,* Studies on Voltaire and the eighteenth century, vol. III, 1957, pp. 13-328.

740. Picard (Roger). *La théorie de la lutte des classes à la veille de la Révolution française,* Revue d'économie politique, 25, 1911, pp. 624-633.

741. Picot (M.). *Mémoires pour servir à l'histoire ecclésiastique pendant le XVIII*e *siècle,* 3e éd., Paris, A. Le Clerc, 1853-1857, 7 volumes in-8° (t. III : 1737-1758; t. IV : 1759-1774).

742. Pinot (Virgile). *La Chine et la formation de l'esprit philosophique en France,* Paris, Geuthner, 1932, in-8°, 480 pages.

743. Pintard (René). *Voltaire et l'*Encyclopédie, A.U.P., octobre 1952, n° spécial, pp. 39-56.

744. Pissarev (D.I.). *Diderot et son temps* (en russe), p.p. E. Kaganovitch, Zvienia, 1936, VI, pp. 625-700.

745. Pitsch (Marguerite). *La vie populaire à Paris au XVIII*e *siècle,* Paris, Picard, 1949, in-4°.

746. Plantefol (Lucien). *Les sciences naturelles dans l'*Encyclopédie, A.U.P., n° spécial, 22e année, n° 1, oct. 1952, pp. 169-184.

747. Plekhanov (Georges). *L'art et la vie sociale. Précédé de deux études par Jean Fréville,* Paris, Editions sociales, 1950, in-8°, 320 pages.

748. — . *Le matérialisme militant (Materialismus militans),* Paris, Editions sociales, 1957, in-8°, 127 pages.

749. — . *Essais sur l'histoire du matérialisme. D'Holbach, Helvétius, Marx*, Paris, Editions sociales, 1957, in-8°, 191 pages.

750. POMMIER (Jean). *Autour de la* Lettre sur les sourds et les muets, R.H.L., juillet-septembre 1951, pp. 261-272.

751. — . *La copie Naigeon du* Rêve de d'Alembert *est retrouvée*, R.H.L., janvier-mars 1952, pp. 25-47.

752. — . C. r. de H. Dieckmann, *Inventaire du fonds Vandeul*, R.H.L., juillet-septembre 1951, pp. 379-383.

753. — . C.r. de Massiet du Biest, *Lettres inédites de Naigeon à M. et Mme de Vandeul*, et *La fille de Diderot*, R.H.L., juillet-septembre 1951, pp. 373-379.

754. — . C.r. de G. May, *Quatre visages*, R.H.L., juillet-septembre 1951, pp. 384-387.

755. — . *Diderot avant Vincennes*, Paris, Boivin, 1939, in-8°, 119 pages.

756. — . *Du nouveau sur le* Rêve de d'Alembert, Le progrès médical, n° 23, 10 décembre 1951, pp. 626 a - 626 b.

757. — . *Etudes sur Diderot*, Revue d'Histoire de la Philosophie et d'Histoire générale de la Civilisation, avril-juin 1942, pp. 176-180.

758. — . *Le problème Naigeon*. R.S.H., janvier-mars 1949, pp. 2-11.

759. PORCHER (Jean). *Les livres russes de Diderot à Paris* (en russe), Obchtchestvo drouzei rousskoï knigi, Vremennik, Paris, 1932, II, 122-138.

760. POTTINGER (David T.). *Protection of literary property in France during the Ancien Régime*, R.R., avril 1951, pp. 81-108.

761. POUILLART (R.) et QUIGNARD (J.). *Etudes sur Diderot*, Les Lettres romanes, février 1956, pp. 64-78.

762. POULET (Georges). *Etudes sur le temps humain*, Paris, Plon, 1950, in-12, XLVII-407 pages.

763. PRÉCLIN (Edmond) et TAPIÉ (Victor-L.). *Le XVIIIe siècle*, Paris, P.U.F., 1952, in-8°, 2 vol., 996 pages.

764. PROUST (Jacques). *A propos d'un fragment de lettre de Diderot*, Studi francesi, n° 7, 1959, pp. 88-91.

765. — . *La bibliothèque de Diderot*, R.S.H., avril-juin 1958, pp. 257-273.

766. — . *La bibliothèque de Diderot (II)*, R.S.H., avril-juin 1959, pp. 179-183.

767. — . C.r. de Y. de Athayde Grubenmann, *Un cosmopolite suisse*, R.H.L., janvier-mars 1957, pp. 80-82.

768. — . C.r. de G. May, *Diderot et* la Religieuse, R.H.L., avril-juin 1955, pp. 235-238.

769. — . C.r. de A.M. Wilson, *Diderot: The testing years, 1713-1759*, R.H.L., juillet-septembre 1958, pp. 386-389.

770. — . *Deux encyclopédistes hors de l'*Encyclopédie, *Philippe Macquer et l'abbé Jaubert*, R.H.S., 1959, pp. 330-336.

771. — . *Diderot et le XVIIIe siècle français en U.R.S.S.; La grammaire russe de Diderot*, R.H.L., juillet-septembre 1954, pp. 320-331.

772. — . *Diderot savait-il aussi le persan ?* Revue de Littérature comparée, janvier-mars 1958, pp. 94-96.

773. — . *La documentation technique de Diderot dans l'*Encyclopédie, R.H.L., juillet-septembre 1957, pp. 335-352.

774. — . *L'initiation artistique de Diderot*, Gazette des beaux-arts, avril 1960, pp. 225-232.

775. — . *Pour servir à une édition critique de la* Lettre sur le commerce de la librairie, dans *Diderot studies III*, Genève, Droz, 1961, pp. 321-345.

776. RAGON (Michel). *Histoire de la littérature ouvrière et paysanne, du Moyen Age à nos jours*, Paris, « Les éditions ouvrières », 1953, in-8°, 219 pages.

777. RAMBAUD (Alfred). *Catherine II et ses correspondants français*, Revue des Deux-Mondes, XLVII, 3e période, 15 janvier 1877, I, pp. 278-309, 1er février 1877, II, pp. 570-604.

778. Réau (Louis). *L'art français dans les pays du Nord et de l'Est de l'Europe, XVIIIe-XIXe siècles*, Archives de l'art français p.p. la Société de l'histoire de l'art français, XVII (1932), pp. 1-206.

779. Renouard (Augustin-Charles). *Traité des droits d'auteurs*, Paris, Renouard, 1838, in-8°, 2 vol.

780. Reouel (A.). *Diderot philosophe*, Molodaia Gvardia (en russe), nos 4-5, juin-juillet 1923, pp. 119-129.

781. Rey (Augustin). *Le château de la Chevrette*, Paris, Plon-Nourrit, 1904, in-8°, 283 pages.

782. Rocquain (Félix). *L'esprit révolutionnaire avant la Révolution*, Paris, 1878, in-8°, XI-543 pages.

783. Rommeu (Henri). *Le droit naturel. Histoire. Doctrine*, Paris, Egloff, 1945, in-8°, 310 pages.

784. Roosbroek (G.L. van). *Who originated the plan of the* Encyclopédie, Modern Philology, 1929-1930, vol. 27, pp. 382-384.

785. Roques (Mario). *L'art et l'*Encyclopédie, A.U.P., numéro spécial, 22e année, n° 1, octobre 1952, pp. 91-109.

786. Rostand (Jean). *La conception de l'homme selon Helvétius et selon Diderot*, R.H.S., juillet-décembre 1951, pp. 213-222.

787. Roth (Georges). *Diderot « renverse »* le Siège de Calais *de Saurin*, Studies on Voltaire and the eighteenth century, II, 1956, pp. 233-240.

788. — . *Notes sur la maladie et la mort de Diderot*, Les cahiers haut-marnais, 3e trimestre, 1952.

789. — . *Samuel Formey et son projet* d'Encyclopédie réduite, R.H.L., juillet-septembre 1954, pp. 371-374.

790. — . *Un ami de Diderot : Guéneau de Montbeillard. Lettres en partie inédites*, Mercure de France, janvier 1960, pp. 71-91.

791. Rouff (Marcel). *Les mines de charbon en France au XVIIIe siècle, 1744-1791*, Paris, F. Rieder, 1922, in-8°, LVI-627 pages.

792. Russo (abbé François). *Histoire des sciences et des techniques, bibliographie*, Paris, Hermann, 1953, gr. in-8°, 187 pages (un supplément sous le même titre, Paris, chez l'Auteur, 1955, gr. in-8°, 38 pages).

793. Sainte-Beuve (Charles-Augustin). *Les grands écrivains français. XVIIIe siècle. Philosophes et savants*, Paris, Garnier, 1932, IV, 3, 1, pp. 125-185 (Diderot).

794. Salesses (Robert). *Diderot et l'Université*, Revue universitaire, 15 août 1935, XLIV, pp. 322-333.

795. Salleron (Louis). *Le produit net des physiocrates*, dans François Quesnay et la Physiocratie, Paris, I.N.E.D., 1958, t. I, pp. 131-152.

796. Saulnier (Verdun-L.). *La littérature française du siècle philosophique, 1715-1802*, 3e éd., Paris, P.U.F., 1953, in-16, 136 pages.

797. Schérer (Edmond). *Diderot*, Paris, Calmann-Lévy, 1880, in-12, 239 pages.

798. — . *Melchior Grimm*, Paris, Calmann-Lévy, 1887, in-8°, 477 pages.

799. Schinz (Albert). *Etat présent des travaux sur J.-J. Rousseau*, Paris, Les Belles-Lettres, 1941, in-8°, X-411 pages.

800. — . *La question du Contrat social. Nouvelle contribution sur les rapports de Jean-Jacques Rousseau avec les encyclopédistes*, extrait de la R.H.L., octobre-décembre 1912, 49 pages.

801. Schuhl (Pierre-Maxime). *Machinisme et philosophie*, Paris, P.U.F., 1947, XV-129 pages.

802. — . *Malebranche et Quesnay*, Revue philosophique de la France et de l'étranger, nos 3 et 4 de 1938, pp. 313-315.

803. — . *Pour connaître la pensée de Lord Bacon*, Paris, Bordas, 1949, in-8°, 110 pages.

804. Schwab (Richard N.). *The chevalier de Jaucourt and Diderot's* Encyclopédie, Modern Language Forum, juin 1957, pp. 44-51.

805. — . *The extent of chevalier de Jaucourt's contribution to Diderot's* Encyclopédie, M.L.N., novembre 1957.

806. Sée (Henri). *L'évolution commerciale et industrielle de la France sous l'Ancien Régime*, Paris, Giard, 1925, in-8°, 396 pages.

807. — . *La France économique et sociale au XVIIIe siècle*, Paris, Colin, in-12, 193 pages.

808. — . *La vie économique et les classes sociales en France au XVIIIe siècle*, Paris, F. Alcan, 1924, in-8°, 231 pages.

809. — . *Les idées politiques de Diderot*, Revue historique, septembre-décembre 1897, pp. 46-60.

810. — . *Les idées politiques en France au XVIIIe siècle*, Paris, Hachette, 1920, in-8°, 264 pages.

811. — . *Les origines du capitalisme moderne*, Paris, Colin, 1926, in-12, 210 pages.

812. Sergescu (Pierre). *La contribution de Condorcet à l'*Encyclopédie, R.H.S., juillet-décembre 1951, pp. 233-237.

813. Seznec (Jean). *Essais sur Diderot et l'Antiquité*, Oxford, The Clarendon press, 1957, in-8°, XVI-149 pages et 80 planches.

814. Simon (K.R.). *Voltaire et l'*Encyclopédie (en russe), dans Voltaire, statii i materiali pod redaktsiei akademika V.P. Volguina, éd. p. l'Académie des sciences de l'U.R.S.S., Moscou-Leningrad, 1948, 498 pages in-8°, pp. 297-303.

815. Smiley (Joseph Royall). *Diderot's relations with Grimm*, Illinois Studies in Language and Literature, vol. XXXIV, n° 4, University of Illinois press, Urbana, 1950, in-8°, 127 pages.

816. — . *Grimm's alleged authorship of certain parisian articles*, M.L.N., LXIII (1948), pp. 248-251.

817. — . *A list of Diderot's articles for Grimm's* Correspondance littéraire, R.R., octobre 1951, pp. 189-197.

818. — . *The subscribers to Grimm's* Correspondance littéraire, M.L.N., LXI (1947), pp. 44-46.

819. Soboul (Albert). *Aspects politiques de la démocratie sans-culotte en l'an II*, La Pensée, n° 71, janvier-février 1957, pp. 22-34.

820. — . *Classes et luttes de classes sous la Révolution française*, La Pensée, n° 53, janvier-février 1954, pp. 39-62.

821. — . *L'*Encyclopédie *et le mouvement encyclopédique*, La Pensée, novembre-décembre 1951, n° 39, pp. 41-51.

822. — . *Les Sans-culottes parisiens en l'an II*, Paris, Clavreuil, 1958, gr. in-8°, 1170 pages.

823. Soriano (Marc). *Pour le bicentenaire de l'*Encyclopédie *(1751-1951). Le matérialisme du XVIIIe siècle à travers l'*Encyclopédie, Europe, septembre 1951, pp. 97-114.

824. Souleyman (Elizabeth). *The vision of world peace in seventeenth and eighteenth century France*, New York, G.P. Putman's sons, 1941, in-8°, XVII, 232 pages, pp. 124-129.

825. Spengler (Joseph-J.). *Quesnay philosophe, empiriste, économiste*, dans François Quesnay et la Physiocratie, Paris, I.N.E.D., 1958, t. I, pp. 55-74.

826. Spink (John Stephenson). *La diffusion des idées matérialistes et antireligieuses au début du XVIIIe siècle : Le* Theophrastus redivivus, R.H.L., avril-juin 1937, pp. 248-255.

827. Spitzer (Leo). *Linguistics and literary history. Essays in stylistics (4. The style of Diderot)*, Princeton (New Jersey), Princeton's University press, 1948, in-8°, pp. 135-191.

828. Starobinski (Jean). *J.-J. Rousseau. La transparence et l'obstacle*, Paris, Plon, 1957, in-8°, 340 pages.

829. — . *Jean-Jacques Rousseau, reflet, réflexion, projection*, Cahiers de l'A.I.E.F., mai 1959, n° 11, pp. 217-230.

830. Sutter (Jean). *Quesnay et la médecine*, dans François Quesnay et la Physiocratie, Paris, I.N.E.D., 1958, t. I, pp. 197-210.

831. STUPUY (Hippolyte). *Chez Diderot*, Versailles, impr. de Cerf et fils (1875), in-8°, 26 pages (extr. de la Philosophie positive, septembre-octobre et novembre-décembre 1875).

832. SURAN (Théodore). *Les esprits directeurs de la pensée française du Moyen Age à la Révolution*, Paris, Schleicher frères, 1903 (Diderot, pp. 159-183).

833. SVIGNINE (Paul). *Description des objets les plus remarquables de Saint-Pétersbourg et de ses environs*, Saint-Pétersbourg, 1816-1828, in-8°, 4 volumes.

834. TAILHADE (Laurent). *Diderot*, Conflans-Honorine *(sic)*, Imprimerie de l'Idée libre, 1925, in-8°, 16 pages.

835. TARLÉ (Eugène). *L'industrie dans les campagnes en France à la fin de l'Ancien Régime*, Paris, E. Cornély, 1910, in-8°, 84 pages.

836. TAWNEY (R.H.). *Religion and the rise of capitalism; a historical study*, Londres, J. Murray, 1944, in-8°, XXVI-339 pages.

837. T-b (M.). *Remarques sur quelques bibliothèques. La bibliothèque de Diderot* (en russe), Rousskii bibliophil, 1915, n° 3, pp. 69-73.

838. TAINE (Hippolyte). *Les origines de la France contemporaine*. Tome I : *l'Ancien Régime*, 16e éd., Paris, Hachette, 1876, in-8°, 553 pages.

839. TATON (René). *Les mathématiques selon l'*Encyclopédie, Revue d'Histoire des sciences, juillet-décembre 1951, pp. 255-266.

840. TCHOUTCHMARIOV (V.I.). *Diderot et les encyclopédistes devant les progrès de la culture russe*, La Pensée, n° 41, mars-avril 1952, pp. 87-96 (étude parue en russe dans Voprosy philosophii, 1951, n° 6).

841. — . *Diderot et l'étude de la langue russe*, La Pensée, n° 53, janvier-février 1954, pp. 67-74 (étude parue en russe dans Voprosy philosophii, 1953, n° 4).

842. THIELEMANN (Leland J.). *Diderot and Hobbes*, dans FELLOWS, *Diderot studies II*, pp. 221-278.

843. — . *Thomas Hobbes dans l'*Encyclopédie, R.H.L., juillet-septembre 1951, pp. 333-346.

844. THOMAS (Jean). *L'humanisme de Diderot*, 2e éd., Paris, Belles-Lettres, 1938, in-8°, 183 pages.

845. — . *Le rôle de Diderot dans l'*Encyclopédie, A.U.P., numéro spécial sur l'*Encyclopédie*, 22e année, n° 1, octobre 1952, pp. 7-25.

846. TIMIRIAZEV (V.). *Diderot et Catherine II* (en russe), Istoritcheskii Vestnik, 1899, n° 7, pp. 219-235.

847. TISSERAND (Roger). *L'Académie de Dijon de 1740 à 1793*, Paris, Boivin, 1936, gr. in-8°, 685 pages.

848. TOCQUEVILLE (Alexis de). *L'Ancien Régime et la Révolution*, dans les *Œuvres complètes*, 1952, 8e éd., t. II, Paris, Gallimard, 1952, 358 pages, pp. 69-358.

849. — . *Etat social et politique de la France avant et depuis 1789*, article de 1836, dans les *Œuvres complètes*, 8e éd., t. II, Paris, Gallimard, 1952, 358 pages, pp. 1-68.

850. TOPAZIO (Virgil W.). *Diderot's supposed contribution to Helvétius' works*, Philological Quarterly, juillet 1954, vol. XXXIII, n° 3, pp. 313-329.

851. — . *Diderot's supposed contribution to d'Holbach's works*, P.M.L.A., mars 1954, pp. 173-188.

852. TORLAIS (Jean). *Réaumur, un esprit encyclopédique en dehors de l'*Encyclopédie, Paris, Desclée de Brouwer et Cie, 1936, in-8°, 447 pages.

853. TORREY (Norman L.). *L'*Encyclopédie *de Diderot : « une grande aventure » dans le domaine de l'édition*, R.H.L., juillet-septembre 1951, pp. 306-317.

854. — . *Rousseau's quarrel with Grimm and Diderot*, Yale Romanic Studies, XXII, 1943, pp. 163-182.

855. — *Voltaire's reaction to Diderot*, P.M.L.A., vol. 50, 1935, pp. 1107-1143.

856. TOURNEUX (Maurice). *La bibliothèque et les papiers de Grimm pendant et après la Révolution*, dans CORR LIT, t. XVI, pp. 542-562.

857. — . *Diderot et Catherine II*, Paris, Calmann-Lévy, 1899, in-8°, III-601 pages.

858. — . *Diderot et le musée de l'Ermitage*, Gazette des Beaux-Arts, 1898, t. XIX, pp. 333-343.

859. — . *Un factum inédit de Diderot*, Bulletin du bibliophile, 1901, pp. 349-385.

860. — . *Fragments inédits de Diderot*, R.H.L., 1894, pp. 164-174.

861. — . *Les manuscrits de Diderot conservés en Russie. Archives des missions scientifiques et littéraires*, série 3, XII, Paris, Imprimerie nationale, 1885, pp. 439-474 (nous citons l'ouvrage sous le titre *Inventaire*).

862. — . (à propos de l'édition du *Paradoxe* par Dupuy, historique des manuscrits aux mains de Naigeon), R.H.L., 1902, pp. 504-519.

863. Trahard (Pierre). *Les maîtres de la sensibilité française au XVIIIe siècle*, Paris, Boivin, 1931-1933, in-8°, 4 vol.

864. Trakhtenberg (O.V.). *Le développement du matérialisme et sa lutte contre l'idéalisme dans la période des premières révolutions bourgeoises (fin du XVIe, début du XVIIIe siècle)* (en russe), Ed. de l'Université de Moscou, 1956, in-8°, 99 pages.

865. Tronchin (Henri). *Le conseiller François Tronchin et ses amis Voltaire, Diderot, Grimm*, Paris, Plon, Nourrit et Cie, 1895, in-8°, 399 pages et 2 figures.

866. Tronchon (Henri). *Romantisme et préromantisme*, Paris, Belles-Lettres, 1930, VIII-296 pages.

867. Tsebenko (M.D.). *La lutte des matérialistes français du XVIIIe siècle contre l'idéalisme*, trad. du russe, Paris, Editions sociales, 1955, in-12, 85 pages.

868. Vaissière (Pierre). *Grimm et la Révolution française*, Revue des questions historiques, LXXXIII (1908), pp. 492-515.

869. Varloot (Jean). *Le bicentenaire de l'*Encyclopédie, La Pensée, septembre-octobre 1951, n° 38, pp. 29-43.

870. Vartanian (Aram). *Diderot and Descartes : a study of scientific naturalism in the Enlightenment*, Princeton, New Jersey, Princeton University press, 1953, in-8°, VI-336 pages.

871. Vassails (Gérard). L'Encyclopédie *et la physique*, R.H.S., juillet-décembre 1951, pp. 294-323.

872. Vaughan (C.E.). *The political writings of Jean-Jacques Rousseau*, Cambridge, University press, 1915, in-8°, 2 vol.

873. Venturi (Franco). *Addition aux* Pensées philosophiques, R.H.L., 1938, pp. 23-42, 289-308.

874. — . *Denis Diderot : pages inédites contre un tyran*, Paris, G.L.M., 1937, in-12, non paginé.

875. — . L'Encyclopédie *et son rayonnement en Italie*, Cahiers de l'A.I.E.F., n° 3-4-5, juillet 1953, pp. 11-17.

876. — . *La jeunesse de Diderot (de 1713 à 1753)*, Paris, Skira, 1939, in-8°, 417 pages.

877. — . *Le origini dell'Enciclopedia*, Roma, U. Edizioni, Firenze, Arlano, 1946, in-8°, 164 pages.

878. — . *Le origini dell'Enciclopedia in Inghilterra*, Itinerari, Genova, 1954, n° 9-10, pp. 200-220.

879. Vernière (Paul). C.r. de L.G. Crocker, *Two Diderot studies*, R.H.L., janvier-mars 1955, pp. 75-77.

880. — . C.r. de Denis Diderot, *Correspondance*, p.p. G. Roth (t. I à III), R.H.L., janvier-mars 1959, pp. 103-105.

881. — . C.r. de Diderot, *Lettre sur les aveugles*, p.p. R. Niklaus, R.H.L., juillet-septembre 1953, pp. 375-376.

882. — . C.r. de H. Dieckmann, *Le Philosophe*, R.H.L., juillet-septembre 1951, pp. 387-389.

883. — . C.r. de J. Robert Loy, *Diderot's determined fatalist*, R.H.L., juillet-septembre 1951, pp. 389-392.

884. — . *La critique biblique dans l'*Encyclopédie *et ses sources spinozistes,* Revue de synthèse, janvier-juin 1951, pp. 68-77.

885. — . *Le spinozisme et l'*Encyclopédie, R.H.L., juillet-septembre 1951, pp. 347-358.

886. — . *Spinoza et la pensée française avant la Révolution,* Publications de la Faculté des Lettres d'Alger, t. XX, Paris, P.U.F., 1954, 2 volumes in-8°, 775 pages.

887. Vézinet (F.). *Rousseau ou Diderot ?* R.H.L., 1924, pp. 306-314.

888. Volguine (V.P.). *L'évolution de la pensée sociale en France au XVIII*e *siècle* (en russe), Moscou, Ed. de l'Académie des sciences de l'U.R.S.S., 1958, in-8°, 410 pages.

889. — . *L'idéologie révolutionnaire en France au XVIII*e *siècle, ses contradictions et son évolution,* La Pensée, juillet-août 1959.

890. — . *Les idées politiques et sociales de Diderot* (en russe), Voprosy philosophii, n° 3, 1955, pp. 32-44.

891. — . *Les idées sociales et politiques de d'Holbach* (en russe), Novaia i noveichaia istoria, n° 1, pp. 29-55.

892. — . *Les idées sociales et politiques en France avant la Révolution (1748-1789)* (en russe), Académie des sciences de l'U.R.S.S., Moscou-Leningrad, 1940, in-8°, 191 pages.

893. Wade (Ira O.). *The clandestine organization and diffusion of philosophic ideas in France from 1700 to 1750,* Princeton, Princeton University press, 1938, in-8°, IX-329 pages.

894. — . *The « philosophe » in the French drama of the eighteenth century,* Princeton, Princeton University press, 1926, in-8°, XI-143 pages.

895. — . *Philosophical ideas in France from 1700 to 1750,* Princeton, Princeton University press, 1938, IX-329 pages.

896. Wartofsky (Marx W.). *Diderot and the development of materialist monism,* dans Fellows, *Diderot studies II,* pp. 279-329.

897. Watts (George B.). *The* Encyclopédie *and the* Descriptions des arts et métiers, The French Review, mai 1952, n° 6, vol. XXV, pp. 444-454.

898. — . *Forgotten folio editions of the* Encyclopédie, The French Review, vol. XXVII, n° 1, octobre 1953, pp. 22-29 et 243-244.

899. — . *The* Lettres sur l'« Encyclopédie » *of the abbé Jean Saas,* The French Review, octobre 1956, pp. 13-19.

900. Weulersse (Georges). *Le mouvement physiocratique en France de 1756 à 1770,* Paris, Alcan, 1910, in-8°, 2 vol.

901. Wilson (Arthur M.). *Un billet inédit de Diderot (1751),* R.H.L., janvier-mars 1955, pp. 56-57.

902. — . *Diderot : The testing years, 1713-1759,* New York, Oxford University press, 1957, in-8°, IX-417 pages.

903. — . *The dowry of Diderot's wife.* The French Review, vol. XXXIII, n° 3, janvier 1960, p. 286.

904. — . *Leningrad, 1957 : Diderot and Voltaire gleanings,* The French Review, XXXI, n° 5, avril 1958, pp. 351-363.

905. — . *Une partie inédite de la lettre de Diderot à Voltaire, le 11 juin 1749,* R.H.L., juillet-septembre 1951, pp. 257-260.

906. — . *Why did the political theory of the encyclopedists not prevail ? A suggestion,* French historical studies, vol. I, n° 3, printemps 1960, pp. 283-294.

907. Wolf (A.). *A History of science, technology, and philosophy in the XVIII th century,* New York, Mac Millan Company, 1939, 814 pages in-4°.

908. Wolpe (Hans). *Raynal et sa machine de guerre,* Stanford, Stanford University press, 1957, in-8°, 252 pages.

909. Zioutos (G.-D.). *La presse et l'*Encyclopédie. *Esquisse du développement de la presse française dans la première moitié du XVIII*e *siècle,* Etudes de presse, nouvelle série, 5-6, hiver 1953, pp. 313-325.

910. Zotov (Vladimir). *Encyclopédisme et journalisme* (en russe), Istoritcheskii Vestnik, n° 2.

INDEX

Des noms de personnes, des titres des œuvres de Diderot et des articles de l'*Encyclopédie* ayant fait l'objet de remarques particulières.

TABLE DES MATIÈRES

Bibliothèque de « L'Évolution de l'Humanité »

DANS LA MÊME COLLECTION

Paul Alphandéry et Alphonse Dupront, *La Chrétienté et l'idée de croisade ;* postface de Michel Balard.

Annie Becq, *Genèse de l'esthétique française moderne. De la raison classique à l'imagination créatrice, 1680-1814.*

Marc Bloch, *La Société féodale.*

Michèle Duchet, *Anthropologie et histoire au siècle des Lumières ;* postface de Claude Blanckaert.

Jean Ehrard, *L'Idée de nature en France dans la première moitié du XVIII*[e] *siècle.*

Marc Fumaroli, de l'Académie française, *L'Age de l'éloquence. Rhétorique et « res literaria » de la Renaissance au seuil de l'époque classique.*

Marcel Granet, *La Civilisation chinoise ;* postface de Rémi Mathieu.

Maurice Halbwachs, *Les Cadres sociaux de la mémoire ;* postface de Gérard Namer.

Louis Halphen, *Charlemagne et l'Empire carolingien ;* postface de Pierre Riché.

Joseph Lecler S. J., *Histoire de la tolérance au siècle de la Réforme.*

Maurice Lévy, *Le Roman « gothique » anglais, 1764-1824.*

Robert Mauzi, *L'Idée du bonheur dans la littérature et la pensée françaises au XVIII*[e] *siècle.*

Ignace Meyerson, *Les Fonctions psychologiques et les œuvres ;* postface de Riccardo Di Donato.

Alain Michel, *La Parole et la Beauté. Rhétorique et esthétique dans la tradition occidentale.*

Jacques Proust, *Diderot et l'Encyclopédie.*

Philippe Sellier, *Pascal et saint Augustin.*

Roger Zuber, *Les « Belles Infidèles » et la formation du goût classique ;* postface d'Emmanuel Bury.

*La reproduction photomécanique de ce livre
et l'impression ont été effectuées
par Normandie Roto Impression s.a. à Lonrai (61250)
pour les Éditions Albin Michel*

*Achevé d'imprimer en août 1995
N° d'édition : 14655. N° d'impression : I5-0791
Dépôt légal : septembre 1995*